DROIT DE LA FAMILLE

DROIT CIVIL

DROIT DE LA FAMILLE

Philippe Malaurie
Professeur émérite de l'Université Panthéon-Assas (Paris II)
Hugues Fulchiron
Professeur à l'Université de Lyon (Université Jean Moulin Lyon III),
Directeur du Centre de droit de la famille
Institut universitaire de France

5e édition

À jour au 1er décembre 2015

LGDJ
lextenso éditions

DROIT CIVIL

Philippe Malaurie • Laurent Aynès

Présentation de la collection

La collection de Droit civil réunit, outre Philippe Malaurie et Laurent Aynès, des auteurs qui ont le souci de renouveler l'exposé du droit positif et des questions qu'il suscite.
Les ouvrages s'adressent à ceux qui – étudiants, universitaires, professionnels – ont le désir de comprendre, en suivant une méthode vivante et rigoureuse, ce qui demeure l'armature du corps social.

Ouvrages parus

Introduction au droit
Les personnes – La protection des mineurs et des majeurs
Les biens
Droit des obligations
Les contrats spéciaux
Droit des sûretés
Droit de la famille
Les successions – Les libéralités
Droit des régimes matrimoniaux

De Philippe Malaurie, avec la collaboration de Philippe Delestre
Droit civil illustré, Defrénois, 2011

De Philippe Malaurie
Dictionnaire d'un droit humaniste, Université Panthéon-Assas, Paris II, LGDJ, 2015
Anthologie de la pensée juridique, Cujas, 2e éd., 1996
Droit et littérature, Une anthologie, Cujas, 1997

70, rue du Gouverneur Général Éboué
92131 Issy-les-Moulineaux Cedex
ISBN : 978-2-275-04078-3
ISSN : 1958-9905

SOMMAIRE

DEUXIÈME PARTIE
FILIATION

TROISIÈME PARTIE
VIE FAMILIALE

PRINCIPALES ABRÉVIATIONS

Sources du droit (Codes, Constitutions...)

ACP = Ancien Code pénal
ACPC = Ancien Code de procédure civile
BGB = *Bürgerliches Gesetzbuch* (Code civil allemand)
CASF = Code de l'action sociale et des familles
C. assur. = Code des assurances
C. aviation = Code de l'aviation civile et commerciale
CCH = Code de la construction et de l'habitation
C. civ. = Code civil
C. com. = Code de commerce
C. communes = Code des communes
C. consom. = Code de la consommation
Ccs = Code civil suisse
C. déb. boiss. = Code des débits de boissons
C. dom. Ét. = Code du domaine de l'État
C. dr. can. = Code de droit canonique
C. env. = Code de l'environnement
C. fam. = ancien Code de la famille et de l'aide sociale
C. for. = Code forestier
CGCT = Code général des collectivités territoriales
CGI = Code général des impôts
Circ. = circulaire
C. minier = Code minier
C. mon. fin. = Code monétaire et financier
C. Nap. = Code Napoléon (édition de 1804)
C. nat. = Code de la nationalité
C.O. = Code suisse des obligations
Const. = Constitution
C. org. jud. = Code de l'organisation judiciaire
Conv. EDH = Convention européenne des droits de l'homme
C. pén. = Code pénal
C. pr. civ. = Code de procédure civile
C. pr. pén. = Code de procédure pénale
C. propr. intell. = Code de la propriété intellectuelle
C. rur. = Code rural
C. santé publ. = Code de la santé publique
CSS = Code de la sécurité sociale
C. trav. = Code du travail
C. trib. adm. = Code des tribunaux administratifs et des cours administratives d'appel (ancien)
C. urb. = Code de l'urbanisme
D. = décret
D.-L. = décret-loi
DDH = Déclaration des droits de l'homme et du citoyen (1789)
DUDH = Déclaration universelle des droits de l'homme et du citoyen
L. = loi
LPF = Livre des procédures fiscales
NC pén. = Nouveau Code pénal
Ord. = ordonnance
Rép. min. = réponse ministérielle écrite

Publications (Annales, Recueils, Répertoires, Revues, Grands arrêts...)

Administrer = Revue Administrer
AIJC = Annuaire international de justice constitutionnelle
AJDA = Actualité juridique de droit administratif
AJPI = Actualité juridique de la propriété immobilière
ALD = Actualité législative Dalloz
Ann. dr. com. = Annales du droit commercial
Annuaire fr. dr. int. = Annuaire français de droit international
Ann. propr. ind. = Annales de la propriété industrielle
Arch. phil. dr. = Archives de philosophie du droit
Arch. pol. crim. = Archives de police criminelle
ATF = Annales du Tribunal fédéral (Suisse)
BOCC = Bulletin officiel de la concurrence et de la consommation
BOSP = Bulletin officiel du service des prix
Bull. cass. Ass. plén. = Bulletin des arrêts de la Cour de cassation (assemblée plénière)
Bull. civ. = Bulletin des arrêts de la Cour de cassation (chambres civiles)
Bull. crim. = Bulletin des arrêts de la Cour de cassation (chambre criminelle)

Bull. Joly Sociétés = Bulletin mensuel Joly Sociétés
Cah. dr. auteur = Cahiers du droit d'auteur
Cah. dr. entr. = Cahiers de droit de l'entreprise
Cah. dr. eur. = Cahiers de droit européen
CJEG = Cahiers juridiques de l'électricité et du gaz
Comm. com. électr. = Communication – Commerce électronique
Contrats, conc. consom. = Contrats, concurrence, consommation
D. = Recueil Dalloz
DA = Recueil Dalloz analytique
D. Aff. = Dalloz Affaires
Dalloz Jur. gén. = Dalloz Jurisprudence générale
DC = Recueil Dalloz critique
Defrénois = Répertoire général du notariat Defrénois
DH = Recueil Dalloz hebdomadaire
Dig. = Digeste
DMF = Droit maritime français
Doc. fr. = La documentation française
DP = Recueil Dalloz périodique
Dr. adm. = Droit administratif
Dr. et patr. = Droit et patrimoine
Dr. Famille = Droit de la famille
Droits = Revue Droits
Dr. ouvrier = Droit ouvrier
Dr. pén. = Droit pénal
Dr. prat. com. int. = Droit et pratique du commerce international
Dr. soc. = Droit social
Dr. sociétés = Droit des sociétés
EDCE = Études et documents du Conseil d'État
GAJA = Grands arrêts – Jurisprudence administrative
GAJ civ. = Grands arrêts – Jurisprudence civile
GACEDH = Grands arrêts – Jurisprudence de la Cour européenne des droits de l'homme
GAJCJCE = Grands arrêts – Jurisprudence de la Cour de justice des Communautés européennes
GAJDIP = Grands arrêts – Jurisprudence française de droit international privé
Gaz. Pal. = Gazette du Palais
GDCC = Grandes décisions du Conseil constitutionnel
J.-Cl. civil = Jurisclasseur civil
J.-Cl. com. = Jurisclasseur commercial
JCP E = Jurisclasseur périodique (semaine juridique), édition entreprises
JCP G = Jurisclasseur périodique (semaine juridique), édition générale
JCP N = Jurisclasseur périodique (semaine juridique), édition notariale
JDI = Journal du droit international (Clunet)
JO = Journal officiel de la République française (lois et règlements)
JOAN Q/JO Sénat Q = Journal officiel de la République française (questions écrites au ministre, Assemblée nationale, Sénat)
JOCE = Journal officiel des Communautés européennes
JO déb. = Journal officiel de la République française (débats parlementaires)
Journ. not. = Journal des notaires et des avocats
LPA = *Les Petites Affiches*
Lebon = Recueil des décisions du Conseil d'État
Quot. jur. = Quotidien juridique
RJDA = Revue de jurisprudence de Droit des Affaires (Francis Lefebvre)
RFD aérien = Revue française de droit aérien
RD bancaire et bourse = Revue de droit bancaire et de la bourse
RDC = Revue des contrats
RDI = Revue de droit immobilier
RDP = Revue du droit public
R. dr. can. = Revue de droit canonique
RD rur. = Revue de droit rural
RDSS = Revue de droit sanitaire et social
RD uniforme = Revue du droit uniforme
Rec. CJCE = Recueil des arrêts de la Cour de justice des Communautés européennes
Rec. Cons. const. = Recueil des décisions du Conseil constitutionnel
Rec. cours La Haye = Recueil des cours de l'Académie de droit international de La Haye
Rép. civ. Dalloz = Répertoire Dalloz de droit civil
Rép. com. Dalloz = Répertoire Dalloz de droit commercial
Rép. pén. Dalloz = Répertoire Dalloz de droit pénal
Rép. pr. civ. Dalloz = Répertoire Dalloz de procédure civile
Rép. sociétés Dalloz = Répertoire Dalloz du droit des sociétés
Rép. trav. Dalloz = Répertoire Dalloz de droit du travail
Rev. arb. = Revue de l'arbitrage
Rev. crit. = Revue critique de législation et de jurisprudence
Rev. crit. DIP = Revue critique de droit international privé
Rev. dr. fam. = Revue du droit de la famille
Rev. hist. fac. droit = Revue d'histoire des facultés de droit et de la science juridique
Rev. loyers = Revue des loyers
Rev. proc. coll. = Revue des procédures collectives
Rev. sc. mor. et polit. = Revue des sciences morales et politiques
Rev. sociétés = Revue des sociétés
RFDA = Revue française de droit administratif
RFD const. = Revue française de droit constitutionnel

RGAT = Revue générale des assurances terrestres
RGD int. publ. = Revue générale de droit international public
RGDP = Revue générale des procédures
RHD = Revue historique du droit
RIDA = Revue internationale du droit d'auteur
RID comp. = Revue internationale de droit comparé
RID éco. = Revue internationale de droit économique
RID pén. = Revue internationale de droit pénal
RJ com. = Revue de jurisprudence commerciale
RJF = Revue de jurisprudence fiscale
RJPF = Revue juridique Personnes et Famille
RJS = Revue de jurisprudence sociale
RRJ = Revue de recherche juridique (Aix-en-Provence)
RSC = Revue de science criminelle et de droit pénal comparé
R. sociologie = Revue française de sociologie
RTD civ. = Revue trimestrielle de droit civil
RTD com. = Revue trimestrielle de droit commercial et de droit économique
RTD eur. = Revue trimestrielle de droit européen
RTDH = Revue trimestrielle des droits de l'homme
S. = Recueil Sirey

Juridictions

CA = arrêt de la *Court of Appeal* (Grande-Bretagne)
CA = arrêt d'une cour d'appel
CAA = arrêt d'une cour administrative d'appel
Cass. Ass. plén. = arrêt de l'assemblée plénière de la Cour de cassation
Cass. ch. mixte = arrêt d'une chambre mixte de la Cour de cassation
Cass. ch. réunies = arrêt des chambres réunies de la Cour de cassation
Cass. civ. = arrêt d'une chambre civile de la Cour de cassation
Cass. com. = arrêt de la chambre commerciale et financière de la Cour de cassation
Cass. crim. = arrêt de la chambre criminelle de la Cour de cassation
Cass. soc. = arrêt de la chambre sociale de la Cour de cassation
CE = arrêt du Conseil d'État
CEDH = arrêt de la Cour européenne des droits de l'homme
CJCE = arrêt de la Cour de justice des Communautés européennes
CJUE = arrêt de la Cour de justice de l'Union européenne
Cons. const. = décision du Conseil constitutionnel
Cons. prud'h. = Conseil des prud'hommes
JAF = décision d'un juge aux affaires familiales
J.d.t. = décision d'un juge des tutelles
KB = arrêt du *King's bench* (Banc du roi) (Grande-Bretagne)
QB = arrêt du *Queen's Bench* (Banc de la reine) (Grande-Bretagne)
Réf. = ordonnance d'un juge des référés
Req. = arrêt de la chambre des requêtes de la Cour de cassation
Sent. arb. = sentence arbitrale
Sol. impl. = solution implicite
TA = jugement d'un tribunal administratif
T. civ. = jugement d'un tribunal civil
T. com. = jugement d'un tribunal de commerce
T. confl. = décision du Tribunal des conflits
T. corr. = jugement d'un tribunal de grande instance, chambre correctionnelle
T.f. = arrêt du Tribunal fédéral (Suisse)
TGI = jugement d'un tribunal de grande instance
TI = jugement d'un tribunal d'instance
TPICE = Tribunal de première instance des communautés européennes

Acronymes

AFNOR = Association française de normalisation
CCI = Chambre de commerce internationale
Ccne = Comité consultatif national d'éthique pour les sciences de la vie et de la santé
CEE = Communauté économique européenne
DASS = Direction de l'action sanitaire et sociale
DPU = Droit de préemption urbain
IRPI = Institut de recherche en propriété intellectuelle
OPE = offre publique d'échange de valeurs mobilières
POS = plan d'occupation des sols
PUAM = Presses universitaires de l'Université d'Aix-Marseille
PUF = Presses universitaires de France
SA = société anonyme
SARL = société à responsabilité limitée

SAS = société anonyme simplifiée
SCI = société civile immobilière
SNC = société en nom collectif

Abréviations usuelles

A. = arrêté
Adde = ajouter
Aff. = affaire
al. = alinéa
Ann. = annales
Appr. = approbative (note)
Arg. = argument
Art. = article
Art. cit. = article cité
Av. gal. = avocat général
cbné = combiné
cf. = se reporter à
chron. = chronique
col. = colonne
comp. = comparer
concl. = conclusions
cons. = consorts
Contra = solution contraire
crit. = critique (note)
DIP = Droit international public/Droit international privé
doctr. = doctrine
éd. = édition
eod. vo = *eodem verbo* = au même mot
Et. = Mélanges
ib. = *ibid.* = *ibidem* = au même endroit
infra = ci-dessous
IR = informations rapides
loc. cit. = *loco citato* = à l'endroit cité
m. n. /déc. /concl. = même note/ décision/ conclusion
n. = note
n.p.B. = non publié au Bulletin des arrêts de la Cour de cassation (inédit)
op. cit. = *opere citato* = dans l'ouvrage cité
passim = çà et là
préc. = précité
pub. = publié
rapp. = rapport
sté = société
somm. = sommaires
supra = ci-dessus
TCF DIP = Travaux du Comité français de DIP
th. = thèse
V. = voyez
v = *versus* = contre
vo = *verbo* = mot (*vis* = *verbis* = mots)
*et** = décisions particulièrement importantes
Sauf indication contraire, les articles cités se réfèrent au Code civil.

AVANT-PROPOS DE LA PREMIÈRE ÉDITION

La famille, lieu d'affection à nul autre pareil, aussi ancien que l'humanité. Ce que nous tous, ou à peu près, lui demandons est d'y trouver une vie paisible, où se développent et se maîtrisent les passions et les intérêts, et s'écoule une longue vie de joies mutuelles. Des époux fidèles, des enfants épanouis, une famille forte, résistant aux épreuves du temps.

Derrière cette demande et ces besoins, il y en a toujours eu d'autres, passablement contraires : la liberté plutôt que l'engagement, soi-même plutôt que les siens, l'individu plutôt que la famille. Ce que beaucoup de gens demandent, c'est la liberté (si possible sans la responsabilité), le plaisir du moment présent. Ce sont souvent les mêmes qui réclament une famille forte et heureuse, et le droit à..., le droit de chaque individu de fixer lui-même ses droits et ses devoirs. La contradiction est au cœur de toute société et de tout individu ; chaque époque la résout à sa manière.

Dans la nôtre, la modernité, la consommation, l'économie de marché, la prospérité, l'argent, la santé, le sexe, l'individu sont devenus nos nouvelles valeurs entraînant une surjuridicisation et une instabilité de tout le droit, notamment celui de la famille. En se déstructurant, la famille donne de plus en plus d'importance aux gendarmes, au droit pénal, aux prisons, à l'aide sociale, à tout ce qui n'est pas la famille. Ce n'est peut-être pas le meilleur moyen de lutter contre la délinquance, de répondre aux difficultés de la vieillesse, de soutenir la fragilité des faibles, d'élever les enfants et de rendre les gens heureux. Le tissu et le non-droit de la famille sont (ou étaient) plus paisibles et plus solides.

Plus que d'autres, notre politique de la famille est agitée par l'âpreté de ses désaccords et dominée par le pluralisme – culturel, religieux et politique – se réduisant parfois à des fragmentations de la société, chaque groupement croyant que les autres vivent en marge. Notre ouvrage a voulu être un témoignage de respect et d'amitié envers les familles d'aujourd'hui qui, à travers leurs diversités, leurs crises et leur handicap, demeurent la source de la vie.

Le 1er juillet 2004.
Ph. M.
H. F.

AVANT-PROPOS DE LA PREMIÈRE ÉDITION

AVANT-PROPOS DE LA CINQUIÈME ÉDITION

Peut on écrire sur le droit de la famille au lendemain de la loi sur le mariage pour tous comme on le faisait auparavant ? En apparence, la loi du 17 mai 2013 n'a modifié que quelques articles du Code civil : serait-ce seulement un texte de plus dans un magma de normes de toutes provenances ? En réalité, cette réforme constitue une véritable rupture : rupture sociale, juridique et anthropologique. En ouvrant le mariage et, surtout, l'adoption aux couples de même sexe, elle ébranle les deux piliers sur lesquels était construit le droit de la famille : l'alliance et la parenté. Effrayé peut-être par sa propre audace (et, surtout, par les réactions suscitées dans la société), le législateur n'a d'ailleurs pas osé tirer les conséquences de ses choix : le droit de la conjugalité et le droit de la filiation en ont perdu une partie de leur cohérence.

Parallèlement, les droits fondamentaux et les droits et libertés de l'Union, continuent d'affirmer leur emprise, inscrivant la famille et son droit dans une dynamique qui dépasse largement les évolutions de la société française.

C'est donc un droit de la famille en pleine mutation, et, à bien des égards, en chantier, que nous avions à présenter, avec ses nouveaux équilibres et ses profonds déséquilibres. Fidèles à l'esprit qui nous guide depuis la première édition, nous avons tenté de le faire aussi objectivement que possible. Non que nous renoncions à nos convictions, mais que, comme nous l'écrivions en 2004, notre ouvrage se veut « un témoignage de respect et d'amitié envers les familles d'aujourd'hui qui, à travers leurs diversités, leurs crises et leurs handicaps, demeurent la source de la vie ». *Or dans le monde incertain qui est le nôtre, l'essentiel est la bien là : la vie, dans toute sa diversité, et, si l'on ose dire, dans toute sa vitalité.*

Le 28 décembre 2015.

Ph. M.

H. F.

BIBLIOGRAPHIE GÉNÉRALE

Manuels : A. Bénabent, *La famille,* Montchrestien, 3e éd., 2014 ; J. Carbonnier, *La famille,* coll. Thémis, PUF, 21e éd., 2003 ; P. Courbe et A. Gouttenoire, *Droit de la famille,* 6e éd., 2013 ; A.-M. Leroyer, *Droit de la famille,* PUF, 2011 ; P. Murat (dir.), *Droit de la famille,* Dalloz Action, 6e éd., 2014 ; F. Terré et D. Fenouillet, *Les personnes, la famille, les incapacités,* Dalloz, 8e éd., 2011.

Traité : J. Hauser et D. Huet-Weiller, *in Traité de droit civil,* dir. J. Ghestin, LGDJ, deux tomes, t. 1, 2e éd., 1993 ; t. 2, 1991.

Droit comparé : F. Boulanger, *Droit civil de la famille,* t. 1, *Aspects internes et internationaux,* Economica, 2e éd., 1992 ; t. 2, *Aspects comparatifs et internationaux,* Economica, 1994.

Histoire : A. Lefebvre-Teillard, *Histoire du droit de la famille,* PUF, 1996 ; J.-Ph. Lévy et A. Castaldo, *Histoire du droit civil,* Dalloz, 2e éd., 2010.

Grands arrêts : *Droit civil,* par F. Terré et Y. Lequette, Dalloz, 13e éd., 2015 ; *Droit international privé,* par B. Ancel et Y. Lequette, Dalloz, 5e éd., 2006 ; *Conseil constitutionnel,* par L. Favoreu et L. Philip, Sirey, 17e éd., 2013 ; *Cour européenne des droits de l'homme,* dir. F. Sudre, coll. Thémis, PUF, 7e éd., 2015.

Grands arrêts de la Cour de justice de l'union européenne, dir. M. Karpenshif, C. Nourissat *et alii,* coll. Thémis, PUF, 2e éd., 2015.

PREMIÈRES VUES SUR LA FAMILLE

Dieu dit : « Il n'est pas bon que l'homme soit seul »[1]

1. La famille et la vie. – La famille est liée à la vie et à la mort, à la vie plus qu'à la mort, à la vie paisible plus qu'aux drames. Le cycle d'une vie harmonieuse s'accomplit dans la famille et sa propagation : l'homme naît dans une famille, en fonde une autre qui plus tard en constituera de nouvelles. Autrefois, il mourait dans la famille de ses enfants ; la boucle était bouclée.

Une famille qui ne donne pas la vie ou n'est pas durable dépérit ; une société sans familles ou sans familles fécondes est impitoyablement condamnée à disparaître. La plupart des pays occidentaux subissent un effondrement sans précédent de leur natalité tandis que leur population vieillit. Pour retrouver confiance en l'avenir et porter l'héritage des générations, il est nécessaire que la famille et son droit retrouvent leur raison d'être : la vie[2].

2. Plan. – Une première approche de la famille en général (§ 1), permettra de mieux comprendre les liens complexes qu'entretiennent famille et droit (§ 2), et par là même de saisir les traits caractéristiques du droit français de la famille (§ 3).

1. *Genèse*, I, 18.

2. Avec une fécondité satisfaisante quoique, depuis 2014, avec moins de vigueur, la France assure le remplacement de ses générations (813 000 en 2014), au contraire de l'Allemagne, de l'Italie, de l'Espagne ou du Japon qui n'assurent plus le renouvellement des générations. Les réalités démographiques ont des causes multiples et complexes, parfois enracinées dans l'histoire et les comportements ; par exemple, à la différence des Allemands, les Françaises d'aujourd'hui n'ont pas, dans leurs mentalités, à choisir entre leur métier et la maternité.

§ 1. La famille, en général

3. Famille et familles. – Il y a toutes sortes de familles : charnelle, spirituelle, culturelle, linguistique ; il y a aussi l'immense famille humaine[3]. Chacune a ses modes de vie, ses règlements, ses arrangements – son « esprit de famille ». Il y a les familles unies et les familles déchirées, les familles d'amour et les familles de haine, les familles qui épanouissent et celles qui oppriment. Il y a de tout dans la famille – sauf la solitude[4] : quand on est seul, on est sans famille.

La famille est tantôt un fait (la cohabitation), tantôt une situation juridique (mariage, filiation et alliance). Tantôt, elle est un phénomène biologique (rapports entre les sexes et procréation) ; tantôt, elle est une situation sociale (groupement entre deux personnes qui s'aiment publiquement de façon durable, et tous ceux qui s'attachent à eux) ; tantôt, elle est une situation volontaire (adoption). Tantôt elle est liée à la cohabitation, tantôt elle ne l'est pas. Elle est plus ou moins étendue. Elle peut être légitime, naturelle ou adoptive, unie ou désunie, monoparentale, homosexuelle ou homoparentale, recomposée, etc.

Chaque société, chaque époque a sa famille et parfois ses familles, modèle idéal ou réalité complexe, dont on célèbre les vertus ou dont on dénonce la décadence (les deux thèmes sont éternels). Cette diversité des familles que révèle une première approche (I), renvoie à une idée toute simple : la famille est, fondamentalement, un phénomène de civilisation (II).

I. — La famille en soi

4. Définition. – Il n'existe pas de définition de la famille en droit français. Dans le Code civil, la famille apparaît aux livres I et III « *Des personnes* » et « *Des différentes manières dont on acquiert la propriété* ». L'absence de dispositions propres à la famille[5] tout comme le lien établi entre individu et propriété révèle la philosophie profonde du Code Napoléon : elle marque le passage de l'Ancien droit, où l'individu appartenait à un groupe (famille, corporation, ordre) à un nouvel ordre social et juridique fondé sur l'individu et sur ses droits. Cette vision des rapports humains culmine aujourd'hui avec le triomphe des droits fondamentaux : ainsi, la Cour européenne des droits de l'homme ne parle pas de *famille*, ce qui supposerait qu'elle en définisse un modèle et raisonne par rapport à un groupe protégé en

3. Le lied de Schiller, *Ode an Die Freude* (Hymne à la joie), immortalisé par Beethoven dans le chœur final de la IXe symphonie, a chanté la fraternité humaine : « *Brüder ! überm Sternenzelt muss ein lieber Vater wohnen [...] /Freude, schöner Götterfunken/ Tochter aus Elysium/Wir betreten feuertrunken/Himmlische, dein Heiligthum* » « *Frères ! au plus haut des cieux, règne un tendre père [...]. Joie, belle étincelle divine, Fille de l'Élysée, nous pénétrons, ivres de la Flamme, dans ton sanctuaire* ». L'hymne à la joie est devenu le chant de l'ONU et de l'Union européene.

4. De plus en plus de personnes vivent seules, et de plus en plus longtemps : la solitude vient de la disparition du couple, puis, de la famille, et, un jour, elle s'achève avec la fin de la vie.

5. Des droits étrangers comportent des dispositions propres à la famille sans toujours en donner de définition : cf. le Code civil italien dont le Livre 1 est intitulé « *Delle persone et delle famiglia* », mais qui ne donne pas de définition de la famille, pas plus qu'il n'en donne de la personne ; il en va de même du nouveau Code civil et commercial argentin ou du Code marocain de la famille. La loi algérienne portant Code de la famille (L. 9 juin 1984 complétée et modifiée par l'ordonnance du 27 février 2005) dispose en son article 2 que « *La famille est la base de la société. Elle se compose de personnes unies par les liens du mariage et par les liens de parenté* », l'article 3 affirmant que « *La famille repose, dans son mode de vie, sur l'union, la solidarité, la bonne entente, la saine éducation, la bonne moralité et l'élimination des maux sociaux* ».

tant que tel, mais de *vie familiale*, qui se définit au regard de l'individu, de ses droits et de ses libertés[6].

Si l'on adopte une première définition, très générale et peut être trop simple, la famille[7] est un groupe de personnes unies par des rapports de parenté et d'alliance[8]. La parenté est le lien qui naît de la filiation et relie entre eux les descendants d'un auteur commun (lien du sang); l'alliance est le lien créé par le mariage[9], qui unit les conjoints et la famille des conjoints. Cette définition est suffisamment large pour englober la famille occidentale et la famille musulmane, centrées l'une et l'autre sur la parenté et la chaîne des générations qui relie ascendants et descendants[10], et d'autres systèmes plus complexes, par exemple certaines familles africaines construites en ligne collatérale : l'enfant est relié au groupe par le frère de la mère[11]. En revanche, elle ne permet pas d'appréhender certaines formes de « vie familiale » contemporaines simplement fondées sur la vie commune[12].

Au-delà de cette apparente unité, la famille se caractérise par sa diversité : diversité de ses fonctions (A), de ses dimensions (B) et de ses formes (C), tellement que l'on tend aujourd'hui à parler de « vie familiale » plutôt que de famille (D).

A. Fonctions de la famille

5. Diversité des fonctions. – La famille sert à beaucoup de choses, dont l'importance respective varie selon les temps et les lieux. Fonction **religieuse** : elle était essentielle à Rome, où la famille était construite sur le culte des ancêtres dont le *pater familias* était le prêtre[13]. Si cette fonction s'est aujourd'hui effacée en Occident, le culte domestique reste très présent dans certaines sociétés, notamment en Extrême-Orient. Fonction **économique** : longtemps, l'économie fut construite sur l'exploitation familiale agricole, artisanale, commerciale ou industrielle ; l'activité commune assurait la vie et la cohésion du groupe ; cette dimension a paru disparaître dans les sociétés industrielles et postindustrielles, mais elle conserve son importance dans les pays dont l'économie demeure essentiellement artisanale et agricole. Fonction **politique** : dans la Rome républicaine, le Sénat romain ne rassemblait pas des individus, mais des chefs de famille ; ce

6. *Infra*, n° 21.

7. **Étymologie :** du latin *familia, ae :* en son sens originaire, elle désignait l'ensemble des serviteurs (*famuli*), vivant sous le même toit et sous la puissance du *pater familias*. Ultérieurement, par extension, le mot devint, dans le langage courant, non dans celui du droit, synonyme de *gens* (tous les agnats et la cognats). Agnats = ceux qui sont soumis à la puissance du *pater familias*, par l'effet du mariage *cum manu*, d'une filiation légitime ou d'une adoption. Cognat = les agnats + les parents par les femmes.

8. Les dictionnaires de la langue française proposent plusieurs définitions : ex. : HATZFELD et DARMESTER (1875) : 1) « *L'ensemble des personnes unies par le sang ou l'alliance et qui vivent sous le même toit...* », 2) « *L'ensemble des personnes unies par le sang ou l'alliance* ». LITTRÉ (1874), au sens étymologique et aux deux définitions qu'ont données Hatzfeld et Darmester, ajoute notamment : « *Race composée de ceux qui sont du même sang par les mâles* (ex. : ... *une famille bourgeoise)* ». Petit ROBERT (2008) : 1) (sens restreint) : « *Les personnes apparentées vivant sous le même toit* » ; 2) (sens large) : « *L'ensemble des personnes liées par le mariage et par la filiation ou, exceptionnellement, par l'adoption* » ; 3) « *succession des personnes qui descendent les unes des autres, de génération en génération. La famille d'Abraham* ». *Adde* la définition d'un ethnologue, Claude LÉVI-STRAUSS : la famille est « *l'union plus ou moins durable et socialement approuvée d'un homme et d'une femme et de leurs enfants* ».

9. Parfois aujourd'hui le partenariat enregistré, cf. le partenariat enregistré allemand ou le *Civil Partnership* anglais, cf. *infra*, n° 350 s.

10. Les généalogies bibliques de Moïse et d'Aaron (Exode, 6.14). Une généalogie de Jésus ouvre l'Évangile de Matthieu (Matthieu, 1.1).

11. N. ROULAND, *Anthropologie juridique*, PUF, 1988, et du même auteur, *Aux confins du droit*, éd. Odile Jacob, 1991.

12. *Infra*, n° 12 s.

13. FUSTEL DE COULANGES, *La cité antique*.

rôle reste très fort (fût-il revêtu d'habits démocratiques) dans les sociétés traditionnelles.

6. La famille et l'enfant. – Deux fonctions demeurent essentielles dans toute société ; toutes deux concernent les enfants. **1°)** La **reproduction** : c'est dans la famille que naissent les enfants ; de son organisation dépend donc la survie du groupe ; souvent rigide, parfois d'une extrême complexité (les systèmes de parenté de certaines sociétés traditionnelles sont d'un raffinement inouï), ce cadre tend à s'assouplir : l'individu gagne son indépendance et les modèles familiaux se transforment en conséquence, d'autant que les progrès de la science, notamment des techniques d'assistance médicale à la procréation, ainsi que le développement de l'adoption, renouvellent les rapports entre couple et reproduction. **2°)** La **socialisation** : la famille a pour mission l'éducation des enfants et leur intégration dans la société ; apprentissage de la vie, et contrôle de ses membres : bien des sociétés ont connu ou connaissent encore une solidarité familiale qui peut aller jusqu'à une responsabilité collective[14]. L'État assiste désormais les familles dans ses missions éducatives. Dans les systèmes totalitaires, il aurait aimé s'y substituer pour mieux diriger les individus[15]. Les textes internationaux reconnaissent la primauté de la famille. Ainsi l'article 8 de la Déclaration universelle des droits de l'homme : « *La famille est l'élément naturel et fondamental de la société et a droit à la protection de la société et de l'État* »[16].

7. Bonheur et sentiments. – À ces fonctions traditionnelles, il convient d'en ajouter une autre, sans doute éternelle et longtemps secondaire, alors qu'elle devient primordiale : la famille a pour fonction d'assurer l'épanouissement personnel de l'individu. Elle est le lieu idéal (rêvé ?) de l'amour : lieu de tendresse, de sentiments et de recherche du bonheur, « *le seul remède à la mort* » (Taine). De nos jours, ce qui fonde la famille, du moins en Occident, n'est pas la relation d'autorité, le lien de dépendance ou la contrainte sociale, mais l'intensité du sentiment. Que le sentiment disparaisse, et la famille se désagrège, quitte à se recomposer avec d'autres personnes.

L'évolution des fonctions de la famille est une des clefs de ses métamorphoses.

B. Dimensions de la famille

8. *Gens, domus*. – **1°) Traditionnellement**, on distingue deux types de famille. Au sens large, la famille comprend toutes les personnes unies par un lien de parenté ou d'alliance, sans limitation : la ***gens*** romaine, le lignage de l'ancienne France, la famille patriarcale des sociétés traditionnelles (ménage + descendants [enfants, petits-enfants, etc.] + ascendants [parents + grands-parents, etc.] + collatéraux [oncles + neveux + cousins germains, issus de germains, etc.]) ou la famille africaine (l'ensemble des personnes descendant d'un même ancêtre, vivant ou non sous le même toit, accueillant parfois d'autres personnes à titre transitoire ou définitif)[17]. Au sein de la famille, un rôle central est joué par le père ou plus exactement par l'auteur commun, le patriarche, le chef de famille. D'autres sociétés ont vécu sous le modèle du matriarcat (les premières sociétés dit-on). D'autres ont adopté des systèmes de parenté plus complexes[18].

---

14. Pas la peine d'aller en Corse : dans *la Chanson de Roland*, Charlemagne punit Ganelon de sa trahison en le mettant à mort avec sa famille (il est écartelé, les parents qui l'avaient défendu sont pendus).

15. *Infra*, n°s 33 s.

16. L'affirmation est reprise par d'autres grands textes internationaux, cf. *infra*, n°s 64 s.

17. L. Depret, « L'"enfant noir" », *Mélanges D. Huet-Weiller*, LGDJ, 1994, p. 79 s., sp. p. 85.

18. E. Todd, *L'origine des systèmes familiaux*, NRF, Essais, Gallimard, 2011.

2°) Dans une conception **plus étroite**, la famille est limitée aux personnes vivant sous le même toit : la ***domus*** à Rome, le ménage dans l'Ancien droit. Dans les sociétés occidentales contemporaines, cette seconde conception l'emporte. La famille tend même à se réduire au couple et aux enfants : la famille nucléaire[19] ; et l'on parle (un peu abusivement) de famille pour un ensemble composé d'un homme ou d'une femme vivant seul(e) avec ses enfants.

9. Loi du rétrécissement continu et pluralité des types de famille. – L'histoire de la famille en Occident illustre une évolution que Durkheim appelait la ***« loi du rétrécissement continu de la famille »***[20], que l'on peut résumer en une formule : la famille est passée du clan totémique au cercle conjugal[21]. Encore faut-il nuancer cette vision « évolutionniste ». La loi de rétrécissement continu de la famille se combine avec le principe de ***pluralité des types*** : au même moment et dans un même pays peuvent coexister différents modes de vie en famille. Il existe trois types de famille, plus ou moins vastes : patriarcale, conjugale et alimentaire.

10. 1°) Famille patriarcale. – La famille patriarcale a sa cohésion assurée par une autorité qui, pendant longtemps, fut celle du père de famille. Elle est comprise extensivement : le père, la mère, les enfants, les ascendants (c'est-à-dire les parents, grands-parents, etc.), les petits-enfants et le groupe des collatéraux (frères, sœurs, oncles, neveux, cousins germains, cousins à la mode de Bretagne). Par exemple, le **droit romain** primitif était dominé par la famille patriarcale : la *gens* regroupait les descendants par les mâles d'un ancêtre commun ; elle était moins fondée sur la communauté de sang que sur la dépendance à un même chef : ce qui la caractérisait était d'être soumise à la puissance (*potestas*) du *pater familias*[22], puissance qui, dans les temps primitifs, allait jusqu'au droit de vie et de mort (*jus vitae necisque*). Elle remplissait un rôle économique majeur dans la société romaine, société agraire qui était au stade de l'économie domestique ; elle exerçait aussi un rôle politique considérable, car la vie politique résidait dans des cités composées de familles représentées par des chefs indépendants et souverains. Dans l'**Ancien droit**, l'adoucissement des mœurs, tenant au christianisme, a atténué considérablement l'autorité du *pater familias*. La cohésion du groupe familial a été maintenue par des facteurs économiques et politiques. Économiquement, l'importance qu'avaient les terres dans notre ancienne France expliquait le rôle majeur qu'exerçaient les institutions juridiques destinées à en assurer la conservation dans les familles. Politiquement, la famille était un corps intermédiaire, un de ces organismes qui encadraient la vie de l'individu sous l'Ancien Régime. Cette conception des rapports familiaux ne pouvait survivre à la Révolution, éprise de liberté, d'égalité, et surtout d'individualisme. Les mutations du **XIXe siècle** et de la première moitié du **XXe siècle** sonnèrent le glas de la famille patriarcale : le patriarche n'était plus qu'un personnage de fiction[23] ou un épouvantail pour esprits « progressistes ».

---

19. Nucléaire : noyau ; le noyau dur de la cellule = l'unité familiale élémentaire, c'est-à-dire les parents et les enfants.

20. Comp. les critiques de J. Carbonnier, *Flexible droit*, LGDJ, 10e éd., 2001, *Vis Famille, législation et quelques autres*, p. 275, notamment *V° Types*, p. 291.

21. Dans le clan totémique, la parenté est uniquement fondée sur la communauté de totem, ancêtre plus ou moins mythique, souvent un animal ; la famille n'a alors pour base ni le mariage, ni des données biologiques de consanguinité, mais une mystique culturelle.

22. **Mythologie :** À Rome, Jupiter est le *pater omnipotens*, le dieu tout-puissant. (*Zeus pater*) En Grèce, Zeus maintient l'ordre et la justice dans le monde ; le seul dieu qui ne se laisse pas emporter par ses caprices (sauf dans sa jeunesse (il avait alors martyrisé Prométhée) et lorsqu'il est amoureux, ce qui lui arrive souvent).

23. Comp. la vision abrupte que Balzac, fasciné par l'idée qu'il se faisait de la famille de l'Ancien Régime, donnait de l'évolution de la famille : « *1830 a consommé l'œuvre de 1793. En France, désormais, on aura de grands noms, mais plus de grandes maisons, à moins de changements politiques, difficiles à prévoir. Tout y prend le cachet de la personnalité. La fortune des plus sages est viagère. On a détruit la famille* » (*La cousine Bette, La Comédie humaine*, Pléiade, t. III, 1977, p. 151). En d'autres termes, pour Balzac, ce qui aurait autrefois fait la famille était la fortune ; aujourd'hui, ce seraient les sentiments. La réalité est plus complexe.

La famille patriarcale est tournée vers le passé, ses origines : c'est elle, qui aujourd'hui encore est retenue dans le droit des successions[24] et sa compréhension est large, puisqu'elle va jusqu'aux cousins issus de germains (art. 745).

11. 2°) Famille conjugale. – La famille conjugale voit sa cohésion assurée par l'engagement : ce fut longtemps celui que prenaient les époux à l'occasion de leur mariage. L'engagement est aujourd'hui moins fort à raison de la facilité du divorce, et parce que le mariage est concurrencé par le Pacs où il y a un engagement qui n'engage pas. La famille conjugale est d'une étendue plus restreinte puisqu'elle comprend exclusivement le ménage et les enfants qui vivent avec lui. Elle est ancrée dans le présent, puisqu'elle doit satisfaire au bonheur de ses membres ; elle est aussi tournée vers l'avenir, puisqu'elle a pour mission d'assurer l'éducation des enfants.

3°) Entre ces deux types existent des variétés intermédiaires ; par exemple, la famille au sens de l'obligation alimentaire est définie plus étroitement que la famille au sens des successions *ab intestat* (les frères et sœurs n'y ont pas droit), mais plus largement que la famille au sens conjugal (tous les ascendants peuvent y prétendre).

Aujourd'hui la pluralité des types de famille se conjugue avec la diversité de ses modes de vie.

C. Diversité des familles

12. Pluralisme. – Les conceptions de la famille évoluent dans le temps et dans l'espace, selon les époques et selon les sociétés. Bien plus, au sein d'une société, peuvent exister plusieurs modèles familiaux ou, plus exactement, plusieurs modes de vie en famille[25] : les sociétés occidentales contemporaines se caractérisent par le pluralisme.

13. Familles en mariage, familles hors mariage. – Le modèle traditionnel, celui de la famille fondée sur le mariage (que naguère, avant 2005, on appelait « la famille légitime ») reste dominant. Il est concurrencé par d'autres modes de vie en famille qui ont peu à peu acquis une reconnaissance sociale et parfois juridique. Ainsi, de plus en plus en plus de familles sont hors mariage : des familles, non des unions plus ou moins éphémères ; des familles, *i. e.* des personnes unies par un projet commun de vie. Droit civil, droit social, droit fiscal et parfois droit pénal, encadrent peu à peu ces familles.

De plus en plus de pays occidentaux offrent d'ailleurs aux couples non mariés la possibilité d'opter pour un statut : *Civil Partnership* en Angleterre, partenariat enregistré aux Pays-Bas, alliance en Allemagne, cohabitation légale en Belgique, Pacs en France, etc. Les différences entre les deux types de famille s'estompent, qu'il s'agisse des rapports au sein du couple ou des liens entre parents et enfants. Ainsi les règles encadrant les relations entre parents et enfants, l'autorité parentale, sont aujourd'hui les mêmes pour l'enfant né en mariage et hors mariage. De même, émerge un « droit commun du couple », marié ou non marié. À bien des égards, la fracture ne passe plus entre familles construites en mariage et familles construites hors mariage, mais entre familles unies et familles désunies.

14. Familles unies, familles désunies. – Que les couples soient mariés ou non, le nombre de séparations ne cesse d'augmenter. Le divorce touche aujourd'hui plus d'un mariage sur trois (un mariage sur deux dans les grandes villes) : le mariage n'est plus une garantie de la stabilité du couple. De plus en plus d'enfants vivent dans une famille désunie. Se pose dès lors la question de leur prise en

24. Innovation majeure des dix dernières années : le conjoint survivant (et, très timidement, le partenaire survivant) sont entrés dans le cercle familial successoral.

25. *Infra*, n°s 17 s.

charge, physique, économique et éducative par leurs parents séparés. Le droit français contemporain tend au maintien des liens entre l'enfant et ses deux parents : affaire de couple, la séparation ne doit pas remettre juridiquement en cause les liens de l'enfant avec ses père et mère[26].

15. Familles recomposées, familles monoparentales, familles unilinéaires. – Après séparation, il arrive de plus en plus souvent que des couples se reforment et que les enfants soient élevés au sein de ce nouvel ensemble familial, avec ceux du couple (les demi-frères et demi-sœurs) et ceux de l'un ou de l'autre (que le droit peine à nommer : les « quasi » frères et sœurs dit-on parfois) : une famille **recomposée**[27]. À l'inverse, il est des hommes ou des femmes qui ne « recomposent » pas une nouvelle union et élèvent seuls leurs enfants après la séparation. Parfois, il n'y a jamais eu de vie commune entre les parents. L'enfant est élevé par un seul : une « famille » **monoparentale**. Il arrive même que l'enfant ne soit juridiquement rattaché qu'à un seul de ses parents, et par conséquent qu'à une seule de ses lignées : une famille **unilinéaire**.

16. Famille homosexuelle, famille homoparentale. – Un des phénomènes marquants des vingt cinq dernières années est l'accroissement des couples de même sexe en Occident[28]. Non que des couples homosexuels n'aient jamais existé par le passé[29], mais la réprobation sociale qui entourait l'homosexualité et, parfois, la répression pénale qui la frappait, les rendaient exceptionnels et commandaient qu'ils fussent socialement et, surtout, juridiquement invisibles[30]. Les sanctions pénales ont disparu[31]. Au-delà de la liberté et de l'égalité reconnues aux homosexuels en tant que personnes, certains États ont estimé juste et nécessaire de construire des statuts pour les couples de même sexe. Dans un premier temps, il ne fut question que de créer un statut légal, à côté du mariage, qui ouvrirait aux couples homosexuels un certain nombre de droits civils, sociaux et fiscaux. Parti des pays scandinaves, le mouvement s'est peu à peu étendu en Europe, en Amérique du Nord et en Australie[32]. Mais bientôt est apparue une autre revendication : l'ouverture du mariage aux couples homosexuels[33].

---

26. *Infra*, n° 1608.

27. Sur lesquelles, M.-T. Meulders-Klein et I. Théry (ss. dir.), *Les recompositions familiales aujourd'hui*, Nathan, 1993 ; *Quels repères pour les familles recomposées ?*, LGDJ, 1995. *Adde* M. Rebourg, *La prise en charge de l'enfant par son beau-parent*, thèse, Defrénois, 2003.

28. Cf. *Homosexualité et droit*, D. Borillo (ss. dir.), PUF, 2e éd., 1999.

29. Pour une perspective historique, cf. F. Leroy-Forgeot, *Histoire de l'homosexualité en Europe*, PUF, 1997 ; J. Boswell, *Les unions du même sexe dans l'Europe antique et médiévale*, Fayard, 1996. Les discours traditionnels sur l'antiquité classique sont très ambigus. Les Grecs admettaient les relations entre un jeune garçon et un homme mûr ; mais ils considéraient avec mépris les relations homosexuelles entre adultes. Aujourd'hui les relations entre un majeur et un mineur sont regardées avec horreur ; et l'on revendique la normalité d'une vie de couple entre adultes de même sexe.

30. L'homosexualité a été très fortement réprouvée par la tradition judéo-chrétienne. Ex. : Lévitique 18 : 22 : « *Tu ne coucheras pas avec un homme comme on couche avec une femme. C'est une abomination* ». Le concile de Naplouse (1120) décida que l'homosexuel devrait être brûlé vif, par référence à l'histoire biblique de Sodome. À partir du Code pénal de 1791 la sodomie disparut des crimes punissables, d'abord en France puis, parfois tardivement, dans les autres pays occidentaux.

31. En France, depuis Napoléon, le droit pénal n'incriminait plus les relations homosexuelles entre adultes consentants. D'autres pays ont attendu la fin du XXe siècle pour mettre fin à de telles incriminations (sur la jurisprudence de la Cour européenne des droits de l'homme, F. Sudre *et al.*, *Les grands arrêts de la CEDH*, PUF, 7e éd., 2015, et réf. cit.).

32. *Infra*, n° 350 s.

33. *Infra*, n° 107 s.

Le premier pays à l'avoir fait furent les Pays-Bas (2000), bientôt suivis par la Belgique (2003), l'Espagne (2005), le Canada (2005), l'Afrique du sud (2006), la Norvège (2006), la Suède (2009), le Portugal (2010), l'Islande (2010), l'Argentine (2010), le Danemark (2012), l'Uruguay (2012), le Brésil (2013), la Nouvelle-Zélande (2013), le Royaume-Uni (2014), le Luxembourg (2014), l'Irlande (à la suite d'un référendum en 2015) et la Slovénie. En France, aux termes de débats qui ont profondément divisé la société, le « mariage pour tous » a été introduit par une loi du 17 mai 2013[34]. Aux États-Unis, comme dans bien d'autres pays[35], le débat a fait rage pendant des années, jusqu'à ce que la Cour suprême, dans un arrêt *Obergefell et al. v. Hodges, director, Ohio department of Health, et al.*[36] du 26 juin 2015 légalise ce type d'union. Franchissant un pas de plus, certains ont réclamé la possibilité pour les couples de même sexe d'adopter un enfant ou de recourir aux procréations médicalement assistées pour donner au couple un enfant. La plupart des pays ayant accepté le mariage « pour tous » ont également permis l'adoption et, pour certains, l'assistance médicale à la procréation[37]. En France, la loi du 17 mai 2013 a ouvert l'adoption, considérée comme un « effet » du mariage[38] ; mais l'accès aux PMA reste réservé aux couples (mariés ou non mariés) de sexe différent[39].

Longtemps, on a hésité à parler de « famille homosexuelle » et plus encore de « famille homoparentale ». Après maintes hésitations, la CEDH a admis que la situation de deux personnes de même sexe vivant en couple devait être protégée non seulement au titre de la vie privée, mais aussi à celui de la vie familiale[40]. Si cette vie de couple est fondée sur le mariage ou sur une forme de partenariat qui crée un lien d'alliance (cf. les partenariats allemand ou autrichien), on peut parler, même si l'expression est ambiguë, de « famille homosexuelle » ; lorsque des enfants vivent au sein de cette union, qu'ils soient rattachés au couple ou à l'un de ses membres seulement, on peut parler, de façon tout aussi ambiguë, de « famille homoparentale ». Quoiqu'elle s'inscrive en apparence dans des institutions juridiques traditionnelles, la reconnaissance de la « famille homosexuelle » et de la « famille homoparentale » bouleverse les conceptions millénaires sur lesquelles était construit le droit de la famille : elle conduit à redéfinir les notions d'alliance et de parenté[41].

17. Qu'est-ce qui « fait famille » ? – La diversité des modes de vie en couple ou « en famille » conduit à s'interroger sur ce qui « fait famille ». La famille suppose-t-elle la présence d'enfant ? Le couple ne devient-il famille que lorsqu'il donne naissance ou prend en charge un enfant ? Dans ce cas, les frontières entre couples

34. 10 000 des 243 000 mariages célébrés en 2014 ont uni des personnes de même sexe, majoritairement des hommes. Sur cette loi, cf. *infra*, n° 163 s.

35. Au Mexique ou en Italie par ex., cf. *infra*, n° 107 s.

36. Cf. *infra*, n° 107.

37. Cf. *infra*, n° 966. Mais les deux questions peuvent être déconnectées (sous réserve qu'il n'y ait pas de discrimination : la CEDH veille...) : l'Allemagne permet l'adoption par un couple de personnes de même sexe, mais ne connaît que le partenariat enregistré, statut parallèle au mariage, réservé aux homosexuels. Quant à Malte, qui jusqu'en 2011 interdisait le divorce, il ne lui a fallu que quelques mois pour admettre, dans la foulée, l'union civile et l'adoption par les couples de personnes de même sexe.

38. Sur les ambiguïtés de cette présentation, cf. *infra*, n° 1406.

39. Cf. *infra*, n° 1023 s.

40. ** CEDH, 24 juin 2010, *Schalk et Kopf c. Autriche* (cf. *infra*, n° 107-4). Selon la Cour, la notion de famille « *ne se réduit pas aux relations fondées sur le mariage, mais englobe d'autres liens familiaux* de facto, *où des personnes vivent ensemble en dehors du mariage* » ; au vu de l'évolution rapide des mœurs, des lois nationales et des textes communautaires, elle estime qu'il « *est artificiel de maintenir le point de vue selon lequel, par opposition aux couples de sexe différent, un couple de même sexe ne peut bénéficier de la "vie familiale" sur le fondement de l'article 8. En conséquence, la relation entre les requérants, une relation de fait stable, relève de la notion de "vie familiale", tout comme le ferait la relation d'un couple de sexe différent dans la même situation* ».

41. Cf. *infra*, n° 94.

mariés et couples non mariés, entre couples hétérosexuels et couples homosexuels, s'estomperaient au profit d'une distinction entre couples (mariés, non mariés, hétérosexuels, homosexuels) et famille dès que d'une façon ou d'une autre ce couple élève un enfant (un enfant juridiquement commun, à défaut de l'être biologiquement, ou l'enfant d'un des « partenaires »).

18. L'enfant, source du lien familial ? – À bien des égards, le droit contemporain de la famille semble s'orienter dans cette voie. Alors qu'autrefois les lois étaient construites sur le mariage, d'où découlaient la filiation, l'autorité parentale et les obligations alimentaires[42], elles tendent aujourd'hui à distinguer le couple et les enfants : pour les premiers, s'ébauche un droit commun de la vie en couple, en mariage ou hors mariage ; pour les autres, les règles sont devenues peu à peu identiques. En quelque sorte, dans les sociétés contemporaines, ce serait l'enfant qui « fait famille ». Il y aurait ainsi un renversement total de perspective : ce ne serait plus le couple qui, par le mariage, fonde la famille, mais l'enfant, seul élément stable dans des nébuleuses familiales en perpétuelle évolution, qui créerait la famille[43].

19. Mariage et famille. – Le propos doit être nuancé. Ainsi, en droit français, le mariage n'est pas un simple cadre, parmi d'autres, de la vie en couple : à la différence des unions hors mariage, fussent-elles juridiquement organisées comme le Pacs, le mariage porte en lui les enfants qui en naîtront ou qui pourraient en naître. Il est l'acte créateur d'une famille. Le mariage fonde une famille, car les enfants qui en naîtront seront automatiquement rattachés à leur mère et à son mari par le jeu de la présomption de paternité[44]. Il fonde une famille car il crée un lien d'alliance entre deux familles qui, ainsi, s'unissent en une nouvelle famille. Le concubinage ne crée par lui-même aucun de ces liens. Qu'il y ait union libre ou partenariat, les concubins forment seulement un couple[45]. Si par la suite naissent des enfants, ce seront eux qui feront du couple une famille, par les liens de parenté et d'alliance qui seront créés à partir d'eux. Hors mariage ce sont les enfants qui fondent la famille. En mariage, c'est la célébration même de l'union qui constitue l'acte fondateur de la famille[46].

Reste à savoir si dans un monde où les repères s'effacent, la famille, au sens juridique du terme, n'est pas en train de se diluer dans le concept flou de vie familiale[47].

---

42. Cf. encore aujourd'hui la réglementation des obligations alimentaires au titre « des obligations qui naissent du mariage », art. 203 et s. Sur cette présentation quelque peu archaïque, cf. *infra*, n° 1741 s.

43. Rappr. les débats sur la régularisation des familles « sans papiers », dont les enfants sont scolarisés : c'est l'enfant, qui, au nom de la protection de la vie familiale, ouvre droit à un statut. Renversement de perspective.

44. Les liens entre mariage et famille sont si étroits qu'avec l'approbation du Conseil constitutionnel, le législateur français de 2013 a ouvert l'adoption aux époux de même sexe au titre des effets du mariage. Le raisonnement tenu à l'époque était pourtant incohérent. Le « mariage pour tous » fut consacré au motif que le mariage aurait changé dans sa nature même : il ne serait plus tourné vers les enfants, mais serait avant tout la consécration sociale de l'engagement de deux personnes qui s'aiment. Or à peine a-t-on consacré le mariage statut du couple qu'on lui attacha des effets en matière de parenté. Cf. *infra*, n° 107.

45. Peut-être conviendrait-il de mettre à part les partenariats construits sur le modèle du mariage pour les seuls couples homosexuels (cf. les partenariats allemands et autrichiens), dans la mesure où ils offrent l'accès à l'adoption et créent des liens de parenté. Certains des pays qui connaissaient ce type de statut de substitution les ont supprimés lorsqu'ils ont ouvert le mariage lui-même aux couples de même sexe, cf. *infra*, n° 453.

46. *Infra*, n° 235.

47. *Infra*, n° 20.

D. Famille et « vie familiale »

20. Un concept souple et évolutif. – De nombreuses situations sont aujourd'hui protégées au nom du droit au respect de la vie familiale, alors que l'on hésiterait à parler de « famille » pour désigner le groupe que forment les intéressés[48].

Le concept de vie familiale est présent en droit interne : le droit de mener une vie familiale normale résulte selon le Conseil constitutionnel du 10e alinéa du Préambule de la Constitution de 1946 qui dispose : « *La Nation assure à l'individu et à la famille les conditions nécessaires à leur développement* ». La Haute Juridiction a ainsi reconnu le droit des étrangers à mener une vie familiale normale[49] et différents textes du Code de l'entrée et du séjour des étrangers en France en garantissent la protection[50]. Le Conseil constitutionnel et le législateur français se sont gardés d'en donner une définition[51].

L'expression a pris son essor avec la jurisprudence que la CEDH a développée autour de l'article 8 de la Convention EDH : « *Toute personne a droit au respect de sa vie privée et familiale*[52] ». Le texte a fait l'objet d'une interprétation « dynamique » et « évolutive[53] » afin de tenir compte de l'évolution des mœurs et des nécessités sociales, la Convention constituant, selon la Cour « *un instrument vivant à interpréter à la lumière des conditions de vie actuelle* »[54].

La vie familiale suppose un lien et des relations. Le lien protégé peut être un lien de parenté ou d'alliance, lien juridiquement consacré ou lien *de facto*[55]. Entre ainsi dans le champ de l'article 8 le lien de filiation qui relie l'enfant à son père et/ou à sa mère, peu important la nature ou la qualité, au sens juridique, de cette filiation (famille fondée sur le mariage, famille fondée hors mariage[56], famille monoparentale[57], famille adoptive[58]). Au-delà, la protection s'étend aux

---

48. Pour une approche sociologique, I. Théry, *Approche sociologique de la notion de « vie familiale » : la question des définitions in Le droit au respect de la vie familiale au sens de la Convention européenne de droits de l'homme*, F. Sudre (ss. dir.), Nemesis-Bruylant, 2002, p. 61 s.

49. Décision 13 août 1993 préc., Décision n° 96-377, 16 juillet 1996, *JCP* G 1997.I.4023, n° 26, obs. B. Mathieu et M. Verpeau. Selon le Conseil, les conditions d'une vie familiale normale s'apprécient au regard des conceptions françaises (en conséquence, les dispositions législatives excluant les polygames du bénéfice du regroupement familial n'ont pas été jugées contraires à la Constitution).

50. C. étrangers, art. L. 313-11 prévoyant dans différentes hypothèses la délivrance d'une carte de séjour temporaire portant la mention « vie privée et familiale » (conjoint d'un Français, parent d'un enfant français, étranger résidant habituellement en France depuis plus de dix ans, étranger mineur résidant en France depuis l'âge de 13 ans, etc.) ou art. L. 511-4, protégeant (sauf cas particuliers) contre une mesure d'éloignement l'étranger marié à un ressortissant français ou parent d'un enfant français.

51. Sauf à faire observer qu'en droit des étrangers, la conception de la famille est plutôt traditionnelle, reposant essentiellement sur le mariage monogamique.

52. Cf. not. F. Sudre (dir.), *Le droit au respect de la vie familiale au sens de la Convention européenne de droits de l'homme*, Nemesis-Bruylant, 2002.

53. F. Sudre, *Droit européen et international des droits de l'homme*, PUF, 9e éd., 2008, n° 224.

54. **CEDH, *Marckx c/Belgique*, 13 juin 1979, § 58, *GA CEDH*, n° 42 et réf. cit.

55. Cf. CEDH, 13 juin 1979, *Marckx c. Belgique* ou 15 mars 2012, *Gas et Dubois c. France* : « *La question de l'existence ou de l'absence d'une "vie familiale" est d'abord une question de fait qui dépend de l'existence de liens personnels étroits* ».

56. Cf. arrêt *Marckx*, préc. Peu importe que l'enfant soit né d'une relation adultère, cf. CEDH, 10 décembre 1986, *Johnston c. Irlande* ou 27 octobre 1994, *Kroon c. Pays-Bas*.

57. Arrêt *Marckx*, préc.

58. Cf. CEDH, 22 juin 2004, *Pini et Bertani c. Roumanie* ou 28 juin 2007, *Wagner et J.M.W c. Luxembourg*.

rapports entre l'enfant et sa parenté : grands parents[59], frères et sœurs[60], oncle et neveu[61], etc.[62]. Le lien pris en considération peut être encore à construire : tel est le cas notamment lorsque le requérant se bat, précisément, pour le faire reconnaître[63], ses efforts prouvant le caractère effectif du lien[64]. Quant au lien d'alliance, il peut s'agir aussi bien du mariage[65] que d'un partenariat enregistré ou d'un concubinage[66]. Dans l'arrêt *Schalck et Kopf c. Autriche*[67], la Cour a admis que la relation de deux personnes de même sexe vivant en couple devait être protégée non plus seulement au titre de la vie privée, mais aussi à celui de la vie familiale[68]. Au-delà des liens de couple, ce sont les relations entre l'enfant et ses « beaux-parents » qui entrent dans le champ de l'article 8[69].

Encore faut-il qu'au-delà des liens de droit ou de fait, des relations personnelles existent entre les intéressés. Très vite, la Cour a admis que des relations constitutives d'une vie familiale protégée pouvaient se développer à travers la cohabitation (l'existence d'une cohabitation étant souvent un élément décisif pour prouver l'existence et la réalité du lien[70]), mais aussi hors cohabitation : selon la Cour, d'autres faits peuvent être pris en considération[71] ; et bien sûr, la rupture de la vie commune ne met pas fin *ipso facto* à la vie familiale, notamment en cas de séparation des parents[72] : au juge d'apprécier s'il existe des éléments constitutifs de relations ayant suffisamment de constance et de substance pour créer des liens familiaux *de facto*.

Les relations prises en compte sont non seulement des relations réelles, mais aussi des relations potentielles : tel est le cas lorsque la constitution d'une vie familiale était souhaitée mais qu'elle n'a pu se développer. Il en irait ainsi d'un père qui se serait heurté au refus de la mère ou à celui de l'administration à laquelle l'enfant avait été confié[73]. Il en irait de même pour la mère

59. CEDH, 13 juillet 2004, *Pla et Puncernau c. Andorre*.

60. CEDH, 24 avril 1996, *Boughami c. France*.

61. *CEDH, 3 mai 2011, *Negrepontis-Giannisis c. Grèce*.

62. En droit des étrangers, il semble que la Cour soit traditionnellement plus restrictive. Mais sans doute faut-il y voir la conséquence des fortes contraintes qui marquent la matière.

63. Cf. CEDH, 26 juin 2014, *Labassée c. France* et *Mennesson c. France*, *infra*, n° 1036 : la Cour rappelle que « *ce qui importe, c'est la réalité concrète de la relation entre les intéressés* ».

64. Cf. *infra*.

65. Cf. CEDH, 22 mars 1992, *Beldjoudi c. France*, qui parle de « *vie familiale d'époux* ».

66. Cf. CEDH, 7 mai 2013, *Boeckel et Gessner Boeckel c. Allemagne*.

67. **CEDH, 22 juillet 2010, *Schalck et Kopf c. Autriche*.

68. Cf. *infra*.

69. Même si la situation est à bien des égards atypique : cf. CEDH, 22 avril 1997, *X. Y. Z. c. Royaume-Uni* : la Cour qualifie de liens familiaux *de facto* et protégés par l'article 8 au titre de la vie familiale les liens unissant un transsexuel, né de sexe féminin, sa compagne et l'enfant de celle-ci, né par insémination artificielle avec tiers donneur. La Cour se fonde sur l'effectivité des liens et sur les « apparences » : X « *mène une vie sociale d'homme* », « *assume aux yeux de tous* » le rôle de partenaire masculin et « *se comporte à tous égards comme le "père" de Y* ».

70. Cf. arrêt *Marckx*, préc.

71. Cf. CEDH, 27 octobre 1994, *Kroon c. Pays-Bas* : « *Bien qu'en règle générale, une cohabitation puisse constituer une condition d'une telle relation, exceptionnellement d'autres facteurs peuvent servir à démontrer qu'une relation a suffisamment de consistance pour créer des "liens familiaux"* de facto *; tel est le cas en l'espèce puisque quatre enfants sont nés de la relation entre Madame Kroon et M. Zerrouk (...)* ».

72. Cf. CEDH, 21 juin 1988, *Berrehab c. Pays-Bas*. L'arrêt du 1er juin 2004, *Lebbink c. Pays-Bas* rappelle que « *la notion de vie familiale au sens l'article 8 de la Convention ne se borne pas aux seules relations fondées sur le mariage et peut englober d'autres liens "familiaux" factuels lorsque les parties cohabitent en dehors du mariage. Une telle relation s'insère de plein droit dans cette "cellule familiale"* » ; La Cour constate que l'enfant n'avait pas été reconnu par son père qui se heurtait à l'opposition de sa mère ; il n'y avait pas non plus cohabitation, les parents vivant séparés ; elle relève néanmoins plusieurs éléments qui caractérisent l'existence d'une vie familiale effective.

73. Cf. CEDH, 26 mai 1994, *Keegan c. Irlande* ou 26 février 2004, *Görülü c. Allemagne* : dans cette dernière affaire, le père, séparé de la mère, n'avait appris la naissance de l'enfant... qu'après sa remise en vue de l'adoption ; la Cour reconnaît l'existence d'une vie familiale alors qu'il n'y avait ni parenté établie, ni effectivité : mais le lien de parenté biologique était incontesté et le père n'avait eu de cesse de créer des liens de droit et des relations personnelles avec l'enfant.

qui souhaiterait revenir sur l'abandon de son enfant[74]. La notion de vie familiale est donc souple et plastique. À la limite, il peut y avoir deux vies familiales simultanées pour un même enfant[75]...

21. Dilution et dilatation de la vie familiale. – Il y a, a-t-on dit, « dilatation » de la notion de vie familiale[76] qui s'étend à un ensemble de situations de droit et de fait diverses et mouvantes. Le concept est d'autant plus flou que ses frontières avec celui de vie privée, également visé par l'article 8, sont de plus en plus poreuses : à tel point que l'on parlé de « dilution »[77] de la notion de vie familiale dans une nébuleuse « vie privée et familiale ». La Cour a d'ailleurs affirmé qu'il n'est pas nécessaire de déterminer si le droit en cause se rapporte à la notion de vie privée ou de vie familiale, l'essentiel étant que l'article 8 soit applicable[78]. Une telle évolution permet d'étendre le champ de la protection, mais brouille les repères[79]. Ce qui, paradoxalement, assure le succès de la notion. Alors que se diversifient les formes de vie en famille et que nul n'ose donner de définition de la famille[80], la notion de « vie familiale » permet d'embrasser toutes sortes de situations dans lesquelles l'effectivité se marie à l'affectivité.

II. — Un phénomène de civilisation

22. Polémiques. – Plus encore que les autres institutions, la famille suscite la curiosité et les polémiques des contemporains : on l'a vu en France avec les débats autour du « mariage pour tous ». Si vive et abondante soit-elle, la littérature juridique est pâle à côté de la place qu'occupent ici les autres sciences humaines – sociologie, démographie, anthropologie, psychanalyse, psychologie, médecine, biologie, philosophie, morale –, sans compter l'homme de la rue et surtout les journalistes. Plus que jamais, la naissance et la mort, l'union des sexes, la vie en couple, la procréation, l'éducation des enfants, la condition de la femme, l'homosexualité et le divorce sont devenus un débat fondamental de la pensée, de la passion et du militantisme.

23. Les mots et la famille. – Dans la famille, il y a, plus que partout ailleurs, un échange constant entre les mots et le droit. Les modifications du langage juridique traduisent une évolution du droit ; parfois elles sont une manière de ne rien changer : on se paye de mots. Elles dépendent aussi de l'évolution du langage contemporain et de ses modes[81].

74. Cf. CEDH, 10 avril 2008, *Kearns c. France*, pour un accouchement sous X, ou 13 janvier 2009, *Todorova c. Italie*. *Adde* CEDH, 22 juin 2004, *Pini et Bertani c. Roumanie* : des couples italiens avaient obtenu un jugement d'adoption, mais ils s'étaient heurtés au refus de l'orphelinat roumain de leur remettre les enfants et à la mauvaise volonté des autorités roumaines pour faire exécuter les décisions de justice ; bien qu'il n'y ait eu que quelques rencontres entre adoptants et adoptés, la Cour estime qu'il y a bien vie familiale.

75. Cf. arrêt *Görgülü c. Allemagne*, préc : vie familiale avec les époux auxquels l'enfant avait été confié en vue de l'adoption, vie familiale avec le père qui se battait pour que l'enfant lui soit restitué.

76. F. Sudre, « La "construction" par le juge européen du droit au respect de la vie familiale », *in Le droit au respect de la vie familiale au sens de la Convention européenne de droits de l'homme, op. cit.*, p. 11 s.

77. *Ib.*

78. Cf. CEDH, *Elli Dödsbo c. Suède*, 17 janvier 2004, n° 61564/00.

79. M.-T. Meulders-Klein, « Vie privée, vie familiale et droits de l'homme », *RID comp.* 1992.767.

80. Sinon de façon négative, pour affirmer qu'elle ne se réduit pas au modèle traditionnel de la famille « légitime ».

81. L. Leveneur, « Le choix des mots en droit des personnes et de la famille », *in Les mots de la loi*, N. Molfessis (ss. dir.), Economica, 1999, p. 11 s. ; A. M. Leroyer, « Langage du droit et terminologie juridique », in *Regards sur le droit*, dir. Fr. Terré, Dalloz, 2010, 27 et s. ; ex : « *Cette évolution vers plus de liberté rejaillit sur le vocabulaire, car on aborde de plus en plus couramment le droit de la famille à travers l'idée de lien. Les institutions familiales en sont fragilisées, car, d'évidence, un lien peut être*

Dans la famille contemporaine, il y a des changements, des disparitions et des créations d'institutions, qu'exprime la vie des mots. Par exemple, les « bâtards » ont disparu en 1790 et les « enfants naturels » en 2005 ; dans le mariage, on ne parle plus de « cohabitation » entre époux, mais de « *communauté de vie* » ; dans le divorce, plus de « pension alimentaire », mais de « *prestation compensatoire* » ; dans les rapports entre parents et enfants, plus de « puissance paternelle », mais d'« *autorité parentale* ». On ne parle plus de concubine, mais de compagne, de partenaire ou d'amie (parfois « petite »), ou de « copine », ou de personne à charge, ou qui vit « maritalement » au foyer. On ne parle plus guère de morale, mais d'éthique. Sémantiquement, la morale et l'éthique sont pourtant la même chose : l'une est latine, l'autre grecque. Mais il y a de grandes différences : par exemple, celle-ci : la morale commande, elle est un impératif catégorique : elle ordonne sans condition ; l'éthique recommande et est fondée sur l'utilitarisme, variable par définition, un compromis entre la morale et l'intérêt ; comme le disent brutalement les Américains : *Ethics pay*[82].

Parfois, on se paye de mots. Souvent aussi, le langage juridique de la famille suit les modes de la langue contemporaine : l'euphémisme, le contre-mot, le pédantisme, le sexisme et surtout le verbalisme.

Afin de lénifier les réalités par la douceur des mots, on use d'euphémismes, espérant, peut-être, faire naître une idéologie nouvelle[83]. Par exemple, on ne parle plus de... concubinage, mais de cohabitation (juvénile, oubliant la cohabitation sénile, moins brillante)[84]..., plus d'avortement, mais d'interruption volontaire de grossesse, ou même d'IVG..., de procréation médicalement assistée (PMA), plutôt que de procréation artificielle, de gestation pour autrui (GPA) et non de mère porteuse... Demain, on parlera peut-être de cessation anticipée du mariage plutôt que de divorce[85]. On parlait naguère de « légitimation » par autorité de justice, même s'il n'existait ni mariage, ni aucune famille pour accueillir l'enfant : le mot ne signifiait plus rien[86]. À l'extrême, on parvient au contre-mot[87].

24. Des sexes en tous genres ? – À l'inverse, plus que les canonistes médiévaux[88] et au contraire des civilistes classiques, beaucoup d'auteurs contemporains parlent sans détours et parfois avec obsession du sexe. Notre époque est particulièrement attentive à la sexualité, qui n'est pas d'un ordre seulement biologique, mais touche au plus intime de la personnalité et en commande les traits fondamentaux[89].

Dans les années 1950 est née aux États-Unis la théorie du *gender* ; depuis 1970 elle s'est vulgarisée dans les pays occidentaux : la masculinité et la féminité ne seraient pas déterminées par une identité sexuelle, mais par la culture : l'« orientation sexuelle » serait librement choisie par chaque être et se substituerait à l'identité sexuelle ; ce qui compterait dans l'« orientation

rompu : le "mariage" devient le "lien conjugal", la "filiation" devient le "lien parental" et la "succession légale", le "lien successoral" ».

82. A. Etchegoyen, *La valse des éthiques*, F. Bourin, 1991.

83. J.-L. Sourioux et P. Lerat, « L'euphémisme dans la législation récente », *D.* 1983, chron. p. 221.

84. *Infra*, n° 251.

85. Cf. l'ironie de J. Carbonnier, préf. à J. Massip, *La réforme du divorce*, éd. Defrénois, 3e éd., 1986, p. 6 : « *Il y a des mots qui font mal ; pour ôter l'effet de stigmatisation, ne parlez plus de divorce, mais de cessation anticipée de mariage ; plus d'époux divorcés, des diezeugmènes.* »

86. *Infra*, n° 1389.

87. Le contre-mot était une image de George Orwell dans son roman de fiction politique *1984* (1948) ; ex. : le ministère de la guerre s'appelle le ministère de la paix ; le ministère du rationnement s'appelle le ministère de l'abondance ; le ministère de la police s'appelle le ministère de l'amour ; la guerre, c'est la paix, etc. Cf. aussi les sorcières de *Macbeth* : « *Fair is foul and foul is fair.* » On en trouve des illustrations dans la législation contemporaine de la famille ; ex. : la loi *Veil* du 17 janvier 1975 sur *l'interruption volontaire de grossesse* (l'avortement) commence par une profession de foi, aux antipodes de ce qu'elle décide : art. I. « *La loi garantit* (sic) *le respect de tout être humain dès le commencement de la vie.* »

88. *Infra*, n° 120.

89. Ex. Fr. Caballero, *Le sexe et le droit*, LGDJ, 2010, exalte la liberté sexuelle et fustige les lois qui l'encadrent ; v. *Les personnes, la protection des mineurs et des majeurs*, coll. Droit civil.

sexuelle », ce serait donc les différences culturelles. C'est un peu ce qu'avait dit Simone de Beauvoir : « *on ne naît pas femme, on le devient* ». Depuis quelques années, le renouveau des études sur le genre en France a conduit à réexaminer les institutions juridiques traditionnelles[90].

25. Mentalités. – Le droit de la famille dessine la vie quotidienne et la trame profonde d'une société : il en est la constitution civile[91]. Toutes ses modifications sont liées à un changement de mœurs et précédées, à plus ou moins long terme, par un changement des mentalités.

Qu'un enjeu religieux soit en cause est évident dans le mariage. Le catholicisme affirme son indissolubilité qui met en jeu sa conception de la vie humaine : les hommes ont-ils été engendrés pour la terre et le temps, ou pour le ciel et l'éternité ? En dehors de toute préoccupation religieuse, le mariage dépend de l'idée que chacun peut se faire de l'amour. Quels sentiments, quel amour dans le couple ? Celui de Claudel, dans le Soulier de satin « *la promesse qui ne peut être tenue* » ? ou l'amour-passion de Tristan et Iseult : « *Seigneurs, vous plaît-il d'entendre un beau conte d'amour et de mort* » ? L'amour est lié à la mort, la famille est liée à la mort, le droit de la famille a toujours, en contrepoint, une certaine idée de la mort[92].

C'est aussi « faire un choix de société » que de décider si l'éducation des enfants est l'affaire de la famille (du père, ou de la mère, ou des deux ensembles), ou de l'État. Les rapports de l'homme et de la femme sont aussi un élément essentiel d'une civilisation : selon le mot un peu facile d'Aragon, en Europe, « *l'avenir de l'homme c'est la femme* ». On pourrait en dire autant de toutes les règles du droit de la famille : l'âge du mariage, l'indépendance ou la dépendance des enfants, la place des enfants né hors mariage dans la famille, la condition civile des majeurs protégés ; même si d'apparence, elles sont mineures et techniques, comme le régime du nom et des prénoms.

26. Pour ou contre la famille. – La défense de la famille et de ses valeurs est un thème éternel qui relève souvent des discours politiques d'estrade. « *Où peut-on être mieux qu'au sein de sa famille ?*[93] » : une chanson que nous aimons chanter. Il y a aussi les dissidents de l'anti-famille : « *Familles, je vous hais* »[94]. Pour eux, la famille est un lieu où les maris battent et assassinent leur femme, les pères abusent de leur fille, exploitent et frappent leurs enfants, un milieu de haine, d'exploitation, de querelles incessantes et de violence ; ou bien un lieu où les parents étouffent et détruisent leurs enfants par un excès d'amour. Pour certains (mais la mode a passé), le lieu de rêve, ce serait la crèche organisée par l'État, le jardin d'enfants organisé par l'État, l'école et l'internat organisés par l'État : la plus belle des familles serait-elle donc l'État ? à la place du rêve, il y a souvent le cauchemar, *Big Brother*.

---

90. Cf. S. Hennette-Vauchez, M. Pichard et D. Roman (dir.), *La loi et le genre*, CNRS éditions, 2014.

91. J. Carbonnier, *Introduction*, n° 16.

92. L. Aragon, *Elsa* : « *Il est plus facile de mourir que d'aimer*
C'est pourquoi je me donne le mal de vivre mon amour... »

93. G. K. Chesterton, *Heretics* (vu par A. Maurois, *Magicien et logicien*, Grasset, 1935, p. 161) : « *L'institution de la famille doit être louée pour les mêmes raisons que celles de la nation ou de la ville. Il est bon pour un homme de vivre en famille, de même qu'il est bon et plaisant pour un homme d'être bloqué par la neige dans une rue. Ces expériences le forcent à comprendre que la vie est une chose, non du dehors, mais du dedans. Les écrivains modernes qui ont critiqué la famille ont suggéré que ce n'est pas une bonne institution parce qu'elle n'est pas toujours harmonieuse ; mais la famille est une bonne institution précisément parce qu'elle n'est pas harmonieuse. Elle est saine parce qu'elle contient tant de divergences et de variétés* ». Plus classique, Balzac, *Le Curé de village*, in *La Comédie humaine*, Pléiade, t. IX, 1978, p. 824 : « *Il n'y a de solide et de durable que ce qui est naturel et la chose naturelle en politique est la Famille. La Famille doit être le point de départ de toutes les institutions.* »

94. A. Gide, *Les nourritures terrestres* : « *Familles ! je vous hais ! Foyers clos : portes refermées ; possessions jalouses du bonheur* » ; cf. la dialectique subtile de J. Carbonnier, *Flexible droit*, *op. cit.*, *supra* ; « Une famille, par exemple », p. 266 s., sp. p. 272 ; « *Il faut croire profondément au bonheur pour le reprocher aux gens heureux, et au bonheur familial pour en faire grief aux familles. Car c'est cela le souffle de l'admirable texte : non point la haine des foyers clos, mais la douleur de ne pouvoir y entrer.* »

27. Facteurs extra-juridiques. – Il n'existe pas de domaine où les règles juridiques dépendent aussi étroitement de données politiques, morales et économiques : les choix politiques, les transformations industrielles et économiques, l'urbanisation intense, le travail des femmes, le développement de l'instruction, l'effet multiplicateur des *mass-médias*, la mobilité des individus, les découvertes biologiques et médicales, la maîtrise de la fécondité, le prolongement de la durée de la vie humaine, le développement de la sécurité sociale, l'élévation du niveau de vie, les données démographiques, l'immigration, les changements de mentalités, les sentiments contemporains de l'angoisse et de l'échec, l'extension des loisirs, le renouveau et les indifférences religieuses, l'héritage de l'histoire, l'influence des sociétés étrangères, etc. En simplifiant beaucoup, n'en seront retenus que deux, les facteurs économiques et les données anthropologiques.

28. 1°) Causes économiques, histoire sociale. – On a voulu expliquer les changements de la société par les étapes successives de l'histoire sociale[95]. Les civilisations agraires (antérieures à la révolution industrielle) auraient suscité la *gens* ou le lignage, lié à la terre – vastes foyers où plusieurs générations cohabitent dans une même unité de production. La révolution industrielle qui commence au début du XIXe siècle aurait fait apparaître la famille conjugale ; la bourgeoisie au XIXe siècle aurait fait de la famille un instrument d'acquisition et d'accroissement des fortunes, particulièrement foncières : par exemple, le mariage aurait été une stratégie économique, ce qui était très saisissant dans Balzac. La société post-industrielle (aujourd'hui encore confuse : la mondialisation des échanges, les nouvelles technologies de communication, la biologie, etc.) aurait entraîné l'effondrement de la famille nucléaire : la crise du mariage (développements du divorce et de l'union libre), la réduction des autorités familiales traditionnelles (les parents et les soutiens habituels de la famille : État, école) et l'effondrement de la natalité (refus de l'enfant, « *child-free* »). Mais qui peut aujourd'hui prédire l'avenir de la famille ?

29. 2°) Anthropologie : structuralisme. – L'anthropologie contemporaine a une attitude inverse : ce ne serait pas la société qui influence la famille, mais le contraire : les « structures » familiales seraient la cause des « structures sociales ». Contrairement à ce que l'on enseigne habituellement, la forme de la famille ne dépendrait pas des structures de la société ou de l'État, ou de données économiques, religieuses, culturelles, ethniques, géographiques, ou de l'organisation du travail : au contraire, la structure de la famille commanderait le régime d'une société, son idéologie politique, son économie, sa culture, sa démographie et son développement. En fait, comme dans bien d'autres domaines, il y a des interactions entre la famille et la société dans laquelle elle se développe.

§ 2. La famille et le droit

30. Des relations complexes. – Famille et droit entretiennent des relations complexes. Pour tenter de les éclairer, il convient de s'intéresser aux rapports entre les trois composantes fondamentales que sont la famille, la collectivité et l'individu (I), puis de s'interroger sur le rôle du droit dans la famille (II).

I. — Famille, collectivité, individu

31. Prescriptions et interdits. – La famille est, dit-on, la cellule de base de la société. Parmi les premières règles juridiques qui régissent toute collectivité humaine, figurent celles qui organisent les relations familiales : mariage, filiation,

95. *Ex :* A. Toffler, *La troisième vague*, trad. française Denoël, 1980, p. 260-280 : v. aussi : W. J. Goode, « *Industrialisation and Family structure* », *in* Ew. Bell and E. F. Vogel, *The family revised*, Free Press, New York, 1984, p. 115. Comp. *E. Todd, L'origine des systèmes familiaux, op. cit.*

inceste, rapports entre parents et enfants. Souvent, ces règles sont à la fois juridiques et religieuses.

Dans l'Exode, le Lévitique et le Deutéronome, Dieu donne à Moïse des prescriptions relatives au culte mais aussi à la famille. Il en va de même dans le Coran[96]. Les Codes des sociétés anciennes consacraient également une part importante de leurs dispositions à la famille : le Code d'Hammourabi par exemple réglementait avec soin le divorce et la filiation. Rien de surprenant : les règles qui structurent la famille structurent la société tout entière. La lecture des textes les plus anciens souligne le lien entre organisation familiale et réglementation de la sexualité. Par les interdits sexuels qu'exposent les livres du Pentateuque[97] ils sculptent en creux un modèle familial. Apparaît ainsi une des fonctions essentielles du droit de la famille : l'encadrement de la sexualité, condition de l'équilibre social (de l'interdit : « *Tu ne désireras pas la femme de ton prochain* » aux règles encadrant le choix du conjoint) et de la survie du groupe. Cette mission de contrôle individuel et collectif se heurte aujourd'hui à l'exaltation de l'individu et de ses droits : les interdits tombent, les structures familiales traditionnelles sont mises au service des aspirations de l'individu qui n'y voit que l'instrument juridique lui permettant de faire respecter « ses droits » : droit au mariage, droit au divorce, droit à la liberté sexuelle, droit à l'enfant[98], etc.

Les rapports entre collectivité, famille et individu sont devenus déséquilibrés, au profit, apparent, de l'individu.

A. Famille et collectivité

32. Complémentarité. – Le terme de collectivité semble plus approprié que celui d'État, car les questions posées sont apparues bien avant qu'émergent les États au sens moderne du mot. Les relations entre le groupe et les sous-groupes qui le composent (famille, clan, tribu), devraient être placées sous le signe de la complémentarité : la famille assure l'encadrement des individus, elle constitue le cadre naturel de leur éducation et de leur socialisation ; la collectivité apporte aux familles les structures et les moyens nécessaires à leur épanouissement.

33. Conflits. – Il peut aussi y avoir conflit. La collectivité est parfois un rempart contre l'oppression familiale : les débats contemporains sur le voile islamique, la burqua et le mariage forcé en sont une illustration. Elle peut aussi pallier les défaillances ou les carences de la famille : tout le droit français de l'enfance, depuis la fin du XIXe siècle, a été animé par la volonté de protéger l'enfant, affirmer la place essentielle de l'intérêt de l'enfant, puis reconnaître ses droits[99]. L'État contre les familles, pour protéger l'individu.

À l'inverse, la famille peut être un abri pour protéger ses membres contre l'emprise de la collectivité. De cette lutte entre famille et société, l'histoire contemporaine offre des exemples dramatiques.

Si certains systèmes tentèrent de s'appuyer sur la famille pour en faire leur relais et garantir l'ordre politique, économique et social qu'ils prétendaient instaurer (tel fut le projet des régimes autoritaires portugais (Salazar) ou espagnol), d'autres essayèrent au contraire de la détruire pour mieux contrôler les individus. Pour les nazis comme pour les communistes, la famille, avec ses traditions, son histoire, son amour étaient autant d'obstacles à la naissance de l'homme nouveau, dévoué corps et âme à la collectivité. La jeunesse devait être prise en charge par l'État dans sa formation et ses loisirs, à travers les mouvements de jeunesse et l'éducation collective. L'État contre la famille, pour asservir l'individu.

34. Apaisement. – Aujourd'hui les conflits entre famille et État semblent apaisés. La complémentarité l'emporte sur la rivalité : les États ont reconnu le rôle

96. Sur le mariage, le divorce, les successions, etc.

97. Dixième commandement reçu par Moïse (*Exode*, 20.17 : « *Tu n'auras pas de visées sur la maison de ton prochain. Tu n'auras pas de visées ni sur la femme de ton prochain, ni sur son serviteur, sa servante, son bœuf ou son âne, ni sur rien qui appartienne à ton prochain* »).

98. Sur l'inflation des « droits à », J. Carbonnier, *Droit et passion du droit sous la Ve République*, Flammarion, 1996 ; M. Pichard, *Le droit à*, th. Paris II, Economica, 2006, préf. M. Gobert.

99. *Infra*, nos 1525 s.

premier de la famille dans l'éducation des enfants, ce que confirment les textes internationaux[100] ; chacun appelle, non sans ambiguïté, la collectivité à apporter son soutien aux familles, avec comme seule directive l'intérêt supérieur de l'enfant. Au demeurant, les droits de l'enfant s'imposent à tous : à la famille comme à l'État. Pour l'État, le problème serait moins aujourd'hui de prendre la place des familles que de faire comprendre à celles-ci, et au premier chef aux parents, toute l'importance de leur fonction et la nécessité d'accomplir leurs devoirs de parents dans l'intérêt de l'enfant, et au-delà dans celui de la société[101]. Le débat est parfois oppressant, mais les sanctions envisagées (la suppression, par exemple, des allocations familiales) risquent de se retourner contre les enfants et la collectivité.

Plus généralement, les États ont pris conscience de la nécessité de développer une « politique familiale[102] » afin d'aider les familles par des dispositions sociales et fiscales favorables. L'enjeu est particulièrement important dans les pays occidentaux où les réalités démographiques font de ces politiques une question de survie.

B. Famille et individu

35. Contrôle familial. – La lutte entre la collectivité et la famille ou à d'autres époques, leur alliance, a pour enjeu l'individu. Longtemps, l'individu fut étroitement contrôlé par la famille. Il n'était qu'un élément d'un ensemble plus ou moins large, dont les intérêts et la destinée collective le dépassaient : l'individu passe, la famille demeure. Les règles de la filiation, du mariage et, surtout de l'héritage, traduisaient cette réalité : l'individu transmet la vie comme il transmet les biens à ses descendants. Il ne fait qu'entretenir la flamme ; et cette image prend une signification particulière lorsque le culte des ancêtres vient unir un peu plus les membres de la famille, de génération en génération.

36. Individualisme et pluralisme. – Dans les sociétés occidentales, cette vision de la famille n'est plus. Elle ressurgit un peu autour de l'héritage, mais la transmission des biens n'est-elle pas le symbole matériel d'autres transmissions ? Aujourd'hui, la valeur fondamentale de la société est devenue l'individu, non le groupe. Cet individualisme se traduit notamment par le souci de respecter les choix de chacun, au nom de la liberté individuelle, du respect de la vie privée ou du refus des discriminations. Il se manifeste également par la place de plus en plus importante accordée à la volonté individuelle dans une matière où elle ne jouait qu'un rôle secondaire. La société n'impose plus un modèle, elle en présente plusieurs, au choix de l'individu. De façon générale, la part des accords, de la recherche d'un consensus, du devoir d'association (association des parents, association de l'enfant aux décisions qui le concernent, cf. : art. 371-1, al. 3), ne cesse de croître. Surtout, sont sacralisés les droits et libertés de l'individu : la promotion des droits de l'homme est l'instrument juridique le plus efficace de

100. *Infra,* n° 1525 s.

101. La société s'y emploie par des aides financières et un appui éducatif. Et bien sûr, on crée des comités, cf. le décret n° 2010-1308 portant création du Comité national de soutien à la parentalité (cf. A.-M. Leroyer, *RTD civ.* 2011, p. 182). Cet organisme, chargé de coordonner les dispositifs existant et d'informer les parents, s'ajoute à d'autres structures telles que le Conseil pour les droits et devoirs des familles et d'accompagnement parental (art. L. 141-1 CASF) au niveau municipal, les Observatoires départementaux de la protection de l'enfance (art. L. 226-3-1 CASF) au niveau du département et, au niveau national, l'Observatoire national de l'enfance en danger (loi du 2 janvier 2004) ou le Haut conseil de la famille (art. D. 141-1 CASF).

102. Sur les hauts et les bas de ces politiques, J. Carbonnier, *La famille, op. cit.*, p. 26 s.

l'individualisme[103]. En ce sens, plus encore que « contractualisation » ou « consensualisation », il y a « individualisation » du droit de la famille.

L'individu est-il plus libre pour autant ? Affranchi de la tutelle familiale, dégagé de l'emprise de la collectivité, l'individu est sans doute plus indépendant qu'hier. Cette liberté ne masque-t-elle pas d'autres dépendances ? D'autres contrôles collectifs, dictés non plus par l'idéologie, mais par les lois du marché ou l'emprise des médias n'ont-ils pas pris le relais ? Contre ce nouvel asservissement, la famille ne devrait-elle pas se trouver en première ligne pour protéger l'individu ?

II. — Rôle du droit dans la famille

Le rôle du droit dans la famille soulève deux difficultés de principe qui tiennent aux relations entre la nature et la société et surtout aux rapports entre l'État et la famille. Le droit a-t-il un pouvoir dans un domaine qui tient tant à la nature et aux mœurs ?

37. Nature, société, famille. – Trois des données fondamentales de la famille, l'union des sexes, la procréation et l'éducation des enfants sont des réalités naturelles et sociales : les unes et les autres ont un rôle à jouer. Par exemple, qu'est-ce qui fait le mariage : la loi (c'est-à-dire la société), le sexe (c'est-à-dire la nature) ou la volonté des époux (c'est-à-dire l'individu) ? Posée naguère à propos du divorce, la question a ressurgi avec le « mariage pour tous ». Généralement, on lui donne une expression particulière : la loi a-t-elle pour objectif de diriger ou de freiner les mœurs – ce qui, autrefois, était indiscuté –, ou de les constater – ce qui est devenu le conformisme contemporain – voire de les anticiper, ce qui est la nouvelle hardiesse sociologique ? La question est plus vaste encore dans la filiation. Qu'est-ce qui fait la filiation ? Est-ce la biologie, le vécu ou la volonté des parents (le projet parental) ?

Le rôle du droit dans la famille pose aussi la question des rapports entre l'État – les lois, ses fonctionnaires et ses juges – et la famille. Elle est dominée par une antinomie. La famille est une institution fondamentale de la société, le droit ne peut donc s'en désintéresser ; à l'inverse, elle est le rempart des libertés, une intimité dont la délicatesse mystérieuse la met hors du droit ; la politique familiale se fait chez soi, pas au gouvernement ; chacun chez soi, « *à chaque famille son droit* »[104]. Ce qui mène au pluralisme juridique[105].

Cette antinomie explique que : 1° le droit de la famille est, à beaucoup d'égards, une règle de droit comme les autres avec les mêmes caractères (A) ; 2° au contraire, à beaucoup d'autres égards, il n'est pas une règle comme les autres ; son particularisme s'est même accusé, au point que certains doutent de sa nature normative et pensent que l'essentiel se trouverait dans les mœurs ou d'autres normes que le droit (B).

A. Un droit comme les autres

38. Prévenir et guérir. – Le droit de la famille est un droit comme les autres : il en a au moins trois aspects. Comme les autres règles de droit, il a pour raison

103. Cf. *Internationalisation des droits de l'homme et droit de la famille*, F. Dekeuwer-Défossez (ss. dir.), LGDJ, 1996, not. le rapport de synthèse de M.-T. Meulders-Klein, p. 179 s.

104. J. Carbonnier, « À chacun sa famille, à chacun son droit », *in Essais sur les lois*, éd. Defrénois, 2e éd., 1995, p. 181 s.

105. *Infra*, n° 86.

d'être les conflits humains : il a pour objet de les prévenir et de les résoudre ; il est cependant plus juridique lorsqu'il règle les questions patrimoniales. Comme toujours, un des offices du juge est d'être un pacificateur. Presque comme les autres règles de droit, le droit de la famille exerce une fonction prophylactique pour inciter les sujets de droit à éviter des comportements jugés irréguliers ; ce rôle n'est pas toujours facile à découvrir et est aujourd'hui en recul.

39. Idylles et drames. – Les idylles et la famille heureuse se passent de droit ; la vie quotidienne est alors tissée d'accords tacites, d'affections et de disputes que l'amour, l'oubli, l'autorité, la maîtrise de soi ou l'indifférence apaisent. Ici, plus encore qu'ailleurs, l'objet du droit familial est de régler, du moins mal possible, les situations difficiles, les crises et les drames. Le bon droit est celui qui les prévient ou les apaise ; le mauvais, celui qui les suscite ou les attise, crée des souffrances irréparables et broye à tout jamais des vies.

40. Famille et droit patrimonial. – D'évidence, le droit de la famille a un esprit différent de celui de l'activité économique[106]. L'un, sans ignorer l'intérêt, est agité par la passion, le sexe, les relations entre l'homme, la femme et l'enfant. L'autre est dominé par l'utilité économique, sociale et financière, la recherche de la richesse et du pouvoir. Cependant, le droit patrimonial de la famille (obligation alimentaire, régime matrimonial, libéralités et droit successoral) emploie presque les mêmes méthodes que les autres règles de droit.

Le droit familial qui a aujourd'hui la plus grande efficacité immédiate est celui qui règle la vie quotidienne ; il est généralement dominé par l'intervention de l'État et relève donc plus du droit public que du droit privé. Il constitue l'ensemble des droits dits secondaires, également dénommés « *droit non civil de la famille* »[107] : droit public[108], droit fiscal[109], droit de la sécurité sociale[110], droit du travail[111], droit social[112], droit administratif, droit de l'assistance publique[113], droit pénal[114], droit médical[115], droit de l'urbanisme, etc.

Bien qu'il comporte des contradictions, le droit familial patrimonial non civil a longtemps poursuivi des fins natalistes, plus que familiales. Ce qui est particulièrement saisissant en droit fiscal et en celui de la sécurité sociale ; mais depuis une vingtaine d'années, les pouvoirs publics abandonnent progressivement leur politique nataliste[116].

Longtemps, le droit civil de la famille a eu le même objectif au deuxième degré, plus ou moins conscient ; lorsqu'il favorisait la famille légitime, il constituait un cadre favorable à la natalité, sans compter la stabilité, condition de la bonne éducation de l'enfant et de l'épanouissement des parents. Cet aspect a considérablement diminué à partir de 1972 ; les lois sur la filiation ont établi l'égalité de droit entre enfants naturels et enfants légitimes ; en 1975 et 2004, elle a facilité

106. Cf. cependant le dossier « Analyse économique de la famille », *Dr. famille* 2015, dossier n° 52 s.

107. *Le droit non civil de la famille*, Pub. Fac. droit Poitiers, PUF, 1986, préf. J. Carbonnier.

108. M. E. Millard, *Famille et droit public*, préf. A. Mazères, LGDJ, 1995.

109. Ex. : F. Douet, *Précis, Le droit fiscal de la famille*, Lexis-Nexis, 10e éd., 2015.

110. J.-J. Dupeyroux *et al.*, *Droit de la Sécurité sociale*, Dalloz, 18e éd., 2015.

111. Ex. : A. Supiot, « Femme et famille en droit du travail », *in Le droit non civil de la famille*, *op. cit.*

112. R. Lafore, « Variations sur les frontières du social », *Et. E. Alfandari*, 1998, p. 353 s., 361 s.

113. Ph. Ligneau, « La famille à l'épreuve de l'administration », *in Le droit non civil de la famille*, p. 161 et s., *op. cit.*

114. Le droit contemporain porte une attention particulière à la lutte contre les violences familiales, cf. *infra*.

115. G. Mémeteau, « Le droit médical de la famille », p. 231 s., *ib.*

116. Cf. les reproches adressés au gouvernement de François Hollande lors de la réforme soumettant l'octroi des prestations sociales et des allocations familiales à des conditions de ressources.

le divorce ; en 2001, elle a fait disparaître toutes les discriminations frappant les enfants adultérins ; en 2005, elle a fait disparaître les catégories d'enfants légitimes et naturels.

41. Office du juge. – Le juge exerce un rôle considérable[117] dans la famille, ou plus exactement dans les conflits familiaux. Souvent, son office est le même dans le droit de la famille et dans les autres parties du droit.

Il doit juger, c'est-à-dire décider qui a tort et qui a raison, en « disant le droit », selon le processus connu, en appliquant une règle générale à une situation concrète. Cependant, le droit de la famille a son originalité, car la règle générale utilise souvent « *des notions à contenu variable* », dont seul le juge est en mesure de fixer la signification dans chaque cas particulier[118].

Souvent aussi, son office se présente dans les matières familiales avec un particularisme accusé ; il doit être un pacificateur, un conseiller ou un médiateur, avec toute une gamme de pouvoirs, prenant en compte les éléments sociaux et psychologiques de la situation en cause. Aussi, son pouvoir modérateur et son rôle de médiateur sont-ils ici plus importants que partout ailleurs ; de même, la juridiction gracieuse se développe, par exemple dans le divorce par consentement mutuel ; de même aussi, le juge se voit conférer des pouvoirs inquisitoires, notamment dans le droit de la filiation, pouvoirs qui ne sont pas conformes à l'idée traditionnelle que l'on se fait de la neutralité du juge en matière civile ; de même, enfin, il prend souvent des mesures provisoires, plus ou moins temporaires, notamment dans les relations conjugales.

Les procès familiaux ne ressemblent pas aux autres. Tantôt, ils ont une âpreté passionnelle, nourrie d'inexpiables haines que n'ont pas les procès ordinaires ; tantôt, au contraire (naguère, surtout), ils sont des procès fictifs, permettant de réaliser par la voie judiciaire ce que la volonté ne peut obtenir. L'image triviale du juge constituant avec le couple un ménage à trois est banale. La famille contemporaine préfère souvent soumettre ses conflits au juge, plutôt qu'au *pater familias* qui, autrefois, les apaisait par son autorité ; les gens d'aujourd'hui se déchargent de leurs difficultés familiales sur le juge, sur un médiateur, sur un conseiller professionnel conjugal ou familial ou sur un psychologue, etc.[119]. Parfois, le juge est complètement désarmé[120] ; parfois aussi, sa mission est tellement impossible qu'elle est inutile, voire nuisible.

42. Judiciarisation de la famille. – Cette immixtion du juge dans les rapports familiaux est un des phénomènes ambigus du droit de la famille contemporain. Le juge intervient aussi bien dans les questions relatives aux enfants que dans les rapports à l'intérieur du couple. S'il est indiscret et veut réaliser l'emprise d'une idéologie, il porte atteinte à une liberté fondamentale : la liberté qu'a

117. 60 % de l'activité des tribunaux de grande instance intéressent le droit de la famille. Cf. C. Labrusse-Riou, « Le juge et la loi ; de leurs rôles respectifs à propos du droit des personnes et de la famille », *Et. Rodière*, Dalloz, 1981, p. 151 s. Cf. M.T. Meulders-Klein, « Famille et justice : à la recherche d'un modèle de justice », *in La personne, la famille, le droit*, Bruylant, LGDJ, 1999, p. 555 et s.

118. J. Carbonnier, « Les notions à contenu variable dans le droit français de la famille », Trav. du Centre national de recherches de la logique, Bruxelles, 1984, p. 99 s., reproduit dans J. Carbonnier, *Écrits*, PUF, 2008, p. 649, en donne comme exemples l'*injure grave*, cause de divorce dans la loi de 1884, la « *clause de dureté* », mode de défense dans l'ancien divorce pour rupture de la vie commune dans la loi de 1975 et surtout *l'intérêt de l'enfant*, devenu la tarte à la crème du droit de la famille (résidence dans le divorce, autorité parentale, adoption, assistance éducative, droit de visite), l'*intérêt de la famille* (logement familial, modification aux pouvoirs conjugaux) et la *méthode médicale certaine* dans l'ancienne recherche de la paternité naturelle.

119. D'autres systèmes sont concevables : par exemple, des *tribunaux de familles* (comme pendant la Révolution française, où ils furent rapidement envahis par les hommes de loi) ou des *tribunaux de camarades*, d'esprit socialiste ; J. Carbonnier, « L'autorité parentale », *in Essais sur les lois*, éd. Defrénois, 2e éd., 1995, p. 79 s.

120. Ex. : pour régler les conflits d'éducation entre les parents, *infra*, nos 1603, 1620, 1622.

chaque famille de mener le genre de vie qui lui plaît et d'éduquer ses enfants selon ses croyances ou absences de croyance. S'il est maladroit, il peut aggraver les conflits et non les apaiser[121]. Le juge doit surtout être un conseiller de la famille, exercer son influence par son tact et son humanité, essayant de faire oublier ce qu'il est, un juge, organe de l'État.

Aussi, malgré la suggestion qui lui fut faite, le législateur s'est-il refusé à créer un juge de la famille (« les chambres de la famille », spécialisées dans les affaires familiales). Il a craint l'autoritarisme de ces juges spécialisés, d'autant plus zélés que les sciences sociales sont aussi incertaines qu'ambitieuses. Certes, la compétence du juge aux affaires familiales (JAF) créé en 1993 ne cesse de s'élargir, mais la juridiction de la famille continue à être scindée (juge des tutelles, juge des enfants, tribunal de grande instance, président du tribunal de grande instance, juge aux affaires familiales) même si le souci de simplification et de rationalisation conduit à la concentration[122].

43. Conciliation et médiation familiales. – Ni la loi, ni le juge ne parviennent vraiment à apaiser les conflits ; souvent, ils font plus de mal que de bien en s'immisçant dans une intimité fragile. Les rédacteurs du Code Napoléon et de l'ancien Code de procédure civile avaient fondé de grands espoirs sur la conciliation, mais ces espoirs ont été déçus : toute conciliation imposée est vouée à l'échec. Aussi, depuis 1970 vante-t-on les mérites des médiateurs qui, acceptés par les deux parties, n'étant ni juges, ni arbitres essaient d'apaiser les disputes familiales et de les régler à l'amiable, en permettant aux parties – notamment les époux dans le divorce – de trouver elles-mêmes une solution aux conflits qui les opposent[123].

On sort du droit, même mou ; on entre dans l'équité et le dialogue. Ce qui peut avoir d'immenses avantages si le médiateur a des qualités de négociateur, d'où la nécessité de disposer de médiateurs formés et encadrés[124]. Le danger, c'est le verbalisme ou la consécration d'un rapport de forces ou une perte de temps par une stratégie d'atermoiements. Sans parler du désinvestissement du juge. La loi encourage la médiation en général (art. L. 131-1 et s. C. pr. civ.) et la médiation familiale en particulier. Il n'est pas de rapport[125] ou de proposition de loi qui ne

121. **Parabole.** En 1942, le *Normandie,* alors le plus beau paquebot du monde, sombra dans le port de New York ; un feu, un petit feu, était apparu à bord ; les pompiers de New York l'ont éteint sous des tonnes d'eau (ils étaient payés au m^3) : le navire s'est englouti. Explication de la parabole : le *Normandie,* c'est la famille ; le feu, ce sont ses discordes ; les pompiers, c'est le juge : son intempestivité peut tuer la famille qu'il entend pourtant protéger.

122. Le législateur a commencé à mettre en pratique les propositions du Rapport Guinchard (« L'ambition raisonnée d'une justice apaisée », La Documentation française, 2008). La loi du 12 mai 2009, dite de simplification et de clarification du droit et d'allégement des procédures, donne au JAF toute sa dimension familiale en étendant sa compétence aux concubins et aux partenaires pacsés ; par ailleurs, elle lui confie les missions de juge des tutelles pour les mineurs. Mais il écarte l'idée d'une juridiction familiale unique. Les libertés individuelles ne peuvent qu'y gagner.

123. Cf. l'article pionnier de M.T. Meulders-Klein, « Les modes alternatifs de règlement des conflits en matière familiale : analyse comparative », *in La personne, la famille, le droit, op. cit.,* p. 529.

124. Sur le statut du médiateur, cf. *infra,* n° 639.

125. Cf. not. V. Pécresse et P. Bloche, *L'enfant d'abord, 100 propositions pour placer l'enfant au cœur du droit de la famille,* rapport fait au nom de la commission d'information et de la famille et des droits des enfants, Ass. nat., rapport n° 2832, La Doc. fr., 2006. Le rapport Guinchard (*L'ambition raisonnée d'une justice apaisée,* préc.) comme le rapport d'information du Sénat sur *La justice familiale* (C. Tasca et M. Mercier, rapporteurs, Sénat, doc. n° 404, 2014) préconisent le développement des différents modes de règlement alternatif des litiges en matière familiale. *Adde,* à la suite des polémiques autour du statut du beau-parent, le rapport Leonetti (*Intérêt de l'enfant, autorité parentale et droit des tiers,* 2009) qui proposait de favoriser le règlement des litiges familiaux en systématisant le recours à une médiation préalable. Lors de la préparation d'une « grande loi » (avortée) sur la famille (cf. *infra*), le groupe de travail sur la coparentalité a recommandé également le recours à la médiation (*Comment assurer le respect de la coparentalité entre parents séparés,* ministère de la Justice, ministère des Affaires sociales et de la Santé, 2014).

préconise son développement. Dans certains cas, elle est érigée en étape quasi obligatoire. Ainsi, en cas de divorce, le juge peut-il non seulement « *proposer aux époux une mesure de médiation et, après avoir recueilli leur accord, désigner un médiateur familial pour y procéder* » (art. 255 1°, *adde*, en matière d'autorité parentale, art. 373-2-11, al. 1), mais encore « *enjoindre aux époux de rencontrer un médiateur familial qui les informera sur l'objet et le déroulement de la médiation*[126] » (art. 255 2°, *adde* art. 373-2-11, al. 2). Franchissant un pas de plus, la proposition de loi sur l'autorité parentale et l'intérêt de l'enfant[127] prévoit que le juge peut « *enjoindre* » aux parents « *de prendre part à une ou deux séances de médiation familiale, sauf si des violences ont été commises par l'un des parents sur la personne de l'autre parent ou sur la personne de l'enfant* » (art. 373-2-10 3°). Reste à savoir quelle serait la sanction du non respect de ces prescriptions.

44. Prophylactique. – On retrouve dans le droit de la famille l'esprit prophylactique habituel à tout le droit civil : l'éventualité d'un avantage attaché à un acte souhaitable incite à le faire, la perspective d'une sanction attachée à une faute dissuade de la commettre. Mais l'efficacité en est moindre qu'ailleurs et est aujourd'hui discutée[128].

En seront donnés deux exemples. L'un se trouve dans le Code Napoléon. D'une part, il était prévu dans le divorce des pénalités et des déchéances frappant l'époux coupable ; le calcul législatif était que la crainte de ces sanctions devait rendre vertueux les conjoints ; d'autre part, afin de dissuader de l'adultère, le Code frappait l'auteur de l'adultère dans sa partie sensible, lui interdisant de reconnaître ses enfants adultérins et de leur faire des libéralités.

Autre exemple : à Rome, les lois caducaires[129]. Afin de favoriser le relèvement de la natalité, l'empereur Auguste avait mis en place des lois destinées à rendre le mariage et la fécondité attrayants ; la loi *Julia de maritandis ordinibus* (18 av. J.-C.) liait la capacité de recevoir à titre gratuit à la situation matrimoniale d'un individu, la pleine capacité successorale étant refusée aux célibataires, aux veufs et aux divorcés. Une interprétation courante assure que, loin d'assurer le redressement de la société romaine, la loi n'avait fait qu'accuser la dégradation du mariage[130]. Mais elle a eu des conséquences démographiques, ce qui était son objectif principal.

Il est habituel de trouver aujourd'hui hors de mode cette politique. La thèse serait que les passions ne calculent jamais à long terme, qu'elles ne sont guère apaisées ou diminuées par l'éventualité des sanctions. Ce que l'on dit parfois en

126. La médiation peut aussi intervenir à titre préalable : le décret n° 2015-282 du 11 mars 2015 relatif à la simplification de la procédure civile à la communication électronique et à la résolution amiable des différends (cf. S. Thouret, *Résolution amiable des différends : entrée dans une ère nouvelle !*, *AJ famille*, 2015, p. 212), dispose que « *S'il n'est pas justifié, lors de l'introduction de l'instance et conformément aux dispositions des articles 56 et 58, des diligences entreprises en vue de parvenir à une résolution amiable de leur litige, le juge peut proposer aux parties une mesure de conciliation ou de médiation* » (C. proc. civ., art. 127).

127. La proposition de loi (AN prop. L. n° 1856), sur laquelle cf. *infra*, n° 95, a été votée en première lecture par l'Assemblée nationale en juin 2014 et transmise au Sénat. Elle définit la médiation comme « *un processus structuré et confidentiel de résolution amiable des différends familiaux* » ayant pour finalité « *d'apaiser le conflit et de préserver les relations au sein de la famille* ».

128. Ph. Malaurie, « L'effet prophylactique du droit civil », *Et. J. Calais-Auloy*, Dalloz, 2003, p. 669 s.

129. Caducaire : de caduc. La disposition testamentaire ou la vocation successorale devient caduque et profite à l'État, si le gratifié ne remplit pas les dispositions légales (natalistes).

130. Plutarque, *De amore*, Prol. 2 : « *On se marie, non pour avoir des héritiers, mais pour être héritiers.* » Cf. aussi la législation de Constantin, également mue par des préoccupations natalistes ; afin de restaurer le mariage, elle avait réglementé strictement le divorce, incité aux *justae nuptiae* (mariage légitime) et découragé le concubinat en frappant d'incapacités les enfants naturels et en instituant la légitimation par mariage subséquent. V. M. Humbert, *Le remariage à Rome* (étude d'histoire juridique et sociale), thèse Paris, Giuffrée, Milan, 1972, p. 177 s.

forme de vaudeville : l'époux qui veut battre ou tromper sa femme n'a pas dans sa poche ou sous son oreiller un Code civil qui le rappellerait à ses devoirs. Les choses sont plus complexes ; il est des comportements que la loi influence, même dans le divorce et le mariage. Il est des passions que la loi décourage, apaise ou attise. Car dans sa nature profonde, la loi a un caractère exemplaire.

Aujourd'hui, ce sont surtout les droits fiscal et pénal qui ont un effet incitatif et dissuasif.

45. Caractère exemplaire de la loi. – La loi civile exerce dans le droit familial des fonctions essentielles. Même inefficace, elle crée un sentiment de sécurité et de responsabilité[131]. Elle accomplit un rôle éducatif et exemplaire : elle dit ce qui est mal et ce qui est bien. Surtout, si elle cesse de condamner ce qui est immoral, beaucoup d'individus pensent que cette activité est désormais innocente[132] : la permission légale accélère la liberté des mœurs, comme l'ont montré les exemples du divorce et de l'avortement qui se sont rapidement développés après les interventions législatives : lorsque la loi a légiféré, les gens ont cru qu'elle avait légitimé. Ce qui devient licite devient moral.

Cette fonction éducatrice du droit de la famille est traditionnelle ; paradoxalement, elle avait été fortement soulignée dans les pays socialistes où, curieusement, la loi avait pour mission de corriger les mœurs. En France, elle a été mise en doute par Jean Carbonnier, au moins à l'égard du droit familial contemporain[133]. De même, d'autres pensent que la loi perd son caractère normatif et exemplaire lorsqu'elle n'est pas appliquée : selon eux, mieux vaudrait suivre les faits que subir une crise de la loi[134].

B. Particularisme du droit familial

Par rapport aux autres règles de droit, le droit de la famille présente un certain nombre de particularités en raison même de son objet : la vie et les sentiments des hommes.

1) Précision ou généralité de la règle

46. Vétilles ou principes. – Le droit de la famille ne peut avoir la précision habituelle à la règle de droit. Le droit perdrait son temps et s'exposerait au ridicule à vouloir régler minutieusement les rapports familiaux et fixer les droits et les devoirs de chacun. Ce qui, cependant, avait été entrepris à l'étranger. Par exemple, le Code civil prussien (1794), l'*Allgemeine Landrecht*, fixait les horaires et le nombre des tétées qu'une nourrice devait donner à un bébé[135]. De même, les contrats de concubinage ou de mariage, tels qu'ils se pratiquent aux États-Unis, prétendent régler les détails de la vie quotidienne.

---

131. H. Batiffol, « Spécificité du droit de la famille », Archives de philosophie du droit, t. XX, 1975, p. 7-15.

132. Ex. : Ce n'est pas la même chose d'interdire l'avortement tout en sachant que la loi n'est pas respectée, et de le permettre.

133. J. Carbonnier, « Tendances actuelles de l'art législatif », *in Essais sur les lois*, éd. Defrénois, 2e éd., 1995, p. 267 s., sp. 273 ; v. aussi le scepticisme du même dans « Variations sur la loi pédagogue », *in Flexible droit*, LGDJ, 10e éd., 2001, p. 155 s. ; v. également son *Introduction*, n° 82 : « *Le législateur des années 60-70 a tenté une fois de plus un compromis politique ; il s'est d'ailleurs proposé moins de proclamer des principes* (ou des contre-principes) *que de dénoncer empiriquement quelques-unes des difficultés que les mariages* (vrais ou faux) *rencontraient dans leur vie quotidienne.* »

134. V. toutefois du même, préf. à *Les concubinages*, publié sous la direction de J. Rubellin-Devichi, Lyon, CNRS, 1986, p. 11 : « *Il est plausible de considérer que dans une proportion qui n'est d'ailleurs ni chiffrée ni pratiquement chiffrable, l'égalité de droits reconnue aux enfants naturels peut agir sur les couples comme un dissuasif du mariage.* »

135. R. David, préf. à C. Labrusse-Riou, *L'égalité des époux en droit allemand*, thèse, Paris, LGDJ, 1965.

Le droit français n'est jamais allé à ces extrêmes qui s'expliquent peut-être par les traditions des Allemands et des Anglo-Saxons. Il a même parfois énoncé des dispositions de caractère très général. Ainsi en est-il de l'article 371 : « *L'enfant doit, à tout âge, honneur et respect à ses père et mère* » ; plus qu'une règle juridique, il exprime une vertu morale.

Le droit contemporain de la famille hésite entre ces deux extrêmes : l'affirmation de principes généraux qui tournent parfois à la formule incantatoire ou au verbalisme[136], et le souci du détail tendant à un acharnement législatif.

2) Droit et mœurs

Les rapports entre le droit et les mœurs sont complexes.

47. Droit et non-droit dans les familles. – Selon certains, le droit ne jouerait qu'un rôle secondaire dans la famille. Comme l'écrivait Jean Carbonnier, la famille est le domaine privilégié du non-droit : quelques heures de droit pour de longs jours de non-droit[137]. Combien de familles vivent et meurent dans une totale ignorance des règles juridiques ? Elles respectent un code, un code social (parfois si bien intégré qu'elles n'en ont nullement conscience), mais pas le Code civil. Le droit ne s'impose à elles que dans les heures sombres de la vie : la séparation, le divorce, la mort. La vie des familles est largement régie par d'autres règles : coutumières, morales, sociales, venues parfois du fond des âges (l'attribution du nom jusqu'à une époque récente) ou nées sous nos yeux d'un bouleversement soudain des mœurs (qui eût dit il y a vingt-cinq ans que la loi bénirait les couples homosexuels ?).

En fait, les familles vivent et meurent à l'ombre du droit ; à moins que le droit lui-même ne soit qu'une ombre, ombre portée des mœurs, ombre portée de la réalité sociale, ombre portée des mentalités.

48. *Mores, leges*. – Il est une question vieille comme le monde, que les Romains posaient de la façon suivante : *Quid mores sine legibus ? Quid leges sine moribus ?* (« Que sont les mœurs sans les lois ? Que sont les lois sans les mœurs ? »). Un droit qui ne correspondrait en rien aux réalités sociales ne serait qu'un décor de théâtre pour une pièce qui se jouerait selon d'autres règles. Le problème s'était posé en France dans les années 1960 : après un siècle et demi de relative stabilité, le décalage entre la famille du Code civil et la réalité était devenu si important que le droit avait perdu son emprise sur la société ; une reconstruction d'ensemble s'imposait. Faut-il pour autant que le droit se contente de suivre les mœurs, ou plus exactement d'offrir un cadre juridique aux différents comportements ou aux différentes aspirations qui se manifestent dans la société ? La question est d'autant plus délicate que le « suivisme » législatif (auréolé aujourd'hui du mythe selon lequel toute évolution sociale serait un progrès, toute réforme un bienfait), s'appuie sur des forces qui sont à l'œuvre dans l'ensemble de notre droit : la primauté des droits et libertés de l'individu, le respect de la vie privée, le refus des discriminations.

136. Cf. la version « postmoderne » que le projet de loi sur l'autorité parentale et l'intérêt de l'enfant propose d'inscrire à l'article 371 du Code civil : abandonnant les prescriptions héritées du Décalogue (« *L'enfant, à tout âge, doit honneur et respect à ses père et mère* »), le nouveau texte affirmerait : « *Les parents et les enfants se doivent mutuellement respect, considération et solidarité* », cf. *infra*, n° 1555.

137. J. Carbonnier, « L'hypothèse du non-droit », *in Flexible droit, Pour une sociologie du droit sans rigueur,* LGDJ, 10e éd., 2001, p. 25 s.

De plus, favoriser un mode de vie en famille plutôt qu'un autre pour des raisons morales, ou, tout simplement, au nom de l'intérêt général, semble inadmissible à nombre de nos contemporains. Dans un monde où triomphent les droits subjectifs, la loi, dit-on, doit être neutre : le législateur devrait se contenter d'ouvrir les possibles ; à l'individu de choisir. Pour être répandu, ce type de raisonnement n'en est pas moins marqué par la confusion : la réalité est ce qu'elle est, le droit ce qui doit être.

49. Fonction du droit dans la famille. – En un sens, le droit ne peut que suivre les mœurs. S'il n'est plus en prise avec la réalité, il n'a plus de prise sur elle et ne joue plus son rôle normatif. Pour autant, le droit n'a pas pour fonction de suivre les mœurs : il n'est pas une simple chambre d'enregistrement du réel. Dans la famille aussi (dans la famille surtout ?), la loi a valeur de symbole : elle ne se contente pas de constater ce qui est, elle dit que qui peut être et ne peut être ; au-delà, elle dessine ce qui doit être. Pendant des siècles, le modèle proposé par la loi fut celui de la famille unie fondée sur le mariage. Aujourd'hui, le développement des couples non mariés et des naissances hors mariage ainsi que la multiplication des séparations ont donné naissance à un modèle de substitution : celui d'une famille dans laquelle les parents (unis ou désunis, mariés ou non mariés), élèvent ensemble leur enfant.

50. Valeurs et modèles. – En posant une règle, la loi pose nécessairement des interdits et propose des modèles. Que ces interdits et ces modèles évoluent, jusqu'à être en totale contradiction avec les modèles anciens n'y change rien. Qu'ils prétendent à la neutralité non plus. Même l'absence actuelle de modèle familial de référence peut être analysée comme un modèle : celui d'une famille en kit, dont l'assemblage est laissé à l'initiative, voire à la fantaisie, des individus.

51. Morale sociale ou éthique individuelle ? – Il suffit pour s'en convaincre, d'étudier le discours souvent entendu aujourd'hui. Dans la famille, dit-on, la loi est inutile. Elle serait le reflet d'une morale sociale ; or un droit familial moraliste constituerait une immixtion intolérable dans la vie privée ; la loi devrait être neutre et abandonner tout rôle pédagogique ; elle devrait seulement coïncider avec les mœurs et offrir à chacun le cadre et les instruments de sa liberté. Mais ceux qui déclarent les lois inutiles, sont les premiers à réclamer de nouvelles règles : la loi ne condamne plus les unions hors mariage ni l'homosexualité, mais on demande aujourd'hui des statuts pour les concubins, le mariage et la filiation pour les homosexuels, etc. Au demeurant, décider de légiférer ou de ne pas légiférer en la matière constitue un choix politique : les faits sont neutres ; décider de les réglementer pour les interdire, les encadrer ou les ériger en modèle est lié à une vision particulière de la société.

De même, ceux qui condamnent un droit familial moraliste ou moralisateur n'ont pas toujours conscience qu'ils posent par là même les prémisses d'une certaine morale sociale, hier minoritaire, aujourd'hui dominante. Invoquer le respect de la vie privée, exalter la liberté individuelle, ne voir les rapports sociaux qu'à travers le prisme des droits fondamentaux, c'est mettre en avant de nouvelles valeurs, qui s'imposent aux individus et au corps social dans son ensemble avec autant de vigueur que les dogmes anciens. La « morale » traditionnelle est honnie, vive l'éthique ! On rejette toute morale collective au nom d'une éthique individuelle ; mais on ne fait que s'inscrire *ipso facto* dans une nouvelle éthique collective.

52. Désengagement du droit, multiplication des lois. – Un des plus étranges paradoxes de notre temps est de croire au désengagement du droit dans la famille tout en multipliant les lois. Selon Jean Carbonnier, les règles familiales vivantes devraient se trouver non dans le droit, mais dans le non-droit, dans d'autres systèmes normatifs : religion, morale, mœurs, traditions etc. Il en tirait l'utilité d'un désengagement du droit dans un monde en pleine évolution, et la nécessité de lois souples qui laisseraient aux individus et aux mœurs de vastes espaces de liberté[138]. Que ces

138. J. Carbonnier, « La réforme de la filiation », *in Essais sur les lois*, éd. Defrénois, 2e éd., 1995, p. 107 s., sp. p. 119 : « *Leur apparente permissivité* (des réformes récentes du Code civil) *est un simple désengagement juridique. Tout n'est pas permis : la compétence pour interdire s'est seulement déplacée du droit vers d'autres systèmes normatifs* ».

idées soient invoquées aujourd'hui par ceux qui n'ont de cesse de changer, rechanger et rechanger encore les lois dès lors que la réalité sociale évolue, bref, de mettre plus de droit encore dans la famille, laisse perplexe.

53. Influence du droit sur les mœurs ? – La complexité des rapports entre droit et famille se manifeste aussi lorsque l'on s'interroge sur l'effet des lois sur les mœurs. Il serait trop simple de croire que la loi peut avoir une influence immédiate sur les mœurs, qu'une loi permissive provoque telle ou telle évolution ou qu'une loi de rigueur mette fin à tel ou tel comportement. À l'inverse, accuser une loi libéralisant le divorce ou créant le Pacs d'avoir provoqué une augmentation du nombre des divorces ou des concubinages simplifie une réalité complexe. La loi de 1975 sur le divorce est intervenue parce que les séparations se multipliaient et que les textes antérieurs étaient inadaptés ; et le phénomène a d'ailleurs touché l'ensemble des pays occidentaux. Pour autant, il serait faux de nier qu'ouvrir le divorce plus largement, en alléger la procédure et en « dédramatiser » les conséquences, rend le divorce moins redoutable. Surtout, le fait que le législateur intervienne pour le « neutraliser » contribue à en changer l'image dans la société : consacré, banalisé par la loi, le divorce entre dans la norme : il n'est plus un « mal nécessaire », comme on disait autrefois. Par ricochet, la loi peut ainsi influencer le comportement de ceux qui, jusque-là, auraient hésité à y recourir[139].

De même, le législateur marocain contemporain, en imposant dans son nouveau droit de la famille les principes d'égalité entre homme et femme entend, au-delà du symbole, faire évoluer les comportements par le modèle désormais proposé (c'est la fonction pédagogique de la loi), mais aussi par les conséquences que les juges en tireront (c'est l'efficacité pratique de la loi). Il faut donc se garder d'une vision mécanique des choses : il y a moins action qu'interaction entre droit et mœurs ; imprégnation mutuelle.

Toute la difficulté pour le législateur est de trouver un équilibre : équilibre entre respect des droits et des aspirations individuelles, d'une part, souci de maintenir la cohésion du groupe, d'autre part.

§ 3. Le droit français de la famille

54. Miroir d'une société. – Le droit de la famille est un droit original car il se nourrit de données humaines (il régit les comportements humains les plus intimes), de données scientifiques (sociologiques, démographiques, méthodologiques, biologiques...) et d'idéologie (le droit de la famille est construit sur des valeurs : valeurs morales hier, étroitement liées à la religion, valeurs que l'on croit « universelles » aujourd'hui, attachées aux droits et libertés fondamentaux). Il est également original par sa dimension symbolique : le droit de la famille est le miroir de la société qui le produit : il devient une anthropologie.

L'originalité du droit de la famille en général se traduit dans chaque droit de la famille en particulier : ce que montre l'étude des sources (I) et de l'évolution (II) du droit français de la famille.

I. — Sources du droit français de la famille

55. Renouvellement des sources. – Comme dans bien d'autres domaines, le droit français de la famille a été marqué par un renouvellement complet de ses

139. *Infra*, n° 547.

sources. Il fut longtemps considéré comme la matière de droit civil par excellence. Il semblait également qu'il constituât le bastion des particularismes nationaux : parce que chaque pays a ses modes de vie en famille, fruit d'une culture, d'une histoire, d'un climat, parce qu'il est l'expression du génie d'un peuple, le droit de la famille semblait réfractaire à toute internationalisation et plus encore à toute mondialisation.

Ces deux affirmations méritent d'être nuancées. Le droit civil de la famille est aujourd'hui complété par d'innombrables règles sociales, fiscales, administratives, etc. : un droit plus quotidien, parfois plus vivant et toujours plus instable que celui du Code civil (lui-même devenu évolutif). Par ailleurs, de profondes différences demeurent entre les droits de la famille de par le monde : la famille des pays musulmans et les familles des pays occidentaux, la famille chinoise et la famille française, sont régies par des règles juridiques dissemblables, parce que leur substrat social, politique et culturel est différent. Mais des convergences apparaissent : convergences des droits par les mœurs (s'oriente-t-on vers un modèle familial mondialisé, fût-il réduit à quelques principes simples et élémentaires ?), convergence des mœurs par le droit (l'affirmation des droits fondamentaux, notamment de l'égalité entre homme et femme, n'influe-t-elle pas, à travers le droit, sur les comportements en tendant à devenir un modèle universel de comportement ?).

A. Sources internes

56. Pluralisme des sources. – Au commencement était le Code civil, complété par la jurisprudence et par la doctrine. Puis, le Code civil a fait l'objet d'importantes réformes législatives, lesquelles, à leur tour, ont suscité jurisprudence et doctrine. De plus, s'y superpose un droit non civil de la famille, apparemment secondaire mais qui bénéficie d'une effectivité immédiate plus grande et dont l'influence sur les choix individuels ne peut être sous-estimée[140]. La pratique administrative joue également un rôle important[141]. C'est dire qu'aux sources traditionnelles, se sont ajoutées d'autres sources hors du Code civil et du droit civil.

1) Sources traditionnelles

57. Code civil. – La source première du droit de la famille est le Code civil. Non que le Code ait consacré un de ses titres à la famille[142]. Mais les principales institutions en sont réglementées au titre *Des personnes* (mariage, filiation et aujourd'hui, Pacs) et *Des différentes manières dont on acquiert la propriété* (successions, libéralités, régimes matrimoniaux). Peu de textes sont restés inchangés depuis 1804. Quelques articles symboliques demeurent cependant, l'article 371 du Code civil, venu du Décalogue[143] : « *L'enfant, à tout âge, doit honneur et respect à ses père et mère* » ou l'article 203 : « *Les époux contractent ensemble, par le seul fait du mariage, l'obligation de nourrir, entretenir et élever leurs enfants.* »

58. Coutume. – Une partie des dispositions régissant la famille ne sont pas de nature juridique. Elles sont complétées, sans que l'on s'en rende toujours compte, par des règles coutumières. Tels furent longtemps le nom de famille et les prénoms ; tels sont encore l'autorité parentale et les régimes matrimoniaux[144]. Et la notion de bonnes mœurs (si bafouée soit-elle aujourd'hui) est largement coutumière.

---

140. J. Carbonnier, préface à l'ouvrage *Le droit non civil de la famille*, PUF, 1986, reproduite *in* J. Carbonnier, *Écrits*, PUF, 2008, p. 163.

141. Ex. F. Dekeuwer-Défossez, « Le droit de la filiation à l'épreuve des pratiques administratives et judiciaires », *D.* 1986, chron. p. 305.

142. *Supra,* n° 4.

143. *Infra,* n° 1555.

144. Les deux institutions renvoient d'ailleurs largement à des notions cadres à caractère coutumier : actes de la vie courante, entretien du ménage, dépenses manifestement excessives, etc.

Toutefois, la disparition d'un certain consensus social sur la famille, joint à la rage contemporaine de vouloir tout prévoir et tout réglementer, fait reculer peu à peu la coutume au profit du droit légiféré, et aussi du contrat[145].

59. Jurisprudence. – Au cours des cinquante dernières années, les profondes et incessantes réformes qui ont marqué le droit de la famille ont conduit les tribunaux à fournir un effort considérable pour mettre au point les règles légales en résolvant au fur et à mesure les questions de détail qui se sont posées, d'autant plus nombreuses que le droit est devenu plus flexible[146]. Il leur est également revenu de définir les notions cadres utilisées par le législateur : intérêt de l'enfant, intérêt de la famille, actes usuels, etc. Au-delà, la jurisprudence s'est parfois donnée pour mission d'adapter le droit aux mœurs, avec plus ou moins de bonheur (ex. la notion de bonnes mœurs, vidée de sa substance[147]) ou d'audace (ex. l'ouverture de la délégation de l'autorité parentale aux « familles homoparentales[148] »), et non sans hésitations, lorsque les juges estiment que la question renvoie à un choix de société qui relève du législateur (cf. naguère le refus de la Cour de cassation d'élargir la définition du concubinage pour y faire entrer les concubins homosexuels[149] et, aujourd'hui, d'admettre le mariage homosexuel). Il est même arrivé que le souci de répondre à des besoins et à des demandes nouvelles ruine les équilibres voulus par le législateur : ainsi les juges se sont-ils livrés à une interprétation particulièrement hardie de la loi sur la filiation[150].

Dans cette approche constructive ou destructrice, les juges disposent aujourd'hui d'une arme plus redoutable encore que le marteau de Thor : les droits fondamentaux en général et les droits et libertés garantis par la Convention EDH en particulier, tant il est vrai que l'alliance du droit au respect de la privée et familiale avec le principe de non discrimination peut ébranler les institutions qui paraissaient les plus solides. La Cour de cassation en explore aujourd'hui les différentes possibilités[151]. Après avoir utilisé l'article 8 pour écarter telle ou telle règle interne qui lui serait contraire dans le cadre désormais classique du contrôle de conventionalité ou avoir fondé une solution nouvelle sur le droit au respect de la vie privée et familiale, la cour s'est essayée au contrôle de proportionnalité, avec mise en balance des intérêts en cause, afin d'évincer une disposition dont l'application *in casu* porterait une atteinte disproportionnée au droit de tel ou tel individu au respect de sa vie privée et familiale : elle a ainsi validé le mariage incestueux conclu par un homme avec sa bru au motif qu'en l'espèce et compte tenu notamment de l'écoulement du temps, son annulation sur le fondement de l'article 161 du Code civil porterait une atteinte disproportionnée au droit au respect de la vie privée et familiale[152]. Franchissant un pas de plus, elle a récemment créé *ex nihilo*, sur le seul fondement de l'article 8 de la Conv. EDH, une action en reconnaissance de ses origines au titre du droit de chacun au respect de son identité[153].

145. *Supra,* n° 36.

146. Suivant le titre d'un ouvrage de J. Carbonnier, *Flexible droit*, préc.

147. Sur les libéralités entre concubins, * Cass. civ. 1re, 3 février 1999, *GAJ civ.*, n° 25, sur lequel, cf. not. Y. Lequette, « Quelques remarques à propos des libéralités entre concubins » *in Mélanges J. Ghestin*, LGDJ, 2001, p. 547 s. et réf. cit. Toute honte a été bue avec l'arrêt d'*Assemblée plénière du 29 octobre 2004, dans l'affaire *Muriel Galopin*, sur laquelle, not. Ph. Malaurie, « Libéralités, bonnes mœurs et relations adultères », *Defrénois* 2006.38 et réf. cit. Sur ces arrêts, cf. *infra*, n° 335.

148. Cass. civ. 1re, 24 février 2006, *D.* 2006.897, n. D. Vigneau ; *Dr. famille* 2006, n. P. Murat ; H. Fulchiron, « Parenté, parentalité, homoparentalité », *D.* 2006.876.

149. Cass. soc., 11 juillet 1989, sur lequel, cf. *infra,* n° 315.

150. Sur les interprétations *a contrario* des articles 322 et 334-9 anciens, *infra,* nos 1304 s.

151. Pour une réflexion d'ensemble, cf. Ph. Jestaz, J.-P. Marguénaud et C. Jamin, « Révolution tranquille à la Cour de cassation », *D.* 2014, 2061, S. Guinchard, F. Ferrand et T. Moussa, « Une chance pour la France et le droit continental : la technique de cassation, vecteur particulièrement approprié de contrôle de conventionalité », *D.* 2015, p. 278, B. Louvel, « Pour exercer pleinement son office de Cour suprême, la Cour de cassation doit adapter ses modes de contrôles », *JCP* 2015, 112 ; Ph. Malaurie, « Le projet de réforme de la Cour de cassation, regards universitaires », *Gaz. Pal.* 2015, p. 5.

152. Cass. civ. 1re, 4 décembre 2013, n° 12-26.066, *D.* 2014, n. F. Chénedé, 1342, obs. J. J. Lemouland et D. Vigneau, *AJ famille* 2014, obs. S. Thouret, *RTD civ.* 2014, obs. J. Hauser et 307, obs. J.-P. Marguénaud ; H. Fulchiron, « La Cour de cassation, juge des droits de l'homme ? », *D.* 2014, p. 153. Adde pour une action en contestation de paternité en mariage intentée hors délai, Cass. civ. 1re, n° 14-20.790, *D.* 2015, p. 2365, obs. H. Fulchiron.

153. Cass. civ. 1re, 13 novembre 2014, n° 13-21.018, *D.* 2015, 1070, n. H. Fulchiron, 649, obs. M. Douchy-Oudot, *AJ famille* 2015, obs. F. Chénedé, *Dr. famille* 2015, comm. n° 9, n. C. Neirinck.

Le rôle de la Cour de cassation a également été accru par la procédure d'avis grâce à laquelle elle peut prendre position sur des questions controversées et « fixer » ainsi la jurisprudence[154]. De même, le filtrage des QPC lui permet de faire monter (ou non) telle ou telle question devant le Conseil constitutionnel.

Pour autant la Cour de cassation reste prudente. Sur les questions de société, elle préfère renvoyer au législateur ; à moins qu'il ne lui soit pas possible de tergiverser, en raison notamment de la menace d'une condamnation de la France par la CEDH[155].

À ces sources traditionnelles, s'ajoutent aujourd'hui des sources nouvelles.

2) Sources nouvelles

La famille se construit aujourd'hui largement hors du droit civil, par le droit social et par le droit fiscal notamment. La jurisprudence administrative comme celle du Conseil constitutionnel concourent parfois plus directement que le Code civil ou que le juge judiciaire à dégager les grandes lignes d'un « modèle familial ».

a) Droit social et droit fiscal

60. Droit social. – Le droit social joua un rôle essentiel dans la définition et la mise en œuvre d'une politique familiale. Soucieux de la réalité des situations et des besoins, il est souvent plus ouvert aux nouvelles formes de vie en famille : familles hors mariages et familles monoparentales hier, familles recomposées et familles homoparentales aujourd'hui[156]. On serait tenté de dégager une double loi d'évolution : la reconnaissance d'une situation de fait par le droit social est le prélude à sa consécration en droit civil ; l'octroi de droits comparables en droit social annonce l'assimilation des statuts en droit civil. Tel fut le cas pour le concubinage

154. Cf. par ex. l'avis n° 15010 du 22 septembre 2014 et n° 15011 du 22 septembre 2014 sur l'adoption par l'épouse de la mère, d'un enfant né à l'étranger grâce à une PMA interdite en droit français (*JCP* 2014, 1004, *AJ famille* 2014, 555, n. F. Chénedé, *Dr. famille* 2014, 160, comm. C. Neirinck ; A.-M. Leroyer, J. Hauser, « L'externalisation de la fabrique des enfants ? Libres propos », *D.* 2014, 2031 ; *adde* H. Fulchiron, « Le juge et l'oracle, à propos de la (non) motivation des avis de la Cour de cassation », *D.* 2015, 21).

155. Cf. par ex. le refus d'ouvrir jurisprudentiellement le mariage aux couples de même sexe (Cass. civ. 1re, 13 mars 2007, préc.) ou les arrêts d'Assemblée plénière du 3 juillet 2015 (arrêt n° 619 du 3 juillet 2015 (14-21.323) et arrêt n° 620 du 3 juillet 2015 (15-50.002), sur lesquels cf. not. H. Fulchiron et C. Bidaud-Garon, *D.* 2015, p. 1819), relatifs aux enfants nés à l'étranger d'une gestation pour autrui pratiquée à l'étranger. Rendus à la suite de la condamnation de la France par la CEDH dans les affaires *Labassée* et *Mennesson* (CEDH, 26 mai 2014, n° 65941/11 et n° 65192/11, cf. *infra*, n° 1036), ces derniers arrêts se contentent d'une mise en conformité *a minima* de la jurisprudence française aux exigences de la Cour ; ils se gardent en particulier de prendre position sur la parenté d'intention, donc, indirectement, sur la gestation pour autrui. Mais face à l'inertie du législateur, la Cour de cassation pourra-t-elle se dérober si la question lui est directement posée (sur la question, cf. *infra*, n° 1038) ?

156. Sous réserve que les situations soient comparables. A ainsi été refusé le congé de paternité demandé par la compagne de la mère pour lui permettre d'accueillir l'enfant né par insémination artificielle : une femme n'est évidemment pas le père de l'enfant, et il n'y a même pas de lien de filiation établi. Selon la Cour de cassation (Cass. civ. 2e, 11 mars 2010, *Dr. famille* 2010, n° 92, note A. Devers ; *JCP* N 2010, p. 607 note (critique) Y. Favier), les textes du Code de la sécurité sociale qui ouvrent le bénéfice du congé de maternité à raison de l'existence d'un lien de filiation juridiquement établie « *excluent toute discrimination selon le sexe ou l'orientation sexuelle, et ne portent pas atteinte au droit à une vie familiale* ». Rappr. CJUE, 18 mars 2014, aff. C-363/12 et C-167/12 à propos du droit d'une mère d'intention à bénéficier des aides accordées aux femmes ayant accouché et aux mères allaitantes : la cour se garde bien de prendre parti sur la maternité de substitution ; elle conclut à l'absence de discrimination car les mères d'intention n'ayant pas été enceintes et n'ayant pas accouché, elles ne peuvent bénéficier de la protection prévue par la directive de 1992 (Directive n° 92/85/CEE du 19 octobre 1992, visant à promouvoir l'amélioration de la sécurité et de la santé des travailleuses enceintes, accouchées ou allaitantes au travail) dont l'objet est expressément de protéger la mère dans la situation spécifique de vulnérabilité découlant de sa grossesse (cf. A. Boujeka, « La gestation pour autrui et le handicap confrontés au principe de non-discrimination en droit de l'Union », *D.* 2014, 1811).

et pour l'enfant né hors mariage ; tel est le cas aujourd'hui pour le Pacs[157]. Droit des besoins et de la réalité sociale, le droit social répugne à la hiérarchie des statuts. Mais en confondant leurs effets, il concourt au rapprochement des situations.

Depuis 1939, il existe un *Code la famille*, devenu *Code de l'action sociale et des familles :* ce Code ne traite pas des institutions du droit de la famille, mais de l'action des collectivités publiques en faveur des familles : organismes sociaux (Aide sociale à l'enfance, DASS), chargés d'apporter leur aide aux enfants, aux mères, aux parents, aux personnes âgées.

61. Droit fiscal. – Des remarques du même ordre pourraient être faites à propos du droit fiscal[158] : les avantages refusés ou accordés, les charges imposées, les exonérations consenties, jouent en rôle important dans la définition des politiques familiales mises en œuvre par l'État. Les débats autour du concubinage en sont une illustration : la revendication de droits minimum pour les couples non mariés s'est conjuguée à la dénonciation des privilèges indirects dont bénéficieraient les concubins[159], pour aboutir, positivement et négativement, à un rapprochement des statuts. Depuis, la dynamique égalitaire s'est accélérée : le droit fiscal contribue au rapprochement juridique et symbolique du mariage et du concubinage. Lors des débats sur la création du Pacs, on insista sur la primauté du mariage, dont le régime fiscal devait rester symboliquement plus avantageux ; la règle a fait long feu : l'assimilation s'est rapidement mise en marche au nom du refus des discriminations, jusqu'à sa consécration dans les transmissions successorales par la loi TEPA du 21 août 2007[160].

Plus profondément encore, les dispositions fiscales relatives à la prise en charge des enfants et des personnes dépendantes, au statut fiscal du conjoint survivant et des différents héritiers, aux époux, partenaires et concubins, en disent plus long sur le droit de la famille que bien des dispositions du Code civil[161].

b) Droit administratif

62. Encadrement et contrôle. – Par ses règles légiférées et plus encore par sa jurisprudence, le droit administratif contribue également à façonner le droit de la famille[162]. Il intervient non seulement à travers les règles qui gouvernent les services publics chargés d'apporter leur aide aux familles, mais aussi par les institutions qu'il régit au moins partiellement ou pour lesquelles les juridictions administratives ont reçu compétence : mariage, adoption, accouchement sous X, et, indirectement, par le biais du droit de la condition des étrangers. Il peut arriver d'ailleurs que certains décalages apparaissent. Ainsi, le droit des étrangers révèle-t-il une conception plutôt traditionnelle de la famille : le souci d'éviter les fraudes, et plus généralement d'encadrer les flux migratoires, renvoie à un modèle familial assez classique, que vient tempérer le droit au respect de la vie privée et familiale[163].

c) Droit constitutionnel

63. Constitutionnalisation de la famille. – Depuis plusieurs années, le droit constitutionnel joue un rôle important en droit de la famille[164]. La famille apparaît dans les textes constitutifs du

157. En droit social, les statuts du Pacs et du mariage sont similaires. Il est possible que quelque jour mariage et Pacs soient conçus comme deux statuts placés à égalité, ouverts au libre choix des individus avec des droits identiques (seuls les devoirs seraient-ils différents ?), sans que la loi entende favoriser l'un ou l'autre ; *infra,* n° 453.

158. F. Douet, *Précis de droit fiscal de la famille*, préc.

159. E. Sullerot, *Pour le meilleur et sans le pire ?*, 1985.

160. 76 680 Pacs déclarés en 2006, 168 000 en 2013, dont 6 054 seulement entre personnes de même sexe (cf. *infra,* n° 358) : faut-il y voir un effet de la loi TEPA, assimilant un peu plus le Pacs au mariage... et rendant par là même le Pacs de plus en plus concurrentiel, en attendant une OPA (hostile ?) du Pacs sur le mariage ou du mariage sur le Pacs ? Le droit fiscal tient-il le droit de la famille en l'état ?

161. Ph. Malaurie, « Le couple et le fisc », *Dr. famille*, 2011, ét. n° 1.

162. Cf. plus généralement sur les rapports entre droit public et famille, E. Millard, *Famille et droit public, recherches sur la construction d'un objet juridique*, LGDJ, 1995.

163. Cf. *Les étrangers et la Convention européenne des droits de l'homme et des libertés fondamentales*, H. Fulchiron (ss. dir.), LGDJ, 1999.

164. J. Boulouis, « Famille et droit constitutionnel », *Études P. Kayser*, 1979, t. 1, p. 147 ; F. Luchaire, « Les fondements constitutionnels du droit civil », *RTD civ.* 1982.245 ; N. Molfessis, *Le Conseil*

« bloc de constitutionnalité ». La Déclaration des droits de l'homme et du citoyen de 1789 était trop éprise d'individualisme et trop soucieuse de délivrer l'individu de l'emprise familiale, pour faire place à la famille. En revanche, le Préambule de la Constitution de 1946 auquel renvoie le Préambule de la Constitution de 1958 affirme en son alinéa 10 que « *La nation assure à l'individu et à sa famille les conditions nécessaires à leur développement* ». Et le principe constitutionnel d'égalité entre homme et femme (al. 3) n'est pas sans incidences en droit de la famille.

L'emprise du droit constitutionnel se manifeste à travers une jurisprudence de plus en plus riche : reconnaissance du droit de se marier et de fonder une famille[165], défense de la liberté du mariage contre les lois qui tendraient à trop l'encadrer au nom de la lutte contre les mariages blancs[166], protection du droit à une vie familiale normale pour les étrangers[167].

La loi sur le Pacs a marqué, symboliquement, une étape décisive : la médiocrité du texte voté par le Parlement conduisit le juge constitutionnel à multiplier les réserves d'interprétation, procédant, a-t-on pu dire, à une véritable réécriture du texte[168]. En le raccrochant au domaine des contrats, le Conseil constitutionnel tentait de mieux le différencier du mariage, institution de droit familial. Mais par là même, par un effet boomerang, il soulignait l'invasion du droit de la famille par le contrat.

Avec l'apparition de la question prioritaire de constitutionnalité (QPC), le rôle du Conseil constitutionnel en matière familiale s'est encore accru[169]. Les justiciables ont vite compris l'intérêt de cette procédure et même si la Cour de cassation et le Conseil d'État se livrent à un filtrage efficace[170], les questions abondent, sur les sujets les plus divers : le mariage[171], la prestation compensatoire[172], l'accouchement sous X[173], l'adoption[174], les pensions de réversion[175], la composition du tribunal pour enfants[176], etc.

Pour autant, le Conseil constitutionnel fait preuve d'une grande prudence. Ainsi lors de l'examen de la loi sur le mariage pour tous[177], a-t-il affirmé qu'en permettant « *l'accès à l'institution du mariage aux couples de personnes de même sexe, le législateur a estimé que la différence entre les couples formés d'un homme et d'une femme et les couples de personnes de même sexe ne justifiait plus que ces derniers ne puissent accéder au statut et à la protection juridique attachés au mariage ; qu'il n'appartient pas au Conseil constitutionnel de substituer son*

---

constitutionnel et le droit privé, LGDJ, 1994, préf. M. Gobert. *Adde* le dossier « La Constitution et le droit des personnes et de la famille », *Les nouveaux cahiers du Conseil constitutionnel*, n° 39, Dalloz, 2013.

165. Décision du Conseil constitutionnel n° 2001-445 DC, 19 juin 2001, considérant 19, *JO* 26 juin 2001, à propos de la nomination des magistrats et de la prise en compte de leur situation familiale.

166. Décision du Conseil constitutionnel n° 93-325 DC, 13 août 1993, *CDCC*, n° 46, ou Décision du Conseil constitutionnel n° 2003-484 DC, 20 novembre 2003, *JO* 27 novembre 2003.

167. Décision 13 août 1993 préc., Décision n° 96-377, 16 juillet 1996, *JCP* G 1997.I.4023, n° 26, obs. B. Mathieu et M. Verpeau. Selon le Conseil, les conditions d'une vie familiale normale s'apprécient au regard des conceptions françaises.

168. N. Molfessis, « La réécriture de la loi PACS par le Conseil constitutionnel », *JCP* G 2000.I.210. *Adde infra*, n° 354.

169. Cf. *AJ famille, QPC et droit de la famille*, dossier, décembre 2012, p. 578 et s.

170. Cf., pour la Cour de cassation, P. Chevalier, « La pratique du filtrage des QPC dans le domaine de la famille et de la nationalité », *AJ famille*, 2012, p. 581.

171. Outre les décisions n° 2010-92 QPC du 28 janvier 2011 et n° 2013-669 du 17 mai 2013, sur le mariage entre personnes de même sexe, cf. les décisions n° 2013-361 QPC du 28 janvier 2014 (absence de clause de conscience de l'officier de l'état civil), n° 2012-260 QPC du 19 juin 2012 sur le consentement au mariage d'une personne en curatelle.

172. Déc. n° 2014 n° 2014-398 QPC, 2 juin 2014, *adde*, pour l'indemnité exceptionnelle de l'ancien article 206-1, déc. N° 2015-488 QPC du 7 oct. 2015, cf. *infra*, n° 793.

173. Déc. n° 2012-248 QPC du 16 mai 2012, cf. *infra*, n° 1125.

174. Déc. n° 2010-39 QPC du 6 octobre 2010 (adoption au sein d'une couple de personnes de même sexe), déc. n° 2014-398 QPC du 2 juin 2014 (droits de mutation à titre gratuit entre adoptant et adoptés).

175. Déc. n° 2011-155 QPC du 29 juillet 2011.

176. Déc. n° 2011-147 QPC du 8 juillet 2011.

177. Déc. n° 2013-669 du 17 mai 2013, préc., sur laquelle, cf. *infra*, n° 166.

appréciation à celle du législateur sur la prise en compte, en matière de mariage, de cette différence de situation[178] ». C'est dire que sur les questions de société, le Conseil n'entend pas substituer son appréciation à celle du législateur[179]. La démocratie ne peut qu'y gagner[180].

La véritable révolution des sources du droit de la famille est venu de l'extérieur, avec la montée en puissance des sources internationales en général et européennes en particulier.

B. Sources internationales

64. Internationalisation des sources. – Un des phénomènes marquants des trente dernières années est rôle de plus en plus important que jouent les sources internationales : chartes, conventions, déclarations, recommandations, etc. La nature de ces textes est des plus diverses, qu'il s'agisse de leur origine, de leurs prescriptions et surtout de leur statut dans l'ordre juridique français : certains ont seulement une valeur symbolique, d'autres peuvent être directement invoqués au soutien de telle ou telle prétention.

65. Textes universels. – Il s'agit parfois de textes anciens, ayant acquis une place considérable en droit français, portés par la promotion contemporaine des sources internationales en général et des droits fondamentaux en particulier. Tels sont les textes fondateurs de l'ONU, notamment la Déclaration universelle des droits de l'homme dont l'article 8 affirme que « *La famille est l'élément naturel et fondamental de la société et a droit à la protection de la société et de l'État* ». Cette Déclaration ne peut être directement invoquée par des plaideurs devant le juge français. Il en va différemment d'autres textes de portée universelle tel que le Pacte international relatif aux droits civils et politiques (1966) qui contient plusieurs dispositions relatives à la famille : droit à la vie (art. 6), droit au respect de la vie privée (art. 17), droit de se marier et de fonder une famille (art. 23, § 2), égalité des droits et des responsabilités des époux (art. 23), égalité des enfants (art. 23 et 24), etc. Comme la Déclaration universelle, le pacte affirme (art. 23) que « *La famille est l'élément naturel et fondamental de la société et a droit à la protection de la société et de l'État* ». Telle est également la Convention sur l'élimination de toute discrimination à l'égard des femmes (1979).

66. Convention internationale relative aux droits de l'enfant. – Il est surtout un texte dont l'influence sur l'évolution du droit contemporain de la famille a été capitale : la Convention internationale relative aux droits de l'enfant du 20 novembre 1989 (Convention IDE)[181].

La ratification de cette Convention a amené le législateur français à modifier un certain nombre de ses règles pour les mettre en conformité avec ses engagements internationaux : procédure d'audition de l'enfant en justice, responsabilité parentale conjointe, droit de l'enfant de connaître ses parents et d'être élevé par eux, etc[182]. Surtout, la question s'est posée de savoir si le texte

178. Cf. déjà à propos du mariage entre personnes de même sexe, la décision n° 2010-92 QPC du 28 janvier 2011 ou, à propos de l'adoption dans un couple de personnes de même sexe, la décision n° 2010-39 QPC du 6 octobre 2010.

179. Cf. B. Mathieu, « Les "questions de société" échappent au contrôle de constitutionnalité », *JCP* G 2013, act. 588.

180. Cf. F. Chénedé et P. Deumier, « L'œuvre du Parlement, la part du Conseil constitutionnel en droit des personnes et de la famille », *in Les nouveaux cahiers du Conseil constitutionnel*, n° 39, 2013.

181. G. Raymond, « La convention des Nations unies sur les droits de l'enfant et le droit français de l'enfance », *JCP* G 1990.I.3451. *Adde* I. Barrière-Brousse, « L'enfant et les conventions internationales », *JDI* 1996.843.

182. La loi du 8 janvier 1993 eut notamment pour objectif de mettre le droit français en conformité avec la Convention, notamment sur la question de l'audition de l'enfant.

était d'application directe. La polémique divisa les auteurs ; elle suscita pendant dix ans une divergence entre les deux plus hautes juridictions françaises[183]. Pour la Cour de cassation, la Convention IDE ne créait d'obligation qu'à l'égard de l'État français et ne pouvait donc être invoquée directement par les particuliers au soutien de leurs prétentions[184]. Cette position fut affirmée à plusieurs reprises, malgré des critiques acerbes[185]. Pour le Conseil d'État au contraire, certaines dispositions de la Convention sont suffisamment précises pour pouvoir être directement invoquées devant le juge français : ainsi, l'article 16 selon lequel « *Nul enfant ne fera l'objet d'immixtions arbitraires ou illégales dans sa vie privée, sa famille, son domicile ou sa correspondance, ni d'atteintes illégales à son honneur et à sa réputation* ». Le Conseil d'État a affirmé sur ce fondement que l'entrée irrégulière de l'enfant sur le territoire français ne pouvait justifier un refus de regroupement familial[186]. La Cour de cassation a finalement rendu les armes[187] : elle admet désormais que certaines dispositions de la Convention sont d'application directe, au premier chef les articles 3, § 1 (prise en considération de l'intérêt de l'enfant), 12, § 1 (droit de l'enfant d'exprimer librement son opinion) et 12, § 2 (droit de l'enfant d'être entendu dans toute procédure qui l'intéresse)[188].

67. Conflits de lois, conflits de juridictions. – À côté de ces textes fondamentaux, d'autres textes internationaux jouent un rôle croissant : conventions internationales relatives aux conflits de lois et aux conflits de juridiction, conventions d'entraide judiciaire, etc : ils ne posent pas directement de principes d'organisation familiale, mais à travers leurs dispositions, apparaissent certaines conceptions de la famille et de son droit, qui influencent, par contagion, le droit interne.

Mais l'influence la plus forte et la moins attendue est celle des sources européennes.

C. Sources européennes

68. Européanisation de la famille. – L'influence des normes européennes ne cesse de croître en droit de la famille. À première vue, le phénomène paraît surprenant : la famille n'est-elle pas l'expression la plus profonde des identités collectives, et son droit le bastion des particularismes nationaux ? Dans l'espace du Conseil de l'Europe et plus encore dans celui de l'Union européenne, des rapprochements sont à l'œuvre[189].

1) L'espace du Conseil de l'Europe

69. Un instrument phare ? La Convention EDH. – L'activité des différents organes du Conseil de l'Europe (comité des ministres, assemblée parlementaire,

183. *Infra*, n° 1526.

184. Cass civ. 1re, 10 mars 1993, *Lejeune*, *D.* 1993.361, n. J. Massip ; *Rev. crit. DIP* 1993.449, n. P. Lagarde.

185. C. Neirinck et P.-M. Martin, « Un traité bien maltraité, à propos de l'arrêt Lejeune », *JCP* G 1993.I.2677 ; M.-C. Rondeau-Rivier, « La Convention des Nations unies sur les droits de l'enfant devant la Cour de cassation : un traité mis hors jeu », *D.* 1993.203.

186. CE, 22 septembre 1997, *Mlle Cinar*, *RFDA* 1998.562, concl. R. Abraham. *Adde* CE, 30 juin 1999, *JDI* 2000.725, n. I. Barrière-Brousse.

187. **Cass civ. 1re, 18 mai 2005, *JCP* 2005, II, 10081, note Y. Strickler, *JCP* 2005, II, 10115, concl. C. Petit, note C. Chabert ; *D.* 2005.1909, n. V. Egea ; *Defrénois* 2005.1419, n. J. Massip : *RTD civ.* 2005, 585, obs. J. Hauser.

188. Pour un bilan, cf. A. Gouttenoire et P. Murat, « La convention internationale des droits de l'enfant, vingt ans après, commentaire article par article », *Dr. famille* 2009, n° 13 à 52. *Adde* la synthèse réalisée par la Cour de cassation dans son rapport 2009. Sur la dialectique entre droits et intérêts de l'enfant, cf. H. Fulchiron, « Droits de l'enfant et intérêt de l'enfant, libres propos sur les interactions entre deux notions clefs de la protection de l'enfant », *in La personne humaine, entre autonomie et vulnérabilité*, éd. Yvon Blais, 2015, p. 181.

189. S. Grataloup, *L'enfant et sa famille dans les normes européennes*, LGDJ, 1998.

comités et commissions diverses) est intense quoique méconnue[190]. Par ailleurs, le Conseil a élaboré un certain nombre de textes consacrés à la famille, directement (la Convention européenne sur l'exercice des droits de l'enfant), ou indirectement (la Charte sociale européenne du 18 octobre 1961 qui affirme que « *La famille, en tant que cellule fondamentale de la société, a droit à une protection sociale, juridique et économique appropriée pour assurer son plein développement* »). Le texte majeur est la Convention européenne des droits de l'homme et des libertés fondamentales. À vrai dire, la Convention EDH contient très peu d'articles relatifs à la famille : l'article 12 sur la liberté du mariage et l'article 8 sur le droit au respect de la vie privée et familiale. Il faut y rajouter quelques dispositions des protocoles additionnels, notamment l'article 5 du protocole additionnel n° 7 qui affirme que « *Les époux jouissent de l'égalité de droits et de responsabilités de caractère civil entre eux et dans leurs relations avec leurs enfants au regard du mariage, durant le mariage et lors de sa dissolution* » ou l'article 2 du protocole additionnel n° 1 selon lequel : « *L'État, dans l'exercice des fonctions qu'il assumera dans le domaine de l'éducation et de l'enseignement, respectera le droit des parents d'assurer cette éducation et cet enseignement conformément à leurs convictions religieuses et philosophiques.* »

Le rayonnement de la Convention EDH a été assuré par l'interprétation qu'en a donnée la CEDH[191]. Le fabuleux destin de l'article 8 de la Convention EDH est à cet égard exemplaire. Selon ce texte, « *Toute personne a droit au respect de sa vie privée et familiale, de son domicile et de sa correspondance* ». À partir de ce texte et de la protection des droits individuels qu'il garantit, la CEDH a construit une jurisprudence riche et évolutive dont le retentissement s'est étendu à l'ensemble des structures familiales[192].

Selon les juges de Strasbourg, la Convention EDH est « *un instrument vivant* » qui « *s'interprète à la lumière des conceptions prévalant de nos jours dans les États démocratiques*[193] » ; en conséquence, sa lecture doit être guidée par les principes de la « *société démocratique* » dont se réclame la Cour *i. e.* le pluralisme, l'esprit d'ouverture et la tolérance vis-à-vis d'idées qui peuvent « *heurter, choquer ou inquiéter de larges fractions de la population* »[194]. La Cour assure ainsi la protection de formes de vie familiales inouïes (en ce sens que les rédacteurs du texte, dans les années cinquante, n'y auraient jamais songé[195]) et, par là même, les pose comme des modes de vie en famille socialement acceptables puisque juridiquement reconnus[196].

L'impact de cette « interprétation dynamique » est amplifié par le phénomène de « globalisation des sources ». De plus en plus souvent, la Cour met au service de sa lecture des articles de la Convention des textes et des jurisprudences d'origines diverses en vue d'augmenter le niveau

190. La France la découvre parfois, à l'occasion de telle ou telle remontrance spectaculaire, cf. la décision du comité européen des droits sociaux reprochant à la France de ne pas prévoir d'interdiction suffisament claire, contraignante et précise des châtiments corporels infligés aux enfants (mars 2015).

191. Comp. les critiques de Ph. Malaurie « La Cour européenne des droits de l'homme et la liberté sexuelle », *LPA* 8 août 2006 ; « Grands arrêts, petits arrêts, mauvais arrêts de la CEDH », *LPA* 22 août 2006 ; « Jean Foyer et la Cour européenne des droits de l'homme », *in Jean Foyer, in memoriam*, Litec, 2010, 203 et de B. Edelman, « La Cour européenne des droits de l'homme : une juridiction tyrannique ? », *D.* 2008.1946.

192. F. Vasseur-Lambry, *La famille et la Convention européenne des droits de l'homme*, L'Harmattan, 2000.

193. Sur cette formule, cf. not. F. Sudre, « La "construction" par le juge européen du droit au respect de la vie familiale », *in Le droit au respect de la vie familiale au sens de la Convention européenne des droits de l'homme*, F. Sudre (dir.), Bruylant, 2002.

194. Selon la formule de l'arrêt CEDH, *Dudgeon c. Royaume-Uni,* 22 oct. 1981, *GA*, n° 44.

195. Cf. par exemple la protection au titre de la vie familiale d'un couple de personnes de même sexe (CEDH, *Schalk et Kopf c. Autriche*, préc.).

196. Cf. F. Sudre, « La "construction" par le juge européen du droit au respect de la vie familiale », art. préc. et réf. cit.

de protection garanti : normes nationales (cf. notamment la jurisprudence des cours constitutionnelles), normes de l'Union européenne (Traités et Charte des droits fondamentaux, droit dérivé, jurisprudence de la CJUE) ou normes internationales (instruments internationaux de protection des droits de l'homme ou jurisprudence des juridictions internationales). En particulier, la CEDH s'est engagée dans un dialogue constructif diront les uns, concurrentiel diront les autres, avec la CJUE[197].

70. Un modèle familial européen ? – À vrai dire, la CEDH ne se réfère pas explicitement à un modèle familial unique. Certes, elle reconnaît que la protection de la famille fondée sur le mariage constitue un but légitime, voire méritoire[198] ; mais d'autres formes de vie en famille doivent être reconnues et protégées[199], sans qu'elles soient nécessairement fondées sur des liens de parenté ou d'alliance : il suffit, selon la Cour, qu'existe une vie familiale « effective[200] ». En fait, la notion de vie familiale au sens de l'article 8 est si floue[201], elle recouvre des situations si diverses[202], hors de tous « liens de famille », que toute idée de modèle familial se dilue dans un monde de droits subjectifs reconnus et protégés, sans référence à l'idée de modèle ou de modèles. En fait, il n'existe pas de modèle familial européen, mais des relations familiales reconnues et protégées, en ce qu'elles mettent en cause des droits et des libertés individuels[203] : ce qui est premier n'est pas la famille en tant que groupe, mais l'individu, dans ses droits et libertés. Il n'y aurait donc pas de modèle mais des droits et libertés individuels, à partir desquels seraient construites diverses formes de relations familiales reconnues et protégées[204].

Chaque État reste libre de fixer les règles de son droit familial, en fonction de ses conceptions de la famille, et la Cour lui reconnaît une marge d'appréciation pour tenir compte, notamment, de ses particularismes et de ses exigences propres. Encore faut-il que les autorités nationales ne vident pas de leur substance les droits protégés ; encore faut-il également qu'elles ne heurtent pas certains principes essentiels, tels que les principes de liberté et d'égalité ; encore faut-il enfin que la nature même des droits en jeu ne réduise la marge d'appréciation reconnue aux États, ce qui n'est pas rare dans des matières qui touchent aux droits les plus intimes de la personne[205]. Entrent aussi en ligne de compte l'existence ou l'absence

---

197. Dialogue qui n'est pas toujours facile, cf. l'avis rendu le 18 juin par la CJUE sur le projet d'accord en vue de l'adhésion de l'Union à la Conv. EDH (préc.) : la CJUE souligne notamment les difficultés d'articulation entre la Conv. EDH et la Charte des droits fondamentaux (cf. *infra*) et dénonce le risque de voir remis en cause l'autonomie du droit de l'Union.

198. Comme le dit l'arrêt **Marckx c/Belgique*, CEDH, 13 juin 1979, *GA CEDH*, n° 48 et réf. cit. La Cour juge par exemple que subordonner l'ouverture d'un droit à pension au profit du survivant à l'existence d'un mariage, n'enfreint pas la Convention : arrêt *Mata Estevez c/Espagne*, 10 mai 2001, n° 56501/00.

199. Le même arrêt *Marckx*. Dans l'arrêt *Elsholtz c/Allemagne*, du 13 juillet 2000, la Cour affirme que « *la notion de famille au sens de l'article 8 de la CEDH, ne se borne pas aux seules relations fondées sur le mariage et peut englober d'autres liens factuels* (sic) *lorsque les parties cohabitent en dehors du mariage* ».

200. Arrêt *Marckx*, préc.

201. Pour une synthèse, F. SUDRE, *Droit européen et international des droits de l'homme*, n°s 233 s. et les références citées. *Le droit au respect de la vie familiale au sens de la Convention européenne des droits de l'homme*, F. SUDRE (ss. dir.), Nemessis, Bruylant, 2002, not. le rapport de F. Sudre, « La "construction" par le juge européen du droit au respect de la vie familiale », p. 11 s. et réf. cit.

202. Ex. : arrêt *X., Y., Z. c/Royaume-Uni*, 22 avril 1997, *D.* 1997.582, n. S. Grataloup, accordant la protection due au titre de la vie familiale à la situation de fait créée par un transsexuel né de sexe féminin, sa compagne et l'enfant de cette dernière né par insémination artificielle avec un tiers donneur.

203. M.-T. MEULDERS-KLEIN, « Vie privée, vie familiale et droits de l'homme », *RID comp.* 1992, 774 s. et réf. cit.

204. H. FULCHIRON, « Existe-t-il un modèle familial européen ? », *Defrénois* 2005.1461 s.

205. Cf. les arrêts *Labassée* et *Mennesson* : « *lorsqu'un aspect particulièrement important de l'existence ou de l'identité d'un individu se trouve en jeu, la marge laissée à l'État est d'ordinaire restreinte (voir en particulier, S.H. précité, § 94)* ».

de consensus entre États parties[206] ; or on a fait remarquer que l'apparente objectivité d'un simple état des lieux masquait parfois une démarche politique[207] : tout dépend de l'échantillon retenu et des conclusions qui en sont tirées[208].

Enfin, la Cour a affirmé que les choix opérés par l'État, même dans les limites de la marge d'appréciation qui leur est reconnue, « *n'échappent pas au contrôle de la Cour. Il incombe à celle-ci d'examiner attentivement les arguments dont il a été tenu compte pour parvenir à la solution retenue et de rechercher si un juste équilibre a été ménagé entre les intérêts de l'État et ceux des individus directement touchés par cette solution* »[209] ; en particulier, rappelle-t-elle, « *elle doit avoir égard au principe essentiel selon lequel, chaque fois que la situation d'un enfant est en cause, l'intérêt supérieur de celui-ci doit primer* »[210]. Au terme de ces coups d'accordéon, la marge d'appréciation des États, même dans des domaines sensibles, risque de finir en peau de chagrin.

71. Influence de la Convention EDH sur le droit interne. – L'influence de la jurisprudence de la CEDH sur l'évolution du droit français de la famille est immense.

Ainsi, le législateur français est-il souvent intervenu pour « corriger » la loi française condamnée par Strasbourg. Parfois, il agit préventivement, pour éviter une condamnation qui paraît inéluctable[211] ou pour renforcer les positions du droit français en prévision d'un litige[212]. De même, les juridictions françaises font-elles évoluer leur jurisprudence pour la mettre en harmonie avec les positions réelles ou supposées de la CEDH.

72. Interrogations. – Cette influence suscite un certain nombre d'interrogations[213]. De cette jurisprudence n'émerge pas une vision cohérente de la famille. Il s'agit d'un droit flou, dont la casuistique laisse parfois perplexe, avec ses audaces et ses frilosités. Son attachement aux

---

206. Dans les arrêts *Labassée* et *Mennesson* (préc.) la Cour rappelle que « *l'étendue de la marge d'appréciation dont disposent les États varie selon les circonstances, les domaines et le contexte et que la présence ou l'absence d'un dénominateur commun aux systèmes juridiques des États contractants peut constituer un facteur pertinent à cet égard (voir, par exemple, Wagner et J.M.W.L. et Negrepontis-Giannisis, précités, § 128 et § 69 respectivement)* » ; « *lorsqu'il n'y a pas de consensus au sein des États membres du Conseil de l'Europe, que ce soit sur l'importance relative de l'intérêt en jeu ou sur les meilleurs moyens de le protéger, en particulier lorsque l'affaire soulève des questions morales ou éthiques délicates, la marge d'appréciation est large* ».

207. Cf. F. Sudre, *Droit européen et international des droits de l'homme*, *op. cit.*, n° 95 et réf. cit. ; *adde* du même auteur, « La mystification du "consensus" européen », *JCP* G 2015, 1369.

208. Cf. par ex. l'utilisation qu'en fait la Cour dans l'arrêt *X et alii c. Autriche*, du 19 février 2013, préc., à propos de l'adoption coparentale dans un couple homosexuel. La Cour constate que seuls dix États membre du Conseil de l'Europe ouvrent l'adoption coparentale aux couples non mariés ; six d'entre eux traitent les couples hétérosexuels et les couples homosexuels de la même manière à cet égard ; quatre ont adopté, comme l'Autriche, une règle réservant l'adoption aux couples hétérosexuels. La Cour en conclut que l'étroitesse de l'échantillon ne permet de tirer aucune conclusion sur un éventuel consensus entre les États membres du Conseil de l'Europe. Pourtant, le fait que ce soit un petit nombre d'États qui admettent l'adoption coparentale par un couple non marié, et plus encore l'adoption par un couple homosexuel, aurait pu être interprété comme un large consensus... hostile à l'adoption coparentale au sein des couples de même sexe...

209. Arrêts *Labassée* et *Mennesson*, préc.

210. *Ibidem*.

211. Cf. la réforme des droits successoraux de l'enfant adultérin à la suite de l'affaire **Mazurek*, 1er février 2000, *GA CEDH* n° 51 et réf. cit., cf. *infra*, n° 944.

212. Cf. la loi du 22 janvier 2002 relative à l'accès aux origines des personnes adoptées et des pupilles de l'État, qui évita sans doute à la France d'être condamnée plus tard dans l'affaire *Odièvre*, 13 février 2003, *GA CEDH*, n° 39, cf. *infra*, n° 1120 s.

213. M.-T. Meulders-Klein, « Internationalisaton des droits de l'homme et évolution du droit de la famille : un voyage sans destination ? », *in Internationalisation des droits de l'homme et évolution du droit de la famille*, F. Dekeuwer-Défossez (ss. dir.), LGDJ, 1996, repris *in La personne, la famille et le*

situations de fait, rend hasardeuse toute systématisation. Il se pourrait que l'une des causes du malaise que suscitent certains arrêts de la Cour ou certaines décisions des juges nationaux lorsqu'ils prétendent transcrire la jurisprudence de la Cour, vienne de ce mélange (de ce conflit ?) de deux logiques : logique casuistique plutôt anglo-saxonne et logique de règles générales ancrée dans la tradition continentale[214]. Les notions classiques, que l'on s'attachait à définir avec soin, sont remplacées par des concepts mouvants : la famille se dilate et se dilue dans le concept de vie familiale, la parenté se fond dans la parentalité, le mariage se perd dans la conjugalité, etc.

De plus, il n'est pas toujours facile de tirer sinon des règles générales, du moins des normes de référence, d'arrêts dans lesquels la mise en balance, *in casu*, des droits et intérêts en présence, droits individuels (parfois contradictoires), et intérêts collectifs, joue un rôle essentiel.

Inéluctablement, cette jurisprudence assure le triomphe du système le plus libéral, *i.e.* celui qui reconnaît à l'individu le maximum de droits et de libertés[215], au détriment peut être de la cohésion sociale et, sans doute, des identités nationales[216].

Enfin, s'il existe des convergences réelles autour de principes communs[217], le risque est grand de voir surgir des conflits de droits subjectifs[218]. Peut-on hiérarchiser les droits fondamentaux ? Entre le droit de l'enfant à connaître ses parents et le droit de la mère à l'anonymat, comment trancher ? La balance est délicate, et, à certains égards, imprévisible.

Pour autant, la CEDH constitue un indispensable aiguillon pour des systèmes nationaux parfois englués dans leurs traditions ou leurs contradictions et souvent incapables de prendre un peu de recul vis-à-vis d'eux-mêmes[219].

2) Les sources de l'Union européenne

73. « Communautarisation » du droit de la famille. – Les normes émanant des différents organes de l'Union européenne prennent également une importance croissante[220]. *A priori*, le phénomène est paradoxal : les finalités de la construction européenne sont plutôt politiques et économiques. Les grandes libertés communautaires (libre circulation des biens et des personnes, liberté d'établissement, etc.) n'ont qu'un lointain rapport avec la famille. Les textes fondateurs de l'Union ne font d'ailleurs pas référence à la famille, sinon de façon très indirecte.

Surtout, le droit de la famille est généralement considéré comme le bastion des particularismes nationaux. En ce qu'elle touche les structures les plus profondes de la société, la famille constitue un élément de l'identité de chaque pays. D'où le lien souvent fait de façon spontanée entre droit de la famille et souveraineté des

---

droit, Bruylant-LGDJ, 1999, p. 495 s. Ph. Malaurie, « Jean Foyer et la Cour européenne des droits de l'homme », *in Jean Foyer, in memoriam*, Litec, 2010, p. 203.

214. Le pire survient lorsque les auteurs ou les juges élevés dans la tradition continentale donnent aux arrêts de la CEDH la portée d'une règle générale et impersonnelle édictée *in abstracto*, en oubliant les circonstances particulières dans laquelle le principe a été posé. Les arrêts de la CEDH ne devraient pas être lus comme des arrêts de la Cour de cassation.

215. Sur cette « loi du libéralisme maximum », cf. H. Fulchiron, « Existe-t-il un modèle familial européen ? », art. préc.

216. Cf. Y. Lequette, « Des juges littéralement irresponsables », *Liber amicorum Jacques Héron*, LGDJ, 2009, p. 309.

217. Cf. H. Fulchiron, « Un modèle familial européen ? », *in Vers un statut européen de la famille*, Dalloz, 2014, p. 171 et s.

218. M.T. Meulders-Klein, « Vie privée, vie familiale et droits de l'homme », art. préc.

219. Cf. la leçon faite par la Cour au législateur italien dans l'affaire *Oliari*, n° 18766 et 36030/11, *infra*, n° 96.

220. H. Gaudemet-Tallon, « La famille face au droit communautaire », *in* Internationalisation des droits de l'homme et évolution du droit de la famille, *op. cit.*, p. 85 s. ; S. Ramet, *Le droit communautaire et la famille,* thèse Paris I, 2001 ; H. Fulchiron, « Vers un droit européen de la famille, à propos de la construction d'un jus communis familialis dans le cadre de l'Union européenne », *Mélanges offerts à C. Neirinck*, 2015. Sur les différents aspects de la question, cf. H. Fulchiron et C. Bidaud-Garon (dir.), *Vers un statut européen de la famille*, Dalloz, 2014.

États[221], et, corrélativement, le rejet de toute intervention de l'Union en la matière.

Pourtant, les différents organes de l'Union (Parlement, Conseil, Commission, Cour de justice), ont fait peu à peu entrer la famille dans le champ de leurs préoccupations, jusqu'à en faire aujourd'hui une de leurs priorités[222]. La compétence revendiquée repose sur quatre piliers. Tout d'abord, la réalisation des objectifs économiques de l'Union a conduit le législateur et le juge européen à s'intéresser à la famille, tant il est vrai que derrière l'activité économique il y a le travailleur, derrière le travailleur, il y a un homme ou une femme, avec son statut personnel et ses relations familiales[223]. Le développement de la coopération en matière civile a également conduit le législateur de l'Union à aborder la « matière familiale » ; par la suite, l'objectif de construction d'un espace de liberté, de sécurité et de justice (ELSJ), affirmé par les Traités de l'Union[224], a fait de la famille un des domaines prioritaires d'intervention du législateur européen : la libre circulation des citoyens européens au sein de l'Union est étroitement liée à la libre circulation de leur statut familial[225]. Que la promotion des droits fondamentaux devienne un des objectifs majeurs de l'Union, a aussi joué un rôle essentiel dans l'appropriation par l'UE des questions familiales : appropriation par les droits reconnus aux individus en général et à certains d'entre eux en particulier (la femme, l'enfant). Enfin, la création de la citoyenneté européenne a placé le citoyen européen au centre de la construction européenne : un citoyen qui n'est plus seulement un agent économique, mais, fondamentalement, un individu investi de droits et de libertés, une personne dont le statut familial est devenu une préoccupation essentielle pour l'UE[226].

Les sources du droit européen de la famille sont de plus en plus abondantes : directives, règlements, recommandations, avis... Et la CJUE est de plus en plus souvent appelée à traiter de ces questions[227]. Si l'emprise de l'UE sur le droit de la famille s'affirme peu à peu, le principe selon lequel la matière relèverait de la compétence des États demeure. À bien des égards, l'action de l'Union reste donc seulement « indirecte ». Il n'est pas question en effet de procéder à une unification des règles juridiques qui régissent les institutions familiales elles-mêmes. Le « droit matériel » européen de la famille est à peu près inexistant : mariage, filiation, responsabilité parentale, obligations alimentaires restent régis par les droits nationaux. Directives, recommandations, règlements etc. contribuent à l'encadrement de la matière familiale, mais sans en définir les institutions. Il en va de même pour la jurisprudence de la Cour de justice. Pourtant émerge peu à peu un droit européen de la famille qui d'harmonisation en coordination, contribue à l'uniformisation des droits nationaux de la famille[228].

74. Coordination et harmonisation des droits. – L'influence du droit de l'Union passe surtout par un effort de coordination des systèmes nationaux à travers des règles de conflit de lois et conflits de juridictions communes aux États membre. Sont aujourd'hui régies par des règles de

221. Les traités soumettent d'ailleurs la matière familiale à une procédure particulière : alors que s'applique en principe la règle de la majorité, l'article 81.3 TFUE dispose que : « *Les mesures relatives au droit de la famille ayant une incidence transfrontière sont établies par le Conseil, statuant conformément à une procédure législative spéciale : le Conseil statue à l'unanimité après consultation du Parlement européen* ».

222. Cf. H. Fulchiron et C. Bidaud-Garon (dir.), *Vers un droit européen de la famille*, Dalloz, 2014.

223. Cf. les interventions du législateur de l'Union d'où des interventions de plus en plus marquées en matière de droit social, d'immigration familiale et, plus généralement, de politique familiale.

224. Art. 3.2 du TUE, Titre V, art. 67 et s. du TFUE.

225. Cf. *Vers un statut européen de la famille, op. cit.*

226. Cf. A. Panet, *Le statut personnel à l'épreuve de la citoyenneté européenne, contribution à l'étude de la méthode de la reconnaissance mutuelle*, thèse Lyon 3, février 2014, roneo.

227. Cf. *infra*, n° 77.

228. Cf. H. Fulchiron, « Vers un droit vraiment européen de la famille ? à propos de la construction d'un *jus commune familialis*, dans le cadre de l'Union européenne », art. préc.

conflit communes aux États membres (ou à la plupart d'entre eux) une grande partie des relations de couple (divorce[229], obligations alimentaires[230] et, demain peut être, régimes matrimoniaux[231] et effets patrimoniaux des partenariats enregistrés[232]), et des relations entre parents et enfants (responsabilité parentale[233], obligation alimentaire[234]) et, au-delà, des relations dans la famille élargie (obligations alimentaires[235], successions[236]). De façon significative, restent en dehors du champ les deux questions qui sont le plus profondément liées aux structures fondamentales d'une société : le mariage, dans ses conditions de fond et ses effets, et la filiation, dans ses règles d'établissement et de contestation. Mais sans doute risquerait-on de heurter trop directement les conceptions nationales.

Au-delà de la coordination des systèmes, ces textes avancent un certain nombre de principes et d'orientations[237], ils définissent quelques notions essentielles[238] et mettent en place un certain

229. Le règlement (CE) n° 2201/2003 du 27 novembre 2003 relatif à la compétence, la reconnaissance et l'exécution des décisions en matière matrimoniale et en matière de responsabilité parentale, règlement « B2bis » qui abroge le règlement (CE) n° 1347/2000 régissant la compétence, la reconnaissance et l'exécution des décisions en matière matrimoniale et en matière de responsabilité parentale des enfants communs. Ce texte a trouvé son prolongement en matière de divorce avec le règlement UE n° 1259/2010 du Conseil du 20 décembre 2010 mettant en œuvre une coopération renforcée dans le domaine de la loi applicable au divorce et à la séparation de corps, dit « Rome III » qui constitue la première expérience de coopération renforcée sur la base du TFUE.

230. Cf. la première pierre du DIP familial européen posée par la Convention de Bruxelles du 27 septembre 1968, « reformatée » en règlement (CE) n° 44/2001 du 22 décembre 2000 concernant la compétence judiciaire, la reconnaissance et l'exécution des décisions en matière civile et commerciale, les deux textes excluant les matières familiales, mais traitant des obligations alimentaires nées des relations de couple, notamment pendant le mariage et après la séparation. Les dispositions de ce règlement ont été remplacées pour les questions d'aliments par un instrument spécifique (et plus complet) : le règlement (CE) n° 4/2009 du Conseil du 18 décembre 2008 relatif à la compétence, la loi applicable, la reconnaissance et l'exécution des décisions et la coopération en matière d'obligations alimentaires, règlement articulé avec le protocole de La Haye du 25 novembre 2007 en ce qui concerne la loi applicable.

231. Proposition de règlement du Conseil relatif à la compétence, la loi applicable, la reconnaissance et l'exécution des décisions en matière de régimes matrimoniaux, COM (2011) 126 final.

232. Proposition de règlement du Conseil relatif à la compétence, la loi applicable, la reconnaissance et l'exécution des décisions en matière d'effets patrimoniaux des partenariats enregistrés, COM (2011) 127 final ; la notion de partenariat enregistré étant définie de façon très large (art. 2) : « *régime de vie commune entre deux personnes prévu par la loi et donnant lieu à un enregistrement par une autorité publique* ».

233. Règlement (CE) n° 2201/2003 du 27 novembre 2003 relatif à la compétence, la reconnaissance et l'exécution des décisions en matière matrimoniale et en matière de responsabilité parentale (règlement Bruxelles II *bis*, préc.), le texte organisant une articulation des règles communautaires avec les conventions de La Haye du 19 octobre 1996 sur la responsabilité parentale et la Convention de 1980 sur les enlèvements d'enfants.

234. Règlement aliments (préc.) articulé avec la protocole de La Haye (préc.).

235. Règlement aliments préc.

236. Règlement (UE) n° 650/2012 du 4 juillet 2012 relatif à la compétence, la loi applicable, la reconnaissance et l'exécution des décisions et l'acceptation et l'exécution des actes authentiques en matière successorale et à la création d'un certificat successoral européen.

237. Cf. H. Fulchiron, « Vers un droit vraiment européen de la famille ? », art. préc.

238. Cf. le règlement « Successions », par exemple, donne (art. 3) la définition des termes successions, pacte successoral, testament conjonctif, disposition à cause de mort, acte authentique, etc. Certes il ne s'agit que de définitions « au sens du règlement », qui ne sont même pas transposables, en principe, à d'autres règlements. Certes, les textes se gardent de donner une définition des termes les plus sensibles, comme le mariage, la filiation... ou tout simplement l'héritier. Quant à la notion de résidence, critère essentiel en matière de compétence, on sait que les textes de l'Union, comme les textes internationaux en général, n'en donnent pas de définition. Il n'en reste pas moins que dès lors qu'elles sont données, ces définitions peuvent influencer l'évolution des droits nationaux : tel est le cas de la définition très large de la responsabilité parentale ou de l'obligation alimentaire après divorce (cf. CJCE, 6 mars 1980, aff. 120/79, *De Cavel II : JDI* 1980, p. 442, obs. A. Huet ; *Rev. crit. DIP* 1980, p. 614, note G.-A.-L. Droz) ; tel pourrait être le cas demain des définitions du règlement « Successions » qui touchent à des questions très discutées en droit interne.

nombre d'instruments techniques communs aux États membres[239], qui ne peuvent que contribuer à l'harmonisation des droits nationaux.

75. Unification des droits ? – L'effort de coordination entrepris par les organes de l'Union est complété par des recherches sur des principes communs, qui pourraient être l'esquisse, comme pour les contrats, d'une unification des droits ou tout au moins de l'élaboration d'un modèle de référence européen. Le travail a été réalisé notamment pour le divorce. Apparaissent certes des convergences entre les systèmes. Mais ces convergences ne font pas nécessairement un modèle : un modèle suppose une construction, des principes, des choix et non le simple constat d'une réalité. À moins que l'on ne masque derrière un travail de comparatiste apparemment objectif des choix idéologiques qui orientent la synthèse. Quant à prétendre, comme le font certains, que ce qui est commun doit servir de référence, sinon de modèle, n'est-ce pas un choix idéologique majeur ? Au demeurant, il faut se garder des faux rapprochements nés de convergences de surface. Le divorce en est une bonne illustration : on peut dégager des évolutions communes en matière de cas de divorce ; mais le divorce forme un tout : les cas sont étroitement liés à la procédure, à l'organisation des conséquences patrimoniales de la séparation, aux pensions alimentaires, etc. Là, les divergences réapparaissent[240].

76. Un nouveau phare ? La Charte de Nice. – Un texte pourrait également jouer un rôle unificateur : la charte des droits fondamentaux de l'Union européenne. Il affirme notamment le droit de toute personne au respect de sa vie familiale (art. 7), le droit de se marier et le droit de fonder une famille « *selon les lois nationales qui en régissent l'exercice* » (art. 9), l'égalité entre homme et femme (art. 23) et les droits de l'enfant (art. 24). Il proclame que « *La protection de la famille est assurée sur le plan juridique, économique et social* ». L'interprétation du texte a été confiée à la CJUE. Ses attendus précisent que le sens et la portée des droits ainsi reconnus doivent être appréciés au regard de la Convention européenne des droits de l'homme, sauf à ce que le droit de l'Union accorde une protection plus étendue.

Si la Charte n'a pas été incluse dans les Traités de l'Union, ceux-ci lui reconnaissent la même valeur (art. 6-1 Traité UE). La Charte devrait devenir l'instrument de référence de l'UE en matière de droits de l'homme. La Cour de justice en a tiré les conséquences qui fonde désormais ses décisions sur les dispositions de la Charte. La Cour a toutefois limité la portée des droits garantis en affirmant que le droit de l'Union n'oblige les États membres à respecter les droits garantis par la Charte que lorsqu'ils agissent dans le champ d'application des Traités, *i.e.* lorsqu'ils mettent en œuvre le droit de l'Union[241].

La promotion des droits fondamentaux par l'Union européenne a un impact considérable sur le droit de la famille. D'une part, elle éclaire d'un jour nouveau les droits et libertés garantis par l'Union au citoyen européen ; par ricochet, elle influence le droit des États membres. D'autre part, elle fait le lien entre le droit de l'Union et la jurisprudence de la CEDH. En accueillant la Convention européenne dans le droit de l'UE au titre des principes généraux, la CJCE avait intégré le texte de la Convention et ses protocoles tels qu'interprétés par la CEDH[242]. La Charte s'inscrit dans cette logique qui affirme que « *dans la mesure où la présente Charte contient des droits correspondant à des droits garantis par la Conv. ESDHLF, leur sens et leur portée sont les mêmes que ceux que leur confère ladite convention* » (art. 52.3), la protection accordée au titre de la Convention EDH constituant d'ailleurs un niveau minimum de protection (art. 53). La Charte, et par conséquent la protection par l'UE des droits fondamentaux, se nourrissent donc de

239. Cf. le certificat successoral prévu par le règlement « Successions » ou les certificats prévus par le règlement Bruxelles II *bis* ou le règlement « Aliments » pour faciliter la circulation des décisions judiciaires dans l'espace de l'Union.

240. Cf. F. Ferrand et H. Fulchiron (dir.), *Le divorce en Europe*, éd. Société de législation comparée, 2015.

241. Cf. par ex. CJUE, 15 novembre 2011, aff. C-256/11, *Murat Dereci*, *AJDA* 2012, p. 306, chron. M. Aubert, E. Broussy et F. Donnat ; *D.* 2012, p. 390, obs. O. Boscovic, S. Corneloup, F. Jault-Sesseke, N. Joubert et K. Parrot ; *RTD eur.* 2012, p. 23, étude S. Platon.

242. Cf. *supra*, n° 69.

la jurisprudence de la CEDH, en attendant que l'UE devienne elle-même partie à la convention[243]. Là encore, ce n'est pas seulement le droit de l'UE qui est touché, mais aussi les droits nationaux, et notamment les droits nationaux de la famille puisque, lorsque seront en cause les droits et libertés de l'Union, les obligations des États membres seront mesurées à l'aune des droits fondamentaux en général et des droits garantis par la Conv. EDH en particulier. Se développe ainsi un ensemble de droits et de libertés reconnus au citoyen européen et plus généralement à toute personne relevant de la juridiction européenne, qui constituent le noyau d'un ordre public européen en matière familiale : un ordre public européen qui s'impose aux États membres et peut les amener à revoir leur droit de la famille[244].

77. Action de la Cour de justice. – L'unification européenne passe également par la jurisprudence de la CJUE. *A priori*, cette juridiction ne devrait s'occuper qu'incidemment de la famille. Elle le fait cependant de plus en plus souvent, par le biais des questions de droit social, de droit fiscal, d'immigration, d'interprétation des Règlements portant unification des règles de conflits de lois et de juridictions ou de libre circulation des personnes au sein de l'espace européen. La Cour s'appuie également sur la citoyenneté européenne pour se prononcer sur des questions de droit de la famille. Dans trois arrêts relatifs au nom de famille[245], *Garcia Avello* du 2 octobre 2003[246], *Grunkin-Paul* du 14 octobre 2008[247], et *Sayn-Wittgenstein* du 22 décembre 2010[248], la CJUE a affirmé qu'un État membre ne peut, sauf circonstances particulières, priver un citoyen européen des droits qui lui sont valablement reconnus par un autre État membre[249]. Porté par le principe de confiance mutuelle, le principe de reconnaissance pourrait avoir de profondes répercussions sur le droit des États membres : contraints d'admettre des situations qu'ils condamnent pourtant en droit interne, les droits nationaux perdent une part de leur cohérence ; il est probable qu'ils soient amenés à s'aligner sur les standards les plus libéraux.

Le rôle de la CJUE devrait encore s'accroître avec la montée en puissance de la Charte de droits fondamentaux, d'autant qu'à la différence de la CEDH, ses décisions s'imposent aux États membres.

L'étude des sources du droit français de la famille révèle aussi les profondes évolutions qu'il connaît.

II. — Évolution du droit français de la famille

Brosser dans ses grandes lignes l'évolution du droit français de la famille permet de mieux saisir les bouleversements contemporains de notre droit.

243. L'article 6 TUE prévoit que l'Union européenne adhère à la Convention européenne des droits de l'homme. Encore faut-il qu'elle négocie cette adhésion. Sur les difficultés rencontrées, v. le dossier à la *RTD eur.* 2011, *L'adhésion de l'Union à la Convention européenne des droits de l'homme*, p. 1 et s. Après l'avis défavorable donné, le 18 décembre 2014, par la Cour de justice de l'Union européenne à l'adhésion de l'Union européenne à la Convention européenne des droits de l'homme (cf. F. Picod, « La Cour de justice a dit non à l'adhésion de l'UE à la Conv. EDH », *JCP* G 2015, 145), le processus pourrait être durablement enrayé.

244. Cf. *Vers un statut européen de la famille, op. cit.*

245. Cf. Ch. Kolher, « La reconnaissance de situations juridiques dans l'Union européenne : le cas du nom patronymique », *in La reconnaissance des situations en droit international privé, op. cit.*, p. 67 et s.

246. **CJCE, 2 octobre 2003, aff. C-148/02, *Garcia-Avello c. Belgique, JDI* 2004, p. 1225, note S. Poillot-Peruzzetto ; *D.* 2004, p. 1476, note M. Audit ; *Rev. crit. DIP* 2004, p. 192, note P. Lagarde.

247. **CJCE, 14 octobre 2008, aff. C-353/06, *Grunkin-Paul, Rev. crit. DIP* 2009, p. 80, note P. Lagarde ; *JDI* 2009, comm. 7, p. 203, note L. d'Avout.

248. CJUE, 22 décembre 2010, aff. C-208/209, *Sayn-Wittgenstein c. Autriche, RTD eur.* 2011, p. 571, note E. Pataut.

249. Plus précisément, le refus de reconnaître une situation personnelle ou familiale valablement constituée dans un État membre constitue au moins potentiellement une entrave à la liberté de circulation garantie à tout citoyen européen par le traité UE (art. 21). Une telle restriction à la liberté de circulation ne peut être justifiée, selon l'arrêt *Sayn-Wittgenstein*, que pour des considérations liées à l'ordre public, étant entendu, affirme la Cour, que « *l'ordre public ne peut être invoqué qu'en cas de menace réelle et suffisamment grave, affectant un intérêt fondamental de la société* ».

A. Le droit de la famille hier

La Révolution française (2) a marqué une rupture en droit de la famille comme dans bien d'autres domaines (1). Le Code Napoléon (3) en a assuré la stabilité pendant plus d'un siècle et demi (4).

1) Le droit de la famille dans l'ancienne France

78. Une famille traditionnelle. – Même si elle avait beaucoup évolué au fil des siècles, la famille, telle que du moins le droit la construisait, restait à la fin de l'Ancien régime une famille de type patriarcal, placée sous l'autorité du chef de famille, mari et père, héritier du *pater familias* romain. La famille était construite sur les liens du sang ; ainsi, le droit des successions ne laissait-il qu'une place marginale au conjoint survivant, quand il ne l'excluait pas au profit des parents par le sang ; de même l'adoption avait disparu. La famille était fondée sur le mariage : celui-ci était revêtu d'une autorité d'autant plus forte que l'Église catholique en avait fait un sacrement[250] : hors mariage, il ne pouvait y avoir de relations sexuelles et la transgression de la règle entraînait des sanctions jusque dans les enfants qui en étaient issus. Conformément à la doctrine de l'Église catholique, le lien matrimonial était indissoluble[251].

Enfin, la famille avait pour vocation première la transmission d'un patrimoine : transmission de biens, mais aussi d'un nom, d'une charge, d'un métier, et plus généralement d'un statut social, de génération en génération.

2) La Révolution et la famille

79. Révolution dans la famille. – Sous l'influence des *Lumières*, deux grandes idées prirent leur essor au XVIIIe siècle et s'épanouirent sous la Révolution : l'individualisme, qui s'accommodait difficilement du cadre juridique contraignant de la fin de l'Ancien droit et du contrôle que la famille exerçait sur ses membres ; la recherche du bonheur, qui fait de la famille idéale le lieu d'un épanouissement personnel et collectif. Cette nouvelle vision de la famille s'accordait assez bien avec les grands principes de liberté et d'égalité. Très vite, les Révolutionnaires furent persuadés de la nécessité d'intervenir afin d'affranchir l'individu de la « tyrannie familiale » mais aussi pour libérer la société de la tutelle de l'Église. Par le nouveau droit de la famille, la Révolution donnerait naissance à un homme nouveau, ou plus exactement, l'homme retrouverait sa véritable nature, au-delà de siècles d'oppression et de superstitions. Les résultats furent proprement révolutionnaires.

Liberté : le mariage n'était plus un sacrement, mais était devenu un simple contrat civil[252], ce qu'exigeait, estimait-on, la liberté de conscience. Laïcisé, il n'était plus indissoluble : la loi du 20 septembre 1792 créa le divorce. L'enfant était libéré de « l'odieuse puissance paternelle » : symboliquement, une des premières mesures du législateur en matière familiale fut l'abolition des lettres de cachet[253]. L'égalité successorale et les restrictions à la liberté de tester tendirent aussi à affranchir les enfants de la tutelle familiale.

Égalité : à l'égalité entre citoyens répondit dans la famille l'égalité entre enfants, avec l'abolition du droit d'aînesse et du privilège de masculinité d'une part, l'égalité entre enfants légitimes et naturels (le mot apparaît à l'époque pour remplacer celui de bâtard), d'autre part[254]. Pour autant les révolutionnaires sont restés très discrets en ce qui concerne l'égalité entre homme et femme[255].

On accuse parfois le législateur révolutionnaire d'avoir été hostile à la famille. Rien n'est plus faux. Il a seulement souhaité promouvoir, dans l'esprit des *Lumières*, une nouvelle vision des rapports familiaux. Il n'est qu'à lire pour s'en convaincre les discours de l'époque ; on constatera

---

250. *Infra,* n° 121.
251. *Infra,* n° 123.
252. *Infra,* n° 124.
253. L. 26 mars 1790, cf. Garaud et Szramkievicz, *op. cit.*, p. 139.
254. Le législateur alla très loin puisqu'il fut décidé que l'égalité successorale proclamée par la loi du 12 brumaire an II (2 novembre 1793), devrait produire ses effets à compter du 14 juillet 1789 car c'est à cette date, où la Nation a déclaré qu'elle voulait être libre, qu'ils auraient recouvré leurs droits. Sur les conséquences calamiteuses de cette expérience de rétroactivité, cf. Garaud et Szramkievicz, *op. cit.*, p. 116 et réf. cit.
255. Cf. *Les femmes et la Révolution française*, PUM, 1989.

qu'il n'est guère de période où l'on tresse plus de couronnes au mariage[256], à la maternité, à l'autorité des père et mère et aux solidarités familiales : on se croirait dans un tableau de Greuze[257].

Sur bien des points, il fallut attendre presque deux siècles pour retrouver l'esprit de la Révolution. Entre-temps, était survenue la réaction napoléonienne.

3) La famille du Code Napoléon

80. Retour à l'ordre. – Le Code Napoléon marque un retour à l'ordre en matière familiale. Il conserve les principaux acquis de la Révolution, mais restaure l'autorité dans la famille comme il l'a rétablie dans l'État. Le divorce est conservé, mais afin de renforcer la stabilité de la famille, des restrictions lui sont apportées. La prééminence du mariage est réaffirmée, mais les enfants naturels (du moins les enfants naturels simples), ne sont pas mis hors la loi. La famille est placée sous l'autorité d'un chef, le mari, le père. Le Code Napoléon revient donc à une famille traditionnelle, hiérarchisée et disciplinée. Mais l'individualisme qui règne dans le Code règne aussi dans le nouveau droit de la famille.

Jusqu'au milieu du XXe siècle, l'équilibre put être maintenu grâce à une société fortement structurée et consciente de ses valeurs.

4) La famille, du Code Napoléon aux lendemains de la Seconde Guerre mondiale

81. Stabilité. – Pendant plus d'un siècle et demi, la famille a évolué, mais son droit est resté stable. Trois grandes questions ont été débattues. Le divorce d'abord. Au lendemain de la chute de l'Empire, le catholicisme redevint religion d'État. Le divorce fut supprimé[258]. Il fallut attendre 1884 et le triomphe de la République, pour qu'il fût autorisé à nouveau, et encore de façon très restrictive puisqu'il n'était question que de divorce pour faute[259].

Le sort des enfants nés hors mariage fut peu à peu amélioré : qu'il s'agisse de l'établissement de la filiation (L. 16 décembre 1912 créant une action en recherche de paternité naturelle) ou des droits successoraux[260]. Enfin, la protection de l'enfance suscita de vives polémiques[261]. L'intervention de l'État pour protéger les enfants *contre* leurs parents pouvait paraître attentatoire à l'autorité des père et mère. Le législateur passa outre, dans l'intérêt de l'enfant[262].

Le contrôle social des relations entre parents et enfants s'inscrit dans une évolution plus profonde : l'État entend jouer un rôle de plus en plus important dans les familles. Non seulement il prend en charge l'instruction des enfants – au besoin leur encadrement par des mesures d'assistance éducative – mais encore il met en place une politique familiale (allocations familiales en 1932, prestations sociales diverses en 1944, allocation logement en 1948) ; le décret-loi du 29 juillet 1939 promulgue un Code de la famille. Cette « étatisation » de la famille ne laissa pas d'inquiéter : où s'arrête l'assistance ? où commence le contrôle ? D'autant que si les nécessités démographiques de l'époque expliquaient une telle attention, l'intervention se développa en des temps où les régimes totalitaires pesaient de tout leur poids sur les individus.

---

256. Cf. not. les différents projets de Code civil présentés à la Convention par Cambacéres.
257. A. MALRAUX n'aimait pas le sentimentalisme mielleux et fiévreux de Greuze ; *ex* : « *Le Christ écarté, on n'a trouvé ni un nouveau Chartres, ni un nouveau Rembrandt : on a trouvé Greuze* », *Les voix du silence*, Gallimard, 1951, *in Écrits sur l'art, Œuvres complètes*, Pléiade, t. IV, 2004, p. 760.
258. L. *de Bonald* 1816, *infra*, n° 535.
259. *Infra*, n° 536.
260. *Infra*, n°s 928 s.
261. *Infra*, n° 1525.
262. L. 24 juillet 1889, *infra*, n° 1525.

Au milieu du XXe siècle, les bouleversements politiques, économiques et sociaux, l'évolution des mentalités et des comportements, les grandes crises sociales, créèrent peu à peu une rupture entre la famille traditionnelle et les réalités nouvelles. En France comme dans toute l'Europe, une reconstruction d'ensemble s'imposait.

B. Le droit de la famille aujourd'hui

Au temps du renouveau, dans les années 1960 et 1970 (1), a succédé celui des ajustements (2), avant que les profondes mutations de la famille n'entraînent des bouleversements radicaux (3) et, peut-être, une rupture (4).

1) Le temps du renouveau

82. Un homme, des lois. – Soucieux de mettre le droit en harmonie avec la société, le gouvernement du général de Gaulle, sous l'impulsion de son garde des Sceaux, Jean Foyer, confia à un homme, Jean Carbonnier, le soin de préparer les grandes réformes du droit de la famille. Les gouvernements suivants firent longtemps de même, ce qui donna au nouvel ensemble une cohérence exceptionnelle[263]. Furent successivement réformés la tutelle et l'émancipation (L. 14 décembre 1964), les régimes matrimoniaux (L. 13 juillet 1965), les majeurs protégés (L. 3 janvier 1968), l'autorité parentale (L. 4 juin 1970), la filiation (L. 3 janvier 1972), la majorité (L. 5 juillet 1974), et le divorce (L. 11 juillet 1975).

Étaient à l'œuvre dans ces textes une méthode et des principes.

a) Une méthode

83. Des lois « sociologiques ». – Les « lois Carbonnier » se caractérisent par l'attention portée aux réalités sociales : elles furent précédées d'enquêtes sociologiques et démographiques[264]. Elles sont également marquées par le souci d'équilibre : certaines innovations sont révolutionnaires – et marquent parfois un retour aux sources de la Révolution et de l'ancienne France –, mais sont tempérées par un jeu subtil d'exceptions et de contrepoids, afin de ne pas brusquer les comportements et ne pas heurter les sensibilités. Au temps de parfaire l'évolution. L'exemple des droits successoraux de l'enfant adultérin est à cet égard exemplaire : l'enfant adultérin est désormais appelé à la succession de ses père et mère ; toutefois, lorsqu'il entre en concurrence avec les victimes de l'adultère (conjoint bafoué, enfants issus du mariage auxquels l'existence de l'enfant adultérin a porté atteinte), il n'a droit qu'à la moitié de ce qu'il aurait eu s'il avait été légitime ; de même, il peut être exclu par un allotissement anticipé du partage[265]. Ses droits sont donc reconnus, dans le respect des familles.

Les « lois Carbonnier » se caractérisent aussi par une perfection formelle : l'art législatif est poussé à un degré[266] que certains critiquèrent pour son raffinement, mais dont les textes manquent cruellement aujourd'hui.

b) Des principes

Trois grands principes animent les réformes des années 1960-1975 : la liberté, l'égalité, le pluralisme[267].

---

263. J. Carbonnier, *Essais sur les lois, Flexible droit, Droit et passion du droit sous la Ve République*.

264. J. Carbonnier, *Essais sur les lois*, éd. Defrénois, 2e éd., 1995.

265. J. Carbonnier, *La famille*, p. 336 s.

266. Que des années après sa mort, on continue à admirer : A. Bénabent, « La justesse par le verbe », *D.* 2010.2443.

267. F. Dekeuwer-Défossez, « Réflexions sur les mythes fondateurs du droit contemporain de la famille », *RTD civ.* 1995.249.

84. Liberté. – Reprenant l'héritage révolutionnaire, les « lois Carbonnier » donnèrent plus de liberté aux individus. La puissance paternelle fut abolie au profit de l'autorité parentale ; la femme fut affranchie de l'autorité maritale. Le mouvement de liberté se traduisit également par l'autonomie laissée aux individus et la place faite à leurs choix et à leurs accords.

85. Égalité. – L'égalité touche avant tout les époux : la réforme des régimes matrimoniaux de 1965, parachevée par la loi du 23 décembre 1985, instaure l'égalité des époux dans la gestion et la disposition de leurs biens. Ils choisissent ensemble la résidence de la famille (art. 215) ; ils assurent ensemble la direction morale et matérielle de la famille (art. 213). L'égalité règne aussi entre les parents : le principe est désormais celui d'un exercice en commun de l'autorité parentale ; le père perd sa qualité de chef de famille. Tout aussi spectaculaire, et plus polémique, est l'égalité instaurée entre enfants légitimes et naturels : la loi du 3 janvier 1972 affirme que les enfants, qu'ils soient légitimes ou naturels, ont en principe les mêmes droits et les mêmes devoirs. Ils entrent dans la famille de leur auteur.

86. Pluralisme. – La société française se caractérise par ses diversités : politique, religieuse et philosophique. Face à la pluralité des modes de vie en famille et à la diversité des aspirations individuelles, le législateur n'entend plus imposer un type de famille, mais laisser une certaine latitude aux individus : selon la formule de Jean Carbonnier, « *À chacun sa famille, à chacun son droit*[268] ». Le législateur ouvre donc un certain nombre de possibilités, au choix de l'individu. Le pluralisme législatif se traduit par la pluralité des statuts[269].

Que l'on ne s'y trompe pas : le souci de pluralisme n'interdit nullement de construire le droit à partir d'un modèle de référence. Les lois Carbonnier avaient pour institution fondamentale le mariage : le point d'ancrage de la famille et de son droit, même si autour du mariage s'ouvrent d'autres modes de vie en famille. Au demeurant, elles étaient construites sur de fortes convictions, même si le scepticisme qui animait leur auteur sur les vertus de la loi et son respect des convictions de chacun, ont rendu la règle flexible[270].

Le pluralisme législatif continue d'animer le législateur contemporain, mais sous une forme dénaturée. Il est mis au service d'une idéologie prônant le relativisme et parfois le nihilisme : tous les modes de vie en famille se vaudraient ; il n'y aurait pas de morale familiale ; l'État devrait être neutre : il ne devrait pas préférer le mariage au concubinage, la naissance en mariage à la naissance hors mariage, le couple hétérosexuel au couple homosexuel, etc. Toute réflexion sur le normal et l'anormal devrait être condamnée. Toute référence à la nature devrait être bannie. Seuls comptent l'individu, ses aspirations, parfois ses pulsions : à chacun sa famille, à chacun *ses droits*. On est loin de la pensée de Jean Carbonnier.

Aussi remarquables fussent-elles, les grandes réformes de l'ère Carbonnier ont été dépassées, comme emportées par le raz-de-marée qui déferla bientôt sur les pays occidentaux. Dans un premier temps cependant, il ne fut question que d'ajustements.

2) Le temps des perfectionnements

87. Accomplissement. – Vite, les « lois Carbonnier » firent l'objet de retouches. Il s'agissait, disait-on, de parfaire les textes, de tirer toutes les conséquences des principes qu'elles avaient posés. Comme on l'a souligné, les lois des années

268. *Essais sur les lois*, 2e éd., *op. cit.*, p. 181.

269. J.-J. Lemouland, « Le pluralisme et le droit de la famille, post-modernité ou pré-déclin ? », *D.* 1997, chron. p. 133.

270. Pour reprendre le titre d'un de ses ouvrages, *Flexible droit*, préc.

1960-1970 étaient des lois d'équilibre, la règle s'adoucissant par ses tempéraments. Le dynamisme des principes de liberté et d'égalité, portés par l'évolution des mœurs et la montée de l'individualisme, fit litière de la prudence législative. Ainsi, la loi du 23 décembre 1985 vint-elle parfaire la loi du 13 juillet 1965 sur les régimes matrimoniaux en menant à son terme l'égalité entre époux, y compris, mais avec bien des précautions encore, en matière de nom de famille. Il en alla de même de la loi du 3 décembre 2001 qui mit fin aux discriminations successorales frappant les enfants adultérins. Et parce que le système de la prestation compensatoire imaginé par la loi du 11 juillet 1975 n'avait pas toujours été compris par le juge, le législateur dut le corriger en 2001.

88. Nouveaux problèmes, nouvelles lois. – D'autres réformes eurent pour objectif de répondre à des problèmes nouveaux. La multiplication des séparations en mariage et hors mariage, ainsi que l'augmentation des enfants nés hors mariage conduisirent le législateur à porter son attention sur l'autorité parentale dans les familles désunies. Avec les lois du 22 juillet 1987 et du 8 janvier 1993[271], fut posé le principe de l'exercice conjoint de l'autorité parentale dans les familles séparées. Ces textes s'inscrivaient plus généralement dans un ensemble de réformes soucieuses de reconnaître les droits de l'enfant[272].

Par ailleurs, les progrès de la science et les bouleversements qu'ils provoquèrent dans le domaine de la génétique et des biotechnologies, eurent un profond retentissement sur la famille en ce qu'ils touchaient à la procréation, à la vie et plus généralement à notre conception de la personne humaine. Le législateur en tira quelques conséquences en matière de filiation (L. 1993, L. 1996) ; furent surtout élaborées les premières lois « bioéthiques » de 1994[273].

89. Trop de lois. – Toutes ces réformes, d'importance inégale, ne sont pas inutiles. Elles sont cependant trop nombreuses, trop partielles, trop fréquentes et trop instables. La famille est redevenue un enjeu politique et parfois un thème de législation « publicitaire ». Les lois « gadget » se multiplient, prises dans l'émotion du moment ou dans une effusion de bons sentiments : la caricature en fut la loi sur les relations entre frères et sœurs, offerte aux enfants comme un cadeau de Noël[274] (*sic*). De tout cela ne naît aucune vision d'ensemble de la famille et de son droit.

D'une toute autre ampleur sont les réformes qui se sont succédé depuis quelques années : les grandes institutions du droit de la famille ont été refondues (divorce, autorité parentale, filiation et, indirectement, mariage), de nouvelles (le Pacs) sont apparues.

3) Le temps des bouleversements

90. Reconstruction et chambardement. – À partir du début des années 2000, de vastes chantiers furent ouverts, qui reconstruisirent l'ensemble du droit de la famille : le nom (L. 4 mars 2002, retouchée par la loi du 18 juin 2003), l'autorité parentale (L. 4 mars 2002), le divorce (L. 26 mai 2004), la filiation (Ord. 4 juillet 2005) et les successions (L. 23 juin 2006). Le droit du couple fut lui aussi profondément renouvelé avec la création du Pacs (1999 et 2006).

Ce travail législatif de grande ampleur avait été préparé (à l'exception du Pacs) par deux rapports : l'un, sociologique (*Couple, filiation, parenté aujourd'hui,* sous la direction d'Irène

271. *Infra,* n° 1610.
272. *Infra,* n° 1526.
273. Cf. *Les personnes,* coll. Droit civil.
274. L. 30 décembre 1996 sur le maintien des liens entre les frères et sœurs, cf. *infra,* n° 1627.

Théry[275]), l'autre juridique[276] (*Rénover le droit de la famille : proposition pour un droit adapté aux réalités et aux aspirations de notre temps*, sous l'égide de Françoise Dekeuwer-Défossez). L'objectif était double : adapter le droit aux réalités nouvelles et répondre aux aspirations individuelles contemporaines, d'une part ; affirmer un certain nombre de principes, d'autre part.

91. Continuité et ruptures. – Ces réformes s'inscrivaient dans la continuité des textes antérieurs : on y retrouve les mêmes principes de liberté, d'égalité et de pluralisme. Ainsi, le législateur a-t-il ouvert un peu plus le divorce, en allégeant la procédure et en renforçant le rôle des accords entre époux, en simplifiant et en objectivant les cas. Mais la loi nouvelle marquait aussi une rupture avec le droit antérieur en ce qu'il reconnaît l'existence d'un droit au divorce. La liberté laissée aux époux sur le sort de leur lien se retrouve en matière d'autorité parentale : la place faite à leurs accords ne cesse de croître au détriment du caractère institutionnel de leur fonction. De même, la réforme de la filiation consacre-t-elle indirectement la liberté des couples en abolissant toute distinction entre enfants nés en mariage et hors mariage. Les couples sont libres de choisir leur statut : le Pacs rénové leur offre un cadre juridiquement stable et leur ouvre des avantages à peu près identiques à ceux du mariage. La liberté est également à l'œuvre en matière de nom de famille.

92. La famille Lego. – Valeur essentielle du nouveau droit de la famille, la liberté qui s'enracine dans les droits fondamentaux reconnus à l'individu se traduit à la fois par l'abandon des contraintes liées à un statut et par le pluralisme des statuts. La famille se privatise au double sens du terme : les choix individuels relèvent de la seule vie privée, la volonté individuelle modèle les éléments de statut offerts par la loi. C'est une famille Lego que chacun construit selon ses convenances, ses aspirations, et les hasards de la vie.

Ces bouleversements ne sont sans doute que peu de chose au regard de la rupture que constitue la loi sur le mariage pour tous.

4) Une rupture : l'ouverture du mariage et de la parenté aux couples de même sexe

93. Mariage pour tous v. Manif pour tous. – Issu d'une promesse de campagne du président François Hollande, le projet de loi sur le « mariage pour tous[277] » porté par la garde des Sceaux, Christiane Taubira, suscita une vive opposition : des millions de signatures furent recueillies et des centaines de milliers de personnes descendirent dans la rue pour protester contre l'ouverture du mariage et, surtout, de la parenté, aux couples de personnes de même sexe[278]. De fait, la loi ne concerne pas seulement le mariage : elle permet également aux époux de même sexe d'adopter un enfant, au sein du couple ou en tant que couple ; c'est surtout contre la consécration de l'homoparenté que défilèrent les partisans de la « Manif pour tous[279] ».

94. Une rupture juridique, sociale et anthropologique. – À bien des égards, la loi du 17 mai 2013 sur le « mariage pour tous[280] » constitue une rupture : rupture juridique, sociale et anthropologique.

275. Éd. Odile Jacob, La Documentation française, 1998.

276. La Documentation française, 1999.

277. Le législateur français n'est pas seul à affectionner euphémismes et périphrases : la loi argentine parle de mariage égalitaire (*matrimonio igualitario*) ; au Brésil il n'est question que d'unions homoaffectives (*uniao homoafetive*).

278. Sur l'histoire de cette loi, cf. *infra*, n° 165 et réf. cit.

279. Cf. *infra*, n° 165 et réf. cit.

280. Sur cette loi, cf. *infra*, n° 165 et réf. cit.

D'une part, l'ouverture du mariage aux personnes de même sexe en change la nature : le mariage n'est plus le cadre légalement consacré des relations entre l'homme et la femme tourné vers le renouvellement des générations ; il tend à devenir un simple statut du couple. En s'ouvrant aux couples de même sexe, il devient un statut parmi d'autres. Concurrencé par d'autres formes légales de vie en couple, il perd un peu plus de sa spécificité[281]. Certes, le mariage n'est pas « défamiliarisé » : lui seul crée des liens d'alliance et, surtout, donne accès à la parenté. Mais on touche là aux incohérences du système : comment justifier que seul le mariage ouvre la parenté aux couples de même sexe (et uniquement par adoption) alors que hors mariage les couples hétérosexuels non mariés ont accès à la PMA et que de plus en plus de personnes seules accèdent à la parenté en droit (par adoption) ou en fait (par le recours à l'AMP en marge du droit ?). Surtout, la perspective a changé : l'accès à la parenté n'apparaît plus comme lié à un statut mais comme un droit reconnu à l'individu. Le « mariage pour tous » ébranle donc l'institution matrimoniale en tant que statut privilégié du couple et en tant qu'acte fondateur d'une famille.

D'autre part, la consécration de l'homoparenté bouleverse notre système de parenté en permettant le rattachement d'un enfant à une double lignée paternelle ou maternelle, voire, dans certains cas, à plusieurs lignées paternelles ou maternelles[282]. La focalisation sur le couple parental (et sur les fonctions que chacun des pères ou que chacune des mères assumerait au sein du couple) ne doit pas faire oublier que la filiation inscrit l'enfant dans la chaîne des générations. Avec l'homoparenté, ce lien n'est-il pas rompu ? Du moins, faudra-t-il le construire autrement.

Dans l'immédiat, c'est l'ensemble du droit de la filiation qui doit être reconsidéré. Même lorsqu'elle repose sur l'apport des forces génétiques d'un tiers, même lorsqu'elle naît d'une fiction juridique (l'adoption), la filiation est construite sur le modèle de la filiation charnelle. L'assimilation a été poussée jusqu'à l'absurde dans le cas des procréations médicalement assistées[283] avec la mise en place de ce que l'on a appelé le système du « ni vu ni connu[284] ». Ce parti pris devient incohérent si l'on prétend rattacher l'enfant à deux hommes ou à deux femmes, et plus encore lorsque l'on met en place des parentés « plurielles » : les présomptions, les fictions et le système de déclaration volontaire qui constituaient traditionnellement l'armature du droit de la filiation ne suffisent plus à rendre compte de ces réalités nouvelles. Par ailleurs, il n'est plus possible de masquer le fait que l'enfant est né grâce à la participation d'un tiers au projet parental de ceux que la loi considère comme les pères ou comme les mères de l'enfant. Se pose donc la question du statut de celui qui participe au projet parental d'autrui. Plus généralement, la conception de la filiation en sort transformée : dépassant les oppositions entre « vérité biologique » (le sang) et « vérité sociologique » (le vécu), elle se recentre sur le « projet parental[285] ».

95. En attendant une « grande loi » sur la famille. – Le législateur de 2013 s'est gardé d'aborder ces questions. Il a fait passer l'ouverture de l'adoption aux couples de même sexe

281. Cf. *infra*, nº 108.

282. Cf. l'hypothèse de couples homosexuels qui s'accordent avec une personne ou un couple de l'autre sexe pour construire un projet pluriparental.

283. Cf. *infra*, nº 1052 s.

284. Pour reprendre la formule d'Irène Théry dans le rapport *Filiation, origines, parentalité, le droit face aux nouvelles valeurs de responsabilité générationnelle*, (I. Théry et A.-M. Leroyer, dir.), Éd. Odile Jacob, 2014.

285. Cf. *infra*, nº 1430 s.

comme un simple effet du mariage, et a renoncé à leur donner accès aux procréations médicalement assistées et plus encore à la gestation pour autrui[286]. Pour apaiser les esprits, le Gouvernement avait promis une « grande loi sur la famille ». Quatre groupes de travail furent chargés, dans l'urgence, de consulter, débattre et proposer : le groupe de travail « Filiation, origines, parentalité »[287] sous la direction d'I. Théry, le groupe de travail « Protection de l'enfance et adoption[288] », sous la direction d'A. Gouttenoire, le groupe de travail sur « La coparentalité[289] » et le groupe de travail « De nouveaux droits pour les enfants[290] », sous la présidence de J.-P. Rosenczveig. Face à l'hostilité persistante d'une partie de l'opinion publique, le Gouvernement, après divers reports, effets d'annonce et autres promesses, est finalement passé par un groupe de députés socialistes pour élaborer une proposition de loi... qui n'aborde pas les questions de filiation, d'adoption, d'assistance médicale à la procréation et moins encore de gestation pour autrui. La « proposition de loi sur l'autorité parentale et l'intérêt de l'enfant » traite de l'exercice en commun de l'autorité parentale, du statut du beau parent et de la médiation[291]. La montagne accouche d'une souris. Et il n'est même pas certain que l'accouchement aille à son terme : voté en première lecture par l'Assemblée nationale en juin 2014 et transmis au Sénat, le texte n'avait pas encore refait surface à la fin de l'année 2015.

En attendant notre droit de la famille a perdu une grande partie de sa cohérence[292].

96. Refus des discriminations. – La liberté se combine à l'égalité : égalité des personnes (égalité de l'homme et de la femme, égalité des enfants), et égalité des statuts. Le droit contemporain de la famille, comme l'ensemble du droit des personnes, est dominé par la lutte contre les discriminations : toute différence de traitement doit être passée au crible des droits fondamentaux. Cette véritable obsession est légitime, mais l'horreur que suscite le mot risque d'en faire oublier le sens. Il n'y a discrimination, pour reprendre les éléments de définition donnés par la CEDH, que s'il existe une différence de traitement dans l'exercice ou dans la jouissance d'un droit reconnu, entre deux situations analogues ou comparables, sans justification objective et raisonnable, *i.e.* sans justification poursuivant un but légitime dans une société démocratique et respectant un rapport raisonnable de proportionnalité entre les moyens employés et le but visé[293]. Non seulement, on constate une tendance à renverser la charge de la preuve par la reconnaissance d'un droit à la non-discrimination qui laisse présumer la discrimination dès qu'il y a différence de traitement, mais encore il devient de plus en plus délicat de peser les différents éléments de la définition en l'absence de modèle de référence.

Le traitement de la « question homosexuelle » illustre cette dérive. Fermer le mariage et la parenté aux couples de personnes de même sexe constituerait, selon certains, une discrimination puisqu'il y a une différence de traitement entre les couples. On ne s'interroge plus sur le point de savoir si les situations sont vraiment comparables et s'il n'existe pas de justification objective et raisonnable qui fonderait une telle différence de traitement. Et, de toute façon, les arguments qui pourraient être avancés pour tenter de le prouver sont, en quelque sorte,

286. Sur les atermoiements du gouvernement, cf. *infra*, n° 165.

287. Cf. I. Théry et A.-M. Leroyer (dir.), *Filiation, origines, parentalité, Le droit face aux nouvelles valeurs de responsabilité générationnelle*, éd. Odile Jacob, 2014.

288. *40 propositions pour adapter la protection de l'enfance et l'adoption aux réalités d'aujourd'hui*, ministère des Affaires sociales et de la Santé, ministère délégué chargé de la Famille, 2014.

289. *Comment assurer le respect de la coparentalité entre parents séparés*, rapport sur les réflexions du groupe de travail sur la coparentalité, ministère de la Justice et ministère des Affaires sociales, 2014.

290. « De nouveaux droits pour les enfants ? Oui, dans l'intérêt même des adultes et de la démocratie », ministère délégué à la Famille, 2014.

291. AN prop. L. n° 1856.

292. Pour une réflexion d'ensemble sur les évolutions du droit de la famille, cf. Y. Bernant, *Les temporalités du droit de la famille*, thèse, Lyon, 2015.

293. F. Sudre, *op. cit.*, n°s 184 s.

disqualifiés à l'avance. Ainsi, dans l'arrêt *Oliari et alii c. Italie*, du 21 juillet 2015[294], la CEDH reproche-t-elle à l'Italie de ne pas faire état d'arguments prouvant que des intérêts collectifs suffisants justifieraient l'absence de protection accordée aux couples de même sexe grâce l'ouverture du mariage ou, au moins grâce à la création d'un partenariat enregistré. Il est vrai que le gouvernement italien semblait avoir capitulé à l'avance : il déniait que l'absence de statut eût pour but de protéger la famille traditionnelle et la moralité publique[295] et se contentait de souligner que la question étant délicate et discutée, les États disposent en la matière d'une large marge d'appréciation quant au moment et aux modalités d'une intervention législative[296] (§ 176). De même, dans l'arrêt *X et alii c. Autriche*[297], relative au refus d'ouvrir l'adoption intrafamiliale aux couples de même sexe, la Cour met en avant « *l'incapacité du Gouvernement à établir qu'il serait préjudiciable pour un enfant d'être élevé par un couple homosexuel ou d'avoir légalement deux mères ou deux pères, et surtout le fait que le Gouvernement reconnaît que les couples homosexuels sont tout aussi aptes que les couples hétérosexuels à l'adoption coparentale* » (§ 146) : selon elle, « *le Gouvernement n'a pas fourni de raisons particulièrement solides et convaincantes propres à établir que l'exclusion des couples homosexuels du champ de l'adoption coparentale ouverte aux couples hétérosexuels non mariés était nécessaire à la préservation de la famille traditionnelle ou à la protection des intérêts de l'enfant. Partant, la distinction opérée par le droit autrichien est incompatible avec la Convention* ». Mais les arguments que le gouvernement autrichien aurait pu apporter étaient-ils audibles par la Cour ? L'argument de la discrimination devient l'instrument d'une politique préalablement acquise.

97. Une crise de la famille ? – En apparence, le pluralisme triomphe. Mais la perspective change. Hier, la loi posait un modèle, tout en ouvrant aux individus d'autres possibilités. Aujourd'hui, il n'est plus question de modèle[298]. N'existent que des modes de vie en famille légalement consacrés, des relations familiales juridiquement reconnues et protégées, à partir des droits individuels. On peut d'ailleurs se demander si le législateur contemporain a une claire idée de ce qu'il entend par famille.

De l'alliance de la liberté, de l'égalité et du pluralisme ne naît pas cependant l'anarchie. Le droit de la famille est construit à partir de principes. Mais la perspective est renversée : la famille n'est plus conçue comme une structure gouvernant les relations de ses membres, mais comme un réseau évolutif créé à partir des choix individuels et des droits de l'individu. Ce qui prime n'est pas le groupe mais l'individu.

Cette « crise de la famille » est d'autant plus profonde que les sociétés occidentales ont tendance à sacraliser les aspirations individuelles, notamment celles des mœurs. Le respect des libertés individuelles, la protection de la vie privée, le refus des discriminations, réelles ou supposées, conduisent une partie de l'opinion et par contrecoup le législateur, à considérer que tout comportement existant doit non seulement être admis socialement, mais encore être juridiquement consacré. Le droit devient un instrument au service des aspirations individuelles, fûssent-elles contradictoires. C'est oublier que l'une des fonctions du droit est d'offrir un cadre de référence. Il est une boussole pour les individus : il est facteur d'équilibre individuel et de cohésion sociale.

294. CEDH, n° 18766/11 et 36030/11 ; sur cet arrêt, cf. *infra*, n° 352.

295. Il est vrai que dans l'arrêt *Vallianatos et autres c. Grèce* (requêtes n° 29381/09 et 32684/09), les tentatives maladroites de la Grèce pour apporter une telle preuve avaient fait long feu.

296. Directement confrontée à la question de la discrimination dans l'arrêt *Schalk et Kopf c. Autriche*, préc., la Cour s'était gardée de répondre à la question, s'abritant derrière une lecture étroite de l'article 12 de la Convention.

297. CEDH, n° 10190/07 ; sur cet arrêt, cf. *infra*, n° 1407.

298. Pour une réflexion générale sur les modèles en droit de la famille, F. Dekeuwer-Défossez, « Modèles et normes en droit contemporain de la famille », *Mélanges Ch. Mouly*, Litec, 1998, p. 281 s.

L'« anomie » actuelle est dangereuse pour l'individu. Privé de repère, de référence, de modèle, il vit dans un monde où à peu près tous les comportements se valent. Quelques tabous demeurent, notamment celui de l'enfant. Mais la plupart des autres (inceste, adultère, homosexualité) tendent à disparaître. Livré à lui-même, l'individu sait-il se diriger ? Que tous les possibles lui soient ouverts est un bel hommage à la dignité de l'homme. Mais la liberté peut se révéler utopique et dangereuse pour l'individu comme pour la société.

98. Plan. – L'étude de la famille sera divisée en trois parties : le ménage et le couple (Première partie), la filiation (Deuxième partie), la vie familiale (Troisième partie).

■ PREMIÈRE PARTIE ■

MÉNAGE ET COUPLE

99. L'éphémère et la durée. – Les liens amoureux sont divers. Ils sont parfois fugitifs et directement dépendants du désir : la brève rencontre, le « copinage » contemporain, le flirt, les uns et les autres au contenu vague et équivoque, où chacun met ce qu'il veut ; la copulation, l'aventure et la liaison, qui, elles, ne sont pas du tout équivoques.

D'autres liens sont plus stables et aboutissent à la constitution d'un couple[1], état qui présente plusieurs variétés. **1)** Le **mariage**, l'union conjugale[2], qui, pendant longtemps fut la source exclusive de ce qui a longtemps été la filiation légitime et ne peut être rompu librement : pour le dissoudre, un divorce est nécessaire, impliquant l'intervention et le contrôle d'un juge, plus ou moins exigeants suivant l'époque. Cette union est faite pour durer ou tout au moins avec une intention de durée, qui transforme le désir et renouvelle le lien initial : il y a un ménage véritable. **2)** La **famille recomposée** : après dissolution de la première, la constitution d'une nouvelle famille (720 000 familles en 2011)[3]. **3)** Les **couples hors mariage**, d'une grande variété, comme tout ce qui est plus ou moins hors du droit : l'union libre, qui n'a pas d'effet direct sur la filiation et peut être rompue sans contrôle ; elle n'a ni la régularité, ni la stabilité du mariage : elle ne durera que si le couple en est satisfait, et, juridiquement, ne constitue pas un berceau qui accueille les enfants à venir ; mais il y a un couple. Les pays occidentaux offrent aujourd'hui aux couples constitués hors mariage la possibilité d'opter pour un statut : le Pacs en France, qui organise la vie de couple sans avoir d'effets à l'égard des enfants ni constituer d'engagement de durée : un engagement qui n'engage pas[4].

---

1. **Étymologie** de couple : du latin *copulatio, onis* = action de réunir. Initialement, en français du XIIe siècle, la laisse qui unissait deux animaux, notamment deux chiens à la chasse ; au XVIIe siècle, le groupe de deux personnes (par exemple, deux amis) ; au XVIIIe siècle, le groupe constitué par un homme et une femme qui s'aiment (deux amants). Pendant longtemps, le mot couple a relevé du langage populaire. Un autre terme, plus élégant et plus riche de sens, existait pour dire la même chose mais s'est usé : le *ménage* ; il n'évoquait pas seulement l'amour et la relation charnelle, mais aussi les enfants et la maison. V. Ph. ARIÈS, *À propos de l'histoire du couple, in Le mariage, engagement pour la vie ?*, p. 19 s. Recherches et débats, Desclée de Brouwer, 1979. **Étymologie** de ménage : de l'ancien français manoir, lui-même dérivé du latin *maneo, ere* = rester. **Biblio. :** *La notion juridique de couple*, colloque de Reims, Cl. BRUNETTI-PONS (ss. dir.), Economica, 1998 ; Cl. BRUNETTI-PONS, « L'émergence d'une notion de couple en droit civil », *RTD civ.* 1999, 27 et s.

2. **Étymologie** de conjugal : du latin *conjugium, ii* = mariage, lui-même dérivé de *conjugo, are* = unir. Racine : *cum* = avec + *jugum, i* = joug.

3. Soit 9 % des familles avec au moins un enfant mineur : 10 % des enfants de moins de 18 ans vivent dans des foyers recomposés (source Insee). Sur les familles recomposées, cf. *Les recompositions familiales aujourd'hui*, M.-Th. MEULDERS-KLEIN et I. THÉRY (ss. dir.), Nathan, 1993 ; « Quels repères pour les familles recomposées ? », M-Th. MEULDERS-KLEIN et I. THÉRY (ss. dir.), LGDJ, 1995.

4. Une partie de l'opinion, longtemps minoritaire, encourage maintenant ce pluralisme contemporain de la conjugalité, différent d'autres, par exemple de la pluralité du droit romain (*infra*, n° 102) :

100. Familles monoparentales et sans cohabitation. – 1° Un autre type de famille, sans ménage, est récemment apparu : la **famille monoparentale** ; elle est composée d'un ou de plusieurs enfants et d'un seul parent : célibataire, veuf, divorcé ou séparé[5]. C'était une situation qui existait depuis longtemps quand elle résultait d'un malheur : décès, séparation ou divorce. La nouveauté est qu'un parent, une femme dans 90 % des cas, choisit délibérément d'avoir un enfant sans père, par exemple par l'effet d'une insémination artificielle[6] ou d'une rencontre intentionnellement passagère : le mâle n'est qu'un géniteur.

Le phénomène est en rapide croissance. Il pousse à l'extrême l'individualisme et il n'est pas certain que l'enfant puisse s'épanouir dans ce matriarcat à l'état pur[7]. Il s'est développé à partir de 1976 sous l'effet imprévu de l'allocation « *parents isolés* » versée aux personnes qui élèvent seules un ou plusieurs enfants (allocation intégrée depuis 2009 au RSA).

2° La famille **sans cohabitation** (le « non-ménage » et le « non-couple ») est l'hypothèse de ménages qui ne vivent pas ensemble, séparés de fait ou de corps. L'absence de cohabitation est plus ou moins accusée – selon que les enfants sont ou non dispersés, selon aussi que l'on se retrouve de temps à autre (par exemple en vacances ou le dimanche), ou jamais.

Cette première partie est divisée en trois livres : le mariage (Livre I), les unions hors mariage (Livre II), la rupture et les relâchements du lien conjugal (Livre III).

---

ex. : 105e *Congrès des notaires de France*, Bordeaux, 2010, deuxième proposition (*Defrénois*, 2010.1306) : « *Considérant que l'offre conjugale est devenue plurielle avec la création du PACS et la reconnaissance du concubinage dans le Code civil, aux côtés du mariage ; qu'il émerge de ce pluralisme une notion juridique de couple fondée sur la communauté de vie ; que cette communauté de vie contribue à l'apparition de règles communes à ces trois modes de conjugalité ; que ce constat de convergence ne pouvant cependant pas remettre en questions le principe de pluralisme et qu'au contraire, la singularité de ces formes de conjugalité doit être réaffirmée* ». Tous les pays émergents, et surtout les pays musulmans, éprouvent une forte répulsion à l'encontre de cette institutionnalisation des unions hors mariage, surtout homosexuelles, où ils voient une preuve de la décadence de l'Occident.

5. G. Cornu, n°s 13 et 14 ; du même : « La famille unilinéaire », *Et. P. Raynaud*, Dalloz, 1985, p. 137 s.

6. Les cas où la mère n'est pas présente sont beaucoup plus rares.

7. **Parabole :** P. Kaltenbach, « La Bible, le technocrate et la famille », *in* 9e *Congrès international de la famille, La fécondité de l'amour*, Fayard, 1987 : « *Ce sont trois mères juives abusives qui discutent entre elles pour savoir "laquelle que son fils, il aime le plus, le plus..." La première dit : "Vous avez vu la bague qu'il m'a donnée ? Plus belle, tu meurs..." La deuxième dit : "Ça, c'est rien. Moi, une villa sur la Côte d'Azur. Tout bleu, tout bleu". La troisième dit : "Mes chéries c'est rien. Moi, mon fils, trois fois par semaine, il va voir un médecin. Il paie très, très cher et il parle que de moi, que de moi, que de moi..."* »

■ LIVRE I ■

MARIAGE

SECTION I
MARIAGE EN GÉNÉRAL

De tous les grands actes qui jalonnent une vie, aucun n'est plus important que le mariage ; universel dans l'espace et constant dans l'histoire, il est divers selon les lieux et variable selon les temps. Au-delà de la diversité (§ 1), apparaît l'unité (§ 2).

§ 1. DIVERSITÉ

Peu d'institutions dépendent autant des structures sociales ; son régime (I) comme sa définition (II) n'ont été ni ne sont en tout temps et partout les mêmes[1].

I. — Diversité des régimes

101. Formes, fond, effets. – Pour sa célébration, ses autres conditions et ses effets, le mariage connaît, dans l'histoire et la géographie, des régimes diversifiés.

1° Les **formes** auxquelles sa conclusion est soumise sont multiples : les différentes législations connaissent toutes les modalités possibles, depuis le système le plus consensuel jusqu'aux ritualismes les plus solennels et les plus compliqués.

2° La même variété de régimes juridiques apparaît dans les conditions de **fond**[2] : à la question qui peut épouser qui ? des sociétés répondent par l'endogamie, d'autres par l'exogamie.

---

1. **Biblio.** Les bouleversements contemporains ont renouvelé les réflexions sur le mariage, cf. not., *Mariage, conjugalité, parenté, parentalité*, H. FULCHIRON (ss. dir.), Dalloz, 2009 ; H. FULCHIRON, « De l'institution aux droits de l'individu : réflexions sur le mariage au début de XXIe siècle » *in Le monde du droit Mélanges Jacques Foyer*, Economica, 2008, p. 395 s. ; R. LIBCHABER, « La notion de mariage civil », *Mélanges offerts à Ph. Jestaz*, Dalloz, 2006, p. 325 ; B. DE BOYSSON, *Mariage et conjugalité, essai sur la singularité*, LGDJ, 2012 ; S. de BENALCAZAR, *Pacs, mariage et filiation : étude de politique familiale*, éd. Defrénois, 2007 ; Fr. NIBOYET, *L'ordre public matrimonial*, th. Paris X, LGDJ, 2008.

2. La distinction entre les règles de forme du mariage (qui relèvent de la loi du lieu de célébration) et celles de fond (qui relèvent du statut personnel) est une des plus connues du droit international privé. Ex. : certaines lois étrangères (par exemple, la loi grecque) font de la célébration religieuse une condition du mariage ; la Cour de cassation a décidé qu'il s'agissait d'une question de forme : Cass. civ. 1re, 22 juin 1955, *Caraslanis, D.* 1956.73 ; *Rev. crit. DIP* 1955.723, n. H. Batiffol.

Les diversités majeures qu'a connues dans l'histoire le mariage touchent à sa stabilité et à sa durée ; là aussi, toutes les nuances juridiques existent ou ont existé : l'indissolubilité (plus ou moins poussée, selon qu'elle entraîne ou non la prohibition de secondes noces), le divorce (plus ou moins facile, selon sa procédure et ses causes), la répudiation (également plus ou moins facile, selon qu'elle est unilatérale ou non, discrétionnaire ou non, gratuite ou non).

102. Droit romain : *justae nuptiae* et concubinat. – Le droit romain a aussi connu un pluralisme de la conjugalité, un peu comme dans le droit contemporain mais de tout autre manière. À côté des *justae nuptiae* (le mariage légitime), elles-mêmes diversifiées en deux variétés, étaient apparues des unions inférieures qui peu à peu s'étaient rapprochées du mariage jusqu'à Justinien pour disparaître ensuite sous l'influence du christianisme, le mariage devenant la seule conjugalité admise. Toutes ces différentes unions conjugales, pour inégales qu'elles fussent, étaient reconnues par le droit, à la différence du *stuprum* (relation coupable), frappée de pénalités et consistant en une relation peu durable hors mariage avec une femme honorable.

1° Longtemps, l'analyse et l'évolution s'étaient portées sur les deux *justae nuptiae* : le mariage *cum manu* (sans doute le plus ancien), célébré avec des formes solennelles, faisant entrer la femme dans la famille de son mari, à la différence du mariage *sine manu*, souvent situation de fait fondée sur la vie en commun et toujours sur la volonté des deux époux d'occuper le même rang social. Peu à peu, dans tous les mariages, la femme a de plus en plus rarement été placée sous la *manus* du mari, et avec Justinien, disparut toute différence entre mariage *cum* et *sine manu*.

2° À côté des *justae nuptiae* étaient apparues des unions conjugales inférieures, notamment le concubinat, union durable avec une femme qu'il n'était pas permis d'épouser à cause de la différence de condition sociale. Justinien ayant fait disparaître la plupart des empêchements résultant de la différence de condition, la raison d'être du concubinat a disparu, mais était maintenue l'absence d'*affectio maritalis* (volonté réciproque des époux de se traiter comme mari et femme). Longtemps, le concubinat a été maintenu en qualité d'union conjugale inférieure (*inequale conjugium*) : il n'a disparu qu'aux environs du IXe siècle. Évolution qui ressemble à celle du droit français contemporain où le pacs est un sous-mariage, se rapprochant peu à peu du mariage ; mais jamais le droit romain (ni aucun droit ancien) n'a connu de conjugalité homosexuelle.

Ces variétés de régimes dépendent des fins attachées au mariage et de la définition que l'on en donne.

II. — Diversité des définitions

103. *Duo erunt in una carne*. – Pour définir le mariage, la Bible a dit l'essentiel : « *deux en une seule chair* » : l'être humain est créé pour faire corps avec un autre, pour se donner et faire don de la vie[3]. Les juristes romains parlaient de « *maris atque feminae conjunctio* » (l'union de l'homme et de la femme, selon Ulpien, D. 1.1.13), de « *consortium omnis vitae* » (une société de toute la vie, pour Modestin) ou de « *divini et humani juris communicatio* » (une communauté de droit divin et humain). Dans une admirable formule du *Discours préliminaire au projet de Code civil*, Portalis décrit le mariage comme « *la société de l'homme et de la femme qui s'unissent pour perpétuer leur espèce, pour s'aider par des secours mutuels à porter le poids de la vie et*

3. Ex. : A. Sériaux, *Droit canonique*, coll. Droit fondamental, PUF, 1997, n° 239, p. 618 : « *Le don de soi à l'autre apparaît ainsi comme la caractéristique déterminante de l'union sexuelle proprement humaine* ».

pour partager leur commune destinée[4] ». Ces différentes définitions conduisent à examiner les liens entre mariage, famille et procréation.

104. Mariage et famille. – En général, on voyait dans le mariage l'acte constitutif, l'origine même de la famille[5]. Depuis la seconde moitié du XIXe siècle, des sociologues soutiennent au contraire que le mariage est le produit de l'histoire et la famille l'origine du mariage, non l'inverse. Par exemple, selon Émile Durkheim, la société – le clan totémique – serait historiquement antérieure à la famille et la prohibition de l'inceste précéderait le mariage. Hypothèse que d'autres contestent ou infléchissent ; par exemple, pour Claude Lévi-Strauss, le mariage serait à l'origine de la famille en imposant l'exogamie.

Instrument de canalisation et de contrôle de la sexualité, le mariage assure l'existence d'unions prolongées afin de mener les enfants jusqu'à l'âge adulte : ce qui conduit à y voir l'institution qui permet la procréation et l'éducation des enfants.

105. Mariage et procréation. – Mariage et procréation sont étroitement liés. Encore faut-il préciser la nature de ces liens, divers eux aussi dans le temps comme dans l'espace. Le débat est généralement ouvert en termes de finalité : le mariage a-t-il pour but la procréation ? À l'évidence, une telle approche serait réductrice. Certaines sociétés font de la procréation un élément constitutif du mariage : après l'échange des consentements (ou l'enlèvement rituel) et une cohabitation plus ou moins prolongée, la naissance d'un enfant vient parfaire le mariage. Dans d'autres systèmes, la procréation est présentée comme une fin, *stricto sensu*, du mariage : les époux se marient pour avoir des enfants ; faute d'enfants, le mariage pourra être effacé ou rompu. D'autres enfin ne font de la procréation ni une condition ni une fin du mariage : le mariage constitue le cadre légal des relations sexuelles, donc de la procréation ; mais les époux qui n'auraient pas d'enfants n'en sont pas moins valablement mariés : la procréation n'est pas la finalité du mariage, elle en est le fruit, dès lors que les relations sexuelles peuvent s'épanouir librement dans ce cadre[6].

La théologie catholique traditionnelle considérait que la procréation des enfants était la fin primaire du mariage, la fin secondaire étant un remède à la concupiscence. Aujourd'hui, le droit canonique dispose que la première fin du mariage est d'instaurer une plénitude de communauté de vie entre les époux, la procréation n'étant que l'un des buts du mariage (NC dr. can., can. 1055, § 1 : « *L'alliance matrimoniale par laquelle un homme et une femme constituent entre eux une communauté de toute leur vie* »... (*totius vitae consortium*)). Le rôle de cette « communauté de vie » sur la définition et la nullité du mariage suscite des débats chez les canonistes contemporains[7].

---

4. I. Théry et Ch. Biet, « Portalis ou l'esprit des siècles. La rhétorique du mariage dans le Discours préliminaire au projet de Code civil », *in La famille, la loi, l'État, de la Révolution au Code civil, op. cit.*, p. 104.

5. Ex. : A. Dufour, *Le mariage dans l'école allemande du droit naturel moderne au XVIIIe siècle*, LGDJ, 1972.

6. ** CEDH, 11 juillet 2002, *c. Goodwin et al. c/Royaume-Uni, GA CEDH*, n° 42, § 78 et 98, « *l'incapacité pour un couple de concevoir ou d'élever un enfant ne saurait en soi passer pour le priver du droit de se marier* » ; *Dr. famille* 2002, n° 133, n. A. Gouttenoire ; *RTD civ.* 2002, 782, obs. J. Hauser, 862, obs. J.-P. Marguénaud ; il s'agissait en l'espèce du mariage d'une transsexuelle après opération.

7. L. Bonnet, « La communauté de vie conjugale en droit canonique », *R. dr. can.* 1994, pp. 231-239 : « *Tout n'est pas encore dit sur la communauté de vie et d'amour en droit canonique* » (p. 239). Rik Torfs, « La communauté de vie et le consentement », *ib.*, 2003, p. 174 s. Bien que l'auteur combatte « *le romantisme de l'adolescence préconciliaire* » *(sic)*, il n'en est pas loin : « *À mon avis, les époux devraient avoir le droit de s'entendre explicitement ou implicitement, sur le niveau de communauté de vie qu'ils voudraient bien réaliser* ».

En droit positif, un mariage sans enfant, que cette absence soit ou non volontaire, est parfaitement valable : la procréation et l'éducation des enfants ne sont ni la condition, ni la fin essentielle du mariage. Le mariage entre personnes qui ne sont plus en âge ou sont inaptes à procréer, est licite. Le droit français connaît même le mariage *in extremis*. Reste à savoir si les époux sans enfant forment une famille ou ne constituent qu'un couple.

106. Le mariage, acte fondateur d'une famille. – On dit souvent aujourd'hui que ce sont les enfants qui « font la famille ». Le mariage en lui-même ne serait qu'un cadre, parmi d'autres, des relations de couple. Une telle affirmation paraît inexacte. Certes, il peut y avoir, et il y a de plus en plus, procréation hors mariage ; mais à la différence du Pacs ou des autres statuts du concubinage, à la différence des unions hors mariage en général, le mariage porte en lui les enfants qui en naîtront ou pourraient en naître. Le mariage n'est pas seulement le cadre juridique de relations personnelles et patrimoniales entre deux partenaires ; il est l'acte fondateur d'une famille. Il fonde une famille, car les enfants qui en naîtront, et que les époux acceptent par avance, seront automatiquement rattachés à leur mère et à leur père, et, au-delà, à leurs deux lignées. Il fonde une famille, car il crée un lien d'alliance entre deux familles qui, ainsi, s'unissent en une nouvelle famille.

Le concubinage ne crée par lui-même aucun de ces liens. Qu'il y ait union libre ou union légale, les concubins forment seulement un couple. Si par la suite naissent des enfants, ce seront eux qui feront du couple une famille, par les liens de parenté et d'alliance qui seront créés à partir d'eux[8]. Hors mariage, ce sont les enfants qui fondent la famille. En mariage, c'est la célébration même de l'union qui constitue l'acte fondateur de la famille.

Cette analyse est-elle remise en cause par l'ouverture du mariage aux personnes de même sexe ? La réponse à cette question est moins évidente qu'il n'y paraît. Lors des travaux préparatoires de la loi sur le mariage pour tous, on a opposé la définition « traditionnelle » du mariage liant mariage et procréation avec la vision « moderne » (postmoderne ?) d'un mariage qui ne serait plus qu'une affaire de couple[9]. Détaché de toute finalité procréative, coupé de la filiation, le mariage devrait donc être reconstruit comme un lien de couple fondé sur l'amour que se portent deux êtres[10]. Après tout, puisque le berceau n'est plus placé à côté du lit conjugal, peu importe qui dort dans le lit. Or à peine a-t-on ouvert le mariage aux personnes de même sexe au nom de cette nouvelle conception du mariage, que l'on crée des liens entre mariage et filiation en ouvrant l'adoption aux époux de même sexe, comme s'il s'agissait d'une conséquence

8. Symbole sans doute inconscient mais caractéristique, de cette différence, le *livret de famille* est remis aux époux lors du mariage. Hors mariage, il est remis à la mère lors de la naissance de l'enfant.

9. Cf. E. Binet, rapporteur du projet à l'Assemblée nationale : « *Dans les sociétés contemporaines, le mariage est davantage vécu et ressenti comme la relation de deux personnes ayant pour principal but la création d'une communauté de vie durable ; il offre à deux personnes la possibilité d'affirmer au grand jour leur relation et les sentiments éprouvés l'un pour l'autre* » (AN, rapport préc.). Rappr. les discours tenus en Belgique lors de débats sur l'ouverture du mariage aux personnes de même sexe, in J. L. Renchon, « L'avènement du mariage homosexuel dans le Code civil belge », *RTD famille* (belge), 2003, 349 et s.

10. Comp. la décision rendue par le juge H. Potter, président de la Family division de la High Court (31 juillet 2006) à propos de la reconnaissance en Angleterre d'un mariage célébré entre deux femmes au Canada : "*It is apparent that the majority of people, use at least of governments, not only in England but Europe-wide, regard marriage as an old-age institution, valved and valuable, respectable and respected as a mean not only of encouraging monogamy but also procreation of children and their development and nurture in a family unit, in wich both maternal and paternal influences are available*". Mais depuis l'Angleterre a autorisé le mariage entre personnes de même sexe, cf. *supra*.

« naturelle » de l'union matrimoniale[11]. Bien que dans le même temps, le législateur mette de côté les règles relatives à la procréation charnelle (pour des raisons techniques ? cf. C. civ., art. 6-1) et réserve le sort des PMA[12] (pour des raisons politiques ?), la position adoptée révèle la profondeur et la complexité des liens qui unissent mariage et procréation, fût-ce, là encore, une autre forme de procréation ou « d'engendrement[13] », dans un droit en pleine reconstruction.

§ 2. Unité ?

Institution aux profondes résonnances humaines, sociales, économiques et religieuses, le mariage reposait sur quatre piliers qui en fondaient l'unité. Le plus solide, le plus ancien sans doute et le moins contesté, la différence de sexe, est aujourd'hui ébranlé. Restent les trois autres.

I. — Le mariage, l'union de l'homme et de la femme ?

107. Mariage et différence des sexes. – Pendant longtemps, sans doute depuis toujours, en tout cas depuis Adam et Ève, la différence des sexes dans le couple en général et dans le mariage en particulier paraissait « naturelle ». C'est peu dire que la chose n'a plus rien d'évident aujourd'hui, du moins en Occident. De plus en plus de pays ouvrent le mariage aux personnes de même sexe[14]. Les premiers à franchir le pas furent les Pays-Bas[15] en 2000, suivis par la Belgique[16], l'Espagne[17], le Canada[18], l'Afrique du sud[19], la Norvège[20], la Suède[21], le Portugal[22], l'Islande[23], le Danemark[24], l'Argentine[25], l'Uruguay[26], la Nouvelle-Zélande[27], le Brésil[28],

11. Cf. le débat, ou plutôt l'absence de débat sur la question lors des travaux préparatoires : puisque le mariage est ouvert, l'adoption doit suivre, cf. *infra*, n° 1408.

12. Cf. *supra*, n° 1434.

13. Cf. *infra*, n° 1436.

14. Cf. not. l'étude d'impact accompagnant le projet de loi français (*Projet de loi ouvrant le mariage aux couples de personnes de même sexe, Étude d'impact*, Assemblée nationale, novembre 2012) et les études de droit comparé réalisées pour le Sénat (*Mariage des personnes de même sexe et homoparentalité,* Étude de législation comparée n° 229, 2012), et pour l'Assemblée nationale (E. Binet, *Rapport fait au nom de la commission des lois sur le projet de loi ouvrant le mariage aux couples de personnes de même sexe*, préc.). *Adde Le mariage entre personnes de même sexe, étude pour la Cour de cassation*, Institut de droit comparé Édouard Lambert de Lyon, *RIDC* 2008, p. 376 et s.

15. Loi du 21 décembre 2000 entrée en vigueur le 1er avril 2001.

16. Loi du 13 février 2003.

17. Loi n° 13 du 1er juillet 2005.

18. Loi du 20 juillet 2005. Pour un bilan, cf. D. Goubau, *Le mariage pour tous, dix ans après..., l'expérience canadienne, Rev. dr. fam.* 2013, n° 34.

19. Loi du 30 novembre 2006 sur les unions civiles.

20. Depuis le 1er janvier 2009.

21. Loi du 1er avril 2009 entrée en vigueur le 1er mai 2009.

22. Loi n° 9 du 31 mai 2010.

23. Loi du 11 juin 2010.

24. Loi du 12 juin 2012.

25. Loi du 21 juillet 2010.

26. Loi du 3 mai 2013.

27. Le *Marriage Equality Bill* a été définitivement adopté le 17 avril 2013 et a reçu l'assentiment royal le 29 avril 2013.

28. Cf. la décision du Conseil national de justice du 14 mai 2013 qui, après différentes décisions rendues dans certains États fédérés, autorise l'inscription sur les registres des mariages entre personnes de même sexe.

l'Angleterre et le Pays de Galles[29], l'Écosse[30], le Luxembourg[31], la Finlande[32], la Slovénie[33] et l'Irlande, à la suite d'un référendum[34]. Il est également autorisé dans certains États du Mexique[35] et, *de facto* semble-t-il (depuis juillet 2013), au Costa Rica. Aux États-Unis, de vifs débats ont eu lieu à la fois au niveau des États fédérés et de la Fédération : le mariage entre personnes de même sexe étant admis dans un nombre croissant d'États[36], s'est en effet posée la question de la reconnaissance dans un État prohibitif des unions célébrées dans un autre État de l'Union[37]. Au terme d'une longue bataille judiciaire, la Cour suprême des États-Unis, dans une décision *Obergefell et al. v. Hodges, director, Ohio department of Health, et al.* du 26 juin 2015, valide le mariage entre personnes de même sexe et déclare qu'un État ne peut refuser de reconnaître une union valablement célébrée dans un autre État[38].

La différence de sexe est-elle un élément constitutif ou une simple modalité du mariage ? La question est très souvent posée en terme de discrimination : garder fermées les portes du mariage

29. Le projet de loi approuvé par le Parlement le 16 juillet 2013 a été aussitôt validé par la Reine.

30. Loi du 4 février 2014.

31. Loi du 18 juin 2014.

32. Loi du 12 décembre 2014.

33. Loi du 3 mars 2015.

34. Tenu en mai 2015, le scrutin a donné 62,1 % de votes favorables au mariage entre personnes de même sexe.

35. District fédéral de Mexico, Quintana Roo, Chihuahua, Coaluicha, Guerrero. Le 3 juin 2015, la Cour suprême du Mexique a déclaré inconstitutionnelle toute décision d'interdire le mariage entre personnes de même sexe dans un État du Mexique. La voie est ouverte à une légalisation dans l'ensemble du pays.

36. Le Massachussets fut le premier État à admettre le mariage entre personnes de même sexe par une décision de sa Cour suprême de 2003 confirmée législativement en 2007, suivi par le Connecticut, l'Iowa, le New Hampshire, le Vermont, Washington DC, l'État de New York, le Maryland, l'État de Washington, le Rhodes Island, le Delaware, le Minnesota, le New-Jersey, Hawaï, l'Illinois, le Nouveau-Mexique, l'Oregon, la Pennsylvanie, l'Utah, l'Oklahoma, la Virginie, le Wisconsin, l'Indiana, le Colorado, le Nevada, l'Idaho, la Virginie occidentale, la Caroline du nord, l'Alaska, l'Arizona, le Wyoming, le Kansas, le Montana, la Caroline du Sud, la Floride, l'Alabama. Votée en 2009 dans le Maine, la loi autorisant le mariage homosexuel avait été annulée par référendum ; un autre référendum le rétablit en 2012. En Californie, la Cour suprême avait, en mai 2008, autorisé le mariage entre personnes de même sexe, mais le 4 novembre suivant, un référendum d'origine populaire (proposition n° 8) fit inscrire dans la Constitution de l'État le caractère hétérosexuel du mariage. La proposition soumise à référendum fut jugée anticonstitutionnelle en 2012, mais la justice accorda le gel des cérémonies jusqu'à une éventuelle décision de la Cour suprême des États-Unis. Dans une décision du 26 juin 2013, *Hollingsworth v. Perry*, la Cour suprême des États-Unis jugea que le groupe de défenseurs de la proposition n° 8 qui avait porté le dossier n'était pas légalement habilité à le défendre devant elle et a rejeté leur requête, sans se prononcer sur le fond. Dès le 28 juin 2013, les juridictions californiennes levèrent la suspension et la Cour suprême de l'État rejeta l'appel des opposants au mariage homosexuel le 14 août 2013.

37. Le *Defense of Marriage Act* (DOMA) du 21 septembre 1996 avait autorisé les États fédérés à refuser de reconnaître un mariage entre personnes de même sexe célébré dans un autre État et défini le mariage pour les matières de compétence fédérale comme l'union d'un homme et d'une femme. Dans une décision du 26 juin 2013, *U.S. contre Edith Windsor*, la Cour suprême des États Unis invalida partiellement la loi : il s'agissait en l'espèce du paiement d'une taxe fédérale par une femme new yorkaise à la suite du décès de son épouse, le couple n'étant pas considéré comme marié au sens fédéral du terme en vertu de la loi DOMA. Sur la décision *Hollingsworth v. Perry* sur le mariage dans l'État de Californie, cf. *supra*.

38. Invoquant notamment les principes d'égalité, de dignité et d'autonomie individuelle, la Cour suprême affirme que *"The right to marry is a fundamental right inherent in the liberty of the person, and under the Due Process and Equal Protection Clauses of the Fourteenth Amendment couples of the same-sex may not be deprived of that right and that liberty"*.

constituerait une discrimination fondée sur le sexe ou, plutôt, sur l'orientation sexuelle[39]. En Afrique du Sud ou au Canada notamment, le législateur intervint ainsi après que les juridictions suprêmes eurent reconnu l'existence d'une discrimination[40]. En Europe, ont été invoqués les articles 12 (liberté du mariage et de fonder une famille), 8 (droit au respect de la vie privée et familiale) et 14 (interdiction des discriminations) de la Convention EDH, ainsi que l'article 9 de la Charte des droits fondamentaux de l'Union européenne (droit de se marier et droit de fonder une famille). Constatant la profonde division des États européens sur la question, CEDH et CJUE ont adopté des positions nuancées.

Appelée à statuer sur la question du mariage des transsexuels, la CEDH avait estimé dans l'arrêt *Rees*[41] que l'article 12 « *vise le mariage traditionnel entre deux personnes de sexe biologique différent* », affirmation abandonnée dans l'arrêt *Goodwin*[42]. Cette jurisprudence n'était pas vraiment transposable au cas du mariage entre personnes de même sexe puisque toute la question était de savoir si un transsexuel dont le changement de sexe avait été légalement reconnu pouvait être considéré comme de sexe opposé à celui de son futur conjoint[43]. La Cour a finalement été amenée à se prononcer directement dans l'affaire *Schalk et Kopf c. Autriche* du 24 juin 2010[44] : en l'espèce, les requérants homosexuels s'étaient heurtés au refus des autorités viennoises de célébrer leur mariage. Se fondant sur les articles 12 d'une part, 14 et 8 pris conjointement d'autre part, ils estimaient avoir été victimes d'une discrimination en raison de leur orientation sexuelle car étant un couple de même sexe, il leur était refusé la possibilité de se marier ou de voir reconnaître légalement leur union d'une façon ou d'une autre puisque, à l'époque, l'Autriche n'avait pas créé de partenariat enregistré. Selon la Cour, même si l'institution du mariage a connu de profondes évolutions, même si un nombre croissant d'États a ouvert le mariage aux couples de même sexe, il n'existe pas de consensus européen en la matière : elle reconnaît en conséquence que si le droit de se marier et de fonder une famille garanti par l'article 12 ne concerne pas seulement les couples hétérosexuels, les États parties n'ont pas l'obligation d'ouvrir le mariage aux couples de même sexe[45]. Cette différence de traitement entre couples homosexuels et couples hétérosexuels constitue-t-elle une discrimination ? Au vu des évolutions que les États parties ont connues depuis le début des années 2000, la Cour reconnaît qu'« *il est artificiel de continuer à considérer que, au contraire d'un couple hétérosexuel, un couple homosexuel ne saurait connaître une "vie familiale" aux fins de l'article 8. En conséquence, la relation qu'entretiennent les requérants, un couple homosexuel cohabitant de fait de manière stable, relève de la notion de "vie familiale" au même titre que celle d'un couple hétérosexuel se trouvant dans la même situation* » (§ 94) : les situations étant similaires, elles appellent le même besoin de protection et de reconnaissance légale. La Cour se prononce cependant une faveur d'une lecture globale et cohérente de la Convention : ayant affirmé, sur le fondement de

39. H. Fulchiron, « Couples, mariage et différence des sexes : une question de discrimination ? », *in Des concubinages, droit interne, droit international et droit comparé, op. cit.*, p. 29 et s. ; Ph. Malaurie, « Mariage homosexuel et homoparentalité », revue *Commentaire,* 2006, 993.

40. Cf. les études réunies dans l'*Annuaire international de Justice constitutionnelle*, 2014, Economica-PUAM, 2015.

41. CEDH, 17 octobre 1986, *Marc Rees c. Royaume Uni*, Série A, n° 106, part. 49, préc.

42. **CEDH, 11 juillet 2002, *Goodwin c. Royaume-Uni, GA*, p. 419 et s. : la cour affirme « *qu'elle n'est pas convaincue que l'on puisse aujourd'hui continuer d'admettre que ces termes impliquent que le sexe doive être déterminé selon des critères purement biologiques* », cf. *infra*, n° 168 et s.

43. Sur le mariage du transsexuel, cf. *infra* n° 171.

44. **CEDH, 24 juin 2010, *Schalk et Kopf c. Autriche*, préc.

45. « *Prenant en compte l'article 9 de la Charte, la Cour ne considère plus que le droit de se marier consacré par l'article 12 de la Convention doive en toutes circonstances se limiter au mariage entre deux personnes de sexe opposé. C'est pourquoi on ne saurait dire que l'article 12 ne s'applique pas au grief des requérants. Néanmoins, en l'état actuel des choses, l'autorisation ou l'interdiction du mariage homosexuel est régie par les lois nationales des États contractants* » (par. 61). « *À cet égard, la Cour observe que le mariage possède des connotations sociales et culturelles profondément enracinées susceptibles de différer notablement d'une société à une autre. Elle rappelle qu'elle ne doit pas se hâter de substituer sa propre appréciation à celle des autorités nationales, qui sont les mieux placées pour apprécier les besoins de la société et y répondre (B. et L. c. Royaume-Uni, précité, § 36)* » (par. 62). « *En bref, la Cour conclut que l'article 12 n'impose pas au gouvernement défendeur l'obligation d'ouvrir le mariage à un couple homosexuel tel que celui des requérants* » (par. 63).

l'article 12 que les États parties n'ont pas l'obligation d'ouvrir le mariage aux personnes de même sexe, elle ne peut leur imposer une telle obligation au visa des articles 8 et 14. Les prétentions des parties sont donc rejetées... sans que la question de la discrimination soit vraiment examinée[46]. Cette position a été réaffirmée dans les arrêts *Vallianatos c. Grèce*[47] du 7 novembre 2013 et *Oliari c. Italie* du 21 juillet 2015[48]. Dans ce dernier arrêt, la Cour affirme que pèse sur les États l'obligation positive d'offrir aux couples de personnes de même sexe une forme de reconnaissance légale : faute de mariage, le partenariat[49] ?

Quant à la CJUE, elle avait affirmé dans un arrêt *D. et Royaume de Suède c. Conseil de l'Europe* du 31 mai 2001, qu'« il est constant que le terme mariage selon la définition communément admise par les États membres, désigne une union entre deux personnes de sexe différent »[50]. L'affirmation ne semble plus de mise aujourd'hui. Avec la multiplication des législations qui, en Europe, acceptent le mariage homosexuel et, surtout, avec l'article 9 de la Charte qui prend soin de ne pas parler de l'homme et de la femme afin de laisser la possibilité d'ouvrir le mariage aux personnes de même sexe, pourrait émerger une définition « européenne » du mariage ouverte aux personnes de même sexe. Pour autant, il n'appartient pas à l'Union d'imposer ses choix : il s'agit là d'une question qui relève de la compétence des État[51]. De même, en droit international privé européen, les différents règlements se gardent de donner une définition du mariage, renvoyant sur ce point aux droits nationaux : mais les textes peuvent s'appliquer au mariage entre personnes de même sexe si l'État membre le reconnaît[52]. Aux États, par conséquent, de faire leurs choix.

Quelle que soit la marge de liberté reconnue aux États, le raisonnement en termes de discrimination mériterait d'être discuté. Il y a en effet discrimination, selon la CEDH, lorsqu'est pratiquée une différence de traitement manquant de justification objective et raisonnable entre individus placés dans des situations analogues. La situation des couples homosexuels aspirant au mariage est-elle comparable à celle des couples hétérosexuels ? En fait, tout dépend de la définition que l'on donne du mariage. Si l'on reste fidèle à l'idée d'un mariage acte fondateur d'une famille, la différence entre couples homosexuels et couples hétérosexuels est radicale : le couple homosexuel ne porte pas en lui d'espoir de procréation. Certes, le recours à un tiers, à la science ou aux fictions du droit peut permettre de donner un enfant à un couple homosexuel, mais d'un côté ou de l'autre, parfois des deux, la parenté ne sera qu'artifice, artifice juridique, artifice biologique. Si l'on opte au contraire pour une vision « moderne » du mariage défini comme le cadre juridique d'une communauté de vie entre deux êtres, la perspective change radicalement : dès lors que le mariage, recentré sur les époux et coupé de la procréation, devient un simple statut du couple, le réserver aux couples de sexe différent peut passer pour une discrimination fondée sur l'orientation sexuelle. À l'inverse, tant que ce changement de définition n'est pas intervenu, le débat sur la discrimination n'a pas de sens.

Mais, ne serait-ce pas la définition traditionnelle du mariage qui, en elle-même, serait discriminatoire ? Tel est l'argument avancé dans les pays qui ont ouvert le mariage aux couples de même sexe. Ce raisonnement repose sur un sophisme. En fait, on postule la nouvelle définition du mariage avant de confronter la définition « traditionnelle » du mariage aux critères de la discrimination... ce qui la fait automatiquement tomber sous le coup de ladite discrimination. L'exemple de la proposition de loi belge ouvrant le mariage aux couples de même sexe est, à

---

46. Sur l'obligation qui pèse sur les États d'ouvrir un statut assurant la reconnaissance légale des couples de même sexe, cf. *infra*, n° 352.

47. CEDH, 7 novembre 2013, n° 29381/09 et 32684/09.

48. CEDH, 21 juillet 2015, n° 18766/11 et 36030/11.

49. *Infra*, n° 352.

50. En l'espèce, un fonctionnaire suédois du Conseil de la Commission européenne avait fait enregistrer en Suède un partenariat homosexuel. Il demandait que ce partenariat fût assimilé à un mariage, en vue de bénéficier de l'allocation foyer prévue par le statut. La Cour refusa d'assimiler mariage et partenariat enregistré au motif qu'« *au-delà de la grande hétérogénéité des statuts du concubinage dans les pays européens* », « *ces régimes d'enregistrement de relations de couples sont, dans les États membres concernés, distincts du mariage* » : *CJCE, 31 mai 2001, *GA*, CJCE, n° 4.

51. Cf. *supra*, n° 73 s.

52. Cf. *supra*, n° 169.

cet égard, tout à fait significatif[53] : « *Dans le monde contemporain* », est-il écrit, « *le mariage est vécu et ressenti comme une relation (formelle) entre deux personnes ayant comme but principal la création d'une communauté de vie durable. Le mariage offre aux deux partenaires la possibilité d'affirmer au grand jour leur relation et les sentiments qu'ils ont l'un pour l'autre* ». Dès lors que le mariage n'apparaît plus que comme « *la relation intime de deux personnes* », il n'y a plus de raison de la réserver aux couples de sexe différent. Saisie d'un recours contre la loi du 13 février 2003, la Cour d'arbitrage belge n'a pu que dérouler le raisonnement : « *Il ressort des travaux préparatoires (...) que le législateur conçoit désormais le mariage comme une institution ayant pour but principal la création, entre deux personnes, d'une communauté de vie durable, dont les effets sont réglés par la loi. Au regard d'une telle conception du mariage, la différence entre d'une part les personnes qui souhaitent former une communauté de vie avec une personne de l'autre sexe et celles qui souhaitent former une telle communauté avec une personne de même sexe, n'est pas telle qu'il faille exclure pour des dernières la possibilité de se marier* ».

Un tel raisonnement ne prouve rien : ni le fait que la conception du mariage ait changé (la chose est posée comme une évidence), ni, surtout, le fait que la conception ancienne soit discriminatoire. Tout au plus peut-on déduire du postulat de départ que la définition juridique du mariage doit être modifiée parce qu'elle ne correspondrait plus aux réalités et aux attentes sociales. Un État peut donc estimer « juste » de changer la définition du mariage. Il s'agit d'un choix politique guidé par des considérations d'équité ou par le souci de prendre en compte une réalité et une attente sociales particulièrement fortes. Un tel choix peut paraître opportun et cohérent au regard des principes qui fondent l'organisation de cette société. Mais on ne peut en faire une obligation qui s'imposerait aux États au nom du respect des droits fondamentaux. En quelque sorte, l'option est ouverte et l'on peut discuter à l'infini sur son opportunité ; mais elle n'est pas nécessaire et moins encore obligatoire : il s'agit, fondamentalement, d'un choix de société. C'est ce qu'ont rappelé tant le Conseil constitutionnel français dans ses décisions du 28 janvier 2011[54] et du 17 mai 2013[55] que la CEDH, dans ses arrêts *Schalk et Kopf contre Autriche* du 24 juin 2010[56] et *Gas et Dubois contre France* du 12 mars 2012[57].

Comme d'autres pays, la France a opté pour l'ouverture du mariage aux couples de même sexe. Mais ce faisant n'a-t-elle pas changé la nature même du mariage ?

108. Le mariage « dénaturé » ? – Le mariage, sous ses différentes formes, fut pendant des millénaires le cadre légal des relations entre l'homme et la femme, le cadre « naturel » en quelque sorte de la procréation. En ce sens, il constituait, a-t-on dit[58], l'acte fondateur d'une famille. Son ouverture aux personnes de même sexe n'est pas une simple évolution, mais une véritable rupture[59], rupture sociale, rupture anthropologique[60] et, peut-être, rupture de civilisation si l'on se réfère au sentiment de rejet qu'éprouvent certains pays à l'égard de ce type d'union[61]. Le « mariage pour tous » se recentre sur le couple[62], tandis que la procréation, naturelle, médicalement assistée ou adoptive se reconstruit dans le cadre d'un « projet parental de couple » qui pourrait embrasser toutes les formes de couples, mariés ou non mariés, hétérosexuels ou homosexuels[63]. Mais quel est alors le sens du mariage ? Qu'est-ce qui le distingue

53. Rappr. les discours tenus lors du vote de la loi sur le mariage pour tous. L'argument cependant ne pouvait prospérer puisque la CEDH avait écarté l'argument de la discrimination un an plus tôt... Les promoteurs du projet se contentèrent d'avancer le souci d'égalité.

54. Cf. *infra*, n° 164.

55. Cf. *infra*, n° 166.

56. Cf. *supra*, n° 1070.

57. Cf. *infra*, n° 1407.

58. Cf. *supra*, n° 19.

59. H. Fulchiron, « Mariage, conjugalité, parenté, parentalité : métamorphose ou rupture ? », *in Mariage, conjugalité, parenté, parentalité*, Bruylant, 2014, IX et s.

60. Comp. les analyses d'I. Théry, « Couples de même sexe, mariage et filiation : par-delà la critique des apories de rhétorique antidiscriminatoire », *in* H. Fulchiron (dir.), *Mariage, conjugalité ; parenté, parentalité, op. cit.*, p. 269.

61. Cf. L. Gannagé, « L'ordre public militant : le mariage pour tous face aux systèmes de tradition musulmane », note sous Cass. civ. 1re, 28 janvier 2015, *JCP* 2015, p. 318 (sur cet arrêt, cf. *infra*, n° 168).

62. Cf. *supra*.

63. Cf. I. Théry et A.-M. Leroyer (dir.), *Filiation, origines, parentalité, op. cit.*

des autres formes de conjugalité ? Certes, un certain nombre de droits sont encore réservés au mariage, en matière successorale notamment, tant il est vrai que le mariage est un engagement à la vie à la mort, potentiellement plus stable que les autres formes de vie en couple[64]. Mais ces droits et devoirs sont de plus en plus restreints, et de plus en plus menacés : si la CEDH admet que les États peuvent privilégier le mariage, elle veille à ce que la *favor matrimonii* ne soit pas discriminatoire, ce qui conduit les États à des démonstrations complexes. Le lien entre mariage et filiation devient de plus en plus ténu. Non seulement le statut de l'enfant n'est plus lié à l'existence d'un mariage, mais encore le mariage ne fonde plus à proprement la filiation : en droit français la présomption de paternité rattachant l'enfant au mari de la mère fut longtemps la pierre angulaire de la filiation ; elle n'apparaît plus aujourd'hui que comme une facilité de preuve[65]. Plus généralement, l'accès à la parenté n'est plus réservé aux époux : c'est vrai pour la parenté charnelle (le mariage n'est plus, juridiquement et socialement, le cadre privilégié, voire unique de la procréation), mais aussi pour la parenté par PMA (la loi française exige seulement une vie de couple... hétérosexuel) ; certes, l'adoption reste le privilège des époux : mais le maintien de la règle devient de plus en plus difficile à justifier[66] et l'incohérence entre les règles de l'adoption et des PMA de plus en plus flagrante. En perdant une partie de son essence, le mariage perd une partie de son sens. Au-delà de l'alliance, c'est la parenté qu'il faut reconstruire.

Plus qu'un lien de cause à effet (le mariage d'abord, la filiation ensuite), l'ouverture du mariage aux personnes de même sexe et la consécration de l'homoparenté témoignent d'une même évolution[67] : la dimension institutionnelle de l'alliance et de la parenté s'efface devant les aspirations individuelles et l'exaltation des droits de l'individu. Alliance et parenté sont des constructions sociales : en les coupant de leurs racines « naturelles », c'est un nouveau modèle de société que l'on propose. En a-t-on conscience et en maîtrise-t-on les conséquences ?

II. — Le mariage est une liberté

109. Une liberté fondamentale. – Les mariages forcés ont existé par le passé, et existent encore en droit et, plus souvent, en fait. Parfois même, survivent çà et là des formes de mariage par achat. Pour autant, la liberté de se marier comme celle de ne pas se marier constituent aujourd'hui un des droits fondamentaux reconnus en droit interne et en droit international.

Ainsi, la Déclaration universelle des droits de l'homme affirme-t-elle en son article 16 : « *À partir de l'âge nubile, l'homme et la femme, sans aucune restriction quant à la race, la nationalité ou la religion, ont le droit de se marier et de fonder une famille* ». De même, la Convention européenne de sauvegarde des droits de l'homme et des libertés fondamentales affirme (art. 12) : « *À partir de l'âge nubile, l'homme et la femme ont le droit de se marier et de fonder une famille selon les lois nationales régissant l'exercice de ce droit* » (*adde* Charte européenne des droits fondamentaux, art. 9 : « *Le droit de se marier et le droit de fonder une famille sont garantis selon les lois nationales qui en régissent l'exercice* »). Les jurisprudences française[68] et européenne[69] veillent au respect de cette liberté essentielle. Ainsi, la CEDH a-t-elle souligné, dans l'arrêt *Rees*[70], que si cette liberté s'exerce dans le cadre des lois nationales, les limitations à l'article 12 résultant des lois nationales « *ne doivent pas le restreindre ou réduire d'une*

64. Cf. *infra*, n° 1430.

65. Cf. *infra*, n° 1167.

66. Cf. *infra*, n° 1407.

67. Il est d'ailleurs des pays qui ont ouvert la parenté avant le mariage ; dans d'autres, mariage et parenté ont été ouverts simultanément.

68. V. not. la décision du Conseil constitutionnel du 13 août 1993, proclamant que « *la liberté du mariage* [...] *est l'une des composantes de la liberté individuelle* ».

69. Fr. Sudre *et al.*, *Les grands arrêts de la Cour européenne des droits de l'homme*, p. 487 s. et réf. cit.

70. *Rees c/Royaume-Uni*, 17 octobre 1986, A 106, *JDI* 1987, 796, chron. P. Rolland.

manière ou à un degré qui l'atteindraient dans sa substance même[71] ». Mais, dit la CEDH, la liberté du mariage telle que garantie par l'article 12 n'oblige pas les États parties à ouvrir le mariage aux personnes de même sexe[72].

III. — Le mariage est un engagement

110. Un triple engagement pour la vie. – Le mariage est, fondamentalement, un engagement pris par chaque époux à l'égard de l'autre : engagement de vivre ensemble, engagement de fidélité, engagement d'assistance morale et matérielle. Un engagement pour la vie (cf. Modestin : « *consortium omnis vitae* ») : le mariage a vocation à l'éternité. Certes, en pratique, il est souvent rompu, à la demande ou sur décision des époux ou de l'un d'eux. Mais lorsqu'il est conclu, il est promesse, don de soi, pour la vie.

Le mariage est aussi un engagement à l'égard des enfants qui viendront dans le cadre de cette union : engagement d'en assumer la paternité et la maternité, engagement d'en assurer l'éducation jusqu'à l'âge adulte et au-delà.

Le mariage est enfin un engagement pris devant la famille de chacun et devant la société. Au-delà de la dimension individuelle, il a une dimension familiale et sociale[73].

IV. — Le mariage est une institution

111. Contrat ou institution ? – Au début du XXe siècle, le caractère contractuel ou institutionnel du mariage fut amplement débattu. L'enjeu était le pouvoir de la volonté sur le lien, notamment sur sa stabilité[74].

Le mariage est-il simplement un accord de volontés produisant des effets juridiques ? Il pourrait, alors, être résolu par *mutuus dissensus* (le dissentiment mutuel que l'on appelle curieusement le consentement mutuel) comme tout contrat, ce que pensaient les philosophes du

71. *Adde* l'arrêt** *Goodwin*, préc. *supra*, n° 105 (§ 103), selon lequel la marge d'appréciation de l'État ne saurait « *aller jusqu'à interdire en pratique l'exercice du droit de se marier* », v. *supra*, note 6. Ainsi, selon la Cour, une personne emprisonnée ne peut être privée du droit de se marier (CEDH, 5 janvier 2010, n° 22933/02, *Frasik c. Pologne*, et n° 240323, *Jaremowicz c. Pologne*, *Dr. famille* 2010, n° 37, n. V. Larribau-Terneyre).

72. CEDH, 24 juin 2010, *Schalk et Kopf c. Autriche*, préc. « *Prenant en compte l'article 9 de la Charte [Charte des droits fondamentaux de l'UE], la Cour ne considère plus que le droit de se marier consacré par l'article 12 de la Convention doive en toutes circonstances se limiter au mariage entre deux personnes de sexe opposé. (...) Néanmoins, en l'état actuel des choses, l'autorisation ou l'interdiction du mariage homosexuel est régie par les lois nationales des États contractants.* » (§ 61). « *À cet égard, la Cour observe que le mariage possède des connotations sociales et culturelles profondément enracinées susceptibles de différer notablement d'une société à une autre. Elle rappelle qu'elle ne doit pas se hâter de substituer sa propre appréciation à celle des autorités nationales, qui sont les mieux placées pour apprécier les besoins de la société et y répondre* » (§ 62).

73. Dans la société que décrivait Balzac, le mariage était dominé par l'intérêt, une union entre deux fortunes. Cependant, de temps à autre, apparaissait une autre conception, étrangère aux intérêts et aux biens et dominée par la passion. Il en a montré les ravages dans les *Mémoires de deux jeunes mariées* ; il en a décrit la beauté, avec des accents modernes, dans la *Cousine Bette*, à travers la passion que l'adorable et jeune Hortense Hulot portait au comte Steinbock ; « *la nature est infaillible. L'œuvre de la nature, en ce genre, s'appelle : aimer à première vue. En amour, la première vue est tout bonnement la seconde vue* », *La Comédie humaine*, Pléiade, t. VII, 1977, p. 136. Pourtant, Hortense s'était joliment trompée : Wenceslas n'était pas le grand artiste auquel elle avait cru ; « *il passa critique comme tous les impuissants qui mentent à leurs débuts* » (p. 449), ce qui n'empêcha pas la solidité du mariage ; un bon mariage, fondé sur le sentiment, non sur l'intérêt ou la raison.

74. M.-T. Meulders-Klein, « L'évolution du mariage et le sens de l'histoire : de l'institution au contrat et au-delà », in *La personne, la famille et le droit, trois décennies de mutations en Occident*, *op. cit.*, p. 35 s.

XVIIIe siècle, notamment Voltaire et Montesquieu[75]. Ou bien même, puisqu'il s'agit de contrat à durée indéterminée, il pourrait être résilié par déclaration unilatérale (la répudiation). N'est-il pas au contraire une société – ce qui est une analyse traditionnelle –, ou, conformément aux idées d'Hauriou, une institution, c'est-à-dire l'adhésion à un statut impératif ayant pour objet une œuvre commune – la communauté de vie conjugale, la procréation et l'éducation des enfants – ? Ni Rome, ni le droit canon n'ont envisagé la question de cette manière[76]. Selon Rome, le mariage constituait un état réglementé par la loi et réalisé par l'accord des parties. Le grand débat du droit canon fut les rapports entre le contrat et le sacrement. Reprenant la tradition de l'Ancien Régime, lui-même inspiré du droit canon, le Code civil français utilise les termes de « *contrat* », de « *contracter* » (cf. art. 1398) : ce qui fait le mariage, c'est le consentement. Mais le mariage est bien plus qu'un simple contrat : il n'engendre pas seulement des rapports de créancier à débiteur, il crée une nouvelle famille, il fonde un nouvel état, il assure la filiation des enfants qui en naîtront, il scelle l'alliance entre deux familles.

Même si le mariage est à base contractuelle, même s'il n'échappe pas aujourd'hui à une certaine « privatisation » des rapports familiaux[77], même s'il « s'individualise » en faisant une place de plus en plus grande aux droits et libertés de l'individu, il n'en conserve pas moins sa dimension institutionnelle. En cela, il se distingue des autres statuts qui, aujourd'hui, organisent la vie de couple.

SECTION II
LE MARIAGE FRANÇAIS EN PARTICULIER

Le régime actuel du mariage en France est étroitement lié à son histoire (Sous-section I). L'équilibre auquel était parvenu le Code civil pourrait être remis en cause par les évolutions juridiques et sociales contemporaines (Sous-section II).

Sous-section I
Mariage d'hier

Pour décrire l'histoire du mariage français, il est inutile de remonter jusqu'à Rome, car pour l'essentiel le régime contemporain de notre mariage, tel qu'il résulte du Code Napoléon (§ 2) est marqué par l'Ancien droit, lui-même dépendant du droit canonique (§ 1).

75. VOLTAIRE, *Dictionnaire philosophique*, V° Mariage : « *Le mariage est un contrat du droit des gens dont les catholiques romains ont fait un sacrement. Mais le sacrement et le contrat sont deux choses bien différentes : à l'un, sont attachés les effets civils ; à l'autre, les grâces de l'Église* ». MONTESQUIEU, *Lettres persanes,* Lettre n° 116 : « *Il est assez difficile de bien comprendre la raison qui a porté les chrétiens à abolir le divorce. Le mariage, chez toutes les nations du monde, est un contrat susceptible de toutes les conventions, et on n'en a dû bannir que celles qui auraient pu en affaiblir l'objet* » cf. J. Ph. AGRESTI, « L'instrumentalisation de la notion de contrat : le mariage au XVIIIe s. », *in L'idée contractuelle dans l'histoire de la pensée politique*, PUAM, 2008, p. 239 s.

76. G. LE BRAS, *V° Mariage*, Col. 2155, 2183, 2293, *in Dict. théol. cath.*, Paris, 1927.

77. H. LÉCUYER, « Mariage et contrat », *in La contractualisation de la famille*, D. FENOUILLET et P. DE VAREILLES-SOMMIÈRES (ss. dir.), Economica, 2001, p. 57 s.

§ 1. Mariage en droit canonique

112. Droits romain et canonique. – Sur l'élément majeur de la théorie du mariage, le consentement conjugal, le droit canon est en rupture profonde avec le droit romain. À Rome, l'état de mariage supposait un consentement ininterrompu des époux : la volonté des deux époux devait être constamment renouvelée. À partir du moment où l'une cessait, le mariage disparaissait. En droit canon au contraire, le consentement initial des époux établit définitivement le mariage. En d'autres termes, la figure du consentement conjugal romain était une ligne droite et continue, alors qu'en droit canon, le consentement conjugal est un point isolé dans le temps[78]. Le droit contemporain, en facilitant le divorce, revient peu à peu à la conception romaine : une ligne incertaine.

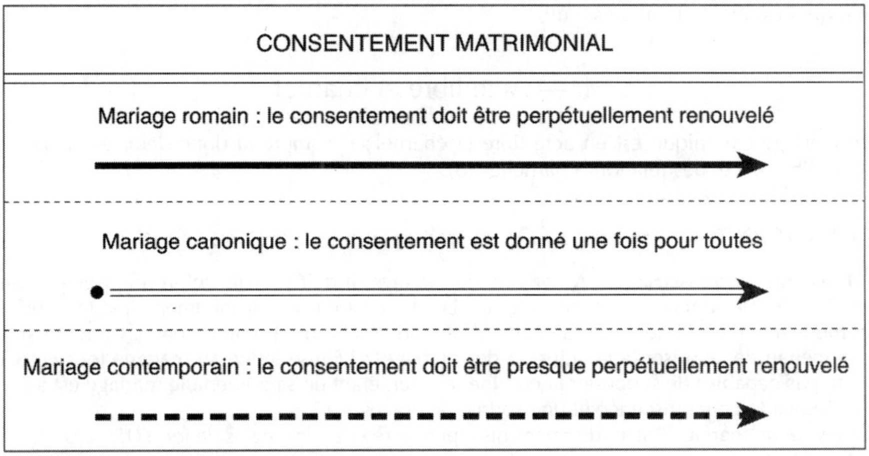

L'histoire du mariage dans l'Ancien droit peut, en simplifiant, être divisée en deux phases : avant et après le XVIe siècle, le tournant essentiel étant le concile de Trente[79].

Dans le droit moderne, le concile de Vatican II n'a pas modifié la conception catholique du mariage ; depuis, une vive discussion a été engagée par un certain nombre de théologiens et de canonistes[80], qui n'a pas produit beaucoup de résultats. Plusieurs canonistes regrettent que le droit canonique du mariage ait perdu son sens des réalités humaines[81].

113. Sources et caractères. – Pendant longtemps, le mariage a été exclusivement régi par le droit canon : du Xe au XVIe siècle, l'Église catholique a possédé sans partage la juridiction sur les causes matrimoniales (compétence judiciaire) et conquis le pouvoir législatif en matière de mariage (compétence législative). Cette plénitude juridique, l'Église l'a exercée pendant cette période sans contestation sérieuse dans toute l'Europe occidentale ; ce fut l'âge d'or du droit

78. Selon certains canonistes contemporains, les choses auraient changé depuis le concile de Vatican II et le nouveau Code de droit canon. Lorsque le canon 1057, § 1, dispose : « *matrimonium facit partium consensus* » (c'est le consentement des parties qui fait le mariage), il ne se bornerait pas à rappeler une règle constante ; il ne s'agirait plus d'un consentement donné une fois pour toutes lors de l'entrée en mariage, mais du « *vécu matrimonial tout entier* » (J. Bernhard, « La durée du mariage et ses implications canoniques », *R. dr. can.* 1983, 276 s., sp. 279).

79. Sur le mariage en droit canonique, cf. Le Bras, *op. cit., supra* ; A. Esmein, *Le mariage en droit canonique,* Sirey, 2e éd., 1929-1935, par R. Genestal ; J. Gaudemet, *Le mariage en Occident,* Cerf, 1987 ; B. Basdevant-Gaudemet, « Un contrat entre l'homme et la femme ? Quelques points à travers l'histoire en Occident », *in La contractualisation du droit de la famille, op. cit.,* p. 17 s., cf. réf. cit.

80. « Divorce et nullité de mariage, droit civil et droit canonique », *R. dr. can.* 1983.

81. D. Dieni, « Apories persistantes dans le droit matrimonial canonique », *R. dr. can.* 2000.171, sp. 194 : « *Le droit canonique est de plus en plus un droit de professeurs et d'officialités (c'est-à-dire en définitive un* Klerikenrecht*), ce qui est grave parce que les fidèles ne sont pas encouragés à réfléchir sur les critères utilisés par l'Église dans le jugement porté sur le lien* ».

canon. Les premiers coups lui ont été portés en Hollande (1580) et dans l'Angleterre d'Henri VIII (1534) et de Cromwell (1643).

À partir du XVIe siècle, la royauté française est parvenue à soumettre le mariage aux juridictions civiles et est souvent intervenue pour le régir[82]. Certaines des règles qu'elle énonce sont différentes de celles du droit canon, et annoncent peu à peu ce que sera le mariage civil. Par exemple, dès le XVIe siècle, le mariage est soumis à publicité, et la validité du mariage des mineurs est subordonnée au consentement des parents ; de même, à la fin de l'Ancien Régime, l'état civil des protestants préfigure la laïcisation du mariage (édit de tolérance de 1787). Mais pour l'essentiel, le mariage de l'Ancien droit conserve la marque du droit canon[83].

Trois données fondamentales permettent d'en fixer les caractères. Il constitue un acte libre et charnel, parce qu'il est un libre remède aux désordres de la nature (I) ; il est un contrat et un sacrement, parce qu'il est un acte naturel, générateur de grâces (II) ; il est exclusif et indissoluble, parce qu'il est le don total de soi (III).

I. — Acte libre et charnel

Le mariage canonique est un acte libre et charnel ; il comprend donc deux éléments : une volonté libre (A) et des relations charnelles (B).

A. Libre volonté

114. Faveur au mariage. – À l'origine du mariage, il doit y avoir, selon un principe fondamental du droit canon, une libre volonté. Le droit canon a constamment insisté avec une extrême vigueur sur la nécessité de cette libre volonté afin qu'il y ait mariage. Cette insistance lui permettait de favoriser la conclusion des mariages : l'Église incite au mariage tous ceux qui ne sont pas capables de supporter la continence, car, étant un sacrement, le mariage est à la fois un remède à la concupiscence et une source de grâces.

La faveur au mariage[84] se traduit par trois types de règles : des règles de fond (1°), des règles de preuve (2°) et surtout les formes du mariage (3°).

1) Règles de fond

115. Liberté du mariage. – Le droit canon, à partir du XIIe siècle, affirma la liberté absolue du mariage ; il ne saurait y avoir d'entraves au mariage tirées de la condition sociale, du sexe ou de l'âge : toute personne pubère est capable de se marier. Il posa l'égalité de l'homme et de la femme, ce qui établit une rupture avec l'Antiquité grecque, romaine ou sémite qui soumettait la femme à une condition inférieure. Surtout, sous l'influence d'un grand canoniste du Moyen Âge, Pierre Lombard, il dispensa les mineurs de toute autorisation familiale[85] ; ce dernier trait est un des éléments les plus frappants du mariage canonique, un de ceux qui l'ont mis en conflit avec la loi civile, soucieuse d'éviter les mésalliances[86].

82. J. Basdevant, *Des rapports de l'Église et de l'État dans la législation du mariage, du concile de Trente au Code civil*, Thèse, Paris, 1900 ; A. Sériaux, *Droit canonique, op. cit.*, n° 239.

83. Y. Jeanclos, « Le consentement dans le mariage français aux XVIIe et XVIIIe s. », *R. dr. can.* 2003.41 : l'État et l'Église revendiquent chacun leur compétence, mais en venant l'un vers le contrat, l'autre vers le sacrement.

84. NC dr. can., can. 1060 « *matrimonium gaudet favorem juris* » (le mariage jouit de la faveur du droit).

85. Ex. : L'Église est avec Roméo et Juliette, contre leurs parents : l'amour des jeunes gens, sacralisé par le mariage, fera disparaître les haines familiales. Frère Laurent : « *For this alliance may so happy prove to turn your household's rancour to pure love* » (A. II, Sc. 2 : car cette alliance pourrait se montrer assez heureuse pour changer la haine de vos deux maisons en un pur amour).

86. Édit d'Henri II, de février 1556, art. 99, établissant une majorité matrimoniale à 30 ans pour les fils et à 25 ans pour les filles ; avant cet âge, le mariage des enfants devait avoir été autorisé par les père et mère ; après, les enfants majeurs devaient requérir l'avis de leurs pères et mères. J. Gaudemet (*Le mariage en Occident*, Cerf, 1987, p. 336 s.) décrit au moyen de la littérature l'évolution des mentalités de la société civile. Le XVIIe siècle est dominé par l'autorité du père dans le choix d'un époux : ex. : *Le Cid* : Chimène attend « *l'ordre d'un père à choisir un époux* » ; Rodrigue : « *je dois tout à mon père*

2) Règles de preuve

116. Mariages présumés. – La faveur faite au mariage l'amène à transformer les unions douteuses en mariages légitimes. Le droit canon y parvient, au moyen d'une règle de preuve, par le système des mariages présumés, où une union dont on ne sait trop si elle est concubinaire ou matrimoniale est présumée être un mariage. Véritable piège dans lequel peuvent tomber d'imprudents ardents, et qui va les précipiter dans un état matrimonial indissoluble. Ce système a suscité de vives réactions ; il était en partie disparu lors du concile de Trente.

3) Règles de forme

Pour cette même raison de faveur au mariage, les formes selon lesquelles le consentement conjugal doit se manifester sont, en droit canon, extrêmement simplifiées. On aperçoit ici comment ce droit a compris le mariage, et de quelle manière il a accompli une importante évolution. Il a fait passer la conclusion du mariage du consensualisme à un certain contrôle social, sans jamais modifier ses conceptions théoriques ; il a atteint des résultats jugés opportuns par des procédés indirects, sans jamais faire de la conclusion du mariage un acte formaliste. Son histoire se déroule en trois étapes : le droit classique a posé le principe du consensualisme, le concile de Trente a imposé la présence de témoins, la réforme de 1907 a créé l'enquête canonique.

a) Consensualisme du droit classique

117. Consensuel et clandestin. – Venant du droit romain, accueilli par le droit canon après de longs débats et de subtiles analyses, le consensualisme exprime la pure conception canonique du mariage. Le droit classique pose en principe fondamental que le mariage est formé par le seul consentement des époux (*solo consensu*)[87].

Le droit canon a ainsi affirmé la validité des mariages clandestins. Il dit bien qu'ils sont « illicites », mais ils sont « valides » et donc obligatoires. Ces mariages clandestins présentaient un premier inconvénient : le mineur pouvant se marier sans autorisation familiale n'avait pas le minimum de protection contre lui-même que les solennités des mariages auraient permis d'assurer : il était définitivement lié par ses impulsions, si irréfléchies fûssent-elles. Mais ils présentaient surtout un inconvénient social, tenant au risque de contradiction entre le for interne et le for externe.

Le mariage clandestin ne pouvait généralement être prouvé, car l'aveu des époux n'a jamais été un mode de preuve admissible du mariage. Il liait au for interne : le confesseur devait obliger l'époux d'un mariage clandestin à exécuter ses devoirs conjugaux. Mais il ne liait pas au for externe : à l'égard du curé de sa paroisse, par exemple, les époux d'un mariage clandestin, tant qu'ils n'avaient pas publiquement célébré leur union, étaient considérés comme des concubins. Le for interne contredisait le for externe ; cette contradiction était particulièrement grave lorsqu'un des époux d'un mariage clandestin se mariait ultérieurement avec une autre personne, selon un mariage public. Dans ce cas, le seul mariage valide, au for interne, était le mariage clandestin ; mais le seul mariage opposable, au for externe, était le mariage public, qui pouvait être prouvé par témoins. Voilà donc qu'une personne pouvait être simultanément liée

---

avant qu'à ma maîtresse ». Avec Marivaux, au siècle suivant, les choses changent ; par exemple, dans *Le dénouement imprévu,* Melle Argante dit à son père « *Les petites filles n'obéissent pas, mon père ;* [...] *on ne force pas les cœurs* ».

87. Ex. : Ce qui fait le mariage c'est que Pierre dit à Greta qu'il la veut pour épouse et que Greta lui dit qu'elle l'accepte, quelles que soient les circonstances ou les lieux dans lesquels ces déclarations ont été accomplies, quand bien même elles ont été faites hors la présence de tout tiers, dans la plus totale intimité, par exemple sur le lit, clandestinement ; elles sont un engagement qui conclut le mariage.

Le mariage continue à être consensuel dans l'Angleterre de Shakespeare, qui n'est pas soumise au concile de Trente. Ex. : *As you like it* (Comme il vous plaira), A. IV, S. I : « Rosalind. *Viens, ma sœur, tu seras le prêtre, et tu nous marieras* [...] Celia. *Oui. Voulez-vous, Orlando, prendre cette Rosalind pour femme ?* [...] Orlando. *Je te prends, Rosalind, pour femme.* Rosalind. *Je pourrais vous demander vos pouvoirs, mais, Orlando, je te prends pour époux. Voilà une fille qui court plus vite que le prêtre, tout comme une pensée de femme devance ses actions* ».

valablement par les liens du mariage avec deux épouses : un mariage était valide au for interne, un autre obligatoire au for externe.

En 1520, Luther a dénoncé avec vivacité l'absurdité révoltante de telles situations auxquelles menait la théorie canonique du mariage ; ce fut sa diatribe de la *sponsa duorum*[88]. Sensible à ces critiques, le concile de Trente va réagir contre les mariages clandestins, sans modifier les conceptions théoriques du mariage canonique, en y parvenant par des procédés indirects.

b) Concile de Trente

118. Un témoin qualifié et volontaire. – Afin de lutter contre les mariages clandestins, le concile de Trente (1540-1563) a imposé la présence de témoins et du curé à l'échange des consentements (décret *Tametsi*) : le curé dont la présence est requise est celui du lieu de résidence des futurs époux (*proprius parochus*). Les principes classiques sont maintenus : la célébration du mariage résulte du consentement des époux et de lui seul. Le curé n'exerce qu'un rôle passif : il est un témoin qualifié.

Les règles nouvelles n'ont qu'imparfaitement atténué les inconvénients antérieurs et n'ont pas complètement empêché les mariages clandestins, comme l'a montré la pratique des mariages à la Gaulmine[89]. Ces mariages présentaient tous les inconvénients des mariages clandestins : ils pouvaient être contractés sous une impulsion irréfléchie, et surtout n'avaient pas beaucoup de publicité et ne pouvaient donc guère être opposables au for externe. Le pouvoir royal réagit contre cette pratique : un édit de 1697 exigea que le curé fût un témoin volontaire. La réaction du droit canonique fut beaucoup plus tardive ; il fallut attendre 1907 pour voir organiser l'enquête canonique.

c) Réforme de 1907

119. Enquête canonique. – La réforme de 1907 (intégrée dans le *Codex* de 1917, *Codex juris canonici,* le Code de droit canon et reprise dans le nouveau code [1983][90]) exige que le mariage soit précédé d'une enquête canonique, dans laquelle le curé doit interroger les futurs époux, et exerce donc une présence active dans la célébration du mariage.

Techniquement, la réforme a maintenu intégralement les principes antérieurs : le mariage demeure un acte consensuel, sa conclusion ne dépend pas de l'accomplissement de ces formalités (présence des témoins et du curé, interrogations du curé). Ces formalités ne sont pourtant pas sans sanction : leur irrespect entraîne une incapacité de se marier. On pourrait donc croire que le mariage canonique a cessé d'être consensuel et est devenu solennel.

Cette conclusion serait hâtive, car la base exclusive du mariage canonique demeure le consentement ; d'importantes conséquences en sont tirées. Seul un vrai consentement peut engager, et le droit canonique refuse que soient de véritables mariages ceux dont le consentement a été feint, eût-il été très régulièrement prononcé devant le curé. Le droit civil a une

---

88. Greta, dans sa jeunesse, avait clandestinement épousé Pierre, qu'elle a ultérieurement abandonné ; personne, sauf les intéressés, n'avait été au courant de cette union : le mariage ne pouvait être prouvé. Postérieurement, Greta épouse publiquement Philippe. Si elle reste avec Philippe, elle commet un péché mortel, et son confesseur doit lui imposer de revenir vers Pierre ; mais si elle revient vers Pierre, elle commet un adultère public que son curé doit dénoncer, et elle peut être excommuniée.

89. Au XVIIe siècle, Gaulmin, ancien intendant du Nivernais, avait saisi son curé en présence de témoins, pour lui dire son intention de se marier. Le mariage était valablement conclu, bien que le curé eût refusé de le célébrer : il était un témoin récalcitrant. Cet exemple fut imité, ce que l'on appela les « mariages à la Gaulmine ». L'histoire a été reprise par MANZONI, *I promessi sposi,* 1842 (*Les fiancés,* trad. Montgrand, t. I, Classiques Garnier, s.d., p. 108) : « *Il faut avoir deux témoins bien alertes et bien d'accord. On va chez le curé : le grand point est de l'attraper à l'improviste, pour qu'il n'ait pas le temps de s'échapper. L'homme dit : Monsieur le curé, voici ma femme ; la femme dit : Monsieur le curé, voici mon mari. Il faut que le curé entende, que les témoins entendent, et le mariage est fait, fait et sacré comme si le pape l'avait fait lui-même. Quand les paroles sont dites, le curé peut crier, tempêter, faire le diable, c'est inutile ; vous êtes mari et femme.* »

90. NC dr. can., can. 1067 : « *La conférence des évêques fixera les règles concernant l'examen des époux ainsi que les publications de mariage et les autres moyens opportuns pour mener les recherches, nécessaires avant le mariage ; ces règles étant soigneusement observées, le curé pourra procéder à l'assistance au mariage.* »

attitude différente à l'égard du consentement fictif[91], probablement parce qu'il n'a pas la conception consensuelle du droit canonique, et qu'il soumet la célébration du mariage à un formalisme social.

Cette histoire des formes dans le mariage canonique est remarquable : jamais les conceptions théoriques n'ont été modifiées ; les réformes ont été acquises par des procédés indirects.

B. Élément charnel

120. Consommation du mariage. – Le droit canonique attache une grande importance à l'aspect naturel des relations conjugales, relations charnelles qu'il a appelées la *copula carnalis*. Manifestant une grande impudeur, peut-être innocente, les canonistes définissent avec crudité les effets du mariage ; par exemple, ils y voient un droit de servitude qu'a chaque conjoint sur le corps de l'autre. Ce réalisme correspond à la compréhension populaire du mariage : il contribue à expliquer la vitalité qu'a eue autrefois la théorie canonique du mariage ; il contraste avec la vision désincarnée du Code civil, qui ne le conçoit que comme des rapports entre de purs esprits[92]. Élément important du mariage, qu'il rend parfait, il n'en est pourtant pas l'élément essentiel.

La consommation est une condition de perfection du mariage, ce qui signifie qu'un mariage conclu, mais non consommé[93] (*matrimonium ratum et non consummatum*) est valable, mais n'est pas parfait ; il peut donc être dissous[94], à la différence du mariage parfait (*ratum ac consummatum*) qui est indissoluble. La consommation, au sens du droit canon, a toujours été l'acte charnel, sauf à exiger qu'elle ait été libre pour chacun des époux ; il n'y a pas consommation si la femme a été contrainte, même si elle devient enceinte, ou si le mari a pallié ses insuffisances par des drogues ou d'autres moyens.

Pour autant, le mariage ne répond pas à un ordre qui serait seulement naturel : le but du mariage, selon la nature physique, serait d'abord la propagation de l'espèce – or jamais l'Église catholique n'a admis la répudiation de la femme stérile – ; l'objet du mariage serait aussi la satisfaction des besoins sexuels et le remède à la fornication – jamais l'Église n'a admis la répudiation du conjoint malade.

Car le mariage du droit canonique a des fins qui transcendent celles de la nature physique, étant à la fois un contrat et un sacrement, il poursuit surtout des fins surnaturelles : *proles, fides, sacramentum* (la postérité, l'engagement, le sacrement).

II. — Contrat et sacrement

121. Catholicisme ; protestantisme ; droit civil. – Le mariage est un accord de volontés ; à ce point de vue, il est un contrat que les théologiens catholiques disent être, par effet du droit naturel, doué d'une force propre. Mais le mariage canonique n'est pas un engagement comme les autres ; il possède un caractère sacramentel qui lui ajoute des effets[95].

Il n'est pas seulement destiné à propager l'espèce humaine, ce qui serait l'objet que lui attache le droit naturel ; il est aussi une institution sanctifiée par le Christ, ce qui lui permet de dépasser les fins de la nature. Non seulement, il est une union totale, semence d'amour, mais surtout, il est dispensateur des grâces divines ; cette union est la plus totale que l'on puisse

---

91. *Infra*, n°s 191 s.

92. On retrouve ce réalisme dans d'autres droits d'inspiration religieuse.

93. **Étymologie :** du latin *consummo, are* = achever.

94. NC dr. can., can. 1142 : « *Le mariage non consommé entre des baptisés ou entre une partie baptisée et non baptisée peut être dissous par le pontife romain pour une juste cause, à la demande des deux parties ou d'une seule, même contre le gré de l'autre.* »

95. J. Werckmeister, « L'apparition de la doctrine du mariage-contrat dans le droit canonique du XIIe s. », *R. dr. can.* 2003, p. 5. À Paris, Hugues de Saint-Victor et Pierre Lombard (deux grands canonistes médiévaux) présentent le mariage comme un sacrement ; au contraire, à Bologne, Gratien élabore la théorie du mariage-contrat. Le concile de Trente (décret *Tametsi*), unit le contrat et le sacrement : « *Le mariage est un contrat élevé par N.S. Jésus Christ à la dignité de sacrement.* »

imaginer, puisque les théologiens, à la suite de Saint Paul[96], en ont fait le symbole de l'union mystique entre le Christ et son Église ; ce qu'évoque aujourd'hui le nouveau Code de droit canon, en l'appelant non seulement un contrat, mais aussi une « alliance » (can. 1055, § 1). À cause de cette union, Dieu donne aux époux les grâces sans lesquelles il serait un joug insupportable.

L'aspect sacramentel du mariage est vigoureusement souligné par l'Église catholique, à ce point qu'elle a constamment affirmé l'indivisibilité entre les deux aspects du mariage, le contrat et le sacrement. Cette position est différente de celle de la théologie protestante ; dès 1520, Luther nia le caractère sacramentel du mariage[97]. Elle est aussi différente du droit civil de l'ancienne France. Les légistes royaux ont soutenu la distinction du contrat et du sacrement, afin de justifier la compétence du pouvoir séculier sur le contrat : ce qui tient au sacrement relève de l'Église, non ce qui intéresse le contrat ; ils préparaient ainsi la sécularisation du mariage, qu'ultérieurement la Révolution allait organiser.

Pour l'Église catholique, un seul contrat, un seul sacrement, un seul contrat sacramentel[98]. Cependant, depuis le concile de Vatican II, plusieurs théologiens catholiques et certains canonistes proposent de dissocier, dans plusieurs cas, le contrat et le sacrement. Par exemple, pour les baptisés non croyants, la célébration purement civile du mariage, ou des célébrations religieuses non sacramentelles constitueraient des mariages, mais sans indissolubilité.

À l'indivisibilité entre le contrat et le sacrement, le droit canon attache des effets essentiels : les caractères d'exclusivisme et surtout d'indissolubilité du mariage.

III. — Exclusivisme et indissolubilité

122. Monogamie et polygamie. – Dire du mariage qu'il est exclusif est affirmer qu'un homme ne peut avoir simultanément plusieurs épouses et qu'une femme ne peut avoir simultanément plusieurs maris : le mariage est monogamique[99].

La position du droit canonique sur la monogamie n'est ni une nouveauté, ni une originalité en Occident. On la retrouve dans le droit romain, même le plus primitif, et ultérieurement, même le droit révolutionnaire n'en déviera pas (pas plus d'ailleurs que les divers statuts contemporains du concubinage, Pacs, partenariats enregistrés, unions légales, etc., tous monogames). Tout au plus, le droit canon en a renforcé le sens. C'est le signe le plus visible de la différence entre la conception occidentale de la famille et les autres.

Elle est différente de la tradition hébraïque, et surtout des droits religieux orientaux (musulmans et extrême-orientaux)[100]. Bien que la polygamie soit en recul dans les systèmes juridiques qui l'admettent (dans les sociétés polygamiques, 60 à 80 % des unions sont monogamiques), elle occupe dans le monde un champ beaucoup plus vaste que la monogamie[101].

---

96. Épître aux Éphésiens, V, 31 : « *Voici donc que l'homme quittera son père et sa mère pour s'attacher à sa femme, et les deux ne feront qu'une seule chair ; ce mystère est d'une grande portée ; je veux dire qu'il s'applique au Christ et à l'Église.* »

97. M. Luther, *Prélude sur la captivité babylonienne de l'Église*, 1520, trad. R. Esnault, *Œuvres*, Pléiade t. I, 1999, p. 791 : « *Aucun texte de l'Écriture ne permet de considérer le mariage comme un sacrement. Non seulement cela, mais les traditions mêmes qui ont la prétention de l'exalter le réduisent en réalité à une pure moquerie [...]*, p. 795. *Bon Dieu ! il est horrible de voir avec quelle témérité les tyrans romains, au gré de leurs passions, rompent ou imposent de nouveau le mariage.* »

98. NC dr. can., can. 1055, § 2 : « ... *Entre baptisés, il ne peut exister de contrat matrimonial valide qui ne soit, par le fait même, un sacrement.* »

99. **Étymologie :** du grec μονος = seul + γαμος = mariage.

100. Cf. la comparaison entre les droits hébraïque, islamique et canonique : S. Ferrari, « le mariage des autres », *R. dr. can.* 2005, 7-35 : « *Le caractère sacramentel du mariage et son indissolubilité expliquent le refus du législateur canonique d'accéder à des solutions prévalentes en droit hébraïque et islamique sur le thème du mariage civil et du divorce [...] Le droit islamique et (avec plus de réserves) le droit hébraïque attribuent au mariage civil célébré par leur propres fidèles une importance plus grande que celle reconnue à l'union civile de deux baptisés par le droit canonique* » (p. 31).

101. *Encyclopaedia universalis*, t. XIV, p. 985. Certains l'estiment à près de 80 % des sociétés dans le monde.

Pendant longtemps, ce principe n'a pratiquement pas été discuté en Occident sauf, parfois, par le marxisme[102]. Cependant, depuis le concile de Vatican II, plusieurs théologiens catholiques estiment que l'unicité du mariage ne serait pas imposée par la doctrine chrétienne et ne serait qu'une conséquence de l'« impérialisme culturel » de l'Occident. Selon eux, l'Église devrait admettre en Afrique et en Asie la validité d'unions polygamiques qui, pour les cultures locales, sont une réalité matrimoniale, vivante et ancestrale[103]. La discussion relève de la théologie, pas du droit civil. En voici les termes essentiels : d'un côté, le respect que l'on doit à des civilisations étrangères (chez certains tiers-mondistes, ce respect est une sorte de culte) ; de l'autre, la mission de l'Église : la polygamie, même dans un mariage indissoluble, parvient-elle à accomplir la dignité de la femme, telle que le christianisme et beaucoup de femmes africaines d'aujourd'hui la conçoivent ?

Bien que les droits antiques et notre Ancien droit aient toujours manifesté une réserve à l'encontre des remariages, la pluralité de conjoints ne rencontre aucun obstacle lorsqu'il s'agit d'unions successives, rompues par le divorce ou par le décès : on parle même outre-Atlantique, de *sequential polygamy* ou *serial polygamy*[104].

La discussion a été beaucoup plus vive sur le caractère indissoluble du mariage.

123. Indissolubilité. – Le principe de l'indissolubilité du mariage a été rapidement professé par l'Église catholique ; elle l'a fondé d'abord sur les paroles évangéliques du Christ, puis sur le caractère sacramentel du mariage.

Il n'a pas été tout de suite appliqué : non seulement parce qu'il faut toujours beaucoup de temps pour que des réformes profondes des structures familiales réalisent pleinement leurs effets, mais surtout parce que pendant longtemps – près d'un millénaire – on hésita sur le cas particulier de l'adultère de la femme, à cause de deux textes de saint Mathieu, substantiellement identiques : « *Quiconque répudie sa femme sauf pour cause d'adultère et en épouse une autre, commet un adultère*[105]. »

Le principe a été consacré dans toute son ampleur au XIe siècle[106] ; il ne sera plus jamais, au sein de l'Église catholique, contesté[107]. Toutefois, depuis le concile de Vatican II, plusieurs théologiens et canonistes catholiques critiquent ou regrettent l'indissolubilité du mariage et voudraient la supprimer, ou l'atténuer, ou surtout la contourner, par exemple en élargissant les

---

102. F. Engels, *L'origine de la famille, de la propriété privée et de l'État,* Éd. sociales, 1954, p. 64 : La monogamie « *ne fut aucunement le fruit de l'amour sexuel individuel avec lequel elle n'avait absolument rien à voir, puisque les mariages restèrent, comme par le passé, des mariages de convenance. Ce fut la première forme de famille basée non sur des conditions naturelles mais sur des conditions économiques* (la victoire de la propriété privée sur la propriété collective, primitive et spontanée). *Souveraineté de l'homme dans la famille et procréation d'enfants qui ne pussent être que de lui et qui étaient destinés à hériter de sa fortune – tels étaient, proclamés sans détours par les Grecs, les buts exclusifs du mariage conjugal.* »

103. Ex. : J. Werckmeister, « Le mariage et la famille, évolution des idées et des comportements en France », *R. dr. can.* 1974, sp. 295 : « *En s'accrochant à un type de mariage et de famille, l'Église risque de refaire la même erreur que celle qui a été faite dans le domaine politique lorsqu'on a considéré la monarchie comme plus chrétienne que la république* ». Cf. aussi Legrain, *Mariage chrétien, modèle unique ?*, Questions venues d'Afrique, Paris, 1978.

104. K. B. Hardway, « The Impact of Serial Monogamy and Living outside of Marriage on the Public and Private Law of Matrimonial and Child Support », *in Marriage and Cohabitation in contemporary societies,* p. 371, édité par Eckelaar and S. N. Katz, 1981. Selon Cl. Lévi-Strauss, *Les structures élémentaires de la parenté,* PUF, 1949, p. 47, toute société monogamique connaît des formes résurgentes de polygamie qu'elle s'efforce toujours de combattre : v. aussi *infra,* n° 315 sur le concubinage « polygamique ».

105. V, 32 ; XIX, 9.

106. J. Gaudemet, « L'interprétation du principe d'indissolubilité du mariage chrétien au cours du premier millénaire », *in Société et mariage,* Cerdic, Strasbourg, 1980, p. 230 s. ; du même, *Le mariage en Occident,* Cerf, 1987, p. 239 et s. Cf. aussi Le Bras, *op. cit.*.

107. NC dr. can., can. 1141 : « *Le mariage conclu et consommé ne peut être dissous par aucun pouvoir humain ni aucune cause, sauf par la mort.* »

notions de consommation[108], de communauté de vie[109], d'incapacité[110] ou de consentement conjugal[111], les quatre points sensibles de la théorie du mariage ; ou pour les divorcés remariés avec un tiers en faisant appel à la miséricorde[112]. La réflexion se poursuit[113].

À ce principe, l'Église a admis deux tempéraments. D'une part, la séparation de corps qui ne rompt pas le lien et n'est accordée que sous contrôle de l'autorité ecclésiastique. D'autre part, il subsiste certaines traces de causes de divorce : plusieurs cas exceptionnels de rupture, surtout d'anciennes causes de divorce (par exemple, l'impuissance), ont été transformées en causes de nullité.

L'indissolubilité du mariage est une originalité du droit canon de l'Église catholique qui le distingue de tous les autres systèmes juridiques ; notamment, d'autres droits chrétiens, comme ceux des religions orthodoxe et protestante, admettent, plus ou moins, le divorce.

§ 2. Mariage du Code Napoléon

124. Le laïc et le sacré. – Conformément à ses habitudes où il ne définit pas les institutions qu'il régit, le Code civil ne définit pas le mariage qui conserve le même sens qu'en droit canonique mais qui, depuis la Révolution, n'est plus en droit civil un sacrement. Mettant fin à la longue lutte entre l'Église catholique, qui prétendait légiférer sur le mariage parce que le mariage était, selon elle, un sacrement, et l'État qui entendait contrôler ce que les jurisconsultes civils analysaient avant tout comme un contrat, le législateur révolutionnaire reprit la tradition juridique civile revivifiée par les *Lumières* et sécularisa le mariage[114]. Désormais sont nettement distingués le mariage, institution de droit civil formé par un échange de consentements devant l'officier de l'état civil, et qui seul, produit des effets de droit civil d'une part, et le mariage religieux que les époux peuvent choisir de faire célébrer par le ministre de tel ou tel culte d'autre part : il s'agit là d'une cérémonie d'ordre purement privé, qui ne produit aucun effet de droit. Bien plus, pour assurer la primauté de ses règles, le législateur civil impose l'antériorité du mariage civil au mariage religieux : la cérémonie civile doit obligatoirement précéder l'éventuelle cérémonie religieuse et le Code pénal prévoit des sanctions (C. pén., art. 433-21) à l'encontre du ministre du culte qui enfreindrait cette

108. *Supra,* n° 120 ; la consommation n'est pas seulement charnelle ; elle est aussi existentielle et dans la foi, ce qui la rend progressive : l'indissolubilité ne serait absolue qu'après cet acomplissement.

109. G. Candelier, « L'influence du concile Vatican II sur les causes de nullité de mariage », *R. dr. can.* 1984, 3 s., 90 s. Certains juges canoniques, qui ont rendu ou inspiré plusieurs décisions de la Rote, estiment que la définition du mariage chrétien n'a pas changé, que cet « *élément mystérieux* » qu'est la communauté de vie qui contribue désormais à définir le mariage n'a rien apporté de nouveau et relève de la rhétorique. D'autres sont d'un avis contraire : « *l'intention de l'un ou l'autre des conjoints d'exclure la relation interpersonnelle entraîne nécessairement la nullité du mariage ;* [...] *de même, n'accomplit pas le mariage la volonté d'installer une communauté de vie tout à fait différente de la vie conjugale* ». Cf. aussi G. Delepine, « *"Communis vitae* et *amoris conjugalis"*. Le courant personnaliste du mariage dans l'évolution jurisprudentielle et doctrinale de la Rote 1969-1980 », *R. dr. can.* 1983, 52 s., 1984, 293 s. v. aussi *supra,* note 7.

110. NC dr. can., can. 1905 : « *sont incapables de contracter mariage les personnes* [...] 2) *qui souffrent d'un grave défaut de discernement concernant les droits et les devoirs essentiels du mariage à donner et à recevoir mutuellement ;* 3) *qui pour des causes de nature psychique ne peuvent assurer les obligations essentielles du mariage* ».

111. Notamment, par le jeu des conditions ; *infra,* n° 181.

112. C. Wackenhein, « Refléxions théologiques sur un principe du droit et son évolution », *R. dr. can.* 1981, 180-187.

113. Cf. N. Kaspers, *L'évangile de la famille,* CERF, 2014. Le pape François souhaite un meilleur accueil des divorcés remariés : « *La route de l'Église est toujours celle de Jésus : celle de la miséricorde et de l'intégrité* » (Sermon du 15 février 2015 devant l'ensemble des cardinaux à Saint-Pierre de Rome). Une partie de la Curie et de l'Église s'y oppose en y voyant une atteinte à l'indissolabilité du mariage.

114. Garaud et Szramkiewicz, *La Révolution française et la famille, op. cit.,* p. 37 s.

règle. La France se distingue en cela de nombreux pays dans lesquels le mariage peut être célébré (et parfois, jusqu'à une époque récente, devait être célébré) devant un ministre du culte, en produisant tous les effets que lui attache le droit civil.

Ainsi laïcisé, le mariage ne perdit pas pour autant son caractère « sacré[115] ». Pendant plus de deux cents ans, les traits fondamentaux du mariage étaient demeurés inchangés. Sans doute de 1816 à 1884, il était redevenu indissoluble, puis au contraire, à partir de 1884, le divorce s'est progressivement étendu. Mais comme l'avait relevé Jean Carbonnier en 1950 : « *L'institution du mariage* [...] *en dépit des courants contraires, superficiels ou profonds a, pour l'essentiel, maintenu son sérieux, sa gravité, sa transcendance*[116] ».

Témoins de cette stabilité, les textes du Code Napoléon ne furent presque pas été modifiés pendant deux siècles. Mais la belle endormie du Code civil est revenue aujourd'hui au centre des débats.

Sous-section II
Mariage d'aujourd'hui

En droit comme en fait, le mariage est en crise (§ 1) ; les défis sont si graves que l'on peut s'interroger sur son avenir (§ 2).

§ 1. Crise

125. Idéologie et mœurs. – À partir des années 1970, l'idéologie comme les mœurs individuelles et familiales se sont profondément transformées et avec elles le droit de la famille. Socle traditionnel de ce droit, le mariage ne pouvait qu'en subir le contrecoup. Délaissé et fragilisé, concurrencé par d'autres statuts du couple, le mariage ne serait-il plus qu'une de ces vénérables institutions qui sont au monde juridique ce que sont les monuments historiques au patrimoine national : on les admire souvent, on les visite parfois, on n'y vit jamais ? La bataille autour du mariage pour tous[117] a cependant prouvé l'importance qui reste la sienne : métamorphose ou rupture, l'ouverture du mariage aux couples de même sexe serait-elle signe de renouveau ou lui porterait-t-elle le coup de grâce ?

---

115. PORTALIS, dans l'*Exposé des motifs de la loi relative au mariage*, affirmait que : « *La loi, qui ne peut forcer les opinions religieuses des citoyens, ne doit voir que des Français, comme la nature ne voit que des hommes* ». « *Nous en avons assez dit, dans le projet de loi, pour faire sentir l'importance et la dignité du mariage, pour le présenter comme le contrat le plus sacré, le plus inviolable, et comme la plus sainte des institutions* ». Dans le *Discours préliminaire : « Bénissons la nature, qui, en nous donnant des penchants irrésistibles, a placé dans notre propre cœur, la règle et le frein de ces penchants »*. D. Fenouillet voit dans ce que Portalis dit du mariage « *un véritable hymne* », un « *romantisme matrimonial* », un « *contrat perpétuel par destination* », « *liant indéfectiblement mariage et procréation* », un véritable tableau de Greuze : « *le mariage décide du bonheur de toute la vie* ». V. au contraire dit A. Bénabent : « *un interminable pathos sur le mariage, empreint d'un terrifiant préromantisme* [...] », un « *fond de volontarisme angélique* [...], *dans un état social baigné de patriotisme militarisé* [...], *de domination maritale et paternelle* » *in Le Discours et le Code, Portalis, deux siècles après le Code Napoléon*, ouvr. collectif, Litec 2004, p. 127 et 151.

116. J. CARBONNIER, « Terre et ciel dans le droit français du mariage », *Ét. Ripert*, t. I, p. 325 s., LGDJ, 1950 ; reproduit *in* J. CARBONNIER, *Écrits*, PUF, 2008, p. 202.

117. *Infra*, n° 165.

126. Le mariage fragilisé. – Depuis 1972, a-t-on pu écrire, le mariage a perdu de son sérieux et de son importance. La loi du 3 janvier 1972 sur la filiation avait relâché les liens entre la filiation légitime et le mariage. Les droits des enfants nés hors mariage ont, depuis, été pleinement reconnus. Désormais, affirme l'article 310 : « *Tous les enfants dont la filiation est légalement établie ont les mêmes droits et les mêmes devoirs dans leurs rapports avec leur père et mère. Ils entrent dans la famille de chacun d'eux* ». Le mariage n'est plus le cœur des institutions familiales. Les notions d'enfant « légitime » et « naturel » ont été abolies[118]. Par ailleurs, en facilitant le divorce, la loi du 11 juillet 1975 a rendu le mariage plus instable. Certes, il est difficile de savoir si le législateur, en ouvrant les portes du divorce, a provoqué ou seulement accompagné la fragilisation du lien. Mais bien peu diraient aujourd'hui du mariage qu'il est encore un acte sacré et transcendant ; il a la respectabilité que chacun veut bien y mettre.

La transformation majeure du mariage lui est extérieure : les gens le pratiquent beaucoup moins. Serait-il en déclin ?

127. Le mariage délaissé. – Dans les sociétés occidentales, le mariage a longtemps été un phénomène très général : naguère, bien qu'il y eût toujours un courant d'hostilité au mariage[119], presque tous les hommes et presque toutes les femmes se mariaient, au moins une fois. Pourtant, il y a toujours eu des gens qui, pour des raisons diverses, ne se mariaient jamais : au début des années 1970, la proportion était en France de 8 à 10 %.

La première moitié du XXe siècle avait connu un lent accroissement du taux de nuptialité. À partir de 1972 en France, comme dans les autres pays industriels, on assista à un rapide effondrement du mariage, sans précédent dans l'histoire, à une augmentation des concubinages et surtout, à un nombre croissant de personnes vivant seules : en 1974, 394 000 mariages furent célébrés ; ils n'y en avait plus que 241 000 en 2014. Toutes les formes de couples, mariage et union libre, étaient en crise. Ces phénomènes ont été accompagnés par une baisse importante de la natalité.

La brève histoire de ce déclin est complexe. On s'est d'abord marié plus tard, puis on s'est moins marié. Il y a d'abord eu ce que l'on a appelé la « stratégie de l'ajournement », à la fois retard du mariage et retard de la naissance du premier enfant (les deux étant souvent associés). Puis la désaffection pour le mariage lui-même : on se marie de moins en moins et le mariage a de moins en moins de sens, puisqu'il est de plus en plus instable. Naguère, on divorçait pour se remarier ; aujourd'hui, on divorce pour concubiner ou mieux pour se pacser. Enfin, il y a même une désaffection pour le concubinage : on vit tout seul.

128. Le mariage concurrencé. – Ouvert à tous depuis la loi du 17 mai 2013, le mariage n'est plus aujourd'hui qu'un des statuts offerts aux couples : il est concurrencé par le Pacs, et, à un moindre degré, par les droits et devoirs que la loi attache à « l'union libre ». Les chiffres sont éloquents.

Faut-il mettre cette baisse en relation avec l'augmentation du nombre de Pacs : de 20 000 en 2001 à plus de 168 000 en 2014 : deux Pacs pour trois mariages. L'ouverture du mariage aux couples de même sexe ne devrait pas inverser la tendance : la part de mariages homosexuels (10 000 en 2014 sur 241 000 mariages et il faut sans doute tenir compte de l'effet de « stock ») est minoritaire, comme celle du Pacs homosexuel (7 000 sur 160 000 en 2013)[120]. Socialement,

---

118. *Infra*, n° 942.

119. Ex. : au XIXe siècle, G. SAND, *Valentine*, 1840 : « *Oh ! abominable violation des droits les plus sacrés ; infâme tyrannie de l'homme que le mariage ! Mariage, société, institutions, haine à vous ! haine à mort !* ». E. SUE, *Le Juif errant, 1844* : « *jurer de s'aimer pour toujours, d'être à jamais l'un à l'autre, personne ne peut prononcer un tel serment sans folie* [...]. *Si nous nous aimons toujours, à quoi bon le lien ? Si notre amour cesse, à quoi bon les chaînes ?* » ; v. aussi, l'humour féroce de Georges-Bernard SHAW dans une pièce de théâtre (*Pygmalion*, 1912) qui a suscité une comédie musicale à grand succès (*My fair Lady*, 1956) survie d'un joli film de George Cukor (1964) illuminé par l'adorable Audrey Hepburn.

120. Cf. V. BELLAMY et C. BEAUMEL, *Bilan démographique 2014*, Insee, 2015.

le Pacs hétérosexuel concurrence donc directement le mariage. Il est vrai que, juridiquement, les statuts se rapprochent : le Pacs se « matrimonialise », le mariage se « partenarise »[121].

Émerge peu à peu un « droit commun des couples », construit autour d'une sorte de minimum matrimonial commun (le SMIC : statut minimum interconjugal commun ?) : solidarité pour les dettes de la vie courante, obligation de contribuer aux charges du « ménage », protection du logement, encadrement judiciaire léger de la rupture, protection minimale du survivant[122]. Tout deviendrait-il affaire de degré : un moindre degré d'engagement ouvrirait un moindre degré de protection ? Et même s'il résiste, le mariage d'aujourd'hui, sans même parler du mariage entre personnes de même sexe, n'est plus celui d'hier.

D'une part, il s'agit d'un mariage désormais fondé sur l'égalité entre l'homme et la femme. Le mariage n'est plus le rapport hiérarchique où le mari était pourvu de la puissance maritale et tenu de subvenir aux besoins de sa famille, la femme tenant la maison et élevant les enfants. L'un est devenu l'égal de l'autre, dans ses droits, ses pouvoirs et ses obligations.

D'autre part, le mariage est un libre choix : choix du conjoint bien sûr, mais surtout, liberté de se marier ou de ne pas se marier, que l'on vive ou non en couple, que l'on ait ou non des enfants. Le mariage n'est plus imposé, directement ou indirectement, ni par le droit ni par le corps social. Il est voulu pour ce qu'il représente de don de soi et d'engagement pour l'avenir. D'autant que le Pacs est maintenant là pour constituer un couple reconnu par la loi, un engagement sans engagement.

Les récents débats sur les droits successoraux du conjoint survivant ont marqué l'attachement du législateur français au mariage : à défaut d'avantager les époux, la loi favorise le survivant. Et la rage contemporaine de créer des statuts du concubinage par imitation du mariage, n'est-elle pas, en un sens, un nouvel hommage à l'institution matrimoniale ? La même remarque pourrait être faite à propose de l'ouverture du mariage aux personnes de même sexe.

129. Un mariage vidé de son sens ? – Dans les pays qui l'ont accepté comme dans ceux qui le rejettent, le « mariage pour tous » suscite les passions. En France, l'ampleur des débats a surpris : ils ont largement dépassé en tout cas les clivages politiques ou religieux[123]. Certains souligneront que l'aspiration des couples de même sexe à accéder au mariage constitue le plus bel hommage qui puisse être rendu à ce dernier. Le mariage a affirmé son pouvoir de normalisation sociale, pour le bien des individus (voir reconnaître un mode de vie jusque-là socialement condamné ou marginalisé) et dans l'intérêt de la collectivité (contrôler des situations qui se développaient jusque-là en marge du droit[124]). En ouvrant le mariage aux personnes de même sexe, le législateur français comme le juge américain ont ainsi tressé des couronnes à l'institution matrimoniale[125]. Il n'en reste pas moins que la nature même du mariage en est transformée[126]. Il se distingue de plus en plus difficilement des autres statuts du couple (sauf à en faire l'unique mode de vie en couple en supprimant le partenariat, ce que le législateur français n'a pas fait, au nom de la pluralité des modes de vie en couple). Sa dimension familiale s'estompe car même si les liens avec la filiation n'ont pas été rompus (en France, l'adoption a été ouverte aux époux de même sexe en tant qu'effet du mariage), il en a le plus souvent perdu le

121. Cf. *Mariage-conjugalité, parenté-parentalité, op. cit.*, not. J. J. Lemouland, « L'émergence d'un droit commun des couples », p. 33 s.

122. Cf. *infra*, n° 450.

123. Cf. *infra*, n° 165.

124. Mais pour cela le partenariat eût suffi.

125. L'arrêt *Obergefell et al. v. Hodges, director, Ohio department of Health, et al.* du 26 juin 2015 par lequel la Cour suprême des États Unis valide le mariage entre personnes de même sexe, se termine ainsi par une formule en technicolor : "*No union is more profound than marriage, for it embodies the highest ideals of love, fidelity, devotion, sacrifice, and family. In forming a marital union, two people become something greater than once they were. As some of the petitioners in these cases demonstrate, marriage embodies a love that may endure even past death. It would misunderstand these men and women to say they disrespect the idea of marriage. Their plea is that they do respect it, respect it so deeply that they seek to find its fulfillment for themselves. Their hope is not to be condemned to live in loneliness, excluded from one of civilization's oldest institutions. They ask for equal dignity in the eyes of the law. The Constitution grants them that right*".

126. Cf. *supra*, n° 108.

monopole[127] (en France, l'AMP est déjà ouverte aux couples hétérosexuels non mariés). S'il reste une institution universelle, le mariage n'a plus le même sens selon les pays et selon les cultures.

§ 2. Avenir ?

Les débats contemporains sur le statut du concubinage ou la revendication homosexuelle, tout comme l'emprise des droits fondamentaux et la place de plus en plus importante laissée aux volontés individuelles en matière familiale, ont donc replacé la question du mariage sur le devant de la scène. Ce sont plus les modalités du mariage qui sont en cause, mais ses fondements mêmes : le mariage est confronté à un double défi, celui de sa « contractualisation » (A) d'une part, celui de sa « défamiliarisation » d'autre part (B).

A. La « contractualisation » du mariage

130. Mariage et contractualisation de la vie en couple. – Que le mariage soit affaire de volontés individuelles, nul n'en a jamais douté. L'article 144 dispose : « *Il n'y a pas de mariage lorsqu'il n'y a point de consentement* ». En revanche, les volontés individuelles sont en principe sans influence sur l'état créé par le mariage : le mariage est un statut légal qui s'impose à ceux qui l'ont choisi (art. 1388). Ils ne peuvent en déterminer le contenu par une convention, en stipulant par exemple que leur mariage sera blanc ou fictif, d'une durée limitée ou indissoluble, ou qu'ils se dispenseront des obligations de communauté de vie, d'assistance ou de fidélité.

Pourtant, des auteurs ont observé qu'il existerait aujourd'hui des degrés dans le mariage : le mariage engagerait plus ou moins, ouvrirait tel ou tel droit, imposerait tel ou tel devoir, selon ce que décident les époux[128]. Cette « privatisation » du mariage le rapprocherait de l'union libre ou des statuts du concubinage : on tomberait dans un subjectivisme retirant toute consistance au lien conjugal. Livré aux volontés individuelles, le mariage ne serait qu'une auberge espagnole, un cadre juridique vide de sens. Au diable la fidélité : marions-nous comme si nous ne l'étions pas ! Or, si l'on se marie, c'est que l'on s'engage, que l'on accepte d'entrer dans une institution dont la majesté s'impose à tous.

De même, la multiplication des statuts du concubinage ne remet pas seulement en cause le monopole du mariage sur les relations de couple : elle conduit à s'interroger sur le sens du mariage par rapport à ce que d'aucuns qualifient parfois de sous- ou de mini-mariages[129]. Si par son inconsistance juridique, le Pacs, version 1999, ne concurrençait pas vraiment le mariage, il n'en va pas de même du Pacs version 2005 ou, à l'étranger, des partenariats enregistrés construits par référence, voire par renvoi aux règles du mariage. Ne contribuent-ils pas à créer une sorte de *mariage à la carte,* offert aux volontés individuelles ? Le mariage « traditionnel » ne constituerait qu'une option, parmi d'autres, pour le couple. La dernière étape sur la voie de la banalisation a peut être été franchie avec l'ouverture du mariage aux personnes de même sexe. Mais trois modes de conjugalité, construite autour d'un statut commun du couple, n'est-ce pas un de trop[130] ?

---

127. Cf. *infra,* n° 130.

128. J. Hauser, « Glossaire des mariages de l'an 2000 », *Études Colomer*, Litec, 1993, p. 184 s. ; M. Lamarche, *Les degrés du mariage,* PUAM, 1999.

129. Fr. Granet-Lambrechts, « Le mariage et les formes concurrentes de vie en couple en Europe », *R. dr. can.* 2003-107.

130. Cf. *infra,* n° 453.

Quoi qu'il en soit dans le grand débat sur le mariage, contrat ou institution[131], de telles évolutions font pencher la balance en faveur du premier. D'autres phénomènes concourent à la « déinstitutionalisation » du mariage.

B. La « défamiliarisation » du mariage

Recentré sur le couple, le mariage se coupe peu à peu de ses racines familiales : le lien d'alliance s'efface, tout comme l'enracinement dans la parenté.

131. L'effacement du lien d'alliance. – Le lien d'alliance qui à travers les époux unit deux familles était jadis essentiel, et le reste dans certaines sociétés. En Occident, l'idée d'un mariage au centre des réseaux de relations sociales, politiques et économiques qui unissent deux familles ou deux clans, paraît anachronique. Bien plus, elle semble contraire à la liberté du mariage, pensée à partir de l'individu : la dimension collective du mariage s'efface au profit de la seule dimension individuelle. Par là même, le mariage perd de son importance sociale, puisqu'il ne joue plus le même rôle dans la structuration de la société. La dilution du lien d'alliance dans les mentalités comme dans les pratiques, contribue à la désinstitutionnalisation du mariage ; elle en fait une sorte de partenariat renforcé organisant les relations personnelles et patrimoniales de deux individus vivant en couple. Juridiquement elle se traduit par la remise en cause des conditions « familiales » du mariage, notamment par la disparition des empêchements à mariage en raison de l'alliance, comme en témoigne l'arrêt *B.L. c. Royaume-Uni,* rendu par la CEDH le 13 septembre 2005 et dont la Cour de cassation a dû tirer les conséquences[132]. Quant à l'obligation alimentaire entre gendre, bru et beaux-parents, elle est de plus en plus contestée[133]. Parallèlement, les rares effets qui restent attachés à l'idée de « solidarité » familiale ont été étendus par le législateur au partenariat (voire au concubinage), comme s'ils étaient plus attachés à la réalité d'une vie partagée qu'à l'institution matrimoniale : en témoigne l'article 15 de la loi du 6 juillet 1989 sur les baux d'habitation[134].

132. La dissociation du mariage et de la parenté. – Les liens entre mariage, procréation et filiation (le mariage, acte fondateur d'une famille) sont aujourd'hui remis en cause par l'ouverture du mariage aux personnes de même sexe et la reconnaissance de la famille homoparentale. Le changement de définition du mariage que suppose cette double rupture fait perdre à l'institution matrimoniale une grande partie de sa signification et de son intérêt social. Le mariage unisexe, simple statut du couple, n'est pas un mariage désexualisé ; mais si des enfants surviennent, leur statut n'est plus lié à l'institution matrimoniale. Dans les couples de sexe différent, le rattachement à la mère se fait désormais en droit français par le seul jeu de la règle *mater semper certa* et non plus par la grâce de la naissance d'une femme mariée[135]. Quant à l'antique présomption de paternité, elle se trouve désormais « en surplomb » sur le droit de la filiation. Certes, le législateur français l'a maintenue en l'état, car il était conscient qu'en touchant à la présomption il

131. Cf. *supra*, n° 111.

132. Cass. civ. 1re, 4 décembre 2013, *infra*, n° 217.

133. Cf. *infra*, n° 1744.

134. Le droit de reprise du logement loué est ouvert au bailleur, « *son conjoint, le partenaire du bailleur auquel il est lié par un pacte civil de solidarité (...), son concubin notoire depuis au moins un an à la date du congé, ses ascendants, ses descendants ou ceux de son conjoint, de son partenaire ou de son concubin notoire* ».

135. Cf. *infra*, n° 1102.

toucherait nécessairement au mariage. Mais affaiblie, amputée de son prolongement « naturel » et de sa raison d'être, *i.e.* le statut d'enfant légitime (la « légitimité »), elle n'apparaît plus que comme une règle technique que l'on maintient surtout pour des raisons pratiques[136]. Pour les époux de même sexe, les dispositions sur la filiation charnelle ont été expressément écartées (C. civ., art. 6-1) : la filiation sera établie par des modes qui n'ont plus aucun lien avec le mariage (*mater semper certa* pour la femme qui accouche, reconnaissance ou possession d'état pour le père biologique, adoption pour la mère ou le père d'intention).

La parenté est conçue de façon autonome, qu'il s'agisse de la procréation charnelle (à l'ancienne, comme disent certains) ou de la procréation médicalement assistée, qu'il s'agisse des couples de sexe différent ou des époux de même sexe.

Dès lors, il devient difficile de réserver l'accès aux procréations médicalement assistées aux époux. Après tout, c'est la réalité du cadre de vie offert à l'enfant et sa stabilité qui l'emportent, non les promesses que les parents se sont publiquement échangées. Le législateur français a très vite franchi le pas en se référant à la seule vie commune inscrite dans la durée puis en supprimant l'exigence même de durée[137]. Reste l'adoption. Elle est aujourd'hui fermée aux couples non mariés, qu'ils soient de sexe différent ou de même sexe[138]. Mais cette règle risque d'être de plus en plus difficile à justifier, même si elle a récemment reçu l'onction de la CEDH dans l'arrêt *Gas et Dubois* du 15 mars 2012[139]. Elle se comprend en effet dans le prolongement du mariage conçu comme un berceau pour accueillir les enfants. Mais si le mariage perd sa dimension familiale, ne devrait-on pas admettre que seule compte, comme pour les procréations assistées, la stabilité du couple et le sérieux de son engagement parental, gage de stabilité pour l'enfant[140] ?

L'ouverture des procréations médicalement assistées aux personnes de même sexe ne serait que l'ultime (?) étape de ce processus. Dès lors en effet que l'on construit les règles de la filiation non pas en contemplation d'un statut qui sert de cadre aux droits et aux devoirs de chacun, mais sur les droits de l'individu, émergent différents « droits » de la personne : droit à avoir une descendance ou droit à l'engendrement, voire (quand bien même sa seule évocation susciterait un mouvement de vertueux effroi), « droit à l'enfant ». Que l'individu soit marié ou non, que le projet parental soit construit un couple hétérosexuel ou homosexuel n'a plus aucune importance : l'engendrement, et la filiation qui, juridiquement, en découle, sont vus à travers un projet individuel et non plus à travers un statut[141].

La rupture des liens qui unissaient mariage, alliance et parenté, ébranle donc tout l'édifice familial. Elle contribue à la « désinstitutionnalisation » du mariage et conduit à s'interroger sur son utilité sociale, au-delà du symbole qu'il représente.

N°s 133-139 réservés.

136. Cf. *infra*, n° 1167.

137. Cf. *infra*, n° 1046.

138. Cf. *infra*, n° 1414.

139. Arrêt préc.

140. Sur ces interrogations, cf. not. I. Théry et A.-M. Leroyer, *Filiation, origines, parentalités, op. cit.* ; H. Fulchiron et J. Sosson (dir.), *Filiation, parenté, origine, op. cit.*

141. Sur l'étape suivante, qui semble, si l'on s'inscrit dans une telle perspective, inéluctable, cf. *infra*, n° 1434.

■ TITRE I ■

PRÉLIMINAIRES DU MARIAGE

140. La marche nuptiale. – La conclusion du mariage est souvent précédée par des préliminaires, dont le régime juridique soulève des difficultés en raison de l'antinomie qui les domine : ils sont utiles, mais ne doivent porter aucune atteinte à la liberté du mariage. Ils sont utiles, car généralement, l'on ne passe pas de l'état de célibat à celui de mariage sans étapes intermédiaires qui permettent de se trouver, de se connaître, de s'éprouver, parfois de s'essayer. Mais le consentement matrimonial doit être libre, ce qui paraît impliquer l'inefficacité absolue de tous les actes qui ont précédé sa célébration : ils ne doivent pas exercer la moindre pression sur la volonté conjugale.

Deux idées permettent de résoudre cette antinomie. La première est que le droit commun des contrats ne doit pas être utilisé pour déterminer la valeur de ces actes préparatoires. Il reconnaît une valeur juridique aux préalables contractuels[1], mais le mariage n'est pas un contrat comme les autres : les préliminaires au mariage ne doivent pas voir leurs effets juridiques assimilés à ceux des négociations précédant un contrat ordinaire. La deuxième idée est que l'existence de fait de ces préliminaires est incontestable et persistante : de ce qui existe en fait de manière durable, le droit ne peut pas ne pas tirer des conséquences. Il convient d'examiner rapidement le premier genre de ces préliminaires, le courtage matrimonial (Section I), puis d'étudier les fiançailles (Section II).

SECTION I
COURTAGE MATRIMONIAL

En droit commun des contrats, le courtage est une opération par laquelle un intermédiaire met moyennant rémunération en rapports deux personnes en vue de la conclusion d'un contrat. En droit commun, ce contrat est valable, encore que les tribunaux réduisent la rémunération du courtier lorsqu'elle est excessive[2].

141. Définition. – Les nombreux cas où le mariage se fait sur présentation ne sont pas, tant s'en faut, tous liés à un courtage. Il n'y en a pas dans les annonces matrimoniales publiées par les journaux, ou sur internet ; il n'y en a pas non plus dans l'intervention officieuse d'une

---

1. *Droit des obligations*, coll. Droit civil.
2. *Les contrats spéciaux*, coll. Droit civil.

personne bien intentionnée, par exemple, la tante ou l'ami diligent. Le courtage matrimonial est rémunéré : un professionnel trouve un conjoint à celui qui l'a vainement cherché par lui-même.

Cette intervention est suspecte car, parfois, elle dissimule des actes immoraux ; parfois aussi, elle altère la liberté du consentement matrimonial. Aussi la jurisprudence du XIXe siècle l'avait-elle annulé, en la déclarant illicite[3]. L'expérience a prouvé que cette politique jurisprudentielle était malencontreuse. Les courtiers malhonnêtes se font payer d'avance, ce qui multiplie les risques de fraude et d'escroquerie ; en outre, il existe des courtiers honnêtes qui permettent à ceux qui s'ignoraient de se rencontrer.

La jurisprudence d'aujourd'hui fait une distinction[4] qui s'applique aussi aux intermédiaires non professionnels ; le courtage est nul si le client est déjà marié[5] ou si l'intermédiaire pèse sur la volonté d'une partie pour la mener au mariage ; par exemple, si la rémunération du courtier est calculée proportionnellement à la dot ou si elle est élevée. Au contraire, le courtage est licite s'il se borne à rapprocher des candidats sans influencer leur volonté ; les courtiers ne peuvent recevoir de rémunération que proportionnellement à leurs peines et soins, et les tribunaux en contrôlent le montant.

142. Agences matrimoniales, etc. – Les agences matrimoniales (des dizaines de milliers de clients par an), les clubs de rencontres et de loisirs et autres sites internet ont pris, ces derniers temps, un grand développement. Afin d'exploiter le marché des solitaires, ils utilisent les procédés publicitaires du consumérisme, souvent discutables. Les uns font des promesses imaginaires de brillants mariages ; la demande, surtout féminine, trouve difficilement l'argent ou la promotion sociale (surtout le médecin) qu'elle escompte ; les mariages qu'ils permettent sont surtout les mariages faciles (hommes et femmes de 20 à 30 ans appartenant aux classes moyennes). Les autres, notamment les clubs de rencontres, sous couvert de rationaliser les choix conjugaux, favorisent souvent toutes espèces de relations plutôt non platoniques, passagères ou durables, matrimoniales ou concubinaires, sans parler de la prostitution, ou des messageries roses sur Internet[6].

Une loi du 23 juin 1989 relative à l'information et à la protection des consommateurs (!) applique ici les règles habituelles du droit de la consommation (art. 6) : réglementation de la publicité, mentions informatives écrites dans le contrat, durée limitée, révocabilité dans les sept jours, interdiction de remise d'argent pendant ce délai : elle a pour objet « *l'offre de rencontres en vue de la réalisation d'un mariage ou d'une union stable* »[7].

---

3. Arrêt de principe : Cass. civ., 1er mai 1855, *Foubert, DP* 1855.I.147, concl. Laborie ; *S.* 1855.I.337.

4. * Cass. req., 27 décembre 1944, *Gachet, D.* 1945.121 ; *S.* 1945.I.32 : le jugement attaqué « *relève qu'il a les éléments suffisants pour fixer à 4 500 F le montant de la commission réclamée par Courtial à titre de salaire pour peine prise ; ainsi, elle n'était pas sans cause ; elle ne reposait pas davantage sur une cause illicite, Gachet n'ayant jamais même allégué que C. avait eu recours à des manœuvres dolosives pour faire aboutir le mariage et dont il aurait eu à se plaindre par la suite et pour fausser son consentement* ».

5. Dijon, 22 mars 1996, *JCP* G 1997.II.22774, n. M. Douchy.

6. Cass. crim., 17 novembre 1992, *Bull. crim.*, n° 379 : jugé que les exploitants des réseaux minitel à caractère pornographique, destinés plus particulièrement aux mineurs, commettent l'infraction prévue par l'article 227-24 du Code pénal, qui réprime le fait d'attirer publiquement l'attention sur une occasion de débauche ou de publier une annonce ou une correspondance de ce genre.

7. La Cour de cassation interprète restrictivement ce texte ; *ex.* : Cass. civ. 1re, 21 février 1995, *Bull. civ.* I, n° 98 : il ne s'applique pas si le club a pour objet la rencontre d'un « compagnon » sans préciser si elle était en vue « *d'un mariage ou d'une union stable* avec *une personne dont les qualités essentielles étaient précisées par l'adhérent* ». *Adde*, Cass. civ. 1re, 13 novembre 2008, *Dr. famille* 2009, n° 11, note V. Larribau-Terneyre ; *D.* 2010, p. 728, obs. J. J. Lemouland et D. Vigneau : un contrat dit « *de loisir et de rencontres* » ne devient contrat de courtage matrimonial que si l'adhérent précise les qualités de la personne recherchée. Pour un strict respect de la formule de rétractation : Cass. civ. 1re, 13 janvier 1998, *Rev. dr. fam.* 1998 (4), n° 48, obs. H. Lécuyer. De même, tout aussi sévères, Cass. civ. 1re, 21 juillet 2007 (2 arrêts), *Dr. famille* 2007, n° 161, obs. V. Larribau-Terneyre ; n. p. B. Selon la Cour de cassation, le contrat de courtage est un contrat de services soumis à la Convention du Rome du 19 juin 1980 sur les obligations contractuelles : le « consommateur » français de mariage bénéficie donc des règles protectrices édictées en faveur de tout consommateur par la Convention (Cass. civ. 1re, 12 juillet 2005, *Dr. famille* 2005, n° 203, n. V. Larribau-Terneyre).

SECTION II
FIANÇAILLES

Le mariage est un échange de consentements qui a lieu au jour de sa célébration : il est un acte instantané. Il est aussi l'aboutissement de volitions antérieures, voire de volontés : les fiançailles. Le problème juridique des fiançailles[8] consiste à se demander quelle est la valeur de ces engagements prénuptiaux.

La solution que l'on peut donner, dans une première approximation, est singulière et comporte une contradiction interne : les fiançailles sont un engagement qui n'engage pas, mais dont la violation entraîne la responsabilité de l'auteur d'une rupture fautive. Ce qui est bizarre. Aussi, convient-il d'exposer les éléments historiques et sociologiques des fiançailles (§ 1), avant d'en décrire les effets juridiques (§ 2).

§ 1. ÉLÉMENTS

L'histoire et la sociologie révèlent la complexité des fiançailles. Historiquement, son régime juridique a connu des fluctuations (I) et les situations sociologiques que l'on recouvre de ce nom sont diverses (II).

I. — Fluctuations historiques

Les fiançailles ont eu au cours des temps des effets tantôt importants, tantôt mineurs. Leur histoire est donc, comme pour beaucoup d'institutions, cyclique : après l'apogée succède la décadence, elle-même suivie de renaissance. Ce cycle s'est accompli deux fois : d'abord, du droit romain primitif au droit byzantin, ensuite du droit canon au droit civil. Une constante subsiste le long de cette histoire : les fiançailles et le mariage constituent des actes distincts et liés.

143. De la Rome primitive à Byzance. – Le cycle romain, le premier, va faire franchir aux fiançailles les trois étapes de leur histoire : l'apogée, la décadence et la renaissance[9].

1° Dans les **vieux usages latins**, les fiançailles avaient des effets importants, car le mariage était un engagement entre deux familles ; elles se transformaient en mariage du fait de la *deductio in domum mariti* (l'entrée dans la demeure du mari), mais n'engendraient pas l'obligation de contracter le mariage. 2° L'**époque classique** a été celle de la décadence : le principe de la liberté absolue du mariage a triomphé ; les fiançailles n'ont produit que des effets secondaires, uniquement la restitution des cadeaux en cas de rupture. 3° La renaissance vint avec **Justinien** qui, sous l'influence du christianisme et de l'Orient, a conféré aux fiançailles un effet considérable : lorsqu'elles ont été solennelles, elles se transformaient en mariage du seul fait qu'il y avait eu des relations sexuelles entre les fiancés.

144. Du droit canon au droit moderne. – Après Rome, le cycle trinaire a repris ; cependant, le seuil critique, le moment où le mouvement pendulaire change son sens, ne s'est pas produit, comme souvent, en 1804, mais plus tardivement, vers la fin du XIXe siècle.

A. APOGÉE

Le droit canon poursuit l'évolution du droit byzantin jusqu'aux environs du XIIe siècle ; à ce moment encore, Gratien enseignait la même règle qu'avait imposée Justinien : les fiançailles

8. **Étymologie :** du vieux français fiance (engagement ; antonyme : défiance), du verbe fier, lui-même dérivé du latin *fido, ere* = confier, donner sa foi.

9. J. GAUDEMET, « L'originalité des fiançailles romaines », *in Société et mariage*, p. 155, Cerdic, Strasbourg, 1980 ; du même, *Le mariage en Occident*, Cerf, 1987, p. 32 ; J. Ph. LÉVY et A. CASTALDO, n° 98.

devenaient mariage par la *copula carnalis* ; la différence était donc entre le mariage consenti et le mariage consommé. À peu près au même moment, avec Pierre Lombard, était apparue la théorie gallicane des fiançailles qui allait rapidement l'emporter sur la vieille règle byzantine et devenir la seule base du régime canonique des fiançailles.

Cette théorie distinguait les *sponsalia per verba de futuro* (les fiançailles) des *sponsalia per verba de praesenti* (le mariage). Les *sponsalia per verba de futuro* étaient un consentement matrimonial donné, dès à présent, pour un mariage futur (« un mariage en espérance ») ; tandis que les *sponsalia per verba de praesenti* étaient un consentement matrimonial donné pour un mariage immédiat : les premiers étaient des *sponsi* (fiancés), les seconds des *conjuges* (époux). Une grande force était donc reconnue aux fiançailles qui avaient, immédiatement, la nature d'un consentement matrimonial ; la différence avec le mariage venait de ce que ce consentement avait pour objet un mariage futur, que seul le mariage (*sponsalia per verba de praesenti*) concluait.

Théoriquement, la distinction entre les deux promesses paraissait nette. En fait, elle a toujours été difficile à pratiquer dans le droit canonique, parce que le mariage canonique est consensuel. Comment distinguer l'objet véritable de la promesse, savoir si elle est donnée pour un mariage accompli dès à présent, ou pour un mariage qui doit s'accomplir au futur ?

Aux premiers temps, vers le XIIIe siècle, cette impossibilité de distinguer les deux types de promesses avait incité des canonistes à dire que tout fiancé récalcitrant pouvait être obligé à se marier. Cette solution fut contestée parce qu'elle était contraire à la liberté du mariage à laquelle le droit canonique tenait énergiquement.

B. Décadence

Lentement, on assista, dans l'histoire du droit canonique, à une diminution progressive de la valeur de ces promesses.

1) L'obligation au mariage fut rapidement jugée insusceptible de contrainte ; les seuls procédés d'exécution étaient l'exhortation que le curé faisait au fiancé capricieux ou la censure ecclésiastique prononcées contre lui.

2) La grande transformation s'accomplit avec le concile de Trente, du fait de la prohibition des mariages clandestins qu'il avait énoncée. Le concile maintient l'existence des promesses de mariage, mais en transforme la signification, car il y voit surtout un élément de publication d'un mariage futur, ce qui, insidieusement, en change la nature. Les fiançailles ne sont plus exactement un consentement matrimonial donné dès à présent en vue d'un mariage futur, mais la promesse de consentir ultérieurement au mariage, ce qui rapproche la conception canonique des fiançailles de celle que s'en fait le droit civil.

3) La décadence fut accélérée par l'intervention du pouvoir royal, qui a prohibé les censures ecclésiastiques en la matière, par le moyen de l'appel comme d'abus. Les juges séculiers (les parlements) accordaient, certes, des dommages-intérêts à la fiancée délaissée si la rupture était injustifiée, mais ne pouvaient condamner quiconque à un mariage[10]. Surtout, les dommages-intérêts dus à la fiancée délaissée étaient modiques ; en outre, les parlements exigeaient que la preuve des fiançailles fût donnée par écrit.

Ainsi les fiançailles, à la fin de l'Ancien droit, produisaient-elles des effets restreints. Cependant, elles demeuraient une manifestation de l'autorité du père de famille, qui pouvait fiancer ses enfants en bas âge. Le problème des fiançailles laissait alors de côté les enfants de fiancées. Ce fut d'une autre manière, relevant du droit de la filiation, que cette question fut résolue, par la règle *virgini praegnanti semper esse creditur* (on doit toujours croire la mère célibataire sur parole [quand elle désigne le père de son enfant]).

Le Code civil a gardé le silence sur les fiançailles. Après des hésitations, la jurisprudence du XIXe siècle[11] a déclaré que la fiancée délaissée pouvait obtenir des dommages-intérêts en cas de

10. À cet égard, l'histoire que raconte Beaumarchais dans les *Noces de Figaro* est fantaisiste : Figaro, parce qu'il avait promis le mariage à Marceline en gage de sa dette, devait « épouser ou payer ».

11. Premier arrêt important : * Cass. civ., 30 mai 1838, *Bouvier, Jur. gén.*, V° *Mariage*, n° 82 ; *S.* 1838.I.492 : « *L'arrêt attaqué, en décidant que toute promesse de mariage est nulle en soi, comme portant atteinte à la liberté illimitée qui doit exister dans les mariages, n'a fait que proclamer un principe d'ordre public et qui, soit avant, soit depuis la promulgation du Code civil a toujours été consacré*

rupture fautive, ce qui revenait à l'Ancien droit. Elle a apporté une précision, en disant qu'il s'agissait d'une responsabilité délictuelle, car il n'existait pas de contrat de fiançailles, bien que, par ailleurs, les fiançailles dussent être, comme avant, prouvées par écrit comme tous les contrats.

L'inexécution de la promesse de mariage n'était donc sanctionnée que si un triple barrage avait été franchi : la démonstration d'une faute, celle d'un préjudice et la preuve écrite des fiançailles. Ce triple barrage traduisait une décadence des fiançailles : Ripert et Boulanger[12] enseignaient que « *la ruine des fiançailles comme institution juridique est consommée* ».

C. Renaissance

Depuis la fin du XIXe siècle, on assiste à une lente renaissance des effets des fiançailles. Ils sont de deux ordres, patrimonial et extrapatrimonial.

1°) D'abord, des ***effets patrimoniaux*** : les cas où les dommages-intérêts sont accordés à la fiancée délaissée sont plus nombreux et plus importants que dans l'Ancien droit. L'hypothèse la plus fréquente où la jurisprudence accorde des dommages-intérêts à la fiancée abandonnée est celle où elle a un enfant des œuvres de son fiancé. Malgré la prohibition de la recherche de paternité naturelle qu'énonçait le Code civil jusqu'en 1912, la jurisprudence, dès la première moitié du XIXe siècle, estimait que la naissance et l'entretien de cet enfant constituaient un préjudice éprouvé par la fiancée délaissée, réparable par une indemnité si le séducteur avait commis une faute. Cette jurisprudence a survécu, avec une portée diminuée, à l'admission de la recherche de la paternité naturelle en 1912.

2°) Ce sont surtout les ***effets extrapatrimoniaux*** qui manifestent cette renaissance contemporaine. D'une part, la loi de 1912 avait fait des fiançailles un cas d'ouverture à la recherche de paternité naturelle ; mais il n'y a plus aujourd'hui de cas d'ouverture (L. 8 janvier 1993). En outre, la loi du 31 décembre 1959 a permis de transformer les fiançailles en mariage si le fiancé est décédé : on peut épouser un mort s'il avait été le fiancé ; ce que l'on appelle le mariage posthume[13]. Dans bien des cas, la référence aux fiançailles sert à habiller d'habits prénuptiaux une vie commune « à l'essai », *i.e.* un concubinage. Parfois, elle permet également de sauver un mariage coutumier ou un mariage religieux : curieusement, l'héritage du droit canonique vient au secours du mariage musulman[14].

II. — Diversités sociologiques

D'autre part et surtout, sociologiquement, les fiançailles sont vivantes, bien que subissant un déclin comparable à celui du mariage. Aujourd'hui encore, un grand nombre de mariages sont précédés par une célébration des fiançailles ; dans sept couples sur dix, le fiancé offre une bague à sa fiancée. Mais les données sociologiques dans lesquelles se pose le problème juridique des fiançailles sont diverses, tant à l'égard de la rupture que du contenu des fiançailles.

145. Rupture des fiançailles. – La rupture des fiançailles peut provenir aussi bien du fiancé que de la fiancée. La réclamation n'est pratiquement faite que par la fiancée délaissée, les mœurs n'admettant guère les réclamations du fiancé éconduit. Pourtant, les fiancées sont capables de commettre des fautes, au moins autant que les fiancés ; il y a autant de coquettes que de roués. De même, le fiancé rebuté peut subir un préjudice affectif identique à celui de la fiancée abandonnée. Néanmoins, dans nos mœurs, seul le préjudice de la fiancée délaissée

---

par la jurisprudence ; sans porter atteinte à ce principe, l'arrêt attaqué a pu décider que l'inexécution de semblables promesses pouvait donner lieu à des actions en dommages-intérêts lorsque cette inexécution avait causé un préjudice réel, parce que, dans ce cas, l'action en dommages-intérêts ne prend pas sa source dans la validité de la promesse de mariage, mais dans le fait du préjudice causé et de l'obligation imposée par la loi, à celui qui en est l'auteur, de la réparer. »

12. Ripert et Boulanger, *Traité élémentaire de droit civil*, 1951, t. I, n° 1221.

13. *Infra*, n° 154.

14. Cass. civ. 1re, 15 mars 1988, *Defrénois* 1988, 1012, n. J. Massip.

inspire de la pitié : il n'y a pas, ici, d'égalité des sexes, la femme est plus protégée que l'homme. La rupture peut intervenir à des moments différents, soit au début des fiançailles, soit à la veille du mariage. Pourtant, la politique législative ne devrait pas être la même dans les deux cas : la rupture est d'autant plus grave qu'elle est plus proche de la date du mariage projeté et que les fiançailles ont été plus longues. Surtout, tout devrait dépendre du contenu des fiançailles.

146. Contenu des fiançailles : sentiment, sexe, ménage ? – Le contenu des fiançailles est divers. Il est tantôt un pur accord intellectuel, tantôt un prémariage, et l'on aurait pu attacher à cette distinction des conséquences juridiques.

Naguère, les fiançailles étaient le plus souvent un pur accord intellectuel et sentimental sur le mariage futur, célébré en famille et annoncé en public. Les fiancés éprouvent leurs sentiments et apprennent à se connaître : les fiançailles sont alors essentiellement un temps de réflexion.

Aujourd'hui, les fiançailles sont souvent l'officialisation devant la famille d'une vie commune, d'un essai prénuptial. Parfois même, le souci de mieux se connaître est à ce point poussé que naît un enfant[15].

Encore faut-il qu'il y ait eu un accord : ce que n'est pas une annonce matrimoniale[16].

§ 2. Effets

La nature juridique des fiançailles (I), longtemps débattue, ne commande ses effets, ni patrimoniaux (II), ni extrapatrimoniaux (III).

I. — Nature juridique

Une controverse doctrinale continue à opposer les auteurs sur la nature juridique des fiançailles. Les uns les rattachent au contrat[17] ; d'autres s'y refusent[18]. Cette controverse présente de faux intérêts apparents, ce qui n'empêche pas qu'elle s'explique par l'ambiguïté des fiançailles.

147. Charge de la preuve et risque du doute. – La controverse semble avoir surtout pour intérêt de déterminer qui, de l'auteur de la rupture ou de la fiancée délaissée, supporte la charge de la preuve et par conséquent les risques de la preuve et du doute. Aucune difficulté n'apparaît dans deux hypothèses extrêmes, soit parce que la rupture a été manifestement fautive, soit parce qu'elle a été manifestement justifiée. Le problème reste incertain dans le cas moyen : lorsque la rupture a été inexpliquée.

Par exemple, la rupture faite d'un commun accord entre le fiancé et la fiancée (rupture à l'amiable) n'est certainement pas fautive et il ne peut y avoir de responsabilité. À l'inverse, une rupture intempestive et injurieuse faite brutalement, juste avant la cérémonie du mariage, est incontestablement fautive ; la faute est certaine et l'auteur de la rupture est responsable. Mais lorsque les conditions dans lesquelles est intervenue la rupture sont impossibles à connaître en fait et difficiles à apprécier en droit, il est décisif de savoir sur qui pèse la charge de la preuve. Si

15. De nos jours, le concubinage et la naissance d'un enfant ne suffisent pas à caractériser une promesse de mariage (Aix, 8 décembre 2009, *Dr. famille* 2010, n° 110, note C. Siffrein-Blanc).

16. Cass. civ. 2e, 28 avril 1993, *D.* 1995.330, n. B. Mathieu ; *RTD civ.* 1995, 604, obs. J. Hauser : « *ni l'annonce publiée dans un journal* (le *Chasseur français*, rubrique "propositions de mariage"), *ni la correspondance échangée ne comportaient de promesse de mariage* ».

17. Mazeaud-Leveneur, n° 725 ; avec plus de nuances : J. Carbonnier, p. 409, *Théorie juridique*, pour lequel il y a identité de nature entre le consentement dans les fiançailles et dans le mariage ; *idem*, G. Cornu, nos 150-151.

18. Marty et Raynaud, n° 75 ; Planiol et Ripert, t. II, par A. Rouast, n° 83.

c'est à la fiancée délaissée qu'il appartient de faire la preuve du caractère fautif de la rupture, elle ne peut obtenir de dommages-intérêts au cas de rupture inexpliquée ; au contraire, si c'est à l'auteur de la rupture qu'il appartient de se justifier, il est responsable chaque fois qu'il ne prouve pas la faute ou l'accord de la fiancée légitimant ou expliquant la rupture.

La charge de la preuve fait donc supporter à celui sur lequel elle pèse le risque du doute. S'il y a contrat, dit-on souvent, la charge de la preuve pèse sur l'auteur de la rupture. C'est à lui de démontrer, afin d'échapper à toute responsabilité, son absence de faute, c'est-à-dire que la rupture est justifiée. Au contraire, s'il n'y a pas de contrat, les fiancés sont entre eux comme des tiers ; la charge de la preuve pèse sur la fiancée délaissée ; à elle de démontrer la faute de l'auteur de la rupture pour obtenir réparation du dommage qu'elle subit.

Ainsi posée, la controverse paraît inutile, car la qualification – contractuelle ou non contractuelle – des fiançailles ne détermine pas la charge de la preuve de la faute, à l'égard de la responsabilité tenant à leur rupture.

Le droit commun des contrats ordinaires le montre bien. Il est des contrats où la victime de l'inexécution est dispensée de prouver la faute – la vente par exemple, en cas de défaut de délivrance ; il en est d'autres où la victime de l'inexécution supporte la charge de prouver la faute dans le procès en responsabilité ; par exemple, le contrat médical : le malade qui n'a pas été guéri par son médecin ne peut lui réclamer d'indemnité qu'en démontrant l'attitude incorrecte du médecin[19].

148. Un contrat qui n'est pas un contrat. – La jurisprudence décide que les fiançailles ne sont pas un contrat, parce que le contrat, de son essence, lie les parties, tandis que les fiançailles doivent laisser entière la liberté matrimoniale ; jusqu'au mariage, il n'y a eu aucun véritable engagement matrimonial. Pourtant, les fiançailles sont une promesse : elles n'engagent pas, tout en constituant un engagement.

Pour expliquer cette contradiction interne dans le régime juridique des fiançailles – tout à la fois, elles sont et ne sont pas un contrat –, des auteurs ont souligné ses analogies avec des situations contractuelles qui laissent aux parties la libre faculté de se dégager du contrat conclu. Ainsi, Josserand[20] faisait une analogie entre les fiançailles et le contrat de travail à durée indéterminée : comme les fiançailles, ce contrat peut être unilatéralement rompu et l'auteur d'une rupture abusive engage sa responsabilité.

On pourrait trouver d'autres contrats qui paraissent avoir une nature équivalente à celle des fiançailles. Par exemple, la vente à la dégustation (art. 1587), où l'acheteur est libre de se dégager tant qu'il n'a pas goûté la chose qu'il a promis d'acheter, lorsqu'il ne l'a pas trouvée à son goût ; cependant, il engage sa responsabilité s'il agit d'une manière dolosive[21]. De même, dans les fiançailles, l'auteur de la rupture n'engage sa responsabilité que s'il a abusivement rompu.

Ces rapprochements sont ingénieux, mais cocasses. Il est grotesque de comparer les fiançailles à un travail ou d'obliger le fiancé à une dégustation. Surtout, tout contrat, si ténues soient les obligations qu'il prévoit, contraint à un minimum d'exécution des obligations qu'il fait naître. Ainsi, dans les deux exemples donnés : dans le contrat de travail à durée indéterminée, le patron doit laisser travailler un minimum de temps son employé et, réciproquement, l'employé doit avoir travaillé un minimum de temps pour son patron, avant que l'un et l'autre puissent se dégager ; de même, dans la vente à la dégustation, l'acheteur doit avoir goûté la chose et le vendeur l'avoir laissé goûter. Alors que les fiançailles peuvent être librement rompues sans avoir fait naître d'obligations aux parties.

Les fiançailles ne font donc naître aucune obligation si ce n'est de ne pas rompre d'une manière incorrecte. Cette obligation purement négative est celle qu'énonce le droit commun, en matière délictuelle, de ne pas commettre de faute (art. 1382).

19. *Droit des obligations,* coll. Droit civil.
20. « Le problème de la rupture des fiançailles », *DH* 1927, chron. p. 24.
21. *Les contrats spéciaux,* coll. Droit civil.

Ici comme ailleurs, il est approximatif de résorber le droit du mariage dans celui des contrats. Le mariage n'est pas un contrat comme les autres, ses préliminaires ne peuvent être ramenés ni à un avant-contrat, ni à un contrat à l'essai, ni aux pourparlers qui précèdent un contrat.

Tous les effets des fiançailles ont un caractère extra-contractuel, dans l'ordre patrimonial et extra-patrimonial.

II. — Conséquences patrimoniales

La rupture des fiançailles produit trois sortes d'effets : la restitution des cadeaux (A), des dommages-intérêts contre l'auteur de la rupture (B) et des dommages-intérêts contre le responsable du décès du fiancé.

A. Restitution des cadeaux

149. Donations et présents. – Les donations faites à l'occasion des fiançailles doivent être restituées si les fiançailles sont rompues, car elles ont eu lieu à condition qu'il y ait mariage (art. 1088)[22]. Il en est autrement des cadeaux d'usage, c'est-à-dire des présents modiques, eu égard à la fortune et au train de vie du donateur[23].

En raison des facteurs en cause – symbole sentimental et familial, valeur pécuniaire –, la bague de fiançailles a un régime complexe, fait d'un principe, d'une exception et d'une exception à l'exception. Le principe est que la bague doit être restituée en cas de rupture ou de caducité des fiançailles tenant au décès du fiancé[24]. À ce principe, il existe une exception : lorsque le fiancé a commis une faute en rompant[25]. À cette exception, il y a une exception qui renvoie au principe : la bague doit toujours être restituée lorsqu'elle constitue un bijou de famille[26] : marquée de son origine familiale, elle doit demeurer dans la famille si le mariage ne se fait pas, ce que Jean Carbonnier appellait « *le principe de la conservation des bijoux de famille dans les familles* »[27].

---

22. Chr. Beroujon, « Variations sur la nature juridique de la liste de mariage », *D.* 1998, chron. 10.

23. *Successions*, coll. *Droit civil.*

24. Ex. : Douai, 17 décembre 1985, *D.* 1986.301, n. J.-P. Langlade : « *en principe, la donation d'une bague de fiançailles qui intervient en faveur du mariage projeté encourt, en cas d'échec du projet, la caducité que ce texte* (art. 1088) *édicte* ».

25. Ex. : Paris, 3 décembre 1976, *D.* 1978.339, n. crit. C.-I. Foulon-Piganiol : « *la bague de fiançailles* [...] *doit obéir à des règles particulières puisqu'elle concrétise, d'une certaine manière, les promesses échangées ; il doit être décidé qu'en contrepartie de cette promesse non tenue, la fiancée abandonnée qui n'a rien à se reprocher peut garder cette bague* ».

26. Qu'est-ce qu'un « bijou de famille » ? 1. C'est un bijou, c'est-à-dire un bien précieux, d'une « *réelle valeur* » dit la Cour de cassation : Cass. civ. 1re, 1er février 1960, *Bull. civ.* I, n° 62. 2. C'est un bijou de famille, c'est-à-dire qu'il a une origine familiale (la valeur pécuniaire du bien est mêlée de sentiments enracinés dans le passé familial) ; ex. : Douai, 17 décembre 1985, préc. 3. C'est une pierre, en l'espèce, un diamant, même si elle a été retaillée : dans l'espèce jugée par la cour de Douai, la boucle d'oreille d'origine familiale est demeurée un bijou de famille bien qu'elle ait été retaillée et montée en bague.

27. Sur l'ensemble de la question, J. Carbonnier, « Le statut des bijoux dans le régime matrimonial », *Defrénois* 1950, art. 26885 et 26890, reproduit dans J. Carbonnier, *Écrits*, PUF, 2008, p. 403. Sur le sort de la bague de fiançailles après divorce ou après le décès du concubin, Cass. civ. 1re, 30 octobre 2007, *Dr. famille* 2008, n° 23, n. V. Larribau-Terneyre ; *RTD civ.* 2008.278, obs. J. Hauser. Parfois, la bague passe de doigt en doigt : de l'épouse à la concubine, de la concubine à un enfant du concubin ; s'il s'agit d'un bijou de famille, il restera dans la famille... comme un bien de main-morte ?

B. Dommages-intérêts

Lorsque la fiancée demande des dommages-intérêts au fiancé qui l'abandonne, la jurisprudence est exigeante ; elle impose un triple barrage qui doit être franchi afin d'éviter les actions abusives. Il faut que la fiancée délaissée démontre les fiançailles, le préjudice et enfin le caractère fautif de la rupture, ce dernier point étant en cours d'évolution.

150. 1° **Preuve des fiançailles.** – Pendant longtemps, la jurisprudence avait décidé que les fiançailles devaient, en principe, être prouvées par écrit ; en principe seulement, parce que la règle comportait l'exception habituelle et importante de l'impossibilité morale de préconstituer un écrit[28]. La règle n'était guère logique et a contribué à obscurcir la nature juridique des fiançailles : il n'était pas cohérent de considérer que les fiançailles étaient un contrat à l'égard des règles de preuve et ne l'étaient pas pour les autres règles. La jurisprudence pouvait cependant se justifier par cette considération de fait qu'il n'existe jamais de fiançailles sérieuses sans quelques lettres : les amoureux écrivent beaucoup[29], sauf les roués[30] et les illettrés. Mais le téléphone et surtout internet changent peu à peu ces pratiques : les paroles s'envolent et le *chat* s'efface.

La règle a été critiquée puis abandonnée. D'abord par la loi, dans la recherche de la paternité naturelle (L. 1955), puis par la jurisprudence, en dehors même des questions de filiation[31]. La valeur de la nouvelle règle dépendra de l'usage qui en sera fait : la liberté de la preuve des fiançailles ne devrait pas permettre de tenir compte de la rupture de vagues projets sentimentaux et d'indemniser tous les dépits amoureux (ou un concubinage qui tourne mal).

151. 2° **Préjudice réparable.** – Le préjudice réparable peut être moral et surtout matériel.

Comme exemple de préjudice **moral**, on peut citer l'atteinte à sa réputation qui frappe la fiancée délaissée, ou bien encore la souffrance qu'elle éprouve du fait qu'elle a perdu son amour et été délaissée[32]. Ces préjudices ne sont pas d'un

---

28. Ex. : Cass. civ. 1re, 2 décembre 1907, *DP* 1908.I.201.

29. F. de Chateaubriand, *Vie de Rancé*, L. III, Sur les lettres d'amour : « *D'abord les lettres sont longues, vives, multipliées ; le jour n'y suffit pas : on écrit au coucher du soleil ; on trace quelques mots au clair de la lune, chargeant sa lumière chaste, silencieuse, discrète, de couvrir de sa pudeur mille désirs. On s'est quitté à l'aube ; à l'aube, on épie la première clarté pour écrire ce que l'on croit avoir oublié de dire dans des heures de délices* », etc.

30. Sauf séduction épistolaire : A. de Musset, *Il faut qu'une porte soit ouverte ou fermée : « Je connaissais un homme d'esprit qui avait acheté, je ne sais où, une collection de cinquante lettres, assez bien faites, très proprement écrites, des lettres d'amour, bien entendu. Ces cinquante lettres étaient graduées de façon à composer une sorte de petit roman, où toutes les situations étaient prévues* [...]. *L'auteur prétendait dans une sorte de préface, en avoir fait usage pour lui-même, et n'avoir jamais trouvé une femme qui résistât plus tard que le trente-troisième numéro. Eh bien, j'ai résisté, moi, à toute la collection.* »

31. Cass. civ. 1re, 3 janvier 1980, *Bull. civ.* I, n° 5 : « *Les juges du fond, qui relèvent, non seulement, qu'il est "indiscutable" que P. et demoiselle D. passaient pour être fiancés, mais encore que leur mariage "avait été présenté aux amis comme proche par leurs familles respectives" et qu'ils avaient "fait des achats en vue de leur installation future" ont, en retenant que P. a commis une faute "en rompant* (ses fiançailles) *à la seule annonce de la grossesse de la demoiselle D." implicitement, mais nécessairement, répondu, en les écartant, aux conclusions dont ils étaient saisis.* »

32. Ex. : Cass. civ. 1re, 15 mars 1988, *Defrénois* 1988, art. 34309, n° 73, p. 1012, obs. J. Massip ; n.p.B. En l'espèce, il s'agissait de fiancés marocains qui avaient célébré en France leur mariage selon les coutumes marocaines, c'est-à-dire uniquement devant l'assemblée de parents. Ultérieurement, le projet de mariage fut publié à la mairie ; puis le fiancé rompit ses fiançailles : jugé que « *le futur époux a commis une faute génératrice d'un dommage, d'autant plus important que la future épouse est de*

caractère pécuniaire, et sont, plus ou moins bien, réparés par le versement d'une somme d'argent, car, pour beaucoup de gens, l'argent apaise la colère, compense la douleur et assèche les larmes.

Comme exemple de préjudice **matériel**, on ne saurait admettre le *lucrum cessans*, c'est-à-dire la perte du profit escompté. La fiancée délaissée ne pourra jamais obtenir réparation du préjudice qu'elle prétend subir du fait qu'elle n'a pas la situation matérielle que le mariage lui aurait permis d'obtenir ; en d'autres termes, elle ne peut recevoir une pension alimentaire qui lui permettrait d'avoir un train de vie équivalent à celui que le mariage promis lui aurait donné. Ce qui constitue une différence importante et raisonnable entre la rupture des fiançailles et celle du mariage par divorce.

Comme on le verra dans l'étude du divorce, un des époux peut être tenu de verser à l'autre une prestation destinée à compenser la disparité que la rupture du mariage crée dans les conditions de vie des époux. La différence s'explique aisément ; le mariage a créé un état (*verba de praesenti*) que les fiançailles avaient rendu seulement éventuel (*verba de futuro*).

Comme exemple de préjudice matériel réparable, on peut citer les dépenses que la fiancée délaissée avait faites en vue du mariage, surtout les charges qui résultent pour elle de l'entretien de l'enfant procréé avec son fiancé[33].

L'action conserve, même pour ce préjudice, un caractère délictuel : elle n'a pas de caractère contractuel. En d'autres termes, la promesse d'épouser sa maîtresse ou la promesse d'épouser la mère de son enfant n'engage pas plus qu'une autre promesse de mariage. Que l'amant volage ait promis le mariage à sa maîtresse enceinte, même mère de son enfant, ne suffit pas à engager sa responsabilité : sa responsabilité ne peut être engagée que si la rupture est fautive[34].

152. 3° **Caractère fautif de la rupture.** – L'exigence du caractère fautif de la rupture tient au caractère délictuel de l'action ; c'est elle qui soulève le plus de difficultés : la charge de la preuve est liée à l'objet de la preuve.

Pendant longtemps, il a été jugé et enseigné que la charge de la preuve de la faute incombait à la fiancée délaissée : le seul fait de la rupture des fiançailles – comme du concubinage (mais le droit évolue)[35] – ne suffisait pas à engager la responsabilité de l'auteur de la rupture : la responsabilité ne sanctionnait pas la rupture en tant que telle, elle n'était engagée qu'autant que la rupture était intervenue sans motif sérieux[36]. La règle était importante car elle commandait le risque du doute[37]. Aujourd'hui, on assiste à un renversement insidieux de la charge de la preuve : elle pèse souvent sur l'auteur de la rupture : à lui de se justifier[38].

La manière de démontrer le caractère fautif de la rupture (l'objet de la preuve) varie selon le moment de la rupture. Lorsqu'elle intervient au début des fiançailles, elle n'est fautive que si elle

civilisation (sic) *musulmane et qu'elle est susceptible de rester un certain temps mère célibataire* » ; sur cet arrêt, v. aussi *infra*, n° 236.

33. Cass. civ. 1re, 7 juin 1963, *Bull. civ.* I, n° 292 ; *D.* 1964.621, n. J. Pradel.

34. *Cass. civ. 1re, 5 mai 1965, *Petinon*, *Bull. civ.* I, n° 299 : « *Une promesse de mariage, eût-elle déterminé la jeune fille à avoir des relations intimes avec son auteur, non plus que sa rupture, ne sont à elles seules génératrices de dommages-intérêts, lesquels ne peuvent être accordés que si elles s'accompagnent d'une faute délictuelle ou quasi délictuelle.* »

35. *Infra*, n° 329.

36. Ex. : Cass. civ. 2e, 16 mars 1955, *D.* 1955.324 : « *La rupture d'une promesse de mariage, si préjudiciable soit-elle à l'un des fiancés, n'est pas, par elle seule, génératrice de dommages-intérêts, lesquels ne peuvent être accordés que s'il vient s'y ajouter une faute délictuelle ou quasi délictuelle.* »

37. *Supra*, n° 147.

38. Cass. civ. 1re, 22 février 1972, *Bull. civ.* I, n° 54 ; *JCP* G 1972.II.17111 : « *l'arrêt décide, dans l'exercice de son pouvoir d'appréciation, que M. n'établit en aucune façon qu'un fait postérieur à la promesse ait pu constituer un motif légitime de rupture* » (en l'espèce, jugé que les doutes du fiancé sur sa paternité n'étaient pas un motif légitime de rupture).

est accompagnée d'improbité morale ou de grossièretés ; même le seul fait de sa brusquerie n'est pas une faute, car il est légitime au début des fiançailles de rompre pour un simple changement de sentiments. Mais la rupture à la veille du mariage est, en principe, fautive, du seul fait qu'elle est intempestive, car il est un peu léger de découvrir son manque d'amour à la dernière minute[39]. Le fiancé inconstant est présumé en faute ; cette présomption est simple, il peut la faire tomber en établissant les faits justificatifs de sa rupture : par exemple, la découverte de l'infidélité de sa fiancée, de l'enfant qu'elle a eu des œuvres d'un autre, la survenance d'une maladie, etc.

153. 4° **Dommages-intérêts en raison du décès du fiancé.** – Lorsque le mariage ne peut être conclu en raison de l'accident mortel survenu au fiancé, la Cour de cassation admet que la fiancée peut obtenir de l'auteur de l'accident des dommages-intérêts ; elle n'a pas eu ici l'hésitation qu'elle avait manifestée pour la concubine[40]. Bien que la fiancée n'ait pas de lien de droit avec la victime directe, elle subit un préjudice réparable[41], c'est-à-dire un préjudice moral et plusieurs préjudices matériels : le remboursement des dépenses engagées en vue du mariage et, peut-être, la perte de la chance qu'elle avait, une fois mariée, de bénéficier du devoir de secours incombant à son conjoint, ce qui rapprocherait les fiançailles du mariage[42]. La situation est différente lorsque la rupture est le fait du fiancé[43]. On attend la jurisprudence sur la rupture des fiancailles dans les couples de même sexe.

III. — Conséquences extra-patrimoniales

Les effets non pécuniaires des fiançailles sont de deux types : le mariage posthume et la recherche de la paternité naturelle.

154. Mariage posthume. – Il est possible de transformer les fiançailles en mariage au cas de décès du fiancé, ce que l'on appelle le mariage posthume, institution curieuse prévue par l'article 171 (L. 31 décembre 1959)[44].

Lors des deux derniers conflits mondiaux, puis des guerres d'Indochine et d'Algérie, des militaires moururent au combat alors que leur fiancée était enceinte de leurs œuvres ; des lois de circonstances avaient permis, malgré l'absence de mariage, la légitimation des enfants qui en naquirent. À la suite de la catastrophe de Fréjus (la rupture du barrage de Malpasset), un cas particulier a ému le législateur – la presse du cœur avait fortement participé à l'exploitation de cette émotion. Par l'article 171, la loi du 31 décembre 1959 aboutit à des résultats apparemment équivalents à ceux auxquels étaient parvenues les lois antérieures, mais au moyen de techniques différentes. Non seulement parce que la règle a une portée générale et permanente, mais aussi parce qu'au lieu d'une légitimation sans mariage, elle prévoit de manière bizarre le mariage avec un mort : le mariage posthume.

---

39. Stéphanie et ses invités ont vainement attendu Fahrettin à la mairie (Rouen, 15 juin 2005, *Dr. famille* 2005, n° 235, n. V. Larribau-Terneyre ; les futurs époux vivaient maritalement depuis trois ans et le fiancé ne donne aucune explication à son brusque revirement). Jérémy a décidé de rompre une semaine avant le mariage sans donner d'explications (Aix-en-Provence, 3 mars 2005, *Dr. famille* 2005, n° 235 [2e esp.], n. V. Larribau-Terneyre).

40. *Droit des obligations*, coll. Droit civil.

41. Cass. crim., 5 janvier 1956, *D.* 1956.216 ; *JCP* G 1956.II.9146.

42. Ex. : 5 921,01 € pour le préjudice matériel résultant des frais engagés en vue de la cérémonie, 7 500 € pour le préjudice moral lié à la « *déception et à l'humiliation infligée* » (Aix-en-Provence, 3 mars 2005, préc.).

43. *Supra*, n° 151.

44. P. Guiho, « Réflexions sur le mariage posthume », *Ét. L. Falletti*, 1971, p. 321 s. ; Noirel, « Le mariage posthume », *S.* 1960, chron. p. 15.

Trois conditions sont posées :

1) la preuve des intentions matrimoniales du défunt ; à l'origine, l'article 171 exigeait « *l'accomplissement de formalités officielles* » (le plus souvent, la publication du projet de mariage), ce qui était une contrainte excessive et suscitait des difficultés d'appréciation (d'autant que ces affaires se déroulent souvent sur fond d'émotion médiatique) ; une loi du 17 mai 2011 (L. n° 2011-525 du 17 mai 2011, art. 19) a donné au texte (et à ses interprètes) une entière souplesse : il suffit de prouver « *qu'une réunion suffisante de faits établit sans équivoque* » le consentement du défunt[45] ;

2) l'existence de « motifs graves » : le plus souvent il s'agit de la grossesse de la fiancée ou de l'existence d'enfants qu'il convenait naguère de légitimer ;

3) une dispense du Président de la République ; son objet est d'abord de vérifier la certitude du consentement matrimonial ; ensuite, de voir s'il existe des « motifs graves » pour autoriser ce mariage et s'il n'y a pas des conditions familiales qui le rendraient inopportun[46].

155. Effets du mariage posthume. – Civilement, le mariage ne produit, lorsqu'il est célébré dans ces conditions, que des effets extra-patrimoniaux, tel que l'usage du nom du mari. En réalité, le texte de la loi est ambigu ; il dit : « *ce mariage n'entraîne aucun droit de succession* ab intestat *au profit de l'époux survivant et aucun régime matrimonial n'est réputé avoir existé entre les époux* ». On s'est demandé si ce mariage n'aurait pas dû entraîner les autres effets patrimoniaux du mariage, notamment alimentaires. Ce qui est douteux : le mariage posthume ne saurait produire plus d'effet patrimonial que les fiançailles[47]. En droit social, l'allocation veuvage est ouverte à l'épouse posthume, seulement à compter du mariage, non du décès[48].

L'institution du mariage posthume est critiquable. La loi est techniquement médiocre ; on a vu, dans l'examen de ses conditions d'existence, que le consentement matrimonial qui forme le mariage est aussi incertain que plusieurs de ses effets. Certains critiquent l'intervention du

---

45. Cf. Reims, 6 septembre 2013, *Dr. famille* 2013, comm. 149, note J.-R. Binet.

46. Cass. civ. 1re, 6 décembre 1989, *Bull. civ.* I, n° 380 ; *D.* 1990.325, n. crit. J. Hauser ; *JCP* G 1990.II.21557, n. crit. Fr. Boulanger ; *Defrénois* 1990, art. 34728, n° 1, obs. J. Massip : « *l'appréciation de l'existence comme de la gravité des motifs qui justifient le mariage posthume relève du pouvoir discrétionnaire du Président de la République* ; [...] *il appartient au juge de vérifier l'existence de formalités officielles dont le Chef de l'État apprécie souverainement si elles sont de nature à marquer sans équivoque le consentement au mariage de l'époux décédé* » ; solution confirmée par Cass. civ. 1re, 30 mars 1999, *Rev. dr. fam.* 1999 (6), n° 60, obs. Lécuyer ; *RTD civ.* 1999, 606, obs. J. Hauser ; *D.* 1999, som. comm. p. 972, obs. J.-J. Lemouland. Le juge doit apprécier si le consentement exprimé lors de l'accomplissement des formalités officielles a persisté jusqu'au décès (Cass. civ. 1re, 28 février 2006, *Bull. civ.* I, n° 123 ; *Dr. famille* 2006, n° 79, n. V. Larribau-Terneyre) ; en l'espèce, les juges du fond avaient débouté la mère de « l'époux posthume » de sa demande en nullité de ce mariage posthume parce « *qu'il appartient seulement au juge de vérifier l'existence des formalités officielles dont le Président de la République apprécie souverainement si elles sont de nature à marquer sans équivoque le consentement au mariage de l'époux décédé [...] ; la cour qui n'a pas à se prononcer sur le problème du consentement* »... Cassation : « *il appartient au juge, saisi d'une demande d'annulation de mariage posthume, de vérifier si ce consentement a persisté jusqu'au décès* ».

47. T. civ. Arlon, 16 janvier 1973, *Rev. crit. DIP* 1973.322, n. crit. Vorwilghen ; *RTD civ.* 1973.571, obs. crit. G. Durry qui refuse d'obliger le responsable du décès du fiancé à verser des dommages-intérêts à la « veuve ». Depuis, la Cour de cassation a restreint le droit pour l'époux posthume d'obtenir réparation de son préjudice (Cass. civ. 2e, 10 juillet 2008, *D.* 2010, 728, obs. J. J. Lemouland et D. Vigneau ; *Defrénois* 2008, 2419, obs. J. Massip ; *Dr. famille* 2008, n° 137, obs. V. Larribau-Terneyre et n° 149, obs. A. Devers).

48. Cass. soc., 15 février 2001, *Bull. civ.* V, n° 57 ; *D.* 2002, somm. 535, obs. J.-J. Lemouland ; *RTD civ.* 2001, 563, obs. J. Hauser. Sur l'octroi du capital décès de l'assurance décès, Cass. civ. 1re, 22 mai 2007, *Bull. civ.* I, n° 206 ; *Defrénois* 2007, p. 1309, obs. J. Massip ; *Dr. famille* 2007, n. A. Devers.

Chef de l'État en la matière et, surtout, le caractère discrétionnaire de son appréciation de l'existence comme des motifs qui justifieraient le mariage posthume[49]. Au fond, n'est-ce pas le principe de l'institution qui est contestable : quelle signification matrimoniale a le mariage avec un mort, qui se dissout au moment même où il est conclu ? Le mariage est une institution de vie, pas de mort. Il y a une différence essentielle entre le mariage *in articulo mortis*[50] et le mariage avec un mort. Quelle que soit sa brièveté, le mariage *in extremis* est fait avec un vivant. Le mariage posthume est une institution qu'aucun autre pays du monde ne connaît.

La raison concrète pour laquelle le législateur est intervenu était très défendable : la condition des enfants de fiancés est particulièrement sensible, puisque le fiancé est mort. Mais aujourd'hui la condition de l'enfant né en mariage et hors mariage est identique. Et s'il s'agit d'établir le lien de filiation, l'action en recherche de paternité ou la constatation d'une possession d'état prénatale, permettent de donner un statut à l'enfant. Le mariage posthume est sans doute la dernière manifestation du lien exclusif longtemps établi entre la légitimité et le mariage. Le lien étant aujourd'hui rompu, faute de légitimité, le mariage posthume ne serait-il qu'une institution moribonde ?

N°s 156-159 réservés.

49. Cf. Cass. civ. 1re, 17 octobre 2007, *Bull. civ.* I n° 324 ; *Defrénois* 2008, p. 567, obs. J. Massip ; *Dr. famille* 2007, n° 197, n. V. Larribau-Terneyre ; en l'espèce, la demande de contracter un mariage posthume avait été refusée par le Président de la République ; la requérante demanda aux juges d'annuler cette décision ; avec l'approbation de la Cour de cassation, les juges du fond l'ont déboutée : « *il appartient seulement au juge de vérifier l'existence des formalités officielles dont le Chef de l'État apprécie souverainement si elles sont de nature à marquer sans équivoque le consentement au mariage* ».

50. *Infra*, n°s 188 s.

TITRE II

CONDITIONS DU MARIAGE

160. Plan. – Afin de contracter un mariage valable, un certain nombre de conditions doivent être remplies : conditions de fond (Chapitre I) et conditions de forme qui serviront à en prouver l'existence (Chapitre II).

■ CHAPITRE I ■

CONDITIONS DE FOND DU MARIAGE

Le mariage unit deux personnes ; au-delà il unit deux familles et il les unit devant la société. Trois séries de conditions gouvernent donc la formation du mariage.

Section I
LES ÉPOUX

161. Deux cœurs, deux corps, deux volontés. – Le mariage est une union qui repose sur un acte de volonté : la volonté de deux êtres de se prendre pour époux. Que cette volonté se fonde sur l'amour que se portent les intéressés n'intéresse pas le droit : l'amour n'est ni une condition du mariage ni un devoir qui naîtrait de l'union. Loin des incertitudes du cœur, le droit se contente d'une donnée objective : l'existence d'un consentement. Mais le mariage est aussi l'union de deux êtres de chair et de sang : il est le cadre légal (et fut longtemps le seul cadre légal) des relations sexuelles et de la procréation. Même si le Code civil adopte une conception spiritualiste du mariage, même s'il reste d'une grande pudeur sur sa dimension sexuelle, les conditions du mariage concernent donc les corps des époux autant que leur consentement.

§ 1. Deux corps

162. Mariage, nature et droit. – Pendant des millénaires, et encore aujourd'hui dans nombre de sociétés, une des fins naturelles du mariage fut la connaissance charnelle et la procréation. Le droit canonique a attaché à cet aspect du mariage une importance considérable puisqu'il en avait fait un élément de formation du mariage ; non seulement le mariage pour lui est nul en cas d'impuissance, mais il n'est parfait et indissoluble qu'après la consommation : la *copula carnis* assure la perfection du mariage.

Le législateur civil (un peu bégueule disait Jean Carbonnier) répugnait à ce réalisme en 1804. De façon générale, le corps et plus encore la sexualité n'apparaissent que très peu dans le Code civil : l'homme y est présent en tant que personne construite à partir de sa volonté et non pas en tant qu'être de chair et de sang. Les conditions d'ordre physiologique existent donc, par nécessité, mais elles sont réduites au minimum. Ainsi, l'impuissance[1], pas plus que la consommation n'ajoutent rien à la perfection de l'union[2] : et l'on a dit que le droit français accepte même le mariage avec un mort[3]. Paradoxalement, la consécration du mariage homosexuel renforce cette conception « spiritualiste » du mariage. Non pas que le mariage pour tous soit un mariage sans sexualité ; mais il n'a pas de finalité procréative.

Les conditions d'ordre physiologique sont donc réduites au minimum, qu'il s'agisse des conditions relatives au sexe (I), ou à l'âge (II). Un temps inscrites, en pointillé, dans le Code civil, les conditions relatives à la santé ont quant à elles été abandonnées (III).

I. — Sexe

Jusqu'à la loi du 17 juin 2013, la différence de sexe constituait une des conditions essentielles du mariage. L'ouverture du mariage aux personnes de même sexe marque à tous égards une rupture (A) ; elle éclaire d'un jour nouveau les questions posées par l'indétermination du sexe (B) et par le transsexualisme (C).

A. « Deux personnes de sexe différent ou de même sexe » (C. civ., art. 143)

163. Différence. – Que le mariage supposât la différence de sexe, personne n'en douta jusqu'aux dernières années du deuxième millénaire. Certes, le Code civil ne le disait pas expressément, mais il faisait des suggestions élégantes (art. 144 : « *L'homme et la femme ne peuvent contracter mariage avant dix-huit ans révolus* » ; cf. aussi l'article 75 du Code civil sur la célébration du mariage). Et personnes ne pouvait, de bonne foi, mettre en doute la *ratio legis*[4]. En vérité, l'évidence était telle et toute précision eût paru si choquante, que ni les rédacteurs de la Déclaration universelle des droits de l'homme (art. 16), ni ceux de la Convention EDH (art. 12) n'éprouvèrent le besoin de le dire clairement. Alors que le débat naissait, les rédacteurs de la Charte des droits fondamentaux de l'UE s'abstinrent de toute précision. Selon l'article 9 de la Charte, « *Le droit de se marier et le droit de fonder une famille sont garantis selon les lois nationales qui en régissent l'exercice* » : un engagement prudent qui ouvre la porte au mariage entre personnes de même sexe dans les États qui le souhaitent.

164. Indifférence : le « mariage pour tous ». – Depuis le début des années 2000 la question du mariage entre personnes de même sexe montait peu à peu

1. Si l'impuissance n'est pas une cause de nullité, elle peut, si elle avait été ignorée du conjoint, constituer une cause de nullité pour erreur sur les qualités essentielles de la personne. Dissimulée, elle pourrait aussi entraîner un divorce pour faute.

2. *Supra*, n° 105.

3. *Supra*, n° 154.

4. Certains prétendirent tirer argument de cette pudique discrétion pour affirmer que le mariage du Code civil pouvait être homosexuel. C'était nier l'évidence : il suffit de se référer aux travaux préparatoires du Code civil (cf. la belle définition du mariage donnée par Portalis : « *la société de l'homme et de la femme...* ») ainsi qu'à une doctrine et à une jurisprudence constantes et unanimes ; c'était aussi détourner l'histoire : la disparition de toute référence au mari et à la femme ne date que de la loi du 23 décembre 1985 qui, en remplaçant ces termes par celui d'époux, entendait précisément parachever l'égalité entre l'homme et la femme dans le mariage ; c'était aussi oublier que certains articles du Code civil portaient encore la marque de la différence de sexe. Dans un arrêt du 13 mars 2007, *infra*, la Cour de cassation a fait justice d'une telle prétention.

en France comme dans d'autres pays d'Europe. Dans un arrêt du 13 mars 2007[5], la Cour de cassation réaffirma que « *selon la loi française, le mariage est l'union d'un homme et d'une femme ; que ce principe n'est contredit par aucune des dispositions de la Convention européenne des droits de l'homme et de la Charte des droits fondamentaux de l'Union européenne* ». Saisi d'une QPC, le Conseil constitutionnel[6] affirma quant à lui que « *le droit de mener une vie familiale normale n'implique pas le droit de se marier pour les couples de même sexe* » ; en ce qui concerne le principe d'égalité, il estima « *qu'en maintenant le principe selon lequel le mariage est l'union d'un homme et d'une femme, le législateur a, dans l'exercice de la compétence que lui attribue l'article 34 de la Constitution, estimé que la différence de situation entre les couples de même sexe et les couples composés d'un homme et d'une femme peut justifier une différence de traitement quant aux règles du droit de la famille ; qu'il n'appartient pas au Conseil constitutionnel de substituer son appréciation à celle du législateur sur la prise en compte, en cette matière, de cette différence de situation* ». Entre-temps, la CEDH avait, avec l'arrêt *Schalk et Kopf c. Autriche*[7], reconnu que la question est de la compétence du législateur national qui dispose en la matière d'une large marge d'appréciation.

165. Mariage pour tous v. Manif pour tous. – Une des promesses de campagne du président François Hollande était la reconnaissance légale du mariage homosexuel. Très vite, le Gouvernement mis en place au printemps 2012 élabora un projet de loi « ouvrant le mariage aux couples de personnes de même sexe »[8]. Nonobstant son titre, le projet ne se contentait pas de consacrer le « mariage pour tous » : il permettait également l'adoption aux époux de même sexe : adoption par les époux(ses) ou adoption de l'enfant du conjoint : il reconnaissait donc l'homoparenté[9]. En revanche, rien n'était dit sur la PMA ou sur la GPA. Le

5. *Cass. Cass. civ. 1re, 13 mars 2007, *Mariages de Bègles*, *Bull. civ.* I, n° 113, *D.* 2007, p. 1389, concl. G. Pluyette, note E. Agostini, *JCP* 2007, I, 170, n° 76, note H. Azavant ; *adde* H. Fulchiron, « Un homme, une femme : la Cour de cassation rejette le mariage homosexuel », *D.* 2007, p. 1375. En l'espèce, un homme politique connu, le maire de Bègles, petite commune des environs de Bordeaux, avait célébré à grand renfort de publicité médiatique, le mariage de deux de ses administrés homosexuels, malgré l'opposition du parquet. Au terme d'un raisonnement mobilisant le droit interne et le droit européen, le tribunal de grande instance de Bordeaux avait conclu que la différence de sexe était bien en droit français une condition du mariage et qu'une telle exigence n'était contraire ni au droit communautaire ni à la Convention européenne des droits de l'homme. Il prononça en conséquence la nullité de l'Union (TGI Bordeaux, 26 juillet 2004, *JCP* 2004, II, 10169, note G. Kessler, *D.* 2004, p. 2342, note E. Agostini, *D.* 2004, 2965, obs. J.-J. Lemouland, *RTD civ.* 2004, 719, note J. Hauser, *Dr. famille* 2004, n° 166, note H. Azavant). Cette décision fut confirmée par la cour d'appel de Bordeaux le 19 avril 2005 (*Dr. famille* 2005, n° 124, note H. Azavant).

6. Déc. n° 2010-92 du 28 janvier 2011, préc. Dans son arrêt de saisine (Cass. civ. 1re, 16 novembre 2010, n° 10-40.402), la Cour soulignait que la question de la constitutionnalité des articles 75 et 144 était posée au Conseil constitutionnel en raison de son caractère « nouveau », en ce qu'elle « *fait l'objet d'un large débat dans la société, en raison, notamment, de l'évolution des mœurs et de la reconnaissance du mariage entre personnes de même sexe dans les législations de plusieurs pays étrangers* ».

7. **CEDH, 24 juin 2010, *Schalk et Kopf c. Autriche*, préc.

8. Projet de loi ouvrant le mariage aux couples de personnes de même sexe, n° 344 AN, novembre 2012. Sur ce projet, cf. not. les points de vue de J. Hauser, « Le projet de loi sur le mariage des personnes de même sexe. Le paradoxe de la tortue d'Achille », *JCP* 2012, 1185 ; L. Aynès, « Le projet de loi ouvrant le mariage aux couples de personnes de même sexe : trop ou trop peu », *D.* 2012, p. 275 ; *adde* H. Fulchiron, « La reconnaissance de la famille homosexuelle : étude d'impact », *D.* 2013, p. 100.

9. Cf. les rapports E. Binet, rapport au nom de la Commission des lois de l'Assemblée nationale, AN, n° 626, 2 tomes, 17 janvier 2013 et rapport AN n° 992, 16 avril 2013, et J.-P. Michel, rapport au nom de la Commission des lois du Sénat, n° 437, 20 mars 2013.

gouvernement laissait cependant entendre qu'il ne serait pas hostile à un amendement parlementaire sur la PMA. Malgré certains flottements, la GPA était en revanche exclue.

Amendements[10], question préalable, demande de renvoi en commission, et même motion référendaire[11], rien ne fut épargné au projet lors de son passage au Parlement, dans une ambiance parfois électrique. Le débat passionna la société française tout entière. Plus encore que le mariage, le problème de l'homoparenté divisait profondément l'opinion, tandis que les discussions faisaient rage autour de la question du « genre ». Des centaines de milliers de personnes descendirent dans la rue pour manifester *pro* et surtout *contra*[12]. Des pétitions recueillirent plusieurs millions de signatures[13].

Par leur ampleur, et parfois par leur violence, les débats ont surpris, en France comme à l'étranger. Le contexte politique et économique a sans doute joué, de même que les hésitations du Gouvernement et les divisions de la majorité sur la question des procréations médicalement assistées[14]. Sans doute aussi, le phénomène gardera-t-il sa part de mystère jusqu'à ce que sociologues et politologues aient analysé les rouages de ces mobilisations massives spontanées, qui, alimentées par les réseaux sociaux, se multiplient dans le monde contemporain. Que les interrogations et, à bien des égards, les angoisses qui traversent nos sociétés « postmodernes » se soient cristallisées sur la question de l'ouverture du mariage et de la parenté aux couples de même sexe n'a en revanche rien d'étonnant. Alliance et parenté : ce sont les deux piliers de la famille qu'ébranlait ou reconstruisait, c'est selon, le projet de loi.

166. Vote, validation, promulgation, explication. – Votée le 23 avril 2013, la loi fut déférée au Conseil constitutionnel. Dans sa décision du 17 mai 2013[15], le Conseil estima que « *si la législation républicaine antérieure à 1946 et les lois postérieures ont, jusqu'à la loi déférée, regardé le mariage comme l'union d'un homme et d'une femme, cette règle qui n'intéresse ni les droits et libertés fondamentaux, ni la souveraineté nationale, ni l'organisation des pouvoirs publics, ne peut constituer un principe fondamental reconnu par les lois de la République au sens du premier alinéa du Préambule de 1946 ; qu'en outre, doit en tout état de cause être écarté le grief tiré de ce que le mariage serait "naturellement" l'union d'un homme et d'une femme* ». Quant au choix législatif proprement dit, le Conseil estima qu'il ne lui appartenait pas de substituer son appréciation à celle du législateur. C'était, en terme d'équilibre des pouvoirs, faire preuve de sagesse[16].

---

10. 5 362 amendements déposés et plus 109 heures de débats à l'occasion de la première lecture à l'Assemblée nationale.

11. Cf. Sénat, séance du 5 avril 2013.

12. « *Un papa, une maman* », « *L'enfant n'est pas un droit* » lisait-on sur les banderoles de la « Manif pour tous ».

13. L'une d'entre elles, qui recueillit plus de 700 000 signatures, réclama la tenue d'un référendum. Sur cette question, qui fut elle aussi ardemment discutée, cf. B. Daugeron, « Mariage pour tous : retour sur la constitutionnalité du référendum », *D.* 2013, p. 320 et réf. cit.

14. La publication de la circulaire *Taubira* (du nom de la garde des Sceaux porteuse par ailleurs du projet de loi) sur la délivrance d'un certificat de nationalité aux enfants nés à l'étranger grâce à une mère porteuse, alors que débutaient les débats à l'Assemblée nationale et les déclarations contradictoires des ministres, voire du président de la République lui-même, faisaient craindre un effet domino : après le mariage et l'adoption, les PMA et la GPA.

15. Cons. const., déc. n° 669 DC du 17 mai 2013 ; B. Mathieu, « Les "questions de société" échappent au contrôle de constitutionnalité », *JCP* G 2013, act. 588 ; F. Chénedé, « La nouvelle leçon de démocratie du Conseil constitutionnel », *AJ famille* 2013, p. 332 ; *RFDA* 2013, 923, étude P. Delvolvé, p. 936, étude G. Drago ; *Constitutions* 2013, 166 et 381, chron. A.-M. Le Pourhiey.

16. Sur l'ouverture de l'adoption aux couples de même sexe, cf. *infra*, n° 1407.

À peine validée, la loi fut promulguée pour devenir la loi n° 2013-404 du 17 mai 2013 ouvrant le mariage aux personnes de même sexe[17]. Une circulaire d'application fut publiée le 29 mai 2013[18] et le jour même fut célébré à Montpellier le premier mariage entre personnes de même sexe.

À la fin de l'année 2013, 7 000 mariages avaient été célébrés entre personnes de même sexe (soit 3 % des mariages contractés en 2013), pour la grande majorité des couples d'hommes (trois couples sur cinq). En 2014, il y eut 10 000 mariages homosexuels sur 241 000 (la proportion de femmes remontant nettement[19]).

167. Cuisine législative et disposition balai. – Prudent, le législateur s'est gardé d'inscrire dans le Code civil une nouvelle définition du mariage : le nouvel article 143 affirme simplement que « *Le mariage est contracté par deux personnes de sexe différent ou de même sexe* ». Pour le reste, il s'est contenté de retoucher les textes afin d'en faire disparaître les termes sexués[20] ou de tirer les conséquences du nouvel état du droit[21].

Mais, au-delà des textes sur le mariage, c'étaient tout le Code civil et plus généralement tout le droit français qu'il aurait fallu mettre à jour. Initialement, le législateur avait pensé se lancer dans une vaste entreprise de toilettage des textes afin de les « désexuer ». Il se heurta à l'immensité de la tâche et aux risques d'oublis ou d'incohérences. Surtout, l'effet politique de l'entreprise se révéla désastreux : la neutralisation des textes valant pour les époux mais aussi les parents de même sexe, la disparition des termes de père et mère au profit du terme générique (si l'on ose dire) de parent suscita des discussions passionnées au Parlement comme dans l'opinion publique. Pour résoudre le problème, la Commission des lois de l'Assemblée nationale imagina un dispositif baptisé du terme élégant de « dispositif balai »[22], que, par souci de sécurité juridique, le Sénat remania profondément[23]. Le nouvel article 6-1 du Code civil pose un principe d'égalité de traitement entre les époux ou les parents de même sexe et ceux de sexe différent : « *Le mariage et la filiation adoptive emportent les mêmes effets, droits et obligations reconnus*

17. Parmi les très nombreux commentaires de la loi, cf. H. Fulchiron, « Le mariage pour tous. Un enfant pour qui ? », *JCP* G 2013, doctr. 658 ; A.-M. Leroyer, « La loi n° 2013-404 du 17 mai 2013 ouvrant le mariage aux couples de personnes de même sexe. Au passé, présent et futur », *D.* 2013, p. 1697 ; J. Hauser, « Loi ouvrant le mariage aux couples de personnes de même sexe (et autres sujets) », *JCP* N 2013, 1165 ; *Du mariage pour tous à la famille homosexuelle, Dr. famille* 2013, dossier, p. 16 à 34 ; *Mariage, la réforme !, AJ famille* 2013, dossier, p. 331 et s. ; *La loi du 17 mai 2013 et la réforme du mariage, Defrénois*, dossier, p. 719 et s.

18. Circulaire du 29 mai 2013 de présentation de la loi ouvrant le mariage aux couples de personnes de même sexe (dispositions du Code civil) NOR : JUSC1312445, sur laquelle cf. not. C. Bidaud-Garon, « Mariage pour tous : la circulaire ! », *JCP* 2013, 729.

19. Les époux de même sexe sont plus âgés que les époux de sexe différent : 41 ans pour les hommes, 46 ans pour les femmes. Mais il faut tenir compte de l'effet de « stock ».

20. Cf. C. civ., art. 144 : *exit* la référence à « *l'homme et la femme* » ; le nouveau texte dispose « *Le mariage ne peut être contracté avant 18 ans révolus* ». De même en matière de nom de famille, le nouvel article 225-1 du Code civil prévoit que « *chacun des époux peut porter, à titre d'usage, le nom de l'autre époux, par substitution ou adjonction à son propre nom dans l'ordre qu'il choisit* ».

21. Les textes sur l'inceste sont ainsi complétés pour faire face à des situations qui hier encore eussent parues inouïes : prohibition de mariage entre ascendants et descendants des deux sexes (C. civ., art. 161), prohibition du mariage entre frères ou entre sœurs (C. civ., art. 162), prohibition du mariage entre l'oncle et le neveu, entre la tante et la nièce (C. civ., art. 163). De même l'article 75 C. civ. sur la célébration du mariage dispose-t-il désormais que l'officier de l'état civil, après avoir reçu « *de chaque partie, l'une après l'autre, la déclaration qu'elles veulent se prendre pour époux* », « *prononcera, au nom de la loi, qu'elles sont unies par le mariage (...)* ». Il est vrai que le maintien de la formule selon laquelle les parties veulent se prendre « *pour mari et femme* », fût-elle interprétée à la lumière de l'auguste Titre préliminaire du Code civil (cf. *infra*), eût été du plus mauvais effet.

22. Cf. E. Binet, rapport préc.

23. Cf. J.-P. Michel, rapport préc. Pour une présentation de l'évolution du texte, cf. E. Binet, rapport, n° 922 préc.

par les lois, à l'exclusion de ceux prévus au Titre VII du Livre 1er du présent code, que les époux ou les parents soient de sexe différent ou de même sexe »[24]. En vertu de son inscription dans le titre préliminaire du Code civil[25], cette règle interprétative est censée s'appliquer à toute la législation présente et à venir, sauf dérogation expresse[26].

168. Rayonnement international. – Soucieux de donner à l'ouverture du mariage entre personnes de même sexe le plus large rayonnement international, le législateur français a inscrit à l'article 202-1 du Code civil une nouvelle règle de conflit[27]. Le texte réaffirme la compétence de la loi nationale des époux pour régir les conditions de fond du mariage (alinéa 1). Mais pour faire pièce aux lois étrangères qui interdirait une telle union, l'alinéa 2 dispose : « *Toutefois, deux personnes de même sexe peuvent contracter mariage lorsque, pour au moins l'une d'entre elles, soit sa loi personnelle, soit la loi de l'État sur le territoire duquel elle a son domicile ou sa résidence le permet* ». La règle revient à instaurer, sans le dire, une véritable exception d'ordre public : la loi étrangère prohibitive sera écartée dès lors que la situation présente un lien (nationalité[28], domicile ou résidence[29] de l'un des époux) avec un système juridique qui admet le mariage entre personnes de même sexe, système français ou système étranger : on ne peut être plus généreux[30].

Conformément à la tradition, la même règle de conflit permet de traiter à la fois la question de la célébration du mariage en France et celle de la reconnaissance en France d'un mariage célébré à l'étranger[31]. En conséquence, un mariage entre personnes de même sexe sera reconnu en France dès lors qu'il est admis par la loi nationale de l'un des époux ou par la loi de l'État sur le territoire duquel l'un des époux a son domicile ou sa résidence. Peu importe là aussi qu'une telle union soit prohibée par la loi nationale d'un des époux, voire par la loi nationale des deux

24. L'exclusion du titre VII du Livre 1er s'imposait : consacré à la filiation biologique (au sens large puisqu'il inclut les PMA), ce titre repose sur l'altérité sexuelle : y toucher aurait conduit à une refonte totale des règles de la filiation qu'une ouverture des PMA aux couples de même sexe rendra sans doute un jour nécessaire, mais qu'il était hors de question d'engager. En revanche, l'adoption étant hors du Titre VII, ses dispositions sont applicables aux époux de même sexe en vertu de l'article 6-1.

25. Curieuse façon de faire du mariage et de la parenté homosexuels un mariage et une parenté « comme les autres », que d'inscrire une règle spécifique d'interprétation dans un titre du Code civil consacré aux principes généraux relatifs à la publication, aux effets et à l'application des lois en général...

26. Le procédé a été validé par le Conseil constitutionnel. Pour autant, cette verrue législative au titre préliminaire du Code civil a été vivement critiquée, cf. C. Pérès, « L'article 6-1 du Code civil : heurs et malheurs du titre préliminaire », *D.* 2013, p. 1370. Par souci d'intelligibilité de la loi et de sécurité juridique fut cependant prévu, parallèlement, un grand toilettage des textes hors Code civil. À cette fin, le Gouvernement fut habilité à procéder par ordonnance. Il n'a pas usé de cette autorisation.

27. Sur l'élaboration de la nouvelle règle, cf. H. Fulchiron, « Le "mariage pour tous en droit international privé" : le législateur français à la peine... », *JCP* G 2012, doctr. 1317, et sur la règle retenue, cf. not. S. Godechot-Patris et J. Guillaumé, « La loi n° 2013-404 du 17 mai 2013 ouvrant le mariage aux couples de personnes de même sexe, perspectives de droit international privé », *D.* 2013, 1756, A. Panet, « Le mariage homosexuel en France : célébration et reconnaissance », *Rev. dr. fam.* 2013, n° 29, H. Fulchiron, « Le mariage entre personnes de même sexe en droit international privé au lendemain de la reconnaissance du "mariage pour tous" », *JDI* 2013, p. 1055 et s., D. Bureau, « Le mariage pour tous à l'aune de la diversité », *in Les relations privées internationales, Mélanges offerts à B. Audit*, LGDJ, 2014, p. 155 et s.

28. Peu importe que l'intéressé ait une double nationalité.

29. Domicile ou résidence devant s'entendre au sens du droit français. Sur l'incohérence d'une telle règle, cf. H. Fulchiron, « Le mariage entre personnes de même sexe en droit international privé au lendemain de la reconnaissance du "mariage pour tous" », art. préc. et réf. cit.

30. Le Conseil constitutionnel a validé la règle, déc. n° 669 DC du 17 mai 2013, par. 26.

31. Sur les mariages célébrés avant l'entrée en vigueur de la loi, cf. l'article 21 de la loi du 17 mai 2013.

époux (si l'un d'eux au moins a sa résidence sur le territoire d'un pays qui admet une telle union), voire par les lois nationales et par les lois de la résidence habituelle, au sens du droit international privé, des deux époux (si l'un d'eux au moins a sa résidence, au sens du droit interne, sur le territoire d'un État « *gay friendly* »).

Si le nombre de pays favorables au mariage entre personnes de même sexe ne cesse d'augmenter, il en est qui restent fidèles à la conception traditionnelle du mariage. *Quid* lorsque la France a passé avec l'un d'eux une convention internationale plaçant expressément les ressortissants des deux parties sous l'empire de leur loi nationale : le respect des engagements internationaux de la France ne doit-il pas l'emporter sur la nouvelle règle inscrite dans le Code civil ? Après de vives polémiques, la Cour de cassation a affirmé dans un arrêt du 13 janvier 2015[32] que le mariage entre personnes de même sexe est d'ordre public en matière internationale. Bien que portée par la loi sur le mariage pour tous, cette inversion des « principes essentiels » du droit français en a choqué plus d'un[33].

169. Sort des mariages homosexuels français à l'étranger. – Avant la loi du 17 mai 2013, une question très discutée était celle des effets en France des mariages célébrés dans un pays étranger[34] : l'ordre public français s'oppose-t-il à leur reconnaissance ? S'agit-il, tout simplement, d'un « mariage » au sens des catégories juridiques françaises[35] ? La question est aujourd'hui réglée, généreusement, par l'article 202-1 du Code civil[36]. Reste la question des effets à l'étranger d'un mariage célébré en France. Nombre d'États restent en effet hostiles au « mariage pour tous » : à chacun d'eux de dire s'ils reconnaissent ou non les unions célébrées à l'étranger[37]. Il se pourrait cependant qu'au sein des États de l'Union européenne, le principe de libre circulation des personnes emporte finalement reconnaissance des situations valablement créées dans un autre État membre (« valablement », au regard des règles du pays étranger en question), sauf pour l'État récalcitrant à prouver que son ordre public est absolument réfractaire à une telle union[38]. Parallèlement, la CEDH, dans les arrêts *Wagner*[39] et *Negrepontis-Giannisis*[40], a jeté les

---

32. Cass. civ. 1re, 28 janvier 2015, n° 13-50.059, *D.* 2015, note H. Fulchiron, 1408, obs. J.-J. Lemouland et D. Vigneau, *AJ famille* 2015, 172, note A. Boiché, *Dr. famille* 2015, comm. 63, obs. A. Devers et M. Farge, *RTD civ.* 2015, 91, obs. Puig et 359, obs. J. Hauser, *D.* 2015, « Le complexe de Castafiore », *D.* 2015, 318, *JCP* 2015, 318, obs. L. Gannagé, *Rev. crit. DIP* 2015, 400, notes D. Boden, S. Bollée et B. Haftel, P. Hammje, P. de Vareilles-Sommières, *JDI* 2015, comm. n° 6, par J. Guillaumé et S. Godechot-Patris, n° 7, par Th. Vignal et n° 8, par B. Mathieu. En l'espèce était en cause le mariage d'un couple franco-marocain. Invoquant la convention franco-marocaine du 10 août 1981 qui place les questions de statut personnel sous l'empire de la loi nationale des personnes concernées, le ministère public fit opposition au mariage. Reprenant la solution (mais non la motivation) des juges du fond, la Cour de cassation écarte l'application de la loi marocaine prohibitive en vertu de l'article 5 de ladite convention qui prévoit expressément la réserve de l'ordre public.

33. Cf. not. les observations de P. Puig et de R. Libchaber, ainsi que celles des commentateurs de l'arrêt à la *Rev. crit. DIP* et au *JDI*, art. préc. ; *adde* L. Gannagé, « L'ordre public militant : le mariage pour tous face aux systèmes de tradition musulmane », note sous Cass. civ. 1re, 28 janvier 2015, préc. Fut également souligné par les commentateurs l'étrange décalage entre l'arrêt qui use de formules très générales et le communiqué de la Cour de cassation qui fait état de conditions (nationalité, domicile, notamment) que l'arrêt ne pose pas.

34. Cf. not. H. Fulchiron, « Le mariage entre personnes de même sexe en DIP : refus et/ou reconnaissance », *RIDC* 2010, p. 245, E. Fongaro, « Le mariage homosexuel à l'épreuve du DIP », *JDI* 2006, p. 447.

35. Cf. H. Fulchiron, « Le droit français et les mariages homosexuels étrangers », *D.* 2006, p. 1253.

36. V. *supra*.

37. H. Fulchiron, « La reconnaissance du mariage homosexuel français à l'étranger : un monde incertain », *Dr. famille* 2013, doctr. n° 30.

38. Cf. not. CJCE, 2 octobre 2003, aff. C-148/02, *Garcia-Avello c. Belgique*, *JDI* 2004, p. 1225, note S. Poillot-Peruzzetto, *D.* 2004, p. 1476, note M. Audit, *Rev. crit. DIP* 2004, p. 192, note P. Lagarde, CJCE, *Grunkin-Paul*, 14 octobre 2008, aff. C-353/06, *Rev. crit. DIP* 2009, 80, note P. Lagarde, *JDI* 2009, 203, note L. d'Avout, CJUE 22 décembre 2010, aff. C-208/209, *Sayn-Wittgenstein c. Autriche*, *RTD eur.* 2011, p. 571, note E. Pataut.

39. CEDH, 28 juin 2007, *Wagner c. Luxembourg*, n° 76240/01, *Rev. crit. DIP* 2008, p. 830, note P. Kinsh, *JDI* 2008, note L. d'Avout, p. 183, *D.* 2007, p. 2700, note F. Marchadier.

40. CEDH, 2 mai 2011, n° 56759/08, *Negrepontis-Giannisis c. Grèce*, *Rev. crit. DIP* 2012, p. 817, note P. Kinsh, *JDI* 2012, comm. 7, note A. Dionisi-Peyrusse.

bases d'un principe de reconnaissance des situations valablement créées dans un pays étranger, au nom du respect de la vie privée et familiale garanti par l'article 8 de la Convention EDH[41].

B. Indétermination du sexe

170. Malformation, imperfections, impuissance. – Il peut arriver qu'en raison d'étranges malformations physiques, le sexe d'un des époux soit indéterminable ou, plus souvent, qu'il y ait vice de conformation. La jurisprudence traditionnelle n'admettait la nullité pour cette cause que dans des cas exceptionnels : elle refusait de la prononcer aux cas de faiblesse ou d'imperfection des organes génitaux et ne l'accueillait que lorsque le sexe était véritablement méconnaissable dans son apparence extérieure[42]. Aujourd'hui, la question ne se pose plus puisqu'il peut y avoir mariage entre personnes de même sexe. Reste l'hypothèse où le conjoint aurait ignoré le problème ou découvrirait que son époux(se) n'est pas du sexe qu'il croyait (Jean pensait avoir épousé Jacques, qui se révèle être Jacqueline) : dans ce cas, il pourrait plaider l'erreur sur les qualités essentielles de la personne[43].

C. Mariage et transsexualisme

171. « *Le Parlement peut tout faire, même changer un homme en femme* ». – On définit généralement le transsexualisme comme un syndrome affectant une personne dont le sexe est physiologiquement et biologiquement déterminé, mais qui a la conviction profonde d'appartenir au sexe opposé[44]. Pour mettre en harmonie son apparence physiologique et ce qu'il considère comme la réalité, l'intéressé n'hésite pas à recourir à des traitements hormonaux et à des opérations chirurgicales si longues et si pénibles que « *l'on ne saurait croire qu'il y ait quoi que ce soit d'arbitraire ou d'irréfléchi dans la décision d'une personne de subir une conversion sexuelle*[45] ». Parallèlement, sont formulées des demandes tendant à modifier l'état civil : changement de prénoms, et, plus radicalement, changement de la mention du sexe sur les actes de l'état civil[46]. Pendant longtemps, la Cour de cassation rejeta cette dernière prétention : était invoquée notamment l'indisponibilité de l'état des personnes. Sous l'influence de la CEDH[47], elle opéra un revirement et admit que le transsexuel pouvait faire modifier son état civil[48]. La Cour de Strasbourg a fait ainsi mentir le vieil

41. Sur l'ensemble de la question, cf. H. Fulchiron, « La reconnaissance au service de la libre circulation de personnes et de leur statut familial dans l'espace européen », *in Les relations privées internationales, Mélanges en l'honneur de B. Audit, op. cit.*, p. 359 et réf. cit. La CEDH devrait se prononcer sur la question dans l'affaire *Francesca Orlandi et a. c. Italie*, actuellement pendante devant elle (cf. sur la recevabilité CEDH, 3 décembre 2013, n° 26431/12, sur laquelle M. Lamarche, « Mariage entre personnes de même sexe en Italie : *orbi et... urbi* ? », *Dr. famille* 2014, alerte n° 23).

42. Les esprits curieux trouveront les références des arrêts qui eurent à statuer sur ces particularités *in* Marty et Raynaud, n° 70. Rappr. TGI Tours, 20 août 2015, ordonnant la substitution de la mention de « sexe neutre » à la mention de « sexe masculin » pour un homme (marié) de 64 ans né avec un micro-vagin, un micro-pénis mais pas de testicules (*Le Monde*, 14 oct. 2015).

43. Cf. *infra*, n° 183.

44. *Les personnes,* coll. Droit civil.

45. Selon la formule utilisée par la CEDH dans l'arrêt ***Goodwin c/Royaume-Uni*, 11 juillet 2002.

46. *Les personnes,* coll. Droit civil.

47. CEDH, 25 mars 1992, *D.* 1993.101, n. J.-P. Marguénaud ; *JCP* G 1992.II.21955, n. Th. Garé.

48. Cass. Ass. plén., 11 décembre 1992, *JCP* G 1993.II.21991, concl. Jéol, n. G. Mémeteau. Sur l'ensemble de la question, *GA CEDH*, n° 42 s. et réf. cit. *Adde* Paris, 1re ch. civ., 14 juin 1994, *Osmar B., Rev. crit. DIP* 1995, 308, n. critique Y. Lequette, qui permet le changement d'état civil d'un transsexuel argentin résidant habituellement en France, par application de la loi française évinçant la loi argentine normalement compétente. « *Pour justifier une demande de rectification de la mention du sexe figurant*

adage anglais selon lequel « *Le Parlement peut tout faire, sauf changer un homme en femme* ». Dès lors se posèrent deux questions au regard du droit du mariage.

172. Célébration du mariage d'un transsexuel. – Peut-on célébrer le mariage d'un transsexuel ayant obtenu son changement d'état ? Certes, les actes de l'état civil font état de deux personnes de sexe différent, mais biologiquement, les futurs époux sont de même sexe.

La CEDH a eu à connaître de la question dans diverses affaires concernant des transsexuels anglais[49]. Après avoir estimé que « *en garantissant le droit de se marier, l'article 12 vise le mariage traditionnel entre deux personnes de sexe biologique différent* » et que les États ne peuvent se voir imposer l'obligation d'admettre le mariage des transsexuels[50], la Cour a affirmé dans l'arrêt *Christine Goodwin et al. contre Royaume-Uni*, du 11 juillet 2002[51], « *n'être plus convaincue que l'on puisse aujourd'hui continuer d'admettre que ces termes* (ceux de la Conv. EDH, art. 12) *impliquent que le sexe doive être déterminé selon des critères purement biologiques* » (§ 100). La Cour opte donc pour une définition du sexe qui prend en compte la complexité de ses composantes. Selon elle, le législateur qui interdit le mariage aux transsexuels ayant obtenu la modification de leur état viole l'article 12 car, au-delà de la marge d'appréciation reconnue aux États, le droit de se marier est atteint dans sa substance[52]. La Cour de justice de l'Union européenne a adopté la même position[53].

---

dans un acte de naissance, la personne doit établir, au regard de ce qui est communément admis par la communauté scientifique, la réalité du syndrome transsexuel dont elle est atteinte ainsi que le caractère irréversible de la transformation de son apparence » (cf. Cass. civ. 1re, 12 juin 2012, 2 arrêts, *D.* 2012, 1648, note F. Vialla, *RTD civ.* 2012, 502, obs. J. Hauser). Selon la Cour de cassation, ces deux exigences « *ne constituent pas des conditions discriminatoires ou portant atteinte aux principes posés par les articles 8 et 14 de la Convention européenne des droits de l'homme, dès lors qu'elles se fondent sur un juste équilibre entre les impératifs de sécurité juridique et d'indisponibilité de l'état des personnes d'une part, de protection de la vie privée d'autre part* » (Cass. civ. 1re, 13 février 2013, n° 12-11.949 et 11-14.515, *RTD civ.* 2013, 344, obs. J. Hauser).

49. *Les grands arrêts de la CEDH, op. cit.*

50. *Rees*, 17 octobre 1986, A. 106, § 49, arrêt *Sheffield et Horsham*, 30 juillet 1998, § 6.

51. ** CEDH, 11 juillet 2002, *Christine Goodwin et l. c/Royaume-Uni, GA CEDH*, n° 42 ; *JCP* G 2003.I.101 n° 1, obs. Y. Favier, I, 109, nos 16 et 22, obs. F. Sudre ; *D.* 2003.2032, n. A.-S. Chavent-Leclère, 525, obs. C. Birsan, 1935, obs. J.-J. Lemouland ; *RTD civ.* 2002, 782, obs. J. Hauser, 862, obs. J.-P. Marguénaud ; *Dr. famille* 2002, n° 133, obs. A. Gouttenoire. En l'espèce, Christine Goodwin, transsexuelle opérée, divorcée et père (évidemment, la conception avait eu lieu avant l'opération) de quatre enfants, se plaignait du traitement qu'elle subissait dans la pratique administrative britannique du fait de l'absence de reconnaissance de sa nouvelle identité sexuelle, en matière d'emploi, de sécurité sociale et de pension de retraite (elle devait cotiser en tant qu'homme jusqu'à 65 ans, alors qu'en tant que femme, elle aurait pu prendre sa retraite à 60 ans) ; elle invoquait également une violation de l'article 12 de la Convention EDH, le droit anglais lui interdisant d'épouser l'homme avec lequel elle vivait depuis plusieurs années.

52. La Cour fait par ailleurs observer que « *lorsqu'un État* (comme la Grande-Bretagne) *autorise le traitement et l'intervention chirurgicale* [...] *d'une personne transsexuelle, finance tout ou partie des opérations et va jusqu'à consentir à l'insémination artificielle d'une femme qui vit avec un transsexuel* [...], *il paraît illogique qu'il refuse de reconnaître les implications juridiques du résultat auquel le traitement conduit* » (§ 78). En un attendu qui résume la philosophie individualiste de la majorité des juges strasbourgeois, elle affirme « *En fait, il n'a pas été démontré qu'une modification de la condition des transsexuels risquerait d'entraîner des difficultés concrètes ou notables ou une atteinte à l'intérêt public. Quant aux autres conséquences éventuelles, la Cour considère qu'on peut raisonnablement exiger de la société qu'elle en accepte certains inconvénients afin de permettre à des personnes de vivre dans la dignité et le respect, conformément à l'identité sexuelle choisie par elles au prix de grandes souffrances* » (§ 91).

53. CJCE, 7 janv. 2004, *D.* 2004.979, n. approb. Ph. Icard ; *Dr. famille* 2004, n° 62, n. A. Gouttenoire ; en l'espèce, un transsexuel demandait à bénéficier d'une partie de la rémunération de celle qu'il voulait épouser. Le Royaume-Uni qui s'y opposait a été condamné : l'article 141 CE s'oppose à une législation qui ne permet pas à une femme et à un homme transsexuel de se marier et donc de bénéficier des pensions de reversion accordées aux époux.

Par des voies et des motifs différents, la CEDH rejoint sur ce point la position généralement admise en France : l'officier de l'état civil qui célèbre le mariage doit s'en tenir à la mention du sexe telle qu'elle apparaît dans les actes de l'état civil[54]. Avec la reconnaissance du mariage de même sexe, la question ne se pose plus en France. Reste la seconde difficulté : celle du devenir d'une personne mariée qui obtiendrait son changement d'état civil.

173. Avenir du mariage d'un transsexuel ? – Deux personnes de sexe différent se marient ; pendant l'union, l'un des époux se fait opérer et obtient une modification de la mention de son sexe dans les actes de l'état civil. Quel est le sort d'un mariage qui lie désormais deux personnes juridiquement de même sexe[55] ? Le problème fut très discuté en droit français[56]. Il ne pouvait être question de nullité puisque lors de la célébration du mariage, la condition de différence de sexe avait été respectée. Prononcer le divorce pour faute aux torts du transsexuel n'était guère convaincant et supposait que le conjoint le demandât[57].

La caducité semble la solution la plus exacte techniquement et, en pratique, la mieux appropriée[58].

Là encore, l'ouverture du mariage aux personnes de même sexe fait disparaître la difficulté, sauf à ce que le conjoint hostile à la conversion sexuelle demande le divorce[59]. Mais d'autres problèmes demeurent, notamment pour les enfants puisque ces derniers ont pour père... une femme ou pour mère... un homme, du moins à l'état civil.

---

54. TGI Paris, 13 décembre 1983, *D.* 1984.350, n. M.-L. Rassat ; *RTD. civ.* 1985, 135, obs. J. Rubellin-Devichi. Encore faut-il, comme pour tout mariage, qu'il y ait une intention matrimoniale : en l'espèce, les deux candidats au mariage s'étaient connus à l'occasion de la Gay pride et entendaient s'unir en tant que femmes (malgré le changement de sexe obtenu par l'un d'eux (l'une d'elles ?), qui continuait malgré tout à vivre et à s'habiller en femme), « *pour contrevenir, afin de mieux la combattre, à la prohibition actuelle du mariage entre personnes de même sexe* » : jugé que le militantisme en faveur de la « cause » trans et homosexuelle ne pouvait remplacer l'intention matrimoniale (Versailles, 8 juillet 2005, *RTD civ.* 2006, p. 93, obs. J. Hauser). Pour un panorama de la jurisprudence française, cf. V. Larribau-Terneyre, « Transsexualisme et couple », *Dr. famille* 2013, n° 14.

55. Il est certain que ni l'existence d'un mariage ni la présence d'enfants biologiques ne constituent en soi des obstacles au changement de sexe, cf. Rennes, 16 octobre 2012, *D.* 2013, p. 156, note S. Paricard, *AJ famille* 2012, 554, obs. B. de Boysson, *RTD civ.* 2012, 502, obs. J. Hauser.

56. Prudemment, la CEDH, dans l'arrêt ** *Goodwin,* renvoie à la compétence des États (§ 103).

57. Nîmes, 7 juin 2000, *Dr. famille* 2001 (1), n° 4, n. H. Lécuyer.

58. Pour les pays qui ne connaissent pas le mariage pour les couples de même sexe mais leur ont ouvert un partenariat enregistré construit sur le modèle du mariage, il peut aussi y avoir transformation du mariage en partenariat. La CEDH l'a admis dans l'arrêt *Hämäläinen c. Finlande* du 16 juillet 2014, gr. ch., 16 juillet 2014, req. n° 37359/09, *AJ famille* 2014, 565, obs. B. de Boysson, *RTD civ.* 2014, 831, obs. J.-P. Marguénaud, et 855, obs. J. Hauser, *Dr. famille* 2015, comm. 1, note J.-R. Binet, confirmant la solution adoptée par la cour dans la même affaire le 13 novembre 2012, *D.* 2013, p. 152, sur le devenir du mariage du transsexuel au regard de la jurisprudence de la CEDH, *D.* 2013, p. 152, note F. Marchadier. En l'espèce, un homme marié et père de famille subit une opération, change de prénom et demande un nouveau numéro d'identité. Refus des autorités finlandaises, au motif qu'un tel changement suppose l'accord du conjoint. Or celui-ci ne le donne pas car la loi finlandaise prévoit que le mariage sera automatiquement transformé en partenariat et qu'il estime que le mariage offre plus de sécurité pour lui et un meilleur statut pour les enfants. Constatant l'absence de consensus entre États membres en une matière qui soulève « *des questions morales et éthiques délicates* », la Cour reconnaît aux États une large marge d'appréciation. Selon la Cour, « *il n'est pas disproportionné de poser comme condition préalable à la reconnaissance juridique de changement de sexe de la requérante que son mariage soit transformé en partenariat enregistré, celui-ci représentant selon elle une option sérieuse offrant aux couples de même sexe une protection juridique pratiquement identique à celle du mariage* » (par. 87) : un juste équilibre a été ménagé entre les intérêts du requérant (même s'il subit quelques désagréments) et ceux de l'État qui refuse que soit fait exception au caractère hétérosexuel du mariage.

59. La nullité pour erreur sur les qualités essentielles reste problématique. Jean épouse Jacqueline qui devient Jacques, Jean épouse Jacques qui devient Jacqueline : dans les deux cas, la condition relative au sexe attendu était remplie lors de la célébration du mariage. Le conjoint déçu dans ses attentes pourrait tenter d'arguer que le trouble existait à l'époque de la célébration du mariage et qu'il lui avait été caché.

II. — Âge

174. Âge minimum. – Le Code civil fixe une condition d'âge minimum pour se marier (art. 144) : dix-huit ans pour les filles comme pour les garçons. Cet âge peut exceptionnellement « *pour des motifs graves* » être abaissé par une dispense du procureur de la République du lieu de célébration (art. 145), uniquement, en pratique, en cas de grossesse de la femme, qui a démontré son aptitude physiologique. La règle est surtout fondée sur des raisons physiologiques – la nécessité de la puberté –, mais aussi d'ordre social – afin de fonder un foyer, il faut une certaine expérience et un minimum de maturité –, et aussi d'ordre intellectuel – il faut un éveil psychologique pour donner un consentement éclairé.

Il n'existe pas d'âge maximum : seul est prohibé le mariage des enfants, pas celui du grand âge[60].

Dans l'ancien droit romain, l'âge matrimonial dépendait de la décision du *pater familias* ; ultérieurement, il fut fixé à 12 ans pour les filles, 14 pour les garçons. Ce système a été adopté dans les pays de droit écrit et longtemps conservé par le droit canon. La Révolution a un peu retardé l'âge nuptial : 13 ans pour les filles, 15 pour les garçons.

Le Code civil avait franchi un pas de plus : 15 ans pour les filles, 18 pour les garçons. L'alignement n'est intervenu qu'en 2006, au nom de l'égalité entre homme et femme et de la protection de la femme contre le mariage forcé ou sous forte influence familiale[61].

III. — Santé

175. L'ancien certificat prénuptial. – Des lois étrangères – les législations scandinaves et de certains États des États-Unis d'Amérique – contrôlent avant le mariage la santé des futurs époux. Rien de tel en France. Un fantôme de contrôle fut organisé par une loi du 16 décembre 1942, soucieuse de protéger à la fois la liberté matrimoniale et les secrets de la vie privée. Certes, un examen médical prénuptial était obligatoire : le projet de mariage ne pouvait être publié sans la production du certificat qui en faisait la preuve, son absence constituait ainsi un empêchement prohibitif. Mais l'examen devait être secret, le certificat se bornant à attester qu'il avait eu lieu, sans autre précision. À l'intéressé d'en communiquer éventuellement le contenu au futur conjoint. Son objet était de placer chacun devant ses responsabilités.

Jugé peu efficace, le certificat prénuptial a été supprimé en 2007[62]. On peut le regretter : un bilan de santé avant le mariage n'a rien d'inutile.

---

60. H. de BALZAC, *La Cousine Bette*, dernières lignes. Le baron Hulot d'Érvy (l'intendant, pas le maréchal une gloire de l'Empire) était un libertin sénile, aimant beaucoup les femmes (même les petites filles de 13 ans) que ni les terribles épreuves que lui avaient valu ses obsessions, ni l'âge (près de 72 ans, « *"L'âge du repos absolu"*[...] *complètement détruit* ») n'avaient amené à dételer. Onze mois après la mort d'Adeline, son admirable femme, il épousa la fille de cuisine, une campagnarde de Normandie « *à taille courte, à bons bras rouges, munie d'un visage commun, bête comme une pièce de circonstances* [...], *douée d'un embonpoint de nourrice* [...], *près de faire éclater la cotonnade dont elle entourait son corsage* [...], *une vraie fille délurée* [...], *une atroce maritorne* [...] » « *Les ancêtres peuvent s'opposer au mariage de leurs enfants, mais les enfants ne peuvent pas empêcher les folies des ancêtres en enfance* » dit Me Hulot (le fils du baron) à Me Popinot, le second fils de l'ancien ministre du Commerce qui lui parlait de ce mariage. Balzac n'a pas précisé que ce mariage n'eût été valable que si le consentement avait été lucide, ce qu'exclut l'altération de facultés mentales : le baron Hulot d'Érvy n'en était pas loin.

61. L. n° 2006-399, 4 avril 2006, renforçant la prévention et la répression des violences au sein du couple ou commises contre les mineurs.

62. Loi n° 2007-1787 du 20 décembre 2007 relative à la simplification du droit (*sic*), art. 8.

§ 2. Un consentement

176. ***Nuptias non concubitus sed consensus facit***[63]. En droit romain (la formule d'Ulpien en témoigne) comme en droit français, la volonté de se prendre pour époux est l'élément majeur de la formation du mariage ; elle constitue à la fois une règle de forme et une règle de fond : elle est en même temps la déclaration solennelle faite lors de la célébration du mariage et l'engagement matrimonial. Les règles de forme relatives à cette déclaration seront examinées ultérieurement : elles ont pour objet d'assurer la liberté de la volonté. Il s'agit ici des règles de fond relatives à la volonté conjugale qui s'affirme lors de la célébration du mariage. C'est à ce moment qu'il faut se placer afin d'en apprécier la valeur, voir si elle est consciente, libre et éclairée et si elle a pour contenu une volonté matrimoniale[64].

L'ensemble des actes juridiques, et notamment tous les contrats patrimoniaux, comportent ces exigences. Mais le mariage est un acte plus grave, il engage une vie entière, d'une manière infiniment plus intense que tout autre contrat. En outre, le consentement matrimonial repose sur des sentiments, et constitue donc une volonté différente de celle qui apparaît dans les échanges économiques.

Les exigences d'un consentement conscient, libre et éclairé sont infléchies à l'égard du mariage (I) ; de plus, le consentement doit être abstrait et inconditionnel (II).

I. — Consentement conscient, libre et éclairé

Le consentement doit exister (A) et être libre et éclairé (B). Ce qui, traditionnellement, est exprimé de manière négative car l'existence, la liberté et l'intelligence du consentement sont présumées : il ne doit y avoir ni altération, ni vice du consentement[65] ; ces deux exigences n'ont pas la même importance, car l'altération du consentement est plus grave et plus rare que le vice du consentement. Le principe de la liberté matrimoniale produit également des conséquences sur les clauses et les dispositions qui la restreignent (C).

A. Altération du consentement

177. Mariage du fou. – La question de l'existence du consentement ne se présente qu'à l'égard de l'aliéné[66] ; elle a diverses modalités car il existe des degrés dans l'altération des facultés mentales. Il convient d'aborder la question en législation (1), puis en droit positif (2).

---

63. Ulpien, Digeste 35, 1, fragm. 15 : le mariage ne résulte pas de la communauté de vie, mais du consentement.

64. Cœur du mariage, l'article 146 du Code civil selon lequel « *Il n'y a pas de mariage s'il n'y a point de consentement* » fut déféré au Consel constitutionnel dans le cadre d'une QPC avec les articles 175-1 et 180 qui ouvrent au ministère public le droit de faire opposition au mariage (cf. *infra*, n° 251) : si l'on comprend bien, seule devrait compter l'existence du consentement et non les motivations des époux. Le Conseil constitutionnel rejette un tel argument (Cons. const., 22 juin 2012, n° 2012-261 QPC, *AJ famille* 212, 466, note F. Chénedé, *RTD civ.* 2012, p. 510, obs. J. Hauser) : « *La protection constitutionnelle du mariage ne confère par le droit de contracter mariage à des fins étrangères à l'union matrimoniale* ».

65. **Biblio. :** G. Raymond, *Le consentement des époux au mariage*, thèse Poitiers, 1965, LGDJ, préf. G. Cornu ; J.-J. Lemouland, *L'intégrité du consentement au mariage*, thèse Bordeaux, 1984, ronéo.

66. Sur le mariage du mineur, *infra*, n°s 210 s.

1) Législation

De lege ferenda, il est parfois estimé qu'il serait opportun de ne pas permettre aux personnes dont les facultés mentales sont durablement altérées de se marier, et qu'on devrait facilement admettre la nullité de leur mariage. D'une part, parce qu'il existe beaucoup d'aliénations mentales héréditaires : il ne conviendrait pas, pour des raisons de santé publique, d'inciter un malade mental à la procréation ; d'autre part, parce que l'aliéné serait inapte à remplir ses devoirs d'époux. La conséquence en serait que tout aliéné, si ses facultés mentales sont gravement altérées, ne devrait jamais pouvoir se marier, même aux moments où il est lucide.

Telle n'a jamais été pas la position du droit français, pour trois raisons. D'abord, il répugne aux politiques d'eugénisme parce qu'elles sont attentatoires aux libertés individuelles. Ensuite, il n'admet aucune incapacité de jouissance en matière de mariage : le droit au mariage est un droit fondamental de la personnalité. Enfin, interdire le mariage à quelqu'un n'empêcherait ni la vie en couple ni la procréation.

Écartées dans leurs conséquences extrêmes, ces critiques adressées aux mariages des malades mentaux expliquent l'évolution de la législation.

2) Droit positif

Le droit positif n'a longtemps annulé le mariage de l'aliéné qu'avec des restrictions, puis a un peu élargi l'exercice de cette nullité en 1933 ; avec la loi du 3 janvier 1968 sur les majeurs protégés, il a rendu plus difficile sa conclusion ; enfin, la loi du 11 juillet 1975 avait prévu une sorte de divorce pour aliénation mentale, qui a disparu avec la réforme du 26 mai 2004. Seront successivement examinés les régimes antérieur (a) et postérieur (b) à la loi du 3 janvier 1968 amendée par celle du 5 mars 2007.

a) Avant 1968

Le Code Napoléon n'avait pas prévu de disposition particulière à l'égard du mariage de l'aliéné. Il comportait seulement un principe général sur la nécessité du consentement pour qu'il y eût mariage (art. 146) et un ensemble de règles ayant pour objet la gestion des biens du fou (l'interdiction judiciaire) ou des demi-fous (le conseil judiciaire). Ultérieurement, une loi de 1838 avait organisé les mesures intéressant la personne de l'aliéné : l'internement. Aucune de ces institutions n'avait le mariage pour objet. Aussi la jurisprudence avait-elle envisagé le mariage de l'aliéné indépendamment du régime juridique de son incapacité. Afin d'apprécier la validité du mariage de l'aliéné, elle examinait le consentement donné lors de la célébration de l'union : le mariage était valable si l'aliéné était dans un intervalle lucide, nul si le consentement avait été donné alors que l'aliéné était effectivement dément. Le mariage était, à cet égard, traité comme toute autre espèce de contrat.

b) Après 1968

Les aliénés qui ne sont soumis à aucune protection particulière restent libres de se marier et leur mariage ne peut être annulé que si l'on établit une altération de leurs facultés mentales au moment du mariage.

Pour se marier, le majeur en curatelle doit obtenir l'autorisation du curateur, ou à défaut du juge des tutelles (art. 460, al. 1[67]). Quant au mariage du majeur en tutelle, la loi du 3 janvier 1968 avait posé l'exigence du consentement du conseil de famille (spécialement convoqué pour en délibérer) ou du consentement conjoint des père et mère (art. 506 ancien). La loi du 5 mars 2007 sur les majeurs protégés conserve au mariage un statut très particulier parmi les actes personnels : survivance d'anciens pouvoirs, la nécessité

67. Disposition protectrice validée par le Conseil constitutionnel dans le cadre d'une QPC (déc. n° 2012-260 QPC du 29 juin 2012, *RTD civ.* 2012, p. 510, obs. J. Hauser).

du consentement des père et mère disparaît, mais le mariage doit être autorisé par le juge ou par le conseil de famille s'il a été constitué ; cette autorisation ne peut être donnée qu'« *après audition des futurs conjoints* » (pas seulement du majeur protégé) et « *recueil, le cas échéant, de l'avis des parents et de l'entourage* » (art. 460, al. 2).

B. VICES DU CONSENTEMENT

178. Faveur pour le mariage. – Un consentement n'est valable que s'il a été librement donné en connaissance de cause ; la règle est générale et gouverne l'ensemble des actes juridiques. Cependant, elle est sanctionnée de manière particulière en matière de mariage dont l'importance fait qu'on doit le mettre, autant que possible, à l'abri des causes qui viendraient l'atteindre après coup ; ce que l'on veut dire lorsqu'on parle d'une « faveur pour le mariage », la faveur consistant ici à en faciliter la validité.

La faveur au mariage entraîne une politique restrictive des nullités, qui, malgré les assouplissements contemporains, produit une double conséquence : d'abord, une énumération des causes de nullité plus restreinte qu'en droit commun (question de fond), ensuite, une limitation des personnes pouvant agir en nullité (question de procédure, la qualité).

179. Dol : trompe qui peut. – De la liste habituelle des vices du consentement – la violence (A), l'erreur (B) et le dol – le droit du mariage ne retient que les deux premiers ; *a contrario*, le dol est exclu. Le silence du Code (art. 180) sur le dol est intentionnel ; il reprend la tradition du droit canonique, aujourd'hui abandonnée[68], et celle de l'Ancien droit énoncée par Loysel : « *En mariage il trompe qui peut* ». Le seul fait que le mariage ait été déterminé par des manœuvres mensongères ne suffit pas à entraîner sa nullité.

Cette exclusion, peu évangélique, se justifie par deux raisons : **1)** L'artifice qui caractérise le dol est difficile à distinguer de l'art habituel de plaire ; la rouerie et la coquetterie font partie du jeu de la séduction. On peut donner de la même idée la contre-épreuve : admettre le dol comme cause de nullité serait permettre à tous les déçus d'une vie matrimoniale de sortir du lien conjugal, ce que, dans une grande mesure, le divorce permet aujourd'hui. **2)** Le dol provoque toujours une erreur et, en fait, l'erreur dans le mariage est presque toujours provoquée par un dol : les manœuvres dolosives commises par un époux sont la preuve de l'erreur subie par l'autre[69], si bien que la question du dol est résorbée dans celle de l'erreur : les erreurs qui ne sont pas des causes de nullité ne peuvent l'être sous prétexte qu'elles seraient dolosives[70].

1) Violence

180. Physique et morale. – La violence, en matière de mariage, est rare. Le caractère solennel du mariage (le fait que la célébration ait lieu devant l'officier d'état civil) est une précaution qui empêche l'accomplissement de violences lors de l'échange des consentements conjugaux. Elle est cependant loin d'être inexistante.

Il en existe deux variétés : physique et morale.

68. NC. dr. can., can. 1098 : « *la personne qui contracte mariage, trompée par un dol commis en vue d'obtenir le consentement, et portant sur une qualité de l'autre partie, qui de sa nature même peut perturber gravement la communauté de vie conjugale, contracte invalidement* » ; VALDRINI *et al., Droit canonique*, Dalloz, 1989, n° 493 *bis*.

69. G. CORNU, « Centenaire », *D.* 1959, chron. p. 215 s.

70. La dissimulation d'une maladie, d'un précédent mariage, d'une liaison, etc., pourrait aussi constituer une faute cause de divorce, en raison d'une violation de l'obligation de sincérité (cf. *infra*).

1° La **violence physique** est devenue exceptionnelle, car il faudrait supposer que l'officier d'état civil l'ait subie lui-même ou en ait été le complice. Cependant, (particulièrement dans des affaires corses[71]), elle apparaissait naguère, de temps à autre.

Il ne faut pas confondre la violence et le rapt qui, dans l'Ancien droit et en droit canonique, était une cause de nullité du mariage ; le rapt était une présomption irréfragable de violence tant que la femme enlevée était entre les mains du criminel, quoique la violence eût cessé. Aujourd'hui, si la personne ravie contre sa volonté recouvre sa liberté lors de la célébration du mariage, elle ne subit pas de violences lors du mariage : son mariage est valable.

2° La **violence morale** est plus fréquente et plus insidieuse ; elle consiste en des moyens injustes et entraîne la crainte d'un mal considérable et présent. En principe la crainte révérencielle de l'autorité des parents n'est pas considérée comme un vice de consentement (art. 1114). Les inquiétudes suscitées par l'atteinte à la liberté de certaines jeunes filles musulmanes que leurs familles contraindraient à accepter l'époux qu'elles ont choisi pour elles, ont amené le législateur à intervenir[72] : dans la rédaction que lui a donnée la loi du 4 avril 2006, l'article 180, alinéa 1, dispose que « *l'exercice d'une contrainte sur les époux ou l'un d'eux, y compris par crainte révérencielle envers un ascendant, constitue un cas de nullité du mariage* ». Reste à savoir ce qu'il faut entendre par l'expression un peu vieillote de « crainte révérentielle » – respect des parents, peur d'être rejeté par la famille, pression morale insupportable ? – et, surtout, à en établir l'existence[73]. De même, c'est pour lutter contre les mariages imposés par la famille qu'a été instaurée une règle de conflit de lois dérogeant au droit commun (art. 202-1). En principe, les conditions de fond du mariage sont régies par la loi nationale de chacun des époux ; par exception, l'appréciation de l'existence et de la liberté du consentement se fait au regard de la loi française (art. 146 et art. 180 al. 1) quelle que soit la nationalité des époux[74].

---

71. Bastia, 27 juin 1949, *D.* 1949.417 ; *JCP* G 1949.II.5083, n. J. S. (menaces de mort proférées par le futur beau-père) ; Cass. civ. 1re, 17 mars 1959, *Bull. civ.* I, n° 162 ; *D.* 1959.540 cassant Bastia, 25 mars 1957 ; Cass. civ. 1re, 17 décembre 1968, *Bull. civ.* I, n° 325 ; *D.* 1969.410 maintenant Bastia, 13 décembre 1966 (dans cette dernière espèce, les menaces ont été jugées insuffisantes pour constituer un vice du consentement) : cf. aussi deux espèces où l'action n'a échoué que parce qu'elle était prescrite, Bastia, 24 octobre 1955, *Gaz. Pal.* 1956.I.78 ; Cass. civ. 1re, 17 novembre 1958, *Bull. civ.* I, n° 493 ; *D.* 1959.18, n. G. Holleaux ; *JCP* G 1959.II.10949, n. P. Esmein rejetant le pourvoi contre Bastia, 16 octobre 1956. En général, ce sont les parents mâles de la jeune fille enceinte ou simplement amoureuse qui viennent intimider le séducteur volage pour l'inciter au mariage.

72. *1er ex.* : Colmar, 28 avril 2005, *Dr. famille* 2006, n° 1, n. V. Larribau-Terneyre : le père avait reconnu avoir contraint sa fille au mariage. Celle-ci s'était réfugiée chez son oncle quelques jours après la célébration. Le mariage n'avait pas été consommé. *2e ex.* : Mariage arrangé avec un cousin inconnu, mariage consommé de gré ou de force dans un contexte de contrainte et de surveillance permanente, injures et coups infligés par le père pour punir sa fille de ne pas manifester d'affection pour son mari... tous les signes d'un mariage forcé étaient réunis dans l'affaire jugée par la cour d'appel de Bordeaux le 21 février 2006, *Dr. famille* 2007, n° 121, n. V. Larribau-Terneyre.

73. Y. Guenzoui, « La crainte révérencielle », *D.* 2010, p. 984. Lois et propositions de lois ont fleuri sur ce thème. La cause est noble, mais il ne faudrait pas que l'intervention du législateur soit guidée par le souci de renforcer les contrôles sur les mariages « mixtes » trop facilement soupçonnés d'avoir été conclus pour permettre au conjoint étranger d'obtenir une carte de séjour ou de demander la nationalité française, *infra*, nos 194 s. Afin d'assurer la protection des jeunes femmes réellement menacées d'un mariage forcé, la loi du 9 juillet 2010 sur les violences faites aux femmes a donné au juge la possibilité de prendre une ordonnance de protection (sur cette ordonnance prévue aux articles 515-9 et s., *infra*, n° 634) ou d'ordonner à la demande de l'interessée une interdiction temporaire de sortie du territoire (art. 515-13 C. civ. nouveau).

74. Sur cette règle issue de la loi n° 2014-873 du 4 août 2014 « pour l'égalité réelle entre les femmes et les hommes », cf. H. Fulchiron, « Qui mal embrasse, trop étreint », *JCP* 2015, 171, et réf. cit.

2) Erreur

L'erreur est le vice le plus délicat à apprécier ; son analyse est liée à celle du consentement matrimonial. Le problème est de savoir quelles erreurs sont si graves qu'elles entraînent la nullité du mariage. La réponse logique consisterait à dire que les erreurs qui portent sur les qualités essentielles du futur conjoint sont des causes de nullité, non celles qui ont pour objet les qualités secondaires. Cette réponse n'est pas inexacte mais ne fait que déplacer le problème, car il faut savoir quels sont les éléments essentiels du consentement conjugal et quels en sont les éléments secondaires.

Un premier élément de réponse peut se trouver dans la force du lien conjugal. Plus les liens que crée le mariage sont forts, plus largement on devrait admettre que l'erreur l'annulât, car l'erreur, cause de nullité, peut être un utile tempérament à l'indissolubilité du lien. On peut ainsi comprendre pourquoi le droit canon (a) a une compréhension plus large de l'erreur, cause de nullité du mariage, que le droit civil (b).

a) Droit canon

181. Individualisation de la personne et conditions. – Le droit canon a une compréhension large de l'erreur, cause de nullité[75]. Il exclut en principe l'erreur de droit[76]. Mais il retient largement l'erreur de fait ; il admet comme cause de nullité, non seulement l'erreur de fait portant sur l'identité de la personne, mais aussi celle sur les qualités qui déterminent l'individualité de la personne[77]. La notion est élargie par la théorie des conditions[78] ; il suffit de stipuler comme condition du mariage l'existence chez le conjoint de telle ou telle qualité pour que son absence, découverte après coup, fasse disparaître le consentement donné au mariage. Toute erreur, au moyen de cette théorie, peut finalement entrer en ligne de compte, à condition d'avoir porté sur une condition stipulée lors du mariage.

b) Droit civil

Dans sa version initiale, l'article 180, alinéa 2, prévoyait que la nullité du mariage pouvait être demandée s'il y avait eu « *erreur dans la personne* » : depuis la modification que lui a apportée la loi du 11 juillet 1975, le texte prévoit que la nullité peut aussi être demandée s'il y a « *erreur [...] sur des qualités essentielles de la personne* ».

182. Avant 1975 : erreur dans la personne. – L'« *erreur dans la personne* » était une expression que les rédacteurs du Code Napoléon avaient empruntée à Pothier. Il s'agissait d'une erreur sur la personne physique du conjoint ; l'exemple de Pothier était une hypothèse d'école, difficilement réalisable[79]. Dans la pratique, le problème ne se posait pas de cette manière : il apparaissait lorsqu'il y avait erreur sur la qualité de la personne.

---

75. J. GAUDEMET, « Droit canonique et droit romain, à propos de l'erreur sur la personne en matière de mariage », *in Sociétés et mariage*, p. 320 s., Cerdic, Strasbourg, 1980 ; du même, *Le mariage en Occident*, Cerf, 1987, p. 184 ; J.-Ph. LÉVY et A. CASTALDO, n° 93.

76. Ex. : Je crois faire un mariage dissoluble par divorce, alors que je fais un mariage indissoluble : ce n'est pas une cause de nullité. Aujourd'hui, des canonistes en discutent : *infra*, n° 187.

77. Ex. (ancien) : Une personne libre épouse une personne qu'elle croit libre, alors qu'elle est esclave.

78. *Infra*, n° 182.

79. Il en donnait un exemple classique : je crois me marier avec Jeanne, c'est Marie que j'épouse. Cf. aussi Genèse XXIX, 21 s. : « *Puis Jacob dit à Laban : "Accorde-moi ma femme (*Rachel*) car mon temps est accompli, et que j'aille vers elle". Laban réunit tous les gens du lieu et donna un banquet. Mais voici qu'au soir il prit sa fille Léa et la conduisit à Jacob ; et celui-ci s'unit à elle* [...]. *Jacob dit à Laban : "Que m'as-tu fait là ? N'est-ce pas pour Rachel que j'ai servi chez toi ? Pourquoi m'as-tu trompé ?" Laban répondit : "Ce n'est pas dans l'usage de notre contrée de marier la plus jeune avant l'aînée. Mais achève cette semaine de noces et je te donnerai aussi l'autre comme prix des services*

La première attitude de la jurisprudence du XIXe siècle fut de comprendre largement l'erreur sur la personne, ce que l'on a appelé la **théorie psychologique de l'erreur**. Chaque fois que l'erreur portait sur une qualité déterminante de la personne, elle était une cause de nullité. Le raisonnement sur lequel les juges se fondaient paraissait rigoureux ; une personne ne se détermine à en épouser une autre que pour l'ensemble des qualités qu'elle lui reconnaît : l'erreur sur les qualités de la personne est bien une erreur sur la personne et son admission comme cause de nullité semblait respecter les termes de l'article 180. Cette solution présentait un grave inconvénient, non tellement parce qu'elle entraînait une instabilité du mariage, mais à cause du subjectivisme du critère. L'erreur, cause de nullité, aurait dépendu de circonstances qui variaient à l'infini : les qualités morales, intellectuelles, physiques, ménagères, la fortune, l'intelligence, le caractère, la santé, la virginité de la femme, la religion, la race, l'honnêteté, etc., ont, dans beaucoup de cas, été déterminantes du choix conjugal. Ces erreurs ne devaient pourtant pas être prises en considération, sous peine d'entraîner une incertitude généralisée sur la validité de tous les mariages.

En 1862, la jurisprudence opéra un revirement célèbre dans l'arrêt *Berthon*[80]. L'erreur commise par l'épouse sur l'honnêteté de son conjoint ne fut pas retenue par la Cour de cassation, parce qu'il ne s'agissait que d'une erreur sur une qualité de la personne et non sur la personne elle-même, ce qui était conforme à l'enseignement de Pothier[81]. Pendant longtemps, la jurisprudence, après l'arrêt *Berthon*, donna ainsi de l'erreur cause de nullité du mariage une définition **extrêmement restrictive**[82].

La jurisprudence *Berthon* était inopportune car, en un temps où le divorce n'existait pas, le mariage français était devenu une des unions les plus indissolubles de l'histoire, plus que ne l'est le mariage canonique qui connaît largement les tempéraments de la nullité. Cette erreur historique et politique a rendu plus pressante la demande politique du divorce. La jurisprudence ultérieure s'est préoccupée d'abord de ne pas enfreindre les limites de l'arrêt *Berthon*, tout en laissant un champ à l'erreur, qui ne fut pas seulement l'hypothèse d'école de l'erreur sur l'identité physique de la personne. Elle admit à côté de l'erreur sur l'identité physique l'erreur sur l'identité civile (c'est-à-dire une erreur sur l'état, ou plus précisément une erreur sur la filiation que l'on pourrait aussi appeler l'erreur sur l'origine[83]).

Encore fallait-il que cette erreur fût **déterminante** du consentement : c'est-à-dire que si elle n'avait pas été commise, le mariage n'eût pas été conclu. Si la filiation ou l'origine familiale

---

que tu feras chez moi pendant encore sept autres années." » La polygamie a permis d'arranger les choses.

80. **Cass. req., 24 avril 1862, *Berthon*, *DP* 1862.I.153, concl. Dupin ; *S.* 1862.I.342 : « *L'erreur dans la personne dont les articles 146 et 180 ont fait une cause de nullité du mariage ne s'entend, sous la nouvelle comme sous l'ancienne législation, que d'une erreur portant sur la personne elle-même ; si la nullité ainsi établie ne doit pas être restreinte au cas unique de l'erreur provenant d'une substitution frauduleuse de personne au moment de la célébration, si elle peut également recevoir son application quand l'erreur procède de ce que l'un des époux s'est fait agréer en se présentant comme membre d'une famille qui n'est pas la sienne et s'est attribué les conditions d'origine et la filiation qui appartiennent à un autre, le texte et l'esprit de l'article 180 écartent virtuellement de sa disposition les erreurs d'une autre nature et n'admettent la nullité que pour l'erreur qui porte sur l'identité de la personne et par le résultat de laquelle l'une des parties a épousé une personne autre que celle à laquelle elle croyait s'unir ; ainsi la nullité pour erreur dans la personne reste sans extension possible aux simples erreurs sur des conditions ou des qualités de la personne, sur des flétrissures qu'elle aurait subies et spécialement de l'erreur de l'époux qui a ignoré la condamnation à des peines afflictives et infamantes, antérieurement prononcées contre son conjoint et la privation des droits civils et civiques qui s'en est suivie* » ; en l'espèce, une jeune fille avait épousé le domestique de ferme de son père et découvert ensuite qu'il avait été condamné aux travaux forcés ; les juges du fond, approuvés par la Cour de cassation, ont rejeté l'action en nullité qu'elle avait exercée.

81. Était valable le mariage suivant : « *J'ai épousé Marie la croyant vertueuse, bien qu'elle se fût prostituée.* »

82. Version moderne de l'affaire *Berthon* : le mari demandeur à la nullité ne peut sérieusement prétendre ignorer les liens étroits que son épouse entretenait avec le grand banditisme : les futurs époux s'étaient rencontrés à l'occasion de l'assassinat du concubin de la femme, bandit notoire, dont la presse avait fait grand bruit, et le futur mari, en tant qu'avocat, avait dispensé divers conseils à sa future épouse (Aix-en-Provence, 20 août 2003, *Dr. famille* 2004, n° 2).

83. Ex. : Paris, 12 mars 1903, *DP* 1903.II.191 : je croyais avoir épousé le comte de Toulouse-Lautrec, alors que je me suis mariée avec Savine, chevalier d'industrie ; le mariage est nul.

du conjoint avait été indifférente à l'époux, l'erreur commise sur elle n'aurait pas été une cause de nullité[84].

Le caractère déterminant de l'erreur prit une place croissante dans la jurisprudence des trois premiers quarts du XXe siècle, ouvrant un peu plus largement le champ de l'erreur cause de nullité.

Ainsi fut annulé le mariage contracté pendant la guerre de 1914 entre une Française et un Allemand qui se faisait passer pour Alsacien ; cette erreur sur la nationalité avait justifié la nullité du mariage, parce que la nationalité, en l'espèce, avait été déterminante du consentement conjugal[85]. De même, un tribunal annula le mariage d'une femme qui avait épousé un homme sans savoir qu'il était divorcé ; l'ignorance de l'état de divorcé avait été jugée une erreur qui devait entraîner la nullité du mariage. Certaines décisions avaient même admis que l'ignorance de la totale impuissance de l'époux pouvait être une cause de nullité du mariage[86] : l'établissement de rapports conjugaux est une des fins du mariage.

La jurisprudence immédiatement antérieure à 1975 n'admettait pas pour autant que toute erreur sur une qualité déterminante du consentement fût une cause de nullité du mariage ; on serait tombé dans un subjectivisme retirant toute consistance au lien conjugal. Elle exigeait que la qualité sur laquelle l'erreur avait été commise eût été **objectivement déterminante**. L'analyse ne pouvait s'arrêter là, car le caractère objectivement déterminant de la qualité de la personne dans le choix conjugal varie selon les milieux : il s'agissait de la qualité de la personne sociologiquement déterminante.

183. Après 1975 : erreur sur les qualités essentielles. – La loi de 1975 enterra définitivement l'arrêt *Berthon* en disposant que le mariage pouvait être annulé en cas d'erreur « *sur des qualités essentielles de la personne* » (art. 180, al. 2). Reste à savoir comment apprécier le caractère « essentiel » de l'erreur. Deux voies d'interprétation étaient ouvertes. Une première interprétation, *objective*, conduisait à rechercher ce qui, *in abstracto*, était de l'essence du mariage. Mais l'interprétation de l'article 180, al. 2 pouvait aussi avoir été influencée par celle de l'article 1110, alinéa 1 qui retient de l'erreur une conception *subjective* : par référence à la théorie de la cause impulsive et déterminante, l'erreur sur les qualités essentielles se définit alors comme une erreur sur les qualités de l'objet ayant déterminé une partie à contracter[87]. Aurait pu ainsi être invoquée au soutien de la demande en nullité du mariage, toute erreur sur une qualité qui, pour tel ou tel époux, eût été, *in concreto*, déterminante de sa volonté de contracter l'union.

La jurisprudence a tendance à aligner l'article 180 sur les standards de l'article 1110, ce qui s'accorde avec la « subjectivation » du mariage lui-même. Encore faut-il en souligner les limites : en matière contractuelle, toute considération subjective n'est pas bonne à prendre. *A fortiori* dans le mariage. Quelles qu'en soient les évolutions contemporaines, le mariage n'est pas la « chose » des époux. Il repose sur des principes et traduit des finalités que reflètent les conditions de formation qui le fondent, les effets qui en découlent et les règles de dissolution qui l'encadrent. Les qualités essentielles du mariage se définissent par rapport au mariage en soi, *i.e.* par rapport à ce qu'est le mariage en tant qu'institution juridique dans une société donnée et à un moment donné. Leur appréciation doit donc se faire à la fois *in abstracto* et *in concreto* : les considérations subjectives, propres à chacun des époux doivent rester dans le cadre objectif de l'institution matrimoniale.

---

84. Paris, 7 juin 1973, *D.* 1974.174, n. P. Guiho : je crois que celle que j'épouse s'appelle Jeanne, alors qu'elle se dénomme Marie (plus que d'une erreur sur la personne, il s'agit d'une erreur sur le nom) ; cette erreur n'entraîne la nullité du mariage que si le demandeur établit qu'elle avait été déterminante dans son consentement. Cf. aussi une affaire rocambolesque : Paris, 12 juin 1957, *JCP* G 1957.II.10110, n. R. Lindon : « *L'erreur sur l'identité ne peut entraîner la nullité du mariage que si elle a été déterminante* » ; en l'espèce, Olga était née hors mariage, en Russie, en 1907, de Anna et de Samuel, qui l'avait reconnue ; puis Anna avait vécu avec Moïse qu'elle a épousé ensuite ; attaché à Olga, Moïse a établi alors une « pièce » déclarant qu'elle était sa fille ; sous cette seconde identité, Olga a épousé Jean en 1934, s'en est séparée sans divorcer, puis sous sa première identité a épousé Robert en 1955 ; par la suite, les deux maris ont demandé la nullité du mariage ; le second l'a obtenue, non le premier, car l'erreur n'était pas déterminante (mais il avait la possibilité du divorce).

85. Seine, 4 février 1918, *S.* 1920.II.129, n. H. Rousseau.

86. T. civ. Grenoble, 13 mars et 20 novembre 1958, *D.* 1959.495, n. G. Cornu.

87. Cf. J. Carbonnier, p. 424.

Les juges ont parfois du mal à tenir cet équilibre. Si l'on comprend aisément qu'aient pu être admise comme cause de nullité l'ignorance de... l'impuissance du mari[88] (la communauté de vie à laquelle s'engagent les époux est aussi une communauté de lit)... l'aliénation mentale du conjoint[89]... une liaison antérieure poursuivie après le mariage[90] (la fidélité est un engagement des époux), d'autres décisions révèlent une conception purement subjective de l'erreur en harmonie avec la contractualisation et l'individualisme qui envahissent le droit du mariage, mais qui débouchent sur un subjectivisme des plus douteux. Sociologiquement, on peut admettre que comme naguère, la... découverte de l'existence d'un premier mariage contracté religieusement suivi d'un divorce[91] ou du passé de prostitution de la femme[92], justifiaient le prononcé de la nullité. Mais *quid*, de la croyance en la virginité de la femme ? La virginité n'est pas, dans la société française contemporaine, une qualité essentielle, du mariage[93] ; si la dissimulation d'un élément fondamental aux yeux du futur conjoint représente un manquement à l'obligation de

---

88. Paris, 26 mars 1982, *Defrénois*, 1982, article 32930, n° 54, obs. J. Massip ; Rouen, 6 mars 2008, *JCP* G 2008.IV.2453. Mais les juges restent vigilants : rejet de l'action en nullité pour erreur sur les qualités essentielles inventée par l'épouse au motif que son mari lui aurait caché son impuissance : le fait que le mari se soit procuré du viagra, s'il caractérise l'existence de difficultés sexuelles, n'établit pas l'impuissance, et les époux âgés de 58 et 65 ans ne pouvaient ignorer que les aptitudes aux relations sexuelles peuvent diminuer avec l'âge (Pau, 26 avril 2004, *Dr. famille* 2004, n° 117, obs. V. Larribau-Terneyre).

89. TGI Vesoul, 28 novembre 1989, *D.* 1990.590, n. crit. Cath. Philippe ; *RTD civ.* 1991.298, obs. J. Hauser : « *le fait pour Jean-Paul X ne pas avoir eu connaissance de l'existence de la curatelle de sa future épouse a été de nature à l'induire en erreur sur les qualités essentielles de celle-ci et notamment sur son aptitude à permettre le déroulement normal d'une vie conjugale ; en conséquence, il sera fait droit à la demande en annulation de mariage* ». Comp. Paris, 1er décembre 1988, *D.* 1989.IR.6 : une dépression nerveuse n'est pas « *une maladie de caractère psychiatrique d'une telle gravité qu'elle affecte les qualités essentielles de la personne au sens de l'article 180, alinéa 2* ».

90. TGI Mans, 7 décembre 1981, *JCP* G 1986.II.20573, n. J.-J. Lemouland ; en l'espèce, les deux fiancés affichaient des sentiments religieux profonds (les fiançailles et le mariage avaient été célébrés religieusement) ; or, il avait caché à sa future épouse une liaison continuée après les fiançailles et le mariage ; l'erreur a été jugée à la fois essentielle et déterminante. V. cependant Cass. civ. 1re, 13 décembre 2005, *RJPF* 2006, 3, p. 24, obs. A. Leborgne : la Cour de cassation approuve les juges du fond d'avoir considéré « *qu'en l'état actuel des mœurs, la liaison durablement entretenue par un époux avec une femme mariée ne pouvait pas constituer une cause de nullité du mariage* » (la liaison durait depuis sept ans... jusqu'au matin même des noces).

91. Cass. civ. 1re, 2 décembre 1997, *Rev. dr. fam.* 1998 (3), n° 35 ; *RTD civ.* 1998.659, obs. J. Hauser.

92. TGI Paris, 13 février 2001, *Dr. famille* 2002, n° 1, obs. H. Lécuyer.

93. Le tribunal de grande instance de Lille (TGI Lille ; 1er avril 2008, *JCP* G 2008, *Actualités* p. 439, obs. approb. F. Terré, p. 440, obs. crit. Ph. Malaurie ; *JCP* G 2008.II.10 122, n. crit. G. Raoul-Cormeil ; *D.* 2008, 1389, n. approb. X. Labbée ; *RTD civ.* 2008.445, obs. J. Hauser, *adde* F. Dekeuwer-Défossez, « Les sept voiles de la mariée (à propos du jugement du TGI de Lille, 1er avril 2008) », *RJPF* 2008, 7-8, p. 8, avait annulé le mariage, à la demande des deux époux : le soir du mariage la femme avait avoué à son mari qu'elle n'était pas vierge et les époux s'étaient aussitôt séparés. À la demande du mari, le tribunal annula le mariage. La décision fit scandale, moins en raison des problèmes juridiques qu'elle posait que des fantasmes qu'elle suscitait (les époux étaient musulmans). Sur appel du ministère public, la cour de Douai (17 novembre 2008, *JCP* 2009, II, 10005, note Ph. Malaurie ; *Dr. famille* 2008, n° 167, note V. Larribau-Terneyre ; J.-J. Lemouland et D. Vigneau, *D.* 2010, p. 728 s. ; *RTD civ.* 2009, 98, obs. J. Hauser ; *JCP* G 2009, I, 102, obs. A. Gouttenoire), infirma ce jugement. Au mari qui soulignait que la qualité érigée par lui au rang de qualité essentielle n'était pas la virginité mais l'aptitude de l'épouse à dire la vérité sur son passé sentimental et sur sa virginité (la virginité était, disait-il, une espérance et non une exigence), la cour d'appel répondit que « *le mensonge qui ne porte pas sur une qualité essentielle n'est pas un fondement valable pour l'annulation d'un mariage. Tel est particulièrement le cas lorsque le mensonge prétendu aurait porté sur la vie sentimentale passée de la future épouse et sur sa virginité, qui n'est pas une qualité essentielle en ce qu'elle n'a pas d'incidence sur la vie matrimoniale* ». Or, autrefois, la virginité de la femme était essentielle au mariage ; ex. Shakespeare, *La Tempête*, IV, I ; Prospero, en donnant sa fille Miranda en mariage, dit à son futur gendre : « *Veille à ne pas briser son nœud virginal/Avant que toutes les saintes cérémonies aient vu/Le plein accomplissement du rituel sacré/Sinon, il ne tombera des cieux nulle douce ondée/Pour faire fructifier cette union* ».

sincérité entre époux pouvant constituer une faute, cause de divorce[94], elle n'est pas source d'erreur sur les qualités essentielles ; ce serait, sinon, livrer le lien matrimonial à la subjectivité des époux.

C. Restrictions à la liberté matrimoniale

184. Célibat et viduité, liberté contrôlée et indissolubilité. – Dans un acte juridique sont parfois (de plus en plus rarement) stipulées des clauses restreignant la liberté matrimoniale, c'est-à-dire des clauses... de célibat (interdisant le mariage), ... ou de viduité (interdisant le remariage après le décès du conjoint), ... ou, moins souvent, de maintien de l'indissolubilité (interdisant le mariage après divorce) : par exemple, une libéralité ou un contrat de travail dont le maintien est subordonné au célibat du gratifié ou du contractant ; ... ou bien encore, en poursuivant des objectifs professionnels, des dispositions réglementaires limitant la liberté conjugale : par exemple, dans certaines professions (l'armée, par ex.), le mariage avec une étrangère est soumis à une autorisation administrative[95].

Le Conseil constitutionnel a décidé que la liberté du mariage était un principe constitutionnel que la loi devait respecter[96]. Cependant, ces clauses ou ces dispositions ne tendent qu'indirectement à interdire ou à restreindre le mariage. Elles se bornent à subordonner l'octroi d'un avantage au célibat ou à la viduité ou à un choix matrimonial ; le mariage conclu en infraction d'une telle clause serait valable, mais entraînerait la perte de l'avantage. Elles ne suppriment pas la liberté matrimoniale, mais l'affectent : elles exercent une pression sur la personne en l'obligeant à choisir entre le mariage qu'elle envisage et le profit que l'acte conférait. Plus l'avantage obtenu est important, plus forte est la pression, car un certain nombre de personnes refusent de se marier si elles doivent en subir un sacrifice.

Ces clauses ne sont ni toujours nulles ni toujours valables ; avant la décision du Conseil constitutionnel, la jurisprudence faisait une casuistique selon que la clause avait été stipulée dans une libéralité ou un contrat de travail, renversant dans chacun de ces actes le principe et l'exception. La condition de célibat était valable en matière de libéralité, à moins qu'elle n'eût été dictée par des intentions répréhensibles, alors que stipulée dans un contrat de travail, elle était nulle, à moins qu'il n'existât des raisons de la légitimer.

185. Intérêt légitime ou jalousie posthume. – Dans un **acte à titre gratuit**, la clause de célibat, de restriction au mariage ou de viduité est valable, sauf si elle a des mobiles illicites[97]. Le disposant était libre de donner ou ne pas donner : il peut donc subordonner la donation aux conditions qu'il lui plaît. En fait, ces clauses sont de moins en moins pratiquées et ne devraient plus être admises.

---

94. *Infra*, n° 715 s.

95. V. cependant *infra*, n° 198 ; v. aussi Code de la défense, art. 41142-4.

96. Cons. const., 13 août 1993, *JCP* G 1993.III.66372 (en ce qui concerne l'article 11) : la liberté du mariage est une « *composante de la liberté individuelle* » ; annulation de la disposition législative permettant à un officier d'état civil de surseoir à la célébration du mariage s'il avait le sentiment que cette union était fictive : *infra*, n° 197.

97. Ex. : Cass. req. 11 novembre 1912, *DP* 1913.I.105, rapp. Lardenois, n. G. Ripert ; *S.* 1914.I.185, rap. Lardenois, n. E. Naquet : « *La condition de ne pas se marier imposée par un testateur à son légataire, et qui n'est interdite par aucune disposition du Code civil, ne saurait être déclarée* "contraire aux mœurs" *et par suite non écrite aux termes de l'article 900, alors que loin d'avoir été dictée par le caprice ou par la pensée de faire échec à l'ordre social, elle a été inspirée soit par un sentiment de bienfaisant intérêt à l'égard du légataire, soit par l'attachement du disposant pour sa famille personnelle.* » Fr. Mauriac n'avait pas été tendre pour ce genre de clauses : *Le nœud de vipères*, Grasset, 1933, p. 95 ; « *Je doute qu'aucun d'entre vous ait senti l'horreur du testament de ce misérable ; il laissait à sa femme une fortune énorme à la condition qu'elle ne se remariât pas. Dans le cas contraire, la plus grosse partie devait revenir à ses neveux. Marinette avait une trentaine d'années à cette époque, mais rappelle-toi son aspect de jeune fille.* »

En l'état actuel de la jurisprudence, est valable la clause par laquelle le donateur subordonne sa libéralité à ce que le gratifié ne se marie pas, ou n'épouse pas sa maîtresse ; à quoi l'on peut objecter que ce genre de clauses incite au concubinage. Au contraire, est nulle la clause de viduité stipulée dans un legs que le conjoint prémourant fait au survivant, si elle est inspirée par une rancœur personnelle[98] ou une jalousie posthume[99] ; la casuistique paraît difficile, car n'y a-t-il pas, dans toute clause de viduité, toujours une jalousie posthume ? En fait, les juges apprécient, non tellement les motifs du disposant que l'attitude du gratifié : si le mariage du survivant est raisonnable, la clause est nulle ; si le remariage est déraisonnable ou déshonorant, la clause est valable[100].

186. Principe et exception. – Au contraire, stipulée dans un **contrat de travail**, la clause de célibat est nulle, sauf lorsqu'existent des raisons graves qui la justifient. La situation est inverse de celle qui régit les libéralités ; la différence s'explique sans doute parce qu'est plus forte la pression qu'exerce sur l'intéressé le désir de voir maintenir son contrat de travail.

Le principe est la nullité[101] parce que la clause porte atteinte à un droit fondamental. Exceptionnellement, le particularisme de certaines fonctions justifie les clauses de célibat ou interdisant le remariage[102] ; de même, un employeur peut congédier un salarié dont le mariage avec telle ou telle personne compromet l'entreprise[103]. Mais il ne peut s'agir que de « *cas exceptionnels où les nécessités des fonctions l'exigent impérieusement* »[104] : la Cour de cassation veille de plus en plus scrupuleusement au respect de la liberté du mariage[105].

---

98. Cass. civ. 1re, 8 novembre 1965, *Bull. civ.* I, n° 593 ; *RTD civ.* 1966.332, obs. R. Savatier : « *Ulpat nourrissait à l'égard de Durand une animosité certaine, c'est elle qui a guidé Bertet à insérer dans le testament la clause litigieuse pour assouvir sinon des rancunes du moins des rancœurs personnelles.* » En l'espèce, B., dans son testament, avait exhérédé sa sœur si elle épousait D. ; et si cette condition s'accomplissait, il instituait U. légataire universelle ; la clause a été jugée non écrite et « nul » le legs universel (il était plutôt caduc).

99. Ex. : T. civ. Châtellerault, 8 février 1949, *D.* 1949.467, n. J. Carbonnier : a été déclarée non écrite la clause du testament rédigé par la femme prémourante, subordonnant son legs à ce que son mari gratifié ne légitime pas ses enfants adultérins en épousant leur mère : « *Je lègue à mon mari* (tels biens). *Le présent legs ne pourra profiter à mon mari qu'autant qu'il ne se remariera pas avec Mlle Jeanne Tranchant, auquel cas il sera de plein droit révoqué. Ce legs sera encore révoqué de plein droit au cas où ladite demoiselle Jeanne Tranchant viendrait cohabiter avec mon mari dans un quelconque des immeubles qui m'appartiennent...* ».

100. J. Carbonnier, n. citée, préc.

101. P. Voirin, « Marion pleure, Marion crie, Marion veut qu'on la marie », *D.* 1963, chron. p. 247.

102. La question s'est d'abord posée pour les hôtesses de l'air, puis pour les assistantes sociales, enfin pour les diplomates et les militaires. 1) Le règlement d'Air-France prévoyait qu'une **hôtesse de l'air** devait démissionner ou faire ses services à terre si elle se mariait : la cour de Paris a jugé non écrite cette clause (30 avril 1963, *D.* 1963.428, n. A. Rouast) : « *La clause de célibat doit être déclarée nulle comme attentatoire à un droit fondamental de la personnalité.* » 2) Pour les **assistantes sociales** : Cass. soc., 7 février 1968, *Bull. civ.* V, n° 86 ; *D.* 1968.429 ; *RTD civ.* 1968.557, obs. G. Cornu : jugé que l'employeur d'une assistante sociale devait lui verser des dommages-intérêts s'il rompait son contrat de travail en invoquant la clause de célibat : « *Il n'avait pas été justifié par X de nécessités impérieuses, tirées de la nature des fonctions ou de leurs conditions d'exercice, d'appliquer la clause litigieuse qui, restrictive du droit au mariage et de la liberté du travail, était d'une portée exceptionnelle.* » 3) La question s'est enfin posée à l'égard des **diplomates et des militaires**, devant les juges administratifs, qui ont décidé comme la Cour de cassation. CE, 18 janvier 1980, *Bargain*, *D.* 1980.IR.297, obs. P. Delvolvé ; *AJDA* 1980.91, obs. Chr. Robineau et Feffer : jugé qu'un décret ne pouvait obliger un diplomate à choisir entre sa carrière et son mariage, car tout individu a le droit « *de mener une vie familiale normale* ».

103. Cass. soc., 26 novembre 1964, *Bull. civ.* IV, n° 784 : la salariée veut épouser l'employé d'une entreprise concurrente : le licenciement est justifié mais v. Cass. soc., 21 novembre 1990, préc. Il en serait de même du concubinage : Cass. soc., 19 juillet 1965, *Bull. civ.* IV, n° 587 ; *D.* 1965.764 ; *Dr. soc.* 1966.35.

104. *Cass. Ass. plén., 19 mai 1978, *Cours Sainte-Marthe*, *infra*.

105. Ainsi, un employeur ne peut interdire à un(e) salarié(e) d'épouser celui(celle) d'une entreprise concurrente (cf. Cass. soc., 21 novembre 1990, *Bull. civ.* V, n° 597) ou insérer dans le règlement intérieure de son entreprise une clause interdisant à ses employés de se marier entre eux (!) (Cass. soc., 10 juin 1982, *JCP* G 1984.II.20230, n. S. Hénion-Moreau).

Après de vifs débats, la Cour de cassation a pourtant admis la validité de la clause interdisant à un divorcé remarié d'enseigner dans un établissement catholique, parce que la violation publique de l'indissolubilité du mariage est contraire à la foi catholique[106].

II. — Le consentement doit être abstrait et inconditionnel

Le droit civil et le droit canonique font tous deux du consentement l'élément majeur du mariage, sans l'envisager de la même manière.

187. Droit canon et droit civil. – Le droit canonique recherche l'intention réelle des parties, parce qu'il a été longtemps un droit disciplinaire, pénitentiel dit-on souvent, ayant pour objet la sanction des péchés, plus précisément ici la fornication. Afin de distinguer le mariage, état vertueux, du concubinage, qui est peccamineux, ce droit examine le for interne, procédant à l'analyse de la volonté des intéressés. On peut, un peu artificiellement, distinguer dans cette analyse deux éléments : l'un positif, l'*affectio conjugalis*, l'autre négatif, l'examen des conditions matrimoniales. D'une part, le droit canonique examine si la volonté des parties a un contenu qui correspond à l'état de mariage, tel qu'il le définit. À quoi répond l'enquête canonique, qui contrôle l'existence de l'*affectio conjugalis*. D'autre part, le consentement pouvant être précisé par l'adjonction de conditions, il faut vérifier si elles ne sont pas contraires à l'état de mariage envisagé. Le droit canonique fait une distinction entre deux types de conditions illicites : celles qui sont **contraires à la substance** du mariage, et celles qui sont simplement honteuses. Les conditions contraires à la substance du mariage rendent nuls les mariages dans lesquels un élément essentiel du mariage a été exclu : par exemple, la réserve de l'indissolubilité de l'union ou le refus de procréer détruisent le consentement matrimonial, ou la croyance que le mariage pourrait être rompu par un divorce alors qu'en droit il est indissoluble[107]. Au contraire, les conditions **simplement honteuses**, qui ne contredisent pas l'essence du mariage, sont réputées n'avoir pas été stipulées ; par exemple, la prévision que le mari ou la femme auraient la liberté de commettre l'adultère n'est pas une cause de nullité, car elle n'exclut pas un élément essentiel du mariage ; il en serait autrement de l'engagement de maintenir une liaison antérieure au mariage, qui retire son sens au mariage.

Au contraire, en droit civil français, le consentement matrimonial est une adhésion à l'état de mariage, tel qu'il est réglementé par la loi : il est abstrait et inconditionnel et ne peut donc être affecté d'aucune modalité. On ne doit pas chercher quel est le but effectivement poursuivi dans le consentement matrimonial. Ce principe s'applique très clairement au mariage *in extremis* (A), avec quelques nuances au mariage contracté à des fins étrangères à l'institution matrimoniale, ce que l'on appelle les mariages simulés (B).

A. Mariage in extremis

Le mariage *in extremis* est contracté par un moribond à la veille de sa mort[108]. Le consentement matrimonial apparaît à l'état pur : cette union ne permet guère

106. * Cass. Ass. plén., 19 mai 1978, *Cours Sainte-Marthe, aff. du, D.* 1978.541, concl. contr. Schmelck, n. Ph. Ardant ; *D.* 1978.IR.391, obs. J. Pélissier ; *JCP* G 1978.II.19009, rapp. Sauvageot, n. R. Lindon ; *Gaz. Pal.* 1978.II.464 ; *RTD civ.* 1978.665, obs. G. Cornu : « ... *il ne peut être porté atteinte sans abus à la liberté du mariage par un employeur que dans des cas très exceptionnels où les nécessités des fonctions l'exigent impérieusement ; dans des motifs non critiqués par le moyen et qui, quel qu'en soit le mérite, suffisent à justifier leur décision, les juges du fond ont retenu que, lors de la conclusion du contrat par lequel l'association Ste-Marthe s'était liée à dame X, les convictions religieuses de cette dernière avaient été prises en considération et que cet élément de l'accord de volontés, qui reste habituellement en dehors des rapports de travail, avait été incorporé volontairement dans le contrat dont il était devenu une partie essentielle et déterminante ; ils ont ainsi relevé des circonstances très exceptionnelles, etc.* ».

107. F. Morlot, « Vices du consentement matrimonial », *R. dr. can. 1993, p. 43-97.*

108. M. Gendrel, *Le mariage* in extremis, thèse Paris, LGDJ, 1958.

aux époux d'avoir des perspectives d'avenir. Il permet de poser le problème de l'efficacité du consentement matrimonial « abstrait », c'est-à-dire détaché de l'objet réel du mariage. Son évolution cyclique est curieuse : rompant avec l'Ancien droit, le droit civil moderne est retourné aux solutions canoniques, pour des raisons toute différentes.

188. Droit canonique. – Jusqu'au XIIe siècle, le droit canonique avait hésité à admettre la validité du mariage contracté *in articulo mortis* qui semblait contraire au réalisme de la définition canonique du mariage, puisqu'il était conclu sans intention de consommer : l'époux proche de la mort n'a que rarement l'intention et la possibilité d'avoir des relations intimes.

Finalement, ce droit a admis la validité de ce genre d'union. Pas tellement par faveur à l'enfant qui souvent était déjà né, dont ce mariage va permettre la légitimation, car sa validité ne dépend pas de l'existence d'enfants à légitimer. Mais ce mariage assure le salut des âmes, ce qui est l'objectif constant du droit canonique : pour lui, la grande affaire de ce monde est d'assurer son salut dans l'autre. Or le mariage *in extremis* a le plus souvent pour raison d'être la régularisation d'un concubinage antérieur ; il purifie une situation irrégulière, ce qui fonde sa validité. Il tire sa valeur de ce qu'il est rédempteur.

189. Ancien droit monarchique. – Au contraire du droit canonique, l'Ancien droit avait refusé à ces unions tout effet civil mais ne les avait pas, pour autant, déclarées nulles[109]. Trois sortes de raisons pouvaient expliquer cette règle : la technique juridique, la politique législative et l'ordre social. 1) La raison **technique** avait été fréquemment invoquée : le mariage a pour objet la procréation des enfants et l'apaisement de la concupiscence ; le moribond n'est capable d'aucune de ces fins. 2) Il avait paru de bonne **politique** d'interdire ou plus exactement de priver d'effets ce genre de mariages qui auraient été une incitation rétrospective au concubinage. Notamment, les concubines auraient été attachées à continuer leur vie irrégulière, espérant avoir à l'article de la mort ce qu'elles n'avaient pu obtenir du vivant de ceux qui n'avaient pas voulu les avouer pour épouses. 3) Probablement, la raison majeure fut **d'ordre social** : le mariage *in extremis* était généralement conclu entre personnes de conditions inégales (le maître avec sa servante, la maîtresse avec son valet). Instrument de captation des libéralités, il réalisait presque toujours une mésalliance dissimulée.

190. Code civil. – Le Code civil, malgré Portalis[110], n'a pas interdit ce genre de mariage. En 1959, la loi a même admis le mariage avec un mort[111]. Il n'y a eu, depuis, aucune hésitation sur sa validité, à condition, bien entendu, qu'il n'y ait eu ni altération[112], ni vice du consentement au moment de la

109. Ord. 26 novembre 1639, art. 5 : les enfants nés de tels mariages et leur postérité seraient « *incapables de toutes successions* » ; ultérieurement, jugé que ces mariages ne pouvaient légitimer les enfants.

110. Portalis, *in* Fenet, *Recueil complet des travaux préparatoires du Code civil*, t. X, 1828, p. 59. Locré, *Législation civile, criminelle et commerciale de la France*, 1832, t. VI, p. 101 : « *On n'a pas voulu que le mariage, ce contrat des vivants, pût être formé avec un cadavre commencé et que le terme de la vie dût être le premier moment de la société conjugale* ». Finalement, Portalis s'est rallié à la majorité ; tout en qualifiant cette union de « *simulacre de mariage* », il s'interroge : « *L'équité comporte-t-elle que l'on condamne au désespoir un père mourant, dont le cœur, déchiré par les remords, voudrait, en quittant la vie, assurer l'état d'une compagne qui ne l'a jamais abandonné, ou celui d'une postérité innocente dont il prévoit la misère et le malheur ?* » (*Exposé des motifs de la loi relative au mariage*, Jur. gén., *V° Mariage*, n° 41, n° 30).

111. *Supra*, n° 154.

112. Ex. : Paris, 20 mars 1872, *DP* 1872.II.109 (mariage célébré une heure et demie avant le décès) : « *les mots oui et non, les seuls et les derniers nettement articulés, que le mourant ait proférés dans la crise extrême d'une maladie cérébrale où, une heure et demie après, sa vie allait s'éteindre, ne peuvent qu'appartenir à l'espace incertain qui se partage entre la vie et la mort, et dans lesquels l'instinctif domine le réfléchi ; ils doivent perdre aux yeux de la justice, le caractère d'une manifestation de l'intelligence et de la volonté propre à créer un lien de droit ; on ne saurait y voir enfin l'expression d'un consentement libre, conscient, spontané et réfléchi, tel que la loi le requiert pour la validité du mariage* ».

célébration[113]. Car en droit civil, ce qui constitue le mariage n'est pas de vouloir les conséquences qu'il produit – des relations charnelles, la fondation d'une famille ou des progrès spirituels –, mais le consentement conjugal, abstraction faite de toute intention particulière.

B. Mariages simulés

191. Mariages frauduleux. – Dans un certain nombre de cas, les époux n'ont pas entendu faire un mariage définitif : ils veulent en obtenir un des effets, et ensuite faire dissoudre leur union, ce qu'on a appelé, d'une manière approximative, le mariage simulé[114].

De tels consentements matrimoniaux sont-ils valables ?

Il faut bien poser le problème de la validité de ces consentements ; s'ils sont discutables, ce n'est pas à cause de l'altération ou du vice du consentement[115] au moment du mariage ; il n'existe, dans ce genre d'unions, ni aliénation mentale, ni erreur, ni violence. Mais à cause du contenu du consentement : ces époux ont-ils réellement voulu se marier ?

Le principe du caractère abstrait et inconditionnel du consentement conjugal aurait dû entraîner la validité de ces mariages, puisqu'il interdit d'examiner les fins effectivement cherchées par les époux. Cependant, la jurisprudence se fondant sur l'article 146, voulant décourager la fraude, fait une distinction selon le but auquel tendent les époux : est-il un effet légal du mariage ? Le mariage est valable (1). Est-il étranger au mariage ? Le mariage est nul (2). On peut juger la distinction discutable : toutes ces unions devraient être annulées, car elles ne correspondent à aucune réalité conjugale.

1) Effet légal du mariage

192. Mariage légitimant. – Il est des gens qui se marient uniquement afin d'obtenir un des effets légaux du mariage sans vouloir les autres. Ainsi, les mariages célébrés uniquement afin de légitimer un enfant.

Dans l'arrêt *Appietto*, la Cour de cassation a rejeté l'action en nullité car la légitimation, seul but poursuivi par les époux, constitue bien un effet légal du mariage[116]. Mais on a fait observer que la légitimation aurait pu être obtenue par d'autres voies, parfaitement légales (la légitimation

113. Au juge d'apprécier la valeur et la portée des témoignages versés au débat : Cass. civ. 1re, 28 février 2006, *Dr. famille* 2006, n° 79, n. V. Larribau-Terneyre : les juges du fond avaient relevé que « *l'ensemble des témoins directs du mariage avait interprété le râle émis par Christophe V. au moment où l'officier d'état civil lui avait posé la question du consentement au mariage comme une volonté d'épouser Mme J., conformément au souhait qu'il avait déjà exprimé à plusieurs reprises devant le personnel soignant lors de sa sortie de l'hôpital* ». En l'espèce, l'intéressé, en phase terminale, était sorti de l'hôpital pour se marier avec celle qui s'était dévouée à lui pendant sa maladie. Le lendemain il légua tous ses biens à **son épouse** par acte notarié et mourut le jour suivant.

114. Fr. Boulanger, « Fraude, simulation ou détournement d'institution en droit de la famille ? », *JCP* G 1993.I.3665.

115. Sauf à ce qu'un des époux ait été la dupe de l'autre. Dans ce cas l'époux sincère pourrait demander le divorce pour faute ou tenter d'obtenir la nullité du mariage pour erreur sur les qualités essentielles.

116. * Cass. civ. 1re, 20 novembre 1963, *Appietto*, *Bull. civ.* I, n° 506 ; *D.* 1964.465, n. G. Raymond ; *JCP* G 1964.II.13498, n. J. Mazeaud : « *Si le mariage est nul, faute de consentement, lorsque les époux ne se sont prêtés à la cérémonie qu'en vue d'atteindre un résultat étranger à l'union matrimoniale, il est au contraire valable lorsque les conjoints ont cru pouvoir limiter ses effets légaux et notamment n'ont donné leur consentement que dans le but de conférer à l'enfant commun la situation d'enfant légitime* ».

par autorité de justice) ; n'est-il pas dérisoire, en un temps de crise matrimoniale, de défendre des fantômes de mariage et de maintenir les gens dans l'état de mariage malgré eux ?

La question ne se pose plus aujourd'hui, du moins dans les situations internes : plus de légitimité de la filiation, plus de légitimation, plus de mariage légitimant.

2) Résultat étranger au mariage

Il arrive qu'un homme et une femme se prêtent à la cérémonie du mariage non pour fonder une famille, mais pour obtenir tel ou tel avantage lié au mariage. Sans doute est-ce le mariage qui le fait acquérir, mais cet avantage n'est pas de son essence. Dans de telles hypothèses, il n'y a pas vraiment consentement au mariage, *i.e.* à l'institution matrimoniale telle que la conçoit le Code civil, avec les effets que la loi lui attache (vie commune, fidélité, secours, assistance, etc.), mais utilisation du mariage (on parle parfois d'« instrumentalisation » ou de détournement d'institution) afin de parvenir à tel ou tel résultat particulier. On peut en donner deux exemples : le « mariage calcul » et le « mariage naturalisant ».

193. Mariage calcul. – Dans le « mariage calcul », un mariage est conclu uniquement afin qu'un époux recueille une donation subordonnée au mariage (une dot) ; les époux entendent rompre aussitôt après cette prétendue union. C'est une hypothèse de vaudeville[117].

Les juges du fond ayant eu à connaître d'espèces analogues ont annulé la donation (parce qu'elle était frauduleuse) et maintenu le mariage[118], ce qui n'était pas une mauvaise façon de décourager la fraude, mais aux dépens du sérieux du mariage. Aujourd'hui, avec la jurisprudence *Appietto* ils annulent le mariage qui n'était qu'une simagrée[119] et, sans doute, continueraient à annuler la donation[120].

117. **Théâtre :** G. Feydeau, *Occupe-toi d'Amélie* : Marcel Courbois épouse Amélie Pochet (une cocotte de luxe) uniquement afin de recevoir au jour de son mariage l'énorme dot que doit lui remettre son riche parrain, Van Putseboum.

118. Aix, 4 mars 1813, Jur. gén., *V° Mariage*, n° 443 ; afin d'obtenir une dot promise par sa mère, Brigitte épouse Luc G., mendiant de profession ; elle n'a jamais vu son « mari », qui a continué son métier de mendiant et est mort après le mariage ; les débiteurs de la dot (les héritiers de la mère) de la « mariée » refusent à juste titre de la payer à Brigitte : « *Il faut distinguer la validité du contrat et son efficacité ; les appelants seraient non recevables à contester la validité du mariage de leur tante dès l'instant qu'il est régulier ; mais ils peuvent avec succès lui refuser l'efficacité quant à la condition pour laquelle il était nécessaire, lorsqu'on en excipe contre eux...* ; (les circonstances énumérées par la cour) *dont la réunion ne permet pas de douter que ce mariage ne fût pas sincère et n'eût d'autre objet que de rendre la dot de l'intimée exigible ; dès lors, il est impossible de ne pas reconnaître qu'un tel mariage n'a pu remplir la condition que la mère de Brigitte a eue en vue en lui constituant une dot.* »

119. Cass. civ. 1re, 28 octobre 2003, *Bull. civ.* I, n° 215 ; *D.* 2004, 21, n. J.-P. Gridel ; *Defrénois* 2004.143, obs. J. Massip ; *RTD civ.* 2004, obs. J. Hauser : « *Le mariage est nul lorsque les époux ne se sont prêtés à la cérémonie qu'en vue d'atteindre un but étranger à l'union conjugale ; doit dès lors être cassé l'arrêt qui énonce que même à admettre que le mariage ait eu pour seule fin de consentir à l'époux des avantages patrimoniaux qu'un testament ne lui aurait pas donnés, sa nullité n'était pas encourue* ». En l'espèce, Gérard B., homosexuel, était atteint du SIDA et son état paraissait désespéré. Il se maria avec une amie d'enfance (mère d'un enfant et vivant en concubinage avec un autre homme) ; par contrat de mariage, il apporta ses biens à la communauté conjugale, avec clause d'attribution intégrale au conjoint survivant. Il était convenu, semble-t-il, que la veuve s'occuperait de la vieille mère de son (futur) défunt mari. L'état de santé de ce dernier s'étant amélioré et sa mère étant décédée, Gérard B. avait repris son ancien mode de vie et demanda la nullité du mariage, son épouse ripostant par une demande de contribution aux charges du mariage.

120. Le calcul peut n'être le fait que d'un des époux, cf. Cass. civ. 1re, 19 décembre 2012, *D.* 2013, 117, obs. I. Gallmeister, note E. Naudin ; *ibid.* 1089, obs. J.-J. Lemouland et D. Vigneau, *AJ famille* 2013, obs. B. de Buysson, *Dr. famille* 2013, comm. 24, obs. V. Larribau-Terneyre, *RTD civ.* 2013, p. 353, obs. J. Hauser : Madame X, mère célibataire, épouse Philippe Y qui meurt sous ses coups quelques mois après le mariage. L'indignité successorale ne jouant pas puisqu'il y avait homidice involontaire, la famille tenta la voie de la nullité. La cour d'appel l'admit, en relevant que Madame X avait contracté mariage dans un esprit de lucre et de cupidité, n'ayant pour but que d'appréhender le patrimoine de Philippe Y, afin d'assurer son avenir et celui de son fils. Dans son pourvoi, l'intéressée

194. Mariage et acquisition de la nationalité française. – Les mariages fictifs d'aujourd'hui intéressent surtout les questions de nationalité et d'immigration[121]. Longtemps, la loi a facilité l'acquisition de la nationalité française de l'étranger ou de l'étrangère épousant un Français (en 1804, le Code civil disposait que la femme étrangère acquerrait automatiquement la nationalité de son mari français) : l'union conjugale semblait avoir plus de cohérence lorsqu'il y avait unité de nationalité. Depuis 1945, cette acquisition de la nationalité française a pris parfois un caractère frauduleux ; d'abord pour des motifs politiques, puis économiques : des étrangers, pour fuir les persécutions qu'ils subissaient dans leur pays ou échapper à la misère du Tiers monde, épousent un Français ou une Française complaisant, uniquement pour acquérir la nationalité française ; les époux entendent rompre ensuite cette union fictive (le marché noir des mariages blancs). Le mariage peut aussi avoir pour objectif l'obtention d'un titre de séjour : carte de séjour temporaire ou de résident. Soucieux d'éviter les fraudes autant que de respecter les volontés individuelles, la loi dispose aujourd'hui que « *le mariage n'exerce de plein droit aucun effet sur la nationalité* » (C. civ., art. 21-1).

De même, hypothèse de tous les temps, un vieillard polisson épouse une très jeune femme à seule fin de lui transmettre l'intégralité de sa fortune (par exemple, en adoptant le régime matrimonial de la communauté universelle avec attribution de la totalité de la communauté au conjoint survivant). Le mariage est valable sauf si est démontrée l'altération du consentement lors de la célébration du mariage.

195. Mariages blancs, mariages gris. – La question est d'autant plus délicate qu'entre les « vrais » mariages, qu'il serait injuste d'entraver, et les « faux » mariages qu'il importe de sanctionner, s'étend la zone, vaste et douteuse, des vrais/faux mariages (les mariages gris) : vrai mariage pour un époux, mariage de pur intérêt pour l'autre ; mariage arrangé par les familles afin de permettre au cousin resté au pays de s'installer régulièrement sur le territoire français ; mariage de complaisance consenti pour rendre service à un ami étranger en situation irrégulière, etc.[122]. Dans ces différentes hypothèses, il peut y avoir vie commune, et parfois naissance d'enfants. Mais les époux ou l'un d'eux entendent bien mettre fin au mariage dès qu'aura été obtenu l'avantage recherché.

Pour lutter contre un phénomène qui a pris de l'ampleur, (et suscité bien des fantasmes), le législateur et la jurisprudence judiciaire et administrative ont multiplié les mesures préventives et les sanctions directes ou indirectes.

196. Mariage à vendre. – À la fin des années 1980, à une époque où la question de l'immigration suscitait déjà de vifs affrontements politiques, certains maires s'étaient arrogés le pouvoir de refuser de célébrer une union lorsqu'ils soupçonnaient une fraude ou découvraient que l'un des conjoints était en situation irrégulière[123].

---

répliqua en disant que le devoir de secours et la vocation successorale du conjoint survivant étaient inhérents à l'institution matrimoniale. Il n'y avait donc pas de recherche de fins étrangères au mariage. Se référant aux motivations des juges du fond, la Cour de cassation rejetta sa prétention : fut notamment mis en avant le fait qu'elle n'avait consenti à des relations conjugales que le jour du mariage, ce qui avait d'ailleurs éveillé la suspicion de son époux.

121. **Cinéma :** Sacha Guitry, *Ils étaient 9 célibataires*, (film de 1939) ; un décret menace d'expulsion les étrangers résidant en France ; une agence de mariages blancs fait épouser de riches étrangères par des Français, vieux et pauvres, qui entendent ensuite profiter de leur femme en refusant, après mariage, que celui-ci soit blanc. De même, l'américain *Green card* (1992) de Peter Weiss, avec Gérard Depardieu.

122. Sans parler des hypothèses, plus sordides, de mariages arrangés par des filières matrimoniales mettant en contact de vieux célibataires français et des jeunes femmes originaires d'Afrique, d'Asie du Sud-est ou des pays de l'Est : mariage contre nationalité française et rémunération substantielle de l'intermédiaire.

123. J. Rubellin-Devichi, « La justice et les mariages blancs », *RFDA* 1993.166 s. et réf. cit.

Pour mettre fin à de telles tentations et, surtout, endiguer un phénomène dont la réalité, sinon l'ampleur, n'était pas niable, une pluie de lois successives mirent en place un ensemble de mesures, préventives et répressives : lois *Pasqua* du 23 août et 30 décembre 1993, renforcées par les lois *Sarkozy* du 26 novembre 2003 et du 24 juillet 2006[124]. L'ensemble a été verrouillé par la loi du 14 novembre 2006 relative au contrôle de la validité des mariages[125]. Et d'autres mesures sont régulièrement projetées.

a) Prévention

197. Lutte contre les mariages blancs et liberté du mariage. – Les lois *Pasqua* et *Sarkozy* ont placé le mariage sous contrôle, qu'il s'agisse du mariage célébré en France ou du mariage célébré à l'étranger. Reste que le meilleur moyen de lutter contre la fraude est de lui ôter tout intérêt, en accroissant les conditions d'obtention de l'avantage recherché, ou en en réduisant l'importance. L'une et l'autre voie sont périlleuses, car l'équilibre n'est pas facile à trouver entre l'intérêt collectif que l'on prétend défendre et les droits et libertés individuelles auxquels on risque de porter atteinte. Mais le Conseil constitutionnel veille : les lois *Pasqua* comme la première loi *Sarkozy* ont été partiellement censurées au nom de la liberté du mariage[126]. Et il n'est pas désormais certain que telle ou telle disposition non examinée par le Conseil ne tombe pas sous le coup d'une question prioritaire de constitutionnalité.

198. Mariage sous contrôle. – Pour les mariages célébrés en France, les législateurs de 1993, 2003 et 2006 ont mis en place un système en trois temps, associant officier de l'état civil, ministère public et magistrats du siège.

— 1°) *Premier temps : les soupçons de l'officier de l'état civil.* L'officier de l'état civil ne peut refuser de célébrer le mariage au motif qu'il y aurait suspicion de mariage blanc, en raison notamment de l'irrégularité du séjour de l'un des futurs époux. Il peut seulement faire part de ses doutes aux autorités judiciaires, qui apprécieront.

Pour permettre à l'officier de l'état civil d'exercer un véritable contrôle, la loi *Sarkozy* du 26 novembre 2003 lui a donné mission d'entendre les futurs époux au stade initial des formalités du mariage, *i.e.* avant la publication du mariage en mairie. Selon l'article 63 du Code civil, cette publication, et, en cas de dispense de publication, la célébration du mariage, ne pourront avoir lieu qu'après « *l'audition commune des futurs époux, sauf en cas d'impossibilité ou s'il apparaît, au vu du dossier, que cette audition n'est nécessaire ni au regard de l'article 146, ni au regard de l'article 180 du Code civil*[127] ». Il ne s'agit donc pas d'une audition facultative (principe d'égalité oblige), mais bien d'une audition de principe pour les couples mixtes comme pour les autres, avec dispense si l'audition ne paraît pas utile ou qu'elle soit impossible[128]. « *S'il l'estime*

124. L. n° 2003-1119, 26 novembre 2003, *JO* 27 novembre 2003 ; L. n° 2006-911, 24 juillet 2006, *JO* 25 juillet 2006.

125. Loi n° 2006-1376 du 14 novembre 2006, *JO* 15 novembre 2006, p. 17113, déclarée conforme à la Constitution par le Conseil constitutionnel dans sa décision du 9 novembre 2006 (déc. n° 2006-542 DC, 9 novembre 2006, *JO* 15 novembre 2006, p. 17115).

126. Cons. const., 13 août 1993, préc., affirmant que la liberté du mariage est « *une composante de la liberté individuelle* » ; 20 novembre 2003, déc. n° 2003-484 DC, *JO* 27 novembre 2003.

127. La loi du 4 avril 2006 avait pour objectif de renforcer la prévention et la répression des violences commises au sein du couple ou commises contre les mineurs, mais aussi de lutter contre les mariages forcés. L'article 63 fait référence, aux côtés de l'article 146, à l'article 180, *i.e.* mariage conclu sous la contrainte, étant précisé que le nouvel article 180 place la contrainte sur les époux ou sur l'un d'eux « *y compris par crainte révérentielle pour un ascendant,* » parmi les causes de nullité du mariage (cf. *supra*, n° 180).

128. L'impossibilité peut résulter de l'impossibilité pour la femme de venir en France faute d'obtenir un visa (Cass. civ. 1re, 9 janvier 2007, *Bull. civ.*, I, n° 7 ; *Defrénois* 2007, p. 535, obs. J. Massip ;

nécessaire », l'officier de l'état civil « *peut également demander à s'entretenir séparément avec l'un ou l'autre des futurs époux*[129] ».

A priori, la mesure devrait permettre à l'officier de l'état civil de se faire une idée plus précise des intentions matrimoniales ou pseudo-matrimoniales des intéressés. Le procédé n'en est pas moins critiquable. D'une part en effet, la latitude laissée à l'officier de l'état civil pour procéder à l'audition ou en dispenser les futurs époux laisse présager de fortes disparités selon les choix politiques (ou les jeux politiciens) locaux, pour le plus grand dam des couples mixtes et des couples étrangers. D'autre part, l'officier de l'état civil intervient dans un cadre juridique d'une rare ambiguïté : il ne dispose en effet d'aucun pouvoir d'investigation et moins encore de contrôle *stricto sensu*. Au mieux, il y a conversation anodine, mais biaisée afin d'examiner les intentions des futurs époux ; au pire, il y a risque d'abus de pouvoir. « *Lorsqu'il existe des indices sérieux laissant présumer, le cas échéant au vu de l'audition prévue par l'article 63, que le mariage envisagé est susceptible d'être annulé au titre de l'article 146 ou de l'article 180, l'officier de l'état civil peut saisir sans délai le procureur de la République. Il en informe les intéressés* » (art. 175-2).

Le texte voté par le Parlement en novembre 2003 précisait que constituait un indice sérieux le fait pour un ressortissant étranger de ne pas justifier de la régularité de son séjour, lorsqu'il y avait été invité par l'officier de l'état civil : c'était reconnaître à ce dernier un pouvoir d'investigation qu'il n'a pas ; c'était surtout ériger, indirectement, la régularité du séjour en condition de la célébration du mariage : quel étranger en situation irrégulière courrait le risque d'un contrôle judiciaire, fût-il animé par la plus sincère des intentions matrimoniales ? Le Conseil constitutionnel ne s'y est pas trompé qui a censuré cette présomption de fraude au nom de la liberté du mariage[130]. De même fut déclarée contraire à la Constitution l'obligation faite à l'officier de l'état civil d'informer « *immédiatement* » le Préfet ou à Paris le Préfet de Police, de cette situation : l'atteinte à la liberté du mariage était, là encore, évidente[131].

— 2°) *Deuxième temps : le contrôle du ministère public.* Si la procédure mise en place par les lois *Pasqua* de 1993 n'a pas été modifiée, les pouvoirs accordés au ministère public ont été considérablement accrus par la loi *Sarkozy*. Selon le nouvel article 175-2, alinéa 2 : « *Le procureur de la République est tenu dans les quinze jours de sa saisine, soit de laisser procéder au mariage, soit de décider qu'il sera sursis à sa célébration dans l'attente des résultats de l'enquête à laquelle il fait procéder. Il fait connaître sa décision motivée à l'officier de l'état civil, aux intéressés*[132] ». En exigeant en toute hypothèse une décision motivée, alors qu'auparavant l'absence de décision du ministère public dans le délai de quinze jours valait autorisation de célébrer le mariage, le législateur de 2003 entend contraindre le ministère public à examiner le dossier et prendre position.

Dr. famille 2007, n° 53, n. V. Larribau-Terneyre). Jugé en l'espèce que l'officier de l'état civil ne peut arguer de l'absence d'audition pour refuser d'accepter le dossier de mariage, de publier les bans et de fixer la date de la cérémonie. La Cour de cassation veille à tempérer le zèle des officiers de l'état civil.

129. L'audition doit se faire hors la présence des père et mère ou du représentant légal de l'intéressé, ainsi que du futur conjoint : le législateur du 14 novembre 2006 a voulu lutter contre les mariages forcés.

130. Selon le Conseil constitutionnel, déc. 13 août 1993, préc., « *le respect de la liberté du mariage, composante de la liberté personnelle protégée par les articles 2 et 4 de la Déclaration des droits de l'homme et du citoyen de 1789, s'oppose à ce que le caractère irrégulier du séjour d'un étranger fasse obstacle par lui-même au mariage de l'intéressé* ». Or, « *si le caractère irrégulier du séjour d'un étranger peut constituer dans certaines circonstances, rapprochées d'autres éléments, un indice sérieux laissant présumer que le mariage est envisagé dans un autre but que l'union matrimoniale, le législateur en estimant que le fait pour un étranger de ne pouvoir justifier de la régularité de son séjour constituerait dans tous les cas un indice sérieux de l'absence de consentement, a porté atteinte au principe constitutionnel de la liberté du mariage* » (Considérant n° 95).

131. Considérant n° 96.

132. Le texte voté par le Parlement prévoyait là encore que le ministère public devait « *le cas échéant* » (*i.e.* lorsque sa saisine était fondée sur l'irrégularité du séjour) faire connaître sa décision au Préfet ou, à Paris, au Préfet de Police. Cette disposition a été censurée par le Conseil constitutionnel (d'où la fin quelque peu abrupte du texte) comme de nature à dissuader les intéressés de se marier, portant ainsi atteinte au principe constitutionnel de la liberté du mariage.

Le sursis éventuellement ordonné par le Procureur de la République ne peut excéder un mois, période que la loi *Sarkozy* a rendue renouvelable une fois par décision spécialement motivée, laissant ainsi le temps au ministère public de procéder aux investigations nécessaires. Mais les candidats au mariage devront attendre au moins deux mois et demi pour sceller leur union.

Là encore, le législateur oblige le ministère public à prendre position : « *à l'expiration du sursis, il fait connaître par une décision motivée à l'officier de l'état civil s'il laisse procéder au mariage ou s'il s'oppose à sa célébration* » : le silence ne vaut pas autorisation.

La décision d'ordonner le sursis ou son renouvellement est susceptible d'être contestée devant le Président du tribunal de grande instance « *qui statue dans les dix jours*[133] », avec recours devant la cour d'appel qui se prononcera dans le même délai (art. 175-2, al. 5)[134].

En l'absence d'opposition ou de sursis, l'officier de l'état civil doit célébrer le mariage, quels que soient ses doutes[135].

— 3° *Troisième temps : la décision du juge du mariage*. Si la procédure va à son terme et que le ministère public décide de faire opposition au mariage, sur le fondement de l'article 146 ou de l'article 180, il appartient au tribunal de grande instance de trancher.

En toute hypothèse, la procédure de l'article 175-2 doit rester exceptionnelle : elle ne saurait servir à ménager les délais nécessaires pour que soit prononcée et exécutée une mesure de reconduite à la frontière[136].

199. Mariages célébrés à l'étranger. – Pour lutter contre l'instrumentalisation du mariage, il ne suffit pas de renforcer le contrôle des mariages célébrés en France, il importe également d'assurer indirectement la police des mariages célébrés à l'étranger. Dans cette hypothèse, le combat contre les mariages blancs se double d'un combat contre les mariages forcés, car on peut craindre que le consentement donné par la jeune femme, titulaire de la nationalité française (ou d'une carte de résident permettant le regroupement familial), n'ait été obtenu sous la pression de sa famille[137].

À cette fin, la loi *Pasqua* du 24 août 1993 a posé une règle simple et efficace : « *Le mariage d'un Français, même contracté à l'étranger, requiert sa présence* » : il

133. Ex. TGI Paris (ord. req.), 5 juillet 2002, *Dr. famille* 2002, n° 138, obs. H. Lécuyer : ni l'absence de régularité du séjour, ni la différence d'âge, fût-elle de 17 ans, entre les futurs époux, ne constituent par eux-mêmes un indice sérieux laissant présumer une absence réelle d'intention matrimoniale ; main-levée de la décision de sursis doit donc être ordonnée. La conjonction des indices laissait pourtant perplexe.

134. Jean Carbonnier parlait de « *référé de liberté matrimoniale* », *La famille*, p. 402.

135. Cass. civ. 1re, 6 février 2007, *Bull. civ.* I, n° 49 ; *Defrénois* 2007, p. 535, note J. *Massip* ; *Dr. famille* 2007 n° 55, n. V. Larribau-Terneyre ; en l'espèce, le futur était en situation irrégulière ; il avait vingt-neuf ans de moins que sa promise. Le maire saisit le ministère public. Celui-ci ordonna le sursis puis notifia au maire son absence d'opposition. Quelques jours plus tard, à la date fixée pour la célébration du mariage, le maire, après avoir procédé à l'audition séparée des époux, saisit à nouveau le procureur de la République : l'épouse se serait révélée particulièrement vulnérable sur le plan médico-psychologique. En attendant, la célébration du mariage a été suspendue ; la cour d'appel avait jugé que l'officier d'état civil « *en s'opposant à la célébration du mariage [...] a commis un trouble manifestement illicite* » ; rejet du pourvoi : « *si l'officier de l'état civil peut, sur le fondement de l'article 175-2 saisir à nouveau le procureur de la République s'il a recueilli des indices nouveaux laissant présumer une absence de consentement au mariage, il ne peut pas, en ce cas, refuser de procéder à sa célébration à la date fixée, en l'absence d'opposition ou de décision de sursis du procureur de la République.* »

136. La tentation est forte cependant, cf. CE, 29 juillet 2002, req. n° 237832, *Préfet du Languedoc-Roussillon, préfet de l'Hérault c/Tchen, Dr. adm.* 2002, comm. n° 176 : la décision de reconduite à la frontière peut être exécutée avant la cérémonie ; selon le Conseil d'État, elle ne fait pas obstacle à la liberté du mariage, l'union pouvant être célébrée dans le pays de destination (CE, 29 décembre 1993, req. n° 140716, *préfet du Loiret c/Maataoui)*.

137. Selon les chiffres donnés par le ministre de la Justice lors des débats relatifs à la loi du 14 novembre 2006, les demandes en nullité concernaient très majoritairement des couples mixtes (dans 90 % des cas un conjoint est Français, la femme en général, et l'autre étranger) mariés dans un pays étranger (56,3 %).

n'est mariage que de présents[138]. En condamnant les mariages par procuration, pourtant admis par certaines lois étrangères[139], la loi a entendu lutter contre les fraudes les plus manifestes : il faut que les époux se voient au moins lors de la célébration du mariage[140].

Depuis la loi du 14 novembre 2006, un chapitre entier est consacré aux mariages célébrés à l'étranger par une autorité étrangère ou par les autorités diplomatiques ou consulaires françaises (art. 171-1 s.). Le mariage célébré par une autorité diplomatique ou consulaire française suppose que soient respectées les conditions prescrites par le Code civil. Il revient donc à l'autorité compétente ou à son délégué de procéder à l'audition des époux. En cas de doute, le procureur de la République sera saisi. Il dispose de deux mois pour prendre parti (art. 171-4). Le mariage célébré par une autorité étrangère est valable, s'il a été célébré dans les formes usitées dans le pays pourvu que le ou les Français aient respecté les règles inscrites aux articles 144 s. (art. 171-1). La loi du 14 novembre 2006 a mis en place deux niveaux de contrôle : lors de la célébration et/ou lors de la transcription du mariage.

1°) La **célébration du mariage** doit être précédée par la délivrance d'un certificat de capacité à mariage auprès des autorités diplomatiques ou consulaires compétentes selon des prescriptions prévues à l'article 63 (art. 171-2). Il est donc procédé à l'audition des futurs époux ; si des indices sérieux laissent présumer que le mariage envisagé encourt la nullité, l'autorité diplomatique ou consulaire saisit sans délai le procureur de la République qui dispose de deux mois pour faire savoir s'il s'oppose ou non à la célébration (art. 171-4, al. 2). L'absence de certificat de capacité matrimoniale (pas plus que l'opposition éventuelle du ministère public) n'empêche nullement l'autorité étrangère de célébrer le mariage.

2°) Mais pour être opposable aux tiers en France, le mariage célébré par une autorité étrangère doit être **transcrit** sur les registres de l'état civil français (art. 171-5)[141]. S'il n'a pas eu lieu avant la célébration du mariage, le contrôle aura lieu lors de la demande de transcription (art. 171-5 et s.) : à l'autorité diplomatique ou consulaire de procéder à l'audition commune ou séparée des époux. En cas de soupçon, il y aura saisine du procureur de la République de sursis à transcription. Le procureur a six mois pour se prononcer sur la transcription (art. 171-7).

Si les formalités prévues à l'article 171-2 ont été respectées, il est procédé à la transcription « *à moins que des éléments nouveaux fondés sur des indices sérieux laissent présumer que le mariage encourt la nullité au titre des art. 144, 146, 146-1, 147, 161, 162, 163, 180 ou 191* » (art. 171-8, al. 1). Dans ce cas, l'autorité consulaire ou diplomatique compétente, après avoir procédé à l'audition des époux, ensemble ou séparément, informe immédiatement le ministère public et surseoit à la transcription. Le ministère public a six mois pour demander la nullité du mariage ; s'il ne s'est pas prononcé dans le délai, la transcription est de droit (art. 171-8).

200. Le mariage ne fait plus les Français. – La mesure préventive la plus efficace consiste à ôter son intérêt à la fraude. Aussi, le législateur s'est-il attaché à imposer des conditions de délai avant de pouvoir procéder à la déclaration acquisitive de la nationalité française du conjoint (art. 21-2) : six mois selon la loi du 7 mai 1984, étendus à deux ans par la loi du 24 août 1993, dite loi *Pasqua*, ramenés à un an par la loi du 16 mars 1998, dite loi *Chevènement*, rallongé à deux ans par la loi *Sarkozy* du 26 novembre 2003, et jusqu'à trois ans lorsque le conjoint

138. En temps de guerre, un décret du 9 septembre 1939 permet cependant, en l'encadrant, le mariage par procuration des militaires et marins présents sous les drapeaux (*DP* 1939.4.461).

139. Jadis admis pour les mariages princiers (ex. : les noces d'Anne de Bretagne avec Maximilien d'Autriche : l'envoyé de l'empereur représenta son souverain lors de la cérémonie et entra la jambe dans le lit conjugal pour signifier la consommation du mariage. L'union fut plus tard annulée pour permettre à la duchesse de Bretagne d'épouser Charles VIII roi de France).

140. Selon la Cour de cassation, (Cass. civ. 1re, 15 juillet 1999, *Bull. civ.* I, n° 2 ; *Rev. crit. DIP* 2000, 207, n. L. Gannagé ; *D.* 2000, somm. p. 414, obs. J.-J. Lemouland ; *Defrénois* 2000.103, obs. J. Massip) il s'agit non d'une condition de forme du mariage mais d'une condition de fond.

141. En l'absence de transcription, le mariage d'un Français, valablement célébré par une autorité étrangère, produit cependant ses effets civils en France à l'égard des époux et des enfants (art. 171-5, al 1).

étranger n'a pas résidé en France pendant au moins un an depuis le mariage[142], portés à quatre ans, voire cinq ans[143], par la seconde loi *Sarkozy* du 24 juillet 2006 : combien de mariages franco-français durent-ils aussi longtemps ? Et encore faut-il que la communauté de vie « *tant affective que matérielle* », a précisé la loi *Sarkozy,* n'ait pas cessé entre les époux[144]. Pour lutter contre les mariages arrangés par les familles ou un intermédiaire suspect, la loi exige également pour l'acquisition de la nationalité française par mariage que le conjoint étranger justifie d'une connaissance suffisante, selon sa condition, de la langue française (art. 21-2, al. 3) : à lui seul, le mariage ne fait donc plus le Français. En outre, le gouvernement peut s'opposer par décret en Conseil d'État à l'acquisition de la nationalité française « *pour indignité ou défaut d'assimilation autre que linguistique* » (art. 21-4)[145].

La procédure elle-même a été modifiée : la déclaration est désormais reçue par le représentant de l'État dans le département (comme pour une demande de naturalisation), et non, comme pour les autres déclarations acquisitives, par le greffier en chef du tribunal d'instance[146]. Bien qu'elle reste théoriquement un droit, l'acquisition de la nationalité à raison du mariage se rapproche de plus en plus d'une naturalisation de faveur. Quant à la carte de résident, les lois récentes sont radicales : après avoir multiplié les conditions restrictives, le législateur a tout simplement supprimé la délivrance de plein droit d'une carte de résident au conjoint étranger d'un Français : celui-ci retombe donc dans le droit commun (C. étrangers, art. L. 311-14, 1°, L. *Sarkozy*, 24 juillet 2006). Enfin, l'enregistrement peut être contesté par le ministère public dans le délai de deux ans suivant la date à laquelle il a été effectué, si les conditions légales ne sont pas

142. La loi du 26 novembre 2003 a supprimé la dispense de délai prévue jusque-là en cas de naissance d'un enfant avant ou après le mariage (art. 21-2, al. 2 ancien).

143. Cinq ans lorsque l'étranger, au moment de la déclaration, soit ne justifie pas avoir résidé de manière ininterrompue et régulière pendant au moins trois ans en France à compter du mariage, soit n'est pas en mesure d'apporter la preuve que son conjoint français a été inscrit pendant la durée de leur communauté de vie à l'étranger au registre des Français établis hors de France. En outre, le mariage doit avoir été transcrit sur les registres de l'état civil français (C. civ., art. 21-2, al. 2, L. 24 juillet 2006).

144. Au juge d'apprécier, cf. Cass. civ. 1re, 12 février 2014 et Cass. civ. 1re, 29 janvier 2014, *RTD civ.* 2014, 340, obs. J. Hauser : dans la première affaire, les époux habitent l'un dans la Creuse, l'autre dans la banlieue parisienne, mais l'épouse n'aurait pas pu trouver du travail en province ; dans la seconde affaire, la femme divorce de son premier mari au Maroc, épouse un citoyen français quelques mois plus tard, enregistre sa déclaration acquisitive de nationalité française, divorce huit mois plus tard... et se remarie peu de temps après avec son premier mari.

145. Selon l'article 21-4 al. 2, sont constitutives du défaut d'assimilation « *la situation effective de la polygamie du conjoint étranger* » ou la condamnation prononcée à son encontre pour des violences ayant entraîné une mutilation ou une infirmité permanente (C. pénal, art. 222-9) sur un mineur de quinze ans (le législateur a notamment songé à l'excision). Pour le reste, il appartient à l'administration d'apprécier, sous le contrôle du juge administratif. Ainsi, dans l'affaire dite de la *burqa*, le Conseil d'État a-t-il estimé dans son arrêt du 27 juin 2008 (*JCP* G 2008, II, 10151, note Ph. Malaurie ; *D.* 2009, 345, note Vallar), qu'« *est un défaut d'assimilation le fait pour une femme de porter une burqa et d'avoir une pratique religieuse incompatible avec les valeurs essentielles de la communauté française, notamment avec le principe d'égalité des sexes* » (en l'espèce, il était reproché à la jeune femme de mener une vie presque recluse et retranchée de la communauté française, elle et son mari se présentant spontanément comme salafistes). En revanche, le simple fait de porter un foulard, même en référence à une pratique « *de stricte observance de la religion musulmane* » ne constitue par un défaut d'assimilation (CE, 25 février 1999, *dame El Yahyaoui*, req. n° 16251). La circulaire du 29 décembre 2009 relative à la procédure d'acquisition de la nationalité française en raison du mariage cite au titre du défaut d'assimilation « *le fait de militer dans une association ou un mouvement soutenant ou encourageant la propagation de thèses contraires ou hostiles aux valeurs républicaines de tolérance ou de laïcité, ou un comportement personnel ou familial incompatible avec les valeurs de la société française, notamment en ce qui concerne les principes de liberté individuelle et d'égalité des sexes* ».

146. Art. 26 C. civ., loi du 12 mai 2009, dite de simplification et de clarification du droit et d'allègement des procédures.

satisfaites. Bien plus, le ministère public peut l'attaquer en cas de mensonge ou de fraude dans le délai de deux ans à compter de leur découverte (C. civ., art. 26-4). Le texte précise que « *la cessation de la communauté de vie entre les époux dans les douze mois suivant l'enregistrement* » constitue une présomption de fraude. Déféré au Conseil constitutionnel, le texte a été validé dans ses différentes dispositions et dans ses rédactions successives[147], le Conseil précisant cependant que la présomption de mensonge ou de fraude ne joue que dans les instances engagées dans les deux années de la date de l'enregistrement de la déclaration ; dans les instances engagées ultérieurement, il appartient au ministère public de rapporter la preuve du mensonge ou de la fraude invoqués[148].

Le conjoint étranger d'un Français conserve en revanche le droit d'obtenir une carte de séjour temporaire (C. étrangers, art. L. 313-11 4°[149]).

On veut décourager ainsi les *vrais* faux mariages ceux qui sont dépourvus de toute intention matrimoniale et donc de tout projet de vie commune. Mais pour quelques fraudeurs, combien de couples sincères se voient-ils contraints à un véritable parcours du combattant ? Reste que les pseudo-époux peuvent toujours espérer échapper aux contrôles, et que les situations sont parfois plus complexes : la prévention doit alors laisser place aux sanctions.

b) Sanctions

Pour sanctionner les mariages « simulés », on peut tenter de les anéantir, ou, plus simplement, de priver le fraudeur de l'effet recherché. La loi *Sarkozy* du 26 novembre 2003 entend également user de l'arme pénale.

— *Anéantissement du mariage*

201. Pas de mariage faute de consentement au mariage. – La nullité du mariage pour défaut de consentement (art. 146) est l'instrument classique de la lutte contre les mariages simulés[150]. Elle soulève un certain nombre de difficultés.

147. Cons. const., 30 mars 2012, n° 2012-227 QPC, préc. (pour l'article 26-4 réd. loi 16 mars 1998), *RTD civ.* 2012, 294, note J. Hauser et Cons. const., 13 juillet 2012, déc. n° 2012-264 QPC, *AJ famille*, 2012, 561, obs. F. Chénedé, *RTD civ.* 2012, 713, obs. J. Hauser (pour le même texte dans sa rédaction de la loi du 24 juillet 2006). Selon le Conseil, la présomption instituée à l'article 26-4 « *est destinée à faire obstacle à l'acquisition de la nationalité par des moyens frauduleux tout en protégeant le mariage contre un détournement des fins de l'union matrimoniale* » ; « *compte tenu des objectifs d'intérêt général qu'il s'est assigné, le législateur, en instituant cette présomption, n'a pas opéré une conciliation qui soit déséquilibrée entre les exigences de la sauvegarde de l'ordre public et le droit au respect de la vie privée* » (par. 9).

148. Selon le Conseil (par. 9), la disposition contestée revient à « *établir des règles de preuve ayant pour effet d'imposer à une personne qui a acquis la nationalité française en raison de son mariage d'être en mesure de prouver sa vie durant, qu'à la date de la déclaration aux fins d'acquisition de la nationalité, la communauté de vie entre les époux, tant matérielle qu'affective, n'avait pas cessée* » : « *l'avantage ainsi conféré sans limite de temps au ministère public, partie demanderesse, dans l'administration de la preuve, porterait une atteinte excessive aux droits de la défense* ». L'analyse est exacte, mais le moyen imaginé pour sauver le texte est des plus étrange : contre toute logique, le Conseil enferme la présomption censée jouer dans le délai de deux ans à compter de la découverte du mensonge ou de la fraude (art. 26-4 alinéa 3) dans le délai de deux ans à compter de l'enregistrement visé à l'article 26-4 alinéa 2. La politique a ses raisons que la raison ne connaît pas... (pour une application de l'obligation faite au ministère public de rapporter la preuve du mensonge ou de la fraude, cf. Cass. civ. 1re, 7 novembre 2012, *RTD civ.* 2013, 93, obs. J. Hauser).

149. Le renouvellement de cette carte est subordonnée (C. étrangers, art. L. 313-12) au fait que la communauté de vie n'ait pas cessé, sauf si cette rupture résulte du décès du conjoint français ou des violences conjugales dont le conjoint étranger aurait été victime.

150. Avec constance, la Cour de cassation rappelle que les conditions de fond du mariage sont régies par la loi nationale des époux : le juge français saisi d'une demande d'annulation du mariage célébré en France entre deux personnes de nationalité algérienne doit donc faire application de la loi algérienne (et non de l'article 146 C. civ.) pour approuver le consentement des intéressés

La plus délicate réside dans la preuve de l'absence d'*affectio matrimonii* : le moindre doute doit profiter sinon aux époux, du moins au mariage[151]. En pratique, le comportement des époux permet d'apporter cette preuve. Ainsi, l'absence totale de vie commune[152] ou une séparation rapide après l'obtention de l'avantage recherché[153], ne laissent guère d'illusion sur les véritables intentions des époux ou de l'un d'eux : non que la cohabitation ajoute quoi que ce soit à la perfection du mariage, mais le refus de cette obligation essentielle entre époux éclaire rétroactivement la fictivité du consentement qui avait été donné[154]. D'autres circonstances, telles que le versement d'une somme d'argent, l'existence de mariages antérieurs rapidement dissous, etc., peuvent permettre de caractériser l'absence d'intention matrimoniale[155], quand bien même il y aurait eu un temps de cohabitation.

Reste à savoir si l'absence d'*affectio matrimonii* doit être commune aux deux époux : l'un a vraiment voulu se marier, l'autre n'a fait que simuler. Le consentement supposant une rencontre des volontés, on peut estimer qu'il n'y a pas consentement dès lors qu'une des volontés fait défaut. La jurisprudence semble en ce sens, qui annule le mariage à la demande de l'époux de bonne foi[156]. S'il ne parvient pas à prouver l'absence d'intention matrimoniale, l'époux déçu dans ses attentes pourra tenter de plaider l'erreur sur les qualités essentielles[157].

(Cass. civ. 1re, 6 mars 2013, *Dr. famille* 2013, comm. n° 80, obs. M. Farge). Solution orthodoxe mais complexe et peut-être inutile (cf. M. Farge, préc.).

151. Aix-en-Provence, 23 octobre 2008, *Dr. famille* 2009, n° 23, note V. Larribau-Terneyre : l'épouse, marocaine, ne parlait pas bien le français, mais le comprenait ; les époux ne cohabitaient pas, mais la femme n'avait pu obtenir de visa pour se rendre en France, le consul ayant sursis à la transcription de l'acte de mariage ; le mari ne lui avait pas rendu visite au Maroc, mais il avait dû se rendre en Guadeloupe pour les obsèques de sa grand-mère et ses faibles revenus ne lui permettaient pas de voyager fréquemment. *Adde*, dans un tout autre registre, Caen 11 janvier 2007, *Dr. famille* 2007, n° 101, note V. Larribau-Terneyre : l'homosexualité de l'épouse et l'impuissance du mari ne constituent pas un obstacle à la fondation d'un foyer « *dès lors que l'intention des deux époux était de fonder une famille afin qu'ils se prodiguent mutuellement, affection, soutien et assistance* » ; l'absence d'intention matrimoniale n'est pas établie dans la mesure où le but principal poursuivi par les époux était d'apporter au mari l'aide et l'assistance dont celui-ci avait besoin dans sa vie quotidienne, ce qui, souligne la cour, « *n'est pas étranger aux objectifs assignés au mariage* ».

152. Ex., Paris, 10 octobre 2002, *RTD civ.* 2003, 62, obs. J. Hauser : dans cette affaire où les juges parisiens n'ont pas hésité à transposer au droit algérien le raisonnement français traditionnel (la loi algérienne étant applicable au mariage en raison de la nationalité algérienne commune des époux), il n'y avait eu ni cohabitation, ni dépenses communes, ni consommation du mariage, ce qui n'avait pas empêché le mari « étudiant » de 47 ans (!) de solliciter un titre de séjour dès le lendemain des noces.

153. Cass. civ. 1re, 6 juillet 2000, *LPA* 31 janv. 2001, obs. J. Massip ; n p.B. : l'épouse avait complètement changé de comportement une fois son titre de séjour obtenu.

154. Cass. civ. 1re, 8 juin 1999, *D.* 2000.413 ; ex. : Nîmes, 23 janvier 2008, *JCP* G 2008, IV, n° 1802 : l'absence de langue commune, la méconnaissance réciproque des époux, la présence d'un intermédiaire, le défaut de célébration effective du mariage dans le milieu familial de la femme contrairement à la coutume du pays... et le défaut de cohabitation après le mariage, révèlent selon le juge l'absence d'intention conjugale : en l'espèce, il s'agissait seulement de procurer à la femme un moyen de venir s'établir régulièrement en France.

155. Grenoble, 3 novembre 1998, *Rev. dr. fam.* (2e esp.), obs. H. Lécuyer : le soir même du mariage, l'épouse française, qui n'avait vu son mari qu'une seule fois dans une discothèque, le découvre avec une autre femme ; quelques temps après le divorce, le mari fait venir sa vraie femme et ses enfants de Turquie au titre du regroupement familial, non sans avoir, au préalable, vécu en concubinage et avoir eu un enfant avec une tierce personne. Les faits sont parfois encore plus rocambolesques : le tribunal de grande instance de Paris annule le 6 juillet 1993 (*RTD civ.* 1994, 326, obs. J. Hauser), le mariage d'un Iranien de 34 ans en situation irrégulière, avec une femme de 88 ans ; l'expertise effectuée trois ans plus tard révèle que l'épouse « *n'était plus en mesure depuis plusieurs années de manifester le discernement nécessaire pour s'engager dans les liens du mariage* », qu'elle avait d'ailleurs « *complètement oublié* ».

156. TGI Bordeaux, 21 et 28 décembre 1993, *RTD civ.* 1994, 326, obs. J. Hauser.

157. J. Hauser, obs. *RTD civ.* 1998, 659. Il est des gens qui ne doutent de rien ; tel ce mari qui prétendait obtenir la nullité du mariage en soutenant qu'il ne s'était marié que pour obtenir une

— *Refus d'accorder l'avantage recherché*

202. Effet blanc des mariages blancs. – L'administration peut-elle refuser l'avantage frauduleusement recherché sans que le mariage lui-même ait été ou fût mis en cause ? Le Conseil d'État l'a admis, au motif que « *si le mariage d'un étranger avec un ressortissant de nationalité française est opposable aux tiers, dès lors qu'il a été célébré et publié dans les conditions prévues aux articles 165 et suivants, et s'impose donc en principe à l'administration tant qu'il n'a pas été dissous ou déclaré nul par le juge judiciaire, il appartient néanmoins au préfet, s'il est établi de façon certaine lors de l'examen d'une demande sur le fondement de l'article 15-1°* (de l'ordonnance du 2 novembre 1945)*, que le mariage a été contracté dans le but exclusif d'obtenir un titre de séjour, de faire échec à cette fraude et de refuser à l'intéressé, sous le contrôle du juge de l'excès de pouvoir, la carte de résident*[158] ».

Cette position a été critiquée au motif qu'il appartenait à la seule autorité judiciaire de dire si le mariage était ou non simulé et si, en conséquence, le droit visé par la loi était refusé ou non[159]. Mais dans un telle hypothèse, l'autorité administrative n'empiète nullement sur la compétence de l'autorité judiciaire : le mariage civil subsiste, avec tous les droits et devoirs que le Code civil attache à l'institution. En refusant d'accorder l'avantage recherché, l'administration se contente de rendre la fraude inefficace[160]. Le juge civil procède parfois de même, qui, lorsque l'avantage recherché relève de sa compétence, refuse de laisser produire effet au mariage sans remettre en cause sa validité[161]. Il en est de même de la CJUE[162].

203. Trop d'actions tuent l'action ? – Cette jurisprudence, solidement établie, sembla remise en cause par l'introduction en 1993 d'un article 190-1 d'après lequel « *Le mariage qui a été célébré en fraude à la loi peut être annulé à la demande de l'époux de bonne foi ou du ministère public, formée dans l'année du mariage*[163] ». Dans l'esprit du législateur, il ne s'agissait

autorisation de séjour... et que son épouse n'avait pas accompli les formalités nécessaires, ce qui aurait constitué de sa part une erreur sur les qualités essentielles (Paris, 25 juin 1991, *RTD civ.* 1992, 53, obs. J. Hauser) !

158. * CE, avis, 9 octobre 1992, *Abihilali, Rec. CE*, 363 ; *RFD adm.* 1993, 175, concl. R. Abraham ; *AJDA* 1992, 794, chron. Ch. Maugüe et R. Schwartz ; *D.* 1993, 251, n. D. Maillard Desgrées de Lou ; *JCP* G 1993.II.22025, n. F. Laroche-Gisserot ; *RTD civ.* 1993, 328, obs. J. Hauser ; *Rev. crit. DIP* 1993, 25, n. P.L. Selon le commissaire du Gouvernement, « *le mariage est présumé sincère et le doute doit profiter à l'étranger* » ; le refus ne doit pas être fondé « *sur de simples soupçons, mais sur des éléments précis et concordants de nature à établir de façon indubitable le caractère fictif du mariage* ». Pour une illustration, CE, 13 novembre 1992, *D.* 1993, 297, n. V. Haïm : « *M. Riaz a contracté mariage le 11 août 1984 avec une ressortissante de nationalité française, moyennant le versement d'une somme d'argent, dans le seul but d'obtenir la carte de résident ; cette carte a ainsi été délivrée le 20 décembre 1984 à M. R. à la suite d'une fraude destinée à détourner la loi de son objet ; l'avantage ainsi obtenu n'a pu par suite créer de droits au profit de M. R. ni acquérir à son égard un caractère définitif ;* [...] *le Commissaire de la République du département du Val-d'Oise a donc pu légalement rapporter sa décision du 20 décembre 1984 après expiration du délai de recours contentieux et prononcer le retrait de la carte de résident de M. R. en dehors des cas prévus par le D. 4 décembre 1984* ».

159. P. Murat, *JCP* G 1993.I.3639, n° 4.

160. On peut cependant s'inquiéter d'éventuelles contradictions de décisions, par exemple, le juge administratif concluant à la fraude, alors que le juge civil estimerait valable le mariage.

161. Cf. not. l'affaire *époux Taleb*, Cass. civ. 1re, 17 novembre 1981, *D.* 1982.573, n. P. Guiho ; *JCP* G 1982.II.19842, n. crit. M. Gobert ; *Rev. crit. DIP* 1982, 669, n. Jacques Foyer : les époux avaient divorcé par consentement mutuel pour mieux se remarier et permettre au mari d'acquérir ainsi la nationalité française de son conjoint. Selon la Cour de cassation : « *Aux termes de ce texte* (C. nat., art. 37-1)*, l'étranger qui contracte un mariage avec une personne de nationalité française peut acquérir cette nationalité par déclaration, sur justification du dépôt de l'acte de mariage auprès de l'autorité administrative compétente ; ce texte ne peut être appliqué lorsque les époux ne se sont prêtés à la cérémonie du mariage qu'en vue d'atteindre un résultat étranger à l'union matrimoniale* [...] *; ce second mariage n'avait pu produire l'effet acquisitif de nationalité frauduleusement recherché* ».

162. CJCE, 23 septembre 2003, *Secretary of State for the Home Department c/Hacene Alarich*, *D.* 2004.1063, obs. M. Sousse : « *La libre circulation des travailleurs à l'intérieur de la Communauté* (prévue par le règlement CE du 15 octobre 1988) *ne s'applique pas lorsque le ressortissant d'un État membre et le ressortissant d'un pays tiers ont conclu un mariage de complaisance afin de contourner les dispositions relatives à l'entrée et au séjour des ressortissants de pays tiers* ».

163. Fourment, *JDI* 1998.945.

que d'expliciter une solution traditionnellement admise en jurisprudence. Mais on fit observer que cette règle spéciale avait vocation à se substituer à la règle générale fondée sur l'article 146 du Code civil[164]. Or les conditions d'exercice de l'article 190-1 étaient très restrictives : l'action était réservée au seul époux de bonne foi et au ministère public, et, surtout, devait être intentée dans le délai d'un an à compter de la célébration du mariage, soit avant même que les effets recherchés, mariage ou carte de résident, aient pu être sollicités. Le résultat d'une telle interprétation eût été paradoxal : en voulant renforcer la lutte contre les mariages blancs, le législateur aurait dépouillé le juge d'une de ses armes les plus efficaces. En réalité, les actions fondées sur les articles 146 et 190-1 avaient des fondements juridiques différents : la règle *specialia* n'avait pas à jouer. Les actions se cumulaient, étant entendu que l'article 190-1 n'avait, de par sa lettre, qu'un domaine limité. Sans se prononcer expressément sur ce point, les tribunaux continuaient d'utiliser l'article 146 pour annuler les mariages de complaisance[165]. Pour couper court à toute discussion, le législateur du 26 novembre 2003 a supprimé le malencontreux article 190-1.

— Sanctions pénales

204. Délinquance en robe blanche. – La loi *Sarkozy* du 26 novembre 2003 (modifiée par la loi n° 2011-672 du 16 juin 2011) a érigé en infraction, passible de lourdes peines, le fait de contracter un mariage, aux seules fins d'obtenir ou de faire obtenir un titre de séjour ou la nationalité française (C. étrangers art. L. 623-1 al. 1) : jusqu'à cinq ans de prison et 15 000 euros d'amende (dix ans de prison et 750 000 euros d'amende si l'infraction est commise en bande organisée), et diverses peines complémentaires (interdiction de séjour, interdiction du territoire, etc.).

N°s 205-209 réservés.

SECTION II

LES FAMILLES

210. Autorisations familiales. – Entendant faciliter le mariage afin d'ouvrir largement l'accès du sacrement, le droit canonique a toujours ignoré les conditions familiales : il n'a jamais exigé le consentement des parents comme condition de validité du mariage, mais prescrit seulement aux futurs conjoints de solliciter, par respect, leur agrément[166].

Au contraire, le droit civil a toujours imposé ces autorisations familiales afin, dans l'Ancien droit, d'éviter les mésalliances[167] ; ce genre de considérations jouait aussi à l'encontre des mariages *in articulo mortis*. Aussi comprend-on que la rigueur du Code Napoléon se soit atténuée en faveur du mariage ; cette atténuation s'est par la suite accusée : l'histoire du droit civil est celle d'un allégement croissant du contrôle familial sur le mariage des enfants[168].

Il ne faut pas confondre ces autorisations familiales avec les autorisations administratives qui ont pendant longtemps été exigées pour les mariages d'étrangers résidant en France et pour un certain nombre des fonctionnaires (agents diplomatiques et consulaires et certains militaires),

164. Fr. TERRÉ et D. FENOUILLET, n° 410.

165. Cass. civ. 1re, 19 janvier 1999, Grenoble, 3 juin 1998 et Cass. civ. 1re, 12 novembre 1998, *Rev. dr. fam.* 1999 (3), n° 23, obs. H. Lécuyer.

166. Ex. : Décret *Tametsi* que le concile de Trente (1540-1563) adopta après des débats difficiles : est répréhensible le mariage du fils de famille sans le consentement de ses parents ; mais sont frappés d'anathème ceux qui soutiendraient la nullité de telles unions.

167. Y. JEANCLOS, « Consentement matrimonial et rapt de séduction d'après quelques actes de la seconde moitié du XVIIIe siècle », *in Le droit de la famille en Europe,* ouvr. collectif, PU Strasbourg, 1992, p. 264 s.

168. J. Ph. LÉVY et A. CASTALDO, n° 94 et réf. cit.

dont le défaut n'a jamais entraîné la nullité du mariage. Ces règles ont aujourd'hui à peu près complètement disparu, sauf à l'égard des militaires en activité qui épousent un étranger[169] ; les agents diplomatiques et consulaires qui épousent un étranger doivent informer le ministre de leur intention[170].

Avant 1907, le majeur, quel que fût son âge, devait essayer d'obtenir l'agrément de ses parents à son projet de mariage. Si cet agrément n'était pas donné à l'amiable, l'intéressé devait leur notifier son projet par actes d'huissier que l'on désignait, depuis l'Ancien droit, par l'expression contradictoire et ridicule de « sommations respectueuses », faisant courir un délai d'un mois après lequel le mariage pouvait être célébré. L'expérience a montré que cette politique était mauvaise, car le délai d'attente, imposé à l'enfant majeur qui voulait se marier, au lieu d'inciter le solliciteur à la réflexion, aggravait les dissensions familiales[171]. Les sommations respectueuses ont été supprimées en 1907 : signe de l'évolution libérale suivie par le droit civil en la matière, qui l'a fait, très partiellement, revenir à la conception canonique du libre mariage des enfants.

Aujourd'hui, en droit civil, les autorisations familiales n'intéressent que les mineurs et les majeurs en tutelle et en curatelle. La question des majeurs protégés ayant été examinée *supra*[172], ne reste que celle des mineurs. La définition du mineur ne soulève pas de difficultés : ce sont les personnes physiques âgées de moins de dix-huit ans accomplis. Le mineur consent lui-même à son mariage, mais doit obtenir une autorisation.

211. Qui donne les autorisations ? – De nouveau, apparaît dans l'évolution législative le libéralisme croissant du droit civil. Trois hypothèses doivent être distinguées : le mineur qui a encore son père ou sa mère, celui qui n'a plus ses père et mère mais d'autres ascendants, celui qui n'a ni père, ni mère, ni d'autre ascendant.

Il suffit pour que le mineur ayant son père ou sa mère se marie qu'il obtienne l'autorisation de l'un de ses parents, son père *ou* sa mère. Autrefois, se manifestait la prépondérance du père qui, seul, avait qualité pour donner l'autorisation au mariage de son enfant mineur. Aujourd'hui, en faveur du mariage, le dissentiment vaut consentement (art. 148).

La même règle s'applique au mineur sans père ni mère, mais avec ascendants : il suffit, afin qu'il se marie, qu'il obtienne l'autorisation de l'un des ascendants : dissentiment vaut consentement (art. 150, al. 1). Par conséquent, si le mineur a encore ses quatre grands-parents, il peut se marier en obtenant le consentement de l'un d'eux.

Pour se marier, le mineur sans parent ni ascendant doit obtenir l'autorisation du conseil de famille. On a volontairement écarté le tuteur, qui pourrait être intéressé à hâter le mariage du pupille afin de se décharger de la tutelle ou, au contraire, de retarder le mariage pour éviter d'avoir à rendre ses comptes[173].

---

169. V. cependant *supra*, n° 184.

170. *Supra*, n° 186.

171. Dans la *Vendetta* (*La Comédie humaine*, Pléiade, t. I, 1976), Balzac dénonce les vices de l'institution. Au tout lendemain de la Restauration, Ginevra s'éprend de Luigi Porta. Son père, Bartholoméo di Piombo, s'oppose au mariage : « *vous me faites mal, vous, ma fille, d'aimer un autre que votre père* » (p. 1071), d'autant qu'une vendetta oppose les deux familles. Dès sa majorité, Ginevra fait faire par deux notaires les sommations respectueuses, se marie et le père rompt aussitôt avec le jeune ménage qui sombre dans la misère ; après la mort de sa femme et de leur enfant, Luigi apporte aux deux parents « *la longue chevelure noire de Ginevra. Les deux vieillards frissonnèrent comme s'ils eûssent reçu une commotion de la foudre, et ne virent plus Luigi. "Il nous épargne un coup de feu, car il est mort", s'écria lentement Bartholoméo en regardant à terre* » (p. 1101).

172. N° 177.

173. Une fois de plus (*supra*, n° 144, pour *Les noces de Figaro*), Beaumarchais s'est trompé ; dans *Le barbier de Séville*, Bartholo, tuteur de Rosine, n'avait pas à autoriser le mariage de sa pupille, à supposer applicable le droit français à ce mariage, ce qui est exclu, tous ses rattachements étant espagnols et même andalous.

212. Formes des autorisations. – Les autorisations familiales sont données en la forme la plus simple, afin de faciliter le mariage. Normalement elles sont verbales lors de la célébration, sauf, bien entendu, pour le conseil de famille où elles résultent d'une expédition de la délibération du conseil. Elles peuvent être données par avance sous forme d'un acte notarié, ou par déclaration à l'officier d'état civil ; en ce cas, elles doivent être spéciales ; serait nulle une autorisation générale, par exemple : « Marie-toi avec qui tu voudras ».

213. Nature des autorisations. – Les autorisations familiales à mariage constituent un attribut de l'autorité parentale qui ne disparaît qu'avec sa perte. Elles sont un droit discrétionnaire qui n'a pas à être motivé : le mineur ne peut critiquer un refus injustifié, ce qui est regrettable alors que disparaît peu à peu l'ensemble des droits discrétionnaires. Enfin, elles sont révocables jusqu'au moment du mariage ; le parent est maître de sa décision et peut la modifier à tout moment jusqu'au mariage : il a la même liberté que les futurs époux, car ces autorisations font partie du consentement matrimonial.

On retrouve ici les règles applicables aux préliminaires du mariage. Si la révocation de l'autorisation est intempestive, son auteur peut être condamné à des dommages-intérêts, comme l'auteur d'une rupture fautive des fiançailles. Des auteurs justifient autrement cette solution, par le pouvoir modérateur qu'exercent les tribunaux sur l'exercice de l'autorité parentale[174].

Section III
LA SOCIÉTÉ

214. Limites au choix du conjoint. – Les conditions de moralité sociale intéressent plusieurs prohibitions du mariage. Elles sont variables selon les pays et selon les temps. Les systèmes exogamiques interdisent d'épouser des parents : ce sont des sociétés ouvertes ; à l'inverse, les systèmes endogamiques interdisent d'épouser des étrangers : ce sont des sociétés closes.

Les règles de moralité sociale peuvent être d'ordre racial, telle l'interdiction du mariage entre blancs et noirs, comme naguère dans certains États des États-Unis d'Amérique ou en Afrique du Sud. Il peut s'agir aussi de moralité religieuse, telle l'interdiction du mariage entre catholiques et protestants que connaissait notre Ancien droit[175], ou l'*impedimetum ordinis* (engagement dans le sacerdoce considéré par le droit canonique comme une sorte de mariage). Ce peuvent être des raisons de moralité politique, telle l'interdiction du mariage entre patriciens et plébéiens que le très ancien droit romain imposait.

Ces prohibitions ont disparu en droit, pas en fait : la xénophobie, l'antisémitisme et l'intolérance sont en France des réalités vivantes et depuis la seconde moitié du XXe siècle une source permanente de mauvaise conscience.

Les deux empêchements matrimoniaux tenant à la moralité sociale qui subsistent en droit procèdent des fondements constitutifs de la société française. De la prohibition de l'inceste découlent les empêchements tirés de la parenté et de l'alliance (§ 1) ; du principe monogamique découle l'empêchement de bigamie (§ 2).

174. Marty et Raynaud, n° 86.

175. En droit musulman classique, un musulman peut épouser une femme appartenant aux trois religions du Livre (judaïsme, christianisme, Islam), les enfants nés de l'union étant élevés dans la religion musulmane. En revanche, une musulmane ne peut épouser qu'un musulman (cf. Linant de Bellefonds, *Traité de droit musulman*, t. 1, *op. cit.*, n° 29). La prohibition est aujourd'hui reprise dans la législation de certains États (cf. au Maroc, l'article 39, § 5 du Code de la famille, dans sa version du 3 février 2004).

§ 1. Empêchements de parenté ou d'alliance

215. Inceste. – Selon Claude Lévi-Strauss[176], la prohibition de l'inceste est « le tabou » de l'humanité tout entière et la règle même de l'échange ; elle comporte des modalités diverses selon les cultures et les époques et est fondée sur deux raisons. L'une est physiologique : les sangs ont intérêt à se mêler, ce qui est une considération d'eugénisme ; ce fondement justifie les empêchements de parenté biologiques, non ceux qui sont tirés de l'alliance ou de l'adoption. L'autre est morale : la vie familiale crée des relations étroites entre ses membres et la perspective d'un mariage possible serait susceptible de créer des désordres ; apparaît à nouveau le rôle prophylactique du droit civil.

L'étendue de la prohibition varie considérablement d'une époque et souvent d'une civilisation à une autre[177]. Faible chez les Grecs et les Égyptiens (les pharaons se mariaient entre frères et sœurs), elle fut forte dans la Bible[178] et très forte dans le droit canonique, jusqu'au 14e degré civil (67e degré canonique – mais elle évolua). Ce qui s'explique par des considérations d'exogamie et une sorte de cléricalisme : il fallait obtenir de l'Église des dispenses ; à défaut, le mariage était nul ; presque toutes les unions entre les familles régnantes d'Europe étaient ainsi entre les mains du Saint-Siège. La Révolution a réagi contre ce pouvoir clérical et le Code Napoléon a été sobre en la matière. Bien imprudemment, la CEDH semble aujourd'hui favorable à la levée de certains tabous. Et la consécration du mariage entre personnes de même sexe contribue à brouiller les repères : le législateur a étendu les prohibitions sans s'interroger sur leur fondement. *Sur l'adoption des enfants incestueux*[179].

Les empêchements peuvent tenir à deux types de relations familiales : la parenté[180] (I) et l'alliance (II).

---

176. Cl. Lévi-Strauss, *Les structures élémentaires de la parenté*, Plon, 1982, p. 76 : « *la prohibition de l'inceste est moins une règle qui interdit d'épouser mère, sœur ou fille qu'une règle qui oblige à donner mère, sœur ou fille, c'est la règle du don par excellence* [...] ; (l'inceste) *est socialement absurde avant d'être moralement coupable* ».

177. L'histoire (J. Ph. Lévy et A. Castaldo, n° 91), la mythologie et les contes sont remplis d'incestes. Ex. : fils et mère : Œdipe et Jocaste ; frère et sœur : Osiris et Isis ; belle-mère et beau-fils : Phèdre et Hyppolite (il n'y a pas alors d'inceste selon le sang : c'est la loi ou la croyance à la loi qui constitue l'inceste) ; oncle et nièce (l'empereur romain Claude et sa nièce Agrippine) ; et surtout père et fille : Lot et ses filles (*Genèse*, **19,** 31-38), l'empereur romain Auguste et sa fille Julie, et, dans les contes de Perrault, *Peau d'âne*. Explication (hypothétique) de la mythologie : les monstres mythiques métaphorisent les différentes subversions et perversités sociales, comme l'inceste, les différentes inversions sexuelles, la violence, le suicide, le meurtre, etc. qui toutes mènent au désordre et au mal (les mauvais mélanges, avait dit Shakespeare (*Troïlus et Cressida : « evil mixtures »* ; cf. R. Girard, *La mythologie*), et au développement de nos instincts, une des sources tragiques de la condition humaine.

178. *Lévitique* **18,** 6 : « *Je suis Yaweh. Aucun d'entre vous ne s'approchera de sa propre parente pour découvrir sa nudité. Je suis Yaweh* ».

179. *Infra*, nos 1415 et 1424.

180. Peuvent également être prises en compte d'autres parentés que celle du sang : parenté spirituelle de l'ancien droit canon (sur les empêchements du droit canonique contemporain : A. Sériaux, *Droit canonique, op. cit.*, n° 228 s. et réf. cit.), parenté par l'allaitement du droit musulman classique (repris aujourd'hui par certains droits étatiques : cf. art. 38 du Code marocain du statut personnel et des successions : « *1° Les prohibitions résultant de la parenté par le lait sont les mêmes que celles de la parenté ou de l'alliance. 2° L'enfant allaité est seul considéré comme enfant de la nourrice et de son époux, à l'exclusion de ses frères et sœurs. 3° L'allaitement ne constitue un empêchement au mariage que s'il a eu lieu au cours des deux premières années du nourrisson avant le sevrage* » (A. Oussoukine, « L'interdit matrimonial induit par la co-allaitement en droit musulman », *RIDC* 2009, 2).

I. — Parenté

216. Lignes directe et collatérale. – En ligne directe, les empêchements à mariage entre ascendants et descendants jouent à l'infini[181]. En ligne collatérale, ils jouent au deuxième degré[182]. Ces deux sortes d'empêchements constituent le noyau dur de la prohibition de l'inceste. Au troisième degré[183], la prohibition peut être levée par une dispense du Président de la République. Le recours exceptionnel au chef de l'État marque bien la profondeur sociale de l'interdit : seul le chef de tribu (du moins son substitut) peut lever le tabou[184]. Quoi qu'il en soit, la situation relève d'une moralité douteuse, comme dans la Rome décadente[185]. Au-delà, le mariage est possible sans limitation, notamment entre cousins germains. Ces empêchements, mais sans dispense, ont été repris pour le Pacs (art. 515-2) et étendus sans sourciller aux époux de même sexe.

Ces empêchements valent pour les enfants nés en mariage comme pour ceux nés hors mariage dès lors que la filiation est établie. Il en va de même si la filiation, sans avoir été véritablement établie, confère à l'enfant une créance de subsides allouée par jugement (art. 342-7, L. 3 janvier 1972) ; bien qu'il n'y ait qu'une simple possibilité de parenté, le seul fait que le mariage puisse être incestueux suffit à l'empêcher. Il y a matière à hésiter lorsque la filiation n'a aucunement été établie ; moralement, il paraît monstrueux qu'un père puisse épouser sa fille ou aujourd'hui son fils sous prétexte qu'il s'agit d'une filiation non établie. Mais il faut craindre l'arbitraire résultant de la commune renommée : cette question ne peut être réglée par les commères. La jurisprudence a été incertaine dans les très rares cas où la question lui a été déférée. Quant à la parenté adoptive, il faut distinguer entre les deux formes d'adoption. L'adoption plénière crée les mêmes empêchements à mariage que la parenté légitime ; *pour ceux qui résultent de l'adoption simple, voir l'article 366.*

Ainsi, les empêchements, résultant de la parenté, débordent ce qui était naguère la parenté légitime ; au contraire de ceux qui résultent de l'alliance.

---

181. Art. 161. Ex. : un père ne peut épouser sa fille ou son fils ; un grand-père ne peut épouser sa petite-fille ou son petit-fils.

182. Art. 162. Ex. : un frère ne peut épouser sa sœur ou son frère.

183. Art. 163. Ex. : mariage entre un oncle et sa nièce ou son neveu. Mais l'empêchement peut être levé pour « motif grave » (art. 164), ce qui, en l'état actuel de la science, ne devrait pas concerner les époux de même sexe.

184. Selon le Conseil d'État, la décision prise par le Président de la République est indissociable de l'état des personnes ; sont donc compétents les tribunaux civils (*CE, 12 octobre 2005, *RTD civ.* 2006.91, obs. J. Hauser). Reste à savoir si un recours peut être exercé, au civil, contre une telle décision : v. M. LAMARCHE et J.-J. LEMOULAND, *Rép. civ. Dalloz, V° Mariage*, n° 428. Pour la cour d'appel de Paris (Paris, 3 avril 2008, *D.* 2010, 728, obs. J.-J. Lemouland et D. Vigneau ; *Dr. famille* 2008, n° 81, n. V. Larribau-Terneyre), que la dispense discrétionnaire du Président de la République ne puisse être soumise à recours juridictionnel est contraire à l'article 13 Conv. EDH « *qui garantit un recours effectif devant une instance nationale à toute personne dont les droits et libertés sont reconnus dans la Convention, comme l'est le droit fondamental au mariage* » (Comp. pour l'autorisation à mariage posthume, *supra*, n° 154 et réf. cit.). Les magistrats parisiens se déclarent également compétents pour apprécier en l'espèce l'existence de motifs graves. Ayant ainsi créé un recours effectif, ils affirment que le système français d'empêchement avec dispense ne porte pas une atteinte disproportionnée au droit au mariage garanti par l'article 12 Conv. EDH et estiment qu'en l'espèce il n'y avait pas de motifs graves (les intérésés, l'oncle et la nièce, invoquaient seulement... quatorze ans de vie commune).

185. Ce fut un Senatus-consulte de l'an 49 qui, pour permettre à l'empereur Claude d'épouser Agrippine, avait autorisé le mariage entre un oncle et sa nièce.

II. — Alliance

217. Ligne directe et mariage. – Le mariage est interdit entre alliés en ligne directe (art. 161)[186] sauf dispense du Président de la République, pour des causes graves, lorsque la personne qui a créé l'alliance est décédée. L'empêchement naît du mariage, et à l'inverse du droit canonique, ne s'étend pas au concubinage, ce qui crée une situation choquante[187]. Il a en revanche été repris, sans la dispense, pour le Pacs (art. 515-2).

Le Code Napoléon (art. 162 anc.) interdisait absolument le mariage entre alliés : même après dissolution du premier mariage, un beau-père ne pouvait épouser sa belle-fille, un veuf ne pouvait épouser ni sa belle-mère, ni sa belle-sœur ; cet empêchement a disparu depuis la loi du 11 juillet 1975.

Dans ce monde bien ordonné et somme toute des plus souple, compte tenu des dispenses, un étrange arrêt de la CEDH est venu semer le trouble : la Cour qualifie d'atteinte excessive au droit au mariage (Conv. EDH, art. 12) l'empêchement à mariage édicté en droit anglais avec dispense possible par le Parlement, entre un beau-père et sa belle-fille, tous deux divorcés[188].

Pour sauver l'article 161 du Code civil de la censure européenne, la Cour de cassation en a écarté l'application *in casu* dans une affaire où le mariage entre le beau-père et sa bru avait duré de nombreuses années[189]. La Cour se fonde non pas sur l'article 12 de la Convention EDH (liberté du mariage, car la règle française n'y aurait peut-être pas survécu) mais sur l'article 8 de la Convention : l'annulation du mariage aurait revêtu en l'espèce « *le caractère d'une ingérence injustifiée dans l'exercice de son droit au respect de sa vie privée et familiale dès lors que cette union, célébrée sans oppositions, avait duré plus de vingt ans* »[190].

§ 2. Empêchement de bigamie

218. Principe de monogamie. – La monogamie constitue l'une des bases de la société en Occident. Le droit français, comme celui de tous les pays occidentaux,

---

186. Ex. *:* un beau-père ne peut épouser ni sa bru ni son gendre.

187. Un homme peut épouser la fille de sa concubine. Ex. *:* Eugène de Rastignac a pu épouser Augusta de Nuncingen, fille légitime de Delphine de Nuncingen qui fut sa maîtresse pendant treize ans.

188. *CEDH, 13 septembre 2005, *B. L. c/Royaume-Uni*, *Dr. famille* 2005, n° 234, n. crit. A. Gouttenoire et M. Lamarche ; *RTD civ.* 2005.759, obs. J. Hauser. La motivation de la Cour est stupéfiante. À l'appui de la règle britannique était invoqué le fait que du précédent mariage était né un enfant qui risquait d'être perturbé par le remariage annoncé (son grand-père allait épouser sa mère...) : la Cour estime que l'interdiction légale n'empêche pas les rencontres, tout aussi perturbantes pour l'enfant : jugé que la loi britannique interdisant ce genre de mariage était contraire aux droits de l'homme.

189. Cass. civ. 1re, 4 décembre 2013, n° 12-26.006, *D.* 2014, 179, note F. Chénedé, H. Fulchiron, « La Cour de cassation, juge des droits de l'homme ? », *D.* 2014, 153, *Defrénois* 2014, p. 140, note C. Bahurel, *RTD civ.* 2014, 88, obs. J. Hauser, *RTD civ.* 2014, 307, obs. J.-P. Marguenaud. Les juges du fond avaient soigneusement motivé leur décision en insistant sur l'importance des intérêts sociaux en jeu. Pour apprécier la conformité de la décision déférée à l'article 8 Conv. EDH, la Cour de cassation reprend la méthode de raisonnement utilisée par la CEDH, c'est-à-dire la pesée des intérêts en présence, intérêt individuel et intérêt collectif. En terme de méthode, l'innovation est considérable.

190. Comp. Aix-en-Provence, 2 décembre 2014, n° 13/17939, *D.* 2015, 1412, obs. J.-J. Lemouland et D. Vigneau *Dr. famille* 2015, comm. 44, note J. R. Binet, *RTD civ.* 2015, 361, obs. J. Hauser : la cour d'appel reprend la méthode mais en tire des conclusions inverses en refusant d'annuler le mariage entre un homme et la fille de son ex-épouse (le mariage n'a duré que huit ans, aucun enfant n'est né de l'union).

interdit la polygamie (art. 147)[191] et fait même de la bigamie un délit (C. pén., art. 433-20)[192].

Pour autant, le principe n'a rien d'universel : des millions d'êtres humains vivent sous l'empire de droits qui admettent la polygamie : polygamie limitée à quatre épouses du droit musulman classique[193], polygamie illimitée de certaines coutumes d'Afrique noire. Face aux systèmes juridiques qui admettent la polygamie, le droit français adopte une position nuancée[194].

219. Prohibition de la célébration en France d'un mariage polygamique. – Alors même que les conditions de formation du mariage sont régies par la loi nationale des époux et que cette loi admettrait la polygamie, une union polygamique ne peut être célébrée en France : l'ordre public français en matière internationale s'y oppose radicalement. La prohibition touche aussi le mariage qui serait célébré entre deux étrangers par les agents diplomatiques ou consulaires de leur pays en France[195].

220. Effets en France d'un mariage polygamique célébré à l'étranger. – Conformément à un principe jurisprudentiel profondément ancré en droit international privé, « *la réaction à l'encontre d'une disposition contraire à l'ordre public n'est pas la même suivant qu'elle met obstacle à l'acquisition d'un droit en France ou suivant qu'il s'agit de laisser se produire en France les effets d'un droit acquis, sans fraude, à l'étranger et en conformité de la loi ayant compétence en vertu du droit international privé français*[196] ». On parle « *d'effet atténué de l'ordre public* »[197].

Le mariage polygamique produira ainsi un certain nombre d'effets, ceux qui ne sont pas radicalement incompatibles avec notre ordre public : successoraux[198], alimentaires[199] ou action en réparation à la suite du décès du mari[200]. Pour autant

191. Par précaution, l'article 70 du Code civil dispose que chacun des futurs époux doit remettre à l'officier de l'état civil un extrait d'acte de naissance, ce qui permettrait de révéler un mariage antérieur non dissous.

192. La Cour de cassation va jusqu'à affirmer qu'est nul le second mariage contracté entre les mêmes époux, sans que leur première union ait été dissoute (Cass. civ. 1re, 3 février 2004, *Bull. civ.* I, n° 33 ; *Defrénois* 2004.1067, n. M. Revillard et p. 1229, n. J. Massip ; *D.* 2004.2963, obs. J.-J. Lemouland) : en l'espèce, les époux mariés coutumièrement (et par procuration) au Zaïre, s'étaient remariés en France : l'article 147 doit s'appliquer, affirme la Cour de cassation.

193. Encore faut-il, selon la *Charia*, que le mari se montre équitable entre ses différentes épouses, Linant de Bellefonds, *Traité de droit musulman, t. II.* Les droits contemporains qui s'inspirent du droit musulman classique acceptent la polygamie mais tendent à l'encadrer. Aussi, le nouveau Code marocain de la famille (2004), ne se contente pas d'affirmer que « *la polygamie est interdite lorsqu'une injustice est à craindre entre les épouses* » ou que le mari s'est engagé lors du mariage à ne pas prendre d'autre épouse (art. 40) ; il soumet la polygamie à une autorisation du juge (art. 41). Celui-ci doit vérifier les « *motifs exceptionnels qui ont conduit le mari à solliciter l'autorisation du juge et rejettera la demande s'il est établi que le demandeur ne dispose pas de ressources suffisantes pour subvenir aux besoin des deux familles et garantir tous les droits, tels que l'entretien, le logement et l'égalité dans tous les aspects de la vie* ». Est ainsi trouvé un équilibre entre tradition et modernité. En pratique, la polygamie est devenue rare au Maroc.

194. B. Bourdelois, *Le mariage polygamique en droit international privé français,* th. Paris, éditions Joly, 1993, préf. P. Bourel.

195. L'affirmation est cependant discutée, Paris, 5 avril 1990, *D.* 1990, 424, n. Fr. Boulanger.

196. Cass. civ. 1re, 17 avril 1953, *Rivière, GA DIP*, n° 26 et réf. cit.

197. H. Batiffol et P. Lagarde, *Traité de droit international privé, op. cit.*, n° 361.

198. Cass. civ. 1re, 3 janvier 1980, *Bouazza, Bull. civ.* I, n° 4 ; *D.* 1980, 549, n. E. Poisson-Drocourt ; *Rev. crit. DIP* 1980, 549, n. H. Batiffol ; *Clunet* 1980, 327, n. M. Simon-Depitre.

199. Cass. civ. 1re, 19 février 1963, *Chemouni, Bull. civ.* I, n° 108 ; *Rev. crit. DIP* 1963, 559, n. G.H. ; *Clunet,* 1963, 986, n. Ponsard.

200. Cass. civ. 1re, 4 octobre 1965, *Rev. crit. DIP* 1966, 688.

tous les effets attachés au mariage ne seront pas admis en France : l'époux polygame ne peut prétendre par exemple faire venir plus d'une épouse au titre du regroupement familial[201] et le second mariage ne peut figurer dans les registres de l'état civil français[202]. Le tri opéré par la jurisprudence est parfois surprenant[203].

Encore faut-il également que la situation ne présente pas de liens trop étroits avec l'ordre juridique français : dans ce cas, l'ordre public de proximité se dresserait contre une situation qui, en toute hypothèse, heurte un principe fondamental de notre droit[204].

Depuis quelques années, le législateur français semble pris d'une sorte de fièvre anti-polygamique : les dispositions hostiles se multiplient en matière notamment d'entrée, de séjour, et de nationalité[205]. Selon certains, le principe d'égalité entre homme et femme, garanti notamment par la Convention EDH et par ses protocoles additionnels[206], condamnerait radicalement la polygamie en général et la polygamie musulmane en particulier. La tolérance traditionnelle du droit français en la matière risque-t-elle de disparaître ?

221. Remariage. – Une fois le premier mariage dissous, pour quelque cause que ce soit, décès, divorce ou absence, il est possible de contracter un nouveau mariage, sans restriction. Notamment, depuis une loi du 4 janvier 1930, un conjoint divorcé peut épouser le complice de son adultère ; la loi interdit la polygamie, mais admet une sorte de polygamie successive ; deux femmes peuvent se partager la pension du mari après son décès au prorata de la durée respective des mariages (Code de la Sécurité sociale, art. L. 353-3).

Bien que l'image en soit souvent donnée, ce n'est pas une vraie polygamie successive. Non seulement parce que le mariage est rompu, mais parce que le conjoint remarié perd les droits découlant du mariage qui présentent un caractère conjugal : le choix de la sépulture du premier conjoint prédécédé, les droits de propriété littéraire et artistique (L. 11 mars 1957, art. 19 et 24 ;

201. Dans un arrêt *Montcho* du 11 juillet 1980, (*Rev. crit. DIP* 1981, 658, n. M. Bischoff ; *JCP* G 1981.II.19 629, concl. Rougevin-Baville), le Conseil d'État avait estimé que le regroupement familial était ouvert à la seconde épouse au nom du droit au respect de la vie familiale ; or la vie familiale s'apprécie par rapport à la personne concernée. La loi du 24 août 1993 a brisé cette jurisprudence et fermé le regroupement familial à toute autre épouse que celle qui réside déjà sur le territoire français (Ord. 2 novembre 1945, art. 30) ; selon le Conseil constitutionnel, cette disposition est conforme à la Constitution car la vie familiale doit s'apprécier par rapport à la société d'accueil.

202. Cass. civ. 1re, 17 février 1982, 1er arrêt *Baaziz, Bull. civ.* I, n° 76 ; *Rev. crit. DIP* 1983, 275, n. Y. Lequette.

203. Ainsi, la Chambre sociale de la Cour de cassation (8 mars 1990, *Bull. civ.* V., n° 114 ; *Rev. crit. DIP* 1991, 694, n. J. Déprez) a-t-elle décidé que la seconde épouse n'avait droit aux prestations de la Sécurité sociale que si, lors des soins litigieux, elle était la seule épouse légitime à résider en France auprès de son conjoint. Pourtant, un Français peut ouvrir des droits à sa femme et à sa concubine. Ont, au contraire, été reconnus les droits à pension de réversion des veuves de l'assuré polygame (Cass. civ. 2e, 4 février 2007, *Dr. famille* 2007, n° 99, n. A. Devers ; n. p. B ; Cass. civ. 2e, 2 mai 2007, *Dr. famille* 2007, n° 182, n. A. Devers ; n. p. B.). Reste à savoir comment partager les droits entre les différentes épouses.

204. Cass. civ. 1re, 6 juillet 1988, 2e arrêt *Baaziz, Rev. crit. DIP* 1989, 7, n. Y. Lequette.

205. C. étrangers, art. L. 411-7 : refus du regroupement familial au bénéfice d'un second conjoint et des enfants du couple ; retrait du titre de séjour qui aurait été accordé au second conjoint ; retrait du titre de séjour de l'étranger polygame qui aurait fait venir son second conjoint ou des enfants communs. En matière de naturalisation ou d'acquisition de la nationalité à raison du mariage avec un Français, la polygamie est, selon la jurisprudence, la marque d'un défaut d'assimilation qui interdit à l'étranger l'accès à la nationalité française ; le Conseil d'État a dû préciser qu'il s'agissait là d'une polygamie effective non d'une polygamie *potentielle*, admise par le statut personnel de l'intéressé, mais que celui-ci n'aurait pas mis en œuvre (CE, 11 février 1994, *M. Kanoute*, req. n° 117969 ; *M. Wibina Orombia*, req. n° 120903. *Rev. crit. DIP* 1994, 317, n. P. L.).

206. Article 5 du protocole additionnel n° 7 à la Conv. EDH.

C. propr. intell., art. L. 121-2 et L. 123-6) et le droit à l'usage du nom du mari accordé à la femme divorcée (art. 264)[207] ou à la veuve.

222. Feu le délai de viduité. – Naguère, le seul empêchement qui limitait les mariages successifs était temporaire et particulier : il résultait du délai de viduité (art. 228 anc.), imposé entre la dissolution du premier mariage et la conclusion du mariage suivant. Il n'était pas, comme parfois on l'avait cru jadis, fondé sur des raisons de convenance, le *tempus lugendi,* la période des larmes (le temps du deuil), car il eût été inconcevable en cas de divorce et eût dû s'appliquer au mari comme à la femme. La véritable raison relevait de la filiation : le désir d'éviter des conflits de paternité qui viendraient d'une hésitation sur le mari auquel on attribuerait l'enfant naissant au début du deuxième mariage – le mort ou le vivant ? – ce que l'on appellait la confusion de parts[208] (la *turbatio sanguinis).* On pouvait en effet se demander si l'enfant devait être rattaché au premier ou au deuxième mari si le deuxième mariage avait eu lieu immédiatement après la dissolution du premier. La loi avait donc prévu un délai de 300 jours pendant lequel la femme ne pouvait se remarier. Le point de départ en était le jour du décès du mari ou celui où le jugement de divorce était définitif. Ces règles avaient été assouplies lorsque la confusion de part était exclue, soit par modification du point de départ du délai, soit par modification du délai lui-même.

Jugé contraire à l'égalité entre homme et femme puisque, par nature, il ne s'imposait qu'à l'épouse, le délai de viduité a été supprimé par la loi du 26 mai 2004.

N°s 223-229 réservés.

---

207. Ex. : *TGI Paris, 10 février 1981, *aff. Isabelle de Wangen, D.* 1981.443 ; *JCP* G 1981.II.19624, n. D. Huet-Weiller : « *Il n'a jamais été mis en doute que la veuve conserve le droit de porter le nom de son mari défunt, mais jamais prétendu, non plus, qu'une fois remariée, elle puisse continuer à s'en prévaloir ; concernant la femme divorcée* [...], *en contractant une nouvelle union, elle acquiert un état matrimonial nouveau qui lui confère l'usage d'un autre nom ; admettre qu'elle n'en conserverait pas moins l'usage de celui de son précédent mari serait pratiquement l'autoriser à utiliser à son gré l'un ou l'autre des noms de ses époux successifs, soit simultanément, soit alternativement, ce qui serait pour le mari inopportun et source de confusion pour les tiers.* »

208. Part = l'enfant dont une mère vient d'accoucher. **Étymologie** : *partus, us* = accouchement, enfant nouveau-né.

CHAPITRE II

FORMES ET PREUVE DU MARIAGE

Les règles de preuve sont sous la dépendance des règles de forme ; selon le mot de Bartin, elles les suivent « *comme l'ombre suit le soleil* » (Section I). Aussi, les règles de forme seront-elles étudiées en premier (Section II).

Section I
RÈGLES DE FORME

La ligne d'évolution du formalisme matrimonial est double. Il y a une laïcisation du droit, qui n'empêche pas que les formes du mariage demeurent marquées de leur origine canonique. Il y a aussi une solennisation du droit, plus juridique que réelle.

Il existe deux types de formes du mariage : certaines ont trait aux formalités préparatoires au mariage (§ 1), d'autres sont relatives à la célébration du mariage (§ 2).

§ 1. Formalités préparatoires au mariage

L'objectif général des formalités préparatoires au mariage est de permettre à l'officier d'état civil de vérifier si les conditions de fond requises pour le mariage sont remplies et s'il n'y a pas d'empêchement à mariage. Elles y parviennent au moyen de deux techniques : la publication, qui peut susciter des oppositions à mariage, et la production d'un certain nombre de pièces, qui va permettre à l'officier d'état civil de vérifier directement l'état civil des futurs époux.

230. Publication. – Le droit canonique opérait la publication du mariage au moyen des bans, c'est-à-dire l'annonce du projet de mariage à la grand-messe, trois dimanches de suite. Le Code Napoléon a laïcisé le système en prévoyant deux publications deux dimanches de suite à la mairie. La loi de 1907 l'a simplifié ; la publication, désormais, est faite par un affichage du projet de mariage durant 10 jours à la mairie (art. 63 et 64). Le but de la loi est double.

D'une part, faire connaître à l'officier civil les empêchements à mariage en suscitant les oppositions. À cet égard, le système est archaïque et d'une utilité réduite : les gens qui envisagent de faire opposition connaissent en général le projet de mariage par d'autres voies ; personne ne lit ces publications, sauf les bijoutiers spécialistes des bagues de fiançailles et des anneaux de mariage. Aussi peut-il y avoir une dispense partielle de publication, faite au sein des bureaux lorsqu'il s'agit d'un faux ménage qui veut se régulariser.

D'autre part, la nécessité de publier pendant 10 jours le projet de mariage crée un délai d'attente, imposant une réflexion aux futurs époux et empêchant les mariages-minute irréfléchis (lorsqu'il s'agit d'une passion, dix jours ne servent à rien). Le délai peut faire l'objet d'une dispense totale pour cause grave, c'est-à-dire le danger de mort (mariage célébré *in articulo mortis*).

231. Production des pièces et entretien avec les époux. – L'affichage n'est pas une source sérieuse de renseignements pour l'officier d'état civil. Celui-ci doit être à même de vérifier directement si les conditions requises pour le mariage sont réunies. Le « dossier de mariage » doit comporter les informations nécessaires, sans être trop lourd, sous peine d'entraver le mariage. Aussi la loi exige-t-elle la production d'un extrait de l'acte de naissance du futur époux qui permettra de vérifier s'il remplit les conditions d'âge et de célibat.

Depuis les lois *Sarkozy* du 26 novembre 2003 et du 14 novembre 2006, la publication est également soumise à un entretien préalable, sauf dispense, de l'officier de l'état civil avec les futurs époux : il s'agit de détecter les éventuelles fraudes au mariage (art. 63, al. 2)[1].

§ 2. Célébration du mariage

Les règles civiles de célébration du mariage sont calquées sur celles du mariage canonique, avec un paradoxe : bien que le mariage canonique soit consensuel, sa célébration, en fait, est solennelle ; alors que, bien que le mariage civil soit, en droit, solennel, sa célébration est, en fait, très simplifiée, sans doute parce qu'une forme laïque ne peut avoir la même portée qu'un rite religieux. Les époux doivent être présents et échanger leur consentement devant un officier d'état civil dans une célébration publique. La célébration civile doit précéder l'éventuelle bénédiction nuptiale[2] : la laïcité du mariage est obligatoire et aujourd'hui presque personne ne s'en plaint. Au contraire, le « mariage républicain » constitue un important facteur d'intégration, en ramenant vers le droit civil des populations (françaises ou étrangères) qui auraient tendance à se contenter d'un mariage à moitié religieux et à moitié coutumier. Dans un élan de ferveur laïque, le législateur du mariage pour tous l'a rappelé à l'article 165 : « *Le mariage sera célébré lors d'une cérémonie républicaine par l'officier d'état civil* (...) ».

232. Présence des époux et des témoins. – Les époux doivent être présents (sauf, évidemment, le mariage posthume), ce qui est une manière d'assurer la liberté du consentement conjugal. Le mariage par procuration n'est possible qu'en temps de guerre et périodes assimilées, telles les guerres d'Indochine et d'Algérie, etc. En 1993, pour lutter contre les mariages de complaisance, la loi a imposé la présence personnelle de l'époux français même lorsque le mariage a été célébré dans un pays étranger qui permet le mariage par procuration (art. 146-1, L. 24 août 1993). Selon la Cour de cassation, il s'agit d'une condition de fond du mariage[3].

Deux ou quatre témoins doivent certifier l'identité des parties, attester que l'acte a été accompli, en même temps qu'ils confèrent une solennité (plus formelle que réelle) à l'acte social. Ils sont les représentants de la société : le mariage n'est pas seulement un acte individuel, une affaire privée ; il est aussi un acte social.

233. Officier de l'état civil. – L'officier de l'état civil devant lequel le mariage est célébré doit être compétent : le mariage doit être conclu dans la commune où il exerce ses fonctions et où un des époux a une attache territoriale (domicile ou résidence d'au moins un mois (art. 74)).

---

1. *Supra*, n° 198.
2. L. 18 germinal, an X, art. 54 : « *Les curés ne donneront la bénédiction nuptiale qu'à ceux qui justifieront en bonne et due forme avoir contracté mariage devant l'officier de l'état civil* ». Th. Revet, « De l'ordre des célébrations civile et religieuse du mariage », *JCP* G 1987.I.3309.
3. Cass. civ. 1re, 15 juillet 1999, *Bull. civ.* I, n° 244 ; *D.* 2000, somm. p. 414, obs. J.-J. Lemouland ; *Defrénois* 2000, 103, obs. J. Massip ; *Rev. crit. DIP* 2000, 207, n. L. Gannagé.

Soucieux de favoriser la célébration d'un mariage entre deux personnes de même sexe qui auraient leur domicile ou leur résidence (au sens du droit français, cf. *supra*) dans un pays qui prohiberait une telle union, soucieux également d'éviter les tensions diplomatiques que ne manquerait pas de susciter la célébration d'une telle union par les autorités diplomatiques ou consulaires françaises en poste dans ce pays[4], le législateur du 17 mai 2013 a élargi les règles de compétence territoriales que des circulaires successives appelaient déjà à interpréter avec souplesse : les nouveaux articles 74 et 165 du Code civil donnent compétence à l'officier de l'état civil du lieu où l'un des futurs époux *ou l'un de ses parents* a son domicile ou sa résidence établi par un mois d'habitation continue à la date de la publication prévue par la loi (cf. art. 63). Bien plus, l'article 171-9 donne aux époux, dont l'un au moins aurait la nationalité française et qui n'auraient plus d'attaches territoriales avec la France, la possibilité de faire célébrer leur union par l'officier de l'état civil « *de la commune de naissance ou de dernière résidence de l'un des époux ou de la commune dans laquelle l'un de leurs parents a son domicile ou sa résidence établie dans les conditions prévues à l'article 74* » : « *à défaut, le mariage est célébré par l'officier de l'état civil de leur choix* »[5].

234. Clause de conscience ? – L'élu, officier de l'état civil, qui serait opposé en raison de ses convictions philosophiques ou religieuses au mariage homosexuel peut-il invoquer une « clause de conscience » pour refuser de célébrer une telle union ? Soucieux d'apaiser les conflits, le président de la République avait évoqué une telle possibilité à la veille des débats parlementaires. Il ne fit que déchaîner la tempête. Rejetée par le Parlement, vivement discutée en doctrine, cette prétendue clause fut écartée par le Conseil constitutionnel saisi par une QPC[6] : selon le Conseil, « *en ne permettant pas aux officiers de l'état civil de se prévaloir de leur désaccord avec les dispositions de la loi du 17 mai 2013 pour se soustraire à l'accomplissement des attributions qui leur sont confiées par la loi pour la célébration du mariage, le législateur a entendu assurer l'application de la loi relative au mariage et garantir ainsi le bon fonctionnement et la neutralité du service public de l'état civil ; qu'eu égard aux fonctions de l'officier de l'état civil dans la célébration du mariage, il n'a pas porté atteinte à la liberté de conscience* » (§ 10).

235. Célébrant ou témoin ? – L'officier d'état civil interroge les parties. En cas de réponse affirmative, il prononce « *qu'elles sont unies par le mariage* » (art. 75, *in fine*). Son ministère n'est donc pas purement passif, bien que ce fût ainsi que le Code Napoléon l'avait envisagé. Il ne peut refuser de célébrer le mariage, sauf s'il est manifestement irrégulier ; *ex. :* incompétence de l'officier d'état civil, bigamie (comp. C. pén., art. 433-20, al. 2), opposition[7] ; si son refus n'est pas justifié, il engage sa responsabilité (comp. les dispositions un peu anachroniques de l'article 50).

Sur la lutte contre les mariages fictifs de complaisance[8].

Contrairement à l'opinion de la majorité des auteurs[9], Jean Carbonnier[10] estimait que, même dans le mariage civil, c'étaient les époux, non l'officier d'état civil, qui célébraient le mariage ; si, aux termes de l'article 75, l'officier « *prononce* » que les parties sont unies par le mariage,

---

4. La circulaire du 29 mai 2013, préc., dresse une liste (incomplète) des pays dans lesquels les relations homosexuelles sont pénalement sanctionnées ou le mariage interdit.

5. La sollicitude du législateur n'a qu'une limite, celle de la fraude : avec le mariage, ce sont en effet toutes ses conséquences en matière de nationalité, de droit des étrangers et de protection sociale qui s'ouvrent aux couples de même sexe. Pour limiter les risques de fraude, qui consisterait par exemple à faire célébrer au loin, dans une commune où les époux sont inconnus, un mariage « blanc », l'article 171-9 alinéa 2 précise que l'officier de l'état civil sollicité peut demander à l'autorité diplomatique ou consulaire du pays de résidence de procéder à l'audition prévue à l'article 63 du Code civil, ce qui permettrait éventuellement de déclencher l'intervention du parquet.

6. Décision n° 2013-353 QPC du 18 octobre 2013, *AJ famille* 2013, 645, obs. B. de Boysson, *Dr. famille* 2013, comm. n° 159, obs. J.-R. Binet.

7. *Infra*, n° 253. Sur l'absence de « clause de conscience » face à la célébration d'un mariage entre personnes de même sexe et les sanctions encourues en cas de refus, cf. *supra*, n° 234.

8. *Supra*, n°s 198 s.

9. Mazeaud-Chabas, n° 769 ; Planiol et Ripert, t. II, par A. Rouast, n° 206.

10. *La famille*, *op. cit.*, p. 459.

c'est qu'elles seraient déjà unies. La controverse a un intérêt plus théorique que pratique ; néanmoins, elle a une incidence sur le caractère abstrait et inconditionnel du consentement matrimonial[11]. Si c'est l'officier d'état civil qui conclut l'union, le caractère abstrait et inconditionnel du mariage apparaît avec encore plus de netteté que si ce sont les époux eux-mêmes en qui sont les auteurs.

Le mariage doit être célébré dans un local accessible au public dont les portes sont ouvertes afin que les tiers puissent être renseignés ; cette publicité est sans efficacité dans les villes importantes.

236. Mariages coraniques. – Il arrive que des mariages exclusivement coraniques soient célébrés en France, en violation du droit français : des maghrébins de religion musulmane font célébrer leur mariage en France, devant une assemblée de parents sans passer devant l'officier d'état civil. Cette union ne constitue pas un mariage ; mais s'il y est joint une promesse de mariage, sa rupture entraîne la condamnation à des dommages-intérêts[12].

SECTION II
PREUVE DU MARIAGE

237. Acte de mariage et possession d'état. – La preuve du mariage a pour objet la qualité d'époux. Il en existe deux moyens, très différents.

Le plus sûr est la preuve préconstituée ; lors de la célébration du mariage, le célébrant a dressé un acte : l'acte officiel du mariage, qui est un acte d'état civil. La copie ou l'extrait officiel de cet acte sont des preuves du mariage.

La preuve la plus naturelle, la plus spontanée, la plus vivante et la moins paperassière est la possession d'état, qui résulte de l'apparence d'état d'époux, à condition que cette apparence soit stable et continue : le fait de porter le nom d'époux, d'être traité comme un époux, d'en avoir la réputation, devrait faire présumer le mariage. Elle est une preuve naturelle, mais incertaine parce qu'elle autorise des fraudes : elle permettrait à des concubins, vivant maritalement, ayant donc l'apparence d'époux, de faire preuve d'un mariage qui, pourtant, n'a jamais existé ; elle permettrait aussi à des gens qui n'ont aucune communauté de vie, ni aucun concubinage de se prétendre mariés, en produisant des actes de complaisance.

La preuve la plus proche de la réalité de la vie – la possession d'état – est celle qui est la moins sûre ; la preuve la plus administrative – l'acte de mariage – qui est la plus éloignée de la réalité vivante du mariage, est celle qui a le plus de force probante.

---

11. *Supra,* n° 187.

12. Cass. civ. 1re, 15 mars 1988, *Defrénois,* 1988, art. 34309, n° 73, obs. J. Massip ; *Gaz. Pal.* 1989.I.374 ; n.p.B. Sur cet arrêt, v. toutefois, *infra* : tant qu'un mariage célébré devant une autorité incompétente n'a pas été annulé, il doit être tenu pour valable du moment qu'une « autorité » l'a célébré ; v. aussi Paris, 8 décembre 1992, *D.* 1994.272, n. C. Hochard ; *JCP* G 1993.IV.1188 : jugé que le mariage célébré en France selon la coutume musulmane ne prouvait pas l'existence de fiançailles : il y avait concubinage, auquel s'appliquaient, en cas de rupture, les règles de la dissolution de l'union libre ; *adde,* Limoges, 29 mai 1997 jugeant « sans valeur » un mariage musulman célébré en France (*Rev. dr. fam.* 1998 (5), n° 76, obs. B.B. ; *contra,* P. GUIHO, n. *in D.* 1996.255 ss Paris, 13 décembre 1994, qui estime valable le mariage célébré en France entre deux étrangers selon une forme religieuse conforme à leur loi nationale ; v. S. JAHEL, « La lente acculturation du droit maghrébin de la famille dans l'espace juridique français », *RID comp.* 1994.31). Selon la CEDH (grde chambre) 2 novembre 2010, *Serife Yvigit c. Turquie* (*JCP* 2010, 1184, note G. Gonzalez ; *Dr. famille* 2010, n° 176, obs. V. Larribeau-Terneyre), les États ne sont pas obligés de reconnaître au mariage religieux les effets d'un mariage civil.

238. Preuve, forme et fond. – Afin de résoudre les difficultés que pose la preuve du mariage, des éléments de solution interviennent : la preuve est liée aux règles de forme (1) et de fond du mariage (2).

1°) Les règles de **preuve** sont dépendantes des règles de forme ; elles en sont une sorte de complément et diffèrent selon que le mariage est consensuel ou solennel.

Dans un système de mariage consensuel, il n'existe pas, par hypothèse, de preuve préconstituée : il n'y a pas d'écrit qui ait été dressé lors de l'échange des consentements. Par conséquent, les seules preuves possibles du mariage sont, soit la preuve par témoins (les témoins à l'échange des consentements), soit la preuve par possession d'état (d'où s'induit la vraisemblance du mariage).

Au contraire, dans un système de mariage solennel, le mode naturel de preuve est celui qui résulte de la solennité, l'acte de mariage. Ce mode de preuve a évincé tous les autres, non seulement à cause des doutes que ces derniers suscitaient mais surtout parce qu'une solennité n'est efficace que si elle est le seul mode de preuve, à l'exclusion de toute autre.

L'histoire des preuves confirme, en matière de mariage, cette dépendance de la preuve à la forme. Lorsque le droit canon affirmait, sans restriction, le consensualisme du mariage, il n'en connaissait pas de preuve écrite, d'autant que l'écrit était peu répandu. À côté de preuves incertaines, comme la preuve par indices (le port de l'anneau nuptial) ou par témoignages de l'échange du consentement matrimonial, il avait organisé un mode spécial de preuve, la possession d'état lorsqu'il y avait possession d'état d'époux, *nomen* (l'homme et la femme ont le titre d'époux), *tractatus* (l'homme et la femme se traitent en époux ; ils ont une cohabitation, ce qui a une valeur probante assez grande puisque, selon le mot de Loysel, « *boire, manger, coucher ensemble, c'est mariage ce me semble* ») ; enfin, le troisième élément de la possession d'état est la *fama* (la renommée) : les tiers qui entourent les époux disent qu'ils les ont toujours considérés comme des époux.

Le concile de Trente a réagi contre le caractère consensuel du mariage[13], en imposant la célébration du mariage *in faciem ecclesiae*. Ce formalisme a retenti sur la preuve, car le concile a obligé les curés à tenir un registre des mariages célébrés devant eux. La preuve résultant du registre faisait pleine foi, mais n'était pas exclusive ; d'abord, parce qu'il était des pays dans lesquels le concile avait prévu que ses règles ne s'appliquaient pas[14] ; surtout, parce que la preuve par registres a longtemps admis la concurrence de la preuve par possession d'état.

Les réformes entreprises par le pouvoir royal en France ont été plus énergiques ; l'ordonnance de Blois, à la fin du XVIe siècle (1579), a non seulement obligé le curé devant lequel le mariage avait été célébré à dresser l'acte de mariage, mais a dit que seul l'acte de mariage était la preuve admissible du mariage, excluant toute autre preuve et notamment le témoignage ou la possession d'état.

2°) Le parallèle entre les règles de preuve et celles de forme n'est que partiel parce que les règles de preuve ont aussi des préoccupations intéressant le **fond** du droit. Elles poursuivent deux objectifs de fond, importants, inégaux et un peu contradictoires. D'une part, empêcher que des concubins (ou même des non-concubins) ne puissent, grâce au laxisme de la preuve, passer pour des gens mariés : on comprend l'exclusion de principe de la possession d'état et l'exigence

13. *Supra*, n°s 117 et 118.

14. Ex. : dans certains États des États-Unis d'Amérique sont encore en vigueur les règles antétridentines de la preuve du mariage par possession d'état : *a Common Law Marriage*, ou *mariage by presumption ;* cf. aussi pour un mariage coranique : TGI Paris, 11 mars 1980, *JCP* G 1980.II.19412 : jugé qu'était valable le mariage contracté au Maroc entre un Français et une Marocaine, l'un et l'autre domiciliés et résidant au Maroc ; l'époux, pour prouver le mariage, avait produit un acte d'un cadi musulman, attestant que les époux vivaient en état de mariage depuis un an.

d'un acte de l'état civil afin que le mariage puisse être prouvé. D'autre part et à l'inverse, empêcher que des enfants légitimes ne puissent, du fait de la rigueur des règles de preuve, passer pour des enfants illégitimes, ou même ne pouvoir prouver leur filiation, parce qu'ils ne pourraient démontrer le mariage de leurs parents ; aussi, convient-il d'admettre, à titre exceptionnel, la preuve du mariage par possession d'état comme complément d'autres preuves. Seront successivement examinés le principe : la preuve du mariage par acte de l'état civil (§ 1) puis l'exception : la preuve par possession d'état (§ 2).

§ 1. Acte de l'état civil

239. Principe. – Le principe est que le mariage se prouve par l'acte dressé lors du mariage par l'officier d'état civil (art. 194)[15]. La règle s'impose à tous ceux qui veulent faire cette preuve, aussi bien aux époux, aux enfants, aux parents qu'aux tiers. Elle comporte un assouplissement, commun à tous les actes de l'état civil, et une limite à son domaine d'application.

240. Assouplissement : force majeure. – Le principe de l'article 194 est assoupli par l'article 46, qui énonce une règle gouvernant tous les actes de l'état civil. Le texte prévoit l'hypothèse où les registres n'ont pas été tenus ou ont été perdus ou détruits ; il autorise dans ces cas la preuve des naissances, mariages et décès par témoignages ou registres domestiques. La jurisprudence a interprété libéralement ce texte et l'a appliqué à des hypothèses où l'impossibilité de produire un acte de l'état civil résultait de la force majeure, par exemple la rupture des communications[16].

Pour qu'un plaideur bénéficie de l'article 46, il a deux types successifs de preuves à faire : la démonstration, par tous moyens, du défaut de tenue, de perte, de lacération ou de l'impossibilité de production de l'acte de mariage, et la preuve du mariage, qui peut également être librement faite.

241. Limite. – Par ailleurs, l'exigence d'un acte d'état civil afin de prouver le mariage comporte une limite à son domaine d'application. Elle n'est imposée que si le mariage est envisagé comme un acte ou lorsque sont invoqués les effets civils du mariage. Mais si le mariage est envisagé comme un fait, il peut être prouvé par tous moyens. Tel est le cas où il est l'avènement d'une condition : « Je vous donne une maison si vous vous mariez » ; le mariage est alors envisagé comme un fait, la preuve peut en être établie par tous moyens.

15. La jurisprudence refuse de tenir compte d'autres actes de l'état civil que l'acte de mariage, même lorsqu'ils mentionnent l'existence du mariage, car la force probante des actes de l'état civil ne s'attache qu'aux faits que ces actes ont pour objet de constater ; ex. : Douai, 17 février 1894, *DP* 1894.II.97, n'admet pas que soit une preuve de mariage l'acte de décès d'un des prétendus conjoints, mentionnant que ce dernier est le conjoint de l'autre. À l'égard des actes de reconnaissance, la jurisprudence est plus libérale et plus laxiste.

16. Cass. req., 14 novembre 1922, *DP* 1924.I.79 ; *S.* 1924.I.71 : « *l'article 46 aux termes duquel, notamment, lorsqu'il n'aura pas existé de registres ou qu'ils seront perdus, le mariage pourra être prouvé par témoins, n'est pas limitatif ; il peut être appliqué quand un cas de force majeure, empêchant la production de l'acte de mariage, est établi par les documents produits au procès* » ; en l'espèce, les événements politiques survenus en Russie (la révolution bolchévique) avaient rendu impossible la production d'un acte de mariage établi à Moscou en 1906.

§ 2. Possession d'état

242. Possession d'état d'époux. – On ne peut admettre, comme preuve du mariage, la possession d'état que lorsqu'aucune fraude ne risque d'être commise : il faut qu'existe un autre élément de preuve rendant probable le mariage, qu'il y ait une raison justifiant le défaut de recours à l'acte d'état civil. La possession d'état n'est donc une preuve du mariage qu'à titre complémentaire. Le Code civil a prévu deux cas (art. 196 et 197), selon que la possession d'état était invoquée entre époux (I) ou par un enfant du prétendu mariage (II). L'admissibilité de la possession d'état entre époux n'a pas réellement de rôle probatoire, mais constitue, pratiquement, une règle de fond.

I. — Entre époux

Dans les rapports entre époux, la possession d'état n'est une preuve de mariage que sous d'étroites conditions ; le principe est que celui qui se prétend marié ne peut faire la preuve de son mariage par la possession d'état (art. 194 et 195), ce qui empêche les concubins vivant maritalement d'établir un mariage qui n'a pas eu lieu, bien qu'ils en aient le *nomen,* le *tractatus* et la *fama.*

Cependant, le principe connaît une exception, qu'énonce l'article 196, riche de sens car il contient à la fois une règle de preuve – prévue par le Code – et une règle de fond – découverte par les juges.

243. Règle de preuve. – Au premier abord, l'article 196 paraît n'énoncer qu'une règle de preuve. Selon sa lettre, comme dans l'intention de ses auteurs, il veut dire que lorsque l'acte de mariage dressé par l'officier d'état civil comporte une grave irrégularité de forme, au contraire du droit commun qui l'eût privé de toute force probante, il peut servir de preuve du mariage si celui qui l'allègue a, en outre, la possession d'état d'époux. Par conséquent, à ce point de vue, la possession d'état complète un acte de mariage, lorsque l'acte est nul[17]. Ainsi compris, en n'y voyant qu'une règle de preuve, la portée du texte aurait été très restreinte, car il est exceptionnel que l'acte dressé par l'officier d'état civil ait une irrégularité telle qu'il soit nul. Il faudrait imaginer que l'officier d'état civil ou les époux n'aient pas signé l'acte de mariage.

244. Règle de fond. – La jurisprudence a donné une portée plus importante à ce texte, en en faisant une règle de fond : la possession d'état confirme un mariage qui comporte une irrégularité de forme. Il ne s'agit plus de l'acte de mariage dressé par l'officier d'état civil et dont on discute la valeur probante, mais du mariage lui-même dont on conteste la rectitude. L'article 196 couvre le vice de forme du mariage tenant par exemple à l'incompétence de l'officier d'état civil ou à la clandestinité du mariage, s'il y a possession d'état[18].

II. — Au profit de l'enfant

245. Possessions d'état d'époux et d'enfant. – Afin de prouver le mariage de ses parents, un enfant peut démontrer leur possession d'état d'époux, s'il a la possession d'état d'enfant des deux époux prétendus (art. 197) : (le mot « *légitimité* » a échappé à la réforme de 2005 supprimant la distinction entre enfant légitime et enfant naturel) ; la possession d'état d'époux complète la possession d'état de l'enfant « légitime ». Là encore, la possession d'état joue pour la preuve du

17. *Infra,* n° 265.
18. * Cass. civ., 1er août 1930, *Bujoly,* cité *infra,* n° 265.

mariage un rôle qui n'est que le complément d'autres preuves. Pour comprendre l'article 197, il faut déterminer l'objet de la preuve qui incombe aux enfants. Afin de démontrer qu'il est né d'une femme mariée et du mari de celle-ci, un enfant doit établir le mariage de ses parents. Cette preuve est facile, au moyen de l'acte de mariage tant que les parents sont vivants, mais devient difficile après leur décès, car l'enfant peut ignorer la date et le lieu de leur mariage. En ce cas, la preuve du mariage par possession d'état peut être admise.

Afin d'empêcher toute fraude, quatre conditions de recevabilité sont imposées par la loi. Il faut : **1)** que les deux parents soient décédés ; leur éloignement ne suffirait pas à rendre recevable ce genre de preuve ; **2)** que la preuve soit invoquée par un enfant ; un tiers ne peut l'invoquer ; **3)** que l'enfant ait la possession d'état d'enfant « légitime », qu'il ait toujours eu le *nomen,* le *tractatus* et la *fama* d'un enfant « légitime » ; cette possession d'état d'enfant « légitime » est distincte de la possession d'état du mariage de ses parents : la possession d'état d'enfant « légitime » ne résulte pas de la possession d'état d'époux[19] ; **4)** que cette possession d'état ne soit pas contredite par l'acte de naissance de l'enfant.

Une fois remplies ces conditions, l'enfant peut démontrer le mariage de ses parents grâce à la possession d'état de ces derniers.

Jean Carbonnier avait souhaité que le rôle de la possession d'état fût plus largement admis lorsque c'était l'enfant qui l'invoquait comme preuve du mariage ; elle eût été probante, même si les parents avaient été concubins, du moment que le concubinage était stable, ce qu'il avait appelé « *le mariage par les œuvres* »[20]. C'eût été une nouvelle manifestation du détachement de la légitimité par rapport au mariage et un rapprochement de l'union libre avec le mariage. Le Parlement ne l'a pas suivi en 1972.

N°s 246-249 réservés.

19. Ex. : Cass. civ., 19 juin 1867, *DP* 1867.I.342 : « *l'enfant, qui réclame sa légitimité, après le décès de ses père et mère, sans représenter l'acte civil de leur mariage, est soumis par l'article 197 à l'obligation de prouver qu'ils ont vécu publiquement comme mari et femme et qu'il existe en sa faveur une possession d'état d'enfant légitime non contredite par son acte de naissance* ».

20. « Le mariage par les œuvres ou la légitimité remontante de l'article 197 du Code civil », *Ét. G. Marty,* Toulouse, 1978, p. 255 reproduit *in* J. Carbonnier, *Écrits*, PUF, 2008, 248.

■ TITRE III ■

IRRÉGULARITÉS DU MARIAGE

250. Destruction et prévention. – En droit commun, l'acte juridique auquel manque une condition de fond ou de forme est nul ; la nullité est cependant tempérée lorsque l'irrégularité est légère ou que l'acte a produit des conséquences sur lesquelles il a été impossible de revenir.

Le mariage présente une telle importance qu'à son égard ces règles sont partiellement écartées : il ne doit être détruit que lorsque cela est indispensable. Il a, en effet, entraîné la fondation d'une famille et produit des conséquences que l'on ne peut effacer : les sanctions de la loi ont ici un aspect très spécial. Il existe une autre raison pour écarter le droit commun des nullités : des sanctions préventives peuvent être organisées afin d'empêcher la conclusion de mariages irréguliers. Dans le droit des contrats, il est rare que l'on puisse informer les parties de l'irrégularité de l'acte qu'elles vont accomplir, alors qu'avec le mariage, l'intervention de l'officier d'état civil permet d'empêcher la célébration d'une union irrégulière. En portant l'empêchement à sa connaissance, on lui interdit de procéder à la célébration.

La méconnaissance des conditions du mariage produit deux sortes de conséquences : les unes sont préventives, au moyen des oppositions (Section I) ; les autres sont *a posteriori,* par l'effet des nullités (Section II).

Section I

OPPOSITIONS

251. Officieux et officiel. – L'officier d'état civil ne doit pas célébrer un mariage auquel manquent des conditions légales. Comment peut-il savoir si tel ou tel élément imposé par la loi est respecté ? Sans doute doit-il vérifier les pièces qui lui ont été fournies, mais cet examen est parfois insuffisant pour connaître l'irrégularité du mariage. La loi civile, à l'image du droit canonique et de l'Ancien droit, demande aux tiers qui ont une connaissance de l'empêchement, d'avertir l'officier d'état civil. Le système n'est pas sans danger, parce que des dénonciations calomnieuses et malveillantes peuvent inutilement retarder le mariage. Aussi, faut-il distinguer entre les dénonciations de l'irrégularité du mariage projeté selon la manière dont elles sont faites.

1°) L'information faite **officieusement** à l'officier d'état civil n'a pas d'effet spécifique (les « avis officieux »). L'officier d'état civil est dans la même condition que s'il avait spontanément connu l'irrégularité. S'il estime fondé l'empêchement, il refusera de célébrer le mariage. Au contraire, il le célébrera s'il estime qu'il n'y a pas, en vérité, d'empêchement. Par conséquent, dans des cas semblables, l'officier d'état civil est juge de l'empêchement.

2°) L'opposition proprement dite est un mode **officiel** d'avertissement à l'officier d'état civil de l'irrégularité du mariage projeté ; ses effets sont plus énergiques ; elle interdit à l'officier d'état civil de procéder au mariage : le mariage n'est possible que si l'opposition est levée et elle ne peut l'être que par un jugement de mainlevée rendu par le tribunal de grande instance. Afin d'empêcher que cette opposition ne soit trop dangereuse, la loi la réglemente minutieusement en déterminant qui l'exerce, pour quelles causes[1] et comment (art. 172 à 179)[2]. L'institution a longtemps été en décadence (cinq oppositions par an pour toute la France) ; elle a repris une certaine vitalité dans la lutte contre les mariages « blancs[3] » : la loi du 24 août 1993 (loi *Pasqua*) prévoit que le ministère public peut faire opposition à ces mariages (art. 175-1), ce qui confirme la jurisprudence antérieure et donne un renouveau à l'opposition[4].

L'institution a longtemps été en décadence (cinq oppositions par an pour toute la France) ; elle a repris une certaine vitalité dans la lutte contre les mariages « blancs »[5] : la loi du 24 août 1993 (loi Pasqua) prévoit que le ministère public peut faire opposition pour tous les cas où il pourrait demander la nullité du mariage (art. 175-1), ce qui confirme la jurisprudence antérieure et donne un renouveau à l'opposition[6]. Contestée au nom des droits et des libertés fondamentaux en général et de la liberté du mariage en particulier, cette règle a reçu son brevet de constitutionnalité à l'occasion d'une QPC[7], en attendant sans doute d'être déférée à la CEDH[8].

Section II
NULLITÉS DE MARIAGE

252. Nullité et divorce. – Même si la question des mariages blancs leur a donné un lustre nouveau, les nullités de mariage ont une importance pratique limitée[9] : en 2005, 1 670 actions en nullité avaient été intentées alors qu'il existait plus de 183 000 demandes en divorce. Mais leur théorie est capitale, car elle commande la définition du mariage. La nullité n'intervient que si les mesures préventives prises par la loi n'ont pu empêcher la célébration du mariage irrégulier. Si un mariage irrégulier a été célébré, sera-t-il toujours nul ?

1. Ex. : Aix, 22 novembre 1993, *JCP* G 1994.IV.627 ; *RTD civ.* 1994.325, obs. J. Hauser ; en l'espèce, un jeune homme avait, par minitel, fait connaissance d'une prostituée, beaucoup plus âgée que lui et voulait l'épouser ; jugé que les parents du jeune homme ne pouvaient faire opposition uniquement pour « *des motifs d'ordre moral ou familial* ».

2. La loi encadre tout aussi minutieusement les délais pour statuer : le TGI a dix jours pour le prononcer sur la demande de mainlevée (art. 177) ; dix jours également pour la cour d'appel (art. 178). Quant à la Cour de cassation, elle statue dans les meilleurs délais.

3. *Supra*, n°s 191 s.

4. Cass. req., 28 novembre 1877, *DP* 1878.I.209 : « *le ministère public, pouvant attaquer un mariage qu'il croit avoir été contracté en contravention aux dispositions de la loi, a le droit, même le devoir de s'opposer à sa célébration* ».

5. *Supra*, n° 194 et s.

6. Cass. req., 28 novembre 1877, *DP* 1878, I, 209 : « *le ministère public, pouvant attaquer un mariage qu'il croit avoir été contracté en contravention aux dispositions de la loi, a le droit, même le devoir de s'opposer à sa célébration* ».

7. Cons. const., 22 juin 2012, n° 2012-261 QPC, préc. : compte tenu des garanties dont la loi l'entoure, la possibilité pour le ministère public de faire opposition à des mariages qui seraient célébrés en violation de règles d'ordre public ne peut être regardée comme portant une atteinte excessive à la liberté du mariage.

8. Cf. déjà Orléans, 6 octobre 1992, *JCP* G 1993, IV, 1394 ; Bordeaux, 3 décembre 1992, *JCP* G. 1993, IV, 1765 : jugé que cette faculté du ministère public n'était pas contraire à la Conv. EDH.

9. Il en était de même pendant l'Ancien droit ; devant l'official de Paris, 10 demandes en 3 ans : J.-Ph. Lévy, « Les actes de la pratique, expression du droit », *Rev. hist. fac. droit* 1988, 151 et s., sp. 155, repris *in Diachroniques*, Loysel, 1995, p. 205-224.

À l'égard de tous les actes juridiques, il existe deux sortes de critiques tendant à leur anéantissement : la nullité (qui met en cause l'irrégularité dans la formation) et la résolution (qui s'attache à l'inexécution). La seconde est toujours la plus importante, car il est plus difficile d'exécuter (la vie conjugale) que de conclure (la célébration matrimoniale) ; c'est donc dans l'inexécution (du contrat ou du mariage) que naissent les plus nombreuses difficultés. Bien qu'elles s'opposent nettement, elles tendent aujourd'hui à se rapprocher.

Par faveur pour le mariage, la loi a raréfié l'application de la nullité aussi bien dans ses conditions d'exercice que dans ses effets. Dans ses conditions d'exercice, par la distinction des empêchements prohibitifs et dirimants, et le régime particulier des nullités (Sous-section I). Dans ses effets, par le mariage putatif (Sous-section II).

Le droit des nullités de mariage est un corps de règles où se manifestent la gravité et le sérieux du mariage ; il est devenu peu compatible, dans ses principes comme dans sa pratique, avec le droit contemporain du divorce, où il suffit de ne pas s'entendre pour rompre l'union[10]. Les limites apportées au jeu normal de la nullité ont incité certains auteurs à dire que la théorie des nullités de mariage ne devait rien à la théorie générale des nullités des actes juridiques, ce qui ramène au problème souvent vu, savoir si le mariage est un acte juridique comme les autres. En réalité, les principes généraux des nullités gouvernent les nullités de mariage, avec des modalités particulières.

Sous-section I
Conditions

La loi soumet l'admission d'une nullité de mariage à des conditions plus étroites que le droit commun des actes juridiques. Elle raréfie l'exercice des actions en nullité en distinguant les empêchements prohibitifs et les empêchements dirimants[11] (§ 1) et en modifiant l'économie habituelle de la distinction entre nullités absolues et nullités relatives (§ 2).

§ 1. Distinction entre les empêchements

La distinction entre les empêchements prohibitifs et les empêchements dirimants vient du droit canonique. Le mariage étant un sacrement, les canonistes avaient estimé qu'il était extrêmement grave de l'annuler ; ils ont considéré que toutes les conditions requises pour contracter le mariage n'étaient pas égales. Les unes, les empêchements simplement prohibitifs, avaient seulement pour sanction d'interdire la conclusion du mariage qui ne les remplirait pas ; si cette interdiction n'avait pas été respectée, elle était sans sanction. Les autres, les empêchements dirimants, étaient beaucoup plus importantes, car leur irrespect entraînait la nullité du mariage.

Le droit civil a repris la distinction canonique dans son principe, mais n'a pas réparti de la même manière les empêchements dans les deux classes. Seront examinées successivement les notions d'empêchement prohibitif (I) et celle d'empêchement dirimant (II).

10. P. Hébraud, « Nullité de mariage et divorce », *Ét. Dauvillier,* Toulouse, 1979, p. 403 s.
11. **Étymologie :** du latin *dirimo, ere* = rompre.

I. — Empêchements simplement prohibitifs

253. Clandestinité, opposition, etc. – L'absence d'une condition posée par la loi pour le mariage n'en provoque pas nécessairement la nullité. Il faut distinguer les empêchements prohibitifs quelconques, qui permettent d'empêcher la célébration du mariage et de notifier une opposition, et les empêchements dirimants qui entraînent aussi la nullité. Seule l'absence de certaines conditions entraîne la nullité du mariage.

Sont des empêchements simplement prohibitifs :

Le défaut de publication du projet de mariage. La publication a pour but essentiel d'amener la révélation d'empêchements ; s'il n'existe aucun empêchement dirimant, le mariage célébré sans publication est valable. Néanmoins, le défaut de publication, lorsqu'il est frauduleux, entraîne la nullité du mariage[12] : quand les futurs époux ont voulu se cacher pour se marier, ils avaient quelque chose à dissimuler.

L'existence d'une opposition constitue aussi un empêchement simplement prohibitif, car s'il n'existe pas d'empêchement dirimant, il n'y a aucune raison d'annuler le mariage ; l'opposition n'est pas par elle-même une cause de nullité du mariage. Si elle avait révélé effectivement un empêchement dirimant, le mariage eût été nul, par l'effet de l'empêchement, non par celui de l'opposition.

II. — Empêchements dirimants

254. Pas de nullité sans texte ou nullité virtuelle ? – La méconnaissance des empêchements dirimants entraîne la nullité du mariage. Leur liste soulève une difficulté : tout empêchement qui n'est pas simplement prohibitif est-il dirimant ? Ou faut-il que la loi ait expressément attaché la nullité à l'absence d'une condition légale pour que l'empêchement soit dirimant ?

Le problème se pose parce que la loi ne se prononce pas toujours ; elle dit parfois que tel empêchement n'est pas simplement prohibitif sans pour autant préciser que la nullité serait attachée à son irrespect.

À cette question, l'exégèse du XIXe siècle avait donné une réponse que le droit moderne condamne.

A. Exégèse

Pour savoir si l'empêchement dirimant implique qu'un texte de loi ait expressément prévu la nullité, la doctrine de l'exégèse et, à un moindre degré, la jurisprudence du XIXe siècle[13] avaient répondu par un principe et un tempérament.

Le principe était : « *Pas de nullité sans texte* ». Le droit commun énonce une règle différente : il admet des nullités virtuelles, c'est-à-dire des nullités qui n'ont pas été expressément prévues par la loi, mais découlant de l'objectif poursuivi par

12. *Infra*, n° 261.

13. Ex. : Cass. req., 12 novembre 1844, *DP* 1845.I.98 ; *S.* 1845.I.246 : « *Le mariage tient trop essentiellement à l'ordre social pour avoir été imprudemment livré à toutes les attaques des mauvaises passions ; la nullité ne peut en être prononcée que sur un texte formel, et seulement à la requête de ceux que la loi autorise spécialement à invoquer le texte ; c'est pourquoi un chapitre entier est consacré aux demandes en nullité de mariage ; il est composé de 23 articles, et tous les droits y sont prévus ; d'où il résulte que l'article 184, le seul qui admette tous ceux qui y ont intérêt à attaquer un mariage, est essentiellement restrictif et limitatif ; on ne saurait l'étendre d'un cas à un autre* » ; en conséquence, jugé qu'il n'y avait pas de nullité du mariage de l'interdit ; cf. aussi Cass. civ., 8 janvier 1821, *Jur. gén.*, *V° Mariage*, n° 210 ; Cass. req., 12 novembre 1839, *ibid.*, n° 514 ; * Cass. civ., 7 novembre 1883, *aff. des mariages de Montrouge*, préc.

le législateur[14]. Le principe de l'exégèse aurait dû s'énoncer ainsi : « En mariage, pas de nullité sans texte ».

Trois arguments avaient été invoqués : **1)** un argument historique : la règle avait été admise dans le droit canonique et l'Ancien droit ; **2)** un motif de politique juridique : l'importance sociale du mariage justifie qu'on limite étroitement la nullité qui était (en ce temps-là) le plus grave danger qui le menaçait ; **3)** surtout, une raison de technique juridique : les rédacteurs du Code civil ont rédigé un chapitre spécial pour les nullités : le chapitre IV du titre V du livre I (art. 180 à 202) ; ils ont écarté le droit commun général des nullités et donc appliqué un droit spécial des nullités de mariage. La conclusion était que la théorie des nullités de mariage était autonome et qu'il convenait de rejeter toute cause de nullité qui ne se trouvait pas dans le chapitre IV du titre V du livre I. Le raisonnement avait au moins une faiblesse : plusieurs conséquences de ce principe étaient absurdes ; par exemple, la loi ne disait pas que le mariage entre personnes du même sexe était nul, alors qu'elle annulait le mariage avec l'impubère. Fallait-il maintenir le prétendu mariage entre deux personnes du même sexe ? La solution eût été aberrante (surtout au XIXe siècle). Aussi, les auteurs de la théorie lui avaient-ils apporté un tempérament, avec la théorie de l'inexistence.

Lorsqu'un élément essentiel manque au plus haut point, l'inefficacité du mariage ne fait pas de doute, parce que le mariage serait, non pas nul, mais inexistant, c'est-à-dire que son inefficacité opèrerait de plein droit : ce n'est pas le juge qui la constate. Il y aurait inexistence lorsque manque au mariage un de ses trois éléments essentiels : l'élément naturel (identité de sexe avant la loi sur le mariage pour tous), l'élément de volonté (absence totale de volonté) et l'élément formel (absence complète de célébration).

B. Critique moderne

Le droit moderne admet, au contraire, qu'il y a, même dans le mariage, des nullités virtuelles. L'argument de texte, invoqué par la théorie ancienne, n'était pas décisif ; le chapitre IV du titre V du livre I est intitulé : « Les demandes en nullité de mariage » et non « Les causes de nullité du mariage ». Le texte a été écrit afin d'enlever à certaines personnes le droit d'attaquer le mariage, non pour empêcher le juge de reconnaître la nullité du mariage. Il suffit d'examiner la rédaction des principales dispositions ; elles disent toutes : le mariage ne peut être attaqué que par telle et telle personne. Ainsi procèdent les articles 180, 182, 185 et 191 : il peut y avoir des causes de nullité qui ne sont pas expressément prévues par le chapitre IV du titre V du livre I.

Par conséquent, la théorie de l'inexistence n'aurait guère d'intérêt[15], sauf afin de savoir à quelles conditions le mariage putatif et la filiation des enfants survivent à un mariage inexistant[16]. En outre, mais dans des conditions étroites, l'inexistence d'un mariage est une fin de non-recevoir à une action en divorce[17].

Il convient néanmoins de retenir l'esprit de la règle « *pas de nullité sans texte* ». La nullité en matière de mariage est vue avec défaveur et l'exercice en est raréfié.

---

14. *Droit des obligations,* coll. Droit civil.

15. R. Saleilles, « La distinction entre l'inexistence et la nullité de mariage », *Bull. sté de légis.* 1911, 51 s.

16. *Infra,* n° 278.

17. Dans les années précédant la consécration du mariage pour tous, l'admission du mariage homosexuel dans certains pays étrangers ou leur célébration « sauvage » par tel ou tel maire militant avait redonné une certaine vigueur à la théorie de l'existence, cf. H. Fulchiron, « Le droit français et les mariages homosexuels étrangers », article préc.

§ 2. Distinction entre nullités relative et absolue

Les nullités de mariage présentent les mêmes traits que les nullités de droit commun, mais de manière infléchie. On retrouve la distinction entre nullités relatives (I) et absolues (II) et les intérêts qui y sont attachés sur l'attribution et l'extinction de l'action, mais avec un particularisme tenant à l'esprit restrictif des nullités de mariage ; en outre, une place est faite à la fraude à la loi (III). L'action en nullité est beaucoup moins largement attribuée et disparaît beaucoup plus facilement qu'elle ne le fait en droit commun.

La cause principale de nullité est la bigamie ; beaucoup plus rarement, l'absence et le vice du consentement. Les autres causes sont exceptionnelles.

I. — Nullité relative

En droit commun, l'exercice d'une action en nullité relative est soumis à des restrictions d'attribution et à des facilités de disparition. Ces entraves à l'action en nullité sont encore plus importantes en matière de mariage.

Les nullités relatives sanctionnent l'insuffisance du consentement causée soit par ses vices (A), soit par l'incapacité tenant à l'âge (B).

A. Vices du consentement

255. Attribution de l'action. – Lorsqu'il y a un vice du consentement, l'action en nullité est attribuée au seul conjoint dont le consentement a été blessé, ce qui comme en droit commun entraîne l'exclusion des tiers ou de l'autre conjoint, mais aussi de l'ayant cause du titulaire de l'action, par exemple le créancier[18]. *Sur l'action des héritiers*[19].

256. Disparition de l'action. – En droit commun, l'action en nullité relative disparaît par la prescription quinquennale (art. 1304, al. 1, L. 3 janvier 1968) ou par une confirmation expresse ou tacite.

Le droit du mariage a prévu une hypothèse particulière de disparition de l'action en nullité, en cas de cohabitation ; il n'a rien dit pour l'absence de cohabitation, ce qui pose, à nouveau, le problème de savoir si le droit commun des nullités s'applique au mariage.

Traditionnellement, l'action en nullité pour vice du consentement disparaissait s'il y avait eu cohabitation entre les époux pendant les six mois suivant la disparition du vice (art. 181 anc.). Pourquoi ? On pouvait hésiter entre deux explications qui entraînaient chacune des conséquences différentes. La première tenait à ce que la cohabitation démontrait que la vie commune avait été supportable[20], ce qui impliquait que la cohabitation devait avoir eu lieu sous le même toit. La

18. Ex. : Cass. civ. 1re, 4 juillet 1995, *Bull. civ.* I, n° 291 ; *Defrénois* 1996, art. 36272, n° 2, obs. J. Massip ; art. 36278, n° 36, obs. G. Champenois : « *à la différence de l'action en nullité absolue pour défaut de consentement* [...] *qui est ouverte à tous ceux qui y ont intérêt, l'action en nullité relative pour erreur dans la personne, ou sur des qualités essentielles de la personne* [...] *est exclusivement attachée à la personne et ne peut être exercée que par l'époux dont le consentement a été vicié* ».

19. *Infra*, n° 257.

20. J. Carbonnier, p. 197.

deuxième était que la cohabitation était une confirmation tacite du consentement[21], ce qui n'impliquait pas la communauté de logement.

S'il n'y avait pas eu cohabitation, le Code civil gardait le silence ; la doctrine hésita longtemps. Autrefois, certains auteurs disaient que l'action était imprescriptible parce qu'elle était une action d'état et que les actions d'état l'étaient ; la notion d'action d'état (art. 320 à 330 anc.) a disparu avec la loi du 3 janvier 1972. En outre, en pratique, l'imprescriptibilité eût créé une insécurité constante, grave pour les tiers et le mariage. D'autres disaient que cette action était soumise à la prescription trentenaire, droit commun des actions en justice, et notamment des actions en nullité (art. 2262 anc.) ; l'article 1304 ne s'appliquerait donc pas ici car il ne gouvernerait que la nullité relative des contrats ; or, le mariage ne serait pas un contrat. Analyse contestable et dont le résultat était fâcheux : la prescription de 30 ans eût été beaucoup trop longue. La jurisprudence a finalement décidé en faveur de la prescription quinquennale (qui avant la loi du 3 janvier 1968 était décennale)[22]. Le droit commun des nullités n'est pas écarté, mais adapté.

Dans sa volonté de lutter contre les mariages forcés (notamment ceux qui régulariseraient son séjour en France pour le mari étranger), le législateur a mis fin à cette faculté de confirmation : la nullité pourra être demandée à l'issue d'un délai de cinq ans à compter du mariage[23].

257. Non-transmission de l'action. – Ayant un caractère personnel et extrapatrimonial, l'action en nullité relative est intransmissible aux héritiers, à la différence de l'action en nullité du contrat de mariage[24] ; les héritiers peuvent la continuer après le décès du conjoint s'ils l'avaient introduite de son vivant.

B. Incapacité du mineur

258. Attribution de l'action. – L'action en nullité n'est, conformément au droit commun, accordée qu'à la personne protégée, donc au conjoint mineur, non à l'autre. Mais, contrairement au droit commun, elle est aussi attribuée aux ascendants, car leur intervention n'est pas seulement faite dans l'intérêt du mineur afin de l'habiliter ; le consentement des ascendants est distinct, avec un intérêt propre : celui de la famille. Des ascendants, seuls peuvent agir en nullité ceux qui auraient pu utilement autoriser le mariage (art. 182).

259. Disparition de l'action. – L'action en nullité disparaît pour cause de prescription ou de confirmation.

21. Ripert et Boulanger, n° 1357 ; cf. Paris, 5 novembre 1954, *D,* 1955.43 admet que la cohabitation résulte d'un échange de lettres, ce qui se fonde sur une interprétation hardie : une cohabitation épistolaire par l'intermédiaire d'un facteur.

22. * Cass. civ. 1re, 17 novembre 1958, *Casabianca, Bull. civ.* I, n° 493 ; *D.* 1959.18, n. G. Holleaux ; *JCP* G 1959.II.10949, n. P. Esmein : « *La prescription décennale* (auj. quinquennale) *édictée par l'article 1304 constitue, dans tous les cas où l'action n'est pas limitée à un moindre temps par une disposition particulière, la règle de droit commun en matière d'action en nullité pour vice du consentement ; ce texte est notamment applicable au mariage qui, pour être valablement contracté, exige aux termes de l'article 180 le consentement libre des époux.* »

23. La loi du 4 avril 2006, renforçant la prévention et la répression des violences au sein du couple ou commises contre les mineurs précisait que le délai de prescription partait du jour où l'époux « *a acquis sa pleine liberté ou que l'erreur a été reconnue par lui* » ; la loi du 17 juin 2008 portant réforme de la prescription en matière civile a supprimé cette faveur à la victime : plus grande est la stabilité du lien, moindre est la protection de la personne.

24. Cass. civ. 1re, 4 juillet 1995, *Bull. civ.* I, n° 291 ; *Defrénois* 1996, art. 36278, n° 36, obs. G. Champenois : « *à la différence de l'action en nullité absolue pour défaut de consentement prévue par les deux premiers textes* (art. 146 et 184), *qui est ouverte à tous ceux qui y ont intérêt, l'action en nullité relative pour erreur dans la personne, ou sur des qualités essentielles de la personne prévue par le troisième texte* (art. 180) *est exclusivement attachée à la personne et ne peut être exercée que par l'époux, dont le consentement a été vicié* » ; v. *Droit des régimes matrimoniaux,* coll. Droit civil.

La **prescription** de l'action est enfermée dans un délai de cinq ans (art. 183[25]), qui court, pour le conjoint, du jour où sa majorité a été atteinte, pour les parents, du jour où ils ont eu connaissance du mariage. Le souci de lutter contre les mariages forcés l'a récemment fait passer à cinq ans[26].

Quant à la **confirmation**, celle du mineur n'est utilement donnée qu'après sa majorité ; elle constitue seulement une renonciation personnelle à son action et n'empêche donc pas l'exercice de l'action en nullité par l'ascendant. La confirmation des ascendants, à la différence de celle du mineur, n'est pas une simple renonciation à l'action en nullité dont le parent était titulaire, car elle fait disparaître l'action en nullité de tous les autres intéressés. Elle est une réparation objective et rétrospective de l'acte de mariage irrégulier ; elle est équivalente au consentement que l'ascendant aurait donné au jour du mariage ; elle fait donc disparaître l'action en nullité, qu'exerçaient soit d'autres ascendants, soit le mineur. Elle peut être expresse ou tacite[27].

II. — Nullité absolue

En droit commun, l'action en nullité est ouverte à tout intéressé, puisque la nullité absolue est ouverte en cas d'atteinte à un intérêt général. La notion d'intérêt général doit ici être écartée parce que le mariage met toujours en cause un intérêt général diffus.

C'est pour d'autres causes que la nullité est absolue (A). Il faudra ensuite voir à qui est attribuée l'action (B) et quels en sont les modes de disparition (C).

A. Causes

Il existe six causes de nullité absolue du mariage, qui correspondent à ses conditions fondamentales.

Quatre ont pour objet le fond du mariage ; la liste est donnée par l'article 184 : 1) l'impuberté (elle intéresse l'élément physiologique du mariage)[28] ; 2) l'absence totale de consentement (elle intéresse l'élément volontaire du mariage) ; 3) la bigamie (la cause la plus fréquente de nullité de mariage)[29] et 4) l'inceste (l'un et l'autre intéressent la moralité sociale du mariage)[30]. Deux autres touchent à la forme du mariage : la clandestinité et l'incompétence (art. 191).

Il est inutile de revenir sur l'impuberté, la bigamie et l'inceste.

260. Absence totale de consentement et majeurs protégés. – Avant 1933, la doctrine disait qu'il ne pouvait y avoir de nullité en cas d'absence totale de consentement, puisque le Code Napoléon ne l'avait pas prévue ; c'était une application de la prétendue règle « *pas de nullité*

25. Autrefois, le délai était bref : un an ; la loi du 4 avril 2006 l'a fait passer à cinq ans afin de lutter contre les mariages forcés, cf. *supra*, no 174.

26. L. 4 avril 2006, renforçant la prévention et la répression des violences au sein du couple ou commises contre les mineurs. Le mariage est ainsi fragilisé et les effets « régularisant » qui pourraient y être attachés sont remis en cause.

27. Ex. : l'ascendant qui accepte d'être parrain d'un enfant né du mariage irrégulier qu'il s'était pourtant refusé à approuver.

28. *Supra,* n° 174.

29. G. Endreo, « Bigamie et double ménage », *RTD civ.* 1991.264.

30. Ex. (d'une opportunité discutable) : Paris, 17 février 1961, *D.* 1961, somm. p. 102 ; *JCP* G 1961.II.12020 : un homme, après divorce, épouse sa belle-sœur, sans avoir obtenu la dispense, alors exigée ; après trente-cinq ans de vie commune, il obtient l'annulation de son mariage (mais le mariage est putatif).

sans texte »[31] ; mais le mariage était inexistant si l'aliéné était inconscient ou avait son esprit complètement dérangé lors de la célébration du mariage[32]. La jurisprudence avait au contraire considéré qu'il y avait alors non inexistence, mais nullité du mariage du moment qu'était établie l'absence d'intervalle lucide lors du mariage[33] et que cette nullité était relative[34], puisqu'elle avait pour objet la protection de l'aliéné ; en conséquence, seul le dément ou son tuteur pouvaient la demander, non ses héritiers ni l'autre conjoint. La solution était inopportune, parce que, généralement, l'action en nullité était exercée par les héritiers du conjoint aliéné, après son décès, de manière à exclure l'époux survivant de la succession du conjoint aliéné, prédécédé.

La loi de 1933 avait fait de cette nullité une nullité absolue : elle a inséré l'article 146 dans la liste des articles auxquels renvoie l'article 184 qui énumère les causes de nullité absolue du mariage. Il demeurait exact que la nullité ne pouvait être prononcée que si l'aliéné n'était pas dans un intervalle lucide, quel que fût le régime de son incapacité ; mais tout intéressé pouvait exercer l'action en nullité, notamment les héritiers du conjoint aliéné.

Les lois de 1968 puis de 2007 ont soumis à diverses autorisations le mariage des majeurs sous tutelle ou curatelle, sans abroger la loi de 1933. En conséquence, la nullité du mariage du majeur protégé est relative ou absolue, selon que son mariage comporte un vice d'incapacité ou une absence complète de consentement.

Seuls le tuteur, le curateur ou le majeur lui-même, lorsqu'il peut agir, peuvent demander la nullité du mariage pour cause d'incapacité, c'est-à-dire lorsque le mariage d'un incapable sous tutelle ou curatelle a été célébré sans les autorisations requises : la nullité a pour objet la protection d'un incapable ; en ce cas, le mariage est nul sans qu'il soit nécessaire de démontrer le dérangement d'esprit de l'incapable lors du mariage ; mais les tiers ne peuvent demander cette nullité, parce qu'elle est relative.

L'action doit être introduite dans l'année où le majeur protégé a retrouvé sa conscience ou dans celle où le tuteur ou le curateur a eu connaissance du mariage (art. 183, par analogie)[35].

Un mariage conclu par une personne en état d'inconscience est nul de nullité absolue, nullité qui sanctionne une absence totale de consentement. Par conséquent, tout intéressé peut demander la nullité[36], quel que soit le régime juridique de l'incapacité, même inorganisé. L'action en nullité ne peut réussir que s'il est démontré que le mariage avait été conclu sous l'empire d'un trouble mental[37].

31. *Supra,* n° 254.

32. *Supra,* n° 177.

33. *Supra,* n° 177.

34. Cass. civ., 9 novembre 1887, *DP* 1888.I.161 ; *S.* 1888.I.461.

35. Cass. civ. 1re, 17 mai 1988, *sol. impl., Bull. civ.* I, n° 147 ; *JCP* G 1989.II.21197, n. crit. Fr. Boulanger.

36. Cf. Cass. civ. 1re, 4 mai 2011, *D.* 2011, p. 2387, note G. Raoul-Cormeil : « *il résulte des dispositions combinées des articles 184 et 187 du Code civil que les parents collatéraux ne peuvent, du vivant des époux, agir en nullité du mariage, sur le fondement de l'article 146 du Code civil, qu'à la condition de justifier d'un intérêt né et actuel ; qu'ayant constaté, à la date où elle statuait, que les consorts X... avaient vocation à recueillir, en l'absence de conjoint survivant, la partie de la succession de leur frère non incluse dans un testament* ».

37. Ex. (la nullité est prononcée) : Cass. civ. 1re, 28 mai 1980, *Bull. civ.* I, n° 159 ; *JCP* G 1981.II.19552, n. G. Raymond ; en l'espèce, P. se marie à 72 ans ; deux ans avant son mariage, il était, de notoriété publique, en état de démence sénile : (« *il fallait "s'occuper de lui comme d'un bébé"* ») ; deux mois après le mariage, il est mis en tutelle et meurt deux mois après.

Ex. (la nullité est refusée) : Cass. civ. 1re, 2 décembre 1992, *Bull. civ.* I, n° 299 ; *JCP* G 1993.IV.401 : « *la preuve de l'absence de consentement d'un conjoint incombe à celui qui conteste la validité de cet acte* » ; en l'espèce, un certificat médical attestait que « *Charles Y. souffrait depuis sa naissance d'un certain infantilisme cérébral le mettant dans l'impossibilité de gérer ses affaires* » ; un autre certificat attestait que quelques jours avant le mariage, Charles Y. « *était alors parfaitement lucide*

On admet aujourd'hui que du seul fait qu'une personne avait ses facultés mentales altérées avant et après le mariage, il faut présumer l'insuffisance de son consentement[38]. Le mariage du malade mental ne serait donc valable que s'il avait été lucide pendant une longue période de temps avant et après le mariage.

261. Clandestinité. – Il y a clandestinité lorsque la célébration du mariage n'a eu aucune publicité : absence de témoins, fermeture des portes, maison privée[39].

Il ne faut pas confondre le mariage clandestin avec le mariage secret, régulièrement célébré, mais caché par les parties. Par exemple, les intéressés ont tout de suite après le mariage vécu en séparation de fait, dissimulant aux tiers leur qualité d'époux. L'absence de publicité du mariage porte alors sur l'état de mariage, non sur son acte créateur. Par conséquent, le mariage est d'une validité certaine, mais si les époux ont, du fait de la dissimulation de leur état, causé un préjudice aux tiers, leur responsabilité est engagée.

Il ne faut pas non plus confondre le mariage clandestin avec le défaut de publication préalable. La jurisprudence le fait souvent pour les mariages français célébrés à l'étranger, en cas de fraude quand les époux se marient à l'étranger afin que personne ne le sache. D'une manière générale, la clandestinité n'est une cause de nullité que si elle est frauduleuse et il appartient au juge d'en apprécier les circonstances[40] ; la nullité est donc facultative pour le juge[41].

262. Incompétence. – Le vice d'incompétence apparaît dans deux hypothèses. **1)** La première est celle où le mariage n'est pas célébré dans une des communes désignées par la loi, c'est-à-dire que ni l'un, ni l'autre des futurs époux n'avait dans cette commune un domicile ou une résidence suffisants. Cette incompétence n'est une cause de nullité que s'il y a fraude. Elle est, en réalité, une sorte de clandestinité. Les époux sont allés se marier ailleurs que là où ils devaient le faire, afin de frauder la loi. Ce sont des situations surtout internationales. La nullité

---

et sain d'esprit », et « *le mariage a été célébré à la mairie dans des conditions normales* » ; v. aussi Cass. civ. 1re, 30 novembre 1965, *Bull. civ.* I, n° 665 : « *les attestations versées aux débats décrivent Vedely comme très fatigué, très énervé, très anxieux, s'il apparaissait hébété et privé de son entier jugement, elles sont loin d'apporter la preuve* [...] *d'une absence complète de lucidité* » (on voit pourtant mal comment on peut être lucide quand on est entièrement privé de jugement).

38. Cass. civ. 1re, 28 mai 1980, préc. ; pour prononcer la nullité du mariage, la cour de Paris avait relevé que le mari « *était en état de démence sénile depuis deux ans* ». Rejet du pourvoi : « *la juridiction du 2e degré a nécessairement admis que ledit P. n'était pas lors de la célébration du mariage litigieux en état de consentir au mariage* ».

39. Ex. Paris, 3 mars 1998, *Rev. dr. fam.* 1999 [7], n° 76, obs. H. Lécuyer repoussant l'accusation de clandestinité : le mariage avait été célébré à l'hôpital, en raison de l'état du mari (cependant sain d'esprit), mais après accomplissement des formalités préalables, en présence de deux témoins et les portes étant demeurées ouvertes.

40. Ex. : * Cass. civ., 15 juin 1887, *consorts de Cibeins, DP* 1888.I.412 : « *Il appartient aux juges du fait de décider, par une appréciation souveraine des faits et des circonstances de la cause, si les parties qui sont allées contracter mariage en pays étranger, sans avoir observé les formalités de l'article 170 et sans se conformer à l'article 171, ont entendu faire fraude à la loi et éluder la publicité exigée par celle-ci ; d'après les déclarations de l'arrêt attaqué, le comte de Cibeins s'est rendu secrètement en Angleterre, où ne l'appelait aucun autre intérêt ; il n'y est resté que le temps nécessaire, il s'est marié devant un prêtre confidentiellement indiqué, devant des témoins étrangers, il a ensuite gardé le silence le plus complet ; en tirant des faits ainsi constatés et concourant avec l'inobservation des articles 170 et 171, cette conséquence que les contractants avaient voulu rendre leur union clandestine, la dérober aux regards de la société française et s'affranchir de tout contrôle de publicité et en déclarant ensuite ledit mariage nul et non opposable à Albéric de Cibeins, l'arrêt attaqué n'a violé aucune des dispositions invoquées par le pourvoi* ».

41. *Droit des obligations,* coll. Droit civil.

est, comme pour la clandestinité, facultative, en étant soumise au pouvoir d'appréciation du juge[42].

2) La deuxième est celle où le célébrant n'a pas la qualité d'officier d'état civil, ce qui est une atteinte beaucoup plus grave au caractère officiel du mariage. Par exemple, l'union célébrée en France devant un prêtre, un maire révoqué ou un conseiller municipal qui n'a pas la qualité d'officier d'état civil. Les tribunaux apprécient les différents degrés de gravité que peut présenter ce défaut de qualité[43] : la nullité est facultative pour le juge, et il peut même y avoir inexistence du mariage si le célébrant n'avait rien d'un officier d'état civil.

Mais il a été jugé que tant que la nullité n'a pas été prononcée, le mariage célébré, même en France, devant une autorité incompétente devait être tenu pour valable[44].

B. Attribution de l'action

263. Tout intéressé. – La loi énumère quelles personnes ont le droit de demander la nullité absolue d'un mariage ; à ce point de vue, on mesure de nouveau que la nullité de mariage est, en principe, soumise au droit commun des nullités, mais avec de notables particularités.

Comme en droit commun, l'action en nullité absolue peut être exercée par tout intéressé, ce qui traduit une différence importante entre la nullité absolue, d'une part, et la nullité relative et le divorce, d'autre part, dans lesquels le droit de faire disparaître ou rompre le mariage n'appartient qu'aux époux. En réalité, l'attribution est plus étroite que ne le laisse paraître le texte car, ici encore, se manifeste l'esprit restrictif avec lequel la loi envisage les nullités du mariage. Parmi les « intéressés » pouvant agir en nullité, la loi apporte des distinctions entre les personnes qui peuvent demander la nullité pour un intérêt quelconque, même moral (1°) et celles qui ne peuvent agir qu'en invoquant un intérêt pécuniaire (2°) ; elle soumet à une condition particulière le ministère public (3°).

42. Cass. civ., 18 février 1942, *DA* 1942.83 : « *l'incompétence de l'officier d'état civil n'entraîne qu'une nullité facultative, les juges du fond ayant un pouvoir souverain pour la prononcer ou la rejeter* » : en l'espèce, un individu, poursuivi pour bigamie, avait prétendu que son second mariage était nul (et qu'il n'y aurait donc pas eu d'infraction pénale) parce que l'officier d'état civil était incompétent et en outre parce qu'il s'était marié « *dans un moment d'égarement et de démence* ». Les juges du fond, approuvés par la Cour de cassation, ont pourtant déclaré valable le mariage et, par conséquent, jugé que l'infraction de bigamie était commise.

43. * *Affaire des mariages de Montrouge ;* à Montrouge, pendant longtemps, un conseiller municipal qui n'avait pas la qualité d'officier d'état civil mais en avait l'apparence puisqu'il portait l'écharpe tricolore, avait célébré un nombre important de mariages ; la Cour de cassation a décidé que cette irrégularité était insuffisante pour entraîner la nullité de ces mariages : Cass. civ., 7 août 1883, *DP* 1884.I.5 ; *S.* 1884.I.5, n. Labbé : « *La loi du 18 juillet 1837 ni aucune autre disposition législative n'a attaché à ces prescriptions la sanction de la nullité et les nullités ne se suppléent pas ; il en résulte qu'une irrégularité dans la délégation* (de la qualité d'officier d'état civil) *ne saurait avoir pour effet d'enlever aux membres de la municipalité désignés par le maire pour le remplacer, la capacité nécessaire pour remplir les fonctions d'officier de l'état civil et elle ne saurait entraîner la nullité des actes auxquels il a concouru en cette qualité.* » L'arrêt s'était donc fondé sur le principe « *pas de nullité sans texte* », aujourd'hui abandonné. Rapidement, la doctrine a découvert dans cette décision deux autres principes qui ne s'y trouvaient pourtant pas : d'une part, la théorie de l'apparence qui produit des effets de droit lorsqu'il y a erreur commune et bonne foi, d'autre part la théorie des fonctionnaires de fait.

44. Cass. civ. 1re, 9 octobre 1991, *Bull. civ.* I, n° 256 ; *Rev. crit. DIP* 1992.61, n. P. Lagarde : « *le mariage* (célébré en France uniquement devant une autorité religieuse) *devait être tenu pour valable au regard du droit français et produire des effets tant que sa nullité, qui n'était pas demandée, pour défaut de célébration devant l'officier d'état civil, n'a pas été prononcée* » ; pour les mariages coraniques, *supra*, n° 236.

1) Personnes pouvant inconditionnellement agir

Il existe deux catégories de personnes, les époux et les ascendants, qui peuvent agir en nullité du mariage, du seul fait que cette union est infectée d'une nullité absolue, sans qu'il leur soit nécessaire de démontrer qu'ils ont un intérêt à agir.

Un **époux** (art. 188), quand bien même il serait coupable d'avoir contracté le mariage, car nul n'est tenu de persister dans l'accomplissement d'un fait illicite ; par exemple, l'époux bigame peut demander la nullité de son second mariage[45].

Quant aux **ascendants**, ils peuvent également agir, sans avoir à respecter d'ordre hiérarchique. Lorsqu'un mariage est scandaleux, ce qui est toujours le cas d'un mariage infecté d'une nullité absolue, la famille subit une offense qui suffit à ouvrir le droit d'action à un ascendant quelconque.

2) Personnes ne pouvant agir que pour un intérêt pécuniaire

Les collatéraux et les créanciers ne peuvent agir en nullité que s'ils ont un intérêt pécuniaire.

Les **collatéraux** ne peuvent le faire que pour un intérêt pécuniaire, comme le prévoit expressément l'article 187, ce qui apparaît le plus souvent au cas de décès du conjoint, à l'occasion d'un conflit successoral entre les héritiers du conjoint prédécédé et le conjoint survivant ; les premiers cherchent à exclure le second en établissant la nullité de son mariage[46].

Les **créanciers** ne peuvent également agir que pour la sauvegarde de leurs intérêts. Ce qui suppose que le mariage a un effet sur la validité ou l'efficacité de la source de leur créance. Selon les cas, ils ont intérêt à demander la nullité du mariage de l'époux débiteur, ou au contraire à en défendre la validité lorsqu'il est attaqué.

3) Ministère public

Le droit d'action du ministère public est justifié par l'intérêt d'ordre public en cause en la matière (art. 190). Il ne peut agir que du vivant des époux car, après le décès, le seul intérêt qui apparaît est pécuniaire et l'ordre public n'est pas intéressé ; il appartient aux héritiers et aux créanciers d'agir eux-mêmes. Il est inutile, en outre, de remuer de vieilles boues en voie d'oubli.

Mais l'article 190 est mal rédigé, car il laisse penser que le ministère public est obligé d'agir, ce qui est inexact : le ministère public a, comme toujours, le pouvoir d'apprécier l'opportunité de son intervention. Par ailleurs, il dispose aussi que le ministère public doit faire condamner les époux à se séparer, ce qui est également inexact, car le concubinage n'est pas un délit et on ne saurait évidemment obliger des concubins à se séparer.

C. Disparition de l'action

L'action en nullité absolue peut être exercée dans un délai de trente ans à compter de la célébration du mariage (art. 184 et 191) : la loi du 17 juin 2008 portant réforme de la prescription en matière civile a maintenu dans cette hypothèse l'ancien délai de trente ans, alors que désormais le délai de droit commun est de cinq (art. 2224 nouv.) ; la nullité absolue du mariage diffère profondément, à cet égard, du droit commun des nullités[47]. Pour les autres causes de disparition, des distinctions doivent être apportées, selon qu'il s'agit de la réparation du vice, ou des autres cas entraînant la disparition de la nullité absolue.

---

45. Mais Cass. civ. 1re, 31 janvier 1990, *Bull. civ.* I, n° 30 ; *D.* 1990.449, n. J. Massip ; *Defrénois* 1990, art. 34791, n° 40, m. n. ; « *Mme X, divorcée de M. Y, n'avait plus, lors de son action en nullité, la qualité de conjoint de ce dernier et ne pouvait dès lors se prévaloir des dispositions de l'article 188, mais devait justifier d'un intérêt à agir* ». *Idem* Cass. civ. 1re, 12 avril 2012, *RTD civ.* 2012, p. 511, obs. J. Hauser.

46. Cf. Cass. civ. 1re, 4 mai 2011, préc.

47. La règle *contra non valentem agere* ne joue pas lorsque le titulaire de l'action disposait encore, au moment où cet empêchement a pris fin, du temps nécessaire pour agir avant l'expiration du délai de prescription, Cass. civ. 1re, 29 mai 2013, *D.* 2013, p. 2050, note Capitaine, 689 obs. M. Douchy-Oudot, *RTD civ.* 2013, 578, obs. J. Hauser.

En droit commun, une nullité absolue ne peut être couverte par la réparation du vice. En matière de mariage, les principes sont analogues. Par exemple, le vice d'impuberté qui aurait pu être levé par une dispense du procureur de la République, demeure une cause de nullité si la dispense est accordée tardivement, c'est-à-dire postérieurement au mariage ; en ce cas, la seule possibilité qui appartient aux époux pour échapper à la nullité est de refaire leur mariage, réfection qui n'a pas d'effet rétroactif.

Mais il advient, de manière différente pour chacun des vices, qu'une nullité absolue de mariage peut disparaître ou être confirmée, alors qu'en droit commun, une nullité absolue ne peut jamais être confirmée.

264. Bigamie. – La bigamie ne constitue pas une nullité temporaire, ce qui est regrettable ; il aurait été opportun que la nullité disparaisse lors du décès du premier époux, car si la nullité est prononcée, les époux pourront se remarier immédiatement ; pourquoi continuer à annuler ? Un coup pour rien, sauf la rétroactivité[48].

265. Possession d'état, clandestinité et incompétence. – La possession d'état couvre le vice de clandestinité et d'incompétence ; elle joue un rôle pour la preuve du mariage[49] : à ce point de vue, elle efface l'irrégularité formelle de l'acte de mariage compris comme un acte de l'état civil. La jurisprudence a aussi admis qu'elle réparait également le vice du mariage lui-même tenant à sa clandestinité et à son incompétence[50], ce qui est une extension rationnelle ; en vivant publiquement ensemble, les époux ont effacé leur volonté frauduleuse initiale : une sorte de confirmation tacite, qui produit effet bien qu'il s'agisse d'une nullité absolue[51].

L'article 196 ne s'oppose pas à l'action en nullité qu'intenterait un autre que l'époux, par conséquent un tiers, tel qu'un ascendant[52]. La solution est regrettable, car c'est à l'égard des tiers que la possession d'état a surtout une valeur de publicité qui efface les inconvénients de la clandestinité initiale. La recevabilité de l'action en nullité ne retire cependant pas au juge le pouvoir d'appréciation qu'il a pour annuler un mariage vicié de clandestinité ou d'incompétence.

48. Dans quel ordre faut-il agir ? Lorsque l'un des époux demande la nullité du troisième mariage pour bigamie et que son conjoint invoque en défense la nullité du deuxième... également pour bigamie, le juge doit surseoir à statuer, jusqu'à ce que doit tranchée la question de la validité de la deuxième union (Cass. civ. 1re, 26 octobre 2011, *D.* 2012, 258, note G. Raoul-Cormeil, *AJ famille* 2011, 613, note F. Chénedé, *Dr. famille* 2012, comm. n° 2, note V. Larribau-Terneyre, *D.* 2012, 971, obs. J.-J. Lemouland et *D.* Vigneau, *RTD civ.* 2012, p. 94, obs. J. Hauser) ; *adde* Cass. civ. 1re, 25 septembre 2013, *RTD civ.* 2014, p. 91, obs. J. Hauser.

49. *Supra*, nos 237.

50. * Cass. civ., 1er août 1930, *Bujoly*, *DP* 1931.I.169, n. H. Lalou ; *S.* 1931.I.329, n. F. Gény « *Bujoly a formé contre son épouse une demande en nullité de mariage pour défaut de publication régulière et incompétence de l'officier d'état civil ; la cour d'appel a déclaré l'action non recevable par application de l'article 196 pour le motif que l'acte de célébration du mariage était représenté et que les consorts Bujoly se trouvaient en possession de l'état d'époux ; le pourvoi reproche à l'arrêt attaqué d'avoir violé l'article 196 en appliquant à une action en nullité de mariage une fin de non-recevoir que ledit article aurait établie seulement pour l'action en nullité d'un acte de mariage ; mais la fin de non-recevoir édictée par l'article 196 est opposable à toute action par laquelle l'un des époux demande l'annulation du mariage à raison d'un vice de forme dont la célébration serait entachée...* »

51. Cependant, Paris, 2 décembre 1966, *JCP* G 1967.II.15278, n. Boulbès ; *Rev. crit. DIP* 1967.530, n. Ph. Malaurie, a décidé que lorsque l'incompétence était frauduleuse, l'article 196 ne pouvait faire obstacle à la nullité : « *Cette fraude empêche l'une comme l'autre partie* (s'agissant d'une nullité absolue) *de se prévaloir de la fin de non-recevoir à l'action en nullité, fondée sur l'article 196.* » En l'espèce, il s'agissait d'un mariage célébré à l'étranger dans lequel l'époux demandeur de la nullité avait commis plusieurs fraudes sur son état civil. Cette solution est contestable parce qu'elle retire toute signification à l'article 196 : un mariage n'est nul pour clandestinité ou incompétence que si la clandestinité ou l'incompétence ont été frauduleuses.

52. Ex. : Cass. req., 15 juin 1915, *S.* 1920.I.107 : « *La fin de non-recevoir édictée par cet article* (art. 196), *opposable respectivement entre époux, ne l'est point aux autres personnes qui peuvent attaquer le mariage.* »

III. — Fraude à la loi

266. Mariages frauduleux. – Le législateur contemporain a multiplié les mesures destinées à lutter contre les mariages « frauduleux » conclus afin d'obtenir un titre de séjour et, à plus long terme, la nationalité française. Encore faut-il que les armes imaginées aient un minimum d'efficacité : consacré spécialement à la fraude, l'article 190-1 (L. 22 juillet 1993) dut être abrogé dix ans plus tard (loi *Sarkozy* du 26 novembre 2003) car il risquait de paralyser l'action générale fondée sur l'article 146[53].

Sous-section II
Conséquences

267. Rétroactivité ? – La nullité a pour effet caractéristique la disparition rétroactive de l'acte irrégulier, ce qui, selon le droit commun, entraîne le retour au *statu quo ante*. Aussi, rationnellement, la rétroactivité de la nullité d'un mariage aurait dû avoir pour conséquences que : 1) les conjoints d'un mariage nul n'auraient jamais été des époux, mais des concubins ; 2) il n'y aurait pas eu de régime matrimonial entre les prétendus époux ; la communauté d'intérêts qui a pu exister entre eux aurait dû être liquidée comme une société de fait[54] ; 3) les enfants issus de cette union ne seraient pas légitimes, mais naturels.

Mais le droit commun des nullités est difficilement applicable aux nullités de mariage. À leur exercice, comme on vient de le voir, et plus encore à leurs conséquences, pour deux raisons : 1) Le mariage est un contrat successif, ce qui, dans la théorie générale des actes juridiques, suffit pour modifier les effets que produit habituellement la nullité. 2) Surtout, il est un acte exceptionnellement grave, particulièrement lorsque des enfants sont nés.

Aussi, la loi a-t-elle depuis longtemps apporté des tempéraments à la rétroactivité de la nullité du mariage au moyen de la théorie du mariage putatif, tempéraments qui ne cessent de s'accroître, à ce point qu'ils ont, depuis la loi du 3 janvier 1972, presque valeur de principe. La nullité d'un mariage est devenue plus proche d'un divorce que d'une nullité rétroactive, plus encore lorsqu'il s'agit de l'état des enfants (§ 2) que des relations entre époux (§ 1).

§ 1. Relations entre époux

268. Origines et domaine du mariage putatif. – La rétroactivité de la nullité est écartée entre époux lorsque les époux avaient cru en la validité du mariage. Le mariage ne vaut pas dans la réalité, mais seulement en croyance comme mariage putatif[55], ce qui signifie qu'il est dissous pour l'avenir et maintenu dans le passé.

L'origine du mariage putatif se trouve dans le droit canonique du XIIe siècle (un *quasi matrimonium*) où il était compris de manière restrictive, car la consensualité du mariage empêchait que fûssent prises des précautions préventives afin d'empêcher la conclusion de mariages viciés. Aussi trois conditions devaient-elles être remplies pour qu'il y eût mariage putatif. **1)** La bonne

53. *Supra*, n° 203.

54. Cass. req., 12 novembre 1907, *DP* 1908.I.63 ; *S.* 1909.I.268 : « *il s'est formé* [...] *entre X et Y* (les époux dont le mariage est nul) *une société de gains (sic) qui, pour n'être point la communauté légale, n'en conférait pas moins à la défenderesse éventuelle le droit sur lequel elle fondait sa demande* » ; v. aussi pour les sociétés de fait entre concubins, *infra*, n° 331.

55. **Étymologie** : du latin *puto, are* = croire, s'imaginer. **Biblio.** : R. Gallardo, *L'institution du mariage putatif en droit français*, thèse, Paris, 1958.

foi : le mariage putatif était exclu lorsque les deux époux savaient qu'ils faisaient une union irrégulière. **2)** Le mariage putatif était refusé au cas d'erreur de droit[56] : la seule erreur admissible était une erreur de fait[57] ; en d'autres termes, la bonne foi des époux devait reposer sur une juste cause d'erreur. **3)** Enfin, le mariage putatif était également exclu en cas de fraude, notamment lorsque le mariage avait été conclu clandestinement.

Le Code civil (art. 201-202) a recueilli l'institution canonique, mais l'a placée dans un milieu tout nouveau et lui a ainsi conféré un développement considérable qui s'étend encore aujourd'hui. On le retrouve, avec des modalités diverses, dans tous les pays d'imprégnation chrétienne, sauf dans la *Common Law* qui se borne, dans certains cas, à reconnaître certains effets au mariage annulé. À l'inverse, les droits suisse (Ccs, art. 132, al. 2) et allemand (L. 6 juillet 1938 et 17 juin 1976) suppriment maintenant toute rétroactivité pour la nullité de tous les mariages : le mariage putatif ne sert plus à rien.

269. Mariage putatif et divorce. – Moins qu'en Allemagne et en Suisse, le particularisme du mariage putatif s'efface progressivement : à plusieurs égards, le mariage nul produit, même en l'absence de bonne foi des époux, les effets d'un divorce. Envers les enfants, depuis la loi du 3 janvier 1972 modifiée en 1993 : « *Le juge statue sur les modalités de l'exercice de l'autorité parentale comme en matière de divorce* » (art. 202)[58]. Il en est de même de la prestation compensatoire, depuis que la Cour de cassation l'a dit[59]. La nullité de mariage devient un mode de dissolution du mariage analogue au divorce.

270. Putativité et mariage international. – Selon la jurisprudence, la putativité du mariage est soumise à la loi qui édicte la nullité, *i.e.* la loi de la condition violée[60]. Cette loi détermine le principe même de la putativité et les conditions dans lesquelles elle est octroyée. En revanche, les effets (passés) du mariage sont régis par la loi qui aurait été appliquée au mariage valide : la putativité permet en effet de faire produire au mariage nul telle ou telle conséquence d'un mariage valablement contracté[61].

I. — Conditions du mariage putatif

Le fondement traditionnel qui justifie ce bénéfice et qu'en révèle le nom est la bonne foi du conjoint victime d'une erreur sur la validité du mariage. En en élargissant le domaine, la jurisprudence a, peu à peu, atténué les exigences relatives à cette condition subjective. Le mariage putatif devient moins une faveur à la bonne

56. Ex. : la nièce qui croit, à tort, pouvoir épouser son oncle.

57. Ex. : la femme mariée qui se marie à nouveau en croyant à tort que son premier mari était décédé.

58. *Infra*, n° 754.

59. * Cass. civ. 1re, 23 octobre 1990, *Bull. civ.* I, n° 221 ; *D.* 1991.214, n. crit. C. Mascala ; *JCP* G 1991.II.21774, n. Fr. Monéger ; *Defrénois* 1991, art. 34980, n° 1, obs. J. Massip ; *RTD civ.* 1991.299, obs. J. Hauser : « *vu les articles* 270 et suivants *; les dispositions de ces textes, qui prévoient qu'en cas de dissolution du mariage par divorce, l'un des époux peut être tenu de verser à l'autre une prestation destinée à compenser, autant qu'il est possible, la disparité que la rupture du mariage crée dans les conditions de vie réciproques, et en règlent les modalités, sont aussi applicables, en tant que de raison lorsque la rupture du mariage résulte de la nullité de l'union* » ; en l'espèce, les deux époux (musulmans) avaient cru de bonne foi en la validité de leur mariage polygamique ; la cour d'appel avait refusé d'accorder à la femme une prestation compensatoire sous forme de rente mensuelle indexée : « *étant admis que le mariage a été contracté de bonne foi par les deux époux, Mme X ne saurait prétendre à une prestation compensatoire* ». Cassation ; v. aussi dans un mariage à caractère international, Paris, 14 juin 1995, *D.* 1996.156, n. Fr. Boulanger.

60. Cass. civ. 1re, 6 mars 1956, *Moreau*, *Rev. crit. DIP* 1956, 305, n. Ph. Franceskakis ; *JCP* G 1956.II.9549, n. A. Weill ; *D.* 1958.704, n. Batiffol.

61. Sur les effets à l'égard des enfants v. *infra*, n° 278.

foi qu'un tempérament de plein droit aux effets de la nullité et qui peut être invoqué même après le jugement de nullité[62] ; ce qui pose le problème sous un autre aspect, celui des conditions objectivement indispensables afin qu'un mariage nul puisse valoir comme putatif. Seront étudiées la condition subjective de bonne foi (A) et les conditions objectives (B).

A. Condition subjective

La condition de bonne foi, nécessaire pour qu'il y ait mariage putatif, est imposée par une règle de fond, qui soulève un problème de preuve.

271. Bonne foi : règle de fond. – Il résulte de l'article 201 qu'il n'y a de mariage putatif que lorsqu'il a été contracté de bonne foi. La bonne foi est l'ignorance par l'un ou les deux époux du vice qui empêchait le mariage, ignorance qui peut tenir soit à une erreur de fait[63], soit à une erreur de droit, c'est-à-dire l'ignorance d'une disposition légale interdisant le mariage[64]. Cet élément est purement psychologique, ce qui signifie sa compatibilité avec la fraude et l'indifférence à la mauvaise foi ultérieure.

Il n'y a pas à se demander si, objectivement, l'erreur du conjoint est justifiée par un fait qui aurait constitué un juste sujet d'erreur. La bonne foi est compatible avec la fraude, ce qui est singulier. On peut ainsi vouloir frauder la loi de bonne foi, c'est-à-dire faire un mariage clandestin devant un officier incompétent en croyant faire un mariage valable[65].

---

62. Cass. civ. 1re, 28 mai 1991, *Bull. civ.* I, n° 169 ; *D.* 1992.121, n. J. Massip ; *Defrénois* 1992, art. 35142, n° 89, m. n. ; *JCP* G 1991.IV.290 : « *le caractère putatif d'un mariage annulé peut être reconnu, soit par le jugement même qui annule le mariage, soit par un jugement ultérieur lorsque la décision prononçant la nullité de l'union n'a pas statué sur la putativité* ».

63. L'erreur de fait la plus fréquente est la bigamie ; ex. : Paris, 24 juin 1960, *JCP* G 1960.II.11887, 1re esp., n. Boulbès ; en l'espèce, le second conjoint de l'époux bigame ignorait que celui-ci fut déjà marié ; bien que le mariage fût nul, en raison de sa putativité, l'enfant qui en a été issu a pu réclamer des aliments au père. Aujourd'hui, depuis 1975, l'enfant pourrait invoquer la putativité du mariage même si ses deux parents avaient été de mauvaise foi. En outre, depuis 1972, l'enfant peut en tout état de cause faire établir sa filiation, même si elle est adultérine.

64. 1er ex. : L'erreur de droit la plus courante est également la bigamie, dans l'hypothèse courante de mariages contractés en France par des étrangers de statut personnel polygame (les nationaux de pays musulmans) ; ex. : Lyon, 21 mai 1974, *D.* 1975.9, n. P. Guiho ; en l'espèce, il s'agissait d'un mariage polygamique célébré en France, et donc nul ; le mari meurt ; la deuxième femme, si elle est de bonne foi, peut partager avec la première la pension du mari. 2e ex. : Cass. civ. 1re, 28 mai 1991, préc. ; en l'espèce, un Français n'avait pas obtenu en France la nullité de son mariage ; il avait obtenu « *du tribunal rabbinique de Paris* [...] *une sentence constatant son divorce* » ; puis il se maria avec une autre dame en Israël ; ce mariage a été déclaré nul mais putatif ; pourvoi : l'époux ne pouvait être de bonne foi, puisqu'« *un Français ne peut ignorer qu'il ne peut y avoir en France de divorce sans décision judiciaire* ». Rejet du pourvoi : « *la bonne foi peut exister même lorsque les parties ont commis une erreur de droit* ». 3e ex. : Cass. civ. 1re, 24 septembre 2002, *Bull. civ.* I, n° 214 ; *D.* 2003, 1007, n. Devers ; *Defrénois* 2002, 1466, obs. J. Massip ; *RTD civ.* 2003.63, obs. J. Hauser : refus du bénéfice de la putativité ; le mari, libanais, chrétien maronite déjà marié, s'était converti à l'Islam peu avant le second mariage et le seconde épouse (française depuis près de 10 ans) reconnaissait avoir eu connaissance de l'existence de la première union ; les deux époux invoquaient l'erreur de droit. 4e ex. : Aix-en-Provence, 29 mars 2004, *Dr. famille* 2004, n° 216, obs. V. Larribau-Terneyre : bénéficie de la putativité le mari polygame qui s'était remarié en Algérie, après avoir obtenu en France un jugement de séparation de corps ; selon les juges du fond, l'intéressé, musulman, aurait mal compris les effet de la séparation de corps.

65. Cass. civ. 1re, 8 janvier 1963, *Hohenzollern*, dite *aff. du Roi Carol*, *Bull. civ.* I, n° 17 ; *D.* 1963.341, n. Ph. Malaurie : « *Ni l'élusion par les époux des dispositions légales roumaines sur la publicité des mariages, ni la méconnaissance des règles du droit russe sur les bans du mariage* [...] *n'excluaient la bonne foi des époux constatée par le tribunal de Lisbonne* » ; en l'espèce, Carol de Roumanie, au temps où il était prince héritier, avait épousé, sans autorisation royale, Jeanne Lambrino ; il avait célébré cette union en Russie devant un pope d'Odessa qui n'avait aucune compétence à cet

Il suffit que la bonne foi existe lors du mariage. C'est à ce moment qu'il faut se placer pour apprécier la valeur de l'union conclue ; la mauvaise foi qui surviendrait en cours de mariage (*mala fides superveniens*) serait sans conséquence.

272. Bonne foi (suite) : règle de preuve. – La bonne foi se présume, c'est-à-dire que celui qui invoque le mariage putatif n'a pas à la démontrer. Celui qui veut écarter le mariage putatif doit établir la mauvaise foi, en démontrant directement que le conjoint intéressé avait une connaissance effective du vice infectant le mariage.

Le XIXe siècle avait posé une règle contraire : il fallait prouver la bonne foi car, pensait-on, le mariage putatif était une institution particulière, modifiant les effets normaux de la nullité ; c'était donc à celui qui l'invoquait d'établir que ses conditions étaient réalisées, conformément aux règles générales sur la charge de la preuve qui pèse sur celui qui veut établir une situation anormale.

Au commencement du XXe siècle, la Cour de cassation a opéré un revirement[66] et dit que la bonne foi se présumait, ce qui a transformé la notion et le rôle du mariage putatif : le mariage putatif ne constitue plus une dérogation aux effets normaux de la nullité, mais est devenu une pièce intégrante et normale des nullités du mariage, sauf s'il y a mauvaise foi : le mariage putatif est devenu la situation attachée à toute union irrégulière qui, objectivement, n'était pas concubinaire.

B. Conditions objectives

Pour qu'il y ait mariage putatif, il faut que l'union irrégulière ait, objectivement, un minimum de signification matrimoniale, ou en d'autres termes, également un peu approximatifs, que cette union ne soit pas un concubinage. Ces deux propositions sont trop vagues pour avoir une véritable portée juridique et doivent être précisées. Ce qui a fait l'objet de deux tentatives successives : la théorie des mariages inexistants et la « notion française de mariage ».

273. Mariages inexistants. – Conformément au droit canonique, qui n'accordait le mariage putatif qu'aux mariages célébrés *in faciem ecclesiae* (devant le curé), la doctrine du XIXe siècle avait soutenu qu'un mariage inexistant ne pouvait être putatif. Avec des nuances, la même opinion est soutenue par un grand nombre d'auteurs contemporains[67]. Ainsi, Jean Carbonnier[68] exigeait, outre l'intention matrimoniale, une célébration devant une autorité de l'État en France afin de défendre le monopole de l'état civil, ou devant une autorité quelconque à l'étranger (parce que le droit français se désintéresse de la laïcité du mariage lorsque l'union est célébrée à l'étranger). Cette opinion se fondait surtout sur un argument rationnel : du néant juridique (l'inexistence), on ne pourrait tirer de conséquence, fût-elle putative. Cette opinion aurait donné un grand intérêt pratique à la distinction entre l'inexistence et la nullité du mariage[69] ; par ailleurs, elle aurait confiné à un domaine étroit le mariage putatif, qui n'aurait pas été accordé chaque fois que le mariage n'aurait pas été célébré devant une autorité légale.

égard ; le mariage était donc nul en raison de l'incompétence de l'autorité qui avait célébré le mariage, et de la fraude à la loi. La Cour de cassation a estimé que la fraude de chacun des époux n'empêchait pas leur bonne foi.

66. ** Cass. civ., 5 novembre 1913, *veuve Picot, DP* 1914.I.281, n. P. Binet ; *S.* 1920.I.370 : « *La bonne foi est toujours présumée et il incombe à celui qui allègue la mauvaise foi de la prouver* » ; en l'espèce, une veuve bigame avait demandé le partage de la communauté en invoquant le mariage putatif ; la cour d'appel le lui refusa : « *Elle se borne à affirmer sa bonne foi sans établir ou demander à établir* [...] *aucun fait tendant à la démontrer* ». Cassation. Rappr. Cass. civ. 1re, 20 novembre 2013, *RTD civ.* 2014, p. 91, obs. J. Hauser.

67. Marty et Raynaud, n° 125.

68. *La famille*, p. 201.

69. *Supra*, n° 254.

La jurisprudence n'a pas accueilli cette restriction : elle décide que du moment qu'il y a eu, d'une manière quelconque, une célébration solennelle du mariage, il y a une base suffisante pour le mariage putatif[70]. Son absence démontre la mauvaise foi : s'il n'y a eu aucune célébration matrimoniale, il n'y a eu aucune intention matrimoniale[71]. Cette condition ne se confond cependant pas avec celle de la bonne foi, qui n'est plus aujourd'hui exigée à l'égard des enfants[72].

274. Notion française de mariage ? – Ainsi, il peut y avoir mariage putatif même si le mariage est inexistant. En réalité, le problème était mal posé, parce qu'énoncé dans les termes purement techniques de l'inexistence. Il impliquait en réalité un élément plus grave, s'attachant à la notion de mariage. Ne faut-il pas exiger de l'union célébrée, nulle par hypothèse, un minimum des caractères matrimoniaux indispensables pour qu'elle puisse répondre à la notion française de mariage ? La question s'est posée en ces termes à l'occasion d'affaires internationales, et surtout coloniales : la Cour de cassation a décidé que certaines unions africaines polygames étaient, en raison de leur précarité, trop éloignées de nos conceptions pour recevoir le titre de mariage[73], même putatif.

---

70. La question s'est surtout posée lorsqu'il y avait un élément d'extranéité. Ex. : mariage célébré en France entre un Français et une étrangère devant un consul étranger alors qu'il aurait dû l'être selon les formes françaises : Cass. civ., 30 juillet 1900, *DP* 1901.I.317, concl. Desjardins ; *S.* 1902.I.225 : cassation de l'arrêt d'appel qui avait refusé le bénéfice du mariage putatif « *par cet unique motif que le mariage entre Elise Dupré et Sydney Dussuc étant inexistant en France, il n'y avait pas lieu de rechercher si les parties en cause l'avaient contracté de bonne foi* ». Douai, 28 avril 1997, *RTD civ.* 1998.77, obs. J. Hauser ; cf. aussi pour la célébration religieuse à l'étranger, irrégulière par hypothèse : **islamique** : Alger, 15 janvier 1957, *JCP* G 1957.II.9785 ; Cass. civ. 1re, 14 juin 1957, *Bull. civ.* I, n° 264 ; *D.* 1957.557 ; Cass. req., 14 mars 1933, *S.* 1933.I.68 ; Paris, 2 décembre 1966, *JCP* 1967.II.15278, n R. B. ; **catholique** : * Bordeaux, 16 juin 1937, *veuve Decaudin*, *DH* 1937.539 ; *S.* 1938.II.62 : « *La notion d'inexistence a un domaine très restreint et doit être limitée aux hypothèses dans lesquelles le mariage n'a même pas une apparence de validité, telle que celle d'identité incontestable de sexe ou de défaut absolu de célébration ; il en est autrement lorsqu'il existe un titre ou une apparence qu'il faut détruire ; les effets du mariage putatif peuvent alors se produire ; il en est ainsi de l'union célébrée par une personne, qu'il s'agisse soit d'un officier d'état civil incompétent ou même n'ayant que l'apparence de cette qualité, soit d'un mariage célébré par une personne que les époux ont pu croire qualifiée, ainsi qu'en l'espèce un prêtre* ». La plupart des auteurs estiment que le mariage purement religieux contracté en France entre Français ne pourrait être putatif. Mais Cass. civ. 1re, 9 octobre 1991, préc., a décidé que le mariage produisait ses effets tant qu'il n'avait pas été annulé.

71. Ex. : Des concubins, même s'ils se sont juré une éternelle fidélité, savent qu'ils ne se sont pas mariés : Aix, 11 décembre 1933, *DP* 1936.II.57, n. M. Nast : « *Il faut qu'il y ait eu célébration, ou au moins une apparence de célébration du mariage, sans laquelle on ne saurait concevoir la bonne foi chez les époux ; il n'est point permis d'admettre qu'un homme et une femme puissent se croire mariés en l'absence de tout acte et de la moindre cérémonie, par le seul accord de leur consentement, sous peine de confondre l'union libre avec le mariage.* »

72. *Infra*, n° 278.

73. ** Cass. req., 14 mars 1933, *cons. Cousin de Lavallière, aff. dite des petites négresses*, *DP* 1933.I.28, rapp. E. Pilon ; *S.* 1934.I.161, n. H. Solus : « *Pour être admis au bénéfice du mariage putatif, il faut que l'époux au nom duquel on s'en prévaut ait été de bonne foi ; la cour d'appel* [...], *a considéré que les dames Koba n'avaient pu croire, de bonne foi, contracter des unions produisant, notamment au regard des enfants, les effets de mariages légitimes* ». Dans cette espèce, un administrateur des colonies avait contracté en Guinée une union avec deux sœurs indigènes, conformément aux coutumes locales. Cette union, qui était certainement un mariage nul au regard de la loi française, n'a pas été jugée être un mariage putatif ; bien que la Cour de cassation l'eût nié, la bonne foi de ces indigènes n'était pas douteuse ; elles avaient agi conformément à leurs coutumes, convaincues de la validité de leur union. Mais cette union était, à raison de sa précarité, trop éloignée de nos conceptions pour recevoir d'une manière quelconque le titre de mariage ; v. P. Hébraud, « Nullité de mariage et divorce », p. 416 et 417, cité *supra*, note 5.

Pendant longtemps, cette solution a été approuvée ; on en trouvait l'équivalent en Angleterre avec la théorie des *christian marriages*[74]. Elle fait aujourd'hui l'objet de vives critiques[75].

En sa faveur, on a fait valoir deux arguments : d'une part, la théorie du mariage putatif implique la nécessité d'un élément objectif ; d'autre part, la théorie du consentement matrimonial : une union ne peut produire plus d'effets qu'elle n'en avait dans la pensée des époux. Une union qui n'est faite que pour s'amuser (l'homme) ou obtenir une protection précaire (la femme) n'est pas, au sens occidental du terme, un mariage. Il faut, pour qu'il y ait mariage, que l'on envisage une union sérieuse et durable. Les caractères de sérieux et de durée, précisément, permettent de distinguer le mariage de l'union libre[76].

Contre elle, on lui reproche aujourd'hui son « colonialisme » méconnaissant les réalités locales, différentes des notions européennes : il n'y aurait de mariage que l'institution créée par la civilisation occidentale. Or le mariage coutumier africain est plus qu'une union libre, bien qu'il ne soit pas conforme à notre notion du mariage. Selon l'analyse d'Henri Batiffol[77], « *l'union des sexes est un problème commun à toute l'humanité. Les solutions qu'il reçoit peuvent être placées dans la catégorie "mariage" malgré les différences notables qui les séparent de nos propres conceptions* ».

La jurisprudence a peut-être opéré un revirement : elle a décidé qu'était putatif le mariage conclu au Viêtnam dans les formes coutumières locales entre un Français et une indigène[78]. Mais ce n'était pas un « mariage pour rire ».

Pour autant, il serait nécessaire que la jurisprudence s'en tienne à un minimum d'exigences, qui constituent en quelque sorte le socle du mariage : une cérémonie devant une « autorité » au sens le plus large que l'on puisse lui donner[79] et une véritable intention matrimoniale. Faute de quoi tout concubinage pourrait prétendre se couvrir du manteau du mariage.

II. — Effets du mariage putatif

275. Avenir et passé. – Le mariage putatif constitue un tempérament aux effets de la nullité : il assure un maintien du mariage pour le passé et, à cet égard, ressemble au divorce. L'expression dont use l'article 201 est incertaine : le texte dit que le mariage putatif produit les effets du mariage, ce qui n'est pas tout à fait exact : il produit les effets d'un mariage dissous sans rétroactivité, si bien que le régime juridique du mariage putatif se réalise en deux temps.

Pour l'avenir, le mariage disparaît : les intéressés n'ayant plus la qualité de gens mariés ne peuvent en invoquer aucun droit ; par exemple, si l'un d'eux décède postérieurement au jugement de nullité, le survivant n'a pas de droit de succession.

Pour le passé, le mariage est maintenu, mais dans des mesures différentes selon les cas, car intervient la notion de bonne foi. Les effets du mariage sont

74. *Supra*, n° 122.

75. I. Fadlallah, *La famille légitime en droit international privé*, Thèse Paris II, Dalloz, 1977, n°s 16-26.

76. *Infra*, n° 314.

77. H. Batiffol et P. Lagarde, *Droit international privé*, LGDJ, t. II, 7e éd., 1983, n° 417, note 2.

78. TGI Paris, 7 mai 1968, *Clunet* 1970.323, n. Ph. Kahn : « *La bonne foi, seule condition requise et qui doit s'apprécier compte tenu de l'intelligence et des connaissances de l'époux ainsi que des circonstances dans lesquelles le mariage a été célébré, est toujours présumée ; en l'espèce, la bonne foi de X apparaît certaine, s'agissant d'une jeune fille Moï de vingt ans à peine, qui ne connaissait très certainement que ses coutumes matrimoniales traditionnelles à caractère familial et religieux fortement marqué et qui épousait un planteur français d'origine, jouissant d'une grande popularité dans le pays Moï.* »

79. Ce qui exclurait une « célébration » purement familiale, quand bien même y aurait-on convié les voisins.

entièrement maintenus si les deux époux sont de bonne foi ; mais si l'un d'eux est de mauvaise foi, il ne peut se prévaloir du mariage putatif. La mauvaise foi est donc une cause de déchéance du mariage putatif ; *sur la prestation compensatoire*[80].

276. Bonne foi commune. – Lorsque les deux époux sont de bonne foi, tous les effets matrimoniaux déjà produits par le mariage annulé sont acquis. Si l'un d'eux est décédé avant le jugement de nullité, le conjoint survivant vient à la succession. La communauté d'intérêts est liquidée conformément aux règles du régime matrimonial, comme dans toute autre hypothèse de dissolution du mariage. Les donations qui avaient été faites entre époux sont maintenues.

Des difficultés apparaissent en cas de bigamie. Sans doute la règle s'applique-t-elle d'une manière générale : chacune des épouses a droit à une prestation compensatoire versée par le mari[81], et à une part égale dans la communauté[82] et dans la succession[83] ; elles partagent la pension de réversion au prorata de la durée de la vie commune[84].

277. Bonne foi d'un seul époux. – Lorsqu'un seul époux est de bonne foi, le conjoint de mauvaise foi ne peut invoquer le bénéfice du mariage putatif : il y a une inégalité entre les époux. Les effets du mariage putatif sont distincts selon qu'ils sont invoqués par l'époux de bonne foi ou celui de mauvaise foi.

L'époux de **bonne foi** peut demander le bénéfice du mariage putatif ; par conséquent, il peut recueillir la succession de l'époux décédé avant la nullité. Il peut conserver les donations faites en vue du mariage. Enfin, il peut opter, soit pour la liquidation de la communauté d'intérêts avec son conjoint en conformité avec leurs conventions matrimoniales, soit pour la liquidation d'une société de fait[85]. Cette option est indivisible : s'il choisit la convention matrimoniale, il ne peut priver l'époux de mauvaise foi de sa part d'acquêts.

L'époux de **mauvaise foi** ne peut demander le bénéfice du mariage putatif. Aucune des conséquences qui viennent d'être décrites ne se produit : notamment la communauté d'intérêts entre conjoints est liquidée comme une société de fait, ce qui entraîne à son encontre une déchéance plus forte encore que celle qui naguère, dans le divorce fondé sur la faute, frappait l'époux coupable. L'analogie avec ce type de divorce apparaît aussi en ce que l'époux de mauvaise foi peut être condamné à une pension alimentaire et à des dommages-intérêts pour le préjudice qu'il a causé à l'époux de bonne foi, ce qui est une solution comparable à celle qui est connue en matière de divorce fondé sur la faute où le conjoint

80. *Supra*, nº 269.

81. Cass. civ. 1re, 28 janvier 1958, *Chemouni*, *Bull. civ.* I, nº 60 ; *D.* 1958.265, n. R. Lenoan ; *JCP* G 1958.II.10488, n. P. Louis-Lucas ; *Rev. crit. DIP* 1958.110, n. R. Jambu-Merlin ; *Clunet* 1958.776, n. A. Ponsard : en l'espèce, l'union polygamique a été jugée valable, parce qu'elle avait été célébrée à l'étranger conformément au statut personnel des époux.

82. B. Bourdelois, *Le mariage polygamique en droit international privé français*, Thèse Paris II, éd. Joly, 1993, nos 625 s.

83. Cass. civ. 1re, 3 janvier 1980, *dame Bendeddouche*, *Bull. civ.* I, nº 4 ; *D.* 1980.549, 1re esp., n. E. Poisson-Drocourt ; *Rev. crit. DIP* 1980.331, n. H. Batiffol ; *Clunet* 1980.320, n. M. Simon-Depitre ; l'arrêt pose le principe, pas les modalités.

84. Cass. soc., 9 novembre 1995, *Bull. civ.* V, nº 296 : l'épouse à l'égard de laquelle le mariage a été déclaré putatif a la qualité de conjoint survivant au sens des articles L. 353-1 et L. 353-3 du Code de la sécurité sociale, et partage avec l'autre conjoint la pension de réversion au prorata de la durée respective de chaque union.

85. V. toutefois Paris, 14 juin 1995, *D.* 1994.156, n. Fr. Boulanger qui applique le contrat de mariage.

innocent peut obtenir des dommages-intérêts ; les dommages-intérêts qui apparaissent en matière de mariage putatif sont toujours fondés sur l'article 1382[86].

§ 2. Effets à l'égard des enfants

278. Inutilité de la bonne foi. – La rétroactivité de la nullité, telle que l'entend le droit commun des actes juridiques, aurait dû avoir sur les enfants des conséquences rigoureuses. Puisqu'il n'y a jamais eu de mariage, la filiation aurait dû être illégitime ; puisque la filiation était illégitime, elle n'aurait être établie qu'en recourant à un des modes limitatifs de preuve prévus par la loi – une reconnaissance volontaire, un jugement ou une possession d'état ; cette solution a toujours été écartée.

Selon la tradition qui était attachée à la distinction entre filiation légitime et naturelle, la théorie du mariage putatif permettait de conférer la légitimité aux enfants, et c'était pour eux qu'elle avait été faite. Dès qu'un des époux au moins était de bonne foi, les enfants nés de l'union étaient légitimes.

La loi du 3 janvier 1972 alla plus loin : la théorie du mariage putatif était écartée parce qu'inutile ; lorsque le mariage était nul, les enfants étaient toujours légitimes, même si aucun des époux n'était de bonne foi[87]. À l'égard de l'autorité parentale, la nullité produisait les mêmes effets qu'un divorce (art. 202). Par conséquent, les enfants nés du mariage nul étaient légitimes ; s'ils avaient été légitimés par le mariage (au cas où ils seraient nés avant le mariage), ils le demeuraient. Ils pouvaient recueillir la succession de leurs parents, même après l'annulation de leur mariage. Les parents avaient sur eux l'autorité parentale et la garde était réglée comme en cas de divorce.

Cette transformation était en réalité mineure – une médaille de chocolat –, puisque les enfants naturels avaient les mêmes droits que les enfants légitimes[88]. Elle permet cependant aux enfants de disposer d'une filiation automatiquement établie tant à l'égard de la mère (dès lors que son nom figure dans l'acte de naissance) qu'à l'égard du père (la présomption de paternité s'appliquant en tant qu'effet du mariage). Ce dernier – et unique – intérêt demeure au lendemain de l'ordonnance du 4 juillet 2005 et de la disparition des catégories mêmes de filiation légitime et naturelle[89].

N°s 279-289 réservés.

86. Cass. civ. 1re, 2 octobre 1984, *Bull. civ.* I, n° 292 ; Agen, 5 mai 1987, *JCP* G 1988.IV, 195 : « *les préjudices doivent être appréciés en s'inspirant des principes applicables en matière de divorce, eu égard à la durée de l'union et aux conséquences de la rupture* ».

87. Jacques Foyer, « Réflexions sur l'article 202 du Code civil », *in L'avenir du droit, Mélanges en hommage à F. Terré,* Dalloz, PUF, Juris-Classeur, 1999, 469 s.

88. En droit international privé la loi qui annule le mariage a compétence pour régler les conséquences de la nullité et, notamment, le tempérament éventuel de la putativité ; Cass. civ. 1re, 19 juillet 1998, *Zvoristeanu, Bull. civ.* I, n° 250 ; *Rev. crit. DIP* 1999, 502, n. Y. Lequette ; *JDI* 1999, 125, n. P. Courbe ; *JCP* G 1998.II.10032, n. H. Muir-Watt ; *D.* 1999.51, n. B. Fauvarque-Cosson, somm. 294, obs. B. Audit ; *Rev. dr. fam.* 1999, obs. H. Fulchiron : selon le droit allemand, le mariage célébré à Hambourg sans l'intervention d'un officier d'état civil (célébré religieusement sur le fondement de la loi mosaïque entre une Roumaine résidant à Paris et un Allemand) doit être considéré comme inexistant et ne bénéficie donc pas de la putativité ; l'enfant, dont la filiation était, en l'espèce, régie par la loi française ne pouvait donc être considéré comme légitime. Rappr. Cass. civ. 1re, 3 juin 1995, *Makhlouf, Rev. crit DIP* 1998.652, n. B. Ancel ; *JCP* G 1998.II.10181, n. B. Fillion-Dufouleur ; *D.* 1998.578, n. H. Fulchiron : le mariage célébré dans la région de Rouen *more islamico* est nul ; sans s'interroger sur une éventuelle application de l'article 202 du Code civil, la Cour de cassation approuve les juges du fond d'avoir, par application de la loi algérienne compétente pour régir la filiation, déclaré que l'enfant était légitime, puisque né d'un mariage, ce mariage fût-il nul comme en l'espèce.

89. Sur le jeu de la présomption de paternité, cf. *infra*, n°s 1141 s.

■ LIVRE II ■

UNIONS HORS MARIAGE

290. Les mots et les choses. – Près d'un tiers des personnes qui déclarent être en couple vivraient aujourd'hui hors mariage (plus de la moitié chez les moins de 30 ans)[1] et plus de la moitié des enfants (58 % en 2014) naissent hors mariage[2] : au-delà des couples, il existe aujourd'hui de véritables familles construites hors du cadre juridique traditionnel du mariage[3].

De nombreuses expressions désignent le concubinage[4]. De manière aristocratique : union libre ; de manière réaliste mais pudique : cohabitation ; pour faire sympathique : cohabitation juvénile alors qu'il y a aussi une cohabitation sénile ; de manière plus technique : cohabitation hors mariage, ou communauté de vie, ou mariage de fait, ou union hors mariage, ou union stable ou vie de couple ; ou de manière à la fois technique et moderne : vie maritale ; ou de manière pudiquement datée : fiancés, alors qu'il n'y a généralement pas de promesse de mariage. L'étranger a aussi une grande variété terminologique ; ainsi les Anglais : *ambiguous marriage, informal marriage, unmarried cohabitation, de facto marriage, de facto relationship* ; ou bien les expressions allemandes : *wilde Ehe* (mariage sauvage), *faktische Ehe* (mariage de fait), *Gewissensehe* (mariage de conscience) ; *eheähnliche* (quasi-mariage), *Ehe ohne Trauschein* (mariage sans certificat), *freie Ehe* (mariage libre), etc.

En droit, le seul terme technique utilisé pour désigner les unions hors mariage présentant une certaine stabilité reste celui de *concubinage*. Étymologiquement, le mot signifie *cum cubare* : coucher ensemble, ce qui est un peu réducteur (le concubinage ne se résume pas à des relations sexuelles, ni même à une simple cohabitation), mais paraît plus satisfaisant que les expressions ambiguës que l'on vient d'évoquer. Depuis quelques années le vocabulaire international semble se fixer sur les termes de « partenaires » et de partenariat (*partnership*), généralement retenus pour les statuts légaux du concubinage[5] : l'appellation est neutre, mais manque d'élégance et n'est guère significative.

La multiplicité de synonymes témoigne de la diversité du concubinage, comme le sont toujours les situations de fait : des couples plus ou moins précaires, parfois sans cohabitation, des couples qui mènent une « vie maritale » revêtant toutes les apparences du mariage, en passant par la vie commune à l'essai, voire à éclipses ; et bien sûr, il y a les concubins hétérosexuels et les concubins homosexuels.

---

1. Source : Insee, *Le couple dans tous ses états*, 2011, disponible sur le site de l'Insee.
2. Source : Insee, *Évolution des naissances, de la natalité et de la part des naissances hors mariage*, 2014, disponible sur le site de l'Insee.
3. I. Théry, *Couple, filiation et parenté aujourd'hui*, Rapp. préc.
4. **Mythologie** (hostile au concubinage ; favorable au mariage). En Grèce, la fête de Déméter (la *thesmophoria*), avait un double but : remercier la déesse d'avoir rendu la terre fertile et honorer en elle l'initiative des mariages légitimes qui remplacèrent les unions libres ; aussi était-elle célébrée par les femmes, à l'exclusion des hommes.
5. *In* « Des concubinages, droit interne, droit international, droit comparé », *Études offertes à Jacqueline Rubellin-Devichi, op. cit.*, F. Granet, *Concubinages, partenariats enregistrés et mariages entre homosexuels en Europe*, p. 375 s.

On saisit là une des différences essentielles entre le mariage, situation de droit constamment identique à elle-même, et le concubinage, situation de fait aux multiples visages : le mariage est un, les concubinages sont divers.

291. Droit et concubinage : prohibition, ignorance ou reconnaissance ? – Si l'ampleur du phénomène est devenue une caractéristique des sociétés occidentales contemporaines, la réalité du concubinage (fût-elle marginale et condamnée) est éternelle. Face à cette réalité, la société peut adopter des attitudes très différentes : le combat, l'ignorance, la reconnaissance partielle, la consécration légale[6].

292. 1°) Combat. – À travers ses règles juridiques, la société peut prohiber le concubinage, sanctionner les relations sexuelles hors mariage en général et les relations de couple en particulier, surtout si la situation se teinte d'adultère (ce qui arrive notamment dans les sociétés qui encadrent strictement ou interdisent le divorce) : le concubinage est pénalisé, la concubine privée de tout droit, les enfants nés hors mariage frappés de discriminations.

Telle a été l'attitude du droit canon et de l'Ancien droit français, sans doute parce qu'au début du Moyen Âge, existait un grand nombre d'unions concubinaires qui présentaient un défi sérieux à l'institution matrimoniale. Afin d'assurer la dignité du mariage, le droit canon avait été sévère, obligeant les concubins à se séparer sous la menace de peines graves. Cette politique répressive a été abandonnée à la fin de l'Ancien Régime, probablement parce que le concubinage était en recul. Les Parlements se sont bornés à prévoir contre les concubins des déchéances et des pertes d'avantages, notamment l'incapacité de se faire des libéralités, de manière à accroître l'attrait du mariage[7].

Le droit était dominé par la primauté du mariage, ce qui se traduisait par une trilogie cohérente : indissolubilité du mariage, infériorité juridique des enfants hors mariage, combat contre l'union libre[8].

293. 2°) Ignorance. – Le Code Napoléon a eu la même attitude de défense du mariage mais à un moindre degré : le divorce était admis mais avec des conditions restrictives, la condition des enfants hors mariage, alors très peu nombreux, avait été améliorée mais demeurait inférieure à celle des enfants légitimes, l'union libre était ignorée sans être combattue[9]. Les mots qu'aurait prononcés le Premier consul sont révélateurs : « *Les concubins se passent de la loi, la loi se désintéresse d'eux* ».

Pour autant, l'ignorance est un moyen de lutter indirectement contre le concubinage puisque la concubine et ses enfants se trouvent sans recours. Dès lors toutefois que le phénomène prend de l'ampleur, les situations de concubinage produisent des conséquences de fait qu'il devient impossible d'ignorer, pour des considérations d'équité mais aussi pour des raisons d'opportunité

---

6. A. Boyer, « Les concubinages et les concubinats du Code d'Hammourabi jusqu'à la fin du XIXe siècle », *in Les concubinages, approche socio-juridique*, éd. CNRS, 1986, t. 1, p. 127 s. ; J. Ph. Lévy et A. Castaldo, n° 123 et réf. cit.

7. Cf. Répertoire Guyot, *V° Concubinage*.

8. Cf. les propos du chancelier Séguier, avocat général auprès du Parlement de Paris : « *On a reconnu que le frein le plus fort que l'on peut apporter aux conjonctions illicites était de flétrir, en quelque sorte, les enfants qui en étaient le fruit, et tous les efforts du législateur ont eu pour but de porter les hommes au mariage, parce que le mariage est la source de la société civile et le fondement des familles qui composent tout l'État* » (cité par J. Bart, *Histoire du droit privé français de la chute de l'Empire romain au XIXe siècle*, Montchrestien, 1998, p. 327).

9. Garaud et Szramkiewicz, *La Révolution et la famille*, *op. cit.*, p. 63.

sociale : en s'aveuglant sur la réalité, l'autruche n'est jamais parvenue à rien, et l'on finit par avantager le concubinage en s'obstinant à le laisser hors du droit[10].

294. 3°) Reconnaissance parcellaire. – On peut aussi tenir compte des situations de fait et en tirer certaines conséquences, notamment pour des raisons d'équité ou d'humanité.

Cette attitude, qui peut aller de la neutralité active à une véritable reconnaissance, conduit la loi et la jurisprudence à attacher certains effets à la vie commune passée ou actuelle dans les branches du droit qui s'intéressent avant tout à la réalité des situations, notamment le droit social, le droit fiscal, ou en droit civil, les droits de la responsabilité civile, des obligations alimentaires ou du logement. Par exemple, l'évolution de la jurisprudence sur le droit à réparation du préjudice subi par la concubine en cas d'abandon ou d'accident mortel survenu au concubin est aussi célèbre que remarquable[11].

Surtout, la reconnaissance du concubinage est passée, indirectement, par l'intermédiaire des enfants : donner aux enfants nés hors mariage les mêmes droits qu'aux enfants nés en mariage, aligner les règles de l'autorité parentale pour les enfants naturels sur celles des enfants légitimes, et finir par supprimer les catégories mêmes d'enfant légitime et naturel[12], c'est reconnaître indirectement le concubinage des parents.

La neutralité active adoptée par le législateur et par le juge, peut s'accompagner de mesures d'ajustement, afin d'éviter que la vie hors mariage n'offre des avantages juridiques dont les époux seraient privés : tel peut être le cas en droit fiscal ou en droit social, lorsque le mariage pénalise les conjoints par rapport aux faux célibataires[13]. Mais en rééquilibrant les charges au détriment du concubinage, on contribue à sa reconnaissance.

Cette position fut longtemps celle du droit français, du moins à l'égard des couples hétérosexuels. L'hostilité, longtemps manifestée par la jurisprudence à l'égard du concubinage homosexuel[14], fut une des raisons qui conduisirent le législateur à franchir un pas décisif : celui de la consécration légale par la création d'un statut.

295. 4°) Consécration légale : création d'un statut. – Il ne s'agit plus alors d'attacher tel ou tel effet juridique à une situation de fait, mais de créer un véritable statut du concubinage : le Pacs en France, les partenariats enregistrés des pays scandinaves ou des Pays-Bas, la cohabitation légale belge, le *civil partnership* anglais, etc. De tels statuts existent aujourd'hui dans un grand nombre de pays

10. Sur la lente montée du concubinage à la vie juridique depuis le Code Napoléon, L.-A. BARRIÈRE, « Penser le(s) concubinage(s) : la doctrine française et le concubinage depuis le Code civil », *in Des concubinages, droit interne, droit international, droit comparé, op. cit.*, p. 143 s.

11. *Infra*, n° 334.

12. Ordonnance du 24 mai 2005, *infra*.

13. Telle était la situation à laquelle était arrivé le droit français au début des années 1980 ; E. SULLEROT, *Le statut matrimonial, ses conséquences juridiques, fiscales et sociales,* Rapport au Conseil économique et social, *JO* 31 janvier 1984.

14. V. *infra*, n°s 350 s.

européens et se répandent dans la plupart des pays occidentaux[15]. Ces institutions sont diverses[16].

Certaines ont été élaborées pour permettre aux seuls couples homosexuels de bénéficier d'un statut légal[17]. D'autres sont ouvertes à tous les couples[18]. Certaines sont construites en contemplation du mariage (parfois même, par renvoi aux règles du mariage), notamment lorsqu'elles ont été créées pour les couples homosexuels[19]. D'autres se veulent plus originales dans leur conception, même si le modèle matrimonial apparaît au moins en filigrane[20]. Certaines (la plupart) supposent une démarche volontaire des intéressés[21]. D'autres sont applicables dès lors que la vie de couple offre une certaine durée[22]. Certaines relèvent clairement de l'état des personnes (les partenariats enregistrés, par exemple). D'autres sont essentiellement à base contractuelle (le Pacs français, mais la réforme du 23 juin 2006 l'a fait évoluer du contrat au partenariat). Une telle diversité pose évidemment de graves problèmes en droit international privé : le mariage est un, même s'il présente une certaine diversité selon les systèmes juridiques[23], il existe un fonds commun qui lui permet de circuler sans trop de difficultés à travers les frontières (sauf, paradoxalement, le « mariage pour tous ») ; les statuts du concubinage sont eux extrêmement différents d'un pays à l'autre, dans leur nature, leurs conditions de formation et leurs effets : faute de communauté juridique, la reconnaissance d'un Pacs aux Pays-Bas ou d'un partenariat étranger enregistré en France ne va pas sans difficulté[24].

296. Plan. – Que les législateurs occidentaux créent des statuts pour les concubins, ne signifie pas que tous les couples non mariés entendent s'y soumettre. Certains souhaitent rester en dehors de tout cadre légal, même si leur situation

15. M. Digoix *et al.*, « *Les couples homosexuels et l'enregistrement de leur union. Rapprochement avec les couples hétérosexuels et recherche comparative internationale* », INED, repris *in* K. Waaldjik et E. Fassin, *Droit conjugal et union de même sexe, mariage, partenariat et concubinage dans neuf pays européens*, PUF, coll. Droit et Justice, 2008.

16. Pour un panorama des ces institutions, A. Devers, *Les concubinages en droit international privé*, thèse, Lyon, LGDJ, 2004, préf. H. Fulchiron et réf. cit.

17. Le statut pionnier des unions homosexuelles dans les pays scandinaves ou, plus récemment, le partenariat enregistré allemand ou autrichien ou le *civil partnership* anglais.

18. Les lois de la « seconde génération », tels que le partenariat hollandais, la cohabitation légale belge ou le Pacs français.

19. Ainsi la loi danoise sur les partenariats enregistrés renvoie-t-elle aux dispositions de la loi sur le mariage en ce qui concerne l'enregistrement, les effets légaux et la dissolution du partenariat enregistré, sauf exceptions spécifiées par la loi, en matière d'adoption, par exemple.

20. Notamment la cohabitation légale belge, les statuts de Catalogne ou de Navarre, ou le Pacs français.

21. En France, comme dans la plupart des autres législations, c'est bien la déclaration qui, juridiquement, donne naissance au partenariat (cf. par ex. l'article 1476 Code civil belge). Certaines lois prévoient une véritable célébration imitée du mariage, comme au Danemark ou en Suède.

22. La loi catalane sur les couples stables non mariés et la loi aragonaise sur les unions stables entre couples, ouvrent ainsi deux voies d'accès au statut mis en place : une manifestation de volonté par acte authentique ou deux années minimum de vie maritale ininterrompue.

23. Not. la question de la polygamie, *supra*, n° 218.

24. H. Fulchiron, « Réflexions sur les unions hors mariage en droit international privé », *JDI* 2000, 889 ; G. Khairallah, « Les partenariats enregistrés en droit international privé », *Rev. crit. DIP* 2000, 317 s. Sur l'ensemble de la question, cf. A. Devers, *Les concubinages en droit international privé, op. cit.* et réf. cit. G. Kessler, *Les partenariats enregistrés en DIP*, LGDJ, Paris I, 2004. Pour un panorama européen, cf. *Aspects de droit international privé des partenariats enregistrés en Europe*, Actes de la XVIe journée de DIP organisée par l'Institut suisse de droit comparé et le Centre de droit comparé, de droit européen et de législation étrangère de l'université de Lausanne, Schulthess, 2004. La France dispose aujourd'hui d'une règle de conflit originale inscrite à l'article 515-7, sur laquelle cf. *infra*. La question devient si importante que l'UE a élaboré une proposition de règlement relatif à la compétence, la loi applicable, la reconnaissance et l'exécution des décisions en matière d'effets patrimoniaux des partenariats enregistrés (COM (2011) 127 final), la notion de partenariat étant d'ailleurs définie de façon très large (art. 2) comme un « *régime de vie commune entre deux personnes prévu par la loi et donnant lieu à un enregistrement par une autorité publique* ».

produit divers effets juridiques, qu'eux-mêmes revendiquent parfois : ce que l'on peut appeler les unions libres (Chapitre I. Les unions libres), par opposition aux statuts légaux du concubinage, en France le Pacs (Chapitre II. Le Pacs).

N°s 297-309 réservés.

■ CHAPITRE I ■

UNIONS LIBRES

En droit, le concubinage hors statut pose un premier problème : celui de sa définition (Section I). Il conviendra ensuite d'en analyser les effets en droit positif français (Section II). Restera la délicate question de la preuve (Section III).

SECTION I
NOTION JURIDIQUE DE CONCUBINAGE

Le concubinage lorsqu'il n'a pas fait l'objet d'un statut légal recouvre une pluralité de situations de fait. La notion juridique de concubinage a été marquée par cette diversité, que la définition introduite dans le Code civil à l'occasion de la loi du 15 novembre 1999 n'a pas réduite.

310. Concubinage hors la loi. – Bien que la situation de concubinage fût prise en compte en droit civil (filiation naturelle, responsabilité civile), et en droit social, fiscal ou administratif[1], il n'existait pas avant la loi de 1999 de définition légale ou jurisprudentielle du concubinage. Du moins, n'y avait-il pas de définition commune : coexistaient autant de conceptions du concubinage que d'institutions lui faisant produire tel ou tel effet : par exemple, le concubinage au sens du droit de la filiation (art. 340 anc.) n'avait pas les mêmes contours que la vie maritale du droit social[2].

Deux questions étaient particulièrement discutées : le concubinage supposait-il une vie commune ? Le concubinage, pour produire des effets de droit, impliquait-t-il une différence de sexe ? À la première interrogation, était généralement apportée une réponse positive, même s'il était admis que la notion de vie commune devait être appréciée de façon beaucoup plus souple que pour le mariage. La seconde question fit en revanche l'objet de débats passionnés et la position exclusive adoptée par la jurisprudence conduisit le législateur à des interventions

1. Pour un panorama de ces effets positifs et négatifs du concubinage, cf. J. Rubellin-Devichi (dir.), *Les concubinages, approche sociojuridique*, éd. CNRS, 2 vol. 1986.

2. J. Rubellin-Devichi, « L'attitude du législateur contemporain face au mariage de fait », *RTD civ.* 1984, 389 s.

ponctuelles, notamment en droit social afin de faire face aux drames engendrés par le SIDA[3], puis à une intervention générale à l'occasion de la loi de 1999 sur le Pacs.

311. Concubinage défini par la loi. – À l'origine, il n'était pas prévu de donner dans la loi une définition du concubinage. L'article 515-8 résulte d'une fausse manœuvre du Sénat : profondément hostile au Pacs, le Sénat rejeta le projet de statut soutenu par le Gouvernement et, pour tenir compte des situations de fait, proposa d'inscrire dans le Code civil une définition du concubinage qui embrasserait les couples homosexuels. L'Assemblée nationale imposa le Pacs et conserva la définition générale.

Selon le nouvel article 515-8 : « *Le concubinage est une union de fait, caractérisée par une vie commune présentant un caractère de stabilité et de continuité, entre deux personnes, de sexe différent ou de même sexe, qui vivent en couple.* » L'exégèse du texte éclaire la conception actuelle du concubinage[4].

312. « Une union de fait... ». – Le concubinage est une union, un lien, une communauté, auxquels la loi et la jurisprudence attachent certains effets juridiques, positifs ou négatifs. Il n'en reste pas moins du fait, du fait d'où naît du droit. Le concubinage se distingue ainsi du mariage : le mariage est acte juridique, pas l'union libre.

313. « ... caractérisée par une vie commune... ». – Comme pour les couples mariés la notion de vie commune recouvre plusieurs réalités : communauté de toit, communauté de lit, communauté de vies. La dimension matérielle l'emporte cependant dans le concubinage, d'une part parce que les unions hors mariage sont avant tout des situations de fait, d'autre part, parce que, par nature, le concubinage ne revêt pas la dimension d'engagement propre au mariage.

Ainsi dit-on parfois que le concubinage suppose une communauté d'habitation qui ne se dissimule pas, une *cohabitation notoire* : ce serait réduire le concubinage à l'une de ses formes, celle de la vie maritale, du « faux ménage » comme l'on disait naguère. La preuve du concubinage sera évidemment plus aisée si la cohabitation est notoire. Mais, sauf si certains effets juridiques recherchés sont expressément liés à l'exigence de notoriété, celle-ci ne constitue pas une condition de fond du concubinage.

De façon générale, la communauté de vie au sens de communauté d'habitation doit être appréciée de façon très souple : en particulier, elle peut ne pas être quotidienne, ni même habituelle[5].

La dimension sexuelle de la communauté de vie est en revanche fondamentale. À la différence du mariage, le rapport sexuel est nécessaire à l'union libre. Il peut y avoir un mariage blanc car le mariage est une réalité plus sociale que biologique ; au contraire, il n'existe pas de concubinages blancs : l'union libre n'est pas seulement une volonté, elle est aussi une consommation. Mais la preuve de ces rapports est à peu près impossible.

314. « ... présentant un caractère de stabilité et de continuité... ». – Les relations hors mariage présentent une grande variété, selon qu'elles sont passagères

---

3. Ainsi, la loi du 27 janvier 1993 (art. 78), étendit-elle le bénéfice de la Sécurité sociale (assurance : maladie, maternité, décès), à l'homosexuel qui était à la charge effective, totale et permanente de l'assuré (CSS, art. L. 161-14, al. 2).

4. Sur cette définition, cf. R. Blough, *Les concubinages dix ans après, Dr. famille* 2009, n° 19.

5. C. Villeneuve-Gopalk, « Vivre en couple, chacun chez soi », *Population* 1996.106 s., qui fait observer que le phénomène se développe également dans le mariage.

ou permanentes, secrètes ou publiques, licites ou adultères. Mais des relations isolées (une liaison) ne font pas un concubinage. Encore faut-il que ces relations s'inscrivent dans la durée : le concubinage est une situation de fait qui dure.

315. « ... entre deux personnes de sexe différent ou de même sexe... ». – La loi tranche ainsi une question âprement discutée.

À vrai dire, le problème n'a jamais été de savoir s'il existe des concubinages homosexuels : des vies de couple entre personnes de même sexe ont toujours existé sous des formes diverses[6], et, le plus souvent, dans le respect des apparences. Mais dès lors que le droit attache un certain nombre d'effets au concubinage, cette prise en compte concerne-t-elle tous les couples constitués hors mariage ou les seuls couples hétérosexuels ?

Dans deux arrêts du 11 juillet 1989[7] la chambre sociale de la Cour de cassation avait affirmé que le concubinage, pour produire des effets de droit, supposait une différence de sexe. Le principe fut repris avec vigueur par la troisième chambre civile, dans un arrêt du 17 décembre 1997[8]. Interrogée sur la définition même du concubinage en droit, la Cour de cassation affirma que le concubinage s'entendait de la situation « *de deux personnes ayant décidé de vivre comme des époux, sans pour autant s'unir par le mariage, ce qui ne peut concerner qu'un couple constitué d'un homme et d'une femme* ».

Brisant cette jurisprudence[9], le législateur énonce donc qu'en droit, le concubinage peut être homosexuel ou hétérosexuel.

Qu'il soit fait référence à « deux personnes », ne signifie pas que la relation doive être exclusive. Des décisions avaient affirmé le contraire : le concubinage polygame n'aurait été ni stable[10], ni constitutif d'une véritable communauté de vie. Le fondement de ces décisions tenait à ce que le concubinage aurait dû calquer le mariage : le mariage étant monogamique en droit, le concubinage aurait dû aussi être monogamique en fait pour faire naître des droits et des devoirs. Mais c'était, là encore, réduire le concubinage à une seule de ses formes, la vie maritale : telle n'a pas été l'option du législateur. En cas de *polypalachie*, les relations de concubinage simultanées seront appréciées, une à une, lit par lit.

316. « ... qui vivent en couple ». – Il s'agit là d'un élément capital dans la définition donnée au concubinage. D'une part, il assure la consécration légale de la notion de couple[11]. D'autre part, il marque l'idée que le concubinage ne se réduit pas à une cohabitation matérielle et sexuelle : le concubinage est un *lien* de fait pris en considération par le droit. Pour les intéressés comme pour les tiers, en fait

6. Cf. not. J. Boswell, *Les unions du même sexe dans l'Europe antique et médiévale*, Fayard, 1996.

7. Cass. soc. 11 juillet 1989, deux arrêts, *Bull. civ.* V, n°s 514 et 515 ; *D.* 1990, 582, n. approb. Ph. Malaurie ; *JCP* G 1990.II.21553, n. Meunier ; *Gaz. Pal.* 1990.I.216, concl. Dorwling-Carter.

8. * Cass. civ. 3e, 17 décembre 1997, *Vilela*, *Bull. civ.* III, n° 225 ; *D.* 1998, 111, concl. contr. Weber ; n. approb. J.-L. Aubert ; *JCP* G 1998.II.10093, n. A. Djigo ; *Defrénois* 1998, art. 36765, n. crit. A. Bénabent. En l'espèce, la question était de savoir si le compagnon homosexuel pouvait se voir reconnaître le titre juridique de concubin qui lui aurait donné droit au transfert du bail en cas de décès de son compagnon locataire (art. 14 de la loi du 6 juillet 1989 relative aux baux d'habitation). La CEDH estimerait aujourd'hui qu'une telle position constituerait une discrimination fondée sur l'orientation sexuelle (cf. CEDH, 2 mars 2010, *Kozak c. Pologne*, n° 13102/02).

9. Une seule décision avait antérieurement rompu la ligne fixée par la Cour de cassation : TGI Belfort, 25 juillet 1995, *JCP* G 1996.II.22724, n. Paulin ; I, 3.903, n. Mattei : jugé qu'en cas d'accident mortel, le compagnon homosexuel (si l'union avait été stable) de la victime avait droit à être indemnisé du préjudice qu'il a éprouvé, comme l'eût été un concubin hétérosexuel.

10. Montpellier, 8 juin 1982, *D.* 1983.607, n. crit. O. Dhavernas.

11. C. Brunetti-Pons, « L'émergence de la notion de couple en droit civil », *RTD civ.* 1999, 27 s. ; (ss. dir.), *La notion juridique de couple*, Economica, 1998.

et en droit, il n'y a pas deux personnes isolées, mais un ensemble : un couple. Le dernier terme de la définition du concubinage, un lien, rejoint ainsi le premier, une union.

Pour se considérer comme un couple et être vu comme tel, les concubins doivent avoir une certaine notoriété. Il existe beaucoup d'amants cachés, mais liaison n'est pas concubinage.

317. « Boire, manger, coucher ensemble... ». – À première vue, la définition ainsi donnée au concubinage le rapproche du mariage. Comme le disait Loysel : « *Boire, manger, coucher ensemble, c'est mariage ce me semble* ». Il ajoutait cependant : « *mais il faut que l'Église y passe* », ce qui traduisait l'exigence de la solennité du mariage dans l'établissement du lien : le mariage est une institution sociale, pas le concubinage ; le concubinage peut bien être public, l'échange des consentements ne l'a pas été. Or la publicité de l'échange des consentements est le symbole de l'engagement pris par les époux devant leur famille, devant leurs proches et devant la société.

La loi sur le Pacs a prévu une démarche auprès du greffe du tribunal d'instance ou du notaire afin de faire enregistrer le Pacs. Mais ces *formalités* d'enregistrement n'ont rien de comparable avec les *formes* du mariage : il n'est question que d'enregistrer des documents, non de célébrer une union. Pour l'union libre comme pour le Pacs, manque la solennité qui marque l'importance sociale du mariage en tant qu'acte fondateur d'une famille.

Si la loi définit le concubinage, elle laisse en suspens deux questions essentielles : les effets et la preuve.

Section II
EFFETS DU CONCUBINAGE

318. Statut ou statuts ? – Le mariage, parce qu'il est une union stable et légitime, organise les relations que fait naître l'union des sexes dans la vie commune. Ces règles sont de plus en plus largement transposées à certaines formes de concubinage. Droit parcellaire, multiforme, complexe et contradictoire, il s'élabore peu à peu, au fur et à mesure des politiques du moment et de l'évolution des mœurs ; il ne constitue pas un véritable statut du concubinage, car celui-ci est trop divers pour être une institution : l'union libre, tout en « singeant » le mariage, continue à relever du fait plus que du droit et les effets qui lui sont attachés varient selon les situations. Plus ou moins développées selon les différentes branches du droit, les règles légales et jurisprudentielles qui régissent le concubinage déterminent autant de statuts particuliers en droit fiscal, en droit social ou en droit civil. Il n'est pas sûr que la plus grande cohérence règne entre ces différents ensembles.

319. Concubins hétérosexuels et concubins homosexuels. – Avec la loi de 1999, le législateur a couvert de son manteau les concubins homosexuels. Est-ce dire que les droits et avantages ouverts jusqu'alors aux seuls concubins hétérosexuels devaient être automatiquement étendus aux concubins homosexuels ? La réponse ne faisait guère de doute lorsque le texte en cause faisait référence au concubinage (éventuellement qualifié de *notoire*, L. 6 juillet 1989, relative aux baux d'habitation, art. 14 et 15) ; il en allait de même lorsque la jurisprudence fondait tel ou tel droit, ou telle ou telle obligation, sur le seul concubinage (*ex.* : en matière de responsabilité civile). Rien n'était moins sûr en revanche lorsqu'il était question de « conjoint en union libre » ou de « personne vivant maritalement » : ces termes renvoient expressément au mariage, qui, jusqu'à la la loi du 17 mai 2013, restait en France, l'union d'un homme et d'une femme.

320. Effets du mariage et effets du concubinage. – L'assimilation du concubinage et du mariage quant à leurs effets[12] est aujourd'hui en partie réalisée en France comme dans nombre de pays d'Europe. L'affirmation vaut depuis longtemps en droit fiscal[13] et en droit social[14] qui s'attachent plus à la réalité sociale qu'à un statut juridique. Mais elle prend aussi peu à peu consistance en droit civil. Naguère, on pouvait dire qu'en droit civil le concubinage n'apparaissait qu'au moment où il disparaissait. Encore vraie dans les relations personnelles entre concubins, cette assertion l'est de moins en moins dans les rapports patrimoniaux qu'ils entretiennent entre eux et à l'égard des tiers. À cet égard, le droit traduit bien le fait : tant qu'ils s'entendent, les concubins se font confiance et sont indifférents au droit. L'un dépense, l'autre économise ; l'un obtient un crédit que l'autre utilise ; le financement des grosses dépenses se fait parfois en commun, parfois séparément, parfois par un seul ; nul dans le couple ne se soucie vraiment ni de droit, ni de propriété, ni de passif. Il n'en va évidemment pas de même pour les tiers. Tout change lors de la dissolution : qui est propriétaire ? qui est débiteur ? Le droit intervient alors pour donner à chacun ce qui lui revient. Il faut ainsi distinguer les effets du concubinage pendant la vie commune (§ 1) et ceux qui apparaissent après la séparation (§ 2).

Refuser aux couples homosexuels ce qui est accordé aux couples hétérosexuels ne constitue-t-il pas une discrimination ? Très discutée, la question était traitée de façon nuancée par la CEDH et par la CJUE[15]. La cause semble aujourd'hui entendue. En France, l'ouverture du mariage pour tous retentit sur le statut des concubins homosexuels puisqu'il peut désormais y avoir une « vie maritale » entre personnes de même sexe[16]. Au niveau européen, il devient de plus en plus difficile pour un État de prouver qu'il existe des motifs objectifs, raisonnables et proportionnés, justifiant que certains droits ouverts aux concubins de sexe différent soient fermés aux concubins de même sexe[17].

12. À la différence du mariage, le concubinage ne confère aucune immunité pénale entre concubins : par exemple, le vol entre concubins est punissable (Cass. crim., 8 février 1993, *Bull. crim.* 1993, n° 65).

13. Pour un panorama de droit fiscal, F. Douet, *Précis de droit fiscal de la famille*, Litec, 7e éd., 2008.

14. Y. Favier, « Les concubins et leurs droits sociaux », *in Les concubinages, droit interne, droit international, droit comparé, op. cit.*, p. 241 s. et réf. cit.

15. À plusieurs reprises, la CEDH avait affirmé que n'était pas discriminatoire la différence de traitement existant entre partenaires homosexuels et hétérosexuels, dès lors que cette distinction pouvait se justifier de manière « objective et raisonnable » quant au but poursuivi, cf. CEDH, 22 octobre 1981, *Dudgeon c. Royaume-Uni*, *GACEDH*, n° 41.

16. Dans l'affaire *D. et Royaume de Suède contre Conseil de l'Europe* (CJUE, 31 mai 2001), un fonctionnaire homosexuel européen de nationalité suédoise, soutenu par les autorités de son pays, reprochait au Conseil de l'Union européenne d'avoir refusé de l'admettre au bénéfice de l'allocation de foyer prévue pour les couples hétérosexuels. L'affaire était d'autant plus délicate que l'intéressé avait conclu un partenariat enregistré dans son pays : or la Suède assimile largement dans ses effets mariage et partenariat. La Cour de justice rejeta l'argumentation fondée sur la discrimination au motif que les deux situations n'étaient pas comparables et qu'il n'y avait donc pas de violation du principe d'égalité de traitement. En effet, expliquent les juges de Luxembourg, le juge communautaire doit se référer aux conceptions prévalant dans l'ensemble de la Communauté : or, « *la situation qui existe dans les États membres de la Communauté quant à la reconnaissance des partenariats entre personnes de même sexe ou de sexe différent est marquée* [...] *par une grande hétérogénéité des législations entre le mariage, d'une part, et les autres formes d'union légale, d'autre part* ». Ce qui valait pour les partenariats vaut, *a fortiori*, pour les unions libres. Il est probable que la CJUE ne raisonnerait pas de la même façon aujourd'hui.

17. Comp., *mutatis mutandis*, les raisonnements tenus par les deux hautes juridictions européennes lorsque tel droit accordé à des partenaires hétérosexuels est refusé à des partenaires homosexuels, *infra*. À l'argument de la discrimination s'ajoute celui de la cohérence du système sous examen si celui-ci offre le mariage et/ou le partenariat aux couples de même sexe tout en refusant tel ou tel

§ 1. Pendant la vie commune

L'union matrimoniale fait naître des liens personnels et des rapports patrimoniaux ; la loi réglemente surtout les seconds. Dans le concubinage, les mêmes relations apparaissent, mais leur organisation est inconsistante : le peu qui en existe imite le droit conjugal ; là aussi, les rapports patrimoniaux (II) relèvent plus du droit que les liens personnels (I).

I. — Relations personnelles

321. Union libre et obligations personnelles. – Les concubins, dans leurs rapports personnels, ne sont guère soumis à des règles : par définition, l'union est libre et ne fait naître d'obligation ni de communauté de vie, ni de fidélité, ni d'assistance. Il se pourrait cependant qu'un concubin trompé ou abandonné demande réparation de son préjudice sur le fondement des articles 1382 et 1383. Il ne serait pas impossible que les juges lui donnent satisfaction. Encore faudrait-il prouver la faute ; or l'infidélité entre concubins n'est pas une faute, pas plus que l'abandon[18].

Vrai dans les relations des concubins entre eux, le principe d'absence de lien de droit vaut plus encore dans leurs rapports avec leurs familles. Au contraire, en tant que parents, les concubins sont assimilés aux époux, dès lors que la filiation a été établie.

II. — Rapports pécuniaires

En principe, le concubinage ne produit, là encore, aucun effet de droit : il n'existe entre concubins ni obligation alimentaire, ni devoir de secours, ni vocation successorale, ni régime matrimonial. Pourtant, la vie commune entraîne nécessairement une certaine confusion des ressources, des biens et des dettes.

322. Concubinage sous contrat. – Pour pallier l'absence de règles spécifiques, les concubins peuvent être tentés par le contrat[19]. La pratique en est florissante dans les pays anglo-saxons : les concubins se donnent par leurs conventions un statut exprès, parfois très détaillé. Les tribunaux américains découvrent même des « contrats tacites ».

La valeur et la portée de tels contrats laissent perplexe[20]. Il n'est plus envisageable d'invoquer le grief d'immoralité, quand bien même le contrat aurait pour objet d'inciter à établir ou à maintenir des relations hors mariage : l'évolution de la jurisprudence en matière de libéralités condamne cette argumentation. Il pourrait en revanche être déclaré illicite, lorsqu'il veut régir

---

droit aux couples homosexuels vivant « hors statut » alors qu'il l'accorde aux couples hétérosexuels placés dans la même situation.

18. En tout état de cause, le refus doit être motivé : Cass. civ 1re, 15 juin 2008, *D.* 2010, p. 728 s., obs. J.-J. Lemouland et D. Vigneau ; *Defrénois* 2008, 2420, note J. Massip : en l'espèce, le concubin avait rompu avec sa concubine pour en épouser la fille.

19. J. Charlin, *Le contrat de concubinage*, thèse, Lyon, 1981 ; D. Randoux, « Les contrats des concubins », *in Indépendance financière et communauté de vie*, F. Dekeuwer-Défossez (ss. dir.), LGDJ, 1989, p. 97 s. et 109 s.

20. D. Fenouillet, « Couple hors mariage et contrat », *in La contractualisation du droit de la famille*, *op. cit.*, p. 81 s.

le statut personnel dont le contenu relève de la loi, non du contrat, ou lorsqu'il s'attaque à telle autre question d'ordre public comme l'autorité parentale ou l'obligation d'entretien[21].

En pratique, le contrat est soit imprécis, et par conséquent inutile, soit détaillé, et par conséquent ridicule. La pratique notariale propose des contrats à durée indéterminée, résiliables *ad nutum* (faudrait-il prévoir un délai de préavis, comme dans tout contrat à durée indéterminée ?). Leur force normative est quasiment nulle. Tout au plus devraient-ils ouvrir droit à dommages intérêts en cas d'inexécution par un des concubins de ses engagements. À l'égard des tiers leurs stipulations ne peuvent en revanche produire d'effets (cf. une clause du contrat qui prévoirait un partage inégal entre concubins pour les biens qui seraient acquis pendant la vie commune). La création du Pacs en a sans doute sonné le glas.

À défaut de contrat, il convient d'appliquer le droit commun. En pratique, se posent quatre grandes questions : les acquisitions faites pendant la vie commune, les charges du ménage, les dettes et le logement du couple.

A. Acquisitions des concubins

323. Chacun pour soi. – Chacun conserve la propriété de ce qu'il possédait avant de se mettre en ménage. Pendant la vie commune chacun acquiert pour lui. Si l'on ne parvient pas à prouver à qui appartiennent tel ou tel bien, ces derniers sont présumés indivis et seront partagés comme tels. En ce qui concerne les biens acquis en commun, ils sont réputés indivis. Sauf stipulation particulière dans l'acte d'acquisition, ils seront partagés en conséquence[22].

Lors de l'acquisition, il est possible pour les concubins de prévoir dans l'acte une clause d'accroissement souvent dénommée tontinière[23] : au décès du premier, le second est réputé être propriétaire de la totalité du bien, et ce, depuis l'origine. Le procédé est commode pour assurer la transmission du bien au survivant, en évinçant les héritiers. Cette pratique présente cependant deux limites. D'une part, elle est moins intéressante aujourd'hui en matière fiscale car au-delà d'un certain plafond l'opération donne lieu à perception des droits de mutation à titre gratuit[24] : or les concubins sont fiscalement étrangers l'un à l'autre[25]. D'autre part, la gestion du bien en cas de mésentente est problématique. Selon la jurisprudence, les règles de l'indivision ne s'appliquent pas à la tontine[26] : si l'un veut vendre et que l'autre s'y refuse, la situation est

21. Cass. civ. 1re, 20 juin 2006, *Bull. civ.* I, n° 312 ; *Dr. famille* 2006, n° 155, n. V. Larribau-Terneyre ; *RTD civ.* 2006, 740, obs. J. Hauser ; en l'espèce, les concubins avaient dans leur convention de concubinage fixé la contribution à l'entretien et à l'éducation des enfants à un montant forfaitaire égal à la moitié des revenus de chaque concubin. Selon la Cour de cassation, cette façon de procéder était nulle, étant contraire à des principes d'ordre public. L'obligation alimentaire était susceptible d'une part de placer l'intéressé dans l'impossibilité d'exécuter ses obligations à l'égard d'autres créanciers d'aliments et, d'autre part, constituait par son caractère particulièrement contraignant, un moyen de dissuader un concubin de toute velléité de rupture, contraire au principe de la liberté individuelle.

22. Les difficultés liées au fonctionnement de ladite indivision rélèvent désormais de la compétence du JAF (art. L. 213-2 1° COJ loi du 12 mai 2009 dite de simplification du droit). Sur la liquidation, cf. *infra*, n° 330.

23. *Les successions et les libéralités*, coll. Droit civil, 2006.

24. Sur la règle de l'article 75 A, al. 2 CGI et les procédés imaginés pour la contourner, F. Douet, *Précis de droit fiscal de la famille*, *op. cit.*, n° 1320.

25. Comp. pour le Pacs, *supra*, n° 17 s.

26. Cass. civ. 1re, 27 mai 1986, *Bull. civ.* I, n° 133 ; D. 1987, 139, n. G. Morin ; *JCP* G 1987.II.20763, n. M. Dagot.

inextricable[27]. Le principal inconvénient de la tontine, qui devrait dissuader les concubins de la conclure, est son irrévocabilité, alors que l'union libre est précaire[28].

B. Charges du ménage

324. Chacun pour soi (suite). – Il n'existe aucune obligation pour les concubins de contribuer aux charges du ménage[29]. Les dépenses faites par chacun pour faire « tourner » le ménage sont à sa charge exclusive, sans qu'il ait de recours contre l'autre[30]. La Cour de cassation refuse d'étendre par analogie aux concubins les règles du régime matrimonial primaire en général, et l'article 220 en particulier qui déclare solidaires les dettes contractées par un époux pour l'entretien du ménage ou l'éducation des enfants[31] : les dettes contractées par un concubin, fût-ce pour l'entretien du ménage et l'éducation des enfants, n'engagent pas l'autre. Mieux vaut pour les tiers contracter avec des époux ou avec des pacsés[32].

Toutefois, les tribunaux ont admis que le concubin avait donné un mandat tacite à sa concubine pour l'achat de fournitures destinées aux besoins du ménage[33]. Surtout, lorsque les

27. Pour la Cour de cassation, il n'y a pas d'indivision, ce qui exclut le droit de chacun des concubins de demander le partage (Cass. civ. 1re, 27 mai 1986, préc.). Tant que dure la tontine, « *les parties ont des droits concurrents qui emportent le droit pour chacune d'entre elles de jouir indivisément du bien* », droit « *dont l'exercice peut être organisé par le juge* » (Cass. civ. 1re, 9 février 1994, *D.* 1994, 417, rapp. Thierry ; *D.* 1995, somm. 51, obs. M. Grimaldi ; *JCP* G 1995.I.3876, n° 10, obs. R. Le Guidec ; *RTD civ.* 1995, 159 et 165, obs. J. Patarin).

28. Avantage inattendu : la concubine qui assassine son concubin est réputée seule propriétaire du bien *ab initio*, cf. Cass. civ. 3e, 5 décembre 2012, *AJ famille* 2013, 188, obs. N. Levillain, *RTD civ.* 2013, p. 95, obs. J. Hauser.

29. Sur la contribution des époux aux charges du mariage sur le fondement de l'article 214, *infra* nos 1294-1296. *Adde* Cass. civ. 1re, 28 juin 2005, *Bull. civ.* I, n° 278 ; *Defrénois* 2005.1838, obs. J. Massip : du moment qu'il ne s'y était pas engagé, le concubin n'était pas obligé « *de s'acquitter des charges d'un bail dont il n'était pas signataire* ». Lors de la liquidation des intérêts patrimoniaux des concubins (*infra*, n° 330 s.), les tribunaux se réfèrent cependant à la participation « normale » des concubins aux dépenses de la vie commune, à une nécessaire entraide, pour paralyser les revendications de celui qui estime avoir trop fait ou trop donné : faute de *devoir*, serait-ce la reconnaissance d'une obligation naturelle ?

30. Cass. civ. 1re, 19 mars 1991, *Bull. civ.*, I, n° 92 ; *JCP* G 1991.IV.190 ; *Defrénois* 1991.942, n. J. Massip : « *aucune disposition légale ne réglant la contribution des concubins aux charges de la vie commune, chacun d'eux doit, en l'absence de volonté expresse à cet égard, supporter les dépenses de la vie courante qu'il a exposées* ».

31. Jurisprudence constante ; ex : * Cass. civ. 1re, 11 janvier 1984, *Villais*, *Bull. civ.*, I, n° 12 ; *D.* 1984, *IR* 275, obs. D. Martin ; *Defrénois*, 1984, 933, n. G. Champenois, n. crit. J. Massip : « *l'article 220 est inapplicable en la cause dès lors que X et Y n'étaient pas mariés* » : en l'espèce, un des concubins avait payé tous les loyers et toutes les annuités d'emprunt ; jugé qu'après la rupture du concubinage, il n'avait pas de recours contre la concubine. Les biens des concubins ne sont pas affectés aux besoins du ménage : la différence avec le mariage est radicale. Le caractère récurrent des demandes prouve que pour les tiers, « *Boire, manger, dormir ensemble, c'est ménage ce me semble* » ; dans la tête de beaucoup, qui dit ménage, dit solidarité, mais dans la tête de beaucoup d'autres, la solidarité est incompatible avec la liberté de l'amour ; M.-C. Rivier, « La solidarité entre concubins », *in Des concubinages, droit interne, droit international, droit comparé*, *op. cit.*, p. 97 et réf. cit.

32. Sur la solidarité entre époux, *infra* ; sur les partenaires pacsés (art. 515-4, al. 2), *infra*, nos 385-386. En revanche, les concubins sont solidairement tenus de rembourser l'aide personnalisée au logement versée à tort à l'un d'eux, dès lors que tous deux en ont tiré profit (CE, avis, 9 juillet 2003, *D.* 2004.2967, obs. J.-J. Lemouland). La solution est logique. Le droit social assimile en la matière concubins et époux : la solidarité qui pèse sur eux pour le remboursement d'un trop perçu « *n'est donc que le revers de la médaille* » (J.-J. Lemouland, obs. préc.).

33. *Ex.* : Rouen, 27 septembre 2007, *JCP* G 2008.IV.1317 ; jugé que le concubin était tenu envers une association caritative de payer les salaires rémunérant les dépenses relatives à de menus travaux destinés à l'entretien du ménage et du logement. Certes, il n'avait pas signé les contrats, mais

concubins, par leur comportement ou leurs propos, ont pu faire croire aux tiers qu'ils étaient mariés, la jurisprudence estime que les créanciers qui ont commis une erreur légitime sur la situation du couple, pourront faire jouer la théorie de l'apparence et bénéficier ainsi de la solidarité de l'article 220[34] : les concubins ont laissé croire au tiers qu'il bénéficierait de la solidarité prévue entre époux (ou entre partenaires[35]) ; ils sont pris à leur propre piège[36].

C. Dettes des concubins

325. Chacun pour soi (fin). – Au delà des dettes ménagères, toutes les dettes contractées par un concubin engagent ce concubin et lui seul.

326. Commerce (hors mariage) et commerçant. – En matière commerciale, si le concubin est commerçant et que la concubine (ou l'inverse) participe à l'exploitation du commerce, la concubine (ou l'inverse) répond de dettes commerciales[37] et peut être soumise à une procédure collective (l'ancienne « faillite[38] »), sauf si elle est salariée (il n'est pas nécessaire qu'il y ait eu société de fait[39]). La règle est calquée sur le statut des époux antérieur à la loi du 10 juillet 1982. En cas d'exploitation en commun d'un fonds de commerce appartenant à l'un d'eux, les deux concubins ont la qualité de commerçant et répondent des dettes de l'exploitation[40].

D. Logement du couple

327. Un toit pour deux. – Il n'existe pas de règles protectrices semblables à celles que les articles 215 et 1751 instaurent au profit des époux[41]. La loi du 6 juillet 1989 étend seulement au concubin notoire le bénéfice de la continuation du bail en cas d'abandon ou de décès (art. 14) et le droit de reprise (art. 15).

l'association avait pu croire en l'apparence d'un mandat réciproque entre les concubins en raison de leur cohabitation et de leur souci d'entretenir le ménage et le logement.

34. D. Huet-Weiller, *in Indépendance financière et communauté de vie*, LGDJ, 1989, p. 132 : « *Par le biais de l'apparence, la solidarité ménagère devrait donc, comme par le passé, permettre au créancier, sinon d'élargir son gage, du moins de conserver celui qu'il croyait avoir* ».

35. C. civ., art. 515-4, *infra*, n° 394.

36. Sur l'ensemble de la question, A. Prothais, « Dettes ménagères des concubins : solidaires », *in solidum*, indivisibles ou conjointes ?, *D.* 1987, 237 ; « Le droit commun palliant l'imprévoyance des concubins dans leurs relations pécuniaires entre eux », *JCP* G 1990.I.3440 et réf. cit.

37. Ex. : * Cass. com., 27 mars 1984, *dame Collomb*, *JCP* G 1986.II. 20530, n. M. Defossez : « *Le tribunal a constaté que Madame A avait participé à l'exploitation du fonds, non comme l'aurait fait une personne salariée, mais en confondant ses intérêts avec ceux de M.B. ; ainsi, le fonds avait été exploité en commun par celle-ci et M. B. ; par ce seul motif [...] le tribunal qui n'a pas retenu l'existence d'une société de fait entre les intéressés, a légalement justifié sa décision* ». En l'espèce, A était propriétaire d'un café restaurant ; Huguette était sa concubine et participait à l'exploitation du fonds ; jugé qu'elle était personnellement tenue de payer les spiritueux achetés par A pour les besoins du fonds.

38. Ex. : Cass. com., 28 juin 1983, *Parent*, *Bull. civ.* IV, n° 192 ; *JCP* G 1983.IV.289 : « *La cour d'appel a constaté que l'entreprise de Mlle A était exploitée en commun entre cette dernière et M. B. ; en l'état de cette seule constatation et abstraction faite de tous autres motifs surabondants tirés de qu'il aurait existé entre eux une société de fait, elle a légalement justifié sa décision par laquelle elle a prononcé la mise en liquidation des biens personnels de M. B. dont le comportement impliquait la qualité de commerçant.* »

39. Ce qui aboutit au résultat singulier que le concubin (ou la concubine) soit tenu du passif sans avoir de droit sur l'actif, sauf par le jeu de l'enrichissement sans cause (Defossez, n. préc.).

40. *Droit des régimes matrimoniaux*, coll. Droit civil.

41. Le législateur de 2014 a étendu le bénéfice de la cotitularité du bail aux partenaires pacsés (art. 1751, réd. loi n° 2014-366 du 24 mars 2014), mais les concubins en restent exclus.

§ 2. Après la séparation

Malgré l'absence de lien de droit, la rupture de l'union libre produit un certain nombre de conséquences juridiques dans les effets patrimoniaux : des années de vie commune, d'acquisitions communes, d'intérêts communs ne s'effacent pas en un instant et les rancœurs accumulées peuvent conduire à des procès aussi acharnés que dans les couples divorçant[42]. Il est vrai que l'absence de régime juridique, et notamment de régime matrimonial et de vocation successorale, explique les difficultés lorsque les anciens amants ont quelques biens. Malgré les efforts de la jurisprudence pour restaurer une certaine équité, le décès ou la rupture de l'union libre risquent de faire regretter le mariage.

Quoique le juge intervienne peu en la matière, ce qui laisse au fort tout loisir d'écraser le faible, la jurisprudence a eu à connaître cinq grandes questions : la rupture (I), la liquidation des intérêts communs (II), le logement du couple (III), l'indemnisation du survivant en cas de décès accidentel d'un des concubins (IV) et la transmission des biens dans le couple (V).

I. — Rupture de l'union libre

328. À union libre, désunion libre. – La règle vaut pour les séparations consensuelles comme pour les ruptures unilatérales : le concubinage s'accommode de la répudiation. À la différence du mariage, le concubinage peut donc toujours et sans contrôle être interrompu[43].

Parce qu'il n'existe aucun engagement ayant de valeur obligatoire entre les concubins, la rupture du concubinage ne confère aucun droit à la concubine abandonnée[44], quel que soit son préjudice[45]. Du concubinage dissous entre vifs ne découle donc aucune prestation compensatoire équivalente à celle dont peut bénéficier le conjoint divorcé. Si la rupture ne saurait en soi constituer une faute, les circonstances peuvent, dans certains cas, rendre fautif le comportement de celui qui rompt : comme pour les fiançailles[46], il n'y a pas faute à rompre, sauf à raison des modalités ou des conditions dans lesquelles la rupture a été effectuée[47].

---

42. D. Huet-Weiller, « La cessation du concubinage », *in Les concubinages, approche sociojuridique, op. cit.*, t. 2, p. 119 s.

43. Cass. civ., 9 juillet 1935, *DH* 1935, 444 : « *une telle situation, essentiellement précaire et instable, était susceptible de se modifier à la seule volonté de l'un des concubins* ».

44. Le cas du concubin abandonné se pose aussi, beaucoup plus rarement, encore qu'un peu plus que pour le fiancé.

45. Cass. civ. 1re, 17 juin 1953, *Couture, D.* 1953, 596 ; *JCP* G 1953.II.7976, n. P. Esmein, « *Vu l'article 1382 ; la rupture d'une liaison illégitime ne constitue pas en elle-même une faute civile susceptible d'ouvrir droit à des dommages intérêts* [...] ; *la situation essentiellement précaire et instable créée par l'union libre étant susceptible de se modifier par la seule volonté de l'une ou l'autre partie, le seul fait de la rupture par l'amant des relations intimes, d'apparence durables, nées d'un entraînement réciproque, ne peut justifier l'allocation de dommages-intérêts* » ; en l'espèce, la cour d'appel avait jugé que la rupture sans motif de l'amant avec sa maîtresse, qui lui avait donné un enfant dont il ne répudiait pas la paternité, était une faute ; cassation : « *de telles constatations sont insuffisantes pour caractériser une faute, en l'absence de tout élément de nature à démontrer que soit la contrainte morale, soit l'abus d'autorité, soit la séduction dolosive, soit tout autre procédé abusif a déterminé la liaison entre demoiselle Escure et Couture.* »

46. *Supra*.

47. Cass. civ. 1re, 30 juin 1992, *Bull. civ.* I, n° 204 : « *la rupture du concubinage ne peut ouvrir droit à indemnité que si elle revêt un caractère fautif* ». En l'espèce, la cour d'appel « *après avoir relevé que M. Martin s'était conduit honorablement lors de la rupture, énonce que l'absence de faute ne le dispensait pas de réparer le préjudice créé par l'exercice de son libre choix* » : cassation ; Lyon, 20 février

Peut ainsi tenter d'obtenir une indemnité sur le fondement du droit commun de la responsabilité civile, la concubine délaissée, âgée et sans ressources, au profit d'une jeune rivale, ou l'amante abandonnée avec l'enfant né ou à naître (Marguerite à son rouet)[48]. Naguère, les tribunaux avaient même accepté de prendre en compte des fautes commises avant la rupture, notamment en cas de séduction dolosive, par promesse de mariage (mais qui croit aujourd'hui aux promesses de mariage ?) ou, plus sordidement, abus d'autorité (Don Giovanni savait en jouer à l'égard de Zerline). Pourtant la faute du séducteur n'est pas la cause directe du préjudice de la concubine délaissée : la faute a pour objet l'établissement de la liaison, le préjudice tient à la rupture.

329. Vers un droit à compensation de la rupture ? – Aujourd'hui, il semble que la jurisprudence fasse preuve d'une grande souplesse dans l'admission de la responsabilité du concubin auteur de la rupture unilatérale : l'existence d'une faute est plus facilement admise que par le passé, le juge s'attachant avant tout à la réparation du préjudice[49]. Au-delà d'un juste souci d'équité, peut-être faut-il y voir[50], le souhait de ne pas laisser la concubine délaissée dans une situation trop différente de celle de la femme mariée subissant la même épreuve, surtout lorsque le concubinage a duré plusieurs années et que des enfants en sont nés.

Le souci d'équité (et de moralisation des relations de concubinage) avait également conduit les tribunaux à admettre la validité de la promesse de payer une indemnité afin de réparer le préjudice résultant de la rupture, estimant qu'elle avait pour cause une obligation naturelle, celle qui pèse sur l'amant de ne pas abandonner sans ressources la concubine qui lui avait donné sa jeunesse[51].

II. — Liquidation des intérêts communs

Toute vie commune entraîne la mise en commun des biens et des ressources. Que le concubinage disparaisse en raison du départ ou de décès d'un concubin, il est nécessaire de liquider les intérêts communs. Or l'absence de régime

1996, *JCP* G 1998.I.1151, n° 2 : le seul fait que des paroles blessantes aient été échangées ne constitue pas une faute entraînant droit à réparation.

48. Cass. civ. 1re, 3 novembre 1976, *Bull. civ.* I, n° 322 : « *la cour d'appel [...] relève [...] "qu'après avoir fait croire à dame T. qu'il était disposé à fonder un foyer" et l'avoir entretenue pendant des mois dans cet espoir, P. l'a brusquement abandonnée, moralement et matériellement, quelques jours avant la naissance de l'enfant* » (en l'espèce, il y a donc eu deux fautes : l'une dans l'établissement du concubinage, l'autre dans la rupture).

49. * Cass. civ. 1re, 7 avril 1998, *RTD civ.* 1998, 884, obs. J. Hauser ; *Defrénois* 1998, p. 1385, n. J. Massip ; *Dr. famille* 1998, n° 81, n. H. Lécuyer : remodelant la formule classique, la Cour de cassation semble faire de l'octroi de dommages-intérêts le principe : « *la rupture du concubinage justifie l'allocation de dommages-intérêts lorsqu'il existe des circonstances de nature à établir une faute de son auteur* » ; en l'espèce, est considéré comme fautif le fait pour le concubin d'avoir « *brusquement congédié, après onze ans de vie commune* », la concubine dont il avait exigé qu'elle renonçât à un emploi pour se consacrer à son foyer et à l'éducation de ses enfants.

50. A. Gouttenoire, « Responsabilité civile et rupture unilatérale du concubinage », *in Des concubinages, droit interne, droit international, droit comparé, op. cit.*, p. 257 s. et réf. cit. ; O. Gazeau et *al.* « Les effets propres à la rupture volontaire du concubinage », *Defrénois* 2010.1673.

51. Jurisprudence constante ; ex. : Cass. civ. 1re, 6 octobre 1959, *Venutolo*, *D.* 1960, 615, n. Ph. Malaurie ; *JCP* G 1959.II.11305, n. P. Esmein : « *la cause d'une libéralité réside dans le motif déterminant qui l'a inspirée ; le concubinage n'entraîne pas à lui seul, entre les concubins, une incapacité de donner ou de recevoir* [...] *; la libéralité litigieuse apparaissait comme l'exécution d'un devoir de conscience, d'une obligation naturelle et elle tendait à garantir l'avenir d'une femme qui avait donné à son amant la meilleure partie de sa jeunesse et que celui celui-ci s'apprêtait à délaisser* ».

matrimonial suscite des difficultés[52]. Si le recours au droit commun de la preuve et aux règles de l'indivision permet de fixer le sort des biens acquis par les concubins (A), les juges (le JAF désormais, COJ, art. L 213-3 1° et 2°, loi du 12 mars 2009 dite de simplification du droit) a dû recourir à des expédients fragmentaires (parfois artificiels), pour atteindre au moins partiellement un des buts du régime matrimonial, la protection de la femme, et permettre à la concubine, plus rarement au concubin, de participer à la création des richesses qui se sont réalisées pendant la durée de l'union. Deux moyens ont été utilisés : la société de fait (B) et l'enrichissement sans cause (C), que la Cour de cassation tente aujourd'hui de canaliser[53].

A. Sort des biens acquis par les concubins

330. Reprise et indivision. – En principe, en l'absence de régime matrimonial, chacun acquiert pour son propre compte. La preuve de la propriété personnelle peut se faire par tous moyens. Lorsque rien ne permet de dire si le bien a été acquis par l'un ou par l'autre, ou qu'il se trouvait dans le patrimoine de l'un d'eux avant la vie commune, ou encore qu'il a échu à l'un d'eux par donation ou par succession, le bien, en vertu d'une jurisprudence constante et ancienne[54], est réputé indivis. Il convient de procéder bien par bien : le bien sera partagé en fonction des apports[55], si la preuve peut en être apportée, ou par moitié dans le cas contraire[56].

L'attribution préférentielle prévue par l'article 831 ne peut avoir lieu, car le concubin n'est pas un conjoint[57].

---

52. Les contentieux se multiplient : pour des illustrations cf. J. Hauser, *RTD civ.* 2013, p. 821. Sur les techniques utilisées, cf. A. Cousin et E. Buat-Ménard, « Les créances entre concubins », *AJ famille* 2013, p. 47.

53. Cf. not. H. Fulchiron, « Les solidarités dans les couples séparés : renouvellement ou déclin ? », *D.* 2009, 1703 ; F. Chénedé, « Pour un affinement de la théorie des quasi-contrats au service de la liquidation patrimoniale du concubinage (à propos des trois arrêts de la première chambre civile du 20 janvier 2010) », *D.* 2010, p. 718. Sur l'ensemble de la question, cf. A. Molière, *Dissolution des couples et compensations patrimoniales*, thèse, Lyon, 2012.

54. J. Hauser et D. Huet-Weiller, *La famille, dissolution de la famille, op. cit.*, n° 582 et réf. cit.

55. Sauf à plaider l'enrichissement sans cause ou l'intention libérale de celui qui a fait l'apport le plus important (cf. Cass. civ. 1re, 5 janvier 2012, *RTD civ.* 2012, p. 97, obs. J. Hauser : la concubine invoquait l'aide apportée au concubin finalement hospitalisé et placé sous curatelle).

56. Cass. civ. 1re, 31 janvier 2006, *Dr. famille* 2006, n° 83, n. V. Larribau-Terneyre ; n.p.B. : cassation de l'arrêt qui avait fixé à égalité les parts respectives des concubins dans l'actif de l'indivision ayant existé entre eux, liquidée après la vente d'un immeuble acquis indivisément. « *En statuant ainsi, alors que, d'une part, il était établi que M. M. avait participé au financement du bien indivis dans des proportions supérieures à celles de Mme F. et que, d'autre part, aucune disposition légale ne règle la contribution aux charges du ménage de la vie commune des concubins, lesquels n'ont droit à aucune indemnité à ce titre, la cour d'appel a violé les textes susvisés...* » (art. 214, 220 à 815). Sur l'impact de la règle « En fait de meubles, la possession vaut titre », cf. Cass. civ. 1re, 24 octobre 2012, *D.* 2013, 351, note A. Tadros, *RTD civ.* 2013, p. 153, note (critique) W. Dross : selon la Cour de cassation, « *la présomption qui résulte de la possession implique pour le demandeur en revendication de prouver le titre précaire en vertu duquel le prétendu possesseur détient un meuble ou le vice affectant sa possession, que ne suffit pas à caractériser le paiement du prix par le revendiquant, à défaut de quoi ce défendeur a titre pour le conserver* ».

57. Cass. civ. 1re, 9 décembre 2003, *Bull. civ.* I, n° 253 ; *JCP* G 2004.III.10035, n. A. Devers ; *D.* 2004.2967, obs. J.-J. Lemouland ; *RTD civ.* 2004.69, obs. J. Hauser ; *Defrénois* 2004.585, obs. J. Massip : « *les parties n'étant pas mariées, M.Y. ne pouvait prétendre à l'attribution préférentielle* » ; comp. pour le Pacs, l'article 515-6 du Code civil.

B. Société créée de fait

331. Le commerce équitable. – Les concubins peuvent avoir constitué entre eux une société. Même s'il n'y a pas eu de contrat de société, l'un d'eux peut prétendre qu'il y a eu une société créée de fait : une telle société est nulle, mais doit être liquidée et à ce titre chacun des associés se verra attribuer, après apurement du passif, la moitié de l'actif social. Ainsi, la concubine qui a participé à l'exploitation d'un fonds de commerce appartenant au concubin peut arguer de l'existence d'une société créée de fait pour retirer un bénéfice de son travail. Il a même été admis que l'achat d'un immeuble où habitaient les concubins au nom d'un seul concubin pouvait l'avoir été par la société de fait si les conditions en étaient réunies[58].

Pour qu'il y ait société créée de fait, il ne suffit pas qu'il y ait eu exploitation en commun ou cohabitation ; il faut que les trois conditions d'une mise en société soient réunies (art. 1832)[59]. Il appartient à celui des concubins qui invoque son existence de prouver qu'il y a eu : 1) des apports mutuels (en capital ou en industrie[60]), 2) une contribution aux bénéfices et aux pertes[61], 3) l'intention de s'associer pour le succès de l'entreprise (ce qui implique que la concubine n'ait pas été salariée[62]).

Face à des juges du fond que le souci d'équité rendrait parfois peu regardants, la Cour de cassation veille à ce que soit caractérisée la trilogie sociétaire[63]. Surtout, l'entreprise commune

58. Cass. civ. 1re, 11 février 1997, *Bull. civ.* n° 46 ; *JCP* G 1997.II.22820, n. Th. Garé ; *Dr. famille* 1997, n° 56, n. H. L. ; *Defrénois* 1997, art. 36620, 2e esp., n. O. Milhac. V. cependant *infra*.

59. Ex. : * Cass. com., 25 juillet 1949, *D.* 1949, somm. p. 41 ; *JCP* G 1950.II.5798, n. Bastian, 1re esp. : « *En statuant ainsi, sans relever de circonstances de fait d'où résulte l'intention qu'auraient eue les parties de mettre en commun tous les produits de leur activité et de participer aux bénéfices et aux pertes provenant du fonds social ainsi constitué et alors que la seule cohabitation même prolongée de personnes non mariées et qui ont vécu en époux et se sont fait passer comme tels au regard du public, ne saurait donner naissance entre elles à une société, l'arrêt attaqué n'a pas donné de base légale à sa décision* ».

60. Lors de la liquidation de la société créée de fait, il n'y a lieu ni à la reprise, ni au remboursement des apports en industries ; le travail réalisé par le concubin sur l'immeuble appartenant à la concubine constitue un apport en industrie qui lui donne vocation à une partie de la plus-value sur l'immeuble, mais ne donne pas lieu à une créance du chef des travaux effectués (Cass. civ. 1re, 19 avril 2005, *Bull. civ.* I, n° 187 ; *Dr. famille* 2006, n° 127, obs. V. Larribau-Terneyre).

61. Cass. civ. 1re, 14 mai 1969, *Bull. civ.* I, n° 183 : l'intention des concubins de partager les bénéfices et les pertes est prouvée par les versements et les retraits réguliers sur le livret de la caisse d'épargne de la concubine pendant toute la durée de la vie commune, tout versement ayant cessé après la rupture des relations.

62. Ex. Paris 2 juin 2006, *Dr. famille* 2006, n° 200, note V. Larribau-Terneyre.

63. Chambre commerciale (Com., 23 juin 2004, 2e esp., *Bull. civ.* I, n° 135 ; *D.* 2004, 2969, obs. D. Vigneau) et Première chambre civile (Cass. civ. 1re, 12 mai 2004, *Dr. famille* 2004, 487, obs. J. Hauser) sont sur la même ligne. Dans un des trois arrêts rendus le 20 janvier 2010 à propos de l'utilisation de la société créée de fait et de l'enrichissement sans cause pour liquider les intérêts communs des concubins (Cass. civ. 1re, 20 janvier 2010, 3e esp., n° 08-13.200, 2e esp., n° 08-16.105 et n° 08-13.400, *RJPF* 2010, 4-16, note F. Vauvillé ; *adde* les analyses de F. Chénédé, art. préc. et réf. cit.), Monsieur avait acquis au cours de l'union un terrain sur lequel avait été édifié un pavillon financé par un emprunt souscrit et remboursé à parts égales par Monsieur et Madame ; le bien fut vendu et Madame revendiqua la moitié du produit de la vente en invoquant une société créée de fait ; les juges du fond l'admirent : « *le couple [...] en prenant la décision d'effectuer un emprunt pour financer un projet commun de construction d'une maison, a témoigné d'une* affectio societatis, *leur but étant de partager une vie de famille stable puisqu'ayant un enfant commun reconnu* » ; ils avaient payé ensemble les impôts, charges et taxes afférentes à l'immeuble, ce qui établissait leur volonté de participer aux bénéfices et aux pertes. Cassation : « *l'existence d'une société créée de fait entre concubins, qui exige la réunion des éléments caractérisant un contrat de société, nécessite l'existence d'apports,*

à laquelle se sont associés les concubins doit être distincte de la mise en commun des intérêts inhérents au concubinage[64].

C. Enrichissement sans cause

332. Enrichissement et appauvrissement. – De plus en plus souvent invoqué, l'enrichissement sans cause permet également de restaurer l'équité dans le couple non marié[65]. Le concubin qui a collaboré à la profession de l'autre sans rémunération[66] (et qui n'aura pu établir l'existence d'une société de fait : l'action fondée sur l'enrichissement sans cause a un caractère subsidiaire[67]), qui a réalisé des travaux d'investissement dans l'immeuble de son « quasi conjoint[68] », ou qui a sacrifié sa vie professionnelle pour s'occuper de sa famille[69], peut demander une indemnité correspondant à la plus faible des deux sommes représentant l'enrichissement et l'appauvrissement. Encore faut-il établir d'une part l'existence d'un enrichissement (plus-value ou dépense évitée) et d'un appauvrissement (perte ou manque à gagner) corrélatif, et d'autre part l'absence de cause. La réalité de l'appauvrissement peut paraître incertaine lorsque le concubin ou la concubine a, d'une façon ou d'une autre, profité de l'enrichissement. En un temps, la Cour de cassation avait semblé poser une véritable présomption d'appauvrissement en cas de collaboration non rémunérée de la concubine à l'activité de son concubin[70], sauf pour celui-ci à prouver l'existence d'une contrepartie[71]. Ultérieurement, elle

---

l'intention de participer aux bénéfices ou aux économies ainsi qu'aux pertes éventuelles pouvant en résulter », éléments « *qui doivent être établis séparément et ne peuvent se déduire les uns des autres* ».

64. * Cass. civ. 1re, 20 janvier 2010, 1re esp. : « *l'intention de s'associer en vue d'une entreprise commune ne peut se déduire de la participation financière à la réalisation d'un projet immobilier et est distincte de la mise en commun d'intérêts inhérents au concubinage* ». Il ne suffit pas de financer ensemble un immeuble pour y vivre en famille.

65. A. Gouttenoire, *Collaboration familiale et enrichissement sans cause, Dr. famille* 1999, chron. n° 19 et réf. cit.

66. * Cass. civ. 1re, 15 octobre 1996, *dame Allard, infra*. Sur l'obligation des concubins au passif résultant de l'exploitation en commun du fonds, *supra*.

67. Cass. civ. 1re, 20 janvier 2010, 2e esp., *JCP* G 2010.911, n° 3, obs. Y. Favier ; *Dr. famille* 2010, com. 35, obs. V. Larribau-Terneyre ; *Defrénois* 2010.136, obs. J. Massip ; v. aussi *supra*, n° 328 et réf. cit. : à défaut de société crée de fait, la concubine invoquait l'enrichissement sans cause. En travaillant pour l'entreprise sans recevoir de rémunération, elle s'était appauvrie (manque à gagner) au profit de son concubin qui s'était enrichi (perte évitée). Mais les juges du fond avaient estimé que cette assistance « *n'excédait pas la simple entraide* ». Rejet.

68. Ex. : Cass. civ. 1re, 24 septembre 2008, 2 esp., *Lagache* c. *Lisiak*, *Defrénois* 2009, 545 obs. J. Massip, 2e esp., *Dr. famille* 2009, n° 152, obs. J. L. Gracia ; *JCP* G 2008, act. 597, obs. H. Bosse-Platière : « *par leur ampleur,* [...] *ces dépenses* [...] *ne pouvaient être considérées comme une contrepartie des avantages dont M. Y. avait profité pendant la période du concubinage* ». Cass. civ. 1re, 23 janvier 2014, *RTD civ.* 2014, obs. J. Hauser : les juges relèvent l'ampleur des travaux, la plus value importante du bien, le fait que tout cela excédait la participation aux charges de la vie commune et n'était pas compensé par la gratuité de l'hébergement. Mais si la dépense est courante, chacun des concubins doit supporter celles qu'il a engagées sans pouvoir réclamer d'indemnité à son concubin, *supra*, n° 324.

69. L'argument n'a pas encore été admis en jurisprudence, peut-être parce qu'il n'existe pas entre concubins de contribution aux charges du ménage. Pour les époux séparés de biens, *Les régimes matrimoniaux*, coll. Droit civil.

70. *Cass. civ. 1re, 15 octobre 1996, *dame Allard, Bull. civ.* I, n° 357 ; *D.* 1997, somm. p. 177, obs. R. Libchaber ; *Defrénois* 1997, art. 36620, 1re esp., n. O. Milhac ; *RTD civ.* 1997, 102, obs. J. Hauser, « *la collaboration de la concubine, qui se distingue d'une participation aux dépenses communes des concubins, implique par elle-même un appauvrissement de la concubine et un enrichissement du concubin* ».

71. Dans l'arrêt *dame Allard* rendu le 15 octobre 1996 préc., la Cour de cassation a admis que la participation de la concubine à l'exploitation du bar de son concubin était compensée par le fait qu'elle était nourrie, logée et entretenue par celui-ci. *Adde* par ex., Cass. civ. 1re, 10 juillet 2014,

est revenue à plus de rigueur[72]. Encore faut-il également démontrer l'absence de cause, ce qui n'est pas le cas lorsque, par exemple, l'enrichissement de l'un des concubins prend sa source dans l'intention libérale de l'autre[73]. Là aussi, un certain laxisme a fait place à un encadrement plus strict[74]. En principe, l'action fondée sur l'enrichissement sans cause présente un caractère subsidiaire[75].

Si l'on combine la jurisprudence relative à la rupture du concubinage avec celle de la société créée de fait et de l'enrichissement sans cause, on constate que les juges construisent des substituts de communauté légale et de prestation compensatoire au profit de la concubine abandonnée. Le système n'en reste pas moins incertain : la concubine hier, le concubin aujourd'hui, ne sont jamais assurés, après rupture, de profiter des accroissements de richesses qui se sont constitués pendant la vie commune, ni même, du fait de la confusion des biens, de retrouver leur fortune initiale. Et la Cour de cassation semble décidée à éviter toute dérive.

III. — Logement du couple

333. Un logement précaire[76]. À l'égard du logement, la situation des concubins est là encore précaire ; chacun d'eux est paradoxalement mieux protégé contre les tiers que contre l'autre. Si l'un d'eux est titulaire du bail, il n'existe pas d'équivalent des articles 215 ou 1751 qui assurant la protection du logement du couple contre les actes passés par le locataire. En cas de séparation, le juge ne pourrait intervenir pour attribuer le droit au bail à celui qui, dans cette hypothèse, n'en a jamais été titulaire. En cas d'abandon, le concubin notoire vivant avec le locataire depuis au moins un an, bénéficie cependant du droit à continuation du bail (L. 6 juillet 1989, art. 14) ; il en va de même en cas de décès.

Si le logement du couple appartenait à l'un des concubins, l'autre ne pourrait prétendre obtenir du juge un bail forcé sur le modèle des dispositions de l'article 285-1 pour des époux divorçants, pas plus qu'il ne pourrait bénéficier de l'attribution préférentielle[77] ou de l'équivalent des droits successoraux reconnus au conjoint survivant par la loi du 3 décembre 2001 (art. 763 et s.).

---

n° 13-21.382, *RTD civ.* 2014, 863, obs. J. Hauser, *D.* 2015, 1417, obs. J.-J. Lemouland et D. Vigneau : le concubin a financé des travaux, mais été hébergé pendant six ans dans la maison de sa compagne.

72. Cass. civ. 1re, 20 janvier 2010 (2e esp.), préc : l'assistance apportée par la concubine à la bonne marche de l'entreprise de maçonnerie de son mari n'excédait par une simple entraide.

73. Cass. civ. 1re, 4 mars 1997, *Dr. famille* 1997, n° 67, obs. H. Lécuyer ; n.p.B. ; ex. : Aix, 20 juin 2006, *Dr. famille* 2006, n° 202, n. V.L.T ; jugé que le fait pour la concubine de n'avoir pas pris la précaution élémentaire de faire libeller les factures concernant le véhicule de son concubin, au nom de ce dernier mais au sien, factures qu'elle avait payées, démontrait son intention libérale.

74. Ex. : Cass. civ. 1re, 20 janvier 2010 (3e esp.), préc. : « *après avoir relevé que le paiement par M. X du capital restant dû sur l'emprunt contracté par Mme Y pour acquérir son pavillon ainsi que des échéances du prêt destiné à financer les travaux sur cet immeuble, trouvait sa contrepartie dans l'hébergement gratuit dont il avait bénéficié chez sa compagne, la cour d'appel [...] a souverainement estimé que M. X avait réglé le montant de la soulte due par Mme Y à son ex mari et le solde de l'emprunt destiné à financer l'achat du pavillon, dans le seul but de dégager sa compagne d'une dette envers son ex-mari et de lui permettre de bénéficier en toute sécurité d'un logement avec l'enfant issu de leur union, faisant ainsi ressortir que le concubin avait agi dans une intention libérale et qu'il ne démontrait pas que ses paiements étaient dépourvus de cause* ». Comp. Cass. civ. 1re, 2 avril 2014, n° 13-11.205, *RTD civ.* 2014, 626, obs. J. Hauser, *D.* 2015, 1417, obs. J.-J. Lemouland et D. Vigneau : le concubin avait, seul, remboursé l'emprunt contracté pour acquérir l'immeuble (en indivision) mais la concubine était sans profession et élevait les deux enfants du couple.

75. Cf. Cass. civ. 1re, 6 octobre 2010 et Cass. civ. 1re, 9 décembre 2010, *RTD civ.* 2011, p. 107, obs. J. Hauser.

76. O. Gazeau et *al.*, préc.

77. Juriprudence plusieurs fois réitérée ; ex. : Cass. civ. 1re, 9 décembre 2003, *Defrénois* 2004, art. 37926, n° 33, obs. J. Massip.

Une des questions la plus délicate à trancher est celle de l'indemnité réclamée par le concubin propriétaire à celui ou à celle qu'il (elle) a hébergé pendant la vie commune et, parfois, après la séparation. Le raisonnement juridique habille très souvent une appréciation en équité[78].

IV. — Indemnisation du survivant en cas d'accident mortel du concubin

334. Un lien de fait. – Mettant fin à l'un des plus célèbres débats jurisprudentiels et doctrinaux du siècle dernier[79], la Cour de cassation a admis que le concubin survivant pouvait invoquer les articles 1382 et 1383 à l'encontre du tiers responsable de l'accident ayant causé la mort de son compagnon pour obtenir réparation du préjudice matériel et moral subi[80]. Le défaut de lien de droit entre les concubins ne fait pas obstacle à cette action, pas plus que le caractère adultérin de l'union[81]. Il a même été admis que si le défunt entretenait à la fois une épouse et une concubine, l'une et l'autre pourraient faire valoir leur droit à réparation[82], dès lors que la liaison en cause pouvait être qualifiée de concubinage, ce qui supposait une certaine stabilité[83]. Le principe vaut pour un concubinage hétérosexuel ou homosexuel[84].

V. — Transmission des biens dans le couple

L'absence de liens de droit fait du concubin un tiers, civilement et, surtout, fiscalement. Pour pallier l'absence de droit *ab intestat*, il faut recourir aux libéralités (A) ou aux techniques indirectes de transmission des biens (B).

A. Libéralités entre concubins

335. Cause immorale. – En rupture avec l'Ancien droit, le Code civil n'a pas édicté d'incapacité de donner ou de recevoir entre concubins : en principe, les libéralités entre concubins sont valables[85]. Régies par le droit commun, les donations entre concubins sont irrévocables, ce qui les a longtemps opposées aux donations entre époux.

Pendant longtemps, conformément à une ancienne jurisprudence[86], les tribunaux ont exercé un contrôle de moralité, par le biais de la cause de la libéralité (la cause étant entendue ici

78. Cass. civ. 1re, 6 juillet 2011, *RTD civ.* 2011, p. 749, obs. J. Hauser ; Cass. civ. 1re, 7 novembre 2012 (deux arrêts), *RTD civ.* 2013, p. 93, obs. J. Hauser.

79. *Droit des obligations*, coll. Droit civil.

80. ** Cass. ch. mixte, 27 février 1970, *Dangereux*, *Bull. civ. ch. mix*, n° 1 ; *D.* 1970, 201, n. Combaldieu ; *JCP* G 1970.II.16305, concl. Lindon, n. Parlange ; *RTD civ.* 1970, 353, obs. G. Durry : « *Vu l'article 1382 ; ce texte ordonnant que l'auteur de tout fait ayant causé un dommage à autrui sera tenu de le réparer, n'exige pas, en cas de décès, l'existence d'un lien de droit entre le défunt et le demandeur en indemnisation* [...] *; la cour d'appel a débouté la dame G. de son action au seul motif que le concubinage ne crée pas de droit entre les concubins, ni à leur profit vis-à-vis des tiers ; en subordonnant ainsi l'application de l'article 1382 à une condition qu'il ne contient pas, la cour d'appel a violé le texte susvisé* ».

81. Cass. crim., 19 juin 1975, *Toros*, *D.* 1975, 679, n. A. Tunc ; *RTD civ.* 1975.709, obs. G. Durry.

82. Riom, 9 novembre 1978, *JCP* G 1979.II.19107, n. G. Almeirac.

83. Cass. crim., 8 janvier 1985, *dame Lince*, *JCP* G 1986.II.20588, n. Endreo : Monsieur passait la journée avec Yvonne et la nuit avec Gladys : « *en l'état de ces constatations, d'où elle a implicitement déduit le caractère précaire de la double liaison invoquée, la cour d'appel a justifié sa décision* ».

84. TGI Belfort, 25 juillet 1995, *JCP* G 1996.II.22724, n. Chr. Paulin.

85. Sur la règle « *Don de concubin à concubin ne vaut* », cf. Roland et Boyer, *Adages du droit français*, *op. cit.*, n° 98.

86. Cass., 2 février 1853, *S.* 1853.I.448 et 26 mars 1860, *DP* 1860, I. 389.

comme la cause *subjective* de l'acte). Si la donation ou le legs apparaissait comme le *pretium stupri, i.e.* comme le prix payé pour obtenir ou entretenir des relations sexuelles, sa cause étant illicite et immorale, la libéralité était nulle[87]. Si en revanche, elle avait pour cause la volonté de réparer le préjudice causé à la concubine, d'assurer ses vieux jours ou de remercier celle qui avait soigné et accompagné le gratifiant dans les souffrances de la maladie ou les naufrages de la vieillesse, la libéralité était valable[88]. La charge de prouver l'existence de l'immoralité du motif déterminant incombait au demandeur en nullité[89].

La jurisprudence a déserté le combat. Dans un arrêt de 1999[90], la Cour de cassation avait affirmé que : « *n'est pas contraire aux bonnes mœurs la cause de la libéralité dont l'auteur entend maintenir la relation adultère qu'il entretient avec la bénéficiaire* ». On aurait pu penser que, malgré son ambiguïté, la formule, reprise et affinée, ne reléguait pas nécessairement aux oubliettes la jurisprudence sur la cause illicite et immorale. L'arrêt rendu par l'Assemblée plénière le 29 octobre 2004 dans l'affaire *Galopin* vaut capitulation en rase campagne[91]. Selon la Cour « *n'est pas nulle comme ayant une cause contraire aux bonnes mœurs la libéralité consentie à l'occasion d'une relation adultère* ». Compte tenu des circonstances presque caricaturales de l'espèce[92], l'affirmation équivaut abandon de tout contrôle de la cause immorale dans les libéralités entre concubins[93]. Le respect de la vie privée et la peur de prononcer, le mot « morale », laissent le champ libre aux voyous du sexe[94].

B. TECHNIQUES INDIRECTES

336. Supériorité du mariage. – Même si la libéralité n'est pas contestée, le concubin n'en retirera qu'un bénéfice réduit : 40 %, contre 60 % pour le fisc au

87. Cass. civ. 1re, 6 octobre 1959, *Venutolo*, préc.

88. H. AUBIN, H. FULCHIRON et Th. GARÉ, « Les libéralités entre concubins », *in Les concubinages, Approche socio-juridique, op. cit.*, t. 2, p. 55 s. et réf. cit.

89. Lyon, 13 novembre 1944, *Gaz. Pal.* 1945.I.15.

90. Cass. civ. 1re, 3 février 1999, *Brigitte Varcin, Bull. civ.* I, n° 43 ; *D.* 1999, 267, rapp. X. Savatier, n. Langlade-O'Sughre ; *JCP* G 1999.II.10083, n. M. Billiau et G. Loiseau ; *Defrénois* 1999, 680, obs. J. Massip, 738, obs. D. Mazeaud, 814, obs. G. Champenois ; *RTD civ.* 1999, 364 et 817, obs. J. Hauser.

91. ** Cass. Ass. plén., 29 octobre 2004, *Muriel Galopin, Bull. civ. Ass. plén.*, n° 12 ; *Defrénois* 2004.1732 ; *D.* 2004, 3175, n. D. Vigneau ; *JCP* G 2005.II.10011, n. F. Chabas ; *Dr. famille* 2004, n° 230, n. B. Beignier ; *RTD civ.* 2005, 104, obs. J. Hauser. *Adde* F. TERRÉ, *L'occasion rêvée*, *JCP* G 2005. 223 et Ph. MALAURIE, « Libéralité, bonnes mœurs et relations adultères », *Defrénois* 2006, 38.

92. En l'espèce, un vieillard (père de famille) de 95 ans s'était attaché les faveurs de sa jolie secrétaire, âgée de 31 ans, en l'instituant légataire universelle. Le travail de VRP de cette jeune personne comportait une partie « *non officielle* » des plus explicites : « *une disponibilité permanente, sans limite d'heure, de présence, de délai ni de distance* », rémunérée par un salaire également « *non officiel* ». Quant aux motivations de la jeune femme, elles étaient sans équivoques : « Pas d'argent, pas d'amour » aurait-elle déclaré à son vieil amant : le vieux polisson s'était fait plumer par une poule et fut ensuite pigeonné par la Cour de cassation.

93. Ph. MALAURIE, *Libéralité, bonnes mœurs et relations adultères*, article préc., p. 38.

94. *Ibid.* : « *Le XXIe siècle commence en nous renvoyant à nos origines les plus anciennes : une société de voyous, où tous les coups sont permis : une basse-cour, où les pigeons et les dindons sont victimes de prédateurs ; il y a aussi des cocottes, des grues, des poules, des poulets, des poulettes, des oies (blanches,* of course*), des petits coqs, des vieux coqs déplumés, blanchis sous le harnais qui continuent à faire les fiers, avec quelques fiascos (des vieux polissons), des grosses dindes, des petits rats, plein de souris, des cochons (jeunes et vieux) qui font partout leurs cochonneries, et, il ne faut pas les oublier, beaucoup de petits lapins, pas très délurés. Il faut bien vivre avec son temps et, comme on dit souvent, avec une rare profondeur, si profonde qu'on s'y réfère presque tout le temps. "le droit doit s'adapter à l'évolution des mœurs ; le droit doit s'adapter à l'évolution des mœurs ; le droit...", etc. Ce qui est incontestable ; mais les voyous restent les voyous* ».

titre des droits de mutation à titre gratuit entre étrangers. S'ils souhaitent échapper aux aléas de la donation déguisée, de la donation indirecte ou du don manuel, les concubins pourront recourir aux techniques de transmission indirecte des biens, telles que les sociétés, les assurances vie[95] ou la tontine. Mais jamais le concubin survivant ne jouira d'une position aussi favorable que celle du conjoint survivant, surtout depuis la loi du 3 décembre 2001 : mieux vaut mourir (si l'on est altruiste) ou survivre (si l'on est égoïste) marié.

Si le concubinage ouvre un certain nombre de droits aux concubins, il peut aussi leur en faire perdre (comme le mariage ou le remariage en ferait perdre aux époux). Tel est le cas notamment en matière fiscale (en matière d'ISF par exemple) ou en matière sociale (perte de l'allocation de parent isolé ou, dans certains régimes, de la pension de réversion du conjoint survivant). Encore faut-il pouvoir faire la preuve du concubinage.

SECTION III
PREUVE DU CONCUBINAGE

337. Anarchies. – Une des difficultés majeures du concubinage, que le droit médiéval avait bien connue[96], tient à sa preuve : il n'existe pas d'acte préétabli, puisqu'il n'y a pas d'acte d'état civil. En outre, la situation est souvent équivoque (l'union est-elle stable ?) et parfois clandestine. Puisqu'il s'agit d'un fait, la preuve est libre. Mais elle ne se présente pas de la même manière selon qu'elle est à la charge du concubin ou d'un tiers.

1°) En dehors de preuves empiriques (factures EDF, téléphone, relevés de comptes bancaires joints indiquant une adresse commune), plusieurs administrations et entreprises acceptent comme preuve, que les **concubins** fassent une déclaration sur l'honneur, parfois périodiquement renouvelée[97]. En outre, certaines mairies consentent, selon des modalités diverses et anarchiques, à délivrer des « certificats de concubinage » ou des « attestations d'union libre » qui enregistrent des déclarations faites par les concubins ou des tiers. Elles prennent parfois des précautions dérisoires : que les concubins soient majeurs, que les déclarations soient faites sous serment, qu'ils soient domiciliés à la même adresse, qu'ils soient accompagnés de deux témoins, etc. La valeur probante de ces documents est nulle et prête à des fraudes[98] ; plusieurs administrations et entreprises s'en contentent néanmoins, ce qui montre, une fois de plus, l'importance de la paperasse dans le droit contemporain. Les pouvoirs publics refusent jusqu'ici d'organiser cette preuve : on ne peut ni ne doit imposer de cadre juridique à une situation où règne la liberté[99].

95. L. MAYAUX, « Concubinage et assurance : de l'union libre au pacte civil de solidarité », *in Des concubinages, droit interne, droit international, droit comparé, op. cit.*, p. 293 s.

96. *Supra*, n°s 116 s.

97. Ex. : « *Je soussigné déclare sur l'honneur habiter sous le même toit que X, assuré social, avec lequel – laquelle – je vis maritalement depuis le... et être à sa charge effective, totale et permanente. Je m'engage à porter immédiatement à la connaissance de l'organisme de Sécurité sociale destinataire de la présente attestation tout changement survenant dans la situation exposée ci-dessus. Si aucun changement n'intervenait dans ladite situation, je renouvellerai la présente déclaration au bout d'un an.* »

98. Ex. : Des personnes excipent tantôt de leur qualité de concubin, tantôt de célibataire (allocation de salaire unique), selon leur intérêt (avantages réservés aux ménages).

99. Rép. min., Min. just., *JO déb. AN*, 1980, p. 1218 ; *Defrénois* 1980, art. 32.354 ; *JCP* G 1980.IV.480 : « ..*De tels documents ne sont prévus par aucun texte. Ils n'ont aucune valeur juridique particulière et ne constituent donc qu'un renseignement parmi d'autres* [...] *Il ne paraît pas souhaitable*

2°) Lorsque la preuve du concubinage est à la charge d'**un tiers**, la démonstration est faite contre le concubin. La preuve est difficile, surtout lorsque le concubinage n'est pas notoire, car elle se heurte au respect de la vie privée[100], que les agents de la Sécurité sociale parfois respectent, parfois, mais plus rarement, ne respectent pas : on est dans l'arbitraire. Souvent la vigilance des agents résulte d'une lettre anonyme. Ce n'est pas un droit sain.

338. L'écrit impossible. – Le concubinage a aussi, comme le mariage[101], des incidences sur la preuve des relations pécuniaires entre concubins en entraînant une impossibilité morale de se préconstituer un écrit (art. 1348, al. 2) : les gens qui s'aiment répugnent à « se faire des écrits ».

Par exemple, afin de démontrer que le concubin avait prêté de l'argent à la concubine, ou constitué avec elle une société de fait. Tout dépend des circonstances[102].

Section IV
CONCLUSION

339. Fin de l'union *libre* ? Pour vivre heureux, vivons cachés. – Un des paradoxes contemporains, est, pour nombre de concubins, la volonté de vivre hors du droit tout en en tirant des droits. La loi et la jurisprudence leur en accordent de plus en plus, et le mouvement devrait s'accélérer sous l'impulsion du sacro-saint principe de non-discrimination[103] : à situations comparables, droits égaux. Resterait à savoir si les situations sont vraiment, sinon comparables, du moins analogues, et, surtout, si les différences de traitement qui subsistent çà et là, ne sont pas

de modifier la législation en vigueur qui laisse toute liberté quant à la preuve [...] *Il serait paradoxal d'enfermer dans un cadre rigide une situation qui repose par définition sur la liberté des intéressés.* »

100. Ex. : Paris, 5 novembre 1981, *D.* 1982.342, n. J. Massip ; *Defrénois* 1982, art. 32877, m. n., fait une différence entre deux constats d'huissier établissant, contre un concubin, sa condition : le constat d'adultère « *destiné à établir de manière irréfutable la violation par son conjoint du devoir de fidélité qui est l'une des obligations essentielles du mariage* » et le constat de concubinage « *qui constituerait une immixtion intolérable dans la vie privée de cet ancien époux dégagé de son devoir de fidélité* ». *Cf.* aussi Cass. civ. 2e, 15 avril 1981, *D.* 1982, IR 38, obs. A. Bénabent ; *Gaz. Pal.*, 1981.II.645 ; *RTD civ.* 1981.601, obs. R. Perrot ; n.p.B. ; approbation d'un arrêt qui rejette des débats un « *procès-verbal de concubinage* » établi par un huissier de façon irrégulière (l'huissier avait consulté les fichiers de la mairie).

101. Cass. civ. 1re, 16 février 1983, *Bull. civ.* I, n° 68.

102. **Il y a** impossibilité morale... en raison des rapports de confiance entre les concubins, de leurs relations pécuniaires antérieures et de la présence de leurs enfants : Cass. civ. 1re, 25 mars 1969, *Bull. civ.* I, n° 124 : « *L'état de concubinage a créé pour G. une impossibilité morale de se procurer un écrit du prêt qu'il affirme avoir consenti* » (prêt) ; de même, pour une société de fait : Cass. civ. 1re, 14 février 1961, *Bull. civ.* I, n° 100 ; *Gaz. Pal.*, 1961.I.339.

Il n'y a pas impossibilité morale : Cass. civ. 1re, 28 mai 1975, *Bull. civ.* I, n° 181 ; *D.* 1975, IR 181 (prêt) ; l'arrêt se borne à parler des « *circonstances de la cause* », sans dire lesquelles ; Amiens, 2 février 1976, *JCP* G 1976.IV.327 : le prétendu prêt aurait été consenti à la fin de la liaison ; Cass. civ. 3e, 29 avril 1971 ; *Bull. civ.* III, n° 277 (contrat d'entreprise) : « *Il ne lui eût été impossible malgré sa liaison avec dame M. de s'en réserver une preuve écrite* » ; *cf.* aussi pour la preuve d'un don manuel : Cass. civ. 1re, 21 février 1956, *Bull. civ.* I, n° 86 ; *D.* 1956.287.

103. Le principe peut se retourner contre les concubins. Aussi, deux époux invoquèrent l'argument de la discrimination à l'encontre du décret du 22 décembre 1953, dont l'article 8 pose la règle du non-cumul des deux indemnités d'hébergement pour les époux affectés outre-mer : il y aurait eu rupture d'égalité entre couples mariés et couples non mariés, et la disposition aurait donc dû être écartée pour tous. Le Conseil d'État affirme au contraire que « *compte tenu du changement dans les circonstances survenu depuis sa publication* », le texte doit être interprété « *comme appelant l'application de la règle de non-cumul des deux indemnités d'éloignement, non seulement aux fonctionnaires mariés, mais aussi aux fonctionnaires vivant en concubinage stable et continu* » (CE, 15 juillet 2004, *AJDA* 2004, p. 1923 ; *Dr. famille* 2004, n° 197, obs. V. Larribau-Terneyre). Quand l'assimilation se fait par le bas...

assorties de justifications objectives et raisonnables[104]. Pourquoi la loi instituerait-elle, sinon, le mariage ? À l'inverse, il devient de plus en plus difficile aux concubins qui le voudraient, d'échapper au droit : juridiquement, certains s'accommodaient fort bien de la romance « Plaisir d'amour ne dure qu'un moment... » ; ils doivent désormais se répéter « Pour vivre heureux, vivons cachés ».

N°s 340-349 réservés.

104. Sur la question des pensions de réversion, cf. *infra*, n° 452, et ref. cit.

■ CHAPITRE II ■

PACTE CIVIL DE SOLIDARITÉ

350. Fallait-il légiférer ? – La fin des années 1980 vit naître des sollicitations de plus en plus fortes en faveur de la reconnaissance légale des couples homosexuels. À l'appui de cette revendication, un certain nombre d'associations invoquèrent notamment le respect des droits de l'homme en général et la prohibition de toute discrimination fondée sur l'orientation sexuelle en particulier. Des considérations d'équité et un souci d'humanité en des temps marqués par les ravages du sida, plaidaient également, disait-on, en faveur d'un statut. De telles revendications étaient d'autant plus fortes que la Cour de cassation avait affirmé que le concubinage devait s'entendre de l'union d'un homme et d'une femme[1]. Il s'agissait là d'un véritable choix de société, qui relevait plus du législateur que du juge. Faute de révolution tranquille par la voie jurisprudentielle, les actions de « lobbying » se multiplièrent auprès des hommes politiques et de certains médias. On invoquait d'ailleurs les exemples étrangers : un peu partout en Europe, des pays scandinaves aux Pays-Bas, étaient créés des statuts légaux pour les couples homosexuels : statuts parallèles aux mariages réservés aux homosexuels ou statuts généraux du concubinage ouverts aux couples homosexuels comme aux couples hétérosexuels[2].

351. Hier : le débat – Le principe même d'une intervention législative était très discuté. Certains se demandaient quel intérêt trouverait la société à un statut légal de l'union libre. D'ailleurs un tel statut ne serait-il pas contraire à la volonté même des concubins ? L'union libre, disait-on, n'a pas de statut et ne pourrait en avoir : de son essence, elle est libre et diverse, en raison des circonstances de fait et de la volonté des intéressés. Surtout, créer un mini-mariage (selon les uns), un sous-mariage (selon les autres), pour tous les couples n'aurait pas de sens et mettrait en péril un des piliers de la famille et de la société. Que si l'on réserve ce statut aux homosexuels, ne serait-ce pas remettre en cause un des fondements anthropologiques de toute civilisation : la différence des sexes et la continuité des générations ? Certes, chacun est libre de se marier ou de rester célibataire, de vivre en couple avec une personne de sexe différent ou avec une personne de même sexe ; mais le droit doit-il consacrer une situation qui, à bien des égards, semble aller à l'encontre des besoins de la société ? Que les sociétés occidentales se gardent aujourd'hui de pénaliser l'homosexualité au nom du respect des droits de l'homme est tout à leur honneur ; faut-il pour autant, sous prétexte de refus des discriminations, créer un statut

1. *Supra*, n° 315.
2. Sur la situation de l'époque en droit comparé, A. Roy, « Le partenariat civil d'un continent à l'autre », *RID comp.* 2002.759. Pour un panorama général, cf. *Des concubinages, droit interne, droit international, droit comparé, op. cit.*

légal pour les couples de même sexe ? D'autant que derrière la question du statut légal du couple homosexuel se profile la question de la famille homosexuelle. Vive la liberté, vive la différence !

Contre de tels arguments était invoquée la liberté des choix individuels : la société ne doit pas imposer de modèle ; le mariage ne correspondrait plus aux besoins et aux aspirations d'une partie des couples contemporains ; les concubins qui ne veulent pas du mariage ou auxquels le mariage est interdit, comme les homosexuels, devraient trouver dans la loi un cadre qui leur assurerait des droits et une reconnaissance sociale. Rejeter une telle revendication porterait atteinte au droit au respect de la vie privée, et dans le cas des homosexuels, constituerait une discrimination fondée sur le sexe ou sur l'orientation sexuelle. La France ne devrait pas rester un des derniers pays occidentaux à refuser aux homosexuels un statut que commanderaient la justice et l'humanité. Vive l'indifférence !

352. Aujourd'hui, une obligation européenne ? – Si la CEDH n'a jamais dit que les États devaient créer un statut pour les couples vivant hors mariage, en général, elle a en revanche affirmé qu'ils devaient offrir une forme de reconnaissance légale aux couples de personnes de même sexe : selon elle, « *les couples homosexuels sont, tout comme les couples hétérosexuels, capables de s'engager dans des relations stables. Les requérants se trouvent donc dans une situation comparable à celle d'un couple hétérosexuel pour ce qui est de leur besoin de reconnaissance juridique et de protection de leur relation* »[3]. Il peut s'agir bien sûr du mariage ; mais les États ne sont pas tenus de l'ouvrir aux personnes de même sexe[4]. À défaut, un cadre légal doit être mis en place qui assure égalité et prévisibilité. Les bases de ce principe ont été posées par l'arrêt *Schalk et Kopf*, les États se voyant cependant reconnaître une certaine marge d'appréciation dans le *timing* de leur intervention[5]. Dans l'arrêt *Oliari c. Italie* du 21 juillet 2015[6], la Cour a déclaré qu'il s'agissait d'une obligation positive pesant sur les États parties à la Convention EDH. En l'espèce, l'Italie fut condamnée pour n'avoir pas mis en place de statut alors même que, depuis cinq ans, les plus hautes juridictions italiennes, Cour constitutionnelle et Cour de cassation, incitaient le législateur à intervenir, l'une au nom de la Constitution italienne, l'autre au nom de la Convention EDH[7] ; or le Gouvernement italien n'invoquait aucun motif satisfaisant

3. CEDH, *Schalk et Kopf c. Autriche*, préc., par. 99. Le principe a été réaffirmé dans l'arrêt *Vallianatos c. Grèce*, n° 29381/09 et 32684/09, préc.

4. CEDH, 24 juin 2010, préc.

5. Selon la Cour, « *Force est (...) de constater que se fait jour un consensus européen tendant à la reconnaissance juridique des couples homosexuels et que cette évolution s'est en outre produite avec rapidité au cours de la décennie écoulée. Néanmoins, les États qui offrent une reconnaissance juridique aux couples homosexuels ne constituent pas encore la majorité. Le domaine en cause doit donc toujours être considéré comme un secteur où les droits évoluent, sans consensus établi, et où les États doivent aussi bénéficier d'une marge d'appréciation pour choisir le rythme d'adoption des réformes législatives* » (105). L'Autriche ayant entre-temps mis en place un système de partenariat enregistré réservé aux couples de même sexe, les juges de Strasbourg avaient estimé que « *La loi autrichienne sur le partenariat enregistré, qui est entrée en vigueur le 1er janvier 2010, reflète l'évolution décrite ci-dessus et s'inscrit ainsi dans le cadre du consensus européen qui est en train d'apparaître. Même s'il n'est pas à l'avant-garde, le législateur autrichien ne saurait se voir reprocher de ne pas avoir créé plus tôt la loi sur le partenariat enregistré (106)* ».

6. CEDH, n° 18766/11 et 36030/11, préc., *D.* 2015, 1646, obs. F. Sudre, 2160, note H. Fulchiron.

7. Sont également invoqués des sondages prouvant que la population italienne est majoritairement favorable à une telle reconnaissance. Dans une formule qui ne manquera pas d'inquiéter les démocrates, la Cour affirme que *"while the Government is usually better placed to assess community interests in the present case, the Italien legislature seems not to have attached particular importance to the indications set out by the national community, including the general Italian population and the highest judicial authorities in Italy"* (par. 179). Réduisant un peu plus la marge d'appréciation des États, la Cour, quant à la solution à retenir cette fois, estime que compte tenu du fait que l'homosexualité est largement acceptée en Italie et que sa reconnaissance correspond à un besoin social, la bonne

d'intérêt général qui aurait pu justifier cette carence[8]. Reste à savoir quels arguments pourraient être recevables devant la Cour pour expliquer l'immobilisme de tel ou tel État (on songe notamment à certains États d'Europe de l'Est)[9].

353. Pic, Pacs, Cus ? – Bien avant d'y être contrainte par ses engagements internationaux, la France décida de franchir le pas. Restait à savoir comment intervenir. Une première option, minimale, consistait à ne pas créer de statut proprement dit, mais à donner au concubinage une définition légale, assez large pour englober les couples hétérosexuels et les couples homosexuels. Des dispositions spécifiques aux droits social et fiscal et à certains points de droit civil (en matière de baux d'habitation, par exemple), seraient venus renforcer cette évolution. L'équité eût été assurée. Mais aurait été aussi réaffirmée la distinction entre l'institution du mariage, fondatrice de la famille, et la libre diversité des concubinages[10].

Une seconde possibilité eût été de créer une institution purement contractuelle, ouverte à toutes les personnes partageant une communauté de vie, que les intéressés forment ou non un couple (frères et sœurs, religieux...). Ce contrat aurait organisé la vie commune et les lendemains de la séparation. Telle fut la proposition de pacte d'intérêt commun (PIC) présenté par la Commission Hauser[11]. Enfin, il avait été aussi envisagé de créer un véritable statut du concubinage sur le modèle du partenariat enregistré scandinave ou hollandais. Ce statut, relevant de l'état civil, aurait été construit en contemplation du mariage, peut-être même avec renvoi aux règles du mariage. Il aurait été ouvert à tous les couples ou aux seuls couples homosexuels auxquels le mariage serait resté fermé[12].

354. Naissance d'un monstre. – Entre ces trois options, le gouvernement de l'époque choisit de ne pas choisir. Il renonça à présenter lui-même un projet et préféra soutenir une initiative parlementaire[13] dont les défaillances techniques étaient pourtant criantes[14]. Ces insuffisances auraient pu être réparées par le travail parlementaire. Malheureusement, le texte déclencha à l'Assemblée nationale

---

solution, en l'absence de mariage, est de mettre en place une forme de partenariat enregistré ou de statut civil *"since this would be the most appropriate way which"* les couples de personnes de même sexe *"could have their relationship legally recognised and which would guarantee their relevant protection – in the form of core rights relevant to a couple in a stable and committed relationship- without unnecessery hindrance"* (par. 174).

8. Le gouvernement italien se défendait de vouloir défendre la famille traditionnelle ou (*horresco referens*) la moralité publique ; tout au plus, expliquait-il, *"time was necesserily required to achieve a gradual maturation of a common view of the national community on the recognition of this new form of family"* et invoquait-il *"different sensitivities on such a delicate and deeply felt social issue"*, ainsi que la recherche d'un *"unanimous consent of different currents of thought and feeling, even of religious inspiration, present in society"* (par. 176). L'argumentation était bien faible.

9. L'atteinte ainsi portée au droit au respect de la vie privée et familiale ne pourrait être justifiée que par de puissantes considérations d'intérêt général, liées par exemple à défense du mariage, à l'ordre public, à l'hostilité de l'opinion à l'égard de l'homosexualité, aux convictions religieuses de la majorité de la population etc. Mais ces arguments seraient-ils audibles par la Cour ?

10. I. Théry, *Couple, filiation et parenté aujourd'hui*, rapp. préc., p. 139 s.

11. J. Hauser, « Du PIC au PACS : expertise génétique d'une loi », *Dr. famille,* Hors série Pacs, décembre 1999, 255.

12. Sur les ancêtres du Pacs, contrat d'union sociale (CUS) et contrat d'union civile (CUC), cf. not. les articles de B. Beignier (« Une nouvelle proposition de loi relative au contrat d'union sociale. Copie à revoir »), L. Leveneur (« Les dangers du contrat d'union civile ou sociale »), A. Sériaux (« Être et ne pas être : les ambiguïtés juridiques de la constitution légale d'un contrat d'union civile »), *in Le Pacs,* n° spécial, *Dr. famille* décembre 1999.

13. Sur laquelle cf. l'article très éclairant de certains de ses promoteurs, J.-P. Michel et J.-P. Poulpiquen, « L'élu, l'expert, le citoyen et le Conseil constitutionnel », *in Le Pacs, Dr. famille* décembre 1999, p. 25 s.

14. F. Terré, « Histoire d'une loi », *in Le Pacs, Dr. famille* décembre 1999, 28 s.

des débats particulièrement houleux qui tournèrent à l'affrontement idéologique avant de dégénérer en combat politique. Il n'y eut pas de travail parlementaire efficace[15].

Rejeté en bloc au Sénat, imposé dans le bruit et la fureur à l'Assemblée nationale, le texte fut déféré au Conseil constitutionnel, qui, dans sa décision du 9 novembre 1999[16], tenta de colmater les brèches en multipliant les réserves d'interprétation : une véritable réécriture de la loi a-t-on dit[17].

Le Pacs était né[18]. Le législateur avait enfanté un monstre[19].

355. Paradoxes du Pacs. – Le Pacs version 1999 était un objet juridique hybride et paradoxal. Il se définissait comme un contrat (art. 515-1), mais il appartenait, quoi qu'en eûssent dit ses promoteurs, à l'état des personnes. Il reposait sur la volonté individuelle, mais entraînait d'importants effets légaux. Il était censé briser le carcan du droit matrimonial, mais ses effets patrimoniaux, avec ses présomptions d'indivision plus ou moins irréfragables, étaient plus contraignants et souvent plus injustes que ceux du mariage.

Loin des polémiques politiques ou doctrinales, le Pacs avait, en pratique, rencontré un réel succès : 204 055 Pacs furent enregistrés entre 1999 et 2005, 60 223 pour la seule année 2005[20]. Il était cependant difficile d'analyser précisément ces chiffres. D'une part, le souci de protection de la vie privée – la hantise d'un fichier des homosexuels – avait conduit le législateur à interdire les statistiques relatives au sexe des partenaires[21] : il était donc impossible de faire la part des couples homosexuels et des couples hétérosexuels. D'autre part, il n'existait pas de chiffres fiables sur la dissolution du Pacs ; le système de publicité prévu en 1999 était d'ailleurs si défectueux qu'une partie des ruptures ne figurait pas sur les registres[22].

Au demeurant, le Pacs était-il vraiment utilisé par ceux pour qui il avait été conçu ? Les avantages qui y étaient attachés (avantages fiscaux, avantages sociaux, avantages liés au statut de la fonction publique) eurent pour conséquence, paradoxale, que le Pacs fut plébiscité par de faux concubins hétérosexuels, fonctionnaires ou assimilés, désireux de gagner quelques points pour un concours ou pour un rapprochement de « conjoints »[23].

Quel que fût le succès réel ou artificiel du Pacs, l'incohérence juridique du système imaginé en 1999 ne laissait pas d'inquiéter, avec ses présomptions d'indivision mal maîtrisées, ses règles de fonctionnement lacunaires, sa publicité tronquée et sa liquidation aléatoire. Pourtant, et ce n'est pas le moindre de ses paradoxes, le Pacs version 1999 ne suscita pas de contentieux particulier : trois arrêts du Conseil d'État[24] (mais pas un de la Cour de cassation, ce qui est paradoxal

15. V. B. Beignier, « Pacte civil de solidarité et indivision : visite aux enfers », *Defrénois* 2000, 620 s.

16. Cons. const., 9 novembre 1999, Déc. n° 99-419 Dc, *JO* 16 novembre 1999, 1692 s.

17. N. Molfessis, « Pacte civil de solidarité. La réécriture de la loi relative au Pacs par le Conseil constitutionnel », *JCP* G 2000.I.210.

18. Not. sur la loi du 15 novembre 1999 les articles publiés *in Le Pacs*, n° spécial, *Dr. famille* décembre 1999. *Regards civilistes sur la loi du 15 novembre 1999 relative au concubinage et au pacte civil de solidarité*, colloque du LERADP, avant-propos Fr. Dekeuwer-Défossez, LGDJ, 2002. *Adde* Th. Revet, *RTD civ.* 2000, 176.

19. P. Catala, « Critique de la raison médiatique » ; Ph. Malaurie, « Sur le Pacs », *in Le Pacs, Dr. famille* décembre 1999, 63 s. et 30 s.

20. Rép. Min Justice, n° 93281 Min., 2 mai 2006, *JO Ass. Nat. Q.* 20 juin 2006, p. 6638.

21. Cf. les éléments d'enquête présentés par Th. Fossier, « Le pacte de solidarité et le tribunal », *in Des concubinages, droit interne ; droit international, droit comparé, op. cit.*, p. 107 s.

22. Cf. *infra*, n°s 430 s.

23. Le législateur de 2006 s'en émut : si, pour les mouvements de fonctionnaires, priorité est donnée aux fonctionnaires séparés pour des raisons professionnelles de leur conjoint ou du partenaire avec lequel ils sont liés par un Pacs, c'est désormais à condition que les intéressés « *produisent la preuve qu'ils se soumettent à l'obligation d'imposition commune prévue par le Code général des impôts* » (L. n° 84-16, 11 janvier 1984, art. 60. L. 23 juin 2006). Pour lutter contre les Pacs blancs, le législateur n'exige pas la preuve de la vie commune, mais plus vaguement une certaine cohérence de la part des intéressés.

24. *CE, 28 juin 2002, *JCP* G 2003.I.101, n° 3, obs. H. Bosse-Platière ; *RFDA* 2002, 723, concl. Boissard ; *RTD civ.* 2002, 785, obs. J. Hauser : tout en refusant d'assimiler Pacs et mariage, le Conseil d'État invite le pouvoir réglementaire à procéder aux réformes nécessaire pour éviter « *toute différence*

pour un contrat), quelques décisions des juges du fond, dont un jugement du tribunal de grande instance de Lille transposant aux partenaires pacsés une jurisprudence vieillotte sur le constat d'adultère[25]. Rien sur le régime des biens des partenaires.

356. Nécessité d'une réforme. – Les dangers potentiels du Pacs qui, en toute hypothèse, ne correspondait pas à ce que croyaient les partenaires, rendaient une réforme indispensable. Dans le même temps, se développait une vive campagne en faveur de l'ouverture du mariage aux couples homosexuels et de la reconnaissance de l'homoparentalité. Face à cette agitation, le Gouvernement choisit de modifier le Pacs, pour en faire un véritable « *modèle alternatif de conjugalité* ». À cette fin, il réunit un groupe de travail qui rendit ses conclusions en novembre 2004[26]. Pour autant, une intervention législative était délicate : elle risquait de réveiller les polémiques, alors que la reconnaissance par l'Espagne et par le Canada du mariage homosexuel et de l'homoparentalité[27] créait une dynamique qui eût pu être irrésistible. Prudemment, le Gouvernement choisit de passer par la bande. Il saisit l'occasion de la réforme des successions pour faire voter par voie d'amendement, et sans véritables discussions, une refonte complète du Pacs[28]. Le procédé était habile. Mais était-il de bonne politique d'escamoter ainsi le débat ? Après la filiation par ordonnance[29], le Pacs par amendement et cavalier législatif.

357. Du contrat au partenariat, puis du partenariat au mariage *light* ? – Le Pacs « version 2006 » est profondément différent du brouillon de 1999. Abandonnant la fiction d'un Pacs qui ne serait qu'un simple contrat de vie commune, le législateur du 23 juin 2006 a créé un véritable « partenariat enregistré » sur le modèle des partenariats enregistrés européens. Conçu comme un « troisième mode de conjugalité[30] », il intègre sans équivoque l'état des personnes : le statut l'emporte sur le contrat, même si ce statut est largement ouverte aux volontés individuelles. Sa dimension personnelle est d'ailleurs renforcée : il emporte désormais engagement de vie commune, et obligation d'assistance[31]. Par là-même, le Pacs se rapproche un peu plus du mariage, dans sa nature et dans ses effets civils, sociaux et fiscaux. Nouveau paradoxe du Pacs, nouvelle contradiction du législateur : voulant faire du Pacs un statut alternatif pour le couple, il en a fait un clone du mariage.

---

de traitement manifestement disproportionnée ou sans rapport avec l'objet de la norme en cause » ; CE, 23 mai 2003, *D.* 2004, 295, n. J. Gourdou et J.-J. Lemouland, affirmant que les juridictions administratives sont incompétentes pour apprécier la régularité du refus d'une pièce administrative (refus implicite de l'ambassade de France en Thaïlande de fournir la traduction en langue thaï de la liste des pièces d'état civil nécessaires à l'enregistrement d'un Pacs) ; CE, 8 décembre 2001, *D.* 2001, 956, concl. Chr. Maugüé ; *D.* 2002, somm., p. 615, obs. J.-J. Lemouland ; *Dr. famille* 2001, n° 36, n. B. Beignier, sur le décret n° 99-1090 du 21 décembre 1999 fixant les catégories de personnes pouvant interroger les greffes des tribunaux d'instance pour savoir si telle ou telle personne est pacsée ou non (à l'exclusion, notamment des avocats).

25. *Infra*, n° 389.

26. *Le pacte civil de solidarité, réflexions et propositions de réforme*, rapport remis au garde des Sceaux le 30 novembre 2004, sur lequel, F. Granet, « Trente deux propositions pour une révision de la loi du 15 novembre 1999 relative au Pacs », *Dr. famille* 2005, chron. n° 9 ; H. Fulchiron, « Quel avenir pour le Pacs ? », *Defrénois* 2005, p. 1286.

27. Cf. *infra*, n°s 1433 s.

28. L. n° 2006-728, 23 juin 2006, portant réforme des successions et des libéralités, *JO* 24 juin 2006, p. 9513 ; *adde* D. n° 2006-1806 et n° 2006-1807 du 23 décembre 2006, *JO* 31 décembre 2006, p. 20375 et s. Sur le nouveau système, Ph. Simler et P. Hilt « Le nouveau visage du Pacs : un quasi-mariage », *JCP* G 2006.1.161 ; H. Fulchiron « Le nouveau Pacs est arrivé », *Defrénois* 2006, p. 1621 s. ; S. de Benalcazar, « Éloges de la raison juridique ou la remontée des enfers », *Dr. famille* 2007, 2.

29. Ord. 4 juillet 2005, *infra*, n° 938.

30. Selon l'expression du rapport, *Le pacte civil de solidarité, réflexions et propositions de réforme*, préc.

31. *Infra*, n°s 386 s.

Techniquement, le régime du Pacs est considérablement amélioré, qu'il s'agisse des règles de publicité (la mention du Pacs sera désormais portée en marge de l'acte de naissance), des conditions et des modalités de sa dissolution et, surtout, du régime des biens. Le principe d'indivision a fait place à celui de la séparation de biens, qui correspond sans doute mieux aux attentes des parties ; ceux qu'anime un esprit plus communautaire peuvent opter pour une indivision conventionnelle. Les règles de liquidation ont également été précisées. Mais là encore, le législateur semble avoir pris le mariage comme modèle et les régimes matrimoniaux comme référence. Il est décidément difficile de construire un statut du couple vraiment original. Les techniques juridiques ne se réinventent guère.

358. Succès du Pacs. – Le « nouveau » Pacs semble entré dans le paysage juridique et social français. Depuis la création du Pacs jusqu'en 2012, 2,6 millions de personnes ont conclu un Pacs ; dans le même temps, 520 000 personnes ont rompu leur engagement. 160 325 Pacs furent enregistrés en 2012 (168 000 en 2014), soit 40 % des unions. En 2013, il y avait donc environ deux millions de partenaires vivant pacsés. Surtout, il apparaît désormais comme un mode alternatif de vie en couple : 96 % des contrats signés en 2012 l'avaient été par des couples hétérosexuels[32]. Et comme, parallèlement (?), le nombre de mariages ne cesse de diminuer, on compte aujourd'hui deux Pacs conclus pour trois mariages célébrés[33]. L'assimilation entre Pacs et mariage n'intervient pas seulement sur le plan juridique, elle se traduit également dans les comportements : on se pacse à un peu plus de trente ans, comme les époux ; et on enregistre l'union en juin ou en juillet, comme pour les mariages. Quant à la séparation, il semble que les Pacs ne soient guère plus fragiles que les mariages : entre 2000 et 2012, 260 000 Pacs ont été dissous, soit 20 % des Pacs conclus[34].

359. Mystères du Pacs. – Quant au contentieux engendré par le Pacs, il continue à être des plus modestes.

En soi, cette absence de contentieux est un mystère, et une leçon d'humilité pour les juristes car on saisit là les limites du droit. Pour expliquer le caractère pacifique du Pacs, on peut certes invoquer le manque de recul (mais après quinze ans[35] : y a-t-il tant de mariages qui durent si longtemps ?). Les pessimistes affirmeront qu'une partie des Pacs, rompus en fait ou en droit, sont autant de bombes à retardement que juges, notaires et avocats, anciens pacsés, nouveaux conjoints et jeunes héritiers verront bientôt ressurgir avec leurs indivisions non liquidées qui auront continué à fonctionner dans l'ignorance générale, ou, pis encore, avec leurs superpositions d'indivisions si d'aventure un nouveau Pacs avait été conclu sur les ruines d'un Pacs dissous mais non liquidé, sans parler des superpositions d'indivisions et de communautés si les pacsés se sont mariés entre eux, ou, pis encore, avec un tiers. À l'inverse, les optimistes émettront l'hypothèse qu'il n'y a pas de contentieux... parce qu'il n'y a pas de conflit. Mais s'il n'y a pas de conflit, est-ce parce que le Pacs ne serait pas pathogène, ou parce que les pacsés ignorent leurs droits ? Ou qu'ils sont persuadés que leurs litiges n'intéressent pas la justice, qu'ils doivent les régler hors du droit, sans le droit, dès lors que pour eux le Pacs n'est affecté que d'une faible dose de juridicité et qu'en choisissant le Pacs et non le mariage (du moins pour les couples hétérosexuels), ils se sont placés aux frontières du droit ? Et puisque les partenaires, à la différence des époux, n'ont nulle obligation de recourir au juge et à ses auxiliaires pour mettre fin au Pacs, ils s'en passent. En ce sens, l'expérience du Pacs pourrait se révéler très intéressante au

32. V. F. Büsch et O. Timbard, « Le profil des pacsés », Infostat Justice, n° 126, 2014.

33. Le nombre de mariage est passé de 305 000 en 2000 à 241 000 en 2014 (Insee, *Bilan démographique 2014*).

34. Et encore 39 % du Pacs dissous l'ont été en conséquence d'un mariage, sans que l'on sache, d'après les chiffres disponibles, si les partenaires se sont mariés entre eux...

35. Pour la seule année 2012, 49 000 Pacs ont été dissous.

titre du règlement extra-judiciaire des conflits familiaux. De là à en faire un modèle dans la perspective de la consécration d'un divorce sans juge, il y a un immense pas...

360. Définition. – La définition inscrite à l'article 515-1 n'a pas été modifiée en 2006. Mais si les mots sont les mêmes, la chose ne l'est plus : le Pacs appartient désormais à l'état des personnes. Selon ce texte, « *un pacte civil de solidarité est un contrat conclu par deux personnes physiques majeures, de sexe différent ou de même sexe, pour organiser leur vie commune* ». Comme pour la définition du concubinage (art. 515-8), une analyse exégétique s'impose.

361. Un contrat. – À la différence du mariage que l'on peut définir comme une institution à base contractuelle, le Pacs n'est pas une institution : il est en principe de nature contractuelle[36]. Il est régi par le droit commun des contrats et quelques règles propres[37]. Pour autant, il relève, quoiqu'on ait pu dire, de l'état des personnes : sa place dans le Code civil, au Livre « *Des personnes* », n'a rien de fortuit. Le législateur de 1999, soucieux d'éviter toute confusion entre Pacs et mariage, l'avait maintenu à l'écart des actes de l'état civil (à la différence des droits étrangers qui eux ne se paient pas d'apparences[38]) ; mais il fallut organiser en conséquence une sorte d'état civil parallèle pour en assurer la publicité : aux greffes des tribunaux d'instance de tenir des registres spéciaux et de procéder aux transcriptions nécessaires selon des modalités plus ou moins copiées sur celles de l'état civil[39]. Indépendamment des stipulations contenues dans le contrat passé entre les partenaires, le Pacs produisait un certain nombre d'effets légaux (en matière de solidarité pour les dettes ménagères, de statut des biens, de logement, etc.) qui en faisaient un véritable statut, parallèle au mariage.

Dès 1999, il était évident que le Pacs n'était pas un simple contrat (fût-ce un contrat d'adhésion), mais un statut du couple à base contractuelle[40]. Les liens entre Pacs et état des personnes apparaissaient d'ailleurs clairement lorsqu'on le débarrassait des oripeaux dont l'avait revêtu le législateur interne et que l'on portait l'analyse en droit international privé : le Pacs se rapprochait des partenariats enregistrés et autres statuts du concubinage qu'il convenait de ranger dans la catégorie du statut personnel, et non dans celle des contrats (aurait-il fallu, sinon, soumettre le Pacs à la Convention de Rome et s'interroger en conséquence sur la *prestation caractéristique* de ce prétendu contrat ?)[41].

---

36. J. HAUSER, « Le PACS à l'épreuve du droit des contrats (le PACS est-il un organisme génétiquement modifié ? », *in Regards civilistes sur la loi du 15 novembre 1999 relative au concubinage et au pacte civil de solidarité*, colloque du LERADP, avant-propos F. Dekeuwer-Défossez, LGDJ, 2002, p. 51.

37. Not. D. FENOUILLET, « Couple hors mariage et contrat », *in La contractualisation de la famille, op. cit.*, p. 81 s.

38. Fr. GRANET, « Concubinages, partenariats enregistrés et mariages entre homosexuels en Europe », *in Des concubinages, droit interne, droit international, droit comparé, op. cit.*, p. 376 et réf. cit.

39. J. MASSIP, « L'état civil et les statuts légaux du concubinage », *in Des concubinages, droit interne, droit international, droit comparé, op. cit.*, p. 555 s.

40. Fr. DEKEUWER-DÉFOSSEZ, « Pacs et famille, retour sur l'analyse juridique d'un contrat controversé », *RTD civ.* 2001, 529 ; J. HAUSER, *Defrénois* 2001, 673 ; M. GRIMALDI, *Defrénois* 2003, 813 ; CARBONNIER, *La famille, op. cit.*, p. 745 et réf. cit.

41. Sur le Pacs en droit international privé, H. FULCHIRON, « Réflexions sur les unions hors mariage en droit international privé », *JDI* 2000, 889 et réf. cit. ; G. KAIRALLAH, « "Les partenariats organisés" en droit international privé », *Rev. crit. DIP* 2000, 317 s. ; M. REVILLARD, « Le pacte civil de solidarité en droit international privé », *Defrénois* 2000, 337 s. ; JOSSELIN-GALL, « Pacte civil de solidarité, quelques éléments de droit international privé », *JCP* N 2000.489. Sur l'ensemble de la question, A. DEVERS, *Les concubinages en droit international privé*, thèse, Lyon, LGDJ, 2004, préf. H. Fulchiron ; G. KESSLER, *Les partenariats enregistrés en droit international privé*, LGDJ, 2004. La nature particulière des partenariats et leur diversité a conduit le législateur à adopter dans la loi du 12 mai 2009 dite de simplification et de clarification du droit, une règle de conflit tout aussi originale. Selon l'article 515-7-1 : « *Les*

Comme on l'a souligné *supra*, le législateur de 2006 a mis fin à toute ambiguïté : le Pacs est désormais conçu comme un statut du couple, un élément de l'état des personnes. Mention en est portée en marge de l'acte de naissance. Que, depuis 2011, le Pacs puisse être enregistré par un notaire (ce qui pourrait le ramener vers les contrats), n'y change rien : le notaire se contente d'instrumenter et fait procéder aux formalités de publicité[42].

362. Un contrat conclu par deux personnes physiques majeures, de sexe différent ou de même sexe. – On passera rapidement sur la précision un peu extravagante selon laquelle le Pacs concerne deux personnes *physiques*. Gaston Jèze disait jadis qu'il n'avait jamais petit-déjeuné avec une personne morale ; le juriste contemporain peut se rassurer : le législateur n'a pas inventé les couples de personnes morales, voire les couples mixtes, personne morale et personne physique !

À la différence du mariage, le Pacs ne concerne que deux personnes majeures : point de majorité « partenariale » anticipée pour les femmes, ni de dispense pour motifs graves. *Sur les majeurs protégés*[43].

Alors que certains droits étrangers ont, au moins dans un premier temps, créé les partenariats enregistrés pour offrir un statut aux couples homosexuels, les couples hétérosexuels disposant quant à eux du mariage, le Pacs français est destiné à tous les couples. Ses promoteurs espéraient échapper ainsi à l'accusation de législation « communautariste ». Surtout, le partenariat se rapprochant peu à peu du mariage, le droit français, avec ses deux statuts parallèles pour les couples hétérosexuels (*i.e.* l'immense majorité des partenaires) a perdu toute cohérence[44].

363. Un contrat conclu par deux personnes physiques majeures, de sexe différent ou de même sexe, pour organiser leur vie commune. – Le Pacs n'est pas un simple arrangement entre amis, il suppose une vie commune. Or, comme pour le mariage, la vie commune ne se réduit pas à la cohabitation. Pour lever toute ambiguïté, le Conseil constitutionnel avait pris soin de préciser dans sa décision du 9 novembre 1999, que « *la notion de vie commune ne recouvre pas seulement une communauté d'intérêts et ne se limite pas à l'exigence d'une simple cohabitation entre deux personnes ; la vie commune mentionnée par la loi déférée suppose, outre une résidence commune, une vie de couple* ». La loi du 23 juin 2006 renforce cette dimension personnelle : « *Les partenaires liés par un pacte civil de solidarité s'engagent à une vie commune* » (art. 515-4).

Le Pacs est donc bien un statut du couple, à base contractuelle : comme le mariage, il touche à l'état des personnes.

364. Pacs, mariage ; pan par pan. – À ceux qui doutaient encore de la nature du Pacs, le Conseil d'État, dans son arrêt du 28 juin 2002[45], avait apporté de nouveaux éléments de réflexion. Pour pousser un peu plus loin les avantages du Pacs, était invoqué, selon une rhétorique de confusion souvent utilisée aujourd'hui, le principe d'égalité. Selon le Conseil d'État, la loi du 15 novembre 1999 ne peut être interprétée comme assimilant de manière générale les partenaires liés par un Pacs aux personnes mariées ; ces deux catégories de personnes étant placées dans des situations juridiques différentes, le principe d'égalité n'impose pas

---

conditions de formation et les effets d'un partenariat enregistré ainsi que les causes et les effets de sa dissolution sont soumis aux dispositions matérielles de l'État de l'autorité qui a procédé à son enregistrement » (sur cette règle, cf. not. P. Callé, « Introduction en droit français d'une règle de conflit propre aux partenariats enregistrés », *Defrénois* 2009, p. 1662 ; P. Hammje, « Réflexions sur l'article 515-7-1 du Code civil », *Rev. crit. DIP*, 2009, p. 483).

42. Cf. *infra*, n° 374 s.

43. *Infra*, n° 365.

44. Cf. not. B. Beignier, « Illusions et espoirs du pacte civil de solidarité », *Dr. famille* 2010, Repère, n° 4.

45. CE, 28 juin 2002, *JCP* G 2003.I.101, n° 3, obs. H. Bosse-Platière ; *RFDA* 2002, 723, concl. Boissard ; *RTD civ.* 2002, 785, obs. J. Hauser.

qu'elles soient traitées, dans tous les cas, de manière identique. Que si le législateur français ne s'y employait pas, le juge européen le rappellerait à l'ordre[46]. Ne sont donc pas devenus illégaux, du simple fait de l'entrée en vigueur de la loi, les textes réglementaires réservant des droits ou des avantages aux époux. Toutefois, concède la Haute juridiction, « *il appartient au pouvoir réglementaire, afin d'assurer la pleine application de la loi, d'apporter dans un délai raisonnable à la réglementation applicable les modifications nécessaires, en évitant toute différence de traitement manifestement disproportionnée ou sans rapport avec l'objet de la norme en cause* ». Pas à pas, pan par pan, le Pacs se rapproche du mariage et réciproquement[47].

SECTION I
FORMATION DU PACS

Comme un contrat, comme le mariage, le Pacs est soumis à un certain nombre de conditions de fond et de conditions de forme[48].

§ 1. CONDITIONS DE FOND

Selon l'article 515-5 du Code civil, le Pacs est un contrat : il est donc soumis aux règles des contrats. Mais parce qu'il intéresse l'état des personnes, il relève de règles particulières partiellement copiées sur celles du mariage.

I. — Capacité

365. ***Capax.*** – À l'origine, le Pacs était fermé aux personnes en tutelle ou en curatelle[49]. La loi du 5 mars 2007 a mis fin à cette curiosité et rapproché Pacs et mariage. Désormais, la conclusion d'un Pacs par un majeur en tutelle est possible, mais est soumise, comme le mariage[50], à l'autorisation du juge des tutelles ou du conseil de famille s'il a été conclu, après audition des futurs partenaires et recueil, le cas échéant, de l'avis des parents et de l'entourage (art. 462, al. 1). S'agissant d'un acte éminemment personnel (le législateur de 2007 s'éloigne un peu plus de la fiction contractuelle), l'intéressé doit être assisté par son tuteur lors de la signature de la convention (rapp. art. 1399 pour le contrat de mariage), mais aucune assistance ou représentation ne sont requises lors de la déclaration au greffe du tribunal d'instance (art. 462, al. 2). Pour le majeur en curatelle, aucune autorisation n'est exigée : le majeur en curatelle doit seulement être assisté par son curateur lors de la signature de la convention ; en revanche, il procède, seul, à la déclaration conjointe (art. 461, al. 1).

---

46. La Cour de cassation (Cass. civ. 1re, 5 mars 2008, *Dr. famille* 2008, n° 51, n. V. Larribau-Terneyre), rappelle que « *les conjoints* » sont « *en l'état de la législation française, les personnes unies par le lien du mariage* », non les partenaires.
47. Cf. *infra*, n° 450 et s.
48. F. VAUVILLÉ, « La conclusion du PACS », *in Regards civilistes sur la loi du 15 novembre 1999 relative au concubinage et au pacte civil de solidarité, op. cit., p. 91.*
49. Th. FOSSIER, « Le pacte civil de solidarité et les majeurs protégés », *JCP* G 2001.I.293, n° 5.
50. Cf. *supra*, n° 177.

II. — Consentement

366. Pacs et contrat. – Il convient d'appliquer au Pacs les règles du droit commun des contrats. Dans sa décision du 9 novembre 1999 précitée, le Conseil constitutionnel insiste sur ce point : le Pacs est régi par les articles 1109 et suivants, non par les règles du mariage. Le consentement doit donc exister et être exempt de vice : erreur (je croyais me pacser avec une personne de mon sexe ; mon partenaire se révèle être un transsexuel qui avait obtenu son changement de sexe à l'état civil), violence (peut-on imaginer des « pacs corses » comme il y a des mariages corses ?) et dol (à la différence du mariage, en Pacs, il ne trompe qui peut).

L'absence totale de consentement serait sanctionnée par la nullité absolue, l'erreur, le dol et la violence par la nullité relative. Les règles particulières prévoyant la confirmation du mariage en cas de cohabitation prolongée (art. 181) ne s'appliquent pas aux Pacs.

III. — Empêchements

Oubliant la fiction d'un Pacs simple contrat, le législateur de 1999 a édicté un certain nombre d'empêchements visant directement la vie de couple en général et les relations charnelles en particulier. La sanction en est la nullité, absolue selon le Conseil constitutionnel[51]. Si le tabou de l'homosexualité a disparu, restent prohibés l'inceste et la polygamie (au sens large).

1) Prohibition de l'inceste

367. Pacs et interdits. – L'article 515-2, alinéa 1, prohibe le Pacs entre ascendant et descendant en ligne directe, entre alliés en ligne directe et entre collatéraux jusqu'au troisième degré inclus (je ne peux me pacser ni avec mon frère ni avec ma sœur, ni avec mon oncle ni avec ma tante). Les interdits sont calqués sur les règles du mariage ; paradoxalement, ils sont beaucoup plus stricts puisque la loi ne prévoit aucune dispense (comp. art. 164).

De nouveau, les prohibitions édictées pour le Pacs se révèlent (sans doute involontairement) plus sévères que celles du mariage. En cas d'adoption simple en effet, l'article 366 prévoit un champ d'interdiction réduit entre l'adopté et sa famille adoptive (en particulier, le domaine de l'inceste ne s'étend pas au-delà des demi frères et sœurs), avec un certain nombre de dispenses[52].

2) Prohibition de la polygamie

368. Refus de la polypacsie. – Par polygamie, au sens large, on entendra la coexistence de deux liens de couple consacrés par la loi : à peine de nullité, il ne peut y avoir de Pacs entre deux personnes dont l'une au moins est engagée dans les liens du mariage (art. 515-2-2° : *Pacs sur mariage ne vaut*) ou entre

51. Déc. 9 novembre 1999 préc., *supra*, n° 354.

52. *Contra*, A. Bénabent, n° 437, qui estime que l'absence de référence au Pacs à l'article 366 conduit à considérer que l'on ne retrouve pas ici les empêchements nés de l'adoption prévus pour le mariage. Mais les dispositions propres au mariage inscrites à l'article 366 viennent compléter celles des articles 161 et s. qui visent expressément la parenté *légitime* ou *naturelle*, et celles de l'article 364, alinéa 2, qui affirme que les prohibitions au mariage prévues aux articles 161 à 164 s'appliquent entre l'adopté et sa famille d'origine. L'article 515-5, alinéa 1, ne fait quant à lui aucune distinction : *ubi lex non distinguit*. Au demeurant écarter la prohibition sous prétexte de l'absence de dispense conduirait à admettre le Pacs entre adopté simple et adoptant, ce qui est inconcevable.

deux personnes dont l'une au moins est déjà liée par un pacte civil de solidarité (art. 515-2-3° : la loi prohibe la « polypacsie » ; mais il est facile de répudier son partenaire pour contracter un nouveau Pacs).

Corrélativement, la célébration d'un mariage met fin automatiquement au Pacs (art. 515-7 : *Mariage passe Pacs*).

IV. — Objet et cause

369. Pacs, ordre public et bonnes mœurs. – Étant en principe régi par le droit commun des obligations, le Pacs doit avoir un objet et une cause. L'objet doit être licite, conforme à l'ordre public et aux bonnes mœurs. La consécration du Pacs rejette de telles exigences dans des zones marginales. Tout au plus pourrait-on réputer non écrites les clauses du contrat par lesquelles les partenaires tenteraient de se soustraire aux règles impératives édictées par la loi (obligation d'aide matérielle et d'assistance réciproques, solidarité pour les dettes de la vie courante) ou, surtout, qui limiteraient leur liberté par la création d'une obligation conventionnelle de fidélité ou un encadrement des conditions et des modalités de la rupture[53].

Quant à la cause, la théorie de la cause illicite et immorale ne devrait guère trouver à jouer : il serait vain de prétendre attaquer un Pacs sous prétexte qu'il a été passé en vue de rémunérer, directement ou indirectement, des relations sexuelles : la Cour de cassation a renoncé à exercer ce genre de contrôle[54]. Tout au plus, pourrait-on invoquer l'absence de cause ou la fausse cause en cas, notamment, d'instrumentalisation du Pacs.

370. Chasse aux Pacs blancs. – Il était probable que plus que le mariage, le Pacs susciterait la fraude. Les avantages civils, fiscaux et administratifs qui lui sont attachés ne sont pas négligeables : continuation du bail, rapprochement de partenaires, réduction des droits de mutation à titre gratuit, imposition avantageuse, etc. Ces craintes n'ont rien de chimérique. Le législateur de 2006 s'en est ému, qui a soumis l'octroi de certains avantages à la preuve d'une déclaration d'imposition commune[55] : la peur du gendarme fiscal (et le fait que pour deux célibataires sans enfant l'imposition commune n'est pas nécessairement un avantage) suffira-t-elle à décourager les fraudeurs ? Par ailleurs, le législateur se garde bien de créer une « cheminée d'appel » avec les Pacs mixtes : malgré les cris de ceux qui invoquent les principes d'égalité et de non-discrimination, le Pacs ne produit pas d'effet direct en matière de nationalité et de droit des étrangers[56]. Toutefois, il peut, indirectement, être pris en compte dans l'appréciation de la « vie familiale » au sens de l'article 8 de la Convention européenne des droits de l'homme et faire ainsi obstacle à une mesure d'éloignement du territoire ou permettre de contester un refus de visa ou de titre de séjour[57].

---

53. *Infra*.

54. Sur la jurisprudence relative à la cause illicite et immorale dans les libéralités entre concubins, et l'évolution de la jurisprudence, *supra*, n° 430 s.

55. L. n° 84-16, 11 janvier 1984, sur la fonction publique, art. 60 *supra*.

56. H. Fulchiron, « Le Pacs et le droit des étrangers », *in* « Le Pacs », *Dr. famille*, n° spécial, décembre 1999, p. 44 s. Ex. : TA Lille, 3 juillet 2002, *D.* 2004.587, n. X. Labbée : « *à elle seule la conclusion d'un Pacs par un ressortissant étranger soit avec un ressortissant français soit avec un ressortissant étranger en situation régulière n'emporte pas la délivrance de plein droit d'une carte de séjour temporaire ; la conclusion d'un tel contrat constitue cependant pour l'autorité administrative un élément de la situation personnelle de l'intéressé, dont elle doit tenir compte, pour apprécier si un refus de délivrance de la carte de séjour sollicitée par le demandeur, compte tenu de l'ancienneté de la vie commune avec son partenaire, n'entraînerait pas une atteinte excessive à son droit au respect de sa vie privée ; si tel est le cas, l'autorité préfectorale ne saurait légalement prendre à son encontre un arrêté ordonnant sa reconduite à la fontière* ». Sur l'ensemble de la question : C. Petit, *Les unions hors mariage et le droit des étrangers*, th. Lyon, 2008.

57. *Ib.* et *infra*, n° 390.

Contre les Pacs blancs, pourraient être retournées, *mutatis mutandis*, les armes forgées contre les mariages blancs. Le Pacs a pour objet l'organisation d'une vie commune qui, a précisé le Conseil constitutionnel, suppose, au-delà d'une simple communauté d'intérêts, au-delà d'une simple cohabitation, *une vie de couple*[58]. Le Pacs qui ne serait passé que pour obtenir tel ou tel avantage (fût-il ponctué de relations sexuelles), pourrait être annulé pour absence de consentement au Pacs, sur le modèle de la jurisprudence relative au mariage simulé[59], pour absence de cause, pour fausse cause ou pour absence d'objet, à moins que l'on n'invoque directement la maxime *fraus omnia corrumpit*. Pourrait également être transposée la jurisprudence du Conseil d'État, refusant l'octroi de l'avantage frauduleusement recherché sans avoir à attendre que la validité du Pacs soit contestée devant les juridictions civiles[60].

371. Pacs et extranéité. – Le Pacs n'est pas réservé aux personnes de nationalité française. Pour les Pacs enregistrés en France, la loi exige seulement une condition de résidence ; et encore n'est-ce qu'indirectement, pour déterminer la compétence du tribunal d'instance (art. 515-3, al. 1) : peu importe que la loi nationale du ou des intéressés ignore voire prohibe la vie de couple hors mariage en général ou entre personnes de même sexe en particulier. Pour les personnes résidant à l'étranger, le Pacs n'est ouvert que si l'un au moins des partenaires a la nationalité française : ce que l'on déduit de l'article 515-3, alinéa 5.

§ 2. Conditions de forme

372. Un Pacs à trois temps. – La forme du Pacs se construit en trois temps : la rédaction du contrat, la déclaration au greffe ou devant notaire, l'enregistrement sur les registres *ad hoc*. Les insuffisances techniques de la loi du 15 novembre 1999 et des décrets du 21 décembre 1999 étaient criantes[61]. Elles ont été corrigées, imparfaitement, par la loi du 23 juin 2006 complétée en 2009 et en 2011.

I. — Rédaction du contrat

373. Un écrit. – La loi exige des partenaires qui procèdent à la déclaration prévue à l'article 515-3, alinéa 1[62], qu'ils produisent au greffier ou au notaire la convention passée entre eux par acte authentique ou par acte sous signature privée (art. 515-3, al. 2) : c'est dire que l'acte doit être écrit. Aucune forme particulière n'est requise : il peut s'agir d'un acte sous signature privée, établi par les concubins eux-mêmes, ou préparé par des professionnels du droit[63]. Dans sa rédaction initiale, l'article 515-3, alinéa 2, exigeait la production de la convention en double original, ce qui excluait l'acte notarié[64]. La loi du 23 juin 2006 a assoupli la règle : l'exigence de l'original ayant disparu, les partenaires pourront produire une copie certifiée conforme. La modification est heureuse : l'acte notarié permettra aux partenaires de bénéficier des conseils d'un professionnel qualifié (ce qui, compte tenu de la complexité des conséquences patrimoniales du Pacs,

58. *Supra*, n° 354.
59. *Supra*, n° 191.
60. *Supra*, n° 198.
61. H. Lécuyer, « Le "Pacs" (désormais) sous toutes ses coutures », *Dr. famille* 2000, chron. n° 1.
62. *Infra*, n° 374.
63. Pour une formule de Pacs, cf. par ex. B. Beignier, J. Combret et A. Fouquet, « Pacte civil de solidarité : formule de convention », *Defrénois* 2000, 630 s. ; Destame, *JCP* N 1999.1698.
64. B. Beignier, « Pacte civil de solidarité : problème quant à l'acte authentique », *Defrénois* 2000, 211 ; « Pacte civil de solidarité : nécessité du double original », *Defrénois* 2001, 232 ; H. Lécuyer, « Le *Pacs* (désormais) sous toutes ses coutures », *Dr. famille* 2000, chron. n° 1. *Contra* cependant, J. Combret et X. Ginon, « Le notaire et le Pacs », *in Des concubinages, droit interne, droit international, droit comparé, op. cit.*, p. 249 s.

est loin d'être inutile) et de garantir la conservation de la convention. Depuis 2011, la déclaration elle-même peut être faite devant notaire lorsque la convention est faite par acte notarié[65].

II. — Déclaration au greffe ou devant notaire

374. Le greffier, substitut du maire ; le notaire, substitut du greffier. – « *Les personnes qui concluent un pacte civil de solidarité en font la déclaration conjointe au greffe du tribunal d'instance dans le ressort duquel elles fixent leur résidence commune ou en cas d'empêchement grave à la fixation de celle-ci, dans le ressort duquel se touve la résidence de l'une des parties* »[66] (art. 515-3, al. 1). Quoique la question ait été discutée, il paraît évident que les partenaires doivent se présenter en personne : la déclaration par courrier n'est expressément prévue que pour les conventions modificatives (art. 515-3, al. 4). Quel sens aurait d'ailleurs une déclaration faite par mandataire ou par lettre, fût-elle recommandée ? Le statut de la personne en dépend[67].

Les partenaires sont invités à fournir « *à peine d'irrecevabilité* » (art. 515-3, al. 2) la convention passée entre eux et un certain nombre de pièces permettant d'établir la validité du pacte au regard de l'article 512-2[68] : absence de lien de parenté prohibée, absence de mariage antérieur non dissous, absence de Pacs préexistant[69].

Le choix du greffe du tribunal d'instance pour procéder à la déclaration s'explique par le souci d'éviter les confusions entre Pacs et mariage : tel eût été le cas si l'on avait eu recours au maire, maître de la célébration du mariage, ou au tribunal de grande instance, gardien de l'état des personnes. Le souci du symbole cédera-t-il un jour devant la volonté de rationaliser l'organisation judiciaire[70] ?

Très vite en effet il fut proposé de transférer cette compétence assez « extraordinaire » du greffe vers l'officier de l'état civil[71]. Mais la chose était politiquement trop délicate. Une autre solution fut retenue : l'enregistrement par le notaire. À l'occasion de la loi n° 2011-331 du 28 mars 2011, dite « de modernisation des professions judiciaires ou juridiques et certaines professions réglementées », le législateur décida que « *lorsque la convention de pacte civil de solidarité est passée par acte notarié, le notaire instrumentaire recueille la déclaration conjointe, procède à l'enregistrement du pacte et fait procéder aux formalités de publicité prévues à l'alinéa précédent* »[72] (art. 515-3, al. 5). Sur le plan pratique, cette nouvelle attribution du notariat présente un triple avantage : alléger les démarches des particuliers qui n'auront plus à aller du

65. Art. 515-3, al. 5, réd. L. n° 2011-331 du 28 mars 2011, *infra*, n° 374.

66. La loi du 28 mars 2011 a prévu que « *en cas d'empêchement grave, le greffier du tribunal d'instance se transporte au domicile ou à la résidence de l'une des parties pour enregistrer le pacte civil de solidarité* » (art. 515-3, al. 2 : le Pacs *in extremis* ?).

67. Pour les personnes en tutelle ou en curatelle, v. *supra*, n° 365.

68. CE, 23 mai 2003, *D.* 2004, 295, n. J. Gourdou et J.-J. Lemouland : les juridictions administratives sont incompétentes pour apprécier la régularité du refus d'une pièce administrative (refus implicite de l'ambassade de France en Thaïlande de fournir la traduction en langue thaï de la liste des pièces d'état civil nécessaires à l'enregistrement d'un Pacs).

69. Pour faire cette preuve, les partenaires devaient obtenir avant 2006 un certificat de « non Pacs » auprès du tribunal d'instance de leur lieu de naissance, ou, en cas de naissance à l'étranger, du greffe du tribunal d'instance de Paris (art. 515-3, al. 2 anc.). Désormais, il leur suffira de produire un extrait d'acte de naissance.

70. Le projet de loi « Justice du XXIe siècle » présenté au Conseil des ministres le 31 juillet 2015 propose de transférer à l'officier de l'état civil les compétences actuellement dévolues au greffier en matière de Pacs accompagnés d'une convention sous seing privé.

71. Commission Guinchard, rapport préc., proposition n° 39.

72. Cf. X. Labbée, « L'enregistrement du Pacs par le notaire », *JCP* G 2011, act. 806 ; M. Lamarche, « Le greffier, l'officier de l'état civil ou le notaire ? L'enregistrement du Pacs partiellement dévolu au

notaire au greffe ; soulager le greffe (de l'enregistrement mais aussi des formalités de publicités, etc.) ; garantir la conservation du Pacs (cf. *infra*). Sur le plan théorique, elle semble ramener le Pacs dans le monde du contrat ; mais on peut se demander si, en réalité, elle n'attire pas le notaire, homme du contrat, dans la sphère de l'état civil. Que le notaire soit investi d'une mission qui intéresse l'état des personnes ouvre bien des perspectives : le Pacs aujourd'hui, le divorce demain[73], dans le cadre d'une « privatisation » des questions d'état ?

À l'étranger, déclaration et enregistrement relèvent de la compétence des agents diplomatiques et consulaires français (art. 515-3, al. 5).
Sur la valeur du Pacs avant la déclaration[74].

III. — Enregistrement et publicité

375. Registres des Pacs. – Après vérification de sa recevabilité, le greffier inscrit la déclaration conjointe des partenaires sur un registre spécial tenu au tribunal d'instance. Dans l'esprit des créateurs du Pacs, il s'agissait d'éviter toute confusion entre Pacs et mariage : le Pacs ne relevant pas de l'état des personnes, il ne figurait donc pas parmi les actes de l'état civil. Pour garantir ce cloisonnement, avait été imaginé un système parallèle de publicité, copié sur celui du mariage : l'autorité qui avait enregistré le Pacs faisait porter mention de la déclaration sur le registre des Pacs tenu au greffe du tribunal d'instance du lieu de naissance de chaque partenaire ou, en cas de naissance à l'étranger, au greffe du tribunal de grande instance de Paris (art. 515-3, al. 5 anc.). Pour astucieux qu'il fût, le procédé était lourd (multiplication des registres et des formalités) et aléatoire (les tribunaux d'instance, surchargés, accompliraient-ils toujours les formalités dans des délais raisonnables ?). Surtout, il forçait celui qui devait prouver qu'il n'était pas pacsé, à demander aux tribunaux d'instance un certificat de non-Pacs : l'exigence concernant tout célibataire (ou plus exactement toute personne non mariée), les greffes croulaient sous les demandes de certificats[75].

376. Mention en marge de l'acte de naissance. – La loi de 2006 a mis fin à la fiction d'un Pacs qui ne concernerait en rien l'état des personnes. Les registres du Pacs tenus au greffe du tribunal d'instance demeurent pourtant : le Pacs n'est pas un acte de l'état civil. Mais sa publicité utilise le support des actes de l'état civil : mention en est portée en marge de l'acte de naissance de chaque partenaire (art. 515-3-1). En pratique, la modification est heureuse : elle simplifie les formalités et assure l'information des tiers. Mais, symboliquement, elle rapproche le Pacs du mariage : Pacs et mariage sont deux statuts du couple qui constituent l'un et l'autre l'état de la personne et figurent en tant que tels en marge de l'acte de naissance.

Il appartient au greffier qui enregistre la déclaration de faire procéder aux formalités de publicité (art. 515-3, al. 3). Pour les personnes de nationalité étrangère nées à l'étranger, cette information est portée sur un registre tenu au greffe du tribunal de grande instance de Paris (art. 515-3, al. 4).

Lorsque le Pacs est passé par acte notarié, il appartient au notaire de procéder à l'enregistrement (art. 515-3, al. 5). À cette fin a été créé un nouveau registre, le registre des conventions notariées de pacte civil de solidarité[76], tenu dans chaque

---

notaire », *Dr. famille* 2011, alerte 36 ; J.-F. Sagaut, « Notaires à vos actes, prêts, pacsez ! », *Defrénois* 2011, 1106.

73. Sur les débats relatifs au divorce devant notaire, cf. *infra*.

74. *Infra*, n° 528.

75. 83 062 certificats de non-Pacs pour 25 056 Pacs enregistrés en 2002.

76. D. n° 2012-966 du 20 août 2012 relatif à l'enregistrement de la déclaration, de la modification et de la dissolution du pacte civil de solidarité reçu par un notaire, art. 8. Sur le texte, cf. not. N. Baillon-Wirtz, « Enregistrement et publicité du Pacs reçu par un notaire », *JCP* G 2011, 1313,

étude, et qui peut éventuellement prendre une forme électronique[77]. Le notaire remet aux partenaires un récépissé d'enregistrement (art. 1er D. du 20 août 2012). Il lui appartient également de procéder aux formalités de publicité.

377. Publicité et vie privée. – Le nom du partenaire doit-il figurer en marge de l'acte de naissance ? Pour le mariage, la réponse s'impose : le mariage est un engagement pris par les époux devant la société ; que le nom du conjoint apparaisse à l'état civil relève de l'évidence. Il n'en va pas de même pour le Pacs : le Pacs, en théorie, n'est qu'un acte privé ; surtout, le nom du partenaire permet de déterminer l'orientation sexuelle des intéressés : où l'on retrouve le fantasme d'un fichier des homosexuels. Lors des débats de 2006, l'Assemblée nationale avait rejeté une telle mention au nom du respect de la vie privée[78]. Le Sénat l'imposa au nom de la sécurité juridique des tiers, notamment des créanciers[79].

De fait, le Pacs ouvre des droits de plus en plus importants, au profit des partenaires ; il crée un statut qui s'impose aux tiers. Certes, chacun a droit au respect de sa vie privée, mais en contractant un Pacs, les partenaires consacrent socialement leur relation, avec les droits et les devoirs attachés à leur nouveau statut. N'est-il pas paradoxal de vouloir d'un côté bénéficier d'un statut légal, avec ses avantages civils, fiscaux, sociaux, etc., et, de l'autre, cacher sa situation au nom du respect de la vie privée ? Après tout, chacun est libre de se pacser ou non[80].

Plus peut-être que la mention du Pacs en marge de l'acte de naissance, la mention du nom du partenaire rapproche le Pacs du mariage[81].

378. Bas les masques ! – Le législateur de 2006 est allé très loin dans ce souci de transparence : même les Pacs conclus avant l'entrée en vigueur de la réforme font l'objet d'une inscription en marge de l'acte de naissance. Amère surprise pour ceux qui s'étaient pacsés en toute discrétion avant 2007.

379. Le Pacs, contrat solennel ? – La question avait pu se poser au lendemain de la loi de 1999[82]. L'article 515-3, alinéa 6 ancien, disposait que l'inscription du Pacs sur les registres du lieu de résidence des partenaires avait pour effet de lui conférer date certaine et de le rendre opposable aux tiers. Certains en déduisaient, conformément au droit commun des contrats, que le Pacs existait et avait force obligatoire entre les parties dès sa conclusion, indépendamment de son enregistrement et de son inscription. D'autres, se référant au caractère particulier de

---

A.-M. Leroyer, « Pacte civil de solidarité, enregistrement par notaire. Les registres du Pacs, une formalité trompeuse et inutile », *RTD civ.* 2012, p. 780.

77. La profession a mis en place un logiciel spécifique, le logiciel Pacsen. Sur les interrogations relatives à la nécessité d'un enregistrement lorsque le Pacs est conclu par acte authentique, cf. A.-M. Leroyer, art. préc.

78. Cf. les déclarations du garde des Sceaux à l'Assemblée nationale, séance du 22 février 2006, *JOAN*, p. 22.

79. Sans doute, le souci de faire passer la loi sur les successions, à laquelle le Pacs avait été artificiellement attaché, a-t-il coupé court aux débats au Parlement. Et la loi ne fut pas soumise au Conseil constitutionnel. On aurait pu s'attendre à des débats plus ardents : en 1999, le Conseil constitutionnel et la Commission nationale informatique et libertés avaient incité le Gouvernement à la plus grande prudence. Le garde des Sceaux mit d'ailleurs les sénateurs en garde contre le risque d'inconstitutionnalité. Le texte résistera-il à une question prioritaire de constitutionnalité ?

80. Les déclarations de R. Badinter au Sénat, Séance du 17 mai 2002, *JO*, p. 95. La mention du nom du partenaire en marge de l'acte de naissance fit l'objet de deux amendements identiques présentés par des groupes politiques différents et pour des raisons radicalement opposées : volonté de « normaliser » le Pacs d'un côté, volonté de mettre les partenaires devant leurs responsabilités de l'autre. La modification fut adoptée, non sans hésitations et malgré l'opposition du garde des Sceaux.

81. Au Sénat, le garde des Sceaux avait vivement mis en garde les membres de sa majorité contre les conséquences symboliques d'une telle mesure : en forçant les partenaires à sortir de l'ombre, on a fait du Pacs un mariage bis (Séance du 17 mai 2002, p. 97 s.).

82. J. Hauser, « Le pacte civil de solidarité est-il un contrat consensuel ou un contrat solennel ? », *Defrénois* 2001, p. 673.

la convention, en inféraient au contraire que le Pacs était un contrat solennel dont l'existence était soumise à la formalité de déclaration : avant celle-ci, le Pacs n'était pas formé, tout au plus s'agissait-il d'une de ces conventions de concubinage dont la valeur juridique était douteuse. Si la seconde interprétation paraissait s'imposer, le doute subsistait. Toute ambiguïté a été dissipée par le nouvel article 515-3-1, alinéa 2 : « *Le pacte civil de solidarité ne prend effet entre les parties qu'à compter de son enregistrement, qui lui confère date certaine* ». Par là-même, le Pacs se range clairement dans la catégorie des « partenariats enregistrés » tels qu'ils existent à l'étranger : c'est l'enregistrement qui « fait » le Pacs, de même que la célébration « fait » le mariage. Les accords passés entre futurs partenaires n'étaient que projets, promesses et espérances. Doit-on les assimiler à des conventions de concubinage ? On peut en douter : faites en vue du Pacs, elles sont dépourvues de cause si elles ne sont pas enregistrées.

À l'égard des tiers, le Pacs n'est opposable, précise l'article 515-3-1, alinéa 2, « *qu'à compter du jour où les formalités de publicité sont accomplies* ».

380. Restitution de la convention – Une fois la déclaration enregistrée, le greffier vise et date les deux exemplaires originaux qui lui ont été présentés ; il les restitue aux intéressés. Du contenu du Pacs, le greffier ne voit rien, ne contrôle rien, et, surtout, ne conserve rien. On saisit là l'intérêt du Pacs notarié : le notaire conseille, contrôle, conserve.

SECTION II
MODIFICATIONS DU PACS

381. Vingt fois sur le métier... – Il peut arriver que les parties souhaitent apporter telle ou telle modification au Pacs. Contrairement aux régimes matrimoniaux dont toute modification suppose un strict formalisme[83], il est loisible aux partenaires de modifier librement leur convention. L'article 515-3, alinéa 4, dispose simplement que « *La convention par laquelle les partenaires modifient le pacte civil de solidarité est remise ou adressée au greffe du tribunal ou au notaire qui a reçu l'acte initial afin d'y être enregistrée* ». Aucune forme particulière n'est requise[84]. Mention en est portée en marge de l'acte de naissance de chaque partenaire (art. 515-3-1).

SECTION III
PREUVE DU PACS

Compte tenu des effets légaux attachés à tout Pacs et de la liberté contractuelle offerte aux partenaires, la preuve du Pacs revêt une importance particulière. Pourtant, la loi de 1999 était, là encore, techniquement déficiente. La loi de 2006 a considérablement amélioré le système. Encore faut-il bien distinguer deux choses : la preuve de l'existence du Pacs d'une part, celle de son contenu d'autre part.

83. Quoique allégée par la loi du 23 juin 2006 qui a partiellement supprimé l'homologation judiciaire du changement de régime matrimonial (art. 1396 et 1397 nouv.).
84. Pour les majeurs en curatelle, art. 461 al 2 ; pour les majeurs en tutelle, art. 462, al 3.

§ 1. Preuve de l'existence

I. — Partenaires

382. Preuve positive, preuve négative. – La volonté de couper le Pacs de l'état civil avait conduit le législateur de 1999 à mettre en place des registres parallèles avec leurs attestations particulières, délivrées par le greffe du tribunal d'instance du lieu de naissance, ou, en cas de naissance à l'étranger, le greffe du tribunal de grande instance de Paris[85]. Mais plus que de l'existence d'un Pacs, les particuliers avaient besoin de faire la preuve de l'absence de Pacs : qu'il s'agisse d'acquérir un immeuble ou de conclure un contrat de bail, toute personne non mariée (puisque le mariage met automatiquement fin au Pacs) se trouvait dans l'obligation de prouver qu'elle n'était pas pacsée. Pour cela, les greffes avaient imaginé les certificats de non-Pacs. Mais ils croulaient sous le poids de ces demandes, dont le seul objet était de prouver le néant[86].

Le nouveau système d'inscription en marge de l'acte de naissance résout la difficulté : en produisant un extrait d'acte de naissance, chacun peut faire la preuve de sa situation matrimoniale ou para-matrimoniale.

II. — Tiers

383. Identité des partenaires, filtrage des tiers. – Le souci du législateur de 1999 d'assurer la protection de la vie privée des partenaires était d'autant plus fort que certains étaient homosexuels. Aussi avait-il mis en place un système très restrictif dont l'opacité tranchait avec la transparence du mariage. Sa détermination avait d'ailleurs été renforcée par les observations du Conseil constitutionnel et de la Commission informatique et libertés. La loi de 2006 a bouleversé ce cadre en prévoyant l'inscription du Pacs, et, surtout, du nom du partenaire en marge de l'acte de naissance : il suffit désormais aux tiers d'obtenir copie de l'acte de naissance pour connaître l'identité du partenaire de leur débiteur ou de leur futur contractant.

Cette révolution n'a rien d'absurde : le Pacs de 2006 est devenu un véritable statut alternatif au mariage, avec des effets civils, fiscaux et sociaux similaires : celui qui revendique de tels avantages peut-il continuer à vivre caché ? D'autant que l'intérêt des tiers est parfois directement en cause, lorsque, notamment, un créancier prétend faire jouer la solidarité pour les dettes liées aux besoins de la vie courante. Mais entre secret et discrétion, des solutions intermédiaires auraient pu être imaginées.

§ 2. Preuve du contenu

384. Incertitudes. – Si la preuve de l'existence du Pacs a été considérablement améliorée en 2006, celle de son contenu reste incertaine du moins lorsque le Pacs est passé sous seing privé : le greffe du tribunal d'instance ne conserve pas la convention présentée par les partenaires lors de l'enregistrement de leur déclaration. Qu'adviendra-t-il en cas de perte, de vol, de destruction ou de falsification ? On ne saurait trop recommander aux partenaires de recourir à l'acte notarié.

85. D. n° 99-1089, 21 décembre 1999, art. 2.
86. *Supra,* n° 355.

SECTION IV
EFFETS DU PACS

385. Effets conventionnels, effets légaux. – Le Pacs produit deux types d'effets. Les uns découlent des stipulations conventionnelles, librement rédigées par les partenaires, sous réserve (comme pour tout contrat), du respect de l'ordre public et des bonnes mœurs. Les autres sont fixés par la loi : certains s'imposent aux concubins, d'autres ne jouent qu'à titre supplétif. Laissant la diversité des stipulations particulières à la libre imagination des partenaires, il sera essentiellement question ici des effets légaux du Pacs : effets d'ordre personnel (§ 1) et effets d'ordre patrimonial (§ 2).

§ 1. EFFETS PERSONNELS

386. Pacs et liens personnels. – Le Pacs ne crée ni de liens de famille en général, ni de liens d'alliance en particulier[87]. Entre chacun des partenaires et la famille de l'autre, il n'existe aucun rapport juridique[88]. Entre les partenaires, le Pacs crée, quoi qu'on en ait dit, un lien personnel, de nature originale qui ne se confond pas avec le lien matrimonial, mais qui n'est pas un simple rapport contractuel à finalité patrimoniale. Que la loi attache au Pacs des effets avant tout patrimoniaux n'y change rien. Les concubins pacsés forment un couple déclaré ; le Pacs constitue un « mode alternatif de conjugalité ». La loi de 2006 a levé sur ce point toute ambiguïté, intégrant le Pacs dans l'état des personnes et renforçant ses effets personnels. Le nouvel article 515-4 dispose que « *Les partenaires liés par un pacte civil de solidarité s'engagent à une vie commune, ainsi qu'à une aide matérielle et une assistance réciproques* ». Vie commune, assistance, aide matérielle : le Pacs se rapproche un peu plus du mariage. Ne manque que la fidélité[89].

387. Pacs et cohabitation. – Il n'a jamais fait de doute que le Pacs suppose une vie commune : son objet même, selon l'article 515-1, est d'organiser cette vie commune. Dans sa décision du 9 novembre 1999[90], le Conseil constitutionnel avait souligné que l'engagement pris ne se réduisait pas « *à l'exigence d'une simple cohabitation entre deux personnes* », mais qu'elle supposait « *outre une résidence commune, une vie de couple* ». Pour autant, la vie commune n'apparaissait pas au titre de ses effets légaux (art. 513-4 anc.) : on en déduisait que si le Pacs suppose une vie commune, donc, le plus souvent, une cohabitation, les partenaires n'en étaient nullement tenus : comme on l'a écrit, il s'agissait là d'un postulat, non d'un devoir[91]. Il n'en va plus de même aujourd'hui : le nouvel article 515-4

87. Le partenariat enregistré allemand (L. 16 février 2004) crée un lien de famille entre les partenaires : chacun est considéré comme un membre de la famille de l'autre (art. 1, § 1). La *Civil Partnership* anglaise prévoit également la création de liens d'alliance. Mais dans les deux cas, le partenariat est réservé aux couples homosexuels : il apparaît clairement comme un statut parallèle au mariage.

88. La loi sur les baux d'habitation accorde seulement le droit de reprise aux ascendants et descendants du partenaire, comme elle le fait en faveur des ascendants et descendants du concubin notoire (art. 15 L. 6 juillet 1989).

89. Au pénal, le partenaire doit cependant prêter serment, comme tout témoin. Il ne bénéficie pas de la dispense prévue pour les époux (C. proc. pén., art. 335), Cass. crim., 25 mai 2011, n° 10-86.229.

90. *Supra*, n° 354.

91. G. CORNU, *La famille*, p. 106.

affirme que les partenaires « *s'engagent à une vie commune* ». Mais quelle serait la sanction de ce nouveau devoir ? Pas plus que pour les époux, on ne peut envisager d'exécution forcée[92] ; et comme il n'existe pas de dissolution du Pacs en raison de la faute d'un des partenaires, la seule sanction possible paraît l'octroi de dommages intérêts. Encore faut-il prouver la faute et le préjudice ; et comme il n'y a pas faute en soi à quitter son partenaire, donc à mettre fin à la vie commune, seules des circonstances particulières pourraient justifier l'octroi de dommages intérêts.

Plus prosaïquement, l'exigence renforcée de cohabitation pourrait faciliter la chasse aux Pacs blancs. L'absence de cohabitation révèle bien souvent le caractère fictif du mariage[93] ; il en va de même pour le Pacs. Les concubins homosexuels et surtout hétérosexuels qui n'useraient du Pacs que pour obtenir tel ou tel avantage social, fiscal ou administratif, risquent d'être pris à leur propre piège. Mais il est si facile de rompre le Pacs...

388. De l'assistance pacsale. – Selon l'article 515-4, les partenaires s'engagent « *à une aide matérielle et une assistance réciproques* ». L'idée d'assistance, à la fois personnelle et matérielle, renvoie là encore aux règles du mariage. Comme les époux, les partenaires doivent s'épauler pour assumer le poids de la vie.

389. En Pacs, il trompe qui peut ? – Il est en revanche une obligation que le législateur de 2006 n'a pas introduit dans le Pacs : la fidélité. Certains verront là un ultime hommage rendu au mariage : par le mariage seulement deux êtres consentent un don complet de l'un à l'autre ; dans un monde obsédé par la sexualité, le Pacs ne propose qu'un engagement relatif. D'autres souligneront que l'obligation de fidélité dans le mariage est de plus en plus contestée et juridiquement malmenée[94] : le Pacs préfigurerait-il l'évolution du droit du couple ?

Pour autant, il n'est pas interdit aux partenaires d'être fidèles. Mais il ne peut s'agir que d'un engagement moral que les intéressés sont libres de prendre ou de ne pas prendre l'un envers l'autre. En toute hypothèse, le fait de ne pas être fidèle ne constitue pas en soi une faute. Tout au plus, les circonstances pourraient-elles conduire le juge à mettre en œuvre la responsabilité d'un partenaire sur le fondement de l'article 1382. On s'est demandé si les partenaires pourraient, dans leur convention, inclure une telle obligation, avec mise en jeu de la responsabilité contractuelle et, éventuellement, clause pénale. Mais l'objet d'une telle clause, *i.e.* l'exclusivité des relations sexuelles, n'est pas dans le commerce. Seul le mariage peut créer une telle obligation[95].

---

92. *Infra*, n° 1478 s.

93. *Supra*, n° 191 s.

94. VILLA-NYS, « Réflexions sur le devenir de l'obligation de fidélité dans le droit civil de la famille », *Dr. et patrimoine*, septembre 2002, p. 88.

95. Dans une cocasse et stupéfiante ordonnance du 5 juin 2002 (*D.* 2003, 515, n. X. Labbée ; *Dr. famille* 2003, n° 57, n. B. Beignier ; *RTD civ.* 2003, p. 270, obs. J. Hauser), le président du TGI de Lille est parti de « *l'obligation de loyauté découlant du droit commun des contrats* » pour affirmer que « *l'obligation de devoir exécuter loyalement le devoir de communauté de vie commande de sanctionner toute forme d'infidélité entre partenaires* ». La confusion juridique est à son comble. On fera simplement observer que : 1. La formule « obligation de devoir » est étrange ; 2. Le fait que le Conseil constitutionnel ait affirmé dans sa décision du 9 novembre 1999 que la vie commune organisée par le Pacs « *suppose outre la cohabitation, une vie de couple* » (ce qu'a confirmé le législateur de 2006), ne signifie nullement que les partenaires s'engagent à une exclusivité des relations sexuelles : on ne peut à ce point « forcer » le contrat ; 3. L'affirmation selon laquelle toute forme d'infidélité entre partenaires doit être sanctionnée est si incroyable en droit qu'elle se passe de tout commentaire. En l'espèce M. X. soupçonnait son partenaire M. Y. de le tromper avec M. Z. Accédant, à la demande, le juge commit un huissier « *aux fins de constater l'adultère* (sic) *perpétré* (resic) *par M. Y.* », ordonna que l'huissier se fit assister d'un « *serrurier et d'un commissaire de police* » (pour constater le manquement aux obligations contractuelles ?) et autorisa l'huissier à pénétrer sous la contrainte dans l'immeuble abritant le volage M. Y. Georges Courteline aurait aimé. Dans un arrêt du 5 mai 2015 (Rennes, 5 mai 2015, n° 14/01737, *RTD civ.* 2015, comm. 140, obs. J. R. Binet), la cour d'appel de Rennes revient à plus de rigueur (juridique).

390. Devoir de respect et autres effets. – Les obligations personnelles qui naissent du mariage ne se réduisent pas aux droits et devoirs cités aux articles 212 et 215. Le mariage crée entre époux des obligations de sincérité, de préservation d'une certaine communauté intellectuelle, et, plus généralement, une obligation de respect, récemment consacrée par la loi[96]. L'engagement des partenaires n'a certes pas la même nature et n'a donc pas les mêmes effets. On peut cependant se demander si au-delà ou en deçà des obligations propres à tel ou tel « mode de conjugalité », il n'existe pas, dans tout couple, un devoir de respect mutuel que les juges tenteront de faire respecter en équité.

Le Pacs ne produit pas non plus d'effets sur l'état de la personne, qu'il s'agisse du nom[97] ou de la nationalité. En matière de droit des étrangers, le législateur de 1999[98] et de 2006 est resté, malgré quelques débats, d'une extrême prudence : la conclusion d'un Pacs constitue seulement un élément d'appréciation des liens personnels en France pouvant permettre à un étranger d'obtenir, à titre subsidiaire, une carte de séjour temporaire[99]. De même, l'existence d'un Pacs pourrait être prise en considération pour protéger un étranger contre une mesure d'expulsion ou de reconduite à la frontière au nom du droit au respect de la vie privée et familiale (Conv. EDH, art. 8) ; encore faudrait-il qu'il y ait vraiment vie de couple[100]. À une époque où le législateur ne cesse de rogner les avantages reconnus aux époux[101], il n'a pas paru opportun d'offrir de nouvelles occasions de « fraude » grâce au Pacs.

Enfin, le Pacs n'emporte aucun effet en matière de filiation[102] ou d'autorité parentale[103]. Le législateur a pris grand soin de dissocier Pacs et famille afin d'éviter d'être confronté à la question de l'« homoparentalité[104] ».

§ 2. Effets patrimoniaux

391. D'une « super communauté » à une séparation de biens. – Discret sur le statut personnel, le Pacs produit des conséquences d'autant plus importantes en matière patrimoniale qu'une partie découlent de la loi elle-même. La loi de 1999, complétée et, à bien des égards, rigidifiée par la décision du Conseil

---

96. Art. 212, *infra*, n° 1485.

97. Comp. le partenariat enregistré allemand : comme les époux, les partenaires peuvent choisir de porter un nom commun (*Lebenspartnerschaftsname*) ; lors de l'enregistrement, ou ultérieurement. Les partenaires peuvent également adjoindre à leur nom celui de l'autre (*Begleitname*).

98. H. Fulchiron, « Le Pacs et le droit des étrangers », *Dr. famille*, Hors-série, décembre 1999, p. 44 s.

99. L. 15 novembre 1999, art. 12, renvoyant à Ord. 2 novembre 1945, art. 12 *bis*, 7°, L. *Chevènement*, 11 mai 1998, créant une carte de séjour portant la mention « *vie privée et familiale* » délivrée de plein droit « *à l'étranger [...] dont les liens personnels et familiaux en France sont tels que le refus d'autoriser son séjour porterait à son droit au respect de sa vie privée et familiale une atteinte disproportionnée au regard des motifs du refus* ». Aujourd'hui C. étrangers, art. L. 313-11-7°.

100. Sur l'ensemble de la question, H. Fulchiron, « Le Pacs et le droit des étrangers », article préc. et réf. cit. Sur les Pacs blancs, cf. *supra*, n° 387.

101. *Supra*, n°s 191 s.

102. S. Bernigaud, « Pacs et filiation », *in Des concubinages, droit interne, droit international, droit comparé, op. cit.*, p. 53 et réf. cit.

103. H. Bosse-Platière, « Pacs et autorité parentale », *ibid.*, p. 193 s. Comp. le partenariat enregistré allemand qui reconnaît au partenaire, comme au conjoint, une « petite autorité parentale » (*kleines Sorgerecht*) lui conférant un certain nombre de droits sur l'enfant de l'autre (droit de prendre des décisions dans la vie courante et en cas de péril imminent) : cf. E. Wenner, « Le partenariat enregistré en Allemagne : vers un mariage homosexuel », *in Du Pacs aux nouvelles conjugalités : où en est l'Europe ?, op. cit.*, p. 62. En tant que « beau parent », le partenaire peut, en droit anglais, obtenir la responsabilité parentale conjointe (cf. J. Flauss-Diem, « Le civil partnership en droit anglais », *ibid.*, p. 77).

104. P. Murat, « Couple, filiation, parenté », *in Des concubinages, droit interne, droit international, droit comparé, op. cit.*, p. 53 s. et réf. cit. Sur cette question, cf. *infra*, n° 1433.

constitutionnel du 9 novembre 1999, avait instauré un régime d'indivision qui pouvait se révéler plus large et en tout cas plus contraignant que le régime de communauté. Surtout, ses ambiguïtés et ses déficiences techniques étaient telles qu'une réforme paraissait indispensable. Le législateur de 2006 a entièrement reconstruit le système : le principe est désormais la séparation de biens, ce qui correspond sans doute mieux à l'esprit d'indépendance des partenaires. Mais parce qu'ils se sont engagés dans une vie commune, les partenaires sont tenus à une certaine solidarité ; de plus ils peuvent opter pour une indivision conventionnelle. Au demeurant, si la preuve d'une propriété personnelle n'est pas rapportée, le bien, réputé indivis, sera partagé par moitié. Comme les époux, les partenaires sont désormais solidaires (I) mais indépendants (II).

I. — Solidarité : prise en charge des besoins de la vie courante

La prise en charge des besoins du couple est assurée par deux règles copiées sur celles du mariage : l'obligation d'aide matérielle et d'assistance réciproques entre les partenaires (A) ; la solidarité qui les engage à l'égard des tiers pour les dettes de la vie courante (B).

A. Aide matérielle et assistance réciproques

392. Aide mutuelle et assistance. – Selon le nouvel article 515-4, « *Les partenaires liés par un pacte civil de solidarité s'engagent à une vie commune, ainsi qu'à une aide matérielle et une assistance réciproques. Si les partenaires n'en disposent autrement, l'aide matérielle est proportionnelle à leurs facultés respectives*[105] ». Comme dans le mariage, l'assistance a une dimension avant tout personnelle, même si elle peut se traduire matériellement : prise en charge des soins à apporter au partenaire, collaboration (minimum) au travail de l'autre, partage du poids de la vie commune[106].

L'aide matérielle réciproque permet de faire face aux besoins de la vie du couple. Le texte résonne comme un écho de l'article 214 même si l'expression « aide matérielle réciproque » est plus floue que celle de « contribution aux charges du mariage ». Comme pour cette dernière, il appartient aux partenaires d'en définir les modalités dans leur convention ; à défaut, elle est « *proportionnelle à leurs facultés respectives* ». La formule est copiée sur les règles du mariage : sans doute transposera-t-on la jurisprudence qu'elles avaient suscitée.

L'obligation est d'ordre public. Soucieux de donner une certaine profondeur au Pacs, le Conseil constitutionnel, dans sa décision du 9 novembre 1999, avait affirmé que « *serait nulle toute clause méconnaissant le caractère obligatoire de cette aide*[107] ». Le rapprochement opéré en 2006 avec les règles du mariage ne fait que confirmer ce principe. En cas d'inexécution de ses obligations, chacun des partenaires s'expose à une action en exécution et engage sa responsabilité contractuelle. Les sommes dues au titre de l'article 515-4 pourraient-elles être soumises aux procédures de recouvrement propres aux dettes alimentaires[108] ? L'assimilation, en tant que

105. L'ancienne version du texte était mal rédigée : il était question d'une « aide mutuelle et matérielle », ce qui ne voulait pas dire grand chose.

106. *Infra*, n° 1477.

107. Déc. préc.

108. Sur lesquelles, cf. *infra*, n° 1760.

de raison (une obligation légale née de la solidarité créée par une vie commune) semble s'imposer[109].

393. Équité *in extremis*. – Le partenaire qui aurait manqué à son obligation d'aide matérielle ou qui n'y aurait pas contribué dans une juste mesure, peut, *in extremis*, être ramené à l'équité : selon l'article 515-7, dernier alinéa, les créances entre partenaires « *peuvent être compensées avec les avantages que leur titulaire a pu retirer de la vie commune, notamment en ne contribuant pas à hauteur de ses facultés aux dettes contractées pour les besoins de la vie courante* ». Règle de justice complexe à mettre en œuvre.

B. Solidarité pour les dettes de la vie courante

Selon l'article 515-4 : « *Les partenaires sont tenus solidairement à l'égard des tiers des dettes contractées par l'un d'eux pour les besoins de la vie courante. Toutefois, cette solidarité n'a pas lieu pour les dettes manifestement excessives* » ; « *Elle n'a pas lieu non plus, s'ils n'ont été conclus du consentement des deux partenaires, pour les achats à tempérament ni pour les emprunts à moins que ces derniers ne portent sur des sommes modestes nécessaires aux besoins de la vie courante et que le montant cumulé de ces sommes, en cas de pluralité d'emprunt, ne soit pas manifestement excessif eu égard au train de vie du ménage* ». La règle fait écho à l'article 220 dont il a été progressivement rapproché dans son domaine comme dans sa mise en œuvre.

1) Domaine de l'article 515-4

394. Comme des époux ? – Le fond de dettes solidaires est à peu près le même dans le mariage et dans le Pacs[110], car la vie à deux donne naissance au même type de besoins. L'expression « *dettes contractées pour les besoins de la vie courante* » paraît à la fois plus large et plus étroite que celle de « *dettes ayant pour objet l'entretien du ménage et l'éducation des enfants* » (art. 220). Plus large, car les besoins de la vie courante vont bien au-delà de l'entretien du ménage et de l'éducation des enfants. L'extension est limitée par la référence à l'idée de « besoins » ; quant au terme « contracté », il est probable que la jurisprudence l'interprétera de façon extensive, comme elle l'a fait pour les « contrats » visés à l'article 220. Moins large, car les enfants n'apparaissent pas au titre de l'article 515-4 : preuve supplémentaire que le Pacs est un statut du couple, non un statut familial. Pour autant, les dettes de la vie courante, pour un couple qui élève des enfants, comprennent, par nature, les dettes liées à l'entretien de ces derniers.

Curieusement, le législateur de 1999 n'avait pas repris à l'article 515-4 les restrictions inscrites à l'article 220, alinéa 3 : entre époux, la solidarité ne joue pas pour les dettes « *manifestement*

---

109. La loi du 12 mai 2009 a d'ailleurs confié au JAF le soin de statuer sur la « *contribution aux charges du Pacs* » (COJ, art. L. 213-3 3°). *Contra* : X. Labbée, « L'aide matérielle a-t-elle un caractère alimentaire ? », *JCP* G 2008.I.197.

110. D. R. Martin, « De la solidarité dans le Pacs », *in Regards civilistes sur la loi du 15 novembre 1999 relative au concubinage et au pacte civil de solidarité, op. cit.*, p. 117 ; A. Souleau-Travers, « Solidarité légale entre époux et entre partenaires d'un Pacs (aspects comparatifs) », *Defrénois* 2002, p. 569 ; S. Pierre, « La solidarité passive des partenaires du Pacs », *Dr. famille* 2000, chron. p. 16 ; Ch. Alleaume, « Solidarité contre solidarité (étude comparative des avantages respectifs du mariage et du Pacs au regard du droit du crédit) » *D.* 2000, chron. 450 ; sur l'ensemble de la question, M. Rivier, « La solidarité entre concubins », *in Des concubinages, droit interne, droit international, droit comparé, op. cit.*, article préc., p. 97 s.

excessives eu égard au train de vie du ménage, à l'utilité ou à l'inutilité de l'opération, à la bonne ou à la mauvaise foi du tiers », ni pour les dettes contractées par un seul en cas d'achat à tempérament ou d'emprunt, à moins que celui-ci ne porte sur des sommes modestes nécessaires aux besoins de la vie courante (art. 220, al. 3 *in fine*). Seule consolation pour le partenaire victime de la prodigalité de l'autre, le Conseil constitutionnel lui réservait le droit d'agir contre ce dernier en responsabilité civile[111]. Encore fallait-il qu'il fût solvable. Le législateur a peu à peu corrigé cette anomalie. Depuis 2006, la solidarité ne joue plus pour les dettes manifestement excessives. Le nouvel article 515-4 ne mentionne pas les éléments d'appréciation visés à l'article 220, mais nul doute que la jurisprudence procédera à leur transposition en cas de litige. Quant aux emprunts et achats à tempérament, ils figurent désormais au titre des exceptions à la solidarité selon une formule copiée sur celle de l'article 220[112] : le partenaire consommateur est aussi bien protégé que le conjoint consommateur. Et c'est sans hésiter que lui ont été étendus en 2014 les bienfaits de la loi *Hamon*[113].

2) Mise en œuvre de l'article 515-5

395. De l'ombre à la lumière. – Le système mis en place en 1999 était à la fois absurde par ses conséquences, désastreux pour les tiers et dangereux pour les partenaires dont il risquait de ruiner le crédit. Soucieux de protéger la vie privée des partenaires, le législateur avait multiplié les précautions pour éviter que les créanciers connaissent trop facilement l'identité du partenaire de leur débiteur et par conséquent l'orientation sexuelle de celui-ci[114].

La loi de 2006 a mis fin à ce théâtre d'ombres de façon presque trop radicale : le nouveau système de publicité du Pacs prévoit une transcription du Pacs en marge de l'acte de naissance avec indication du nom du partenaire[115] : le créancier en aura connaissance à la lecture de l'acte.

Poursuivant l'assimilation entre mariage et partenariat, la loi du 24 mars 2014 a étendu au partenaire le bénéfice de l'article 1751 du Code civil : dès lors que les partenaires en font la demande conjointement – on soulignera que la loi n'en exige pas tant des époux[116] –, le droit au bail du local, sans caractère professionnel ou commercial, qui sert effectivement à l'habitation des deux époux, « *est réputé appartenir à l'un et à l'autre* » des partenaires.

II. — Indépendance : séparation des patrimoines

396. De l'indivision à la séparation de biens. – L'incohérence et les dangers du système « bricolé » en 1999 étaient évidents. Le législateur de 2006 l'a reconstruit sur des bases radicalement différentes. Le nouveau « régime légal » des partenaires ne s'applique cependant qu'aux Pacs conclus après l'entrée en vigueur de la loi, *i.e.* après le 1er janvier 2007. Les anciens Pacs restent soumis au régime mis en place par la loi de 1999, à moins que les partenaires n'optent par convention pour les dispositions nouvelles (L. 23 juin 2006, art. 47-V, 2°). Il convient donc de présenter les règles anciennes (A) avant d'analyser le nouveau système (B).

111. Déc. n° 99-419 DC, 15 novembre 1999 préc.

112. Réd. loi n° 2010-737 portant réforme du crédit à la consommation.

113. Loi n° 2014-344 du 17 mars 2014 relative à la consommation : la solidarité ne joue pas si le montant cumulé de ces sommes, en cas de pluralité d'emprunts, est manifestement excessif eu égard au train de vie du ménage.

114. H. Lécuyer, « Pacs : pacte civil sans solidarité », *Dr. famille* janvier 2000, préc., p. 1.

115. *Supra*, n° 377.

116. Cf. *infra*, n° 1832.

A. Présomption d'indivision (1999)

397. Non-sens et contresens de l'indivision. – L'*ersatz* de communauté légale mis en place par le législateur à l'article 515-5 ancien constituait un des éléments les plus problématiques, et à moyen terme, les plus explosifs du Pacs « première manière »[117]. De fait, le texte mettait en place un système d'indivision volontaire ou présumée totalement incohérent, ne fût ce que parce que si le régime de l'indivision pouvait être utile pour donner, faute de mieux, un statut juridique à un bien ou à un ensemble de biens existants ou en cours d'acquisition, il ne paraissait guère adapté pour servir de substitut à la masse commune ou à la société d'acquêts des régimes matrimoniaux : comme l'avait écrit un auteur, « *c'est se tromper sur la nature de l'indivision que de la croire apte à saisir dans la durée la totalité du patrimoine de ceux qu'elle réunit* »[118]. En rigidifiant les textes par ses réserves d'interprétation, le Conseil constitutionnel n'avait fait qu'aggraver les choses.

1) Composition de l'indivision

L'ancien article 515-5 contenait deux séries de « présomptions » qui constituaient en réalité de véritables règles de fond : la loi distinguait, d'une part, les meubles meublants, d'autre part, les « autres » biens.

a) Meubles meublants acquis à titre onéreux

398. Meubles meublants acquis à titre onéreux. – Selon l'ancien article 515-5, alinéa 1, « *Les partenaires d'un pacte civil de solidarité indiquent, dans la convention* [...] *s'ils entendent soumettre au régime de l'indivision les meubles meublants dont ils feraient l'acquisition à titre onéreux postérieurement à la conclusion du pacte. À défaut, ces meubles sont présumés indivis par moitié. Il en est de même lorsque la date d'acquisition de ces biens ne peut être établie.* » Le texte distinguait deux hypothèses.

Si, dans leur convention, les partenaires avaient indiqué le sort des meubles meublants acquis à titre onéreux après la conclusion du Pacs (soit qu'ils optaient pour l'indivision, soit qu'ils l'écartaient, soit qu'ils l'aménageaient), on appliquait les dispositions du Pacs.

Si le Pacs ne prévoyait rien, les biens étaient présumés indivis par moitié ; selon le Conseil constitutionnel, il s'agissait d'une présomption irréfragable. La règle pouvait se comprendre compte tenu de la nature des biens concernés : il s'agissait de biens mis au service de la vie du couple et dont chacun des partenaires avait tiré profit ; au demeurant, la confusion des patrimoines était, en la matière, totale.

Mais le premier alinéa de l'ancien article 515-5 précisait, *in fine*, que la présomption jouait également lorsque la date d'acquisition de tels biens ne pouvait être établie. La présomption emportait donc sur son passage les meubles meublants acquis à titre onéreux avant le Pacs, si l'on ne pouvait prouver la date d'acquisition. Et la règle était si générale, qu'elle risquait également de toucher les meubles meublants acquis à titre gratuit pendant ou avant la conclusion du Pacs, si l'on ne parvenait pas à établir que le bien avait été acquis à ce titre. Les partenaires prudents avaient intérêt à conserver les factures et à s'entourer d'inventaires.

b) Autres biens

399. Autres biens. – On entendait par là les biens autres que les meubles meublants acquis à titre onéreux pendant le Pacs, *i.e.* les immeubles et les autres meubles, corporels ou incorporels, acquis à titre onéreux pendant le Pacs. Selon l'ancien article 515-5, alinéa 2 : « *Les autres biens dont les partenaires deviennent propriétaires à titre onéreux postérieurement à la conclusion du pacte sont présumés indivis par moitié si l'acte d'acquisition ou de souscription n'en dispose autrement* ». La règle suscitait de nombreuses interrogations.

117. H. Fulchiron, « Les présomptions d'indivision et de communauté dans le couple », *Defrénois* 2001, 949 ; G. Champenois, « Les présomptions d'indivision dans le Pacs », *in Des concubinages, droit interne, droit international, droit comparé*, *op. cit.*, p. 83 s. ; A. Tisserand, « Les aspects patrimoniaux du pacte civil de solidarité », *in Du Pacs aux nouvelles conjugalités*, *op. cit.*, p. 275.

118. Y. Flour, « Brèves remarques sur l'indivision entre partenaires d'un pacte civil de solidarité », *Gaz. Pal.* 1999.1.284.

400. Exclusion *ab initio* de la présomption d'indivision ? – Tout d'abord, le jeu de la présomption pouvait-il être écarté dans la convention initiale, sur le modèle de l'article 515-5, alinéa 1 ? Dans sa décision du 9 novembre 1999, le Conseil constitutionnel semblait répondre par la négative : selon lui, la présomption « *ne peut céder que devant la production d'un acte d'acquisition ou de souscription qui en dispose autrement* ». L'affirmation ne laissait pas de surprendre car on ne comprenait pas pourquoi ce qui était possible pour les meubles meublants ne l'était pas pour les autres biens. Outre que l'on pouvait s'interroger sur l'utilité de soumettre ainsi les partenaires à un système d'indivision généralisée, plus communautaire encore, sous bien des aspects, que le régime légal de communauté, c'était forcer les concubins à multiplier là encore inventaires et stipulations particulières dans les actes d'acquisition et de souscription. Loin des rêves de souplesse et de liberté, le Pacs se révélait ainsi plus « communautaire » et plus contraignant que le mariage.

401. Exclusion au cours du Pacs de la présomption d'indivision. – Faute d'avoir pu l'évincer *ab initio*, comment écarter la présomption d'indivision de l'ancien article 515-5, alinéa 2 ? Selon le texte, la présomption jouait à moins que l'acte d'acquisition ou de souscription n'en disposât autrement. S'agissait-il du seul moyen d'échapper à l'attraction communautaire du Pacs « première manière », ou aurait-on pu renverser la présomption en prouvant *a posteriori* le caractère personnel du bien ? Si l'on en croyait le Conseil constitutionnel, la présomption ne pouvait être évincée *que* par les stipulations de l'acte d'acquisition ou de souscription. La prétendue règle de preuve inscrite à l'article 515-5 se métamorphosait en véritable règle de fond.

402. Plus communautaire que la communauté ! – Les règles ainsi mises en place paraissaient d'autant plus malvenues que, pour un certain nombre de biens, n'existait pas d'acte d'acquisition ou de souscription : tel était le cas de la plupart des meubles, fûssent-ils d'une certaine valeur. S'il a existé, l'acte pouvait également avoir été perdu ou détruit : la preuve du caractère personnel du bien est-elle juridiquement irrecevable, alors même que d'autres éléments, d'autres écrits, en établissent la certitude ? De plus, il est des biens pour lesquels il ne peut exister d'acte d'acquisition ou de souscription : que l'on songe par exemple aux clientèles civiles et commerciales créées pendant l'union ou aux droits de propriété intellectuelle. Sans parler des modes d'acquisition tels que l'accession, la subrogation ou la prescription.

Que si les revenus des partenaires échappaient assurément à l'indivision *à la source*, les biens acquis avec les revenus et peut-être même les économies réalisées sur les revenus étaient happés par la présomption (ou aurait-il fallu distinguer les sommes laissées sur un compte courant ou un compte d'épargne d'une part, les différents produits d'épargne acquis par les partenaires, d'autre part) ?

De même, les biens acquis à titre gratuit ou onéreux avant la conclusion du Pacs et les biens acquis à titre gratuit pendant le Pacs restaient hors indivision. Mais sur qui pesait la charge de la preuve ? *A priori*, il appartenait à celui qui invoquait la présomption de prouver que tel ou tel bien était touché par l'article 515-5 ; et cette preuve pouvait se faire par tous moyens. Mais ne pouvait-on craindre que faute d'inventaires ou autres preuves écrites, ils ne fussent *de facto*, entraînés dans le sillage de la présomption ?

Restait à savoir si le concubin qui avait financé l'acquisition du bien pouvait obtenir le remboursement au moins partiel des deniers qui avaient enrichi l'indivision, et, lors de la liquidation, son partenaire. En régime de communauté, le mécanisme des récompenses et des créances entre époux tendait à rétablir un certain équilibre : pour les époux séparés de biens, la relative facilité avec laquelle ils pouvaient écarter la présomption d'indivision permettait également d'éviter que l'un d'eux ne s'enrichisse au détriment de l'autre ; et, au besoin, pouvait être invoquée l'existence d'une donation ou d'un prêt. Rien de tel pour le Pacs : la situation des partenaires pacsés entre 1999 et 2007 est donc plus qu'incertaine.

Les inconvénients des choix faits en 1999 apparaissent également lorsque l'on étudie le fonctionnement de l'indivision.

2) Fonctionnement de l'indivision

403. Unanimité, paralysie, blocages. – En matière d'indivision, règne le principe de l'unanimité des co-indivisaires : « *les actes d'administration et de disposition relatifs aux biens indivis requièrent le consentement de tous les indivisaires* » (art. 815-5). Celui qui entend agir seul doit donc faire la preuve du consentement des co-indivisaires. Certes, mandat peut être donné à un co-indivisaire pour gérer l'indivision ou accomplir tel ou tel acte (art. 815-3, al. 1). Il faudra faire la preuve de l'existence du mandat. Le seul tempérament à cette exigence de prouver le pouvoir d'agir réside dans l'article 815-3, alinéa 2 : « *si un co-indivisaire prend en main la gestion des biens indivis, au su des autres et néanmoins sans opposition de leur part, il est censé avoir reçu un mandat tacite, couvrant les actes d'administration mais non les actes de disposition ni la conclusion ou le renouvellement des baux* » ; mais il s'agit, avant tout, de protéger les tiers qui se sont fiés aux apparences. Quoi qu'il en soit, le système est infiniment plus lourd que pour des époux : en régime de communauté joue en effet le principe de gestion concurrente et, en tous régimes, les présomptions de pouvoir édictées au titre du régime primaire (art. 221 et 223), facilitent l'action de chacun des conjoints.

Malheur à ceux qui avaient cru choisir la liberté en jouant le Pacs contre le mariage ! Les présomptions d'indivision limitent le champ de la gestion autonome ; face à des tiers minutieux, ils devront sans cesse faire la preuve de leur pouvoir, et, par conséquent, de leur propriété.

404. Inconvénients du Pacs ancien. – À l'expérience, le système adopté par le législateur de 1999 apparaissait donc absurde, incohérent, dangereux et ingérable. Absurde, car alors que le Pacs semblait appeler un régime de liberté, les partenaires étaient enfermés dans le carcan d'une indivision quasi généralisée, lourde à administrer et complexe à écarter. Incohérente, car le sort de certains biens (notamment les biens créés) paraissait au mieux incertain, au pire contraire aux prévisions raisonnables des parties. Dangereux pour les partenaires comme pour les tiers ; pour les partenaires, car les présomptions d'indivision risquaient d'être sources de graves injustices ; pour les tiers, car ils risquaient d'être trompés sur les droits et les pouvoirs de leurs cocontractants ; sans parler des risques de fraude. Ingérable, car les règles de l'indivision sont lourdes, et, mal adaptées à une masse de biens en devenir.

Le changement opéré par la loi de 2006 est radical.

B. Séparation des patrimoines (2006)

405. Retour à la raison. – Revenant à la raison, du moins à la raison juridique, le législateur de 2006 a abandonné le système d'indivision pour un régime de séparation de biens qui présente au moins trois avantages : il est plus facile à comprendre, il est plus simple à faire fonctionner, il correspond sans doute mieux aux attentes des partenaires. Et pour ceux qui souhaiteraient plus de « communauté », est ouverte la voie d'une indivision conventionnelle, dont l'objet est cependant limité.

1) Principe : séparation de biens

Le nouvel article 515-5 transpose au Pacs les règles de la séparation de biens telles qu'énoncées aux articles 1536 et suivants.

a) Actif

406. Chacun pour soi. – Chaque partenaire conserve la propriété personnelle des biens dont il était propriétaire au jour de l'enregistrement du Pacs. Il est seul propriétaire des biens acquis par lui en son nom pendant la durée du Pacs. Si d'aventure un partenaire participait au financement d'un bien acquis par l'autre, il aurait seulement une créance contre ce dernier[119].

Les partenaires peuvent-ils acquérir un bien en indivision ? La chose est fréquente entre époux séparés de biens, car ceux-ci, par nécessité ou souci d'assurer un minimum de partage dans un monde séparatiste, éprouvent souvent le besoin de créer de tels « *îlots de communauté*[120] ». La question se pose pour les partenaires car le régime d'indivision est prévu comme une exception

119. *Infra*, n° 442.
120. G. Champenois, n° 735.

à la séparation de biens, aux articles 515-5-1 et s. : on pourrait en déduire que l'un est exclusif de l'autre. Mais une telle conclusion serait inopportune et erronée. Inopportune, car le principe de séparation pour ne pas devenir injuste, doit pouvoir être tempéré par un peu de communauté ; de plus, en pratique, les partenaires auront souvent besoin de mettre en commun leurs ressources pour acquérir, par exemple, leur logement. Erronée, car si la loi propose l'indivision comme alternative à la séparation, c'est en tant que régime général des biens, *i.e.* comme substitut à une communauté qui aurait vocation à accueillir, sauf exception, l'ensemble des biens acquis par les partenaires. Toute différente est l'hypothèse de partenaires qui décideraient, au coup par coup, d'acquérir ensemble tel ou tel bien. Reste pour les partenaires comme pour les époux séparés de biens, à se ménager la preuve du caractère indivis du bien acquis et de la quote part financée par chacun. Que si un des partenaires utilisait des deniers fournis par l'autre pour l'acquisition d'un bien en indivision, il conviendrait de transposer les solutions légales (art. 1099-1) et jurisprudentielles applicables aux époux[121].

407. Preuve du caractère personnel d'un bien. – Comme pour les époux, la plus grande difficulté sera pour les partenaires séparés de biens de prouver le caractère personnel de tel ou tel bien. L'article 515-5, alinéa 2, reprend les règles énoncées à l'article 1538 : « *Chacun des partenaires peut prouver par tous les moyens, tant à l'égard de son partenaire que des tiers, qu'il a la propriété exclusive d'un bien. Les biens sur lesquels aucun des partenaires ne peut justifier d'une propriété exclusive sont réputés leur appartenir indivisément, à chacun par moitié* ».

La charge de la preuve pèse donc sur le partenaire qui prétend que tel ou tel bien lui est personnel. La preuve peut se faire par tous moyens : titre de propriété, possession (comme pour les époux, la possession sera souvent viciée, notamment par son caractère équivoque, en raison de la cohabitation[122]), témoignages, indices, etc. Les partenaires auront donc tout intérêt à conserver factures et autres contrats à partir desquels le juge pourra forger sa conviction[123]. De même, les tiers qui entendraient démontrer le caractère personnel d'un bien pour en permettre par exemple la saisie, pourraient en faire la preuve par tous moyens, comme pourraient le faire les créanciers d'époux séparés de biens[124].

408. Présomption subsidiaire d'indivision. – Les biens sur lesquels les partenaires ne peuvent faire la preuve d'une propriété exclusive sont réputés appartenir indivisément aux partenaires à chacun pour moitié. En tant que tels, ils sont soumis à la gestion conjointe des partenaires-indivisaires (sous réserve des présomptions de pouvoirs énoncées à l'article 515-3, alinéa 3[125]) et seront, à la dissolution, partagés entre eux par moitié. Sur les conséquences de la règle à l'égard des créanciers, *infra*.

Cette présomption d'indivision est une présomption simple : la preuve contraire peut se faire par tous moyens. La règle tranche heureusement d'avec l'ancien système : dans le Pacs version 1999, les meubles meublants acquis à titre onéreux après la conclusion d'un Pacs étaient, sauf disposition contraire de celui-ci, présumés indivis par moitié ; il en allait de même des meubles meublants dont la date d'acquisition ne pouvait être établie[126]. Quant aux « autres biens » acquis à titre onéreux postérieurement à la conclusion du Pacs, ils étaient « *présumés indivis par moitié*

121. Sur ces solutions, cf. Champenois, n° 737 et réf. cit.
122. G. Champenois, n° 743 ; Ph. Malaurie et L. Aynès, n° 809.
123. Entre époux séparés de biens, Cass. civ. 1re, 10 mars 1993, *Bull. civ.* I, n° 107 ; *Defrénois* 1993, p. 1083, obs. G. Champenois. Rappr. pour des concubins, Cass. civ. 1re, 11 janvier 2000, *Bull. civ.*, I, n° 5 ; *Defrénois* 2000, p. 799, obs. C. Atias.
124. G. Champenois, n° 743 ; Ph. Malaurie et L. Aynès, n° 810.
125. *Infra*, n° 412.
126. Art. 515-5, al. 1 ancien.

si l'acte d'acquisition ou de souscription n'en dispose autrement ». Or, selon le Conseil constitutionnel, ces différentes présomptions étaient irréfragables : plus précisément, faute d'avoir été écartées dans le Pacs ou, pour les secondes, dans l'acte d'acquisition ou de souscription, elles s'appliquaient, quand bien même les partenaires auraient pu faire preuve, *a posteriori*, du caractère personnel des biens[127]. C'est dire que dans l'ancien système, l'indivision était la règle, la propriété personnelle l'exception. Aujourd'hui, le principe est la propriété personnelle ; la présomption d'indivision n'a plus qu'un caractère subsidiaire.

De nouveau, on ne peut que conseiller aux partenaires de conserver avec soin la preuve de leur propriété personnelle : factures, inventaires dressés dans la convention initiale ou à l'occasion d'une succession ou d'un partage, etc.

b) Passif

409. Corrélation entre l'actif et le passif. – Parallèlement, chacun des partenaires « *reste seul tenu des dettes personnelles nées avant ou pendant le pacte* » (art. 515-5, al. 1). Le texte reprend l'article 1536, alinéa 2. Comme dans les régimes matrimoniaux, il y a corrélation entre l'actif et le passif. À l'instar de l'article 1536, alinéa 2, l'article 515-5, alinéa 1, prévoit une exception à ce principe : les dettes contractées pour les besoins de la vie courante engagent solidairement les deux partenaires.

410. Gage des créanciers, protection du partenaire. – Les créanciers personnels d'un partenaire peuvent saisir les biens personnels de celui-ci. En revanche, pour les biens indivis (que l'indivision soit conventionnelle ou résulte de la présomption de l'article 515-5, alinéa 2), il convient de faire application de l'article 815-17, alinéa 2 : « *Les créanciers personnels d'un indivisaire ne peuvent saisir sa part dans les biens indivis, meubles ou immeubles*[128] ». La règle est, dans un premier temps, plutôt protectrice pour les partenaires ; dans un second temps, ses effets peuvent être redoutables.

Dans un premier temps, il appartient au créancier du partenaire de faire la preuve du caractère personnel du bien. À défaut, le bien est réputé indivis et ne peut être saisi. La protection n'est donc pas négligeable. Mais, dans un second temps, il résulte de l'article 815-17, alinéa 3, que les créanciers ont la faculté de provoquer le partage au nom de leur débiteur par le biais de l'action oblique, dans les hypothèses où leur débiteur lui-même le pourrait. Or l'indivision non conventionnelle étant par nature provisoire, la demande de partage peut intervenir en cours d'union[129]. Présumés indivis, les biens seront partagés par moitié. Tout au plus, le partenaire du débiteur pourrait-il arguer d'une créance contre son concubin, au motif que les biens auraient été financés en majorité ou en totalité par lui. En pratique, le recours risque d'être illusoire.

c) Gestion

411. Autonomie. – Selon l'article 515-5, alinéa 1, « *sauf disposition contraire de la convention visée au deuxième alinéa de l'article 515-3, chacun des partenaires conserve l'administration, la jouissance et la libre disposition de ses biens personnels* ». Dans sa seconde partie, le texte reprend mot pour mot celui de l'article 1536 (qui fait lui-même écho à l'article 1428 pour la gestion des biens propres

127. *Supra*, n° 400.

128. Sur cette règle, *Les successions et les libéralités*, coll. Droit civil.

129. Y. Flour, « Brèves remarques sur l'indivision entre partenaires d'un pacte civil de solidarité », *Gaz. Pal.* 1999.I. II 284, article préc., à propos de l'ancien article 815, alinéa 1 ; *adde* G. Champenois, n° 740.

en régime de communauté). Encore faut-il souligner que des problèmes de preuve peuvent perturber l'autonomie reconnue à chaque partenaire : celui-ci n'est vraiment libre que s'il établit le caractère personnel du bien[130], le bien étant, à défaut, présumé indivis. Le tiers contractant risque donc d'exiger le consentement de l'autre partenaire.

412. Présomption de pouvoirs. – Pour garantir le pouvoir d'agir des époux, les articles 221 et 222 prévoient des présomptions : « présomption bancaire » de l'article 221 et, surtout, présomption de pouvoir sur les biens meubles détenus individuellement (art. 222). Inscrites au titre du régime primaire, ces règles valent pour tous les époux, quel que soit leur régime matrimonial, communautaire ou séparatiste. Elles sont indispensables dans un régime de séparation de biens car elles permettent, au moins pour les meubles, de paralyser les effets de la présomption d'indivision. Il est donc opportun que la règle ait été transposée au Pacs par l'article 515-5, alinéa 3 : « *Le partenaire qui détient individuellement un bien meuble est réputé, à l'égard des tiers de bonne foi, avoir le pouvoir de faire seul sur ce bien tout acte d'administration, de jouissance ou de disposition.* » De tels actes seront inattaquables, quand bien même il apparaîtrait ultérieurement qu'ils ont été passés sur des biens personnels de l'autre. La loi de 2006 ne reprend pas les exceptions visées à l'article 222, alinéa 2, selon lequel la présomption « *n'est pas applicable aux meubles meublants visés à l'article 215* » (*i.e.* aux meubles meublants qui garnissent le logement de la famille), « *non plus qu'aux meubles corporels dont la nature fait présumer la propriété de l'autre conjoint conformément à l'article 1404* ». Il est vrai que le Pacs ne protège pas comme le mariage le logement du couple (il n'y a pas dans le Pacs d'équivalent de l'article 215), et que dans le second cas, on pourrait s'interroger sur la bonne foi du tiers (celui-ci aura en tout cas intérêt à exiger la preuve du caractère personnel).

413. Biens indivis. – Pour les biens indivis, les nouvelles règles de l'indivision édictées par la loi de 2006 aux articles 815-2 et suivants ne devraient que très partiellement assouplir le principe de l'unanimité. Comme auparavant, chaque partenaire peut en tant qu'indivisaire prendre les mesures nécessaires à la conservation des biens indivis (art. 815-2, même si, précise désormais le texte, elles ne présentent pas un caractère d'urgence). En revanche, la nouvelle règle de la majorité des deux tiers prévue pour les actes d'administration et certains actes de disposition (art. 815-3), ne trouvera à s'appliquer que dans des hypothèses marginales. En principe les biens sont en effet présumés indivis par moitié ; ils restent donc soumis au principe de l'unanimité (art. 815-3, al. 7). Seuls des biens soumis à une indivision conventionnelle avec répartition inégale, pourraient éventuellement entrer dans le champ de l'article 815-2. Il en va de même pour l'autorisation judiciaire d'aliéner le bien (art. 815-5-1 L. n° 2009-526 du 12 mai 2009).

Celui qui entend agir seul doit donc faire la preuve du consentement de son co-indivisaire. Certes, mandat pourrait être donné au co-indivisaire pour accomplir les actes d'administration (art. 815-3) ; mais il n'est possible que pour les actes d'administration. Reste le mandat tacite de l'article 815-3, alinéa 8 ; mais il s'agit moins de faciliter l'action des co-indivisaires que de protéger les tiers qui se sont fiés aux apparences.

2) Exception : indivision conventionnelle

414. Partage. – Les partenaires peuvent être mus par des sentiments « communautaires » que ne satisfait pas le régime séparatiste. Pour eux, la loi de 2006 offre la possibilité d'opter pour un système d'indivision, substitut de la communauté de biens. Selon l'article 515-5-1, « *Les partenaires peuvent, dans la convention initiale ou dans une convention modificative, choisir de soumettre au régime de*

130. *Supra*, n° 407.

l'indivision les biens qu'ils acquièrent ensemble ou séparément, à compter de l'enregistrement de ces conventions. Ces biens sont alors réputés indivis par moitié, sans recours de l'un des partenaires contre l'autre au titre d'une contribution inégale. » Le principe n'est donc plus, comme en 1999, l'indivision, sauf clause contraire : l'indivision, en tant que « régime », *i.e.* en tant que système apte à régir les biens présents et à venir, suppose désormais une convention[131]. Mais une telle utilisation de l'indivision ne va pas sans poser de délicats problèmes.

a) Composition de l'indivision conventionnelle

En principe, l'indivision englobe tous les biens que les partenaires acquièrent ensemble ou séparément, à compter de l'enregistrement de la convention initiale ou modificative qui la prévoit (art. 515-5-1). Cette généralité de l'indivision mérite d'être précisée. De plus, la loi exclut de l'indivision un certain nombre de biens (art. 515-5-2).

415. Généralité de l'indivision conventionnelle. – Sauf les exceptions prévues à l'article 515-5-2, l'indivision a vocation à appréhender l'ensemble des biens que les partenaires acquerront ensemble ou séparément à compter de l'enregistrement de la convention initiale ou modificative qui la prévoit. Les biens en question sont réputés indivis par moitié, sans recours de l'un des partenaires contre l'autre au titre d'une contribution inégale. La règle suscite deux interrogations.

416. Aménagements ? – Les partenaires pourraient-ils limiter l'indivision à telle ou telle catégorie de biens à venir, prévoir, en quelque sorte, une société d'acquêts greffée sur un régime de séparation de biens ? Par sa généralité, la lettre de l'article 515-5-2 semble s'y opposer. Mais une telle interdiction serait incompréhensible : le Pacs, avec ses conventions, est un régime de liberté. Il serait paradoxal que les partenaires soient moins libres dans leurs conventions paramatrimoniales que les époux dans leur contrat de mariage. Il paraît plus cohérent d'analyser les articles 515-5-1 et suivants comme des règles de principe applicables sauf stipulations contraires. Seules sont d'ordre public les obligations attachées expressément au Pacs (aide matérielle et assistance réciproques, solidarité pour les dettes de la vie courante) : ces règles constituent une sorte de mini régime primaire auquel on ne peut déroger ; plus généralement, elles s'intègrent dans une sorte de droit commun des couples. On en déduira que les partenaires peuvent expressément limiter le champ de l'indivision conventionnelle.

Par ailleurs, l'article 515-1 prévoit une indivision par moitié, sans recours de l'un des partenaires contre l'autre au titre d'une contribution inégale. La règle surprend par sa rigidité. Certes, elle présente l'avantage de simplifier les comptes entre partenaires ; et elle correspond assez bien au souci « communautaire » qui anime les partenaires optant pour une indivision conventionnelle. Est-ce à dire que toute stipulation contraire serait nulle ? Qu'il serait impossible aux partenaires de prévoir dans leur convention une indivision inégale (2/3, 1/3 par exemple) ou d'ouvrir à celui qui a financé majoritairement les acquisitions la possibilité d'en faire la preuve et de réclamer des droits proportionnels ou d'invoquer une créance à l'encontre de son partenaire ? Là encore, une lecture littérale du texte devrait être écartée : la liberté des conventions de Pacs est le principe ; l'article 515-5-1 devrait s'appliquer faute de stipulations contraires.

À défaut, les partenaires seraient contraints d'opter pour le régime « légal » de séparation de biens et de conclure pour chaque acquisition une convention d'indivision[132].

417. Exclusions. – L'article 515-5-2 exclut de l'indivision conventionnelle un certain nombre de biens. Certains recoupent les exclusions existant en régime de communauté. D'autres garantissent l'indépendance professionnelle des partenaires et simplifient les comptes à venir.

131. Sur la possibilité d'acquérir tel ou tel bien en indivision, cf. *supra*, n° 406.
132. *Supra*, n° 407.

418. Deniers perçus et non employés. – Sont exclus les « *deniers perçus par chacun des partenaires, à quelque titre que ce soit, postérieurement à la conclusion du pacte et non employés à l'acquisition d'un bien* » (art. 515-5-2, 1°). Alors qu'ils sont « acquêts de source » en régime de communauté[133], les gains et salaires comme les fruits et revenus des biens personnels, demeurent dans le Pacs la propriété exclusive de chaque partenaire, malgré la convention générale d'indivision, tant du moins qu'ils n'ont pas été employés à l'acquisition d'un bien. Pour les partenaires, la simplification est considérable, sous deux réserves. D'une part, il reste à faire la preuve de l'origine des fonds. D'autre part, il reste à définir ce qu'il faut entendre par « acquisition » d'un bien : le terme couvre-t-il un placement, un contrat d'assurance-vie, etc. ? Et la querelle sur la nature et sur le sort des économies placées sur des comptes ou des produits d'attente à peine apaisée en régime de communauté risque de rebondir avec le Pacs[134].

L'exclusion de l'indivision englobe-t-elle les fruits et revenus produits par les biens indivis et perçus par les partenaires ? La généralité du texte et la volonté du législateur de simplifier les comptes entre partenaires pourraient le donner à penser. Mais ses conséquences, tout à fait dérogatoires au droit commun de l'indivision, seraient d'une rare injustice.

419. Biens créés. – Sont également exclus les biens créés et leurs accessoires : le législateur de 2006 répond ainsi aux inquiétudes suscitées en 1999 par le sort d'un fonds de commerce, d'un cabinet médical ou d'une œuvre de l'esprit créés au cours du partenariat[135]. Là encore l'indivision conventionnelle est beaucoup plus restrictive que le régime de communauté : entre époux, de tels biens sont communs au moins quant à la finance[136] ; entre partenaires, ils restent personnels, titre et finance. Une telle solution n'est pas forcément inopportune. Mais les couples en quête d'équité ont tout intérêt à se marier.

420. Biens à caractère personnel. – L'article 515-5-2, 3° vise également les biens à caractère personnel. Le terme fait écho à l'article 1404 selon lequel :

« *Forment des propres par leur nature, quand bien même ils auraient été acquis pendant le mariage, les vêtements et linges à l'usage personnel de l'un des époux, les actions en réparation d'un dommage corporel ou moral, les créances et pensions incessibles, et, plus généralement, tous les biens qui ont un caractère personnel et tous les droits exclusivement attachés à la personne.*

Forment également des propres par leur nature, mais sauf récompense s'il y a lieu, les instruments de travail nécessaires à la profession de l'un des époux, à moins qu'ils ne soient l'accessoire d'un fonds de commerce ou d'une exploitation faisant partie de la communauté ».

Sans doute faudra-t-il transposer au Pacs les analyses développées à propos du régime de communauté[137], avec la même marge d'incertitude, inhérente à une notion aussi vague.

S'agissant des accessoires des biens créés ou des biens à caractère personnel (notamment les instruments de travail nécessaires à la profession d'un des partenaires), l'utilisation de deniers indivis pour leur acquisition ouvre-t-elle un droit de créance au profit de l'indivision ? Une réponse positive devrait s'imposer, en équité. En revanche, si les fonds utilisés sont des gains et salaires ou des revenus

133. Sur la controverse et la solution actuelle, cf. Ph. Malaurie et L. Aynès, n° 322.
134. G. Champenois, n° 264 ; Ph. Malaurie et L. Aynès, n°s 332 s. et réf. cit.
135. *Supra*, n° 402.
136. Ph. Malaurie et L. Aynès, n° 365 et réf. cit.
137. Ph. Malaurie et L. Aynès, n° 341 et réf. cit.

des biens personnels, aucune créance ne naît puisque ces fonds sont selon l'article 515-5-2, 1° des biens personnels[138].

421. Biens acquis avec des deniers personnels. – Demeurent aussi personnels, « *4°. Les biens ou portions de biens acquis au moyen de deniers appartenant à un partenaire antérieurement à l'enregistrement de la convention initiale ou modificative aux termes de laquelle ce régime a été choisi* » (rappr. art. 1406, al. 2). Encore faut-il dans ce cas qu'il en soit fait mention dans l'acte d'acquisition (art. 515-5-2, dernier al.) : « *à défaut, le bien est réputé indivis par moitié et ne donne lieu qu'à une créance entre partenaires* ». En l'absence de déclaration, tout n'est donc pas perdu pour celui qui a financé, mais le bien tombe dans l'indivision[139].

Il en va de même pour les biens ou portions de biens acquis au moyen de deniers reçus par donation ou succession (art. 515-5-2, 5°) : ils sont personnels, à condition que déclaration de l'emploi des deniers ait été faite dans l'acte d'acquisition (art. 515-5-2 dernier al.) : un petit remploi[140].

Demeurent enfin la propriété exclusive de chaque partenaire « *les portions de biens acquises à titre de licitation de tout ou partie d'un bien dont l'un des partenaires était propriétaire au sein d'une indivision successorale ou par suite d'une donation* » (art. 515-5-2, 6°).

422. Oublis. – Curieusement, il n'est pas fait mention des biens acquis pendant l'union par donation ou par succession (comp. art. 1405, al. 1). La solution ne fait cependant aucun doute : puisque les biens acquis avec des deniers reçus par donation ou succession (art. 515-5-2, 5°) ou les portions de biens acquises à titre de licitation de tout ou partie d'un bien dont l'un des partenaires était propriétaire au sein d'une indivision successorale ou par suite d'une donation, restent personnels (art. 515-5-2, 6°), *a fortiori*, les biens reçus à titre gratuit pendant le Pacs le sont aussi.

De même, il est évident, bien que le principe n'en soit pas expressément posé (comp. art. 1405, al. 1), que les biens « présents » *i.e.* les biens dont les partenaires sont propriétaires avant la conclusion de la convention initiale ou de la convention modificative, restent personnels : l'article 515-5-1 vise seulement les biens acquis à compter de l'enregistrement de ces conventions. Il en va de même des biens acquis à titre d'accessoire d'un bien personnel (art. 1406, al. 1er) : accession naturelle ou artificielle, constructions édifiées sur un terrain personnel, plus- value acquise par un bien personnel et simples accessoires[141]. De même, doivent être transposées les règles propres aux « *valeurs nouvelles et autres accroissements se rattachant à des valeurs mobilières propres* » de l'article 1406, alinéa 1 : droits préférentiels de souscription attachés à des actions propres au cas d'augmentation de capital par émission d'actions nouvelles à libérer en numéraire, distribution des réserves de société (qu'elles soient d'ailleurs opérées à titre de revenus ou de capitaux), actions attribuées gratuitement en cas d'augmentation de capital lorsque l'action ancienne était personnelle, etc. Certes, ces biens ne sont pas expressément visés à l'article 515-5-2, mais l'esprit d'une indivision conçue comme un substitut de la communauté légale impose d'autant plus cette solution que le législateur de 2006 a été beaucoup plus strict dans la délimitation de cet ersatz communautaire : nombre de biens, et non des moindres, qui sont communs en régime de communauté (fonds de commerce ou clientèles créés, gains et salaires, etc.), sont exclus de l'indivision pacsale. Il serait paradoxal d'en élargir le champ sous prétexte du silence de la loi.

Plus délicate est l'hypothèse des biens acquis avec des deniers provenant de la vente d'un bien personnel. Rien n'est prévu dans la loi. Est-ce à dire que ces biens tombent dans l'indivision en tant que biens acquis après l'enregistrement du Pacs et que, réputé indivis par moitié, ils

138. Comp. le droit à récompense de la communauté, cf. Ph. Malaurie et L. Aynès, n° 609.
139. Comp. pour le régime de communauté, Ph. Malaurie et L. Aynès, n° 356.
140. Comp. pour le régime de communauté, Ph. Malaurie et L. Aynès, n° 357.
141. Comp. pour le régime de communauté, Ph. Malaurie et L. Aynès, n° 351.

n'ouvrent aucun recours au partenaire acquéreur au titre d'une contribution inégale ? Un tel résultat serait absurde. Comme dans le régime de communauté, la subrogation réelle doit jouer[142]. Encore faut-il que l'acte d'acquisition fasse mention de cet emploi : à défaut, le bien serait réputé indivis par moitié et ne donnerait lieu qu'à une créance entre partenaires, par transposition de l'article 515-5-2 *in fine*. Le même raisonnement devrait être utilisé pour les créances et les indemnités remplaçant des biens personnels (indemnités d'assurance, indemnité d'expropriation[143], etc.).

423. Aménagements conventionnels de l'indivision. – Pour prévenir de telles difficultés ou modeler à leur gré l'indivision, les partenaires pourraient-ils dans leur convention initiale ou dans une convention modificative, écarter la présomption d'indivision pour d'autres biens que ceux expressément exclus par l'article 515-3-2 ? À l'inverse, pourraient-ils conventionnellement étendre le champ de l'indivision à des biens légalement exclus ? À la première question, une réponse positive s'impose : le principe étant celui de la liberté des conventions de Pacs, une restriction de l'indivision ne devrait pas poser de difficultés. La seconde question est plus délicate : les dispositions de l'article 515-5-2 ne seraient-elles pas impératives ? Les articles 515-5-1 et 515-5-2, ne font aucune référence à d'éventuelles dispositions conventionnelles. Pourtant, l'esprit de liberté qui anime le Pacs doit l'emporter : il paraît raisonnable d'admettre que ces dispositions peuvent être conventionnellement écartées.

De même, on pourrait se demander si les partenaires pourraient dans leurs conventions échapper à la règle de l'article 515-5-1 selon laquelle les biens qui entrent dans l'indivision « *sont réputés indivis par moitié, sans recours de l'un des partenaires contre l'autre au titre d'une contribution inégale* ». Pourraient-ils prévoir un pourcentage différent, compte tenu notamment des ressources de l'un et de l'autre ? Pourraient-ils écarter l'absence de recours et prévoir un partage des biens indivis selon la contribution de chacun ? Là encore, l'esprit de liberté devrait l'emporter.

Il serait en tout cas extraordinaire que comme en 1999, le législateur ait réussi en 2006 le tour de force de créer pour les concubins un système plus contraignant que pour les époux ! À l'époque, on avait vu les inconvénients d'une pseudo-liberté figée par le Conseil constitutionnel ; il serait regrettable de tomber dans les mêmes erreurs. D'autant que, de façon générale, les textes en cause sont très imparfaits, avec leurs lacunes et leurs ambiguïtés. En fait, on en revient à l'interrogation suscitée par la loi de 1999 : l'indivision est-elle vraiment faite pour régir une masse de biens en devenir[144] ? Créée pour régir une masse de biens existants, l'indivision peine à servir de régime matrimonial de substitution. Il est décidément bien difficile de prétendre copier le mariage.

Toute liberté est laissée en revanche aux partenaires pour la gestion des biens indivis.

b) Gestion de l'indivision conventionnelle

424. Application des règles de l'indivision. – Selon l'article 515-5-3 : « *À défaut de dispositions contraires dans la convention, chaque partenaire est gérant de l'indivision et peut exercer les pouvoirs reconnus par les articles 1873-6 à 1873-8* ».

Chaque partenaire représente donc les indivisaires « *dans la mesure de ses pouvoirs, soit pour les actes de la vie courante, soit en justice, tant en demandant qu'en défendant* » (art. 1873-6, al. 1). En tant que gérant, il administre l'indivision et « *exerce, à cet effet, les pouvoirs attribués à chaque époux sur les biens communs* ». Par le biais des conventions d'indivision, le régime du Pacs se rapproche là aussi du régime de communauté : l'indivision conventionnelle joue comme un substitut de la communauté légale. Chaque partenaire peut donc accomplir seul les actes conservatoires, les actes d'administration et la plupart des actes de disposition, à l'exception de ceux que les articles 1422, 1424 et 1425 soumettent à

142. Comp. pour le régime de communauté, Ph. MALAURIE et L. AYNÈS, n°s 353 s.
143. Cf. art. 1406, al. 2.
144. *Supra*, n° 404.

la cogestion. L'article 515-5-3 ne renvoie pas à l'article 1873-9 qui dispose qu'en cas de pluralité de gérants, chacun détient, sauf disposition conventionnelle, les pouvoirs prévus à l'article 1873-6, sauf le droit pour chacun de s'opposer à toute opération avant qu'elle ne soit conclue; dans une indivision conventionnelle de Pacs, l'assimilation aux régimes matrimoniaux est complète: les pouvoirs sont concurrents, chacun peut agir seul, l'autre ne dispose pas d'un droit de veto. Il pourrait seulement s'adresser au juge pour paralyser l'action de son partenaire. Mais rien n'empêche d'introduire une clause contraire dans la convention.

425. Meubles corporels. – Toutefois, précise l'article 1873-6, alinéa 2, chaque partenaire ne peut « *disposer des meubles corporels que pour les besoins d'une exploitation normale des biens indivis, ou encore s'il s'agit de choses difficiles à conserver ou sujettes à dépérissement* ». Le texte entraîne une réduction considérable des pouvoirs du partenaire; il précise que « *toute extension des pouvoirs du gérant est réputée non écrite* ». Cette interdiction s'accorde mal avec la liberté reconnue aux partenaires par l'article 515-5-3 (« *à défaut de dispositions contraires dans la convention...* » : le régime « légal » de l'indivision conventionnelle ne devrait être que le régime supplétif de l'indivision du Pacs).

426. Unanimité. – Pour les décisions qui excèdent les pouvoirs du gérant, *i.e.* les actes qui dans le régime de communauté sont soumis, par exception, à cogestion et auxquels l'article 1873-6, alinéa 2, ajoute la plupart des actes de disposition sur les meubles corporels[145], la décision appartient aux deux partenaires, selon la règle de l'unanimité. Dans leurs conventions, les partenaires peuvent cependant prévoir (art. 1873-8, al. 3), que « *certaines catégories de décisions seront prises autrement qu'à l'unanimité* ». À cette règle est prévue une exception : « *aucun immeuble indivis ne peut être aliéné sans l'accord de tous les indivisaires* », sauf recours judiciaire. La situation des partenaires est ainsi alignée sur celle des époux communs en biens[146].

427. Recours judiciaires. – En cas de blocage, les partenaires disposent des recours prévus aux articles 815-4, 815-5 et 815-6 (art. 1873-8, al. 1). Ainsi, si un des partenaires indivisaires « *se trouve hors d'état de manifester sa volonté* », l'autre « *peut se faire habiliter par justice à le représenter, d'une manière générale ou pour certains actes particuliers, les conditions et l'étendue de cette représentation étant fixées par justice* ». La règle transpose pour les partenaires indivisaires celle de l'article 219[147].

Un partenaire indivisaire peut également « *être autorisé à passer seul un acte pour lequel le consentement* » de l'autre « *serait nécessaire, si le refus de celui-ci met en péril l'intérêt commun* » (art. 815-5, al. 1) ; l'acte passé dans les conditions fixées par l'autorisation de justice est opposable à l'indivisaire dont le consentement a fait défaut (art. 815-5, al. 3). L'article 815-5 offre donc un équivalent à l'article 217.

Enfin, le président du tribunal de grande instance « *peut prescrire ou autoriser toutes les mesures urgentes que requiert l'intérêt commun* ». La formule est plus large que celle de l'article 220-1, alinéa 1, qui exige que l'un des époux « *manque gravement à ses devoirs et met ainsi en péril les intérêts de la famille* ». Rien de tel ici : il suffit que l'intérêt commun soit en cause. En théorie, le juge risque donc

145. *Supra*, n° 425.
146. Cf. art. 1424.
147. Sur laquelle, Ph. Malaurie et L. Aynès, n° 116.

d'être l'arbitre des conflits entre partenaires plus souvent qu'il ne l'est des conflits entre époux. En particulier, le juge pourrait être sollicité pour paralyser l'exercice par un des partenaires de ses droits. L'article 815-6 ne le dit pas expressément, mais tel est l'objet principal de l'article 220-1 (art. 220-1, al. 2). Une transposition paraît d'autant plus utile que la règle constitue une condition nécessaire, dans l'indivision pacsale comme dans les régimes matrimoniaux, au bon usage des pouvoirs concurrents.

L'article 1873-8 ne renvoie pas à l'article 815-7 qui permet au président du TGI « *d'interdire le déplacement des meubles corporels sauf à spécifier ceux dont il attribue l'usage personnel à l'un ou l'autre des ayants droit, à charge pour ceux-ci de donner caution s'il l'estime nécessaire* ». Pourtant une telle mesure pourrait être utile en cas de rupture. On observera cependant que cette décision figure comme exemple à l'article 220-1, alinéa 2, au titre des mesures urgentes : elle pourrait donc être prise sur le fondement de l'article 815-6.

Depuis la loi du 12 mai 2009 dite de simplification du droit, le JAF est compétent pour statuer sur les demandes relatives au fonctionnement des indivisions entre personnes liées par un Pacs (COJ, art. L. 213-3 1°), sous réserve des compétences du Président du TGI.

428. Liberté des conventions. – La répartition des pouvoirs énoncée à l'article 515-5-3, avec le renvoi aux articles 1873-6 à 1873-8, ne vaut que « *à défaut de stipulations contraires dans la convention* » : le principe est la liberté, les dispositions légales ne jouant qu'un rôle supplétif. Encore faut-il préciser que cette liberté n'est pas absolue : elle reste encadrée par les règles de l'indivision conventionnelle énoncées aux articles 1873-1 à 1873-15.

429. Information des tiers. – Pour assurer l'information des tiers, l'article 515-3, alinéa 2, précise que « *à peine d'irrecevabilité, cette convention est, à l'occasion de chaque acte d'acquisition d'un bien soumis à publicité foncière, publiée à la conservation des hypothèques* ».

Sur le maintien de la convention d'indivision après la dissolution du Pacs, cf. *infra.*

SECTION V
DISSOLUTION DU PACS

Les causes de dissolution du Pacs sont diverses et en révèlent la précarité laissée au mieux à la volonté commune des partenaires, au pire au caprice de l'un d'eux. L'article 515-7 énonce quatre causes de dissolution. Il en précise la date et les modalités. Peu de choses sont dites en revanche sur les conséquences de la rupture[148].

148. H. LÉCUYER, « Les dissolutions du pacte civil de solidarité », *in Regards civilistes sur la loi du 15 novembre 1999 relative au concubinage et au pacte civil de solidarité, op. cit., p. 101.*

§ 1. Causes de dissolution du Pacs

430. Plan. – Selon l'article 515-7, le Pacs prend fin par mariage ou par décès, par consentement mutuel ou par volonté unilatérale. Le législateur du 23 juin 2006 a symboliquement changé l'ordre des causes de dissolution : en 1999 apparaissaient d'abord le consentement mutuel et la volonté unilatérale, ce qui s'accordait avec la fiction contractuelle du Pacs ; désormais, mariage et décès figurent au premier rang : le Pacs appartient à l'état des personnes[149].

On s'est demandé si, en outre, le Pacs ne pouvait être dissous par application du droit commun des contrats. Le Conseil constitutionnel ayant affirmé en 1999 que les dispositions générales du Code civil relatives aux contrats et aux obligations conventionnelles avaient vocation à s'appliquer au Pacs, sous le contrôle du juge[150], serait envisageable, selon certains auteurs, la résolution judiciaire du pacte sur le fondement de l'article 1184, avec, éventuellement, insertion dans la convention de clauses résolutoires assorties, au besoin, de dommages-intérêts[151]. Mais dans le considérant précité, le Conseil constitutionnel prenait soin de préciser que les règles du droit commun des contrats s'appliquent « *sauf en ce qu'elles ont de nécessairement contraire à la présente loi* » : le législateur du 15 novembre 1999 ayant pris soin de réglementer les causes et la procédure de dissolution du Pacs, le droit commun doit être écarté. L'évolution du Pacs vers un partenariat enregistré confirme cette solution.

I. — Dissolution par décès

431. Mort du Pacs. – Le Pacs prend fin, *naturellement*, par la mort de l'un des partenaires. La dissolution intervient à la date du décès (art. 515-7, al. 1).

Le législateur de 1999 avait mis en place un système de publicité absurde qui reposait sur la bonne volonté des survivants : à eux d'envoyer copie de l'acte de décès au greffe du tribunal d'instance qui avait reçu l'acte initial, à charge pour celui-ci de faire procéder aux formalités de publicité. Autant dire que ladite publicité risquait de n'avoir jamais lieu. Désormais, l'inscription du Pacs en marge des actes de l'état civil résout la difficulté : l'officier de l'état civil informe du décès le greffier du tribunal d'instance du lieu d'enregistrement du Pacs ou le notaire instrumentaire qui a procédé à l'enregistrement du pacte ; celui-ci enregistre la dissolution et fait procéder aux formalités de publicité (art. 515-7, al. 2).

II. — Dissolution par mariage

432. Noces effacent Pacs, sauf ses fantômes. – Le Pacs prend fin automatiquement en cas de mariage des partenaires ou de l'un d'eux. Le Pacs rend ainsi hommage au mariage : si le mariage est un empêchement à Pacs, le Pacs s'efface devant le mariage (art. 515-7, al. 1). La dissolution du Pacs intervient à la date du mariage. Dans la hiérarchie des modes de conjugalités, le Pacs cède le pas devant le mariage : l'échange des oui devant l'officier de l'état civil sonne le glas du Pacs. Cette rupture du Pacs par le mariage avec un tiers n'en est pas moins un procédé de goujat.

---

149. Statistiquement, 260 000 Pacs ont été dissous entre 2000 et 2012, soit 20 % des Pacs conclus : 57 % par consentement mutuel, 39 % en conséquence d'un mariage, 3 % par demande unilatérale, 1 % en raison d'un décès (min. Justice, *Infostat Justice,* n° 126, février 2014).

150. Déc. n° 99-419, 9 novembre 1999, considérant n° 28.

151. A. Bénabent, n° 491.

Là encore, la loi de 2006 a mis fin aux étranges contorsions juridiques auxquelles était condamné le nouveau marié : il revient désormais à l'officier de l'état civil qui célèbre le mariage d'en informer le greffier du tribunal d'instance du lieu d'enregistrement du Pacs ou le notaire instrumentaire qui a procédé à l'enregistrement du pacte ; à ce dernier d'enregistrer la dissolution et de faire procéder aux formalités de publicité.

Dans le cas de la dissolution par mariage comme dans celui de la dissolution par décès, reste la question de l'information de l'ex-partenaire : en cas de séparation, celui-ci peut en effet ignorer la survenance de cet événement. Il ne découvrira la dissolution du Pacs que lorsqu'il aura besoin d'une copie de son acte de naissance. Le législateur de 1999 avait créé les morts-Pacs et les Pacs-mort-vivants[152], celui de 2006 multiplie les Pacs-fantômes.

III. — Dissolution par consentement mutuel

433. Tout lasse, tout pacs. – Selon l'article 515-7, alinéa 3 : « *Le pacte civil de solidarité se dissout également par déclaration conjointe des partenaires [...]* » : ceux-ci « *remettent ou adressent au greffe du tribunal d'instance du lieu de l'enregistrement* » du Pacs ou au notaire instrumentaire qui a procédé à son enregistrement « *une déclaration conjointe à cette fin* » (art. 515-7 ; al. 4).

L'accord des partenaires s'exprime dans une déclaration conjointe écrite. Aucune forme particulière n'est exigée.

Pour le partenaire sous tutelle, l'article 462, al. 6 (L. 5 mars 2007), dispose qu'« *aucune assistance ni représentation ne sont requises pour l'accomplissement des formalités relatives à la rupture par déclaration conjointe* ». Non seulement la dissolution par consentement mutuel est possible (alors que le divorce par consentement mutuel est fermé au majeur en tutelle, art. 249-4), mais encore l'accomplissement des formalités de la rupture revient à l'intéressé, en tant qu'acte personnel. En revanche, le partenaire en tutelle sera représenté par son tuteur pour les opérations de liquidation (art. 462, al. 7). Pour ces mêmes opérations, le majeur en curatelle devra être assisté par son curateur (art. 461, al 5).

La dissolution du Pacs trouve sa cause dans le *mutuus dissensus* des partenaires, le greffier du tribunal d'instance n'intervenant que pour enregistrer et faire procéder aux formalités de publicité (art. 515-7, al. 6). La déclaration n'est donc pas couverte par l'autorité de la chose jugée comme l'est un divorce par consentement mutuel[153] : elle pourrait donc être annulée pour incapacité ou vice du consentement à la demande de l'intéressé ou de ses héritiers, dans les conditions du droit commun. Or un autre Pacs a pu être conclu ; la solidarité va renaître tout comme le jeu de l'indivision, pour le plus grand dommage des partenaires et de leurs ayants droit.

« *Le greffier ou le notaire enregistre la dissolution* » *(sic)* et fait procéder aux formalités de publicité. De nouveau, le fait que le Pacs apparaisse en marge de l'acte de naissance et que greffiers ou notaires prennent en charge l'ensemble des mesures de publicité simplifie et sécurise les modalités de dissolution du Pacs. Surtout, le législateur du 23 juin 2006 a modifié les dates des effets de la dissolution : dans le système antérieur, le Pacs prenait fin « *dès la mention en marge de l'acte initial de la déclaration conjointe* » (art. 515-7, al. 8 anc.) des partenaires, soit à une date impossible à prévoir pour les parties. Désormais, « *la dissolution du pacte civil de solidarité prend effet dans les rapports entre les partenaires à la date de son enregistrement* ». À l'égard des tiers, elle est opposable « *à partir du jour où les*

152. *Infra*, n° 445.
153. A. Bénabent, n° 478.

formalités de publicité ont été accomplies », *i.e.* à la date à laquelle mention de dissolution est portée en marge de l'acte de naissance des partenaires (art. 515-7, al. 8).

IV. — Dissolution par volonté unilatérale

434. Dis-moi comment tu meurs, je te dirai qui tu es. – En 1999, la possibilité de mettre fin au Pacs par volonté unilatérale et, peut-être plus encore, les modalités de la rupture avaient choqué. On avait parlé de « répudiation » et l'on s'était indigné de ces engagements qui n'engagent pas, de ces couples livrés aux caprices individuels, de ces statuts légaux solubles par exploit d'huissier. Le caractère indécent de ce mode de dissolution en dit plus long sur le Pacs que de grands discours *pro* ou *contra* : le Pacs est un statut précaire, un engagement qui n'engage que dans la mesure et aussi longtemps qu'on le veut bien, une communauté de vie contractuelle plus précaire qu'un contrat ordinaire puisqu'il peut être rompu à tout moment, sans motif et sans sanction, sinon celles de la responsabilité délictuelle de droit commun. La mauvaise copie du mariage s'achève en une caricature de divorce ou plutôt en un simulacre de procédure de licenciement[154].

435. CDI, torchon législatif ou répudiation ? – Aux députés et sénateurs qui invoquaient le « *principe d'immutabilité des contrats* » (*sic*), le Conseil constitutionnel répondit que « *si le contrat est la loi commune des parties, la liberté qui découle de l'article 4 de la Déclaration des droits de l'homme et du citoyen de 1789 justifie qu'un contrat de droit privé à durée indéterminée puisse être rompu unilatéralement par l'un ou l'autre des contractants, l'information du cocontractant, ainsi que la réparation du préjudice éventuel résultant des conditions de la rupture devant toutefois être garanties*[155] » (considérants n°s 61 et 70). La loi du 15 novembre 1999 imposant un préavis et réservant un droit à réparation, ses dispositions ne portent nullement atteinte aux principes fondamentaux du droit des contrats (considérant n° 63). Là encore on ne peut que souligner qu'en voulant sauver le Pacs, le Conseil constitutionnel en a donné une bien piètre image.

Le Conseil constitutionnel rejeta également le grief d'atteinte au principe de la sauvegarde de la dignité de la personne humaine qu'aurait causé, selon les auteurs de la saisine, une faculté de rupture unilatérale assimilable à une répudiation. Pour le Conseil, « *le pacte civil de solidarité est un contrat étranger au mariage* » ; en conséquence, sa rupture unilatérale ne saurait être qualifiée de « *répudiation* ». Par ailleurs « *les contrats à durée indéterminée, catégorie à laquelle appartient le pacte civil de solidarité, peuvent toujours être résiliés par l'une ou l'autre des parties*[156] ». Et en toute hypothèse, la loi garantit le droit à réparation du préjudice[157]. La relation entre deux êtres est traitée, *in fine*, comme une simple relation d'affaires.

436. Nullité des clauses contraires. – Les dispositions relatives aux conditions de cessation du Pacs ayant un caractère obligatoire[158], les partenaires ne peuvent y déroger dans leur convention, ni, sans doute, entourer la rupture unilatérale de conditions ou de clauses pénales telles qu'elles porteraient atteinte à cette liberté.

154. Le procédé est, en pratique, marginal : 3 % des ruptures en 2012 (min. Justice, *Infostat Justice*, n° 126, février 2014). Reste le symbole.
155. Considérant n° 67.
156. Considérant n° 68.
157. Considérant n° 70.
158. Déc. n° 99-419, 9 novembre 1999, considérant n° 28.

Acte unilatéral, la déclaration de rupture est soumise aux conditions de fond des actes juridiques (*quid* de la déclaration *ab irato* ou de l'altération des facultés mentales ?). À l'égard des majeurs protégés, la rupture du Pacs est soumise aux règles qui leur sont propres. Si un partenaire est placé sous tutelle (art. 462, L. 2007), l'initiative de la dissolution par déclaration unilatérale peut provenir, soit du tuteur (qui devra se faire autoriser par le juge ou par le conseil de famille de famille s'il a été constitué « *après audition de l'intéressé et recueil, le cas échéant, de l'avis des parents et de l'entourage* », soit de l'intéressé (dans ce cas, la formalité de signification prévue à l'article 515-7, alinéa 5 sera opérée à la diligence du tuteur). Parallèlement, rien n'interdit au partenaire de mettre fin unilatéralement au Pacs : la signification sera faite non à l'intéressé mais à son tuteur (art. 462, al. 4). Quant au majeur sous curatelle, l'assistance du curateur n'est requise que pour procéder à cette signification (art. 461, al. 3, L. 2007). On ne saurait rendre plus simple la rupture.

437. Une rupture par voie d'huissier ! – Les règles de forme posées par la loi sont tout aussi choquantes. Selon l'article 515-7, alinéa 3 et 5, « *Le pacte civil de solidarité se dissout également par décision unilatérale* » ; « *le partenaire qui décide de mettre fin au pacte civil de solidarité le fait signifier à l'autre* » : une rupture par voie d'huissier[159] ! « *Une copie de cette signification est remise ou adressée au greffe du tribunal d'instance du lieu de son enregistrement ou au notaire instrumentaire qui a procédé à l'enregistrement du pacte* » (art. 515-7, al. 5) ; « *le greffier ou le notaire enregistre la dissolution et fait procéder aux formalités de publicité* » (art. 515-7, al. 6).

La loi du 23 juin 2006 simplifie encore plus les modalités de la dissolution et permet de déterminer la date à laquelle elle prend effet : date de l'enregistrement dans les rapports entre partenaires (art. 515-7, al. 7), date d'accomplissement des formalités de publicité dans les rapports à l'égard des tiers (art. 515-7, al. 8). La sécurité de tous est ainsi assurée. Reste l'hypothèse où une déclaration signifiée ne serait pas transmise au greffe ou au notaire : tant qu'elle n'a pas été enregistrée, la déclaration ne produit pas d'effet. Le Pacs survit à la lettre de rupture : la loi du 23 juin 2006 n'élimine pas complètement les Pacs morts-vivants.

438. Réparation, consolation ; Constitution. – Pour tempérer la cruauté de la dissolution unilatérale du Pacs, le législateur a précisé *in fine* (art. 515-7, al. 11) que, faute d'accord entre les partenaires, le juge statue sur les conséquences patrimoniales de la rupture, « *sans préjudice de la réparation du dommage éventuellement subi* ». Comme il ne saurait y avoir de faute à rompre, il en résulte, selon le Conseil constitutionnel, que « *le partenaire auquel la rupture est imposée pourra demander réparation du préjudice éventuellement subi notamment en cas de faute tenant aux conditions de la rupture* » : brutalité de la rupture, maladie du partenaire abandonné, voies de fait etc. Il est probable que les tribunaux s'inspireront plus de la jurisprudence relative à la rupture des fiançailles ou de l'union libre que de celle des contrats civils et commerciaux[160]. Comme le souligne le Conseil constitutionnel, « *l'affirmation de la faculté d'agir en responsabilité [...] met en œuvre l'exigence constitutionnelle posée par l'article 4 de la Déclaration des droits de l'homme et du citoyen de 1789, dont il résulte que tout fait quelconque de l'homme qui cause à autrui un dommage oblige celui par la faute*

159. Quel poète saura chanter la rupture du Pacs : « Chéri(e), voici l'huissier qui te dira que je ne t'aime plus... » ?

160. A. Gouttenoire-Cornut, « Responsabilité civile et rupture unilatérale du concubinage », *in Des concubinages, droit interne, droit international, droit comparé, op. cit.*, p. 257 s.

duquel il est arrivé à le réparer[161] ». La loi sur le Pacs aura au moins eu le mérite d'assurer la constitutionnalisation de l'article 1382[162].

§ 2. Conséquences de la dissolution du Pacs

Avec la dissolution du Pacs prennent fin ses effets légaux : solidarité, communauté de vie, obligation d'aide matérielle et d'assistance réciproques, etc. Restent à liquider les intérêts communs (I) et, au besoin, obtenir réparation des préjudices subis (II). De plus, si le Pacs est dissous par décès, le partenaire survivant bénéficie d'un mini-statut qui le rapproche un peu plus du mariage (III).

I. — Liquidation des intérêts communs

A. Actif et passif

439. Liquidation. – En principe, il appartient aux partenaires de procéder « *eux-mêmes à la liquidation des droits et obligations résultant pour eux du pacte civil de solidarité* » (art. 515-7, al. 11). Il revient à chacun d'eux de prouver, par tous moyens (art. 515-5, al. 2), qu'il a la propriété exclusive de tel ou tel bien. À défaut, le bien est réputé indivis par moitié (art. 515-5, al. 2 *in fine*) et sera partagé comme tel. Le plus sage serait de rédiger une convention, ne serait-ce que pour se ménager une preuve. Aucun contrôle judiciaire ne s'exerçant *a priori* sur les modalités du partage, les tiers comme l'un des partenaires risquent d'être lésés. Le partenaire victime d'un partage inéquitable pourrait attaquer la convention pour vice ou absence de consentement ; de même pourrait être invoquée, par une action en complément de part, la lésion de plus du quart de l'article 889. Quant aux créanciers, ils pourraient faire opposition au partage, et, s'il était passé outre, user de l'action paulienne (art. 1167 et 882). Si un bien avait été omis ou caché, un partage complémentaire pourrait intervenir et, à défaut de pouvoir invoquer les sanctions du recel successoral ou du recel de communauté, la responsabilité civile du partenaire fautif pourrait être engagée.

440. Intervention du juge. – À défaut d'accord amiable, il revient au juge de statuer. Depuis la loi du 12 mai 2009, compétence est donnée au JAF (COJ, art. L. 213-3)[163]. Les parties pourraient préférer recourir à un arbitre : l'article 2060 ne l'interdit que pour les questions relatives à l'état et à la capacité des personnes, au divorce et à la séparation de corps. Encore faut-il que le différend soit né : une clause compromissoire introduite dans le Pacs serait nulle en vertu de l'article 2061.

Aucune directive particulière n'est donnée au juge. L'article 515-6 précise seulement que les règles de l'attribution préférentielle prévues aux articles 831, 831-2, 832-3 et 832-4 sont

161. Considérant n° 70.

162. Sur cette constitutionnalisation, B. Bacher et J.-B. Seube, « Le Pacs à l'épreuve de la Constitution », *RDP* 2001, 203 s.

163. Sur cette évolution radicale, qui sous prétexte de « simplification » ou de « clarification » rapproche un peu plus le Pacs du mariage, cf. *infra*, n° 450.

applicables : logement et mobilier le garnissant[164], entreprise agricole[165], commerciale, industrielle ou artisanale, local à usage professionnel et objets mobiliers à usage professionnel le garnissant.

441. Complexité. – Même si la loi du 23 juin 2006 a considérablement simplifié les choses, le partage de l'indivision pacsale risque d'être difficile : que l'on songe aux problèmes de preuve et de présomptions, d'indemnités de jouissance des biens indivis, de rémunération de l'indivisaire gérant, de l'indemnité due à l'indivisaire ayant amélioré à ses frais un bien indivis ou à la cession de biens indivis[166].

B. Créances entre partenaires

442. Transposition des récompenses. – Selon l'article 515-7, alinéa 11, « *sauf convention contraire, les créances dont les partenaires sont titulaires l'un envers l'autre sont évaluées selon les règles prévues à l'article 1469* ». Seront donc appliquées aux créances entre partenaires les règles de calcul des récompenses entre époux communs en biens. En conséquence, le montant de la créance sera, en général, égal « *à la plus faible des deux sommes que représentent la dépense faite et le profit subsistant* » (art. 1469, al. 1). Toutefois, précise l'article 1469, alinéa 2, elle ne peut « *être moindre que la dépense faite quand celle-ci était nécessaire* ». Enfin, « *elle ne peut être moindre que le profit subsistant quand la valeur empruntée a servi à acquérir, à conserver ou à améliorer un bien qui se retrouve au jour de la liquidation [...] dans le patrimoine emprunteur* » (art. 1469, al. 3). Le texte précise que « *si le bien acquis, conservé ou amélioré a été aliéné avant la liquidation, le profit est évalué au jour de l'aliénation ; si un bien a été subrogé au bien aliéné, le profit est évalué sur ce nouveau bien* » (art. 1469, al. 3).

La transposition au Pacs des règles de calcul des récompenses dues à la communauté ou par la communauté s'explique par l'équité : le nominalisme monétaire serait injuste dans ses conséquences ; mieux vaut recourir à la dette de valeur. La situation est pourtant différente : il n'est pas question ici de créances entre masse commune et masses propres (dans le Pacs, les relations entre masse indivise et patrimoines des indivisaires sont régies par les règles de l'indivision), mais de créances entre les patrimoines personnels des partenaires.

Il est surprenant que le législateur de 2006 n'ait pas repris les règles, plus nuancées, qui s'appliquent dans l'hypothèse parallèle des créances entre époux. Conformément à l'article 1479, alinéa 2, ces créances sont soumises au principe du nominalisme monétaire ; leur revalorisation selon les règles des récompenses ne joue que dans les cas et selon les modalités visées à l'article 1469, alinéa 3, *i.e.* quand la valeur empruntée a servi à acquérir, à conserver ou à améliorer un bien qui se retrouve, au jour de la liquidation, dans le patrimoine emprunteur. Dans cette hypothèse, elle ne peut être moindre que le profit subsistant. Si, conformément à l'article 1469, alinéa 3, « *le bien acquis, conservé ou amélioré a été aliéné avant la liquidation, le profit est évalué au jour de l'aliénation* » ; si un nouveau bien a été subrogé au bien aliéné, « *le profit est évalué sur ce nouveau bien* ». La revalorisation ne joue donc pour les créances entre époux que pour des opérations d'investissement. Pour les autres opérations, le législateur « *a sans doute pensé qu'[...] il était préférable de s'en tenir au principe du nominalisme monétaire* » : la revalorisation n'a été introduite que « *là où son absence heurtait l'équité*[167] ». Le législateur de 2006

164. Mais l'attribution préférentielle n'est pas de droit, l'article 831-3 bénéficiant seulement au conjoint survivant.

165. L'attribution de l'entreprise agricole avait été exclue en 1999 (sursaut de la famille traditionnelle contre le concubinage ?). L'exception a été supprimée en 2006.

166. Pour une illustration, Paris, 9 novembre 2006, *Dr. famille 2007*, n° 30, obs. V. Larribau-Terneyre ; *JCP* G 2007.I.170, n° 7, obs. H. Bosse-Platière.

167. G. Champenois, n° 680.

n'a pas eu ce sens de la nuance : le mécanisme de la dette de valeur est applicable à toutes les créances entre partenaires. De même que les époux peuvent déroger par leurs conventions aux prescriptions de l'article 1479 (art. 1479, al. 2) : les partenaires pourraient donc s'accorder pour écarter l'article 1469 (art. 515-7, al. 10).

Pour le reste, il convient de transposer au Pacs la jurisprudence élaborée pour les époux[168].

443. Compensation et équité. – L'article 515-7, alinéa 10 *in fine,* dispose que « *ces créances peuvent être compensées avec les avantages que leur titulaire a pu retirer de la vie commune, notamment en ne contribuant pas à hauteur de ses facultés aux dettes contractées pour les besoins de la vie courante* ». La règle permet de rétablir l'équité. Elle devrait être utilisée par les partenaires eux-mêmes (de même qu'ils peuvent jouer sur les règles de calcul des créances – le recours au nominalisme par exemple – pour avantager l'un d'eux), mais aussi par le juge lorsque celui-ci intervient, faute d'accord, pour liquider les intérêts communs. La règle de l'article 515-7, alinéa 10, particulièrement vague dans son énoncé et plus encore dans ses modalités de mise en œuvre, permet de rétablir l'équité ; mais elle peut aussi conduire à l'arbitraire, et, éventuellement, permettre aux partenaires de frauder les droits des tiers : un nid à procès.

C. Maintien dans l'indivision

444. Convention d'indivision. – Si les partenaires ont choisi de passer entre eux une convention d'indivision[169], celle-ci prend fin avec la dissolution du Pacs. Toutefois, les partenaires peuvent décider qu'elle continuera de produire ses effets : leur décision sera soumise au droit commun de l'indivision conventionnelle (art. 1873-1 à 1873-15). La formule de l'article 515-5-3 n'est pas sans ambiguïtés : « *lors de la dissolution du pacte, les partenaires peuvent décider qu'elle* (la convention) *continue de produire ses effets* » : s'agit-il de maintenir les biens présents dans l'indivision, avec les règles de gestion aménagées par la convention initiale, ou laisser fonctionner la convention, avec la vocation de l'indivision à s'enrichir de nouveaux biens ? La seconde hypothèse paraît exclue : pas plus qu'on ne peut laisser survivre un régime matrimonial sans mariage, on ne peut continuer à faire fonctionner un régime d'indivision entre partenaires sans Pacs. La masse des biens présents continue à évoluer en interne, mais ne s'accroît pas de biens nouveaux.

445. Morts-Pacs et Pacs morts-vivants. – Même si le nouveau régime des biens combiné aux nouvelles règles de la séparation prévues par la loi de 2006 a considérablement amélioré la situation, le danger de la survie de Pacs dissous ou non dissous reste très fort : soit que les partenaires se séparent sans procéder aux formalités de la rupture (des morts-Pacs), soit que le Pacs ait été dissous mais que les ex-partenaires ne procèdent pas à sa liquidation (des Pacs morts-vivants). Rien n'empêche les partenaires de se contenter d'une séparation de fait ; rien ne les oblige à liquider leurs intérêts communs après la séparation. Dans le premier cas, le droit commun du Pacs, avec ses présomptions d'indivision subsidiaires ou les stipulations de la convention d'indivision continueront à régir les acquisitions nouvelles. Dans le second cas comme dans le premier, les règles de gestion et d'accroissement interne de l'indivision poursuivront leur œuvre, à la surprise

168. *Droit des régimes matrimoniaux,* coll. Droit civil.
169. *Supra,* art. 515-5-1.

du partenaire qui, croyant travailler pour lui, aura enrichi l'autre, et, au grand dam des tiers qui auraient, de bonne foi, acquis tel ou tel bien d'un coindivisaire. Et l'on imagine les problèmes suscités par la superposition des indivisions dans l'hypothèse où l'un des partenaires contracterait un nouveau Pacs sans liquider le précédent ; sans parler de la superposition d'une indivision et d'une communauté au cas ou l'un des concubins se marierait. Conscient du problème, le législateur du divorce a, en 2004, multiplié les règles encadrant la liquidation du régime matrimonial[170]. Rien n'a été prévu pour le Pacs de 2006.

II. — Mise en jeu de la responsabilité civile

446. Réparation. – L'article 515-7 *in fine* réserve le droit à réparation du préjudice éventuellement subi par un des concubins. Cette précision, qui a permis de sauver la rupture unilatérale du Pacs[171], reste cependant incertaine dans sa portée : s'agit-il de réparer tous les dommages subis par l'un des partenaires, y compris ceux qui auraient été causés pendant la vie du Pacs, en raison par exemple de la violation de telle ou telle obligation légale ou contractuelle, ou d'indemniser le partenaire des seuls dommages consécutifs à la rupture ? La lettre du texte, ainsi que la lecture qui en a été faite par le Conseil constitutionnel, font pencher en faveur de la seconde interprétation.

Comme on l'a souligné, la possibilité d'agir en responsabilité civile est d'ordre public[172] : les partenaires ne pourraient insérer une clause contraire dans leur convention[173]. On peut même douter de la validité d'une clause prévoyant le paiement d'une indemnité forfaitaire quelles que soient les circonstances de la rupture[174].

Au-delà, rien, sinon les mécanismes classiques de l'enrichissement sans cause ou de l'obligation naturelle, ne permet de compenser en équité les disparités nées de la rupture. En particulier, il n'existe pas de prestation compensatoire entre ex-partenaires pacsés. Tout au plus, les partenaires pourraient prévoir dans leur convention le versement d'une somme forfaitaire ou d'une rente au profit de l'un ou de l'autre, sous réserve que, par son montant, cette somme ne constitue une sorte de clause pénale qui porterait atteinte à la liberté de rompre le Pacs.

III. — Droits du partenaire survivant

447. Un mini-conjoint survivant. – Le législateur du 23 juin 2006 a, là encore, rapproché le Pacs du mariage en étendant au partenaire survivant certains droits offerts au conjoint survivant, sans pour autant assimiler les deux statuts.

448. Droits sur le logement[175]. – Grâce à une extension de l'article 1751, al. 3 prévue par la loi n° 2014-366 du 24 mars 2014, le partenaire survivant cotitulaire du bail dispose d'un droit exclusif sur celui-ci sauf s'il y renonce expressément. Bien plus, l'article 515-6, alinéa 2, lui accorde le bénéfice des dispositions de l'article 831-3 (L. 2006) : pour le partenaire survivant,

170. *Infra*, n°s 779 s.

171. *Supra*, n° 435.

172. *Supra*, n° 436. Rare exemple jurisprudentiel, TI Lille, 7 septembre 2009, *D.* 2010, p. 69, note A. Koumdadji et X. Labbée.

173. A. Gouttenoire-Cornut, « Responsabilité civile et rupture unilatérale du concubinage », article préc., p. 263.

174. Comp. Fr. Dekeuwer-Défossez et F. Vauvillé, « La fin du pacte civil de solidarité », *Dr. et patr.* mars 2001, 28.

175. C. Coutant-Lapalus, « Pacs et logement : dix ans après », *Dr. famille* 2010, n° 5.

l'attribution préférentielle de la propriété du local qui lui sert effectivement d'habitation, s'il y a sa résidence à l'époque du décès, ainsi que celle du mobilier qui le garnit, est de droit. Encore faut-il, précise le texte, que le défunt l'ait expressément prévu dans son testament, ce qui limite la portée de la règle. Surtout, en vertu de l'article 515-6, alinéa 3, « *lorsque le pacte civil de solidarité prend fin par le décès d'un des partenaires, le survivant peut se prévaloir des dispositions des deux premiers alinéas de l'article 763* » : si, à l'époque du décès, le partenaire successible occupe effectivement, à titre d'habitation principale, un logement appartenant au couple ou dépendant totalement de la succession, « *il a de plein droit, pendant une année, la jouissance gratuite de ce logement, ainsi que du mobilier, compris dans la succession, qui le garnit* ». De même, par application de l'article 763, alinéa 2, si l'habitation du partenaire survivant « *était assurée au moyen d'un bail à loyer ou d'un logement appartenant pour partie indivise au défunt, les loyers ou indemnité d'occupation lui en seront remboursés par la succession pendant l'année, au fur et à mesure de leur acquittement* ».

449. Vivons pacsés, mourons mariés. – Le statut du partenaire survivant se rapproche de celui du conjoint survivant. Il lui manque cependant une prérogative essentielle : le partenaire n'est pas un héritier. Certains l'auraient souhaité. Le législateur de 2006 s'y est refusé. S'il a fiscalement assimilé Pacs et mariage[176], n'ont été étendues en droit civil que les dispositions « humanitaires » du conjoint survivant qui relèvent de ce que certains ont appelé un régime matrimonial primaire à cause de mort[177]. Le mariage conserve donc *in extremis*, si l'on ose dire, ses privilèges : Vivons pacsés, mourons mariés ! Le mariage est un engagement à la vie et à la mort. Rien de tel pour le Pacs. Au demeurant, le Pacs n'est-il pas un régime de liberté ? Aux partenaires de s'organiser dans leurs conventions ou dans leurs testaments.

176. Comme les successions entre époux, les successions entre partenaires ouvertes depuis le 22 août 2007 sont exonérées de droit de mutation par décès (cf. F. Douet, *Précis de droit fiscal de la famille, op. cit.*, n° 2041). Conjoints et partenaires bénéficient également les uns comme les autres des dispositions fiscales qui permettent au survivant du pacte tontinier d'échapper aux droits de mutation, quelle que soit la valeur du bien (Loi de finances pour 2010, art. 33).

177. CJCE, gde ch., 1er avril 2008, *Maruko, JCP* G 2008.II.10143, n. A. Devers et Fr. Viangalli a reconnu le droit à la pension de veuf au partenaire homosexuel de droit allemand, ayant conclu une *Lebenpartnerschaft*, réservée aux homosexuels, le CJCE décide qu'un refus constituerait une discrimination prohibée, tenant à l'orientation sexuelle. Cf. *infra*.

ÉPILOGUE : ET DEMAIN ?

450. Vers un statut commun du couple ? – Peu à peu, mariage, Pacs et concubinage se rapprochent, dans leur régime et, par là même, dans leur nature. Les uns comme les autres n'apparaissent plus que comme des statuts du couple[1], trois modes de conjugalité désormais (depuis la loi du 17 mai 2013) ouverts à tous. Le Pacs, dit-on, se *matrimonialise* : en témoignent notamment l'inscription du partenariat et du nom du partenaire en marge de l'acte de naissance[2], l'embryon de statut matrimonial et de régime primaire mis en place par le législateur et, plus symboliquement encore, les premiers éléments d'un statut du partenaire survivant[3]. Parallèlement, le mariage se *partenarise*, avec une part de plus en plus importante faite aux volontés individuelles ou l'allègement des modalités de la séparation. Et le nouveau régime matrimonial optionnel franco-allemand de participation aux acquêts qui pourrait devenir un modèle d'évolution de notre régime matrimonial légal, n'est-il pas plus proche du Pacs, avec son principe de séparation, que du régime de communauté[4] ? Il n'est jusqu'à l'union libre qui ne se solidifie partiellement en statut. Émerge peu à peu une sorte de SMIC (statut minimum interconjugal commun), appelé à régir la vie et la mort de tous les couples, quelle que soit la forme de leur engagement, dans un cadre juridique ou, tout simplement, dans la réalité du quotidien. Les trois types de conjugalité apparaissent désormais dans les mêmes textes, comme s'ils n'étaient que trois modalités juridiques d'une même réalité. Et comme si la chose était toute naturelle, il a suffi d'une disposition d'une loi dite de simplification du droit (loi du 12 mai 2009, préc., baptisée loi LSD par quelques mauvais esprits) pour que le contentieux des couples soit confié à un même juge, le juge aux affaires familiales[5].

De même, personne ne s'est étonné par exemple qu'à l'occasion de l'extension aux partenaires et aux concubins des mesures de protection des victimes de violences (L. n° 2010-769 du 9 juillet 2010 *relative aux violences faites spécifiquement aux femmes, aux violences au sein du couple et aux incidences de ces dernières sur les enfants*[6]), ait été créé un titre XIV (après le titre consacré au Pacs), qui

1. *Mariage-conjugalité, parenté-parentalité, op. cit.*
2. *Supra*, n° 376.
3. *Supra*, n° 447.
4. Sur ce régime, cf. Ph. Simler, *Le nouveau régime matrimonial optionnel franco-allemand de participation aux acquêts, Dr. famille*, 2010, n° 8.
5. *Supra*, n° 440.
6. Cf. *infra*, n° 634 et réf. cit.

couvre de son manteau tous les couples : époux, partenaires et concubins. La première pierre de la maison commune est désormais posée.

Concrètement, ce statut se construit peu à peu[7]. Certains l'appellent même de leurs vœux[8], au nom du principe de non-discrimination ou du principe de réalité, à moins qu'il ne s'agisse du principe du droit des couples à disposer d'eux-mêmes.

451. « Jouissez sans entrave ». – Il est vrai que cette fusion/confusion des situations et des statuts n'est qu'une des manifestations à la surface du droit de deux mouvements de fond. Elle témoigne tout d'abord de l'individualisation du droit de la famille : on ne part plus d'un statut préalable, qui s'imposerait aux individus et conditionnerait la reconnaissance d'un certain nombre de droits et de devoirs, mais d'une situation de fait, commune aux couples de toutes natures (époux, partenaires, concubins hétérosexuels ou homosexuels) qui ouvre à chacun des droits individuels. La perspective est ainsi renversée : de l'institution à l'individu, de l'adhésion à un statut à la jouissance de droits individuels. Elle manifeste également un renversement de perspective lié au triomphe de l'idéologie libérale qui en droit des personnes et de la famille ouvre à chacun le champ des possibles dans une version dénaturée de la célèbre formule de Jean Carbonnier : « *A chacun sa famille, à chacun son droit* »[9].

La rencontre de ces deux idéologies avec l'obsession égalitariste qui fait que toute situation semblable en fait paraît devoir être équivalente en droit, toute différence de traitement étant suspectée de discrimination, pourrait se résumer dans un autre formule héritée, elle, de 1968 : « *Jouissez sans entrave* » ; sauf à ce que l'on exige le secours de la loi lorsque survient quelque difficulté.

L'ouverture du mariage aux personnes de même sexe n'a fait qu'accentuer la confusion.

Face à de telles revendications, le législateur semble à la peine, faute sans doute d'oser affirmer ou, simplement imaginer, un modèle. À tel point que lorsque le Conseil d'État rappelle que partenaires et époux étant placés dans des situations juridiques différentes, le principe d'égalité n'impose pas qu'ils soient traités, dans tous les cas, de manière identique, il précise aussitôt que toutefois, « *il appartient au pouvoir réglementaire afin d'assurer la pleine application de la loi, d'apporter dans un délai raisonnable à la réglementation applicable les modifications nécessaires, en évitant toute différence de traitement manifestement disproportionnée ou sans rapport avec l'objet de la norme en cause* »[10].

452. Fragile singularité. – Les rares applications restrictives de ce principe sont loin de convaincre ou de rassurer. Confrontés à la question des pensions de réversion dont le bénéfice est réservé au « conjoint survivant » de l'assuré social (art. L. 39 du Code des pensions civiles et militaires de retraite), Conseil constitutionnel, Conseil d'État et Cour de cassation ont répondu avec une belle unanimité en mettant en avant la singularité des modes de conjugalité. Après le Conseil d'État[11], le

7. Cf. J.-J. Lemouland, « Vers un statut commun du couple ? », *in Mariage-conjugalité, parenté-parentalité, op. cit.*, p. 33 s. Cf., entre autres, l'extension de la cotitularité du bail prévue par l'article 1751 C. civ. au bénéfice du partenaire (loi n° 2014-366 du 4 mars 2014, art. 4).

8. Cf. A. S. Brun, *Contribution à la découverte d'un droit commun patrimonial du couple*, thèse, Grenoble, 2013 ; M. Saulier, *Le droit commun des couples*, thèse, Paris 1, 2014.

9. Cf. J.-L. Renchon, « La prégnance de l'idéologie individualiste et libérale dans les récentes réformes du droit des personnes et de la famille », *in Mariage-conjugalité, parenté-parentalité, op. cit.*, p. 209, P. Murat, « Individualisme, libéralisme, légistique », *ib.*, p. 237.

10. CE, 28 juin 2002, préc., n° 366.

11. CE, 6 décembre 2006, n° 262096, *Madame Ligori*, *AJDA* 2007, 142, concl. L. Vallée, *AJ famille*, 2007, 34, obs. F. Chénedé, *RTD civ.* 2007, 86, obs. J. Hauser : « *les conjoints sont assujettis à une solidarité financière et à un ensemble d'obligations légales, telles que la contribution aux charges de la vie commune, qui ne pèsent pas sur les personnes vivant en concubinage ; que cette différence de situation justifie, au regard de l'objet de la loi, la différence de traitement qu'elle institue entre les couples vivant en concubinage et ceux unis par les liens du mariage pour l'attribution du droit à une pension de réversion ; que dès lors, Mme A n'est pas fondée à soutenir que la cour administrative d'appel a commis une erreur de droit en jugeant qu'un tel critère, relatif à l'état matrimonial des personnes, ne pouvait être regardé comme constituant une discrimination prohibée par les stipulations de l'article 14 de cette convention et de l'article 1er du premier protocole additionnel à cette convention* ».

Conseil constitutionnel[12] a affirmé que « *le législateur a, dans l'exercice de la compétence que lui reconnaît l'article 34 de la Constitution, défini trois modes de vie de couple qui soumettent les personnes à des droits et obligations différents* » ; à la différence du concubinage et du partenariat, « *le régime du mariage a pour objet non seulement d'organiser les obligations personnelles, matérielles et patrimoniales des époux pendant la durée de leur union, mais également d'assurer la protection de la famille ; que ce régime assure aussi une protection en cas de dissolution du mariage* » (cons. 7) ; le Conseil en déduit que « *la différence de traitement quant au bénéfice de la pension entre les couples mariés et ceux qui vivent en concubinage ou sont unis par un pacte civil de solidarité ne méconnaît pas le principe d'égalité* » (cons. 8). Pour la Cour de cassation[13], cette limitation n'est contraire ni au droit de l'Union (la directive n° 2000/78/CE du 27 nov. 2000 portant création d'un cadre général en faveur de l'égalité de traitement en matière d'emploi et de travail n'étant pas applicable puisqu'une pension de réversion relevant du régime général n'est pas une rémunération au sens européen du terme mais une prestation de sécurité sociale, exclue du champ de la directive[14]), ni à la Convention EDH (art. 14 et art. 1 protocole n° 1)[15]. En écho au Conseil de constitutionnel, la Cour de cassation affirme que « *d'une part, la protection du mariage constitue une raison importante et légitime pouvant justifier une différence de traitement entre couples mariés et couples non mariés* » et que « *d'autre part, l'option entre mariage et pacte civil de solidarité procède en l'espèce du libre choix des intéressés* »[16]. *Quid* pour les pensions qui ne relèveraient pas du régime général et entrent donc dans le cadre de la directive ? *Quid*, surtout, si les intéressés n'ont pas le choix entre les différents modes de conjugalité ? Dans l'arrêt *Maruko*[17], la CJCE a estimé que le principe d'égalité de traitement s'opposait à une réglementation « *en vertu de laquelle, après le décès de son partenaire de vie, le partenaire survivant ne perçoit pas une prestation de survie équivalente à celle octroyée à un époux survivant, alors que, en droit national, le partenariat de vie placerait les personnes de même sexe dans une situation comparable à celle des époux pour ce qui concerne prestation de survie* » : il est vrai qu'en Allemagne, le partenariat de vie, ouvert aux seuls couples homosexuels, est calqué sur

12. Cons. const., déc. n° 2011-155 QPC du 29 juillet 2011 ; *RTD civ.* 2011, 748, obs. J. Hauser ; *JCP S* 2011, 1458, note A. Devers ; *Dr. famille* 2011, comm. 143, note V. Larribau-Terneyre.

13. Cass. civ. 2e, 23 janvier 2014, n° 13-11.362 ; cf. L. Andreu, « Vers un alignement du régime du Pacs sur celui du mariage ? À propos d'un arrêt étonnant relatif à la pension de réversion », *D.* 2014, p. 968. Sur la question, cf. A. Devers, « Extension du droit à pension de réversion au partenaire survivant », *AJ famille* 2012, 131.

14. La question se poserait différemment pour les pensions ou autres prestations rentrant dans le champ de la directive, cf. les arrêts *Maruko* et *Römer*, *infra*.

15. Cf. CEDH, 21 septembre 2010, *Manenc c. France*, n° 66686/09 (déc. irrecevabilité) : la Cour estime « *qu'il lui revient, avant toute autre considération, d'examiner si, à ce titre, le requérant se trouve dans une situation identique ou analogue à celle d'un époux survivant* ». Or « *à cet égard, la Cour relève que le PACS obéit à une certaine solennité dans la conclusion du contrat de partenariat, lequel a pour objet, comme l'a relevé le Conseil constitutionnel (...) d'organiser la vie de couple, au-delà d'une simple communauté d'intérêts. Il confère ainsi aux partenaires un certain nombre de droits et obligations en matière fiscale, patrimoniale et sociale. Pour autant, malgré les évolutions de ce statut, il reste, comme l'a également affirmé le Conseil constitutionnel, « étranger au mariage », dont il diffère spécialement, qu'il s'agisse de ses conditions de conclusion, de sa portée, notamment sur le plan successoral, ainsi que de sa rupture, laquelle peut résulter d'une simple déclaration unilatérale de l'un des partenaires. La Cour observe en particulier que l'obligation de solidarité financière prévue par le Code civil, laquelle s'étend aux cotisations d'assurance vieillesse, et qui fonde en cas de décès, l'entretien du conjoint survivant par réversion de l'avantage (voir « la jurisprudence interne pertinente » ci-dessus), ne concerne que les époux* ». La Cour « *en déduit que le requérant n'était pas, à la suite du décès de la personne à laquelle il était lié par un PACS, dans une situation analogue ou comparable à celle d'un conjoint survivant. À cet égard, le fait que le cadre juridique en vigueur en France ne permette pas le mariage des personnes du même sexe ne saurait par lui-même suffire à le placer dans une telle situation au regard du droit à pension qu'il revendique* ».

16. *Adde* à propos du délit d'abandon de famille (art. 227-3 C. pén.) visant le conjoint mais pas le partenaire, Cass. crim., 24 juin 2015, n° 14-88.175, *Dr. famille* 2015, comm. n° 151, note J.-R. Binet : la Cour refusa de transmettre la QPC qui lui était soumise car « *le législateur a pu, sans méconnaître le principe d'égalité devant la loi pénale, instituer pour le mariage et le pacte civil de solidarité, qui relèvent du libre choix des personnes concernées, des régimes distincts comportant des conséquences juridiques différentes* ».

17. CJCE, 1er avril 2008, *Maruko c. Versorgungsanstalt der deutschen Bünhen*, *D.* 2008, 1873, note C. Weisse-Marchal, 1876, obs. J.-J. Lemouland et D. Vigneau ; *Dr. famille* 2008, n° 92, note A. Devers ; *RTD civ.* 2008, 458, obs. J. Hauser,

le mariage[18]. L'argument de la singularité des modes de conjugalité n'emporte donc la conviction que si les intéressés ont le choix et que les statuts sont *vraiment* différents[19]. Sur le premier point, l'ouverture du mariage aux personnes de même sexe redonne une certaine assise à la position française (les mauvais esprits diront que le « mariage pour tous » sauve de la faillite les régimes de retraite). Reste le second. Conseil constitutionnel, Conseil d'État et Cour de cassation se fondent sur les finalités propres au mariage : assurer la protection de la famille pendant la vie commune et, au-delà, après la séparation. Mais que la prestation compensatoire se réduise comme peau de chagrin (ce qui est déjà une réalité[20]) et que l'on multiplie les dommages-intérêts après rupture du Pacs (ce qui est une tentation à laquelle il n'est pas certain que les juges résistent longtemps au nom de l'équité, voire au nom de l'égalité des modes de conjugalité[21]), que l'on accorde par ailleurs au partenaire survivant des droits sur la succession de son conjoint (ce que le législateur civil a commencé à faire en 2006[22]), et l'argument de la singularité des modes de conjugalité tombera. Et l'on peut compter sur la CEDH ou la CJUE pour rappeler à la France qu'en de telles matières un minimum de cohérence s'impose.

453. Fusion, confusions, absorption ? – De telles évolutions conduisent à se poser une question toute simple. Quelle est la cohérence d'un droit disposant de trois statuts dont les deux premiers ne cessent de se rapprocher et le troisième reste attiré par le non droit ? Trois statuts, n'est-ce pas un de trop[23] ?

Quel est le sens du mariage dès lors que, coupé petit à petit de ses racines familiales, il n'apparaît plus comme l'acte fondateur d'une famille ? À l'inverse, quel est l'intérêt social d'un partenariat transformé un « mini-mariage » ? Le seul domaine où mariage et partenariat conservent leur particularisme en tant que statut du couple réside, comme l'a souligné le Conseil constitutionnel, dans la protection qu'offre le mariage lors de la séparation, qu'il s'agisse de l'encadrement judiciaire du divorce ou des compensations patrimoniales liées à la dissolution du régime matrimonial ou à la prestation compensatoire, qu'il s'agisse, surtout, de la protection assurée au conjoint survivant[24]. Qu'il soit rompu du vivant des

18. La Cour a affiné sa jurisprudence dans l'arrêt *Römer c. Freie und Hansestadt Hamburg*, CJUE (gr. ch.), 10 mai 2011, aff. C-147/08. Était en cause non plus une prestation de survie, mais une pension de réversion. Selon la Cour, « *Les dispositions combinées des articles 1er, 2 et 3, paragraphe 1, sous c), de la directive 2000/78 s'opposent à une disposition nationale telle que l'article 10, paragraphe 6, de ladite loi du Land de Hambourg, en vertu de laquelle un prestataire lié dans le cadre d'un partenariat de vie perçoit une pension de retraite complémentaire d'un montant inférieur à celle octroyée à un prestataire marié non durablement séparé, si :*

*– dans l'État membre concerné, le mariage est réservé à des personnes de sexes différents et coexiste avec un partenariat de vie tel que celui prévu par la loi relative au partenariat de vie enregistré (*Gesetz über die Eingetragene Lebenspartnerschaft*), du 16 février 2001, qui est réservé à des personnes de même sexe, et*

– une discrimination directe existe en raison de l'orientation sexuelle du fait que, en droit national, ledit partenaire de vie se trouve dans une situation juridique et factuelle comparable à celle d'une personne mariée en ce qui concerne ladite pension. L'appréciation de la comparabilité relève de la compétence de la juridiction de renvoi et doit être focalisée sur les droits et obligations respectifs des époux et des personnes engagées dans un partenariat de vie, tels qu'ils sont régis dans le cadre des institutions correspondantes, qui sont pertinents compte tenu de l'objet et des conditions d'octroi de la prestation en question ».

19. Rappr. CJUE, *Hay c. Crédit agricole mutuel de Charente-Maritime et des Deux-Sèvres*, CJUE 12 décembre 2013, affaire C-267/12 : un travailleur qui conclut un PACS avec un partenaire de même sexe, doit se voir octroyer les mêmes avantages que ceux accordés à ses collègues à l'occasion de leur mariage (congé et prime de salaire) lorsque celui-ci est interdit pour les couples homosexuels, ce qui était le cas en France l'époque.

20. Cf. *infra*.

21. Cf. *supra*.

22. Cf. A. Molière, « Les compensations patrimoniales en cas de séparation du couple », *op. cit.*

23. H. Fulchiron, « Le mariage est-il soluble dans le partenariat (et réciproquement) », art. préc.

24. Cf. Cons. const., déc. n° 2011-155 QPC du 29 juillet 2011, préc.

époux ou à la mort de l'un d'eux, le mariage donne donc naissance à une solidarité qui transcende les volontés individuelles.

Mais, là encore, les lignes se brouillent peu à peu. Ainsi, du vivant des époux, le législateur n'a de cesse d'alléger le cadre du divorce, en donnant une place de plus en plus grande aux accords et conventions. Quant à la prestation compensatoire, elle tend en pratique à se « marginaliser » dans sa fréquence comme dans ses montants ; et certains s'interrogent sur son principe même : ne vaudrait-il pas mieux rompre définitivement avec l'idée de maintien d'un certain niveau de vie, elle-même héritée de la vision alimentaire, et opter pour un capital de redémarrage permettant à la femme qui, bien souvent, a ralenti, sinon cessé son activité professionnelle, de retrouver son équilibre après la séparation[25] ? Et pour tenir compte des situations exceptionnelles, la femme sans ressource pourrait, en cas de nécessité, se voir accorder une pension alimentaire fondée sur la solidarité née du mariage.

Reste la protection du conjoint survivant, avec la réserve, la quotité disponible spéciale et le droit d'habitation ainsi que le droit d'usage sur le mobilier garnissant le logement et compris dans la succession, dont le conjoint survivant ne peut être privé que par une disposition d'un acte authentique (C. civ., art. 764). On retrouve là toute la « gravité » du mariage, engagement pour la vie au-delà de la mort. Mais qui ne dit que cette obligation, fondamentale, de solidarité ne sera pas un jour étendue au Pacs ? Un premier pas a été accompli avec l'extension du droit de jouissance gratuite du logement au partenaire survivant, avec un renvoi de l'article 515-6, al. 3 à l'article 763. On peut penser qu'il s'agit là d'une protection liée à la vie en couple et non pas un « effet » du mariage. Mais au nom des principes d'égalité et de solidarité, le reste ne risque-t-il pas de suivre, en commençant par la quotité disponible spéciale (d'autant que la réserve des descendants est de plus en plus cantonnée, contournée, contestée) puis la protection du logement de la famille, qui serait désormais conçue comme la manifestation d'une solidarité de couple[26] ?

En soi, tenir la main à la singularité matrimoniale n'a rien de discriminatoire. La CEDH l'a rappelé dans ses arrêts *Schalk et Kopf contre Autriche* et *Gas et Dubois contre France*[27] : le mariage confère un statut particulier à ceux qui s'y engagent par les conséquences sociales, personnelles et juridiques qu'il emporte. Le Conseil constitutionnel ne dit pas autre chose, même s'il le dit différemment. Mais une telle position supposerait une ferme volonté du législateur[28]...

La confusion qui s'installe ne fait que refléter l'ambiguïté de revendications individuelles croisant recherche de liberté et besoin de protection, affirmation des droits de l'individu et exigence de solidarité de la part du couple comme de la société. Si le législateur n'a pas le courage d'affirmer la singularité du mariage, s'il n'a pas la volonté de mettre fin à la dérive matrimoniale du Pacs, ne restera plus qu'à consacrer un statut... de la personne, coupé de la famille, coupé de l'individu, dans ses affections et ses comportements, ouvert à toutes les formes de vie commune et peut-être demain, de vie en commun.

N°s 454-519 réservés.

25. Cf. *infra*, n° 824.
26. Cf. l'extension réalisée de l'article 1751 au bénéfice du partenaire survivant (loi n° 2014-366 du 24 mars 2014).
27. Arrêts préc.
28. Cf. B. de Boysson, *Mariage et conjugalité : essai sur la singularité matrimoniale*, thèse préc.

■ LIVRE III ■

RUPTURE ET RELÂCHEMENTS DU LIEN CONJUGAL

L'état de mariage suscite parfois des discordes si insupportables qu'il peut devenir nécessaire d'y porter atteinte : il ne saurait être une prison sans issue. Les époux ont trois moyens pour y échapper : couper, suspendre, détendre. Les deux premiers sont des institutions juridiques, le troisième, une situation de fait. Le divorce entraîne la rupture du mariage (Titre I). La séparation de corps assure, sous contrôle judiciaire, le relâchement du lien ; elle fait disparaître la communauté de vie, mais maintient les autres obligations nées du mariage ; la séparation de fait, comme toutes les situations de fait, a un contenu variable et imprécis ; elle ne comporte guère d'organisation (Titre II). Il ne sera pas question ici de la nullité, qui intéresse les vices de la formation du mariage[1].

1. *Supra*, n°s 252 s.

TITRE I

DIVORCE

Avant d'étudier les règles qui encadrent le prononcé du divorce (Sous-titre I) et en régissent les effets (Sous-titre II), seront présentés les principes qui dominent le divorce en règle générale et, plus particulièrement, en droit français (Premières vues)[1].

1. Pour un panorama du divorce en droit comparé, cf. not. B. Verschraegen, *International encyclopedia of comparative law,* vol. 4, chap. 5, *Divorce* ; *adde* pour une réflexion d'ensemble, M.-T. Meulders-Klein, « La problématique du divorce dans les législations d'Europe occidentale », *RTD civ.* 1989, 7 s.

PREMIÈRES VUES SUR LE DIVORCE : DIVORCE EN GÉNÉRAL, DIVORCE FRANÇAIS EN PARTICULIER

Le divorce est une institution ancienne[1], toujours discutée, parfois interdite ou au contraire largement admise (notamment au profit du mari), le plus souvent encadrée. Pour comprendre les textes et les débats actuels, il convient de poser la « question » du divorce[2], de retracer l'évolution du droit français en la matière et de présenter les principes directeurs des textes contemporains.

SECTION I
LA « QUESTION » DU DIVORCE

520. Du droit de divorcer au droit au divorce ? – La question du divorce consiste à chercher la moins mauvaise règle en cas de crise conjugale. On en discute depuis longtemps ; elle s'est présentée successivement de trois manières, d'abord en termes de principe : faut-il admettre le droit de divorcer ? (§ 1), puis de modalités : quel droit pour le divorce ? (§ 2). Aujourd'hui certains la posent de nouveau en termes de principe, mais dans une tout autre perspective : existe-t-il un droit au divorce (§ 3) ?

Le problème n'est pas seulement politique et social ; il a également une dimension religieuse qui, en France, domina longtemps les débats. Parce qu'elle est liée au mariage, la question du divorce dépend des sentiments profonds que chaque individu a sur le sujet et il est impossible d'en faire abstraction : mariage et divorce ne se comprennent pas avec les seules lumières de la raison car ils sont liés à la signification que chacun donne à son existence. Pour un catholique, le mariage n'atteint sa plénitude que dans l'indissolubilité ; il y a en nous-mêmes une loi intérieure qui nous interdit d'abandonner ceux qui nous sont ou nous ont été chers : le divorce est la

1. **Histoire :** J.-Ph. Lévy et A. Castaldo, n°s 114 s. Le Code d'Hammourabi réglemente avec soin la répudiation de la femme par le mari (§ 138 : « *Si quelqu'un répudie sa première épouse qui ne lui a pas mis au monde d'enfants, il lui donnera une somme d'argent équivalente à son prix ; de plus il lui restituera intégralement la dot qu'elle avait apportée de la maison de son père et* (alors seulement) *pourra la répudier* », mais aussi du mari par la femme (§ 142 : « *Si une femme a pris son mari en aversion et a déclaré : "Tu ne me saisiras plus", son cas sera examiné par son quartier et si elle est circonspecte et irréprochable et si son mari traîne dehors et la néglige beaucoup, cette femme n'est pas coupable ; elle pourra reprendre sa dot et s'en aller à la maison de son père* »). Et l'on connaît la boutade ironique de Voltaire : « *Le divorce est presque aussi ancien que le mariage. Je crois seulement que le mariage est plus vieux de quelques semaines* ». Dictionnaire philosophique, *V° Mariage*.

2. J. Carbonnier, « La question du divorce », *D.* 1975, chron. p. 115.

cause (en même temps que l'effet) de grandes souffrances qui, parfois, ne cicatrisent jamais. Mais le droit civil s'adresse à tous : dans notre libre société, ni des sentiments, ni une foi ne peuvent s'imposer aux autres. Il importe donc de raisonner aussi honnêtement que possible, en tentant de faire abstraction de sa foi comme de ses sentiments.

§ 1. Faut-il admettre le droit de divorcer ?

On s'est longtemps interrogé sur le principe même de l'admission du divorce. À cette question, chaque société, à tel ou tel moment de son histoire, a apporté une réponse liée à la conception qu'elle se faisait du mariage et des structures de la famille. Depuis deux siècles et demi, le problème est discuté en France en termes politiques et sociaux, qui ne peuvent masquer une donnée essentielle : la dimension religieuse de la question du divorce.

I. — Données politiques et sociales

521. *Pro, contra*. – Dans le *Discours préliminaire sur le projet de Code civil* (an VIII), Portalis s'interroge longuement sur l'opportunité de conserver une des institutions les plus symboliques du droit révolutionnaire. Il reprend et résume les arguments échangés par les partisans et les adversaires du divorce en des termes qui, au delà de leur forme, ont conservé une actualité que quelques annotations suffiront à souligner.

« *On a dit pour le divorce, qu'on ôte toute la douceur du mariage en déclarant son indissolubilité ; que pour vouloir trop resserrer le nœud du mariage, on l'affaiblit ; que les peines domestiques sont affreuses, quand on n'a rien de plus consolant devant les yeux que leur éternité ; que la vie de deux époux qui ne s'entendent pas et qui sont inséparablement unis, est perdue pour la postérité ; que les mœurs sont compromises par des mariages mal assortis qu'il est impossible de rompre ; qu'un époux dégoûté d'une femme éternelle, se livre à un commerce qui, sans remplir l'objet du mariage, n'en représente tout au plus que les plaisirs ; que les enfants n'ont pas plus à souffrir du divorce que des discordes qui déchirent un mariage malheureux*[3] *; qu'enfin l'indissolubilité absolue est aussi contraire au bien réel des familles qu'au bien général de l'État*[4].

On répond, d'autre part, qu'il est dangereux d'abandonner le cœur à ses caprices et à son inconstance ; que l'on se résigne à supporter les dégoûts domestiques, et que l'on travaille même à les prévenir quand on sait que l'on n'a pas la faculté du divorce[5] *; qu'il n'y a plus*

---

3. Éternel débat que les psychiatres de l'enfance contemporains ne parviennent pas non plus à trancher : l'enfant partagé, disputé ou délaissé, s'il est parfois la cause ou l'enjeu de la rupture, est sa principale victime ; à l'inverse, certaines discordes conjugales sont un enfer pour les enfants qui parfois éprouvent un soulagement quand survient le divorce de leurs parents : un bon divorce vaut-il mieux qu'un mauvais mariage ? Le droit pas plus que la psychiatrie ne sont des sciences exactes et leurs certitudes ne relèvent pas que de la raison.

4. **Tout passe, tout lasse, tout casse.** L'argument politique est délaissé aujourd'hui au profit d'arguments individualistes : le droit au bonheur de chaque époux (l'hédonisme conjugal) et la liberté humaine (l'indépendance conjugale). Puisque le mariage aurait, par hypothèse, pour fin le bonheur, les conjoints malheureux en ménage auraient le droit de sortir d'une union infernale ; puisque le mariage est fondé sur les sentiments plus que sur les intérêts, il devrait disparaître lorsque l'amour a disparu ; puisque les époux sont des adultes libres, ils ne sauraient être soumis à une tutelle, fût-elle celle de la loi. À eux de conduire leur vie comme ils l'entendent. Le temps a un effet destructeur : « Tout passe, tout casse, tout lasse ». Arguments qui relèvent du cercle vicieux : la question est résolue par la question. Tout époux normalement constitué rencontre des épreuves dans sa vie conjugale et le véritable bonheur est de les surmonter.

5. On fait souvent observer que la simple perspective du divorce y incite, comme le souligne Portalis en un autre passage du *Discours préliminaire* : « *Quand les époux sauront qu'ils ne peuvent se délier légèrement, ils seront plus attentifs à se complaire, plus exacts dans leurs obligations mutuelles,*

d'autorité maritale, d'autorité paternelle, de gouvernement domestique, là où cette faculté est admise ; que la séparation suffit pour alléger les désagréments de la vie commune ; que le divorce est peu favorable aux femmes et aux enfants ; qu'il menace les mœurs, en donnant un trop libre essor aux passions ; qu'il n'y a rien de sacré et de religieux parmi les hommes, si le lien du mariage n'est point inviolable ; que la propagation régulière de l'espèce humaine est bien plus assurée par la confiance de deux époux fidèles, que par des unions que des dégoûts passagers peuvent rendre variables et incertaines ; enfin, que la durée et le bon ordre de la société générale tiennent essentiellement à la stabilité des familles, qui sont les premières de toutes les sociétés, le germe et le fondement des empires[6]. »

Au-delà de ces considérations personnelles et sociales, Portalis fonde le maintien du divorce dans le Code civil sur la liberté de conscience, car en France, la question du divorce, *pro* et *contra*, fut longtemps une question religieuse.

II. — Données religieuses

522. *Quid Deus conjunxit homo non separet*. – L'Ancien Testament admettait le divorce, du moins la répudiation de la femme par le mari[7], comme le font la plupart des sociétés patriarcales[8]. Pour autant les Prophètes condamnent le mari qui sans raison valable répudie son épouse[9]. Dans les Évangiles, le Christ se prononce contre le divorce : « *Ce que Dieu a uni, que l'homme ne le sépare pas* » (Matthieu, 19.3, Luc, 16.18, Marc, 10.9[10]). Cette condamnation générale est atténuée chez Matthieu par la réserve de l'adultère : « *D'autre part il a été dit : si quelqu'un répudie sa femme, qu'il lui remette un certificat de répudiation. Et moi, je vous dis : quiconque répudie sa femme – sauf en cas d'union illégale – la pousse à l'adultère ; et si quelqu'un épouse une répudiée, il est adultère*[11] » (Matthieu 5.31). Cette divergence, au moins apparente, des Écritures suscita très vite de nombreuses discussions[12].

---

plus portés à se ménager et à étouffer les semences de la division qui souvent ne croissent et n'amènent une rupture que parce qu'on sait qu'on peut se séparer ». Une loi qui ouvre largement le divorce constitue une « cheminée d'appel ».

6. Les commentateurs récents du Discours préliminaire (*Le Discours et le Code, Portalis deux siècles après le Code Napoléon*, Litec, 2004), relatif au divorce l'analysent chacun à sa manière : A. Bénabent, *La question du divorce : arrière l'Église, seul vive l'État !*, p. 151 ; F. Terré, *Les libertés et le divorce*, p. 167 (la liberté est évolutive).

7. Par exemple les prescriptions du *Deutéronome*, 24.1.

8. De la Rome primitive à l'Arabie. À Rome, Plutarque, *Les vies des hommes illustres*, trad. Amyot, Pléiade, t. I, 1951, « Romulus », p. 67. « *Il* (Romulus) *fit aussi quelques ordonnances, entre lesquelles y en a une qui semble un peu dure, laquelle ne permet point à la femme de laisser son mari, et donne licence au mari de laisser sa femme, si d'aventure elle avait empoisonné ses enfants, ou falsifié ses clés, ou commis l'adultère ; et si autrement il la répudiait, la moitié de ses biens était adjugée à sa femme, et l'autre à la déesse Cérés* » ; J.-Ph. Lévy et A. Castaldo, n° 114.

9. Malachie 2.14 (« *Que personne ne soit traître envers la femme de sa jeunesse* ») auquel font écho les mots de Mahomet : la répudiation est la pire des choses licites.

10. *Adde* Saint Paul, *Corinthiens*, I., 7-10 : « *Que la femme ne soit pas séparée de son mari ; au cas où elle en aurait été séparée, qu'elle ne se remarie pas ou qu'elle se réconcilie avec son mari, et que le mari ne répudie pas sa femme* » *Éphésiens*, 5, 31-32 : « *L'homme quittera son père et sa mère pour s'attacher à sa femme et les deux ne formeront qu'une seule chair : ce mystère est d'une grande portée ; je veux dire qu'il s'applique au Christ et à l'Église* ».

11. « L'exception matthéenne » est d'autant plus difficile à comprendre que le terme utilisé peut être interprété dans trois sens : « quelque chose de honteux » (ce qui ouvrirait la répudiation dans d'autres hypothèses que l'adultère), « adultère » *stricto sensu* et « union conjugale illégale », ce qui interdirait la répudiation dans des cas autres que les unions illégales, même en cas d'adultère.

12. J. Carbonnier, *La famille*, p. 532 et réf. cit.

À partir du XIe siècle, la doctrine catholique reconnut pleinement l'indissolubilité du mariage, toujours réaffirmée depuis[13]. Mais en droit canonique, cette indissolubilité est tempérée par une large admission des nullités de mariage (en cas de vice du consentement, de méconnaissance d'un empêchement, d'omission des formalités requises, ou de la volonté d'un époux d'exclure une qualité essentielle du mariage) et certaines causes de dissolution (si le mariage n'est pas consommé et dans le cas du privilège paulin : celui qui se convertit au christianisme peut dissoudre le mariage antérieurement conclu avec un infidèle et épouser un chrétien)[14]. En revanche, dans les autres églises chrétiennes, orientales et protestantes, le divorce a toujours été admis. Il en va de même pour le judaïsme et pour l'Islam.

523. Divorce des couples, séparation des Églises et de l'État. – En France, pays de tradition catholique, la question du divorce a longtemps créé de profondes divisions ; d'autant que le débat prit, deux siècles durant, une tournure politique : était en jeu le rôle de l'Église catholique, et plus généralement de la morale catholique, dans la société française. Déjà présente dans le courant divortiaire du XVIIIe siècle[15], cette dimension du problème fut essentielle dans l'admission du divorce sous la Révolution, dans son maintien dans le Code Napoléon au nom de la liberté de conscience[16], dans sa suppression en 1816, alors que le catholicisme était redevenu religion d'État, et, bien évidemment, dans sa réintroduction en 1884, alors que la République affermie commençait un long combat de laïcisation qui devait culminer en 1905 avec la séparation des Églises et de l'État[17]. Pour autant, il ne faudrait pas réduire le débat à une lutte entre catholiques et non catholiques, ni à une opposition entre droite et gauche. Comte et Durkheim eurent des mots très durs contre le divorce[18], alors qu'un Josserand admettait l'institution du divorce en séparant radicalement, quoiqu'un peu artificiellement, mariage religieux et mariage civil[19]. Parce que le mariage est une institution sociale fondamentale, les clivages sont à la fois plus profonds et plus subtils.

Aujourd'hui, la cause paraît entendue. Même dans des pays de haute tradition catholique comme l'Italie (1970), l'Espagne (1981) ou l'Irlande (non sans hésitation puisqu'il fallut attendre 1995 pour qu'un référendum autorisât le législateur à intervenir), le divorce a fait irruption à partir des années 1970-1980[20]. Seul État européen à résister à la vague divortiaire, Malte a rendu les armes en 2011[21]. Si l'indissolubilité du mariage demeure un point essentiel de la doctrine catholique, la question en droit civil n'est plus une question de principe, mais de modalités : quel droit pour le divorce ?

13. C. dr. can. de 1983, 1056 : « *Les propriétés essentielles du mariage, sont l'unité et l'indissolubilité, qui, dans le mariage chrétien, en raison du sacrement, acquièrent une solidité particulière* ».

14. A. Sériaux, *Droit canonique*, p. 606 et réf. cit.

15. Voltaire (*Dictionnaire philosophique*, V° *Divorce*) ; Montesquieu (*Lettres persanes*, n° 116) ou l'article *Mariage* de l'Encyclopédie. Sur le courant divortiaire et la genèse de la loi du 20 septembre 1792, Garaud et Szramkiewicz, *La Révolution française et la famille*, *op. cit.*, p. 67 s.

16. Portalis, *Discours préliminaire*, préc.

17. Sur ces débats, cf. A. Lefebvre-Teillard, *Introduction historique au droit des personnes et de la famille*, *op. cit.*, n°s 158 s.

18. J. Commaille, *L'esprit sociologique des lois*.

19. Josserand, *Cours de droit civil positif français*, t. I, n° 909.

20. F. Ferrand et H. Fulchiron (dir.), *Le divorce en Europe*, éd. Société de législations comparée, 2015.

21. Dans le monde ne restent que les Philippines (mais un projet de loi est à l'étude)... et le Vatican.

§ 2. Quel droit pour le divorce ?

Une fois admis le principe du divorce, surgissent deux questions : quel type de divorce mettre en place, et, plus profondément, quelle conception du divorce (acte public ou acte privé), mettre en œuvre ?

I. — Typologie des divorces

On peut, de façon un peu sommaire, distinguer quatre grands types de divorces.

A. Divorce par volonté unilatérale

524. Répudiation. – Par la répudiation, un époux peut mettre fin à tout moment au mariage[22]. Cette faculté est ouverte aux deux époux ou à l'un d'eux seulement (le mari), tantôt de façon discrétionnaire, tantôt pour tel ou tel motif déterminé, tantôt en une forme privée, tantôt sous le contrôle du juge. Cette forme de divorce était connue du droit romain[23]. Reprenant les prescriptions du droit coranique, de nombreux pays musulmans ouvrent aujourd'hui la répudiation au mari, avec ou sans intervention du juge[24], ce qui ne va pas sans poser de délicats problèmes en droit international privé français eu égard au principe d'égalité entre homme et femme, au respect des droits de la défense et à la protection de l'épouse[25].

22. Montesquieu, *De l'esprit des lois*, L. XVI, Ch. 15 : « *Il y a cette différence entre le divorce et la répudiation que le divorce se fait par un consentement mutuel à l'occasion d'une incompatibilité mutuelle ; au lieu que la répudiation se fait par la volonté et pour l'avantage d'une des parties, indépendamment de la volonté et de l'avantage de l'autre* ».

23. J.-Ph. Lévy et A. Castaldo, n° 114.

24. Y. Linant de Bellefonds, *Traité de droit musulman comparé, op. cit.*, t. 2.

25. La question a fait l'objet d'une évolution remarquable en cinq étapes (de 1980 à 2004). **1°)** Après avoir paru, dans les années 1980, faire preuve d'une certaine **mansuétude** à l'égard des répudiations prononcées à l'étranger, (cf. I. Fadlallah, *Vers la reconnaissance de la répudiation musulmane par le juge français ?, Rev. crit. DIP* 1981.19 et réf. cit. ; l'arrêt de principe a été l'arrêt * *Rohbi*, Cass. civ. 1re, 3 novembre 1983, *Rev. crit. DIP* 1984, p. 325, n. I. Fadlallah). **2°)**, les juges français tentèrent par différents moyens d'en **limiter** l'accueil en France, notamment lorsque la répudiation prononcée à l'étranger avait permis au mari de se soustraire aux conséquences d'une action en divorce ou en contribution aux charges du mariage intentée en France : fraude à la loi, fraude au jugement, fraude à l'effet atténué de l'ordre public, respect de l'ordre public procédural et de « l'ordre public alimentaire » (Fr. Monéger, « Vers la fin de la reconnaissance des répudiations musulmanes par le juge français », *Clunet* 1992, 348 et réf. cit.). **3°)** Après bien des hésitations, la jurisprudence de la Cour de cassation sembla enfin se fixer sur des bases solides, celles des **droits fondamentaux** : institution inégalitaire, puisque réservée au mari, la répudiation heurtait le principe d'égalité des époux affirmé à l'article 5 du protocole additionnel à la Convention EDH n° 7 du 22 novembre 1984 (implicitement, Cass. civ. 1re, 1er juin 1994 et 31 janvier 1995, *GA DIP*, n° 63-64, puis explicitement Cass. civ. 1re, 11 mars 1997, *JDI* 1998, 110, n. Ph. Kahn ; *D.* 1997, 400, n. M.-L. Niboyet ; *JCP* G 1998.I.101, n° 3, obs. H. Fulchiron). Intrinsèquement contraire à l'ordre public français en matière internationale, la répudiation ne pouvait être prononcée par le juge français ; bien plus, une répudiation prononcée à l'étranger ne pouvait recevoir quelqu'effet que ce fût en France. **4°)** Sans doute consciente des excès auxquels risquait de conduire une condamnation aussi absolue, la Première chambre civile avait « répudié sa propre jurisprudence » : renonçant à raisonner en termes d'égalité entre époux, la Cour s'est contentée de vérifier que le juge qui avait prononcé la répudiation n'avait pas été saisi **frauduleusement**, que la femme avait pu faire valoir ses prétentions et **défenses** et qu'elle bénéficiait de **garanties pécuniaires** satisfaisantes (Cass. civ. 1re, 3 juillet 2001, *D.* 2001, 3378, n. M.-L. Niboyet ; Cass. civ. 2e, 14 mars 2002, *JCP* G 2002.II.10095, n. H. Fulchiron). Était donc seulement exigé le respect de l'ordre public procédural et de l'ordre public alimentaire. **5°)** Revenant encore en arrière, la première Chambre civile s'est de nouveau fondée sur le principe **d'égalité entre homme et femme**, tel que garanti par la Convention EDH et ses protocoles, pour affirmer l'incompatibilité radicale de la répudiation musulmane avec l'ordre public français en matière internationale : « *cette décision* [de

En France, les Révolutionnaires créèrent un divorce pour incompatibilité d'humeur[26] que les rédacteurs du Code civil s'empressèrent de supprimer[27]. Aujourd'hui, de nombreux pays occidentaux connaissent, sans toujours l'avouer, ce type de divorce, revêtu des habits du divorce faillite. La réforme du 26 mai 2004, en transformant le divorce pour rupture de la vie commune en divorce pour altération définitive du lien conjugal, a ouvert à son tour un droit égalitaire à répudiation.

B. Divorce par consentement mutuel

525. Dissentiment mutuel. – Le mariage est formé par le consentement des deux époux ; leur volonté conjointe pourrait donc y mettre fin : le *mutuus consensus* se résout en un *mutuus dissensus*. Connu à Rome[28], ce type de divorce est aujourd'hui consacré dans un grand nombre de législations.

C. Divorce sanction

526. Faute. – Telle est sans doute l'une de plus anciennes formes de divorce, et la plus répandue : la rupture du lien matrimonial vient sanctionner une faute commise par un époux, la faute s'entendant comme un manquement aux obligations nées du mariage : infidélité, abandon, violences, etc. Aujourd'hui contesté, le divorce pour faute a disparu dans un certain nombre de législations au profit du divorce faillite. En France, il fut, un temps, menacé par les projets de réforme ; la loi du 26 mai 2004 l'a conservé.

---

répudiation] *constatant une répudiation unilatérale du mari sans donner d'effet juridique à l'opposition éventuelle de la femme et en privant l'autorité compétente de tout pouvoir autre que celui d'aménager les conséquences financières de cette rupture du lien matrimonial, est contraire au principe d'égalité lors de la dissolution du mariage, reconnu par l'article 5 du protocole du 22 novembre 1984, n° 7, additionnel à la Convention européenne des droits de l'homme* » (* Cass. civ. 1re, 17 février 2004 (5 arrêts), *D.* 2004, 825, concl. F. Cavarroc ; P. Courbe, « Le rejet des répudiations musulmanes », *D.* 2004, 815 ; H. Fulchiron, « Requiem pour les répudiations musulmanes ? », *JCP* G 2004.II.10128 ; *Defrénois* 2004.812, n. J. Massip ; *Rev. crit. DIP* 2004.423, n. P. Hamje ; *JDI* 2004.1200, n. L. Gannagé ; *adde* le dossier publié dans la *Revue internationale de droit comparé* 2006, p. 1 s. La solution a été réaffirmée depuis à l'encontre du nouveau droit marocain de la famille qui encadre pourtant judiciairement la « répudiation » (symbolique dénommée « divorce sous contrôle judiciaire » : autorisation du juge, dépôt au greffe d'une somme d'argent fixée par le tribunal et couvrant les droits de l'épouse) et qui ouvre à la femme des possibilités équivalentes, mais distinctes d'obtenir le divorce (divorce pour préjudice subi, pour défaut d'entretien et, surtout, divorce pour désunion, art. 94 et s. du nouveau Code marocain de la famille ; cf. M.-Cl. Foblets et M. Loukili, « Mariage et divorce dans le nouveau Code marocain de la famille : quelles implications pour les Marocains en Europe ? », *Rev. crit. DIP* 2008, 521) : par ex. Cass. civ. 1re, 2-3 octobre 2013, n° 12-21.344, *Dr. famille* 2014, comm. 31, 2e esp., not. M. Farge, *AJ famille* 2013, p. 708, note A. Boiché, comp. pour une forme de divorce supposant l'accord des époux, Cass. civ. 1re, 24 septembre 2014, n° 13-20.049 et 13-25.556, *JDI* 2015, comm. n° 2, note F. Mélin, *Dr. famille* 2014, comm. n° 173, note A. Devers ; il en va de même pour le droit algérien, Cass. civ. 1re, 24 septembre 2014, comm. n° 174, note M. Farge. Sur l'ensemble de la question, cf. M.C. Najm-Kobeh, « La Cour de cassation française et la répudiation musulmane, une décennie après l'entrée en vigueur des réformes du droit de la famille au Maroc et en Algérie », *JDI* 2015, donc. 7 ; F. Monéger, « Le Code marocain de 2004 devant la Cour de cassation », *Rev. crit. DIP* 2014, p. 247 s.

26. Garaud et Szramkiewicz, *La Révolution française et la famille*, *op. cit.*, p. 71.

27. Cf. les vigoureuses critiques de Portalis dans le *Discours préliminaire*.

28. J.-Ph. Lévy et A. Castaldo, n° 114 et réf. cit.

D. Divorce faillite

527. Dépôt de bilan de la société conjugale. – Loin des combats judiciaires sur des fautes réelles ou supposées, il s'agit seulement de constater un état de fait, la faillite du mariage et d'en tirer les conséquences, la rupture du lien. Ce type de divorce est aujourd'hui très en vogue dans les pays occidentaux[29]. Certains parlent de divorce remède. La mort du mariage peut-elle guérir les maux de la séparation ?

II. — Acte public ou privé ?

528. « Divorce sans juge » ? – Depuis quelques années, on discute en France de la création d'un « divorce sans juge », d'une « déjudiciarisation du divorce »[30]. Aux discours récurrents reposant sur le constat de certaines pratiques (tribunaux surchargés, audiences « bâclées » faute de temps, etc.) et sur l'énorme coût du divorce judiciaire pour la société, se joignent des arguments de fond : respect des volontés individuelles, protection de la vie privée, égalité entre époux et concubins (la rupture des premiers supposant l'intervention du juge alors que les seconds peuvent rompre librement leur union), responsabilisation des époux, etc. La question est complexe ; elle révèle en fait deux conceptions radicalement différentes du divorce[31].

529. Ce que la société a uni... – Dans nombre de pays, le divorce suppose l'intervention d'une autorité publique qui prononce le divorce et en règle (ou, au moins, en contrôle) les conséquences. Il n'y a donc pas de parallélisme entre la célébration du mariage et sa rupture[32] : le mariage a créé une situation qui dépasse les volontés individuelles ; la société a présidé à la formation du mariage, elle doit être présente lorsque les époux rompent les engagements qu'ils avaient librement contractés devant elle.

La nature de l'autorité compétente pour prononcer le divorce peut varier selon les systèmes juridiques : juge en France, autorité administrative dans les pays scandinaves, par exemple. De même, le rôle de ce représentant peut être des plus divers : d'une simple vérification des conditions légales de la dissolution (le consentement des époux est-il libre et éclairé ? les deux années de séparation (six, naguère) sont elles réelles ?), à une appréciation en droit (y a-t-il faute ?) ou à une décision en opportunité (un époux n'abuse-t-il pas de son droit de rompre le lien ?, le divorce préserve-t-il les intérêts de chacun des époux, des enfants et des tiers ?), en passant par l'homologation des conventions passées par les époux. Mais en toute hypothèse, il appartient à la société, à travers un de ses agents, de prononcer la dissolution du lien, et éventuellement, d'en contrôler les conséquences : le divorce, comme le mariage, est un acte public.

---

29. F. Ferrand et H. Fulchiron (dir.), *Le divorce en Europe, op. cit.* et réf. cit.

30. Cf. les conclusions de la Commission présidée par S. Guinchard, *L'ambition raisonnée d'une justice apaisée*, 2008, et celles du groupe de travail animé par P. Delmas-Goyon, *Le juge du XIXe siècle*, rapport au garde des Sceaux, 2013, *infra*. Le débat touche tous les pays d'Europe (cf. sur les discussions autour du divorce notarial en Espagne, G. Cerdeira Bravo de Mansilla, « Le projet de divorce notarial en Espagne », *Dr. famille* 2015, ét. n° 8, et sur le divorce italien par convention de négociation assistée par avocat, E. Viganotti, « Divorce à l'italienne : la récente révolution copernicienne », *AJ famille* 2014, 692). Pour un panorama de droit comparé, cf. F. Ferrand et H. Fulchiron, *Le divorce en Europe, op. cit.*

31. Sur la question, cf. par ex. H. Fulchiron, « Un juge pour le divorce ? », *in Le discours et le Code, Portalis, deux siècles après le Code Napoléon,* Litec, 2004, p. 183 s. et réf. cit. et sur les débats récents, H. Fulchiron, « Vers un divorce sans juge ? », *D.* 2008, p. 365 ; B. Beignier, « Le divorce : le juge, l'avocat et le notaire », *Dr. famille* 2008, n° 12. V. *infra,* n° 604.

32. Le Code de 1804, reprenant la formule révolutionnaire, conférait à l'officier de l'état civil la mission de prononcer le divorce : une fois le jugement obtenu, les époux devaient se présenter devant l'officier de l'état civil qui prononçait le divorce, en présence des époux, selon des formes identiques à celles qui avaient été suivies pour le mariage (art. 265 du Code Napoléon).

530. Ce que l'homme a uni... – Toute différente est la vision d'un divorce conçu comme un acte privé. Ce qui fait le mariage, c'est la volonté des époux (même si une autorité publique intervient pour le célébrer ou constater l'échange des consentements) ; de même, en parallélisme des formes, ce qui fait le divorce, devrait être la volonté des époux ou de l'un d'eux : les époux se divorcent l'un de l'autre, ou l'un d'eux se divorce de l'autre, le juge, l'administration, le notaire, l'officier de l'état civil, etc., n'intervenant que pour constater et enregistrer une décision prise par le ou les conjoints[33].

Au-delà de deux visions du divorce, ce sont deux visions du mariage qui s'opposent[34].

Dans son rapport de 1998, Irène Théry avait proposé de créer un divorce non judiciaire (devant l'officier de l'état civil ? devant le greffier en chef du tribunal de grande instance ?). Destiné aux époux que n'opposerait aucun contentieux, le « divorce sur déclaration commune » se serait ajouté aux procédures existantes[35]. La Commission présidée par Françoise Dékeuwer-Defossez l'écarta pour des motifs techniques, et, surtout, pour des raisons de principe[36]. Sans trop d'hésitation, semble-t-il, le législateur de 2004 repoussa l'idée d'une déjudiciarisation du divorce, lui préférant une « simplification » des procédures judiciaires. Le débat renaît périodiquement. En 2007, par une annonce fracassante, le président de la République de l'époque avait promis un divorce devant notaire. Face à la levée des boucliers suscitée par cette perspective, une Commission, présidée par Serge Guinchard, fut chargée de réfléchir à la question dans le cadre d'une étude plus générale sur la répartition du contentieux entre les juridictions civiles et sur la déjudiciarisation. Sagement, la Commission proposa de maintenir la procédure de divorce par consentement mutuel devant un juge, mais selon une procédure allégée : l'audience devant le juge deviendrait facultative, sauf demande des époux ou du juge ; elle ne s'imposerait qu'en présence d'enfants mineurs[37]. Un divorce avec juge, mais sans audience. L'évolution du mariage de plus en plus centré sur le couple, la réforme des professions juridiques et la volonté d'alléger le juge de tout ce qui ne serait pas essentiel à l'administration de la justice, devraient tôt au tard relancer la question[38].

§ 3. Existe-t-il un droit au divorce ?

531. Divorce et droit de l'homme. – Selon certains, il existerait un « droit au divorce » : celui qui veut mettre fin au mariage aurait le droit de rompre le lien, même s'il n'a pas de faute à reprocher à son conjoint, même si celui-ci s'y oppose. Ce droit serait fondé sur le respect de la liberté individuelle ou, en termes plus européens, sur le droit au respect de la vie privée et familiale. En conséquence, non seulement la législation familiale devrait permettre le divorce, mais encore, les règles de fond comme les règles de procédures devraient garantir à chacun la possibilité de divorcer. Au terme d'une longue évolution, le droit

33. Ainsi, en droit algérien, la répudiation par le mari est judiciaire, et non privée, mais le juge se contente d'enregistrer la volonté du mari, quitte à le sanctionner en cas d'abus : c'est le mari qui « divorce son épouse », pour reprendre la formule significative de l'article 51 du Code de la famille.

34. M.-T. Meulders-Klein, « La problématique du divorce dans les législations d'Europe occidentale », *RID comp.* 1989, 7 s. Pour un panorama de droit comparé en Europe, cf. F. Ferrand et H. Fulchiron (dir.), *Le divorce en Europe, op. cit.*

35. *Couple, filiation et parenté aujourd'hui, op. cit.*, p. 122.

36. *Rénover le droit de la famille*, rapp. préc., p. 119 s.

37. Rapport Guinchard, Proposition n° 25. La Commission propose également une régulation ou une tarification des honoraires. Propositions reprises par le projet de loi relatif à la répartition des contentieux et à l'allégement des procédures judiciaires, déposé au Sénat le 3 mars 2010, *infra*.

38. Cf. la « semi déjudiciarisation » que constituerait le transfert de compétence au greffier juridictionnel du divorce par consentement mutuel (rapport Delmas-Guyon, *Le juge du xxie siècle*, décembre 2013).

français a consacré un tel droit. Reste à savoir si ce droit peut être considéré comme un droit fondamental.

I. — Évolution du droit français

532. L'ancienne condamnation. – Le droit français s'est longtemps refusé à reconnaître un « droit au divorce ». Certes, le législateur du 11 juillet 1975 avait créé le divorce pour rupture de la vie commune, qui permettait d'imposer le divorce à un conjoint qui n'avait pas commis de faute et ne voulait pas mettre fin au mariage. Ce type de divorce supposait que diverses conditions, très contraignantes, fûssent réunies : séparation de fait ou altération des facultés mentales pendant plus de six ans et, surtout, prise en charge par le demandeur des conséquences de la rupture : car si l'on permettait à un époux de retrouver sa liberté, encore fallait-il qu'il assumât pleinement ses responsabilités à l'égard de son conjoint. Surtout, la clause d'extrême dureté donnait au juge le pouvoir de refuser le divorce si son prononcé risquait d'avoir des conséquences d'une excessive gravité pour le conjoint innocent[39]. Dans la pensée des rédacteurs de la loi de 1975, le prononcé du divorce devait dresser l'acte de décès d'un mariage mort depuis de nombreuses années et permettre à l'époux demandeur de reconstruire en droit une famille qui le plus souvent existait depuis longtemps en fait. Il ne s'agissait donc nullement de reconnaître un quelconque droit au divorce.

Si l'on regardait le droit français du divorce dans le miroir du droit international privé, l'évolution était cependant significative. Jadis, alors que le divorce était prohibé en France, la jurisprudence affirmait qu'une loi étrangère autorisant le divorce ne pouvait être appliquée par le juge français car elle était contraire à l'ordre public français en matière internationale. Les jugements de divorce régulièrement prononcés à l'étranger étaient cependant reconnus en France, au nom de l'effet atténué de l'ordre public[40], sous réserve, évidemment, de la fraude[41]. Après 1884, ne furent plus jugées contraires à l'ordre public français en matière internationale, que les lois admettant le divorce sur requête conjointe[42]. Après 1975, une telle prohibition ne fut plus de mise, et la jurisprudence se développa dans une tout autre direction : ne furent plus censurées les législations permissives, mais au contraire les législations restrictives. Dans un premier temps, furent déclarées contraires à l'ordre public français en matière internationale les lois étrangères qui ne permettaient ni relâchement ni rupture du lien conjugal[43]. La Cour de cassation affirma ensuite qu'était contraire à l'ordre public français en matière internationale la loi étrangère qui interdisait à un époux français résidant habituellement en France de divorcer[44] : c'était poser dans les relations internationales les prémices d'un droit au divorce.

533. Consécration. – La loi de 2004 a franchi le pas : en transformant le divorce pour rupture de la vie commune, divorce assumé et contrôlé, en divorce pour altération définitive du lien conjugal, simple divorce faillite sur séparation de deux ans, et surtout en abolissant la clause d'extrême dureté qui, symboliquement, fermait les portes du divorce lorsque celui-ci risquait d'avoir des conséquences par trop cruelles pour l'époux défendeur, le législateur a consacré en France un véritable droit au divorce. Celui qui veut le divorce l'obtiendra, dès lors que les conditions, purement objectives, fixées par la loi seront réunies[45].

39. *Infra*, n° 689.

40. Cass. civ., 28 février 1860, *Bulkley*, *GA DIP*, n° 4.

41. Cass. civ., 18 mars 1878, *Princesse de Bauffremont*, *GA DIP*, n° 6.

42. L'effet atténué de l'ordre public permettant cependant de reconnaître en France le divorce valablement prononcé à l'étranger (cf. Cass. civ., 17 avril 1953, *Rivière*, *GA DIP*, n° 26).

43. B. Audit, *Droit international privé*, n° 669 et réf. cit.

44. Cass. civ. 1re, 1er avril 1981, *JDI* 1981, 813, n. D. Alexandre.

45. Un époux peut-il introduire dans la libéralité qu'il consent à son conjoint, une clause de non-divorce ? Oui, en principe, avait affirmé la Cour de cassation dans un arrêt du 13 décembre 2005 (Cass. civ. 1re, 13 décembre 2005, *Bull. civ.* I, n° 491, *Defrénois* 2006, p. 836, note N. Peterka, *JCP* N 2006, note Ph. Simler ; *adde* J.-R. Binet, « Clause de non-divorce et libéralités conjugales : un heureux mariage », *D.* 2006, p. 1923). À l'époux gratifié de choisir entre liberté et gratification. Dans le cas cependant d'une donation de biens présents prenant effet au cours du mariage, la clause se heurte

II. — Le droit au divorce : un droit fondamental ?

534. L'Europe, l'Europe... – Certains se sont tournés vers la Cour européenne des droits de l'homme pour que fût franchi le pas, juridique et psychologique, de la reconnaissance, au nom des droits fondamentaux, d'un véritable droit au divorce. La question fut notamment posée à propos de l'Irlande qui jusqu'en 1995 interdisait le divorce. Étaient invoqués les articles 12 (liberté du mariage) et 8 (droit au respect de la vie privée et familiale) de la Convention EDH. Dans l'arrêt *Johnston et al. contre Irlande*, du 18 décembre 1986[46], la Cour opposa un refus à ces prétentions. Selon elle, « *le sens ordinaire des mots "droit de se marier" est clair : ils visent la formation de relations conjugales et non leur dissolution* »[47] : l'article 12 ne pouvait donc fonder un droit de divorcer. La Cour sembla plus embarrassée lorsqu'elle examina la question de savoir si un respect effectif de la vie familiale (article 8), n'entraînait pas pour l'Irlande l'obligation positive d'instaurer des mesures qui autoriseraient le divorce et, donc, le remariage. Prudemment, elle affirma que la Convention devait se lire comme un tout et que l'on ne pouvait « *logiquement déduire de l'article 8, texte de but et de portée plus généraux, un droit au divorce exclu* [...] *de l'article 12*[48] ». Au vu des évolutions des législations européennes en matière de divorce, et de certaines jurisprudences audacieuses et évolutives de la CEDH en matière familiale, il n'est pas certain que les juges strasbourgeois feraient preuve aujourd'hui de la même retenue[49].

Certes, entre la reconnaissance du droit de divorcer et la consécration d'un droit au divorce, qui serait opposable aux États, il existe un monde, à la fois juridique et symbolique. Dans la course qui semble désormais opposer la CEDH et la Cour de justice de l'Union européenne, il n'est pas impossible que l'une ou l'autre n'affirme quelque jour l'existence d'un droit fondamental au divorce[50].

---

au principe d'irrévocabilité affirmé depuis la loi du 26 mai 2004 par l'article 265 du Code civil (Cass. civ. 1re, 14 mars 2012, *RTD civ.* 2012, p. 300, obs. J. Hauser, p. 357, obs. M. Grimaldi). En l'espèce, c'était le donateur qui demandait le divorce pour altération définitive du lien conjugal ; mais l'équité est-elle vraiment satisfaite si c'est le gratifié qui demande le divorce... et conserve la libéralité ?

46. * *Johnston et al. c/Irlande*, 18 décembre 1986, série A, n° 112 ; *GA CEDH*, n° 41 et réf. cit.

47. De plus, précise la Cour, « *ils figurent dans un contexte renvoyant expressément aux "lois nationales" ; même si, comme l'affirment les requérants, l'interdiction du divorce doit s'analyser en une limitation à la capacité de se marier, pareille limitation ne saurait, dans une société adhérant au principe de la monogamie, passer pour une atteinte à la substance même du droit garanti par l'article 12* ».

48. Dans l'arrêt **Airey c/Irlande*, 9 octobre 1979, série A, n° 32 ; *GA CEDH*, n° 2 et réf. cit. ; la Cour avait cependant affirmé, au nom de la protection de la vie privée ou familiale, que les États qui ne connaissaient pas le divorce avaient l'obligation de permettre aux époux d'engager une procédure de séparation de corps : faute de pouvoir divorcer, les époux devaient pouvoir être dispensés de leur devoir de cohabitation.

49. Rappr. toutefois, pour une lecture « globale » de la Convention, l'arrêt *Schalk et Kopf*, préc., sur le mariage entre personnes de même sexe : ayant rejeté le droit de se marier sur le fondement de l'article 12, la Cour l'exclut sur celui de l'article 8, cf. *supra*, n° 107.

50. Le Livre vert et la proposition de règlement modifiant le règlement (CE) n° 220 1/2003 en ce qui concerne la compétence et instituant des règles relatives à la loi applicable en matière matrimoniale (proposition de Règlement dit Rome III ou Bruxelles II *ter*...), étaient sous-tendus par l'idée d'un véritable droit au divorce pour les ressortissants communautaires. Le règlement Rome III (règlement UE n° 1259/2010 du Conseil du 20 décembre 2010, mettant en œuvre une coopération renforcée dans le domaine de la loi applicable au divorce (art. 5) et à la séparation de corps, s'ouvre à la liberté de choix par les époux de la loi applicable à leur divorce et favorise par là-même la dissolution de l'union. Le règlement ne permet pas d'ailleurs que cette liberté soit utilisée pour donner compétence à une loi qui interdirait le divorce (cf. art. 10).

SECTION II
ÉVOLUTION DU DROIT FRANÇAIS DU DIVORCE

Quatre grandes secousses ont ébranlé depuis la Révolution le modèle traditionnel du mariage indissoluble.

535. Première secousse. – La loi du 20 septembre 1792 avait créé en France le divorce qui était la conséquence logique de la sécularisation du mariage et de la liberté civile[51]. Elle l'avait largement admis, tant pour des causes déterminées (notamment l'émigration), que pour le consentement mutuel et même l'incompatibilité d'humeur, ce qui, en réalité, soumettait le mariage à une rupture par répudiation unilatérale. De l'an II à l'an III, la législation révolutionnaire était allée encore plus loin, puisqu'elle avait décidé que la séparation de fait pendant six mois entraînait automatiquement le divorce. Cette législation a eu des effets foudroyants ; à partir de l'an VII, un mariage sur trois fut dissous par divorce[52].

Le Code Napoléon avait suivi la même inspiration, en la tempérant beaucoup. Il avait maintenu le divorce, en grande partie afin de demeurer fidèle à l'idéal républicain ; de nouveau, la « question du divorce » était liée à des considérations politiques. Mais il avait conçu le divorce en un tout autre esprit que celui des lois révolutionnaires, car il ne l'avait admis qu'à titre exceptionnel : d'une part, pour des causes déterminées et limitativement énumérées, d'autre part, par consentement mutuel mais à des conditions étroites[53]. L'application pratique qui en fut faite témoigna de cette modération : pas plus d'une cinquantaine de divorces annuels pour toute la France.

La loi du 8 mai 1816 (loi *de Bonald*) supprima le divorce, pour des considérations politiques et religieuses, l'alliance du trône et de l'autel. D'une part, la Restauration n'admit le maintien du Code Napoléon qu'à la condition d'en extirper les « poisons révolutionnaires », dont le divorce était un élément. D'autre part, le catholicisme était redevenu la religion d'État, ce qui expliquait que l'indissolubilité du mariage fût une règle de l'État ; le problème du divorce était de nouveau dépendant de considérations politiques et religieuses.

536. Deuxième secousse. – Lors de l'élaboration de la loi du 27 juillet 1884 (loi *Naquet*), le problème a encore été posé en termes politiques. Il a été lié à la victoire républicaine des élections de 1880 et la loi sur le divorce était une revanche sur la Restauration et la « réaction » ; mais elle était une loi de compromis. Ne fut admis que le divorce pour faute ; et encore était-il strictement encadré.

De 1884 à 1941, le divorce a suivi une lente évolution, qui, par la législation, la jurisprudence et la pratique a élargi son domaine. Une série de textes ont réformé sur des points de détail la loi de 1884 afin de lui donner une plus grande souplesse ; notamment, une loi de 1886 a allégé la procédure. Les juges ont interprété d'une manière large la loi. Les chiffres ont révélé la progression constante du nombre des divorces : 1885 : 3 000 ; 1910 : 13 000 ; 1926 : 20 000 ; 1939 : 24 000 (ces chiffres sont arrondis).

La loi du 2 avril 1941, inspirée par l'idéologie vichyssoise, avait essayé de limiter le nombre des divorces, sans porter atteinte à son principe. Elle avait, d'une part, imposé une temporisation, notamment en interdisant le divorce dans les trois premières années du mariage ; d'autre part, elle avait voulu discipliner le divorce en donnant une définition plus stricte de sa cause. Il apparut tout de suite qu'elle était un échec : le nombre des divorces n'avait pas diminué (1943 : 23 000).

L'ordonnance du 12 avril 1945 a abrogé l'indissolubilité triennale prévue par la loi de Vichy, mais maintenu la nouvelle définition de la cause du divorce. Or, les tribunaux n'en ont tenu aucun compte. Dans la pratique, le nombre des divorces était, après la Seconde Guerre

51. V. DEMARS-SION, « Libéralisation du divorce : l'apport véritable de la loi du 11 juillet 1975 à la lumière de celle du 20 septembre 1792 », *RTD civ.* 1980, 231 s.

52. M. GARAUD et R. SZRAMKIEWICZ, *La Révolution française et la famille*, PUF, 1978 (réédition de Sirey 1951), p. 77-99.

53. D. ROUGHOL-VALDEYRON, « Le divorce par consentement mutuel et le Code Napoléon », *RTD civ.* 1975.482 s.

mondiale, parvenu jusqu'en 1963 à une certaine stabilité (1947 : 57 000, le chiffre était aberrant, c'était un lendemain de guerre ; 1953 : 30 000 ; 1963 : 33 000). De 1953 à 1963, le divorce paraissait donc s'être stabilisé. À partir de 1963, le nombre a, de nouveau, cru et de manière importante : 1965 : 35 000 ; 1970 : 43 000 ; 1974 : 61 000.

537. Troisième secousse. – À la différence des précédentes, la loi du 11 juillet 1975 n'était pas liée à une transformation politique. Elle a été une conséquence de la société de consommation, avec les facilités qu'elle entraîne ; elle a aussi été attachée à l'accroissement de la durée de la vie humaine, au travail des femmes en dehors de la maison, à l'absence d'enfants et à la liberté sexuelle. Elle a été un des éléments, sans doute un des plus importants, de la réforme générale du droit civil de la famille, entreprise par étapes depuis 1963. La « question du divorce » s'était alors présentée autrement que dans les deux grandes lois précédentes ; elle n'était plus posée en termes de principe mais seulement de ses modalités.

Trois griefs majeurs étaient adressés à la loi *Naquet*, où le divorce était exclusivement fondé sur la faute, le divorce-sanction : **1)** Il contraignait les époux à un duel judiciaire sans merci, exaspérant le conflit et tourmentant les enfants ; quand il n'était pas un duel douloureux, il était une comédie ridicule, obligeant les époux à la farce du divorce d'accord. **2)** La loi faisait dépendre les conséquences du divorce de la faute conjugale, avec son cortège de fausses lettres et de griefs plus ou moins imaginaires, ce qui aboutissait à des résultats parfois choquants. **3)** Elle ne convenait plus aux mœurs, ce qui est devenu l'argument habituel pour toutes les réformes contemporaines du droit de la famille.

Profondément novatrice, la loi du 11 juillet 1975 n'en était pas moins une loi d'équilibre, attentive à la pluralité des situations et soucieuse d'apaiser les conflits.

Précédée par des enquêtes d'opinion[54] et des études de droit comparé[55], elle avait entendu « libéraliser » le divorce et l'adapter aux nouvelles aspirations de la société[56]. Conscient que « *tous les mariages ne meurent pas de la même mort*[57] », soucieux également de ménager les convictions religieuses et philosophiques de chacun, le législateur substitua à une *cause* unique de divorce, le divorce pour faute, une pluralité de *cas* : divorce pour faute toujours, mais aussi divorce sur requête conjointe, divorce sur double aveu et divorce pour rupture de la vie commune. Le législateur souhaita également « dédramatiser » le divorce afin d'éviter que le procès lui même n'avive le conflit entre les époux. À cette fin, fut instauré un nouveau magistrat, le juge aux affaires matrimoniales (devenu en 1993 juge aux affaires familiales), magistrat spécialisé, doté de larges pouvoirs, chargé de suivre le divorce et l'après-divorce, et investi d'une mission : celle de concilier les époux. Une large place était d'ailleurs faite aux accords des époux : indispensables dans le divorce sur requête conjointe, ils étaient favorisés dans les autres cas de divorce et le juge était invité à en tenir compte dans sa décision. Comme le pluralisme des cas, le troisième principe affirmé par la loi de 1975 contribuait à cette tentative de « dédramatisation » du divorce : la concentration de ses effets. Soucieux d'éviter que le conflit ne se perpétuât au-delà du prononcé du divorce, le législateur souhaitait que toutes les difficultés (du moins les plus importantes) fûssent réglées lors du prononcé du divorce, et qu'elles le fûssent une fois pour toutes. Dans cette perspective, fut notamment créée la prestation compensatoire, qui remplaçait l'antique pension alimentaire[58].

538. Quatrième secousse. – Vingt-cinq ans après l'entrée en vigueur de la loi de 1975, des voix de plus en plus nombreuses s'élevèrent pour qu'à nouveau fût réformé le droit du divorce. Certains proposaient une réforme radicale qui se serait traduite notamment par l'abandon du divorce pour faute, jugé archaïque et pathogène[59] ; s'y serait substitué un divorce faillite, qui aurait voisiné avec le

54. *Le divorce et les Français*, Enquête d'opinion, PUF, 1974, t. 2, *L'expérience des divorcés*, PUF, 1975.

55. M. Ancel, *Le divorce à l'étranger*, La documentation française, 1975.

56. J. Carbonnier, « La question du divorce, Mémoire à consulter », *D.* 1975, 115 ; J.-C. Groslière, « La réforme du divorce », *Et. Marty*, Toulouse, 1978, p. 610 s.

57. Selon la formule de G. Cornu, *La famille*, p. 479.

58. *Infra*, n°s 785 s.

59. Sur ces critiques cf. *infra*, n° 711.

divorce par consentement mutuel[60]. D'autres restaient attachés au pluralisme des cas prévus par la loi de 1975, mais souhaitaient moderniser la loi pour l'adapter aux évolutions sociales : les procédures de divorce étaient devenues un contentieux de masse (les affaires relevant du droit de la famille représentaient plus de 60 % de l'activité des tribunaux de grande instance) et le divorce lui-même apparaissait comme un accident « normal », même s'il restait douloureux, de la vie de couple. Or, les procédures de divorce seraient complexes, coûteuses et, généralement, d'une durée excessive. Il convenait donc d'aménager le divorce pour faute, afin d'éviter que la procédure n'amplifiât les conflits, de transformer le divorce pour rupture de la vie commune en divorce faillite, d'assouplir et de simplifier les divorces sur requête conjointe et sur demande acceptée[61]. Franchissant un pas de plus, certains proposèrent même de créer une cinquième voie, non judiciaire de divorce, le divorce par déclaration commune, qui serait enregistré par l'officier de l'état civil ou par le greffier en chef du tribunal de grande instance[62].

Dans une formule initiale qui résume les ambiguïtés des lois actuelles sur la famille, l'Exposé des motifs du projet qui devint la loi du 26 mai 2004[63] affirmait que « *L'adaptation du droit de la famille aux évolutions sociologiques qui ont marqué ces dernières décennies constitue un objectif indispensable à la mise en œuvre d'une politique nouvelle en direction des couples et des familles, à la fois respectueuse des valeurs fondamentales de notre société, volontariste et pragmatique. Cette politique a pour ambition de mieux reconnaître, au sein de la sphère privée, l'aspiration de nos concitoyens à plus de volonté et de liberté et d'affirmer les références essentielles qui constituent le socle de notre société, au rang desquelles la valeur de l'engagement, la solidarité et la responsabilité* ». La loi maintient le pluralisme des procédures et sauve donc le divorce pour faute. Il s'agit de moderniser le droit du divorce en simplifiant et en allégeant les procédures, d'apaiser les conflits en donnant une place plus importante encore aux accords entre divorçants et en développant la place de la médiation, « *de responsabiliser l'époux défaillant* (sic) *et de protéger le conjoint victime* ». Afin d'éviter que les époux ne soient trop longtemps retenus dans les chaînes de l'après divorce, la loi encadre, pour l'accélérer, la liquidation des intérêts pécuniaires du couple.

Sous des abords apparemment consensuels, le texte apporte de profondes innovations. En particulier, il rompt les derniers liens qui attachaient le règlement des effets du divorce aux torts réels ou supposés du conjoint demandeur ou défendeur. En transformant le divorce pour rupture de la vie commune en divorce pour altération définitive du lien conjugal, il contribue à la reconnaissance en droit français d'un véritable droit au divorce tout proche de la répudiation.

539. Parfaire ou dénaturer ? – La loi du 11 juillet 1975 était une loi d'équilibre, faite d'avances et de retours, de poids et de contrepoids, de principes et de tempéraments. Le législateur de 2004 (et le législateur contemporain en général) affirme souvent qu'il ne fait que tirer toutes les conséquences des principes posés par les grandes « lois Carbonnier ». À vouloir aller jusqu'au bout des principes, ne risque-t-on pas d'en dénaturer l'esprit ?

---

60. Sur la loi du 26 mai 2004, J.-J. Lemouland, « La loi du 26 mai 2004 relative au divorce », *D.* 2004, 825 s. ; T. Garé, « La réforme du divorce, entre innovation et droit constant » : *RJPF* juin 2004, 6 s. et juillet-août 2004, 6 s. ; V. Larribau-Terneyre, « La réforme du divorce atteindra-t-elle ses objectifs ? », *Dr. famille* 2004, n° 13, 16 et 19 ; V. Larribau-Terneyre et J.-J. Lemouland (ss. dir.), *La réforme du divorce, entre rupture et continuité*, Litec, 2005. Pour une étude d'ensemble, J. Massip, *Le nouveau droit du divorce*, éd. Defrénois, 2005.

61. I. Théry, *Couple, filiation et parenté aujourd'hui*, rapp. préc., p. 113 s. ; F. Dekeuwer-Défossez, *Rénover le droit de la famille*, rapp. préc., p. 113 s.

62. I. Théry, *Couple, filiation et parenté aujourd'hui*, rapp. préc., p. 122 s.

63. Selon l'article 1 du texte : « *Le divorce peut être prononcé en cas : – soit de consentement mutuel – soit de rupture irrémédiable du lien conjugal* ».

SECTION III
PRINCIPES DIRECTEURS DU DROIT CONTEMPORAIN DU DIVORCE

540. Plan. – Conçue par Jean Carbonnier, la loi du 11 juillet 1975 reposait sur quelques grands principes que la loi du 26 mai 2004 a repris et développés, au risque de rompre les équilibres voulus naguère.

§ 1. « LIBÉRALISATION », DÉLÉGALISATION, CONTRACTUALISATION

La « libéralisation » du divorce est une des fins poursuivies par le législateur contemporain. Sa délégalisation et sa contractualisation n'en sont que les moyens, ou la conséquence.

541. Libéralisation. – Le divorce aurait été « libéralisé », dit-on, parce qu'il est rendu plus facile ; les époux sont libérés de la servitude des lois et peuvent échapper à celle du mariage. Désormais, ce n'est plus la loi qui exerce une contrainte sur les époux, mais leur volonté individuelle, leurs sentiments individuels, leur morale individuelle, leur passé individuel, l'influence de leur famille individuelle, etc. La libéralisation se traduit également par un recul de la loi, une « délégalisation ».

542. Délégalisation. – La « délégalisation » du divorce doit être prise en deux sens.

D'une part, celui qui vient d'être évoqué : le désengagement du droit civil[64]. Ce ne serait pas au droit, c'est-à-dire à la société, qu'il appartiendrait de régler les conflits conjugaux, mais à des normes non juridiques, à des règles religieuses ou morales, et au sentiment individuel de ses responsabilités qu'a chaque époux.

D'autre part, un recul de la loi au profit du pouvoir modérateur du juge. Le juge se voit conférer dans de nombreuses hypothèses un pouvoir correcteur de la loi. En 1975, par exemple, il pouvait refuser de prononcer un divorce pour rupture de la vie commune qui aurait eu des conséquences d'une exceptionnelle dureté (art. 238 et 240 anc.). De même, l'interdiction de réviser une prestation compensatoire qui a, en principe, un caractère forfaitaire, disparaissait lorsqu'elle entraînait pour l'un des conjoints des conséquences d'une exceptionnelle gravité (art. 273 anc.). Ou bien encore, l'époux aux torts exclusifs duquel le divorce avait été prononcé n'avait, en principe, droit à aucune prestation compensatoire, sauf à titre exceptionnel, s'il était contraire à l'équité de la lui refuser (art. 280-1 anc.).

La loi du 26 mai 2004 reconnaît encore au juge une marge d'adaptation des principes : ainsi, peut-il continuer à refuser, si l'équité le commande, d'accorder une prestation compensatoire à l'époux aux torts exclusifs duquel le divorce a été prononcé (art. 270, al. 3).

Le recul de la loi au profit du pouvoir modérateur du juge, la faculté qu'a le juge de déroger à la loi dans des cas individuels, se retrouvent en d'autres réformes législatives contemporaines. Par exemple, dans le droit des obligations, avec la révision de la clause pénale[65] ; ou bien encore, dans les droits des régimes matrimoniaux et de l'indivision. C'est un des aspects du

64. *Supra*, n° 52.
65. *Droit des obligations*, coll. Droit civil.

droit nouveau : « *Flexible droit* »[66]. Il confère au droit plus de justice et de souplesse. Surtout, dans le divorce, il permet d'échapper aux choix que soulève la grande diversité des crises conjugales. Trois méthodes extrêmes sont également condamnables : ou bien, la loi, la loi seule, qui suscite le risque de rigidité ; ou bien, le juge, le juge seul, qui suscite le risque d'arbitraire ; ou bien, les époux, les époux seuls, ce qui risque de soumettre le faible au fort. Afin d'échapper à l'impasse, deux voies moyennes peuvent être empruntées : ou bien, la loi pose des standards, assez souples pour s'adapter à la diversité des situations (*ex.* : la définition de la faute conjugale dans l'article 242) ; ou bien, elle pose une règle, à laquelle, à titre exceptionnel, le juge peut déroger en vertu d'un pouvoir modérateur (*ex.* : art. 270, al. 3). Ces avantages ont pour rançon de retirer à la loi sa prévisibilité et son caractère normatif et par conséquent de multiplier le contentieux ; peut-être même de diminuer le respect qu'on devrait lui porter. L'Ancien droit conférait au juge un pouvoir semblable, qui peu à peu, avait fait naître une supplique : « *Que Dieu nous garde de l'équité des parlements !* ».

Il n'est pas impossible que le législateur d'aujourd'hui ait entendu ce cri : la loi du 26 mai 2004 enlève au juge un grand nombre de ses prérogatives d'appréciation en équité. Mais il s'agit moins de défendre la prévisibilité de la règle que d'affirmer dans toute leur vigueur, la puissance des « droits à ».

543. Contractualisation. – Plus sans doute que toute autre institution familiale, le divorce est sujet aux pactes, conventions et autres accords entre époux[67]. Le phénomène est ancien : il plonge ses racines dans le modèle antique du divorce par consentement mutuel et l'on ne manque pas d'invoquer pour le justifier le parallélisme des formes entre formation et dissolution du mariage[68]. Idéologie et pragmatisme concourent aujourd'hui à son succès. D'une part, le respect de la vie privée, le respect des volontés individuelles, le respect de la liberté de chacun, commanderaient, dit-on, de faire la plus large place aux accords entre époux : accord sur le principe du divorce, accord sur le règlement de ses conséquences. Certains estiment même que le juge, agent de la société, n'aurait pas à intervenir dans un domaine qui relèverait de la vie privée, à moins bien sûr qu'un conflit n'oppose les époux. D'autre part, on peut espérer que des accords librement négociés et acceptés seront mieux respectés que des décisions prises par le juge. Les accords sont censés contribuer à apaiser et à prévenir les conflits.

Indispensables dans le divorce par consentement mutuel, les accords entre époux devraient être recherchés par le juge dans tous les cas de divorce. Selon l'article 252-3, « *Lorsque le juge constate que le demandeur maintient sa demande, il incite les époux à régler les conséquences du divorce à l'amiable* ». Le modèle du juge conciliateur ou du juge médiateur (à moins que ce ne soit celui du juge thérapeute) se substitue peu à peu à celui du juge qui tranche ou qui arbitre des intérêts contradictoires.

Le mouvement amorcé en 1975 n'a cessé de se développer au fil des réformes, jusqu'à dissocier le prononcé du divorce et le règlement de ses conséquences personnelles et patrimoniales. La possibilité en a d'abord été prévue en matière d'autorité parentale : selon l'article 373-2-8, « *les parents peuvent saisir le juge aux affaires familiales afin de faire homologuer la convention par laquelle ils organisent les modalités d'exercice de l'autorité parentale et fixent la contribution à l'entretien et à l'éducation de l'enfant. Le juge homologue la convention sauf s'il constate qu'elle ne préserve pas suffisamment l'intérêt de l'enfant ou que le consentement des parents n'a pas été donné librement*[69] ». La loi du 26 mai 2004 a étendu aux époux ce qui était réservé aux enfants : quel que soit le cas de divorce, les époux peuvent, pendant l'instance, soumettre à l'homologation du juge des conventions réglant tout ou partie des conséquences du divorce :

66. J. Carbonnier, *Flexible droit*, LGDJ, 10e éd., 2001.
67. F. Dekeuwer-Défossez, « Divorce et contrat », *in La contractualisation de la famille*, *op. cit.*, p. 67.
68. Sur l'ambiguïté de ce parallélisme, M.-T. Meulders-Klein, « Le démariage consensuel », *RTD civ.* 1995, 559.
69. *Infra*, nos 611 et 614.

« après avoir vérifié que les intérêts de chacun des époux et des enfants sont préservés », le juge homologuera les conventions en prononçant le divorce (art. 268)[70].

§ 2. Pluralisme, dédramatisation, concentration

Tels étaient les trois maîtres mots de la loi du 11 juillet 1975. Ils restent les principes directeurs de la loi du 26 mai 2004.

544. 1°) Pluralisme. – Afin de répondre à la diversité d'opinions des Français et surtout à la diversité de situations[71], quatre cas (le mot fut substitué à celui de cause, employé antérieurement)[72] de divorce, avaient été adoptés en 1975, avec pour certains, des variations et des clauses de sauvegarde[73].

À côté du divorce-sanction, fondé sur la faute qui comportait une sous-distinction selon qu'il était prononcé aux torts exclusifs d'un époux ou aux torts partagés entre les deux, coexistaient le divorce pour rupture de la vie commune (divorce-faillite), avec aussi une sous-distinction, selon qu'il y avait séparation de fait ou altération des facultés mentales, le divorce sur demande conjointe (divorce-d'accord) et le divorce sur demande acceptée, où les époux s'accordaient à reconnaître qu'il existait des faits qui, à leur sens, rendaient la vie commune intolérable (à la fois un divorce par semi-accord, un divorce remède et surtout un divorce aux torts partagés). L'ingéniosité de la loi, la multiplicité de ses innovations et sa diversité avaient pour contrepartie sa complexité, que le cloisonnement des procédures rendait particulièrement sensible. Les praticiens et les juges s'y étaient adaptés, parfois en détournant l'institution de son objet ; ainsi, le divorce pour faute continuait-il parfois à masquer des divorces d'accord.

Le législateur de 2004 n'a pas voulu revenir sur le principe du pluralisme. Il a maintenu le divorce pour faute, transformé le divorce sur demande acceptée (trop souvent mal compris ou dénaturé) en divorce pour acceptation du principe de la rupture du mariage, métamorphosé le divorce pour rupture de la vie commune en divorce pour altération définitive du lien conjugal, simple divorce faillite, simplifié le divorce par consentement mutuel. En multipliant les passerelles entre les différents cas de divorce, en permettant aux époux de faire homologuer des conventions réglant tout ou partie des conséquences du divorce, même si la procédure choisie est celle d'un divorce contentieux, le législateur offre aux époux un divorce « à la carte »[74] : chaque couple trouve dans la loi de quoi composer un divorce qui corresponde à sa situation.

70. Cf. V. Larribau-Terneyre, « Les conventions de rupture, état des lieux », *Dr. famille* 2015, dossier 4. *Infra*, n°s 630 et 778.

71. M.-T. Meulders-Klein, *op. cit.* : « *Sans doute, le commun dénominateur de tous les divorces est-il l'échec du mariage. Mais les circonstances de cet échec diffèrent. Il y a des faillites simples et des banqueroutes frauduleuses, des cas où les époux sont tous deux las de leur union, et d'autres où l'un d'eux seulement veut s'affranchir tandis que l'autre espère encore. Des cas où le défendeur est jeune et bien portant, d'autres où il est âgé, malade ou invalide. Vouloir traiter tous les cas de la même manière n'est pas nécessairement réaliste et peut même être très gravement inéquitable.* »

72. J.-M. Jacquet, « Le rôle de la cause dans le nouveau droit du divorce », *RTD civ.* 1984, 615 s. ; A. Rieg, « Les causes de divorce dans le nouveau droit français », Ann. Fac. droit de Strasbourg, t. XXIX, p. 13 s. Si le « cas » de divorce a remplacé la « cause » du divorce, c'est sans doute parce que la véritable cause de divorce est l'échec du mariage, quelles qu'en soient les raisons.

73. P. Raynaud, « Les divers visages du divorce 1976 », *D.* 1976, chron. p. 141.

74. L'expression utilisée au lendemain de la loi du 11 juillet 1975 est encore plus pertinente aujourd'hui.

545. 2°) « Dédramatisation ? ». – La loi a voulu « dédramatiser » le divorce, en apaisant sa procédure et en réglant définitivement, autant qu'il était possible, l'après-divorce ; pendant la durée de l'instance, les règlements pécuniaires doivent être convenus et si possible liquidés, les modalités d'exercice de l'autorité parentale doivent avoir été fixées. Il a multiplié les textes ou les « expérimentations » destinées à apaiser la procédure, par le développement de la médiation ou de la procédure participative[75]. Pour autant, il ne faut pas se payer de mots : le divorce demeure le plus souvent un drame ; quant à l'après-divorce, le contentieux est loin de régresser.

546. 3°) Concentration. – Il faut en effet éviter que le conflit ne se perpétue au-delà du prononcé du divorce. Il importe donc que tous les problèmes soient réglés à ce stade, notamment les conséquences pécuniaires du divorce ; d'où, en particulier, la création de la prestation compensatoire[76]. La loi du 26 mai 2004 a repris le principe et tenté de l'étendre, sans vraiment y parvenir, à la liquidation du régime matrimonial[77].

547. *Mores, leges* et illusions. – En trente ans, le nombre de divorces n'a cessé d'augmenter : 61 000 en 1974, 107 505 en 1985, 119 189 en 1995, 134 601 en 2004, 137 594 en 2008, 123 537 en 2014. On constate depuis quelques années un léger fléchissement du nombre de divorces, mais il convient de rapporter les statistiques du divorce à celles du mariage : le taux de divortialité était de 30,4 % en 1985, de 38,2 % en 1995, de 46,2 % en 2012.

On a accusé la loi du 11 juillet 1975 d'avoir provoqué une augmentation de la divortialité. Sans doute l'existence même de procédures qui facilitent, et, autant que faire se peut, « anesthésient » le divorce facilitent-elles le passage à l'acte. Mais y incitent-elles vraiment ? On constate ainsi que, statistiquement, les femmes demandent plus souvent le divorce que les maris ; peut-être est-ce parce que, plus que les hommes, à cause des enfants, à cause de leur situation au regard des administrations sociales et fiscales, elles ont *besoin* d'une décision. Qu'elles hésitent moins à demander le divorce est plus lié à l'indépendance financière qu'elles ont acquise et à l'acceptation par la société du statut de femme divorcée, qu'aux réformes du Code civil. Et dans la majorité des cas, les époux qui divorcent étaient déjà et irrémédiablement séparés[78]. Au demeurant, la même augmentation a été perceptible dans la plupart des pays d'Europe et a provoqué un peu partout de nouvelles évolutions législatives.

Reste que les réformes successives du divorce contribuent à sa normalisation. Le divorce n'apparaît plus que comme un risque, normal, de la vie conjugale.

Au milieu du tourbillon des séparations et des recompositions familiales, ne restent plus que les mythes. Les lois contemporaines sont portées par celui de la survie du couple parental à la rupture du couple conjugal : le désir (personnel) d'éternité, le besoin (social) d'indissolubilité, ont déserté le mariage pour la filiation. Aux époux qui divorcent, la société ne promet plus la souffrance judiciaire et la stigmatisation sociale ; elle leur offre la rédemption par les accords (au besoin, à

75. Cf. le dossier de *Rupture des couples : à la recherche de l'apaisement des conflits, AJ famille* 2015, dossier 2015, n° 1.

76. *Infra*, n°s 785 s.

77. Projet de règlement à présenter au juge dès la tentative de conciliation, proposition de règlement à joindre, sous peine d'irrecevabilité, lors de l'introduction de la demande, obligation de procéder aux opérations de liquidation et de partage dans le délai d'un an après que le jugement de divorce est passé en force de chose jugée, etc., *infra*.

78. Certains ne manqueront pas d'en tirer argument pour que soient encore assouplies les règles du divorce : mieux vaudrait, selon eux, un divorce qu'une séparation de fait sur laquelle se développeraient des concubinages ou autres aventures.

marche forcée[79]) et par le respect de leur mission de parent : cette offre est souvent illusoire, comme beaucoup de mythes.

En plus de deux siècles (de 1792 – L. floréal an II – à aujourd'hui), les visions qu'on a sur le divorce (mentalités, idéologies, sociologie) ont radicalement changé. De 1792 aux années 1970, le divorce était considéré comme un « mal nécessaire », relativement marginal et les débats portaient avant tout sur ses causes. Depuis 1970, il est devenu un phénomène de masse ; l'analyse (surtout sociologique) a désormais pour objet principal ses conséquences – surtout les enfants – plus que ses causes[80].

548. Le mariage fait le divorce, le divorce fait le mariage ; l'« automariage » ? – Les définitions du mariage et du divorce ont d'étroites relations : celle du mariage commande celle du divorce ; ou plutôt la compréhension du divorce, comme celle de la nullité[81], déterminent la signification du mariage. Le droit international privé en a conscience, en relevant de façon curieuse que « *le divorce ne constitue que le terme* » des effets du mariage[82].

L'étendue du consentement conjugal change de degré et de nature selon que le mariage est indissoluble, ou que le divorce est un remède exceptionnel à une situation exceptionnelle, ou « un mal nécessaire », selon le mot qui caractérisa longtemps le *consensus* français après la loi *Naquet*, ou un accident (voire une péripétie) prévisible de la vie conjugale.

Il est possible que, dans un avenir plus ou moins proche, le divorce ne soit plus considéré que comme un risque normal du mariage, ce qui inciterait à s'assurer contre ce « sinistre » lors de la célébration du mariage, ainsi qu'il est déjà pratiqué aux États-Unis, mais non (encore ?) en France[83]. Le processus de réaction en chaîne paraît inéluctable, comme on l'a déjà constaté dans la responsabilité civile : la responsabilité objective appelle l'assurance, l'assurance dilue la responsabilité individuelle. Un mariage où le risque du divorce est non seulement accepté mais « planifié » ne serait guère différent d'un mariage à l'essai. Le contenu du mariage deviendrait défini par chacun, un automariage, en quelque sorte. Il y aurait, d'une part, les mariages où le risque du divorce existe légalement mais n'a pas été véritablement accepté et, d'autre part, les mariages où le risque du divorce a été prévu, garanti et assuré. Dans cette deuxième variété d'union, que reste-t-il du mariage, union grave, sérieuse, unique et perpétuelle ?

549. Plan. – La loi du 26 mai 2004, complétée par le décret n° 2004-1158 du 29 octobre 2004 et la circulaire du 23 novembre 2004, est entrée en vigueur le 1er janvier 2005. Seront étudiées les nouvelles voies du divorce (Sous-titre I) puis ses effets (Sous-titre II).

Nos 550-569 réservés.

---

79. Cf. notamment les fortes incitations à la médiation inscrites dans la loi du 4 mars 2002 et reprises par la réforme du divorce. La proposition de loi relative à l'autorité parentale et à l'intérêt de l'enfant actuellement discutée par le Parlement (AN n° 1856) renforce encore le pouvoir d'incitation du juge, cf. *infra,* n° 639.

80. A. Lambert, « Des causes aux conséquences du divorce : histoire critique d'un champ d'analyse des principales orientations de recherche en France », *Population* 2009, n° 1, 155 et s.

81. *Supra,* n° 252.

82. H. Batiffol et P. Lagarde, *Droit international privé,* LGDJ, 7e éd., 1983, n° 432.

83. Comp. J. Carbonnier, préf. à J. Massip, *La réforme du divorce,* p. 8 : ceux qui envisagent une réforme de la loi de 1975 « *rêvent d'un divorce qui serait traité comme une mobilité moralement neutre, comme un processus d'ajustements, absolument normal dans des existences devenues d'ailleurs plus longues. Si normal que, des frais qu'il pourrait impliquer, les fiancés devraient être encouragés à contracter assurance...* » ; cf. aussi J. Massip, n. *Defrénois* 1986, art. 33792, n° 76, p. 1033.

SOUS-TITRE I

VOIES DU DIVORCE

570. Une institution en forme de procès. – Il est des pays et des cultures dans lesquels le divorce est un acte privé laissé à l'initiative des époux ou de l'un d'eux (souvent d'un seul : le mari). Le représentant de la société n'intervient qu'à des fins probatoires. Ainsi, la répudiation du droit musulman classique est-elle prononcée par le mari, qui, en principe, ne fait qu'user d'un droit que lui reconnaît la loi : les *adouls* (à la fois notaires, témoins, greffiers) n'interviennent que pour constater la dissolution du lien à fins de preuve. Dans d'autres pays, la société encadre le divorce selon le degré de liberté reconnu aux époux envers de l'engagement contracté devant elle : il s'agit tantôt de contrôler la rupture et ses conséquences, tantôt d'autoriser un divorce qui demeure un droit des époux ou de l'un d'eux[1], tantôt de prononcer la rupture du lien matrimonial selon une procédure strictement définie par la loi[2]. Malgré de récentes hésitations, le droit français reste fidèle à la conception d'un divorce judiciaire : le divorce continue à être une institution en forme de procès[3].

571. Règles de fond, règles de procédure. – Le principe est que la procédure relève du Code de procédure civile. À l'égard du divorce, le Code Napoléon l'avait placée dans le Code civil pour deux raisons essentielles. D'une part, plus peut-être que pour toute autre institution du droit de la famille, fond et procédure sont intimement liés : les règles de procédure ne sont pas une simple mise en œuvre des règles de fond, elles les complètent, les animent et leur donnent leur signification. D'autre part, la procédure est l'instrument d'une politique du divorce : freiné par une procédure complexe, le divorce est au contraire facilité par une procédure simplifiée. Le législateur révolutionnaire l'avait compris qui tenta très vite de contenir les débordements auxquels la loi du 21 septembre 1792 avait donné lieu, en imposant une procédure plus rigoureuse. De même, le Code Napoléon ne supprima pas le divorce par consentement mutuel (Bonaparte y avait songé pour lui), mais l'enferma dans un carcan procédural particulièrement dissuasif. Quand le législateur de 1975 « libéralisa » le divorce, il encadra avec le plus grand soin les nouveaux cas de divorce, notamment les plus discutés : sur requête conjointe, et, surtout, pour rupture de la vie commune.

Le législateur de 2004 a lui aussi usé de l'arme procédurale, mais à de tout autres fins : les cas de divorce demeurent les mêmes (sauf à observer que le divorce pour altération définitive du lien conjugal n'est pas de même nature que

1. Certains pays musulmans, comme le Maroc ou l'Algérie, ont ainsi judiciarisé la répudiation, mais n'ont donné au juge que le pouvoir de canaliser la rupture et de sanctionner d'éventuels abus.

2. Cf. *infra*, n° 601 s et réf. cit.

3. Sur le débat, cf. *supra*, n° 604 ; pour un panorama de droit composé, cf. F. FERRAND et H. FULCHIRON (dir.), *Le divorce en Europe*, *op. cit.*

l'ancien divorce pour rupture de la vie commune). Mais leur esprit comme leur mise en œuvre sont profondément modifiés par les nouvelles règles de procédure : souplesse, allégement, rapidité, souci d'apaisement, recherche des accords, tout concourt à rendre le divorce plus facile et moins traumatisant pour les époux, et, en quelque sorte, à le banaliser : jusqu'à dispenser, demain, les époux de comparaître devant le juge ?

Depuis 1975, une partie des règles de procédure figure toujours dans le Code civil, mêlée à la description des cas ; l'autre apparaît dans le Code de procédure civile aux articles 1070 et suivants. À l'époque, cette répartition était heureuse à défaut d'être harmonieuse, car les débats parlementaires avaient apporté au texte de loi des modifications qui dans le cas du divorce sur demande acceptée avaient abouti à une dénaturation de l'institution ; restés fidèles au projet initial, les textes de procédure (réglementaires, conformément à la Constitution) préservaient l'originalité et, surtout, la cohérence du système. La réforme du 26 mai 2004 a permis de rétablir l'harmonie entre les deux ensembles.

572. Quatre cas : ni deux, ni trois. – Le droit français se caractérise depuis 1975 par le pluralisme des cas de divorce. Quatre sont énoncés par l'article 229 : le consentement mutuel, l'acceptation dans son principe de la rupture du mariage (ancien divorce sur demande acceptée), l'altération définitive du lien conjugal (substitué au divorce pour rupture de la vie commune), la faute. En 1975, l'architecture générale des cas de divorce avait été faussée par une division tripartite. Le législateur avait en effet placé sous l'appellation « consentement mutuel » deux types de divorce pourtant très différents dans leur esprit, leur procédure et leurs effets : le divorce sur requête conjointe (vrai divorce par consentement mutuel), et le divorce sur demande acceptée qui suppose certes que les deux époux s'entendent sur le principe du divorce (l'un accepte, l'autre se résigne), mais dont les conséquences sont réglées par le juge. En séparant les faux jumeaux, le législateur de 2004 a rendu à chacun sa spécificité.

Le maintien de quatre cas distincts fut vivement discuté. Refusant de fondre divorce sur demande acceptée, divorce pour faute et divorce pour rupture de la vie commune dans un vaste divorce faillite, le législateur de 2004 a conservé l'ordonnancement général de la loi de 1975 ; du moins en apparence, car le système a été, en réalité, profondément transformé, dans son esprit comme dans sa lettre[4].

En fait, plus encore que par le passé, il faut distinguer deux ensembles : celui des divorces contentieux d'une part, dont la cohérence a été renforcée par la création en 2004 d'un « tronc commun procédural » (Chapitre III) ; celui du divorce sur requête conjointe, distinct par son esprit comme par sa procédure, d'autre part (Chapitre II). En toute hypothèse, le divorce est un acte judiciaire, soumis à un certain nombre de règles procédurales communes (Chapitre I).

4. H. Fulchiron, « Les métamorphoses des cas de divorce », *Defrénois* 2004, 1103 s.

■ CHAPITRE I ■

RÈGLES PROCÉDURALES COMMUNES

Seront étudiées la compétence (Section I), les demandes et fins de non-recevoir (Section II) et les règles relatives aux incapacités (Section III).

SECTION I
COMPÉTENCE

573. JAF et TGI. – En 1975, deux juridictions étaient appelées à connaître du divorce : le juge aux affaires matrimoniales (JAM), devenu avec la loi du 8 janvier 1993 juge aux affaires familiales (JAF), magistrat spécialisé du tribunal de grande instance, d'une part, le tribunal de grande instance statuant en formation collégiale, d'autre part. Depuis 1993, le JAF a peu à peu acquis un rôle prédominant, tout au long de la procédure de divorce et dans l'après divorce ; le tribunal de grande instance n'a plus qu'un rôle résiduel et exceptionnel[1].

§ 1. JUGE AUX AFFAIRES FAMILIALES

574. « L'homme orchestre ». – Le juge aux affaires familiales fut créé par la loi du 11 juillet 1975. Les raisons de cette innovation avaient été nombreuses : spécialiser un magistrat dans une matière complexe humainement et juridiquement, placer le divorce entre les mains d'une juridiction unique, transformer les missions du juge[2]. Ses fonctions sont multiples : on l'a qualifié « d'homme orchestre du divorce ». Depuis la loi du 12 mai 2009[3], il connaît de toutes les questions

1. Sur la proposition de créer un « greffier juridictionnel » qui recevrait – entre autres – la compétence pour prononcer le divorce par consentement mutuel (sans qu'il soit distingué en fonction de la présence d'enfants ou de la consistance du patrimoine), avec recours possible devant le JAF en cas de refus d'homologation, cf. rapport Delmas-Guyon, *Le juge du XXIe siècle, un citoyen acteur, une équipe de justice*, préc., p. 108.

2. J.-C. GROSLIÈRE, « Le juge aux affaires matrimoniales (ou l'homme orchestre du divorce) », *D.* 1976, 73 ; J.-P. GRIDEL, « Regards sur le juge aux affaires familiales », *Études Catala, op. cit.*, p. 207 s. ; L. CADIET, « Les métamorphoses de la juridiction familiale », *Mélanges Blaise*, Economica, 1995, p. 33 s.

3. Cette loi, sous prétexte de « simplification » et de « clarification » du droit, et « d'allégement des procédures », fait du JAF le juge de tous les couples, mariés ou non mariés ; not. J. MASSIP, « Les

liées au divorce (COJ, art. L. 213-3 2°) : il a compétence pour prononcer le divorce, quelle qu'en soit la cause ; il en règle les conséquences dans les divorces contentieux ou homologue la convention que lui présentent les époux (conventions nécessaires dans le divorce par consentement mutuel, conventions désormais bienvenues dans les autres cas de divorce) ; il statue sur la liquidation et le partage des intérêts patrimoniaux des époux. Il est également seul compétent, après le prononcé du divorce pour statuer sur la modification de la pension alimentaire et sur la révision de la prestation compensatoire ou de ses modalités de paiement. Juge de l'autorité parentale, il en fixe les modalités d'exercice pendant la durée de l'instance et pour l'après divorce, ainsi que la contribution à l'entretien et à l'éducation de l'enfant, à moins qu'il ne soit appelé à homologuer les conventions que les parents auront passées. Il est seul compétent après le prononcé du divorce quelle qu'en soit la cause, pour statuer sur les modalités d'exercice de l'autorité parentale, sur les modifications des pensions alimentaires ou pour décider de confier l'enfant à un tiers (COJ, art. L. 213-3 3°). En outre, il exerce une mission conciliatrice (art. 252 et s. ; C. pr. civ., art. 1071, al. 1), est juge de la mise en état (*ib.*, art. 1073), juge des référés (*ib.*, art. 1073, al. 2) et de l'urgence (*ib.*, art. 1109)[4].

575. Conseiller, concilier, organiser, trancher. – Il ne ressemble pas aux autres juges qui ont pour mission de résoudre des litiges et dire qui a tort et qui a raison. Son office est différent, comme il arrive souvent en droit de la famille. **1)** Il doit remplir un rôle de **conseiller** conjugal qui aide les époux à prendre une conscience plus lucide de leurs difficultés et en chercher les remèdes. **2)** Il est un **conciliateur** dont la mission n'est plus aujourd'hui de « sauver le mariage » (le rôle de « défenseur du lien », que lui reconnaissait encore la loi de 1975, n'a pas survécu à la consécration en 2004 d'un droit au divorce), mais de favoriser un règlement des conséquences du divorce, notamment en ce qui concerne les enfants. **3)** Il est un **organisateur** du provisoire, aménageant la situation des époux et de leurs enfants pendant la durée de l'instance. **4)** Enfin, il est le juge des **litiges** les plus courants de l'après divorce, c'est-à-dire des modifications apportées à la prestation compensatoire et aux pensions alimentaires, sans parler de l'exercice de l'autorité parentale.

Il doit posséder des qualités nombreuses, rares et contradictoires : homme d'écoute et de décision, conciliateur, arbitre, juriste et psychologue[5]. C'est beaucoup pour un seul homme (ou, plus exactement, pour une seule femme, si l'on se réfère aux statistiques judiciaires) ; d'autant que la tâche est immense et qu'un juge trop zélé se verrait vite opposer par un époux la liberté de divorcer.

---

incidences en matière familiale de la loi de "simplification du droit" », *Defrénois* 2009, p. 1897, et, à propos du décret n° 2009-1591 du 17 décembre 2009 *relatif à la procédure devant le juge aux affaires familiales en matière de régimes matrimoniaux et d'indivision*, J. Massip, « L'extension des compétences du juge aux affaires familiales », *Defrénois* 2010, p. 692.

4. Tant de fonctions cumulées n'emportent-elles pas un risque au regard des principes d'un procès équitable ? En particulier, le juge qui a statué sur les mesures provisoires à l'occasion d'une OMC peut-il ensuite siéger dans la formation d'appel appelée à prononcer le divorce à statuer, notamment, sur le versement d'une prestation compensatoire ? Oui, répond la Cour de cassation, car les juges d'appel « *n'ont apprécié ni les mêmes faits, ni les mêmes demandes que ceux qui ont été soumis à l'examen du juge aux affaires familiales, lequel, par l'ordonnance de non-conciliation, avait statué au titre des mesures provisoires* » (Cass. civ. 1re, 15 décembre 2010, *D.* 2011, p. 78, obs. I. Gallmeister, *RTD civ.* 2011, p. 110, obs. J. Hauser).

5. Pour une réflexion d'ensemble sur l'office du juge, cf. A. Garapon, S. Perdriolle, B. Bernabé, *La prudence et l'autorité. Juges et procureurs du XXIe siècle*, éd. Odile Jacob, 2013.

§ 2. Tribunal de grande instance

576. Juridiction résiduelle. – Le tribunal de grande instance en formation collégiale n'a plus qu'une compétence résiduelle : il ne prononce le divorce que si le juge aux affaires familiales lui renvoie l'affaire, renvoi qui est de droit si l'une des parties le demande (COJ, art. L. 213-4).

Section II

DEMANDES ET FINS DE NON-RECEVOIR

§ 1. Demandes

577. Demande principale et demande reconventionnelle. – Il peut n'y avoir qu'une demande en divorce. En général, elle émane d'un seul conjoint sauf dans le divorce sur demande conjointe où, par définition, elle est formée par les deux époux (C. pr. civ., art. 1089) et dans le divorce accepté où elle peut être formée par les deux époux (art. 233). Dans les trois cas de divorce contentieux (divorce pour faute, divorce accepté, divorce pour altération définitive du lien conjugal), il peut exister, en réplique à la demande principale, une demande reconventionnelle, où le défendeur invoque à son tour des fautes du demandeur principal afin d'en provoquer la condamnation.

578. Croisements d'objets et de cas. – Des croisements d'objets et de cas peuvent se faire entre les demandes principale et reconventionnelle. La loi de 2004 a beaucoup assoupli le système, tout concourant finalement au prononcé du divorce. Ainsi, la demande reconventionnelle peut avoir pour objet le divorce alors même que la demande principale est en séparation de corps et inversement (art. 297, al. 1). À ce principe ancien, la loi nouvelle a cependant apporté deux tempéraments : d'une part, lorsque la demande principale en divorce est fondée sur l'altération définitive du lien conjugal, la demande reconventionnelle ne peut tendre qu'au divorce (art. 297, rappr. art. 241 anc.). Que si deux demandes, l'une en divorce, l'autre en séparation de corps sont concurremment présentées, le juge examine en premier lieu la demande en divorce ; ce n'est que si le divorce n'est pas prononcé qu'il examine la demande en séparation de corps (art. 297-1, al. 1), sauf si les deux demandes sont fondées sur la faute (le juge examinant simultanément les deux demandes, et, s'il les accueille, prononçant un divorce aux torts partagés, art. 297-1).

Dans une demande principale fondée sur la **faute**, le défendeur peut faire une demande reconventionnelle également fondée sur la faute[6] (art. 245, al. 2). Il peut aussi former une demande pour altération définitive du lien conjugal : dans ce cas, le juge examine en premier lieu la demande pour faute (art. 246, al. 1). S'il la rejette, il prononce le divorce pour altération définitive du lien conjugal, quand

6. Première hypothèse : le juge accueille une demande et rejette l'autre : le divorce est prononcé aux torts exclusifs d'un des demandeurs, sauf à relever d'office les fautes du demandeur et prononcer le divorce aux torts partagés (art. 245, al. 3).Deuxième hypothèse : le juge accueille les deux demandes : le divorce est prononcé aux torts partagés (art. 245, al. 2).

bien même le délai de deux ans de séparation ne serait pas écoulé (art. 246, al. 2 et 238, al. 2 combinés).

Si le divorce est demandé pour **altération définitive du lien conjugal**, une demande reconventionnelle peut être formée pour faute : dans ce cas, le juge doit examiner en premier lieu la demande pour faute (art. 246). Le défendeur peut également contre-attaquer par une demande en divorce accepté, mais là encore, tout dépend de l'attitude du conjoint : en fait, s'il y a accord sur le principe du divorce, les époux passeront d'une instance en altération définitive du lien conjugal à une instance pour acceptation du principe de la rupture du mariage (art. 247-1).

On pourrait également envisager qu'un époux réponde à une demande en divorce pour **acceptation du principe de la rupture du mariage** par une demande reconventionnelle en divorce pour faute. Certes, cette demande reconventionnelle est en elle-même une forme d'acceptation du principe de la rupture ; mais, dans la procédure, les choses n'en sont pas moins distinctes et les effets attachés au prononcé du divorce restent différents.

Le juge doit se prononcer en une même décision sur les demandes principale et reconventionnelle[7] : les deux demandes sont indivisibles.

579. Les étroites passerelles de 1975. – En 1975, le législateur avait posé en principe que le demandeur ne pouvait changer de cas de divorce en cours d'instance (C. pr. civ., art. 1077) : il y avait un cloisonnement des procédures que la jurisprudence comprenait rigoureusement : si le demandeur voulait modifier une demande conjointe en demande pour faute, ou pour rupture de la vie commune, ou sur demande acceptée, il devait reprendre son procès à zéro. Il ne pouvait non plus substituer à une demande pour faute une demande pour rupture de la vie commune ou sur demande acceptée. Il ne pouvait davantage modifier une demande pour rupture de la vie commune en un divorce pour faute ou sur demande acceptée ou même pour altération des facultés mentales. Chaque cas ou sous-cas de divorce correspondait à un type de divorce distinct que l'on ne pouvait modifier en cours d'instance. Seule exception à la règle : par faveur pour le divorce par consentement mutuel, la loi avait prévu une passerelle du divorce pour demande acceptée, rupture de la vie commune ou faute, vers le divorce sur requête conjointe, à condition qu'aucune décision au fond n'ait encore été rendue (art. 246 anc.).

580. Loi du conflit minimum. – La loi du 26 mai 2004 multiplie au contraire les passerelles : tout est fait pour permettre le passage vers un divorce consensuel (divorce par consentement mutuel) ou au moins semi-consensuel (divorce pour acceptation du principe de la rupture). Par la multiplication de ces passerelles, à sens unique, le législateur entend contribuer à la pacification des procédures. Leur mise en œuvre doit être facilitée par la création du tronc commun procédural et, espère-t-on, par les nouvelles perspectives de médiation[8].

Comme par le passé, les époux peuvent aujourd'hui « *à tout moment de la procédure, demander au juge de constater leur accord pour voir prononcer leur divorce par consentement mutuel en lui présentant une convention réglant les conséquences de celui-ci* » (art. 247) : il est donc toujours possible de passer d'un des trois divorces contentieux au divorce par consentement mutuel, même en cause d'appel. Aujourd'hui, « *les époux peuvent également, à tout moment de la procédure* » passer d'un divorce pour altération définitive du lien conjugal ou pour faute, à un divorce accepté : il leur suffit de « *demander au juge de constater*

7. Cass. civ. 2e, 26 novembre 1997, *Bull. civ.*, II, n° 283 ; *Defrénois* 1998, 1019, obs. J. Massip ; *Dr. famille* 1998, n° 50, obs. H. Lécuyer ; *RTD civ.* 1998, 83, obs. J. Hauser : « *les demandes, principale et reconventionnelle, en divorce sont indivisibles et le juge doit se prononcer sur elles par une même décision* ».

8. Delnatte, rapp. préc.

leur accord pour voir prononcer le divorce pour acceptation du principe de la rupture du mariage » (art. 247-1)[9].

À cette « loi du conflit minimum », le législateur fait apparemment une entorse : si dans une instance introduite pour altération définitive du lien conjugal, le défendeur demande reconventionnellement le divorce pour faute, le demandeur peut invoquer les fautes de son conjoint afin de modifier le fondement de sa demande (art. 247-2) : le défendeur veut se battre. En réalité, il s'agit là encore de prévenir les conflits : en permettant au demandeur de revenir sur le terrain de la faute si son conjoint entend l'y placer (la demande en divorce pour faute devant être examinée en priorité par le juge, qu'il s'agisse d'une demande principale ou d'une demande reconventionnelle[10]), la loi l'incite à choisir dans un premier temps une voie moins contentieuse, sans risquer pour autant de voir le divorce prononcé à ses torts exclusifs[11].

581. Acquiescement. – Antérieurement à la loi de 1975, l'acquiescement à un jugement de divorce ne produisait aucun effet et n'empêchait pas l'exercice d'un appel, car il s'analysait en un consentement au divorce, alors qu'était prohibé le divorce par consentement mutuel. Désormais, il est pleinement obligatoire, même s'il est implicite, ce que maintenant admet très largement la Cour de cassation[12].

§ 2. Fins de non-recevoir

582. Nullité, décès, divorce. – Le défendeur peut se défendre en établissant que la demande n'est pas fondée, au moyen de défenses au fond. Il peut aussi invoquer une fin de non-recevoir, qui permet de rejeter la demande sans l'examiner au fond. Ainsi en est-il de la nullité et de la dissolution antérieure du mariage.

Ces fins de non-recevoir sont dominées par une antinomie. La rupture du mariage suppose son existence : on ne rompt que ce qui existe. Devraient donc être une fin de non-recevoir à une action en divorce toutes les hypothèses où le mariage était nul, inexistant ou dissous par un divorce ou un décès. Pourtant, le divorce n'a pas toujours pour seul objet de rompre un mariage : quand il est fondé sur la faute, il a aussi souvent pour raison d'être une appréciation des torts conjugaux afin d'en tirer les conséquences. On pourrait donc, en législation, concevoir qu'un divorce fondé sur la faute se superpose ou succède aux autres causes de dissolution ou de nullité de mariage uniquement pour sanctionner les fautes d'un conjoint, par exemple, pour le priver de la prestation compensatoire.

La jurisprudence est contradictoire. Elle estime que l'inexistence du mariage est une fin de non-recevoir[13]. Au contraire de la nullité du mariage tant qu'elle n'a pas été prononcée ; on ne peut donc opposer la nullité du mariage sous forme d'exception à une action en divorce[14]. La jurisprudence a sans doute craint que

9. Sur l'encadrement procédural de cette acceptation, cf. C. pr. civ., art. 1123.

10. C. civ., art. 246, *supra*, n° 578.

11. A. Gouttenoire, « Les nouvelles procédures de divorce », article préc., n° 57.

12. Ex. Cass. civ. 1re, 19 mars 2008, n° 06-21.250, *JCP* G 2008.IV.1725 ; *Defrénois* 2008.1835, obs. J. Massip : « *L'épouse s'était comportée ouvertement comme si elle était divorcée* » (les époux continuaient à vivre séparément après l'ordonnance de non-conciliation) : elle avait donc acquiescé et ne pouvait frapper d'appel le jugement de divorce.

13. Lyon, 12 mars 1949, *JCP* A 1950.IV.1353 ; *RTD civ.* 1950.222, obs. P. Hébraud : bien que les deux parties au divorce eûssent la possession d'état d'époux, la femme, défenderesse, niait l'existence du mariage que le demandeur n'était pas parvenu à prouver : la demande en divorce a été jugée irrecevable.

14. Ex. : Cass. req., 7 mars 1932, *DH* 1932.268 ; S. 1933.I.97, n. C. Béquignon-Lagarde ; *RTD civ.* 1932.1081, obs. E. Gaudemet : « *parmi les fins de non-recevoir qui peuvent être opposées à la demande en divorce ne figure pas la demande en nullité de mariage qui ne peut être prononcée que par la voie d'une action principale* » ; cf. aussi Cass. req., 8 juillet 1930, *DH* 1930.492. Des décisions

l'exception de nullité ne fût une mesure dilatoire; la solution est discutable[15] lorsque la validité du mariage paraît dès un premier examen extrêmement douteuse.

Le décès qui intervient avant ou pendant l'instance jusqu'au moment où le divorce est devenu définitif est une fin de non-recevoir absolue, quel que soit l'intérêt qu'aurait le survivant d'obtenir la déchéance des avantages matrimoniaux, car l'objet principal du divorce n'est pas une sanction ou une déchéance; il est la rupture du lien conjugal, qui a, en l'espèce, été antérieurement dissous par le décès d'une des parties[16]. Par conséquent, les héritiers ne peuvent poursuivre l'action exercée par leur auteur.

Un divorce antérieur, à la condition qu'il soit définitif, rend aussi irrecevable une action en divorce, quand bien même elle aurait simplement pour objet de faire prononcer les torts du conjoint coupable. *Sur l'exception de réconciliation, fin de non-recevoir au divorce fondé sur la faute*[17].

Section III
CAPACITÉ

La loi de 1975 avait pris soin de définir quelles étaient les conséquences d'un régime de protection sur une procédure de divorce (art. 249 et s.). Ces règles ont été précisées par la loi de 2004 et celle du 5 mars 2007 relative à la protection juridique des majeurs. Le système est construit en tenant compte de trois données : le mode de protection, le cas de divorce, la position procédurale du majeur protégé.

583. 1° **Majeur en tutelle.** – Selon l'article 249, si une demande en divorce doit être formée au nom d'un majeur en tutelle, elle est présentée par le tuteur avec l'autorisation du conseil de famille s'il a été institué, ou du juge des tutelles. La demande est formée après avis médical. La loi de 2004 a précisé que dans la mesure du possible, le juge ou le conseil de famille devait procéder à l'audition du majeur protégé. Si le majeur en tutelle est défendeur, l'action est exercée contre le tuteur (art. 249-1). Dans l'hypothèse où, conformément au principe énoncé à l'article 449, la tutelle aurait été confiée au conjoint, il est nommé un tuteur *ad hoc* (art. 249-2).

584. 2° **Majeur en curatelle.** – Le majeur en curatelle exerce l'action lui-même avec l'assistance du curateur (art. 249). S'il est défendeur, il se défend lui-même avec l'assistance du curateur (art. 249-1). Là encore, si le conjoint a été investi de la charge de curateur, il est nommé un curateur spécial.

585. 3° **Majeur placé sous sauvegarde de justice.** – Si le majeur est placé sous sauvegarde de justice, la demande en divorce ne peut être examinée qu'après organisation de la tutelle ou de la curatelle (art. 249-3). En attendant, le juge peut prendre les mesures provisoires prévues aux articles 254 et 255 et les mesures urgentes visées à l'article 257.

---

très anciennes étaient en sens contraire : par exemple, le général Kellerman, comte de Valmy, avait pu opposer la nullité de son mariage à la demande en séparation de corps formée par sa femme : Cass. req., 25 février 1818, Jur. gén., *V° Mariage*, n° 507.

15. Marty et Raynaud, n° 282.

16. Cass. civ. 2e, 31 mai 1978, *Bull. civ.* II, n° 146 ; *D.* 1979.4, n. A. Breton : « *Vu l'article 227 ; le mariage se dissout par la mort de l'un des époux ; par suite, l'action en divorce s'éteint par le décès de l'un des époux survenu avant que le jugement ou l'arrêt prononçant le divorce soit devenu définitif* » ; Cass. req., 22 décembre 1915, *DP* 1916.I.208, a même qualifié d'« *inexistant* » le jugement de divorce qui n'était pas définitif avant le décès d'un époux.

17. *Infra*, nos 724 et 725.

586. Interdiction des divorces consensuels. – Parce que l'un et l'autre reposent sur un consentement libre et éclairé, le recours au divorce par consentement mutuel et au divorce accepté[18] est interdit lorsque l'un des époux est placé en tutelle, en curatelle, sous sauvegarde de justice ou même sous un mandat de protection future entré en vigueur[19] (art. 249-4).

N°s 587-599 réservés.

18. La mention expresse du divorce accepté par la loi du 26 mai 2004 était rendue nécessaire par sa séparation avec le divorce par consentement mutuel *stricto sensu*. Elle met fin aux hésitations antérieures.

19. L'article 249-4 vise l'ensemble des régimes de protection prévus au chapitre II du titre XI du Livre I du Code civil, ce qui inclut le mandat de protection future.

▪ CHAPITRE II ▪

DIVORCE PAR CONSENTEMENT MUTUEL

600. Contrat et jugement. – Le divorce par consentement mutuel avait été admis pendant la Révolution par la loi de 1792[1] et, avec des restrictions, par le Code Napoléon[2]. Il ne fut pas repris par la loi de 1884. Influencée par l'obscure pratique des « divorces d'accord » qui se masquaient sous un divorce pour faute, et par certaines législations étrangères[3] qui l'admettaient depuis quelque temps, la loi de 1975 l'a restauré en modifiant profondément son économie.

Friand de nouveautés, le législateur de 1975 avait rassemblé sous la bannière du divorce par consentement mutuel deux cas de divorce bien différents : le divorce sur requête conjointe, seul vrai divorce par consentement mutuel, et le divorce sur requête acceptée, dont le processus psychologique et juridique se rapprochait plus d'un divorce faillite, faillite reconnue par l'un et l'autre époux, mais dont ils n'entendaient pas tirer ensemble les conséquences : il revenait donc au juge de procéder à la liquidation de la société conjugale. La loi du 26 mai 2004 a mis fin à cette ambiguïté : il n'existe plus qu'un seul divorce par consentement mutuel, le divorce sur demande conjointe (art. 230 et 232). Le divorce sur demande acceptée, devenu divorce pour acceptation du principe de la rupture du mariage acquiert son autonomie et intègre procéduralement le groupe des divorces contentieux. Le droit français du divorce n'en est que plus cohérent.

Il représente aujourd'hui plus de la moitié des divorces prononcés (54 %)[4].

Divorce d'accord, le divorce par consentement mutuel suppose que les époux s'entendent non seulement sur le principe du divorce, mais aussi sur le règlement de ses conséquences. Si le consentement des époux en constitue la base, il ne suffit cependant pas à faire le divorce : s'y ajoute l'intervention du juge, qui le prononce après avoir exercé un contrôle (minimum) sur la volonté des époux et sur l'équité des conventions. Pour amiable qu'il soit, le divorce par consentement mutuel reste donc judiciaire. Cette double nature, contractuelle et juridictionnelle, est classique dans le droit de la famille : on la retrouve dans l'adoption.

601. Mariage et volonté individuelle. – On a reproché à ce divorce de rapprocher le mariage du concubinage : le mariage est un acte social dont les époux ne

1. L. 20-25 septembre 1792, § 2, art. 1.

2. C. Napoléon, art. 233 : « *Le consentement mutuel et persévérant des époux exprimé de la manière prescrite par la loi, sous les conditions et après les épreuves qu'elle détermine, prouve suffisamment que la vie commune leur est insupportable et qu'il existe, par rapport à eux, une cause péremptoire de divorce.* »

3. D. Dumusc, *Le divorce par consentement mutuel dans les législations européennes*, Droz, 1980.

4. Sources : ministère de la Justice, *Chiffres clés du ministère de la Justice*, 2015.

devraient pas être les seuls maîtres. En outre, plus encore que les autres divorces (moins que la répudiation), il facilite l'instabilité du mariage. De plus il n'est pas toujours de bonne thérapeutique conjugale de garder secrets les griefs que l'on a contre son conjoint ; le non-dit suscite des conflits récurrents qui reviennent après le divorce. La critique la plus forte eut pour objet sa base même, le consentement mutuel, dont la réalité est parfois douteuse : les relations entre époux ne sont jamais du même ordre que celles qu'ont entre eux des tiers, surtout lorsqu'il y a discorde ; elles sont souvent dominées par l'influence de la passion et le pouvoir du plus fort. Le consentement mutuel résulte parfois d'une pression, le chantage sur les enfants, le chantage sur l'argent et les biens, le chantage sur le logement, le chantage qui rend infernale la vie commune. Le consentement mutuel peut être, a-t-on dit, « le consentement forcé[5] ».

Le législateur de 1975, sensible à ces critiques, avait maintenu à ce divorce un caractère judiciaire, ni formel, ni symbolique, car le juge s'était vu conférer des pouvoirs importants afin de vérifier la sincérité du consentement et l'équité des engagements. Mais c'était un office sur lequel il ne fallait guère avoir d'illusions : les juges sont submergés ; en outre, ils ne peuvent s'attacher qu'aux circonstances apparentes, souvent trompeuses.

602. Un consentement procéduralement encadré. – Parce que le consentement des époux était au cœur de ce type de divorce, le législateur de 1975 avait construit un cadre procédural permettant à la volonté des époux de s'éprouver, aux accords de mûrir et au juge d'accompagner les conjoints dans leur démarche tout en contrôlant l'équilibre (ou du moins l'équité) de leurs conventions. La loi prévoyait notamment un délai minimum entre la célébration du mariage et la demande en divorce : six mois (art. 230, al. 3 anc.) pour leur permettre de surmonter les désillusions de la lune de miel ou la révélation brutale des contingences de la vie à deux. Surtout, elle imposait aux époux une double comparution devant le juge aux affaires familiales. Un premier entretien permettait à celui-ci de vérifier la liberté et la persistance des volontés, mais aussi d'examiner les accords. Après un délai de réflexion de trois mois (art. 231, al. 2 anc.), les époux devaient réitérer leur demande et se présenter à nouveau devant le juge (art. 232 anc.) : celui-ci vérifiait une seconde fois la réalité et la liberté de leur volonté de divorcer, dressait avec eux le bilan d'application de leur convention provisoire et examinait le contenu de leur convention définitive. La volonté des époux était donc procéduralement soumise à une double épreuve : épreuve du temps, épreuve du juge.

603. Une seule comparution. – Avec le temps, ces exigences procédurales sont apparues trop contraignantes. En particulier, la seconde comparution était souvent perçue comme inutile, aussi bien par les époux, que par le juge et les avocats. Elle était une source de retards et de frais. Elle n'était pas comprise par les justiciables car dans la plupart des cas, le juge se contentait d'entériner la convention proposée et de prononcer le divorce demandé[6]. Dès lors, il était proposé d'alléger la procédure en rendant facultative la seconde comparution, le juge ne renvoyant à une seconde audience que si les époux le lui demandaient ou s'il estimait nécessaire que certains points de la convention fûssent revus ou qu'un temps de réflexion fût ménagé pour les époux[7].

La loi de 2004, soucieuse d'assouplir les procédures, a supprimé la seconde comparution, sauf si le juge avait refusé d'homologuer la convention réglant les conséquences du divorce et, par là même, de prononcer le divorce. Dans ce cas, une nouvelle convention lui sera présentée dans un délai maximum de six mois. Le même souci de simplification a conduit le législateur à supprimer le délai de

5. H. Mazeaud, « Le divorce par consentement forcé », *D.* 1963, chron. p. 141.
6. Rapp. F. Dekeuwer-Défossez, préc., p. 177.
7. Rapp. Coulon, préc., Rapp. Théry, préc., p. 121, Rapp. Dekeuwer-Défossez, préc., p. 118.

réflexion initial de six mois. Le centre de gravité du divorce se déplace donc de la seconde à la première comparution. Le travail préparatoire (hors instance judiciaire) accompli sous l'égide du ou des avocats n'en sera que plus important : tout devra être prêt lorsque les époux viendront devant le juge.

À vrai dire, le divorce par consentement mutuel n'en est ni plus facile, ni plus rapide : aujourd'hui comme hier, tout dépend de la capacité des époux à organiser eux-mêmes leur séparation et à préparer la liquidation de leurs intérêts communs. Du moins évite-t-on une partie des chantages au consentement qui permettaient à un époux d'obtenir tel ou tel avantage sous la menace de retirer son consentement en cours de procédure. Le déclin des « vrais faux » divorces par consentement mutuel devrait être accentué par la réforme parallèle du divorce accepté et, surtout, par l'ouverture du divorce pour altération définitive du lien conjugal : celui qui veut divorcer peut toujours le faire et obtenir un divorce « neutre » dans ses conséquences, sans avoir besoin de composer, ni, au pire, d'obtenir sa liberté par des sacrifices financiers « librement » négociés. Il n'en reste pas moins que le juge doit se montrer vigilant lors de l'unique comparution : si le risque des consentements forcés diminue, celui des consentements surpris augmente. Cet assouplissement faisait peut-être partie des concessions nécessaires afin d'éviter la création d'un divorce sans juge.

604. Vers un divorce sans juge ? Pour ou contre – La question revient cependant régulièrement sur le devant de la scène[8]. 1° En faveur d'une déjudiciarisation[9], on invoque d'abord sa simplicité : en évitant l'intervention de l'appareil judiciaire on offre aux époux une procédure : simple, souple, rapide (les lenteurs de la justice...), proche (le notaire, le greffier, l'officier de l'état civil sont voisins du justiciable alors que le juge, avec la réforme de la carte judiciaire, s'en éloigne), et moins traumatisante. L'argument économique est aussi avancé : économie pour les personnes (mais si l'on se passe d'un avocat, les droits de chacun seront-ils vraiment défendus ? et il faudra bien payer le notaire... sans aide juridictionnelle ?), mais surtout pour la collectivité : révision de l'aide juridictionnelle (et après tout puisque, dit-on, le divorce, affaire privée, est un droit, que les époux en usent et en abusent, mais qu'ils ne demandent pas à la collectivité d'en assumer le coût), « libération » de magistrats, de greffiers, et autres personnels judiciaires qui pourraient se consacrer à d'autres œuvres de justice, plus importantes pour la société. Au demeurant le système serait tout aussi efficace : que n'a-t-on dit sur la surcharge des tribunaux, les audiences « bâclées » de l'aveu même des magistrats, faute de temps et parfois de matière, et sur les conventions entérinées sans véritable vérification ou contrôle ; pourquoi épuiser les forces judiciaires dans un contentieux qui n'en est plus un ? Surtout, le retrait du juge serait conforme à la liberté individuelle (puisque le divorce serait un droit, pourquoi maintenir à travers le juge un contrôle social sur la dissolution du lien ?) et plus respectueux de la vie privée.

2° Contre la déjudiciarisation, on avance avant tout le souci de protection des personnes : protection des enfants (mais on pourrait imaginer que la convention relative à l'autorité parentale reste soumise à l'homologation du juge), protection des époux (aussi lointaine, voire symbolique soit elle, la présence du juge, statue du Commandeur, impose le respect du droit et de l'équité : la menace d'un refus judiciaire conduit les époux à « s'autolimiter »), mais aussi protection des tiers (notamment de créanciers que les époux, hors de tout contrôle préalable, seraient tentés de frauder à l'occasion de la liquidation). On peut craindre également qu'en faisant disparaître le contrôle judiciaire en amont, on n'ouvre les vannes du contentieux en aval : aujourd'hui, l'homologation judiciaire de la convention par laquelle les époux règlent les conséquences patrimoniales de leur divorce « purge » ladite convention de tous ses vices ; et la Cour de cassation veille farouchement au respect de cette règle[10] ; si demain l'homologation disparaissait ou se réduisait à une simple formalité d'enregistrement, comment éviter la remise en

8. Si le terme de « déjudiciarisation » est généralement utilisé, il conviendrait de distinguer « déjudiciarisation » et « déjuridictionnalisation ». La déjudiciarisation tend à faire passer le traitement du divorce du juge en un organe non judiciaire (officier de l'état civil, notaire, autorité administrative, etc.). La déjuridictionnalisation le fait passer du juge vers un autre organe judiciaire (le greffier en chef).

9. Pour un panorama de droit comparé, F. Ferrand et H. Fulchiron (dir.), *Le divorce en Europe*, *op. cit.*

10. *Infra*, n°s 616 s.

cause de la convention selon les règles du droit commun ? Surtout, faire disparaître le juge, représentant de la société, contribuerait à « désinstiutionaliser » le mariage et le rapprocherait un peu plus des autres statuts du couple[11].

3° Chargé de réfléchir à la question, la Commission présidée par Serge Guinchard rejeta l'idée de « déjudiciarisation » : elle proposa le maintien d'une procédure judiciaire, l'audience devenant toutefois facultative, sur demande des époux ou du juge[12]. Le rapport Delmas-Guyon[13] propose quant à lui de confier au « greffier juridictionnel » dont il recommande la création, la charge de prononcer le divorce, dans distinguer selon qu'il y a ou non des enfants et sans prendre en compte la consistance du patrimoine ; un recours serait possible devant le JAF en cas de refus d'homologation.

Il convient d'étudier la cause du divorce par consentement mutuel (Section I), sa procédure (Section II) et ses effets (Section III), qui, en raison de sa nature même, présentent d'importantes spécificités.

Section I
CAUSE

605. Une cause : la volonté concordante des époux. – Selon l'article 230, « *Le divorce peut être demandé conjointement par les époux lorsqu'ils s'entendent sur la rupture et ses effets en soumettant à l'approbation du juge une convention réglant les conséquences du divorce* ». Le divorce par consentement mutuel a donc une seule cause, à proprement parler : la volonté concordante des époux. Cet accord n'est efficace que si le juge intervient pour contrôler la volonté des époux, vérifier l'équité de la convention et sa conformité à l'intérêt de l'enfant, et, enfin, prononcer le divorce.

Si la volonté conjointe de divorcer est au cœur du divorce par consentement mutuel, les motifs qui ont conduit les époux à prendre leur décision n'ont pas à apparaître.

606. Une volonté libre et éclairée. – Selon l'article 232, le juge prononce le divorce « *s'il a acquis la conviction que la volonté de chacun des époux est réelle et que leur consentement est libre et éclairé* ». Une volonté réelle suppose qu'elle ne soit pas dictée par le caprice ou teintée d'indécision. Un consentement libre et éclairé[14] exclut tout consentement « forcé » (ou tout au moins obtenu par pression : chantage aux enfants, chantage à la liberté), ou surpris. Le juge devra être particulièrement vigilant puisque tout se joue lors de l'unique comparution devant lui. Après, il n'est plus de repentir possible, ni sur le principe du divorce ni, sauf quelques rares exceptions, sur le contenu de la convention.

Comme on l'a souligné, le nouveau schéma procédural n'est pas sans danger de ce point de vue : tout avait été fait auparavant pour soumettre la volonté des époux à l'épreuve du juge (double comparution, réitération de la requête), du temps (par les délais légaux) et des faits (avec le compte rendu d'exécution de la convention provisoire). Plus rien de tel aujourd'hui :

11. *Supra*, n°s 528 s. et réf. cit.
12. Rapport *Guinchard*, préc., proposition n° 25.
13. *Le juge du XXIe siècle*, préc.
14. Ex. : Cass. civ. 2e, 29 septembre 1982, *Bull. civ.* II, n° 116 ; *Defrénois* 1983, art. 33133, n° 75, obs. J. Massip : « *Tenu de s'assurer de la volonté réelle et du libre accord persistant des époux, le juge, qui constate que cette condition mise par la loi au divorce sur demande conjointe n'est pas remplie, est fondé à rejeter la demande.* »

c'est, dira-t-on, reconnaître la pleine autonomie des époux, libérés de la tutelle sociale et judiciaire qui pesait sur eux. Le problème serait encore plus sensible si les époux étaient reçus par le greffier juridictionnel : certes, celui-ci peut refuser d'homologuer, mais quels seraient ses pouvoirs d'investigation au-delà des affirmations que les époux ne manqueront pas de faire pour justifier un éventuel déséquilibre de la convention ? N'est-ce pas le faible qui risque d'être sacrifié ?

607. Un accord global. – Le consentement au divorce est global : il porte à la fois sur le principe du divorce et sur ses conséquences, patrimoniales et extrapatrimoniales. Dans l'hypothèse où le juge refuserait d'homologuer la convention et donc de prononcer le divorce, les époux devront également s'entendre sur les mesures provisoires applicables jusqu'à la date à laquelle le jugement de divorce passera en force de chose jugée (art. 250-2).

608. Des motifs secrets. – La discorde des époux a nécessairement une cause, la faillite de leur ménage, qui elle-même a généralement pour cause la faute de l'un ou de l'autre des époux ou l'inaptitude qu'ils ont à se supporter, ou l'intervention d'un tiers (amant, maîtresse, belle-mère, ou les trois ensemble), ce qui rend insupportable le maintien de la vie commune. C'est là qu'est la « cause du divorce », au sens non juridique du terme. Mais les époux n'ont pas à la divulguer et le juge n'a pas à la connaître[15]. L'ancien article 230 le soulignait, qui affirmait que « *lorsque les époux demandent ensemble le divorce, ils n'ont pas à en faire connaître la cause*[16] ». De cette cause de la demande, il n'est plus question aujourd'hui : c'est donc bien la volonté conjointe des époux qui la constitue désormais. *A fortiori*, le juge n'a pas à examiner si le divorce est opportun, ou si les motifs des époux sont fondés ou raisonnables, même s'il lui apparaît que le divorce convenu a pour but d'atteindre un résultat étranger à la rupture, par exemple un changement de nationalité[17] ou un avantage fiscal.

SECTION II

RÈGLES PROCÉDURALES SPÉCIFIQUES

609. Un divorce à part. – Le divorce par consentement mutuel est régi par des règles procédurales spécifiques qui en font un cas de divorce « à part », même s'il est toujours possible de passer d'un des différents cas de divorce contentieux à ce type de divorce et si en multipliant les possibilités de faire homologuer par le juge des accords portant sur le règlement des conséquences du divorce, le législateur de 2004 a rapproché *de facto* et *de jure* les différents cas de divorce.

En 1975, le souci d'offrir aux époux une procédure simple s'était notamment traduit par la compétence, du début à la fin de l'instance, du juge aux affaires matrimoniales, devenu le juge aux affaires familiales (originalité estompée en 1993 puisque le principe en avait été

15. C. pr. civ., art. 1090, précisant que la requête initiale ne doit pas indiquer les « *faits à l'origine de la demande* ».

16. Jean Carbonnier parlait d'un divorce « mystique » : mystique vient du grec ⊠μστ⊠κος = relatif au mystère, droit caché, secret.

17. Cass. civ. 1re, 17 novembre 1981, *époux Taleb, Bull. civ.* I, n° 338 ; *D.* 1982, 573, n. crit. P. Guiho ; *JCP* G 1982.II.19842, n. crit. M. Gobert ; *Rev. crit. DIP* 1982, 69, n. app. Jacques Foyer : « *la décision de divorce prononcée sur la demande conjointe des époux ne pouvait être annulée, sur demande du ministère public, en raison des mobiles qui avaient pu inspirer le consentement des époux* ».

étendu, sauf exceptions, aux autres cas des divorces) et par la possibilité pour les époux de choisir un avocat unique (art. 250). Cette dernière règle avait été critiquée car malgré le consentement mutuel il peut y avoir conflit d'intérêts et l'avocat unique est parfois mal placé pour défendre les intérêts particuliers de chacun de ses clients (quand un des époux ne le soupçonne pas d'avantager l'autre...). Certains auraient souhaité qu'elle fût supprimée. La loi de 2004 l'a pourtant maintenue par souci (généralement illusoire) d'économie pour les époux (art. 250).

610. Liberté et contrôle. – En 1975, la procédure avait été construite en deux temps, autour de la double comparution des époux devant le juge. Présentée par le ou les avocats des conjoints, la requête initiale était accompagnée d'une convention temporaire par laquelle les époux réglaient, pour la durée de l'instance, leur situation réciproque et celle des enfants mineurs, d'une part, d'un projet de convention définitive portant règlement complet des effets du divorce, d'autre part. Le juge convoquait chaque époux, les entendait séparément, puis ensemble et leur adressait les conseils qu'il jugeait utiles. En présence du ou des avocats, il examinait la convention temporaire ; il avait la faculté de modifier les clauses contraires à l'intérêt des enfants, et donnait à cette convention la force exécutoire attachée aux décisions de justice. Enfin, il examinait le projet de convention définitive en indiquant éventuellement les réserves qu'elle lui inspirait.

Dans un délai qui ne pouvait être ni inférieur à 3 mois, ni supérieur à 9 mois (art. 231 anc.), la requête devait être réitérée, accompagnée d'une part par un compte rendu de l'exécution de la convention temporaire, ce qui permettait d'apprécier le sérieux du consentement des époux, et d'autre part, par la convention définitive qui comprenait un état liquidatif du régime matrimonial ou la déclaration qu'il n'y avait pas lieu à liquidation. Le juge faisait alors convoquer une deuxième fois les conjoints, s'assurait de la persistance de leur accord et appelait leur attention sur l'importance des engagements pris. S'il était convaincu que la volonté de chacun était réelle, il rendait séance tenante un jugement par lequel il prononçait le divorce et homologuait la convention.

611. « Simplification » de la procédure. – Le nouveau schéma procédural est infiniment plus simple. Selon l'article 250, la demande en divorce est présentée par les avocats respectifs des parties ou par un avocat choisi d'un commun accord. À peine d'irrecevabilité, la requête comprend en annexe une convention portant règlement complet des effets du divorce et incluant notamment un état liquidatif du régime matrimonial ou la déclaration qu'il n'y a pas lieu à liquidation (C. pr. civ., art. 1091)[18]. C'est dire que le rythme du divorce par consentement mutuel est bouleversé : avant la réforme, les négociations commencées avant la première comparution se poursuivaient pendant toute la durée de l'instance, avec leur cortège de crises, de pressions et, parfois, de bluff ; désormais, tout doit être prêt lorsque les époux vont devant le juge. Au jour fixé, le juge examine la demande avec chacun des époux, puis les réunit ; il appelle ensuite le ou les avocats (art. 250, al. 2). Il attire l'attention des époux « *sur l'importance des engagements pris par eux* », notamment à l'égard des enfants (C. pr. civ., art. 1099, al. 2). Si telle ou telle clause de la convention lui paraît contraire à l'intérêt des enfants ou de l'un des époux, le juge, avec l'accord des parties, et en présence du ou des avocats, peut les faire supprimer ou modifier (*ib.*, art. 1099, al. 2). La disposition est utile, car elle permet de « sauver » le divorce. Mais il ne devrait s'agir en pratique que de corrections mineures, car bouleverser l'économie de la convention, notamment dans ses aspects patrimoniaux, supposerait que les époux et leurs conseils prennent le temps de la réflexion (et consultent éventuellement leur notaire). S'il a acquis la conviction que la volonté de chacun des époux est réelle et leur consentement libre et éclairé (art. 232), le juge homologue la convention et prononce le divorce (art. 250-1).

18. L'article 1091 du C. pr. civ. précise que l'état liquidatif doit être passé en la forme authentique devant notaire lorsque la liquidation porte sur des biens soumis à publicité foncière.

Si le juge constate que la convention préserve insuffisamment les intérêts des enfants ou de l'un des époux (les époux refusent les corrections proposées à l'audience [art. 1099, al. 2] ou l'équilibre de la convention étant bouleversé, il apparaît impossible de la modifier sur le champ), il peut refuser d'homologuer la convention, et, en conséquence, ne prononce pas le divorce (art. 232, al. 2 et C. pr. civ, art. 1100). En ce cas, il peut cependant « *homologuer les mesures provisoires au sens des articles 254 et 255 que les parties s'accordent à prendre jusqu'à la date à laquelle le jugement de divorce passe en force de chose jugée, sous réserve qu'elles soient conformes à l'intérêt des enfants*[19] » (art. 250-5). Une nouvelle convention pourra être présentée par les époux dans un délai maximum de six mois[20] (art. 250-2, al. 3), le juge précisant dans son ordonnance « les conditions ou garanties » auxquelles seront subordonnés l'homologation de la nouvelle convention et, en conséquence, le prononcé du divorce (C. pr. civ., art. 1100).

Si aucune convention nouvelle n'est présentée dans ce délai (les époux ne parviennent pas à trouver un nouvel accord et s'orientent par exemple vers d'autres procédures de divorce), le juge constate d'office, par ordonnance, la caducité de la demande en divorce (*ib.*, art. 1101, al. 2). Dans le cas contraire, les parties sont convoquées devant le juge : si celui-ci refuse l'homologation, il rend une ordonnance par laquelle il constate la caducité de la demande en divorce (*ib.*, art. 1101, al. 3). Les époux ont donc une chance de sauver leur divorce, mais une seule.

612. Liberté et équité. – Le pouvoir ainsi laissé au juge, protecteur de l'équité entre époux et gardien de l'intérêt de l'enfant, prouve bien que le mariage n'est pas l'affaire des seuls époux. Le juge n'intervient pas seulement pour représenter symboliquement la société : le mariage est un cadre protecteur et la société veille sur ceux qui se sont placés sous son aile, en les protégeant au besoin contre eux-mêmes, contre leur faiblesse ou leur inexpérience. À travers les époux, c'est aussi le mariage que l'on protège. Le juge s'en servira-t-il souvent ? Il n'est pas certain que le juge s'en sorte souvent. Mais on peut penser que dans bien des cas la simple perspective d'un refus ne ramène les époux ou l'un d'eux à la raison. Que deviendraient ces garanties si l'on transférait l'incompétence au greffier, au notaire ou à l'officier de l'état civil ?

Section III
EFFETS PATRIMONIAUX SPÉCIFIQUES

613. Double nature de la convention. – La décision du juge produit deux conséquences. D'une part, un divorce, qui rompt l'union conjugale. D'autre part, une homologation de la convention, qui appelle davantage d'explications. L'esprit de la loi est de régler une fois pour toutes les relations entre époux et d'empêcher les contentieux de l'après divorce ; mais on ne se débarrasse pas facilement d'un mariage.

La convention a une double nature, à la fois contractuelle et judiciaire, une sorte de contrat judiciaire ; elle a pour objets la résidence des enfants et les règlements pécuniaires entre ex-époux. Les règlements, outre la liquidation du régime matrimonial, qui n'est pas abordée ici[21], soulèvent ou ont soulevé deux difficultés : leur caractère définitif ou révisable d'une part (§ 1), leur nullité et leur divisibilité ou indivisibilité avec le divorce d'autre part (§ 2).

---

19. C'est dire que l'avocat prudent aura dans son escarcelle un projet de mesures provisoires, pour parer à toute éventualité.
20. Délai suspendu en cas d'appel (C. pr. civ., art. 1101).
21. *Infra. Adde Droit des régimes matrimoniaux*, coll. Droit civil, n° 779.

§ 1. Caractère définitif ou révisable

L'objectif de la loi est que, plus encore qu'avec les autres divorces, il n'y ait pas de discussions ou de litiges après le divorce et que tout soit réglé par les époux dans la convention. Le principe ne peut s'appliquer aux enfants ; pour les règlements pécuniaires, son domaine naturel d'application, il comporte des exceptions. *Pour le nom de la femme*[22].

614. Enfants. – En 1975, le législateur, soucieux de limiter le contentieux d'après divorce, avait donné aux stipulations parentales une force particulière : les dispositions de la convention homologuées relatives à l'exercice de l'autorité parentale ne pourraient être révisées par le juge que pour des *motifs graves* (art. 292 anc). La règle pouvait surprendre car en matière d'autorité parentale seul compte l'intérêt actuel de l'enfant[23]. L'exigence d'un motif grave ne valait pas, en revanche, pour une modification de la pension alimentaire[24]. Le nouveau droit commun de la séparation parentale construit par la loi du 4 mars 2002 aux articles 373-2 et suivants a donné aux parents qui se séparent, en mariage ou hors mariage, la possibilité de faire homologuer par le juge une convention « *par laquelle ils organisent les modalités d'exercice de l'autorité parentale et fixent la contribution à l'entretien et à l'éducation de l'enfant* » (art. 373-2-7). Désormais, toutes ces conventions peuvent être « *modifiées ou complétées à tout moment par le juge* » à la demande des ou d'un parent ou du ministère public (art. 373-2-12). Au juge d'apprécier l'intérêt de l'enfant.

615. Règlements pécuniaires. – Quant aux règlements pécuniaires (prestation compensatoire, liquidation et partage du régime matrimonial), la loi du 11 juillet 1975 les avait voulus définitifs, afin qu'ils ne puissent être remis en cause. Elle avait employé des expressions énergiques, soulignant le caractère judiciaire de la convention : « *La convention homologuée a la même force exécutoire qu'une décision de justice. Elle ne peut être modifiée que par une nouvelle convention entre les époux, également soumise à homologation* » (art. 279, al. 1 et 2 anc.)[25].

---

22. *Infra*, n° 753.

23. Ex. de motifs graves : Cass. civ. 2ᵉ, 17 décembre 1984, *Bull. civ.* II, n° 197 : la convention attribuait la garde de l'enfant à la mère sous la condition qu'elle résidât dans deux départements déterminés. La mère changea de résidence et obtint une modification de la convention afin de conserver la garde : « *parce que modifier la garde risquerait de perturber gravement l'équilibre de l'enfant et serait contraire à son intérêt* ».

Pour la nécessité de motifs graves : Cass. civ. 2ᵉ, 16 février 1994, *Bull. civ.* II, n° 60 ; *D.* 1995, somm. p. 133, obs. Th. Dubaecle : il n'est pas suffisant, pour modifier la résidence, de relever « *les difficultés relationnelles avec la mère, notamment en liaison* (sic) *avec le compagnon de celle-ci* » ; Cass. civ. 2ᵉ, 26 juin 1996, *Bull. civ.* II, n° 183 ; *D.* 1997.328, n. appr. Fr. Boulanger ; *JCP* G 1997.IV.1916 : la convention attribuait la garde à la mère ; dix ans après, la cour d'appel avait prévu une autorité conjointe, car « *M. Y.* (le père) *est très attaché à son fils* ». Cassation : ce n'est pas un « motif grave ». La Cour de cassation est bien exigeante.

24. Ex. : Cass. civ. 2ᵉ, 21 avril 1982, *Bull. civ.* II, n° 57 ; *D.* 1983.198, n. Floro ; *D.* 1983, IR 450, obs. A. Bénabent ; *Defrénois* 1983, art. 33022, n° 2, obs. J. Massip ; Cass. civ. 2ᵉ, 3 mars 1983, *Bull. civ.* II, n° 64 : « *En cas de divorce prononcé sur demande conjointe, aucune disposition légale ne supprime ni ne soumet à des conditions particulières le droit pour les parties de demander au juge de modifier, en considération des changements intervenus, le montant de la contribution à l'entretien et à l'éducation des enfants communs, mise par la convention homologuée à la charge de celui des parents qui n'en a pas la garde.* »

25. Sur la nécessité d'homologuer le nouvel accord : *Ex.* : Cass. civ. 2ᵉ, 17 mars 1993, *Bull. civ.* II, n° 111 ; *Defrénois* 1994, art. 35864, n. crit. M.-C. Forgeard ; Cass. civ. 1ʳᵉ, 10 mai 2006, *Defrénois* 2006, p. 1319, obs. J. Massip.

Les dispositions relatives à la prestation compensatoire ont bénéficié des assouplissements jugés nécessaires par les législateurs du 30 juin 2000 et du 26 mai 2004. Dès 1975, la loi avait reconnu aux époux la possibilité d'introduire dans leur convention une clause de révisabilité judiciaire (art. 279, al. 3) : à l'origine, était exigé un « *changement imprévu* » dans les ressources ou les besoins de l'une ou l'autre des parties ; aujourd'hui, il suffit d'un « *changement important* » (art. 279, al. 3, L. 2000)[26].

De plus, une loi du 3 décembre 2001, consacrant la jurisprudence de la Cour de cassation[27], a précisé (cf. art. 279, al. 3, L. 2004) que les époux pouvaient également demander la révision de la prestation compensatoire sur le fondement des articles 275, alinéas 2 et 3 (révision des modalités de paiement du capital[28]), 276-3 (révision, suspension ou suppression de la rente viagère (ou de la rente prévue pour une durée déterminée, puisque cette possibilité reste ouverte en cas de divorce sur requête conjointe, cf. *infra*) en cas de changement important dans les ressources ou les besoins des parties), et 276-4 (substitution à la rente d'un capital)[29]. Les époux peuvent dans leur convention substituer une pension alimentaire révisable à une prestation compensatoire[30].

Au décès du débiteur, les articles 280 et suivants (L. 2004) organisent les modalités de transmission de la dette liée au paiement de la prestation compensatoire : transmission dans les limites de l'actif successoral, exigibilité immédiate du solde du capital, substitution d'un capital à la rente, déduction des pensions de réversion versées éventuellement du chef du conjoint décédé, etc. Sauf disposition particulière de la convention (art. 279, al. 3), ces dispositions sont applicables. C'est donc dire *a contrario* que les époux peuvent organiser différemment la transmission dans leur convention : interdire par exemple la substitution d'un capital à la rente (art. 280, al. 3), ce que les héritiers pourraient d'ailleurs décider d'un commun accord (art. 280-1) ou non-déduction des pensions de réversion (art. 280-2).

§ 2. Divisibilité ou indivisibilité

616. Nullité et résolution de la convention ? – La nature mixte de la convention, à la fois judiciaire et contractuelle, a soulevé une controverse. Certes, en vertu de l'article 1104 C. pr. civ., « *les créanciers de l'un ou de l'autre époux*

26. Ex. de clause : « *Usant de la faculté prévue à l'article 279, alinéa 3, M. et Mme X conviennent que chacun d'eux pourra, en cas de changement important dans ses ressources et ses besoins, demander au juge de réviser la prestation compensatoire.* » Encore faut-il la prévoir, Cass. civ. 2e, 3 mars 1983, *Bull. civ.* II, n° 64 ; en l'espèce, les juges du fond avaient modifié l'indice d'indexation de la rente : cassation, car aucune clause n'avait prévu la faculté de réviser la prestation. Dans la même affaire, les juges ont pu au contraire réviser l'indice de l'indexation de la pension alimentaire destinée aux enfants qui, de sa nature, est provisoire et révisable.

27. Cass. civ. 2e, 6 février 1985, *Bull. civ.* II, n° 31 ; *D.* 1986.452, n. G. Potiron ; *JCP* G 1986.II.20580, n. A. Bénabent et R. Lindon ; *Defrénois* 1985, art. 33581, n° 73, obs. J. Massip.

28. Mais le juge ne peut assortir les nouvelles modalités de versement de garanties qui n'auraient pas été conventionnellement prévues (Cass. civ. 1re, 11 septembre 2013, *AJ famille* 2013, 637, obs. S. Thouret, *RTD civ.* 2013, 822, obs. J. Hauser) ; princpe d'indivisibilité oblige, cf. *infra*, n° 616.

29. Sur la révision de la prestation compensatoire, *infra*, nos 810 s.

30. Ce qui résulte d'un obscur arrêt : Cass. civ. 2e, 25 janvier 1984, *Bull. civ.* II, n° 13 ; *Defrénois* 1984.442, n. C. Philippe ; *JCP* G 1986.II.20540, n. A. Batteur : « *Après avoir, par un motif non critiqué, relevé que dans leur convention définitive les époux étaient convenus de renoncer à toute prestation compensatoire, mais qu'ayant voulu donner force civile à ce qu'il considérait comme un devoir moral, M. X s'était engagé à payer une pension alimentaire, c'est sans violer le principe de l'immutabilité des conventions que l'arrêt interprétant la volonté commune des parties retient que, faute de stipulation contraire, cette pension alimentaire était soumise aux dispositions des articles 208 et 209.* »

peuvent faire déclarer que la convention homologuée leur est inopposable en formant tierce opposition contre la décision d'homologation dans l'année qui suit l'accomplissement des formalités de publicité mentionnées à l'article 262 du Code civil ». Mais la Cour de cassation se montre très restrictive[31]. En dehors de cette hypothèse expressément visée par les textes, la convention une fois homologuée et une fois le divorce prononcé, peut-elle être annulée sans que le divorce ne soit remis en cause ?

Par hypothèse, la convention est irrégulière : vice de forme[32], vice du consentement[33], lésion[34], fraude aux créanciers[35], omission d'un bien ou incapacité d'un époux[36]. La Cour de cassation a tranché. « *Le prononcé du divorce et de l'homologation de la convention définitive ont un caractère indissociable et ne peuvent plus être remis en cause, hors des cas limitativement prévus par la loi*[37]. » Cette position est critiquée par une partie de la doctrine[38].

Si l'une des parties n'exécute pas ses obligations, la convention ne peut être résolue en raison du principe de l'indivisibilité ; le débiteur doit être condamné à des dommages-intérêts en application des articles 1142 et suivants[39].

---

31. Cf. Cass. civ. 1re, 13 mai 2015, n° 14-10.501, AJ famille 2015, 350, obs. P. Hilt, *RTD civ.* 2015, 592, obs. J. Hauser : le mari et la femme étaient soupçonnés d'avoir truqué la liquidation de la communauté au lendemain de la condamnation du mari à verser 600 000 euros de dommages intérêts à sa victime dans le cadre d'une instance pénale. La tierce opposition de cette dernière est accueillie en appel. Cassation : les juges d'appel se sont bornés « *à se référer à la chronologie des décisions intervenues dans l'instance pénale (...) sans rechercher si, en concluant la convention homologuée par le juge du divorce, son épouse avait pu avoir conscience d'agir en fraude des droits des créanciers de son mari et s'il y avait collusion des époux* ».

32. Ex. : au mépris de l'article 1097 du C. pr. civ., le JAF homologue une convention... comprenant un état liquidatif fait sous signature privée, alors que la liquidation porte sur des biens soumis à publicité foncière et que la convention aurait dû être notariée (Cass. civ. 2e, 28 mars 1979, *Bull. civ.* II, n° 97 ; *D.* 1980.297, n. J. Massip ; *JCP* G 1979.II.19231, n. R. Lindon ; *Defrénois* 1980, art. 32324, n. J. Massip ; art. 32348, m. n.)... ne comprenant ni état liquidatif, ni la déclaration qu'il n'y avait lieu à liquidation (Cass. civ. 2e, 11 juillet 1985, *Bull. civ.* II, n° 138).

33. **Dol** : La femme a faussement indiqué qu'elle était sans emploi et sans moyens de subsistance ; la Cour de cassation a pourtant refusé que fût annulée la convention : Cass. civ. 2e, 13 novembre 1991, *Bull. civ.* II, n° 303 ; *Defrénois* 1992, art. 32595, n° 43, obs. J. Massip.

Violence : La femme fait des scènes violentes à son mari et à la maîtresse de ce dernier juste avant de passer devant le juge, afin de presser son mari de signer (Lyon, 28 novembre 1979, *Gaz. Pal.* 1979.I.47).

34. Il est licite qu'un partage soit forfaitaire et inégal ; il peut même être combiné avec la prestation compensatoire et la révocation ou le maintien des donations antérieures : un partage inégal peut donc être jugé par le JAF équitable (art. 278, al. 2). Pour que la question de la lésion se pose, il faut supposer qu'un époux et le juge du divorce aient ignoré le caractère lésionnaire du partage. Ex. : la convention prévoit que le mari recevra 1/4 et la femme 3/4 de la communauté ; en fait, c'est le contraire qui se produit ; les attributions de la femme ne correspondent qu'à un quart, celles du mari aux trois quarts : il y a lésion et inéquité.

35. Affirmant l'irrecevabilité de l'action paulienne exercée par un créancier, Cass. civ. 1re, 25 novembre 1999, *Bull. civ.* II, n° 177 ; *JCP* G 2000.II.10338, note Guedj ; *Defrénois* 2000, 1051, obs. J. Massip ; *Dr. famille* 2000, n° 22, n. Lécuyer ; *RTD civ.* 2000, 89, obs. Hauser.

36. Cass. ch. mixte, 6 décembre 1985, *Bull. cass. ch. mixte*, n° 1 ; *D.* 1986, 185, n. F. Derrida ; *JCP* G 1986.II.20646, concl. Cochard, n. R. Lindon et A. Bénabent ; *Defrénois* 1986, article 33690, n° 1, obs. J. Massip : « *C'est à bon droit que l'arrêt retient qu'en vertu des dispositions d'ordre public des articles 29-2° et 31 de la loi du 13 juillet 1967, il est loisible au syndic du règlement judiciaire ou de la liquidation des biens d'un des anciens époux d'agir en inopposabilité à la masse de l'état liquidatif compris dans la convention définitive réglant les effets du divorce sur demande conjointe.* »

37. Le point de départ de la jurisprudence est * Cass. civ. 2e, 6 mai 1987, *Bull. civ.* II, n° 103 ; *D.* 1987.358, n. J.-C. Groslière ; *Defrénois* 1987, art. 34044, n° 60, p. 1069. obs. J. Massip.

38. Ex. : A. Tisserand, « L'indésirable indivisibilité dans le divorce sur requête conjointe », *Et. Huet-Weiller*, LGDJ, 1994, p. 497.

39. Dijon, 31 janvier 1995, *D.* 1996, somm. p. 68, obs. E. Blary-Clément.

617. Discussion. – Il convient de discuter du bien-fondé de la règle jurisprudentielle, puis de sa portée.

1) La règle repose sur l'idée que tout contentieux après divorce devrait être interdit. Cette illusion permet de couvrir de graves injustices. Un contrôle judiciaire *a posteriori* de la convention, au moyen de l'action en complément de part pour lésion (l'ancienne rescision disparue par l'effet de la loi du 23 juin 2006 sur les successions) ou de la nullité pour dol, serait souhaitable, afin d'éviter que le divorce sur demande conjointe ne devienne trop facilement un divorce sur consentement forcé et une spoliation du faible par le fort.

On a objecté l'autorité de la chose jugée : la vérification à laquelle le juge doit procéder conférerait à la convention autorité de la chose jugée sur les points qu'il a dû vérifier, c'est-à-dire la liberté des époux au moment du divorce et l'équité apparente. Mais la loi parle seulement de « *force exécutoire* » (art. 279, al. 1) et il est douteux qu'un jugement homologuant la convention[40] ait autorité de la chose jugée : d'une manière générale, les jugements d'homologation sont gracieux, ne tranchent pas de contestation et n'ont pas autorité de la chose jugée (comp. C. pr. civ., art. 25 et 480). Par exemple, les jugements homologuant un partage n'ont pas, en général, autorité de la chose jugée et, par conséquent, un partage judiciaire est rescindable pour cause de lésion[41], (aujourd'hui, il peut faire l'objet d'une action en complément de part), sauf bien entendu, lorsque le jugement a statué sur des contestations relatives au partage, notamment la valeur des biens, et a lui-même fixé les bases du partage[42], car il y avait alors une contestation. Or, ici, il n'y a pas, par définition, de contestation, puisque la demande est conjointe et que les époux sont d'accord[43].

La Cour de cassation s'est fondée sur l'indivisibilité entre la convention et le divorce. Elle ne l'a pourtant pas admise lorsque le partage a, à tort, précédé la convention définitive[44]. Ni surtout lorsque le syndic d'une « faillite » attaque la convention conclue pendant une période suspecte : un état liquidatif est inopposable à la masse des créanciers, sans que pour autant le divorce soit mis en cause[45]. La jurisprudence n'est donc pas cohérente. Il est choquant qu'on protège plus les créanciers victimes d'une fraude que l'époux spolié : le droit contemporain deviendrait-il plus sensible aux intérêts du commerce (les « affaires sérieuses ») qu'à ceux de la famille ?

La Cour de cassation confère ainsi à la convention une force obligatoire qu'aucun autre contrat ne possède. « C'est fait, c'est fait », même s'il y a eu fraude, immoralité, lésion, dol, violence, absence de cause, aliénation mentale, vice ou absence de consentement. L'homologation du juge a tout effacé même si le juge n'a rien vu et ne pouvait rien voir. Curieuses conventions du droit de la famille ! Tantôt, elles n'ont guère de force obligatoire, sont sujettes à révision ou à rétractation. Tantôt, elles sont pourvues d'une énergie inouïe. Or on sait comment les choses se passent parfois dans un divorce par « consentement mutuel ».

---

40. *Supra*, n° 611.

41. Cass. req., 3 mai 1897, *DP* 1897.I.224 : « *D'une part, l'article 888 en admettant l'action en rescision contre tout acte qui a pour objet de faire cesser l'indivision entre co-héritiers ne distingue pas le partage fait en justice du partage fait à l'amiable, l'action en rescision est admise également contre l'un et contre l'autre ; d'autre part, l'autorité de la chose jugée n'est attachée qu'aux jugements rendus en matière de juridiction contentieuse ; elle ne résulte pas des actes de juridiction gracieuse tels que les jugements et arrêts qui homologuent des partages sur lesquels il n'est relevé aucune contestation.* »

42. Cass. req., 11 juin 1838, *Jur. gén.*, *V° Succession*, n° 2300 : « *Il ne faut pas confondre les cas où la justice, autorisant le partage qui ne présente à juger aucun différend, ne fait qu'en supposer l'égalité requise par la loi entre les co-partageants, avec les cas où la même justice, statuant définitivement sur les contestations dont elle a été régulièrement saisie par ces derniers, établit et prononce elle-même l'égalité du même partage ; dans le premier cas, il n'y a point de jugement qui puisse acquérir l'autorité de la chose jugée, puisque supposer ce n'est pas juger, tandis que dans le second cas il y a jugement, lequel, s'il est passé en force de chose jugée, élève, en matière de partage, comme en toute autre matière, une fin de non-recevoir contre toute action y portant atteinte et par conséquent contre l'action en rescision pour cause de lésion de plus du quart accordée par les articles 887 et 888.* »

43. *Contra* : G. Cornu (*La famille*, *op. cit.*, p. 518) pour qui le contrôle du juge, spécialement exigé par la loi, sur l'existence de la valeur du consentement, revêt un caractère juridictionnel qui confère à la décision, sur les points contrôlés, l'autorité de la chose jugée.

44. * Cass. civ. 1re, 17 février 1987, *Defrénois* 1987, art. 34044, n° 61, obs. J. Massip.

45. Cass. ch. mixte, 6 décembre 1985, cité *supra*.

2) La portée de l'arrêt de 1985 rendu en Chambre mixte doit être cherchée dans ses termes : il y a « *des cas limitativement prévus par la loi* » où « *le prononcé du divorce et l'homologation de la convention définitive* » n'ont pas « *un caractère indissociable* » et peuvent être « *remis en cause* ». Sûrement, s'il y a pourvoi en cassation, dont le délai de recevabilité est bref (quinze jours : C. pr. civ., art. 1103)[46]. Certains auteurs avaient également envisagé le recours en révision, ouvert lorsqu'il y a eu fraude ou pièce fausse (*ib.*, art. 595). Mais le principe l'indivisibilité a conduit la Cour de cassation à déclarer l'action irrecevable[47].

Si les époux avaient omis de partager certains biens, il faudrait procéder à un partage complémentaire en appliquant le régime matrimonial ; si le bien est commun, le faire figurer dans l'actif commun[48]. Mais comment réaliser le partage ? Longtemps, la deuxième Chambre civile de la Cour de cassation a opposé[49] le principe d'intangibilité de la convention définitive homologuée pour déclarer irrecevable la demande en partage de biens indivis omis par les époux : la convention homologuée ayant la même force qu'une décision de justice, elle ne pourrait être modifiée que par une nouvelle convention entre époux. La Cour a cependant tempéré la rigueur de ce principe en admettant (après avoir longtemps affirmé le contraire[50]), qu'il n'était pas besoin que la nouvelle convention fût homologuée par le juge[51].

Pour la première Chambre civile en revanche, l'action est recevable car « *si la convention définitive homologuée, ayant la même force exécutoire qu'une décision de justice, ne peut être remise en cause, un époux divorcé demeure recevable à présenter une demande ultérieure tendant au partage complémentaire de biens communs omis dans l'état liquidatif homologué* »[52]. Et en cas de manœuvre frauduleuse d'un des conjoints, seront appliquées les sanctions du recel[53].

---

46. Cass. civ. 2e, 28 mars 1979 et 11 juillet 1985, cités *supra*.

47. Cass. civ 1re, 5 novembre 2008, *Dr. famille* 2008, n° 170, obs. V. Larribau-Terneyre ; *RTD civ.* 2009, 100, obs. (critiques) J. Hauser ; *Defrénois* 2009, 547, obs. J. Massip : « *ayant retenu à bon droit que le prononcé du divorce et l'homologation de la convention ont un caractère indivisible, la cour d'appel en a exactement déduit l'irrecevabilité du recours en révision partielle du jugement prononçant le divorce sur requête conjointe en ses seules dispositions relatives au partage des biens* ». Cass. civ. 1re, 2 novembre 2011, *RTD civ.* 2012, 98, obs. J. Hauser : les époux divorcent, partagent la communauté en octroyant une part importante des biens à l'épouse à titre de prestation compensatoire... puis se remarient. Le mari décède après avoir institué son épouse comme légataire universelle. On comprend les raisons de ce vrai-faux divorce lorsque l'on sait que le mari avait eu deux enfants adultérins dont la filiation avait dû être établie en justice. Les enfants attaquent la convention homologuée en invoquant la fraude : la cour d'appel les entend. Cassation.

48. Cass. civ. 1re, 3 juillet 1996, *sol. impl.*, *D.* 1997.164, n. appr. A. Bénabent ; *Defrénois* 1996, art. 36434, n° 132, obs. appr. J. Massip ; n.p.B. *Adde* pour l'omission d'une récompense, Cass. civ. 1re, 13 décembre 2012, *RTD civ.* 2013, 95, obs. J. Hauser.

49. Ex. : Cass. civ. 2e, 29 novembre 1995, *Bull. civ.* II, n° 291 ; *D.* 1997.164, n. crit. A. Bénabent ; *Defrénois* 1997, art. 36516, n° 3, obs. crit. J. Massip : « *la cour d'appel a fait entrer dans la composition de l'actif commun un immeuble qui, ne figurant pas dans la convention homologuée, a modifié ladite convention sans l'accord des parties et par suite violé le texte susvisé* (art. 2791) ». Cassation.

50. Cass. civ. 2e, 18 mars 1992, *Bull. civ.* II, n° 90 ; *Defrénois* 1993, 644, n. M.-C. Forgeard. Sur les critiques adressées à cette jurisprudence, v. not. S. Cabrillac, « L'omission dans les conventions définitives homologuées », *Dr. famille* 2000, chron. n° 11.

51. Cass. civ. 2e, 27 janvier 2000, *Bull. civ.* II, n° 18 ; *Dr. famille* 2000, n° 86, obs. H. Lécuyer ; *RTD civ.* 2000, 553, obs. J. Hauser : en l'espèce, un immeuble et le prêt afférent avaient été omis dans la convention définitive homologuée ; les biens ayant été ultérieurement vendus, le notaire chargé de la liquidation de la communauté avait partagé par moitié le solde du prix de vente entre les époux, déduction faite des sommes restant dues au titre du prêt : le compte ayant été approuvé par l'épouse, celle-ci n'a pas pu revenir sur son accord.

52. Solution réaffirmée par Cass. civ. 1re, 6 mars 2001, *Bull. civ.* I, n° 55 ; *JCP* G 2001.II.10582, n. J. Massip ; *JCP* G 2002.I.103, n° 20, obs. A. Tisserand ; *Dr. famille* 2001, n° 72, n. H. Lécuyer ; *RTD civ.* 2001, 342, obs. J. Hauser, et étendue à des dettes omises dans l'état liquidatif homologué, par Cass. civ. 1re, 30 septembre 2009, *D.* 2010, 132, note J. Théron ; *Dr. famille* 2009, n° 17, obs. V. Larribau-Terneyre ; *Defrénois* 2010, 862, obs. J. Massip ; *RTD civ.* 2009, 707, obs. J. Hauser.

53. En l'espèce (Cass. civ. 1re, 6 mars 2001, préc.), le mari, grand couturier, avait dissimulé à travers diverses sociétés quelques dizaines de millions de francs. Il a été condamné à payer à son épouse des dommages-intérêts et, par application des peines du recel (art. 1477), privé de sa part dans les biens frauduleusement soustraits au partage. Rappr. utilisant l'arme de recel, Cass. civ. 1re, 2 novembre

Pour achever de consolider de la convention, la Cour de cassation a affirmé que l'époux qui avait renoncé à une prestation compensatoire dans la convention définitive homologuée ne pouvait ensuite exercer l'action *de in rem verso* fondée sur sa contribution non rémunérée à l'exploitation de l'entreprise de son conjoint pendant la vie commune[54].

N°s 618-629 réservés.

2011, 383, obs. P. Hilt, *RTD civ.* 2011, 578, obs. B. Vareille, *RTD civ.* 2012, p. 98, obs. J. Hauser : le mari avait cédé les actions d'une société dépendant de la communauté pour un prix de plus du double de ce qui avait été déclaré dans l'acte de partage.

54. Cass. civ. 1re, 10 février 1998, *Dr. famille* 1998, n° 53, n. H. Lécuyer.

CHAPITRE III

DIVORCES CONTENTIEUX

630. Un tronc à trois branches. – Sous l'appellation de « divorces contentieux », sont réunis trois « *autres cas de divorce* » (cf. l'intitulé de la section III du chapitre II consacré à la procédure du divorce après les dispositions générales et la procédure applicable au divorce par consentement mutuel) : divorce accepté, altération définitive du lien conjugal, faute. Ces trois cas sont très différents dans leur cause : acceptation commune de la rupture du lien, volonté unilatérale ou violation des obligations du mariage. Mais dans les trois hypothèses, le juge doit trancher un conflit : conflit sur la cause du divorce, conflit (en tout cas absence d'accord) sur ses conséquences.

L'opposition entre divorces contentieux et gracieux a été atténuée par le législateur contemporain : en permettant aux époux de passer des conventions portant sur la liquidation et le partage de leur régime matrimonial (art. 265-2) et plus généralement toutes conventions réglant tout ou partie des conséquences du divorce, conventions soumises à l'homologation du juge chargé seulement de vérifier que « *les intérêts de chacun des époux et des enfants sont préservés* » (art. 268, rappr. art. 232, pour le divorce par consentement mutuel), la loi de 2004 complète le système imaginé pour les enfants par la loi de 2002 (art. 373-2-7) et introduit une dose plus ou moins forte de divorce gracieux dans le divorce contentieux. Aux époux de composer, en quelque sorte, leur formule de divorce.

L'unité des trois divorces contentieux a été doublement renforcée en 2004. D'une part, la loi a redonné toute sa cohérence au système pluraliste inauguré en 1975, en séparant divorce sur requête conjointe et divorce pour altération définitive du lien conjugal. Pour des raisons purement contingentes, le législateur de 1975 les avait rassemblés sous l'appellation unique de « divorce par consentement mutuel ». Toute ambiguïté est désormais levée : le nouveau divorce accepté a rejoint le groupe des « *autres cas de divorce* ». D'autre part, la loi de 2004 a soumis les trois divorces contentieux à un ensemble de règles communes : un « tronc commun procédural » de la requête initiale à l'assignation en divorce en passant par la tentative de conciliation.

631. Plan. – Avant d'étudier les différents cas de divorce contentieux, divorce accepté (Section III), divorce pour altération définitive du lien conjugal (Section III), divorce pour faute (Section IV), il convient d'analyser les règles procédurales qui gouvernent l'ensemble de ces divorces (Section I).

SECTION I
TRONC COMMUN PROCÉDURAL

La procédure du divorce contentieux se déroule en deux temps : une phase commune, « neutralisée » en quelque sorte, de la requête initiale à l'ordonnance de non-conciliation, puis une phase propre à chaque cas de divorce, (gouvernée cependant par quelques règles communes), de l'assignation au prononcé du jugement[1].

§ 1. De la requête initiale à l'ordonnance de non-conciliation

Centrée sur la tentative de conciliation (III), la première phase de la procédure débute par la requête formée par un époux (I) et prend fin par l'ordonnance de non-conciliation dans laquelle le juge prescrit les mesures nécessaires pour assurer l'existence des époux et celle des enfants jusqu'à la date à laquelle le jugement de divorce passera en force de chose jugée (IV). Au besoin, la requête initiale est précédée ou suivie de mesures d'urgence (II).

I. — Requête initiale

632. Neutralité de la requête. – Selon l'article 251, « *L'époux qui forme une demande en divorce présente, par avocat, une requête au juge, sans indiquer les motifs du divorce*[2] ». La règle est claire : pour les raisons déjà indiquées, la cause de divorce ne doit pas apparaître dans la requête initiale.

Certes, il peut être gênant pour le défendeur de se présenter à l'audience de conciliation sans connaître les intentions exactes du demandeur et sans pouvoir, par conséquent, préparer une éventuelle défense : n'y aurait-il pas là une atteinte au principe du contradictoire ? La règle est sans doute le meilleur moyen de parvenir à un accord sur le principe du divorce et sur le règlement de ses conséquences ; tel est d'ailleurs l'objet de la tentative de conciliation. Ensuite, l'intérêt essentiel d'adopter *in limine litis* une stratégie de divorce pour le demandeur comme pour le défendeur était de préserver tous leurs droits dans un règlement des conséquences du divorce qui était lié à sa cause ; or tel n'est plus le cas aujourd'hui. Au demeurant, peu importent les intentions du demandeur puisque l'on sait que le divorce demandé sera en toute hypothèse prononcé un jour ou l'autre, dès lors que deux ans de séparation seront écoulés : autant s'entendre, semble conseiller le législateur, et s'orienter sinon vers une procédure d'accord, du moins une procédure neutre.

En pratique, le tronc commun procédural a favorisé le développement du divorce accepté, tel que reconstruit par la loi de 2004 (25 % des divorces prononcés en 2013[3]) et, en cas d'échec de toute conciliation, du divorce pour altération définitive du lien conjugal (d'autant que le délai de deux ans part de l'assignation et non de la requête initiale) (13 % en 2013). Le divorce pour faute, marginalisé, est désormais cantonné aux hypothèses irréductiblement conflictuelles (8 % des divorces prononcés en 2013).

L'absence de précision sur le cas de divorce permettra au juge de prendre des mesures provisoires sans que le débat ne soit parasité par un éventuel combat sur les torts de l'un ou de l'autre. Mais dans l'immédiat, le comportement d'un des époux peut rendre indispensables des mesures d'urgence.

---

1. Cf. A. Gouttenoire, « Les nouvelles procédures de divorce », *Defrénois* 2005, 547 s.
2. *Adde* C. pr. civ., art. 1106 : « *La requête n'indique ni le fondement juridique de la demande en divorce, ni les faits à l'origine de celle-ci* ». Il a été soutenu que l'indication dans la requête des motifs et du fondement de la demande constituerait une fin de non-recevoir, ce qui semble excessif. En tout cas, elle ne lierait pas le demandeur (C. Lienhard, « La requête initiale unique, première phase du tronc commun », article préc., p. 435.
3. Source : ministère de la Justice, *Statistiques et chiffres clés du ministère*, 2014.

II. — Mesures d'urgence

Si l'un des époux, par son comportement, présente une menace pour la famille, ou, plus spécialement, la femme, les enfants ou l'un de ces derniers, le juge peut ordonner des mesures d'urgence dès la requête initiale (art. 257), voire, en cas de violence, avant que celle-ci ne soit déposée (art. 220-1, al. 3).

A. Mesures d'urgence de l'article 257

633. Protéger, organiser, anticiper et principe du contradictoire. – Selon l'article 257, « *le juge peut prendre, dès la requête initiale, des mesures d'urgence* ». À ce titre, il peut « *autoriser l'époux demandeur à résider séparément, s'il y a lieu, avec les enfants mineurs* » (art. 257, al. 2) et « *pour la garantie des droits d'un époux, ordonner toutes mesures conservatoires telles que l'apposition des scellés sur les biens communs* » (art. 257, al. 3). La liste n'est pas exhaustive.

L'existence de mesures d'urgence spécifiques au divorce n'interdit pas de recourir aux sauvegardes prévues par le droit du mariage au titre du régime primaire (par exemple, les mesures d'urgence personnelles et patrimoniales de l'article 220-1, expressément réservées par l'article 257, alinéa 3) et des régimes particuliers.

Il paraît difficile de concilier le principe du contradictoire avec l'objet de ces décisions (autorisation de résidence séparée, surtout s'il y a violence, ou mesures de sauvegarde patrimoniale). Même lorsqu'elles sont provisoires, ces décisions (attribution de la jouissance du logement, résidence des enfants), sont d'une grande importance et engagent souvent l'avenir : « *or beaucoup de praticiens reconnaissent qu'elles permettent de notables abus, surtout au regard de la résidence des enfants, le défaut de contradiction pouvant entraîner des mesures injustes, qui seront pourtant très difficiles à remettre en cause par la suite*[4] ». La loi de 2004 n'a pas remis en cause ces mesures, ni l'absence de contradiction[5]. Au contraire, elle en a élargi le champ en les rendant possibles en cas de violences conjugales avant même le dépôt de la requête ; mais elle les a alors rendues contradictoires.

B. Mesures d'urgence en cas de violences conjugales (art. 515-9 s.)

634. Ordonnance de protection. – Soucieux de protéger le conjoint, notamment l'épouse[6], contre les violences conjugales et de répondre aux situations d'urgence, le législateur a multiplié les dispositions civiles et pénales visant les violences physiques et psychiques[7]. En créant le

4. Rapp. F. Dekeuwer-Défossez, préc., p. 135.

5. Selon l'article 1106 du C. pr. civ., l'époux qui dans sa requête formule une demande de mesures d'urgence « *est tenu de se présenter en personne* » devant le juge aux affaires familiales.

6. Deux millions de femmes seraient victimes de violences conjugales ; M. Jaspart, E. Brown, S. Condon, *Les violences envers les femmes en France*, Rapport au Ministère du travail, Doc. Fr. 2003. En 2014, 118 femmes sont décédées, victimes de leur compagnon ou de leur « ex », 25 hommes (dont cinq étaient également auteurs de violence) et sept enfants décédés avec leur père ou leur mère victime de violences, chiffres du rapport annuel de la Direction générale de la police nationale, la Direction générale de la gendarmerie nationale et la Délégation aux victimes du ministère de l'Intérieur, 2015.

7. Art. 222-13 et 222-14-3 du Code pénal réd. loi n° 2010-769 du 9 juillet 2010 et n° 2010-390 du 9 août 2010. La loi du 9 juillet 2010 incrimine également le harcèlement moral dans les relations entre époux, partenaires ou concubins (C. pén., art. 222-33-2-1) : la disposition est utile, mais risque d'ouvrir la voie à bien des contentieux, et sans doute, à quelques abus (sur cet aspect de la loi, cf. not. O. Belinga, « Brisez le silence avant qu'il ne vous brise », *AJ famille* 2010, p. 520). La loi supprime également la présomption de consentement des époux à l'acte sexuel, ce qui devrait faciliter la preuve du viol entre époux, mais ne peut que susciter là encore quelques interrogations. Sur l'ensemble de la question, cf. C. Pomart-Nomdedéo, « Droit pénal et droit de la famille, les liaisons dangereuses », *Dr. famille* 2010, n° 20.

« référé violence » (art. 220-1), la loi du 26 mai 2004 relative au divorce avait consacré légalement la possibilité d'évincer du domicile l'époux violent, alors que jusque-là la victime de violences conjugales devait le plus souvent quitter le domicile conjugal pour sa sécurité et celle de ses enfants et se retrouvait en situation de précarité[8]. L'intérêt de telles mesures était tel qu'elles furent rapidement étendues aux couples non mariés (L. 4 avril 2006[9]). À la suite du Rapport d'information fait au nom de la mission d'évaluation de la politique de prévention et de lutte contre les violences faites aux femmes[10], le système de protection a été considérablement étoffé par les lois du 9 juillet 2010[11] et du 4 août 2014[12], qu'il s'agisse de la prévention ou de la répression, qu'il s'agisse des sanctions pénales ou des mesures de protection civile[13] ; a même été créé, au cœur du Code civil, un nouveau titre « *Des mesures de protection des victimes de violences* », commun aux couples mariés, aux partenaires et aux concubins (Livre I, Titre XIV[14]).

Selon le nouvel article 515-9, « *Lorsque les violences exercées au sein du couple ou par un ancien conjoint, un ancien partenaire lié par un pacte civil de solidarité ou un ancien concubin mettent en danger la personne qui en est victime, un ou plusieurs enfants, le juge aux affaires familiales peut délivrer en urgence à cette dernière une ordonnance de protection* ». Le juge est saisi par la personne en danger, si besoin assistée, ou, avec l'accord de celle-ci, par le ministère public (art. 515-10 al. 1), selon une procédure simplifiée (C. pr. civ. art. 1136-3 et 1136-4). Compte tenu de la gravité des accusations portées et de l'importance des mesures à prendre, la procédure est contradictoire (art. 515-10 al. 2), malgré les risques que couraient par là même la femme et les enfants[15]. S'il estime, « *au vu des éléments produits devant lui et contradictoirement débattus, qu'il existe des raisons sérieuses de considérer comme vraisemblables la commission des faits de violence allégués et le danger auquel la victime ou un ou plusieurs enfants sont exposés* », il prend une ordonnance de protection. Le danger peut concerner le conjoint ou les enfants (communs ou propres à l'un des époux), ou l'un des enfants seulement, devenu le souffre-douleur de la famille, le terme de violence pouvant, dans une acception large, recouvrir des abus sexuels[16].

Dans l'ordonnance de protection, le juge peut « *statuer sur la résidence séparée des époux en précisant lequel des deux continuera à résider dans le logement*

8. Pour une analyse de la jurisprudence relative aux violences conjugales, cf. Y. Zemrak, « La répression des violences conjugales : contribution du juge pénal à la victoire de Lilith sur Eve », *Dr. famille* 2010, n° 18.

9. Sur laquelle, cf. not. M. Azavant, « *Regards civilistes sur la loi du 4 avril 2006 renforçant la prévention et la répression des violences conjugales au sein du couple* », *Dr. famille* 2006, n° 40.

10. Rapp. Ass. nat. n° 1799, enregistré le 7 juillet 2009.

11. Loi n° 2010-789 du 9 juillet 2010 relative aux violences faites aux femmes, aux violences au sein du couple et aux incidences de ces dernières sur les enfants (A. Bourrat-Guéguen, « Vers l'instauration d'un dispositif efficace de lutte contre les violences au sein du couple ? », *JCP* 2010, 805 ; I. Corpart, « Intensification de la lutte contre les violences conjugales, Commentaire de la loi n° 2010-769 du 9 juillet 2010 », *Dr. famille*, n° 28. La loi a été complétée par le décret n° 2010-1134 du 29 septembre 2010.

12. Loi sur l'égalité réelle entre les femmes et les hommes, sur laquelle cf. not. V. Dervieux, « Loi du 4 août 2014 et droit de la famille », *AJ famille* 2014, p. 486.

13. Le nouveau système remplace celui de l'article 220-1 C. civ., abrogé.

14. Ce nouveau titre, commun à tous les couples (cf. *supra*, n° 450), vient après les dispositions relatives au Pacs.

15. Pour garantir la sécurité de la femme, le juge peut l'autoriser « *à dissimuler son domicile ou sa résidence et à élire domicile chez l'avocat qui l'assiste ou le représente ou auprès du procureur de la République près le tribunal de grande instance pour toutes les mesures civiles dans lesquelles elle est également partie* ».

16. Encore faut-il établir l'existence des violences : il ne suffit pas de constater que l'épouse « *se trouvait en état de choc à la suite d'une explication entre les conjoints mettant en cause leur séparation* » (Cass. civ. 1re, 6 février 2008, *Bull. civ.* I, n° 36 ; *Dr. famille* 2008, note V. Larribau-Terneyre ; *RTD civ.* 2008, p. 278, obs. J. Hauser).

conjugal et sur les modalités de prise en charge des frais afférents à ce logement. Sauf circonstances particulières, la jouissance de ce logement est attribuée au conjoint qui n'est pas l'auteur des violences » (art. 515-11) : la mesure peut donc conduire aussi bien à l'expulsion du conjoint violent (quelle que soit la nature du logement, loué, bien commun ou bien propre dudit conjoint) qu'à une sorte d'autorisation judiciaire de résidence séparée permettant à la femme de quitter le logement en toute légalité, en emmenant au besoin les enfants[17]. Le juge peut aussi « *se prononcer sur les modalités d'exercice de l'autorité parentale et, le cas échéant, sur la contribution aux charges du mariage pour les couples mariés, sur l'aide matérielle au sens de l'article 515-4 pour les partenaires d'un pacte civil de solidarité et sur la contribution à l'entretien et à l'éducation des enfants* ».

Ces mesures sont par nature provisoires. Elles sont prises pour une durée maximale de six mois (art. 515-12). Le juge peut les modifier, les suspendre ou les supprimer, en tout ou en partie. Elles peuvent être prolongées si, pendant ce délai, une requête en divorce ou en séparation de corps a été déposée ou si le juge aux affaires familiales a été saisi d'une requête relative à l'exercice de l'autorité parentale[18] : elles ne sont pas faites pour organiser une séparation de fait.

D'autre voies sont possibles pour obtenir le départ de l'agresseur : au pénal, le procureur de la République (C. pr. pén., art. 41-1 6°), le juge d'instruction, le juge des libertés et de la détention (C. pr. pén. art. 138), les juridictions de condamnation ou le juge de l'application des peines (C. pr. pén. art. 132-45) peuvent ordonner à l'auteur de l'infraction de résider hors du domicile ou de ne plus paraître à proximité[19].

Très sensible à la question des violences familiales[20], l'Union européenne a mis en place un règlement facilitant la reconnaissance dans un pays de l'Union des décisions de protection prises dans un autre État membre[21].

---

17. Afin que la peur d'être « expulsées » hors de France n'empêche pas les femmes victimes de violences de demander la protection du juge, la loi du 9 juillet 2010, complétée par la loi du 4 août 2014, dispose que les personnes unies à un ressortissant français ou entrées en France au titre du regroupement familial, qui bénéficient d'une ordonnance de protection, se voit accorder, dans les plus brefs délais, la délivrance ou le renouvellement d'un titre de séjour (C. étrangers, art. L. 313-12 al. 3 et L. 431-2). Une carte de séjour pourra également être délivrée aux personnes en situation irrégulière (C. étrangers, art. L. 316-3 et L. 316-4). Pour échapper à son mari, la femme peut se faire autoriser à dissimuler son domicile ou sa résidence et à élire chez son avocat ou chez le procureur de la République pour les besoins de la procédure, chez une personne morale qualifiée pour les besoins de la vie courante (art. 515-11 6° et 6° *bis*).

18. La demande doit mentionner l'ordonnance de protection en cours d'exécution ; l'ordonnance est jointe à la demande (C. proc. civ., art. 1078).

19. Et pour vérifier que les mesures sont bien respectées, le juge peut ordonner que l'intéressé soit placé sous surveillance électronique mobile (le « bracelet électronique », C. pr. pén. art. 14-12-1, C. pén. art. 131-36-12).

20. Cf. la directive 2011/99/UE du Parlement européen et du Conseil du 13 décembre 2011 relative à la décision de protection européenne. Pour un panorama de droit comparé, cf. F. FERRAND et H. FULCHIRON, *Le divorce en Europe*, *op. cit.*

21. Règlement UE N° 606/2013 du Parlement européen et de Conseil du 12 juin 2013 relatif à la reconnaissance mutuelle des mesures de protection en matière civile, entré en application en France le 11 janvier 2015.

III. — Audience de conciliation

Dans les trois divorces contentieux, une tentative de conciliation est obligatoire avant l'instance judiciaire[22]. Elle peut être renouvelée pendant l'instance (art. 252, al. 1). Il convient d'en préciser l'objet, les modalités et les issues.

635. Objet de la tentative de conciliation. – Longtemps, la tentative de conciliation eut pour objet la réconciliation des époux : il s'agissait de les faire renoncer au divorce (art. 252-2 anc.), le juge aux affaires familiales étant investi d'une mission de défense du lien. À vrai dire, les réconciliations (la « grande réconciliation » selon Jean Carbonnier[23]) étaient rares (0,1 %, selon le rapporteur du projet de réforme du divorce à l'Assemblée nationale[24]), les conditions de ce type d'audience n'étant pas, de l'avis général, idéales pour parvenir à un tel résultat : audiences surchargées, époux décidés en toute hypothèse à divorcer, etc.

La nouvelle rédaction de l'article 252 est, par son ambiguïté, révélatrice : il s'agit de « *concilier les époux tant sur le principe du divorce que sur ses conséquences* »[25]. Le premier aspect de la mission, « *concilier les époux sur le principe du divorce* » laisse perplexe : appartiendrait-il au juge de convaincre l'époux réticent d'accepter le divorce que lui propose son conjoint ? En réalité, le législateur a entendu inciter le juge à trouver un accord sur le type de divorce à suivre : le divorce pour acceptation du principe de la rupture du mariage (art. 233), *i.e.* le plus consensuel des divorces contentieux. La faveur du législateur pour ce divorce se manifeste par la possibilité pour le juge d'enregistrer lors de l'audience de conciliation l'acceptation mutuelle du principe de la rupture du mariage et du prononcé du divorce sur le fondement de l'article 233 (cf. art. 253, *infra*) : la cause du divorce est alors acquise et la procédure de divorce définie sans attendre l'assignation.

Quelle que soit la procédure envisagée à ce stade, le juge doit aussi tenter de concilier les époux sur le règlement des conséquences du divorce. L'invitation est d'autant plus utile que désormais les époux peuvent passer des conventions réglant tout ou partie des conséquences du divorce, conventions qu'ils soumettront à l'homologation du juge (art. 268).

636. Déroulement de la tentative de conciliation. – Comme auparavant, le juge doit s'entretenir personnellement avec chacun des époux séparément, avant de les réunir en sa présence. Alors qu'auparavant les avocats des époux n'assistaient et ne participaient à l'entretien que si les époux le demandaient, la loi de 2004 a rendu leur présence obligatoire, après cette série d'entretiens personnels (art. 252-1, al. 2). Compte tenu de l'ampleur des problèmes qui peuvent être débattus et de l'absence de précision sur le type de divorce qui sera ultérieurement demandé, leur présence est aujourd'hui particulièrement nécessaire.

22. Soucieux de faciliter le règlement amiable des différends, le législateur français a mis en place le système de la « procédure participative » (loi du 22 décembre 2010), la convention de procédure participative étant définie comme « *La convention de procédure participative est une convention par laquelle les parties à un différend qui n'a pas encore donné lieu à la saisine d'un juge ou d'un arbitre s'engagent à œuvrer conjointement et de bonne foi à la résolution amiable de leur différend* » (C. civ., art. 2062). Prévue en principe pour les droits dont les parties ont la libre disposition, elle est cependant possible en cas de divorce (art. 2067), étant précisé que, dans ce cas, les époux ne sont pas dispensés des mesures de conciliation et de médiation prévues par la loi. Sur cette procédure, cf. le dossier *Rupture des couples : à la recherche de l'apaisement des conflits*, *Dr. famille* 2015, dossier n° 1 et réf. cit.

23. *La famille*, p. 585.

24. Rapp. Delnatte, p. 58.

25. *Adde* la nouvelle rédaction de l'article 252-3 : à l'ancienne formule « *Lorsqu'il ne parvient pas à les faire renoncer au divorce...* », la loi de 2004 a substitué celle de « *Lorsque le juge constate que le demandeur maintient sa demande...* », jugée moins « *moralisatrice* » (Rapp. Delnatte, préc., p. 59).

Dans l'hypothèse où l'époux qui n'a pas formé la demande ne se présente pas à l'audience, ou se trouve hors d'état de manifester sa volonté, « *le juge s'entretient avec l'autre conjoint et l'invite à la réflexion* » (art. 252-1, al. 3). Afin de donner plus de souplesse à la tentative de conciliation et de laisser aux époux le temps de réfléchir, l'article 252-2 dispose que « *la tentative de conciliation peut être suspendue et reprise sans formalité, en ménageant aux époux des temps de réflexion dans une limite de huit jours* » ; « *si un plus long délai paraît utile, le juge peut décider de suspendre la procédure et de recourir à une nouvelle tentative de conciliation dans les six mois au plus* » (art. 252-2, al. 2).

Conformément à une règle traditionnelle, « *ce qui a été dit ou écrit à l'occasion d'une tentative de conciliation, sous quelque forme qu'elle ait eu lieu, ne pourra être invoqué pour ou contre un époux ou un tiers dans la suite de la procédure* » (art. 252-4). Comme il a été souligné[26], cette prescription prend une importance particulière dans le nouveau dispositif procédural puisque désormais le choix du cas de divorce se fait ultérieurement, lors de l'assignation : il convient d'éviter que des faits relatés à l'occasion de la tentative de conciliation ne soient repris pour fonder une demande en divorce pour faute.

637. Issue de la tentative de conciliation. – Faute d'être parvenu à réconcilier les époux, le juge constate que le demandeur maintient sa demande et incite les époux à régler les conséquences du divorce à l'amiable. Il rend une ordonnance de non-conciliation. Il prescrit « *en considération des accords éventuels des époux, les mesures nécessaires pour assurer leur existence et celle des enfants jusqu'à la date à laquelle le jugement passe en force de chose jugée* » (art. 254).

IV. — Mesures provisoires

638. Organisation du provisoire. – Lors de l'audience de conciliation, le juge prescrit « *en considération des accords éventuels des époux, les mesures nécessaires pour assurer leur existence et celle des enfants jusqu'à la date à laquelle le jugement passe en force de chose jugée* » (art. 254). Pour temporaires qu'elles soient, ces mesures ont en fait une grande importance ; elles règlent la crise et anticipent l'avenir : le provisoire est souvent définitif.

Il appartient au JAF de prescrire ces mesures, mais la nouvelle rédaction du texte (« *en considération des accords éventuels des époux* »), souligne la volonté du législateur de favoriser les solutions négociées entre les époux, et de les faire prendre en compte par le juge.

A. Objet

L'article 255 propose une panoplie très diversifiée de mesures provisoires dont l'énumération n'est pas exhaustive (cf. la formule « *le juge peut notamment...* ») : elles concernent la résidence séparée des époux, leurs biens, mais aussi le recours à la médiation. Quant aux enfants, l'article 256 renvoie aux règles de l'autorité parentale.

639. Invitation à la médiation. – La faveur dont bénéficie actuellement la médiation familiale[27], jointe à la volonté de faciliter et de développer une solution

26. Rapp. Delnatte, préc., p. 59.

27. Le législateur souhaite sensibiliser les époux aux charmes de la médiation avant même que les conflits n'apparaissent : la proposition de loi « famille » (proposition de loi n° 1856 relative à l'autorité

négociée des litiges, a conduit le législateur de 2004 à inscrire au titre des mesures provisoires deux dispositions relatives à la médiation, sur le modèle retenu en 2002 en matière d'autorité parentale (art. 373-2-10).

D'une part, le juge peut « *proposer* » aux époux une mesure de médiation et « *après avoir recueilli leur accord* » désigner un médiateur familial pour y procéder (art. 255, 1°). Il n'est évidemment pas question d'imposer aux époux une médiation : par essence la médiation suppose le libre consentement des intéressés ; il s'agit seulement de proposer, et par là-même, d'inciter. La médiation peut porter aussi bien sur le choix de la procédure (cf. la préférence affichée du législateur pour le divorce accepté, mais on pourrait également passer à un divorce par consentement mutuel, en profitant des passerelles prévues par la loi), que sur l'élaboration d'accords relatifs au règlement des conséquences patrimoniales ou extrapatrimoniales du divorce, conventions soumises à l'homologation du juge ou dont celui-ci pourra s'inspirer.

D'autre part, le juge peut « *enjoindre aux époux de rencontrer un médiateur familial qui les informera sur l'objet et le déroulement de la médiation* ». Là encore, il n'est pas question de forcer les conjoints à recourir à une médiation mais seulement à recevoir une information sur ce qu'est la médiation, dans l'espoir que les époux (ou l'un d'eux, particulièrement rétif), une fois éclairés, en comprendront l'utilité[28].

640. Résidence séparée des époux. – Selon l'article 255, 3°, le juge « *statue sur les modalités de la résidence séparée des époux* ». Il peut « *attribuer à l'un d'eux la jouissance du logement et du mobilier du ménage ou partager entre eux cette jouissance, en précisant son caractère gratuit ou non et, le cas échéant en constatant l'accord des époux sur le montant d'une indemnité d'occupation*[29] » (art. 255, 4°). Les précisions apportées par le législateur de 2004 sur le caractère gratuit ou non de la jouissance sont bienvenues car la question avait suscité de nombreuses difficultés.

641. Indemnité d'occupation. – L'époux qui pendant l'instance occupe seul le domicile conjugal doit une indemnité d'occupation si le logement appartient en propre à ce dernier ou est commun ou indivis entre les époux (art. 815-9, al. 2). L'indemnité doit être inférieure à la valeur locative, en raison de la précarité de jouissance. Elle est soumise à la déchéance quinquennale de l'article 815-10.

Selon la Cour de cassation, l'indemnité est due à compter de la date de l'assignation en divorce, date à quelle le divorce prend effet dans les rapports

---

parentale et à l'intérêt de l'enfant, préc.) prévoit la lecture lors de la célébration du mariage d'un texte selon lequel « *les différends entre époux ou entre parents peuvent faire l'objet d'une mesure de médiation familiale en vue de leur résolution amiable* ».

28. Sur la médiation et les modes alternatifs de règlement des différends, cf. *supra*, n° 44 et réf. cit. ; adde *Rupture des couples : à la recherche de l'apaisement*, *Dr. famille* 2015, dossier n° 1. Pour un panorama de droit comparé, F. FERRAND et H. FULCHIRON (dir.), *Le divorce en Europe*, *op. cit.*

29. Attribuer la jouissance du logement à l'un des époux ne met pas fin aux règles protectrices de la famille ; Cass. civ. 3e, 1er avril 2009, *RTD civ.* 2009, obs. J. Hauser, 567, obs. B. Vareilles ; *Dr. famille* 2009, n° 70, obs. V. Larribau-Terneyre : en l'espèce, la jouissance gratuite du logement avait été accordée à l'épouse pendant l'instance en divorce ; la femme reçut et accepta une proposition d'un nouveau bail ; le mari argua de l'article 1751 pour faire constater l'inopposabilité à son égard du nouveau bail... et la tacite reconduction de l'ancien. De même, l'attribution de la jouissance gratuite du logement familial à l'épouse non propriétaire n'empêche pas une autorisation judiciaire de vente sur le fondement de l'article 217 si tel est l'intérêt de la famille (le mari souhaitait réduire son endettement : Cass. civ. 1re, 30 septembre 2009, *RTD civ.* 2009, p. 703, obs. J. Hauser; *RJPF* 2010, 2-20, note F. Vauvillé).

patrimoniaux entre époux. Les époux dans leur convention ou le juge dans l'ordonnance de non-conciliation peuvent en décider autrement, compte tenu des circonstances de la cause (nombre des enfants vivant au foyer, modération des pensions versées au conjoint et aux enfants pendant l'instance, etc.). Certains auteurs avaient fait observer (et certains arrêts avaient admis) que la mise à disposition du logement pouvait apparaître comme la traduction du devoir de secours ; or celui-ci ne prend fin qu'au jour où le divorce est devenu définitif. Mais la Cour de cassation avait clairement affirmé que la jouissance privative était à titre onéreux « *dès lors que les termes de l'ordonnance de non-conciliation ne permettent pas de retenir qu'elle a été attribuée à titre gratuit*[30] ». Si rien n'est dit, explicitement ou implicitement, l'indemnité était donc due[31] ; le paiement rétroactif d'un loyer inconnu et aléatoire est une lourde charge qui risque de compliquer et d'envenimer les règlements financiers.

Les précisions qui figurent depuis 2004 dans l'ordonnance de non-conciliation sur le caractère gratuit ou non de la jouissance ne règlent qu'une partie du problème. De fait, le montant de l'indemnité éventuellement due ne sera fixé que si les époux s'accordent sur ce point : compte tenu en effet « *de la difficulté pratique de déterminer le montant de cette indemnité et des risques de contestation qui pourraient en découler et de ralentissement de la procédure, il n'a pas été prévu que le juge puisse fixer lui-même le montant de cette indemnité*[32] ».

642. Relations patrimoniales entre époux. – Outre la remise des vêtements et objets personnels (art. 255, 5°), le juge peut fixer la pension alimentaire due éventuellement par un conjoint à l'autre (en pratique, par le mari à sa femme).

643. Pension alimentaire. – La séparation des époux entraîne la rupture de l'unité du budget familial. Par conséquent, le fonctionnement normal du régime matrimonial devient impossible et il est nécessaire, pour subvenir aux besoins de l'époux sans ressources, de lui accorder une pension alimentaire pour la durée de l'instance.

La pension alimentaire provisoire a toujours eu un fondement complexe, car elle est à la fois une anticipation sur le divorce à venir et l'exécution du devoir de secours découlant du mariage. Complexité qui s'explique car, d'une part, la dissolution du régime matrimonial est entre époux rétroactivement reportée au jour de la demande en divorce, d'autre part, le devoir de secours entre époux dure jusqu'au moment où le jugement de divorce est définitif.

Dans ses conditions d'exercice, cette pension est l'exécution du devoir de secours[33]. Il suffit donc, conformément au droit commun des obligations

30. Cass. civ. 1re, 25 juin 2002, *Bull. civ.* I, n° 173 ; *Dr. famille* 2002, n° 149, obs. B.B. ; *RTD civ.* 2002, 787, obs. J. Hauser ; Cass. civ. 1re, 23 janv. 2008, n° 07-10.571, *Defrénois* 2008.1112, obs. J. Massip. Cette gratuité ne doit pas être prise en compte pour le calcul de la prestation compensatoire.

31. *Quid* si la jouissance du logement est antérieure à l'ONC ? Une cour d'appel avait déduit de ce que le mari n'avait pas obtenu lors de l'ONC la jouissance gratuite du logement que celle-ci était également à titre onéreux pendant la séparation de fait. La Cour de cassation valide (Cass. civ. 1re, 19 novembre 2014, n° 13-24.584, *AJ famille* 2015, 51, obs. J. Casey).

32. Rapp. Delmatte, préc., p. 63.

33. Cass. civ. 2e, 30 juin 1995, *Bull. civ.* II, n° 225 ; *Defrénois* 1999, a. 36935, note Mme Bignon, *ib.* 301, obs. J. Massip ; *Dr. famille* 1998, n° 158, obs. B. Beignier ; *RTD civ.* 1998, 887, obs. J. Hauser : « *la pension allouée pendant l'instance en divorce procède du seul devoir de secours entre époux, lequel ne prend fin que du jour où le jugement de divorce devient irrévocable* » : rejet de la demande du mari qui réclamait le remboursement des arrérages de cette pension au motif qu'il ne s'agissait que d'une avance sur les revenus attribués au créancier d'après la liquidation de la communauté.

alimentaires entre époux[34], qu'un conjoint soit dans le besoin[35] (ce qui est surtout le cas de la femme), et que l'autre ait des ressources suffisantes[36].

Le JAF peut également fixer la provision pour frais d'instance que l'un des époux devra verser à son conjoint. Il désigne celui ou ceux des époux qui devront assurer le règlement provisoire de tout ou partie des dettes (art. 255, 6°). Cette innovation de la loi de 2004, particulièrement utile, ne règle que la question de la contribution aux dettes ; elle n'oblige que les époux et n'est pas opposable aux tiers. Elle ne change rien à l'obligation des époux à la dette.

L'article 255, 7° permet également au juge « *d'accorder à l'un des époux des provisions à faire valoir sur ses droits dans la liquidation du régime matrimonial si la situation le rend nécessaire* ». Il peut notamment « *statuer sur l'attribution de la jouissance ou de la gestion des biens communs ou indivis autres que ceux visés au 4 du présent article, sous réserve des droits de chacun dans la liquidation du régime matrimonial* ».

Enfin, le juge peut, en vue du règlement des conséquences patrimoniales du divorce, prendre des mesures particulièrement utiles pour la suite de la procédure : désigner tout professionnel qualifié en vue de dresser un inventaire estimatif ou de faire des propositions quant au règlement des intérêts pécuniaires des époux (art. 255-8°), désigner un notaire en vue d'élaborer un projet de liquidation du régime matrimonial et de formation des lots à partager (art. 255, 10°)[37].

Les mesures provisoires sont exécutoires de droit à titre provisoire (C. pr. civ., art. 1074-1)[38].

B. Voies de recours, révision, modifications

644. À mesures souples, recours limités. – Les décisions sur les mesures provisoires sont susceptibles d'appel dans le bref délai de 15 jours (*ib.*, art. 1112). Selon la Cour de cassation, elles ne peuvent faire l'objet d'un pourvoi en cassation en raison de leur caractère provisoire[39], ni de recours en révision car leur modification peut toujours être demandée[40].

Destinées à durer aussi longtemps que l'instance en divorce, les mesures provisoires peuvent en effet être modifiées si les circonstances viennent à changer. Encore faut-il faire la preuve de la survenance d'un fait nouveau (*ib*, art. 1118).

---

34. *Infra*, n° 1744.

35. Il ne s'agit pas du minimum vital dit Cass. civ. 2e, 7 mai 1980, *Bull. civ.* II, n° 97 ; *Defrénois* 1981, art. 32599, n° 4, obs. J. Massip ; en l'espèce, les revenus de l'épouse divorcée « *n'étaient pas suffisants pour lui assurer le niveau d'existence auquel elle pouvait prétendre, compte tenu des facultés du mari* ».

36. Cass. civ. 2e, 21 janvier 1976, *Bull. civ.* II, n° 117 ; *D.* 1976, IR 102 ; les juges du fond doivent « *prendre en considération les revenus qu'une gestion utile du capital* (par l'époux débiteur) *pourrait lui procurer* ».

37. Sur ces mesures, cf. *infra*, nos 775 s.

38. La suspension de l'exécution provisoire de droit peut désormais être demandée au Premier président de la cour d'appel (*contra*, sur l'empire du droit antérieur, Cass. civ. 2e, 8 juillet 1998, *Bull. civ.* II, n° 239 ; *RTD civ.* 1998, 887, obs. J. Hauser) : le décret n° 2004-836 du 24 août 2004 portant modification de la procédure civile en matière familiale reconnaît de façon générale un tel pouvoir au Premier président (C. pr. civ., art. 1074).

39. Cass. civ. 2e, 10 janvier 1985, *Bull. civ.* II, n° 7.

40. Cass. civ. 2e, 3 juin 1999, *Bull. civ.* II, n° 106.

C. Durée

645. Durée du provisoire. – Les mesures provisoires ont vocation à s'appliquer « *jusqu'à la date à laquelle le jugement passe en force de chose jugée* » (art. 254[41]).

Au cas où les parties ne poursuivraient pas l'instance, les mesures provisoires tombent à l'expiration du délai qui leur est laissé pour introduire l'instance, soit, désormais, trente mois à compter du prononcé de l'ordonnance de non-conciliation (*ib.*, art. 1113). Cette caducité, alors que les époux restent sans doute séparés, ne va pas sans poser de délicats problèmes en pratique[42]. Si en revanche, il arrivait que le juge rejetât la demande en divorce, l'article 258 permettrait d'organiser judiciairement la séparation des époux.

§ 2. De l'introduction de l'instance au prononcé du divorce

646. Choix du cas de divorce. – Dans le schéma procédural retenu par le législateur de 2004, le choix du cas de divorce intervient seulement à ce stade : divorce pour acceptation du principe de la rupture du mariage, altération définitive du lien conjugal ou faute. Toutefois, précise l'article 257-1, alinéa 2, « *lorsqu'à l'audience de conciliation les époux ont déclaré accepter le principe de la rupture du mariage et le prononcé du divorce sur le fondement de l'article 233, l'instance ne peut être engagée que sur ce fondement* » : dans ce cas en effet, la cause du divorce est définitivement acquise. En toute hypothèse, la demande ne peut être fondée que sur un seul des cas de divorce mentionnés à l'article 229 : « *toute demande formée à titre subsidiaire sur un autre cas est irrecevable* » (C. pr. civ., art. 1077, al. 1). Sont ainsi déjouées les stratégies contentieuses qui avaient cours avant la réforme. En revanche, la multiplication des passerelles permet de s'orienter ultérieurement vers des divorces d'accord.

Pendant les trois mois qui suivent le prononcé de l'ordonnance de non-conciliation, seul l'époux qui a présenté la requête initiale peut assigner (*ib.*, art. 1119) ; au-delà, cette faculté est ouverte à l'époux le plus diligent. L'autre époux peut également former une demande reconventionnelle sur l'un des différents cas de divorce contentieux. Si les époux s'accordent sur le choix d'un divorce pour altération définitive du lien conjugal, le juge est saisi par requête conjointe.

Afin d'accélérer la liquidation des intérêts communs des époux, l'article 257-2 subordonne la recevabilité de la demande introductive d'instance à la production d'une proposition de règlement des conséquences pécuniaires et patrimoniales du divorce[43].

647. Prononcé du divorce, séparation judiciaire. – Il appartient au JAF de prononcer le divorce (le tribunal de grande instance, en cas de renvoi à la collégialité, cf. COJ, art. L. 213-4, *supra*). Si d'aventure le juge refusait ce prononcé (parce

41. Ex. Cass. civ. 1re, 15 mai 2013, *RTD civ.* 2013, 583, obs. J. Hauser, *Dr. famille* 2013, comm. 115, obs. J. R. Binet : les juges du fond avaient oublié de prendre en compte les deux mois du délai de pourvoi en cassation pour calculer le montant de la pension alimentaire accordée à la femme pendant la procédure de divorce.

42. Ex. Cass. civ. 1re, 9 février 2011, *RTD civ.* 2011, p. 329, obs. J. Hauser.

43. Selon l'article 1115 du C. pr. civ., cette proposition de règlement (qui ne constitue pas une prétention au sens de l'article 4, *ib.*, selon l'article 1115, alinéa 2), « *contient un descriptif sommaire* » du patrimoine des époux « *et précise les intentions du demandeur quant à la liquidation de la communauté ou de l'indivision, et, le cas échéant, quant à la répartition des biens* ».

que, par exemple, la faute n'était pas établie ou que les deux ans de séparation n'étaient pas consommés), l'article 258 lui permet, depuis 1975, d'organiser judiciairement la séparation de fait des époux : du moins peut-il statuer sur la contribution aux charges du mariage, la résidence de la famille et les modalités d'exercice de l'autorité parentale. Le juge statue d'office ou à la demande d'un des époux (le demandeur comme le défendeur) : encore faut-il respecter le principe du contradictoire[44].

Selon la Cour de cassation, la fixation de la résidence de la famille en vertu de l'article 258 est une mesure provisoire qui n'a pas pour effet de dispenser définitivement des époux qui restent mariés, de leur obligation de communauté de vie[45]. Pour autant, le refus de l'épouse de reprendre la vie commune à la demande du mari (certains maris poussant la délicatesse (!) jusqu'à présenter leur demande par sommation interpellative délivrée par huissier) ne constitue pas nécessairement une faute, cause de divorce[46].

Provisoires, les mesures prises sur le fondement de l'article 258 n'ont pas de terme précis. La loi de 2004 devrait rendre leur usage rare : il suffit à celui qui souhaite divorcer de laisser s'écouler le délai de séparation de deux ans pour former une première demande ou une seconde si la première avait été rejetée.

§ 3. Voies de recours

648. Combat judiciaire. – Les différents divorces contentieux ouvrent les voies de recours de droit commun : appel et pourvoi en cassation. L'appel a un effet suspensif, conformément au droit commun. Le mariage demeure donc pendant toute la durée du délai d'appel avec les conséquences personnelles et patrimoniales qui lui sont attachées. En cas d'appel, il convient de distinguer deux hypothèses. S'il y a appel général, l'effet suspensif joue sans restriction. Si l'appel (appel principal et appel incident) porte seulement sur les conséquences de la rupture sans remettre en cause le prononcé du divorce, la dissolution du lien intervient au jour où le jugement est devenu définitif, *i.e.*, en cas d'appel principal sans appel incident, à la date à laquelle expire le délai ouvert pour former un pourvoi incident ou, en cas d'appel principal et d'appel incident tous deux limités aux conséquences du divorce, à la date de l'appel incident. Ces règles valent sous réserve d'un acquiescement ou d'un désistement d'appel (C. pr. civ., art. 1120).

L'effet suspensif de l'appel vaut pour la prestation compensatoire comme pour d'autres mesures prises par le juge du divorce. La règle est logique puisque la prestation a pour objet de compenser la rupture créée par la dissolution du lien : pas de divorce, pas de prestation compensatoire. Rompant avec les solutions antérieures, l'article 1079, alinéa 1 du Code de procédure civile interdit donc au tribunal d'assortir la prestation compensatoire de l'exécution provisoire. Mais les conséquences du principe peuvent être inéquitables, dans l'hypothèse où le principe du divorce serait acquis et où l'appel ne porterait que sur ses conséquences patrimoniales : le devoir de secours a pris fin puisqu'il n'y a plus de mariage, sans que l'ex-conjoint puisse bénéficier d'une prestation compensatoire. Aussi l'article 1079, alinéa 2 du Code de procédure civile précise-t-il que « *Toutefois, elle peut l'être en tout ou en partie, lorsque l'absence d'exécution aurait des conséquences manifestement excessives pour le créancier en cas de recours sur la prestation compensatoire alors que le prononcé du divorce a acquis force de chose jugée* » ; selon l'alinéa 3 « *cette exécution provisoire ne prend effet qu'au jour où le prononcé du divorce a acquis force de juge jugée* ».

Le délai du pourvoi et le pourvoi en cassation ont également un effet suspensif : l'exception, traditionnelle, est inscrite à l'article 1086 du Code de procédure civile. Y échappent (C. pr. civ.,

44. Cass. civ. 2e, 20 juin 1984, *Bull. civ.* II, n° 114.
45. Cass. civ. 2e, 25 novembre 1998, *Bull. civ.* II, n° 273.
46. Cass. civ. 2e, 20 mars 1989, *D.* 1990, 129, n. A. Batteur.

art. 1087), les dispositions relatives aux pensions, à la contribution à l'entretien de l'enfant et à l'exercice de l'autorité parentale, mais non à la prestation compensatoire[47].

N°s 649-659 réservés.

Section II
DIVORCE ACCEPTÉ

660. Faillite du mariage. – Selon l'article 233, « *Le divorce peut être demandé par l'un ou l'autre des époux ou par les deux époux lorsqu'ils acceptent le principe de la rupture du mariage sans considération des faits à l'origine de celle-ci. Cette acceptation n'est pas susceptible de rétractation, même en cause d'appel* ». Si, affirme l'article 234, le juge « *a acquis la conviction que chacun des époux a donné librement son accord* », il « *prononce le divorce et statue sur ses conséquences* » (art. 234).

Le « divorce accepté », selon la terminologie retenue en 2004, succède au divorce sur demande acceptée de 1975. Pour autant, dans sa lettre comme dans son esprit, le divorce accepté paraît bien différent : il s'est objectivé, perdant toute profondeur psychologique. Il est vrai que le divorce sur demande acceptée, formellement très contraignant, n'avait pas toujours été bien compris par la pratique.

Il convient de retracer l'évolution qui a conduit de l'un à l'autre (§ 1), avant de présenter ce qui n'est plus aujourd'hui qu'un cas objectif de divorce faillite (§ 2).

§ 1. Du divorce sur demande acceptée au divorce accepté

I. — Divorce sur demande acceptée

661. Amiable ou contentieux ? – Le divorce sur demande acceptée (art. 233-236 anc.), que Jean Carbonnier appelait « sur double aveu », ou « sur aveu indivisible », constitua en 1975 une innovation originale. Il était parfois qualifié de divorce par consentement mutuel : par la loi de 1975, au même titre que le divorce sur demande conjointe ; par la pratique, qui en fit souvent un divorce par consentement mutuel accéléré, parce qu'était allégé le contrôle judiciaire. Or, à trois égards, il ne s'agissait pas d'un vrai divorce par consentement mutuel, mais d'un hybride. 1) Le consentement mutuel « divorciel » était insuffisant : la cause du divorce, c'étaient les faits « *procédant de l'un et de l'autre "époux" et rendant intolérable le maintien de la vie commune* » (art. 233). 2) Le consentement « divorciel » était imparfait : un époux voulait un divorce et l'autre ne s'y opposait pas : ce n'était pas véritablement l'accepter. 3) Les époux n'avaient pas à régler l'après-divorce.

L'objectif du législateur avait été de faire un divorce pour les époux qui, d'accord sur le principe du divorce, ne voulaient ou ne pouvaient s'entendre sur le règlement de ses conséquences et s'en remettaient à cet égard au juge qui prononcerait le divorce aux torts réciproques. Il était à la fois amiable (par consentement mutuel) et contentieux (fondé sur la faute, il était rendu aux torts réciproques). La pratique en fit un divorce par consentement mutuel plus rapide que le divorce par demande conjointe, parce qu'il n'était pas sujet aux difficultés que soulevait la

---

47. Sur la date à laquelle le divorce devient définitif, cf. A. Bénabent et Y. Buffelan-Lanore, *JurisClasseur Divorce*, fasc. 210, no 35 s. et réf. cit.

Sur l'opposition, la tierce opposition et la révision, cf. N. Fricero, *JurisClasseur Divorce*, fasc. 140, nº 69 et réf. cit.

convention définitive (qui devait comporter un état liquidatif et supposait parfois de longues négociations entre les époux).

La procédure du divorce sur demande acceptée se déroulait en deux temps (C. pr. civ., art. 1129 et s. anc.).

A. Double aveu des faits rendant intolérable le maintien de la vie commune

662. Double constat d'échec. – Le divorce sur demande acceptée reposait sur l'aveu par les époux d'une situation conjugale d'échec ; ce double aveu constituait, techniquement, la cause de ce divorce.

À l'origine de la procédure, un époux exposait par écrit au juge l'ensemble des faits qui selon lui rendaient intolérable le maintien de la vie conjugale, faits procédant (*sic*) de l'un ou de l'autre conjoint (art. 233) ; ce que le Code de procédure civile appelait le « mémoire » (art. 1129 anc.). Le mémoire était adressé au juge aux affaires familiales qui le communiquait dans les quinze jours à l'autre époux. Celui-ci pouvait rejeter le mémoire, soit expressément, soit tacitement en gardant le silence pendant un mois ; en ce cas, la procédure était « caduque » (*ib.*, art. 1132 anc.). Il pouvait aussi accepter le mémoire.

663. Confirmation des aveux. – Le juge aux affaires familiales convoquait alors les époux avec leurs avocats. Il invitait l'auteur du mémoire initial et son conjoint à confirmer leur aveu. L'article 1134 du Code de procédure civile précisait que « *si le juge perçoit dans ces documents ou même dans leur confrontation des indices qui laissent présumer la persistance d'une communauté de sentiments entre les époux, il oriente leurs réflexions en ce sens* ». Si cette tentative de conciliation échouait, il rendait une ordonnance par laquelle il constatait qu'il y avait un double aveu de faits qui rendaient intolérable le maintien de la vie commune et renvoyait les époux à se pourvoir devant lui pour qu'il prononce le divorce et statue sur ses effets (*ib.*, art. 1135 anc.). L'ordonnance était susceptible d'appel dans le (bref) délai de quinze jours à compter de sa notification. À ce stade, la cause de divorce était définitivement acquise (*ib.*, art. 1135 et 1136, al. 2 anc.).

Le juge aux affaires familiales avait pour mission de vérifier que l'aveu émanait librement d'une volonté consciente (consciente sur le passé, le présent et l'avenir, *i.e.* le divorce) ; en revanche, il n'avait pas à contrôler la réalité des faits décrits par les époux, ni leur caractère fautif ou non : il fallait et il suffisait que ces faits fûssent ressentis par les époux comme un échec du mariage, dont la seule issue était le divorce.

B. Prononcé du divorce et règlement de ses conséquences

664. Prononcé du divorce. – L'un ou l'autre des époux saisissait le juge aux affaires familiales. À ce stade, il n'était plus question de débattre sur la cause du divorce mais seulement de le prononcer et de statuer sur ses conséquences : la cause avait été définitivement constatée par le juge dans la phase antérieure.

665. Un divorce méconnu. – Le divorce sur demande acceptée correspondait à la majorité des situations de divorce : les époux constataient l'échec de leur mariage, se résignaient au divorce et laissaient au juge le soin d'en régler les conséquences. En pratique, ce divorce ne fut pas toujours compris et son succès dans certaines juridictions s'expliquait moins par ses qualités que par les détournements dont il avait fait l'objet : il permettait d'obtenir un divorce relativement rapide sans les aléas d'une requête conjointe.

II. — Divorce accepté

666. Objectivation du divorce, appauvrissement du mariage. – La loi de 2004 consacre et amplifie cette altération du divorce sur demande acceptée. Il n'est plus question de mémoire ni de double aveu de faits rendant intolérable le maintien de la vie commune : il ne s'agit plus que d'époux qui « *acceptent le principe de la rupture du mariage, sans considération des faits à l'origine de celle-ci* ». Toute la subtilité psychologique, toute la dimension morale (mystique ?) de ce cas de divorce, tel que l'avait conçu Jean Carbonnier, disparaît. Sur les ruines du divorce sur double aveu, le législateur de 2004, prosaïque et réaliste, a construit un simple divorce faillite : suite à la demande unilatérale ou à une demande commune, les époux acceptent le principe du divorce et laissent au juge le soin d'en régler les conséquences. Les causes de l'échec n'ont pas à être évoquées : seul importe le constat d'une faillite que traduit l'acceptation conjointe du principe du divorce.

Le divorce accepté se rapproche ainsi du divorce par consentement mutuel (le consentement n'est que partiel puisqu'il ne porte que sur le principe de la rupture) et, surtout du divorce pour altération définitive du lien conjugal : même caractère purement objectif, même neutralité de la cause et des effets ; dans un cas, les deux époux posent le principe du divorce, dans l'autre, un époux l'impose à son conjoint. Au-delà du divorce, c'est le mariage lui-même qui est ainsi appauvri.

§ 2. Règles propres au divorce accepté

667. Objectivité de la cause. – Le changement d'appellation traduit parfaitement le changement de nature de ce divorce. Dans l'ancien système, la cause du divorce résidait dans l'existence d'un ensemble de faits procédant de l'un ou de l'autre époux qui rendaient intolérable le maintien de la vie commune : double constat d'une faillite dont les époux étaient invités à faire le bilan dans leurs mémoires. Plus rien de tel aujourd'hui : le divorce accepté a pour cause l'acceptation du principe de la rupture du mariage par l'un et l'autre époux. Peu importent les faits à l'origine de la rupture. La loi n'exige d'ailleurs plus que les époux en fassent état dans des mémoires. Dès lors que l'un et l'autre ont accepté le principe du divorce, la cause en est acquise. Et dès lors que cette acceptation est intervenue devant le JAF en vue du prononcé d'un divorce sur le fondement de l'article 233, la cause est définitivement acquise, l'article 233 précisant que l'acceptation n'est pas susceptible de rétractation, même par voie de l'appel.

Il ne s'agit plus nécessairement d'un divorce demandé par l'un et accepté par l'autre ; la demande en divorce peut être formée par les deux époux. Ce n'est donc pas la demande de l'un qui est acceptée par l'autre, mais le principe du divorce qui est accepté par l'un et l'autre.

668. Simplicité de la procédure. – La procédure du divorce accepté est, en conséquence, considérablement simplifiée : plus de demande accompagnée d'un mémoire, plus d'acceptation traduite au besoin par un contre-mémoire, plus de réitération des aveux devant le juge aux affaires familiales lors de l'audience de conciliation. L'acceptation du principe de la rupture intervient une fois et une fois pour toutes. En principe, elle devrait intervenir après l'ordonnance de non-conciliation, puisqu'en vertu de nouveau « tronc commun procédural » la requête initiale n'indique pas les motifs de la demande en divorce : ceux-ci n'apparaissent que lors de l'assignation. Désireux de favoriser ce type de divorce qui, par son objectivité, écarte les risques de conflit, le législateur de 2004 a cependant prévu que l'acceptation pourrait également avoir lieu antérieurement : lors de l'audience de conciliation, les époux peuvent déclarer accepter le principe de la rupture du mariage et le prononcé du divorce sur le fondement de l'article 233 (art. 257-1, al. 2)[48]. Encore faut-il qu'ils soient éclairés sur les conséquences d'une telle acceptation, *i.e.* sur le caractère irrévocable de leur déclaration, la

48. L'acceptation est alors *« constatée immédiatement dans un procès verbal dressé par le juge et signé par les époux et leurs avocats respectifs »* (C. pr. civ., art. 1123, al. 2).

cause du divorce étant définitivement acquise, et sur l'obligation qui leur sera faite d'engager ultérieurement leur action sur le fondement de l'article 233. Aussi l'article 253 précise-t-il que l'acceptation ne peut avoir lieu que « *s'ils sont chacun assistés par un avocat* ». Une fois accepté le principe de la rupture du mariage et du prononcé du divorce sur le fondement de l'article 233, l'instance ne pourra plus être engagée que sur ce fondement (art. 257-1).

Après l'ordonnance de non-conciliation, les époux peuvent s'accorder sur un divorce accepté : leur double déclaration d'acceptation sera annexée à la requête qui, en vertu des alinéas 3 et 4 de l'article 1123 du Code de procédure civile, ne peut être qu'une requête conjointe. Dans l'hypothèse où l'instance aurait été engagée pour faute ou pour altération définitive du lien conjugal, les époux peuvent user de la passerelle prévue à l'article 247-1[49] et s'orienter vers un divorce accepté[50]. En toute hypothèse, l'acceptation n'est pas susceptible de rétractation, même par voie d'appel (art. 223, al. 2).

Si le juge a acquis la conviction que chacun des époux a donné librement son accord, il prononce le divorce et statue sur ses conséquences (art. 234). Dans l'hypothèse où l'accord serait donné au stade de l'ordonnance de non-conciliation, il appartient au juge conciliateur de contrôler sur la liberté du consentement de chacun des époux : confier cette mission au juge qui prononce le divorce serait en contradiction avec le principe selon lequel la cause du divorce est acquise dès lors qu'il y a eu acceptation.

669. Neutralité des effets. – Selon l'ancien article 234, le divorce sur demande acceptée produisait les effets d'un divorce aux torts partagés. Toute allusion aux faits, fautes ou torts ayant disparu, le divorce accepté ne peut être que neutre dans ses effets : il suit le droit commun des effets du divorce.

N°s 670-679 réservés.

Section III

DIVORCE POUR ALTÉRATION DÉFINITIVE DU LIEN CONJUGAL

680. Remède ou répudiation ? – Le divorce pour altération définitive du lien conjugal succède au divorce pour rupture de la vie commune. Ce dernier avait constitué l'innovation la plus contestée de la loi de 1975. Ceux qui lui étaient hostiles le qualifiaient de répudiation d'un innocent : un conjoint rompt unilatéralement le mariage sans que son époux n'ait commis de faute, ni donné son accord. Et lorsque le divorce était demandé contre un conjoint malade (art. 238 anc.), n'était-ce pas bafouer la dignité de la personne autant que les engagements pris lors de la célébration du mariage ? Ceux qui lui étaient favorables le qualifiaient de divorce-remède ou de divorce-faillite ; il ne faisait que constater la désunion des époux : le mariage était devenu une « *empty shell* » (une coquille vide). Le long délai prévu par la loi (six ans de séparation de fait ou d'altération des facultés mentales) constituait à la fois une épreuve pour le demandeur et une protection pour le défendeur. Le plus souvent, il permettait à un conjoint de régulariser un concubinage qui durait depuis plusieurs années, en se « libérant » d'un époux qui ne voulait pas du divorce et auquel aucune faute ne pouvait être reprochée. Que si la séparation était liée à la maladie mentale de l'un des conjoints, pouvait-on refuser à l'autre de briser des liens qui déjà n'étaient plus ? On peut juger moralement blâmable d'abandonner son conjoint dans les plus douloureux moments de la vie d'un couple, mais n'est-ce pas aussi faire preuve

49. *Supra*, n° 580.
50. Art. 1123, al. 5.

d'humanité que de permettre à l'époux sain d'esprit de reconstruire sa vie ? Au demeurant le conjoint qui voulait divorcer devait en supporter les conséquences ; les causes étaient mêlées aux conséquences : c'était un divorce « assumé ». Par respect pour l'époux à qui l'on imposait le divorce, quelque chose restait d'ailleurs du mariage ainsi dissous : devoir de secours (la solidarité entre époux survivait à la rupture unilatérale), nom, logement. Surtout, si le prononcé du divorce risquait d'avoir des conséquences trop graves pour le conjoint auquel on l'imposait, le juge pouvait refuser de le prononcer. Si répudiation il y avait, il s'agissait d'une répudiation encadrée, tempérée et, en quelque sorte, « moralisée ».

681. Faillite assumée ou banqueroute ?. – En pratique, le divorce pour rupture de la vie commune fut très peu utilisé (moins de 1,5 % des cas), en raison notamment des contraintes de sa procédure et de l'importance des engagements que devait prendre le demandeur. Surtout, l'équilibre que le législateur avait tenté de réaliser était de plus en plus contesté, la réprobation morale qui naguère s'attachait à ce type de divorce (« *Les époux se marient pour le meilleur et pour le pire* »), s'est peu à peu effacée devant la montée de l'individualisme (« *Est-il légitime,* disait-on, *que la loi autorise un époux à "emprisonner" son conjoint dans une union inexistante durant six longues années*[51] ? »). Dès lors, une option s'ouvrait au législateur : assouplir la loi de 1975 sans en trahir l'esprit, *i.e.* maintenir un certain nombre d'exigences en ce qui concerne la prise en charge des conséquences du divorce, ou transformer le divorce pour rupture de la vie commune en un simple divorce-faillite, le juge se contentant de liquider, à la demande d'un des époux, une société conjugale qui, *de facto,* avait cessé d'exister. Le législateur de 2004 a, sans trop de remords, semble-t-il, choisi la seconde voie.

Le divorce pour altération définitive du lien conjugal peut être demandé par l'un des époux « *lorsqu'ils vivent séparés depuis deux ans* » seulement. Il n'est plus question de prise en charge par le demandeur des conséquences de la rupture qu'il impose à son conjoint. De plus, la loi nouvelle, fidèle au principe de déconnexion des causes et des conséquences du divorce, a aboli les déchéances automatiques et les obligations particulières. Seule survit une éventuelle mise en jeu de la responsabilité du demandeur : mais il s'agira moins de chercher les fautes (et, en soi, demander le divorce ne saurait être considéré comme une faute), que de réparer un préjudice. Enfin, la clause de dureté disparaît : obtenir le divorce après deux ans de mariage est un droit ; ni le conjoint ni le juge ne peuvent s'y opposer.

682. Reconnaissance d'un « droit au divorce » et à la répudiation. – La loi de 2004 ne se contente pas de changer le nom du divorce pour rupture de la vie commune. Elle en modifie radicalement l'esprit : il n'est plus question d'équilibre ni d'arbitrage entre des intérêts et des volontés contraires, ni de liberté de l'un dans le respect de l'autre. Même s'il s'en défend, le législateur a consacré un véritable droit au divorce. Bien plus, le droit français connaît désormais une forme de répudiation. Si l'on définit la répudiation comme le droit discrétionnaire reconnu aux époux ou à l'un d'eux, de mettre fin unilatéralement au mariage, comment ne pas retenir cette qualification quand il s'agit du divorce pour altération définitive du lien conjugal ? Certes, le mot est choquant, mais la réalité l'est plus encore. Et l'on ne manquera pas de s'interroger sur la cohérence d'un droit qui lance l'anathème sur les répudiations musulmanes tout en l'inscrivant dans ses normes internes. Il est vrai que l'une est réservée au mari alors que l'autre est offerte aux deux époux : l'égalité formelle purgerait-elle la répudiation de ses vices de fond[52] ?

---

51. Rapp. Théry, préc., p. 117.

52. La Cour de cassation semble le penser qui a refusé de transmettre, faute selon elle, de caractère « sérieux », une QPC dont les auteurs affirmaient que la volonté d'un seul époux suffisant à faire prononcer le divorce (puisque la séparation peut résulter du choix d'un seul des époux), les articles 237 et 238 tels qu'interprétés par la jurisprudence, porteraient atteinte au droit de mener une vie familiale normale et à l'égalité devant la loi. Selon la Cour, « *la question posée ne présente pas un caractère*

683. Nouvel appauvrissement du mariage. – La reconnaissance d'un divorce par simple volonté unilatérale rapproche un peu plus le mariage du concubinage et, surtout, du Pacs : celui qui ne veut plus de la vie commune peut y mettre fin et rompre le lien matrimonial sans que l'autre puisse s'y opposer et sans que le juge puisse faire jouer des mécanismes protecteurs que pourraient pourtant justifier les engagement pris par les époux lors de la célébration de leur union. Adaptation aux réalités et aux aspirations sociales contemporaines, a-t-on dit. Mais dans ce « droit commun des couples », quel sens donner au mariage[53] ?

Il convient d'étudier les causes du divorce pour altération définitive du lien conjugal (§ 1) puis d'en examiner la procédure (§ 2) et les effets (§ 3), dans ce qu'ils ont du moins de spécifique.

§ 1. Causes

Selon l'article 237, « *Le divorce peut être demandé par l'un des époux lorsque le lien conjugal est définitivement altéré* ». Cette altération résultera le plus souvent d'une séparation prolongée (I) ; elle peut aussi provenir d'une demande en divorce pour faute présentée par l'un des époux et rejetée par le juge (II).

I. — Séparation prolongée

684. Séparation prolongée de deux ans. – Selon l'article 238, alinéa 1 : « *L'altération définitive du lien conjugal résulte de la cessation de la communauté de vie entre les époux, lorsqu'ils vivent séparés depuis deux ans lors de l'assignation en divorce.* »

La règle tranche avec l'ancien article 237 d'après lequel : « *Un époux peut demander le divorce, en raison d'une rupture prolongée de la vie commune, lorsque les époux vivent séparés de fait depuis six ans.* » Les éléments à prendre en compte pour apprécier la disparition de la communauté de vie, comme sa durée, traduisent un changement radical entre 1975 et 2004, tout comme la disparition en tant que cause spécifique, de l'altération des facultés mentales.

A. Éléments constitutifs de la cessation de la communauté de vie

685. Le simple fait d'une séparation. – Les termes « *cessation de la communauté de vie* » et la référence à une vie séparée depuis deux ans ont été préférés

---

sérieux dès lors, d'abord, que le prononcé du divorce après constatation de l'altération définitive du lien conjugal ne contrevient pas au droit de mener une vie familiale normale, ensuite, qu'étant accordée à chacun des époux, cette possibilité de demander le divorce n'est pas contraire au principe d'égalité » (Cass. civ. 1re, 6 juin 2012, *Dr. famille* 2012, comm. 141, obs. V. Larribau-Terneyre, *RTD civ.* 2012, p. 513, obs. J. Hauser). De même, la Cour de cassation a-t-elle affirmé de façon lapidaire que « *le prononcé du divorce pour altération définitive du lien conjugal, qui implique une cessation de la communauté de vie entre des époux séparés depuis deux ans lors de l'assignation en divorce, ne peut être contraire aux dispositions de l'article 8 de la Convention EDH* » (Cass. civ. 1re, 15 avril 2015, n° 13-27.898, *Dr. famille* 2015, comm. n° 14, J.-R. Binet, *AJ famille* 2015, 404, note S. Ferré-André, *RTD civ.* 2015, p. 591, obs. J. Hauser.

53. Cf. les observations (critiques) de Ph. Malaurie, « Conclusions sur la réforme du divorce : le divorce pour altération définitive du lien conjugal et la société de la peur », *Defrénois* 2004, 1601 s. Comp. J. Hauser, « Le divorce pour altération du lien conjugal et la société de la réalité », *Dr. famille* 2005, chron. n° 3. L'évocation que fait Jean Hauser de la « société de la réalité » est une terrible société inhumaine, ignorant les véritables réalités, parce qu'elle croit que la « réalité » ne serait que l'utilité immédiate, alors que le « réel » lorsqu'il est humain n'existe que dans le temps : la « réalité » de la personne ou d'une famille est son avenir, pas seulement le temps présent.

aux termes de « séparation de fait » et de « rupture » en raison sans doute de leur caractère objectif, qui s'accorde avec la nature de cette nouvelle version du divorce faillite.

Sous l'empire de l'ancien article 237, il avait été admis que le divorce pour rupture de la vie commune supposait que fûssent réunis deux éléments : un élément matériel, une séparation de fait, un élément intentionnel, la volonté de mettre fin à la vie commune : seule cette dernière donnait à la séparation la couleur d'une rupture. Cette rupture, affective et effective, pouvait, estimait-on, être le fait d'un seul des époux, même si l'intention de rupture n'existait pas dès le commencement de la séparation et n'était apparue que peu à peu. La Cour de cassation allait en ce sens, qui, tout en reconnaissant un pouvoir souverain aux juges du fond et sans parler d'intention, exigeait que la communauté de vie, aussi bien affective que matérielle, eût cessé[54]. Peu importaient en revanche les conditions de la séparation : qu'elle fût fautive ou, au contraire, qu'elle s'appuyât sur une décision de justice telle qu'un jugement de séparation de corps ou une ordonnance de non conciliation autorisant les époux à résider séparément[55].

La nouvelle rédaction du texte ne s'embarrasse pas de telles subtilités. La cause du divorce se définit par une cascade d'éléments qui, peu à peu, s'objectivent : altération définitive du lien conjugal (qui laisserait une large place aux données de l'espèce, à la psychologie des intéressés et, partant, à l'appréciation du juge), cessation de la communauté de vie (qui supposerait que fûssent explorées ses différentes dimensions, affectives et matérielles) et séparation depuis deux ans, que révèle l'absence de cohabitation. On part du fait pour aller vers le droit, le nouveau divorce pour altération définitive du lien conjugal procèdant par une série de présomptions remontantes : la séparation fait présumer la cessation de la communauté de vie, la cessation de la communauté de vie fait présumer l'altération définitive du lien conjugal.

Seul importe donc le fait matériel d'une vie séparée pendant deux ans. Plus n'est besoin d'apprécier l'état d'esprit passé et présent des intéressés, leurs intentions initiales (est-on parti sans esprit de retour ?) ou leurs regrets (on avait songé à revenir ?). Plus n'est besoin de rechercher si toute communauté d'esprit, si toute affection conjugale, ont disparu pendant le délai légal (lettres, visites, rencontres, relations affectives ou plus). Dès lors que chacun a vécu chez soi pendant deux ans, le divorce pourra être demandé sur le fondement des articles 237 et 238[56]. Restera bien sûr à écarter les hypothèses dans lesquelles les époux ont été éloignés par des raisons professionnelles ou d'autres motifs qui n'ont rien à voir avec l'idée de séparation.

Le nouveau divorce pour rupture unilatérale correspond à un pur divorce faillite : les époux se séparent sans toujours savoir si la rupture est définitive, parfois ils se revoient, s'éloignent à nouveau et au bout de deux ans, chacun peut reprendre sa liberté. La différence avec l'ancien divorce pour rupture de la vie commune est radicale.

Reste à apporter la preuve de la cessation de la communauté de vie. Le juge dispose sur ce point d'un pouvoir souverain d'appréciation.

54. Cass. civ. 2e, 30 janvier 1980, *Bull. civ.* II, n° 17 ; *D.* 1981, IR 70, obs. A. Breton ; *JCP* G 1981.II.19521, n. R. Lindon ; *Defrénois* 1980, art. 32421, n° 65, obs. J. Massip.

55. Cass. civ. 2e, 30 janvier 1980, préc.

56. Cass. civ. 1re, 25 novembre 2009, *Dr. famille* 2010, 88 ; *RTD civ.* 2010, 88, obs. J. Hauser ; *Defrénois* 2010, 863, obs. J. Massip : la Cour de cassation approuve les juges du fond qui, pour apprécier le point de départ de la séparation, n'avaient pas retenu la date de l'accord signé par les parties, mais les éléments prouvant la cessation effective de la communauté de vie quelques mois auparavant (nouveau bail, déménagement etc.).

B. Durée de la cessation de la communauté de vie

686. Deux ans seulement ; flash. – En 1975, le législateur avait exigé six ans de séparation, soit beaucoup plus que de simples vacances conjugales. Une telle durée parut évidemment trop longue dès lors que l'on entendait faire d'un divorce d'exception un simple divorce constat d'échec. La Commission Dekeuwer-Défossez avait proposé que la durée de la séparation fût ramenée à trois ans[57].

La loi de 2004 adopta un principe des plus simples : les époux ont vécu séparément pendant les deux années ayant précédé l'assignation. Ainsi la demande en divorce peut-elle être introduite assez vite après la séparation, en anticipant les délais entre requête initiale et ordonnance de non-conciliation et entre ordonnance de non-conciliation et assignation. Il se pourrait même que le délai ne soit pas respecté en pratique : l'article 1126 du Code de procédure civile affirme en effet que « *le juge ne peut relever d'office le moyen tiré du défaut d'expiration du délai de deux ans prévu au premier alinéa de l'article 238 du Code civil* ». Que les époux s'entendent et ils obtiendront un divorce « flash » !

Le délai de deux ans est un délai préfix, *i.e.* qu'il ne peut être interrompu ni raccourci[58]. En cas de reprise de la vie commune, il est interrompu ; si les époux se séparent à nouveau, le délai repart *ab initio*.

C. Disparition du divorce pour altération des facultés mentales

687. Malheur aux faibles ! – À la différence d'autres législations, le droit français fut longtemps profondément hostile à cette hypothèse de divorce[59]. La loi de 1975 ne l'avait instituée que pour des raisons d'humanité[60], selon des conditions et un régime procédural strictement définis. L'altération des facultés mentales liées à une infirmité, à la maladie ou à l'âge, devait avoir duré au moins six ans[61] et avoir détruit toute communauté de vie entre les époux sans que cette communauté ne pût, selon les prévisions les plus raisonnables, se reconstituer dans l'avenir. L'époux demandeur devait prendre en charge les conséquences du divorce (art. 239 anc.). En toute hypothèse, le juge pouvait rejeter, y compris d'office, la demande de divorce si celui-ci risquait d'avoir des conséquences trop graves sur la maladie du conjoint (art. 238, al. 2 anc.).

Entre les intérêts du demandeur, le respect du défendeur et l'idéal du mariage contracté « pour le meilleur et pour le pire », le législateur a tranché en faveur du « droit au bonheur » du conjoint sain d'esprit. Certes, on ne peut imposer l'héroïsme aux époux, fût-ce au nom d'un certain idéal du mariage. Et qui oserait jeter la première pierre à celui qu'a frappé un tel malheur ?

II. — Demande reconventionnelle en divorce pour faute

688. Faute passe séparation. – Selon l'article 238, alinéa 2, « *Nonobstant ces dispositions* » (celles de l'article 238, alinéa 1), « *le divorce est prononcé pour altération définitive du lien conjugal dans le cas prévu au second alinéa de*

57. Rapp. préc., p. 130.
58. Rapp. Gélard, préc., p. 49.
59. J. Carbonnier, « Terre et ciel dans le droit du mariage », article préc., reproduit dans : *Écrits*, PUF, 2008, p. 202, « *Les déchéances psychiques et physiques sont si peu des causes de divorce qu'elles sont la cause même du mariage, dans l'attente de la mort* ».
60. J. Carbonnier, *La famille*, p. 556.
61. Ce qui n'impliquait pas nécessairement une séparation de fait : on peut vivre avec un conjoint aliéné sans pour autant constituer une communauté avec lui : il suffisait qu'il y eût une impossibilité psychologique de communauté de vie ; il n'était pas non plus nécessaire que cette absence de communauté de vie eût duré six ans.

l'article 246, dès lors que la demande présentée sur ce fondement est formée à titre reconventionnel ».

De cette formule lourde et sibylline, on déduit que si une demande principale en divorce pour faute a été formée par l'un des époux et que l'autre a riposté par une demande reconventionnelle en divorce pour altération définitive du lien conjugal, le juge qui a rejeté la demande principale pour faute prononcera le divorce pour altération définitive du lien conjugal sans que soient nécessairement réunies les conditions inscrites à l'article 238, alinéa 1, *i.e.* une séparation de deux années avant l'assignation en divorce[62]. En quelque sorte, le fait de demander le divorce pour faute (demande non fondée, puisque le juge, qui doit l'examiner en premier [art. 246 al. 1], la rejette) établit l'altération définitive du lien conjugal. Point n'est besoin que le temps passe : le comportement du demandeur initial, joint à la volonté du défendeur de divorcer, signe l'arrêt de mort du mariage. La cause du divorce étant purement objective, le juge semble, là encore, avoir compétence liée.

689. Disparition de la dureté. – Afin de tempérer, en équité, les conséquences d'un divorce imposé au conjoint innocent, le législateur de 1975 avait donné au juge le pouvoir de rejeter la demande, quand bien même toutes les conditions en auraient été remplies, si le défendeur « *établit que le divorce aurait, soit pour lui, soit pour les enfants, des conséquences matérielles ou morales d'une exceptionnelle dureté* » (art. 240 anc.). Exceptionnelle par nature, la clause n'était appliquée par les juges que lorsque la cruauté du divorce l'emportait sur l'intérêt que pouvait y trouver le demandeur.

En pratique, elle avait suscité un abondant contentieux : fréquemment invoquée, presque toujours par la femme, elle était difficilement admise par les juges. Elle révélait ce qui pour un certain nombre de gens était l'essentiel dans leur vie : les convictions religieuses, la considération sociale, l'argent, le logement et surtout la santé.

Dès lors qu'était reconnu un « droit au divorce », il ne pouvait plus être question de clause d'extrême dureté. Si les conditions objectives du divorce pour altération des facultés mentales sont réunies, le juge doit prononcer le divorce.

§ 2. Règles procédurales spécifiques

690. Liberté sans contrôle. – Le législateur de 1975 avait soumis le divorce pour rupture de la vie commune à des règles procédurales très contraignantes, notamment lorsqu'il était demandé pour altération des facultés mentales. Parce qu'il s'agissait d'un divorce aux charges assumées, le demandeur devait préciser dans sa demande les moyens par lesquels il entendait exécuter ses obligations à l'égard de son conjoint et de ses enfants (art. 239 anc.). À défaut, la demande était irrecevable.

Il n'en est plus question aujourd'hui : le divorce pour altération définitive du lien conjugal n'est plus qu'un divorce faillite, sans interaction entre la cause et les effets. Ainsi banalisé, il est soumis au droit commun de la procédure de divorce. En raison sans doute de sa neutralité, le divorce pour altération définitive du lien conjugal est compatible avec les autres cas de divorce, en ce sens que l'on peut passer du divorce pour altération définitive du lien conjugal à un divorce par consentement mutuel (comme pour les autres cas de divorce, art. 247), à un divorce pour acceptation du principe de la rupture du mariage (comme pour le

62. Interprétation confirmée par Cass. civ. 1re, 5 janvier 2012, *RTD civ.* 2012, p. 99, obs. J. Hauser ; *Dr. famille* 2012, n° 41, obs. V. Larribau-Terneyre.

divorce pour faute, art. 247-1) ou à un divorce pour faute (en cas de demande reconventionnelle pour faute, art. 247-2[63]).

§ 3. Effets spécifiques

691. Du divorce assumé au divorce *ad nutum*. – L'ancien divorce pour rupture de la vie commune était dominé par l'idée selon laquelle celui qui recouvrait sa liberté devait en payer le prix. Non seulement il perdait un certain nombre d'avantages (déchéances des donations et avantages matrimoniaux (art. 269 anc.), absence de tout droit à prestation compensatoire), mais encore, il devait supporter les charges du divorce (art. 239 anc.). Pas de liberté sans responsabilité. À l'inverse, le conjoint innocent conservait les donations et avantages matrimoniaux qui lui avaient été consentis (art. 269, al. 2 anc.). Par respect pour le conjoint innocent, le législateur de 1975 avait prévu que le devoir de secours survivait au profit de celui-ci (art. 270 et 281 anc.).

Puisqu'il n'y avait plus de cohabitation, le devoir de secours s'exécutait en principe sous forme d'une pension alimentaire (art. 282 anc.), qui, comme toutes les pensions alimentaires entre époux, ne dépendait pas seulement des besoins vitaux du conjoint créancier, mais devait lui assurer la même condition que s'il était encore marié. Comme toute pension, elle était révisable en fonction des ressources et des besoins de chaque époux (art. 282 anc.), sauf volonté contraire des époux. Elle cessait d'être due en cas de remariage ou de concubinage notoire du créancier : le maintien unilatéral, fût-il purement pécuniaire, du mariage est en effet incompatible avec le remariage du conjoint créancier. Le devoir de secours pouvait aussi s'exécuter en tout ou en partie sous forme d'un capital dont le montant et les modalités étaient régis par les articles 324, 375, 375-1 anciens.

De même, l'idée que, d'une certaine manière, le mariage survivait au divorce, au profit du conjoint « répudié », se traduisait par le régime du nom : si le divorce avait été demandé par le mari, la femme avait droit de continuer à en porter le nom (art. 264, al. 2 anc.).

692. Alignement sur le régime général. – Cet équilibre respectueux des intérêts et des aspirations de chacun a été mis à bas par la transformation du divorce pour rupture de la vie commune en un simple cas de divorce faillite : déconnectés de la cause du divorce, les effets en sont désormais régis par le droit commun, qu'il s'agisse des donations et avantages matrimoniaux, de la fin du devoir de secours, du droit à prestation compensatoire (sous la réserve indiquée *infra*) ou du nom.

693. Rupture et *golden parachute*. – Le législateur est allé jusqu'à permettre au conjoint qui impose la rupture d'obtenir une prestation compensatoire, dès lors que le divorce qu'il réclame crée une disparité dans les conditions de vie respective des époux. Le projet de loi initial prévoyait que le juge pouvait refuser d'accorder une telle prestation « *si l'équité le commande* », « *en considération des critères prévus à l'article 271* » (durée du mariage, âge et état de santé des époux, qualification et situation professionnelle, etc.), « *notamment lorsque la demande est fondée sur l'altération définitive du lien conjugal* ». Sans doute cette règle traduisait-elle les remords du législateur. En élargissant le champ de l'exception à l'ensemble des cas de divorce, les parlementaires l'ont affadie : le divorce pour altération définitive du lien conjugal ne constitue plus un cas à part. Au demeurant, la règle est ambiguë car si le fait de demander ce type de divorce peut

63. Le demandeur à un divorce pour altération définitive du lien conjugal dont le conjoint riposte par une demande reconventionnelle en divorce pour faute peut solliciter le prononcé du divorce aux torts partagés sans avoir à renoncer à sa demande en divorce pour altération définitive du lien conjugal au cas où cette demande reconventionnelle serait rejetée (pour la Cour de cassation, il ne s'agit pas d'une demande subsidiaire au sens de l'article 1077 C. pr. civ., demande qui selon ce texte serait irrecevable) : Cass. civ. 1re, 11 septembre 2013, *Bull. civ.* I, n° 163, *D.* 2013, 2831, note T. Douville et L. Mauger-Vielpeau, JCP 2013, n° 1130, note S. Thouret, *RTD civ.* 2013, 824, obs. J. Hauser.

commander le principe de l'octroi ou du refus d'une prestation compensatoire, on voit mal en quoi il peut influer sur l'appréciation de la disparité. L'époux abandonné, et peut-être malade, risque donc non seulement de devoir supporter un divorce dont il ne veut pas, mais encore d'avoir à financer la vie nouvelle de son ancien époux.

La règle est tout simplement scandaleuse : l'équité (on n'ose dire la morale) aurait voulu que le juge puisse au moins refuser d'accorder une prestation compensatoire en considération des circonstances de la cause, comme il peut le faire si le divorce est prononcé aux torts exclusifs d'un époux[64].

694. Dommages-intérêts ou lot de consolation ? – Seule consolation pour le conjoint défendeur, des dommages-intérêts peuvent lui être accordés « *en réparation des conséquences d'une particulière gravité qu'il subit du fait de la dissolution du mariage* », sur le fondement de l'article 266[65]. Encore faut-il, précise curieusement le texte, qu'il n'ait lui-même formé aucune demande en divorce. On en déduit que s'il avait osé former une demande reconventionnelle en divorce pour faute, ce droit lui serait fermé, à moins qu'il n'ait obtenu le prononcé d'un divorce aux torts exclusifs, l'article 266 jouant également dans cette hypothèse. L'époux défendeur à un divorce pour altération définitive du lien conjugal est donc placé face à une alternative : subir (en espérant être consolé par l'octroi de quelques dommages-intérêts) ou se battre jusqu'au bout en formant une demande reconventionnelle pour faute afin d'obtenir un divorce aux torts exclusifs lui permettant d'échapper, si le juge en est d'accord, au paiement d'une prestation compensatoire et, éventuellement, d'obtenir des dommages-intérêts fondés sur l'article 266. Le pari est hasardeux car il risque de tout perdre si le divorce est finalement prononcé aux torts partagés.

En derniers recours, l'époux délaissé pourra tenter d'obtenir des dommages-intérêts sur le fondement de l'article 1382[66].

N°s 695-709 réservés.

SECTION IV
DIVORCE POUR FAUTE

710. Unité/dualité. – Seul divorce admis par la loi de 1884, le divorce pour faute était au fil des ans devenu un divorce à toutes fins, jusqu'à masquer de véritables divorces d'accord, avec fausses lettres d'injures ou aveux réciproques de torts en trompe-l'œil. Cette « comédie judiciaire » était devenue insupportable. La loi du 11 juillet 1975 avait entendu y mettre fin en ouvrant d'autres cas de divorce et en redéfinissant la faute.

Sous le genre unique du divorce pour faute, il en existe deux variétés, selon qu'il est prononcé aux torts exclusifs ou aux torts partagés. On nie parfois que dans une vie conjugale, il y ait en fait des torts exclusifs parce que, dans les histoires familiales, personne ne serait jamais

64. L'époux défendeur peut même être contraint de prendre en charge... les frais de procédure. Ceux-ci incombent en principe au demandeur, mais le juge peut désormais en décider autrement (C. pr. civ., art. 1127).
65. *Infra*, n° 730.
66. Cf. Cass. civ. 1re, 7 décembre 2011, *RTD civ.* 2012, obs. J. Hauser, *infra*, n° 730.

complètement blanc ou complètement noir. Ce n'est pas toujours vrai : il y a de pures canailles et il y a de vrais anges, même dans les relations conjugales.

711. Justice, drame, farce ou tactique ? – Le divorce pour faute est lié à une idée de **justice** conjugale, tournée vers le passé des époux et leur avenir. L'époux fautif est responsable de la faillite de l'union : s'il n'avait pas commis de faute, la vie conjugale eût été sinon heureuse, du moins acceptable pour l'un et l'autre époux. Bien qu'elle soit enracinée dans la conscience populaire, cette cause de divorce est devenue contestée. Pour beaucoup de gens, le divorce ne devrait plus avoir pour objet de punir un coupable. En outre, la définition de la faute serait si difficile qu'elle entraînerait, soit l'arbitraire du juge – il décide en raison de ses sentiments personnels –, soit sa passivité – il accepte tout ce qu'on lui dit –. De plus, ce divorce serait préjudiciable aux parties parce que le procès va être un drame : un lavage de linge sale qui exacerbera les passions et les haines ; ou au contraire une **farce** : la faute sera inventée de toutes pièces, par les époux, pour les besoins de la cause (la comédie judiciaire d'avant 1975) ; ou une simple **tactique** judiciaire adoptée par un époux pour obtenir la rupture du lien dans les conditions patrimoniales les plus avantageuses pour lui.

Destructeur et pathogène, le divorce pour faute traduirait une conception archaïque des rapports de famille et la survivance d'une morale individuelle et collective marquée par l'idée de péché. Enfin, le divorce pour faute hypothéquerait l'avenir des ex-époux et surtout des enfants : peut-on construire le couple parental indissoluble dont rêve le législateur contemporain sur un champ de bataille conjugal ?

712. Pourquoi avoir conservé le divorce pour faute ? – Il n'en reste pas moins que ce divorce continue à être pratiqué, ce qui révèle qu'il répond à une réalité et sans doute à un besoin. Il s'impose que la solution d'une crise conjugale soit liée à une responsabilité. Une liberté sans responsabilité est une liberté d'irresponsable. Traiter un homme ou une femme en adulte, c'est le faire répondre de ses actes : en quoi serait-il socialement inadmissible de dire aujourd'hui que celui qui bat son conjoint, terrorise sa famille, bafoue ses engagements, abuse de ses enfants, a trahi la foi du mariage ? Mais, dira-t-on, il existe d'autres moyens de faire reconnaître et au besoin de sanctionner les fautes conjugales : dommages et intérêts ou sanctions pénales. De telles voies ne sont-elles pas plus brutales et plus contentieuses ?

De plus, il ne manque pas de psychologues et de psychiatres pour souligner que la procédure peut avoir un effet apaisant pour la victime et valeur de *catharsis* pour l'auteur de la faute. Enfin, ne plus faire de la violation des obligations du mariage une cause de divorce retentirait profondément sur la nature et le sens du mariage. Le mariage est un engagement : quelle en serait la valeur si les obligations qu'il emporte, fidélité, secours, assistance, respect de l'autre, ne trouvaient de sanction que dans les mécanismes de droit commun de la responsabilité civile ? Comme le soulignait le rapport Dekeuwer-Défossez[67], « *il ne semble pas qu'une telle évolution corresponde à une demande sociale majoritaire, alors qu'elle pourrait avoir des effets tout à fait négatifs en termes symboliques* ». Le rapport Théry[68] allait dans le même sens. L'un comme l'autre recommandaient parallèlement de multiplier les voies de conciliation et de supprimer le lien entre cause et effets du divorce afin d'éviter des stratégies contentieuses dictées par des considérations pécuniaires (droit à prestation compensatoire, sort des avantages matrimoniaux, etc.). Il était proposé en conséquence de conserver le divorce pour faute en supprimant les avantages financiers liés à la notion de « torts exclusifs ».

La proposition de loi *Colcombet* telle que votée en première lecture par l'Assemblée nationale le 10 octobre 2001 n'en proposait pas moins de supprimer le divorce pour faute, au profit d'un divorce faillite. La loi de 2004 n'ignora pas les

67. Rapp., préc., p. 130.
68. Rapp., préc., p. 113.

inconvénients du divorce pour faute, mais, par réalisme et opportunité, elle a maintenu ce type de divorce et substitué aux déchéances pécuniaires automatiques un système fondé sur l'équité (art. 266 et 270, *infra*).

Désormais, le divorce pour faute devrait être réservé aux « véritables » fautes. La transformation du divorce pour rupture de la vie commune en simple divorce faillite, tout comme l'objectivation du divorce accepté auront sans doute pour conséquence de cantonner le divorce pour faute aux hypothèses dans lesquelles les fautes ont été si graves (violences, abus sexuels sur les enfants) que toute autre procédure semblerait inenvisageable. La déconnexion des causes et des effets du divorce devrait conclure au même résultat, puisque la considération des « gains du divorce » ne conduit plus les époux (et les avocats) à faire le choix stratégique d'une telle procédure pour préserver leurs droits, ou en priver le conjoint. La création d'un tronc commun procédural, en repoussant le choix du type de divorce au lendemain de l'ordonnance de non-conciliation, contribue également au rééquilibrage des cas de divorce[69].

713. Diversité et banalité des fautes conjugales. – L'application de la loi de 1975 avait révélé que la faute conjugale cause de divorce la plus courante était l'adultère (50 % des cas ; à la veille de la réforme, il ne constituait plus que 30 % des fautes) « *suivi par l'abandon, l'alcoolisme et la violence, les scènes de ménage publiques, l'insuffisante participation financière ou matérielle aux charges du mariage, les sorties excessives, l'absence de démonstration d'intérêt et d'affection envers le conjoint*[70] ». L'époux le plus coupable était le mari (30 % des décisions prononcées à ses torts exclusifs, contre seulement 15 % à ceux de l'épouse), peut-être parce que deux tiers de ces demandes en divorce émanaient des femmes. La pathologie du mariage que dessine le divorce pour faute contemporain est sinistre mais celle des siècles passés n'était guère brillante[71]. Ce n'est qu'une pathologie : les mariages heureux n'ont pas d'histoire[72].

714. Définition de la faute conjugale. – La loi de 1884 énumérait trois causes déterminées du divorce, c'est-à-dire des fautes limitativement énumérées ; l'adultère d'un époux, sa condamnation à une peine afflictive et infamante et enfin une troisième qui elle-même comportait trois variétés, les excès, sévices et injures ; c'était à l'injure que la pratique avait donné, et de beaucoup, le plus d'importance et la jurisprudence l'avait comprise très largement comme étant la méconnaissance par le conjoint des devoirs résultant du mariage, ce qui en faisait la cause passe-partout. Ainsi en était-il de la violation des obligations juridiques – fidélité, secours et assistance –, ou coutumières – se supporter patiemment, respecter la personnalité de chaque conjoint.

Selon l'article 242 (L. 2004) : « *Le divorce peut être demandé par l'un des époux lorsque des faits constitutifs d'une violation grave ou renouvelée des devoirs et obligations du mariage sont*

69. La circulaire du 23 novembre 2004 (préc.), souligne que « *la volonté du législateur d'inciter les parties à recourir à des procédures moins conflictuelles et l'existence nouvelle de réelles alternatives à ce type de divorce, devraient logiquement conduire à une exigence accrue quant à la gravité des faits susceptibles de justifier le prononcé du divorce sur ce fondement* ». 50 079 en 2004, 13 117 en 2010, 9 835 en 2013 soit 8 % des divorces prononcés cette année là : la décrue avait commencé avant l'entrée en vigueur de la loi, mais l'évolution des pratiques judiciaires semble (pour une foisà avoir comblé les attentes du législateur.

70. F. Dekeuwer-Défossez, *Impressions de recherche sur les fautes causes de divorce, D.* 1985, chron. p. 219, et du même auteur, ses analyses sur les stéréotypes et le prisme déformant du procès, *in* « Aperçu sociologique des fautes causes de divorce », *in Sociologie judiciaire du divorce,* J. Hauser (dir.), Economica, 1999, p. 45 s.

71. *Infra* n° 718.

72. La permanence des fautes conjugales, du Code d'Hammourabi (cf. *supra*) à nos jours, désespérera les optimistes et rassurera les pessimistes sur la constance de la nature humaine. Pour se consoler, on relira Musset : « *Tous les hommes sont menteurs, inconstants, faux, bavards, hypocrites, orgueilleux et lâches, méprisables et sensuels ; toutes les femmes sont perfides, artificieuses, vaniteuses, curieuses et dépravées ; le monde n'est qu'un égout sans fond où les phoques les plus informes rampent et se tordent sur des montagnes de fange. Mais il y a au monde une chose sainte et sublime, c'est l'union de deux de ces êtres si imparfaits et si affreux. On est souvent trompé en amour, souvent blessé et souvent malheureux ; mais on aime, et quand on est sur le bord de sa tombe, on se retourne pour regarder en arrière et on se dit : – J'ai souffert souvent, je me suis trompé quelquefois, mais j'ai aimé* » (*On ne badine pas avec l'amour,* Acte II, Scène 5).

imputables à son conjoint et rendent intolérable le maintien de la vie commune. » Ce texte pose une règle générale, qui revient à la notion d'injure, telle que la jurisprudence l'avait comprise sous l'empire du droit antérieur. Bien qu'ils ne soient plus expressément énumérés, l'adultère, les excès, sévices et injures demeurent des causes de divorce, puisqu'ils entrent dans la définition de l'article 242.

§ 1. Causes

Un fait constitue une faute, cause de divorce, lorsqu'il présente certains caractères juridiques spécifiques (I) ; il appartient au demandeur d'en établir l'existence (II) ; il est toujours une cause facultative, jamais péremptoire (III) ; l'époux défendeur peut se défendre (IV).

I. — Caractères juridiques de la faute conjugale

715. Spécificité de la faute, cause de divorce. – Un fait ne constitue une faute que si la condition d'imputabilité, habituelle à la notion de faute, est remplie. La loi impose en outre un particularisme à la faute pour qu'elle constitue une cause de divorce : elle doit être une violation grave ou renouvelée des devoirs du mariage et rendre intolérable pour celui qui en est victime le maintien du lien conjugal.

La faute conjugale est différente des autres fautes civiles. Elle dépend souvent d'un état antérieur, tel qu'une incompatibilité d'humeur ; en outre, elle dépend du temps, des circonstances, du milieu social et des habitudes des époux[73] : telle grossièreté est tolérable dans un ménage, non dans un autre[74]. Elle est surtout liée au sens que chaque conjoint donne à ses actes et à sa vie conjugale. Pour qu'une faute conjugale soit une cause de divorce, il faut que l'époux qui en est la victime la trouve insupportable et surtout veuille rompre le mariage ; il en est, au contraire, qui supportent tout, par insensibilité, par faiblesse, par amour, ou parce que, idéal ou nécessité, ils veulent sauver leur union.

716. Imputabilité. – Avant 1975, il était acquis que lorsqu'un fait n'était pas imputable à son auteur, il n'était pas fautif et ne pouvait être une cause de divorce ; ainsi en était-il d'un fait accompli par un conjoint sous l'empire de l'aliénation mentale ou de la force majeure[75]. Le droit nouveau n'a pas changé la règle[76]. Ce qui ne veut pas dire que lorsque le conjoint est aliéné, tout divorce soit impossible ; il peut être demandé sur un autre fondement, l'altération définitive du lien conjugal. De plus, si, au moment des faits (injures, violences), le mari était sous l'empire de la drogue et de l'alcool, la consommation abusive de drogue ou d'alcool peut en elle-même constituer une faute, cause de divorce.

73. Ex. : Douai, 22 septembre 1994, *D.* 1996, somm. p. 63, obs. E. Blary-Clément : « *Chacun des époux, au cours du mariage, a réagi à l'occasion de tel ou tel événement avec peu de compréhension et beaucoup d'intransigeance.* »

74. Cf. le mot de la femme de Sganarelle dans *Le Médecin malgré lui* : « *Et s'il me plaît à moi d'être battue ?* » L'article 245, alinéa 3, s'inspire d'une tout autre veine.

75. Ex. : viol d'une femme mariée par un tiers : TGI Niort, 21 novembre 1960, *D.* 1961.247 : « *l'accomplissement de l'acte charnel contre toute volonté libre et en dehors de toute conscience exclut de lui-même l'existence d'une faute et par suite celle d'un adultère* ».

76. Cass. civ. 1re, 12 novembre 2009 (1re esp.), *D.* 2010, p. 1243, obs. G. Serra et L. Williatte-Pelliteri ; *RTD civ.* 2010, 86, obs. J. Hauser, *Dr. famille* 2010, 38, note V. Larribau-Terneyre : selon l'épouse, les faits qui lui étaient reprochés n'étaient que la conséquence de ses troubles mentaux, de sorte qu'ils ne pouvaient lui être imputés à faute.

L'absence d'imputabilité peut aussi permettre de couvrir des comportements qui, en toute logique, mériteraient d'être qualifiés de faute, celle-ci fût-elle partagée[77].

717. Une vie commune intolérable. – Comme depuis 1941 l'avait fait la loi, le législateur de 1975 a précisé que les faits invoqués par un époux ne sont une cause de divorce que lorsqu'ils sont constitutifs d'une violation grave ou renouvelée des devoirs et obligations du mariage, sont imputables à son conjoint et rendent intolérable le maintien de la vie commune.

1°) Pour qu'un fait soit une cause de divorce, il faut d'abord qu'il soit **fautif**, que cette faute ne soit pas vénielle, et qu'elle ait entraîné une dislocation du couple. Même vénielle, la faute peut être une cause de divorce lorsqu'elle est renouvelée[78]. La plupart des crises matrimoniales ont d'ailleurs plus pour cause la répétition de petits faits[79], qu'une cause vraiment grave[80].

2°) Il faut ensuite que la faute ait rendu **intolérable** le maintien de la vie commune. La faute au sens de l'article 242 a donc à la fois un caractère objectif (des faits) et subjectif : le divorce sanction se teinte de divorce remède. Il revient au juge d'apprécier ce qui est ou non intolérable *in abstracto* (pour tout époux) et *in concreto* (pour les époux divorçant en particulier). Or, même pour l'adultère, la pratique judiciaire montre que cette appréciation est parfois subtile[81].

Interprétant littéralement le texte, certains juges du fond en avaient déduit que des liaisons ou violences survenues après la rupture de la vie commune[82], voire après l'introduction de l'instance en divorce, ne constituaient pas une cause de divorce. La Cour de cassation en a jugé autrement[83] sauf à apprécier les éléments constitutifs avec le recul qu'appelle l'écoulement du temps[84].

En fait, les précisions légales sont vaines ; les tribunaux peuvent se borner à dire que le fait incriminé est une violation grave ou renouvelée des devoirs du mariage et que la vie commune

77. Ex. : Bordeaux, 19 novembre 1996, *D.* 1997, 523, obs. Th. Garé ; *Dr. famille* 1997, n° 60, obs. H. Lécuyer ; *RTD civ.* 1997, 403, obs. J. Hauser : les juges refusent de prononcer le divorce faute d'imputabilité, les époux ayant adopté un mode de vie « moderne » « *comportant pour chacun de grands espaces d'intimité hors du couple* » (*sic*) jusqu'à s'autoriser l'adultère puis à vivre séparément. Ainsi, « *les violations que chacun aujourd'hui reproche à l'adversaire ne sont pas imputables à l'un ou l'autre, mais procèdent de ce mode de vie tout comme elles ne rendent pas la vie commune intolérable puisqu'elles correspondent à l'inverse à une organisation sociale mutuellement consentie* ».

78. J. Carbonnier « *Des piqûres d'épingle renouvelées brisent aussi sûrement l'harmonie conjugale qu'une faute plus éclatante mais isolée* » (*La famille*, p. 545).

79. Ex. : le mari qui délaisse la maison pour rester au café, même aux heures des repas ; ou qui, vivant chez lui, ne parle jamais à son épouse (Rennes, 6 avril 1933, *DH* 1933.406) ; ou qui exige de viser ou de parapher toutes les dépenses ménagères de la femme ; ou la femme qui accable son mari d'activités ménagères et de vaisselle, etc.

80. Lors des travaux préparatoires de la loi du 26 mai 2004, certains avaient souhaité supprimer la référence à des faits « renouvelés » au motif que le renouvellement d'une violation suffirait à caractériser sa gravité : on fit observer que la jurisprudence risquait de ne pas suivre et qu'à une époque où l'on réprime sévèrement le harcèlement moral au travail, il serait singulier de ne pas en tenir compte dans le mariage (cf. Rapp. Gélard, préc. p. 50). L'article 242 visant bien une faute grave *ou* renouvelée, cassation de l'arrêt qui confond « *et* » et « *ou* » (Cass. civ. 1re, 18 mai 2011, *RTD civ.* 2011, 517, obs. J. Hauser).

81. Bordeaux, 19 novembre 1996, préc.

82. Cf. Cass. civ. 1re, 9 juillet 2014, n° 13-17.804, *RTD civ.* 2014, 865, obs. J. Hauser.

83. Cass. civ. 2e, 27 octobre 1993, *JCP* G 1994.II.22260, n. P. Lemasson-Bernard : « *L'introduction de la demande en divorce ne confère pas aux époux, encore dans les liens du mariage, une immunité destituant de leurs effets normaux les offenses dont ils peuvent se rendre coupables l'un envers l'autre.* ». La formule (un peu datée) a été reprise par Cass. civ. 1re, 1er avril 2014, n° 14-12.823, *AJ famille* 2015, p. 341, obs. B. de Boysson.

84. Ce qui peut-faire tomber la violation des droits et devoirs nés du mariage en dessous du seuil de gravité exigé par l'article 242 ou entraîner le prononcé d'un divorce aux torts partagés, cf. *infra*, n° 719.

est intolérable, sans préciser pourquoi ; la Cour de cassation ne contrôle pas la réalité de ces affirmations[85], ce qui est bien le signe d'une religion morte, dans laquelle il suffit pour avoir son salut d'avoir prononcé quelques paroles rituelles[86]. D'ailleurs la Cour a finalement renoncé même à ce contrôle formel[87]. Si le mariage n'est plus qu'une coquille vide, peut-on refuser de la briser[88] ?

718. Panorama des fautes. – Il n'est pas question de faire ici le relevé de l'immense, varié et pitoyable inventaire des crises conjugales. On peut seulement donner quelques exemples de fautes, fautes vieilles comme le monde[89] ou faute du troisième

---

85. La tête de série d'une jurisprudence constante est * Cass. req., 6 février 1860, *Vasnier, DP* 1860.I.122 : « *la loi ne définit pas l'injure grave ; en décidant que l'abandon par V. en 1852 du domicile conjugal* [...] *constituait une injure grave motivant la séparation de corps, la cour impériale s'est livrée à une appréciation des faits rentrant dans son pouvoir souverain* ». Selon Jean Carbonnier, cet arrêt a fait de l'injure grave une « *notion à contenu variable* » : *Trav. centre nat. recherche de logique*, Bruxelles, 1984, p. 101 et s., n° 1.

86. Exigence purement formelle : il fallait mais suffisait que les juges eûssent mentionné la formule légale ; les deux mots devaient avoir été prononcés, à peine de censure (ex. : Cass. civ. 2e, 29 avril 1997, *Bull. civ.* II, n° 120).

87. Cass. civ. 2e, 30 novembre 2000, *Bull. civ.* II, n° 157 ; *Defrénois* 2001, art. 37353, n° 3, obs. J. Massip ; *Dr. famille* 2001, n° 16, n. H. Lécuyer ; *RTD civ.* 2001, 114, obs. J. Hauser : « *En retenant que les faits reprochés au mari constituaient une violation grave des devoirs et obligations du mariage au sens de l'article 242 du Code civil, ce dont il résultait que la double condition exigée par cet article avait été constatée* », la cour d'appel a « *par une motivation suffisante, légalement justifié sa décision.* » La deuxième Chambre civile était revenue à un niveau d'exigence minimum (prononcer ne fût-ce que partiellement, la formule ou faire référence à l'article 242, cf. Cass. civ. 2e, 28 mars 2002, *RTD civ.* 2002, p. 491, obs. J. Hauser). La première Chambre civile n'en demande pas tant : il suffit que les faits parlent d'eux-mêmes (Cass. civ. 1re, 11 janvier 2005 (cinq arrêts), *Bull. civ.* I, nos 8, 9, 10, 12, 13 ; *Dr. famille* 2005, n° 53, n. V. Larribau-Terneyre).

88. Encore faut-il pour prononcer le divorce pour faute... qu'il y ait faute : cassation de l'arrêt faisant état d'une situation de fait dégradée et acceptée par les deux époux, mais sans que soit caractérisée une cause de divorce au sens de l'article 242 du Code civil (Cass. civ. 1re, 11 janvier 2005 (5e esp.), *Dr. famille* 2005, n° 53, n. V. Larribau-Terneyre. Confirmant cete exigence, Cass. civ. 1re, 3 octobre 2006, *Defrénois* 2007, p. 301, obs. J. Massip ; n.p.B. La Cour de cassation sanctionne le laxisme de certains juges du fond. D'autant que d'autres cas de divorce s'ouvrent aux époux en faillite.

89. **Fautes « classiques »** : ... la saleté de la maison imputable à la femme et le refus de soigner ses dépressions ; mais le mari commet aussi une faute en ne faisant ni nettoyer la maison ni soigner son épouse : Lyon, 30 avril 1996, *JCP* G 1997.II.22869, n. crit. Th. Garé... le fait de rendre le domicile conjugal inhabitable par la prolifération des animaux : Cass. civ. 1re, 23 février 2011, *RTD civ.* 2011, p. 328, obs. J. Hauser... le comportement autoritaire et méprisant du mari envers son épouse : Cass. civ. 2e, 4 juin 1997, *JCP* G 1997.IV.1574 ; n.p.B... les excès religieux : Nancy, 23 février 1996, *JCP* G 1997.IV.1178 : « *si l'adhésion à la secte des Témoins de Jéhovah constitue l'expression de la liberté de conscience et n'est pas en soi une cause de divorce, il convient néanmoins lorsque sa mise en œuvre a des conséquences anormales et néfastes sur la vie commune d'en retenir le caractère fautif* » ; pour le christianisme : Cass. civ. 1re, 19 juin 2007, *Dr. famille* 2007, n° 168, obs. V. L.-T. : la cour d'appel avait constaté « *l'incidence croissante et excessive de la pratique religieuse de l'époux sur la vie du couple et que la critallisation de celui-ci sur ses positions religieuses avait créé dans son foyer une atmosphère pesante de contrainte et de soumission permanente qui ne pouvait que perturber l'exercice de la vie quotidienne de la famille* » ; pour l'Islam : Aix-en-Provence, 21 janvier 1997, *JCP* G 1997.I.4045, n° 3 : est une cause de divorce, non la religion du mari, mais les conséquences qu'il en tire sur la condition de sa femme : voile, interdiction de travailler et de sortir ; pour l'hindouisme : Metz, 4 mai 2004, *Dr. famille* 2005, 35, obs. V. L.-T. : sont reprochés au mari brahmane le caractère excessif de ses pratiques religieuses et son absence d'effort pour s'adapter au mode de vie occidental..., la négligence de soigner une stérilité : Bordeaux, 7 juillet 1994, *D.* 1996, somm. p. 64, 2e esp. ; *JCP* G 1996.II.22590, n. crit. J. Vassaux... les excès sexuels : TGI Dieppe, 25 juin 1970, *JCP* G 1970.II.15645 *bis* ; *Gaz. Pal.* 1970.II.343 : mari de 70 ans harcelant sa femme plusieurs fois par jour... ou à l'inverse le refus du « *debitum conjugale* » : Aix-en-Provence, 3 mai 2011, *RTD civ.* 2012, p. 297, obs. J. Hauser.

Le fait de ne pas aimer sa femme n'est pas une faute : Cass. civ. 2e, 2 février 1972, *D.* 1972.295 ; n.p.B.

millénaire[90]. Mais la plupart des demandes sont fondées sur la violation des devoirs essentiels du mariage, ceux que cite le Code civil : l'obligation de vie commune, les devoirs de secours et d'assistance, la fidélité et le respect de l'autre[91]. L'ouverture du mariage (donc du divorce) aux couples de même sexe ne devrait pas changer grand chose à l'affaire[92].

Le manquement au devoir de communauté de vie se traduit généralement par l'abandon du domicile conjugal, qui est fautif, sauf s'il est justifié par la faute du conjoint[93]. Généralement la violation du devoir de secours n'est reprochée qu'au mari, mais l'inverse est possible. Par exemple, est fautif le fait pour une femme de chasser son mari du domicile conjugal parce qu'il est en faillite ou n'a pas réussi l'agrégation ou n'a plus de ressources ; au lieu de mettre son mari à la porte, elle a l'obligation de l'aider, de l'entretenir et de subvenir à ses besoins[94].

719. Adultère. – L'adultère[95] est une violation du devoir de fidélité tenant à des rapports sexuels avec un tiers ; il existe d'autres infidélités sans consommation, venant d'intrigues amoureuses, de galanteries platoniques mais pressantes et de marivaudages plus ou moins licencieux. La loi du 11 juillet 1975 a apporté sur

90. **Fautes « postmodernes »** : transsexualisme : l'acquisition du sexe féminin par le mari, à la suite d'une opération chirurgicale oblige (*sic*) au prononcé du divorce aux torts exclusifs (Nîmes, 7 juin 2000, *Dr. famille* 2000, n° 4, n. H. Lécuyer ; *RTD civ.* 2001, 335, obs. J. Hauser; plus nuancé, TGI 28 mai 2001, *D.* 2002, 14, n. Mauger-Velpeau ; *Dr. famille* 2002, n° 42, n. H. Lécuyer) ; pour la cour d'appel d'Orléans (ch. famille, 24 février 2009, *JCP* G 2009, p. 299, obs. J. Leroy, les relations extra-conjugales homosexuelles du mari doublées d'un penchant au travestissement le conduisant même à acquérir certains caractères du sexe féminin (accroissement du volume de la poitrine), justifient le prononcé du divorce à ses torts exclusifs... l'homosexualité du mari condamné en oute à 3 000 € de dommages intérêts sur le fondement de l'article 1382 C. civ. en raison du préjudice moral lié à l'humiliation (sic) que cette révélation avait causé à son épouse (Paris, 10 avril 2013, *Dr. famille* 2013, comm. n° 116, note J. R. Binet). Comp. Reims, 30 novembre 2012, *Dr. famille* 2013, comm. n° 8, obs. V. Larribau-Terneyre : l'épouse n'acceptait pas l'homosexualité de sa fille, ses injures et ses outrances ruinant l'harmonie familiale. Et l'on ne compte plus les arrêts dans lesquels il est reproché au conjoint de consulter des sites pornographiques ou des sites de rencontres sur internet (Cass. civ. 1re, 30 avril 2014, n° 13-16.649, *RTD civ.* 2014, p. 627, obs. J. Hauser ; Bourges, 9 juillet 2015, n° 14/01066, *Dr. famille* 2015, comm. 199, note J.-R. Binet : addiction du mari à internet et multiplication des rencontres avec d'autres femmes). *Adde* pour des conversations publiées sur la page facebook de l'épouse, CA Versailles, 13 novembre 2014, n° 13/08736, *Dr. famille* 2015, comm. 25, obs. J.-R. Binet (en l'espèce l'intéressée avait également tenté de dissimuler 10 millions d'euros de gains de loto...) ; sur la preuve par Facebook *infra*, n° 720. *Adde* J. Hauser, « Glossaire des fautes de l'an 2000 », *RTD civ.* 1991, 710 et réf. cit.

91. *Ex.* : Nîmes, 21 mars 2007, *Dr. famille* 2007, n° 189, n. L. Mauger-Vielpeau ; *JCP* G 2007.II.10149, note J. Vassaux : il était reproché à l'épouse une nouvelle grossesse à l'insu du mari qui ne souhaitait plus d'enfant par suite du traumatisme lié au décès de ses deux enfants quelques mois après leur naissance ; les juges soulignent que « *en l'état des mœurs et des moyens de contraception existant dans la société française contemporaine, la conception d'un enfant par un couple marié doit relever d'un choix conjoint et d'un projet commun* ».

92. Cf. S. Thouret, « Le divorce pour tous », *Dr. famille* 2013, dossier 22.

93. En cas de violences du mari par exemple. Au juge d'apprécier : Cass. civ. 2e, 12 septembre 2002, *Bull. civ.* II, n° 180 ; *Defrénois* 2003, 117, obs. J. Massip ; *Dr. famille* 2003, n° 26, n. H. Lécuyer ; *RTD civ.* 2002, 784, obs. J. Hauser : « *c'est dans l'exercice de son pouvoir d'appréciation que la cour d'appel a estimé, par une décision motivée, qu'eu égard aux circonstances particulières de l'espèce, le refus* [de l'épouse] *de rejoindre son époux à l'étranger constituait de sa part une cause de divorce au sens de l'article 242 du Code civil* » (le mari était parti en Chine populaire et la femme était originaire de Taïwan).

94. De même, les violences ne sont pas l'apanage du mari, cf. Montpellier, 4 août 2012, *Dr. famille* 2012, comm. n° 29, note V. Larribau-Terneyre : main courante, certificats médicaux, coups et injures... Rappr. Amiens, 1er décembre 2010, *Dr. famille* 2011, comm. n° 95, note V. Larribau-Terneyre : le divorce est prononcé aux torts exclusifs de la femme pour manquement au devoir du respect entre époux, la jeune femme (de 27 ans) humiliant son mari (de 57 ans) par ses propos devant son mari et devant les tiers. Rappr. Paris, 12 avril 2015, n° 13/16028, *Dr. famille* 2015, comm. 41, obs. J.-R. Binet : le mari était impuissant et la femme l'avait révélé à son beau-frère.

95. **Étymologie :** adultère, du latin *adultero, are* = altérer, falsifier ; plus spécialement, corrompre une femme ; lui-même dérivé de *ad* = à + *ulter* (pour *alter, a, um*) = autre.

ce point deux grandes innovations : l'adultère n'est plus une infraction pénale, ni surtout une cause péremptoire.

Le caractère péremptoire qu'il avait autrefois avait pour conséquence qu'il était toujours une cause de divorce, même s'il avait été commis de bonne foi, ce qui aboutissait à des résultats cocasses et injustes, unanimement critiqués[96].

Désormais l'adultère cesse d'être fautif quand il est excusé par les fautes du conjoint[97] ou par sa connivence : le mari qui fait tomber sa femme dans des pièges, la prête, la donne ou la vend à un tiers sera mal placé à le lui reprocher[98]. Ou bien encore la réciprocité : l'adultère de l'un peut excuser celui de l'autre[99] ; ou bien encore la séparation de fait ou de corps lorsqu'elles ont duré longtemps[100], mais non celle qui résulte de l'instance en divorce[101] si elle ne s'est pas longtemps prolongée. L'adultère constitue en lui-même une faute dont la gravité doit être

96. Ex. : Cass. civ., 1er mai 1939, *DC* 1941.56, n. J. C. : en l'espèce, tout de suite après qu'eût été rendu le jugement de divorce prononcé aux torts exclusifs du mari, la femme avait concubiné avec un tiers ; le mari a frappé d'appel la décision ; la cour d'appel a justement décidé (selon la Cour de cassation) que la femme avait commis un adultère ; le divorce a donc été prononcé aux torts réciproques : « *Les époux sont astreints au devoir de fidélité tant que le mariage n'est pas légalement dissous par une décision définitive* ».

97. Le principe a été posé par la Cour de cassation : Cass. civ. 2e, 5 février 1986, *Bull. civ.* II, n° 9 : « *c'est dans l'exercice de son pouvoir souverain d'appréciation que la cour d'appel a estimé que l'adultère de l'épouse n'avait pas eu d'influence sur la rupture du lien conjugal et que le comportement du mari lui enlevait le caractère de gravité qui aurait pu en faire une cause de divorce* ». Mais il n'y a pas d'automatisme en la matière : la faute de l'un n'excuse pas nécessairement celle de l'autre. Tout dépend des circonstances et de la gravité respective des faits. Par exemple, la séparation de fait, imputable à la faute d'un conjoint, ne justifie pas nécessairement la faute postérieure de l'autre : Cass. civ. 2e, 15 décembre 1982, préc. Jugé que le fait pour une femme d'avoir un enfant avec un autre homme que son mari ne saurait être regardé comme fautif, dès lors que le mari reconnaît, dans ses conclusions, qu'il a toujours refusé d'avoir un enfant avec sa femme (Douai, 19 décembre 2013, *Dr. famille* 2014, comm. 22, note J.-R. Binet.

Les tribunaux ont souvent appliqué ces règles. Ex. : l'adultère d'un époux peut n'être pas une faute quand il est... postérieur à l'abandon du foyer par l'autre conjoint : Chambéry, 29 mai 1984, *JCP* G 1985.II.20347 : « *Le fait pour elle* (l'épouse), *trois ans après une rupture dont elle avait profondément souffert, de rechercher un réconfort affectif* (sic) (elle vivait avec un amant) *ne saurait lui être imputé à faute* » ; ... justifié par les violences de ce dernier : TGI Albertville, 27 novembre 1979, *D.* 1981.16, n. A. B. ; *JCP* G 1981.II.19609 : « *le caractère brutal et les accès réitérés de violence* (du mari) *ne pouvaient que conduire sa femme à rechercher ailleurs un climat plus serein* (sic) ».

98. Ex. : TGI Carcassonne, 19 mars 1982, *D.* 1982, IR 426 : « *la connivence des deux époux enlève à l'adultère du mari consommé avec l'épouse de l'amant de sa propre femme, son caractère offensant pour le conjoint qui a eu lui-même une conduite déshonorante dont il ne peut tirer avantage* ».

99. Ex. : Paris, 10 octobre 1990, *D.* 1990, IR 265 : le mari « *vivant lui-même en concubinage et ayant eu un enfant de sa concubine* » ne peut invoquer l'adultère commis par sa femme ; jugé que la vie commune était devenue intolérable ; le divorce devait être prononcé à ses torts exclusifs.

100. Cass. civ. 2e, 22 mars 1995, préc., *JCP* G 1995.IV.1249 ; n.p.B. ; en l'espèce, jugé que n'était pas une cause de divorce que pouvait invoquer le mari, « *la liaison de sa femme établie plusieurs années après l'adultère de son mari* [...] ; *l'importance du délai qui s'était écoulé depuis la séparation enlevait au fait reproché le caractère de gravité qui en aurait fait une cause de divorce au sens de l'article 242* » ou Cass. civ. 1re, 11 septmbre 2013, *RTD civ.* 2013, p. 823, obs. J. Hauser.

101. La Cour de cassation est, à cet égard, constante ; ex. : Cass. civ. 2e, 3 mai 1995, préc. Mais les juges font preuve de plus de souplesse : cf. Douai, 28 février 2013 et Douai, 14 mars 2013 (1re esp.), *Dr. famille* 2013, comm. 83, obs. J.-R. Binet : la femme s'était consolée des violences et de l'abandon dont elle avait été victime dans les bras d'un ami ; quelques mois après l'ONC, elle « officialise » cette liaison en publiant des photos de son bonheur sur sa page facebook. Pour les juges, « *le caractère "officiel" de cette relation extraconjugale divulguée sans pudeur sur un réseau social, alors même que les époux sont encore dans les liens du mariage* », est outrageant pour le mari et justifie le prononcé d'un divorce aux torts partagés. Mais pour une liaison du mari révélée par une conversation sur la page facebook de celui-ci plus d'un an et demi après l'ONC, la même juridiction (Douai, 14 mars 2013) fait preuve de plus de mansuétude.

présumée ; il n'est pas nécessaire qu'il ait été renouvelé ni même que les juges du fond aient précisé sa gravité pour constituer une cause de divorce[102].

II. — Preuve de la faute

720. Spécificité des modes de preuve. – Le droit commun des preuves est applicable à la faute conjugale depuis que le divorce par consentement mutuel n'est plus prohibé et que la loi a cessé de retirer à l'aveu sa force probante (art. 259). Cependant, le caractère très intime des faits conjugaux donne un aspect particulier à trois modes de preuve : le constat d'adultère, la lettre missive et le témoignage des descendants.

1°) **L'adultère** peut être prouvé par tous moyens[103], notamment par constat d'huissier (comp. art. 259-2)[104]. L'huissier est requis par l'intéressé et en pratique demande toujours à être autorisé par une ordonnance sur requête de façon à pouvoir instrumenter dans un lieu privé, même contre la volonté de celui qui en a la jouissance ; souvent, il a été informé du lieu où se commet l'adultère par un détective privé[105]. Il lui est interdit d'opérer de nuit, pourtant un des moments propices pour surprendre l'adultère ; mais généralement à 6 heures du matin, les amoureux sont encore au lit.

2°) Traditionnellement, il est admis que les **lettres missives** peuvent être produites sans le consentement de l'expéditeur et du destinataire, malgré le principe de l'inviolabilité de la correspondance, pourvu qu'elles n'aient pas été obtenues « *par violence ou fraude* » (art. 259-1), alors que le droit commun hésite à l'admettre[106]. Il appartient à celui qui invoque la violence ou la fraude d'en faire la preuve. La même règle avait été étendue au journal intime par la Cour de cassation[107], malgré de

102. Cass. civ. 2e, 23 avril 1980, *Bull. civ.* II, n° 80 ; le pourvoi reprochait « *à l'arrêt de n'avoir pas caractérisé les conditions de fait de la commission de l'adultère du mari alors que l'adultère n'est une cause de divorce que lorsqu'il constitue une violation grave ou renouvelée des obligations du mariage rendant intolérable le maintien de la vie commune* ». Rejet : « *La faute ainsi établie* (l'adultère) *constitue en l'espèce une violation suffisamment grave des devoirs et obligations du mariage pour rendre intolérable le maintien de la vie commune* ».

103. Même, aujourd'hui, par un examen comparé des sangs, au risque de remettre en cause, par ricochet, la filiation des enfants : Cass. civ. 1re, 28 février 2006, *Bull. civ.* I, n° 113 ; *Dr. famille* 2006, n° 91 n. V. Larribau-Terneyre : « *en matière de divorce, la preuve se fait par tous moyens ; la cour d'appel a, sans remettre en cause la filiation des enfants, apprécié souverainement la valeur et la portée des éléments de preuve qui lui étaient soumis, estimé que le grief d'infidélité invoqué à l'encontre de l'épouse était établi par le rapprochement des éléments biologiques et des témoignages versés aux débats et qu'il constituait une faute au sens de l'article 242* ».

104. Ex. : Cass civ. 1re, 6 février 1979, *Bull. civ.* I, n° 47 ; *JCP* G 1980.II.19290 : « *le constat* (d'adultère) *ne saurait constituer une atteinte illicite à l'intimité de la vie privée* ».

105. Les tribunaux sont réservés sur la force probante attachée aux rapports des détectives privés. 1°) Tantôt, ils l'**accueillent** (Cass. civ. 2e, 12 octobre 1977, *Bull. civ.* II, n° 196 ; *D.* 1978, IR 270, obs. J.-C. Groslière) : en l'espèce, la Cour de cassation relève simplement que cette pièce a été régulièrement versée aux débats ; le rapport du détective indiquait : « *l'épouse aurait été vue en compagnie d'un homme qu'elle aurait longuement embrassé avant de se séparer* ». 2°) Tantôt, ils l'**écartent** (Cass. civ. 2e, 11 janvier 1978, *D.* 1979, IR 168, obs. J.-C. Groslière ; n.p.B.). Il semble nécessaire, sinon suffisant, que les éléments contenus dans le rapport aient été obtenus sans atteinte illicite à la vie privée, conformément à l'article 259-2 C. civ. (*Cass. civ. 1re, 18 mai 2005, *Bull. civ.* I, n° 213 ; *Defrénois* 2005, 1342, n. J. Massip).

106. Ex. : Cass. civ. 2e, 29 janvier 1997, *Bull. civ.* II, n° 28 ; *D.* 1997.296, n. crit. A. Bénabent ; *Dr. famille* 1997, n° 85, n. H. Lécuyer : « *en matière de divorce, la preuve peut se faire par tous moyens ; le juge ne peut écarter des débats tous documents dont un conjoint entend faire usage que s'ils ont été obtenus par violence ou fraude* ». Est illicite le fait de s'emparer dans la boîte aux lettres d'une lettre adressée au conjoint et d'en prendre connaissance ; il s'agit de l'infraction de suppression de correspondance : Cass. crim., 5 février 1958, *JCP* G 1958.II.10580, n. J. Larguier.

107. Cass. civ. 2e, 6 mai 1999, *Bull. civ.* II, n° 85 ; *D.* 2000, 577, n. Chr. Caron ; *JCP* G 1999.II.10201, n. Th. Garé ; *Dr. famille* 1999, n° 79, n. H. Lécuyer ; *RTD civ.* 1999, 608, obs. J. Hauser : l'épouse se bornait à alléguer que son conjoint lui avait subtilisé son journal intime.

fortes réserves des juges du fond[108]. Tenant compte du développement des modes de communication (et de captation des échanges...), le législateur de 2004 a élargi le champ de l'article 259-1 à l'ensemble des « *communications échangées entre son conjoint et un tiers* » ce qui ouvre la voie à la preuve par courriel ou par SMS[109] ou par une exploitation de la page facebook du conjoint[110]. De même est-il précisé qu'un époux ne peut non plus « *verser aux débats le contenu des écrits personnels appartenant à son conjoint qu'il aurait obtenu par fraude au violence* » : semble ainsi consacrée la position de la Cour de cassation : entre le droit à la preuve et le droit au respect de la vie privée, le premier doit l'emporter sous réserve que soit respecté un principe de loyauté d'autant plus difficile à contrôler que la vie commune rend bien délicat le départ entre découverte par surprise et recherches soupçonneuses. On peut, en toute hypothèse, ne pas être convaincu par ce qui n'en reste pas moins une violation de la vie privée[111].

3°) **Les descendants** ne peuvent être entendus sur les griefs invoqués par les époux : il n'est pas convenable qu'ils interviennent dans la vie privée de leurs parents, ce qui est une survivance de la vieille idée du « *respect de l'honneur et de la paix des familles* ». Et ce serait les placer dans une situation intenable, qu'ils soient majeurs ou mineurs. La règle, posée par l'article 205 du Code de procédure civile avait été interprétée par la Cour de cassation avec la plus grande rigueur : aucune déclaration des descendants sous quelque forme que ce fût[112] ne pouvait être produite au cours de l'instance en divorce ; et la prohibition qui visait, selon la Cour de cassation, les enfants communs comme les enfants de l'un des époux, avait été étendue au conjoint

108. Cf. par ex. TGI Caen, ord. JAF, 9 juin 2000, *Dr. famille* 2000, n° 87 ; *RTD civ.* 2000, 812, obs. J. Hauser, affirmant que la possession et la production d'un document strictement personnel comme un journal intime, constitue une violation de la vie privée au sens de l'article 8 de la Convention EDH, hormis l'hypothèse d'une remise volontaire par son auteur.

109. Cf. pour des courriels, *Cass. civ. 1re, 18 mai 2005, préc. L'épouse prétendait que son mari avait « *détourné son code secret d'accès* » à sa messagerie personnelle et reproduit sa correspondance sur son imprimante à son insu. Mais elle ne rapportait pas la preuve de la violence ou de la fraude. Pour des « minimessages » reçus sur le téléphone portable professionnel du mari (le portable aurait été perdu et retrouvé par la femme qui avait fait dresser procès-verbal par huissier du contenu des messages), Cass. civ. 1re, 17 juin 2009, *D.* 2009, 1758, obs. V. Egéa ; *Dr. famille* 2009, 124, note V. Larribau-Terneyre ; *RTD civ.* 2009, p. 514, obs. J. Hauser. *Adde* pour la preuve de la faute du mari grâce à l'analyse du disque dur de son ordinateur installé dans la chambre à coucher du couple (le mari consultant des sites gays à caractère pornographique), Aix-en-Provence 6 mai 2010, *Dr. famille* 2010, n° 164, obs. V. Larribau-Terneyre.

110. La page ne peut être produite que si son obtention n'est pas la conséquence d'une faute ou d'un piratage (Douai, 28 février 2013,14 mars 2013 (deux arrêts), *Dr. famille* 2013, comm. 83, obs. J.-R. Binet, *RTD civ.* 2013, 583, obs. J. Hauser : dans l'une des affaires (Douai, 14 mars 2013, 2e esp.), il semblait que le mari et sa nouvelle compagne avaient pris le contrôle des comptes facebook et MSN de l'épouse (le mari avait également inscrit celle-ci sur un site de rencontres...) ; les pages facebook apportées par le mari pour étayer ses accusations d'adultère sont écartées en raison des soupçons de fraude qui les affectent.

111. La CEDH ne semble pas s'en émouvoir : dans une affaire où, pour appuyer sa demande de mesures provisoires dans une procédure de divorce, une femme avait produit des lettres d'amour échangées entre son mari et l'amant de celui-ci, la Cour a fait prévaloir le droit à un procès équitable, l'égalité des armes impliquant l'obligation d'offrir, dans les différends opposant des intérêts de caractère privé, à chaque partie une possibilité raisonnable de présenter sa cause dans des conditions qui ne la placent pas dans une situation de net désavantage par rapport à son adversaire, (CEDH, 13 mai 2008, *N. N. et T. A. c/Belgique*, *RTD civ.* 2008, p. 650, obs. J. P. Marguénaud).

112. Cass. civ. 2e, 23 mars 1997, *Bull. civ.* II, n° 93 ; *D.* 1998.5, n. A. Meerpoel : irrecevabilité du témoignage d'un tiers se bornant à reproduire les déclarations que lui avait faites l'enfant. La Cour de cassation avait cependant affirmé que rien n'interdisait de produire des lettres adressées par un époux à un enfant commun ; ex. : Cass. civ. 2e, 19 janvier 1983, *Bull. civ.* II, n° 12 : « *l'article 205 du NCPC, qui prohibe l'audition, aux enquêtes de divorce, des descendants des époux, ne saurait faire échec à la production de documents dont ces descendants ont été les destinataires* » ; en l'espèce, dans une lettre adressée à son fils, le mari disait regretter les violences qu'il avait exercées sur sa femme et ses abus de boisson. L'arrêt était contestable : il était choquant d'avoir permis à un enfant de trahir la confiance que lui avait manifestée son père. Dans un arrêt du 5 juillet 2001 (*Bull. civ.* II, n° 129 ; *Defrénois* 2001, 1349 obs. J. Massip ; *Dr. famille* 2001, n° 108, obs. H. Lécuyer, *ib.* 2002, n° 22, obs. A. Gouttenoire ; *RTD civ.* 2001, 861, obs. J. Hauser), elle a jugé au contraire que la remise d'une lettre d'un parent par un descendant sur les torts du divorce équivalait au témoignage prohibé par l'article 205.

du descendant[113] et, après un temps d'hésitation, au concubin de celui-ci[114]. La mention expresse (redondante par rapport au Code de procédure civile) de l'interdiction à l'article 259, est censée confirmer la position de la Cour de cassation[115] qui, depuis, poursuit son travail d'éradication des témoignages familiaux au sens large[116].

Sur l'interdiction de faire état de l'enquête sociale[117].

III. — Cause péremptoire ou facultative

721. Cause facultative. – Qualifier de facultative une cause de divorce ne signifie pas que le juge ait la faculté de prononcer le divorce à son gré. Cette faculté s'appellerait un pouvoir discrétionnaire, ou même arbitraire, ce qui n'est pas le cas.

Le caractère facultatif attaché à une cause de divorce a une triple portée : **1°)** Le juge a un pouvoir d'appréciation des faits : c'est-à-dire qu'il lui appartient de reconnaître si le fait invoqué a un caractère fautif et grave. **2°)** Une cause facultative implique l'admission d'excuses ; un fait injurieux, même grave et intolérable, n'est pas une cause de divorce si son auteur peut invoquer un fait justificatif[118]. Parmi les faits justificatifs, un des plus remarquables est l'excuse de provocation ; les torts du conjoint demandeur ne sont pas une fin de non-recevoir à son action, mais ils peuvent, à l'appréciation du juge, atténuer et même effacer les torts de l'autre[119]. **3°)** Enfin, le caractère facultatif implique que la faute ne soit pas seulement constituée par un élément matériel ; elle comporte aussi un élément juridique : elle doit rendre « *intolérable le maintien de la vie commune* ».

722. Cause péremptoire. – Avant la loi de 2004, le caractère péremptoire d'une cause de divorce s'opposait à son caractère facultatif et avait une signification contraire aux trois points qui viennent d'être examinés. **1)** Contre la cause péremptoire, il n'y avait rien à répliquer : rien ne pouvait l'excuser ; la cause péremptoire de divorce était un fait inexcusable qui contredisait complètement le lien matrimonial, et l'on présumait d'une manière irréfragable qu'il rendait impossible le maintien de la vie conjugale. **2)** Le juge n'avait pas sur elle de pouvoir d'appréciation ; sans doute restait-t-il nécessaire que le divorce fût prononcé en justice, mais du moment que les faits constitutifs de la cause péremptoire avaient été établis, le divorce devait être prononcé. **3)** Enfin, ce qui était la conséquence logique de ce qui précède, la cause péremptoire de divorce était constituée par un élément exclusivement matériel.

---

113. Pour le gendre et la bru, cf. Cass. civ. 2e, 30 septembre 1998, *Bull. civ.* II, n° 250 ; *Dr. famille* 1999, n° 6 (2e esp.), n. H. Lécuyer ; *RTD civ.* 1999, 71, obs. J. Hauser. La prohibition touche même le conjoint divorcé du descendant : Cass. civ. 1re, 14 février 2004, *Bull. civ.* I, n° 71 ; *Dr. famille* 2006, n° 90, n. V. Larribau-Terneyre.

114. Pour la concubine, Cass. civ. 2e, 10 mai 2001, *Bull. civ.* II, n° 94 ; *D.* 2002, somm. p. 611, obs. J.-J. Lemouland ; *Defrénois* 2001, 1349, obs. J. Massip ; *Dr. famille* 2001 (1re esp.), n° 108, n. H. Lécuyer ; *RTD civ.* 2001, 861, obs. J. Hauser (en l'espèce, le concubin de la fille du couple était une concubine...).

115. Cf. Rapp. Gélard, préc., p. 66.

116. Cf. Cass. civ. 1re, 4 mai 2011, *RTD civ.* 2011, p. 750 : bien que les déclarations du fils faites à des policiers aient été recueillies en dehors de l'instance de divorce, elles ne peuvent être utilisées pour prouver l'adultère de la mère. Pour autant, la Cour refuse d'étendre la prohibition au-delà des descendants et assimilés : aussi a-t-elle rappelé que les ascendants ne sont pas des « descendants » (Cass. civ. 1re, 12 juin 2014, n° 13-13.961, *RTD civ.* 2014, 628, obs. J. Hauser) et qu'elle ne jouait pas en matière pénale (Cass. crim., 2 juin 2015, n° 14-85.130, *AJ famille* 2015, p. 403, obs. S. Thouret).

117. Art. 373-2-12, *infra*.

118. Ex. : les injures de la femme à son mari sont excusées par l'énervement que lui causent ses dix enfants, ou par la présence de la belle-mère au foyer.

119. Ex. : l'adultère du mari justifie la jalousie inquisitoriale de la femme (T. civ. Lot-et-Garonne, 17 novembre 1927, *DH* 1928.79) ; l'inconduite du mari excuse les insultes de la femme (Cass. civ. 2e, 12 mars 1970, *Bull. civ.* II, n° 93 ; 23 avril 1975, *Bull. civ.* II, n° 115 ; 29 mars 1989, *D.* 1989, IR 122) ; l'adultère de l'un peut excuser celui de l'autre. Sans parler des violences conjugales qui peuvent conduire l'épouse à quitter le domicile conjugal (sur les lois protégeant le conjoint et les enfants en cas de violences, cf. *supra*, n° 624).

723. Condamnation à une peine afflictive et infamante (art. 243 anc.). – En 1975, figurait encore à l'article 243 ancien du Code civil une cause particulière de divorce : la condamnation à une peine afflictive et infamante, ou, plus exactement, dans la dernière version du texte, « *à l'une des peines prévues par l'article 131-1 du Code pénal* ». Selon la Cour de cassation[120], il s'agissait en quelque sorte d'une cause semi péremptoire ou semi facultative ; la condamnation n'était pas un cas de divorce identique aux autres fautes conjugales : le juge n'avait pas à relever qu'on était en présence de faute grave rendant intolérable le maintien de la vie commune, mais la faute du conjoint pouvait excuser la condamnation qui cessait d'être alors une cause de divorce. La loi de 2004 a abrogé cette cause particulière (L. art. 23) : les condamnations pénales tombent dans le droit commun de l'article 242[121].

IV. — Défenses du défendeur

Le défendeur a trois moyens de défense. Il peut contester les faits qui lui sont reprochés, ce qui n'appelle pas d'observation particulière ; il peut invoquer la réconciliation (A) ou la faute du demandeur (B).

A. Réconciliation

Il y a réconciliation entre époux lorsque l'époux outragé pardonne à l'époux coupable qui accepte son pardon ; cette réconciliation rend irrecevable l'action en divorce (art. 244), qui serait fondée sur des faits ayant fait l'objet d'un pardon.

724. Conditions du pardon. – Les conditions du pardon doivent être appréciées du côté de son auteur et de celui du pardonné.

1°) Du côté de son **auteur**, le pardon doit avoir été volontaire. Par conséquent, le fait de reprendre une communauté d'habitation n'implique pas nécessairement un pardon, quelle qu'ait été son intimité, car elle peut avoir été causée par autre chose qu'une volonté de pardon : par exemple, la surprise des sens[122], la sauvegarde des apparences, l'éducation de l'enfant, les difficultés de logement, ou même un vain effort de conciliation[123] (art. 244, al. 3). Il faut, pour que le pardon engage, que son auteur ait voulu rédimer la faute du pardonné. En outre, le pardon doit avoir été éclairé : pour qu'il soit opérant, son auteur doit avoir eu connaissance de tous les faits fautifs du pardonné.

---

120. Cass. civ. 2e, 11 janvier 1989, *Bull. civ.* II, n° 8 ; *JCP* G 1989.II.21212, n. A. Bénabent ; *Gaz Pal.* 1989.II.763.

121. *Quid* si la condamnation est amnistiée ? Conformément à une jurisprudence constante, si l'amnistie efface la nature délictuelle d'un fait, elle ne lui retire pas son caractère injurieux : le divorce peut être prononcé si les faits ayant motivé la condamnation constituent une faute au sens de l'article 242 C. civ. (Cass. civ. 1re, 10 octobre 2012, *RTD civ.* 2013, p. 96, obs. J. Hauser).

122. Ex. : Paris, 23 juin 1909, *DP* 1910.2.143 : « *la réconciliation, loin d'apparaître, d'après les éléments de la cause, comme scellant, avec le pardon et l'oubli réciproques du passé, l'accord de deux volontés libres et réfléchies en vue de renouer au grand jour la vie commune, violemment interrompue, elle ne se révèle, au contraire, que comme une accidentelle surprise des sens chez l'époux tyrannisé par la passion, apeuré par la menace et comme honteux ensuite de sa faiblesse* » ; en l'espèce, la femme était « *capricieuse et légère* » ; le mari lui avait cependant envoyé « *des lettres d'une tendresse tout érotique* » ; en ajoutant : « *il ne faut pas que personne au monde sache la moindre chose de nos entrevues et de notre correspondance* » ; peu après, l'épouse écrit à sa belle-mère : « *Vieille criminelle, famille de crapules* [...] » ; jugé qu'il n'y avait pas de réconciliation.

123. Paris, 10 février 1998, *Dr. famille* 1998, n° 159, 2e esp., obs. H. Lécuyer : « *La réconciliation suppose non seulement la reprise de la vie commune, mais encore la volonté chez l'époux offensé de pardonner en pleine connaissance de cause les griefs qu'il peut avoir contre son conjoint* ». Tel n'a pas été le cas : « *il ne peut être déduit des brèves reprises de la vie commune suivies aussitôt d'une nouvelle séparation, la volonté de la femme de se réconcilier avec son mari et de lui pardonner son comportement violent.* »

2°) Du côté du **pardonné**, deux conditions apparaissent. Le pardon doit avoir été accepté : le pardon ne s'impose pas, pas plus que l'amour ; il n'engage que s'il a été accepté par l'auteur de la faute[124]. En outre, le pardonné doit être sincère et contrit : s'il ne met pas fin à son inconduite, il y a reviviscence des faits antérieurs, même si les faits nouveaux auraient été, à eux seuls, insuffisants pour justifier une action en divorce[125].

725. Preuve et énergie du pardon. – Le pardon peut être prouvé par tous moyens.

Il est d'ordre public. Il peut être opposé à la demande pendant toute l'instance et même en appel ; il peut même être opposé au jugement, tant qu'il n'est pas définitif : une réconciliation intervenue entre le prononcé du jugement et le moment où il est définitif rend caduc ce jugement.

L'exception de réconciliation peut aussi être soulevée d'office par le juge, ce qui, à nouveau, traduit l'importance du pouvoir inquisitorial du juge dans la famille ; en fait, ce pouvoir est rarement exercé. La réconciliation rend irrecevable la demande : elle est une fin de non-recevoir.

B. Faute du demandeur

726. Défense et demande reconventionnelle. – Le défendeur peut placer sa défense sur un autre terrain. Sans nier ses fautes ni invoquer une réconciliation, il entend démontrer la faute du demandeur[126]. Soit afin d'excuser sa propre faute – ce qui est souvent une excuse de provocation – au moyen d'une défense au fond (art. 245, al. 1) ; la faute d'un conjoint n'efface celle de l'autre que si elle lui est antérieure[127]. Soit au moyen d'une demande reconventionnelle[128], afin d'établir le partage des torts (art. 245, al. 2), autrefois la réciprocité des torts : il importe peu à cet égard que ces fautes soient postérieures à celles du conjoint[129], ce qui est une

124. Ex. : Paris, 18 juin 1955, *D.* 1956.8, n. A. Breton : « *le pardon, fût-il inconditionnel et non équivoque, ne suffit pas à caractériser la réconciliation qui suppose une réciprocité de volontés de ne plus tenir compte des faits antérieurs et connus, une volonté d'oubli en même temps que l'intention de reprendre la vie commune, ce qui exige de la part de l'époux pardonné une acceptation tacite, expresse ou présumée du pardon ; dans le cas contraire, il n'a que la valeur d'une offre de pardonner* » ; en l'espèce, le mari avait vainement proposé à son épouse de reprendre la vie commune ; à la demande en divorce faite ultérieurement par le mari, la femme n'a pu opposer l'exception de réconciliation.

125. Cass. req., 3 août 1937, *DH* 1937.517 : « *Il n'est pas nécessaire que les faits postérieurs à la réconciliation, pour faire revivre les anciens, soient assez graves à eux seuls pour justifier le divorce ; les juges du fond jouissent d'un pouvoir souverain pour apprécier si les faits nouveaux sont suffisamment graves pour faire revivre les anciens* » ; en l'espèce, il s'agissait de « *faits de légèreté* » commis par la femme. Jurisprudence constante, cf. Cass. civ. 1re, 20 octobre 2010, *RTD civ.* 2011, p. 109, obs. J. Hauser.

126. A.-M. Bourgeois, « La faute du demandeur dans le divorce pour faute », *D.* 1986, chron. p. 89-95.

127. Ex. : Paris, 27 novembre 1980, *JCP* G 1981.IV.375 : « *étant bien évident qu'une faute postérieure, alors que le foyer est déjà détruit par le fait du défendeur principal, ne peut jouer aucun rôle dans l'impossibilité du maintien de la vie commune* ».

128. P. Hébraud, n. *D.* 1955.197.

129. Ex. : Cass civ. 2e, 15 décembre 1982, *Bull. civ.* II, n° 164 : « *l'existence d'une séparation de fait entre deux époux, même imputable à la faute de l'un d'entre eux, et l'introduction consécutive d'une demande en divorce, ne confère pas aux époux, encore dans les liens du mariage, une immunité privant de leurs effets normaux les offenses dont ils peuvent se rendre coupables l'un envers l'autre* ».

différence avec l'excuse ; la faute réciproque n'entraîne le partage des torts que si elle est, par elle-même, une cause du divorce[130].

Le juge peut même le faire d'office (art. 245, al. 3), sans y être tenu[131], à condition de respecter le principe du contradictoire[132] ; par exemple, le défendeur s'abstient de présenter une demande reconventionnelle, bien que les torts soient réciproques ; si les débats les font apparaître, le juge prononcera le divorce aux torts partagés.

La règle est contraire à l'office habituel du juge. Plus que les nombreux autres cas de pouvoir inquisitorial du juge contemporain dans la famille, elle suscite deux objections. 1) Cette immixtion du juge dans une matière qui touche autant à la conscience des personnes heurte la liberté qu'a chaque époux de choisir les griefs qu'il fait à son conjoint ou la position qu'il entend avoir à l'égard du divorce[133]. 2) Les juges risquent d'admettre facilement le partage des responsabilités, qui leur est naturel (couper la poire en deux).

§ 2. Règles procédurales spécifiques

727. Unification des procédures. – Depuis la réforme de 2004, la procédure de divorce pour faute est alignée, pour l'essentiel, sur celle des trois divorces contentieux. Elle se déroule en quatre temps : la requête, la tentative de conciliation, l'assignation et le jugement. Les deux premières phases, requête initiale (qui depuis la réforme de 2004 ne doit plus mentionner le motif de divorce, *i.e.* ne doit pas préciser que le divorce est demandé pour faute) et conciliation ne présentent plus de particularité au sein du nouveau « tronc commun procédural » (cf. *supra*). Restent les deux dernières, de l'assignation et de jugement.

728. Assignation et jugement. – Après l'échec de la tentative de conciliation, le défendeur est assigné devant le JAF. La procédure est celle du droit commun, sauf que les débats ne doivent pas être publics et que seul le dispositif, et non les motifs, du jugement sont lus à l'audience.

La loi permet aux parties de demander au JAF de « *se limiter à constater dans les motifs du jugement qu'il existe des faits constituant une cause de divorce, sans avoir à énoncer les torts et griefs des parties* » (art. 245-1). Il peut y avoir ainsi une petite dose de consentement mutuel dans le divorce pour faute : le divorce pour faute a alors discrètement une cause secrète.

§ 3. Effets spécifiques

Pendant longtemps, la loi opérait une distinction très nette entre le divorce aux torts exclusifs (I) et le divorce aux torts partagés (II). Dans le premier, il y avait un coupable et un innocent : le divorce était une sanction et devait comporter une réparation. Dans le second, la réciprocité des fautes effaçait l'idée de sanction le divorce était un échec, comme dans le divorce sur demande acceptée.

130. Cass. civ. 2e, 21 avril 1982, *Bull. civ.* II, n° 56 ; *D.* 1982, IR 342.

131. Ex. : Cass. civ. 2e, 11 juillet 1979, *Bull. civ.* II, n° 208 : « *les juges du fond ne sont pas tenus, en l'absence de conclusions les y invitant, de rechercher d'office si les torts d'un époux ne sont pas dépouillés de leur caractère fautif du fait du comportement de l'autre époux* ». Mais il peut le faire dès lors du moins que les faits imputés au demandeur constituent une faute cause du divorce, Cass. civ. 1re, 20 novembre 2013, *Dr. famille* 2014, comm. 21, obs. J.-R. Binet.

132. Ex. : Cass. civ. 2e, 16 janvier 1991, *Bull. civ.* II, n° 17 ; *D.* 1991, IR 46 ; *JCP* G 1991.IV.95 : « *les juges qui se proposent de prononcer le divorce aux torts partagés des époux sur la seule demande de l'un d'eux, doivent inviter les parties à présenter leurs observations sur les conséquences éventuelles d'un tel divorce* ».

133. Ex. : le mari qui accepte de prendre tous les torts à sa charge.

I. — Torts exclusifs

729. Antiques déchéances. – La rupture d'un mariage par la faute exclusive d'un époux peut causer à son conjoint un mal immense ; le droit entendait naguère y remédier par un ensemble de mesures diverses qui frappaient l'époux coupable : on ne se délie pas impunément des obligations du mariage. Mais comme toute responsabilité, elle était approximative : on ne répare ni une vie gâchée, ni un amour brisé, si importante soit l'indemnisation.

Parce qu'il constituait une sanction, le divorce prononcé aux torts exclusifs entraînait un cortège de déchéances : l'époux coupable perdait les droits attribués au conjoint divorcé (art. 265, al. 2 anc.), sauf la pension de retraite de son époux[134] ; les donations (sauf les présents d'usage[135]) et les avantages matrimoniaux étaient révoqués de plein droit (art. 267 anc.) : à l'amour du donateur, le donataire avait répondu par des outrages ; il n'avait pas droit non plus à une prestation compensatoire (art. 280-1, al. 1 anc.) sauf si le juge estimait équitable de lui donner une « indemnité compensatoire », compte tenu de la durée de la vie commune et de la collaboration apportée à la profession de l'autre époux (art. 280-1, al. 2 anc.)[136].

La déchéance de la prestation compensatoire frappant l'époux coupable se fondait sur des sentiments profonds : qui supporterait qu'un mari soit tenu de verser une prestation à son épouse infidèle et de financer ainsi ses nouvelles aventures ? Mais dans la pratique, les résultats étaient parfois injustes. Surtout, le lien ainsi créé entre l'argent et les fautes avivait le combat judiciaire, du côté de l'époux coupable (qui se battait pour prouver les fautes de son conjoint et obtenir ainsi un divorce aux torts partagés, donc une éventuelle prestation compensatoire), comme du côté de l'époux innocent (tenté de tout faire pour accuser son conjoint et échapper ainsi à une charge supplémentaire). C'est pourquoi la réforme de 2004 laisse au juge le pouvoir de statuer en équité : une prestation compensatoire est due, quels que soient les torts respectifs, « *toutefois, le juge peut refuser d'accorder une telle prestation si l'équité la commande* » « *lorsque le divorce est prononcé aux torts exclusifs de l'époux qui demande le bénéfice de cette prestation, au regard des circonstances particulières de la rupture* » (art. 270, al. 3 *infra*).

De même, le prononcé du divorce aux torts exclusifs n'a-t-il plus d'incidence particulière sur les donations et avantages matrimoniaux, soumis les uns et les autres aux règles générales de l'article 265 (cf. *infra*), ni sur les droits que l'un ou l'autre des époux tient de la loi ou des conventions passées avec les tiers (cf. la règle générale énoncée à l'article 265-1, *infra*).

730. Faute, culpabilité, réparation (art. 266 et 1382). – Reste que l'idée de sanction plane sur le divorce pour faute lorsqu'un seul des époux est désigné comme responsable de la rupture : le « coupable » devra réparer le préjudice causé[137]. Même si elle tente de la restreindre, la loi du 26 mai 2004 maintient la possibilité pour l'époux « innocent » « *obtenir des dommages-intérêts en*

---

134. C. pens. retr., art. L. 44, L. 13 juillet 1982 : « *Le conjoint séparé de corps et le conjoint divorcé ont droit à la pension prévue soit au premier alinéa de l'article L. 38, soit à l'article L. 50. Le conjoint divorcé qui s'est remarié avant le décès du fonctionnaire et qui, à la cessation de cette union, ne bénéficie d'aucun droit à pension de réversion, peut faire valoir ce droit s'il n'est pas ouvert au profit d'un autre ayant-cause* ».

135. V. *Successions et libéralités*, coll. Droit civil.

136. Pour une application récente, cf. Cass. civ. 1re, 6 juin 2012, *RTD civ.* 2012, 518, obs. J. Hauser : le mari avait travaillé dans l'étude de sa femme, notaire, pendant près de vingt ans en qualité de clerc. Il démissionne puis abandonne le domicile conjugal. Le divorce est prononcé à ses torts exclusifs mais les juges lui accordent une indemnité sur le fondement de l'article 280-1 : « *c'est souverainement que la cour d'appel, par une décision motivée au regard de la réalité de la collaboration professionnelle apportée par l'époux durant la vie commune et de la brusque cessation de cette collaboration l'ayant privé de ses droits aux indemnités de chômage et à la retraite, a estimé conforme à l'équité de lui octroyer une indemnité exceptionnelle (...)* ».

137. Cf. le dossier *Les dommages et intérêts entre époux*, *Dr. famille* 2015, n° 345.

réparation des conséquences d'une particulière gravité qu'il subit du fait de la dissolution du mariage » (art. 266, al. 1) : sanction à valeur avant tout symbolique d'une peine privée frappant le coupable au profit de l'innocent, et, à travers lui, du mariage.

Pour que ces dommages-intérêts soient accordés, il faut qu'il y ait un préjudice résultant de la rupture du mariage un préjudice d'une particulière gravité[138]. S'il s'agit de préjudice matériel, presque tout semble réparé par la prestation compensatoire ; mais la compensation intervenant seulement autant qu'il est possible, certains dommages peuvent ne pas être entièrement réparés. Il s'agit surtout du préjudice moral, tenant à la souffrance qu'a causée la rupture[139] et la réprobation qui, parfois encore, s'attache à l'état de divorcé[140]. Cette réparation est obtenue sous forme d'argent (des dommages-intérêts) et pas autrement[141] : comme toute réparation, elle se mesure au préjudice, non aux ressources du débiteur[142].

Ces dommages-intérêts, comme la prestation compensatoire, ne peuvent être demandés qu'à l'occasion de l'action en divorce (art. 266, al. 2)[143]. La loi impose la « concentration » des demandes afin, une fois de plus, d'éviter les conflits de l'après-divorce. Par ailleurs, l'époux innocent peut agir (même après divorce) sur le fondement du droit commun (art. 1382) pour obtenir réparation du préjudice subi à raison des fautes (au sens de l'article 1382 et non de l'article 242) de son conjoint[144]. Il s'agit d'un autre dommage, distinct de celui que cause la dissolution

138. *Ex.* : Cass. civ. 2e, 31 mai 1995, *Bull. civ.* II, n° 164 ; *D.* 1996, 424, n. Cath. Puigelier ; *RTD civ.* 1995, 870, obs. J. Hauser (était seulement invoqué le fait que la femme avait quitté le domicile conjugal en laissant au mari l'essentiel des charges du mariage). *Adde* Cass. civ. 2e, 28 septembre 2000, *Dr. famille* 2001, n° 5, n. H. Lécuyer : le fait que le mari ait eu des enfants avec une autre femme avant le divorce alors que le couple n'avait pas d'enfant, ne peut fonder un droit à dommages-intérêts au titre de l'article 266. La Cour de cassation est très exigeante, ex. : Cass. civ. 1re, 1er juillet 2009, *RTD civ.* 2009, 705, obs. J. Hauser ; *Dr. famille* 2009, 103, note V. Larribau-Terneyre : les juges du fond avaient accordé une réparation du préjudice moral subi par l'épouse abandonnée « *après 39 ans de mariage, dans des conditions difficiles et en recherchant une nouvelle compagne* » ; cassation : la cour d'appel n'a pas suffisamment caractérisé « *les conséquences d'une particulière gravité subies par* [l'épouse] *du fait de la dissolution du mariage* ».

139. Préjudice moral subi par la femme : ex. : Cass. civ. 2e, 5 juin 1984, *Bull. civ.* II, n° 106 : « *après une longue vie commune, la femme se trouvait délaissée au profit d'une maîtresse plus jeune qu'elle ; en l'état de ces énonciations qui caractérisent l'existence d'un préjudice moral distinct de la disparité des situations compensées par l'allocation d'une prestation, la cour d'appel* [...] *a souverainement évalué le montant dudit dommage* ». Paris, 20 février 2008, *Dr. famille* 2008, n° 55, obs. v. Larribau-Terneyre : le divorce est intervenu dans un pays dont l'épouse n'est pas native et où elle n'a pas sa famille.

140. Ex. : Cass. civ. 1re, 5 mai 1976, *D.* 1976, IR 226 : la femme (avant le mariage, elle était étrangère) « *cesse de bénéficier de la protection que la loi française accorde aux femmes mariées* ».

141. Ex. : Cass. civ. 2e, 27 janvier 1993, *Bull. civ.* II, n° 33 ; *JCP* G 1993.IV.781 : « *aucun texte ne prévoit que les dommages-intérêts accordés en vertu de l'article 266 pour réparer le préjudice matériel ou moral né, pour un époux, de la dissolution du mariage, puissent être accordés sous la forme de l'attribution de droits immobiliers appartenant à l'autre époux* ».

142. Ex. : Cass. civ. 2e, 21 juillet 1982, *Bull. civ.* II, n° 109 ; *Defrénois* 1983, art. 33082, n° 43, obs. J. Massip : « *vu l'article 1382 ; l'évaluation du dommage subi doit être faite exclusivement en fonction du préjudice subi ; pour fixer le montant des dommages-intérêts alloués à Madame T. par application de l'article susvisé, l'arrêt prend en considération les ressources du mari ; ce faisant, la cour d'appel a violé le texte susvisé* ».

143. Cass. civ. 2e, 6 février 1985, *Bull. civ.* II, n° 29 ; *D.* 1986, IR 114, obs. A. Bénabent : « *Vu l'article 266, al. 2 ; selon ce texte, la demande en réparation du préjudice matériel ou moral causé par la dissolution du mariage ne peut être formée qu'à l'occasion de l'action en divorce* » ; cassation de l'arrêt qui alloue des dommages-intérêts fondés sur l'article 266, alors que la demande avait été introduite après que le divorce était définitif.

144. Lorsque le demandeur ne se réfère pas à l'article 1382 mais seulement à l'article 266, le juge peut, néanmoins, « *fonder la condamnation sur l'article 1382 pour les dommages-intérêts causés au cours du mariage, après avoir écarté l'application de l'article 266 pour réparation du préjudice*

du mariage : mauvais traitements, infidélités, imputations diffamatoires, humiliation, etc.[145].

Même si la Cour de cassation veille à une interprétation stricte de leurs conditions d'application[146], l'utilisation de ces textes moins réparateurs que sanctionnateurs[147] n'est pas dépourvue d'ambiguïté[148]. Chassez la faute...

II. — Torts partagés

731. Moitié-moitié. – Le cortège de déchéances et d'indemnités attachées naguère au divorce aux torts exclusifs disparaissait presque complètement dans le divorce aux torts partagés. Bien qu'il fût fondé sur la faute, celle-ci, du fait de sa réciprocité, était neutralisée, sans être excusée. L'idée de sanction disparaissait ; le divorce était simplement un échec, comme dans le cas du divorce sur demande acceptée.

La loi nouvelle ne fait que renforcer cette analyse. Aujourd'hui comme hier, aucun dommage-intérêt ne peut être accordé sur le fondement de l'article 266, comme ce texte l'implique. Mais

résultant du divorce » (Cass. civ. 1re, 14 mai 1985, *D.* 1986, IR, 16, obs. J.-Cl. Groslière). Sur l'articulation délicate entre les articles 266 et 1382, G. Serra ; « De quelques paradoxes du divorce et de la responsabilité civile », *Revue Lamy Droit civil*, 2007, 2703. En pratique, les juges du fond semblent parfois faire l'amalgame, cf. les arrêts commentés par V. Larribau-Terneyre, *Dr. famille*, 2009, n° 54.

145. Ex. : Cass. civ. 1re, 11 février 2009, *Dr. famille* 2009, n° 25, obs. V. Larribau-Terneyre : le mari invoquait le caractère particulièrement injurieux de la liaison adultère publiquement affichée par son épouse ainsi que l'internement d'office dont il avait fait l'objet à la demande de celle-ci et auquel il avait été mis fin dès le lendemain ; 1 000 euros pour le mari dont l'épouse attributaire d'un véhicule automobile dépendant de la communauté et dont elle était seule conductrice, refusait de régulariser le statut administratif tout en multipliant les infractions, le mari faisant l'objet de poursuites innombrables en tant que cotitulaire du certificat d'immatriculation (Lyon, 23 mai 2011, *Dr. famille* 2011, comm. 165, note V. Larribau-Terneyre) ; 3 000 euros pour l'épouse humiliée par la révélation de l'homosexualité de son mari (Paris, 10 avril 2013, *Dr. famille* 2013, comm. 116) ; 2 000 euros pour le mari outragé par la publication sur le compte facebook de l'épouse de photos officialisant le liaison de celle-ci avec un tiers pendant l'instance en divorce (Douai, 25 février 2013, préc. ; il est vrai que dans le même temps le mari infidèle et violent qui avait abandonné son épouse est condamné à 2 000 euros de dommages intérêts) ; 10 000 euros pour compenser le préjudice subi par l'épouse en raison de l'abstinence sexuelle de son mari, qui ne justifiait d'aucune maladie (Aix-en-Provence, 3 mai 2011, *RTD civ.* 2012, p. 297). Mais un euro symbolique seulement pour le préjudice moral résultant du comportement injurieux et violent de l'épouse (qui, en outre, avait quitté le domicile conjugal après avoir dégradé à coup de ciseaux les costumes de son époux (Montpellier, 4 août 2012, *Dr. famille* 2013, comm. 29).

146. Cass. civ. 1re, 15 avril 2015, n° 14-11.575, *RTD civ.* 2015, p. 594, obs. J. Hauser : au choc de la rupture, s'était ajouté pour l'épouse « *un fort sentiment d'humiliation, éprouvé au quotidien, dû à l'infidélité de son époux et [au fait] que, salariée et membre du directoire de la société dont son mari était directeur, elle a été éconduite au profit d'une collaboratrice de celui-ci et a été dépossédée progressivement de ses fonctions au sein de la société* » ; cassation : les juges du fond ont mélangé conséquences et circonstances de la rupture.

147. Ex. : Paris, 30 avril 2003, *RTD civ.* 2003, 486, obs. J. Hauser : le mariage avait duré cinquante ans ; la femme obtient 12 000 euros de dommages-intérêts au titre de l'article 1382, les juges du fond soulignant, « *le mépris et les humiliations subies par la femme de la part de son mari qui l'écrasait de sa domination et qui l'a finalement abandonnée, après presque 40 ans de vie commune et alors qu'il approchait de la soixantaine* ». Comp. Cass. civ. 1re, 30 octobre 2006, *Defrénois* 2007, p. 302, obs. J. Massip ; n.p.B. ; après 36 ans de mariage et deux enfants, l'épouse obtient des dommage-intérêts sur le fondement de l'article 1382 en réparation du préjudice résultant du choc émotionnel qu'elle avait subi en apprenant la liaison homosexuelle de son mari suivie de l'abandon par ce dernier du domicile conjugal pour aller vivre avec son amant.

148. Même s'ils permettent de sanctionner les comportements les plus grossiers ; cf. Paris, 3 février 2005, *Dr. famille* 2005, n° 167 : réparation du préjudice moral sur le fondement de l'article 1382, du fait du départ du mari parti avec une amie du couple, alors que celui-ci a proféré des injures en envoyant à sa femme une carte représentant une truie, accompagnée d'un aimable « Bon anniversaire gros tas », ce qui a entraîné une tentative de suicide de la malheureuse.

la jurisprudence avait admis l'application de l'article 1382, lorsqu'il s'agissait d'un préjudice distinct de celui qui résulte du divorce[149] : malgré la volonté de la loi, la responsabilité ne peut être exclue de ce divorce. Et le principe selon lequel tout fait quelconque qui cause à autrui un dommage (...) n'a-t-il pas été « constitutionnalisé » par le Conseil constitutionnel à l'occasion de l'examen des dispositions relatives à la rupture du Pacs[150] ?

N°s 732-749 réservés.

149. Ex. : * Cass. civ. 2e, 15 octobre 1981, *dame Nikitin, Bull. civ.* II, n° 186 ; *Defrénois* 1982, art. 32930, n° 57, obs. J. Massip ; *Gaz Pal.* 1982.II.489, m.n. : « *le détournement d'une partie de l'actif de la communauté par le mari et l'inconduite de celui-ci lui* (l'épouse) *avaient causé un préjudice distinct de celui résultant de la dissolution du lien conjugal* ». Encore faut-il établir l'existence d'un préjudice distinct de celui découlant de la dissolution du mariage ; cf. Grenoble, 13 juin 2000, *Dr. famille* 2001, n° 5, obs. H.L. : la femme trompée et abandonnée ne démontrait pas que la faute commise par son époux, dans les circonstances de l'espèce, lui eût causé des souffrances particulières et distinctes de celles résultant de tout adultère.

150. *Supra*, n° 446.

Sous-titre II

Effets du divorce

750. Fragilité des couples, indissolubilité de la famille ? – L'effet essentiel du divorce, quelle qu'en soit la cause, est la rupture du lien conjugal. Cette rupture donne aux époux une liberté pour l'avenir dans leurs relations extra-patrimoniales (Chapitre I) et entraîne pour le passé une liquidation de leurs rapports patrimoniaux (Chapitre II). Mais le mariage est une réalité si profonde que ce n'est pas d'un seul coup que s'accomplit cette rupture, ce qui amène à en déterminer la date (Chapitre III).

Face à la montée des séparations, le législateur contemporain évoque souvent le modèle d'une famille indissoluble, construite non à partir des couples qui se font et se défont, mais de l'enfant élevé par ses *deux* parents quels que soient les aléas de la vie conjugale. La nostalgie du Paradis perdu (l'enfant grandit au sein d'une famille aimante) peut-elle consoler de la réalité du divorce ? L'« indissolubilité de la famille » est souvent un exorcisme verbal[1].

1. Ex. : I. Théry, *Le démariage, justice et vie privée*, O. Jacob, 1996, p. 353 s., sp. p. 356 : « *Le divorce devient l'apothéose paradoxale de la famille, puisqu'elle résiste à tout, même à la séparation, même à la décohabitation. On achève ici aussi en le théorisant un mouvement très puissant de ce demi-siècle, celui qui identifie la famille à partir de l'enfant, et non plus à partir du couple.* »

■ CHAPITRE I ■

RUPTURE EXTRA-PATRIMONIALE

L'objet du divorce est d'établir une rupture du mariage, à la différence de la séparation de corps (Section I) ; la rupture est sans effets sur le passé, à la différence de la nullité (Section II) ; elle est plus radicale et moins étendue que celle qui est entraînée par le décès, ce qui apparaît surtout pour le nom de la femme (Section III). La grande difficulté que soulève la dissolution du mariage est la résidence des enfants, problème commun au divorce, à la séparation de corps et à la nullité du mariage (Section IV).

SECTION I
RUPTURE DU LIEN

751. Libre remariage. – La rupture du lien constitue l'objet principal du divorce et la grande différence avec la séparation de corps. Le divorce entraîne la dissolution du mariage ; non seulement les obligations de communauté de vie et de fidélité disparaissent, mais surtout les époux divorcés peuvent se remarier, soit à nouveau entre eux, soit, beaucoup plus souvent, avec un tiers. Aucune restriction dans ce choix n'intervient depuis 1905, notamment entre l'auteur de l'adultère et son complice. La femme n'est même plus obligée de respecter l'antique délai de viduité (art. 261 anc.) : jugé obsolète et discriminatoire à l'égard des femmes (*sic*)[1], la loi de 2004 a supprimé ce délai généralement expiré lorsque le divorce était prononcé puisqu'il avait pour point de départ le jour où l'épouse avait une résidence séparée[2].

Lorsque les époux divorcés sont des juifs pratiquants, leur loi religieuse interdit à la femme de se remarier tant que le mari ne lui a pas délivré une lettre de répudiation (le *gueth*)[3]. S'il s'y refuse, il ne peut y être contraint, même par astreinte ; mais il peut engager sa responsabilité[4], sauf s'il démontre des faits justificatifs.

---

1. Rapp. Delnatte, préc., 125.

2. Le raccourcissement des procédures, notamment en cas de divorce par consentement mutuel aurait pu lui redonner une certaine actualité.

3. *Deutéronome*, XXIV, I : « *Soit un homme qui a pris une femme et consommé son mariage ; mais cette femme n'a pas trouvé grâce à ses yeux, et il a découvert une tare à lui imputer ; il a donc rédigé pour elle un acte de répudiation et le lui a remis, puis l'a renvoyée de chez lui.* »

4. Ex. : Cass. civ. 2e, 15 juin 1988, *Bull. civ.* II, n° 146 ; *JCP* G 1989.II.21223, n. M.-L. Morançais-Demeester ; *RTD civ.* 1988.770, obs. P. Jourdain : « *Si les motivations de la délivrance ou du refus de*

SECTION II
MAINTIEN DES EFFETS PASSÉS

752. Pas de rétroactivité. – Un mariage dissous par le divorce a existé dans le passé. Il n'est pas rétroactivement anéanti et ses effets acquis subsistent, ce qui constituait autrefois la grande différence entre le divorce et la nullité.

SECTION III
NOM DES ÉPOUX

753. L'indépendance dans l'interdépendance. – La rupture du mariage par le divorce est à la fois plus radicale et moins étendue que celle résultant du décès. Le décès fait disparaître le conjoint prémourant, non la piété que le survivant peut lui porter. À l'inverse, le divorce fait disparaître le mariage, non l'ancien conjoint ; en d'autres termes, il entraîne l'indépendance des époux sans toutefois toujours complètement effacer leur lien, ainsi que le montre encore aujourd'hui le régime du nom. La veuve peut continuer à porter le nom de son mari ; en ce sens, le mariage survit à la mort. La femme divorcée a une situation plus complexe, que la loi de 2004 a souhaité clarifier et surtout « neutraliser », si l'on ose dire, en faisant d'un texte qui ne concernait que la femme mariée, une norme applicable (théoriquement) aux deux époux. Le législateur poursuit ainsi son œuvre d'éradication des discriminations frappant, selon lui, la femme par le nom. Il existe une règle de principe comportant une exception[5]. Le principe est que la femme, comme le mari, perd le droit d'user du nom de son ex-conjoint (art. 264, al. 1)[6] : plus donc que ne le fait la mort, le divorce brise le mariage, et le nouveau nom porté ou plutôt recouvré par la femme traduit la nouvelle liberté et la nouvelle indépendance des anciens époux. Par exception, la femme divorcée, « *l'un des époux* » dit l'article 265, alinéa 2, dans sa nouvelle rédaction, peut porter le nom de son mari, soit avec son accord[7], soit avec l'autorisation du juge si elle justifie d'un « intérêt particulier » pour elle ou pour les enfants (art. 264, al. 2). Cette dernière règle ne s'applique pas aux titres nobiliaires, qui ont leurs propres règles de dévolution[8].

---

délivrance du "gueth" échappent à l'appréciation des juridictions civiles, il appartient cependant à celles-ci de déterminer si le refus de délivrance constitue un abus de droit de celui qui l'oppose ; [...] la cour d'appel a pu, sans violer le principe de la séparation des Églises et de l'État et hors toute dénaturation, déduire que le comportement de M. O. (le mari) *constituait un abus de droit ; la faute ainsi commise engageait la responsabilité de son auteur hors de toute intention de nuire.* » Le juge ne peut en ordonner la délivrance sous astreinte : Cass. civ. 2e, 21 novembre 1990, *Bull. civ.* II, n° 239 ; *D.* 1991.434, n. crit. E. Agostini : « *La délivrance du gueth constituait pour M. X une simple faculté relevant de sa liberté de conscience et dont l'abus ne pouvait donner lieu qu'à des dommages-intérêts.* »

5. Dans l'ancien divorce pour rupture de la vie commune, la femme « répudiée » avait le droit, sans avoir à le demander au juge, de continuer à porter le nom du mari divorcé (art. 264, al. 2) : symbole de la permanence du lien malgré la rupture imposée. L'exception a disparu avec ce type de divorce (cf. *supra*, n° 533).

6. L'article 264 le dit aujourd'hui clairement : « *À la suite du divorce, chacun des époux perd l'usage du nom de son conjoint.* »

7. Aix-en-Provence, 9 septembre 1997, *JCP* G 1997.IV.1955 : « *Même lorsque la femme bénéficie de l'accord du mari, elle doit justifier qu'un intérêt particulier s'attache à cette convention pour elle-même ou pour ses enfants.* »

8. Ex. Bourges, 24 février 1998, *de Clermont-Tonnerre c/dame Moranville*, *JCP* G 1998.II.10072, n. Ruet ; *RTD civ.* 1998, 654 obs. J. Hauser, réformant TGI Chateauroux, 26 septembre 1995, *JCP* G 1996.II.22605, n. Ruet : jugé que l'épouse divorcée ne peut continuer à porter le titre de duchesse, le maintien de l'usage du nom n'entraînant pas automatiquement celui de l'usage du titre en raison de l'autonomie des règles régissant les titres, « *qui interdisent l'existence concomitante de deux personnes portant le titre de duchesse par l'effet d'un divorce suivi d'un remariage, la femme n'ayant sur le titre de son mari qu'un droit d'usage limité, accessoire au mariage et lié à l'existence réelle, ou fictive en cas de deuil, de ce dernier* ».

Cette faculté manifeste qu'il subsiste une certaine interdépendance entre les époux divorcés, qui peut s'expliquer de deux façons. D'une part, et de manière générale, il y a de nombreuses femmes divorcées qui répugnent à revenir à leur nom dit « de jeune fille ». D'autre part, et plus concrètement, la femme éprouve parfois un préjudice à changer de nom, soit parce qu'elle exerçait une profession commerciale, libérale ou artistique sous le nom du mari, soit, tout simplement, parce qu'elle en usait depuis longtemps[9]. Cette autorisation peut être donnée pour un temps limité[10] : la survie symbolique du mariage est alors éphémère ; elle peut être accordée après le jugement de divorce[11]. Elle ne peut être révoquée que pour de justes motifs[12] et est caduque de plein droit si la femme divorcée se remarie avec un tiers[13] : une femme ne peut avoir ni dans son nom, ni dans son état civil, deux maris. Étendue au mari, au nom de l'égalité, la règle pourrait permettre à celui-ci de continuer à porter le nom de sa femme (en pratique le double nom), dans l'hypothèse où ce nom – ou le double nom – aurait été attribué aux enfants en qualité de nom de famille.

Les mêmes règles sont applicables aux époux divorcés de même sexe.

9. L'expression d'« *intérêt particulier* » dont use l'article 264, alinéa 3, permet de recouvrir des situations diverses : généralement, il s'agit d'un intérêt **professionnel** : une commerçante, une artiste ou une femme écrivain avait acquis une notoriété sous le nom de son mari et subirait un préjudice si elle changeait de nom de famille. Cette condition n'est pas nécessaire : Cass. civ. 2e, 16 juillet 1982, *Bull. civ.* II, n° 106 ; *D.* 1982, IR 426 ; *Defrénois* 1983, art. 33082, n° 42, obs. J. Massip : cassation d'un arrêt qui avait décidé que « *l'"intérêt particulier" auquel se réfère le texte* (art. 264, al. 3) *doit s'entendre de l'utilisation du nom dans une profession ou une activité où la femme a acquis une certaine renommée sous le nom de son mari* ». Souvent aussi, l'« *intérêt particulier* » vient de l'**habitude**, tenant à la durée du mariage. Ex. : Paris, 2 mars 1989, *D.* 1989, IR 112, maintenu par Cass. civ. 2e, 2 mars 1989, cité *infra* : « *tel est le cas lorsque le mariage a été célébré depuis plus de trente-six ans ; elle* (la femme) *porte le nom de son mari depuis cette date, et a été toujours connue sous ce nom par son employeur, ses collègues de travail et les services administratifs ou sociaux avec lesquels elle a été en rapport* » ; Paris, 13 juin 2013, *Dr. famille* 2013, comm. 136, obs. J.-R. Binet : l'épouse, très malade, peut conserver l'usage du nom de son mari après quarante ans de mariage afin d'éviter toute confusion auprès des milieux hospitaliers et des organismes de sécurité sociale qui ne la connaissent que sous ce nom. Ou à une raison **religieuse** : TGI Boulogne, 7 mars 1977, *D.* 1978, IR 37, 2e esp., obs. A. Bénabent : « *l'éthique* (sic) *d'indissolubilité du mariage professée par la femme...* ». Ou l'intérêt **des enfants** confiés à la garde de la mère, qui vivent ainsi dans un symbolique foyer conjugal : TGI Paris, 18 janvier 1977, *D.* 1978, IR 37 ; *contra* : Aix-en-Provence, 13 juin 1979, *D.* 1981, IR 271, obs. A. Bénabent : « *L'intérêt pour l'épouse et l'enfant vivant avec elle d'être connus sous un seul et même nom ne répond pas, à défaut d'autres circonstances de fait, à la notion d'intérêt particulier visée par l'article 264, alinéa 3.* »

10. TGI Paris, 18 janvier 1977, préc. : « *La femme à qui est confiée la garde des enfants doit être autorisée à conserver l'usage du nom du mari aussi longtemps qu'elle aura la charge de l'un de ces enfants.* »

11. Cass. civ. 2e, 2 mars 1989, *Bull. civ.* II, n° 125 ; en ce cas, le juge doit se placer, non au jour du divorce, mais à celui de la demande pour apprécier l'intérêt de la femme et des enfants.

12. Paris, 9 mars 1979, *D.* 1979.471, n. J. Massip.

13. * TGI Paris, 10 février 1981, *aff. Isabelle de Wangen*, *D.* 1981.443 ; *JCP* G 1981.II.19624, n. D. Huet-Weiller : « .. *si la règle posée par l'alinéa 1er de l'article 264, qui veut que chacun des ex-époux reprenne l'usage de son nom, comporte désormais de larges exceptions en faveur de la femme, cette règle n'en reste pas moins le principe qui régit la matière ; on ne voit pas ce qui pourrait justifier une ex-épouse à continuer d'user d'une prérogative exceptionnelle qui lui avait été consentie en sa qualité de femme divorcée, alors qu'en contractant une nouvelle union elle acquiert un statut matrimonial nouveau qui lui confère l'usage d'un autre nom ; du reste, admettre qu'elle n'en conserverait pas moins l'usage de celui de son précédent mari serait pratiquement l'autoriser à utiliser à son gré l'un et l'autre des noms de ses époux successifs, soit simultanément, soit successivement, ce qui serait pour le moins inopportun et source de confusion pour les tiers.* »

Section IV
EXERCICE DE L'AUTORITÉ PARENTALE

754. Du divorce et des enfants. – La question des enfants a toujours été au cœur du divorce : les Encyclopédistes estimaient que le mariage devait durer tout le temps nécessaire à l'éducation des enfants avant de devenir dissoluble[14] et Jean-Jacques Rousseau dans *La Nouvelle Héloïse* voyait dans leur existence « *une raison invincible contre le divorce* ». Mais le foyer est brisé ; il faut déterminer chez qui l'enfant aura sa résidence. Sans doute est-ce le problème le plus délicat du divorce, le plus difficile à résoudre. Il n'existe pas de bonne solution, et il faut, une fois de plus, chercher la moins mauvaise.

La loi du 20 septembre 1792 instituant le divorce en France prévoyait un règlement original du devenir des enfants : dans le cas du divorce par consentement mutuel, pour incompatibilité d'humeur ou de caractère, les filles étaient confiées à la mère ainsi que les garçons de moins de sept ans ; au-delà de cet âge, ces derniers étaient confiés au père. Mais il était admis que les parents pouvaient faire à ce sujet « *tel autre arrangement que bon leur semblera* ». Si le divorce était prononcé pour cause déterminée, le sort des enfants était réglé en assemblée de famille. Le Code Napoléon envisageait deux hypothèses : si les époux divorçaient par consentement mutuel, il leur appartenait de prévoir à qui les enfants seraient confiés (art. 280 anc.). Dans les autres cas, l'article 302 disposait : « *Les enfants seront confiés à l'époux qui a obtenu le divorce, à moins que le tribunal [...] n'ordonne, pour le plus grand avantage des enfants, que tous ou quelques-uns d'eux seront confiés aux soins soit de l'autre époux, soit d'une tierce personne*[15] ». La loi du 11 juillet 1975 ne retint plus qu'un seul critère, l'intérêt de l'enfant[16], souverainement apprécié par les juges du fond.

755. Intérêt des enfants et divorce. – La notion d'intérêt de l'enfant, notion magique selon l'expression de Jean Carbonnier, est mystérieuse. Pierre angulaire de l'autorité parentale, elle en est la condition, le critère, la mesure et la fin. La Convention internationale des droits de l'enfant parle d'« *intérêt supérieur de l'enfant* ». Notion souple et évolutive, elle n'est que le reflet d'un consensus social à un époque donnée. Ainsi, pendant longtemps, estima-t-on que l'intérêt de l'enfant de parents divorcés était d'être confié à un seul de ses parents, l'autre parent, le parent coupable, ne devant avoir avec lui que des relations strictement encadrées,

14. *Encyclopédie, V° Mariage.*

15. Selon Treilhard, chargé de présenter le texte au Corps législatif : « *Quant aux enfants, la règle déjà établie de leur plus grand avantage doit être constamment suivie ; l'époux demandeur qui a obtenu le divorce est présumé sans reproche : c'est donc à lui, en général, que doivent être confiés les enfants ; mais l'application stricte de cette règle pourrait, dans bien des circonstances, ne leur être pas avantageuse. Il faut donc que le tribunal soit libre de les confier, lorsqu'il le jugera convenable, aux soins de l'un ou l'autre époux, et même à une tierce personne* » (Fenet, p. 486). Il n'était donc nullement question de faire de la privation de la garde une sanction supplémentaire infligée à l'époux coupable. Que cette interprétation se soit imposée par la suite (cf. Planiol et Ripert, t. 2, n° 650, qui affirment que « *la perte du droit de garde est une sanction du divorce* »), s'explique sans doute par l'hostilité dont le divorce fut entouré, bien au-delà de son rétablissement en 1884.

16. Cette règle est si importante qu'elle est d'ordre public international : ex. Cass. civ. 1re, 30 janvier 1979, *Bull. civ.* I, n° 37 ; *D.* 1979, IR 460, n. B. Audit ; *Rev. crit. DIP* 1979, 629, n. Y. Lequette ; *Clunet* 1979, 393, n. P. Mayer : « *une décision* [étrangère] *qui en matière de garde d'enfants après divorce, se réfère à des critères de principe et non à la prédominance de l'intérêt effectif de ces enfants, en fonction de données concrètes, ne répond pas aux exigences de l'ordre public français, même atténué* » (il s'agissait en l'espèce d'une décision tunisienne qui avait appliqué la loi tunisienne attribuant la garde de l'enfant au père).

afin d'éviter que ne fûssent ravivés les conflits du divorce[17]. Aujourd'hui, les opinions sont exactement inverses. Sauf cas particulier, l'intérêt de « l'enfant du divorce » serait non seulement de conserver des relations personnelles avec chacun de ses parents (ce que la Convention internationale relative aux droits de l'enfant [art. 10, § 2] et la Charte européenne des droits fondamentaux [art. 24, § 3], érigent en droit de l'enfant et que la Cour européenne des droits de l'homme protège avec vigueur au nom du droit au respect de la vie familiale[18]), mais encore d'être éduqué par ses deux parents malgré leur séparation. Selon une formule qui a fait florès : le couple parental doit survivre à la rupture du couple conjugal[19]. Sans doute y a-t-il là une part d'illusion, mais le mythe de l'indissolubilité du couple parental correspond aux besoins d'une société dans laquelle vivent plus de 1,5 millions d'enfants de parents divorcés[20].

756. De l'exercice unilatéral à l'exercice en commun de l'autorité parentale. – Le législateur a suivi, et peut-être anticipé, ces évolutions[21]. En 1975, le principe était l'exercice unilatéral de l'autorité parentale. Des pratiques de « garde conjointe » se développèrent cependant, que la Cour de cassation consacra dès 1983, alors qu'elle condamnait la « garde alternée[22] ». Face aux interrogations suscitées par l'augmentation du nombre des séparations, le législateur est intervenu à trois reprises : 1987 (loi *Malhuret*, 22 juillet 1987, qui consacre l'exercice en commun de l'autorité parentale après divorce), 1993 (L. 8 janvier 1993, qui en fait le principe, l'exercice unilatéral n'étant plus que l'exception), 2002 (L. 4 mars 2002, qui généralise l'exercice en commun de l'autorité parentale après séparation, reconnaît la résidence alternée et ouvre aux parents de nouvelles possibilités d'accord)[23].

757. De l'enfant du divorce aux enfants de la séparation. – Les enfants du divorce ne sont plus aujourd'hui qu'une partie d'un plus vaste problème : celui des enfants dont les parents, mariés ou non mariés, vivent séparément. Parallèlement, il est apparu opportun de mieux distinguer les questions propres aux époux qui divorcent (dissolution du mariage, effets personnels et patrimoniaux) d'une part, celles qui concernent les relations entre les parents séparés et leurs enfants d'autre part[24]. Aussi, le législateur de 2002 a-t-il souhaité construire un droit commun de la séparation parentale, applicable aux enfants nés en et hors mariage : les dispositions prévues au titre du divorce (et qui, depuis longtemps, avaient été

17. À la veille des années 1980, des auteurs américains, nourris de psychologie, de psychanalyse et de certitudes scientifiques, avaient tenté de donner un critère certain à l'intérêt de l'enfant. Au nom du besoin de continuité (qui pour l'enfant serait fondamental), le parent non gardien n'aurait eu aucun droit (de contrôle, de visite ou d'hébergement), sauf accord de l'autre parent ; les décisions sur la garde auraient dû être irrévocables, etc. (cf. A. Freud, J. Goldstein et A. Schmidt, *Dans l'intérêt de l'enfant ? Vers un nouveau statut de l'enfant*, trad. fr. ESP, 1980).

18. *GA CEDH*, *op. cit.*, p. 586 et les arrêts cités.

19. Sur cette formule et ses ambiguités, cf. les analyses de I. Théry, *Le démariage*, éd. Odile Jacob, 1993.

20. H. Fulchiron, « Pourquoi réformer l'autorité parentale ? », *in L'autorité parentale en question*, F. Dekeuwer-Défossez et Ch. Choain (ss. dir.), éd. Septentrion, 2003, p. 27 s.

21. Lors de la réforme *Malhuret* du 22 juillet 1987, il fut beaucoup question de l'effet symbolique des lois et de leurs vertus pédagogiques. En 1993 (L. 8 janvier 1993), on insista sur la valeur de la loi comme modèle.

22. Cass. civ. 2e, 21 mars 1983, *Bull. civ.* II, n° 86 ; *D.* 1984, 53, n. T. Moussa ; *JCP* G 1984.II.20163, n. A. Dekeuwer ; *Defrénois* 1983, art. 33174, n° 119, obs. J. Massip ; *RTD civ.* 1984, 95, obs. J. Rubellin-Devichi.

23. Sur ces différents textes, cf. *infra*, nos 1527 et 1528.

24. Rapp. Dekeuwer-Défossez, préc., p. 76.

transposées, en tant que de raison, aux autres cas de séparation), figurent désormais parmi les règles relatives à l'autorité parentale, aux articles 373-2 et suivants. Suivant sur ce point les vœux du législateur, elles seront étudiées *infra*.

758. Le chien-chien. – Malgré l'importance que prend dans la société française contemporaine l'animal domestique (parangon de ces « êtres vivants doués de sensibilité » mais néanmoins soumis au régime des biens corporels dont parle le législateur contemporain[25]), il n'est pas un enfant ; le juge n'a pas à s'occuper de sa garde si les époux divorcent : la garde appartient au propriétaire[26]. C'est un triste sujet de dispute : il y a des hommes et des femmes qui s'attachent plus à leur chien qu'à leur enfant[27].

N°s 759-769 réservés.

25. Cf. la nouvelle rédaction de l'article 515-4 C. civ. (réd. L. n° 2015-177 du 16 février 2015).

26. Ex. : Paris, 11 janvier 1983, *Gaz. Pal.* 1983.II.412 : « *La cour* [...] *n'a pas à réglementer s'agissant d'un chien, des "droits de visite et d'hébergement" imaginés par une référence abusive à la législation sur l'enfance ; l'époux propriétaire de l'animal peut en disposer librement* » ; Paris, 5 juin 1991, *D.* 1991, IR, 188 ; *RTD civ.*, 1991.717, obs. J. Hauser et D. Huet-Weiller : « *dans le cas où cet animal constituerait un bien commun, il appartient à l'époux qui en demande la jouissance ou "un droit de visite"* (sic) *d'en demander l'attribution à l'occasion de la liquidation des droits respectifs des parties devant le notaire désigné à cette fin* ». Comp. Rouen, 27 novembre 1980, *D.* 1980, IR 75, obs. A. Bénabent : « *Saisir la justice de telles difficultés est regrettable et peu sérieux d'autant que le chien est capable de se décider lui-même dans son choix* » (! !).

Cinéma : Cette sacrée vérité (*The awful truth*, 1937) de Leo Mc Carey avec Cary Grant et Irène Dunne : grâce à M. Smith (le fox-terrier conjugal), un couple se réconcilie.

27. Sur la place de l'animal dans la séparation du couple, cf. P. Hilt, « L'animal de compagnie lors de la séparation du couple », *AJ famille* 2012, p. 74 et réf. cit.

■ CHAPITRE II ■

RÈGLEMENTS PATRIMONIAUX

770. Du passé faisons table rase. – Quel que soit le régime matrimonial adopté, le mariage a créé entre les époux des liens patrimoniaux que le divorce vient rompre. Il y a un passé à liquider, celui du régime matrimonial dissous par le divorce, des donations et des avantages matrimoniaux, des dommages-intérêts pour les fautes éventuellement commises[1]. Il y a un avenir à préparer : le divorce met fin à la contribution aux charges du mariage et au devoir de secours. Les différences de ressources masquées pendant le mariage par la mise en commun d'une partie des biens et des revenus, réapparaissent avec le divorce, d'autant que celui-ci entraîne souvent de nouvelles charges, chacun assumant seul désormais un certain nombre de dépenses jusque-là partagées.

L'objectivation et la banalisation du divorce pourraient conduire un jour à une séparation « sèche », sans pension ni prestation. Mais la tradition française reste dans un autre sens : le mariage a créé entre époux une solidarité qui oblige le riche à aider le pauvre et le fort à secourir le faible. Il ne s'agit plus aujourd'hui de maintenir le devoir de secours entre époux ni d'assurer à la femme une sorte de revenu minimum d'insertion post matrimonial par le biais d'une pension alimentaire ; cette formule, qui était nécessaire dans une société où le divorce était peu fréquent et où les femmes exerçaient rarement une activité professionnelle, n'est plus possible aujourd'hui, sauf cas particuliers, tant en raison de son coût que de la dépendance qu'elle créerait entre les époux. Il serait plutôt question d'assurer aux époux, à la femme le plus souvent, un temps d'adaptation afin de lui permettre de retrouver un équilibre personnel, patrimonial et professionnel, rompu par le divorce. Telle est la pente sur laquelle glisse le droit français, tiraillé entre logique alimentaire (la pension alimentaire d'avant 1975), logique compensatoire (la « maintenance » de 1975) et logique du capital de redémarrage[2]. Elle est souvent injuste et parfois cruelle : dans de nombreux cas, la femme a des revenus professionnels insuffisants et très inférieurs à ceux de son mari, car elle avait, en partie, sacrifié son activité et son avenir professionnels à l'éducation des enfants. Lors des travaux préparatoires de la loi de 2004, les plus réservés envers les innovations proposées ne furent pas quelques parlementaires nostalgiques d'un ordre ancien, mais les représentants de la Délégation aux droits des femmes[3].

---

1. Sur le jeu de l'article 1382, *supra*, n° 730.
2. H. Fulchiron, « Les solidarités dans les couples séparés : renouvellement ou déclin ? », *D.* 2009, p. 1703.
3. Sur l'ensemble de la question, cf. G. Rufieux, *La sanction des obligations familiales*, préf. P. Murat, Dalloz, 2014.

Techniquement, le règlement des conséquences patrimoniales du divorce porte principalement sur quatre questions : la liquidation du régime matrimonial (Section II), le sort des donations et avantages matrimoniaux (Section III), la prestation compensatoire (Section IV) et le devenir du logement familial (Section V). Avant de les examiner, il convient d'exposer les règles qui régissent l'ensemble de la matière (Section I).

SECTION I
RÈGLES GÉNÉRALES

Trois principes gouvernent le règlement des conséquences patrimoniales du divorce (§ 1), qu'il soit l'œuvre du juge ou des époux (§ 2).

§ 1. PRINCIPES DIRECTEURS

771. Dissociation, concentration, liquidation. – La loi de 1975 était animée par trois idées force : la dissociation des causes et des conséquences du divorce, la concentration des conséquences du divorce et la diversification des régimes. Les deux premières n'ont cessé de prospérer au fil des réformes. La troisième, en revanche, a perdu de son importance, dès lors qu'en se développant, la première « neutralisait » le divorce dans ses causes comme dans ses conséquences. Rares sont aujourd'hui les effets propres à tel ou tel type de divorce : ne restent plus que les dommages-intérêts de l'article 266 en cas de divorce pour faute ou de divorce pour altération définitive du lien conjugal. Une nouvelle directive est en revanche apparue dans la loi de 2004, qui complète le principe de concentration des conséquences du divorce : l'anticipation et l'encadrement de la liquidation.

I. — Dissociation des causes et des conséquences du divorce

772. Prophylaxie et peine privée. – Longtemps, l'idée de « gain » du divorce a été liée à celles de faute et de torts, l'époux « coupable » étant privé de certains droits de nature patrimoniale (perte des donations et avantages matrimoniaux, perte du droit à obtenir une pension alimentaire ou une prestation compensatoire, dommages-intérêts spécifiques, perte de la pension de réversion, etc.). Ces déchéances jouaient tantôt comme une sorte de peine privée, qui profitait directement ou indirectement au conjoint « innocent », tantôt comme une sanction complémentaire infligée à l'époux fautif par la société.

Cette politique législative répondait à trois fins : **1)** un but **prophylactique** : la perspective d'une sanction attachée à une faute aurait dû dissuader le conjoint de la commettre – ce qui, à l'expérience, s'était révélé inefficace : généralement les passions ne calculent pas à long terme ; **2)** un **frein** au divorce : la perspective de perdre des libéralités et de payer une pension alimentaire et des dommages-intérêts aurait dû inciter le conjoint défendeur à défendre son mariage et éviter le divorce. À l'expérience, cette politique a présenté deux inconvénients. D'une part, la possibilité d'une pension alimentaire opulente pouvait, au contraire, inciter le conjoint innocent à demander le divorce pour se faire pensionner avant l'âge – l'effet produit était donc opposé à celui qui était escompté, un effet *boomerang* – ; d'autre part, les débats du divorce devenaient plus âpres, non pour la rupture du lien, mais pour discuter du profit du divorce (ce qui était une manière imprévue d'éviter les divorces d'accords) ; **3)** une **réparation** du dommage subi par l'innocent.

Cette politique supposait qu'il fût possible de discerner nettement le coupable de l'innocent, alors que souvent, dans les difficultés conjugales, aucun conjoint n'est ni complètement blanc, ni complètement noir.

773. Dissociation et déconnexion. – Par idéologie et réalisme, la loi de 1975 avait modifié la politique du droit en retirant à la loi beaucoup de ses rôles prophylactique, moral et social.

Tout en posant le principe nouveau de dissociation des causes et des effets, elle l'avait assorti de diverses exceptions, dans le divorce pour faute prononcé aux torts exclusifs, au détriment de l'époux « coupable » et dans le divorce pour rupture de la vie commune, à la charge de l'époux demandeur. L'équilibre ainsi réalisé tendait, en quelque sorte, à « moraliser » le divorce.

Cette subtile construction a disparu en 2004. Bannissant toute considération morale (vite qualifiée de moralisatrice), le législateur a dissocié les causes et les effets du divorce (à l'heure de l'informatique, on parle plutôt de « déconnexion »). Ne subsistent que quelques rares reliques des liens antérieurs.

II. — Concentration des conséquences du divorce

774. Solder les comptes du mariage. – Le législateur de 1975 avait souhaité que tous les problèmes liés au divorce fûssent réglés au moment de son prononcé afin de limiter le contentieux de l'après-divorce. À cette fin, la pension alimentaire avait cédé la place à la prestation compensatoire, qui valait « pour solde de tout compte » et dont le montant était, en principe, intangible. Le principe de concentration fut repris par le législateur en 2000, lors de la réforme de la prestation compensatoire, et en 2004, lors de la réforme globale du divorce, même s'il dut être assoupli sur un point essentiel, celui de la révision des modalités, voire du montant de la prestation.

III. — Accélération du règlement

775. Liquider, partager. – Étroitement lié au précédent, le principe d'accélération du règlement du divorce était présent dans la loi de 1975, mais a surtout été développé par celle de 2004. Tout est fait désormais pour encadrer dans le temps les opérations de liquidation et de partage des intérêts patrimoniaux des époux. Dès le stade des mesures provisoires, le juge peut commencer à préparer cette liquidation en désignant un « *professionnel qualifié en vue de dresser un inventaire estimatif ou de faire des propositions quant au règlement des intérêts pécuniaires des époux* », et éventuellement un notaire « *en vue d'élaborer un projet de liquidation du régime matrimonial et de formation des lots à partager* » (art. 255, 9º et 10º)[4]. La demande introductive d'instance doit comporter une « *proposition de règlement des intérêts pécuniaires et patrimoniaux des époux* »[5] (art. 257-2) ; lorsqu'il prononce le divorce, le juge ordonne la liquidation et le partage des intérêts patrimoniaux des époux ; si le projet de liquidation préparé par le notaire contient des éléments suffisants, il statue sur les désaccords persistants entre les époux. Mais le volontarisme législatif a ses limites : mis en place en 2004, le calendrier encadrant strictement les opérations de liquidation a dû être abandonné en 2009 (art. 267-1 L. nº 2009-526 du 12 mai 2009, *infra*).

L'ensemble de ces mesures paraît très utile, car la multiplication des divorces rend dangereuse la survie de « morts mariages » quant aux biens, qui ne peuvent que troubler les relations entre les vivants.

4. Cette intervention du notaire dans la liquidation des biens liée à un divorce avait été prévue par la loi de 1975 ; elle a été facilitée et étendue par celle de 2004. Cf. *infra*, nº 779 s.

5. À peine d'irrecevabilité, cf. *infra*, nº 779 et réf. cit.

§ 2. Rôles du juge et des époux

Deux types de divorce s'opposent *a priori* : le divorce par consentement mutuel et les divorces contentieux. Cette opposition doit être nuancée car une place des plus importantes est laissée aux accords passés entre les époux : les divorces contentieux se mâtinent de consentement mutuel.

I. — Divorce par consentement mutuel

776. Convention. – Dans le divorce par consentement mutuel, il appartient aux époux de régler les conséquences patrimoniales de leur divorce dans les conventions qu'ils soumettent à l'homologation du juge. Celui-ci peut refuser d'homologuer la convention et donc de prononcer le divorce s'il constate que la convention préserve insuffisamment les intérêts des enfants ou de l'un des époux. Sous cette réserve, la loi laisse aux époux une grande liberté, y compris dans des matières aussi réglementées que la prestation compensatoire[6].

II. — Divorces contentieux

777. Décision. – En cas de divorce pour faute, de divorce pour altération définitive du lien conjugal ou de divorce accepté, la charge de régler les conséquences patrimoniales de la rupture incombe au juge. La place faite aux accords des époux est cependant de plus en plus importante, à tel point que la loi de 2004 paraît dans certains de ses textes inverser principe et exception : ainsi, l'article 267 affirme-t-il désormais que « *À défaut d'un règlement conventionnel par les époux, le juge, en prononçant le divorce, ordonne la liquidation et le partage de leurs intérêts patrimoniaux* ».

778. « *Do it yourself* ». – Non seulement le législateur charge le juge d'inciter les époux à procéder à un règlement amiable des conséquences de la séparation (art. 252, et 252-3) par des accords dont il doit tenir compte, mais encore il leur permet de passer des conventions réglant tout ou partie des conséquences du divorce (art. 268). Ces conventions sont soumises à l'homologation du juge qui, comme dans un divorce par consentement mutuel, exerce sur elles un simple contrôle d'équité : il les homologue en prononçant le divorce, « *après avoir vérifié que les intérêts de chacun des époux et des enfants sont préservés* » (art. 268, al. 2). De même l'article 265-2 prévoit-il que les époux, pendant l'instance, peuvent « *passer toute convention pour la liquidation et le partage de leur régime matrimonial* » (art. 265-2). À la différence de ce que prévoyait l'ancien article 1451, elles ne sont plus obligatoirement notariées, sauf si la liquidation porte sur des biens soumis à la publicité foncière[7].

Cette « contractualisation » du divorce – du moins dans le règlement de ses conséquences – contribue à son apaisement[8]. Mais l'on peut se demander quel en est l'effet sur la conception générale du divorce et, indirectement, du mariage.

6. Sur les voies (limitées) de recours contre la convention homologuée ; *supra*, n°s 616 s.
7. Cass. civ. 1re, 25 juin 2008, *AJ famille* 396, obs. M. Hilt ; *Dr. famille* 662, obs. J. Hauser.
8. J. Hauser et Ph. Delmas-Saint-Hilaire, « Volonté et ordre public dans le nouveau divorce : un divorce entré dans le champ contractuel ? », *Defrénois* 2005, 357 s.

SECTION II
LIQUIDATION DU RÉGIME MATRIMONIAL

Quel que soit le régime matrimonial, la vie de couple avait entraîné plus ou moins confusion des intérêts patrimoniaux : achats en commun, dettes communes et mise au service de la famille d'un certain nombre de ressources et de biens. La liquidation du régime matrimonial relève de l'étude générale des régimes matrimoniaux. Deux problèmes étroitement liés à la procédure de divorce appellent quelques précisions, d'autant que la réforme du divorce marque pour l'un comme pour l'autre une importante évolution : il s'agit d'une part du processus de la liquidation (§ 1), d'autre part des conventions portant liquidation (§ 2).

§ 1. PROCESSUS DE LIQUIDATION

Un des objectifs spécifiques de la loi de 2004 fut d'accélérer la liquidation du régime matrimonial, car l'ensemble des règlements patrimoniaux, et notamment la prestation compensatoire, en dépend étroitement. Les efforts du législateur ont surtout porté sur les divorces contentieux.

I. — Préparation

779. Fin de régime. – Pour accélérer le règlement des conséquences du divorce, l'article 257-2 dispose que « à *peine d'irrecevabilité, la demande introductive d'instance comporte une proposition de règlement des intérêts pécuniaires et patrimoniaux des époux* ».

Selon l'article 1115 du Code de procédure civile, cette proposition de règlement « *contient un descriptif sommaire* » du patrimoine des époux (actif et passif, biens communs ou indivis, biens propres ou personnels[9]), et « *précise les intentions du demandeur quant à la liquidation de la communauté ou de l'indivision, et, le cas échéant, quant à la répartition des biens* ». Ces « intentions », affirme l'alinéa 2 du texte, ne constituent nullement une « prétention » au sens procédural du terme. Faute d'une telle proposition, la demande est irrecevable ; pour éviter toute manœuvre dilatoire, l'article 1115 du Code de procédure civile, alinéa 3, précise que cette irrecevabilité doit être invoquée avant toute défense au fond[10].

Afin de disposer vite d'un état des patrimoines et des droits des époux, préalable nécessaire à la liquidation du régime matrimonial, et de permettre aux époux d'avoir rapidement une base de liquidation, le juge aux affaires familiales peut, dès l'ordonnance de non-conciliation, désigner, au titre des mesures provisoires, « *tout professionnel qualifié en vue de dresser un inventaire estimatif ou de faire des propositions quant au règlement des intérêts pécuniaires des époux* » (art. 255, 9°)[11].

9. La circulaire du 23 novembre 2004 affirme que le caractère sommaire du descriptif ne doit pas dispenser le demandeur d'une obligation de sincérité qui « *résulte directement du principe de loyauté procédurale* ».

10. De plus, selon la circulaire du 23 novembre 2004, cette exception d'irrecevabilité ne constituant pas une exception d'ordre public, elle ne peut être soulevée d'office par le juge. Elle peut faire l'objet d'une régularisation, cf. Cass. civ. 2e, 6 janvier 2012, *RTD civ.* 2012, p. 299, obs. J. Hauser.

11. Cf. J.-P. CLAUX et S. DAVID, « Divorce : le notaire nommé expert au cours de la procédure », *Defrénois* 15 juillet 2008, n° 13, p. 1413.

Savoir si cette mission devait être confiée à un notaire ou à d'autres professionnels a fait l'objet de vifs débats au Parlement[12], le « marché » du divorce attisant bien des convoitises. Par professionnel qualifié, il faut entendre par exemple un avocat, un expert-comptable, un commissaire-priseur, etc. Il est vrai qu'il ne s'agit, à ce stade, que d'un inventaire estimatif et de « propositions » de règlement.

Le juge peut également désigner un notaire « *en vue d'élaborer un projet de liquidation du régime matrimonial et de formation des lots à partager* » (art. 255-10°). Le recours à un notaire s'impose ici compte tenu de la technicité des opérations en cause, même s'il n'y a pas de biens immeubles[13].

Ces deux mesures sont d'autant plus utiles que, désormais, la loi fait obligation au demandeur, sous peine d'irrecevabilité, de joindre à sa demande introductive d'instance (donc après l'ordonnance de non-conciliation), « *une proposition de règlement des intérêts pécuniaires et patrimoniaux des époux* » (art. 257-2). Tout est donc fait pour que les époux et le juge aient vite des éléments de discussion.

II. — Opérations de liquidation

780. Fin de régime (suite). – Afin de favoriser le règlement de toutes les conséquences du divorce lors de son prononcé et, ainsi de « pacifier » l'après divorce, le législateur de 2004 et de 2009 a élargi les pouvoirs du JAF. Investi désormais d'une mission de liquidation et de partage des intérêts patrimoniaux des époux après divorce (COJ, art. L. 283-2 loi du 12 mai 2009), il dispose non seulement du pouvoir d'ordonner la liquidation et le partage des intérêts patrimoniaux des époux (art. 267 al. 1) ainsi que de statuer sur les demandes d'attribution préférentielle ou de maintien dans l'indivision (art. 267 al. 2), mais encore d'accorder à l'un des époux (ou aux deux) une avance sur sa part de communauté ou de biens indivis (ce qui peut permettre aux époux de retrouver leur équilibre financier après le divorce). Il peut aussi « *statuer sur les désaccords persistants entre les époux si le projet de liquidation du régime matrimonial établi par le notaire désigné, au titre des mesures provisoires* » (cf. art. 255, 10°*), contient des informations suffisantes*. La règle devrait être particulièrement utile, en évitant que des désaccords sur des points clairement identifiés ne bloquent l'ensemble des opérations de liquidation[14]. Plus généralement, le JAF est compétent après le prononcé du divorce pour mener à bien les opérations de liquidation[15].

781. Fin de régime (fin). – Rien n'oblige les ex-époux à liquider leur régime matrimonial au cours de la procédure ni lors du prononcé du divorce, ni après celui-ci. Les inconvénients de l'absence de contrainte sont évidents : liquidation à retardement polluant l'après-divorce, difficultés d'apprécier les incidences réelles du divorce sur la situation patrimoniale des intéressés ce qui

12. Cf. Rapp. Delnatte, p. 63.

13. Sur les articles 255 9° et 255 10°, J.-P. Claux et S. David, cité *supra*, note 7.

14. Reprenant le dossier, la future loi relative à la simplification du droit et des procédures dans les domaines de la justice et des affaires intérieures habilite le gouvernement à prendre par ordonnance les mesures nécessaires pour « articuler, en cas de divorce, l'intervention du juge aux affaires familiales et la procédure de liquidation et de partage des intérêts patrimoniaux des époux, en renforçant les pouvoirs liquidatifs du juge saisi d'une demande en divorce pour lui permettre, le cas échéant, de prendre des décisions relatives à la liquidation et au partage de leurs intérêts patrimoniaux » (art. 3).

15. Bien que la question soit discutée, la Cour de cassation a admis que le juge qui prononce le divorce a le pouvoir de désigner le notaire liquidateur (Cass. civ. 1re, 12 avril 2012, *D.* 2012, p. 2011, note C. Brenner, *Dr. famille* 2012, n) 96, note V. Larribau-Terneyre*AJ famille* 2012, 403, obs. S. David, *RTD civ.* 2012, 519, obs. J. Hauser ; *adde* Cass. civ. 1re, 7 novembre 2012, *RTD civ.* 2013, 96, obs. J. Hauser. Sur l'ensemble de la question, cf. A. Depondt ; « Divorce et partage, une même instance ? », *AJ famille* 2013, 87 et réf. cit.

rend divinatoire la détermination du montant de la prestation compensatoire, etc. Pour encadrer et accélérer le processus, la loi de 2004 avait mis en place une sorte de « calendrier » des opérations (art. 267-1 ancien) : si les opérations n'avaient pas été achevées dans le délai d'un an après que le jugement de divorce fût passé en force de chose jugée, le notaire transmettait au tribunal un procès-verbal de difficultés reprenant les déclarations respectives des parties, le tribunal pouvant accorder un délai supplémentaire de six mois ; si la situation n'était toujours pas réglée, le notaire en informait le tribunal et établissait au besoin un nouveau procès-verbal ; le tribunal statuait alors sur les contestations subsistant entre les parties et les renvoyait à nouveau devant le notaire afin d'établir l'état liquidatif. Ce système, jugé trop contraignant pour être réaliste, a été supprimé par la loi du 12 mai 2009, dite de simplification du droit. On ne peut que le regretter.

§ 2. Conventions de liquidation

782. Liquidation conventionnelle. – Dans les divorces contentieux, l'article 1450 ancien ouvrait depuis 1975[16] la possibilité de conclure pendant l'instance en divorce « *toutes conventions pour la liquidation et le partage de la communauté* », ces conventions devant être passées par acte notarié. Utiles, ces conventions de liquidation anticipée étaient, semble-t-il, peu utilisées, ne serait-ce que parce qu'il était impossible d'y inclure les éléments relatifs à l'attribution d'une prestation compensatoire, domaine réservé au juge aux affaires familiales[17]. Or la liquidation des intérêts patrimoniaux des époux constitue un tout : il est impossible de répartir les biens communs si l'on ignore quels seront le montant et les modalités de la prestation compensatoire[18].

Pour mettre fin à ces incertitudes et inciter au développement de ces conventions, le législateur de 2004 a inscrit les dispositions de l'ancien article 1450 dans un nouvel article 265-2 applicable par conséquent dans tous les cas de divorce contentieux. De plus, le nouveau texte supprime l'exigence d'un acte notarié, sauf s'il concerne des biens soumis à publicité foncière.

Par ailleurs, la loi nouvelle ouvre aux époux la possibilité de soumettre pendant l'instance « *toutes conventions réglant tout ou partie des conséquences du divorce* » à l'homologation du juge, qui n'exerce alors qu'un contrôle en équité (art. 268).

Il est traditionnellement admis que les époux disposent en la matière d'une grande liberté : non seulement ils ne sont pas tenus de suivre les règles de leur régime matrimonial[19], mais encore il leur est loisible de renoncer à tel ou tel de leurs droits.

Ces conventions soumises à homologation ne doivent pas être confondues avec les accords que les époux peuvent conclure entre eux et dont ils demandent simplement au juge de prendre acte dans sa décision : contrairement aux conventions homologuées des articles 265-2 et 268, les contrats judiciaires ne participent pas de l'autorité de la chose jugée[20].

---

16. Avant cette date, de telles conventions étaient prohibées comme portant atteinte à l'immutabilité des régimes matrimoniaux, cf. *Droit des régimes matrimoniaux*.

17. Cass. civ. 1re, 23 mars 1994, *Bull. civ.* I, n° 103 ; *Defrénois* 1994, 1090, obs. J. Massip.

18. En pratique, ces conventions étaient soumises à la condition suspensive du prononcé du divorce dans les conditions envisagées par les parties. De plus, l'article 1451, alinéa 2, prévoyait que « *L'un des époux peut demander que le jugement de divorce modifie la convention si les conséquences du divorce fixées par le jugement remettent en cause les bases de la liquidation et du partage* ».

19. G. Champenois, *Les régimes matrimoniaux*, n° 493.

20. Cass. civ. 1re, 25 juin 2008, *RTD civ.* 2008, p. 662, obs. J. Hauser : les dispositions du jugement se bornant à donner acte aux époux de leur accord sont dépourvues de toute valeur juridique indépendamment de cet accord préalable : il faut donc se référer aux termes de l'accord, non au contenu de la décision.

Section III
SORT DES DONATIONS ET AVANTAGES MATRIMONIAUX

Le sort des donations et avantages matrimoniaux après divorce a été profondément transformé par la loi de 2004 afin, d'une part, de couper tout lien avec les torts, d'autre part, de résoudre les nombreuses difficultés qu'engendrait le système antérieur.

§ 1. Avant la loi de 2004

783. Qui pêche perd ; qui ne dit mot maintient. – En dehors même de tout divorce, à la différence des autres donations, les donations faites entre époux pendant le mariage étaient, avant 2004, toujours révocables (art. 1096 anc.) ; ainsi en était-il *a fortiori* en cas de divorce. Pour les autres (donations faites par contrat de mariage ou en vue du mariage, ou à cause de mort), il était difficile de dire avant la loi de 2004 si le principe était celui de leur perte ou de leur maintien à raison du divorce. Leur sort était lié tantôt à la faute, tantôt à la volonté expresse ou présumée des époux.

Le Code civil prévoyait des cas de perte ou de maintien de plein droit à raison des torts de l'un ou de l'autre époux, le bénéfice ou la révocation jouant comme une sorte de peine privée. Ainsi, le conjoint aux torts exclusifs duquel le divorce était prononcé perdait-il de plein droit les donations et avantages matrimoniaux qui lui avaient été consentis (art. 267 anc.). À l'inverse, l'époux « innocent » les conservait de plein droit « *encore qu'ils aient été stipulés réciproques et que la réciprocité n'ait pas lieu* » (art. 267, al. 2 anc.). Il en allait de même, au profit du défendeur et au détriment du demandeur, en cas de divorce pour rupture de la vie commune (art. 269 anc.). Ils étaient cependant maintenus si le donateur renonçait après le divorce à la révocation de plein droit, ce qui devait sans doute être rare, mais suffisait à rendre la situation incertaine.

En cas de divorce « neutre », pour faute aux torts partagés ou sur demande acceptée, chacun des époux pouvait (ou non) révoquer tout ou partie des donations et avantages qu'il avait consentis à l'autre. Rien n'était précisé en ce qui concerne le moment de la révocation, la plus grande incertitude régnant en la matière.

Si les époux divorçaient sur requête conjointe, il leur appartenait de décider dans la convention du sort des biens et avantages matrimoniaux qu'ils s'étaient consentis. Si rien n'avait été décidé à cet égard, ils étaient censés les avoir maintenus (art. 268). La règle soulevait de nombreuses difficultés.

§ 2. Après la loi de 2004

784. D'une incertitude à l'autre. – La loi de 2004 a, d'une part, clairement distingué selon que les donations et avantages en cause prennent effet au cours du mariage ou à sa dissolution ; elle a, d'autre part, rompu tout lien entre l'attribution des torts et le sort des donations et avantages matrimoniaux[21].

Selon l'article 265, alinéa 1, « *Le divorce est sans incidence sur les avantages matrimoniaux qui prennent effet au cours du mariage et sur les donations de biens présents quelle qu'en soit leur forme* ». La règle prend tout son sens lorsqu'on la relie au nouvel article 1096, alinéa 2, qui a mis fin à l'ancien principe de révocabilité des donations entre époux, du moins des donations de biens présents[22].

21. Sur la question de la validité des clauses de non-divorce assortissant un avantage matrimonial ou une donation de biens présents, F. Sauvage, « Des conséquences du divorce sur les libéralités entre époux et les avantages matrimoniaux », *Defrénois* 2005, 1425 s.

22. *Les successions, les libéralités,* n° 709.

En vertu du principe d'application immédiate de la loi nouvelle, la règle vaut pour les donations consenties après le 1er janvier 2005, date d'entrée en vigueur de la loi du 26 mai 2004. Mais *quid* des donations consenties antérieurement ? Elles restent soumises à la loi ancienne *i.e.* la loi applicable lors de leur conclusion qui seule peut régir les conditions de leur annulation (pour les donations déguisées ou consenties par personne interposée, art. 1099, al. 2 anc.), ou les causes de leur révocation (pour les donations entre époux, art. 1096 ancien)[23]. Il avait été soutenu que la suppression de la révocabilité *ad nutum* des donations entre époux était une règle d'ordre public, d'application immédiate[24] ; cette opinion a été condamnée par la loi du 23 juin 2006 sur les successions et les libéralités (art. 46).

Avant même la loi de 2004, une partie de la pratique notariale surtout en Alsace (d'où le nom de clause alsacienne), avait prévu que les donations entre époux faites par contrat de mariage (qui étaient alors les seules donations entre époux irrévocables) étaient révocables de plein droit en cas de divorce. Mettant fin aux indécisions de la pratique et de la doctrine et aux hésitations de la jurisprudence, la loi de 2006 sur les successions et les libéralités a déclaré valable la clause alsacienne quand elle avait été stipulée dans « un contrat de mariage » (art 265, al. 3). Il est raisonnable d'étendre cette validité aux donations de biens présents faites pendant le mariage, hors contrat de mariage, irrévocables par le fait de la loi de 2004. Mais non à la clause prévoyant la révocation de ces donations irrévocables du seul fait de l'introduction d'une demande en divorce (même non suivie d'un divorce), car elle constituerait une condition potestative prohibée par la loi (art. 944)[25]. Franchissant un pas de plus, la Cour de cassation a affirmé que les prohibitions inscrites à l'article 265, al. 1 sont des dispositions impératives qui font obstacle à l'insertion, dans une donation, de biens présents prenant effet au cours du mariage, d'une clause résolutoire liée au prononcé du divorce ou à une demande de divorce[26]. On peut discuter d'une telle solution...

En revanche, le divorce emporte révocation de plein droit des avantages matrimoniaux qui ne prennent effet qu'à la dissolution du régime matrimonial[27] ou au cas de décès de l'un des époux et des dispositions à cause de mort accordées par un époux envers son conjoint par contrat de mariage ou pendant l'union (une donation au dernier vivant par exemple), sauf volonté contraire de l'époux qui les a consentis. Le principe est donc désormais celui de la révocation de plein droit, quelle que soit la procédure de divorce, sauf manifestation de volonté contraire.

Afin d'éviter toute incertitude, et de préserver l'équilibre de la liquidation, l'article 265, alinéa 2, précise *in fine* que la volonté des époux est constatée par le

23. Cf. not. J.-L. Puygauthier, « Les libéralités et les montages matrimoniaux après la réforme du divorce du 26 mai 2004 », *JCP* N 2004, n° 45, 1538 et n° 46, 1548.

24. B. Beignier et M. Nicod, « Donations entre époux : d'un droit à l'autre », *Defrénois* 2005, p. 265 s.

25. Cette clause avait été déclarée valable, mais seulement en raison de la nature de la libéralité, par Cass. civ. 1re 13 décembre 2005, *Bull. civ.* I, n° 491 ; *JCP* G 2006.II.10136, n. appr. Ph. Simler « *La clause par laquelle un époux subordonne la donation faite à son conjoint durant le mariage au cas où celui-ci lui survivrait, à la persistance du lien matrimonial ou à l'absence de toute action entreprise pour y mettre fin n'est pas en soi illicite et est justifiée, sauf intention de nuire, par la nature même de cette libéralité* ». En l'espèce, il s'agissait d'une donation de biens à venir, révocable *ad nutum*.

26. Cass. civ. 1re, 14 mars 2012, *D.* 2012, p. 1386, note J. Marrocchila, *RTD civ.* 2012, 300, obs. J. Hauser, *ibid.* 357, obs. M. Grimaldi. En l'espèce, c'est le donateur qui demandait le divorce pour rupture de la vie commune. Est-il équitable d'imposer l'irrévocabilité si c'est le gratifié qui demande le divorce ? Les époux doivent en tout cas avoir pleinement conscience des conséquences attachées aux libéralités qu'ils se consentent.

27. Clause d'attribution intégrale de la communauté, stipulation de parts inégales, clause de préciput, « clause commerciale » ou clause de prélèvement moyennant indemnité par exemple (cf. *Régimes matrimoniaux*, coll. Droit civil).

juge au moment du prononcé du divorce[28]. Elle « *rend irrévocables l'avantage ou la disposition maintenus* ». Cette clarification est opportune, à défaut de toujours être juste[29].

Corrélativement, l'article 265-1 dispose que « *le divorce est sans incidence sur les droits que la loi ou des conventions passées avec des tiers attribuent au conjoint divorcé* » : la perte ou le maintien de ce droit n'est donc plus lié, là encore, au « gain » du divorce. La règle paraît juste, car si l'on pouvait estimer opportun que l'époux « fautif » fût privé de certains des avantages qui lui avaient été consentis par son conjoint, le dépouiller, par exemple, de son droit à une pension de réversion ou à une allocation sociale sous prétexte que les torts du divorce pesaient sur lui, était inéquitable.

Section IV
PRESTATION COMPENSATOIRE

Après la dissolution du mariage, les obligations d'assistance et de secours entre conjoints disparaissent. Elles sont, dans certains cas, remplacées par quelque chose d'autre : pension alimentaire jusqu'en 1975 et depuis, prestation compensatoire, mais dans une tout autre perspective.

Selon le droit international privé français, est contraire à l'ordre public français la loi étrangère applicable au divorce qui refuserait d'attacher des conséquences pécuniaires au divorce et notamment n'accorderait au conjoint, ni pension alimentaire, ni prestation compensatoire, ni dommages-intérêts, ni une allocation suffisante[30]. Cet ordre public alimentaire permet également de faire barrage aux répudiations par lesquelles le mari tenterait de se soustraire à ses obligations. Le divorce a toujours une part de cruauté ; le législateur et le juge devraient veiller au respect d'une certaine équité[31].

785. 1° Fin des pensions alimentaires. – Avant la loi de 1975, le conjoint innocent avait droit à une pension alimentaire qui se substituait à l'obligation de secours disparue ; il s'agissait à peu près toujours de la femme, le plus souvent, une femme au foyer que le mari devait entretenir. Cette pension avait une double nature – indemnitaire dans son fondement (une responsabilité pour faute) – et alimentaire dans son objet (elle dépendait des ressources du débiteur et des besoins du créancier). Les auteurs dénonçaient le verbalisme de ce dualisme, car les deux idées étaient souvent contradictoires et le régime de la pension n'était pas cohérent. En outre, dès lors que la femme exerçait une activité professionnelle, les données du problème changeaient.

2° Après la loi de 1975, la pension alimentaire a presque totalement disparu, mais pas complètement. D'une part, elle est maintenue lorsque le mariage est simplement relâché : séparation de corps, instance en divorce. D'autre part, de 1975 à 2004, elle a également continué à exister dans le divorce pour rupture de la vie commune au profit de l'époux qui n'avait pas pris

28. Elle sera mentionnée dans le jugement ou dans la convention judiciairement homologuée.

29. Cf., sous l'empire du droit antérieur, Cass. civ. 1re, 6 février 2008, *Dr. famille* n° 41, n. V. Larribau-Terneyre ; *Defrénois* 2008, p. 1116, obs. J. Massip : « *Les donations faites entre époux pendant le mariage qui sont maintenues de manière expresse dans la convention définitive de divorce homologuée par le juge, deviennent irrévocables* ».

30. Jurisprudence constante ; ex. : Cass. civ. 1re, 28 novembre 2006, *Bull. civ.* I, n° 524 ; *D.* 2007.284, n. A. Devers : « *La cour d'appel ayant souverainement estimé que la loi marocaine, alors applicable, ne permettait pas d'allouer à l'épouse une allocation suffisante après le divorce, en a exactement déduit qu'elle était, sur ce point, contraire à l'ordre public international français* ». Encore faut-il en vérifier le contenu : Cass. civ. 1re, 4 novembre 2009, n° 08-20.355, *Bull. civ.* I, n° 218, *AJ famille* 2010, p. 38, note A. Boiché ; sur l'impact du nouveau Code de la famille marocain, cf. M.-C. Foblets et M. Loukili, « Mariage et divorce dans le nouveau Code marocain de la famille », art. préc.

31. Sur la prestation compensatoire en DIP, cf. A. Boiché, *AJ famille* 2007, n° 3, p. 107 s.

l'initiative du divorce : comme toutes les mesures spécifiques destinées à protéger le conjoint à qui l'on imposait le divorce, cette survivance exceptionnelle du devoir de secours a été supprimée par la loi de 2004, avec alignement sur le droit commun. Enfin, elle peut avoir été conventionnellement stipulée[32]. Sauf ces exceptions, le principe est désormais que la pension alimentaire est remplacée par une prestation compensatoire.

Pièce majeure du dispositif mis en place en 1975, la prestation compensatoire est une institution originale dans sa finalité comme dans ses modalités.

786. Avènement de la prestation compensatoire. – La prestation compensatoire[33] est destinée « *à compenser, autant qu'il est possible, la disparité que la rupture du mariage crée dans les conditions de vie respectives* » (art. 270) ; sa raison d'être est d'atténuer la disparité que le divorce a pu provoquer[34]. Elle remplace le devoir de secours auquel le mariage a mis fin et essaie de maintenir les anciens époux dans les conditions matérielles qu'ils avaient avant le divorce : du moins tente-t-on d'atténuer la chute de niveau de vie qu'entraîne très souvent le divorce, notamment pour la femme. Elle se substitue à l'ancienne pension alimentaire, avec laquelle le législateur a voulu, sans toutefois y parvenir complètement, établir deux différences. D'une part, elle est accordée sans distinction entre l'époux coupable et l'époux innocent. D'autre part, elle est forfaitaire et versée si possible, une fois pour toutes et sous forme d'un « capital » ; elle tend à éviter les relations difficiles qu'ont les anciens époux après le divorce.

Ce qui explique que dans le système mis en place en 1975, elle n'était pas révisable, en principe « *même en cas de changement imprévu dans les ressources et les besoins des parties* » (art. 273 anc.).

787. Esprit des lois, résistance des pratiques. – Le système mis en place en 1975 avait suscité un certain nombre de difficultés et un important contentieux, sans doute inévitable. En fait, une partie de ces problèmes étaient nés de ce que le législateur n'était pas allé jusqu'au bout de sa logique et, surtout, n'avait pas toujours été suivi par la pratique. Bien que le capital fût le principe, la prestation compensatoire était le plus souvent accordée sous forme de rente, pour des raisons liées à la pesanteur des pratiques (la survie de l'ancienne pension alimentaire), aux faux espoirs des créanciers (une pension procure un petit complément de revenus pour une longue durée ou pour la vie, ce qui fait moins peur qu'une grosse somme à gérer ; en réalité la rente a été de plus en plus mal payée et de moins en moins bien supportée au fur et à mesure que le temps passait), ou au manque de possibilités financières des débiteurs, mais aussi pour des raisons techniques et surtout fiscales[35]. La rente l'emportant *de facto* sur le capital, se posait crûment le problème de son absence de révision. Or, le système légal était extrêmement strict et la

32. Cass. civ. 2e, 9 mai 1988, *Bull. civ.* II, n° 111 ; *D.* 1989.289, n. crit. J. Massip ; *Defrénois* 1989, art. 34464, n° 2, p. 306, m.n. : « *l'arrêt retient à bon droit que si la nouvelle législation du divorce a, pour certains cas de divorce, supprimé le devoir de secours, elle n'a pas eu pour effet de priver de valeur l'obligation naturelle contractée dans un acte sous seing privé ; en reconnaissant la validité de l'engagement litigieux, la cour d'appel, qui a nécessairement estimé que les règles d'ordre public relatives au divorce ne rendaient pas illicite cet engagement, n'a pas encouru les reproches du moyen* ». En l'espèce, l'ex-mari s'était engagé, après le divorce, à continuer à payer à son ex-épouse la pension versée pendant la durée de l'instance. Jugé que cet engagement était valable.

33. L'expression est empruntée à la terminologie allemande (*Ausgleichsleisung*).

34. Les juges du fond doivent constater la disparité quand ils condamnent un époux à une prestation compensatoire ; ex. : Cass. civ. 2e, 12 juillet 1984, *Bull. civ.* II, n° 133 ; en l'espèce, la cour d'appel avait dit que la rente allouée à la femme à titre de prestation compensatoire prendrait fin au jour de la vente de l'appartement commun, car « *la réalisation de cet immeuble était propre à supprimer l'actuelle disparité pesant sur Mme M.* » ; cassation : « *Le produit de la vente de l'immeuble commun devait être réparti pour moitié entre les époux.* »

35. La rente était déductible des revenus du débiteur alors que le capital était, le plus souvent, assimilé à une donation et taxé comme tel.

jurisprudence prêtait la main à cette rigueur au risque de créer dans un monde de chômage et d'incertitudes économiques des situations parfois dramatiques.

Par ailleurs, le développement du travail des femmes et l'évolution des comportements sociaux ont considérablement modifié les données du problème : à l'ancien modèle de référence d'une femme qui a arrêté de travailler ou a mis entre parenthèses sa carrière professionnelle pour assurer les charges du mariage et l'éducation des enfants, s'était substituée une pluralité de situations diverses : époux aux ressources potentielles plus ou moins équivalentes, rupture après quelques années seulement de vie de couple, perspective pour l'un ou l'autre époux d'une recomposition familiale, etc.

788. Action des lobbies. – Dans les mentalités, le mariage n'apparaît plus comme une sorte d'assurance contre les aléas de la vie, mais comme un statut que l'on sait précaire : en cas de rupture, chacun doit reconstruire sa vie et non rester plus ou moins dépendant de l'autre sur le plan financier. Si l'on ajoute à tout cela un travail de lobbying particulièrement efficace de certaines associations de débiteurs de prestations compensatoires clamant l'injustice du système, on comprend que le législateur ait jugé nécessaire d'intervenir, sans attendre la réforme générale du droit du divorce.

789. Réforme de la réforme de la réforme. – La loi du 30 juin 2000[36] poursuivit un quadruple objectif : réaffirmer le caractère forfaitaire de la prestation compensatoire et en conséquence ne laisser la possibilité d'un recours à la rente que dans des circonstances tout à fait exceptionnelles[37], confirmer et assouplir les modalités d'un versement sous forme de capital (en permettant notamment le fractionnement du capital), assouplir les conditions de révision de la rente, réformer la fiscalité[38]. Le législateur de 2004 a apporté d'importantes retouches au système : généralisation de la prestation compensatoire à tous les cas de divorce, disparition des liens entre droit à la prestation et torts dans le divorce (seule subsiste une clause d'équité dans le divorce pour faute), assouplissement des modalités de paiement, etc.

Sur les conséquences du non-paiement de la prestation compensatoire : saisie, dommages-intérêts, abandon de famille[39]. *Sur la fiscalité de la prestation compensatoire*[40].

§ 1. Nature de la prestation compensatoire

790. Compensatoire, indemnitaire et alimentaire. – L'ancienne pension alimentaire avait une double nature, indemnitaire et alimentaire[41]. Le législateur a voulu donner à la prestation compensatoire une nature différente : compensatoire, comme le dit son nom, indépendante des fautes et des besoins. Elle continue, cependant, à avoir des caractères indemnitaire et alimentaire.

Elle a longtemps conservé un caractère indemnitaire, lié à une responsabilité : ainsi, elle était refusée au conjoint qui avait tous les torts (art. 280-1, al. 1 anc.) ; en principe seulement, car la loi conférait au juge un pouvoir d'équité (art. 280-1,

36. Cf. Sur la loi de 2000, cf. J. Massip, *Defrénois* 2000, 139 et H. Lécuyer, *Dr. famille* 2000, chron. n° 17. Sur les aspects fiscaux, A. Chappert, *Defrénois* 2000, 1039 et Fr. Douet, *Dr. famille* 2000, chron. n° 18. *Adde* le dossier consacré à la réforme par *AJ famille* 2001, 7 et pour un premier bilan d'application, *Dr. et patr.* décembre 2002, p. 49 s.

37. *Infra*, n° 804.

38. *Infra*, n° 812.

39. *Infra*, n° 1761.

40. F. Douet, « Les aspects fiscaux de la loi du 26 mai 2004 relative au divorce », *D.* 2004.2318 ; *Précis de droit fiscal de la famille, op. cit.*, n° 1313 s.

41. A. Sériaux, « La nature juridique de la prestation compensatoire ou les mystères de Paris », *RTD civ.* 1997.53.

al. 2 anc.), lui permettant d'accorder au coupable une « indemnité compensatoire », nouvelle expression de son pouvoir modérateur. La loi de 2004 a inversé la règle.

La prestation compensatoire a aussi un caractère alimentaire[42], car son étendue dépend des besoins du créancier (presque toujours la femme) et des ressources du débiteur (presque toujours le mari) ; elle est donc insaisissable[43] et n'est pas susceptible de compensation[44], ce qui était également vrai de l'ancienne *pension alimentaire*[45].

791. Prestation compensatoire, pension alimentaire, rente. – Les deux mécanismes n'en sont pas moins différents par leur objet comme par leur régime[46]. La pension alimentaire est, en principe, une rente ; elle est, par nature, révisable ; elle dépend du besoin du créancier ; aussi est-elle calculée en tenant compte de la situation matérielle « actuelle », celle qu'avaient les époux au moment du divorce ; elle n'est pas susceptible de renonciation anticipée[47]. Au contraire, la prestation compensatoire s'exécute, en principe, sous forme d'un capital ; elle est forfaitaire et définitive et par là même calculée en tenant compte de l'avenir matériel prévisible des époux ; elle est susceptible de renonciation, ce qui apparaît notamment dans le divorce par consentement mutuel ; dans les autres divorces, la renonciation ou la transaction n'était valable que si elle intervenait après le jugement, lorsqu'il était définitif[48] : depuis la loi de 2004, la renonciation pourrait

42. * Cass. civ. 2e, 27 juin 1985, cité *infra* ; *contra*, Cass. soc., 25 novembre 1993, *Bull. civ.* V, n° 289 ; *D.* 1996, somm. 67, obs. E. Blary-Clément : le Code de la sécurité sociale prévoit que le conjoint divorcé n'a droit à une rente viagère au cas du décès de son ex-époux que s'il avait obtenu une « *pension alimentaire* ». Or la cour d'appel avait accueilli la demande de Mme X. au motif « *qu'il résulte de la jurisprudence* [...] *que la prestation compensatoire a un caractère mixte, indemnitaire et alimentaire* » ; en l'espèce, cette femme avait obtenu une prestation compensatoire sous forme d'une rente. Cassation.

43. Jurisprudence plusieurs fois réitérée : Cass. civ. 2e, 27 juin 1985, *Bull. civ.* II, n° 131 ; *D.* 1986.230 et IR 112, obs. Bénabent : « *Après avoir exactement relevé que la prestation compensatoire présentait un caractère indemnitaire, c'est à bon droit que, faisant application de l'article 2092-2-2°, à la rente allouée à Mme B. à titre de prestation compensatoire, l'arrêt l'a déclaré insaisissable et prononcé la nullité de la saisie.* »

44. Elle ne saurait faire non plus l'objet d'un délai de grâce, Cass. civ. 1re, 29 juin 2011, *AJ famille* 2011, 427, obs. S. Thouret, *RTD civ.* 2011, 524, obs. J. Hauser.

45. L'administration fiscale en a tiré les conséquences : elle affirme que insaisissable et incessible en raison de son double caractère indemnitaire et alimentaire, la prestation compensatoire versée sous forme de rente viagère est privée de valeur patrimoniale : en conséquence sa valeur de capitalisation n'entre pas dans l'assiette de l'ISF (Instruction fiscale du 27 mai 2008, BOI 75-4-08).

46. Cass. civ. 2e, 7 mars 1985, *Bull. civ.* II, n° 60 : « *saisie uniquement par Mme X. d'une demande de pension alimentaire, en application de l'article 303, la cour d'appel ne pouvait sans modifier l'objet du litige lui accorder une prestation compensatoire qu'elle ne sollicitait pas* ». La différence entre la prestation compensatoire allouée sous forme de rente et la pension alimentaire était si subtile que beaucoup d'avocats s'y étaient fourvoyés. Aussi le juge devait les conseiller ; s'ils n'avaient demandé qu'une pension alimentaire, il devait les inviter à s'expliquer sur le versement d'une prestation compensatoire (C. pr. civ., art. 1076-1, *D.* 17 décembre 1985). *Adde*... 25 ans après le rappel de Cass. civ. 1re, 3 février 2010, *Dr. famille* 2010, n° 98, obs. V. L.-T.

47. Ex. (sous l'empire du droit antérieur à la loi de 1975) : Cass. civ., 28 février 1949, *D.* 1949.301 : « *En raison de ses modalités et de son but, propres à la créance d'aliments, la pension accordée en vertu de l'article 301, alinéa 1, ne peut être l'objet d'une transaction ou d'une renonciation* ».

48. Cass. civ. 1re, 17 décembre 1996, *Bull. civ.* I, n° 451 ; *JCP* G 1997.I.4045 n° 4, obs. H. Bosse-Platière ; *Defrénois* 1997, art. 36531, n. Bignon : « *si l'engagement pris par M. B. en cours d'instance en divorce était nul, il lui était loisible de renouveler son accord dès lors que la cause de la nullité avait cessé* » ; v. toutefois 1°) Nancy, 12 mai 1995, *JCP* G 1997.I.4045, n° 4, obs. crit. H. Bosse-Platière, qui annule comme contraire à « *l'autorité de la chose jugée et aux dispositions de l'article 273* » une convention entre anciens époux dont l'objet était de réviser certaines modalités de la prestation compensatoire antérieurement fixées par le juge ; 2°) Nancy, 19 février 1996, *ib.* : une

intervenir dans la convention réglant tout ou partie des conséquences du divorce et soumise à l'homologation du juge (art. 268).

Comme il arrive souvent dans le droit contemporain de la famille, ces deux institutions pouvaient plus ou moins se combiner : la prestation compensatoire pouvait se payer sous forme de rente (art. 276 anc.). Il avait même été admis que le mari pouvait s'engager à payer une pension alimentaire[49].

À l'inverse, la véritable pension alimentaire (dans le divorce pour rupture de la vie commune jusqu'à la loi de 2004, ou pour l'entretien des enfants, ou dans les séparations de corps et de fait) peut se payer sous forme de capital (art. 285 et 294)[50]. Lorsque les époux sont tenus d'une pension alimentaire, ils peuvent même, semble-t-il, rendre non révisable la pension que pourtant la loi déclare révisable, ce qui est pousser loin le pouvoir de la volonté[51]. *Sur les conséquences fiscales*[52].

§ 2. Droit à la prestation compensatoire

792. Disparité nécessaire et suffisante ; pouvoir de la volonté. – En principe, le droit à prestation compensatoire existe dès qu'est caractérisée la disparité visée à l'article 270, alinéa 2. Toutefois, il est loisible à l'époux potentiellement créancier d'y renoncer tacitement ou expressément, dans la convention soumise à l'homologation du juge ou dans ses conclusions[53]. De même, il est admis que les ex-époux peuvent renoncer en tout ou partie aux effets d'une prestation judiciairement fixée[54]. De façon générale, la loi de 2004 a considérablement accru la liberté des époux en leur permettant de régler dans les conventions soumises à homologation le principe, le montant et les modalités de la prestation, échappant ainsi aux contraintes que la loi imposait au juge[55] : la prestation compensatoire, à la différence des pensions alimentaires, n'est pas indisponible. Le juge pourrait seulement refuser d'homologuer la convention s'il estime que les intérêts des époux ne sont pas préservés (art. 268, al. 2).

transaction faite par une femme pendant l'instance en divorce pour faute est valable si elle est équilibrée ; dans les autres formes de divorces, la renonciation n'est valable que si elle intervient après jugement, lorsqu'il est définitif. Encore faut-il qu'elle se traduise par des actes manifestant sans équivoque la volonté de renoncer, cf. Cass. civ. 2e, 20 juin 2002, *Bull. civ.* II, n° 138 ; *RTD civ.* 2002, 789, obs. J. Hauser : l'abstention prolongée de toute réclamation amiable ou contentieuse par la crédirentière d'une prestation compensatoire disposant d'un titre exécutoire ne vaut pas renonciation à son droit.

49. Cass. civ. 2e, 9 mai 1988, préc.

50. *Infra*, nos 854 et 1749.

51. Cass. civ. 2e, 27 novembre 1985, *Bull. civ.* II, n° 178.

52. F. Douet, *Précis de droit fiscal de la famille*, *op. cit.*, et réf. cit.

53. En revanche, il n'est pas possible d'y renoncer à l'avance : cassation de l'arrêt qui avait rejeté la demande de prestation formée par la femme au motif que dans leur contrat de mariage passé en Allemagne, les époux avaient exclu toute prestation compensatoire selon le droit allemand ou tout autre droit ; les juges du fond auraient dû « *rechercher, de manière concrète, si les effets de la loi allemande n'étaient pas manifestement contraires à l'ordre public international français* » (Cass. civ. 1re, 8 juillet 2015, n° 14-17.880, *AJ famille* 2015, p. 492, obs. A. Boiché).

54. *Cass. civ. 1re, 8 février 2005, *Bull. civ.* I, n° 62 ; *Defrénois* 2005.1841, n. J. Massip. En revanche, précise l'arrêt, ils ne peuvent transiger sur leur droit futur à une prestation compensatoire hors de toute instance en divorce.

55. Cf. J. Hauser et Ph. Delmas-Saint-Hilaire, « Volonté et ordre public : un divorce entré dans le champ contractuel ? », art. préc., spéc. n° 15 s.

Il ne peut y avoir de prestation compensatoire que si une partie l'a demandée : le juge n'est pas tenu de la suggérer aux époux[56].

793. Exception et retour au principe. – Ce droit existe indépendamment des fautes ou des torts.

À ce principe, la loi de 1975 avait apporté une exception : l'époux aux torts exclusifs duquel le divorce avait été prononcé perdait son droit à prestation compensatoire. Il eût été choquant, estimait-on, que l'innocent eût à entretenir le coupable (art. 280-1 anc.). Et cette privation jouait comme une sorte de peine privée. La règle pouvait cependant avoir des conséquences injustes : que l'on songe à l'épouse qui après avoir aidé professionnellement son mari sans recevoir de rémunération, décidait de rompre et se retrouvait sans aucune ressource. Aussi le législateur avait-il prévu un tempérament en équité : « *à titre exceptionnel, si, compte tenu de la durée de la vie commune et de la collaboration apportée à la profession de l'autre époux* », il apparaissait « *manifestement contraire à l'équité de lui refuser toute compensation pécuniaire à la suite du divorce* », le juge pouvait accorder une indemnité à l'époux « coupable ». Cette manifestation du pouvoir modérateur du juge traduisait le souci d'équilibre de la loi de 1975, entre affirmation des principes et souci d'humanité[57].

794. Clause d'équité. – Dans sa volonté de « déconnecter » torts et conséquences, la loi de 2004 a inversé principe et tempérament. En principe, le droit à prestation compensatoire est ouvert dès lors qu'il y a disparité, quels que soient les cas de divorce et quels que soient les torts. Toutefois, « *si l'équité le commande* » (art. 270), le juge peut refuser d'accorder la prestation dans deux hypothèses. La première, générale, est curieusement liée aux critères d'évaluation de la prestation compensatoire. La seconde est propre au divorce pour faute prononcé aux torts exclusifs.

I. — Refus en équité selon les critères de l'article 271

795. Ambiguïtés de l'équité. – À première vue, la règle laisse perplexe. L'article 271 concerne en effet les critères d'évaluation de la prestation compensatoire, non les conditions de son octroi. Sont visés des éléments aussi divers que la durée du mariage, l'âge et la santé des époux, leur qualification et leur situation professionnelles, les conséquences de leur choix professionnels, l'importance de leur patrimoine, leurs droits existants et prévisibles, leur situation respective en matière de pensions de retraite. En instaurant une « clause d'équité » dans ce type d'hypothèses, la loi de 2004 ouvre, sans doute involontairement, les vannes d'un contentieux qu'elle s'attachait à contenir.

D'une part, le tempérament apporté vaut pour tous les cas de divorce dans lesquels le juge fixe lui-même les conséquences de la rupture : divorce accepté, divorce pour faute (dans l'hypothèse où il serait prononcé aux torts partagés ou aux torts exclusifs de l'autre époux), divorce pour altération définitive du lien conjugal. L'exception jusque-là cantonnée au divorce pour faute prononcé aux

56. Cass. civ. 1re, 23 janvier 2008, *Bull. civ.* I, n° 18 ; *Dr. famille* 2008.40, n. V. Larribau-Terneyre ; *Defrénois* 2008.1110, obs. J. Massip : « *En l'absence de demande par l'une des parties du versement d'une pension alimentaire ou d'une contribution aux charges du mariage, la cour d'appel peut prononcer le divorce des époux sans les avoir invités à s'expliquer sur le versement d'une prestation compensatoire.* »

57. Conformément au droit ancien, cette indemnité ne peut être révisée, à la différence de l'actuelle prestation compensatoire : cette différence de traitement porte-t-elle atteinte au principe d'égalité ? Non, a dit le Conseil constitutionnel saisi d'une QPC (déc. n° 2015-448 QPC du 7 octobre 2015), compte tenu des particularités de ce type de divorce.

torts exclusifs et au divorce pour rupture de la vie commune, avec un caractère automatique, intervient désormais en toute hypothèse, souverainement appréciée par le juge.

D'autre part, les critères visés à l'article 271 ne sont pas dépourvus d'ambiguïtés dès lors que l'on prétend leur faire jouer un rôle tout différent de celui, purement objectif, pour lequel ils avaient été conçus. Tel est le cas de la « durée du mariage » : positivement, il s'agit d'un élément important pour évaluer le montant de la prestation compensatoire car il permet d'induire la capacité d'un époux à « refaire sa vie », à partir de l'habitude acquise d'un certain niveau de vie et, plus généralement, de la durée de la collaboration matrimoniale ; négativement, la courte durée du mariage pourrait conduire le juge à refuser l'octroi d'une prestation compensatoire s'il estimait que le mariage avait été particulièrement bref, voire s'il soupçonnait quelque « divorce alimentaire ». Le risque est grand de transformer des éléments conçus comme purement objectifs en nouvelles armes dans la bataille judiciaire opposant les époux[58].

De façon générale, la cote est mal taillée. Ou bien, il s'agit de tempérer les conséquences injustes d'un divorce objectif (en cas, notamment, de divorce pour altération définitive du lien conjugal) ; il convient alors de reconnaître au juge un pouvoir général d'appréciation en équité. Ou bien, on assume toutes les conséquences du divorce que l'on instaure ; dans ce cas, il n'est pas de place pour une clause d'équité. Rester à mi-chemin ne paraît pas satisfaisant.

II. — Divorce pour faute aux torts exclusifs

796. Morale ou équité ? – Le tempérament est expressément visé par l'article 270 et tend à « moraliser » quelque peu la situation : « *Le juge peut refuser d'accorder une telle prestation si l'équité le commande, soit en considération des critères prévus à l'article 271, soit lorsque le divorce est prononcé aux torts exclusifs de l'époux qui demande le bénéfice de cette prestation, au regard des circonstances particulières de la rupture* ». On peut douter qu'il soit opportun de condamner l'époux « innocent » à entretenir celui qui l'a trompé, abandonné ou maltraité au motif que, objectivement, le divorce révèle une différence de niveau de vie entre les anciens époux. Une telle soupape est nécessaire si l'on veut éviter de dégoûter les époux du mariage et de la justice[59].

58. La Cour de cassation ne semble pas vouloir exercer un contrôle strict de l'appréciation en équité des juges du fond dès lors que ceux-ci s'appuient sur les éléments visés à l'article 271 ; Cass. civ. 1re, 8 juillet 2010, *Dr. famille* 2010, n° 161, note M. Douris : en l'espèce, les juges du fond avaient relevé que la mère à laquelle était refusée la prestation compensatoire n'avait versé aucune contribution à l'entretien des enfants, auxquels elle ne rendait que de rares visites, et qu'elle ne justifiait pas d'efforts entrepris pour suivre une formation et exercer un emploi ; pour la Cour de cassation, la cour d'appel « *qui s'est déterminée au regard des critères posés à l'article 271 du Code civil relatifs à l'âge de l'épouse, sa situation au regard de l'emploi, aux choix professionnels faits par les époux et aux charges engendrées par l'entretien et d'éducation des enfants, s'est fondée sur des considérations d'équité pour refuser d'allouer à Madame C. une prestation compensatoire et a ainsi légalement justifié sa décision* ». On ne saurait mieux mettre en lumière l'ambiguïté de la règle.

59. Ex. Versailles 26 novembre 2009, cité par V. Larribau-Terneyre, *Dr. famille* 2010, n° 38 : la femme trompait son mari et a continué à le faire après la tentative d'assassinat perpétrée contre lui par l'amant sorti de prison. Bourges, 13 février 2014, *Dr. famille* 2014, comm. 56, obs. J.-R. Binet : l'épouse avait quitté le domicile conjugal sous le prétexte de vacances en Albanie en emmenant la fille qui se révèle être issue d'une relation extraconjugale. En première instance, le divorce est prononcé aux torts partagés et le mari est condamné à verser une prestation compensatoire : 50 000 euros de capital ! En appel, le divorce est prononcé aux torts exclusifs de l'épouse, privée de prestation compensatoire « *au regard des circonstances particulières de la rupure* » et condamnée à verser 5 000 euros de dommages-intérêts à son mari sur le fondement de l'article 1382 C. civ. en raison

§ 3. Calcul et exécution de la prestation compensatoire

I. — Disparité

797. Existence d'une disparité. – L'octroi d'une prestation compensatoire suppose la preuve d'une disparité créée par la rupture du mariage dans les conditions de vie respectives des époux. *Quid* si cette disparité existait avant le mariage ou qu'elle résulte des choix des époux qui ont, par exemple, opté pour un régime de séparation de biens ? *Quid* de choix professionnels assumés en toute connaissance de cause par les époux ? Le mariage emporte-t-il garantie du maintien *ad vitam aeternam* d'un niveau de vie partagé ? Pour reprendre les termes d'un auteur[60], la prestation compensatoire a-t-elle pour objet de compenser la disparité « conjoncturelle » (celle qui résulte de l'exécution des obligations nées du mariage) ou la disparité « structurelle » (celle qui dépend du régime matrimonial choisi ou modifié et qui ne fait parfois qu'aggraver les inégalités antérieures) ? Si la Cour de cassation semble attentive aux choix professionnels que les époux auraient faits pour des raisons familiales[61], elle n'a pas encore donné de réponse claire à une question qui risque de se poser de plus en plus souvent compte tenu de l'évolution du mariage (qui, pour reprendre la formule du même auteur, est sans doute toujours une « assurance-décès », mais de moins en moins une « assurance-vie ») et des mutations sociales contemporaines[62]. D'où la nécessité de prendre en compte l'ensemble des données patrimoniales de la séparation, notamment celles qui résultent de la liquidation du régime matrimonial pour régler les questions de prestation compensatoire[63].

---

de la souffrance psychologique importante causée à celui-ci ; Cass. civ. 1re, 30 avril 2014, n° 13-16.649, *Dr. famille* 2014, comm. 95, note J.-R. Binet, *RTD civ.* 2014, 627, obs. J. Hauser : l'épouse avait diffusé sur un site de rencontres des mails et des photos intimes. Pour un panorama de la jurisprudence, cf. G. Kessler, « Le refus de prestation compensatoire », *Dr. famille* 2015, ét. 1.

60. J. Hauser, obs. sous Cass. civ. 1re, 10 octobre 2013, *RTD civ.* 2014, p. 99.

61. Cf. Cass. civ. 1re, 10 octobre 2012, *RTD civ.* 2013, obs. J. Hauser : après quelques années de mariage, le divorce est prononcé aux torts exclusifs de l'époux. Les juges du fond refusent à l'épouse une prestation compensatoire au motif que « *la disparité qui existe à son détriment existait déjà avant l'union et a été maintenue par l'adoption du régime de séparation de biens, et n'est donc pas la conséquence de la rupture du mariage, dont la durée n'a eu aucune incidence sur la situation patrimoniale de l'épouse, celle-ci ayant décidé d'arrêter sa profession avant de se marier en 2011* » ; cassation au motif que « *les juges du fond n'auraient pas tiré les conséquences de leurs propres constatations* ». *Idem* pour un arrêt qui avait limité le montant de la prestation demandée au motif que « *si Mme X. fait valoir qu'elle a sacrifié sa propre carrière pour suivre son mari dans ses affectations successives, il convient de considérer qu'il s'agit de décisions prises dans l'intérêt du ménage et d'un commun accord* » (Cass. civ. 1re, 8 octobre 2014, n° 13-23.044, *RTD civ.* 2014, p. 110, obs. J. Hauser, *Dr. famille* 176, note J.-R. Binet).

62. Sur le choix du régime matrimonial, cf. Cass. civ. 1re, 26 janvier 2011, *RTD civ.* 2011, 332, obs. J. Hauser : « *La prestation compensatoire n'a pas pour objet de corriger les effets du régime de séparation de biens choisis par les époux* », affirmation réitérée maintes fois, cf. par ex. Cass. civ. 1re, 24 septembre 2014, n° 13-20.695, *RTD civ.* 2014, 867, obs. J. Hauser ou Cass. civ. 1re, 8 juillet 2015, n° 14-20.480, *AJ famille* 2015, p. 541 s., note S. David.

63. V. cpdt *infra*, n° 798.

II. — Évaluation[64]

798. Le présent et l'avenir. – Pour en déterminer l'étendue le juge ne doit pas seulement s'attacher aux besoins et aux ressources actuels[65] des parties[66], mais aussi prévoir ce qui se passera dans un futur prévisible en tenant compte de leur situation au moment du divorce[67] (art. 271, al. 1).

Affinant les éléments dont le juge doit tenir compte pour procéder à cette « anticipation raisonnable », les législateurs de 2000 et de 2004 ont précisé (art. 271, al. 3 et s.), que *« le juge prend en considération notamment »* : *« la durée du mariage »*[68] ; *« l'âge et l'état de santé des époux* [...] *leur qualification et leur situation professionnelles »*[69] ; *« les conséquences résultant des choix professionnels*

---

64. Pour une approche pratique, cf. « Pensions alimentaires et prestations compensatoires, quelles méthodes d'évaluation ? », *AJ famille* 2005, Dossier n° 3, p. 84 s. et le Dossier « Prestation compensatoire », *AJ famille* 2007, n° 3, p. 108 s., not. S. David, « La fixation de la prestation compensatoire », p. 108 s. ; *adde* H. Fulchiron et R. Daubricourt, « La prestation compensatoire, Mythes et réalités », *D.* 2010, 2170.

65. Y compris le RMI (aujourd'hui le RSA) : Cass. civ. 1re, 9 mars 2011, *RTD civ.* 2011, p. 332, obs. J. Hauser.

66. Sur le remariage, D. Berthiau, « Le remariage et la prestation compensatoire », *Rev. dr. fam.* 2000, chron. n° 6 et réf. cit. et « Le remariage et la prestation compensatoire depuis la loi du 30 juin 2000 (et accessoirement depuis celle du 3 décembre 2001 en matière successorale) : chronique d'actualisation », *Rev. dr. fam.* 2002, chron. n° 20 et réf. cit. Ex. : Au moment où il rend sa décision, le juge doit tenir compte du remariage ou du concubinage dans lequel vit l'ancienne épouse qui sollicite une prestation compensatoire ; ex. : Cass. civ. 2e, 2 juillet 1997, *Bull. civ.* II, n° 211 ; *D.* 1997, IR 176 : cassation de l'arrêt « *qui, pour fixer* [...] *la prestation compensatoire allouée à l'épouse,* (juge) *qu'il est inutile de rechercher quelles sont les ressources ou capacités des deux parties, puisqu'ils ne sont en leur qualité de concubins tenus à aucune contribution* [...] *sans répondre aux conclusions de M. X. soutenant que Mme Y. vivait dans une luxueuse propriété avec le président général d'une société de travaux publics* ».

67. Cass. civ. 2e, 25 mars 1987, *Bull. civ.* II, n° 74 ; *JCP* G 1987.IV.191 : « *La prestation compensatoire est destinée à compenser autant que possible la disparité que la rupture du mariage crée dans les conditions de vie respectives des époux et le juge la fixe en tenant compte de leur situation au moment du divorce : encourt la cassation l'arrêt qui s'est placé à une date postérieure à celle du prononcé du divorce pour apprécier l'existence du droit de l'épouse à bénéficier d'une prestation compensatoire.* » Pas davantage, pour fixer la prestation compensatoire, les juges ne peuvent apprécier la situation des époux avant le jugement de divorce, par exemple, au jour où a commencé la séparation de fait : Cass. civ. 2e, 4 février 1987, *Bull. civ.* II, n° 35 ; *D.* 1987.497, 1re esp., n. Y. Bianco-Brun ; *JCP* G 1987.IV.119.

68. Durée du mariage *stricto sensu* ou de la vie commune ? (*i. e.* hors séparation) ? Vie commune, répond la Cour de cassation (Cass. civ. 1re, 16 avril 2008, n° 07-17.652, *D.* 2008, 1271 (1re esp.), obs. V. Avena-Robardet ; *Dr. famille* 2008, 83 (1re esp.) obs. V. Larribau-Terneyre ; *RTD civ.* 2008, p. 463, obs. J. Hauser ; Cass. civ. 1re, 18 décembre 2013, *AJ famille* 2014, 243, obs. S. Thouret, *RTD civ.* 2014, 367, obs. J. Hauser : le mari demandait l'octroi d'une prestation compensatoire compte tenu de la promotion professionnelle de sa femme ; refus car, relèvent les juges, cette promotion datait de l'époque où les époux avaient cessé de cohabiter et de collaborer). Vie commune en général, en tenant compte d'un éventuel concubinage anténuptial, ou vie commune en mariage seulement ? La liste des critères inscrits à l'article 271 n'est pas limitative et il pourrait sembler opportun de prendre en compte l'ensemble de la vie de couple. Vie commune en mariage seulement, a finalement tranché la Cour de cassation (Cass. civ. 1re, 16 avril 2008, n° 07-12.814, *D.* 2008, 1271 (2e esp.), obs. V. Avena-Robardet, *Dr. famille* 2008 (2e esp.), n° 83, obs. V. Larribau-Terneyre ; *RTD civ.* 2008, p. 463, obs. J. Hauser ; *Defrénois* 2008, 1833, obs. J. Massip ultérieurement réitéré à plusieurs reprises : ex. : Cass. civ., 1er juillet 2009, *Dr. famille* 2009, n° 105, obs. V. Larribau-Terneyre : « *les juges du fond n'ont pas à tenir compte de la vie commune antérieure au mariage pour déterminer les ressources et les besoins des époux en vue de fixer le montant de la prestation compensatoire* ». La solution peut paraître sévère (dans l'affaire jugée le 16 avril 2008, la femme pouvait exciper de 21 ans de vie commune hors mariage, mais de cinq ans de mariage seulement), la finalité de la prestation compensatoire n'est-elle pas de compenser la disparité créée par la rupture *du mariage*, et non par la séparation ?

69. La référence au marché du travail, opportunément introduite en 2000, a disparu en 2004 au motif qu'elle serait « inutile » (Rapp. Delnatte préc., p. 84).

faits par l'un des époux pendant la vie commune pour l'éducation des enfants » (ainsi que « *le temps qu'il faudra encore y consacrer* ») ou « *pour favoriser la carrière de son conjoint au détriment de la sienne* »[70] ; « *le patrimoine estimé ou prévisible des époux, tant en capital qu'en revenus*[71] *après la liquidation du régime matrimonial* »[72] ; « *leurs droits existants*[73] *et prévisibles*[74] » ; « *leur situation*

70. Mais la paresse ne paye pas : cf. Cass. civ. 1re, 6 mars 2007, *RJPF* 07-6/21, obs. Th. Garé ; *RTD civ.* 2007, p. 553, obs. J. Hauser ; n.p.B. : refus de la prestation réclamée par le mari, au motif que s'il se trouvait dans le besoin, c'était qu'il avait peu travaillé pendant sa vie professionnelle.

71. De façon plus contestable, la Cour de cassation dispense les juges du fond d'une analyse approfondie de la situation des époux après liquidation du régime matrimonial (Cass. civ. 1re, 1er juillet 2009, *Dr. famille* 2009, 125, note V. Larribau-Terneyre ; *RTD civ.* 2010, obs. J. Hauser) : en l'espèce, il était reproché aux juges d'appel de ne pas avoir tenu compte du fait que l'attribution à l'épouse d'un immeuble serait susceptible de lui procurer des ressources qui combleraient en grande partie la différence de revenus provenant des pensions de retraite ; rejet du pourvoi : « *ayant retenu à bon droit que la liquidation du régime matrimonial des époux était par définition égalitaire et que chacun gérerait librement son lot dans l'avenir, la cour d'appel qui a jugé qu'il n'y avait donc pas lieu de tenir compte de la part de communauté devant revenir à Madame F. pour apprécier la disparité créée par la rupture du lien conjugal dans les situations respectives des époux, a légalement justifié sa décision* ». Le raisonnement a le mérite d'être simple, mais on peut le trouver simpliste : la situation des époux n'est plus la même avant et après la liquidation de la communauté et même si les parts sont égales, celle de l'un peut receler plus de potentialités que celle de l'autre (maison de famille d'un côté, immeuble de rapport de l'autre, par exemple).

72. La prise en compte des conséquences du partage de la communauté vaut pour le débiteur comme pour le créancier potentiel. Aussi la Cour de cassation a-t-elle affirmé que dès lors qu'aucune partie n'a invoqué de circonstances particulières attestant la nature des biens communs à partager, il n'y a pas lieu de tenir compte de la part de communauté devant revenir à chacun des époux pour apprécier la disparité créée par la rupture du lien conjugal : Cass. civ. 2e, 14 janvier 1998, *Bull. civ.* II, n° 12 ; *RTD civ.* 1999, 172, obs. B. Vareille ; *adde* par ex. Cass. civ. 2e, 17 juin 1998, *Bull. civ.* II, n° 194, cassant un arrêt qui pour allouer à l'épouse une prestation compensatoire sous forme de rente pour une durée limitée, avait souligné que la femme recevait, au titre de la liquidation du régime matrimonial, un capital important, sans rechercher si cette liquidation se ferait par parts égales et si le mari ne recevait pas un capital du même montant.

73. Faut-il prendre en compte les diverses prestations versées au parent au bénéfice des enfants ? La jurisprudence opère de subtiles distinctions. Selon la Cour de cassation (Cass. civ. 2e, 3 décembre 1997, *Bull. civ.* II, n° 295 ; *JCP* G 1998.II.10077, n. Th. Garé ; *Defrénois* 1998, 1388, obs. J. Massip : *adde*, Cass. civ. 2e, 26 septembre 2002, *Bull. civ.* II, n° 186 ; *Defrénois* 2003, 122, obs. J. Massip), les allocations familiales sont destinées à bénéficier aux enfants et non au parent qui les reçoit (dans le même sens, Cass. civ. 1re, 15 février 2012, *RTD civ.* 2012, 301, obs. J. Hauser. Elles ne doivent donc pas être prises en compte dans l'appréciation des ressources de ce dernier. *Quid* de la pension alimentaire versée par un parent pour l'entretien et l'éducation des enfants ? Dans un premier temps la Cour de cassation s'était opposée à toute prise en compte (Cass. civ. 2e, 3 décembre 1997, préc. : « *pour apprécier la disparité que crée la rupture du mariage dans les conditions de vie des époux, le juge n'a pas à prendre en compte les allocations familiales versées à la famille ni celle versée au titre de la contribution à l'entretien et l'éducation des enfants qui est étrangère à la prestation laissée à la charge personnelle de l'époux qui la doit* ». Mais dans un arrêt du 10 mai 2001 (*Bull. civ.* II, n° 93 ; *JCP* G 2002.II.1031, n. Gaboriau ; *Defrénois* 2001, 1351, obs. J. Massip ; *RTD civ.* 2001, 571, obs. J. Hauser), la Cour a affirmé que les sommes versées par le mari au titre de sa contribution à l'entretien et l'éducation des enfants du couple « *constituent des charges qui doivent venir en déduction des ressources de l'époux débiteur pour apprécier la disparité entre la situation respective des époux* ». En revanche, pas plus que les sommes versées au titre des allocations familiales, la contribution à l'entretien des enfants ne constitue des revenus bénéficiant à l'époux qui les perçoit (Cass. civ. 1re, 12 et 25 mai 2004, *Bull. civ.* I, n° 133 et 148 ; *Defrénois* 2004.1677, n. J. Massip ; Cass. civ. 1re, 15 mai 2013, *RTD civ.* 2013, 583, ob. J. Hauser).

74. Y compris de simples expectatives successorales, a estimé la deuxième Chambre civile (Cass. civ. 2e, 25 juin 1986, *D.* 1987, somm. p. 47), ce que l'on pourrait discuter : qui peut se vanter de certitudes en la matière ? La première Chambre civile a affirmé au contraire que la vocation successorale ne constituait pas un droit prévisible au sens des articles 270, 271 et 272 (Cass. civ. 1re, 21 septembre 2005, *Bull. civ.* I, n° 339 ; *Defrénois* 2006.344, n. J. Massip ; Cass. civ. 1re, 6 octobre 2010, n° 09-10.989, *Dr. famille* 2010, 2e esp., n° 178, obs. V. Larribau-Terneyre). De même, on ne peut prendre en compte pour apprécier les ressources du mari, débiteur de la prestation

respective en matière de pension de retraite »[75]. Aujourd'hui comme hier, cette énumération n'est nullement limitative[76]. Il faut savoir si les ressources probables qu'aura un conjoint créancier (par exemple la femme) après le divorce seront dans un avenir prévisible équilibrées avec celles du conjoint débiteur (par exemple, le mari). La règle est ingénieuse, mais impose un art difficile. Le juge peut-il être prophète[77] ?

799. Accidents du travail, handicap et Conseil constitutionnel. – Soucieux de protéger les personnes handicapées, le législateur introduisit en 2005 un article 272 alinéa 2 selon lequel, « *dans la détermination des besoins et des ressources, le juge ne prend pas en considération les sommes versées au titre de la réparation des accidents du travail et les sommes versées au titre du droit à compensation de son handicap* » (loi n° 2005-102 du 11 février 2005 sur l'égalité des chances, la participation et la citoyenneté des personnes handicapées). Était ainsi brisée la jurisprudence de la Cour de cassation qui, au titre des ressources, retenait la rente consécutive à un accident du travail[78] ou l'allocation adulte handicapé[79]. La Cour avait fait du nouveau texte une interprétation très restrictive : n'étaient exclues que les sommes versées pour réparer les accidents du travail ou pour compenser *stricto sensu* un handicap ; en revanche, lorsque l'indemnité correspondait à un revenu[80] ou compensait totalement ou partiellement la perte de revenus, on en tenait compte pour apprécier la disparité[81]. Pour limiter encore le jeu des

---

compensatoire, ses espérances successorales (Cass. civ. 1re, 30 octobre 2006, *Defrénois* 2007, p. 302, n. J. Massip ; n.p.B. : le mari gérait les biens de sa mère, âgée de 97 ans). Mais l'héritage échu doit, lui, entrer en ligne de compte (Cass. civ. 1re, 5 mars 2014, *RTD civ.* 2014, 348, obs. J. Hauser).

75. Formule beaucoup plus large que l'ancienne : « *la perte éventuelle de leurs droits en matière de pension de réversion* ». Cf. Cass. civ. 1re, 10 septembre 2015, n° 13-15.456, *Dr. famille* 2015, com. n° 197, note J.-R. Binet : l'évaluation de la prestation compensatoire doit prendre en compte le montant de la pension de réversion que la femme espère recevoir.

76. Cass. civ. 2e, 1er avril 1987, *Bull. civ.* II, n° 77 ; « *l'énumération de l'article 272 n'étant pas limitative, la cour d'appel pouvait tenir compte, dans la détermination des besoins et des ressources des époux, d'éléments d'appréciation non prévus par ce texte* » : en l'espèce, « *Mme X s'était principalement consacrée à l'éducation des 8 enfants du couple, mais aussi avait aidé son mari dans la gestion de son entreprise de plomberie ; en raison de son âge et de son défaut de formation professionnelle, elle ne pouvait trouver à long terme un emploi réellement rémunérateur* » ; jugé que c'était un élément à prendre en considération pour le calcul de la prestation compensatoire.

77. Ex. : de refus de prestation compensatoire, parce que le divorce ne créait pas en l'espèce de disparités entre les conditions de vie respectives des ex-époux : Cass. civ. 2e, 13 février 1980, *Bull. civ.* II, n° 33, maintenant Paris, 31 mars 1978, *D.* 1978, IR 437, obs. A. Bénabent : « *Le mariage a peu duré, la femme n'est âgée que de trente-cinq ans, a travaillé dans une banque, possède des qualifications certaines et se trouve disponible pour trouver de nouveaux emplois, tandis que le mari a une position sociale correspondant à celle d'un cadre moyen* ». Ex. *contraire* où la prestation compensatoire est due, parce que le divorce a créé en l'espèce une disparité entre les conditions de vie respectives des ex-époux : Paris, 25 avril 1978, *D.* 1978, IR 438, obs. A. Bénabent : le salaire de la femme va diminuer en raison de sa proche retraite, tandis que l'ex-mari, outre une substantielle pension, recueillera prochainement la pleine propriété des biens successoraux dont sa mère, âgée de 96 ans, est actuellement usufruitière. Mais la Cour de cassation exclut, semble-t-il, de prendre en considération les « espérances » successorales : Cass. civ. 1re, 30 octobre 2006, préc.

78. Cass. civ. 2e, 24 mai 1984, *Bull. civ.* II, n° 94.

79. Cass. civ. 2re, 27 octobre 1993, préc.

80. Cass. civ. 1re, 28 octobre 2009, *JCP* 2009, 451, obs. A. Devers, *D.* 2009, 2744, obs. V. Egea, *Dr. famille* 2009, comm. 151, note V. Larribau-Terneyre, *RTD civ.* 2010, 91, obs. J. Hauser : exclusion de la rente accident du travail mais prise en compte de l'allocation aux adultes handicapés versée à l'épouse, « *cette allocation, à la différence de la prestation de compensation, étant destinée à garantir un minimum de revenus à l'allocataire et non à compenser son handicap* ».

81. Cass. civ. 1re, 9 novembre 2011, *Dr. famille* 2012, comm. 7, note V. Larribau-Terneyre, *RTD civ.* 2012, 103, obs. J. Hauser : « *dès lors que la pension militaire d'invalidité comprend l'indemnisation de perte de gains professionnels et des incidences professionnelles de l'incapacité, et qu'elle ne figure pas au nombre des sommes exclues, par l'article 272 alinéa 2 du Code civil, des ressources que le juge prend en considération pour fixer la prestation compensatoire, elle doit entrer dans le champ des ressources à prendre en compte* ». Pour une pension civile, cf. Cass. civ. 1re, 26 septembre 2012, *Dr. famille* 2012, comm. 165, note V. Larribau-Terneyre, *RTD civ.* 552, obs. J. Hauser.

exceptions, fut posé le principe qu'il incombait à celui qui prétendait exclure de prouver[82]. Qu'on en fît peser la responsabilité sur le législateur ou sur la jurisprudence, la situation était source de complexité et d'incertitudes.

Saisie par un futur ex-mari bénéficiaire d'une pension militaire d'invalidité, la Cour de cassation transmit au Conseil constitutionnel une QPC prétendant que l'article 272, al. 2 tel qu'interprété par la Cour créait une inégalité de traitement entre les personnes souffrant d'un handicap[83]. Prenant à contre-pied le demandeur, qui rêvait d'une généralisation de l'exclusion, le Conseil constitutionnel estima que c'était l'article 272, al. 2 lui-même qui était contraire à la Constitution[84] : « *l'interdiction de prendre en considération, pour fixer le montant de la prestation compensatoire, les sommes versées à l'un des époux au titre de la réparation d'un accident du travail*[85] *ou au titre de la compensation d'un handicap*[86] *institue entre les époux des différences de traitement qui ne sont pas en rapport avec l'objet de la prestation compensatoire qui est de compenser la disparité que la rupture du mariage crée dans leurs conditions de vie respectives* », par suite, « *cette interdiction méconnaît l'égalité devant la loi* » (cons. 9).

800. Déclaration sur l'honneur. – L'évaluation de la prestation compensatoire est d'autant plus délicate que le juge ne dispose souvent que de renseignements partiels. Pour faciliter sa tâche, le législateur de 2000 a exigé des parties qu'elles lui fournissent « *une déclaration certifiant sur l'honneur l'exactitude de leurs ressources, revenus, patrimoine et conditions de vie* »[87] (art. 272). Ce texte a suscité de nombreuses interrogations[88], qu'il s'agisse de l'obligation de produire une telle déclaration, des sanctions attachées au défaut de production[89] et surtout de sa valeur probante[90].

---

82. Cass. civ. 1re, 18 décembre 2013, *Dr. famille* 2013, comm. 53, note J.-R. Binet, *RTD civ.* 2014, p. 96, obs. J. Hauser : « *l'indemnité versée au titre de la réparation d'un préjudice corporel consécutif à un accident de la circulation ne figure au nombre des sommes exclues, par l'article 272, des ressources prises en considération par le juge pour fixer la prestation compensatoire que dans la mesure l'époux bénéficiaire établit qu'elle a compensé un handicap* ».

83. Cass. civ. 1re, 2 avril 2014, n° 14-40.007.

84. Cons. const., 2 juin 2014, déc. DC n° 2014-398 QPC, *AJ famille*, p. 427, note S. Thouret, *RTD civ.* 2014, 628, obs. J. Hauser. Cf. appliquant cette jurisprudence, Cass. civ. 1re, 22 octobre 2014, n° 13-24.802, n° 13-24.802, *D.* 2015, 654, obs. M. Douchy-Oudot, *AJ famille* 2014, obs. S. David.

85. En effet, selon le Conseil, la règle, contrairement à ce qu'exige l'article 271 ne permet pas de tenir compte de toutes les ressources des époux : « *en excluant des éléments retenus pour le calcul de la prestation compensatoire les sommes versées au titre de la réparation des accidents du travail, ces dispositions empêchent de prendre en compte des ressources destinées à compenser, au moins en partie, une perte de revenu alors que, par ailleurs, toutes les autres prestations sont prises en considération dès lors qu'elles assurent un revenu de substitution* » (cons. 7).

86. Certes, prend soin de préciser la Cour, « *les sommes versées à une personne au titre de la compensation de son handicap ne sauraient être détournées de leur objet pour être affectées au versement de la prestation compensatoire dont cette personne est débitrice* », mais l'article 272, al. 2 ne permet au juge d'apprécier les besoins des époux, compte tenu notamment de leur état de santé (cf. art. 271) : « *en excluant la prise en considération des sommes versées au titre de la compensation du handicap dans la détermination des besoins et ressources, les dispositions contestées ont pour effet d'empêcher le juge d'apprécier l'ensemble des besoins des époux, et notamment des charges liées à leur état de santé* ».

87. C. pr. civ., art. 1075-1 : « *Lorsqu'une demande de prestation compensatoire est présentée, chaque époux produit la déclaration sur l'honneur prévue à l'article 271 du Code civil.* »

88. Cf. not. les articles de H. Lécuyer, « La déclaration sur l'honneur », *Dr. famille* 2003, chron. n° 6 ; « De la prestation compensatoire en général et de la déclaration sur l'honneur en particulier », *Dr. famille* 2003, chron. n° 11, et réf. cit.

89. Selon la Cour de cassation l'article 272, alinéa 2, ne fait pas de la déclaration sur l'honneur une condition de recevabilité de la demande de prestation compensatoire ; celle-ci ne peut être rejetée en cas de carence du demandeur : Cass. civ. 1re, 11 janvier 2005, *Bull. civ.* I, n° 13 ; * Cass. civ. 1re, 22 mars 2005, cité *infra* ; *Dr. famille* 2005, n° 55, n. V. Larribau-Terneyre. Quid si la déclaration a été produite mais était erronée ? Le recours en révision est ouvert en cas de fraude, Cass. civ. 1re, 12 juin 2008, *Dr. famille* 2008, n° 138, obs. V. Larribau-Terneyre ; *RTD civ.* 2008, p. 462, obs. J. Hauser : l'épouse avait sciemment omis d'indiquer qu'elle était propriétaire d'un studio.

90. Selon un auteur, le juge serait lié par le contenu de la déclaration, « *celle-ci apparaissant comme un véritable mode de preuve, empruntant leur force probante à l'aveu et au serment* » (H. Lécuyer, « La déclaration sur l'honneur », article préc.). Il semble plutôt qu'il ne s'agisse que d'un

III. — Modalités d'exécution

801. Capital ou rente ? – La loi de 1975 avait apporté en la matière une innovation considérable : la prestation compensatoire devait, en principe, prendre la forme d'un capital versé au créancier ; ce n'était que si la consistance des biens de l'époux débiteur ne permettait pas le versement d'un capital, que la prestation compensatoire pouvait prendre la forme d'une rente (art. 274 et 275 anc.). Cette rupture radicale avec l'ancienne pension alimentaire s'expliquait par la finalité même de la prestation compensatoire (compenser autant que faire se peut la disparité créée par le divorce et non assurer à l'épouse divorcée un minimum de ressources) et répondait au souci de concentrer les effets du divorce.

L'esprit du nouveau système ne fut pas compris par la pratique et moins encore respecté. Le versement sous forme de capital fut très peu utilisé, et la rente qui aurait dû être l'exception devint, en réalité, la règle[91]. Les lois de 2000 puis de 2004 ont réaffirmé les principes et, pour briser les résistances, remodelé le régime juridique et fiscal de la rente et du capital.

A. Exécution de la prestation sous forme de capital

802. Le principe : exécution en capital. – La règle est désormais réaffirmée, sans nuance, par l'article 270, alinéa 2 : la prestation compensatoire « *prend la forme d'un capital dont le montant est fixé par le juge* ». Différentes modalités de constitution du capital sont prévues à l'article 274. Le capital peut évidement être versé sous forme d'une somme d'argent, ce qui peut paraître le plus simple, mais suppose soit que l'intéressé dispose de liquidités, soit que des biens, notamment des biens communs, soient vendus et la somme attribuée au créancier au titre de la prestation compensatoire[92]. Il peut également s'exécuter par une « *attribution de biens en propriété ou d'un droit temporaire ou viager*[93] *d'usage, d'habitation*[94] *ou d'usufruit*[95], *le jugement opérant cession forcée en faveur du créancier* » (art. 274, 2°) : ce qui permet au conjoint, à la femme notamment, de rester dans le logement familial.

Les pouvoirs confiés au juge sont considérables : certes, la règle est souple, ce qui lui permet d'adapter sa décision aux particularités de l'espèce. Mais le « sur mesure » peut avoir un coût exorbitant pour le débiteur : tous ses biens, meubles

---

document parmi d'autres, destiné à faciliter le travail du juge et à renforcer l'obligation de loyauté (Cass. civ. 1re, 22 mars 2005, *Bull. civ.* I, n° 146 : « *La cour d'appel a souverainement apprécié la valeur et la portée de la déclaration sur l'honneur qui lui était soumise* ». Sur l'ensemble de la question : A. Tisserand-Martin, « Devoir de loyauté et obligation d'information entre époux divorçant », *in Mélanges Ph. Simler*, Lexis-Nexis/Dalloz, 2006, p. 207 s.).

91. Sur les raisons de cet échec, *supra*, n° 787.

92. Mais le juge ne peut imposer le recours à un emprunt (Cass. civ. 1re, 15 avril 2015, n° 14-12.375, *RTD civ.* 2015, p. 595, obs. J. Hauser).

93. La précision selon laquelle le droit peut être « temporaire ou viager » a été dictée au législateur de 2004 par le souci de ne pas laisser croire que ce droit serait limité à huit ans, *i.e.* la durée maximale d'échelonnement du capital (Rapp. Delnatte, p. 85).

94. Contrairement au droit commun des droits d'usage et d'habitation (art. 631 à 634), l'époux créancier peut user personnellement du bien ou le donner à bail : Cass. civ. 1re, 8 décembre 1998, *Defrénois* 1999, 935, obs. J. Massip ; cf. art. 764, al. 5, L. 3 décembre 2001, sur les droits du conjoint successible.

95. Encore faut-il en fixer le montant (* Cass. civ. 1re, 22 mars 2005, *Bull. civ.* I, n° 145 ; *Defrénois* 2005.1343, n. J. Massip). De façon générale, l'article 1080 C. pr. civ. (D. 29 octobre 2004) affirme que « *Lorsque des biens ou des droits sont attribués à titre de prestation compensatoire en application du 2° de l'article 274 du Code civil, la convention homologuée ou la décision qui prononce le divorce précise leur valeur* ».

ou immeubles, communs ou propres, indivis ou personnels, peuvent faire l'objet de cette « cession forcée[96] ». La Cour de cassation l'avait admis naguère pour les biens dont l'usufruit pouvait être attribué à titre de prestation compensatoire[97]. En l'étendant à la cession de propriété, le législateur de 2000 fut accusé d'autoriser une véritable « expropriation » pour cause d'utilité privée[98]. La loi de 2004 ne fit que confirmer la règle, en y ajoutant un tempérament : l'accord de l'époux débiteur est exigé pour l'attribution en propriété de biens qu'il a reçus par succession ou donation (art. 274, 2°, *in fine*). Le vieux principe de conservation des biens dans la famille[99] contrebalance le pouvoir du juge et les appétits du conjoint.

Déférée au Conseil constitutionnel dans le cadre d'une QPC[100], l'article 274 2° reçut un brevet de constitutionnalité assorti d'une réserve d'interprétation[101]. Si, selon le Conseil, l'attribution forcée d'un bien au titre de l'article 270 ne constitue pas une privation du droit de propriété au sens de l'article 17 de la Déclaration de droits de l'homme et du citoyen, il résulte de l'article 2 de cette Déclaration que les limites apportées à l'exercice du droit de propriété doivent être justifiées par un motif d'intérêt général et proportionnées à l'objectif poursuivi (considérant 3 et 5[102]). La mesure poursuit un objectif d'intérêt général[103]. Toutefois, même si elle s'inscrit dans le cadre du contradictoire et qu'elle est tempérée par l'exigence de l'accord de l'époux débiteur pour l'attribution en propriété de biens qu'il aurait reçus par succession ou donation, « *l'atteinte au droit de propriété qui résulte de l'attribution forcée prévue par le 2° de cet article ne peut être regardée comme une mesure proportionnée au but d'intérêt général poursuivi que si elle constitue une modalité subsidiaire d'exécution de la prestation compensatoire en capital ; que, par conséquent, elle ne saurait être ordonnée par le juge que dans le cas où, au regard des circonstances de l'espèce, les modalités prévues au 1° n'apparaissent pas suffisantes pour*

96. En pratique, le texte devrait se traduire le plus souvent par l'abandon, par le mari, de l'immeuble commun servant au logement de la famille.

97. Cass. civ. 2e, 1er avril 1994, *Bull. civ.* II, n° 113. Pour l'abandon en pleine propriété en revanche, l'accord des époux était nécessaire.

98. Les nouveaux pouvoirs donnés au juge ne sont-ils pas contraires à la Conv. EDH, protocole additionnel n° 1 (droit au respect du biens) ? Bien que la question lui eût été posée, la Cour de cassation n'a pas jugé utile d'y répondre (Cass. civ. 1re, 31 mars 2010, *Dr. famille* 2010, n° 76, note V. Larribau-Terneyre ; *AJ famille* 2010, p. 231, obs. I. Gallmeister).

99. Défendue par l'Assemblée nationale la limitation imposée doit faire l'objet d'une interprétation stricte : elle ne s'applique pas à tous le biens présents dont le débiteur était propriétaire au jour du mariage (Cass. civ. 1re, 12 novembre 2009, *Dr. famille* 2009 ; *Defrénois* 2010, 866, obs. J. Massip ; *RTD civ.* 2010, 90, obs. J. Hauser).

100. Cass. civ. 1re, 17 mai 2011, n° 11-40.005, *RTD civ.* 2011, 521, obs. J. Hauser.

101. Cons. const., 13 juillet 2011, n° 2011-151 QPC, *RTD civ.* 2011, 565, obs. T. Revet, *RTD civ.* 2011, 750, obs. J. Hauser.

102. Le Conseil relève (considérant 5) « *que l'attribution, décidée par le juge du divorce, d'un bien dont un époux est propriétaire a pour objet d'assurer le paiement de la dette dont il est débiteur au profit de son conjoint au titre de la prestation compensatoire ; qu'elle constitue une modalité de paiement d'une obligation judiciairement constatée ; qu'il en résulte que, si l'attribution forcée d'un bien à titre de prestation compensatoire conduit à ce que l'époux débiteur soit privé de la propriété de ce bien, elle n'entre pas dans le champ d'application de l'article 17 de la Déclaration de 1789* ».

103. « *Considérant (...) que, d'une part, en permettant l'attribution forcée prévue par le 2° de l'article 274, le législateur a entendu faciliter la constitution d'un capital, afin de régler les effets pécuniaires du divorce au moment de son prononcé ; que le législateur a également entendu assurer le versement de la prestation compensatoire ; que l'objectif poursuivi de garantir la protection du conjoint dont la situation économique est la moins favorisée et de limiter, autant que possible, les difficultés et les contentieux postérieurs au prononcé du divorce constitue un motif d'intérêt général* » (cons. 6).

garantir le versement de cette prestation[104] ». La Cour de cassation semble vouloir faire respecter la règle telle qu'amendée par le Conseil[105]. D'ailleurs, la CEDH veille[106].

803. Tempérament : fractionnement des versements sur huit ans. – Afin d'alléger le poids du versement en capital, la loi de 2000 a ouvert la possibilité d'un versement fractionné sous forme de *versements périodiques*[107] indexés selon les règles applicables aux pensions alimentaires (art. 275). Cet échelonnement des versements ne peut se faire que sur huit ans maximum (art. 275)[108]. La pratique parle de « capital renté ».

La loi de 2004 a précisé que les différentes modalités de versement du capital pouvaient être combinées : versement immédiat d'une somme d'argent ou abandon de tel ou tel bien, et versement fractionné du solde dans la limite des huit ans (art. 275).

L'ensemble de ces tempéraments est d'autant plus utile que la rente est désormais marginalisée.

B. Exécution de la prestation sous forme de rente

804. L'exception : la rente viagère. – Dans le système mis en place en 1975, il avait été prévu (art. 276 anc.) que « *À défaut de capital ou si celui-ci n'est pas suffisant, la prestation compensatoire prend la forme d'une rente* », attribuée pour une durée égale ou inférieure à la vie de l'époux créancier, et indexée de droit (art. 271-1 anc.). Bien que le recours à la rente n'eût eu qu'un caractère

104. Cons. 8.

105. Cass. civ. 1re, 28 mai 2014, *RTD civ.* 2014, 630, obs J. Hauser, 688, obs. W. Dross, *AJ famille* 2014, 558, obs. S. Thouret ; au vu de la réserve d'interprétation du Conseil constitutionnel, la Cour censure les juges du fond qui, au regard de la disparité dans les conditions de vie des époux au détriment de la femme, avaient attribué à celle-ci une prestation compensatoire sous la forme de l'attribution en pleine propriété de l'immeuble commun : « *en statuant ainsi, sans constater que les modalités prévues au 1° de l'article 274 du Code civil n'étaient pas suffisantes pour garantir le versement de cette prestation, la cour d'appel a privé sa décision de base légale* ». La Cour a également rappelé que lorsque la prestation compensatoire prend la forme d'une attribution de biens en propriété, son montant doit être précisé dans la décision qui la fixe, ainsi que la valeur estimée du bien, Cass. civ. 1re, 15 avril 2015, n° 14-11.575, *Dr. famille* 2015, chron. 3, note V. Egea, RTD civ. 2015, p. 594, obs. J. Hauser.

106. CEDH, 10 juillet 2014, *Milhau c. France*, *AJDA* 2014, 1763, chron. L. Burgorgue-Larsen, *AJ famille* 2014, 497, obs. N. Regis : la France est condamnée pour violation de l'article 1 du protocole n° 1 (droit au respect de ses biens), car aucun autre moyen d'exécuter la prestation compensatoire n'avait été proposé au débiteur : selon la Cour, « *il y a eu rupture du juste équilibre devant régner entre les exigences de l'intérêt général de la communauté et les impératifs de la sauvegarde des droits fondamentaux de l'individu. En l'espèce, le requérant a "supporté une charge spéciale et exorbitante", que seule aurait pu rendre légitime la possibilité de proposer de s'acquitter de sa dette par un autre moyen mis à sa disposition par la loi, à savoir par le versement d'une somme d'argent ou le transfert de ses droits de propriété sur un ou plusieurs autres biens* ».

107. Autre assouplissement apporté par la loi de 2004 : il n'était question auparavant que de versements annuels ou mensuels.

108. Mais le juge ne peut différer le versement de la première mensualité en accordant un délai au débiteur et les versements échelonnés restant dus dans la limite des huit ans (Cass. civ. 1re, 6 juillet 2005, *Bull. civ.* I, n° 308 ; *Defrénois* 2006.346, n. J. Massip). Reprenant la formule utilisée naguère pour sauver les décisions qui avaient octroyé une rente sans trop se préoccuper des possibilités de versement immédiat du capital (cf. *infra*, n° 863), la Cour de cassation a estimé que les juges du fond qui, après examen de la situation financière et patrimoniale des parties, ont fixé à la charge du mari une prestation compensatoire sous forme d'un capital payable par versements mensuels pendant huit ans, « *ont nécessairement estimé que celui-ci n'était pas en mesure de verser ce capital immédiatement* », (Cass. civ. 1re, 4 juin 2009, *Defrénois* 2009, p. 1854, note (critique) J. Massip) ; le versement immédiat du capital est pourtant la règle, le paiement échelonné l'exception.

subsidiaire[109], elle constituait en pratique le type de prestation compensatoire le plus utilisé. Le législateur de 2000 a entendu mettre fin à cette dérive. Non seulement il a réaffirmé le caractère exceptionnel de l'octroi d'une rente, mais encore, supprimant toute possibilité de rente temporaire, il force le juge et les époux à faire un choix : capital (fractionné et au besoin étalé sur huit ans) ou rente, mais pour la vie. Le nouvel article 276 dispose en ce sens : « *À titre exceptionnel, le juge peut, par décision spécialement motivée, en raison de l'âge ou de l'état de santé du créancier ne lui permettant pas de subvenir à ses besoins, fixer la prestation compensatoire sous forme de rente viagère. Il prend en considération les éléments d'appréciation prévus à l'article 272* ».

Le champ de la rente est donc strictement limité : il correspond à des situations particulières (la femme âgée ne travaille pas et ne dispose que d'une maigre retraite ou ne peut espérer trouver un emploi décent, etc.)[110] que le juge est appelé à prendre en considération de façon tout à fait exceptionnelle (sans doute, en pratique, pour des raisons d'humanité). Les dispositions nouvelles étant selon l'article 23 de la loi de 2000 « *applicables aux instances en cours qui n'ont pas donné lieu à une décision passée en force de chose jugée* »[111], les tribunaux ont eu très vite l'occasion de manifester leur fidélité à l'esprit et à la lettre des textes nouveaux, sous le contrôle vigilant de la deuxième Chambre civile hier, de la première Chambre civile aujourd'hui[112].

La rente ainsi allouée a un caractère viager : toute possibilité de rente temporaire est exclue[113].

805. Rente sur remariage ne vaut. – Avant la loi de 2000, la Cour de cassation avait interdit au juge d'assortir les rentes de conditions suspensives[114], tenant, par exemple, au remariage du créancier, parce que la durée en eût été incertaine. La solution n'était pas forcément opportune : après tout, le « risque » de remariage était pris en compte dans l'évaluation du montant de la prestation. Elle ne devrait cependant pas être remise en cause aux termes de la loi nouvelle.

---

109. La Cour de cassation n'avait cependant pas tiré les conséquences de la règle posée à l'article 276. Selon elle, il n'était pas nécessaire que le juge expliquât pourquoi il avait choisi une rente plutôt qu'un capital (Cass. civ. 2e, 27 novembre 1980, *Bull. civ.* II, n° 247 : « *En condamnant B.A. à verser une prestation compensatoire sous forme de rente, la cour d'appel a nécessairement estimé que la consistance des biens de l'époux ne permettait pas de donner à la prestation la forme d'un capital* ») : une telle jurisprudence ne pouvait que maintenir des anciennes pratiques.

110. Ex. : Cass. civ. 1re, 30 juin 2004, *Dr. famille* 2004, n° 223, n. V. Larribau-Terneyre ; n.p.B. : la Cour de cassation approuve les juges du fond d'avoir octroyé une prestation compensatoire sous forme de rente à une femme qui « *bien qu'encore relativement jeune, puisqu'âgée de 49 ans, était en arrêt de travail pour longue maladie et se trouvait, en raison de son état de santé, dans l'impossibilité de retrouver un emploi à l'avenir, qu'elle ne percevait que les indemnités journalières de la Caisse d'assurance maladie, qu'elle ne possédait aucun patrimoine immobilier et que sa pension de retraite ne serait pas complète car elle n'avait pas suffisamment cotisé* ».

111. Cass. civ. 2e, 30 novembre 2000, *Bull. civ.* II, n° 157 ; *JCP* G 2001.II.10499, n. Th. Garé ; *Defrénois* 2001, 509, n. J. Massip ; *RTD civ.* 2001, 113, obs. J. Hauser.

112. Jurisprudence constante. Ex. : Cass. civ. 1re, 23 avril 2003, *RTD civ.* 2003, p. 485, obs. crit. J. Hauser : le juge du fond avait accordé (avant la loi de 2000) une rente au motif que la femme était sans emploi et sans formation, qu'elle devait assumer pendant de longues années l'éducation des cinq enfants issus du mariage, que ses chances de s'insérer professionnellement étaient quasi-inexistantes et que ses seules ressources sont constituées de prestations sociales : cassation car les motifs prévus, *a posteriori*, par la loi n'étaient pas invoqués en l'espèce... En toute hypothèse, le choix de la rente suppose une motivation spéciale, cf. Cass. civ. 1re, 23 septembre 2015, n° 14-19.949, *Dr. famille* 2015, com. 195, note J.-R. Binet.

113. Cass. civ. 2e, 13 décembre 2001, *Dr. famille* 2002, n° 32, obs. H. L. ; Cass. civ. 2e, 14 mars 2002, *Bull. civ.* II, n° 93 ; *RTD civ.* 2001, 569, obs. J. Hauser.

114. Ex. : Cass. civ. 2e, 5 novembre 1986, *Bull. civ.* II, n° 158 ; *JCP* G 1987.IV.17. Est également exclue une rente qui serait assortie d'une terme extinctif tel que la retraite du débiteur (Cass. civ. 1re, 14 octobre 2009, *AJ famille* 2010, p. 37, note S. David).

806. Combinaison du capital et de la rente viagère. – Interprétant strictement le silence de la loi, la Cour de cassation avait d'abord affirmé que les modalités de versement du capital visées au texte étaient alternatives et non cumulatives[115], avant de revenir sur cette exclusive et d'admettre la mixité[116]. L'esprit de souplesse et de réalisme qui a soufflé en 2004 a conduit le législateur à prévoir expressément la possibilité d'un tel cumul à condition que « *les circonstances l'imposent* » et en précisant que l'attribution d'une fraction en capital vient en déduction de la rente octroyée. L'assouplissement est opportun ; encore faut-il en souligner les limites : il n'est pas question d'ouvrir, en général, des possibilités de combinaison entre rente et capital, car on risquerait de faire rentrer par la fenêtre des exceptions que l'on s'était appliqué à chasser loin des principes : la combinaison ne joue qu'à titre de tempérament au règlement sous forme de rente, ce qui suppose que les conditions exceptionnelles d'un versement sous forme de rente aient été caractérisées par le juge.

IV. — Caractère forfaitaire

807. Un forfait indexé. – Le montant de la rente (avant indexation) est fixé de façon uniforme pour toute sa durée ou peut varier par périodes successives suivant l'évolution probable des ressources et des besoins du créancier comme du débiteur (art. 276-1) : encore faut-il que tout soit fixé à l'avance ; il s'agirait sinon d'une question de révision strictement encadrée par le législateur (cf. *infra*)[117]. La rente est indexée de plein droit. L'article 276-1, alinéa 1, précise que l'indice est déterminé comme en matière de pension alimentaire[118].

V. — Garanties

808. Gage, caution, assurance. – L'article 277 prévoit que « *indépendamment de l'hypothèque légale ou judiciaire, le juge peut imposer à l'époux débiteur de constituer un gage, de donner une caution ou de souscrire un contrat garantissant le paiement de la rente ou du capital* ». La dernière partie du texte, introduite par la réforme de 2000, donne au juge une certaine latitude[119] et ouvre la voie à l'assurance[120].

Afin de garantir pratiquement et non plus seulement juridiquement le paiement du capital, la loi de 2000 avait précisé que le jugement de divorce pouvait être subordonné au versement

115. Jurisprudence constante : Cass. civ. 2e, 10 mai 2001, *Bull. civ.* II, n° 95 ; *RTD civ.* 2001, 569, obs. J. Hauser.

116. *Cass. civ. 1re, 16 mars 2004, *Bull. civ.* I, n° 87 ; *Defrénois* 2004.1233, n. J. Massip.

117. Sous l'empire de l'ancien article 276-1, Cass. civ. 2e, 2 mai 1986, *Bull. civ.* II, n° 77 ; *D.* 1984, 579, n. Lindon et Bénabent : cassation de l'arrêt ayant prévu que la rente pourrait être réduite lors de la mise à la retraite du débiteur ; dans le même sens : Cass. civ. 2e, 18 mai 2000, *Bull. civ.* II, n° 80 ; *Dr. famille* 2000, n° 75, n. H. Lécuyer ; *RTD civ.* 2000, 551, obs. J. Hauser : les juges du fond avaient prévu qu'à compter de la cessation de son activité professionnelle par le mari, le montant de la rente serait fixé à une somme équivalente à 30 % de son revenu imposable : cassation.

118. *Infra*, n° 1749.

119. La Cour de cassation, avait, sous l'empire des textes anciens, affirmé que la faculté d'imposer une garantie au débiteur de la prestation compensatoire était une faculté laissée à l'appréciation souveraine des juges du fond (Cass. civ. 2e, 25 mai 1994, *Bull. civ.* II, n° 130), mais une jurisprudence littéraliste avait précisé que la liste des garanties visées à l'article 277 (hypothèque légale ou judiciaire, gage, caution) était limitative, ce qui excluait notamment l'assurance : Cass. civ. 2e, 24 novembre 1996, *Bull. civ.* II, n° 337 ; *Defrénois* 1994, art. 35945, n° 147, obs. crit. J. Massip ; *RTD civ.* 1994, 87, obs. J. Hauser.

120. La demande de suppression d'une garantie (en l'espèce d'une assurance-décès) constitue une demande de révision de la prestation compensatoire et est donc soumise aux conditions prévues par la loi : Cass. civ. 2e, 20 novembre 1996, *Bull. civ.* II, n° 252 ; *JCP* G 1997.II.22947, n. Casey ; *Defrénois* 1997, 989, obs. J. Massip ; *RTD civ.* 1997, 107, obs. J. Hauser.

effectif du capital (art. 275, al. 5). Pour ne pas risquer de trop retarder le prononcé du divorce, la loi de 2004 a supprimé cette possibilité.

VI. — Pouvoir de la volonté

809. Assouplir. – L'ensemble de ces règles, fort strictes, sont assouplies lorsque les époux règlent les conséquences de leur divorce dans un divorce par consentement mutuel. Il leur revient alors de fixer le montant et les modalités de la prestation dans leur convention. En particulier ils peuvent prévoir que le « *versement de la prestation cessera à compter de la réalisation d'un événement déterminé* » (remariage ou concubinage notoire du créancier, par exemple[121]) ; ils peuvent également prévoir que la rente sera attribuée pour une durée limitée (art. 278, al. 1). Mais l'article 278, alinéa 2, précise que « *le juge toutefois, refuse d'homologuer la convention si elle fixe inéquitablement les droits et obligations des époux*[122] ».

La même liberté est désormais ouverte aux époux qui dans un divorce contentieux useraient de la possibilité que leur offre l'article 268[123] et soumettraient au juge une convention portant règlement de la prestation compensatoire. La loi leur permet de faire ce qu'elle interdit au juge ; mais celui-ci n'homologuera que s'il estime que les intérêts des époux sont préservés.

§ 4. Modifications, révision de la prestation compensatoire

810. Intangibilité. – La prestation compensatoire a un caractère forfaitaire et définitif : elle ne peut être demandée que lors de l'instance en divorce[124] et surtout une fois faite, l'évaluation ne peut être remise en cause, sinon dans les conditions strictement définies par la loi.

Le dogme de l'intangibilité proclamé par le législateur en 1975 et réaffirmé par la Cour de cassation, qui anathémisa sans faiblesse diverses propositions hérétiques formulées par des juges du fond soucieux de réalisme et d'humanité, constituait la pierre d'angle de la nouvelle prestation compensatoire. Il correspondait à la volonté d'éviter le contentieux de l'après-divorce et, surtout, paraissait découler de la nature et des finalités mêmes de la nouvelle institution : la

121. Ex. Cass. civ. 1re, 6 octobre 2010, *Dr. famille* 2010, n° 179, obs. V. Larribau-Terneyre : en l'espèce, la convention homologuée prévoyait que la rente « *cessera d'être due en cas de remariage ou de concubinage notoire de l'épouse, si celle-ci partage avec un compagnon à la fois le domicile et la résidence à titre habituel* » et qu'elle « *prendra fin au décès de M. B.* » Madame vit en concubinage ; Monsieur (l'ex. époux) arrête de payer ; le concubinage cesse au bout de quelques mois ; Monsieur doit-il reprendre ses versements ? Oui, estiment les juges du fond, interprétant les dispositions jugées ambiguës de la convention. La Cour de cassation les approuve.

122. *Supra*, nos 611 et 615.

123. *Supra*, n° 792.

124. Ex. : Cass. civ. 2e, 28 janvier 1987, *Bull. civ.* II, n° 28 ; *JCP* G 1987.IV.110 ; *Defrénois* 1988, art. 34106, n° 95, p. 1097, obs. J. Massip : « *la demande de prestation compensatoire n'est recevable que si elle a été formée au cours de l'instance de procédure de divorce* » ; Cass. civ. 1re, 23 juin 2010, *JCP* G 2010, 1027, note V. Bonnet et H. Bosse-Platière déclarant irrecevable dans un même mouvement la demande de prestation compensatoire formulée après le prononcé du divorce et la demande présentée subsidiairement sur le fondement de l'enrichissement sans cause qui tendait aux mêmes fins que l'action écartée. Le principe d'une prestation compensatoire doit avoir été prévu dans la décision prononçant le divorce : une fois la disparité constatée, le juge peut surseoir à statuer sur son montant (ex. Cass. civ. 1re, 12 mai 2010, *Dr. famille* 2010, n° 112, note V. Larribau-Terneyre), quitte à accorder, en attendant, une prestation compensatoire provisionnelle (en tant que mesure provisionnelle, elle échappe aux prescriptions de l'article 1079 du Code de procédure civile et est exécutoire de droit, Cass. civ. 1re, 28 mai 2008, *Dr. famille* 2008, n° 120, note V. Larribau-Terneyre).

prestation compensatoire a pour objet de compenser la disparité de niveau de vie créée par le divorce, mais une fois l'évaluation réalisée, au moment du divorce, en tenant compte de l'évolution de la situation dans un avenir prévisible[125], on ne pouvait ni ne devait remettre en cause l'équilibre traduit dans et par le jugement. La règle valait aussi bien pour la prestation exécutée sous forme de capital que pour la prestation versée sous forme de rente : le montant, la durée et les modalités de l'un comme de l'autre étaient fixées « pour solde de tout compte »[126].

811. Clause d'exceptionnelle gravité. – À ce principe, le législateur avait apporté un tempérament, sous forme d'une « clause d'exceptionnelle gravité » : « *Elle ne peut être révisée même en cas de changement imprévu dans les ressources et les besoins des parties, sauf si l'absence de révision devait avoir pour l'un des conjoints des conséquences d'une exceptionnelle gravité* » (art. 273 anc.). Dans le divorce sur requête conjointe, les époux pouvaient inclure une clause de révision « *en cas de changement imprévu* » dans les ressources et les besoins des époux. À défaut de clause, le juge ne pouvait ordonner la révision.

812. Nécessité d'une réforme. – Dans un monde d'incertitude économique, de chômage, de ruptures et de recompositions familiales, la règle parut vite trop rigoureuse. L'absence de révisabilité pouvait en effet avoir des conséquences intolérables dans un certain nombre d'hypothèses, sans que, pourtant, les conditions de l'article 273 anc. fûssent réunies : tels étaient l'époux créancier réduit à la misère ou l'époux débiteur dont la situation personnelle et patrimoniale subissait des changements qui certes étaient « prévisibles » (perte d'emploi, nouvelles charges familiales) mais n'en rendaient pas moins insupportable le paiement de la prestation, notamment lorsque celle-ci prenait la forme d'une rente. La situation était encore plus mal vécue lorsque le conjoint créancier avait refait sa vie et nageait dans l'opulence.

Certes, la jurisprudence avait admis qu'après le divorce, une action en dommages-intérêts ou une action *de in rem verso* pouvaient être exercées, si leurs conditions étaient réunies, parce qu'elles avaient un objet différent. En outre, en cas de fraude, un recours en révision pouvait être exercé contre la décision qui avait évalué une prestation[127]. Mais pour ce qui était de la révision proprement dite, la Cour de cassation veillait à ce que les juges du fond n'exerçassent leur pouvoir modérateur que leur conférait l'article 273 anc. qu'avec une extrême rigueur : mieux valait une injustice que cent contentieux. Après vingt ans d'application (et de crise économique), la situation ne paraissait plus viable. Les propositions de réforme se multiplièrent, activement soutenues par des associations de « débiteurs-victimes », jusqu'à ce que le législateur tranche par la loi de 2000, dont les règles de principe ont été réaffirmées par la loi de 2004.

Les deux lois ne remettent nullement en cause le caractère forfaitaire de la prestation compensatoire. Elles permettent cependant d'en modifier les modalités de règlement (I) et, surtout, assouplissent les conditions de sa révision (II).

I. — Modification des modalités d'exécution de la prestation

Les modalités d'exécution de la prestation compensatoire sont en principe déterminées une fois pour toutes. Mais son mode de règlement (capital, rente) comme ses modalités de paiement peuvent être revus, dans certaines conditions, pour tenir compte de l'évolution de la situation.

---

125. *Supra*, n° 797.

126. G. Cornu, *La famille*, *op. cit.*

127. Ex. Cass. civ. 2e, 21 février 2013, *AJ famille* 2013, 236, obs. S. David, *RTD civ.* 2013, 357, obs. J. Hauser : « *le patrimoine est un élément d'appréciation expressément prévu par la loi dont le juge doit tenir compte pour fixer la prestation compensatoire, de sorte que la dissimulation par l'époux de l'existence de revenus, nécessairement déterminants pour statuer sur la demande de l'épouse, constitue une fraude* ».

813. Prestation compensatoire sous forme de capital. – Le montant du capital est définitivement fixé par le juge dans sa décision ou par les époux dans leur convention judiciairement homologuée (cf. art. 268, 278, *supra*). Lorsque le débiteur n'est pas en mesure de se libérer en une fois, l'article 275-1 dispose que « *le juge fixe les modalités de paiement du capital, dans la limite de huit années, sous forme de versements mensuels ou annuels indexés selon les règles applicables aux pensions alimentaires* ». Si le montant du capital ainsi fixé ne peut être revu ni à la hausse ni à la baisse en raison de son caractère forfaitaire, les modalités de paiement peuvent, elles, être révisées, à la demande du débiteur, « *en cas de changement important de sa situation* » (art. 275, al. 2)[128]. Le juge peut alors « *à titre exceptionnel* » et « *par décision spéciale et motivée* » (toutes exigences formulées par l'article 275-1, alinéa 2), autoriser le versement du capital sur une durée totale supérieure à huit ans. En étalant dans le temps les versements, le juge peut espérer assurer le respect par le débiteur de ses obligations, dans des conditions qui satisfassent les intérêts du débiteur (la charge est allégée parce qu'échelonnée) comme ceux du créancier (qui peut espérer échapper au risque de banqueroute de son ex-conjoint). À l'inverse, la loi permet le règlement anticipé du solde ; selon les articles 275 et 280, alinéa 2, « *le débiteur peut se libérer à tout moment du solde du capital* », quand bien même le créancier (pour des raisons fiscales notamment) ne le souhaiterait pas[129] ; tout ce qui peut contribuer à « liquider » le passé conjugal doit être favorisé.

Dans le même esprit, l'article 275, alinéa 4, dispose que « *après la liquidation du régime matrimonial, le créancier de la prestation compensatoire peut saisir le juge d'une demande en paiement du solde du capital* ».

814. Prestation compensatoire sous forme de rente. – Là encore tout est, en principe, gravé dans le marbre du jugement ou de la convention homologuée. Toutefois, le souci de rompre les liens de dépendance économique entre les ex-conjoints a conduit le législateur à permettre le passage de la rente au capital. Selon l'article 276-4, le débiteur d'une prestation compensatoire sous forme de rente « *peut à tout moment saisir le juge aux fins de statuer sur le principe de la substitution d'un capital à tout ou partie de la rente* » : la souplesse de la règle (retouchée en 2004) devrait multiplier les prestations payées en partie sous forme de capital, en partie sous forme de rente[130], ce qui n'est jamais qu'une façon de favoriser le règlement en capital[131]. De même, le créancier de la prestation compensatoire peut former une telle demande « *s'il établit qu'une modification de la situation du débiteur permet cette substitution notamment lors de la*

128. Dans sa rédaction de 2000, l'article 275-1, alinéa 2, visait un changement « notable » ; dans l'esprit du législateur de 2004, « important » serait moins rigoureux que « notable ».

129. Sur la fiscalité du capital, F. DOUET, *Précis de droit fiscal de la famille*, *op. cit.*

130. Sous l'empire de l'ancien article 276-4, Cass. civ. 1re, 31 mai 2005, *Bull. civ.* I, n° 233 ; *Defrénois* 2005.1846, n. J. Massip : la substitution du capital à la rente intervient « *dès lors que le débiteur justifie être en mesure de la régler et que l'âge ou l'état de santé du créancier ne fait pas obstacle à une telle substitution* ». Mais le juge n'est pas tenu de l'accepter, à charge de motiver spécialement son refus (Dijon 17 décembre 2009, *Dr. famille* 2010, n° 57, note V. Larribau-Terneyre) : le débiteur proposait d'effectuer les versements en quatre-vingt-seize mensualités, sans justifier de son impossibilité de verser en une seule fois le capital, alors que cet échelonnement « *ne permettrait pas à la créancière de disposer, compte tenu de son âge, de ressources suffisantes à son entretien* ».

131. Les modalités de conversion ont été précisées par le décret du 29 octobre 2004, qui fixe un barême très précis de conversion : S. THOURET, « La substitution d'un capital à la rente de prestation compensatoire », *JCP* G 2004, act. p. 597.

liquidation du régime matrimonial »[132] (art. 276-4, al. 2). En cas de divorce sur requête conjointe, les époux peuvent modifier, par une nouvelle convention soumise à homologation, ce qui avait été fixé dans la convention initiale (art. 279, al. 2). L'article 279, alinéa 3, précise que chacun pourra également demander la substitution totale ou partielle du capital à la rente dans les conditions fixées à l'article 276-4. Il en sera de même lorsque les époux ont, dans le cadre d'un divorce contentieux, réglé leur prestation compensatoire par une convention soumise à l'homologation du juge (art. 279-2).

Dans ces différentes hypothèses, il ne s'agit que de changer les modalités d'exécution ou de paiement d'une prestation dont le quantum n'est pas remis en cause (sauf, dans le cas de l'article 276-4, à procéder à une conversion délicate, mais, en principe, à montant constant, de la rente au capital). Toutes différentes sont les hypothèses de révision de la prestation dans son montant.

II. — Révision du montant de la prestation

815. Révision des rentes. – La loi de 2000 a donné au système une souplesse qui ne manquera pas d'inquiéter. Elle ne concerne cependant que les rentes (qui désormais ne peuvent être que des rentes viagères, sauf stipulations particulières de la convention homologuée) et non les annuités ou mensualités du capital : pour ces dernières, seul un échelonnement est envisageable.

Selon l'article 276-3, « *La prestation compensatoire fixée sous forme de rente viagère peut être révisée, suspendue ou supprimée en cas de changement important dans les ressources et les besoins de l'une ou l'autre des parties* ». Le nouveau critère du juge (« *changement important dans les ressources et les besoins* ») est plus souple que l'ancien (la rente ne pouvait être révisée « *même en cas de changement imprévu dans les ressources ou les besoins des parties* », « *sauf si l'absence de révision devait avoir pour l'un des conjoints des conséquences d'une exceptionnelle gravité* »). Il ouvre la porte à des actions fondées sur des changements dans la situation du débiteur (perte d'emploi ou chute de revenus, survenance de charges nouvelles : nouveaux enfants ou concubin[133], nouveau conjoint ou enfants du conjoint), mais aussi sur l'évolution de la condition du créancier (mariage, concubinage, héritage ou gain de jeu qui feraient rétroactivement disparaître ou atténueraient la différence de niveau de vie créée par le divorce[134]).

Toutefois, la révision « *ne peut avoir pour effet de porter la rente à un montant supérieur à celui fixé initialement par le juge* » : c'est dire qu'elle ne peut se

132. Sur ces possibilités, Hugot, *JCP* N 2000, 1644. La Cour de cassation veille à ce que l'on ne confonde pas les deux hypothèses : cassation de l'arrêt qui avait rejeté la demande de conversion formée par le débiteur (art. 276-4, al. 1) au motif que « les situations respectives des époux n'ont pas subi de modification depuis la fixation de la prestation compensatoire sous forme de rente et qu'une substitution s'effectuerait au détriment de la créancière dès lors que la sécurité que représente la rente constitue un avantage par rapport aux aléas du placement du capital » (motivation qui fait écho à l'article 276-4, al. 2, demande formée par le créancier) : Cass. civ. 1re, 10 juillet 2013, *RTD civ.* 2013, 826, obs. J. Hauser.

133. Cass. civ. 1re, 28 juin 2005, *Bull. civ.* I, n° 286 ; *Dr. famille* 2005, n° 184, n. V. Larribau-Terneyre. Dans un arrêt du 25 janvier 2005 ; n.p.B., la première chambre civile avait cassé un arrêt qui avait décidé que la charge d'un nouvel enfant avait été contractée en connaissance de cause et ne pouvait donc justifier une diminution des obligations antérieures du débiteur.

134. Encore faut-il le prouver dans des conditions acceptables : Cass. civ. 2e, 3 juin 2004, *Bull. civ.* II, n° 273 ; *Dr. famille* 2004, n° 172, n. V. Larribau-Terneyre ; n.p.B. : condamnation, au nom du droit au respect de la vie privée, du mari demandeur à la révision qui avait eu recours à un détective privé pour rechercher les éléments du train de vie de son épouse et l'existence d'un éventuel concubinage : la femme « *avait été épiée, surveillée et suivie pendant plusieurs mois* ».

traduire que par une baisse ou une suppression et non par une augmentation ; ne peut ainsi être corrigée l'injustice d'une prestation compensatoire chichement calculée alors que le débiteur, depuis, s'est enrichi, fût-ce de manière criante.

Le juge peut également décider d'une suspension de la rente, qui ne peut être prononcée que pour une durée déterminée[135].

816. Prestation fixée par convention homologuée. – Lorsque les époux ont divorcé par consentement mutuel ou, plus généralement, ont soumis une convention à l'homologation du juge, ils peuvent par une nouvelle convention judiciairement homologuée[136], modifier le montant de la rente. Ils peuvent également inclure dans leur convention une clause de révision, permettant à chacun (le créancier comme le débiteur) de demander au juge de réviser la prestation compensatoire « *en cas de changement important dans les ressources et les besoins de l'une ou l'autre des parties* ». Comblant une lacune de la loi du 30 juin 2000, une loi du 3 décembre 2000 a prévu que les ex-époux peuvent également demander la révision de la prestation compensatoire sur le fondement de l'article 276-3.

La révision de la rente allouée à titre de prestation compensatoire prend effet non au jour de la décision qui l'ordonne, mais à celui de la demande[137].

§ 5. Transmission aux héritiers

817. Principes de la transmission. – La loi de 2004 a entendu clarifier et assouplir les règles régissant une question qui avec le temps risque de devenir de plus en plus délicate : celle du paiement de la prestation compensatoire en cas de décès de l'époux débiteur.

Une première difficulté est apparue tenant aux règles relatives au passif incombant à l'usufruit universel ou à titre universel ; l'article 610 les met à la charge du légataire universel. Afin d'éviter que le poids de la prestation compensatoire payable sous forme de rente – ce qui reste encore possible après les lois de 2000 et de 2004 – ne pèse sur la seconde épouse, la Cour de cassation a décidé que ce texte ne régissait que les rentes viagères instituées par la volonté testamentaire du défunt, non celles qui résultaient d'un jugement[138] : « *à la mort de l'époux débiteur, le*

---

135. Sous l'empire des textes anciens, Cass. civ. 2e, 31 mars 1993, *JCP* G 1994.II.22208, n. F. Boulanger ; *Defrénois* 1994, 326, obs. J. Massip ; *RTD civ.* 1994, 86, obs. J. Hauser. Demande de suppression et demande de révision n'ont pas le même objet : l'autorité de chose jugée attachée à une décision de rejet de la demande en suppression ne rend pas irrecevable une demande ultérieure en révision (Cass. civ. 1re, 20 mai 2010, *Dr. famille* 2010, n° 146, obs. V. Larribau-Terneyre).

136. Encore faut-il faire homologuer la convention : un accord non homologué ne peut servir de base à une telle modification : Cass. civ. 1re, 11 janvier 2005, *Bull. civ.* I, n° 16 ; *Defrénois* 2005.1050, obs. J. Massip. Mais l'appréciation par le juge de l'équité de l'accord doit se faire à la date où la convention a été établie et exécutée, non à celle de son homologation : Cass. civ. 1re, 10 mai 2006, *Bull. civ.* I, n° 227 ; *Dr. famille* 2006, n° 120, obs. V. Larribau-Terneyre ; *Defrénois* 2007, p. 1319, obs. J. Massip ; en l'espèce, 13 ans après le divorce, le mari avait proposé de remplacer la rente qu'il était tenu de verser par un capital ; la femme accepta, le mari versa le capital ; 9 ans plus tard la femme réclama à nouveau le versement de la rente au motif que l'accord passé était sans valeur puisqu'il n'avait pas été homologué par le juge. Les juges du fond avaient admis ce point de vue en considérant qu'ils ne pouvaient que refuser d'homologuer la convention dès lors que le consentement des époux ne persistait pas au jour où ils statuaient. Cassation : les juges auraient dû « *rechercher si, au moment où elle a été établie puis exécutée, la convention préservait les intérêts des parties* ».

137. Cass. civ. 1re, 19 avril 2005, *Bull. civ.* I, nos 732, 733 et 734 ; *Defrénois* 2005.1352, n. J. Massip.

138. Cass. civ. 1re, 8 juin 2004, *Bull. civ.* I, n° 168 ; *D.* 2004, IR 2550 ; *JCP* G 2004.II.10174, n. Fr. Sauvage, 1re esp. ; *Defrénois* 2004.1680, obs. appr. J. Massip ; *RTD civ.* 2004. 720, obs. appr. J. Hauser ; *Dr. famille* 2004 n° 147, n. V. Larribau-Terneyre : « *l'article 610 met à la charge du légataire universel de l'usufruit la seule rente viagère née de la volonté testamentaire du défunt* ».

paiement de la prestation compensatoire quelle que soit sa forme, est prélevé sur la succession ». Restait le régime de cette transmission, que la loi de 2004 a construit autour de deux principes assortis d'une exception.

I. — Principe

818. Transmission successorale *intra vires*. – Mettant fin aux incertitudes antérieures, le nouvel article 280 pose en principe que le paiement de la prestation compensatoire « *est supporté par tous les héritiers, qui n'y sont pas tenus personnellement, dans la limite de l'actif successoral* ». Est ainsi écartée l'obligation *ultra vires* qui en général s'impose à tous les héritiers acceptants. En cas d'insuffisance de l'actif, les légataires particuliers subiront une réduction proportionnelle à l'émolument de chacun, à moins que le *de cujus* n'ait expressément déclaré qu'il entendait que tel ou tel legs fût acquitté de préférence aux autres : dans ce cas, ledit legs ne serait affecté par la réduction que si les autres ne suffisaient pas au paiement (art. 927, réservé par l'article 280, alinéa 1).

819. Exigibilité immédiate du capital. – Afin d'éviter que les héritiers et l'ex-conjoint créancier n'entretiennent trop longtemps des relations pécuniaires qui pourraient se révéler difficiles, l'article 280, alinéa 2, dispose que « *lorsque la prestation compensatoire a été fixée sous forme d'un capital payable dans les conditions de l'article 275, le solde de ce capital indexé devient immédiatement exigible* » et que s'il est fixé « *sous forme de rente, il lui est substitué un capital immédiatement exigible* », la conversion s'effectuant selon des modalités fixées par décret[139].

Selon l'article 280-2, cette substitution du capital à la rente s'effectue déduction faite des pensions de réversion éventuellement versées du chef du conjoint décédé.

Tout est donc fait pour essayer de liquider au décès un passé matrimonial que le divorce n'avait pas totalement effacé.

II. — Exception

820. Maintien du *statu quo*. – La loi de 2004 a offert aux héritiers la possibilité de maintenir les formes et modalités de règlement de la prestation compensatoire qui incombait jusque là au défunt débiteur. Alors, ils s'obligent personnellement au paiement de la prestation, *i.e. ultra vires*.

Qu'ils agissent par générosité ou par intérêt, les héritiers doivent avoir conscience des conséquences de leur choix : à peine de nullité, l'article 280-1 exige que leur accord soit constaté par un acte notarié. Les héritiers bénéficient alors de la déduction des pensions de réversion éventuellement versées du chef du conjoint décédé, ainsi que des divers assouplissements apportés en 2000 et 2004 au principe d'intangibilité de la prestation compensatoire : rééchelonnement ou libération du solde du capital (art. 275), substitution totale ou partielle d'un capital à une rente viagère (art. 276-4), révision de la rente au titre de l'article 276-3.

139. D. n° 2004-1157, 29 octobre 2004, préc.

§ 6. Droit transitoire

L'importance des modifications apportées par la loi de 2000 et, à un moindre degré, par celle de 2004, a conduit le législateur à adopter des mesures provisoires spécifiques, notamment en ce qui concerne la révision de la rente et la substitution d'un capital à la rente[140].

I. — Loi du 30 juin 2000

La loi de 2000 prévoit deux règles de droit transitoire, selon que la prestation compensatoire a ou non donné lieu à une décision passée en force de chose jugée.

821. Instances en cours. – Pour les instances en cours au jour de son entrée en vigueur, la loi nouvelle s'appliquait immédiatement (art. 23), ce qui entraîna la cassation de tout arrêt d'appel ayant alloué la prestation compensatoire sous forme de rente[141], sauf à ce qu'il ait été spécialement motivé au regard des nouveaux critères[142]. Cette règle a pu surprendre les prévisions qu'avaient légitimement formées les parties sous l'empire du droit ancien, tant sur la possibilité de recourir à une rente que sur son caractère temporaire. De même, furent cassées les décisions qui, en violation de la nouvelle rédaction des articles 274 et 276 anc., avaient attribué la jouissance gratuite d'un immeuble indivis à titre de prestation compensatoire[143].

822. Décisions passées en force de chose jugée. – S'agissant des décisions passées en force de chose jugée qui avaient attribué une prestation compensatoire sous forme de rente viagère (L. art. 20), la révision pouvait être demandée conformément à l'article 276-3 anc. Pouvait également être demandée une substitution d'un capital aux rentes viagères dans les conditions de l'article 276-4 anc. (cf. *supra*). Sur le point de savoir s'il était possible, de réviser une rente viagère fixée dans une convention définitive judiciairement homologuée (malgré l'absence de clause de révision et d'accord des parties), la Cour de cassation s'était déclarée d'avis qu'il « *résulte de l'article 20 de la loi n° 2000-596 du 30 juin 2000 relative à la prestation compensatoire en matière de divorce que la révision des rentes viagères antérieures à cette loi, quel qu'ait été leur mode d'attribution, peut être demandée en cas de changement important dans les ressources ou les besoins des parties* »[144].

II. — Loi du 26 mai 2004

823. Application immédiate. – La loi de 2004 tend également à faire appliquer les dispositions nouvelles aux prestations compensatoires antérieurement fixées. Ainsi, les rentes viagères fixées par le juge ou par convention avant l'entrée en vigueur de la loi de 2000 peuvent-elles être révisées, suspendues ou supprimées à la demande du débiteur ou de ses héritiers lorsque leur maintien en l'état procurerait au créancier un avantage manifestement excessif au regard des critères posés à l'article 276[145] (art. 33-VI). De façon générale, l'article 276-3 est applicable à la révision, à la suspension ou la suppression des rentes viagères fixées

140. Sur le droit transitoire, cf. not. J. Massip, *Le nouveau droit du divorce, op. cit.*

141. Cf. not., Cass. civ. 1re, 23 avril 2003, *Bull. civ.* I, n° 96 ; Cass. civ. 2e, 30 novembre 2000, *Bull. civ.* II, n° 157 ; *Defrénois* 2001, 509, obs. J. Massip.

142. Cass. civ. 2e, 23 mai 2002, *Bull. civ.* II, n° 105.

143. Cass. civ. 2e, 28 novembre 2002, *Bull. civ.* II, n° 271.

144. Cass. avis, 8 octobre 2001, *Bull. civ. avis*, n° 6 ; *RTD civ.* 2002, 78, obs. J. Hauser.

145. Pour apprécier le caractère manifestement excessif ou non de l'avantage procuré la Cour de cassation avait affirmé que devait également être pris en compte la durée du service de la rente et le montant des sommes déjà versées (Cass. civ. 1re, 11 mars 2009, n° 08-11.211) : cette jurisprudence a été intégrée dans la loi (art. 33 VI, al. 1 de la loi n° 2004-439 du 26 mai 2004, réd. loi n° 2015-177 du 16 février 2015 relative à la simplification du droit et des procédures dans les domaines de la justice et des affaires intérieures.

par le juge ou par convention avant l'entrée en vigueur de la loi nouvelle (art. 33-VI, al. 2)[146]. Leur conversion en capital peut être demandée dans les conditions prévues par la loi nouvelle.

Quant aux rentes temporaires fixées par le juge ou par convention avant l'entrée en vigueur de la loi de 2004, leur sont applicables les règles inscrites en matière de révision et de substitution de capital, aux articles 276-3 et 276-4 (art. 33-VII). De même sont applicables aux prestations fixées antérieurement sous forme de capital fractionné en versements périodiques (art. 275, al. 1), les modalités de révision prévues à l'alinéa 2 nouveau du texte (art. 33-VIII).

Sont également applicables les dispositions prévues aux articles 280 et suivants en faveur des héritiers, à moins que la succession du débiteur n'ait donné lieu à partage définitif à cette date (art. 33-X).

Le législateur a, en revanche, laissé au juge le soin de décider si les pensions de réversion versées du chef du conjoint décédé pouvaient être déduites ou non du montant des rentes en cours (art. 33-XI, cf. art. 280-2).

§ 7. Avenir ?

824. Quel avenir pour la prestation compensatoire ? – En 1975, la création de la prestation compensatoire avait un double objectif : détacher les conséquences pécuniaires des causes du divorce, remplacer la pension alimentaire, qui avait pour objectif d'assurer un minimum de ressources au conjoint créancier, par une prestation qui tendait à compenser, autant que possible, la disparité de niveau de vie créée par la séparation[147]. Cette innovation s'accordait bien avec les évolutions économiques et sociales de l'époque, avec le passage d'une société où relativement peu de femmes travaillaient ou continuaient à travailler après le mariage, à une société où elles sont de plus en plus nombreuses à travailler et à continuer à travailler une fois mariée, même si elles ralentissent souvent leur activité et leur carrière afin de s'occuper de la famille : la dépendance financière de la femme pendant le mariage et après le divorce fait place à une inégalité de ressources, et, donc, de niveau de vie que la prestation tend à atténuer.

Depuis 1975, les évolutions se sont accélérées. Le travail des femmes s'est encore développé. Surtout, le nombre de divorces a considérablement augmenté, et la rupture est de plus en plus précoce. Dans la réalité comme dans les mentalités, le divorce apparaît comme un risque « normal » du mariage, même si chacun rêve d'y échapper. Or la prestation compensatoire de 1975 était encore marquée par l'idée de perpétuité du mariage, elle-même héritée du vieux principe d'indissolubilité : à travers la prestation, on tentait de garantir que les engagements pris lors de la célébration de l'union fûssent assurés pour la vie. Quant aux époux, ils ont acquis, en droit comme en fait, une indépendance croissante. Dans un monde incertain, marqué par la précarité et la recomposition, dans un monde où triomphe le principe d'autonomie, la prestation compensatoire a-t-elle encore un sens ?

La pratique pourrait en faire douter[148]. Non seulement la prestation n'est accordée, et demandée, que dans un nombre relativement restreint de divorces (un divorce sur huit), mais, si l'on met à part quelques spectaculaires exceptions qui entretiennent le mythe, ses montants sont relativement faibles, et ont plutôt tendance à stagner, voire, à baisser[149]. Enfin, il apparaît que dans un certain nombre de cas, le capital dû par un époux au titre de la prestation

146. Ex. : Cass. civ. 1re, 19 juin 2007, *Bull. civ.* I, n° 242 ; *Dr. famille* 2007, n° 164, obs. V. Larribau-Terneyre : réduction de la rente payée par le mari en raison de sa mise à la retraite anticipée en raison de son invalidité : l'obligation de faire valoir prématurément ses droits à la retraite alors qu'il pouvait espérer continuer une activité professionnelle indépendante prospère ne pouvait avoir été prise en considération par le juge lors de la fixation du montant de la prestation plusieurs années auparavant. La Cour a jugé que l'art. 276-3 nouv. « *était applicable à la révision, à la suspension ou à la suppression des rentes viagères fixées par le juge avant l'entrée en vigueur de la loi* ».

147. Cf. *supra*, n° 787.

148. Cf. H. Fulchiron et R. Daubricourt, « *La prestation compensatoire, mythes et réalités* », *D.* 2010, 2170 et réf. cit.

149. La rente s'élevait 317 euros en moyenne en 1996, contre 305 euros en 2004, le capital à 30 971 euros en 1996 à 21 499 euros en 2004, cf. E. Roumiguière, « *Des prestations sous forme de*

compensatoire vient compenser la soulte due par l'autre au terme de la liquidation du régime matrimonial : la prestation n'est alors qu'une pièce de la liquidation générale des intérêts patrimoniaux des époux. En fait, on peut se demander si la prestation compensatoire, telle qu'elle avait été imaginée dans un milieu économique et social déterminé correspond toujours aux besoins et aux attentes des époux divorçants. De sa rareté et de sa modicité, on serait tenté d'induire que la prestation sert moins aujourd'hui à assurer une certaine continuité de niveau de vie, qu'à constituer pour la femme, à travers une compensation forfaitaire, une sorte de capital de redémarrage ou de stabilisation pour faire face à la crise de la séparation. Au-delà, il appartient à chacun de reconstruire sa vie, seul ou avec un nouveau conjoint, partenaire ou concubin[150].

Les incertitudes qui entourent la prestation compensatoire ne sont que le signe d'évolutions plus profondes. Le modèle d'un mariage voué à l'éternité, engagement et garantie pour la vie, s'efface[151]. Se développent de nouveaux modes de vie en couple, de plus en plus précaires, au nom d'une liberté pleinement assumée. La liberté n'est pas toujours gage d'équité, encore moins de sécurité.

Certes, l'existence, au moins théorique, d'une garantie de compensation après séparation constitue un des derniers éléments de la singularité du mariage : rien de tel dans le concubinage ni même dans le Pacs. On disait naguère que le concubinage ne naît à la vie juridique que lorsqu'il meurt. Que penser d'un mariage qui ne prend son sens qu'à sa dissolution ?

Section V
LOGEMENT FAMILIAL

825. Affectation à la famille. – Même perturbé par des discordes conjugales, le logement familial est habituellement un lieu d'équilibre pour les enfants et les époux. Il est affecté par le divorce qui met fin à la vie commune entre les époux, tout en maintenant parfois une certaine vie familiale, notamment à cause des enfants.

Les droits qu'ont les époux sur le logement familial varient selon qu'ils en étaient locataires ou propriétaires, et que le bien appartenait à l'un d'eux, ou était commun, ou indivis. Dépassant cette diversité, la loi soumet le logement familial à un statut spécial, afin d'en maintenir l'affectation à la famille, malgré la crise conjugale. La loi de 1975 a développé des règles dont les principes avaient été posés en 1962 et 1965.

Si le logement était loué à un conjoint, le droit au bail peut être attribué par le juge à l'un des époux, même s'il n'était pas locataire, en tenant compte des intérêts sociaux (*ex.* : la profession d'un conjoint) et familiaux (*ex.* : la résidence des enfants) en cause (art. 1751)[152].

Si l'immeuble dans lequel se trouve le logement familial faisait partie de la communauté, il peut être attribué par le juge à un des conjoints en tenant compte de tous les « *intérêts en présence* » (art. 832, al. 14 combiné aux articles 1476, alinéa 2 et 1542, alinéa 2, L. 1975), ce qui est bien vague et traduit, une fois de plus, l'importance du juge dans les règlements familiaux[153].

---

capital et non plus de rentes », Infostat, *Justice*, n° 77, 2004. Les statistiques nationales sont confirmées par l'enquête menée auprès du TGI de Lyon, cf. H. Fulchiron et R. Daubricourt, art. préc.

150. H. Fulchiron, « Les solidarités dans les couples séparés : renouvellement ou déclin ? », *D.* 2009, chron., 1703.

151. Même s'il reste vivace : v. par ex. Douai, 6 mars 2014, *RTD civ.* 2014, 348, obs. J. Hauser : le mari obtient 3 millions de prestation compensatoire au titre de la garantie du train de vie auquel le mariage l'avait habitué et dont, dit la cour d'appel, il « *pouvait légitimement s'attendre à profiter jusqu'à sa mort* ».

152. M. Grimaldi, « Le logement et la famille », *Defrénois* 1983, art. 33120 et spéc. art. 33130.

153. 1er ex. : refus d'attribution préférentielle : Paris, 11 janvier 1982, *D.* 1983, IR 451, obs. A. Bénabent, 1re esp. : « *la femme ne justifie d'aucun intérêt à se maintenir dans l'appartement litigieux,*

Si un époux a la propriété, en propre[154], de l'immeuble, le juge peut l'obliger à consentir un bail à son conjoint, si celui-ci exerce l'autorité parentale ou, en cas d'exercice en commun de l'autorité parentale, si un ou plusieurs enfants ont leur résidence habituelle dans ce logement (art. 285-1). Le juge fixe la durée du bail et peut le renouveler jusqu'à la majorité du plus jeune des enfants. Il peut résilier le bail si des circonstances nouvelles le justifient. Cette hypothèse de *bail forcé*, radicalement dérogatoire au droit commun (quoique de moins en moins, cf. la cession de biens en pleine proprieté au conjoint créancier d'une prestation compensatoire, *supra*), témoigne de l'importance du logement de la famille, point d'ancrage de la famille dans la tourmente du divorce[155].

N°s 826-829 réservés.

dès lors qu'un attachement qui résulterait du fait qu'elle y a vécu est insuffisant, que son âge (45 ans) *et l'absence d'activité professionnelle ne rendent pas difficile ou pénible l'installation dans d'autres locaux, qu'elle n'a la garde d'aucun enfant mineur et n'établit pas que la résidence de sa fille dans l'appartement soit nécessaire à la poursuite de ses études* ».

2e ex. : attribution : Paris, 12 mars 1982, *D.* 1983, IR 451, obs. A. Bénabent, 2e esp. : la femme avait quitté le logement familial pendant l'instance en divorce afin de se réfugier avec ses trois jeunes enfants chez sa mère « *pour mettre fin à une vie intolérable que le mari imposait à sa famille, échapper à ses coups et à ses représailles* ».

154. Le bail forcé ne peut, en revanche, concerner un bien indivis : Cass. civ. 1re, 25 janvier 2005, *Defrénois* 2005.1052, n. J. Massip ; n.p.B.

155. Une telle demande ne peut être formée après le prononcé du divorce : Cass. civ. 2e, 28 mars 2002, *Bull. civ.* II, n° 59 ; *Defrénois* 2002, 1161, obs. J. Massip ; *RTD civ.* 2002, 492, obs. J. Hauser.

■ CHAPITRE III ■

DATES DES EFFETS DU DIVORCE

Le divorce ne se produit pas en un instant unique. On a parlé du « triple instant du divorce », ce qui est simplifier les choses, car il existe, en réalité, plus de trois moments où le divorce produit ses effets. Cette situation est complexe[1] ; il faut la décrire (Section I), avant d'en expliquer les causes (Section II).

SECTION I
DESCRIPTION

830. Dates multiples. – Le divorce produit ses effets, selon la Cour de cassation, ou au jour de l'ordonnance de non-conciliation, ou au jour de l'homologation de la convention, ou au jour où le jugement est devenu définitif, ou au jour où il est publié à l'état civil, ou, en cas de divorce par consentement mutuel, au jour que les époux choisissent librement. Tout dépend de l'effet et du cas de divorce en cause.

§ 1. DATE DE LA DISSOLUTION DU LIEN MATRIMONIAL

831. Fin du mariage. – « *La décision qui prononce le divorce dissout le mariage à la date à laquelle elle prend force de chose jugée* » (art. 260). C'est à cette date que cessent les obligations de fidélité et d'assistance entre époux et que commence leur liberté, notamment leur droit de se remarier. C'est également à cette date que disparaissent les droits successoraux entre époux.

Ces effets ont lieu non au jour où le jugement est prononcé, mais à celui où il est devenu définitif en prenant force de chose jugée, par expiration des délais de recours ou épuisement de ceux-ci lorsqu'ils ont été effectivement exercés ; si un conjoint décède après le jugement de divorce avant qu'il ne soit définitif, le survivant peut exercer ses droits successoraux sur la succession du prémourant.

832. Incidence de l'appel et du pourvoi en cassation. La détermination exacte de la date de la dissolution peut être importante à la fois pour fixer la fin des effets

1. Pour une critique, A. BÉNABENT, « Assainir l'après-divorce », article préc., p. 19 s.

patrimoniaux du mariage (devoir de secours, mesures provisoires) et le début de ceux du divorce (prestation compensatoire notamment). En cas d'appel général (sur le principe du divorce et sur ses conséquences), le principe même du divorce n'est pas acquis : la dissolution du lien n'intervient qu'après épuisement des voies de recours[2]. En cas d'appel limité aux conséquences pécuniaires de la rupture, il convient de distinguer deux hypothèses : en cas de double appel limité, le divorce est acquis à la date du second appel[3] ; en cas d'appel limité sans appel incident, à la fin du délai pour faire appel. Si les époux acquiescent au jugement, la dissolution du lien intervient à la date de la signature du second acte d'acquiescement.

Le délai de pourvoi en cassation suspend l'exécution de la décision qui prononce le divorce ; le pourvoi en cassation exercé dans ce délai est également suspensif (C. proc. civ., art. 1086), sous réserve de l'article 1087 (*supra*). Encore faut-il préciser. Si le pourvoi porte seulement sur les conséquences du divorce, le divorce est acquis au jour où la décision d'appel est devenue définitive. Si le pourvoi porte sur la cause de divorce, le divorce est effectivement suspendu jusqu'au jour où la cour statuera, si elle rejette le pourvoi, ou jusqu'au jour où la décision rendue sur renvoi sera devenue définitive.

§ 2. Date des effets du divorce en ce qui concerne les biens des époux

A. Effets à l'égard des époux

833. Fin du régime matrimonial. – Dans les divorces contentieux, le jugement de divorce prend effet, à l'égard des rapports patrimoniaux entre époux, au jour de l'ordonnance de non-conciliation (art. 262-1). Avant la loi de 2004, la date retenue était celle de l'assignation. La loi nouvelle disposant que l'assignation intervient non plus avant mais après l'ordonnance de conciliation, le choix d'une autre date s'imposait ; celui du jour de l'ordonnance de non-conciliation est cohérent dès lors que la séparation des époux est certaine, le juge organisant dans sa décision les modalités de la résidence séparée des époux. La dissolution du régime matrimonial est reportée rétroactivement à ce jour, de telle manière que dans un régime de communauté, toute acquisition faite par un époux à compter de cette date lui est propre[4].

En toute hypothèse, les effets de la dissolution peuvent être reportés à une date antérieure : selon l'article 262-1, alinéa 4, « *à la demande de l'un des époux, le juge peut fixer les effets du jugement à la date où ils* (les époux) *ont cessé de cohabiter et de collaborer* »[5]. Cette « super-rétroactivité » de la dissolution était

2. La limitation des conclusions à la critique de certains chefs de la décision ne vaut pas acquiescement : la prestation compensatoire n'est exigible qu'une fois la décision de divorce devenue définitive, Cass. civ. 2e, 31 janvier 2013, *RTD civ.* 2013, 355, note J. Hauser.

3. Cass. civ. 1re, 23 mai 2012, *AJ famille* 2012, 462, obs. C. Elkouby-Salomon : les conclusions d'appel incident n'ayant pas remis en cause le prononcé du divorce, le divorce est devenu définitif à la date du dépôt des conclusions de l'appel incident limité.

4. Ex. : des époux sont mariés sans contrat de mariage (par conséquent sous le régime de la communauté légale). Le 3 mai 2015 la femme forme une demande en divorce. L'audience de conciliation se tient le 21 juillet suivant. L'ordonnance de non-conciliation est rendue le même jour. Le 2 septembre la femme assigne son mari en divorce pour faute. Le jugement est prononcé le 12 novembre suivant. Il est signifié le 15 janvier 2016 à l'officier de l'état civil qui le mentionne le jour même en marge des actes de mariage et de naissance. La femme a acheté un immeuble le 4 août 2015 : il lui est propre.

5. Selon la Cour de cassation (Cass. civ. 1re, 31 mars 2010, 08-20.729 ; *JCP* G 2010, 911, n° 1, obs. H. Blosse-Platière ; *Dr. famille* 2010, n° 74, obs. V. Larribau-Terneyre ; *Defrénois* 2010, 1365, obs.

naguère fermée à l'époux aux torts exclusifs duquel le divorce avait été prononcé. Conformément au principe de « déconnexion » des causes et des effets du divorce, elle est aujourd'hui ouverte aux deux époux.

L'article 262-1, alinéa 3, *in fine* précise que « *la jouissance du logement conjugal par un seul des époux conserve un caractère gratuit jusqu'à l'ordonnance de non conciliation, sauf décision contraire du juge* ». Cette règle complète le nouvel article 255-4° qui exige que si le juge attribue à l'un des époux la jouissance du logement lors des mesures provisoires, il doit en préciser le caractère gratuit ou non. Ces précisions devraient mettre fin à de graves difficultés et à autant d'injustices[6].

Si les époux divorcent par consentement mutuel, les effets patrimoniaux du divorce se produisent à la date de l'homologation de la convention réglant l'ensemble des conséquences du divorce, à moins que celle-ci n'en dispose autrement (art. 262-1). Là encore, la règle affirmée en 2004 mettra fin à de nombreuses incertitudes.

B. Effets à l'égard des tiers

834. Opposabilité aux tiers. – Selon l'article 262-1, « *le jugement de divorce est opposable aux tiers, en ce qui concerne les biens des époux, à partir du jour où les formalités de mention en marge prescrites par les règles de l'état civil ont été accomplies*[7] ».

Ce régime est compliqué ; il ne s'explique que par l'histoire. L'évolution s'est opérée sur les formes et la portée de la publicité.

J. Massip ; *RTD civ.* 2010, 313, obs. J. Hauser), « *la cessation de la cohabitation fait présumer la cessation de la collaboration* » : à l'époux qui s'oppose au report de prouver que des actes de collaboration ont eu lieu après la séparation ; « *si les conditions du report sont remplies, le juge ne peut la refuser que par une décision motivée* » Jurisprudence plusieurs fois réitérée, cf. Cass. civ. 1re, 11 février 2015, n° 13-26.390, *AJ famille* 2015, 222, obs. S. David. Selon une jurisprudence également bien établie, le maintien de la cohabitation peut être déduit de l'exécution par un époux de ses obligations légales envers le conjoint ou envers les enfants (ex. Cass. civ. 1re, 5 mars 2013 et Cass. civ. 1re, 27 février 2013, *RTD civ.* 2013, 357, obs. J. Hauser) ; celui de la collaboration est également une question de fait (ex. Cass. civ. 1re, 24 octobre 2012, *RTD civ.* 2013, 99, obs. J. Hauser : les époux avaient, après leur séparation, acheté ensemble trois immeubles et contracté des emprunts). La date à laquelle la dissolution de la communauté est reportée peut être antérieure à l'ONC, mais ne peut lui être postérieure, Cass. civ. 1re, 18 mai 2011, *D.* 2011, p. 2019, note F. Buat-Menard, *RTD civ.* 2011, 520, obs. J. Hauser.

6. La Cour de cassation a utilement précisé que : « *la décision par laquelle le juge du divorce reporte ses effets patrimoniaux entre les époux à la date à laquelle ils ont cessé de cohabiter et de collaborer, n'a pas pour effet de conférer à l'occupation du logement conjugal par l'un d'eux un caractère onéreux avant la date de l'ordonnance de non-conciliation, sauf disposition en ce sens dans la décision de report* » : l'article 262-1 n'a pas d'impact sur les droits et obligations nés du mariage (Cass. civ. 1re, 23 octobre 2013, *RTD civ.* 2014, p. 99, obs. J. Hauser).

7. Ex. pour le paiement des loyers : Cass. civ. 1re, 13 octobre 1992, *Bull. civ.* I, n° 251 : « *il résulte des articles 220 et 262 que les époux sont solidairement tenus, jusqu'à l'intervention d'un jugement de divorce régulièrement publié, des dettes ayant pour objet l'entretien du ménage* » ; par conséquent, jugé que le bailleur pouvait réclamer, à chaque époux, tous les loyers du logement familial échus à cette date, même si un époux avait donné congé avant. Cass. civ. 1re, 16 juin 2011, *AJ famille* 2011, 428, obs. S. David, *RTD civ.* 2011, 518, obs. J. Hauser : le mari était décédé accidentellement en 2011 ; le divorce avait été prononcé en juillet 1989 mais jamais modifié. La compagnie d'assurance verse un capital décès de 2 millions d'euros à l'épouse/ex-épouse. La mère du *de cujus* obtient la transcription du jugement et demande à la compagnie la restitution du capital. Mais le procureur de la République saisit le tribunal en annulation de la mention au motif que le jugement de divorce n'a jamais été notifié. Après divers rebondissements, la Cour de cassation admet, en l'espèce, l'acquiescement tacite de l'épouse au jugement de divorce prononcé sur demande acceptée, en raison notamment de la vie séparée des époux pendant plus de 11 ans.

Section II
EXPLICATION

835. Du parallélisme des formes à la mention en marge. – L'histoire de la date des effets du divorce est curieuse. Primitivement, tous les effets du divorce se produisaient après que le jugement était définitif. Le droit actuel a abandonné cette solution, mais des séquelles en subsistent. Cette histoire s'est déroulée en trois étapes principales : le Code Napoléon, la loi de 1886, la loi de 1919.

1°) Pour le **Code Napoléon**, le divorce était prononcé par l'officier d'état civil en présence des époux, selon donc des formes identiques à celles qui avaient été suivies pour le mariage. Le jugement rendu par le tribunal avait seulement pour effet de permettre cette « décélébration » administrative du mariage : tous les effets du divorce se produisaient au même instant, au jour du prononcé du divorce par l'officier d'état civil. Cette formalité était ridicule ou pénible ; il était absurde d'obliger les époux à se réunir de nouveau devant l'officier d'état civil afin de se voir déclarer divorcés, de la même manière qu'ils avaient été déclarés mariés lors de la conclusion du mariage.

2°) La **loi de 1886** a modifié les formes de l'intervention de l'officier d'état civil ; l'acte constitutif du divorce était accompli hors la présence des époux et de leur avoué par une transcription, c'est-à-dire une copie du jugement de divorce sur les registres d'état civil. Ce changement de forme n'en modifiait pas les effets : seule la transcription réalisait le divorce ; elle devait être accomplie dans le délai de deux mois, sinon le jugement était périmé ; un ultime moyen était laissé aux époux d'anéantir le divorce, en se réconciliant même sans le dire. Ce système présentait plus d'inconvénients que d'avantages : le fait qu'entre le jugement définitif et la transcription le mariage subsistait avait pour conséquence qu'un époux pouvait commettre un adultère sans s'en rendre compte ; s'il se mariait avec un tiers, il commettait le délit de bigamie ; si l'un décédait, l'autre recueillait sa succession ; toutes solutions qui n'étaient guère satisfaisantes. Le seul tempérament que la loi de 1886 avait imaginé avait été de faire remonter la dissolution du régime matrimonial entre époux au jour de l'assignation, car il paraissait nécessaire de protéger la femme contre les actes frauduleux du mari et les inconvénients de la longueur de l'instance.

3°) Une **loi du 26 juin 1919** a mis fin à ces anomalies : elle a rattaché les effets personnels du divorce au jour où le jugement a été définitif. La transcription restait utile : elle était une mesure de publicité nécessaire afin de rendre le divorce opposable aux tiers. Une ordonnance de 1958 a remplacé, dans l'ordre interne, la transcription par une mention du divorce en marge des actes de naissance et de mariage.

Cette évolution est singulière : la mention à l'état civil, primitivement le moment essentiel du divorce, est devenue un moment secondaire auquel ne sont rattachés que certains effets restreints du divorce.

N°s 836-849 réservés.

TITRE II

SÉPARATIONS DE CORPS ET DE FAIT

850. Désunions intermédiaires. – Entre le mariage, qui est l'union entre l'homme et la femme (ou maintenant entre deux personnes de même sexe), et le divorce, qui en est la rupture, existent des désunions intermédiaires, mélanges d'union et de rupture. Ce qui est le cas, d'une certaine manière, du prédécès d'un époux. Sans doute, la mort d'un conjoint est-elle, en droit sinon en fait, la rupture la plus totale du mariage, parce qu'elle est irrémédiable ; mais le prédécès laisse survivre certains effets du mariage, surtout lorsqu'il n'est pas suivi de remariage.

Les véritables désunions intermédiaires sont les séparations de corps et de fait. Intermédiaires, parce qu'on ne sait si elles sont provisoires ou définitives et si elles penchent du côté du mariage ou du divorce[1]. La situation la plus traditionnelle et la mieux organisée est la séparation de corps (Section I). La situation la plus courante est la séparation de fait, qui, comme tous les états de fait, est très diverse ; le plus souvent, elle est inorganisée mais elle peut comporter un embryon d'organisation (Section II).

Section I
SÉPARATION DE CORPS

La séparation de corps est l'état de deux époux dispensés par le juge de vivre ensemble ; le mariage est maintenu mais les époux n'ont plus à cohabiter.

Sans avoir, et de loin, l'importance du divorce, elle demeure une institution vivante. Depuis les lendemains de la guerre de 1914, sa pratique était restée stable mais elle connaît aujourd'hui une certaine désaffection (1996 : 9 296 demandes, dont plus de 5 000 fondées sur la faute ; 2000 : 7 808 demandes ; 2013, 1 347 séparation de corps prononcées et 657 conversions de séparation de corps en divorce[2]). Ce qui a changé est la proportion entre le nombre des divorces et celui des séparations de corps.

851. Histoire ; existence. – Pendant son histoire, la séparation de corps a connu deux sortes de péripéties. D'abord, son existence, puis sa conversion en divorce.

La séparation de corps a longtemps été liée aux fluctuations du divorce en étant comprise comme le « divorce des catholiques ». Le droit canonique et notre Ancien droit l'avaient admise, car elle ne portait pas atteinte au principe de l'indissolubilité du mariage : elle permettait

1. Sur les liens entre séparation et divorce, S. Del Arco et J.-J. Lemouland, « Séparation et divorce dans la loi du 26 mai 2004 », *Dr. famille* 2005.7.
2. Source : ministère de la Justice, *Les divorces et rupture d'union*, 2014.

d'empêcher que le mariage fût pour les époux en discorde un huis-clos infernal sans issue[3]. En instaurant le divorce, la loi du 20-25 septembre 1792 (art. 6) supprima la séparation de corps, coupable de catholicisme ; en outre, il paraissait inhumain et contraire à la liberté humaine d'imposer la fidélité lorsqu'il n'y avait plus de cohabitation. Par esprit de pacification religieuse et politique, le Code Napoléon a maintenu le divorce et la séparation de corps[4]. La loi *de Bonald* du 8 mai 1816, en supprimant le divorce, a maintenu la séparation de corps. La loi *Naquet* du 27 juillet 1884, en rétablissant le divorce a, comme l'avait fait le Code Napoléon, maintenu la séparation de corps ; depuis, le dualisme a survécu aux avatars du divorce.

852. Histoire. – À partir de la loi *Naquet*, l'histoire de la séparation de corps n'a plus été celle de son existence, mais celle de sa convertibilité en divorce ; elle a connu diverses modalités qui en ont progressivement fixé la véritable économie. Elles ont eu surtout pour objet la qualité du demandeur et l'office du juge, un peu aussi, les moyens de défense du défendeur, beaucoup moins la durée minimum de la séparation avant la conversion.

En 1804, seul le conjoint coupable (sauf la femme adultère) pouvait la demander ; il pouvait le faire lorsque la séparation avait duré trois ans. La conversion était de droit. L'époux défendeur pouvait y faire obstacle en demandant une reprise de la vie commune (art. 310 anc.), ce que Jean Carbonnier appelait un « *temps de pénitence* »[5]. En 1884, la règle était devenue presque inverse, sauf celle qui intéressait le délai. La conversion pouvait être demandée par les deux conjoints. Le tribunal avait un pouvoir d'appréciation (la conversion était facultative). En 1908, la conversion avait lieu de droit si elle était demandée par un époux, sans distinguer le coupable de l'innocent. En 1941, la conversion avait également lieu de droit si elle était demandée par le conjoint innocent ; si elle était demandée par l'autre époux, le tribunal avait un pouvoir d'appréciation. En 1945, on revient au système de 1908, que maintient la loi de 1975, sauf deux innovations, dont la seconde est la plus importante.

La conversion peut être demandée par consentement mutuel (art. 307, al. 1) : aucune condition de délai n'est alors imposée. Surtout, la séparation de corps prononcée par consentement mutuel ne peut être convertie en divorce que par consentement mutuel (art. 307, al. 2). Est ainsi rétabli, semble-t-il[6], le « divorce

3. Sur l'histoire de la séparation de corps en droit canonique (*divortium quoad thorum* = divorce quant au lit), J.-P. Lévy et A. Castaldo, n° 116 ; A. Lefebvre-Teillard, *Introduction au droit des personnes et de la famille*, n° 103.

4. Dans l'exposé des motifs de ce qui allait devenir les dispositions du Code Napoléon sur le divorce et la séparation de corps, Treilhard ne cacha pas sa préférence pour le premier. « *Voilà la question réduite à son vrai point : faut-il préférer au divorce l'usage ancien de la séparation de corps ? Faut-il préférer à l'usage de la séparation celui du divorce ? Ne convient-il pas de laisser aux citoyens la liberté d'user de l'une ou l'autre voie ? Certes, si nous ne considérons que la personne des époux, il est bien démontré que le divorce est pour eux préférable à la séparation* [...] *Le véritable intérêt des enfants est de voir les auteurs de leurs jours, heureux, dignes d'estime et de respect et non pas de les trouver isolés, tristes, éprouvant un vide insupportable ou comblant ce vide par des jouissances qui ne sont jamais sans amertume, parce qu'elles ne sont jamais sans remords. Quant à la société, il est hors de doute que son intérêt réclame le divorce, parce que les époux pourront contracter dans la suite de nouvelles unions* [...] *Mais le pacte social garantit à tous les Français la liberté de leur croyance ; des consciences délicates peuvent regarder comme un précepte impérieux l'indissolubilité du mariage. Si le divorce était le seul remède offert aux époux malheureux, ne placerait-on pas des citoyens dans la cruelle alternative de fausser leur croyance ou de succomber sous un joug qu'ils ne pourraient plus supporter ? Ne les mettrait-on pas dans la dure nécessité d'opter entre une lâcheté et le malheur de toute une vie ?* », *Jur. gén.*, V° *Séparation de corps et divorce*, n° 11 ; Fenet, *Recueil complet des travaux préparatoires au Code civil*, t. IX, 1830, p. 475 et s.

5. N° 217.

6. J. Carbonnier, p. 216, *Politique législative*. « *Et finalement, l'impression peut prévaloir que notre droit positif consacre désormais une séparation de corps quasi inconvertible, selon les vœux des partis sensibles à l'influence de l'Église catholique, alors que sous la III*e *République, les partis laïques s'étaient donné beaucoup de mal pour accélérer la convertibilité. La décision a sans doute été prise en connaissance de cause par le gouvernement et même le Parlement* ».

des catholiques » qui maintient en partie l'indissolubilité du mariage, puisqu'un époux ne peut plus unilatéralement convertir une séparation de corps par consentement mutuel en divorce.

En principe, l'époux contre lequel est présentée une demande en divorce peut former une demande reconventionnelle en séparation de corps ; lorsque la demande principale en divorce est fondée sur l'altération définitive du lien conjugal, la demande reconventionnelle ne peut tendre qu'au divorce (art. 297). Et lorsqu'une demande en divorce et une demande en séparation de corps sont présentées concurremment, le juge examine en premier lieu la demande en divorce. Il ne statue sur la séparation de corps que si les conditions du divorce ne sont pas réunies[7] (art. 297-1).

L'époux qui présente une demande en divorce peut lui substituer une demande en séparation de corps[8], mais la substitution inverse est interdite (C. pr. civ., art. 1076)[9].

853. Nature. – Par ses causes et ses effets et selon sa convertibilité en divorce, la séparation de corps est susceptible d'avoir plusieurs natures, tantôt tournée vers le mariage, tantôt vers le divorce, avec plusieurs nuances.

Dans le **droit canonique**, elle avait été conçue comme un simple intermède dans la vie conjugale, un remède provisoire, un temps d'apaisement ménagé aux époux par le juge.

La jurisprudence des Parlements de l'**Ancien Régime** a transformé insensiblement sa nature : prononcée pour une durée indéterminée, chaque conjoint pouvait refuser de reprendre la vie commune. Elle devenait durable : elle constituait vraiment le divorce des catholiques.

Aux lendemains de la **loi de 1884**, une nouvelle conception, davantage tournée vers le divorce, était apparue : un diminutif du divorce, car elle pouvait être prononcée pour des causes qui n'auraient pas justifié un divorce.

Dès lors que la séparation de corps, à partir de **1908**, pouvait être convertie en divorce, même à la demande du conjoint coupable, ses causes étaient devenues identiques à celles du divorce[10].

854. Conséquences. – La séparation de corps constitue une situation intermédiaire entre le mariage et le divorce. On peut caractériser ses conséquences en mettant l'accent... soit sur son affinité avec le mariage, ce que fait l'article 299 : « *La séparation de corps ne dissout pas le mariage, mais elle met fin au devoir de cohabitation* »..., soit sur son affinité avec le divorce, ce que fait l'article 304 : « *sous réserve des dispositions de la présente section, les conséquences de la séparation de corps obéissent aux mêmes règles que les conséquences du divorce*[11] *énoncées au chapitre III ci-dessus* ».

---

7. Toutefois, précise l'article 297-1 al. 2, si les deux demandes (divorce et séparation de corps) sont toutes deux fondées sur la faute « *le juge les examine simultanément et, s'il les accueille, prononce à l'égard des deux conjoints le divorce aux torts partagés* » (art. 297-1). Mais là encore, le divorce prime la séparation de corps.

8. La substitution peut intervenir même en appel (Cass. civ. 1re, 25 septembre 2013, *Dr. famille* 2013, comm. n° 150, note J.-R. Binet).

9. Cass. civ. 1re, 16 avril 2008, n° 07-14.891, *Bull. civ.* I, n° 110 ; *JCP* G 2008.IV.1960 ; *Defrénois* 2008.1833, obs. crit. J. Massip : « *La cour d'appel ne pouvait donc prononcer le divorce aux torts exclusifs de l'époux sur la demande reconventionnelle en divorce du mari qui a substitué sa demande principale en séparation de corps* ». En revanche, le conjoint qui n'est pas à l'origine de la requête en séparation de corps peut assigner en divorce après expiration du délai imparti à l'autre par l'ONC (Cass. civ. 1re, 10 février 2014, n° 13-70.007, *D.* 2015, p. 652, obs. M. Douchy-Oudot, *AJ famille* 2014, 481, obs. S. Thouret, *RTD civ.* 2014, 344, obs. J. Hauser).

10. Ex. : Cass. civ. 1re, 22 juillet 1952, *Bull. civ.* I, n° 236 : « *Les causes de la séparation de corps sont les mêmes que celles du divorce* ». Dès lors si la séparation de corps est fondée sur la faute d'un époux, celle-ci doit répondre à la double condition de l'article 242 (art. 232 anc.).

11. Ex. : Cass. civ. 1re, 22 juillet 1952, préc.

Le mariage est maintenu. Aussi la femme conserve-t-elle l'usage du nom du mari : « *Chacun des conjoints séparés conserve l'usage du nom de l'autre* », affirme l'article 300 dans un élan d'égalitarisme[12]. Les époux ne peuvent épouser un tiers et restent tenus au devoir de fidélité, mais les tribunaux sont devenus indulgents ; il semble que l'adultère cesse, par lui-même, d'être une cause de divorce lorsqu'il est commis pendant la séparation de corps[13]. Le devoir de secours subsiste (art. 303, al. 1) ; puisqu'il n'y a plus de cohabitation, il s'exécute généralement en argent, normalement, au moyen d'une pension alimentaire qui tient compte, comme toutes les obligations alimentaires, des besoins de l'époux qui la réclame[14] et de la fortune de celui qui la doit, sans qu'importent, en principe, les fautes respectives des époux (art. 303, al. 2)[15]. Mais comme pour toutes les obligations alimentaires, la faute de l'époux créancier envers son conjoint peut diminuer ses droits (art. 303, al. 2 et 207, al. 2)[16]. Il n'est pas possible de renoncer à la pension[17], mais le devoir de secours peut s'exécuter sous forme d'une maintenance, par exemple l'octroi d'un capital.

Le devoir de cohabitation disparaît. Comme dans le divorce, des dommages-intérêts peuvent être accordés sur les fondements des articles 266 et 1382 au profit de l'époux innocent en réparation du préjudice qu'il a subi[18].

La séparation de corps entraîne toujours une séparation de biens (art. 302, al. 1). Selon l'article 302, alinéa 2, la date à laquelle la séparation de corps produit ses effets quant aux biens est déterminée conformément aux règles fixées pour le divorce (cf. art. 262, et s., *supra*)[19].

12. Le texte précise cependant que « *le jugement de séparation de corps ou un jugement postérieur, peut, compte tenu des intérêts respectifs des époux, le leur interdire* ».

13. Cass. civ. 2e, 5 mars 1997, *Bull. civ.* II, n° 68 ; *JCP* G 1997.II.22853, n. Th. Garé ; *Defrénois* 1997, art. 36690, obs. J. Massip. TGI Nantes, 9 novembre 1982, *D.* 1983, IR 150, obs. J.-C. Groslière : « *Il convient de rechercher si la faute* (adultère) *d'un époux postérieure à la cessation de la vie commune, a rendu non pas intolérable son maintien, ce qui serait absurde, mais impossible sa reprise ; ainsi ne saurait être considéré comme fautif l'adultère du mari* [...] *neuf ans après le jugement de séparation de corps.* ». En revanche le conjoint qui n'est pas à l'origine de la requête en séparation de corps peut assigner en divorce après expiration du délai imparti à l'autre par l'ONC (avis Cass. civ. 1re, 10 février 201, n° 13-70.007, *D.* 2015, p. 652, obs. M. Douchy-Oudot, *AJ famille* 2014, 481, obs. S. Thouret, *RTD civ.* 2014, 344, obs. J. Hauser.

14. Cass. civ. 2e, 24 novembre 1982, *Bull. civ.* II, n° 152 ; *D.* 1983, IR 172 : « *Pour débouter Mme R. de sa demande en pension alimentaire* [...], *l'arrêt attaqué* [...] *se borne à indiquer les revenus du mari ; en se déterminant ainsi, sans prendre en considération les besoins de Mme R., la cour d'appel n'a pas donné de base légale à sa décision.* »

15. Cass. civ. 2e, 1er décembre 1976, *Bull. civ.* II, n° 324 ; *D.* 1977, IR 140 : « *La séparation de corps, ne mettant pas fin au lien conjugal, laisse subsister entre les époux le devoir réciproque de secours que ce texte leur impose ; il en résulte que la demande de pension alimentaire formée par l'un d'eux ne peut être écartée au seul motif que la séparation de corps a été prononcée aux torts réciproques des époux.* »

16. Ex. : Cass. civ. 2e, 11 janvier 1981, *Bull. civ.* II, n° 34 ; *D.* 1982, IR 40, obs. A. Bénabent ; *Defrénois* 1981, art. 32787, n° 111, obs. J. Massip ; *Gaz. Pal.* 1982.I.105, m. n. ; en l'espèce, la cour d'appel a réduit l'obligation du mari : « *au vu des manquements graves de la femme à ses obligations envers F.* (le mari) *du fait de nombreux abandons du foyer* ».

17. Cass. civ., 11 décembre 1921, *DP* 1922.I.153, n. H. Capitant.

18. Cass. civ. 2e, 22 mai 1979, *Bull. civ.* II, n° 154 : « *C'est à bon droit, après avoir relevé que, selon l'article 304, les conséquences de la séparation de corps obéissent aux mêmes règles que les conséquences du divorce énoncées au chapitre III, sous réserve des dispositions des articles 299 à 303, l'arrêt retient que les dispositions de l'article 266 sont applicables à la séparation de corps* ».

19. Les actes accomplis seul par un des époux sur les biens communs postérieurement à cette date sont inopposables à l'autre : Cass. civ. 1re, 13 octobre 2013, *D.* 2014, p. 522, note Brémard, *AJ famille* 2013, 710, obs. S. Thouret, *RTD civ.* 2014, 98, obs. J. Hauser.

Les droits successoraux conférés au conjoint survivant subsistent[20]. Toutefois les époux qui font une séparation de corps par consentement mutuel peuvent inclure dans leur convention une renonciation aux droits successoraux qui leur sont conférés par la loi (art. 301).

855. Cessation de la séparation de corps. – La séparation de corps se borne à entraîner le relâchement du lien conjugal : elle n'est pas nécessairement définitive. Elle peut se convertir en divorce : la conversion est de droit quand la séparation a duré plus de deux ans (art. 306)[21] ; elle peut être demandée, sans condition de délai, par demande conjointe. Elle n'empêche pas le prononcé d'un divorce pour une autre cause[22]. À l'inverse, la réconciliation redonne vie au lien conjugal : il faut et il suffit d'un accord de volontés en vue de reprendre la vie commune – il n'y a pas de réconciliation unilatérale. La loi (art. 305, al. 2) prévoit en outre des formes solennelles de reprise de la vie commune (déclaration à l'état civil ou acte notarié (!)) et de publicité, qui ne servent à rien et ne sont jamais pratiquées.

Section II
SÉPARATION DE FAIT

Bien qu'elle soit courante, la séparation de fait n'est pas une institution. La loi ne la prévoit qu'une seule fois, en en faisant une cause de divorce pour altération définitive du lien conjugal (art. 238). Elle est examinée ailleurs, pour chacune dans ses conséquences. Ne sont ici étudiés que sa définition et ses embryons d'organisation[23].

856. Définition. – La séparation de fait suppose la réunion de deux éléments, un élément intentionnel, l'intention des époux de ne plus vivre ensemble pendant une période durable et un élément matériel, l'absence de cohabitation. Faute d'intention, il n'y a pas de séparation de fait, par exemple, en cas de séparation temporaire due à la maladie ou à l'éloignement nécessité par le travail ou la force majeure[24] : il n'y a pas cohabitation, mais d'une certaine manière, il y a encore une communauté de vie. Faute d'absence de cohabitation, il n'y a pas non plus de séparation de fait lorsque sous le même toit, les époux n'ont ni même lit, ni même table, ni même chambre, ni sentiments communs, ni intérêts communs mais un mur de silence[25] ; il n'y a pas de séparation de fait, bien qu'il n'y ait guère de communauté de vie parce que manque la séparation de résidence.

20. La loi de 2004 a fait disparaître le complément de peine autrefois prévu à l'article 301 : le conjoint aux torts exclusifs duquel la séparation de corps avait été prononcée perdait ses droits successoraux.

21. La loi de 1975 avait prévu un délai de deux ans ; la loi de 2004 l'a aligné sur celui du divorce pour altération définitive du lien conjugal. La cause de la séparation de corps devient la cause du divorce ; l'attribution des torts n'est pas modifiée (art. 308).

22. Ex. pour faute : Cass. civ. 2e, 26 juin 1996, *Bull. civ.* II, n° 190 ; *RTD civ.* 1996.883, obs. J. Hauser : « *sauf requête conjointe des époux tendant à la conversion en divorce d'une séparation de corps prononcée sur demande conjointe, une demande en divorce pour faute ne peut être fondée que sur des faits postérieurs au jugement de séparation de corps* ».

23. Sur l'ensemble de la question, L. Leveneur, *Situations de fait et droit privé*, th. Paris II, LGDJ, 1990, préf. M. Gobert.

24. Ex. : un des époux est prisonnier, ou bien, les vicissitudes de la guerre séparent les époux.

25. Ex. : F. Mauriac, *Le nœud de vipères*, 1933 : « *Les familles unies, certes, ne manquent pas ; mais quand on songe à la quantité de mariages où deux êtres s'exaspèrent, se dégoûtent autour de la même*

857. 1°) **Organisation.** – La séparation de fait peut connaître deux sortes d'organisations, toutes deux rudimentaires, celle qui est conventionnelle et celle qui est judiciaire[26]. Elles sont l'une et l'autre très imparfaites.

La séparation de fait **amiable** a toujours existé. Elle apparaît généralement chez des époux en discorde qui ont des intérêts communs à régler et ne veulent pas étaler leurs dissentiments au grand jour. Ou bien, ils espèrent que la crise ne sera que passagère. La jurisprudence a déclaré nuls ces pactes[27] ; au nom de la « privatisation » de la famille et de la contractualisation des liens de couple, plusieurs auteurs en souhaitent la validité.

La séparation de fait comporte parfois aussi un embryon d'organisation judiciaire.

2°) Ou bien, indépendamment de tout divorce, des époux en discorde peuvent demander à un **tribunal** l'autorisation d'avoir une résidence séparée, bien que l'article 215 ne le prévoie plus expressément; parfois les tribunaux accordent une dispense de cohabitation, ce qui revient au même. La loi du 4 mars 2002 a, en ce qui concerne les enfants, permis aux époux de faire homologuer par le JAF une convention dans laquelle ils organisent les modalités d'exercice de l'autorité parentale et fixent la contribution à l'entretien et à l'éducation de l'enfant (art. 373-2-7) : *divortium quoad pueros.*

Ou bien, un conjoint demande le divorce. Des mesures provisoires pendant l'instance sont alors prises. Lorsque la demande est rejetée, le mariage subsiste, mais en fait il est exceptionnel que les époux reprennent la vie commune. Avant la loi de 1975, les mesures provisoires prises pour la durée de l'instance devenaient caduques et les juges ne pouvaient organiser les relations entre époux pour la période postérieure à la fin de l'instance[28]. Depuis la loi de 1975, l'article 258 énonce une règle contraire : « *lorsqu'il rejette définitivement la demande en divorce, le juge peut statuer sur la contribution aux charges du mariage, la résidence de la famille et les modalités d'exercice de l'autorité parentale* ». Le juge a ainsi la faculté d'organiser une séparation de fait[29], inconvertible en divorce. Certains auteurs le déplorent, y voyant une fraude à la loi sur le divorce ou la séparation de corps ; d'autres, au contraire, trouvent excellente la règle[30]. En pratique, cette mesure s'applique rarement. Des quelques décisions qui ont été rendues, il ressort un principe et une exception : l'autorisation de résidence séparée est provisoire et 1°) ne dispense pas les époux de reprendre la vie commune[31], 2°) sauf si l'un d'eux a un juste motif pour s'y refuser[32].

N°s 858-899 réservés.

table, du même lavabo, sous la même couverture, c'est extraordinaire comme on divorce peu ! Ils se détestent et ne peuvent se fuir au fond de ces maisons... ».

26. A. Brunet, « Les incidences de la réforme du divorce sur la séparation de fait entre époux », *D.* 1977, chron. p. 191.

27. Cass. civ., 14 juin 1882, *héritiers Grassin* cité *infra* n° 1484.

28. Cass. civ. 2e, 10 juillet 1958, *Bull. civ.* II, n° 525.

29. Cass. civ. 2e, 28 octobre 1992, *Bull. civ.* II, n° 252 ; *JCP* G 1993.IV.19 ; *RTD civ.* 1993.105, obs. J. Hauser : « *l'application d'office de l'article 258 n'étant qu'une faculté laissée à l'appréciation du juge, c'est sans violer cette disposition que la cour d'appel a estimé ne pas devoir user de cette faculté en l'espèce* ».

30. Mazeaud, n° 1567 ; l'article 258 consacre « *ainsi une troisième voie ouverte aux époux en vue de leur permettre d'éviter la rupture du lien conjugal* ».

31. Cass. civ. 2e, 25 novembre 1992, *Bull. civ.* II, n° 273 ; *JCP* G 1993.IV.313 : « *la fixation de la résidence de la famille, en vertu de l'article 258, est une mesure provisoire qui n'a pas pour effet de dispenser définitivement des époux mariés de leur obligation de communauté de vie* ».

32. Cass. civ. 2e, 20 mars 1989, *Bull. civ.* II, n° 81 ; *D.* 1990.129, n. A. Batteur, « *la cour d'appel, dans l'exercice de son pouvoir souverain d'appréciation, relève, par motifs adoptés, qu'après une mésentente ancienne et profonde, une véritable tentative de reprise de la vie commune ne pouvait se borner à la délivrance d'une sommation d'huissier, qui était en l'espèce un subterfuge, et le refus de Mme X. de reprendre la vie commune dans ces conditions ne constituait pas une violation grave des obligations nées du mariage* ».

DEUXIÈME PARTIE

FILIATION

Il existe deux grands types de filiation : la filiation par le sang (la filiation charnelle) (Titre I) et la filiation adoptive (Titre II). Avant d'étudier l'une et l'autre seront exposés les problèmes généraux du droit de la filiation (Premières vues).

PREMIÈRES VUES SUR LA FILIATION

900. Complexité de la filiation. – Toute personne trouve dans sa filiation son origine[1] et souvent son avenir : nous sommes tous les fils ou les filles d'un père et d'une mère et, souvent, nous sommes le père ou la mère d'un enfant. La filiation est l'histoire et l'avenir d'une personne et d'une société.

Juridiquement, elle se définit comme le lien de droit qui unit un individu à son père (filiation paternelle) et à sa mère (filiation maternelle) ou à l'un d'eux seulement. Elle est à la base un fait naturel que le droit transforme en un fait juridique. Première analyse qui en révèle le double contenu : un fait naturel et un fait juridique. Comme toujours, le droit ajoute à la nature, ici plus qu'ailleurs.

Pas plus que pour le mariage, la loi ne se borne à constater un rapport qui serait imposé par la nature ou la volonté – elle n'est pas purement déclarative – ; pas davantage, elle ne crée par elle seule le rapport de filiation – elle n'est pas purement constitutive. En fait, toute filiation est un ensemble complexe : sa richesse et sa profondeur tiennent précisément à cette complexité : une paternité n'est pas seulement une insémination, naturelle ou artificielle ; une maternité n'est pas seulement une conception, une grossesse et un accouchement ; une filiation n'est pas seulement un patrimoine génétique. Au fait biologique de la procréation s'ajoutent et parfois se substituent des données sociales, culturelles, individuelles et familiales. En outre, pour beaucoup d'individus, la filiation a sa part de réalité et d'imaginaire : les données de la vie et le roman familial. Cette multitude de liens, individuels et collectifs, biologiques et affectifs, naturels et culturels, réels et imaginaires, participent à la construction du droit de la filiation.

Le développement des techniques d'assistance médicale à la procréation (AMP) met en lumière la complexité de la filiation. Lorsque l'enfant est né grâce à l'apport de gamètes d'un tiers, qui est le père ? Celui qui a construit le projet parental ou celui qui a apporté son matériel génétique (celui qui a procréé) ? Et lorsqu'une femme porte un enfant pour une autre femme ou pour un couple, qui est la mère ? D'autant que les gamètes peuvent être celles des tiers. L'émergence de l'homoparentalité contribue également à remettre en cause les certitudes sur lequelles les progrès de la science semblaient pouvoir permettre de constituer le droit de la filiation : ce sont les fondements mêmes de la parenté qui doivent être répensés. Parallèlement, émerge une nouvelle question : celle des origines[2].

901. Diversité des filiations. – Parce qu'elle est complexe, la filiation est aussi juridiquement diverse. Elle comporte deux grandes variétés, d'importance très inégale. L'une, de beaucoup la plus importante, repose principalement sur le lien du sang : la filiation par procréation charnelle ou par procréation

1. **Étymologie** d'origine : du latin *origo, inis* : naissance, lui même dérivé d'*orior, iri :* naître.
2. V. *infra*, n° 913.

médicalement assistée (car la science vient parfois au secours de la chair). Mais tout n'y est pas biologique : en raison d'impératifs sociaux, aujourd'hui moins pressants, certaines filiations biologiques ne peuvent accéder à la vie juridique (les enfants adultérins hier, les enfants incestueux aujourd'hui comme hier) ; d'autres liens biologiquement faux ne peuvent être attaqués ; et la volonté d'accueillir un enfant joue toujours un rôle important, et aussi, à un moindre degré, le sentiment de l'enfant. De plus, le cadre dans lequel naissaient les enfants a longtemps commandé la qualité de la filiation et, en conséquence, le statut des enfants : filiation légitime pour les enfants nés dans le cadre légal du mariage, filiation naguère dite « naturelle », pour les enfants nés de relations sexuelles hors mariage. L'autre filiation, la filiation adoptive, repose principalement sur la volonté des intéressés (parents et enfants) qui n'est pourtant pas omnipotente et est soumise à un contrôle social : une filiation purement juridique, qui trouve sa source dans un acte de volonté consacré par un jugement. Elle repose sur une fiction légale et produit par imitation les effets d'une filiation biologique. Transcendant l'opposition entre filiation charnelle et filiation adoptive, le développement de l'AMP et la montée de la revendication homoparentale conduisent à imaginer de nouvelles formes de filiation (hétérosexuées ou monosexuées ? duales, uniques ou plurielles ?) qui seraient construites sur la « parenté d'intention » *i.e.* sur le projet parental d'un couple (d'une personne ? d'un ensemble de personne ?) : des personnes qui ne sont pas nécessairement les géniteurs de l'enfant mais qui ont contribué à lui donner la vie[3].

902. Forces et principes du droit de la filiation. – Le droit de la filiation est un droit complexe, comme la filiation elle-même : s'y affrontent plusieurs grandes forces : la nature, la science et la culture, les intérêts de l'individu, de la famille et de la société. L'évocation des forces du droit de la filiation (Section I) permettra de mieux comprendre les principes qui, au fil des siècles, en ont formé la structure (Section II).

Section I
FORCES DU DROIT DE LA FILIATION

903. Le donné et le construit. – Comme toutes les grandes institutions du droit, surtout celles sur droit de la famille, le droit de la filiation est le produit d'une culture. Il en constitue une pièce essentielle : il n'est qu'à songer à la diversité et à la complexité des systèmes de parenté que décrypte l'anthropologue dans les sociétés « primitives » comme dans les sociétés « postmodernes ». Pour autant, le droit de la filiation ne peut faire abstraction des données naturelles. Mais celles-ci ont perdu de leur évidence avec les progrès de la science. Lien personnel d'individu à individu, la filiation est aussi un lien collectif qui relie l'individu à une famille et au-delà, l'inscrit dans une organisation sociale. Autant que la nature, la science et la culture, la prise en compte des intérêts individuels, familiaux et sociaux forgent le droit de la filiation.

3. Sur cette problématique, cf. not. rapport Théry-Leroyer, *Filiation, origines, parentalité*..., préc.

§ 1. Nature et culture

La filiation est une donnée naturelle sur laquelle chaque société élabore un construit juridique. Ce construit est complexe, pour au moins deux raisons : les mystères de la nature (I), l'importance de la culture (II).

I. — Mystères de la nature

904. Mystères de la maternité. – Les « faits naturels » qui sont à l'origine de la filiation furent longtemps entourés de mystère. Certes, la maternité est, en général, dépourvue d'équivoque : elle peut se prouver par l'accouchement. Encore faut-il prouver l'accouchement de telle femme et l'identité de l'enfant avec celui dont cette femme est accouchée. À travers la publicité de la naissance, la loi organise la preuve de l'accouchement et les conséquences qu'il produit sur le lien de filiation[4]. Mais l'accouchement a pu être clandestin, ses témoins disparaître, l'enfant être confié à une nourrice et élevé au loin par crainte du scandale, enlevé, échangé, retrouvé[5] ... sans parler de l'enfant abandonné sur les marches des églises, au tour de l'Hôtel-Dieu ou dans les couveuses de l'Aide sociale à l'enfance (ASE)[6]. La maternité retrouve alors sa part de mystère.

Mais il ne s'agit encore que de prouver la maternité. Aujourd'hui, la maternité elle-même est parfois incertaine : la femme qui a recours aux gamètes d'une autre femme pour concevoir un enfant est-elle vraiment la mère ? *Quid* lorsqu'une femme porte un enfant pour autrui ? *Quid*, notamment, lorsque l'enfant a été conçu avec les gamètes de la mère d'intention ? ou celles d'une tierce femme ? Suivant une règle ancestrale, le droit français affirme que la mère est celle qui accouche : *mater semper certa*[7]. Aujourd'hui, les certitudes s'effritent.

905. Secrets de la paternité. – Plus mystérieuse fut, pendant des millénaires, la paternité. Il était rare que l'on pût avoir sur ce point de certitude absolue, sauf à isoler l'épouse du reste du monde : d'où la nécessité de mettre en place des mécanismes juridiques permettant de rattacher l'enfant à l'homme qui sera désigné comme son père. Une large place était faite aux présomptions (présomption de paternité du mari de la mère, présomptions relatives à la date de la conception) et aux fictions, à la volonté individuelle (À Rome, la père « faisait » la filiation : en élevant l'enfant devant l'autel familial, il le désignait comme son enfant et le faisait entrer dans sa famille[8] ; en France, les Révolutionnaires firent de la reconnaissance volontaire l'unique mode d'établissement de la filiation hors mariage[9]) et plus tard, lorsque fut admise la recherche de la paternité naturelle, la loi avait porté une certaine confiance (mais limitée) à la sagesse des magistrats.

On sait faire aujourd'hui la preuve scientifique de la paternité[10]. Cette preuve est lourde et complexe ; sa systématisation est impensable : elle porterait atteinte aux libertés fondamentales et ruinerait la paix des familles[11]. Et lorsque l'enfant est né au moyen d'une AMP, qui pourrait affirmer sans hésiter que le père est celui dont les gamètes ont été utilisés ? La loi conserve donc ses fictions, ses présomptions et ses déclarations volontaires, même si elle peut ne les faire jouer

4. *Infra*, n°s 1102 s.
5. Sur ces hypothèses qui alimentèrent l'imaginaire collectif pendant des millénaires, *infra*, n° 1254.
6. Cf. sur l'accouchement sous X, *infra*, n° 1113.
7. *Infra*, n° 1012.
8. Sur le droit romain, *infra*, n° 917.
9. Sur la place de la volonté individuelle dans le droit de la filiation, *infra*, n° 916.
10. *Infra*, n°s 950 s.
11. *Infra*, n°s 952 s.

aujourd'hui que dans les limites du vraisemblable. L'utilisation de telles règles est d'autant plus opportune que la filiation ne se réduit pas à un donné naturel. Certes, dans les sociétés occidentales, la réalité biologique prend une place essentielle ; mais n'est-ce pas la marque d'une culture ?

II. — Importance de la culture

906. Code génétique et code culturel. – Fait naturel, la filiation est aussi une réalité culturelle. Chaque culture a une idée de la filiation qui lui est particulière, fondée sur le fait biologique ou sur la volonté, axée sur la lignée maternelle ou sur la lignée paternelle, centrée sur l'homme ou sur la femme, construite sur le mariage ou ouverte à d'autres formes de relations de couple. Les sociétés occidentales contemporaines donnent à la biologie une place dominante : simple, irréfutable, elle offre l'évidence d'une vérité scientifiquement démontrée. Cette prépondérance du biologique est elle-même un phénomène culturel : désormais maîtrisée, domestiquée, la vérité biologique fascine, comme toutes les grandes conquêtes de l'homme qui, au fond, le dépassent. Par son évidence et son apparente simplicité, elle permet de résoudre des questions que la sagesse humaine peinait à dominer. Salomon cède la place au laborantin.

Le nœud gordien de la filiation est ainsi tranché ; est-il certain que l'on puisse en renouer les fils ? La filiation est faite de bien d'autres liens, que le droit français prend également en considération : volonté personnelle, vécu individuel et collectif, intérêt de l'enfant, paix des familles, exigences sociales[12]. Quant à l'adoption, elle ne laisse aucune place à la biologie. Surtout, alors même que la quête de certitude semble enfin achevée, les développements de la science remettent tout en question : l'assistance médicale à la procréation donne naissance à de nouvelles formes de parenté qui transcendent des réalités « naturelles » désormais maîtrisées ; elle ouvre la voie à l'homoparenté, à la monoparenté ou à la pluriparenté[13]. La maîtrise de la nature assurerait-elle le triomphe (ou la défaite) de la culture ?

Loin de simplifier les rapports entre nature, culture et droit, les progrès de la science n'ont fait que les rendre plus complexes.

§ 2. Science et droit

907. *Ubris* et angoisse. – Les récents progrès de la biologie et des sciences de la vie ont donné à l'homme la maîtrise de la vie et notamment de la procréation. On peut être saisi de vertige, l'admiration se mêlant parfois à l'angoisse, devant l'œuvre réalisée et les perspectives ouvertes. Les questions éthiques soulevées suscitent de vastes débats[14]. Les répercussions sur le droit de la filiation sont profondes : elles touchent au lien de filiation (I) et, au-delà, à la conception même de la paternité et de la maternité (II).

I. — Conséquences sur le lien de filiation

908. Vers le tout biologique ? – Il est possible aujourd'hui de faire la preuve scientifique de la maternité et de la non maternité, de la paternité et de la non-paternité biologiques. Dès lors que la science permet d'acquérir de telles certitudes, il est difficile de résister à la tentation de savoir, même si les fruits de la connaissance risquent d'être amers. Qu'il s'agisse de rechercher

12. *Infra*, n°s 910 s.
13. Cf. *infra*, n° 1435.
14. *Les personnes*, coll. Droit civil.

la « véritable » filiation ou de détruire une filiation « mensongère », les sociétés occidentales modernes supportent de plus en plus mal les règles légales qui bloquent l'accès à la vérité biologique : fictions, présomptions, délais encadrant les actions, règlementation de la preuve[15]. Sous la pression, les juges ont parfois cédé, au risque de bouleverser les équilibres voulus par le législateur (la loi du 3 janvier 1972 implosa ainsi sous l'action plus ou moins contrôlée d'une jurisprudence dotée d'un dynamisme propre), au risque également de briser certains tabous (y compris le principe, fondamental, de respect dû aux morts, dans l'affaire *Yves Montand*[16]).

Après des millénaires de doutes, la certitude qu'offre la preuve scientifique fascine, même si chacun sait que la vérité biologique ne constitue qu'une partie de la réalité des filiations[17]. Le législateur contemporain en a conscience, qui tente de faire toute sa place au biologique, tout en s'efforçant d'assurer la stabilité des filiations : avec le temps, l'impératif contemporain de vérité biologique cède devant la réalité juridique (celle de l'acte de naissance, de la reconnaissance) et, tout simplement, devant la vie (la possession d'état). En droit comme ailleurs, réduire la filiation à sa seule dimension biologique serait l'appauvrir et la fragiliser.

II. — Conséquences sur la paternité et sur la maternité

909. Du savoir naît l'incertitude – On « fait » aujourd'hui des enfants selon des modalités diverses. Ce qui paraissait somme toute assez simple hier ne l'est plus de nos jours. Il est des enfants engendrés charnellement, par l'éternelle conjonction des sexes (les enfants « faits à l'ancienne », dit-on parfois). Il est des enfants issus des procréations médicalement assistées, selon des techniques diverses et complexes : insémination artificielle, fécondation *in vitro*, mères porteuses, etc.[18]. Or ces techniques, si elles permettent à des couples de donner la vie à des enfants qu'ils n'auraient pu avoir autrefois, suscitent d'innombrables problèmes juridique et éthiques. Elles conduisent également à s'interroger sur les notions mêmes de paternité et de maternité. Celui qui donne son sperme peut-il être considéré comme le père de l'enfant ? Non, dit notre droit, qui, non seulement, prohibe toute recherche de la paternité du donneur, mais encore interdit à l'homme qui a consenti à une procréation avec tiers donneur de rejeter l'enfant qu'il avait accepté. Et pourtant, notre droit ne devient-il pas imbu de vérité biologique ? Si une femme accepte de porter l'embryon d'une autre femme, qui est la mère : celle qui accouche ou celle qui a donné ses gamètes ? Et l'on pourrait imaginer qu'une troisième femme intervienne si celle qui a donné ses gamètes n'est pas celle qui souhaite accueillir l'enfant. La mère est celle qui accouche, dit notre droit, qui interdit le recours aux mères porteuses[19]. Mais quel est le sens d'une telle maternité ? Quelle place faire également à ceux qui ont « participé au projet parental d'autrui » en apportant leur « matériel génétique » ? Faut-il créer à côté du droit de la filiation un

---

15. *Infra*, n°s 949 s.

16. *Infra*, n°s 1020 s.

17. La tentation est parfois trop forte. Le législateur y a succombé avec la loi du 20 novembre 2007 sur la maîtrise de l'immigration. Selon l'article L. III-6 du Code de l'entrée et du séjour des étrangers et du droit d'asile, les agents diplomatiques ou consulaires peuvent, en cas d'inexistence des actes de l'état civil ou de doute sérieux sur leur authenticité qui n'aurait pu être levé par la possession d'état au sens de l'article 311-1 du Code civil, demander que l'identification du demandeur de visa par ses empreintes génétiques soit recherchée afin d'apporter un élément de preuve d'une filiation déclarée avec sa mère. La proposition avait fait scandale, ce qui conduisit le législateur à l'entourer de précautions qui, dans les limites d'un certain nombre de réserves d'interprétation, emportèrent finalement l'assentiment du Conseil constitutionnel (déc. n° 2007-557 DC du 15 novembre 2007, sur laquelle M. Verpeaux, « Des jurisprudences classiques au service de la prudence du juge », *JCP* G 2008.I.101). Indépendamment du fait que le recours aux empreintes génétiques paraît disproportionné au regard des objectifs poursuivis (maîtriser l'immigration, pallier les insuffisances de l'état civil à l'étranger, lutter contre les « fraudes ») une telle règle donne une curieuse image de la filiation ramenée à sa dimension biologique, et de l'identité de l'individu réduite à son ADN ; sur la polémique, F. Terré, « Les chemins de la vérité », *JCP* G 2008.I.100, *pro* et J.-L. Halpérin « De la violence législative », *D.* 2007, p. 2957 (*contra*) ; *adde* F. Granet, « Contrôle de l'immigration et mesures de vérification de l'identité : la situation en Europe », *Dr. famille* 2008, Ét. n°. 4 ; Ch. Bidaud-Garon, « La preuve de la filiation d'un étranger et la loi du 27 novembre 2007 », *Dr. famille* 2008, n° 7, ainsi que l'analyse de J. Rochfeld, *RTD civ.* 2008, p. 167.

18. *Infra*, n°s 1023 s.

19. *Infra*, n°s 1032 s.

statut pour les hommes et/ou les femmes qui ont contribué à l'engendrement de l'enfant[20] ? Les certitudes que devrait offrir la science se brouillent ; les réponses du droit perdent de leur cohérence.

§ 3. Individu, famille, société

910. De l'individu au groupe. – La filiation est un lien individuel qui relie l'enfant à son père et sa mère et l'inscrit dans une lignée. Au-delà des individus, ce lien intéresse la société tout entière.

I. — Part de l'individu

En tant que lien individuel, la filiation doit être examinée des points de vue de l'enfant et des parents.

A. L'enfant

911. Intérêt de l'enfant. – Dans ce domaine comme dans d'autres, la tentation est forte de raisonner en termes d'intérêt de l'enfant. Mais comment le connaître ? À cette question, il n'est pas de bonne réponse. À l'enfant de le dire ? Il serait cocasse qu'un enfant choisisse son père ou sa mère. Un critère abstrait ? Pendant longtemps, on affirma que l'intérêt de l'enfant était d'être légitime, même si la légitimité était rétroactive, même si la paternité était fictive, haineuse et non vécue. Mais qui ne voit que l'« intérêt de l'enfant » n'est dans ce cas que la projection d'un modèle social ? Que par rapport à ce modèle, l'enfant ait intérêt à être légitime, nul n'en doute ; mais peut-on dire qu'en soi l'intérêt de l'enfant est d'être légitime ? Aujourd'hui, certains seraient tentés de dire que l'intérêt de l'enfant consisterait à avoir une filiation biologiquement exacte, même si elle ne correspond à aucun rapport familial vécu. Poussant plus loin l'assimilation entre vérité biologique et intérêt de l'enfant, on en viendrait à permettre de faire tomber toute filiation qui ne correspondrait pas à la vérité biologique. Mais qui ne voit que, là encore, l'impératif biologique n'est, à son tour, qu'idéologie, et qu'il n'est plus question d'intérêt de l'enfant, sinon d'un intérêt théorique pour un enfant abstrait ? On dit aussi que l'intérêt de l'enfant serait à chercher dans la stabilité des filiations : l'état de la personne ne doit pas être trop facilement remis en cause ; même s'il ne correspond à aucune réalité vécue, le temps apaise toute chose : *Quieta non movere*. Mais il ne manquera pas d'hypothèses où tel enfant particulier, tel parent particulier, prétendra avoir intérêt à établir ou à détruire sa filiation malgré le temps passé. Faudrait-il alors laisser au juge le soin d'apprécier en considération de l'intérêt *supérieur* de l'enfant qui, selon la Convention IDE, constitue la mesure de toute chose[21] ? Mais les juges ne sont pas devins : l'avenir, surtout celui d'un enfant, est imprévisible par essence ; trop souvent, « l'intérêt de l'enfant » est une construction hypocrite ou tout au moins biaisée : il est l'intérêt d'un adulte.

---

20. Cf. *infra*, n° 1438.

21. Pour une illustration des ambiguïtés engendrées par un tel usage, CEDH, 5 novembre 2002, *Yousef c/Pays-Bas, infra*, comp. J. Hauser : « *La référence à un critère aussi vague dans une décision de justice autorise toutes les interprétations et rend à peu près imprévisible la jurisprudence* », *RTD civ.* 2010.522, sous Cass. civ. 1re, 17 mars 2010. Cf. *infra*, n° 920.

En matière de filiation comme en matière d'autorité parentale, l'intérêt de l'enfant est une notion complexe. Il peut être utilisé *in concreto* comme critère de décision, dans un cas particulier, à condition que l'on n'oublie pas que même dans cette hypothèse, il est tout autant le constat d'une réalité objective que le produit d'une construction sociale. En revanche, on ne peut bâtir un droit de la filiation sur un tel concept, conçu *in abstracto* : il ne ferait que masquer d'autres intérêts, individuels et collectifs. Tout au plus peut-il servir, *in casu*, à faire pencher la balance d'un côté ou de l'autre. Telle est la demarche du juge européen[22]. Lorsque le juge interne se livre à un exercice aussi périlleux, il doit le faire avec la plus grande prudence[23].

912. Droits de l'enfant ; droit européen (1) : droit d'établir sa filiation. – Les droits de l'enfant pourraient constituer des fondations plus solides. Mais existe-t-il un droit (subjectif) de l'enfant à établir sa filiation ? La Convention EDH ne consacre pas un tel droit. Elle en assure cependant la protection au titre du respect de la vie familiale. Ainsi, dans l'arrêt *Marckx*[24], la Cour a-t-elle affirmé que « *le respect de la vie familiale implique en particulier, aux yeux de la Cour, l'existence en droit national d'une protection juridique rendant possible dès la naissance l'intégration de l'enfant dans sa famille. Divers moyens s'offrent en la matière au choix de l'État, mais une législation ne répondant pas à cet impératif enfreint le paragraphe 1 de l'article 8 (art. 8, § 1)*[25] ». Si la Cour ne reconnaît pas vraiment un *droit* de l'enfant à établir sa filiation, elle estime que le respect de la vie familiale implique un *droit à une protection juridique* rendant possible l'intégration de l'enfant dans la famille, *i. e.* la *possibilité* d'établir sa filiation, dès sa naissance. Mais, d'une part, les modalités de cet établissement peuvent être diverses, à condition de ne pas être discriminatoires, en raison notamment des circonstances de la naissance[26]. D'autre part, ce droit suppose l'existence d'une vie familiale effective[27]. Par ailleurs, certains impératifs peuvent justifier que l'État barre l'accès à l'établissement de la filiation : protection de l'intérêt social[28] (sécurité juridique) ou prise en compte d'intérêts particuliers (intérêt des pères putatifs à être protégés contre des demandes concernant des faits qui se sont déroulés des années auparavant), intérêt personnels et patrimoniaux des autres membres de la famille[29].

22. Cf. *infra*, n° 913, 920.

23. Cf. pour un exemple récent, Douai, 6 juin 2013, n° 12-05.184, *D.* 2013, 2958, note H. Fulchiron, *RTD civ.* 2014, 99, obs. J. Hauser ; *infra*, , n° 1349. *Adde* Cass. civ. 1re, 10 juin 2015, n° 14-20.790, *Dr. famille* 2015, com. n° 163, note C. Neirinck, *D.* 2015, p. 2365, note H. Fulchiron, *RTD civ.* 2015, p. 596, obs. J. Hauser.

24. * CEDH, 13 juin 1979, *Marckx c/Belgique*, série A, n° 31 ; *JTDE* 1979, 513, obs. F. Rigaux ; *JDI* 1982, 183, obs. P. Rolland ; *GA CEDH*, n° 48.

25. * Arrêt *Marckx*, n° 31 ; *Adde* not. Arrêts *Keegan c/Irlande*, 26 mai 1994 (Série A, n° 290, 50) et *Kroon et a. c/Pays-Bas*, 27 octobre 1994 (*JCP* G 1995.I.3823, obs. F. Sudre).

26. Selon la Cour, subordonner l'établissement de la filiation maternelle hors mariage à une reconnaissance alors que la maternité en mariage s'établit par simple mention du nom de la mère dans l'acte de naissance, institue une discrimination, *infra*, n° 1104.

27. Déc. Commission 8 février 1993, *JRM c/Pays-Bas*, *Bull. dr. h.* n° 1, 1993, 81 : pas de vie familiale entre l'enfant et le donneur de sperme dont l'identité et la paternité ne sont pas contestées, en l'absence de rapports personnels.

28. Sur l'accouchement sous X, *infra*, n° 913 et n° 1113. Reste le problème de l'inceste, cf. *infra*, n° 958.

29. Cf. CEDH, 6 juillet 2011, *Gronmark c. Finlande*, req. n° 17038/04 : K naît hors mariage en 1968. L'année suivante son père putatif, RJ, est condamné à payer une pension alimentaire sur la base de l'existence de relations sexuelles avec la mère durant la période légale de la conception. RJ décède en 1999 et K découvre la filiation n'a jamais été établie. Il agit en justice mais se heurte aux règles légales fixant des délais pour agir. La Cour reconnaît que "*the impossibility of bringing an action for judicial recognition of paternity pursued a legitimate aim. The time-limit imposed by the Implementing Act of the Paternity Act for actions concerning recognition of paternity was intended to protect the interests of putative fathers from stale claims and prevent possible injustice if courts were required to make findings of fact that went back many years*" (§ 45). Mais encore faut-il que le barrage mis en place

Quid si la filiation a été établie à l'étranger mais qu'un État partie refuse de la reconnaître pour des considérations liées à son ordre public ? Dans les arrêts *Mennesson* et *Labassée*, rendus sur la filiation des enfants nés à l'étranger grâce à d'un contrat de GPA[30], la CEDH a estimé que si « *il est concevable que la France puisse souhaiter décourager ses ressortissants de recourir à l'étranger à une méthode de procréation qu'elle prohibe sur son territoire* », « *les effets de la non reconnaissance en droit français du lien de filiation entre les enfants ainsi conçus et les parents d'intention ne se limitent pas à la situation de ces derniers, qui seuls ont fait le choix des modalités de procréation que leur reprochent les autorités françaises : ils portent aussi sur celle des enfants eux-mêmes, dont le droit au respect de la vie privée, qui implique que chacun puisse établir la substance de son identité, y compris sa filiation, se trouve significativement affecté. Se pose donc une question grave de compatibilité de cette situation avec l'intérêt supérieur des enfants, dont le respect doit guider toute décision les concernant* » ; or « *au regard de l'importance de la filiation biologique en tant qu'élément de l'identité de chacun, on ne saurait prétendre qu'il est conforme à l'intérêt d'un enfant de le priver d'un lien juridique de cette nature alors que la réalité biologique de ce lien est établie et que l'enfant et le parent concerné revendiquent sa plaine reconnaissance* ». Selon la Cour, en faisant obstacle « *tant à la reconnaissance qu'à l'établissement en droit interne de leur lien de filiation à l'égard de leur père biologique, l'État défendeur est allé au-delà de ce que lui permettait sa marge d'appréciation* ».

En revanche, la Cour met à la charge des États l'obligation positive de faciliter à l'enfant la connaissance de sa famille biologique[31].

913. Droit européen (2). Droit au respect de son identité et droit à la connaissance de son ascendance génétique. – Selon la CEDH, « *les personnes essayant d'établir leur ascendance ont un intérêt vital, protégé par la Convention, à obtenir les informations qui leur sont indispensables pour découvrir la vérité sur un aspect important de leur identité personnelle* »[32]. Ce droit est étroitement lié au droit de

face une juste balance entre les intérêts en cause. Or, "*The Court has difficulties in accepting the inflexible limitation period with time running irrespective of a child's age and legal capacity, and without providing any exceptions to the application of that period (see,* mutatis mutandis, *Shofman v. Russia, cited above, § 43). The main problem therefore is the absolute nature of the time-limit rather than its dies a quo as such. In view of the fact that in the present case the biological father had already died, judicial proceedings before the national courts were the only avenue by which the applicant could have legally established the legal status of her biological father. As a result of this rigid time-limit, as upheld by the Supreme Court, the applicant was deprived of the possibility of obtaining a judicial determination that R.J. was her father. She was deprived of this right even though she was in a situation where she had not had any realistic opportunity to go to court during the limitation period due to her age*" (par. 55). Elle conclut en l'espèce à la violation de l'article 8. V. dans le même sens, CEDH, 12 juillet 2011, *Backlund c. Finlande*, n° 36498/05.

30. **CEDH, 26 juin 2014, *Labassée c. France* et *Mennesson c. France*, sur lesquels cf. *infra*, n° 1036.

31. *Arrêt *Mikulic c/Croatie, 7 février 2002, infra*.

32. Cf. CEDH, *Mikulic c. Croatie*, n° 53176, *JCP* G 2002, I, 157, n° 13, obs. F. Sudre : en l'espèce, la requérante avait échoué dans son action en recherche de paternité en raison du refus du père prétendu de se soumettre aux tests ADN. Selon la Cour, un système tel que celui de la Croatie, qui ne prévoit pas de moyen de contraindre le père, n'est conforme au principe de proportionnalité entre les intérêts du défendeur et du demandeur que s'il offre d'autres moyens grâce auxquels une autorité indépendante pourrait statuer rapidement sur l'action en recherche de paternité. En outre, « *pour trancher une action tendant à faire établir la paternité, les tribunaux doivent tenir compte de l'intérêt supérieur de l'enfant. La Cour estime que la procédure existante ne ménage pas un juste équilibre entre le droit de la requérante de voir dissiper sans retard inutile son incertitude quant à son identité personnelle et le droit de son père présumé de ne pas subir de tests ADN* ». *Adde* not. les arrêts *Jäggi c. Suisse*, 3 juillet 2006 et *Pascaud c. France*, 16 juin 2011, *infra*, n° 1021. *Adde* l'importance attachée à ce droit dans les arrêts de la CEDH sur le statut des enfants nés dans le cadre d'une gestation pour autrui, (CEDH 26 mai 2014, *Labassée c. France* et *Mennesson c. France*, n° 65941/11 et n° 65192/11, *D*. 2014, 1797, note F. Chénedé, 1787, obs. P. Bonfils et A. Gouttenoire, 1806, note L. d'Avout, chron. p. 1773, H. Fulchiron et C. Bidaud-Garon, *Ne punissez pas les enfants des fautes de leurs pères, commentaire prospectif des arrêts Labassée et Mennesson de la CEDH*, *AJDA* 2014. 1763, chron. L. Burgorgue-

connaître ses origines (même si ce dernier comporte bien d'autres dimensions puisqu'il englobe potentiellement tous les éléments constitutifs de l'histoire personnelle d'un individu) : comme l'affirme la Cour dans l'arrêt *Odièvre*[33], rendu en matière d'accouchement sous X, l'article 8 protège un droit à l'identité et à l'épanouissement personnel de l'individu au titre duquel figurent « *l'établissement des détails de son identité d'être humain et l'intérêt vital, protégé par la convention, à obtenir des informations nécessaires à la découverte de la vérité concernant un aspect important de son identité personnelle, soit par exemple l'identité de ses géniteurs* ». Droit de connaître (et d'établir) son ascendance et droit d'établir (ou de contester) sa filiation sont donc conçus comme deux droits distincts : l'établissement de l'ascendance génétique d'un enfant n'entraîne pas nécessairement l'établissement de la filiation ; à l'inverse, l'existence d'une filiation ne ferme pas irrémédiablement l'accès à la connaissance de son identité génétique.

Les États conservent en la matière une certaine marge d'appréciation[34]. Ainsi, dans l'affaire *Odièvre*, la Cour constate-t-elle que la requérante a pu obtenir des informations non identifiantes sur sa mère et que la France, avec la loi du 22 janvier 2002, facilite l'accès à la recherche des origines biologiques ; elle estime que la législation française prise dans son ensemble tente d'atteindre un équilibre et une proportionnalité suffisante entre les intérêts en cause : ceux de la mère, ceux de l'enfant, mais aussi deux des tiers, notamment des parents adoptifs[35]. Mais même dans le cadre de la marge d'appréciation reconnue aux États, la Cour entend s'assurer que les choix opérés par l'État ménagent un juste équilibre entre les intérêts de l'État et ceux des individus directement touchés par cette solution et « *ce faisant, elle doit avoir égard au principe essentiel selon lequel, chaque fois que la situation d'un enfant est en cause, l'intérêt supérieur de celui-ci doit primer* »[36].

914. Droit d'établir sa filiation, droit de connaître ses origines. – La question d'un « droit de l'enfant à établir sa filiation » a fait l'objet d'une jurisprudence nuancée de la Cour de cassation. La question est venue devant elle sous la forme suivante : une loi étrangère qui interdit l'établissement de la filiation d'un enfant né hors mariage est-elle contraire à l'ordre public français en matière internationale ? Après avoir estimé que seule devait être rejetée une loi qui priverait l'enfant de son droit à obtenir des aliments[37] (*Qui fait l'enfant doit le nourrir...*), la Cour a affirmé qu'était contraire à l'ordre public international une loi étrangère qui aurait pour effet de priver un enfant français ou *résidant* habituellement en France du droit d'établir sa filiation[38]. Elle a ensuite paru abandonner toute référence à l'ordre public de proximité en déclarant que devaient être écartées les lois étrangères normalement applicables « *dès lors qu'elles privaient l'enfant de son*

Larsen, *AJ famille* 2014. 499, obs. B. Haftel, et 396, obs. A. Dionisi-Peyrusse, *RTD civ.* 2014. 616, obs. J. Hauser)

33. CEDH, 13 février 2003, *Odièvre c. France*, *D.* 2003, 1240, note B. Mallet-Bricout, *JCP* 2003, II, 10049, note A. Gouttenoire et F. Sudre, *Dr. famille* 2003, 58, obs. P. Murat, *RTD civ.* 2003, 277, obs. J. Hauser, p. 375, obs. J.-P. Marguénaud. *Adde* Ph. Malaurie, « La Cour européenne des droits de l'homme et le "droit" de connaître ses origines », *JCP* 2003, I, 120.

34. Marge d'appréciation qui devrait être large s'agissant de questions qui soulèvent de délicates questions d'ordre éthique et ne font donc pas l'objet de consensus, mais que la Cour restreint compte tenu du fait qu'est en cause un des aspects essentiels de l'identité d'un individu, cf. les arrêts *Labassée* et *Mennesson c. France*, *infra*, n° 1036.

35. Comp. CEDH, *Godelli c. Italie*, 25 septembre 2012, req. n° 33783/09, *AJ famille* 2012, 554, obs. F. Chénedé, *RTD civ.* 2013, p. 104, obs. J. Hauser : le droit italien est censuré car il ne donne à l'enfant aucune de ces garanties.

36. Arrêts *Mennesson* et *Labassée*, préc.

37. Cass. civ. 1re, 10 février 1993, *infra*.

38. Cass. civ. 1re, 10 mai 2006, *Sanson*, *Bull. civ.* I, n° 266, *Defrénois* 2006, p. 1327, obs. J. Massip, *D.* 2006, p. 2890, note G. Kessler et J. Salamé.

droit d'établir sa filiation paternelle »[39]. Dans son rapport sur l'ordre public[40], la Cour semble vouloir réintroduire une condition de proximité, très contestable : peut-on priver un enfant de ses droits au motif qu'il n'est pas né en France ou qu'il n'y réside pas ? Mais il s'agit là d'un des aspects d'une plus vaste question : celle de l'impact des droits fondamentaux sur l'ordre public français en matière internationale.

Appelée à statuer sur le statut des enfants nés à l'étranger à la suite d'un contrat de GPA au lendemain des arrêts *Labassée* et *Mennesson* de la CEDH, la Cour de cassation a préféré botter en touche[41] : elle constate que dans les espèces qui lui étaient soumises[42] le père indiqué dans l'acte de naissance était le père biologique et la mère la femme qui avait accouché ; les actes de l'état civil étrangers étaient donc réguliers au sens de l'article 47 du Code civil et devaient, en conséquence, être transcrits[43].

S'appuyant sur l'article 7 § 1 de la CIDE déclaré d'application immédiate (l'enfant a le droit « *dans la mesure du possible de connaître ses parents et d'être élevés par eux* »), la Cour de cassation a, en revanche, garanti le droit de l'enfant à connaître ses origines en limitant les pouvoirs de la mère en matière d'accouchement sous X : l'enfant a le droit de connaître son père[44].

Avec la création sur le seul fondement de l'article 8 Conv. EDH d'une « action en reconnaissance de son ascendance génétique », la Cour, dans un arrêt du 13 novembre 2014[45], a fait un pas décisif vers la dissociation entre ascendance et filiation[46].

B. Les parents

915. De la volonté individuelle aux droits de l'homme. – Au-delà des interrogations traditionnelles, sans cesse renouvelées, sur la place de la volonté individuelle dans le droit de la filiation, se pose aujourd'hui la question de la

39. Cass. civ. 1re, 26 octobre 2011, n° 09-71.369, *JDI* 2012, comm. 4, p. 178, note J. Guillaumé.

40. Rapport annuel, 2013, livre 3, étude, « L'ordre public » : la Cour souligne que dans l'affaire jugée en 2011, l'enfant était né et avait été élevé en France.

41. Arrêt n° 619 du 3 juillet 2015 (14-21.323) et arrêt n° 620 du 3 juillet 2015 (15-50.002), cf. *infra*, n° 1038.

42. Il s'agissait en l'espèce d'actes russes, la GPA ayant été pratiquée en Russie.

43. Cf. *infra*, n° 1038.

44. Cass. civ. 1re, 10 mai 2006, affaire du petit Benjamin, *infra*, n° 1127. Sur l'article 7 CIDE, cf. A. Gouttenoire *et al.*, « La convention internationale des droits de l'enfant, vingt ans après », *Dr. famille* 2009, n° 13 et s., spéc. n° 7 et réf. cit.

45. Cass. civ. 1re, 13 novembre 2014, n° 13-21.018, *D.* 2015, 649, obs. M. Douchy-Oudot, *AJ famille* 2015, obs. F. Chénedé, *Dr. famille* 2015, com. n° 9, note C. Neirinck, *RJPF* 1/20, obs. T. Garé. Sur cette nouvelle action, cf. H. Fulchiron, « Les actions du préteur : la Cour de cassation, l'article 8 Conv. EDH et la reconnaissance de son ascendance biologique », *D.* 2015, p. 1070, cf. n° 649.

46. En l'espèce, Jacques X., reconnu avant sa naissance par sa mère, avait ultérieurement été reconnu par l'homme qui, par son mariage avec la mère, lui donna le statut d'enfant légitime. Bien des années plus tard, il apprit par ses parents légaux que son véritable père était en fait son parrain, Felix X., décédé lorsqu'il avait quatre ans. À soixante ans, Jacques X. saisit le tribunal de grande instance d'une requête pour être autorisé à faire exhumer le corps de celui-ci à fin d'expertise génétique. Devant les juges du fond, Jacques X. fit valoir que sa demande n'avait pas pour but de contester sa filiation puisque cette action était prescrite, ni de remettre en cause une succession déjà liquidée, ce qui n'était plus juridiquement possible, mais d'avoir une certitude sur ses origines. Ces prétentions furent rejetées par les juges du fond. Cassation : « *La recevabilité d'une action tendant à la reconnaissance d'une ascendance génétique par voie d'expertise, lorsque celle-ci nécessite une exhumation, est subordonnée à la mise en cause des ayants droit du défunt* », ce qui n'avait pas été le cas. En statuant sur le régime de ce qu'elle qualifie d'« action d'état », la Cour en consacre l'existence (sur la question des expertises *post mortem*, cf. *infra*).

reconnaissance d'un droit à établir sa descendance. Plus profondément encore, il se pourrait que soit en train d'émerger une nouvelle conception de la parenté fondée sur le « projet parental »[47].

1) Filiation et volonté individuelle

916. La part de la volonté. – À base biologique, la filiation est aussi faite de volonté individuelle, de sentiments individuels, d'intérêts individuels : volonté, sentiments, intérêts de l'enfant, mais aussi des parents. Pour être père et mère, il faut vouloir un enfant : peut-être pas toujours le désirer, mais le garder et l'élever en remplissant les devoirs que la paternité ou la maternité imposent. Quelle est la part de la volonté au regard du lien juridique de filiation, qu'il s'agisse de son établissement ou de sa destruction ?

917. Indisponibilité de l'état et volonté des parents. – La filiation est indisponible, comme l'est de façon générale l'état de la personne. La règle se traduit par l'indisponibilité des actions relatives à la filiation[48]. La part de la volonté individuelle n'en est pas moins considérable, même si elle n'est pas toujours irréductible[49]. La volonté individuelle est essentielle, à l'évidence, pour la filiation « élective », que constitue l'adoption : sans volonté de l'adoptant, pas de filiation. Mais la volonté ne suffit pas : elle doit se couler dans un moule légal particulièrement contraignant ; et la filiation n'existe que par le jugement qui prononce l'adoption[50]. La volonté joue aussi un rôle dans les filiations « charnelles ». Dans certaines cultures, la filiation a même dépendu exclusivement d'un acte volontaire du chef de famille.

Dans l'ancienne Rome, s'il n'existait de maternité que par le sang, la paternité, au contraire, était purement volontaire. Le nouveau né ne pouvait entrer dans la famille que s'il avait été accepté par le chef de famille : le *paterfamilias*, en soulevant (*tollere liberum :* élever l'enfant, le sens littéral expliquait l'autre, plus usuel), l'enfant qu'on lui présentait, le faisait définitivement entrer dans la famille ; s'il n'acceptait pas de le faire, l'enfant en était exclu. La faculté accordée au *paterfamilias* d'accepter ou de refuser des enfants avait entraîné un abandon fréquent d'enfants. Le droit impérial (Trajan, IIe siècle), décida d'imposer la paternité au mari, s'il ne l'avait pas contestée dans les conditions légales : *Pater is est quem nuptiae demonstrant* (le père est le mari de la mère). Évolution capitale : à l'origine, le fondement de la filiation était une *potestas*, un pouvoir du *paterfamilias* (l'*agnatio*). Avec la règle *pater is est*, le fondement de la filiation est devenu le sang, le *pater* un *genitor*. À l'apogée de la théorie de l'autonomie de la volonté, certains auteurs tentèrent de fonder la règle *pater is est* sur la volonté (tacite) du mari qui, en consentant au mariage, aurait accepté par avance les enfants qui naîtront de sa femme[51], sauf – nouvelle manifestation de volonté – à les désavouer.

La volonté joue également un rôle important pour les enfants nés hors mariage. En 1804, le Code Napoléon conçut la paternité, et, à un moindre degré, la maternité naturelle, comme une filiation volontaire : elle n'était établie que si elle avait été volontairement reconnue par son auteur. Il fallut attendre la loi du 16 novembre 1912 pour que fût ouverte, et de façon très restrictive, l'action en recherche de

47. Cf. *infra*, n° 1436.
48. *Infra*, n° 1078.
49. P. Murat, « Rattachement familial et contrat », *in La contractualisation du droit de la famille*, D. Fenouillet et P. de Vareilles-Sommières (ss. dir.), Economica, 2001, p. 133 s.
50. *Infra*, n° 1421.
51. *Infra*, nos 1130 s.

paternité naturelle, faisant de cette paternité, une paternité qui pouvait être imposée[52].

918. Volonté expresse, volonté tacite. – De façon générale, la part de la volonté individuelle se traduit également par le rôle positif ou négatif de la possession d'état, *i.e.* du fait et de la volonté tacite[53] : de son existence ou de son absence, dépendent souvent l'établissement ou la destruction de la filiation. De même, le régime des actions relatives à la filiation laisse une place qu'il ne faut pas sous estimer à la volonté : on ne peut transiger ou renoncer, mais on peut agir ou ne pas agir.

919. Loi et volonté. – Le droit contemporain de la filiation reconnaît l'importance de la volonté individuelle dans le droit de la filiation : parmi les modes d'établissement de la filiation, il distingue la filiation établie par la loi (*mater semper certa ; pater is est*), la filiation établie en justice et la filiation établie volontairement : à ce titre apparaissent la reconnaissance et la possession d'état ; et comme ces derniers sont désormais étendus de la filiation hors mariage à la filiation en mariage, la volonté accroît son empire. Mais la nouvelle présentation légale est ambiguë : à elle seule, la volonté n'est rien ; elle n'a de valeur que celle donnée par la loi.

La remarque a une portée générale : qu'il s'agisse d'adoption ou de filiation charnelle, la volonté individuelle n'est qu'une des forces à l'œuvre en droit de la filiation. Il en irait autrement si l'on raisonnait en termes de droits de l'individu.

2) Droit d'établir sa descendance, droit de ne pas établir sa filiation ?

920. Droit d'établir sa descendance ? – L'existence d'un droit subjectif d'établir sa descendance n'est nullement acquise si l'on se réfère à la jurisprudence de la CEDH. Certes, si l'impossibilité d'établir sa descendance naissait d'une discrimination fondée sur les circonstances de la naissance de l'enfant, elle serait condamnée[54]. Encore faut-il qu'il y ait discrimination. Que si droit il y a, il n'a rien d'absolu. Ainsi la CEDH tolère-t-elle au regard des articles 8 et 14 l'impossibilité pour le père naturel d'établir sa filiation à l'égard de sa fille naturelle, la reconnaissance étant de nature à perturber la situation personnelle et familiale de l'enfant[55]. De même celui qui se prétend le père biologique d'un enfant légitime peut voir sa reconnaissance privée d'efficacité

---

52. *Infra*, n° 1270.
53. *Infra*, n° 987.
54. Cf. *infra*, n° 945 et ref. cit.
55. Cf. l'étonnant arrêt du 5 novembre 2002, *Yousef contre Pays-Bas*. En l'espèce, R.M. Yousef, de nationalité égyptienne à l'époque des faits incriminés, avait eu un enfant hors mariage. Après une brève vie commune, il repartit au Moyen-Orient. À son retour aux Pays-Bas, il voulut reconnaître sa fille, mais se heurta au refus de la mère, la législation néerlandaise de l'époque subordonnant la reconnaissance à l'accord de la mère, sauf abus, que le juge n'estima pas constitué. Atteinte d'une maladie mortelle, la mère réaffirma son refus dans son testament et désigna son frère comme tuteur de l'enfant. Les diverses procédures intentées par le père pour que sa reconnaissance fût enregistrée furent rejetées par les juridictions néerlandaises. Après avoir relevé que ces décisions n'avaient pas totalement privé le requérant de voir sa fille, la Cour européenne souligna que les juridictions internes « *ont considéré que le requérant avait l'intention de bouleverser la situation familiale de sa fille* » car « *il souhaitait voir sa paternité juridiquement reconnue de manière que sa fille pût vivre avec lui plutôt qu'au sein de sa famille légale* » ; elles ont estimé « *que pareil changement serait préjudiciable aux intérêts de l'enfant* », tout comme le changement de nom qu'entraînerait l'établissement de la filiation. Or, selon la Cour « *lorsque sont en jeu les droits garantis aux parents par l'article 8 et ceux d'un enfant, les cours et tribunaux doivent attacher la plus grande importance aux droits de l'enfant. Lorsqu'une mise en balance des intérêts s'impose, il y a lieu de faire prévaloir les intérêts de l'enfant* ». En l'espèce, la Cour « *n'aperçoit aucun élément lui donnant à penser que, dans leur mise en balance des intérêts du requérant et de ceux de l'enfant, les juridictions internes n'aient pas suffisamment pris en compte les premiers ou aient statué de manière arbitraire* » ! Refus de condamner le Pays-Bas. Cette

et se voir interdire une action judiciaire en raison de la primauté qui doit être reconnue aux intérêts de l'enfant et de la famille dans laquelle il vit sur l'intérêt du requérant d'obtenir une décision sur un fait biologique[56]. Il en irait différemment si la filiation attaquée en préalable à l'établissement de la filiation biologique ne correspondait à aucune réalité : ainsi, dans une affaire où l'existence d'une filiation légitime établie en vertu de la règle *Pater is est* interdisait l'établissement de la véritable paternité, la Cour a-t-elle affirmé que « *le respect de la vie familiale exige que la réalité biologique et sociale prévale sur une présomption légale heurtant de front tant les faits établis que les vœux des personnes concernées, sans réellement profiter à personne*[57] ».

Le droit français est sur la même ligne ; ainsi, il interdit l'établissement du double lien de filiation en cas d'inceste[58], ... ferme l'action en contestation de filiation (préalable nécessaire à l'établissement de la véritable filiation) lorsque l'enfant dispose d'un titre et d'une possession d'état conforme ayant duré au moins cinq ans[59], ... éteint les actions avec le temps[60] : dans ces différentes hypothèses, la filiation ne pourra être établie. De même le placement de l'enfant en vue de l'adoption fait échec à l'établissement de la filiation : la règle peut être opposée au père, ou à la mère en cas d'accouchement sous X[61].

Comme en miroir en quelque sorte, la CEDH reconnaît, au nom du droit au respect de la vie privée et familiale, le droit de contester sa paternité juridique

---

jurisprudence molle est consternante. Que l'intérêt de l'enfant soit de rester dans la famille de son oncle est une chose, que l'on prive, pour cette raison, le père de sa filiation en est une autre.

56. *Nylund c. Finlande*, 20 juin 1999, n° 27110/95 : le requérant et sa fiancée T vivent ensemble. T tombe enceinte en mai 1988. Le couple se sépare en juin. En juillet T. épouse R. et en janvier 1989 elle donne naissance à une petite fille, J. Le requérant prétend que J. est sa fille. Il la reconnaît, mais au cours de la procédure d'homologation de sa reconnaissance, la juge relève le jeu de la présomption de paternité du mari, la mère affirmant que celui-ci est bien le père. Le requérant invoque alors l'article 8. Il est débouté : sa prétention va à l'encontre de l'intérêt de l'enfant, bien intégré dans sa famille actuelle. La CEDH « *ne voit rien d'arbitraire dans cette appréciation des intérêts de l'enfant. Les États ont des raisons tenant à la sécurité des rapports juridiques et familiaux pour appliquer une présomption générale selon laquelle un homme marié est réputé être le père des enfants de son épouse. Il se justifie que les tribunaux donnent plus de poids aux intérêts de l'enfant et de la famille dans laquelle il vit qu'à ceux d'un demandeur cherchant à faire établir un fait biologique* » ; et la Cour de souligner qu'à quinze ans l'enfant pourra elle-même engager une procédure pour faire établir sa véritable filiation. *Adde* par ex. sur l'impossibilité de faire établir un lien de filiation, *Ahrens c. Allemagne,* n° 45071/09 et *Kautzor c. Allemagne,* 22 mars 2012, 23338/09, cf. *infra*, n° 1350. Rappr, au sujet de l'établissement de liens personnels entre l'enfant et son père biologique, *Anayo c. Allemagne,* 21 décembre 2010, n° 20578/07, *Schneider c. Allemagne*, 15 septembre 2011 (n° 17080/07 : selon la Cour (§ 100), "*Having regard to the realities of family life in the 21st century, revealed,* inter alia*, in the context of its own comparative law research (see paragraphs 38-46 above), the Court is not convinced that the best interest of children living with their legal father but having a different biological father can be truly determined by a general legal assumption. Consideration of what lies in the best interest of the child concerned is, however, of paramount importance in every case of this kind (see paragraph 93 above). Having regard to the great variety of family situations possibly concerned, the Court therefore considers that a fair balancing of the rights of all persons involved necessitates an examination of the particular circumstances of the case*").

57. CEDH, *Kroon c. Pays-Bas*, 27 octobre 1994, préc. Le principe a été réaffirmé par la Cour à de multiples reprises, cf. *Znamenskaya c. Russie*, 2 juin 2005, req. n° 77785/01 (à propos d'un enfant mort-né rattaché au mari de la mère et que son véritable père n'avait pu se rattacher), *Rojanski c. Pologne*, 18 mai 2006, req. n° 55339/10 (l'enfant né hors mariage avait été reconnu par le nouveau partenaire de la mère avec, comme l'exigeait le droit polonais, le consentement de la mère, alors que le père biologique s'était toujours heurté à un refus).

58. *Infra*, n° 959.

59. *Infra*, n° 1311.

60. *Infra*, n° 1075.

61. *Infra*, n° 1127.

lorsque celle-ci ne correspond pas à la réalité biologique et sociale[62], sauf à ce que dans la pesée des intérêts en présence prévale l'intérêt supérieur de l'enfant[63].

921. Droit de ne pas établir sa filiation ? – Existe-t-il, à l'inverse, un droit de l'individu à ne pas établir sa filiation ? Un tel droit n'aurait qu'un domaine marginal mais qui ne serait pas négligeable. La mère en dispose avec l'accouchement sous X : le droit de la mère l'emporte sur le droit de l'enfant[64]. La situation du père est plus ambiguë : hors mariage, il lui est possible de ne pas établir sa filiation, mais il reste toujours à la merci d'une action en recherche de paternité dans les délais prévus par la loi[65].

La part de l'individu n'est donc pas négligeable[66]. Mais les intérêts, droits et libertés individuels ne suffisent pas à eux seuls pour construire un droit de la filiation, ne serait-ce que parce que la filiation n'est pas seulement un lien entre individus : elle relie également l'enfant à une famille.

II. — Famille

922. Trois font un. – L'enfant, dit-on souvent, « fait famille », *i.e.* sa venue fait d'un couple une famille (trois font un : une sorte de mystère de la trinité). Mais au-delà de la famille nucléaire, l'établissement du lien de filiation inscrit l'enfant dans une lignée. Longtemps, des considérations familiales ont dominé le droit de la filiation, notamment dans les civilisations où la famille était unie autour du culte des ancêtres : avoir une descendance assurait la continuité de la vie matérielle et spirituelle de la famille. De même le souci de protéger la famille (le sang, le patrimoine) contre les intrus justifiait-il l'exclusion des enfants nés hors mariage. Aujourd'hui, les considérations familiales ont plus ou moins disparu en Occident. Bien plus, la famille n'est plus protégée contre l'arrivée d'un nouveau membre qui ne serait pas issu de justes noces : depuis 1972, l'enfant né hors mariage « entre » dans la famille de son père et de sa mère ; il y a les mêmes droits et est soumis aux mêmes devoirs. Que dans une société individualiste, la considération de la famille s'estompe n'a rien de surprenant. Aujourd'hui, elle n'est plus pensée comme une institution dont les règles et les intérêts s'imposeraient aux individus. Les relations familiales (au premier chef la filiation) sont

62. Ainsi, l'institution de délais pour engager une action en désaveu ou en contestation ne constitue pas en soi une atteinte au droit de la vie privée et familiale du père prétendu : CEDH, 28 septembre 1984, *Rasmussen c. Danemark*, n° 8777/79 (les autorités danoises « *étaient en droit de penser que l'institution de délais pour l'engagement d'une action en désaveu se justifiait par le souci de garantir la sécurité juridique et de protéger les intérêts de l'enfant* ») ; 24 novembre 2005, *Shofman c. Russie*, n° 74826/01 ; 12 janvier 2006, *Mizzi c. Italie*, n° 26111/02 (« *une situation dans laquelle une présomption légale peut prévaloir sur la réalité biologique ne saurait être compatible avec l'obligation de garantir le respect effectif de la vie privée et familiale, même eu égard à la marge d'appréciation dont jouissent les États* ») ou 10 octobre 2006, *Paulik c. Slovaquie*, n° 10699/05.

63. CEDH, 6 décembre 2011, *Iyilik c. Turquie*, n° 2899/05 : « *L'absence d'une quelconque manifestation de la part de l'enfant démontrant son souhait de voir vérifier sa paternité, combinée avec le laps de temps pendant lequel elle a bénéficié de son état civil de manière stable et avec les conséquences patrimoniales que l'acceptation d'une action en désaveu peut entraîner, joue en l'espèce en faveur de l'intérêt de la fille putative du requérant, consistant à ne pas être privée d'une paternité biologique distincte de la filiation* » (*sic*).

64. *Infra*, n°s 1114 s.

65. *Infra*, n° 1689. Sur la prétendue contrariété au principe d'égalité entre homme et femme de l'action en recherche de paternité qui conduit à des paternités forcées alors que la mère peut décider d'accoucher sous X, cf. Cass. civ. 1re, 28 mars 2013, n° 13-40.001, *D.* 2013, 1436, obs. F. Granet-Lambrechts, *RTD civ.* 2013, 361, obs. J. Hauser ; *infra*, n° 1281.

66. Sur la question, différente, du droit de devenir parent, *i.e.* d'engendrer, cf. *infra*, n°s 1430 s.

reconstruites à partir des droits et libertés de l'individu : droits et libertés de l'enfant, droits et libertés des parents.

III. — Société

923. Filiation et ordre social. – Structures de la parenté, structures familiales et structures sociales sont toujours plus ou moins imbriquées. Du modèle monarchique qui faisait du souverain le père de ses sujets au modèle démocratique individualiste contemporain, la filiation constitue une pièce essentielle de « l'ordre » social. Longtemps le maintien de cet ordre passa par la faveur faite au mariage et à la filiation légitime : la filiation hors mariage, notamment la filiation adultérine, était ignorée ou pénalisée parce qu'elle semblait menacer, au-delà des familles, la société tout entière. De même, la considération de la paix des familles ne marque pas seulement la faveur du législateur pour la famille : elle traduit également le souci d'assurer la paix sociale. Quant au principe de stabilité de l'état des personnes, il tend certes à protéger l'individu, mais il peut aussi se retourner contre lui en lui interdisant d'établir sa filiation véritable ou de détruire une filiation fictive. Au-delà de l'individu, il garantit la paix sociale : comme l'affirmait la Cour de cassation dans l'arrêt *de Wrède*, « *L'état des personnes ne peut demeurer incertain sans qu'il en résulte un trouble profond dans les familles et une atteinte grave à l'ordre social*[67] ».

Aujourd'hui, la promotion des droits fondamentaux, l'égalité des statuts qui garantit la liberté des choix et, dans une certaine mesure, l'incertain triomphe de la vérité biologique sur l'encadrement familial et social des filiations, mettent l'individu au centre du droit de la filiation. Mais libéralisme et individualisme ne sont, là encore, que le reflet d'un modèle de société.

Entre les différentes forces du droit de la filiation, l'équilibre est difficile à trouver. L'histoire ne l'a pas toujours réalisé de la même manière. Déstabilisé par les progrès de la biologie et la montée de l'individualisme, le législateur contemporain a tenté de reconstruire la filiation sur des principes nouveaux.

Section II

PRINCIPES CONTEMPORAINS DU DROIT DE LA FILIATION

924. Hier, aujourd'hui et demain. – Hier, le droit de la filiation était construit autour du mariage : la légitimité des enfants en était le principe essentiel. Aujourd'hui, les bouleversements culturels et sociaux, peut-être aussi les progrès scientifiques (dans une éprouvette, tous les embryons sont égaux), ont conduit le législateur à fonder le droit de la filiation sur trois piliers : égalité, vérité, stabilité. La reconnaissance, par la loi sur le mariage pour tous, de l'homoparentalité par adoption ébranle l'ensemble de l'édifice.

§ 1. Hier : légitimité

925. Il n'était de père que légitime. – Dans le Code Napoléon comme dans l'Ancien droit, la légitimité constituait la pierre d'angle du droit de la filiation. Si,

67. * Cass. civ., 9 mai 1900, *DP* 1905, 1, 101 ; *S.* 1901, 1, 85.

grâce à la Révolution, l'enfant illégitime, né d'une union hors la loi, avait troqué le nom de bâtard pour celui d'enfant de la nature[68], son statut n'en restait pas moins celui d'un marginal.

I. — *Favor legitimitatis, favor matrimonii*

926. Légitimité et mariage. – Comme le mariage, la filiation légitime était la situation normale, dans les deux sens du mot : elle était régulière – conforme au droit – et habituelle – conforme aux faits – : la plupart des enfants étaient légitimes parce qu'issus du mariage de leurs parents, et le mariage était la seule union qui fût régulière.

Pendant des siècles, la légitimité fut liée au mariage, parce que seul le mariage paraissait permettre l'accueil et l'éducation des enfants ; en outre, il y avait très peu d'enfants illégitimes. La filiation légitime n'était pas une simple parenté, c'est-à-dire une relation individuelle et biologique entre deux personnes, mais un lien familial[69], c'est-à-dire l'intégration d'un enfant dans un groupement préconstitué. Par rapport à la filiation illégitime, elle bénéficiait d'un statut privilégié dans son régime, ses preuves et ses effets, car la faveur pour le mariage entraînait la faveur pour sa conséquence principale et naturelle, la filiation légitime.

927. Le père gardien de l'ordre social. – Comme le traduisait le plan même du Code civil (Titre VII : « *De la paternité et de la filiation* »), la question centrale était la paternité. Si la mère était en principe connue par la grossesse et l'accouchement, la paternité restait entourée de mystères. Pourtant, « *il est nécessaire que la paternité ne restât pas incertaine. C'est par elle que les familles se perpétuent et qu'elles se distinguent les unes des autres : c'est une des bases de l'ordre social*[70] ». Par le mariage et la présomption de paternité qui en découle, la paternité était assurée, l'ordre social garanti. Peu importait que cette paternité relevât parfois de la fiction[71] : seul le père pouvait, dans de strictes conditions, écarter la présomption en désavouant l'enfant. L'objectif principal du Code Napoléon était de protéger l'intérêt collectif de la famille tout entière, c'est-à-dire l'établissement et le maintien de l'ordre social ou, pour employer une expression un peu grandiloquente souvent utilisée autrefois « *l'honneur et le repos des familles* ». Un des buts principaux du droit contemporain de la filiation, la recherche de la vérité biologique, sans être méconnu ne jouait qu'un rôle secondaire. Quant à « l'intérêt de l'enfant », si important aujourd'hui, il n'intervenait pas dans la définition de la légitimité, parce que la famille d'autrefois n'était pas une réunion d'intérêts individuels, mais un groupe cohérent, ce que traduisait l'extrême énergie de la présomption de paternité légitime. De toute façon, l'intérêt de l'enfant semblait être d'avoir la qualité d'enfant légitime.

928. Protection du mariage, marginalisation des enfants nés hors mariage. – De fait, si l'enfant né hors mariage avait acquis grâce à la Révolution une place que l'Ancien droit lui avait refusée[72], sa filiation ne pouvait être établie que dans des conditions étroites : elle supposait

68. Le terme *bâtard* désignait, dans le vocabulaire juridique de notre Ancien droit (au-delà des connotations péjoratives prises dans le langage commun), les enfants nés hors mariage. Dans les pays germaniques et anglo-saxons, on parlait d'enfants illégitimes. L'expression d'enfant naturel, qui sent son XVIIIe (*les enfants de la nature*), est singulière : encore aujourd'hui, tous les enfants, malgré les progrès de la biologie et l'assistance médicale à la procréation, sont des enfants « naturels ». En sera-t-il toujours ainsi ?

69. P. Graulich, *Essai sur les éléments constitutifs de la filiation légitime*, thèse Liège, Sirey, 1952.

70. Bigot de Préameneu, *Présentation au Corps législatif*, Fenet, *travaux préparatoires du Code civil*, p. 135.

71. *Infra*, n°s 1138 s.

72. Garaud et Szramkiewicz, *op. cit.*, p. 109 s. ; G. Mulliez, « Révolutionnaires, nouveaux pères ? Forcément nouveaux pères ! Le droit révolutionnaire de la paternité », *in La Révolution et l'ordre juridique privé*, *op. cit.*, t. 1, p. 373 s. Comme l'expliquait Bigot de Préameneu : « *Ce sont les victimes innocentes de la faute de leurs parents. L'ordre social a exigé que des prérogatives fûssent accordées aux enfants nés de mariages légitimes. La nécessité de maintenir les barrières qui le séparent a été reconnue par tous les peuples : mais la dignité du mariage n'exige point qu'ils soient étrangers à ceux dont ils tiennent la naissance. La loi serait à la fois impuissante et barbare, qui voudrait étouffer le cri de la nature entre ceux qui donnent et ceux qui reçoivent l'existence [...] Les pères et mères ont envers leurs enfants naturels des devoirs d'autant plus grands qu'ils ont à se reprocher leur infortune. La loi a seulement été*

une manifestation de volonté, la reconnaissance, pour le père comme pour la mère. La recherche judiciaire de paternité était prohibée[73], sauf le cas d'enlèvement (art. 340), mais non de viol[74]. En toute hypothèse, l'établissement de la filiation adultérine était interdit (art. 334 et 342 anc.) : l'atteinte au mariage eût été trop forte : « *Le Code civil a pu permettre l'aveu d'une faiblesse, il ne souffre pas la reconnaissance d'un crime*[75] ». Il fallut attendre plus d'un siècle pour que fût admise la recherche judiciaire de la paternité naturelle. Encore, la loi du 16 novembre 1912 ne la permettait-elle qu'à travers un double filtre de cas d'ouvertures et de fins de non recevoir[76] qu'assouplirent un peu les lois du 15 juillet 1955 et du 14 décembre 1964. Parallèlement, la présomption de paternité était ramenée à de plus justes proportions (L. 27 juillet 1884, 18 avril 1933, 30 décembre 1915 et 19 février 1933) ; mais le mari restait seul maître du désaveu[77].

929. Légitimation des enfants naturels. – Symbole de la faveur faite à la légitimité, le Code Napoléon inaugurait le chapitre traitant des enfants naturels par une section consacrée à leur légitimation (art. 331 anc.) : celle-ci était largement ouverte par mariage subséquent, dès lors que leur filiation avait été établie par reconnaissance avant le mariage ou dans l'acte de célébration (art. 331). Pour maintenir la primauté de la légitimité face à l'évolution des mœurs et à la rigueur des temps, les conditions de la légitimation furent assouplies en faveur des enfants adultérins par les lois du 7 novembre 1907 et du 3 décembre 1915.

Strictement encadrée dans son établissement, la filiation hors mariage ne produisait que des effets limités : le statut de l'enfant illégitime était un statut d'infériorité.

II. — Inégalité des statuts

930. Loi historique ? – Jusque dans la seconde moitié du XXe siècle, les enfants nés hors mariage ne bénéficiaient que de droits limités : la protection du mariage postulait l'inégalité des statuts. Longtemps, on put affirmer l'existence d'une « loi historique », liant preuve et effets de la filiation naturelle. Il aurait existé un rapport proportionnel entre l'étendue des effets produits par la filiation naturelle et la difficulté de sa preuve : plus une filiation naturelle produisait d'effets, plus rigoureuses en auraient été les preuves, ou, plus précisément, les conditions d'établissement. Cette « loi historique » pouvait se vérifier dans l'évolution du droit français, mais aussi en droit comparé.

931. Du bâtard... – Dans l'Ancien droit, la filiation naturelle était privée de tout effet familial ; elle admettait un grand libéralisme des preuves : la faible étendue des droits qu'elle conférait entraînait la facilité de son établissement. La famille légitime étant la base des structures politiques, l'Ancien droit n'admettait pas l'existence d'une famille naturelle ; l'enfant n'avait pas de droits familiaux, notamment pas de droit successoral : « *Bâtards ne succèdent*[78] ». Ils n'avaient que les droits attachés à la parenté : les droits alimentaires. Aussi n'y avait-il aucun inconvénient à admettre un établissement aisé de la filiation naturelle puisque l'enfant naturel

---

obligée de poser des normes au delà desquelles l'institution du mariage paraît compromise », Fenet, p. 153.

73. *Infra*, n° 1267. « *Depuis longtemps, dans l'ancien régime* », affirmait Bigot de Préameneu (Fenet, p. 154), « *un cri général s'était élevé contre les recherches de paternité. Elles exposaient les tribunaux aux débats les plus scandaleux, aux jugements les plus arbitraires, à la jurisprudence la plus variable. L'homme dont la conduite était la plus pure, celui même dont les cheveux avaient blanchi dans l'exercice de toutes les vertus, n'étaient point à l'abri de l'attaque d'une femme impudente, ou d'enfants qui lui étaient étrangers. Ce genre de calomnie laissait toujours des traces affligeantes. En un mot, les recherches de paternité étaient regardées comme le fléau de la société* ».

74. La question fut très discutée lors des travaux préparatoires, cf. Fenet, p. 73 s.

75. SIMÉON, *Discours au Corps législatif*, Fenet, p. 231.

76. *Infra*, n° 1270.

77. A. LEFEBVRE-TEILLARD, *op. cit.*, p. 338 s.

78. J.-Ph. LÉVY et A. CASTALDO, n° 160 s. La justification en fut donnée par Montesquieu : « *Il a fallu flétrir le concubinage, il a donc fallu flétrir les enfants qui en étaient nés* » (*Esprit des lois*, L. 23, Ch. 6). V. au contraire l'avocat général Séguier (1779) : « *Il n'est pas juste de punir ce crime jusque dans les enfants en privant les père et mère de la satisfaction qu'ils auraient eue de verser des bienfaits sur le fruit de leur union criminelle* » (Conclusions devant le Parlement de Paris, arrêt du 5 juin 1779, *in* MERLIN, *Questions de droit*, 1820, *V°* *Concubinage*, n° 6).

ne portait pas atteinte aux droits de la famille légitime. La filiation naturelle produisait peu d'effets, la charge de la preuve était légère. L'attitude de l'Ancien droit à l'égard des bâtards n'avait rien d'uniforme, ni dans l'espace, ni dans le temps, ni même dans un temps et un espace donné, selon les classes sociales. Dans certains pays de droit écrit, mais aussi dans certains pays de coutume, où « *Nul n'est bâtard de par sa mère* », l'enfant succèdait à sa mère, voire à sa proche parenté maternelle. Le bâtard noble fut longtemps intégré – y compris par le port des armoiries, celles-ci étant frappées de la « barre de bâtardise » – à la maison de son père[79] : un bâtard (des plus célèbres : Guillaume) ne devint-il pas duc de Normandie par succession et roi d'Angleterre par conquête ? L'hostilité à l'égard des bâtards grandit cependant à partir de la fin du Moyen Âge, la doctrine affirmant avec force le principe d'exclusion des bâtards des successions *ab intestat*[80].

932. ... à l'enfant de la nature. – La Révolution estima que ce système était contraire à l'égalité civile car il sacrifiait l'enfant innocent sur l'autel du mariage. En outre, il contredisait le nouveau principe de liberté civile : chaque homme devait se voir reconnaître une certaine autonomie dans l'organisation de sa vie privée. Peut-être le législateur révolutionnaire fut-il également emporté par un certain (pré)romantisme, ému par le sort malheureux de ces enfants de la nature, innocentes victimes des préjugés et de l'ordre ancien. Aussi, la loi du 12 brumaire an II accorda-t-elle à l'enfant naturel, du moins à l'enfant naturel simple, à l'exclusion de l'enfant adultérin, des droits successoraux identiques à ceux de l'enfant légitime. Mais elle fut beaucoup plus sévère pour l'établissement de la filiation : la recherche de paternité était interdite ; la filiation ne pouvait être établie que par une possession d'état résultant de soins donnés « à titre de paternité » ou d'écrits publics et privés du père (art. 8)[81]. Les différents projets de Code civil n'admirent également qu'un établissement volontaire de la filiation paternelle[82].

933. Transaction napoléonienne. – Le Code Napoléon, selon sa méthode habituelle, prit une attitude transactionnelle ; il accorda à l'enfant naturel certains droits familiaux, inférieurs à ceux des enfants légitimes, notamment des droits successoraux de quotité et de qualité inférieures à ceux de l'enfant légitime. Mais la preuve de la filiation était plus sévère que dans l'Ancien droit, moins cependant que pendant la Révolution. Système mixte dont l'illogisme a dérouté la jurisprudence du XIXe siècle.

934. Droit comparé. – La « loi d'inverse proportionnalité » entre la preuve de la filiation et ses effets paraissait confirmée par le droit comparé. Ainsi, en Allemagne, jusqu'aux réformes de 1969, le *BGB* (1900) permettait une libre preuve de la paternité naturelle en instituant même une présomption de paternité naturelle, mais n'accordait à l'enfant illégitime que des droits alimentaires (*Zahlvaterschaft*). Comme dans l'Ancien droit français, la paternité naturelle produisant peu d'effets, la charge de la preuve était légère.

935. Fin de l'inverse proportionnalité. – À la fin du XIXe siècle, cette « loi historique » fut remise en cause. Ainsi, une loi de 1896 augmenta les droits successoraux de l'enfant naturel ; peu de temps après, une loi de 1912 facilita la preuve de sa filiation en admettant la recherche de la paternité naturelle : ainsi, presque au même moment, la filiation naturelle s'améliorait doublement dans ses effets et dans ses preuves. Peu à peu, les preuves devinrent encore plus faciles et les droits continuèrent à augmenter. Une loi du 15 juillet 1955 assouplit la prohibition de la preuve de la filiation adultérine, tout en améliorant sa condition. Surtout, la loi de 1972 rendit plus aisée la preuve de la filiation illégitime et étendit ses droits. La « loi de proportionnalité » était radicalement condamnée, ce que confirmèrent les lois de 1993 et de 2001 sur les successions, qui améliorèrent encore la situation de l'enfant naturel en supprimant les limitations de droit imposées aux enfants adultérins, et facilitèrent la recherche de la paternité naturelle. Avec l'ordonnance de 2005, la loi d'inverse proportionnalité a perdu toute signification[83].

---

79. A. LEFEBVRE-TEILLARD, p. 285.

80. A. LEFEBVRE-TEILLARD, p. 319.

81. Sur la rétroactivité de cette loi (voulue par le législateur pour des raisons idéologiques : la loi rétroagissait au 14 juillet 1789, date fondatrice de l'ordre nouveau !) et ses conséquences calamiteuses, cf. GARRAUD et SZRAMKIEWICZ, *op. cit.*, p. 116 s.

82. Comme le souligne A. Lefebvre-Teillard (p. 327) : « *L'incertitude de la paternité biologique sert ici de prétexte à l'instauration d'un volontarisme dont la raison d'être est avant tout sociale.* »

83. Il demeure cependant une trace de cette « loi » historique : la loi de 1972 a développé une action à fin de subsides qui permet de réclamer au père « possible » des aliments (art. 342 et s.). La

§ 2. AUJOURD'HUI

936. Loi de 1972. – Même si elle ne fut pas la première des *lois Carbonnier*, ni la plus spectaculaire, la loi du 3 janvier 1972 fut celle qui bouleversa le plus le droit contemporain de la famille[84]. Profondément novatrice, elle se voulait également une loi d'équilibre. Rompant avec les principes sur lesquels reposait depuis des millénaires le droit de la filiation, elle proclama l'égalité de principe des filiations légitimes et naturelles, même si quelques tempéraments y étaient apportés, au profit notamment des victimes de l'adultère, *i.e.* le conjoint bafoué et les enfants nés du mariage. Le modèle de la famille légitime n'était plus imposé mais simplement proposé : « à chacun sa famille, à chacun son droit ». Plus en profondeur, la loi posait le principe de vérité des filiations, tout en ménageant là encore le modèle de la famille légitime[85].

937. Le temps des retouches. – L'équilibre recherché fut remis en cause par les progrès de la science et la révolution des mentalités et des comportements. Pour répondre à ces nouvelles réalités, le législateur intervint à plusieurs reprises : la loi du 25 juin 1982 fit de la possession d'état d'enfant naturel un mode d'établissement extrajudiciaire de la filiation naturelle ; celle du 8 janvier 1993, soucieuse de mettre le droit français en conformité avec la Convention IDE, libéralisa la recherche de paternité naturelle. Surtout, la jurisprudence, guidée par une Cour de cassation imaginative, entreprit un audacieux travail d'interprétation qui permit de répondre à des demandes nouvelles, mais ruina la cohérence des textes[86]. Interventions ponctuelles du législateur, interprétations non coordonnée de telle ou telle de ses dispositions, la grande loi de 1972, n'était plus qu'un chef d'œuvre en péril.

938. Filiation sur ordonnance. – Une reconstruction d'ensemble s'imposait. Les grandes lignes en furent tracées par deux rapports, celui de la commission présidée par Irène Théry[87] et celui du groupe de travail animé par Françoise Dekeuwer-Défossez[88]. Décidé à passer à l'action, le Gouvernement choisit la voie des ordonnances : un projet de loi habilitant le Gouvernement à légiférer par ordonnance et délimitant le champ et les principes de son action, fut voté en novembre 2004 ; le Conseil constitutionnel rejeta le recours formé contre ce texte le 9 décembre 2004[89] et la loi d'habilitation fut promulguée le 9 décembre 2004. À vrai dire, le recours aux ordonnances pour une question sociale d'une telle importance était contestable : peut-on réformer le droit de la famille sans discussions au Parlement et sans véritable débat dans la société ? D'autant que le Gouvernement mena autour du texte une véritable politique du secret, ne dévoilant ses dispositions précises au public qu'après sa promulgation. Il y avait

---

charge de la preuve est légère et les effets réduits. La juxtaposition d'une action d'état et d'une action de subsides constitue une situation boîteuse, dont l'avenir est incertain (cf. *infra*, n°s 1360 s.).

84. G. Cornu, « La naissance et la grâce (à propos du projet de loi sur la filiation) », *D.* 1971, chron. p. 165 ; H. Mazeaud, « Une famille dans le vent, la famille hors mariage », *D.* 1971, chron. p. 99 ; R. Savatier, « Le projet de loi sur la filiation : mystique ou réalisme ?, Filiation naturelle et filiation légitime », *JCP* G 1971.I.2400 et 2403. Pour un commentaire de la loi, Massip, Morin, Aubert, *La réforme de la filiation,* préf. J. Carbonnier, éd. Defrénois, 3e éd., 1976.

85. J. Carbonnier, *Essais sur les lois.*

86. Sur les articles 322 et 334-9 interprétés *a contrario, infra,* n° 1305.

87. I. Théry, *Couple, filiation et parenté aujourd'hui,* rapp. préc.

88. F. Dekeuwer-Défossez, *Rénover le droit de la famille,* rapp. préc.

89. Déc. n° 2004-506.

consensus, a-t-on affirmé. Mais le précédent n'en était pas moins dangereux. Il se pourrait que le procédé ait aussi eu pour but d'éviter tout « dérapage » sur une question qui, déjà, ne faisait pas consensus : l'homoparentalité[90].

Certains se réjouiront de ce que l'absence de discussions, et d'amendements, aura préservé la cohérence du projet. Mais l'argument ne laissera pas d'inquiéter le démocrate, quand bien même il ne se ferait plus guère d'illusions sur la qualité des textes votés par le Parlement. Entre les Directions de Bruxelles et les Bureaux de la place Vendôme ou de l'avenue de Ségur, que reste-t-il à la représentation populaire ? S'il faut bien constater que les travaux parlementaires sont souvent décevants[91], leur absence n'en est pas moins regrettable, d'autant que certaines dispositions du texte auraient mérité des éclaircissements.

Promulguée le 4 juillet 2005[92], l'ordonnance sur la filiation est entrée en vigueur le 1er juillet 2006[93].

939. Ratification, rectification. – Restait à ratifier l'ordonnance. Le Gouvernement mit trois ans et demi pour le faire[94]. Le Parlement, saisi du projet de ce qui allait devenir la loi du 16 janvier 2009[95], ne se contenta pas d'entériner le droit en vigueur... depuis deux ans et demi : il en profita pour le modifier sur des points aussi importants que la reconnaissance prénatale, l'accouchement sous X, le délai de prescription de certaines actions en contestation de filiation etc. Ratification rectificative : un travail de gribouille.

940. Droit transitoire. – Comme ses prédécesseurs, le législateur de 2005 a souhaité étendre le plus largement possible le champ d'application de la loi nouvelle dans le respect de la sécurité juridique[96]. Selon l'article 20 de l'ordonnance, le nouveau texte est applicable aux enfants nés avant comme après son entrée en vigueur. La règle est traditionnelle en matière de filiation[97]. Les conséquences en sont considérables : ainsi, la filiation maternelle d'un enfant né hors mariage sera automatiquement établie par l'acte de naissance mentionnant le nom de la mère, même si l'enfant est né avant le 1er juillet 2006 ; à l'inverse, les nouveaux délais de prescription des actions lui seront opposables, même si la situation antérieure lui était plus favorable. Est ainsi assuré le rayonnement du nouveau droit de la filiation. Il n'est cependant pas question de remettre en cause la vérité judiciairement établie : les règles nouvelles s'appliquent sous réserve des décisions de justice passées en force de chose jugée.

L'article 20-IV précise que les actions prévues par les articles 327 (action en recherche de paternité) et 329 (action en rétablissement de la présomption de paternité) peuvent être exercées sans que puisse être opposée la forclusion tirée de la loi ancienne, lorsque, à la date de l'entrée

---

90. *Infra*, n° 966.

91. Ex. portés jusqu'à la caricature, les travaux parlementaires relatifs au Pacs, *supra*.

92. *JO* 6 juillet 2005, p. 11159.

93. J. MASSIP, « Le nouveau droit de la filiation », *Defrénois* 2005, p. 6 s., 91 s., 209 s. ; H. FULCHIRON, « Égalité, vérité, stabilité dans le nouveau droit de la filiation », *Dr. et patr.* 2006, 44 s. *Dr. famille, Dossier spécial filiation*, 2006, Études, 1 s.

94. Une première tentative avait eu lieu en 2003, le Gouvernement plaçant la loi de ratification dans les fourgons de la réforme du 5 mars 2007 sur les majeurs protégés. Mal lui en prit : le Conseil constitutionnel délesta le texte de ses « cavaliers législatifs » (Déc. n° 2007-552 DC du 1er mars 2007) : la loi de ratification se trouvait, pêle-mêle, avec la suppression de « l'ancien » Code de procédure civile, les règles relatives à l'entrée des huissiers dans les parties communes d'un immeuble d'habitation etc.

95. L. n° 2009-61 du 16 janvier 2009, ratifiant l'ordonnance n° 2005-759 du 4 juillet 2005 portant réforme de la filiation et modifiant ou abrogeant diverses dispositions relatives à la filiation, sur laquelle, cf. not. J. MASSIP, « La loi du 16 janvier 2009 ratifiant l'ordonnance du 4 juillet 2005 réformant le droit de la filiation », *Defrénois* 2009, 591 s.

96. Sur les règles de droit transitoire, M.-L. CICILE-DELFOSSE, « Mesures transitoires de la réforme du droit de la filiation », *Dr. famille* 2006, n° 11 ; J. MASSIP, « Le nouveau droit de la filiation », article préc., n° 81 s.

97. Cass. civ., 20 février 1917, *Veuve G.*, *GA civ.*, n° 3 et réf. cit.

en vigueur de cette ordonnance, la prescription prévue par l'article 321 n'est pas acquise[98] (*i.e.* 10 ans à compter du jour où la personne a été privée de l'état qu'elle réclame, ce délai était suspendu pendant la minorité). L'action doit alors « *être exercée dans le délai restant à courir à la date d'entrée en vigueur de la présente ordonnance, sans que ce délai puisse être inférieur à un an* ». Pour l'action en recherche de paternité, la règle est particulièrement favorable à l'enfant, car jusque là elle était enfermée dans le délai de deux ans à compter de la naissance ou de la majorité (art. 340-4 anc.).

941. Égalité, vérité, stabilité. – L'innovation la plus spectaculaire de l'ordonnance est sans aucun doute la disparition des catégories mêmes d'enfant légitime et naturel[99]. Faisant table rase du droit antérieur, le texte reconstruit le droit de la filiation sur trois grands principes qui se complètent et s'équilibrent. Les deux premiers, l'égalité et la vérité, étaient déjà présents dans la loi du 3 janvier 1972, mais le législateur en tire des conséquences qui auraient été impensables à l'époque. Le dynamisme de ces deux principes est cependant tempéré par une nouvelle exigence : la stabilité des filiations. Égalité, vérité, stabilité, telle est la devise à inscrire au fronton du nouveau droit de la filiation.

I. — Égalité

942. Tous égaux. – Le principe d'égalité est désormais inscrit à l'article 310 du Code civil, en tête des dispositions relatives à la filiation : « *Tous les enfants dont la filiation est légalement établie ont les mêmes droits et les mêmes devoirs dans leurs rapports avec leur père et mère. Ils entrent dans la famille de chacun d'eux* ». Si le texte trouve son origine dans les lois de 1972 et de 2001[100], la disparition, en 2005 des catégories d'enfant légitime et naturel lui a donné une portée nouvelle[101].

A. Marche vers l'égalité

943. Principe. – Renouant avec la Révolution, le législateur de 1972 avait placé en tête des dispositions relatives à la filiation naturelle un article 334 (anc.) qui affirmait : « *L'enfant naturel a en général les mêmes droits et les mêmes devoirs que l'enfant légitime dans ses rapports avec ses père et mère. Il entre dans la famille de son auteur* ». Était donc posé le principe d'égalité entre enfants, égalité de droits, égalité de devoirs, quelle que fût la qualité de la filiation (légitime ou naturelle) et quelle que fût la qualité de la filiation naturelle (naturelle simple, adultérine ou incestueuse)[102]. La fin du texte donnait au principe une dimension nouvelle : jusque-là, la filiation naturelle ne produisait d'effet juridique qu'entre l'enfant et son père ou sa mère ; elle ne créait qu'un rapport interindividuel, sans intégration au groupe familial. Le législateur a donc donné une filiation à certains enfants qui en étaient privés, et une famille à tous.

98. La règle ne vaut là encore que sous réserve des décisions de justice passées en force de chose jugée (art. 20-IV).

99. Pour une critique de cette disparition, Y. Lequette, « Observations sur le "nominalisme législatif", en matière de filiation », *in Études en l'honneur de G. Viney*, LGDJ, 2007, p. 647 s.

100. *Infra.*

101. Au-delà des références textuelles, Gérard Cornu fondait le principe d'égalité sur la biologie (« *la filiation est un lien de sang toujours identique à lui même* »), la morale (« *le principe d'égalité repose sur l'innocence de l'enfant* ») et sur la fraternité, cf. *La famille*, p. 143.

102. Comp., art. 338 anc. (1804) : « *L'enfant naturel reconnu ne pourra réclamer les droits d'enfant légitime ; les droits des enfants naturels seront réglés au titre des successions* ».

944. Anciens tempéraments. – L'égalité des conditions n'était pas absolue. Soucieux de ménager des transitions, soucieux également de préserver le modèle de la famille légitime, le législateur opéra ce que Jean Carbonnier appela une « transaction sans gloire ». Les restrictions envisagées ne tenaient pas « à une infériorité congénitale » : elles résultaient d'un heurt fortuit, sur l'échiquier familial, entre l'enfant naturel et les victimes de l'adultère[103]. Il n'était pas question de faire un statut particulier à l'enfant adultérin, mais, seulement, de régler au profit de la famille légitime, une éventuelle situation de concurrence. Ainsi, dans les successions *ab intestat*, l'enfant né hors mariage venait bien à la succession, mais ne recevait que la moitié de ce qu'il aurait eu s'il avait été légitime lorsqu'il était en concurrence avec le conjoint survivant (art. 759 anc.) ou avec les enfants issus du mariage auquel l'adultère avait porté atteinte (art. 760 anc.). Était corrélativement édictée une incapacité de recevoir à titre gratuit au-delà de ces limites (art. 908 anc.). Diverses dispositions complétaient ce dispositif discriminatoire[104].

945. Vers l'égalité absolue. – Cet ensemble de règles, fruit d'une subtile pesée des intérêts en présence, fut bientôt critiqué. En quoi, disait-on, les enfants légitimes étaient-ils victimes de l'adultère ? Ils n'ont pas de droit acquis à la succession de leur auteur. N'est-ce pas plutôt l'enfant adultérin que l'on rend victime des fautes de ses parents ? Dans une société qui admet de plus en plus largement séparations conjugales et concubinages, est-il encore juste de sacrifier l'enfant adultérin sur l'autel du mariage[105] ?

Le débat, deux fois centenaire, fut entièrement renouvelé par l'intrusion des droits fondamentaux : Convention IDE (dont l'article 2 garantit à tous les enfants le respect des droits énoncés par le texte, sans distinction aucune, indépendamment des circonstances de leur naissance) et, surtout, Convention EDH. Dès 1979, la CEDH condamna la Belgique (arrêt *Marckx* du 13 juin 1979[106]) pour les inégalités successorales contenues dans sa loi : selon la Cour, la plaignante avait été victime d'une violation des articles 8 (droit au respect de la vie privée et familiale[107]), et 14 (refus des discriminations fondées notamment sur la naissance) du fait des restrictions apportées à sa capacité à recevoir des biens de sa mère[108]. Mais il y avait en l'espèce absence totale de vocation successorale et Paula Marckx était un enfant naturel simple[109]. Tout équivoque disparut avec l'arrêt *Mazurek contre France* du 1er février 2000[110]. La Cour ne se fonde pas sur l'article 8 mais sur l'article 1er du protocole n° 1, *i.e.* sur le droit de chacun au respect de ses biens ; elle n'en affirme pas moins le principe de l'égalité des droits successoraux de tous les enfants, quelle que soit la nature de leur filiation.

Certes, relève la Cour, la protection de la famille légitime reste un but légitime, mais la diminution des droits successoraux de l'enfant adultérin constitue un moyen disproportionné au regard de cet objectif ; et « *en tout état de cause, l'enfant adultérin ne saurait se voir reprocher des faits qui ne lui sont pas imputables*[111] ». Cette prise de position européenne décida le

---

103. Carbonnier, p. 331.

104. *Successions et libéralités*, coll. droit civil. Pour un plaidoyer en faveur de la loi de 1972, J. Carbonnier, *Droit et passion du droit sous la Ve République*, *op. cit.*, p. 266.

105. Sur ce débat, Ph. Malaurie, *Successions et libéralités*, coll. Droit civil.

106. **CEDH, 13 juin 1979, *Marckx c/Belgique*, série A, n° 31 ; *JTDE* 1979, 513, obs. F. Rigaux ; *GA CEDH*, n° 48.

107. Selon la Cour en effet successions et libéralités sont « *intimement associées à la vie familiale* » et relèvent donc de l'article 8.

108. *Arrêt *Marckx*, § 39.

109. *Adde* Arrêt *Vermeire c/Belgique*, 29 novembre 1991.

110. **CEDH, 1er février 2000, *Mazurek c/France*, *JCP* G 2000.II.10286, obs. A. Gouttenoire et F. Sudre et I, 278, n° 1, obs. R. Le Guidec ; *RTD civ.* 2000, 429, obs. J. Hauser ; *Defrénois* 2000, 654, obs. J. Massip ; *Dr. et patr.* 2000, n. Ph. Stoffel-Munck ; *GA DIP*, n° 51.

111. **Arrêt *Mazurek*, § 54.

législateur français à intervenir[112] : à l'occasion de la loi de 2001, destinée avant tout à réformer le statut du conjoint survivant[113], furent supprimées toutes les restrictions qui frappaient jusque là l'enfant adultérin : l'égalité des statuts était parfaite. Symboliquement, le législateur déplaça l'énoncé des textes relatifs à la filiation naturelle (art. 334) en les mettant à l'ouverture des dispositions relatives à la filiation en général (art. 310-1, renumérotées en un article 310 par l'ordonnance de 2005). Il en modifia également la rédaction afin de faire disparaître toute allusion à la qualité de la filiation[114].

B. Dimensions de l'égalité

946. Égalité de droits, identité de règles. – Traditionnellement, la question de l'égalité des filiations concernait le droit d'établir le lien de filiation et la condition juridique des enfants légitimes et naturels. De ce double point de vue, l'égalité est devenue parfaite : si l'on met à part l'enfant incestueux, les enfants nés en mariage ou hors mariage ont le même droit à établir leur filiation et, ce lien établi, ils jouissent des mêmes droits et sont soumis aux mêmes obligations[115].

Avec l'ordonnance du 4 juillet 2005, le principe d'égalité prend une dimension nouvelle. En supprimant les catégories d'enfant légitime et naturel, le législateur vide un débat plusieurs fois millénaires : les mêmes droits, les mêmes obligations valent pour tous les enfants. Il remet en cause une partie de ce que l'on considérait auparavant comme des différenciations liées à la nature même des choses, *i.e.* aux modes d'établissement « nécessairement » distincts de la filiation. Faute de mariage et donc de présomption de paternité, l'établissement de la filiation paternelle hors mariage supposait en effet une démarche particulière (volonté expresse de la reconnaissance, volonté tacite de la possession d'état, action en justice). De là l'opposition inlassablement soulignée entre la filiation légitime, par nature indivisible et découlant de plein droit du mariage, et la filiation naturelle, nécessairement divisible et supposant, au moins pour la filiation paternelle, un acte volontaire ou judiciaire. L'ordonnance de 2005 ouvre aux enfants nés en mariage comme aux enfants nés hors mariage, les mêmes modes d'établissement de leur filiation. Seule demeure propre au mariage, la présomption de paternité. L'égalité, au sens d'identité de règles applicables, s'étend donc désormais aux modes d'établissement de la filiation. Et il se pourrait qu'un jour un législateur mal inspiré tentât de pousser jusque dans ses plus extrêmes limites le principe d'égalité en instaurant une présomption de paternité fondée sur la simple vie commune ; à moins qu'en digne émule des révolutionnaires qui voulaient, dit-on, raser la flèche de la cathédrale de Strasbourg car elle offensait le principe d'égalité (l'autre tour en était dépourvue), il ne supprime la présomption *pater is est*[116].

947. Divisibilité de la filiation. – Quant à l'indivisibilité des filiations, elle a perdu tout intérêt. Il n'a de sens en effet que si l'on raisonne en termes de statut, légitime ou naturel. Dès lors que ces statuts ont disparu, ne restent que deux liens

112. Entre-temps, la situation fut des plus incertaines : fallait-il ou non appliquer les dispositions condamnées ? *Successions et libéralités*, coll. Droit civil.

113. Sur cette loi, *Les successions*, *ibid.*

114. Même les dispositions transitoires de la loi, privant certains enfants adultérins de leurs droits, n'ont pas trouvé grâce aux yeux de la Cour, cf. CEDH, *Fabris c. France*, 21 juillet 2011, *RTD civ.* 2011, p. 732, obs. J.-P. Marguénaud, p. 753, obs. J. Hauser, CEDH, Grande chambre, 7 février 2013, *Fabris c. France*, *RTD civ.* 2013, p. 333, obs. J.-P. Marguénaud, p. 358, obs. J. Hauser.

115. En matière successorale, la CEDH a précisé que l'égalité de droits supposait non seulement une égalité en valeur, mais aussi une égalité en nature, Arrêt *Inze c/Autriche*, 28 octobre 1987 (A. 126).

116. *Infra*, n°s 1167 s.

de filiation, paternelle et maternelle, qui s'établissent séparément ou simultanément. Le lien qui existe entre maternité et paternité en mariage permet certes à l'enfant né dans le mariage de bénéficier d'une filiation automatiquement établie, mais de là ne découle aucun statut. Désormais le mariage n'offre plus que l'avantage d'une filiation « préétablie »: l'avantage n'est pas mince et il est capital.

948. Uniformisation des règles. – Tout aussi radicalement, les règles qui gouvernent la contestation de la filiation sont uniformisées. Alors que le droit antérieur distinguait soigneusement les actions dans leurs conditions d'ouverture, leurs titulaires et leurs délais, l'ordonnance de 2005 abroge les antiques actions en désaveu ou en recherche de paternité, en contestation de paternité ou de maternité légitime, en contestation de légitimité, en contestation de reconnaissance, etc., sans parler des actions créées de toutes pièces par la jurisprudence. Elle construit un système simple et unifié, commun aux filiations en mariage et hors mariage. En résultent des possibilités d'agir tantôt plus larges, tantôt plus étroites, selon qu'existe ou non une possession d'état, unique garantie de la stabilité de la filiation[117].

Positivement et négativement, le principe d'égalité est lié au principe de vérité.

II. — Vérité

949. Qu'est-ce que la vérité ? – Juridiquement parlant, il n'est qu'une vérité, la vérité juridique, celle de la filiation légalement établie. Que recouvre cette vérité ? Sur quoi est-elle fondée ? Et si une filiation est établie, peut-elle être contestée ? Le principe de vérité de la filiation n'est pas inscrit dans le Code civil, mais depuis 1972, il constitue une des directives principales du droit de la filiation. Par vérité, il faut entendre, fondamentalement, la vérité biologique. Mais d'autres réalités, personnelles et familiales, d'autres nécessités, individuelles et sociales, viennent compléter, tempérer, parfois écarter, la recherche de la vérité biologique.

A. Recherche de la vérité biologique

950. Vérité du sang ? – La filiation est dans sa genèse un fait biologique. Comme le soulignait Gérard Cornu, « *l'établissement de la filiation a pour finalité essentielle de donner à un enfant ses parents véritables, c'est à dire ceux qui lui ont donné la vie, parents selon la chair (et la nature), parents par le sang et souvent, aujourd'hui, parents biologiques ou génétiques procréateurs, géniteurs (la science le dispute à la symbolique*[118]) ». Dans le droit français contemporain, l'ensemble des règles relatives à l'établissement et à la contestation du lien juridique de filiation tendent, à titre principal, mais en aucune mesure exclusif, à traduire en droit la vérité « naturelle » de la paternité et de la maternité.

951. Vérité, individu, société. – La recherche de la vérité charnelle, la vérité du sang (le terme « biologique » n'aurait guère de sens pour les siècles passés) n'a pas toujours occupé une telle place en droit de la filiation. Dans l'Ancien droit, dans le Code Napoléon et jusqu'en 1972, malgré quelques réformes ponctuelles, la primauté de la légitimité, liée à la défense du mariage, justifiait bien des mensonges : des enfants étaient rattachés au mari de leur mère par une présomption de paternité inattaquable, quand bien même personne n'ignorait le caractère fictif de cette filiation. Par là même, la loi entendait également protéger l'enfant : en lui donnant

117. *Infra*, n° 964.
118. *La famille*, p. 317.

un père, elle lui évitait l'opprobre de la bâtardise et le statut d'infériorité qui lui était attaché. Par ailleurs, une certaine dimension volontariste était reconnue à la filiation, du moins à la filiation hors mariage. Il n'en reste pas moins que la filiation était avant tout liée au « sang », même si ce lien n'était pas seulement transmission de cellules, mais aussi transmission d'un héritage familial (d'un patrimoine familial et culturel, infiniment plus riche et plus complexe que le patrimoine génétique) et d'un statut social. Le contre-exemple de l'adoption ne fait, au fond, que confirmer cette analyse : l'enfant est placé *in loco filii*[119] : le droit transcende la nature, mais en la copiant.

En fait, tout le problème résidait dans l'impossibilité d'atteindre la vérité « biologique ». Certes, le mariage n'en est pas une garantie ; du moins offre-t-il de fortes probabilités. En un sens, la « haine » des enfants nés hors mariage s'expliquait autant par le respect dû au mariage que par la crainte que suscitaient ces enfants, dont la paternité restait toujours douteuse, de même que les sanctions frappant l'adultère et l'enfant qui en était issu, répondaient non seulement à la volonté de défendre le mariage, mais aussi à la peur de voir un enfant d'un autre sang entrer dans la famille. Au demeurant, il ne suffit pas de vouloir détruire une filiation ; encore faut-il être capable de la reconstruire. D'autres considérations, paix des familles, maintien de l'ordre social, intérêt de l'enfant devaient prendre le relais. De cette interaction entre l'attachement à une vérité toujours incertaine et la prééminence sociale du mariage, naissait un droit fait de fictions et de présomptions[120].

952. Triomphe de la vérité biologique ? – La force contemporaine de la vérité biologique, dans la loi comme dans les mentalités, est liée à une double évolution : le recul du mariage comme modèle de vie en famille et l'accès à la vérité biologique.

La vérité biologique est aujourd'hui accessible, qu'il s'agisse d'établir la paternité ou la maternité, ou de prouver la maternité ou la non maternité. L'orgueil que tire l'homme de sa maîtrise du vivant (l'*ubris* grec) et la fascination qu'exerce sur lui son propre pouvoir, rejoignent un désir trop longtemps refoulé : celui d'avoir la certitude de sa paternité. Comment, dès lors, renoncer à savoir ? La tentation est d'autant plus forte que culturellement, la seule vérité reconnue en tant que telle tend à devenir la vérité scientifiquement établie par la biologie. Le législateur français maintient certes des barrières : celles de la réalité de la vie, du temps qui passe et de la paix des familles. De plus, il est interdit d'utiliser les techniques d'identification génétique en dehors des procédures judiciaires ou à des fins médicales ou de recherche scientifique (art. 16-11)[121]. Même si les expertises « sauvages », hors de tout procès, sont prohibées, un marché parallèle se développe avec des pays plus libéraux, *via* internet[122]. Pourra-t-on longtemps résister à la pression d'une vérité scientifiquement prouvée, même si cette preuve a été obtenue hors de tout procès ?

953. Vérité et certitude scientifique. – Le droit peut désormais se construire sur des certitudes, celles de la science. Les fictions et les présomptions perdent de leur importance et, surtout, de leur intelligibilité lorsqu'elles contredisent la science. Le mariage lui-même, par une sorte d'effet réflexe, perd une partie de sa valeur sociale : dès lors que le biologique l'emporte, la présomption de paternité n'est plus qu'une présomption parmi d'autres, un mode d'établissement de la

119. Cf. les discussions sous l'empire de la loi du 1972, pour savoir si l'enfant adopté bénéficiait en cas de concurrence successorale avec l'enfant adultérin, des règles protectrice édictées en faveur des enfants « *issus du mariage* ». La Cour de cassation l'avait admis, *Successions et libéralités*, coll. Droit civil.

120. D'où les tensions qui existent aujourd'hui dans les systèmes de droit musulman, qui maintiennent ces règles quitte, pour certains, à refuser la preuve biologique.

121. Cf. *infra*, n° 1018.

122. Cf. not. M. Lamarche, « Tests de paternité "sauvages" : le droit et l'internationalisation des pratiques », *Dr. famille* 2007, Focus, n° 22.

filiation comme un autre. Pourquoi continuer à construire le droit de la filiation sur le mariage si la vérité, et non plus la vraisemblance, est accessible ? En ce sens, l'accès à la vérité biologique a contribué à l'indifférenciation des filiations consacrée en 2005 : en mariage ou hors mariage, la paternité est toujours la paternité, la maternité est toujours la maternité, et le preuve biologique peut toujours, au moins virtuellement, en être apportée.

954. Un nouveau visage de la vérité ? – L'importance de l'accès à la vérité biologique sur le droit de la filiation est d'autant plus grande que les mentalités ont évolué parallèlement à l'égard du mariage et de la filiation. Naguère, l'enfant sans père était un paria. Sa situation était pire s'il naissait d'un adultère. Mieux valait une filiation fictive que pas de filiation du tout. L'intérêt de l'enfant rejoignait ainsi celui de la société. Aujourd'hui, la société accepte non seulement les enfants nés hors mariage, fût-ce d'un adultère, mais aussi les enfants sans filiation paternelle. Bien plus, l'idée de maintenir contre le gré des intéressés une filiation mensongère – si du moins elle n'est pas vécue, *i. e.* en l'absence de possession d'état – paraît insupportable : mieux vaut la détruire, même si l'on débouche sur un vide de filiation. Alors qu'auparavant l'intérêt de l'enfant était qu'il eût un père, il semble être aujourd'hui d'avoir son vrai père, au sens biologique, et à défaut, ou en attendant, de ne pas avoir de père du tout. Intérêt de l'enfant contre ordre social, respect de l'identité individuelle contre statut juridique, et, au besoin, droit de connaître ses origines contre respect de la paix des familles, tout se ligue pour assurer le triomphe de la vérité biologique.

La CEDH s'en mêle, qui affirme que le droit de mener une vie familiale normale implique un minimum de respect de la vérité biologique (arrêt *Gaskin*, 7 juillet 1984[123]), et, dans l'arrêt *Kroon c. Pays-Bas*, du 27 octobre 1994[124], que « *le respect de la vie famiale exige que la réalité biologique et sociale prévale sur une présomption légale heurtant de front tant les faits établis que les vœux des personnes concernées, sans réellement profiter à personne* ». Dans l'arrêt *Mizzi c. Malte*[125], elle va jusqu'à poser en principe (?) qu'« *une situation dans laquelle une présomption légale peut prévaloir sur la réalité biologique ne saurait être compatible avec l'obligation de garantir le "respect" effectif de la vie privée et familiale* »[126].

Vérité biologique et droits fondamentaux se prêteraient-ils main-forte ? La réponse à la question est plus nuancée. D'une part, la Cour n'attache pas à la réalité biologique en elle-même des effets absolus[127] ; elle prend en compte l'ensemble des circonstances de l'espèce ainsi que les vœux des intéressés et au premier chef la volonté de l'enfant. En témoigne sa jurisprudence sur le droit d'établir sa descendance, parfois contrarié par l'intérêt de l'enfant[128]. D'autre part, elle admet que l'intérêt collectif puisse faire obstacle à l'établissement d'une filiation dont la réalité biologique a pourtant été établie[129]. Tout est affaire de mesure.

123. *Préc.*

124. *Adde* **Paulik c. Slovaquie*, 10 octobre 2006.

125. *Infra*, n° 1350.

126. *Ib.*

127. Dans un *obiter dictum* de l'arrêt 1er juin 2004, *Lebbink c. Pays-Bas*, n° 45582/99, la Cour affirme « *qu'elle ne partage pas l'avis du requérant selon lequel une simple parenté biologique dépourvue de tous éléments juridiques ou factuels indiquant l'existence d'une relation personnelle étroite doit être considérée comme suffisante pour entraîner la protection de l'article 8* ».

128. Sur le droit d'établir sa descendance, cf. *supra*, n° 920 et réf. cit.

129. Cf. *supra*, n° 920 et sur les questions relatives à un droit de l'enfant à établir sa filiation, cf. n° 912 et réf. cit.

B. Place de la vérité biologique dans le droit de la filiation

Si la vérité biologique occupe aujourd'hui une place croissante, le droit prend aussi en compte d'autres réalités, car la vérité scientifique et biologique n'établit qu'une réalité scientifique et biologique, le géniteur, et non le père dans sa nature profonde ; or, la paternité est une réalité riche et complexe. Parfois l'accès à la vérité est interdit.

1) La vérité tempérée

955. La vérité et la vie. – Entre tout d'abord en ligne de ce que l'on appelle de façon pour le moins ambiguë, la « vérité sociologique » : celle du vécu individuel et collectif du lien de parenté, la possession d'état. Certes, la possession d'état ne donne naissance qu'à une forme de la vérité ; mais par l'épaisseur des liens qu'elle crée entre l'enfant et ses père et mère, elle constitue une réalité que la loi ne peut ignorer : pour l'homme qui élève l'enfant comme le sien, et pour l'enfant qui traite ses parents comme les siens, cette filiation, fût-elle biologiquement fausse, est vécue comme une *vraie* paternité.

Aujourd'hui comme hier, vérité biologique et « vérité sociologique » coïncident la plupart du temps ; mais il est des hypothèses dans lesquelles elles diffèrent. Quelle vérité doit l'emporter ? Faire primer la réalité biologique sur les autres données n'est pas à l'abri de la critique : le vrai père n'est-il pas celui qui, en fait, a le sens de ses devoirs non le simple géniteur[130] ? N'y a-t-il pas un abîme entre un rapport sexuel éphémère, même s'il aboutit à une procréation, et un amour paternel ? Le vrai père est celui qui aime[131].

956. Équilibres anciens. – Dans l'opposition entre ces deux « vérités », la loi du 3 janvier 1972 avait opté pour un équilibre subtil : la recherche de la vérité biologique constituait une directive, non un impératif. La loi se contentait parfois de simples vraisemblances. Et en cas de conflit de filiations, l'article 311-12 ancien recommandait de déterminer « *par tous moyens de preuve la filiation la plus vraisemblable* », la possession d'état n'intervenant « *qu'à défaut d'éléments suffisants de conviction* » (art. 311-12, al. 2 anc.). Certaines vérités étaient interdites (celle de la filiation incestueuse par exemple), ou canalisées (par des cas d'ouverture, des fins de non-recevoir ou de strictes conditions, comme en témoignait l'ancien article 318). Pour l'enfant légitime, la combinaison du titre (acte de naissance) et de la possession d'état rendait inattaquable la filiation, quand bien même on aurait pu prouver le caractère biologiquement mensonger de cette filiation. Dans le système d'actions conçues par le législateur, le mari n'était certes plus le maître d'une présomption de paternité d'ailleurs réduite aux hypothèses les plus vraisemblables ; mais l'action ouverte à la femme pour faire établir la « *véritable* » filiation était strictement encadrée : elle ne pouvait triompher que dans et par le mariage (art. 318 ancien[132]). En toute

---

130. **Étymologie** : du latin *pater, tris,* qui désigne la paternité sociale, le chef de la maison ou le *paterfamilias,* le représentant des générations et le prêtre du culte familial. Dans le mot de père, il y a eu longtemps une idée religieuse (selon la religion romaine, *Jupiter* (*Ju + pater*), le plus grand dieu romain ; selon le christianisme, *Dieu le Père*, une des trois personnes de la Trinité). De même, le mot patrie a eu longtemps une résonance mystique. Père, patrimoine, patrie, patronyme ont perdu, totalement ou partiellement, ces dimensions. En latin, la paternité physique était désignée par d'autres mots : *parens* ou *genitor.*

131. Montaigne, *Essais,* L. II, Chap. 8, *De l'affection des pères aux enfans : « ce que nous engendrons par l'ame, les enfantemens de nostre esprit, de nostre courage et suffisance, sont producits par une plus noble partie que la corporele, et sont plus nostres »*. M. Pagnol, *Fanny* : César, un bistrotier illettré du Vieux port à Marseille, fait la leçon à Marius, géniteur d'un enfant dont Panisse est le père « légal » (il a épousé la mère enceinte). Il y a la paternité de « *celui qui a donné la vie* ». Il y a la paternité de « *celui qui a payé les biberons* » : « *Quand il est né, il pesait quatre kilos de la chair de sa mère. Mais aujourd'hui, il pèse neuf kilos et tu sais ce que c'est cinq kilos de plus, c'est cinq kilos d'amour* ». Le vrai père, « *c'est celui qui aime* ».

132. *Infra,* n° 1302.

hypothèse, le temps éteignait les actions : 30 ans de droit commun et, souvent, des délais plus courts.

957. Il n'est qu'une vérité. – En appliquant la loi de 1972, la jurisprudence rompit cet équilibre avec ses interprétations des articles 322 et 334-9 anc. *a contrario* : dès lors qu'existait pour l'enfant légitime un décalage entre titre et possession d'état, la filiation pouvait être contestée. Cette contestation ne débouchait pas nécessairement sur l'établissement de la « *véritable* » filiation : la loi se contentait d'une filiation plus vraisemblable (art. 311-12 anc.).

Avec l'ordonnance de 2005, la vérité biologique gagna des points. Ainsi, il n'est plus fait allusion à la vraisemblance en cas de conflit de filiations. C'est dire que l'objectif est désormais l'établissement de la « véritable » filiation, au sens biologique du terme. Et comme avant les nouveaux textes, la jurisprudence avait affirmé que l'expertise génétique était de droit[133], le juge comme les parties disposent des moyens de la faire triompher. De même, n'est-il plus question d'adminicules comme préalables à la preuve en justice de la filiation[134] : la preuve de la filiation paternelle et maternelle, en mariage et hors mariage, est libre, et, au premier chef, il s'agira de la preuve biologique. Quant à la coïncidence du titre et de la possession d'état, elle n'est plus le palladium de la filiation en mariage : tant que l'enfant n'en a pas joui pendant cinq ans, sa filiation pourra être contestée.

958. La vérité et le temps... – Pour autant, il n'est pas question de rechercher systématiquement la vérité biologique des filiations. Le Code civil continue à user de la présomption de paternité ; de même, la reconnaissance comme la possession d'état ont vu leur domaine élargi à l'ensemble des filiations. De plus, le législateur n'a pas remis en cause l'article 16-1 relatif aux expertises génétiques[135], au risque de créer des tensions insupportables lorsque l'on saura que la filiation est fausse, lorsqu'elle ne sera peut être plus vécue, mais que l'on ne pourra la faire tomber. De même, s'est-il gardé de revenir sur la question de l'accès aux origines[136]. Surtout, la refonte générale des délais des actions en contestation élargissent parfois le champ de certaines actions, mais réduisent celui de la plupart d'entre elles, notamment celles qu'avait inventées la jurisprudence : le délai de droit commun est désormais de dix ans en matière de filiation et l'accès à la vérité est parfois bloqué par l'écoulement du temps conforté par la possession d'état[137]. Face à la vérité biologique, le droit ferme les portes du temps : *quieta non movere*[138].

Ainsi, le droit prend en compte bien d'autres réalités que la vérité biologique. La filiation n'est pas seulement un code génétique, elle est aussi un code culturel.

Tempérée, la vérité biologique est parfois interdite.

2) Les vérités interdites

La prise en compte de certains intérêts, individuels ou collectif, peut aller jusqu'à interdire l'accès à la vérité[139].

133. *Infra*, n° 1022.
134. *Infra*, n° 1261.
135. *Infra*, n° 1022.
136. *Infra*, n° 1122.
137. *Infra*, n°s 1311 s.
138. Cf. cependant l'ouverture réalisée par la Cour de cassation avec l'arrêt du 10 juin 2015, *infra*, n° 1350.
139. A. Batteur, « Secrets autour de la maternité », *Mélanges Malaurie, op. cit.*, p. 157 s.

959. Le dernier paria : l'enfant incestueux. – Dans un monde où règnent égalité et vérité, reste un paria : l'enfant incestueux. Aujourd'hui comme hier, la loi prohibe l'établissement d'une filiation incestueuse[140], du moins en cas d'inceste absolu : « *S'il existe entre les père et mère de l'enfant un des empêchements à mariage prévus par les articles 161 et 162 pour cause de parenté, la filiation étant déjà établie à l'égard de l'un, il est interdit d'établir la filiation à l'égard de l'autre par quelque moyen que ce soit* » (art. 310-2). Si, par conséquent, un enfant naît de relations sexuelles entre ascendants et descendants (le père et la mère, 75 % des cas) ou entre frère et sœur (15 % des cas), seul pourra être établi l'un des deux liens de filiation (en droit désormais la filiation maternelle résulte de l'acte de naissance, par application de la règle *Mater semper certa*, sauf accouchement sous X[141]). Faute d'une telle prohibition, l'établissement de la double filiation révèlerait l'inceste[142]. La Cour de cassation a interdit aux parents de tourner la règle en adoptant l'enfant[143] : le législateur consacre ce principe en prohibant l'établissement du double lien « *par quelque moyen que ce soit* ».

La justification de cette règle est liée à la prohibition de l'inceste[144] : au-delà de l'enfant, la loi entend protéger la famille et l'ordre social[145]. Certains la contestent, invoquant l'injustice du sort fait à l'enfant et supputent une violation de la Convention EDH[146].

960. Maintien de l'accouchement sous X. – L'ordonnance de 2005 confirme également le droit pour la femme qui accouche de demander le secret de son admission et de son identité (art. 326). La question de l'accouchement sous X a été ardemment débattue et la CEDH s'est refusée à condamner la France sur ce point, tenant compte des aménagements qu'elle avait apportés au système afin de sauvegarder le droit de l'enfant à connaître ses origines[147]. La filiation n'en sera pas moins pratiquement impossible à établir du côté maternel et, bien souvent, du côté paternel, car, faute de pouvoir identifier l'enfant, le mari ou le concubin ne pourront le reconnaître. S'ils y parvenaient, ils risqueraient de se heurter aux procédures d'adoption qui auraient été engagées : loi et jurisprudence tentent de trouver un impossible équilibre entre les droits et intérêts en présence[148].

961. Pas de vérité scientifique pour les filiations scientifiques. – Enfin, l'ordonnance de 2005 ne remet pas en cause une règle paradoxale, issue des lois relatives à l'assistance médicale à la procréation : non seulement aucun lien de filiation ne peut être établi entre le tiers donneur et l'enfant issu de PMA (art. 311-19), mais encore, le consentement donné à une procréation médicalement assistée « *interdit toute action aux fins de contestation de la filiation* » (art. 311-20). Ainsi, le mari

---

140. Le terme d'enfant incestueux a disparu du Code civil depuis la loi du 3 janvier 1972.

141. *Infra*, n°s 1113 s.

142. Conformément à l'article 342, alinéa 3, l'enfant pourrait cependant exercer l'action à fins de subsides contre son père (son oncle ou son grand-père) : l'action n'établit pas le lien de filiation, l'inceste n'est pas inscrit dans les actes de l'état civil.

143. Cass. civ. 1re, 6 janvier 2004, *D.* 2004, 362, concl. J. Sainte-Rose, n. Th. Vigneau ; *JCP* G 2004.II.10064, n. C. Labrusse-Riou ; *RTD civ.* 2004, p. 75, obs. J. Hauser.

144. *Supra*, n° 215.

145. Not. pour une défense de la règle, C. Labrusse-Riou, note préc.

146. Mais s'il y a différence de traitement, n'est-elle pas fondée sur des justifications objectives et raisonnables, compte tenu des principes en cause ? L'évolution de la jurisprudence sur la question du mariage incestueux laisse cependant planer le doute (cf. *supra*, n° 217). Il est vrai qu'il s'agissait d'un empêchement à mariage entre alliés et non d'un empêchement à mariage entre ascendants et descendants ou entre frère et sœur.

147. *CEDH, 13 février 2003, *Odièvre c/France*, *infra*, n° 1124.

148. Cf. *infra*, n° 1126.

qui aurait consenti à une PMA avec donneur ne peut se soustraire à l'établissement de sa filiation par le jeu de la présomption de paternité : toute action en contestation lui est interdite, sauf à prouver que l'enfant n'est pas issu de la procréation médicalement assistée ou que son consentement a été privé d'effet (art. 311-20). Il est surprenant que dans un domaine où triomphe la science de la biologie, la vérité biologique soit interdite. Mais pourquoi avoir voulu copier les filiations par le sang alors que l'on sait mensongère la filiation[149] ?

Le frein le plus puissant au triomphe de la vérité biologique est le temps : lorsque les années passent, lorsque les situations s'enracinent, il n'est pas opportun de permettre que les filiations soient trop facilement remises en cause : le souci de stabilité des filiations l'emporte sur la quête de la vérité.

III. — Stabilité

962. Paix des familles, sécurité de l'état. – Le souci de stabilité des filiations n'est pas nouveau : il plonge ses racines dans l'ancien principe du respect de la paix des familles et rejoint l'impératif de sécurité de l'état des personnes. L'évolution des mentalités et la fragilisation du lien de filiation ont cependant donné à l'exigence de stabilité une importance particulière dans ses fins comme dans ses moyens.

A. Fins

963. Sécuriser la filiation. – L'exigence de vérité biologique ne doit pas permettre que soient remises en cause les filiations établies, par leur épaisseur temporelle et affective. Pousser si loin la logique scientifique serait contraire à l'intérêt de l'enfant, à l'intérêt des familles et à l'intérêt de la société tout entière. Une telle évolution serait particulièrement néfaste en des temps où les familles sont fragilisées, les couples instables et les enfants ballottés d'une famille à l'autre. L'enfant, dit-on, demeure un des derniers éléments de stabilité à partir duquel le législateur pourrait reconstruire le droit de la famille : il est donc indispensable de sécuriser le lien de filiation.

Les interprétations audacieuses auxquelles s'était livrée la Cour de cassation au lendemain de la loi de 1972 avaient montré les effets désastreux de la fragilisation des filiations, avec des actions en contestation ouvertes à tous les intéressés, dans le délai de droit commun de trente ans. Certes, de telles actions supposaient une discordance entre le titre et la possession d'état, *i.e.* le plus souvent l'absence de possession d'état, mais la jurisprudence avait fait preuve d'un laxisme inquiétant pour constater l'existence ou l'absence de possession d'état[150]. Pour mettre fin à de telles dérives, trois solutions étaient envisageables[151]. 1°) N'autoriser la destruction d'une filiation que pour permettre la création d'une autre filiation, de préférence la filiation véritable, dans l'esprit de l'ancien article 318[152] : selon une expression de Gérard Cornu, « *la loi ne détruit que ce qu'elle remplace* ». Mais une telle attitude eût été irréaliste : le maintien d'une filiation erronée et non voulue est aujourd'hui inadmissible socialement. 2°) Une seconde solution eût consisté à réduire les délais pour agir en contestation de la filiation, ce qui supposait notamment de reconstruire les actions prétoriennes fondées sur les articles 322 et 334-9 interprétés *a contrario*, mais aussi l'action en contestation de la reconnaissance, beaucoup trop libérale. 3°) Enfin, une troisième voie consistait à restreindre les titulaires des actions.

149. Cf. *infra*, n° 1049 et sur la remise en cause de ce système, cf. *infra*, n° 1434.
150. *Infra*, n° 1304.
151. Rapp. Commission Dekeuwer-Défossez, préc., p. 49.
152. *Infra*, n° 1309.

L'ordonnance de 2005 a combiné les deux dernières solutions : si la filiation peut être contestée plus facilement qu'auparavant dans un souci de vérité, les actions sont désormais strictement encadrées.

B. Moyens

964. Encadrement des actions. – Pour le législateur, il s'agissait de combiner la réalité des filiations, vécues par les intéressés, et la vérité biologique. Si une part plus importante est faite à la vérité biologique, les actions en contestation sont doublement limitées : les personnes qui peuvent agir et, surtout, les délais pour agir.

Même si le titre et la possession d'état sont conformes, la filiation peut être contestée : la vérité biologique triomphe alors de la possession d'état. Toutefois, ne peuvent agir que l'enfant, le père, la mère ou celui qui se prétend le véritable parent. De plus, l'action se prescrit par cinq ans à compter du jour où la possession d'état a cessé. La situation est donc rapidement stabilisée. Surtout, si la possession d'état a duré plus de cinq ans à compter de la naissance de l'enfant ou de la reconnaissance, nul, à l'exception du ministère public, ne peut contester la filiation construite sur un titre et une possession d'état conformes. Là encore la situation est rapidement stabilisée au profit de la filiation vécue. À défaut de titre et de possession d'état conformes, l'action en contestation peut être engagée par tout intéressé, mais seulement dans un délai de dix ans[153].

965. Un équilibre instable ? – Un équilibre est ainsi réalisé entre des exigences contradictoires. Les barrages élevés par la loi tiendront-ils face à la pression des certitudes biologiques et à la fascination qu'elles exercent ? Il se pourrait que dans son souci de stabiliser les filiations, le législateur soit allé trop loin. Ainsi, une filiation paternelle ne peut être établie que si l'enfant n'a pas de filiation déjà établie ; dans le cas contraire, il faudra au préalable faire tomber la filiation mensongère ; si l'action est fermée en raison de l'écoulement du temps, la filiation « véritable » ne pourra jamais triompher. Les intéressés supporteront-ils de se heurter à un tel obstacle et la jurisprudence ne sera-t-elle pas tentée de le contourner ? Ou, au contraire, la réalité affective l'emportera-t-elle demain (ou après-demain) sur les « vérités » des laborantins ? Tel est un des enjeux du droit de la filiation de demain[154].

§ 3. Demain ?

966. Homoparenté. – Plus encore que l'ouverture du mariage lui-même aux couples de personnes de même sexe, la question de l'homoparenté suscita de vives discussions lors des débats relatifs au « mariage pour tous[155] ». Des dizaines de milliers de réunions eurent lieu dans toute la France, des millions de signatures furent recueillies par voie de pétition, des centaines de milliers de personnes descendirent dans la rue autour de mots d'ordre tels que « *Un papa, une maman : l'enfant a droit à ses deux parents* ».

Seconde mesure phare du projet de loi déposé par le Gouvernement, l'ouverture de l'adoption aux époux de même sexe (adoption par le couple et adoption

153. Selon l'article 321, le délai part du jour où la personne a été privée de l'état qu'elle réclame ou a commencé à jouir de l'état qui lui est contesté, le délai étant suspendu pendant la minorité de l'enfant. Sur le cas particulier d'une filiation établie par possession d'état, cf. *infra*, n°s 1329 s.

154. H. Fulchiron, « Toute vérité est-elle bonne à dire ? (note à verser au dossier de ratification de l'ordonnance du 4 juillet 2005 portant réforme de la filiation) », *D.* 2008, p. 3055. *Adde*, *infra*, n° 1348 s.

155. Cf. *supra*, n° 93.

au sein du couple de l'enfant du conjoint) ne faisait pourtant l'objet d'aucune disposition spécifique dans le projet de loi : elle était présentée comme une simple conséquence de l'accès au mariage. L'opinion publique ne s'y trompa pas : avec l'adoption pour les époux de même sexe, la loi consacrait l'homoparenté. Le bouleversement proposé semblait en annoncer d'autres : alors que le président de la République faisait preuve de la plus grande prudence, tel ministre se prononçait en faveur de l'ouverture de l'AMP pour les couples de femmes ; et le Gouvernement laissait entendre qu'il ne serait pas hostile à un amendement de sa majorité sur la question. Dans ce contexte, la publication de la circulaire « Taubira »[156] relative à la délivrance d'un certificat de nationalité française aux enfants nés à l'étranger par GPA souleva une violente tempête : la ministre de la Justice fut accusée de préparer la légalisation de la GPA en affaiblissant le refus de principe opposé à la reconnaissance en France de la filiation des enfants nés à l'étranger avec l'assistance d'une mère porteuse[157].

967. Filiation monosexuée. – Avec l'adoption par un couple marié de même sexe, la loi sur « le mariage pour tous » institutionnalise la possibilité d'une double filiation monosexuée, l'enfant étant juridiquement (et en cas d'adoption plénière, exclusivement) rattaché à deux hommes ou à deux femmes. Dans leurs recours devant le Conseil constitutionnel, les adversaires de la loi avançaient notamment que « *la possibilité conférée à deux personnes de même sexe d'adopter un enfant porte atteinte au "principe de valeur constitutionnelle de la filiation bilinéaire fondée sur l'altérité sexuelle" proclamé par les lois de la République, ainsi qu'au droit constitutionnel, de tout enfant à voir sa filiation établie à l'égard de son père et de sa mère ; que l'adoption par deux personnes de même sexe porterait en outre atteinte au droit de l'enfant de mener une vie familiale normale ainsi qu'à la protection de l'intérêt supérieur de l'enfant ; qu'il en résulterait également une méconnaissance des stipulations de l'article 3-1 de la convention internationale relative aux droits de l'enfant* ». Dans une partie qui est peut-être la moins convaincante de sa décision, le Conseil constitutionnel[158] rejette ces différents griefs. Il nie l'existence d'un principe fondamental reconnu par les lois de la République qui affirmerait le caractère bilinéaire de la filiation fondé sur l'altérité sexuelle, comme celle d'un principe constitutionnel garantissant le droit de tout enfant de voir sa filiation concurremment établie à l'égard d'un père et d'une mère.

Il s'appuie sur l'évolution des règles de la filiation en droit français qui, longtemps, limitèrent l'accès à la parenté, notamment dans le cas de l'enfant adultérin (§ 56). Le raisonnement peut se comprendre au regard de la conception que se fait le Conseil constitutionnel des principes fondamentaux reconnus par les lois de la République et des principes constitutionnels ; mais les bouleversements du droit de la filiation ne sont-ils pas intervenus au nom du respect des droits fondamentaux et des principes de liberté et d'égalité inscrits dans le bloc de constitutionnalité ?

156. Circ. n° NOR JUSC1301528C du 25 janv. 2013, dite « circulaire Taubira » du nom de la garde des Sceaux qui en fut la signataire, cf. J.-R. Binet, « Circulaire Taubira. Ne pas se plaindre des conséquences dont on chérit les causes », *JCP* 2013. 161, I. Corpart, « La controversée délivrance de certificats de nationalité aux enfants nés à l'étranger après une gestation pour autrui », *RJPF* 2013. 3, N. Mathey, « *Entre illusions et contradictions* », *JCP* 2013. 162 ; C. Neirinck, « La circulaire CIV/02/13 sur les certificats de nationalité française ou l'art de contourner implicitement la loi », *Dr. famille* 2013., comm. 42. Sur cette circulaire, cf. *infra*, n° 1034.

157. Cf. *infra*, n° 1034.

158. Cons. const., déc. n° 669 DC du 17 mai 2013, B. Mathieu, « Les "questions de société" échappent au contrôle de constitutionnalité », *JCP* G 2013, act. 588 ; F. Chénedé, « La nouvelle leçon de démocratie du Conseil constitutionnel », *AJ famille* 2013, p. 332, *RFDA* 2013, 923, étude P. Delvolvé, p. 936, étude G. Drago, *Constitutions* 2013, 166 et 381 chron. A.-M. Le Pourhiet.

Quant au respect de l'intérêt supérieur de l'enfant, le Conseil affirme que « *si les dispositions de l'article 55 de la Constitution confèrent aux traités, dans les conditions qu'elles définissent, une autorité supérieure à celle des lois, elles ne prescrivent ni n'impliquent que le respect de ce principe doive être assuré dans le cadre du contrôle de la conformité des lois à la constitution* » (§ 57). Pour être attendue, cette affirmation n'en est pas moins ambiguë : les textes porteurs de droit fondamentaux peuvent, certes, avoir une source conventionnelle, mais les droits qu'ils affirment et que la France s'engage à respecter transcendent l'instrument qui les porte. Certes, ils n'intègrent pas, en tant que tels, le bloc de constitutionnalité, au regard duquel le Conseil exerce son contrôle ; mais que le Conseil puisse éventuellement s'abstenir de censurer une loi qui serait contraire aux droits fondamentaux ne peut que laisser un sentiment de malaise.

En tout état de cause, le Conseil constitutionnel rejette le grief selon lequel l'ouverture de l'adoption aux couples de même sexe aurait pour objet ou pour effet de reconnaître aux couples de même sexe un « droit à l'enfant ». En effet, souligne-t-il, les dispositions contestées « *ne soustraient pas les couples de personnes de même sexe aux règles, conditions et contrôles institués en matière de filiation adoptive* » (§ 52). On peut comprendre que, là encore, le Conseil n'ait pas voulu substituer son appréciation à celle du législateur. Mais l'argument utilisé sonne faux. Il laisse en tout cas imaginer bien d'autres évolutions en matière de procréations médicalement assistées : ouvrons à tous ce qui est ouvert à certains, dès lors que les règles qui encadrent la chose sont les mêmes pour les couples mariés, les couples non mariés, les couples de même sexe ou les couples de sexe différent. Si ce n'est pas consacrer un droit à l'enfant...

968. Parenté asexuée et verrue législative. – Une des principales critiques adressées au projet de loi par ses adversaires fut la disparition programmée en droit français des termes de père et mère au profit du terme « neutre » de parents. Il est vrai que symboliquement, cette négation de l'altérité sexuelle qui, dans l'immense majorité des cas, fonde la parenté et structure la personnalité, représente plus qu'une révolution : elle emporte création d'un nouvel ordre social et familial. Si un tel bouleversement ne peut aller sans débats, il ne va pas non plus sans difficultés juridiques, tant notre droit reste profondément ancré dans la réalité que constitue la différence des sexes. Le législateur s'en est vite aperçu qui, après s'être essayé à un toilettage général des textes, opta finalement pour un « dispositif balai » couplé à un renvoi à une ordonnance[159]. Parmi les mesures prises dans l'immédiat, furent notamment modifiées par voie réglementaire les dispositions relatives à l'inscription des enfants sur les registres de l'état civil ou les mentions figurant dans le livret de famille[160].

De façon générale, le législateur de 2013 introduisit, dans le titre préliminaire du Code civil, une disposition spécifique limitant les effets du principe d'égalité entre époux de même sexe et époux de sexe différent au mariage et à l'adoption, à l'exclusion des règles de la filiation par le sang. Selon l'article 6-1 : « *Le mariage et la filiation adoptive emportent les mêmes effets, droits et obligations reconnus par les lois, à l'exclusion de ceux prévus au titre VII du livre 1er du présent code, que les époux ou les parents soient de sexe différent ou de même sexe* ». À cette place dans le Code civil, un tel texte, élégamment qualifié par les parlementaires de « disposition balai », constitue une véritable verrue législative.

159. Quelques textes furent cependant retouchés par la loi. Ainsi, l'article 371-1 du Code civil dispose-t-il désormais que l'autorité parentale « *appartient aux parents* », et non plus aux père et mère, « *jusqu'à la majorité ou l'émancipation de l'enfant pour le protéger dans sa sécurité, sa santé et sa moralité, pour assurer son éducation et permettre son développement, dans le respect dû à sa personne* ». Hautement symbolique à défaut d'être nécessaire (l'article 6-1 aurait permis d'interpréter le texte dans le sens voulu par le législateur), cette nouvelle rédaction inscrit implicitement l'homoparentalité en matière d'autorité parentale. Le législateur n'a pas (encore) osé toucher en revanche à l'article 371 du Code civil, vénérable héritage du Décalogue : « *L'enfant, à tout âge, doit honneur et respect à ses père et mère* ».

160. Cf. not. le D. n° 2013-429, 24 mai 2013 portant application de la loi n° 2013-404 du 17 mai 2013 ouvrant le mariage aux couples de personnes de même sexe et modifiant diverses dispositions relatives à l'état civil et du Code de procédure civile et l'arrêté du 24 mai 2013 modifiant l'arrêté du 29 juillet 2011 modifiant l'arrêté du 1er juin 2006 fixant le modèle de livret de famille : JUSC1310146A, et la circulaire du 29 mai 2013 de présentation de la loi ouvrant le mariage aux couples de personnes de même sexe (dispositions du Code civil) NOR : JUSC1312445 (sur laquelle, cf. not. C. Bidaud-Garon, « Le mariage pour tous : la circulaire ! », *JCP* G 2013, 729).

En consacrant l'homoparenté par adoption, c'est l'ensemble du droit de filiation qui est déstabilisé[161]. Une réforme d'ensemble s'impose, que le législateur semble peu pressé de conduire[162].

969. Plan. – Seront successivement étudiées la filiation par le sang et la filiation adoptive.

N°s 970-979 réservés.

161. Cf. *infra*, n° 1434.

162. Les perspectives en ont été dessinées par le rapport préparé à la demande du gouvernement par I. Théry et A.-M. Leroyer, *Filiation, origine, parentalité : le droit face aux nouvelles valeurs de responsabilité générationnelle*, rapport préc.

■ TITRE I ■

FILIATION PAR LE SANG

980. Droit du sang ? – Les incertitudes de la paternité et de la maternité, le souci de préserver la paix des familles et la stabilité de l'état, et, longtemps, la volonté d'assurer ou d'imposer un certain ordre social, ont donné naissance à un droit complexe. En un sens, le droit de la filiation charnelle est devenu plus compliqué que celui de l'adoption, filiation purement juridique, même si l'ordonnance de 2005 a tenté de le simplifier.

De plus, le législateur ayant fait le choix d'en appliquer les règles aux PMA, quand bien même interviendrait un tiers donneur[1], sa cohérence en est gravement affectée. Et l'ouverture du mariage, antique pilier de la filiation, aux couples de personnes de même sexe, n'arrange rien.

On parle volontiers aujourd'hui de « filiation du titre VII » : on oppose ainsi filiation par le sang et filiation adoptive (la loi se gardant d'employer ces termes) et on rappelle par là même que, conformément à l'article 6-1, ses dispositions ne jouent pas dans les couples de personnes de même sexe[2].

Seront successivement étudiées les dispositions générales (Chapitre I), puis les règles relatives à l'établissement de la filiation (Chapitre II) et à la contestation de la filiation (Chapitre III). Sera ensuite abordée une institution en sursis, l'action à fin de subsides (Chapitre V). Seront enfin rappelées *in memoriam* les dispositions applicables à la légitimation, disparue avec la suppression des catégories d'enfants légitime et naturel (Chapitre IV).

1. Cf. *infra*.
2. Cf. *supra*.

■ CHAPITRE I ■

DISPOSITIONS GÉNÉRALES SUR LA FILIATION

981. Droit commun. – Dans les dispositions générales du titre VII, chapitre I du Livre I, le Code civil traite de questions très diverses : preuves et présomptions, conflits de lois, assistance médicale à la procréation, dévolution du nom de famille. Ne seront abordées ici que les questions directement liées à l'établissement et à la contestation de la filiation en droit interne : preuves et présomptions (Section I) et assistance médicale à la procréation (Section II). Avant 2005 figuraient aussi dans ce chapitre introductif les règles générales gouvernant les actions relatives à la filiation ; elles sont désormais incorporées dans un chapitre III ; leur présentation étant nécessaire à la compréhension des règles qui régissent l'établissement et la contestation de la filiation, elles constituent elles aussi des règles communes (Section III).

Section I
PREUVES ET PRÉSOMPTIONS

982. Une équation à deux inconnues. – Si la maternité peut facilement se prouver par l'accouchement, la paternité est beaucoup plus difficile à établir. Pendant des millénaires, elle ne fut susceptible que de preuves indirectes. Le personnage clef était la mère ; la preuve d'une paternité était la résultante d'une équation à deux inconnues : la date de la conception et l'auteur de la génération. Aucun de ces faits ne pouvait être directement démontré ; il ne pouvait être établi qu'au moyen de faits connus, d'où la loi tirait une induction, par des présomptions : la paternité se construisait par la combinaison des présomptions relatives à la conception et de la présomption de paternité.

Les méthodes scientifiques contemporaines ont boulerversé les données du problème : il est désormais possible de faire scientifiquement la preuve de la paternité comme celle de la maternité biologiques. Mais il serait inimaginable de soumettre tous les enfants à de tels contrôles : cette police scientifique des filiations serait contraire à tous les principes de notre droit, et, tout simplement, à la dignité humaine. Aussi la loi privilégie-t-elle toujours les modes indirects d'établissement de la paternité : présomptions relatives à la conception et à la génération (§ 1), possession d'état (§ 2). Les modes d'établissement directs sont réservés aux situations conflictuelles : la preuve scientifique permet de trancher les litiges sur la paternité et, plus rarement, sur la maternité (§ 3). Afin de faciliter la preuve de sa filiation, l'enfant dispose le plus souvent d'une preuve « préconstituée », le titre (§ 4).

§ 1. Présomptions relatives à la conception et à la génération

Deux séries de présomptions permettent de résoudre, sauf preuve contraire, les mystères de la paternité : les unes concernent la date de la conception, les autres l'auteur de la génération.

I. — Présomptions relatives à la date de la conception

983. Le temps de la conception. – Indépendamment de la paternité, il est des hypothèses où la date de la conception est en cause : lorsque, par exemple, les droits dans une succession ou l'octroi d'un capital ou d'une indemnité supposent que l'enfant ait été conçu avant la survenance de tel ou tel événement (décès du *de cujus*, accident du travail, accident de la circulation, etc.). Là encore, s'il est possible aujourd'hui de faire la preuve « directe » de la date de la conception, notre droit préfère user, comme par le passé, de présomptions, tout en laissant à ceux que ces présomptions ne satisferaient pas, la possibilité de les corriger par le recours à des méthodes scientifiques certaines.

Traditionnellement, les présomptions relatives à la conception sont prévues au titre de la filiation, même si leur portée est plus générale[1].

Selon l'article 311 : « *La loi présume que l'enfant a été conçu pendant la période qui s'étend du trois centième au cent quatre-vingtième jour, inclusivement, avant la date de la naissance.*

La conception est présumée avoir eu lieu à un moment quelconque de cette période, suivant ce qui est demandé dans l'intérêt de l'enfant.

La preuve contraire est recevable pour combattre ces présomptions ».

984. Droit comparé et histoire. – La date de la conception est déterminée à partir de la naissance qui est un fait connu. De cette date, la loi tire deux présomptions afin de déterminer successivement la période puis le moment de la conception.

A. Présomption relative à la période de la conception

La loi présume que la conception est située dans une période antérieure, dite période légale de conception. Le problème juridique n'est pas facile à résoudre car la conception s'accomplit en un instant précis et inconnaissable, directement ou indirectement, puisque les intéressés eux-mêmes peuvent n'en avoir aucune conscience.

Tous les systèmes juridiques déterminent une période pendant laquelle la conception a pu se placer, à partir de la naissance. On la calcule au moyen d'un compte à rebours fixant une fourchette entre une grossesse à petite vitesse et une grossesse à grande vitesse, la durée de la grossesse étant variable selon les femmes ; mais il est universel et permanent que la grossesse à petite

1. *Les personnes, Les incapacités*, coll. Droit civil.

vitesse ne peut durer plus de dix mois et que la grossesse à grande vitesse ne peut durer moins de six mois.

La durée de la grossesse ne change pas selon les temps ni les pays ; ce qui est variable est d'ordre juridique : la valeur, relative ou absolue, qu'a la durée légale. Certains systèmes ne fixent pas de règles absolues ; ils disent que, généralement, la grossesse ne dure, ni moins de six mois, ni plus de dix mois ; mais ils admettent que, compte tenu de l'état physique de l'enfant ou d'autres éléments tel l'intérêt de l'enfant, la preuve que la grossesse a duré moins de six mois ou surtout plus de dix mois peut être faite. Tel était le régime de notre Ancien droit, où il avait été jugé que, dans certaines circonstances, la grossesse pouvait durer plus de dix mois, ce qui aboutissait à des solutions grotesques[2].

En réaction contre ces absurdités, le Code Napoléon avait voulu déterminer avec précision la période de conception ; il en avait fixé les durées extrêmes. Les rédacteurs du Code avaient consulté un médecin qui faisait autorité (le Dr. Fourcroy) ; il avait dit que le minimum de la grossesse était de 186 jours et le maximum de 286 jours. Par faveur envers la légitimité, ils avaient arrondi les chiffres et fixé les limites de la grossesse du 180e au 300e jour précédant la naissance, soit 121 jours, car le dernier jour du délai était compté.

Cette période légale avait un effet indivisible et absolu, ce qui signifiait que pendant cette durée, il était certain que la conception avait eu lieu et qu'en dehors, la conception n'avait pu se faire.

B. Présomption relative à la date de la conception

L'enfant avait la possibilité de choisir à l'intérieur de la période légale de conception le moment qui lui convenait, sans que personne ne pût faire la preuve contraire, ce qu'on avait appelé la présomption *omni meliore momento,* puisqu'il choisissait la date qui lui était la plus favorable.

La valeur de ce régime a été peu à peu contestée. D'abord, la durée des délais. Pas le délai minimum : sans doute, la médecine a-t-elle accompli des progrès considérables à l'égard des prématurés, mais 180 jours demeurent acceptable. C'est le délai maximum qui a été critiqué : il était trop étroit. Des médecins ont dit que 1/20e des naissances avaient comporté une grossesse de 302 ou 303 jours. Sous l'empire du Code Napoléon, la Cour de cassation s'était cependant refusée à admettre la preuve contraire[3]. On a aussi critiqué l'indivisibilité de la période légale de conception pour deux raisons ; d'une part, il est aujourd'hui souvent possible de déterminer la durée approximative de la grossesse, d'autre part, il a paru souhaitable que la « vérité biologique » l'emportât sur l'erreur.

985. Droit positif. – La loi de 1972 maintint la durée (180 à 300 jours) de la période légale de conception et son indivisibilité (présomption *omni meliore momento,* dans l'intérêt de l'enfant) (art. 311, al. 1 et 2). Sensible aux critiques apportées au droit antérieur, elle permit de combattre ces présomptions (art. 311, al. 3) et d'établir soit que la durée de la grossesse avait été plus courte ou plus

2. En voici deux exemples burlesques. **1)** Arrêt du parlement de Rouen de 1779 (Merlin, *Rép.,* 5e éd., 1827, V° *Légitimité,* S. II, § III, III). En l'espèce, un enfant était né 11 mois après le décès du mari. Les juges ont décidé qu'il était légitime. Le certificat médical avait attesté que la grossesse avait duré tout ce temps pour deux raisons : le chagrin, qui avait dévoré la mère dans le silence à raison du décès de son mari, avait retardé la naissance ; l'hiver et l'été avaient été pluvieux à Caudebec-en-Caux (en Normandie). Or, les grossesses seraient ralenties par le chagrin et par les jours de pluie (!). Le raisonnement comme la décision étaient contraires au bon sens : afin de favoriser la légitimité, on était prêt à beaucoup d'artifices. **2)** Arrêt du parlement de Paris de 1653 (*Journ. des audiences,* t. I, p. 562) ; P. Petot, *Histoire du droit privé français, La famille,* éd. Loysel, 1992, p. 339 ; J. Ph. Lévy et A. Castaldo, n° 132, 2°). En l'espèce, un enfant était né 16 mois après le décès du mari. Les juges ont considéré qu'il était légitime parce que la veuve était de mœurs pieuses (!), puisqu'elle était restée dans un couvent de femmes (!) ; « *même la naissance à seize mois était possible, cela dépendant de l'influence des astres, de la vivacité des tempéraments des père et mère qui engendrent des enfants qui naissent, de leur force ou de leur faiblesse, et d'une infinité d'autres causes* ». En réalité, les juges avaient jugé en équité (?), estimant que la légitimité était toujours favorable à l'enfant.

3. Cass. civ. 1re, 9 juin 1959, *Ogez, Bull. civ.* I, n° 289 ; *D.* 1959.557.

longue que le maximum ou le minimum légal, soit quelle avait été au sein de la période légale la date exacte de la conception[4]. La règle (avec les quelques corrections de forme qu'y apporte l'ordonnance de 2005), s'applique à toutes les filiations « charnelles », légitime et naturelle et même à l'action de subsides, où il suffit pourtant que la paternité soit simplement vraisemblable[5].

II. — Présomptions relatives à l'auteur de la génération

986. Cohabitation. – On dit parfois que la génération est présumée à partir de la cohabitation. Affirmation qui simplifie et saute des étapes dans les inductions. L'analyse correcte perçoit une série de présomptions, enchaînées les unes aux autres, nombreuses parce que, dans ce domaine, elles sont contagieuses.

La génération peut être présumée s'il y a eu un commerce sexuel entre un homme et la mère pendant la période légale de conception. Ce commerce ne peut généralement être prouvé : les tiers ne savent pas qu'il a eu lieu ; il est donc présumé s'il y a eu cohabitation[6]. Ainsi que le dit un adage suisse : *si unus cum una in lectu invenientur non solet pater noster orare* (si un garçon et une fille sont dans le même lit, ce n'est généralement pas pour faire leur prière). La cohabitation elle-même est présumée à partir du mariage, ou, plus faiblement, à partir du concubinage. En d'autres termes, le mariage fait présumer la cohabitation qui fait présumer la génération.

Par exemple, que le mari soit présumé père des enfants de sa femme (art. 312) signifie que les enfants nés après le 179e jour du mariage ou avant le 300e jour précédant sa dissolution sont issus du mariage, ce qui implique que : 1) le mari a cohabité avec sa femme ; 2) il a eu commerce avec elle ; 3) ce commerce a engendré l'enfant. Si exacte qu'elle soit techniquement, l'analyse méconnaît le sens profond attaché à la présomption de paternité légitime, qui est plus qu'une règle de preuve. Elles est une règle de fond car elle constitue un effet du mariage. Le mariage a préétabli un accueil (un « berceau ») pour les enfants à venir ; il y a plus qu'une procréation masculine et un géniteur : il y a une paternité. C'est d'ailleurs pour cette raison que la présomption de paternité n'existe que pour les enfants nés en mariage. La cohabitation hors mariage, fût-elle stable, n'a ni le même sens ni la même portée[7]. Elle constitue une simple présomption de l'homme dont le juge appréciera le sens en cas de procès.

---

4. Ex. : il est médicalement impossible qu'un nouveau-né de 4 kilos n'ait été porté par sa mère que pendant six mois. Cette preuve peut être faite par... le **défendeur** : * Cass. civ. 1re, 27 novembre 1979, *Bull. civ.* I, n° 297 ; *D.* 1980, IR 421, 1re esp., obs. D. Huet-Weiller ; *Defrénois* 1980, art. 32236, n° 3, obs. J. Massip ; *Gaz. Pal.* 1980.I.259, m. n. En l'espèce, il s'agissait d'une action de subsides ; le défendeur avait eu des relations sexuelles avec la mère pendant la période légale de conception ; il a démontré qu'au jour de la conception, il n'avait pas eu de rapports avec elle. Le **demandeur** (plus rarement) ; ex. : TGI Paris, 12 février 1980, *D.* 1980, IR 421, 2e esp. En l'espèce, il s'agissait d'une recherche de paternité ; le défendeur avait démontré que pendant la période légale de conception, la mère avait eu des relations avec un autre homme ; celle-ci a répliqué en prouvant qu'au jour de la conception, elle n'avait pas eu de rapports avec celui-ci. Ce n'était cependant pas une fin de non-recevoir.

5. * Cass. civ. 1re, 27 novembre 1979, cité *supra*, note 4 : « *Le défendeur à une action de subsides est recevable à combattre la présomption d'après laquelle la conception de l'enfant est réputée avoir eu lieu à un moment quelconque de la période légale de cette conception* ».

6. La présomption est si forte que dans la langue juridique traditionnelle, le mot « cohabitation » a un côté sexuel et désigne souvent ces rapports : R. Verdot, « La cohabitation », *D.* 1964, chron. p. 121.

7. Cf. *infra*, n° 1138.

§ 2. Possession d'état et filiation

987. Nature de la possession d'état. – La possession d'état est l'exercice de fait, l'apparence d'un état. Elle permet de prouver le mariage et même d'en effacer certains vices, mais dans d'étroites conditions[8]. À l'égard de la filiation, elle exerce aussi une fonction, qui a varié dans son histoire et reste largement ignorée de divers systèmes juridiques, notamment germaniques[9] : elle est aussi difficilement intelligible pour un juriste allemand ou anglais que l'est le *trust* pour un juriste français.

La possession d'état a une double nature. Elle repose avant tout sur une présomption de conformité à la vérité biologique (le *plerumque fit*) : celui qui élève l'enfant comme le sien est, en général, le père ou la mère de l'enfant. En ce sens, il ne faut pas opposer trop systématiquement vérité scientifique et vérité sociologique[10] : le vécu recouvre le plus souvent la réalité de la chair. Mais la possession d'état traduit également une volonté d'accueil de l'enfant ; et une réalité affective : la possession d'état est une reconnaissance de chaque jour. L'ordonnance de 2005 l'a inscrite au titre des modes d'établissement volontaire de la filiation.

988. Évolution. – Dans le droit de la filiation, la possession d'état a eu des hauts et des bas ; ses fluctuations ont pendant longtemps dépendu de l'importance de l'écrit, mais d'autres facteurs sont apparus. Le moment où elle a eu le rôle majeur fut le droit canonique antérieur au développement de l'écriture : elle ne subissait pas alors la concurrence de l'écrit. Elle a perdu de son importance lorsque l'écriture s'est développée, avec l'ordonnance de Blois sur les registres paroissiaux (1579) et celle de Colbert sur la procédure (1667) : elle a exercé, à nouveau, un rôle à l'égard des protestants à partir de la révocation de l'édit de Nantes (1685) et a disparu en 1787 (édit de Louis XVI rendant un état civil aux protestants)[11] : l'écrit préconstitué par une autorité avait supplanté la possession d'état. Une nouvelle renaissance est venue de la loi de 1972.

La possession d'une filiation ne produisait en 1804 que des effets limités. Elle ne pouvait jamais constituer une prescription acquisitive : le fait d'avoir joui d'un état pendant un temps prolongé ne le faisait pas acquérir. Inversement, elle ne pouvait jamais non plus être une prescription extinctive : le fait de ne pas avoir exercé pendant une longue durée un droit relatif à son état ne le faisait pas perdre. Elle ne jouait qu'un rôle probatoire et, dans une moindre mesure, confortatif.

C'était à l'égard de la filiation légitime que ces rôles étaient surtout apparus. À défaut d'acte de naissance, elle en était une preuve complète (art. 320 anc.) : en outre, corroborée par l'acte de naissance, elle la rendait incontestable (art. 322 anc.). Après quelques hésitations, la jurisprudence avait refusé de lui attacher des effets quand il s'agissait de filiation naturelle, sauf pour la maternité quand elle était corroborée par la reconnaissance paternelle (art. 336 anc.). Deux lois

8. *Supra*, n° 242.

9. M. Th. Meulders-Klein, « Réflexions sur la destinée de la possession d'état d'enfant », *Études Huet-Weiller*, LGDJ, 1994, p. 319 s.

10. *Supra*, n° 958.

11. J. Carbonnier, *Coligny ou les sermons imaginaires*, PUF, 1982, p. 117-119. Refusant de se plier aux formes canoniques (catholiques) du mariage, les protestants, après la révocation de l'édit de Nantes (1685) et jusqu'à l'édit de Louis XVI de 1787 (l'« *édit de tolérance* »), célébraient leur mariage « au désert » et vivaient publiquement comme mari et femme ; leurs enfants avaient la possession d'état d'enfant légitime bien que, juridiquement, leurs parents ne fûssent pas mariés. Beaucoup de parlements en avaient déduit qu'ils avaient, grâce à leur possession d'état, la qualité d'enfant légitime, notamment dans leur vocation successorale ; cf. les concl. de l'avocat général de Cambon accueillies par le parlement de Toulouse dans une affaire jugée le 6 juillet 1770 : « *Nous savons qu'il n'est pas en votre pouvoir d'établir une forme de mariage pour les protestants. Ce n'est pas aussi ce que nous proposons ; nous voulons seulement que, lorsqu'ils ont vécu comme de légitimes époux, qu'ils ont été reconnus pour tels, soit dans leurs familles, soit dans le public, on ne puisse pas troubler leurs enfants dans la possession de leur état, en les obligeant de rapporter l'acte de célébration de mariage ; nous voulons qu'à cet égard, ils soient traités comme les catholiques.* » Merlin, *Rép.*, 5e éd., 1827, V° *Légitimité*, S. I, § III.

ultérieures avaient légèrement élargi le domaine de la possession d'état : dans la légitimation *post nuptias* (art. 331 anc., L. 30 décembre 1915) et la recherche de la maternité naturelle (art. 342 anc., L. 15 juillet 1955).

La loi de 1972 a ajouté aux effets traditionnels produits par la possession d'état des conséquences multiples ; son domaine avait été encore élargi par la loi du 25 juin 1982 qui en avait fait une preuve directe de la filiation naturelle (art. 334-8, al. 2 anc.). En outre, a décidé la jurisprudence, son absence permet de toujours contester le titre.

D'autant qu'on se met à tenir compte de possessions d'état de moins en moins consistantes. Le déclin apparaît, soit en découvrant facilement des vices à la possession, soit surtout dans un conflit entre la « vérité sociologique » que traduirait la possession d'état et la « vérité biologique », sauf dans la procréation artificielle et l'adoption qui l'une et l'autre n'attachent aucune conséquence à la possession d'état.

989. La possession d'état, reine ou servante ? – Les lois de 1972 et de 1982 ont donné à la possession d'état un rôle capital dans le droit de la filiation. Paradoxalement, alors que son importance grandissait, ses faiblesses s'aggravaient. Comment concilier l'apparence que constitue la possession avec la réalité biologique, désormais accessible grâce à la preuve scientifique ? L'existence d'une possession d'état peut-elle s'opposer à ce qu'une filiation soit détruite si elle ne correspond pas à la vérité biologique ? Peut-elle s'opposer à ce que la véritable filiation, au sens biologique du terme, soit établie ?

Certes, la possession d'état est alliée aujourd'hui à d'autres forces du droit de la filiation, notamment le principe de stabilité des filiations. Mais *quid*, si la réalité d'hier n'existe plus aujourd'hui, si le lien que traduisait la possession d'état n'est plus qu'une ombre, comme ces filiations de papier que l'absence de possession d'état permet de faire tomber ? De plus, la possession peut ne pas être unique dans le temps : il y a des possessions d'état successives, voire simultanées. Dans toutes ces circonstances, la malléabilité de la possession d'état est à la fois une force et une faiblesse. Les nouvelles possibilités ouvertes pour contester une filiation en l'absence de possession d'état ne concourent-elles pas, paradoxalement, au déclin de celle-ci en raison du laxisme de certains juges du fond, prompts à s'attacher à des ébauches de possession d'état dont le plus grand défaut est de ne plus exister au jour où ils statuent ? En écartant la possession d'état les juges feront place nette, pour que triomphe la vérité biologique : vérité négative, si la destruction d'un lien qui n'était plus voulu débouche sur un vide de filiation ; vérité positive, si cette destruction permet l'établissement d'une autre filiation, qui sera le plus souvent la « véritable » filiation.

« Reine des preuves », la possession d'état serait-elle ainsi réduite, comme par le passé, mais pour de toute autres raisons, au rôle d'humble servante de la vérité biologique ?

990. Possession d'état et stabilité des filiations. – L'ordonnance de 2005 a tenté de restaurer les équilibres menacés. Pour cela, elle a mis la possession d'état au service de la stabilité des filiations[12]. Certes, l'existence d'un titre et d'une possession d'état conforme n'empêche pas la remise en cause de la filiation (art. 333, al. 1), mais si cinq ans de possession d'état confirment le titre, la filiation sera inattaquable. À l'inverse, une possession d'état de dix ans seulement garantit la filiation en éteignant les actions. Lorsqu'elle s'inscrit dans la durée, la possession d'état permet donc de contenir les débordements de la vérité biologique.

12. P. Murat, « L'action de l'ordonnance du 4 juillet 2005 sur la possession d'état », *Dr. famille* 2005, n° 5 et réf. cit.

Pour permettre à la possession d'état de jouer ce rôle stabilisateur, il convenait de mieux en organiser la constatation, ce qu'ont tenté de faire, non sans ambiguïtés, les auteurs de l'ordonnance : le régime de l'acte de notoriété délivré par le juge d'instance est précisé, l'action en constatation judiciaire de possession d'état, consacrée. On peut cependant se demander si les tensions qui avaient contribué à faire éclater le droit de 1972 ont vraiment été apaisées : la place faite à la possession d'état dans le Code civil (elle apparaît désormais au titre de l'établissement volontaire de la filiation, et, surtout, l'action en constatation figure parmi les actions relatives à l'établissement de la filiation), les ambiguïtés liées au point de départ des délais de prescription des actions (quoique tempérées par la loi de ratification du 16 janvier 2009), pourraient ruiner l'équilibre recherché entre vérité et stabilité. Située à la rencontre de ces deux exigences, la possession d'état peut être un pont, et aussi un fossé.

I. — Existence de la possession d'état

991. Souplesse et diversité. – Au cœur de la possession d'état, se trouvent ses éléments constitutifs (A). Encore ne prennent-ils leur sens que si la possession d'état ainsi créée présente certaines qualités (B). Souple et diverse comme la réalité elle-même, la possession d'état est malléable, ce qui est une force, mais aussi une faiblesse lorsque plusieurs possessions d'état se succèdent ou se concurrencent (C).

A. Éléments constitutifs de la possession d'état

992. Du droit canonique à nos jours. – Selon l'article 311-1, « *la possession d'état s'établit par une réunion suffisante de faits qui révèlent le lien de filiation et de parenté entre une personne et la famille à laquelle elle est dite appartenir* ». Parmi ces faits, l'article 311-1, reprenant l'héritage du droit canonique, met en avant trois éléments, que la tradition résume en trois mots latins : *nomen, fama, tractatus*. Mais la possession d'état ne se réduit pas à ces trois éléments, ni nécessaires, ni, parfois, suffisants.

1) *Nomen, fama, tractatus*

993. Trilogie. – La nouvelle présentation de l'article 311-1 (2005), inverse l'ordre traditionnel, ce qui correspond mieux à la réalité que traduit la possession d'état : ce qui est premier, c'est le *tractatus :* c'est lui qui engendre la croyance (*fama*) ; quant au *nomen*, il vient au dernier rang, car la souplesse contemporaine de ses règles d'attribution ne traduit plus toujours le lien de filiation.

994. *Tractatus*. – « *Cette personne a été traitée par celui ou ceux dont on la dit issue comme leur enfant* » (art. 311-1, 1°). La et les personnes en question ont « *pourvu à son éducation, à son entretien ou à son installation*[13] », en qualité de père ou de mère. D'autres motivations auraient pu les animer (l'affection, par exemple, d'un beau-père ou d'une belle-mère pour les enfants qu'ils ont élevés) : la possession d'état d'enfant suppose que celui ou ceux qui traitent l'enfant

13. Le terme « installation » a remplacé en 2005 celui « d'établissement ». Ce dernier faisait sans doute vieux jeu : il n'est plus questions aujourd'hui de doter les filles et d'aider les fils à se placer (professionnellement). Le mot installation est très en retrait : une formation professionnelle à défaut d'emploi, un lustre et quelques meubles à défaut de dot ? Le texte fait écho aux règles de l'autorité parentale, art. 371 et s. La même formule était naguère inscrite à l'article 340-5° du Code civil, au titre des cas d'ouverture d'une action en recherche de paternité : un tel comportement rend vraisemblable la filiation alléguée, cf. *infra*, n° 1271.

comme le leur le fassent en tant que parents[14]. Réciproquement, l'enfant « a traité » ces personnes « *comme son ou ses parents* » (art. 311-1, 1°). Le *tractatus* naît de cet échange. On a fait remarquer que cette réciprocité ne se concevait qu'à partir d'un certain âge : pour un petit enfant, il faudrait se contenter d'un *tractatus* à sens unique[15]. De plus, il arrive que l'enfant soit coupé de son père ou de sa mère : la séparation n'empêche pas que ce dernier se comporte comme le père ou comme la mère de l'enfant, ne serait-ce que par les démarches qu'il effectue pour voir l'enfant ou pour participer à son entretien.

L'ordonnance de 2005 a pris soin de préciser que le *tractatus* pouvait exister à l'égard des deux parents ou de l'un d'eux seulement. Les textes antérieurs étaient trop marqués par la possession d'état d'enfant légitime par nature indivisible. Désormais, la possession d'état, comme la filiation elle-même, est divisible[16].

Le *tractatus* est au cœur de la possession d'état : de lui naît la *fama*.

995. *Fama*. – L'enfant est considéré comme celui de tel homme et/ou de telle femme « *dans la société et par la famille* » (art. 311-1, 3°), et est reconnue comme tel « *par l'autorité publique* » (art. 311-1, 4°). « Image externe du lien de parenté » par opposition à la « vision interne » que constituait le *tractatus*[17], la *fama* traduit l'opinion, la « commune renommée », partagée dans les trois cercles qui entourent l'enfant et ses parents : la famille ; la société (le « milieu ») ; l'autorité publique : l'apparence de filiation prend forme dans les regards de l'école, des caisses d'allocations familiales, des services fiscaux, des services sociaux ou des églises.

996. *Nomen*. – Le troisième élément de la trilogie est aujourd'hui le moins probant[18]. Si le fait de porter le nom de famille de son père ou de sa mère marque traditionnellement l'appartenance d'un enfant à une famille, les règles contemporaines de son attribution rendent son absence de plus en plus fréquente. Non seulement, l'attribution du nom dépend du lien de filiation (non l'inverse), mais encore l'égalité peu à peu instaurée dans la transmission du nom, dans la famille hors mariage comme dans la famille en mariage, multiplie les hypothèses où l'enfant ne portera pas le nom d'un de ses parents, notamment celui de son père prétendu[19].

2) « Une réunion suffisante de faits »

997. Malléabilité de la possession d'état. – Au-delà du cas particulier du *nomen*, il n'est pas nécessaire que les trois éléments de la trilogie classique soient réunis[20]. Comme l'indique l'article 311-1, alinéa 1, la possession d'état « *s'établit par une réunion suffisante de faits qui révèlent le lien de filiation et de parenté* ».

14. Peu importe en revanche qu'ils aient cru être père ou mère de l'enfant : la « bonne foi » ne joue pas en la matière.

15. Huet-Weiller et J. Hauser, n° 494.

16. *Supra*, n° 947.

17. Huet-Weiller et J. Hauser, n° 495.

18. Sur le sens du terme *nomen* dans la trilogie classique, A. Lefebvre-Teillard, *op. cit.*, p. 265 et réf. cit.

19. Ex. : *Les personnes*, coll. Droit civil.

20. Ex. : la formule de Jean Carbonnier (p. 222) : « *Il n'est pas nécessaire que chacun des éléments de la triade historique soit représenté dans le cocktail sociologique* ». Cass. civ. 1re, 5 juin 1988, *Bull. civ.*, I, n° 217 ; *D.* 1989, 398, concl. L. Charbonnier ; *Defrénois* 1988, 1294, obs. J. Massip : « *La réunion de tous les éléments énumérés par l'article 311-2 n'est pas nécessaire pour que la possession d'état puisse être considérée comme établie, il suffit, ainsi que le prévoit l'article 311-1, qu'il y ait une réunion suffisante de faits qui indique le rapport de filiation et de parenté entre un individu et la famille à laquelle il est dit appartenir* ». En l'espèce, la possession d'état a été admise bien qu'elle n'eût pas été notoire ; il s'agissait d'un enfant adultérin, où, comme souvent autrefois, les relations familiales étaient clandestines et n'étaient connues que de quelques parents et amis.

Parfois manquera le *nomen*[21], parfois la *fama*[22] ; le seul élément intangible est le *tractatus*, même s'il peut être plus ou moins caractérisé. D'autres éléments peuvent entrer en ligne de compte pour constituer le faisceau d'indices de l'article 311-1, alinéa 1[23] ; mais il est rare qu'ils ne se rattachent pas plus ou moins au *tractatus* ou à la *fama*.

Il appartient au juge du fond de collecter et d'apprécier les différents éléments de la possession d'état, ainsi que leur caractère plus ou moins convaincant pour constituer une possession d'état[24]. La notion de possession d'état n'en est pas moins une notion de droit sur laquelle la Cour de cassation exerce son contrôle : sont censurées les décisions qui constatent l'existence d'une possession d'état sans avoir recherché « *s'il existait en la cause un ensemble d'éléments de la nature de ceux énumérés par l'article 311-2* » (art. 311-1)[25]. En pratique, la malléabilité de la notion permet aux juges de tenir compte des circonstances dans lesquelles sa constatation est demandée, et des finalités recherchées[26].

Si le faisceau d'indices est caractérisé, la personne dispose d'un état apparent, et l'apparence fait présumer, mais présumer seulement, l'existence de cet état[27]. De plus, elle ne sera vraiment utile que si elle présente un certain nombre de qualités.

---

21. Cf. *supra*, n° 996.

22. Ex. : l'enfant ci devant adultérin que son auteur cachera à la famille et à la société, tout en l'élevant comme le sien.

23. Cf. la formule de l'article 311-1 : « *Les principaux de ces faits sont...* ».

24. Cass. req., 8 mai 1894, *D.* 1894, 1, 407, et, affirmant à l'inverse que les juges du fond constatent souverainement l'absence de possession d'état, Civ. 1re, 25 novembre 1980, *D.* 1981, 296, obs. Huet-Weiller ; *JCP* 1981.II.19661, n. Paire ; *Defrénois* 1981, 832, n. J. Massip.

25. Cass. civ. 1re, 19 mars 1985, *D.* 1986, 34, n. J. Massip ; Civ. 1re, 5 juillet 1988, préc.

26. Dans l'affaire de *L'enfant de Jacques Frèche*, le tribunal s'était contenté de peu pour admettre la possession d'état : la mère avait accouché sous X ; lors de la naissance, le père prétendu était incarcéré et fut guillotiné « *alors que l'enfant n'avait que trois ans* » ; dans plusieurs écrits (lettres, journal), il avait manifesté sa volonté de retrouver et reconnaître son fils. La cour d'appel avait infirmé (Paris 4 avril 2003, *Dr. famille* 2003, n° 141, obs. P. Murat ; *D.* 2003, p. 2119, n. Fr. Granet, *RTD civ.* 2003, p. 487, obs. J. Hauser). La Cour de cassation cassa (* Cass. civ. 1re, 25 octobre 2005, *Dr. famille*, 2006, n° 2, obs. P. Murat ; n.p.B.) : elle reprocha aux juges d'appel d'avoir considéré isolément chacun des faits invoqués « *sans rechercher si précisément et compte tenu qu'un temps très bref s'était écoulé entre la naissance de l'enfant, alors que Jacques F. était déjà emprisonné, et l'exécution de celui-ci, ces écrits, confortés par l'ensemble des faits invoqués par Gérard D., ne constituaient pas une réunion suffisante de faits établissant sa possession d'état* » ; v. aussi *infra*, n° 1145. Au contraire, les juges se sont montrés d'une extrême sévérité dans une autre affaire où plusieurs éléments donnaient une certaine consistance à la possession d'état alléguée : présence au baptême (le frère du père prétendu étant le parrain), mention de qualité de père dans l'acte de baptême, courriers signés « Papa », témoignages des voisins, versement de sommes d'argent... et envoi d'une couronne mortuaire « *À mon père* ». Les juges d'appel n'avaient pas été convaincus ; la Cour de cassation (Cass. civ. 1re, 14 novembre 2006, *Dr. famille* 2006, n° 33, n. P. Murat) approuva : les éléments relevés étaient insuffisants. Dans la première espèce, l'action en constatation avait une finalité avant tout symbolique (le port du nom), alors que dans la seconde une succession était en jeu : la fin l'emporterait-elle sur les moyens ; en ce sens P. Murat, obs. préc. ?

27. Cass. civ. 1re, 4 décembre 1990, *Bull. civ.* I, n° 277 ; *Defrénois* 1991, art. 35047, n° 36, obs. J. Massip : « *la possession d'état, même lorsqu'elle est établie, ne fait présumer la filiation que jusqu'à preuve du contraire ; c'est dès lors à bon droit que la cour d'appel a estimé, eu égard aux conclusions de l'expertise sanguine établissant que M. Y ne pouvait être le père de Frédéric, qu'il y avait lieu de débouter Mme X de sa demande* ». En l'espèce, la possession d'état de M. Y avait duré 8 ans ; puis la mère avait, au nom de son enfant, exercé une action en recherche de paternité naturelle (sans doute, parce qu'il y avait eu rupture du concubinage) contre lui ; son action a été repoussée au vu de l'analyse sanguine.

B. Qualités de la possession d'état

998. De nombreuses qualités. – Pour que la possession d'état joue pleinement le rôle qui lui est attribué par la loi, elle doit être nettement caractérisée, ce que précisément souligne l'article 311-2 en exigeant qu'elle soit continue. À cette qualité première, la jurisprudence ajoutait traditionnellement, par transposition des règles du droit des biens, qu'elle devait être exempte de vice ; l'ordonnance du 4 juillet 2005 consacre cette exigence : selon le nouvel article 311-2, la possession d'état doit être « *paisible, publique et non équivoque* » : qualités délicates à apprécier en présence de plusieurs possessions, concurrentes, contraires ou successives.

1) Une possession d'état continue

999. Continuité, stabilité. – La continuité de la possession d'état n'est pas une notion précise[28] ; on peut lui donner trois sens, que la jurisprudence paraît écarter, ou du moins apprécier de façon très souple. Une possession d'état *continue* peut tout d'abord signifier qu'elle doit être *stable et régulière* : c'est le sens qu'elle a dans le droit des biens ; si elle a été mouvementée ou intermittente, elle est suspecte ; si les faits invoqués sont rares ou épisodiques, elle manque de consistance. Pour autant, elle n'a pas à être immuable : son aspect peut changer ; l'entretien et l'éducation d'un enfant évoluent au fil des temps.

1000. Développement durable. – Une possession d'état *continue* peut aussi se définir comme une possession d'état *durable :* c'est le temps qui donne au *tractatus* et à la *fama* leur épaisseur et, plus profondément, leur signification. *Durable*, la possession d'état se traduit par une texture de faits qui se sont déroulés pendant une longue période[29], comme le gazon anglais[30]. Quelle durée ? La loi exige dans certains cas une possession d'état de cinq ou dix ans : ainsi une possession d'état de cinq ans depuis la naissance ou la reconnaissance de l'enfant rend la filiation inattaquable lorsqu'elle corrobore le titre (art. 333, al. 2)[31].

Cette durée tend seulement à faire produire tel ou tel effet à la possession d'état, non à en caractériser l'existence. En réalité, la durée d'une possession d'état est une question de fait souverainement appréciée par les juges du fond en fonction des circonstances de la cause.

On avait cru par exemple qu'il n'y aurait pas, faute de durée, de possession d'état pour un enfant en bas âge, moins encore pour un fœtus. Mais les tribunaux ont admis l'existence d'une possession d'état pour de tout jeunes enfants, et même des possessions d'état prénatales[32]. Une

28. Originellement, la loi exigeait qu'elle fût « constante », ce qui était encore plus ambigu : Demolombe, n° 209.

29. Ex. : Rouen, 21 novembre 1979, *D.* 1981, 30, n. D. Huet-Weiller : « *Postérieurement à la naissance de l'enfant, la possession d'état invoquée n'ayant duré que moins de trois semaines, au cours d'une période qui a précédé l'introduction d'une demande en divorce, est dépourvue de l'exigence de continuité requise qui suppose une durée suffisante, laquelle n'existe pas en l'espèce* ».

30. Selon l'expression de G. Champenois, *Réclamation d'état et revendication d'enfant légitime*, thèse Paris II, LGDJ, 1971, préf. J. Flour, p. 64, n° 46.

31. *Infra*, n°s 1312 s.

32. Montpellier, 10 juin 1996, *D.* 1997, somm. p. 155, obs. F. Granet, sur renvoi de Cass. civ. 1re, 4 mai 1994, *Bull. civ.* I, n° 157 ; *D.* 1995, 601, n. S. Mirabail, somm. p. 115, obs. F. Granet : « *s'agissant* d'infans conceptus *dont la reconnaissance par l'amant de la mère est intervenue 5 mois avant la naissance, la possession d'état d'enfant légitime ne peut se déduire que d'un ensemble de faits ne recouvrant pas l'énumération donnée à titre indicatif par l'article 311-2* ». En l'espèce, des époux étaient en instance de divorce, puis s'étaient réconciliés ; auparavant, l'épouse avait eu une liaison et était tombée enceinte ; l'amant avait fait une reconnaissance prénatale ; la mère accoucha et très peu de temps après se réconcilia avec son mari ; après la réconciliation, les époux traitèrent l'enfant comme le leur ;

telle position a été consacrée par le nouvel article 317, alinéa 2 selon lequel : « *quand le parent prétendu est décédé avant la déclaration de naissance de l'enfant, l'acte de notoriété peut être délivré en prouvant une réunion suffisante de faits au sens de l'article 311-1* ». La prise en compte d'une possession d'état anténatale est notamment utile lorsque le père n'aura eu ni le temps ni, parfois, l'idée, de reconnaître l'enfant avant la naissance : la filiation sera établie par la possession d'état.

1001. Continuité et permanence. – Un troisième sens peut être donné à l'adjectif *continu :* la permanence ; ce qui pose le problème du caractère initial ou actuel de la possession d'état : la possession d'état doit-elle avoir tissé le lien depuis la naissance de l'enfant jusqu'au jour où elle est appréciée ? Sur ce point, la doctrine fut et reste divisée[33]. Demolombe plaidait pour une possession d'état originaire : « *Il faut qu'elle commence avec lui, et dès les premiers jours de la naissance*[34] ». Plusieurs arrêts ont cependant décidé què, quand bien même il n'y aurait pas de possession d'état originaire, la possession d'état actuelle (celle qui existe au jour où on l'invoque), doit produire les effets qui lui sont attachés. Mais est-il nécessaire qu'elle soit toujours actuelle ? Même si elle correspond à la nature de la possession (« *un fait qui n'est droit que par sa présence effective*[35] »), une telle exigence serait inopportune, alors que la possession d'état sert souvent à consacrer ou conforter une filiation qui, justement, n'est plus vécue, ou à établir un lien longtemps après le décès du parent prétendu, alors que le *tractatus* a, par définition, cessé et que la *fama* peut être incertaine, surtout si la famille avait rejeté l'enfant, ou en ignorait l'existence[36].

1002. Un subtil cocktail. – Faut-il voir alors dans la possession d'état une de ces notions fonctionnelles dont la définition (ou, ici, les qualités), varie selon le rôle que la loi lui fait jouer ? Invoquée pour établir un lien de filiation, la possession d'état aurait dû être originaire : dans la société contemporaine, où l'acte de l'état civil est la preuve normale d'un état, il est singulier qu'un individu n'ait pas d'acte de naissance ou de reconnaissance. Voici par exemple un enfant qui n'a pas d'acte de naissance : ou bien son acte de naissance est perdu (mais il a les possibilités de l'article 46 et n'a qu'à les utiliser), ou bien sa naissance n'a pas été déclarée à l'état civil, et sa filiation est alors suspecte. Pour être vraisemblable, la filiation suppose une possession d'état *ab initio*, sauf circonstances extraordinaires (le roman d'un enfant confié à un tiers à sa naissance pour garder le secret) ; à l'inverse, le fait que la possession d'état se soit constituée ultérieurement rend la filiation douteuse[37]. Si au contraire, la possession d'état est invoquée pour conforter le lien de filiation d'un enfant qui bénéficie d'un titre (acte de naissance, reconnaissance), il n'est pas besoin qu'elle soit originaire, ni actuelle, sauf à ce que la loi l'exige pour mieux verrouiller la filiation (art. 333, al. 2).

La question du caractère originaire ou actuel de la possession d'état est particulièrement délicate lorsqu'une personne a ou a eu au long de sa vie plusieurs possessions d'état ou plusieurs éléments de possession d'état successives[38].

---

jugé que l'auteur de la reconnaissance pouvait faire une analyse de sang pour établir sa paternité. Ainsi apparaît à nouveau une conception purement biologique de la paternité qui en l'espèce pouvait paraître bien étrangère à l'intérêt de l'enfant.

33. M. Rémond-Gouilloud, « La possession d'état d'enfant », *RTD civ.* 1975, 459, n° 17 ; P. Salvage-Gerest, « Le domaine de la présomption *pater is est* dans la loi du 3 janvier 1972 », *RTD civ.* 1976, 223 s., spéc. n° 19 s. ; comp. P. Raynaud, « La présomption de paternité devant la jurisprudence depuis la loi du 3 janvier 1972 », *Ét. Kayser,* t. 1, PU Aix, 1975, p. 355 s.

34. Demolombe, *op. cit.*, n° 209. Comme le soulignait Jean Carbonnier (p. 223), « *La maxime* Prior tempore potior jure » se retrouve ici, « *banalisée et vague* », mêlée au « *sentiment diffus qu'autour du berceau tous les intéressés étaient encore innocents* ».

35. J. Carbonnier, *op. cit.*, p. 223.

36. Cass. civ. 1re, 2 juin 1987, *D.* 1988, 405, n. J. Massip.

37. Comme le soupçonnait Demolombe, n'entend-on pas cacher une adoption faite en dehors de la loi ?

38. *Infra*, n° 1005.

2) Une possession d'état paisible, publique et non équivoque

1003. Vices de la possession d'état. – Reprenant la jurisprudence antérieure, l'ordonnance de 2005 exige que, par imitation du droit des biens, la possession soit exempte de vice, *i.e.* paisible, publique et non équivoque. Les fraudes sont en effet à craindre, qu'elles soient le fait de celui qui invoque la possession d'état, de celui qui la nie ou de celui qui aurait tenté d'en empêcher la constitution. Tel serait par exemple le cas d'une mère qui, au besoin avec l'aide de son amant, ou de son nouveau conjoint, entendrait à la fois constituer une possession d'état à l'égard de l'un et faire obstacle à celle qui existe à l'égard de l'autre. On a vu également une mère réconciliée avec son mari tenter d'éliminer l'amant, père de l'enfant[39] : une possession d'état qui serait entachée de violence ou d'équivoque ne peut être une possession d'état utile.

La question s'est posée en matière de gestation pour autrui : la mère d'intention (voire les deux parents d'intention) peuvent-ils établir leur lien de filiation à l'égard de l'enfant par la possession d'état ? Dans un arrêt *Labassée* du 6 avril 2011[40], la Cour de cassation avait refusé de tenir compte d'une telle possession d'état[41]. La situation est-elle différente au lendemain de la condamnation de la France par la CEDH[42] ? Si le père d'intention est le père biologique, il devrait pouvoir établir sa filiation par possession d'état : GPA ou pas, il est le père, et, au nom du droit de l'enfant au respect de son identité, il doit pouvoir établir sa filiation selon les modalités prévues en droit interne. Pour la mère d'intention en revanche qui ne serait que mère d'intention, la possession d'état qu'elle aurait créée à l'égard de l'enfant reste plus que douteuse : on sait que la femme dont la maternité est en jeu n'est pas la mère biologique ; on sait qu'elle n'est pas la femme qui a accouché ; on sait que la situation repose sur un contrat de gestation pour le compte d'autrui prohibé en droit français. La possession d'état semble donc viciée. Ce serait, sinon, en dénaturer le sens et la fonction, en en faisant, en toute connaissance de cause, un substitut de l'adoption.

1004. Originalité de la possession d'état d'enfant. – De façon générale, il convient de nuancer les exigences légales. Compte tenu du secret qui entoure parfois ce genre de situation, il se peut que la possession d'état ne soit ni publique ni toujours dépourvue d'équivoque, du moins aux yeux des tiers : l'enfant que l'on élève en secret ou que l'on dote de titres divers pour mieux masquer la réalité aux yeux des tiers (filleul, neveu, etc.), n'a de possession d'état ni publique ni

39. Cf. Paris, 15 mars 1977, *D.* 1978, 266, n. J. Massip ; Cass. civ. 1re, 9 mars 2008, *Dr. famille* 2008, n° 85, note P. Murat : une femme mariée accoucha d'une petite fille déclarée à l'état civil comme née des deux époux ; mais avant sa naissance l'enfant avait fait l'objet d'une reconnaissance prénatale par l'amant de la mère qui, très vite, engagea une action en contestation de la paternité du mari. Celui-ci affirmait qu'une possession d'état légitime paisible et continue s'était constituée avant la naissance, ce qui (à l'époque) interdisait la contestation. La Cour de cassation approuva les juges du fond d'avoir estimé que dans ce conflit de paternité, la possession d'état n'était pas « paisible », sans équivoque et continue.

40. Sur lequel, cf. *infra*, n° 1036.

41. En l'espèce, les époux avaient obtenu du juge un acte de notoriété établi au vu de l'acte de naissance dressé à l'étranger, de l'acte de mariage des « parents » et de témoignages indiquant que ces derniers s'occupaient de l'enfant depuis sa naissance. Le parquet refuse de porter la mention de l'acte de notoriété et agit en nullité. Pour les juges du fond, la possession d'état est viciée car elle repose sur une convention de maternité de substitution. La Cour de cassation confirme cette analyse : « *en l'état du droit positif, il est contraire au principe de l'indisponibilité de l'état des personnes, principe essentiel du droit français, de faire produire effet à une convention portant sur la gestation pour le compte d'autrui, nulle d'une nullité d'ordre public aux termes des articles 16 7 et 16 9 du Code civil* » ; « *ce principe fait obstacle aux effets en France d'une possession d'état invoquée pour l'établissement de la filiation en conséquence d'une telle convention, fût-elle licitement conclue à l'étranger, en raison de sa contrariété à l'ordre public international français* ».

42. Cf. les arrêts *Labassée* et *Mennesson* du 26 juin 2014, *infra*, n° 1037.

équivoque. Et pourtant, lorsque la possession d'état sera invoquée, les faits constatés prendront toute leur signification : la filiation n'est pas un champ que l'on laboure ou une servitude de passage que l'on piétine à la face du monde ; les situations sont trop complexes pour que la possession d'état soit réduite à un modèle unique.

La complexité des relations humaines peut également doter l'enfant de plusieurs possessions d'état, concurrentes, contraires ou successives.

3) Possessions d'état concurrentes, contrariées ou successives

1005. Possessions d'état concurrentes, contrariées et successives. – Il est rare que la question se présente aussi simplement, qu'il y ait à choisir entre une possession d'état actuelle ou une possession d'état originaire. Dans ce genre de situations, les choses sont plus confuses car les rapports entre le mari, l'amant, la mère et l'enfant sont souvent tourmentés et agités : la mère (et donc l'enfant) est parfois possédée par le mari et par l'amant, à peu près au même moment.

Un auteur a essayé d'affiner l'analyse : la coexistence de deux possessions serait possible dans trois hypothèses[43].

1°) Ou bien, il y a des possessions d'état **concurrentes** : l'enfant est traité comme tel à la fois par le mari de la mère et par l'auteur de la reconnaissance – il faudrait rechercher la possession d'état effective[44]. En réalité, les deux possessions sont toutes deux viciées, parce qu'elles sont équivoques.

2°) Ou bien, il y a une possession d'état **contrariée** : l'une a été empêchée par une voie de fait qui a paralysé son développement au profit de l'autre. Celui qui a commis la violence ne peut invoquer de possession d'état parce qu'elle est viciée[45].

3°) Ou bien, il y a des possessions d'état **successives** : l'enfant a été d'abord considéré comme tel par l'amant de la mère puis par son mari (ou inversement) ; la possession d'état initiale devrait l'emporter. Ce n'est pas ce que disent les tribunaux qui, généralement, jugent équivoque la possession d'état initiale[46].

Dans le droit antérieur à l'ordonnance de 2005, lorsque l'enfant avait une possession d'état conforme à son titre[47], la preuve de sa filiation était incontestable[48] : on ne pouvait donc remettre en cause la maternité légitime, ni par contrecoup la paternité du mari. Il s'agissait d'une fin de non-recevoir à toute action en justice : ni l'enfant, ni les parents ne pouvaient discuter l'exactitude de cette filiation. Par l'effet de cette règle tutélaire, l'immense majorité des familles vivait en paix, car l'immense majorité des personnes a un acte de naissance et une possession d'état conformes.

Dans les cas exceptionnels où le titre n'était pas conforme à la possession d'état, une lecture *a contrario* de l'article 322, alinéa 2 ancien avait permis la contestation de la filiation, qui était suspecte. Longtemps, cette lecture *a contrario* du texte n'avait eu pour objet que la contestation

43. J. Groslière, « Les conflits de filiation de l'article 334-9 : phénomènes ou épiphénomènes », *D.* 1978, chron p. 25.

44. Pau, 17 mars 1975, préc.

45. Paris, 15 mars 1977, préc.

46. Cass. civ. 1re, 23 juin 1987, *Bull. civ.* I, n° 204 ; *D.* 1987.613, n. J. Massip ; *Defrénois* 1987, art. 34106, n° 97, p. 1401, m. n. : « *en raison de ce vice d'équivoque, la possession d'état d'enfant légitime invoquée* (par le mari) *n'était pas de nature à rendre irrecevable l'action en contestation de la paternité légitime de M.X.* ».

47. Il faut que l'acte de naissance soit régulier, ce qui ne serait pas le cas s'il ne mentionnait pas le nom du mari.

48. Le texte a été appliqué à un enfant né d'une PMA avec tiers donneur : après divorce, la mère avait voulu rattacher l'enfant à son nouveau foyer ; elle contesta, avec l'accord du premier mari, la paternité de celui-ci ; jugé que son action était irrecevable, en raison de la conformité du titre avec la possession d'état : Cass. civ. 1re, 14 juin 2000, *D.* 2001.969, obs. Fr. Granet, 2798, obs. Fr. Dekeuwer-Défossez.

de la maternité[49]. Puis, la Cour de cassation étendit le raisonnement *a contrario* à la contestation de paternité[50].

Le monde d'incertitudes dans lequel la jurisprudence peinait à trouver sa voie, devrait s'éclaircir. La plupart des difficultés étaient liées à des conflits de filiations, avec des possessions douteuses ou concurrentes ; aujourd'hui, l'expertise biologique permettra de dissiper les doutes.

II. — Preuve de la possession d'état

1006. Preuve de la preuve. – Pour jouer le rôle que lui assigne la loi, la possession d'état doit être prouvée : prouver la preuve[51]. La nécessité d'une telle preuve peut s'imposer hors de tout litige, lors du règlement d'une succession par exemple. Elle peut aussi surgir à l'occasion d'un litige, que celui-ci porte sur l'existence même de la possession d'état ou concerne directement ou indirectement le lien de filiation en général.

Hors de tout procès, la possession d'état s'établit par un acte de notoriété délivré par le juge d'instance ; un état de fait s'est ainsi bureaucratisé, la négation de la réalité vivante qu'est la possession d'état. La filiation qui en découle est transcrite en marge de l'acte de naissance (art. 317). Tout intéressé peut également demander au tribunal de grande instance que soit constatée par jugement l'existence de la possession d'état (art. 330).

L'acte de notoriété relevant de l'établissement volontaire de la filiation et le jugement constatant l'existence de la possession relevant des actions aux fins d'établissement d'un lien de filiation, ils seront traités *infra*, au titre de l'établissement de la filiation[52].

III. — Rôle de la possession d'état

1007. Possession à tout faire. – Le rôle de la possession d'état a varié selon les époques. Ses conséquences, directes et indirectes, positives et négatives, sont en efftet diverses et complexes. En cela, elles ne sont que le reflet d'une notion aux multiples facettes. La possession d'état a avant tout une fonction probatoire, ce qui explique qu'elle apparaisse traditionnellement au titre des preuves de la filiation, preuve de la filiation légitime dans le Code Napoléon (art. 320 et s. anc.), des présomptions relatives à la filiation (légitime et naturelle) dans la loi du 3 janvier 1972 (art. 311-1 et s. anc.), des preuves et présomptions depuis l'ordonnance de 2005 (art. 310-3). Mais elle a aussi, positivement, un rôle de consolidation. À l'inverse, son absence fragilise la filiation. Ces différentes fonctions seront étudiées *infra*, au titre de l'établissement ou de la contestation de la filiation. Il suffit d'en donner ici une vision panoramique.

49. Ex. : Planiol et Ripert, t. II, par A. Rouast, n° 751.

50. * Cass. civ. 1re, 27 février 1985, cité *infra*, n° 1307, « ... *en l'absence de possession d'état conforme au titre, la contestation de la paternité comme de la maternité légitime est recevable* » ; v. *infra*, n° 1323.

51. Il peut être également nécessaire de prouver l'absence de possession d'état (par exemple dans une action en constatation d'une filiation) : cette preuve peut se faire par tous moyens. Si le principe est simple, son application peut se révéler délicate et la jurisprudence a parfois succombé au laxisme, dans le cas par exemple d'une filiation qui ne serait plus vécue au jour où le juge statue, dans l'hypothèse de deux possessions d'état concurrentes et plus généralement, lorsque la certitude de la non-paternité est plus ou moins acquise, cf. *supra*, n° 1005.

52. *Infra*, nos 1225 s.

A. Rôle probatoire

1008. Possession d'état et apparence. – Toute possession d'état est une preuve, parce que celui qui possède une qualité ou jouit d'un droit n'a rien à prouver lorsque cette qualité ou ce droit est contesté. Si une personne a *nomen*, *fama* et *tractatus*, elle a un état apparent et l'apparence fait présumer, mais présumer seulement l'existence de l'état : la preuve contraire est recevable[53]. Il peut cependant être utile de faire constater l'existence de la possession d'état, par un acte de notoriété ou un jugement[54]. Mais cet acte ne crée pas l'état : il ne fait que constater l'apparence. L'ordonnance de 2005 adopte sur cette question une position ambiguë : la possession d'état ne produit d'effet que si elle a été constatée par écrit[55].

La possession d'état fait preuve directe de la filiation maternelle ou paternelle : elle en constitue, un « mode d'établissement » volontaire, selon la classification ambiguë retenue par l'ordonnance de 2005[56].

Dans certaines circonstances la preuve contraire cesse d'être admissible : lorsque, par exemple, la possession d'état renforce un autre mode de preuve (le titre) et que le temps éteint l'action. La règle de preuve devient règle de fond.

B. Fond

1009. Consolidation de l'état. – En plus de sa fonction probatoire, la possession d'état produit au fond du droit, comme toute possession, un effet de consolidation, de quatre manières. 1°) **Prolongée**, elle extirpe les vices d'une filiation : une possession d'état de dix ans éteint l'action en contestation (art. 321 et 334). 2°) **Corroborée** par un titre, elle rend (presque) inattaquable la filiation (pour la filiation légitime, art. 322 ancien ; le nouvel article 333 exige que la possession d'état ait duré au moins cinq ans[57]). 3°) Elle permet également que soit **rétablie la présomption de paternité** lorsque celle-ci aurait été, à défaut, écartée (art. 313 et 314). 4°) **Absente**, elle rend suspecte une filiation et en permet la contestation, sauf à se heurter à l'écoulement du temps (art. 334) qui stabilise toute filiation. En outre son absence durable fait perdre tout droit à y prétendre (art. 330). En d'autres termes, l'existence d'une possession d'état rend probable une filiation et en garantit la stabilité ; à l'inverse, son absence rend suspecte une filiation et la fragilise.

1010. Effet extinctif, effet créateur. – La possession d'état produit un double effet, à la fois extinctif et créateur : une absence de possession d'état pendant plus de dix ans éteint l'action en réclamation (art. 321). À l'inverse, une possession d'état de dix ans interdit de contester la filiation : l'action en contestation est en effet éteinte (art. 321).

1011. Réalisme et incertitude. – La possession d'état présente des avantages et des inconvénients.

Les avantages sont ceux du réalisme : elle est la plus spontanée des preuves ; elle traduit la filiation vivante, celle que les faits et les sentiments expriment. Elle

53. Cass. civ. 1re, 4 décembre 1990, préc.
54. Cf. *supra*, n° 1106.
55. *Infra*, n° 1224.
56. *Infra*, n° 1100.
57. Cf. *infra*, nos 1312 s.

est, par définition, paisible et la paix est un bien immense qu'il ne faut pas troubler. Elle a toutes les vertus de l'apparence.

Elle a aussi des inconvénients : elle est incertaine ; elle perturbe de nombreuses règles de la filiation ; elle est équivoque et même – ce qui est paradoxal – instable. Incertaine, la possession d'état l'est par rapport au titre – l'acte de naissance dressé par l'officier d'état civil qui est un acte préconstitué. Elle est d'une application difficile dans la vie quotidienne : on voit mal un banquier ou une administration faire comparaître des témoins, examiner des papiers domestiques, etc., afin de constater une possession d'état. En outre, le pouvoir d'appréciation de celui qui la constate comporte inéluctablement un risque d'arbitraire ; la bureaucratisation a rendu plus facile son emploi, mais en la dénaturant.

La possession d'état peut, aussi, perturber de nombreuses règles du droit de la filiation. L'effet caractéristique de toute possession est de placer le possesseur en position de défendeur. Si on ne cherche pas une filiation quand on la possède, la possession d'état permet de tourner les règles légales, particulièrement celles qui imposent des délais extinctifs dans le contentieux de la filiation, ou qui restreignent les contestations et l'établissement judiciaire d'une filiation.

Surtout, elle peut être équivoque et même instable. Équivoque : un homme s'occupe d'un enfant ; est-ce en qualité de généreux ami ou de père ? Deux hommes s'occupent simultanément ou successivement d'un enfant ; quel est le père[58] ? Instable : les hypothèses sont aujourd'hui nombreuses où un enfant est ballotté d'un couple à un autre, où aventures, concubinages, Pacs, mariages, adultères, reconcubinages, divorces, réconciliations, désunions, nouveaux reconcubinages, nouveaux Pacs, remariages et redivorces, etc., se succèdent : par définition, les situations de fait sont, en général, moins stables que les situations de droit. Décider que, dans ces hypothèses, il existe une possession d'état entraînerait une instabilité de l'état[59]. C'est l'effet *boomerang* classique du droit de la famille contemporain : faite pour stabiliser l'état, la possession d'état le rend parfois instable. Au juge de veiller à ne prendre en compte, positivement et négativement, que de « vraies » possessions d'état.

§ 3. Preuve préconstituée de la filiation : le titre

Le titre est un acte authentique (acte de l'état civil, acte notarié) qui offre à l'enfant une preuve préconstituée de sa filiation.

I. — Acte de naissance

Dressé dans les trois jours de l'accouchement (art. 55, à défaut, un jugement serait nécessaire[60]), l'acte de naissance permet de prouver, selon les circonstances, la maternité et, par le jeu de la présomption de paternité, la paternité en mariage.

58. D. Huet-Weiller, « L'établissement de la filiation naturelle par la possession d'état », *D.* 1982, chron. p. 185, n° 4.

59. Ex. : Cass. civ. 1re, 17 décembre 1983, *Bull. civ.* I, n° 289 ; *Defrénois* 1984, art. 33429, n° 106, obs. J. Massip : « *Pour pouvoir constituer une présomption légale relative à la filiation, laquelle devient irréfragable après l'expiration d'un délai de trente ans, la possession d'état doit être continue et exempte de vices.* » En l'espèce, un enfant avait vécu les douze premières années de sa vie en ayant la possession d'état d'enfant légitime du premier mari ; les trente années suivantes en ayant la possession d'état d'enfant légitime du second mari ; censurant la cour d'appel, la Cour de cassation a décidé que les juges ne pouvaient préférer la seconde qu'en vérifiant son caractère continu et son absence d'équivoque.

60. *Les personnes*, coll. Droit civil.

A. Acte de naissance et preuve de la maternité

1012. Preuve de la maternité. – La preuve de la maternité suppose l'établissement de deux éléments : l'accouchement de la mère prétendue et l'identité de l'enfant avec celui dont la femme est accouchée. L'acte ne contient pas obligatoirement le nom de la femme qui est accouchée : celle-ci peut demander l'anonymat[61]. Dès lors qu'il indique ce nom, il prouve le fait de l'accouchement, à la date indiquée par lui.

1013. 1°) **Accouchement de la mère.** – L'acte de naissance démontre certainement l'accouchement de la mère : le fait de déclarer à l'état civil une naissance prouve que la femme qui y est désignée a accouché d'un enfant. Sans doute, cette preuve peut librement être contestée, car l'officier d'état civil n'a pas lui-même constaté l'accouchement et, par conséquent, la supposition d'enfant peut être démontrée (la supposition d'enfant est un délit pénal : C. pén., art. 227-13). Tant que la contestation n'a pas réussi, l'acte de naissance démontre l'accouchement. *Pour les difficultés que posent les mères porteuses*[62].

Reste la preuve de l'identité. En pratique, celle-ci est rarement contestée.

1014. 2°) **Identité de l'enfant.** – L'identité de l'enfant suscite cependant une difficulté et une controverse. Le fait qu'un individu produise un extrait de naissance ne démontre pas qu'il soit le même que celui dont la naissance est constatée. Aussi, la doctrine dominante dit-elle que si son identité est contestée, l'enfant doit la prouver ; la preuve est libre, par témoignage ou possession d'état[63]. Sur une opinion différente, voyant dans l'acte de naissance une présomption d'identité[64].

1015. *Mater semper certa*. – Longtemps, l'acte de naissance constitua seulement la preuve de la maternité en mariage. Pour la filiation hors mariage, la désignation de la mère dans l'acte de naissance de l'enfant ne suffisait pas : sauf cas particulier, l'établissement de la filiation maternelle supposait une démarche particulière (la reconnaissance) ou l'existence d'une possession d'état[65]. L'ordonnance de 2005 a mis fin à cette différence, de plus en plus difficile à justifier. Le nouvel article 311-25 dispose désormais que « *La filiation est établie par la désignation de la mère dans l'acte de naissance de l'enfant*[66] ».

B. Acte de naissance et preuve de la paternité ?

1016. Incertitudes. – Parce que l'officier de l'état civil ne fait qu'enregistrer les déclarations qui lui sont faites, l'indication dans l'acte de naissance du nom de tel ou tel homme comme père de l'enfant, ne suffit pas à établir la filiation à son égard. Mais si l'homme et la femme dont les noms apparaissent dans l'acte sont mariés entre eux, la règle *Mater semper certa* se combine avec la présomption *Pater is est* pour établir la filiation paternelle. C'est moins la mention du nom du mari dans l'acte de naissance qui déclenche le jeu de la présomption que l'existence même du mariage. En principe, peu importe que le nom du mari apparaisse

61. *Infra*, n° 1120.
62. *Infra*, n°s 1032 s.
63. Ex. : Mazeaud-Chabas, n° 827.
64. *Infra*, n° 1110.
65. *Infra*, n° 1102.
66. *Infra*, n° 1105.

ou non dans l'acte : mais par souci de réalisme, la loi prévoit que si le mari n'est pas mentionné dans l'acte en qualité de père et que l'enfant est dépourvu de possession d'état à son égard, la présomption de paternité ne joue pas (art. 313[67]).

Pour l'enfant né hors mariage, l'acte de naissance, faute d'équivalent à la présomption de paternité[68], ne prouve rien. L'indication du nom du père prétendu pourrait seulement constituer un indice lors d'une action en justice : pour l'enfant né hors mariage, le titre de paternité, c'est la reconnaissance.

II. — Reconnaissance

1017. Je dis, donc je suis. – Démarche volontaire par laquelle un homme ou une femme avoue sa paternité ou sa maternité, la reconnaissance doit être faite par acte authentique : acte de l'état civil, acte notarié ou aveu judiciaire[69]. Traditionnellement réservée à la filiation hors mariage, elle a longtemps constitué le titre par excellence des enfants naturels. L'ordonnance de 2005 lui a fait subir une double évolution. D'une part, l'acte de naissance assure à lui seul l'établissement de la filiation maternelle hors mariage : il en est le titre par excellence. D'autre part, la reconnaissance constitue désormais un mode d'établissement de la filiation en mariage et hors mariage[70].

La reconnaissance est inutile si la filiation peut s'évincer de l'acte de naissance. Mais il est des cas où la reconnaissance peut doubler l'acte de naissance[71]. La situation sera sans conséquence si la reconnaissance confirme l'acte de naissance. Mais qu'en est-il en cas de contradiction : si, par exemple, l'acte de naissance et la présomption de paternité ne permettent pas de rattacher l'enfant au mari (art. 313), mais que l'enfant a été reconnu par celui-ci ? Il reviendra au juge de trancher le conflit de filiations[72].

§ 4. Preuve judiciaire de la filiation

1018. Vérité et procès. – Longtemps, l'impossibilité d'accéder à toute certitude biologique en matière de paternité et parfois de maternité, attisa la méfiance du droit envers les procès relatifs à la filiation ; s'y ajoutaient la peur du scandale et le souci de protéger la famille contre des actions intéressées[73]. Le Code Napoléon ne connaissait d'action en établissement de la filiation que pour la maternité : il fallut attendre 1912 pour que fût ouverte une action en recherche de paternité naturelle[74]. Encore la loi contrôlait-elle étroitement la preuve de la filiation. Si cette preuve pouvait se faire par tous moyens, elles supposait que fût préalablement établie l'existence de circonstances propres à rendre vraisemblable le lien prétendu : cas d'ouverture et fins de non-recevoir pour l'action en recherche de

67. *Infra*, n° 1151. Sur les valeurs probantes respectives du titre nu et du titre corroboré par la possession d'état, *infra*.

68. *Supra*.

69. *Infra*, n°s 1187 s.

70. *Infra*, n° 1174.

71. *Infra*, n° 1176.

72. *Infra*, n° 1176.

73. *Infra*, n° 1267.

74. *Infra*, n° 1270.

paternité de l'enfant naturel (art. 340 anc.[75]), adminicules de l'article 323 ancien pour l'action en réclamation d'état de l'enfant légitime[76].

Aujourd'hui, les sciences biologiques établissent avec une quasi-certitude la réalité biologique de la filiation. Elles ne sont vraiment certaines que lorsqu'elles sont coûteuses (l'empreinte génétique). Surtout, elles suscitent des difficultés morales et juridiques : atteinte à l'intégrité physique de la personne, atteinte à la confiance conjugale, à la paix des familles et à la sécurité de l'état des personnes (lorsque l'expertise biologique est destinée à faire tomber une filiation légale) et (dans tous les cas) équivoque de la biologie : la paternité et la maternité sont-elles seulement biologiques ? Aussi, ces preuves biologiques ne peuvent-elles être admises que si la loi les permet et sont toujours soumises à l'appréciation du juge, ce qui interdit qu'elles puissent être faites à l'amiable ou pis *ad nutum* (mais, en fait, certains laboratoires les pratiquent en France et surtout à l'étranger).

I. — Preuve négative et preuve positive

1019. Sang et autres. – Bien avant qu'un texte ne l'eût dit, la jurisprudence avait décidé qu'une preuve certaine de défaut de paternité résultait de l'incompatibilité entre le sang de l'enfant et celui du père prétendu[77]. La loi de 1972 avait consacré la règle (art. 340-1, 3 anc.) et l'avait étendue[78] à « *toute autre méthode médicale certaine* » ; expression souple qui s'adaptait à l'évolution des sciences biologiques, notamment la génétique : ainsi, l'« empreinte génétique » (test par l'ADN) constituait une preuve certaine de la paternité biologique[79]. Cette règle se référait à la recherche de la paternité naturelle[80], mais avait une portée générale[81]. Aujourd'hui, la liberté de la preuve de la paternité l'implique sans même qu'il soit nécessaire de le dire expressément[82].

1020. Droit à la preuve et respect de la personne. – Cette preuve ne peut s'exercer que s'il y a une prise de sang ou un prélèvement de tissus. À la différence du droit allemand[83], le droit français impose, au nom des droits de la personnalité, le droit de chacun au respect de son intégrité physique (art. 16-1) : le principe *noli me tangere* (ne me touche pas) empêche que l'on contraigne une personne à une prise de sang ou à un prélèvement de tissus, par exemple sous

75. *Infra*, n° 1271.

76. *Infra*, n° 1254.

77. Ex. : Cass. civ., 25 juillet 1949, *D.* 1949.585, n. J. Carbonnier ; *S.* 1950.I.8 ; *JCP* G 1949.II.5.102, n. A. Rouast.

78. Parfois avec excès ; par exemple : Cass. civ. 1re, 16 novembre 1983, *Bull. civ.* I, n° 273 ; *Defrénois* 1984, art. 33230, n° 4, obs. appr. J. Massip ; *Gaz. Pal.* 1984.I.247, m. n. ; *JCP* G 1984.II.20235, n. crit. G. Durry, paraît dire qu'en cas de décès du mari, la comparaison des sangs des grands-parents paternels du mari et de l'enfant « *était de nature à déterminer la solution du litige* », ce qui a été critiqué, car la grand-mère a pu être infidèle (n. G. Durry préc.)

79. J.-Chr. Galloux, « L'empreinte génétique : la preuve parfaite », *JCP* G 1991.I.3497.

80. *Infra*, n° 1264.

81. La contestation de reconnaissance paternelle ou de paternité légitime ou une défense à une demande de subsides, *infra*, n° 1370.

82. Ex. : l'article 328 affirme autrement : « *La paternité hors mariage peut être judiciairement déclarée* » ; ou l'article 332, alinéa 2, selon lequel : « *La paternité peut être contestée en rapportant la preuve que le mari ou l'auteur de la reconnaissance n'est pas le père* ». Sur l'ensemble de la question, cf. G. Vial, *La preuve en droit extrapatrimonial de la famille*, Nouvelle bibliothèque des thèses, Dalloz, 2008 et réf. cit.

83. R. Frank, « L'examen biologique sous contrainte dans le cadre de l'établissement de la filiation en droit allemand », *RID comp.* 1995.905.

astreinte[84]. L'article 16-11, alinéa 2 le rappelle opportunément pour les actions tendant à l'établissement ou à la contestation d'une filiation[85]. Le refus de se prêter à ces analyses, pour légitime qu'il soit, peut cependant valoir preuve contre le défendeur (le père prétendu), s'il existe d'autres indices[86]. Ce qui est un peu hypocrite[87] : vous êtes libre de ne pas faire analyser votre sang ; mais si vous ne le faites pas, vous serez probablement déclaré père de cet enfant[88].

1021. Nécromancie judiciaire et respect dû aux morts. – Il avait été admis, dès avant les lois sur la bioéthique, que l'analyse des sangs pouvait, après le décès du père prétendu, être faite soit sur ses ascendants, descendants et collatéraux[89], soit sur son cadavre[90]. Avec l'empreinte génétique, cette preuve *post mortem* devient techniquement possible quel que soit le temps écoulé depuis le décès. Cette investigation d'un cadavre est contraire au respect que l'on doit à un mort. Des tribunaux l'avaient cependant admise[91], estimant que l'article 16-1 ne s'applique qu'aux personnes vivantes[92], surtout lorsque les héritiers avaient donné leur accord[93].

---

84. Ex. : Cass. civ. 1re, 2 avril 1968, *Bull. civ.* I, n° 114 ; *D.* 1968.705, n. A. Rouast : « *un prélèvement sanguin nécessite une atteinte corporelle qui ne peut être pratiquée* [...] *contre le gré des personnes* ». Sur les dérives du recours aux empreintes génétiques pour vérifier la « véritable » filiation de l'enfant étranger dans le cadre d'une demande de visa long séjour, L. III-6 CESEDA loi 20 novembre 2007, *supra*, n° 908.

85. Mais, dit la Cour de cassation, la simple communication d'échantillons sanguins (prélevés lors d'une opération chirurgicale) à un juge étranger saisi d'une action en recherche de paternité ne tombe pas sous le coup de l'article 16-11 car elle ne constitue pas une mesure d'identification d'une personne par ses empreintes génétiques (Cass. civ. 1re, 4 juin 2007, *Bull. civ.* I, n° 224 ; *Defrénois* 2007.1644, n. J. Massip ; *D.* 2008.1438, obs. M. Gaumont-Prat).

86. Ex. : Cass. civ. 1re, 6 mars 1996, *Bull. civ.* I, n° 121 ; *D.* 1996.529, n. J.-J. Lemouland : « *Le refus injustifié démontrait la crainte des intéressés de voir révéler la vérité de paternité de M. Z.* » (un des défendeurs) ; le refus de celui qui est finalement déclaré père de l'enfant peut également l'exposer à verser des dommages-intérêts : cf. Cass. civ. 1re, 6 mai 2009, *RJPF* 2009, n° 9, p. 28, obs. Th. Garé. S'il n'existe pas d'indices, le refus de se soumettre à une expertise ne saurait constituer une preuve de paternité ; jurisprudence constante ; ex : Cass. civ. 1re, 17 septembre 2003, *D.* 2004.659, 2e esp., n. J. Massip ; n.p.b. « *en l'absence d'éléments probants, le seul refus de se soumettre à une expertise sanguine n'établissait pas la nature des liens exigés par les textes pendant cette période pour recevoir l'action à fins de subsides* ».

87. Le raisonnement a cependant été validé par la CEDH, cf. déclarant la requête irrecevable, CEDH, 2 juin 2015, req. 22037/13, *Canonne c. France* (*AJ famille* 2015, 499, note S. Le Gac-Pech, *RTD civ.* 2015, 596, obs. J. Hauser) : le petit-fils des pastilles Valda assurait qu'il n'était pas le père de la petite Eléonore et refusait de se soumettre à l'expertise ordonnée par le juge. Compte tenu de ce refus mais aussi de divers éléments de fait (travail au sein de la même entreprise, voyages professionnels communs au cours de la période légale de conception), la paternité est déclarée. Selon la Cour, les juridictions françaises n'ont pas « *excédé l'importante marge d'appréciation dont elles disposaient* » au regard de l'article 8 Convention EDH.

88. Cf. les premières décisions rendues dans l'affaire *Yves Montand, infra* ou Cass. civ. 1re, 25 septembre 2013, n° 12-24.588, *Dr. famille* 2013, n° 161, note C. Neirinck, *D.* 2013, p. 1171, obs. F. Granet-Lambrechts. *Adde*, par exemple, pour des enfants nés en mariage, assignés par celui qui se prétend leur demi-frère, après le décès de leur père, Cass. civ. 1re, 26 juin 2013, n° 12-12.831 (pour justifier son refus de présenter pour les opérations d'expertise, la fille légitime invoquait... l'immunité de juridiction liée à son statut de diplomate).

89. Ex. : Paris, 4 juillet 1996, *D.* 1997, somm. p. 158, obs. Fr. Granet.

90. Cass. civ. 1re, 22 avril 1975, *Bull. civ.* I, n° 143 ; *JCP* G, 1975.IV.183. La durée de la vie de l'ADN est extrêmement longue (celles qu'on a retrouvées dans l'épiderme d'une momie vieille de 2 500 ans se sont remises à fonctionner).

91. * Paris, 6 novembre 1997, *aff. Yves Montand, D.* 1998.118, n. crit. Ph. Malaurie ; *JCP* G 1998.I.101, n° 3, obs. J. Rubellin-Devichi ; *Dr. famille* 1998, 4, obs. appr. P. Catala ; *Defrénois* 1998, art. 36753, obs. J. Massip ; *Gaz. Pal.* 12-13 décembre, n. crit. Th. Garé ; *RTD civ.* 1998.87, obs. J. Hauser ; pourtant, de son vivant, le défendeur avait refusé l'analyse de son sang.

92. Aix-en-Provence, 8 février 1995, *Dr. famille* 1996, n° 2, obs. P. Murat ; Dijon, 15 septembre 1999, *D.* 2000.2867, obs. Cath. Pomart, maintenu par Cass. civ. 1re, 3 juillet 2001 cité *infra*.

93. Cass. civ. 1re, 3 juillet 2001, *Bull. civ.* I, n° 203 ; *Defrénois* 2002.190, obs. J. Massip ; *RTD civ.* 2001.863, obs. J. Hauser : « *le document du 7 novembre 1996 ne laissait pas de doute sur la réalité*

Selon l'article 16-11 al. 2 du Code civil, « sauf accord exprès de la personne, manifestée de son vivant, aucune identification par empreinte génétique ne peut être réalisée après sa mort ». Entre le droit à établir sa filiation et le respect dû aux morts, la loi a tranché : *Requiescat in pace*[94].

Le Conseil constitutionnel a validé la règle : selon lui, le législateur a ainsi « entendu faire obstacle aux exhumations afin d'assurer le respect dû aux morts » et « il n'appartient pas au Conseil constitutionnel de substituer son appréciation à celle du législateur sur la prise en compte, en cette matière, du respect dû au corps humain »[95]. On peut toutefois se demander s'il n'y a pas là un exemple de conflit potentiel entre jurisprudence constitutionnelle et jurisprudence européenne. Dans l'affaire *Jaggi c. Suisse*[96], la CEDH entend que le respect dû aux morts soit mis en balance avec les autres intérêts en cause, notamment ceux de l'enfant à connaître les éléments de son identité personnelle. Ce principe a été réaffirmé dans l'arrêt *Pascaud c. France*[97] : en l'espèce, une expertise avait bien eu lieu, mais le juge français avait refusé d'en

---

de l'accord donné par les consorts X pour que soient effectués les prélèvements nécessaires à l'analyse génétique ».

94. La Cour de cassation a déclaré la règle d'application immédiate : Cass. civ. 1re, 2 avril 2008, *Dr. famille* 2008, n° 86, note P. Murat, *JCP* G 2008, II, 10132, note J.-R. Binet, *AJ famille* 2008, 209, obs. F. Chénedé.

95. Cons. const., 30 septembre 2011, n° 2011-173 QPC, *AJ famille* 2011, 549, obs. F. Chénedé, *RTD civ.* 2011, 743, obs. J. Hauser.

96. *CEDH, 13 juillet 2006, *Jaggi contre Suisse* (*RTD civ.* 2006.727, obs. J.-P. Marguénaud ; *RTD civ.* 2007, 100, obs. J. Hauser ; *Defrénois* 2008, 573, obs. J. Massip ; *Dr. famille* 2008, Et. n° 14, obs. A. Gouttenoire) : la Cour affirme au nom du droit à l'identité « *dont relève le droit de connaître son ascendance* » partie intégrante de la notion de vie privée protégée par l'article 8 Conv. EDH, que « *les personnes essayant d'établir leur ascendance ont un intérêt vital, protégé par la Convention, à obtenir les informations qui leur sont indispensables pour découvrir la vérité sur un aspect important de leur identité personnelle* » ; « *dans la balance des intérêts en cause, il convient de considérer, d'un côté, le droit du requérant à connaître son ascendance et, de l'autre, le droit des tiers à l'intangibilité du corps du défunt, le droit au respect des morts ainsi que l'intérêt public à la protection de la sécurité juridique* ». Que le requérant soit âgé de 67 ans au jour de l'arrêt (ce qui, soulignait le juge suisse, lui a laissé le temps de construire son identité), que le défunt se soit opposé sa vie durant à l'établissement de la filiation, que les actions soient largement prescrites, n'y change rien : pour la Cour l'intérêt du requérant à obtenir une expertise ADN sur le cadavre de son père prétendu est, compte tenu des circonstances, prépondérant. Emportée par son élan, la Cour souligne que la concession funéraire venant à expiration dans dix ans « *le droit de reposer en paix ne bénéficie donc que d'une protection temporaire* » (*sic*) et, surtout, que le prélèvement intervenant après la mort de l'intéressé, la vie privée de ce dernier ne pouvait être atteinte : ce mélange de cynisme et de bons sentiments ne laisse pas de surprendre. La Cour a d'ailleurs mis un bémol à cette marche funèbre en déclarant irrecevable la demande d'une femme qui demandait l'exhumation du cadavre... de son grand-père : l'intérêt à connaître son identité s'affaiblit avec les générations et, de leur vivant, ni le père ni le grand-père n'avaient manifesté leur intention de faire établir la filiation (CEDH, 5 mai 2009, *Menendez Garcia c. Espagne*, *RTD civ.* 2009, p. 679, obs. J. P. Marguénaud).

97. CEDH, 16 juin 2011, n° 19535, *Pascaud c. France*, *D.* 2011, 1758, F. Chénedé, *RTD civ.* 2011, p. 526, obs. J. Hauser. Les enjeux financiers de l'espèce n'étaient pas négligeables. L'affaire commence comme un roman bourgeois : le fils d'une famille de propriétaires viticoles à Saint Émilion a une liaison avec une jeune femme ; celle-ci accouche d'un enfant que le jeune homme ne reconnaît pas. Elle se marie quelque temps plus tard avec un tiers qui reconnaît l'enfant et le légitime par son mariage. Très vite, l'enfant apprend qui est son père ; il le rencontre discrètement. Le père promet de régulariser la situation après le décès de la mère. En 1998, le père institue la commune de Saint Émilion comme légataire universelle puis cède la nue-propriété de son exploitation à ladite commune, à charge pour elle de s'occuper de lui. En 2000, le fils agit en annulation de la reconnaissance effectuée par son père légal sur le fondement des articles 322 et 334-9 du Code civil interprétés *a contrario* ; pour établir sa filiation à l'égard de son véritable père, il invoque la possession d'état. Une expertise génétique est ordonnée. Le père prétendu ne se rend pas aux rendez-vous fixés puis manifeste le souhait de reconnaître l'enfant. L'expertise a finalement lieu et conclut à une quasi-certitude de paternité. Quelques semaines plus tard, l'intéressé est placé sous tutelle. Toutes les demandes du fils sont rejetées : il n'y a pas eu de reconnaissance (seulement une déclaration d'intention) et l'expertise a été effectuée sans que le père prétendu ait donné un consentement valable. La CEDH examine « *si, en l'espèce, un juste équilibre a été ménagé dans la pondération des intérêts concurrents, à savoir d'un*

tenir compte car il avait estimé au terme d'une analyse graphologique, que l'intéressé, placé quelques semaines plus tard sous curatelle, n'avait pas donné un consentement valable. La CEDH ne condamne pas directement la règle française mais entend que soit procédé à une balance des intérêts en présence[98]. Droit de principes, le droit de la filiation deviendrait-il un droit du cas par cas ?

II. — Office du juge

1022. Droit à l'expertise biologique. – L'expertise biologique doit être ordonnée lorsqu'elle est demandée et peut même l'être d'office (C. pr. civ., art. 10 et 143)[99]. Le juge ne peut la refuser que « *s'il existe un motif légitime de ne pas y procéder* ». La question a suscité un difficile contentieux. L'expertise et la contre-expertise ne peuvent être refusées que si elles sont inutiles, lorsque notamment la preuve a déjà été faite, ou qu'elle est impossible à réaliser matériellement (le père ne peut être localisé[100]), ou parce qu'il n'est pas établi qu'existent des matériaux génétiques permettant de procéder à une expertise[101], ou juridiquement (l'action est fermée par la conjonction du titre et de la possession d'état[102]). Cédant à la pression du biologique, la Cour de cassation est de plus en plus stricte sur les « motifs légitimes »[103]. La CEDH ne peut que l'y

---

côté le droit du requérant à connaître son ascendance et, de l'autre, le droit des tiers à ne pas être soumis à des tests ADN et l'intérêt général à la protection de la sécurité juridique » (par. 60). En annulant la reconnaissance les juges français n'ont pris en compte à aucun moment les intérêts du requérant à établir les détails de son identité, le droit français ne lui laissant aucun moyen pour établir sa filiation puisque la reconnaissance effectuée par le mari de la mère est valable et que l'expertise génétique *post mortem* est interdite. « *À la lumière de ce qui précède* », la Cour affirme avoir « *des difficultés à admettre que les juridictions nationales aient laissé des contraintes juridiques l'emporter sur la réalité biologique en se fondant sur l'absence de consentement de W.A. (le père prétendu), alors même que les résultats de l'expertise ADN constituaient une preuve déterminante de l'allégation du requérant (*mutadis mutandis, *Grönmark, précité, § 56). C'est d'autant moins admissible que, à son décès, W.A. n'avait plus aucune famille connue. Elle en conclut que dans les circonstances de l'espèce, il n'a pas été ménagé un juste équilibre entre les intérêts en présence (voir notamment la première phrase du paragraphe 61 ci-dessus) et que le requérant a subi une atteinte injustifiée à son droit au respect de sa vie privée* ». Le raisonnement est très critiquable : c'est refaire le procès à Strasbourg et le refaire en équité. Finalement, ce seront quelque 2 750 000 euros que la France devra payer à M. Pascaud au titre de la satisfaction équitable (CEDH, 8 novembre 2012, n° 19535, *RTD civ.* 2013, p. 102, obs. J. Hauser).

98. Dans son rapport en vue de la révision des lois bioéthiques, le Conseil d'État avait proposé d'assouplir la règle : pas d'identification *post mortem* si l'intéressé s'y était opposé de son vivant ; en l'absence d'opposition expresse, nécessité d'une autorisation judiciaire, le juge prenant en compte l'intérêt invoqué par le demandeur, le respect dû au corps du défunt et la protection des droits des tiers. C'était une façon de mettre la France en conformité avec les exigences posées par la CEDH dans l'arrêt *Jaggi*. Le législateur de 2011 a tenu bon.

99. Cass. civ. 1re, 28 mars 2000, *Bull. civ.* I, n° 103 ; *D.* 2000.731, n. crit. Th. Garé ; 2001.2868, obs. Chr. Desnoyer ; *JCP* G, 2000.I.253, n° 11 obs. Chr. Byk et II, 10409, concl. C. Petit, n. M.-C. Montsallier-Saint-Mleux ; *RTD civ.* 2000.304, obs. J. Hauser ; *Defrénois* 2000, art. 37194, p. 769, obs. J. Massip : « *l'expertise biologique est de droit en matière de filiation, sauf s'il existe un motif légitime de ne pas y procéder* » ; V. S. Le Gac-Pech, « De Louis XVII à Z », *D.* 2001.404 ; *adde* Cass. civ. 1re, 14 juin 2005 (7 arrêts), *Bull. civ.* I, n° 250, 251, 252, 253, 254, 255, 257 ; *Defrénois* 2005, 1848, obs. J. Massip ; *JCP* G 2005.I.199, n° 2, obs. M. Rebourg ; *Dr. famille* 2003, n° 182, obs. P. Murat ; *RTD civ.* 2005, 584, obs. J. Hauser ; Cass. civ. 1re, 4 juillet 2006 (3 arrêts), *Dr. famille* 2006, n° 185, note P. Murat ; Ass. plén. 23 novembre 2007, *Bull. civ. Ass. plén.* n° 8 ; *Dr. famille* 2008, n° 5, note P. Murat. Point n'est besoin d'adminicules, Cass. Ass. plén. 23 novembre 2007, *D.* 2007, 3078, obs. F. Granet ; *JCP* G 2007, II, 10204, note Chauvin ; *RTD civ.* 2008, p. 284, obs. J. Hauser.

100. Cass. civ. 1re, 3 janvier 2006, *Dr. famille* 2006, n° 108, obs. P. Murat.

101. Cass civ. 1re, 25 avril 2007 ; *Bull. civ.* I, n° 163 ; *Dr. famille* 2007, n° 170, obs. P. Murat ; *Defrénois* 2007, 1641, obs. J. Massip ; *RTD civ.* 2007, p. 555, obs. J. Hauser.

102. Cf. les arrêts du 14 juin 2000, préc.

103. Naguère, la Cour avait admis que constituait un motif légitime l'existence d'une possession d'état clairement établie (Cass. civ. 1re, 18 mai 2005, *Bull. civ.* I, n° 218 ; *RJPF* septembre 2005, p. 34, n. Th. Garé) ; de même, dans un autre arrêt, elle avait décidé que le comportement du père joint à l'absence d'échantillon sanguin permettaient de réaliser l'expertise sans exhumation du corps du

encourager, qui ouvre largement l'accès à l'expertise génétique au nom de l'article 8 Conv. EDH[104].

Toutes les précautions doivent être prises pour que les opérations d'expertise soient irréprochables[105]. L'analyse des sangs peut être ordonnée *in futurum*, en référés et avant procès sur la filiation lorsqu'il y a un risque de dépérissement des preuves et qu'à première vue l'action paraît recevable, parce qu'existent des présomptions ou indices graves[106]. Mais admettre que ces mesures d'instruction puissent être ordonnées sans condition risquerait de porter un nouveau coup à la stabilité de la famille et de la filiation : certaines décisions sont réservées[107].

La loi du 29 juillet 1994 sur le corps humain a été plus restrictive en matière d'empreintes génétiques : l'article 16-11, alinéa 2, prévoit que « *cette identification ne peut être recherchée qu'en exécution d'une mesure d'instruction ordonnée par le juge saisi d'une action tendant soit à l'établissement ou la contestation d'un lien de filiation, soit à l'obtention ou la suppression de subsides. Le consentement de l'intéressé doit être préalablement et expressément recueilli* ». En outre, aucune empreinte génétique ne peut être réalisée après la mort du défendeur[108].

---

père décédé (Cass civ. 1re, 25 avril 2007, préc. : il est vrai qu'il s'agissait ici d'une contestation de paternité... intentée par le grand-père). Mais un arrêt du 28 mai 2008, *Bull. civ.* I, n° 157 ; *JCP* G 2008 *Act.* 409, obs. Y. Favier ; *Dr. famille* 2008, n° 100, note P. Murat, semble marquer un coup d'arrêt : la cour d'appel s'était fondée sur la possession d'état existant au profit de l'homme dont la paternité était contestée (il avait obtenu un droit de visite... puis la résidence de l'enfant), ses échanges de correspondance avec la mère, l'attitude de celle-ci, pour estimer que les présomptions et indices relevés étaient suffisants en eux-mêmes pour établir la paternité contestée, et, en conséquence, rejeter la demande d'expertise. Cassation : tout cela ne fait pas un « motif légitime ». Constitue en revanche un motif légitime d'une expertise ADN le fait qu'un examen des sangs réalisé cinq ans auparavant dans le cadre d'une action à fins de subsides avait établi à 99,997 % la probabilité de paternité du défendeur (Cass. civ. 1re, 5 novembre 2014, n° 13-26.305).

Pour une action à fin de subsides, Cass. civ. 1re, 8 juillet 2009, *AJ famille* 2009, n° 11, p. 22, obs. Th. Garé ; *Dr. famille* 2009, n° 127, obs. P. Murat ; *RTD civ.* 2009, p. 711, obs. J. Hauser : le beau-frère arguant de l'identité partielle de son patrimoine génétique avec celui de son frère, ex-mari de la mère, du risque de confusion qui en découlait, tentait d'échapper à une expertise biologique : rejet du pourvoi (comp., beaucoup plus incertain, Cass. civ. 1re, 30 septembre 2009, *Dr. famille* 2009, n° 142, obs. P. Murat ; *RTD civ.* 2009, p. 711, obs. J. Hauser : outre son caractère déstabilisateur s'agissant d'une personne âgée de 62 ans, la finalité exclusivement financière de la contestation (destinée à écarter un des enfants de la succession), constitue un motif légitime pour ne pas ordonner une expertise biologique.

104. Cf. notamment les arrêts * *Mizzi contre Malte*, du 12 janvier 2006, *Jaggi contre Suisse*, du 13 juillet 2006, et **Paulik contre Slovaquie*, du 10 octobre 2006, préc. ; une juridiction française n'a pas craint d'invoquer la Conv. IDE pour refuser l'expertise au nom de l'intérêt supérieur de l'enfant à ne pas voir, en l'espèce, remise en cause sa filiation (TGI Lyon 5 juillet 2007, *D.* 2007, 3052, n. A. Gouttenoire ; *RTD civ.* 2008, p. 93, obs. J. Hauser). Mais la Cour de cassation veille : cassation de l'arrêt qui avait refusé l'expertise faute pour celui qui se prétendait le véritable père d'établir de manière certaine l'existence de ses relations avec la mère (le retour des adminicules ?) et en raison de l'intérêt supérieur de l'enfant à ne pas voir sa filiation remise en cause (l'enfant refusait d'ailleurs de se soumettre à l'expertise). Cassation (Cass. civ. 1re, 14 janvier 2015, n° 13-28.256, *Dr. famille* 2015, comm. 51, note C. Neirinck, *D.* 2015, 702, obs. F. Granet-Lambrechts, *RTD civ.* 2015, 367, obs. J. Hauser.

105. Cass. civ. 1re, 15 novembre 1994, *Bull. civ.* I, n° 330 ; *Defrénois* 1995, art. 36100, n° 54. « *Dans une action à fin de subsides, la loyauté et le caractère contradictoire des opérations d'expertise peuvent être contestés et la possibilité d'une substitution de personnes peut être invoquée lorsque l'expert commis pour procéder à l'examen comparé des sangs n'a pas personnellement assisté à la prise de sang pratiquée sur le défendeur alors qu'il était présent lors des prélèvements effectués sur la demanderesse* ».

106. Cass. civ. 1re, 4 mai 1994, *Bull. civ.* I, n° 159 ; *D.* 1994.545, n. J. Massip ; *Defrénois*, art. 35891, n° 100, m. n. ; *RTD civ.* 1994.575, obs. J. Hauser : « *la cour d'appel a relevé, dans l'exercice de son pouvoir souverain d'appréciation, l'existence d'un risque de dépérissement des preuves et l'intérêt pour M. Y. d'évaluer les chances de succès d'une action en contestation de reconnaissance* ».

107. Ex. : Toulouse, 21 juin 1994, *D.* 1995.98, n. S. Mirabail et somm. p. 223, obs. Fr. Granet-Lambrechts ; *JCP* G, 1996.II.22585, n. I. Ardeef : « *la recherche de ces présomptions n'est ni de la compétence du juge des référés ni de celle du juge de la mise en état, mais de la compétence du juge du fond* » ; *idem* : TGI Toulouse, réf., 27 mars 1996, *JCP* G, 1997.II.22787, n. I. Ardeef.

108. *Supra*, n° 1021.

Section II
PROCRÉATIONS MÉDICALEMENT ASSISTÉES

1023. Procréations naturelle et artificielle. – La procréation relève de la nature et de la volonté. Depuis une cinquantaine d'années, le développement fulgurant des sciences génétiques a conféré à l'homme une grande maîtrise de la vie et de la reproduction : la volonté individuelle permet à l'homme et surtout à la femme de décider de leur paternité et de leur maternité. Pour limiter les naissances, par la contraception et l'avortement. À l'inverse, pour lutter contre la stérilité qui s'est considérablement développée depuis une cinquantaine d'années. Évolutions qui peuvent avoir des répercussions incalculables sur le droit de la filiation[109].

L'industrialisation et l'enrichissement de la société, la liberté des mœurs et l'accroissement des maladies sexuellement transmissibles, le développement de la contraception et de l'avortement et d'autres causes plus mystérieuses entraînent presque en même temps la stérilité et ses palliatifs. Ce qui, en un sens, n'est pas tellement nouveau : ce que l'on faisait autrefois en utilisant les services d'une servante complaisante[110] ou d'un ami vigoureux, on le remplace aujourd'hui par des techniques scientifiques. La nouveauté, c'est la puissance de la biologie et des potentialités qu'elle offre qui, peu à peu, font perdre les repères familiaux.

Un problème fondamental se pose ; comment organiser le pouvoir qu'a désormais l'homme de créer la vie en dehors de la nature ? Est-il convenable de dissocier l'amour et la reproduction ? Surtout lorsque ce pouvoir a pour objet la maternité artificielle, plus que la paternité artificielle mieux connue et plus facilement tolérée par l'opinion.

La conception et la gestation féminine peuvent être modifiées artificiellement de plusieurs manières : la parthénogenèse[111] dont la perspective actuelle est improbable, l'implantation d'ovules[112], la

109. **Biblio. :** cf., dans la perspective de la révision des lois de bioéthique en 2011, trois rapports : *Évaluation de l'application de la loi du 6 août 2004 relative à la bioéthique* (Rapport de l'office parlementaire d'évaluation des choix scientifiques et technologiques), décembre 2008, AN n° 1325, Sénat n° 107 ; *La rénovation des lois de bioéthique*, Rapport du Conseil d'État, La Documentation française, 2009 ; *Rapport d'information fait au nom de la mission d'information sur la révision des lois de bioéthique* (Rapport Leonetti), janvier 2010, AN n° 2235, et réf. cit.

La position de l'Église catholique est exposée dans *Le don de la vie* (Donum vitae), *Respect de la vie humaine et dignité de la procréation, Instructions de la Congrégation pour la doctrine de la foi*, 27 février 1987 ; *adde*, pour une réflexion sur les enjeux juridiques et éthiques. C. Labrusse-Riou, *Écrits de bioéthique*, PUF, 2007 et pour une étude des répercussions des nouvelles techniques de procréation sur la conception même de la parenté, H. Fulchiron et J. Sosson (dir.), *Parenté, filiation, origines : le droit et l'engendrement à plusieurs*, Bruylant, 2013 et I. Théry et A.M. Leroyer, *Filiation, origines, parentalité : le droit face aux nouvelles valeurs de responsabilité générationnelle*, rapport préc.

110. Cf. l'exemple le plus célèbre : *Genèse*, XVI, 1 et 2 : « *Sarah, la femme d'Abraham, ne lui avait pas donné d'enfant. Elle avait une servante égyptienne, du nom d'Agar. Et Sarah dit à Abraham : le Seigneur ne m'a pas permis d'avoir des enfants, va avec ma servante et j'aurai peut-être le bonheur d'avoir un enfant par elle* [...] *Agar donna un fils à Abraham et Abraham l'appela Ismaël.* » Mais Dieu fut fidèle à Abraham ; ultérieurement Sarah lui donna le fils de la promesse ; Abraham le nomma Isaac et, à la demande de Sarah, chassa Agar et Ismaël (XXI). V. J. Carbonnier, « Isaac et Ismaël demi-frères », *in Mélanges S. Ben Halima*, Tunis, 2005, pp 3-15, reproduit dans J. Carbonnier, *Écrits*, PUF, 2008, p. 366 et s.

111. **Étymologie :** du grec παρθενος = jeune fille + γενος= naissance. La femme conçoit sans sperme ; l'enfant est nécessairement une fille.

112. L'ovocyte vient d'une autre femme (la mère génétique) ; il est ensemencé (généralement, de manière artificielle) avant l'implantation dans une autre femme.

fécondation *in vitro*[113] (FIV), parfois suivie de transfert d'embryons (FIVETE)[114] et la location (ou le prêt ?) d'utérus[115].

La procréation masculine artificielle est beaucoup plus pratiquée : l'insémination artificielle peut être faite par le conjoint ou le concubin (IAC) ou par un tiers anonyme, qualifié de donneur (IAD dite parfois hétéro-insémination)[116]. Sans parler du clonage[117] paternel, devenu techniquement moins improbable que la parthénogenèse, qui en est la forme féminine.

Brochant sur le tout, on envisage de plus en plus l'ectogenèse qui permettrait une conception et une gestation entièrement *in vitro*.

1024. Discussion. – Le droit de la famille et des personnes doit s'adapter aux évolutions de la génétique et la médecine doit apaiser les souffrances causées par la stérilité. Mais la procréation artificielle pose des problèmes moraux que les transformations techniques ne peuvent éluder ; elle dissocie la procréation de l'amour, transforme le sens du mariage et du couple et réifie tout ce qui donne la vie : le sperme, l'ovule et surtout l'embryon[118]. La vie viendrait-elle d'une chose ? La vie serait-elle une chose ? La personne serait-elle une chose ? La procréation artificielle confère et permet à la médecine le plus grand des pouvoirs, celui de donner la vie, mais elle peut ouvrir la voie aux manipulations génétiques, qui sont une terrible menace contre l'humanité, sans compter qu'elle est à l'ombre de l'eugénisme[119] et de l'argent (les sommes données aux médecins, aux laboratoires, aux avocats ou aux mères porteuses[120]).

113. L'ovocyte est prélevé sur une femme, fécondé par du sperme en laboratoire, puis implanté dans l'utérus de la même femme.

114. L'embryon prélevé sur une femme (ou bien l'ovule a été ensemencé en laboratoire), congelé, puis implanté dans une autre femme. L'opération a souvent besoin d'être recommencée ; aussi plusieurs embryons sont-ils congelés (les « embryons surnuméraires » : quel étrange langage !).

115. *Infra*, n° 1032.

116. Chaque année, plus de 22 000 enfants naîtraient en France grâce à une assistance médicale à la procréation, l'immense majorité dans le cadre d'une AMP intraconjugale. Les CECOS (Centre d'études et de conservation du sperme humain) sont un service quasi hospitalier créé depuis 1973 pratiquant l'insémination artificielle et disposant des « banques du sperme ». Ils se sont imposés des règles : préserver l'anonymat du donneur ; subordonner l'insémination à des conditions médicales (par exemple, la stérilité) et non à des convenances personnelles ; que la femme receveur fasse partie d'un couple (légitime ou illégitime) hétérosexuel « *ayant une relation stable* » (cf. G. DAVID, « Don et utilisation du sperme », *in Génétique, procréation et droit*, p. 203 s.).

117. **Étymologie :** du grec χλ☒ν, ☒νος = jeune pousse : constituer une descendance identique à partir d'un unique individu. Dans un jardin, une bouture est un clonage.

118. Une chose, c'est-à-dire un bien (puisqu'il peut être « donné ») qui entre dans les catégories juridiques du droit des biens ; un meuble, une chose fongible et consomptible, et s'il n'est pas utilisé, un déchet. L'analyse juridique révèle les horreurs auxquelles mène la réification de l'embryon. Selon le Comité consultatif national d'éthique (avis du 31 mars 1984) : « *l'embryon ou le fœtus doit être reconnu comme une* personne humaine potentielle *qui est ou a été vivante et dont le respect s'impose à tous. Il en résulte que* 1° [...] *Le maintien artificiel de la vie de l'embryon ou du fœtus en vue de la recherche ou de prélèvements à fins thérapeutiques est interdit* ». V. G. MÉMETEAU, « Le premier avis du Comité national d'éthique (prélèvements sur embryons et fœtus) », *JCP* G 1985.I.3191, qui souligne l'obscurité de l'expression « *personne humaine potentielle* » (n° 14).

119. A. HUXLEY, *Brave new world*, Le meilleur des mondes, 1932 : « *Sur un transporteur à mouvement très lent, un porte-tubes plein de tubes à essais pénétrait dans une grande caisse métallique, un autre en sortait. Il y avait un léger ronflement de machines. Les tubes mettaient huit minutes à traverser la caisse* [...] *Un petit nombre mourrait ; d'autres, les moins influents, se divisaient en deux ; la plupart proliférait en quatre fractions* [...] *Les enfants Alphas sont vêtus de gris ; ils travaillent beaucoup plus dur que nous, parce qu'ils sont si formidablement intelligents. Vraiment, je suis joliment content d'être un Bêta. Et puis, nous sommes très supérieurs aux Gammas et aux Deltas. Les Gammas sont bêtes. Ils sont tous vêtus de vert. Les enfants Deltas sont vêtus de kaki. Oh non, je ne veux pas jouer avec les enfants Deltas. Et les Epsilons sont encore pires. Ils sont trop bêtes pour savoir.* »

120. Les contrats prévoient généralement au profit de la mère porteuse une indemnité qui varie selon les réglementations nationales et/ou la loi du marché (cf. *infra*).

Si vif et douloureux que soit le désir d'enfant chez les ménages stériles[121], il ne confère pas « un droit à avoir des enfants »[122] et encore moins le droit d'avoir un enfant parfaitement sain. Ce qui existe, c'est le pouvoir de donner la vie, qui touche à l'essence, à l'intimité et au mystère de la personne, qui est profondément différent des dons d'organes : le don du sperme, de l'ovule ou de l'enfant n'est pas du même ordre que le don du sang ou du rein[123]. La psychologie du donneur de sperme est très particulière et n'est pas la même que celle de celui qui donne son sang : transmettre une vie, c'est autre chose que sauver une vie. Enfin (et surtout), il ne s'agit pas seulement de faire un enfant, il faut l'élever et en faire un homme – et les artifices sont ici plus qu'impuissants : il n'y a pas d'éducation médicalement assistée[124].

1025. Un, deux, trois, quatre, cinq, six, sept... – De plus en plus souvent, les nouvelles techniques de procréation médicalement assistée permettent la conception d'un enfant grâce aux gamètes d'un tiers qui apporte ses « forces reproductrices » (*sic* ?) au service du projet parental d'autrui (don de sperme ou d'ovocyte, don d'embryon, gestation pour autrui). De telles pratiques posent des questions délicates sur le plan éthique. Juridiquement, la multiplication des personnes participant à « l'engendrement » d'un enfant (l'engendrement se distinguant alors de la procréation, qui ne concerne que l'aspect biologique et physiologique des choses[125]) conduit à s'interroger sur les notions mêmes de paternité et de maternité : lorsque trois (avec un tiers donneur), quatre (avec deux tiers donneurs), cinq (avec deux tiers donneurs et une mère porteuse), six ou sept personnes (dans le cas de deux couples d'intention qui recourent aux gamètes d'un tiers et confient à une tierce personne le soin de la gestation), voire plus demain si l'on décompose l'apport des gamètes, contribuent à un même projet parental, qui est (sont) le(s) père (s), qui est (sont) la (les) mère(s) ? Qui est le père : celui qui biologiquement est le géniteur de l'enfant ou celui qui a construit avec la mère le projet parental ? Et qui est la mère : celle qui a apporté les gamètes, celle qui a porté l'enfant ou celle qui a conçu le projet parental ? Et quelle sera, juridiquement, la place de ceux qui ont participé à ce projet et qui, d'une façon ou d'une autre, constituent les origines de l'enfant[126] ?

1026. Une parenté homosexuelle par AMP ? – Le recours aux techniques de PMA permet également à un couple de même sexe ou à une personne seule

121. V. Hugo, *Les feuilles d'automne*, « Lorsque l'enfant paraît » :
« Seigneur ! préservez-moi, préservez ceux que j'aime,
Frères, parents, amis, et mes ennemis même
Dans le mal triomphants
De jamais voir, Seigneur ! l'été sans fleurs vermeilles,
La cage sans oiseaux, la ruche sans abeilles,
La maison sans enfants ! »

122. P. Verspieren, *Un droit à l'enfant ?*, Études, 1985, 683, critiquant R. Badinter, alors garde des Sceaux, qui avait déclaré le 20 mars 1985 : « *Le droit de tout être humain de donner la vie* » implique « *sa liberté de choisir les moyens par lesquels il pourra donner la vie* » ; sur le « droit à l'enfant », cf. *supra*.

123. *Les Personnes*, coll. Droit civil.

124. D. Folscheid et J.-J. Wunenburger, « La vie commençante », *in Philosophie éthique et droit de la médecine*, cité *supra*, *op. cit.* : « *la sexualité sans procréation s'est retournée en procréation sans sexualité, la partenaire sexuelle érotisée est devenue un agrégat d'organes* [...] ; p. 205 : *La procréation s'efface derrière la reproduction, derrière laquelle la production avance à peine masquée* [...] *Elle ignore les mouvements du désir, les lois de l'alliance et l'ordre de la parenté. Pour elle, il faut et il suffit de disposer des matériaux et des moyens adéquats. Il lui est indifférent par principe, que les paillettes du sperme soient celles d'un mari mort ou vif, du conjoint actuel de la femme ou d'un donneur anonyme...* »

125. Cf. *Filiation, origines, parentalité* (...), rapport préc.

126. Cf. *Filiation, parenté, origine* (...), *op. cit.*

d'accéder à la parenté. Au-delà des débats politiques et éthiques qu'elle soulève[127], l'ouverture de l'AMP aux personnes homosexuelles en change la nature : il ne s'agit plus de « soigner » une stérilité mais de mettre à disposition d'un couple ou d'un individu les moyens de réaliser son projet parental.

1027. L'heure du choix. – Face à ces questions, le législateur contemporain a dû faire un double choix. Fallait-il qu'une loi intervienne pour autoriser, interdire, encadrer ? Et si tel était le cas, quel cadre fixer et comment construire la filiation des enfants nés grâce à une assistance médicale à la procréation ?

1028. Fallait-il légiférer ? – Sur la première question, les débats furent très vifs. Selon certains, il convenait de se garder d'une intervention législative prématurée : les questions sont trop complexes, leurs implications éthiques trop profondes pour que l'on prétende les régler par une loi. D'autant que les avancées scientifiques sont incessantes : le législateur ne doit pas intervenir sous la pression, ni pour légitimer, ni pour interdire. Il ne peut non plus poser des règles qui seront dépassées lorsqu'elles entreront en vigueur. Il serait donc sage de prendre le recul nécessaire et de laisser, en attendant, d'autres instances, la jurisprudence au premier chef, mais aussi des organismes réunissant médecins, juristes, philosophes, biologistes et représentants de ce que l'on appelle la « société civile », poser les principes qui permettront ultérieurement une intervention du législateur. De cette époque, datent les Comités d'éthiques, comité national et comités locaux, chargés de réfléchir, de proposer et parfois de décider[128]. D'autres, au contraire, sommaient le législateur d'intervenir : sur une question de cette importance, seule la loi pouvant poser des règles dont la société a besoin[129]. Puis il fut même proposé d'inscrire, symboliquement, certains principes de bioéthique dans la Constitution[130].

1029. Lois bioéthiques : 1994, 2004, 2011. – Comme il fallait s'y attendre, les partisans d'une loi l'emportèrent. Mais la longueur même des travaux préparatoires montra la difficulté de l'entreprise. Les lois dites « bioéthiques » du 29 juillet 1994 réglementèrent minutieusement la matière[131]. Une partie des dispositions ont été intégrées dans le Code civil aux articles 16 et suivants et aux articles 311-19 et 311-20. L'autre partie, la plus importante et la plus détaillée, figure dans la Code de la santé publique. Le législateur de 1994 avait prévu que les lois bioéthiques feraient l'objet d'une révision dans un délai maximal de cinq ans. Après bien des débats, la révision intervint pour le dixième anniversaire des lois de 1994 : la loi du 6 août 2004[132] ouvrit plus largement le recours aux PMA, sans revenir cependant sur les principes fixés dix ans auparavant.

Après, également, de longs débats, la loi 7 juillet 2011[133] opta pour une révision mesurée des lois antérieures. En matière d'AMP, furent repoussées les propositions les plus audacieuses, qu'il s'agisse de l'ouverture de l'AMP aux couples

127. Cf. *infra*, n° 1434.

128. Cf. Rapport de synthèse de J. Carbonnier, lors du colloque *Génétique, procréations et droit*, Actes sud, 1985 reproduit dans *Écrits*, PUF, 2008, p. 71 ; J. Rubellin-Devichi, « Les procréations assistées : état des questions », *RTD civ.*, 1987, 457.

129. Cf. *De l'éthique au droit*, Rapport pour la section du rapport et des études du Conseil d'État, La Documentation française, 1988.

130. Lors des travaux préparant la révision de la Constitution votée le 23 juillet 2008, le Président Nicolas Sarkozy avait demandé à la Commission présidée par Simone Veil de réfléchir à un ajout « *aux droits fondamentaux qui forment le socle de notre République, de nouveaux droits que notre époque appelle* » afin, notamment, « *de répondre aux défis de la bioéthique* ». L'idée a été abandonnée. Sur le débat, v. C. Byk « La Constitution, loi suprême de la cité ou instrument du sacre de la bioéthique ? », *JCP* G 2008.I.205 ; B. Mathieu, « Bioéthique et Constitution : quelles règles pour quel défi ? », *JCP* G 2008.I.206.

131. Cf. F. Salat-Baroux, *Les lois de bioéthique*, Dalloz, 1998 ; sur les comparaisons avec l'adoption : Fr. Dekeuwer-Défossez *et alii*, *Les filiations par greffe*, LGDJ, 1997.

132. *Les personnes et les incapacités*, coll. Droit civil.

133. Loi n° 2011-814 du 7 juillet 2011, sur laquelle cf. not. J.-R. Binet, « La loi du 7 juillet 2011 : une révision mesurée du droit de la bioéthique », *Dr. famille* 2011, ét. n° 21, A.-M. Leroyer, *RTD civ.* 2011, p. 603.

homosexuels, de l'admission de la procréation *post mortem* ou de la consécration de la gestation pour autrui. De même, ne fut pas remis en cause le principe de l'anonymat du don de gamètes. La loi libéralise cependant l'accès aux techniques de PMA et assouplit les règles encadrant la recherche sur l'embryon et sur les cellules-souches embryonnaires[134]. Le principe de la révision quinquennale est abandonné au profit d'une « réévaluation » dans un délai maximal de sept ans[135].

Il peut être dangereux de substituer l'artifice à la nature : le désir de procréer en dépit d'obstacles sérieux n'est pas toujours moralement ni socialement sain, la procréation médicalement assistée n'est pas toujours légitime. Dans une société qui sacralise l'enfant tout en laissant aux individus la liberté d'en accepter ou non la venue (le paradoxe est-il seulement apparent ?), la société doit-elle obligatoirement répondre aux attentes de couples qui ne peuvent en avoir naturellement, pour des raisons biologiques ou physiologiques, ou plus personnelles (refus de la vie en couple, homosexualité...) ? Il est assurément difficile de résister à la pression lorsque la science semble offrir aux individus la solution, apparente, à leurs problèmes et la satisfaction de leurs désirs. Sans parler de la fascination qu'exerce la science sur les hommes en général et sur les scientifiques en particulier[136]. Conservation d'un « droit à l'enfant », risques de réification, d'instrumentalisation et de marchandisation de l'homme et de l'humain sont des dangers auxquels les sociétés contemporaines, quoiqu'elles en disent, ont bien du mal à résister.

1030. Que la toge cède à la blouse ? – Les lois de 1994, de 2004 et de 2011 ont tenté de trouver un équilibre en encadrant étroitement les procréations médicalement assistées. Il s'agit d'un droit très médicalisé qui confère aux médecins des pouvoirs considérables : leur art médical – ce sont eux qui utilisent les techniques biologiques – leur jugement humain – ils ont le libre pouvoir d'accepter ou de refuser leur intervention – leur témoignage privilégié – ils reçoivent le consentement écrit d'un couple au transfert de ses embryons (C. santé publ., art. L. 2141-4) : *Cedat toga bullatae ?*

Après avoir rappelé les interdits énoncés par la loi (§ 1), seront examinées les conditions d'accès aux procréations médicalement assistées (§ 2) et leurs conséquences sur le lien de filiation (§ 3).

§ 1. Interdits : maternité de substitution, clonage

1031. Maintien des interdits. – La jurisprudence et le législateur ont posé deux interdits : celui des mères porteuses, d'une part, celui du clonage, d'autre part.

134. Cf. D. Vigneau, « Les dispositions de la loi "bioéthique" du 7 juillet 2011 relatives à l'embryon et au fœtus humain », *D.* 2011, p. 2224 ; *adde* la loi n° 2012-300 du 5 mars 2012 relative aux recherches impliquant la personne humaine, sur laquelle, cf. not. A.-M. Leroyer, *RTD civ.* 2012, p. 384 et réf. cit.

135. Selon l'article L. 1412-1-1 CSP « *Tout projet de réforme sur les problèmes éthiques et les questions de société soulevées par les progrès de la connaissance dans les domaines de la biologie, de médecine et de la santé doit être précédé d'un débat public sous forme d'états généraux. Ceux-ci sont organisés à l'initiative du Comité national d'éthique pour les sciences de la vie et de la santé, après consultation des commissions parlementaires permanentes compétentes et de l'Office parlementaire d'évaluation des choix scientifiques et technologiques, qui procède à son évaluation. En l'absence de projet de réforme, le comité est tenu d'organiser des états généraux de la bioéthique au moins une fois tous les cinq ans* ».

136. Pour une réflexion générale sur les PMA, cf. not. J.-L. Baudouin et C. Labrusse-Riou, *Produire l'homme, de quel droit ? Étude juridique d'éthique des procréations artificielles*, PUF, 1988.

I. — Prohibition des mères porteuses

1032. Ventre à louer. – Dans les années 1980, s'était développée, en France comme ailleurs, la pratique des mères porteuses (on parle également, de façon tout aussi ambiguë, de mères de substitution). Encore faut-il distinguer deux hypothèses. Certaines femmes mettent à disposition de la personne ou du couple qui « commande » l'enfant, une partie de leur « matériel génétique » : après insémination artificielle ou fécondation *in vitro*, elles portent *leur* enfant pour le compte d'autrui. D'autres s'engagent à assurer seulement la gestation d'un enfant qui n'est pas biologiquement le leur, que cet enfant soit biologiquement celui du couple « *sponsor* », en tout ou en partie, ou qu'il ait été procréé grâce aux gamètes de tiers. À l'évidence, les problèmes ne sont pas les mêmes, selon que la mère est à la fois génitrice et gestatrice, ou qu'elle n'est que gestatrice. Mais dans les deux cas, se posent les mêmes questions de fond : une femme peut-elle mettre son corps au service d'autrui ? Peut-elle s'engager à abandonner à la naissance l'enfant qu'elle a porté et parfois engendré ? N'est-ce pas faire du corps de la femme une chose que l'on vend ou que l'on loue ? Faire entrer l'enfant lui-même dans le commerce juridique ? Et la situation se complique un peu plus lorsque le couple *sponsor* est un couple homosexuel.

1033. Condamnations jurisprudentielles. – Furent d'abord annulées les associations de mères porteuses[137]. Mais en pleine polémique, la cour d'appel de Paris, dans une décision particulièrement libérale, admit la licéité de l'opération et prononça l'adoption plénière de l'enfant par l'épouse du père, la mère porteuse (qui, en l'espèce était la mère biologique de l'enfant) ayant accouché sous X[138]. Frappé d'un pourvoi dans l'intérêt de la loi, l'arrêt fut cassé par l'Assemblée plénière de la Cour de cassation le 31 mai 1991[139] : la pratique de la maternité de

137. Cass. civ. 1re, 13 décembre 1989, *Alma mater, Bull. civ.* I, n° 387 ; *D.* 1990, 273, rapp. J. Massip ; *JCP* G 1990.II.21526, n. A. Sériaux : « *l'objet même de l'association est de favoriser la conclusion et l'exécution de conventions qui, fûssent-elles verbales, portent tout à la fois sur la mise à la disposition des demandeurs des fonctions reproductrices de la mère et sur l'enfant à naître et sont donc nulles en application de l'article 1128 ; ces conventions contreviennent au principe d'ordre public de l'indisponibilité de l'état des personnes en ce qu'elles ont pour but de faire venir au monde un enfant dont l'état ne correspondra pas à sa filiation réelle au moyen d'une renonciation et d'une cession, également prohibées, des droits reconnus par la loi à la future mère ; l'activité de l'association, qui tend délibérément à créer une situation d'abandon, aboutit à détourner l'institution de l'adoption de son véritable objet qui est, en principe, de donner une famille à un enfant qui en est dépourvu* ». CE ass., 22 janvier 1988, *Les Cigognes, D.* 1988, IR 45 ; *JCP* G 1988.IV.126 ; *RDSS*, 1988, 317 ; jugé par la juridiction administrative que ces associations étaient illicites. L'organisation des mères porteuses était constituée par une constellation d'associations opérant en réseau ; *Alma mater* était l'association qui recherchait et indemnisait les mères porteuses ; elle leur faisait rencontrer les couples demandeurs. Le CEFER accomplissait les opérations médicales ; les ménages désirant trouver une mère porteuse s'étaient associés dans une association « *Sainte Sarah* » ; les mères porteuses s'étaient associées dans une association « *Les Cigognes* ».

138. Paris, 15 juin 1990, *JCP* G 1991.II.21653, n. crit. B. Edelman et C. Labrusse-Riou. Les avis étaient très partagés en doctrine, cf. not. J. Rubellin-Devichi, « Les procréations assistées, état des questions », article préc. ; P. Raynaud, « L'enfant peut-il être objet de droit ? », *D.* 1988, 109 ; A. Sériaux, « Droit naturel et procréations artificielles : quelle jurisprudence ? », *D.* 1985, chron. 59. Comp. F. Terré, *L'enfant de l'esclave, op. cit.*

139. **Cass. Ass. plén., 31 mai 1991, *Bull. civ. Ass. plén..*, n° 4 ; *D.* 1991, 417, rapp. Y. Chartier, n. D. Thouvenin ; *JCP* G 1991.II.21752, communic. J. Bernard, concl. Dontenwille, n. F. Terré ; *RTD civ.* 1991, 518, n. D. Huet-Weiller ; *GA*, n° 49 et réf. cit. : « *la convention par laquelle une femme s'engage, fût-ce à titre gratuit, à concevoir et à porter un enfant pour l'abandonner à sa naissance contrevient tant au principe d'ordre public d'indisponibilité du corps humain qu'à celui de l'indisponibilité de l'état des personnes ; [...] cette adoption* (prononcée par la cour d'appel), *n'était que l'ultime phase d'un processus d'ensemble destiné à permettre à un couple l'accueil à son foyer d'un enfant, conçu en exécution d'un contrat tendant à l'abandon à sa naissance par sa mère, et portant atteinte aux*

substitution fut déclarée contraire au principe d'ordre public d'indisponibilité du corps humain et à celui de l'indisponibilité de l'état des personnes[140].

1034. Prohibition légale. – Les lois bioéthiques de 1994 inscrivirent l'interdit à l'article 16-7 : « *Toute convention portant sur la procréation ou la gestation pour le compte d'autrui est nulle* » (*adde* C. pén., art. 227-12 sanctionnant le fait de s'entremettre en vue d'une gestation pour le compte d'autrui). La prohibition est absolue : elle vaut pour la mère génitrice et/ou gestatrice comme pour un père géniteur. Sont visées les conventions à titre gratuit comme à titre onéreux[141]. De même, la loi pénale sanctionne le fait de s'entremettre en vue d'une gestation pour le compte d'autrui (C. pén., art. 227-12).

À la veille de la troisième révision des lois bioéthique, le débat rebondit. Tel rapport se prononçait en faveur d'une ouverture (quoique strictement encadrée[142]), tel autre s'y refusait[143]. Le législateur de 2011 maintint l'interdiction. La question revint avec force lors des discussions autour du mariage pour tous : la maternité de substitution, dans un contexte de consécration de l'homoparentalité, devint même un des principaux points de conflit. Il est vrai que la publication de la circulaire « Taubira »[144] relative à la délivrance d'un certificat de nationalité française aux enfants

---

principes de l'indisponibilité du corps humain et de l'état des personnes, ce processus constituait un détournement de l'institution de l'adoption. »

140. M. Gobert, « Réflexions sur les sources du droit et les « principes » d'indisponibilité du corps humain et de l'état des personnes (à propos de la maternité de substitution) », *RTD civ.* 1992, 504.

141. R. Chendeb, « La convention de mère porteuse », *Defrénois* 2008, p. 291 ; A. Mirkovic, « La maternité pour autrui », *D.* 2008.1044 et résumant les arguments hostiles à la maternité pour autrui, « À propos de la maternité pour autrui », *Dr. famille* 2008, n° 15. Adde M. Fabre-Magnan, *La gestation pour autrui : fictions et réalité*, Fayard, 2013.

142. Cf. le rapport d'information n° 421 (2007-2008) du Sénat, *Contribution à la réflexion sur la maternité pour autrui*, disponible sur le site Internet du Sénat, préparé en prévision de la troisième révision des lois bioéthiques. Le Rapport propose d'ouvrir la gestation pour le compte d'autrui, selon un encadrement minutieux : pour un couple de sexe différent, marié ou en mesure de justifier d'une vie commune d'au moins deux ans et en âge de procréer, la femme ne pouvant mener une grossesse à terme ou ne pouvant la mener sans danger pour sa santé ou pour celle de l'enfant à naître, au moins d'un des membres du couple demandeur parent génétique de l'enfant, pas de la mère gestatrice, qui serait également mère génétique de l'enfant etc.), et un encadrement juridique (agrément du couple et de la mère porteuse, autorisation judiciaire gratuité, etc.) stricts. De plus, la mère gestatrice aurait le droit de se rétracter et d'affirmer sa maternité. Si sont adoptées par la loi les propositions de ce rapport, il est probable qu'assez rapidement les précautions légales seront contraires et ne serviront à rien.

143. Le Rapport de l'OPESCT (préc.), souligne les risques liés à la levée de l'interdit, tout comme le Conseil d'État (*Rapport*, préc.) qui, pour tempérer les conséquences de l'interdiction française, propose quelques solutions en faveur des enfants nés à l'étranger grâce à une mère porteuse (reconnaissance paternelle et délégation partage de l'autorité parentale pour la mère d'intention). Le Rapport Léonetti (préc.) se prononce également contre la légalisation de la gestation pour autrui.

144. Circ. n° NOR JUSC1301528C du 25 janv. 2013, dite « circulaire Taubira » du nom de la garde des Sceaux qui en fut la signataire, cf. J.-R. Binet, « Circulaire Taubira. Ne pas se plaindre des conséquences dont on chérit les causes », *JCP* 2013. 161, I. Corpart, « La controversée délivrance de certificats de nationalité aux enfants nés à l'étranger après une gestation pour autrui », *RJPF* 2013. 3, N. Mathey, « Entre illusions et contradictions », *JCP* 2013. 162, C. Neirinck, « La circulaire CIV/02/13 sur les certificats de nationalité française ou l'art de contourner implicitement la loi », *Dr. famille* 2013., comm. 42. Jouant sur l'ambiguïté entre preuve de la filiation existant à l'étranger, force probante des actes de l'état civil étranger prévue par l'article 47 du Code civil et validité ou reconnaissance de la filiation elle-même, la circulaire affirmait que quand bien même il apparaîtrait « *avec suffisamment de vraisemblance, qu'il a été fait recours à une convention portant sur la procréation ou la gestation pour le compte d'autrui* », il soit fait droit aux demandes de certificat, « *dès lors que le lien de filiation avec un Français résulte d'un acte d'état-civil étranger probant au regard de l'article 47 du Code civil* » : selon la circulaire, « *le seul soupçon du recours à une telle convention conclue à l'étranger ne peut suffire à opposer un refus aux demandes de certificats de nationalité française dès lors que les actes d'état civil local attestant du lien de filiation avec un Français, légalisés ou apostillés sauf dispositions conventionnelles contraires, sont probants au sens de l'article 47* ». « Don't tell, don't

nés à l'étranger par GPA avait soulevé une violente tempête : en pleine polémique sur l'ouverture éventuelle des PMA aux couples de personnes de même sexe, la ministre de la Justice fut accusée de préparer la légalisation de la GPA en affaiblissant le refus de principe opposé à la reconnaissance en France de la filiation des enfants nés à l'étranger avec l'assistance d'une mère porteuse[145]. Malgré les dénégations du Gouvernement, la question empoisonna les débats et interdit toute réflexion de fond sur les questions liées à la filiation[146].

1035. Tourisme procréatif. – Pour autant, l'interdiction légale n'éradiquera pas les pratiques. Des adoptions ont été et seront vraisemblablement prononcées en conséquence de maternités de substitution, sans que les juges le sachent. Surtout, il est possible de faire à l'étranger ce qui est interdit en France. De fait, les pays sont très divisés sur la question[147]. Certains prohibent la GPA comme la France : tel est le cas, par exemple, de l'Allemagne, de l'Espagne, de l'Italie, de l'Argentine (bien que la pratique paraisse s'en répandre peu à peu) ou de la Chine. D'autres ont tenté de l'encadrer juridiquement. Tel est le cas, notamment d'Israël, de la Grèce, de l'Angleterre, de la Nouvelle-Zélande, de l'Australie (du moins au niveau des États), de la Russie, de l'Afrique du Sud ou de certains États des États-Unis. Cet encadrement peut être plus ou moins strict, qu'il s'agisse de l'accès à la GPA (réservé par exemple aux couples mariés hétérosexuels ou tout au moins aux couples hétérosexuels[148] ou ouvert à tous les couples, soumis à l'exigence de l'apport de ses gamètes par au moins un des parents d'intention, etc.), de la possibilité pour la mère gestatrice d'être également la mère génitrice, du processus à suivre (depuis les consentements initiaux jusqu'à la construction des liens juridiques entre l'enfant et le couple d'intention) et, surtout, des contreparties ou rémunérations[149], même si la distinction entre GPA « altruiste » et GPA « commerciale » n'a rien d'évident[150]. Au Canada, la législation fédérale a criminalisé les contrats de mère porteuse avec rémunération, ainsi que la rémunération d'un intermédiaire pour l'obtention des services d'une mère porteuse ; les contrats dits « altruistes » ne sont pas directement reconnus, la question de leur validité relevant de la compétence provinciale : appelées à statuer dans des affaires relatives à l'établissement de la filiation de l'enfant vis-à-vis du couple

ask ». Au lendemain des arrêts *Labassée* et *Mennesson* de la CEDH, le Conseil d'État a validé la circulaire (CE, 12 décembre 2014, *Association Juristes pour l'enfance et autres*, n° 367324, 366989, 366710, 365779, 367317, 368861, *D.* 2015, Avis X. Domino, p. 352, note H. Fulchiron et C. Bidaud-Garon, *La « circulaire Taubira » validée*, p. 357).

145. Cf. *infra*.

146. Sur la difficulté de mener sereinement le débat, cf. not. *Filiation, origine, parentalité : le droit face aux nouvelles valeurs de responsabilité générationnelle*, rapport préc., p. 185 et s.

147. Pour une étude de la GPA en droit comparé, cf. not. L. Brunet (dir.), *A comparative study on the regime of surrogacy in EU Member States,* rapport pour le Parlement européen, 2013 ; K. Trimmings et P. Beaumont, *International Surrogacy arrangements,* Hart publishing, 2013 ; F. Monéger (dir.), *Gestation pour autrui/Surrogate Motherhood,* Société de législation comparée, 2011 ; G. Schamps et J. Sosson (dir.), *La gestation pour autrui : vers un encadrement ?,* Bruylant, 2013, H. Fulchiron et J. Sosson, *Filiation, parenté, origines : le droit et l'engendrement à plusieurs,* Bruylant, 2014, F. Granet, *La maternité de substitution et l'état civil de l'enfant dans les États membres de la Commission internationale de l'état civil,* rapport pour la CIEC, 2014.

148. Une loi thaïlandaise de février 2015 a ainsi interdit le recours à une mère porteuse thaïlandaise pour les couples de même sexe ou les couples étrangers.

149. En Angleterre, les sommes versées à la mère porteuse par les parents d'intention s'élèvent en général entre 10 000 livres et 15 000 livres. L'entremise des *surrogacies agencies* est autorisée dès lors qu'elle est gratuite (seule une participation financière modique est admise), cf. G. Willems et J. Sosson, art. préc., p. 253. En Grèce, le plafond de l'indemnité est fixé à 10 000 euros. L'Afrique du Sud prohibe également la gestation commerciale. Aux États-Unis, la compensation se monterait entre 15 000 et 25 000 dollars mais le coût pour les parents, prenant en compte le fait que plusieurs tentatives sont souvent nécessaires, irait jusqu'à 120 000 dollars (cf. *A comparative study on the regime of surrogacy in EU Member States*, rapport préc., p. 31).

150. Au demeurant, les lois du marché dans un monde globalisé peuvent favoriser délocalisation et sous traitance (en attendant le *dumping* procréatif ?), cf. J. Merchant, « Le pouvoir de procréer par assistance médicale : la vision de la société nord-américaine », *in L'embryon, le fœtus, l'enfant, assistance médicale à la procréation (AMP) et lois bioéthiques*, Paris, ESKA, 2009 : l'auteur souligne que les couples nords-américains les moins fortunés peuvent être tentés de recourir à des femmes à l'étranger pour porter leur enfant à moindre coût, notamment en Inde.

d'intention, les juridictions de certaines provinces de *Common Law* ont reconnu leur validité ; la jurisprudence québécoise est plus incertaine[151].

Enfin, certains pays ne disposent pas d'encadrement légal, même si la GPA s'y développe, soit qu'ils réfléchissent à une législation en ce domaine[152], soit qu'ils confient aux instances médicales nationales le soin de fixer les principes qui doivent encadrer ces pratiques (cf. les Pays-Bas), soit qu'ils laissent aux organismes qui offrent, techniquement, l'accès à la GPA, toute liberté pour s'autoréguler (en Belgique, dans certaines provinces du Canada), soit qu'ils n'aient pas encore eu l'occasion d'intervenir en la matière..., soit, enfin, qu'ils ferment les yeux, au risque de voir se développer les pratiques les plus contestables de GPA « commerciales » : l'Inde, notamment, a acquis une triste réputation en ce domaine[153]. Quant à l'Ukraine, elle s'est dotée d'une réglementation si laxiste, que le pays est rapidement devenu une des destinations favorites pour le tourisme procréatif[154]. Il semble cependant que l'on assiste à une prise de conscience au niveau international[155]. Mais les enjeux financiers sont tels...

1036. Dans les limbes du droit. – *Quid* si un couple français va à l'étranger pour recourir aux services d'une mère porteuse et souhaite ensuite faire reconnaître la filiation légalement établie à l'étranger ? Faut-il sacrifier l'enfant au nom du respect de l'interdit ou entériner le fait accompli au risque de ruiner la prohibition ?

Face à ce dilemme, la Cour de cassation a longtemps fait preuve de la plus grande fermeté. Dans trois arrêts du 26 avril 2011, elle se fonda sur le respect de l'ordre public et spécialement sur le principe de l'indisponibilité de l'état des personnes pour s'opposer à la reconnaissance directe ou indirecte de la maternité pour autrui[156]. Dans l'arrêt *Mennesson* du 6 avril 2011, elle affirma que les actes de naissance d'enfants nés à l'étranger d'une mère porteuse ne pouvaient être transcrits sur les registres de l'état civil français : « *en l'état du droit positif, il est contraire au principe de l'indisponibilité de l'état des personnes, principe essentiel du droit français, de faire produire effet au regard de la filiation, à une convention portant sur la gestation pour le compte d'autrui, qui, fût-elle licite à l'étranger, est nulle d'une nullité d'ordre public aux termes des articles 16-7 et 16-9 du Code civil* »[157]. Le même principe « *fait obstacle aux effets en France d'une possession*

151. Cf. L. Langevin, « Canada », *in Gestation pour autrui/Surrogate motherhood, op. cit.*, p. 85 et s. et réf. cit.

152. Sur les débats et les projets discutés en Belgique, cf. not. G. Schamps et J. Sosson (dir.), *La gestation pour autrui : vers un encadrement ?, op. cit.*, spéc. p. 285 et s.

153. 25 000 couples étrangers se rendraient en Inde chaque année pour recourir aux services d'une mère porteuse. Fin 2012, l'Inde a fermé (officiellement du moins) la GPA aux couples de même sexe et aux personnes célibataires.

154. Cf. G. Willems et J. Sosson, *op. cit.*, p. 266, qui soulignent qu'à la différence de l'Inde, les mères porteuses ne sont pas socialement stigmatisées en Ukraine. La pratique serait plus laxiste encore : ainsi, si la maternité pour autrui est légalement réservée aux couples mariés, ou au moins *officialy registered*, elle est, *de facto*, ouverte aux couples homosexuels dès lors qu'elle prend l'apparence d'un projet parental de célibataire. Le coût d'une mère porteuse serait entre 30 000 USD et 45 000 USD, la femme ne touchant au mieux que la moitié ou le tiers de la somme (2 000 à 8 000 USD en Inde...).

155. Cf. les travaux de la Conférence de DIP de La Haye sur l'opportunité d'élaborer un instrument sur le modèle de la convention relative à l'adoption internationale (travaux disponible sur le site de la conférence).

156. Cass. civ. 1re, 6 avril 2011, 3 arrêts : pourvois n° 10-19.053, 09-66.486, 09-17.130, *D.* 2011, p. 1522, note D. Berthiau et L. Brunet ; *D.* 2011, p. 1585, obs. F. Granet-Lambrechts ; *JCP* G 2011, n° 441, obs. F. Vialla et M. Reynier ; *RJPF*-2011-6/12, obs. M.-C. Le Boursicot ; *RTD civ.* 2011, p. 340, obs. J. Hauser, *Rev. crit. DIP* 2011, p. 722, note P. Hammje.

157. En l'espèce, les actes de naissance américains de jumelles nées d'une mère porteuse en Californie résultaient d'un jugement d'un tribunal de cet État : légale dans cet État des États-Unis, la gestation pour autrui permet en effet d'obtenir par décision judiciaire l'établissement des liens de filiation paternelle et maternelle des parents d'intention et la rédaction d'actes de naissance les désignant

d'état invoquée pour l'établissement de la filiation en conséquence d'une telle convention, fût-elle licitement conclue à l'étranger, en raison de sa contrariété à l'ordre public international français »[158]. Les arrêts *Labassée* et *Mennesson* furent déférés devant la CEDH et donnèrent lieu aux deux arrêts condamnant la France le 26 avril 2014[159].

Entre-temps, par deux arrêts du 13 septembre 2013[160], confirmés par un arrêt du 19 mars 2014[161], la Cour de cassation durcit sa position : reléguant l'ordre public au second plan, elle se fonda sur la fraude pour refuser la transcription de la filiation d'un enfant né à l'étranger grâce à une mère porteuse ; bien plus, elle valida l'annulation de la reconnaissance faite par le père « commanditaire » alors que celui-ci était le père biologique, social et affectif de l'enfant[162] : *fraus omnia corrumpit*[163]...

Il est vrai que, selon la Cour, l'enfant continue à bénéficier en France de sa filiation étrangère. Mais on a pu s'interroger sur le sens de cette formule et sur la nature et les effets de ce lien établi à l'étranger que l'on refuse d'inscrire dans les

---

comme père et mère. Les embryons ayant été créés grâce aux gamètes du père et d'une donneuse, monsieur était désigné comme père génétique dans le jugement et madame comme mère légale.

158. Arrêt *Labassée* : dans cette affaire, une mère porteuse américaine avait porté l'embryon issu des gamètes du père et d'une donneuse. Les parents possédaient un acte de naissance « américain » établi à la suite d'un jugement qui les désignait comme père et mère de l'enfant. Plutôt que se risquer à demander la transcription de l'acte de naissance ou la reconnaissance du jugement étranger, ils s'adressèrent au juge des tutelles français pour obtenir l'établissement d'un acte de notoriété constatant la possession d'état, acte qui leur fut délivré puisque les éléments caractérisant la possession d'état existaient sans contestation possible. Le ministère public s'opposa à la demande de transcription de l'acte sur les registres de l'état civil. Devant la cour d'appel, les époux contestaient ce refus à titre principal et demandaient à titre subsidiaire que soit au moins établie la filiation paternelle par la possession d'état de l'enfant à son égard. La Cour de cassation approuva la cour d'appel d'avoir refusé les deux demandes. Elle affirme que la contrariété de la convention de gestation pour autrui à l'ordre public français en matière internationale « *fait obstacle aux effets en France d'une possession d'état invoquée pour l'établissement de la filiation en conséquence d'une telle convention* » et ajoute que « *la possession d'état de Y... à l'égard de M. et Mme X. ne pouvait produire aucun effet quant à l'établissement de sa filiation* ».

159. Cf. *infra*, n° 1037.

160. Cass. civ. 1re, 13 septembre 2013, n° 12-18.315 et n° 12-30.138, *D.* 2013, p. 2377, concl. C. Petit, *D.* 2013, 2384, note M. Fabre-Magnan, *JCP* 2013, 985, *JCP* G 2013, 985, note A. Mirkovic, *AJ famille*, p. 579, obs. F. Chénedé, *Dr. famille* 2013, com. n° 151, note C. Neirinck, *JCP* 2014, chron. Droit de la famille, n° 43, obs. A. Gouttenoire, *JDI* 2014, com. n° 1, note J. Guillaumé, *adde* H. Fulchiron et Ch. Bidaud-Garon, « Dans les limbes du droit, À propos de la situation des enfants nés à l'étranger avec l'assistance d'une mère porteuse », *D.* 2013, p. 2349.

161. Cass. civ. 1re, 19 mars 2014, n° 13-50.005, *D.* 2014, concl. J.-P. Jean, p. 901, note H. Fulchiron et C. Bidaud-Garon, p. 905.

162. Selon la Cour, en présence de cette fraude « *ni l'intérêt supérieur de l'enfant que garantit l'article 3 de la Conv. EDH, ni le respect de la vie privée et familiale au sens de l'article 8 de la Conv. EDH ne sauraient être invoqués* ». L'affirmation laisse perplexe (cf. H. Fulchiron, « Du tourisme procréatif », *in La famille en mutation, Archives de philosophie du droit,* t. 57, Dalloz 2014, p. 331 s).

163. À partir de ces arrêts, certains souhaitèrent étendre la lutte contre la « fraude » aux IAD pratiquée à l'étranger dans un couple de femmes : quelques tribunaux suivirent ce raisonnement, d'autres acceptèrent de prononcer l'adoption, jusqu'à ce que la Cour de cassation, sans doute instruite par les arrêts de la CEDH, affirme dans deux avis 22 septembre 2014 que « *Le recours à l'assistance médicale à la procréation, sous la forme d'une insémination artificielle avec donneur anonyme à l'étranger, ne fait pas obstacle au prononcé de l'adoption, par l'épouse de la mère, de l'enfant né de cette procréation, dès lors que les conditions légales de l'adoption sont réunies et qu'elle est conforme à l'intérêt de l'enfant* » (avis n° 15010 du 22 septembre 2014 et n° 15011 du 22 septembre 2014, *D.* 2014, 2031, note A.-M. Leroyer ; J. Hauser, « L'externalisation de la fabrique des enfants ? Libres propos », *JCP* 2014, 1004, *AJ famille* 2014, 555, note F. Chénedé, *Dr. famille* 2014, 160, comm. C. Neirinck, cf. *infra*). Sur le débat relatif à l'existence d'une fraude, au sens technique du terme, cf. not. J. Mouly, « La délocalisation procréative : fraude à la loi ou habileté permise », *D.* 2014, p. 2419.

registres de l'état civil français tout en lui attachant des conséquences en matière d'autorité parentale (?), de successions (?), de nom (?) et, surtout, de nationalité (?) : l'enfant « de la fraude » se retrouve dans les limbes du droit[164].

1037. Condamnation européenne. – Dans les arrêts *Labassée* et *Mennesson*[165], la CEDH ne prend pas position sur la gestation pour autrui en tant que telle[166]. Elle se prononce seulement sur un point hautement sensible : le sort des enfants nés à l'étranger grâce au recours à une mère porteuse.

Dans ces deux décisions, la CEDH fait preuve de mesure. La France n'est pas condamnée sur le fondement de la vie familiale, car si elle reconnaît l'importance des risques potentiels pesant sur la vie familiale des enfants et de leurs parents, la Cour constate qu'en l'espèce ils n'avaient pas été insurmontables et que, malgré l'absence de reconnaissance de leur lien de filiation, les intéressés avaient pu *in concreto* bénéficier de leur droit au respect de leur vie familiale (*Mennesson*, § 92, *Labassée*, § 73). Pour la Cour en revanche, l'atteinte au droit des enfants au respect de leur vie privée est réelle : « *s'il est concevable que la France puisse souhaiter décourager ainsi ses ressortissants de recourir à l'étranger à une méthode de procréation qu'elle prohibe sur son territoire (...), il résulte toutefois de ce qui précède que les effets de la non reconnaissance en droit français du lien de filiation entre les enfants ainsi conçus et les parents d'intention ne se limitent pas à la situation de ces derniers, qui seuls ont fait le choix des modalités de procréation que leur reprochent les autorités françaises : ils portent aussi sur celle des enfants eux-mêmes dont le droit au respect de la vie privée, qui implique que chacun puisse établir la substance de son identité, y compris sa filiation, se trouve significativement affecté* » (*Mennesson*, § 99, *Labassée*, § 78). Et les juges de souligner que « *se pose donc une question grave de compatibilité de cette décision avec l'intérêt supérieur des enfants, dont le respect doit guider toute décision les concernant* » (*Mennesson*, § 99, *Labassée*, § 78). Cette analyse, affirme la Cour, « *prend un relief particulier lorsque, comme en l'espèce, l'un des parents d'intention est également le géniteur de l'enfant* » (*Mennesson*, § 100, *Labassée*, § 79). On ne saurait prétendre qu'il est conforme à l'intérêt de l'enfant de le priver d'un élément essentiel de son identité alors que la réalité biologique de ce lien est établie et que l'enfant et le parent concernés revendiquent sa pleine reconnaissance. « *En faisant (...) obstacle tant à la reconnaissance qu'à l'établissement en droit interne de leur lien de filiation à l'égard de leur père biologique, l'État défendeur est allé au-delà de ce que lui permettait sa marge d'appréciation* » (*Mennesson*, § 100, *Labassée*, § 79)[167].

164. Cf. H. Fulchiron et C. Bidaud-Garon, « Dans les limbes du droit », art. préc. *Adde* le rapport Théry-Leroyer, préc., qui se prononce en faveur de la reconnaissance de la filiation de l'enfant.

165. CEDH, 26 mai 2014, n° 65941/11 et n° 65192/11, *D.* 2014, 1797, note F. Chénedé, 1787, obs. P. Bonfils et A. Gouttenoire, 1806, note L. d'Avout, chron. p. 1773 ; H. Fulchiron et C. Bidaud-Garon, « Ne punissez pas les enfants des fautes de leurs pères, commentaire prospectif des arrêts *Labassée et Mennesson* de la CEDH », *AJDA* 2014. 1763, chron. L. Burgorgue-Larsen, *AJ famille* 2014. 499, obs. B. Haftel et 396, obs. A. Dionisi-Peyrusse, *RTD civ.* 2014. 616, obs. J. Hauser.

166. Rappr. CJUE, 18 mars 2014, aff. C-363/12 et C-167/12 relatives au droit d'une mère d'intention à bénéficier des aides accordées aux femmes ayant accouché et aux mères allaitantes : la Cour se garde bien de prendre parti sur la maternité de substitution ; elle conclut à l'absence de discrimination car les mères d'intention n'ayant pas été enceintes et n'ayant pas accouché, elles ne peuvent bénéficier de la protection prévue par la directive de 1992 (Directive n° 92/85/CEE du 19 octobre 1992, visant à promouvoir l'amélioration de la sécurité et de la santé des travailleuses enceintes, accouchées ou allaitantes au travail) dont l'objet est expressément de protéger la mère dans la situation spécifique de vulnérabilité découlant de la grossesse (cf. A. Boujeka, « La gestation pour autrui et le handicap confrontés au principe de non-discrimination en droit de l'Union », *D.* 2014, 1811).

167. La solution est confirmée par CEDH, 27 janvier 2015, *Paradiso et Campanelli c. Italie*, req. n° 25358/12 : il s'agissait en l'espèce d'une gestation pour autrui pratiquée en Russie. Une expertise biologique révèle que, contrairement aux déclarations qu'ils avaient faites, aucun des parents n'avait de lien biologique avec l'enfant et l'on pouvait les soupçonner d'avoir « acheté » l'enfant : les juges italiens ordonnent le retrait de l'enfant et son placement en vue de l'adoption. Pour la Cour il s'agit là d'une mesure disproportionnée : « *l'éloignement de l'enfant est une mesure extrême à laquelle on ne devrait avoir recours qu'en tout dernier ressort. Pour qu'une mesure de ce type se justifie, elle doit correspondre au but de protéger l'enfant confronté à un danger immédiat pour celui-ci* » (par. 80) :

1038. Et demain ? – Deux voies semblent donc s'ouvrir aux États en général et à la France en particulier pour se mettre en conformité avec la jurisprudence de la Cour[168]. La première est, selon des modalités propres à chaque système juridique, celle de la reconnaissance de la filiation telle qu'établie à l'étranger en vertu de la loi étrangère et telle qu'elle est inscrite dans les actes étrangers de l'état civil ou dans une décision étrangère. En France, on s'orientera vers la transcription des actes étrangers de l'état civil ou la reconnaissance des décisions étrangères (notamment dans l'hypothèse où la filiation indiquée dans les actes de naissance étrangers résulte d'un jugement). La seconde voie nécessite la construction et/ou la reconstruction de la filiation selon les dispositions prévues par la loi applicable : loi du pays d'accueil ou loi étrangère.

La première solution semble, en apparence, la plus simple et elle est conforme aux attentes des parents d'intention. Elle permet en effet l'établissement de la filiation à l'égard des deux parents d'intention et un établissement simultané de cette filiation, les deux parents étant placés à égalité. Mais elle revient à faire produire effet au contrat de maternité de substitution pourtant interdit dans le pays d'accueil : c'est en effet sur la base de ce contrat que la loi étrangère a établi la filiation ou que le juge étranger a statué sur la filiation. La deuxième solution paraît plus complexe au premier abord, ne serait-ce que parce qu'elle nécessite de passer par le règlement du conflit de lois avant de pouvoir chercher selon quelles dispositions matérielles la filiation pourra être établie. De plus, elle ne correspond sans doute pas à ce que souhaitent les parents d'intention : dans la plupart des cas, la filiation sera établie lien par lien, selon des modalités et peut-être des temporalités distinctes, en distinguant au besoin parent par le sang et parent d'intention. Mais la méthode semble plus respectueuse du principe de prohibition de la GPA en droit interne, prohibition qui ne sera adoucie que par souci de préserver l'intérêt supérieur de l'enfant.

Dans ce débat qui relèverait plutôt du législateur, la Cour de cassation hésite à trancher. Par deux arrêts du 3 juillet 2015[169], elle s'est abritée derrière les prescriptions de l'article 47 du Code civil selon lequel « *tout acte de l'état civil des Français et des étrangers fait en pays étranger et rédigé dans les formes usitées dans ce pays fait foi, sauf si d'autres actes ou pièces détenus, des données extérieures ou des éléments tirés de l'acte lui-même établissent le cas échéant après toutes les vérifications utiles, que cet acte est irrégulier, falsifié ou que les faits qui y sont déclarés ne correspondent pas à la réalité* » : en l'espèce, le père français indiqué dans l'acte de naissance (russe) était le père biologique et la mère la femme qui avait accouché ; les actes de l'état civil étrangers étaient donc réguliers au sens de l'article 47 du Code civil et devaient, en conséquence, être transcrits[170]. La question de la parenté d'intention reste entière.

Comme le Parlement ne semble pas pressé d'intervenir, il reviendra sans doute à la Cour de cassation de prendre position le jour où la question viendra devant elle. Et ce jour devrait être proche puisque les juges du fond ont statué à plusieurs reprises sur le problème[171]. Il lui

---

en l'espèce, « *les autorités italiennes, n'ont pas préservé le juste équilibre devant régner entre les intérêts en jeu* » (par. 86). L'Italie est condamnée.

168. Pour une étude des premières décisions prises par les juges nationaux en Europe au lendemain des arrêts *Labassée* et *Mennesson*, cf. H. Fulchiron et C. Bidaud-Garon, « Reconnaissance ou reconstruction ? À propos de la filiation des enfants nés par GPA, au lendemain des arrêts *Labassée, Mennesson* et *Campanelli-Paradiso* de la CEDH », *Rev. crit. DIP* 2015, 1 et s.

169. Cass., Ass. plén., 3 juillet 2015, n° 14-21.323 et 3 juillet 2015, n° 15-50.002, sur lesquels cf. H. Fulchiron et C. Bidaud-Garon, *D.* 2015, p. 1819, p. 1773, Point de vue, D. Sudres, *AJ famille* 2015, 496, obs. F. Chénedé, *RTD civ.* 2015, p. 581, obs. J. Hauser ; *adde* I. Corpart, « La gestation pour autrui de l'ombre à la lumière », *Dr. famille* 2015.

170. Cf. *infra*.

171. Cf. TGI, Nantes, 1re ch., 13 mai 2015, trois décisions, n° 14/07497, n° 14/07497 et n° 14/07503, citées par le conseiller C. Soulard dans son rapport sous les arrêts du 3 juillet 2015. Selon le tribunal : « *le fait que la naissance de l'enfant puisse être la suite de la conclusion par les parents d'une convention prohibée au sens de l'article 16-7 du Code civil ne saurait faire obstacle à la reconnaissance en France du lien de filiation qui en résulte et ce dans l'intérêt supérieur de l'enfant qui ne saurait se voir opposer les conditions de sa naissance* ». On ne peut être plus laxiste. La cour d'appel de Rennes ne l'entend pas ainsi (Rennes, 28 septembre 2015, n° 14/07321 et 14/05537, *Dr. famille* 2015, comm. 201, note J.-R. Binet) : dans les deux affaires, de fausses déclarations avaient été faites lors de l'établissement des actes de naissance (aux États-Unis pour le premier, en Inde pour le second), la mère d'intention étant présentée comme ayant accouché. Abandonnant la fraude (qui pourtant aurait pu jouer en l'espèce : dans la seconde affaire, la « mère » produisait même de faux

appartiendra alors de concilier principe de prohibition du droit interne et respect des exigences européennes.

Plus généralement, il est peu probable que la consécration d'une GPA « éthique » soit mise avant longtemps à l'agenda du Parlement. Serait-il d'ailleurs opportun d'ouvrir la boîte de Pandore[172] ?

II. — Prohibition du clonage

1039. Tu ne te cloneras pas. – Condamné par les textes internationaux[173] et les principes généraux du droit français[174], le clonage est banni par la loi de 2004. Les débats furent très vifs. L'unanimité se fit aisément contre le clonage procréatif : l'article 16-4 dispose désormais que : « *Est interdite toute intervention ayant pour but de faire naître un enfant génétiquement identique à une autre personne vivante ou décédée*[175] ». Sans même parler du clonage à des fins industrielles ou commerciales (prohibé par l'art. L. 2151-3 du Code de la santé publique). Mais *quid* du clonage à fins de recherche et, surtout, à fins thérapeutiques ? Après bien des discussions, l'un et l'autre furent interdits : selon l'article L. 2151-2, « *La conception* in vitro *d'embryon ou la constitution par clonage d'embryon humain à des fins de recherches est interdite* » et selon l'article L. 2151-4[176], « *Est*

certificats de suivi de grossesse !), la cour affirme que « *les actes de l'état civil américain mentionnant des faits déclarés qui ne correspondent pas à la réalité* » (au sens de l'article 47) « *ne sauraient être transcrits sur les registres français* » et que l'intérêt supérieur de l'enfant (art. 3 CIDE) ainsi que son droit au respect de son identité (art. 8 Conv. EDH) « *ne sauraient être utilement invoqués que si la filiation paternelle est conforme à la vérité biologique, comme résultant d'une expertise biologique judiciairement établie selon les modalités de l'article 16-10 du Code civil, confié à un laboratoire dûment agréé* ».

172. Cf. l'affaire de la petite *Donna* (cf. M. Lamarche, « *Le prix de la filiation ou le prix du bonheur* », *Dr. famille* 2008, Focus, n° 43) : en 2004, une femme entra en contact via internet avec un couple belge qui souhaitait un enfant. Une convention fût conclue : elle portera l'enfant pour le couple après insémination avec le sperme du futur père, contre la somme de 8 000 €. Mais elle trouva sur Internet une offre plus alléchante : 15 000 € l'enfant ! Elle déclara au premier couple une fausse couche ; une procédure d'adoption au profit du second (néerlandais) fut entamée. Saisi par le père biologique sur le fondement de l'interdiction du trafic d'être humain, le juge néerlandais confia l'enfant au couple avec qui vivait l'enfant : « *D. est un petit enfant qui a besoin de protection afin de bien se développer. Pour D., la relation la plus importante de sa vie est celle avec ceux qui l'élèvent, ses parents adoptifs. Elle n'a jamais connu d'autres parents qu'eux* ». La vente aux enchères sur Internet finit dans une effusion de bons sentiments. Sur la nécessité d'une coopération internationale pour lutter contre le tourisme procréatif, cf. H. Fulchiron, « La lutte contre le tourisme procréatif : vers un instrument de coopération internationale ? », *JDI* 2014, 563 s. Comp. P. Sindres, « Le tourisme procréatif en DIP », *JDI* 2015, doc. 4. *Adde* les travaux de la Conférence de DIP de La Haye sur l'opportunité d'élaborer un instrument sur le modèle de la convention relative à l'adoption internationale (convention du 29 mai 1993 sur la protection des enfants et la coopération en matière d'adoption internationale).

173. Cf. not. la Déclaration universelle sur le génome humain et les droits de l'homme adoptée par l'Assemblée générale des Nations unies le 9 décembre 1998 (art. 11 : « *Des pratiques qui sont contraires à la dignité humaine, telles que le clonage à des fins de reproduction d'êtres humains, ne doivent pas être permises* »). Dans le cadre du Conseil de l'Europe, la Convention d'Oviedo comporte un protocole additionnel sur le clonage reproductif qui prohibe « *toute intervention ayant pour but de créer un être humain génétiquement identique à un autre être humain vivant ou mort* » (Convention pour la protection des droits de l'homme et de la dignité de l'être humain à l'égard des applications de la biologie et de la médecine, signée le 4 avril 1997 et ratifiée par la France le 5 juillet 2012 (cf. M. Bacache, *RTD civ.* 2012, p. 785).

174. Cf. les avis du Comité national d'éthique du 22 avril 1997 et du 12 juin 1998. Les rapports de l'OPECST et du Conseil d'État, comme le rapport Leonetti, préc., réclament le maintien de l'interdit.

175. *Adde* C. santé publ., art. L. 2151-1.

176. Le texte interdit également la création d'embryons transgéniques ou chimériques.

également interdite toute constitution par clonage d'un embryon humain à des fins thérapeutiques ». Dans ces deux dernières hypothèses, la tentation reste forte de mettre les progrès de la science au service de l'homme, fût-ce au risque de porter atteinte à son humanité. Le législateur saura-t-il y résister[177] ?

§ 2. CONDITIONS D'ACCÈS AUX PROCRÉATIONS MÉDICALEMENT ASSISTÉES

1040. Diversité des techniques. – La loi réglemente avec soin les activités d'assistance médicale à la procréation : elles sont réservées à des professionnels agréés et leurs modalités d'exercice sont strictement encadrées par le Code de la santé publique. Selon l'article L. 2141-1 CSP, « *L'assistance médicale à la procréation s'entend des pratiques cliniques et biologiques permettant la conception in vitro, la conservation des gamètes, des tissus germinaux et des embryons, le transfert d'embryons et l'insémination artificielle (...)* ». Si cette définition peut paraître vague, la loi est beaucoup plus précise sur les finalités et sur les bénéficiaires de la PMA, ainsi que les conditions dans lesquelles doit s'exprimer le consentement. Encore faut-il distinguer deux hypothèses, selon que l'assistance médicale intervient au sein du couple (PMA endogène), ou que sont utilisés les gamètes de tiers (PMA exogène). La première hypothèse (insémination artificielle de la femme avec le sperme de l'homme, fécondation *in vitro* avec les gamètes du couple), avait, en 1994, la préférence du législateur : il ne s'agit, au sens strict, que « d'assistance » à la procréation. Le recours à des gamètes étrangers au couple (insémination artificielle avec tiers donneur, don d'ovocyte et fécondation *in vitro* et transfert d'embryon, FIVETE), n'étaient envisagé que comme ultime indication, si la PMA endogène ne pouvait aboutir, et dans des cas très particuliers. La loi de 2004 a ouvert plus largement le recours aux PMA dans cette hypothèse, mais, compte tenu des problèmes juridiques et éthiques qui se posent, elles sont soumises à des règles particulièrement strictes.

On peut ainsi résumer les principes essentiels du droit français en la matière : une finalité thérapeutique, une éthique de la générosité et du don (don à un couple stérile, don d'un couple déjà fécond), la gratuité, l'anonymat ; deux parents et pas un de plus, deux parents et pas un de moins. Mais tous ces principes sont aujourd'hui remis en cause.

I. — Conditions générales du recours aux PMA

L'assistance en vue de la procréation n'est pas un dû et moins encore un droit. La loi l'encadre même lorsqu'elle intervient dans le couple.

La loi impose toujours la gratuité[178] et l'anonymat (art. 16-5 et 16-8 ; C. sant. publ., art. L. 1211-4 et 1211-5).

A. FINALITÉS DES PMA

1041. Répondre à une demande parentale. – Selon l'article L. 2141-2 CSP (réd. loi du 7 juillet 2011), « *L'assistance médicale à la procréation a pour objet de remédier à l'infertilité d'un couple ou d'éviter la transmission à l'enfant ou à un*

177. Sur le clonage, cf., *Les personnes, Les incapacités*, coll. Droit civil. *Adde* G. RAOUL-CORMEIL, « Clonage reproductif et filiation, la chaîne des interdits », *JCP* G 2008.I.128 et réf. cit.

178. Ce qui, faute d'intention libérale, n'en fait pas une libéralité ; v. *Successions et libéralités*, coll. Droit civil.

membre du couple d'une maladie d'une particulière gravité. Le caractère pathologique de l'infertilité doit être médicalement diagnostiqué ». Elle n'est donc pas admise pour satisfaire un simple désir d'enfant qui pourrait s'épanouir sans le recours à la science. Elle doit avoir des causes médicales[179]. En principe, il n'y a pas de procréation médicalement assistée de complaisance.

À travers les formules sages mais vagues de la loi, on mesure l'importance des pouvoirs conférés aux médecins. À eux d'apprécier chaque demande à l'aune des critères fixés par la loi.

B. Bénéficiaires des PMA

1042. Répondre à la demande parentale d'un couple. – Conçues comme un remède à la stérilité ou aux dangers qui accompagneraient la libre transmission de la vie, les PMA ne sont pas au service de toutes les revendications individuelles : seul un couple a droit de recourir aux PMA. On a fait observer qu'une personne seule pouvait adopter : pourquoi ne pourrait-elle pas engendrer grâce aux PMA[180] ? Mais une chose est de prendre en charge un enfant en quête de famille (et l'on sait les contrôles effectués par les services compétents), une autre de faire venir au monde un enfant dans l'intérêt, avant tout, des adultes.

En cas de fécondation *in vitro*, la loi exige que les gamètes proviennent d'au moins un des membres du couple[181] (CSP, art. L. 2141-3) : on ne « fabrique » pas des enfants pour répondre à une demande parentale[182].

Le couple parental doit présenter un certain nombre de qualités, présumées conformes à l'intérêt de l'enfant à naître : selon l'article L. 2141-2, alinéa 3 du Code de la santé publique, « *L'homme et la femme formant le couple doivent être vivants, en âge de procréer et consentir préalablement au transfert des embryons ou à l'insémination. Font obstacle à l'insémination ou au transfert des embryons le décès d'un des membres du couple, le dépôt d'une requête en divorce ou en séparation de corps ou la cessation de la communauté de vie, ainsi que la révocation par écrit du consentement par l'homme ou la femme auprès du médecin chargé de mettre en œuvre l'assistance médicale à la procréation* ».

179. Cette conception thérapeutique des PMA constitue, en l'état, un des obstacles à l'ouverture de l'AMP aux couples de même sexe ou aux personnes seules : la loi ne prend pas en compte ce que certains qualifient « d'infertilité sociale », cf. *infra*.

180. Sur la débat, cf. *infra*, n° 1435.

181. Ce principe « *crée-t-il une discrimination à l'égard des couples dont les deux membres sont stériles en leur interdisant le recours au double don de gamètes et serait-il dès lors contraire au principe d'égalité devant la loi posé par l'article 6 de la Déclaration des droits de l'homme et du citoyen, ainsi qu'au principe selon lequel la nation doit garantir à la famille les conditions nécessaires à son développement résultant du préambule de 1946 ?* ». Telle était la question posée dans le cadre d'une QPC. La Cour de cassation refuse de transmettre (Cass. civ. 1re, 19 janvier 2012, *RTD civ.* 2012, p. 303, obs. J. Hauser) : le texte a déjà été déclaré conforme à la Constitution et aucun changement de circonstances de nature à justifier que la conformité de cette disposition à la Constitution (Cons. const., 27 juillet 1994, préc.) et soit à nouveau examinée par le Conseil constitutionnel n'est survenue. En l'espèce, une femme ayant bénéficié en Espagne d'une fécondation *in vitro* avec les gamètes d'un donneur et d'une donneuse s'était heurtée au refus de prise en charge de ses frais par la Caisse d'assurance maladie.

182. Sur l'hypothèse toute différente de l'accueil d'embryon (*i.e.* le don d'un embryon surnuméraire à un couple qui ne peut recourir lui-même aux techniques de fécondation *in vitro* (art. L. 2141-6)), cf. *infra* n° 1045.

1043. Un couple formé d'un homme et d'une femme. – Comme l'adoption, les PMA sont fermées aux couples homosexuels. Aussi fondée paraisse-t-elle, la règle fait aujourd'hui débat, comme tout ce qui concerne l'homoparentalité[183].

On peut s'interroger sur l'efficacité des contrôles effectués. En pratique, des femmes homosexuelles vivant en couple s'entendent avec un homme qui, parfois, vit lui-même une relation homosexuelle, pour procréer grâce aux PMA. L'enfant issu de ce couple d'éprouvette aura, généralement, deux parents. Restera à trouver une place ou un statut pour le partenaire[184]. En toute hypothèse, il est facile pour les couples ou pour les personnes vivant seules d'aller chercher à l'étranger l'assistance qui leur est refusée en France. Le tourisme procréatif a de beaux jours devant lui.

1044. Un couple en âge de procréer. – Le législateur entend écarter les demandes de couples trop âgés ; au-delà des prouesses techniques dont certains médecins sont fiers (telle Italienne en âge d'être grand-mère n'a-t-elle pas porté un enfant pour sa fille ?), il faut penser aux risques que courent les intéressés (risques pour la femme pendant la grossesse, risques pour l'enfant d'être bientôt orphelin) et aux psychoses que peut entraîner cette subversion des générations.

1045. Un couple vivant. – La loi interdit les PMA *post mortem* (art. 311-20 ; CSP, art. L. 2141-2). Avant l'intervention du législateur, les juges du fond avaient adopté sur cette question des positions diverses[185]. Mais la Cour de cassation avait posé l'interdit[186]. Faut-il faire venir au monde un enfant orphelin ? Un enfant peut-il naître pour atténuer la souffrance d'un deuil ou en perpétuer le souvenir ? Et quels effets aurait cette naissance en matière de filiation ou de successions ? La question est plus délicate qu'il n'y paraît, notamment lorsque des embryons ont été conçus avant la mort du « père ». Vaut-il mieux qu'ils soient détruits, ou qu'ils soient accueillis par un couple tiers[187] ? La loi a tranché, et l'on comprend les

183. *Infra*, n° 1459.

184. Ex. : Cass. civ. 1re, 9 mars 1994, *Bull. civ.* I, n° 89, p. 69 ; *Defrénois* 1994, art. 35891, n. J. Massip ; *D.* 1995, 197, n. Monteiro.

185. *TGI Créteil, 1er août 1984, aff. *Parpalaix*, *JCP* G 1984.II.20321 ; *RTD civ.* 1984, 703, obs. J. Rubellin-Devichi : en l'espèce, le tribunal a ordonné au CECOS de restituer à la femme le sperme de l'époux décédé ; *contra*, TGI Toulouse, 26 mars 1991, *JCP* G 1992.II.21807 ; *RTD civ.* 1991, 310, obs. J. Hauser, rejetant une telle demande.

186. *Cass. civ. 1re, 9 janvier 1996, *dame Pires*, *Bull. civ.* I, n° 21 ; *D.* 1996, 376, n. crit. F. Dreifuss-Netter ; *JCP* G 1996.II.22666, n. Cl. Neirinck ; *Defrénois* 1996, art. 36300, obs. J. Massip ; *RTD civ.* 1996, 359, obs. J. Hauser : « *avant même l'entrée en vigueur de l'article L. 152-2 CSP, issu de la loi du 29 juillet 1994* (aujourd'hui art. L. 2132-2), *l'assistance médicale à la procréation ne pouvait avoir pour but légitime que de donner naissance à un enfant au sein d'une famille constituée, ce qui exclut le recours à un processus de fécondation* in vitro *ou sa poursuite lorsque le couple qui devait accueillir l'enfant a été dissous par la mort du mari avant que l'implantation des embryons, dernière étape de ce processus, ait été réalisée* ». L'espèce, dramatique, était pourtant favorable à l'admission d'une procréation posthume : il ne s'agissait pas d'une insémination *post mortem*, mais de l'implantation d'embryons après le décès de mari, mort alors qu'il venait au chevet de son épouse. *Adde* TGI Rennes, ord. réf., 15 octobre 2009, *D.* 2009, 2758, note Chabault-Marx ; *JCP* G 2009, note J. R. Binet ; *RTD civ.* 2010, p. 93, obs. J. Hauser, rejetant les sollicitations d'une demande « *qui recherchait en définitive à contourner l'application de la loi française qui prohibe l'insémination* post mortem, *en se rendant ultérieurement en Belgique ou en Espagne afin de bénéficier d'une réglementation conforme à ses souhaits* », Rennes, 22 juin 2010, *JCP* G 2010.897, n. A. Mirkovic.

187. Dans son rapport en vue de la révision des lois de bioéthique (préc.), l'OPECST s'était prononcé en faveur d'un assouplissement de la règle : le transfert d'embryon *post mortem* serait autorisé dans de strictes conditions (consentement écrit du mari ou du concubin recueilli par un magistrat, délai de 3 à 6 mois après le décès du père, suivi psychologique de la mère. Le Conseil d'État, lui, s'y était opposé (Rapport préc.). Non sans discussions, le Rapport Leonetti (préc.), proposa d'autoriser le transfert *post mortem* lorsque le projet parental a été engagé mais a été interrompu par le décès du conjoint : la procédure serait strictement encadrée (autorisation de l'Agence de biomédecine après

risques qu'aurait suscités une solution contraire : ni la loi ni la science ne doivent se prêter à une entreprise d'immortalité.

1046. Un couple stable. – Pour la PMA, l'assimilation du concubinage au mariage prête à discussion. Le mariage est le berceau qui accueille les enfants. Il est donc logique que la loi n'impose aucune condition de délai : en soi, le mariage fait présumer la stabilité du couple et la conscience d'un engagement envers le conjoint et envers les enfants à naître ; certes, il ne s'agit que d'une présomption que la réalité de la vie fragilise (et parfois le recours aux PMA lui-même, car il ne faut pas négliger les effets psychologiques d'une telle démarche) ; mais elle donne tout son sens au mariage. Rien de tel avec le concubinage, fût-il stable, ou sous-tendu par un Pacs[188]. Surtout, l'ouverture des PMA aux concubins est une source inépuisable de fraudes. Quelles garanties, quels contrôles offre en effet la loi ? Initialement, le législateur avait exigé que soit apportée la preuve d'une vie commune d'au moins deux ans, ce qui constituait un gage minimal de stabilité. Pour autant, aucun contrôle réel n'était prévu et certains médecins se plaignaient des difficultés inutiles auxquels ils étaient confrontés : selon eux la durée et les contraintes liées aux techniques d'APM constituaient en soi une garantie de solidité du couple[189]. La condition de vie commune fut en conséquence supprimée par la loi du 7 juin 2011. On ne peut que le regretter. En tant qu'acte fondateur d'une famille, le mariage accueille « naturellement » les enfants qui naissent des époux, car en se mariant ces derniers inscrivent la famille qu'ils fondent dans la durée[190]. En cela, le mariage se distingue du concubinage, y eût-il Pacs, qui n'est qu'une relation de couple sans vocation à la pérennité. C'est d'ailleurs ce qui explique que l'adoption soit réservée aux époux, sans que le Conseil constitutionnel y trouve rien à redire[191].

Certes, il faudra que les concubins fassent la preuve de leur communauté de vie, alors que le mariage la laisse présumer. Reste que l'assimilation du mariage et du concubinage ne peut que faciliter le contournement des prohibitions légales. On sait que des femmes seules ou des couples homosexuels accèdent par ce biais à des PMA qui leur sont en principe interdites. Certains répliqueront qu'il suffit d'aller à l'étranger pour obtenir ce qui est interdit en France. Le risque de « fraude » n'est pas un bon argument dans des matières où il est besoin avant tout de principes.

1047. Un couple uni. – L'exigence de stabilité du couple vaut pour tout le processus de procréation médicalement assistée : depuis le consentement initial jusqu'à la réalisation de la PMA. Selon l'article L. 2141-2, alinéa 3, « *Font obstacle à l'insémination ou au transfert des embryons le décès d'un des membres du couple, le dépôt d'une requête en divorce ou en séparation de corps ou la cessation de la communauté de vie, ainsi que la révocation par écrit du consentement par l'homme ou la femme auprès du médecin chargé de mettre en œuvre l'assistance*

trois ou six mois de veuvage, etc.). *Adde* A. Mirkovic, « Le transfert d'embryon post mortem : comment sortir de l'impasse ? », *Dr. famille* 2009, n° 23. Après bien des débats, le législateur de 2011 maintint l'interdit, pour des raisons liées à l'éthique, à l'intérêt de l'enfant et au droit des successions (cf. V. Depadt-Sebag, « La procréation *post mortem* », *D.* 2011, p. 2213).

188. Il est incohérent de vouloir supprimer le délai de deux ans de vie commune sous prétexte que les équipes médicales ont du mal à évaluer la réalité et la durée de la vie commune (le Rapport du Conseil d'État et le Rapport Leonetti (préc.) y renoncent), et plus encore de le faire disparaître s'il y a Pacs (ce que préconisent pourtant les deux rapports) : le Pacs est un statut du couple, non un statut de la famille.

189. Le rapport du Conseil d'État et le rapport Leonetti (préc.) se prononçaient pour la suppression du délai en cas de Pacs, ce qui est incohérent : le Pacs est un statut du couple, non de la famille.

190. Cf. *supra*, n° 106.

191. Cf. *infra*, n° 1414.

médicale à la procréation » (*adde* art. 311-20, al. 3, privant d'effet le consentement dans de telles hypothèses).

Toutes ces conditions seront vérifiées par le médecin à l'occasion des entretiens prévus à l'article L. 2141-10 du Code de la santé publique.

C. Consentement à la procréation médicalement assistée

Le consentement représente une pièce essentielle de la PMA.

1048. Expression du consentement. – Quelle que soit la technique médicale à laquelle recourt le couple, le consentement doit avoir été donné avant l'intervention (art. L. 2141-2, al. 2). Il doit être éclairé : il ne peut intervenir qu'après des « *entretiens particuliers* » des demandeurs avec les membres de l'équipe médicale (art. L. 2141-10, al. 1), équipe pluridisciplinaire, qui doit informer les intéressés des possibilités de réussite et d'échec des techniques envisagées, de leurs effets secondaires et de leurs risques à court et à long terme, « *ainsi que de leur pénibilité et des contraintes qu'elles peuvent entraîner* » (art. L. 2141-10, 2°). L'article L. 2141-10, 3° prévoit que l'équipe doit remettre au couple un « *dossier guide* » l'informant du cadre technique mais aussi juridique de l'intervention. Les entretiens ont aussi pour objet de « *vérifier la motivation de l'homme et de la femme formant le couple* », ce qui leur donne le pouvoir d'apprécier l'opportunité de l'opération, pour le demandeur et pour l'enfant à naître. Le médecin peut, après concertation au sein de l'équipe pluridisciplinaire, estimer qu'un délai de réflexion supplémentaire est nécessaire aux demandeurs « *dans l'intérêt de l'enfant à naître* » (al. 13). Reste à savoir quel serait le recours en cas de refus.

Ainsi éclairée et contrôlée, « *la demande ne peut être confirmée qu'après un délai de réflexion d'un mois à l'issue du dernier entretien* » (art. L. 2141-10, al. 5).

1049. Révocation et caducité du consentement. – Le consentement peut, à tout moment, être révoqué, avant la réalisation de la PMA (art. 311-20, al. 3 et C. santé publ., art. L. 2141-2, al. 2) : il serait impensable en effet d'imposer à un homme une descendance[192]. Mais cette révocation est strictement encadrée : elle doit intervenir par écrit, et est adressée au médecin chargé de mettre en œuvre cette assistance.

Comme on l'a souligné *supra*, le recours aux PMA suppose un couple vivant et stable[193] : le consentement est « privé d'effet » en cas de décès, de dépôt d'une requête en divorce ou en séparation de corps, ou de cessation de la communauté de vie survenant avant la réalisation de la PMA (art. 311-20, al. 3, *adde* C. santé publ., art. L. 2141-2, al. 2).

II. — Conditions propres à l'assistance médicale à la procréation exogène

L'intervention d'un tiers dans le processus de procréation appelle des précautions renforcées de nature médicale, éthique et juridique.

192. *Ex.* *CEDH, (Gr. chambre, 10 avril 2007, *Evans c. Royaume-Uni*), *JCP* G 2007.II.10097, note B. Mathieu ; *RTD civ.* 2007, p. 295, obs. J.-P. Marguénaud, p. 545, obs. J. Hauser : la Cour refuse de condamner au nom du droit au respect de la vie privée et familiale, le Royaume-Uni dont la législation interdit l'implantation d'un embryon conçu par FIV lorsque le père a retiré son consentement. La Cour compatit (*sic*) à la situation de la requérante mais ne voit pas de raison de faire prédominer son droit à devenir parent au sens génétique du terme sur celui du mari au respect de sa volonté de ne pas avoir un enfant biologique avec elle.

193. *Supra,* n° 1045.

A. Procréation avec don de gamètes

1050. Consentement et secret. – La loi exige le consentement de toutes les personnes concernées. Le consentement du couple « demandeur » (art. L. 2141-10, dernier al.) doit être exprimé « *dans des conditions garantissant le secret* », devant le juge (C. pr. civ., art. 1157-2) ou le notaire (art. 311-20), « *qui les informe des conséquences de leur acte au regard de la filiation* » (art. 311-20). Il s'ajoute à celui qui a été donné à l'équipe médicale. Le consentement du tiers donneur[194] est également nécessaire. Si le donneur fait partie d'un couple, le consentement du conjoint ou concubin est également nécessaire (C. santé publ., art. L. 1244-2).

B. Procréation avec accueil d'embryon

1051. Encadrement renforcé. – Compte tenu de la gravité de l'enjeu, le formalisme prévu par la loi est encore plus rigoureux. L'accueil de l'embryon est subordonné à une décision judiciaire (art. L. 2141-6, al. 2). Le juge a préalablement reçu le consentement écrit des couples à l'origine de la conception. Il fait procéder à « *toutes investigations permettant d'apprécier les conditions d'accueil que ce couple est susceptible d'offrir à l'enfant à naître sur les plans familial, éducatif et psychologique* ». Réaffirmant le principe d'anonymat, l'article L. 2141-6, alinéa 3 dispose que « *Le couple accueillant l'embryon et celui y ayant renoncé ne peuvent connaître leurs identités respectives* ». Parallèlement, l'article L. 2141-6, alinéa 5 rappelle la règle de la gratuité : « *aucun paiement, quelle qu'en soit la forme, ne peut être alloué au couple ayant renoncé à l'embryon*[195] ». *Sur le sort des embryons surnuméraires*[196].

§ 3. Effets des procréations médicalement assistées

1052. Application des règles de la filiation charnelle. – L'enfant conçu grâce à une assistance médicale à la procréation peut naître dans un couple marié comme dans un couple non marié. Les règles générales du droit de la filiation s'appliquent aussi bien lorsque l'enfant naît d'une PMA endogène que d'une PMA exogène. Dans cette dernière hypothèse cependant, on aurait pu douter : par définition, l'enfant n'est pas biologiquement celui du couple. N'eût-il pas été plus opportun de passer par l'adoption ? Le législateur s'y est refusé. Bien plus, il a édicté des règles propres à « verrouiller » la filiation des enfants nés de PMA exogènes.

194. Initialement, la loi exigeait que le donneur ait déjà procréé : il s'agissait d'éviter aussi les fantasmes procréatifs. La loi du 7 juin 2011 a prévu un tempérament à la règle : « *Lorsqu'il est majeur, le donneur peut ne pas avoir procréé. Il se voit alors proposer le recueil et la conservation d'une partie de ses gamètes ou de ses tissus germinaux en vue d'une éventuelle réalisation ultérieure, à son bénéfice, d'une assistance médicale à la procréation (...)* » (C. santé publ., art. L. 1244-2, al. 3). Le législateur a souhaité encourager ainsi les dons, notamment le don d'ovocyte.

195. Principe confirmé par l'ordonnance n° 2008-480 du 22 mai 2008, transposant en matière de don de gamètes et d'assistance médicale à la procréation la directive n° 2004/23/CE du Parlement européen et du Conseil du 31 mars 2004, *JO* 23 mai 2008, p. 8386 *adde* le Décret n° 2008-588 du 19 juin 2008, sur lequel, cf. not. A. M. Leroyer ; *RTD civ.* 2008, p. 560.

196. V. *Les personnes, la protection des mineurs et des majeurs*, coll. Droit civil.

I. — Enfants nés de PMA endogènes

1053. Pas de difficulté. – Lorsque l'enfant est biologiquement issu du couple, l'assistance médicale à la procréation ne pose pas de difficulté particulière : le droit commun de la filiation s'applique. Le recours aux techniques de PMA n'a aucune incidence sur son statut.

II. — Enfants nés de PMA exogènes

La situation est plus complexe. Elle est gouvernée par trois grands principes.

A. Interdiction d'établir un lien de filiation avec le tiers donneur

1054. Filiation interdite, statut du tiers donneur. – La règle est posée à l'article 311-19. « *En cas de procréation médicalement assistée avec tiers donneur, aucun lien de filiation ne peut être établi entre l'auteur du don et l'enfant issu de la procréation* » ; l'article 311-20, alinéa 2, affirme que « *le consentement donné à une procréation médicalement assistée interdit toute action aux fins d'établissement ou de contestation de la filiation à moins qu'il ne soit soutenu que l'enfant n'est pas issu de la procréation médicalement assistée ou que le consentement a été privé d'effet* ».

La règle s'inscrit dans un système dont la pierre angulaire est l'anonymat du donneur (art. 16-8). Les deux principes ne sont pas nécessairement liés. On pourrait imaginer que la filiation soit fermée mais que l'identité puisse être connue : n'est-ce pas, sinon, bafouer le droit de l'enfant à connaître ses origines (Conv. IDE, art. 7) ? Mais la crainte de déstabiliser l'enfant et ses parents, le risque de dissuader les donneurs, et sans doute la culture du secret héritée de l'adoption, ont conduit à un effacement total du donneur. Le secret ne cède, non sans précautions, que devant la nécessité thérapeutique : selon l'article 16-8, alinéa 2 : « *En cas de nécessité thérapeutique, seuls les médecins du donneur et du receveur peuvent avoir accès aux informations permettant l'identification de ceux-ci* ». La règle de l'anonymat est réaffirmée aux articles L. 1211-5, L. 1244-7 et L. 2141-6, al. 3 (« *Le couple accueillant l'embryon et celui y ayant renoncé ne peuvent connaître leurs identités respectives* »), et pénalement garanti (C. pén., art. 511-10). En cas de don d'embryon, le secret de l'identité est même renforcé puisque les médecins ne pourront accéder en cas de nécessité thérapeutique qu'à des « *informations médicales non identifiantes* » (art. L. 2141-6, al. 4).

Il n'est pas certain que la position du droit français soit tenable : des voix de plus en plus nombreuses s'élèvent pour que l'enfant puisse connaître sa propre identité en accédant à celle de celui et/ou de celle qui a contribué à son engendrement. Que l'établissement de la filiation soit interdit, qu'il n'existe aucune obligation alimentaire (réciproque ou non) entre l'enfant et celui qui lui a donné la vie, que la responsabilité du donneur de gamètes ne puisse être recherchée, sont de tout autres problèmes. Reste à construire le statut de celui qui a participé au projet parental d'autrui, question d'autant plus délicate qu'elle est liée à celle de l'homoparentalité. Sur le débat, cf. *infra*.

B. Obligation d'établir la filiation à l'égard du couple demandeur

1055. Filiation obligatoire. – L'enfant a juridiquement pour père et mère l'homme et la femme formant le couple demandeur. Tout est fait pour que le lien de filiation soit juridiquement établi selon les règles de droit commun : bien plus, il est inattaquable. Celui qui ne respecterait pas l'engagement pris lors de la demande de PMA engagerait sa responsabilité.

1) Application des mécanismes ordinaires du droit de la filiation

1056. Établissement imposé. – Pour l'enfant né au conçu **en mariage**, la filiation est établie automatiquement à l'égard de la mère, *i.e.* de la femme qui accouche et dont le nom figure dans l'acte de naissance, et au mari de celle-ci par le jeu de la présomption de paternité. Les règles légales jouent de plein droit, comme pour tout enfant né dans le mariage, sans que l'on s'intéresse à la réalité biologique des filiations établies. Depuis l'ordonnance de 2005, l'enfant né **hors mariage** est également rattaché à sa mère[197] : la mention du nom de la mère dans l'acte de naissance suffit à l'établir la filiation.

À l'égard de son père, l'établissement de la filiation suppose, conformément au droit commun, une reconnaissance, une action en justice ou la preuve de la possession d'état. Mais pour marquer la valeur de l'engagement pris par les parents lorsqu'ils ont décidé de recourir aux PMA, l'article 311-20, alinéa 4 dispose que « *celui qui, après avoir consenti à l'assistance médicale à la procréation, ne reconnaît pas l'enfant qui en est issu, engage sa responsabilité envers la mère et envers l'enfant*[198] ». Bien plus, « *sa paternité est judiciairement déclarée* » (art. 311-20, al. 5). Il s'agit là d'une action spécifique, puisque par définition, il n'est pas question de prouver que l'homme poursuivi est le père biologique de l'enfant (comp., art. 327). Son régime est cependant soumis aux dispositions des articles 328 et 329. En conséquence, l'action est exercée par la mère qui, conformément à l'article 328, a seule qualité pour agir pendant la minorité de l'enfant.

Les deux règles devraient garantir l'établissement de la filiation. Toutefois le système n'est pas sans faille. Il se peut par exemple que la mère n'agisse pas, soit que le couple ait éclaté et qu'elle ne souhaite pas que l'enfant soit rattaché à un homme qui n'est pas le père et qui ne se comportera pas comme tel, soit que le couple ait toujours été fictif et qu'il n'ait jamais été dans les intentions de la mère ni de son compagnon d'établir le lien paternel de filiation : tel serait par exemple le cas de deux femmes qui recourent aux « services » d'un tiers pour procréer un enfant. Il est vrai qu'il leur suffirait d'aller à l'étranger pour échapper aux interdits français.

2) Interdiction de contester la filiation

1057. Contestation interdite. – La contestation d'une filiation résultant d'une PMA fut une des premières questions posées[199]. Plusieurs décisions admirent que le mari ou le concubin pouvaient désavouer l'enfant ou contester la paternité, même s'il avait donné son consentement. Elles se fondaient sur plusieurs motifs : **1°)** La paternité serait purement biologique, ce qui est une idée traditionnelle et contestable. **2°)** Il n'y aurait pas beaucoup de différences entre le mari trompé en connaissance de cause, qui accepte de couvrir de son nom l'enfant adultérin et celui qui a consenti à une IAD. **3°)** Il serait inopportun d'imposer un enfant à un homme qui n'en est pas le géniteur, qui n'en veut plus et pas davantage ne veut de la mère : ce serait faire réapparaître les paternités fictives « de haine et de rancune » que la loi de 1972 avait voulu faire disparaître. D'un autre côté, il serait inacceptable et immoral de permettre l'irresponsabilité de l'adulte qui s'engage à faire naître un enfant pour autrui et se dédit[200].

197. *Infra*, n° 1103.

198. Art. 311-20, al. 4.

199. Pour le désaveu d'une paternité légitime du mari : ex. : TGI Nice, 30 juin 1976, *D.* 1977, 45, n. D. Huet-Weiller ; *JCP* G 1977.II.18597, n. Harichaux-Ramu : l'action en désaveu « *ne peut être l'objet de renonciation* ». Pour l'admission d'une contestation d'une reconnaissance de paternité, avec l'octroi de dommages et intérêts : *Cass. civ. 1re, 10 juillet 1990, *Bull. civ.* I, n° 196 ; *D.* 1990, 517, n. J. Massip.

200. Paris, 29 mars 1991, *D.* 1991, 562, n. A. Sériaux, 1992, somm. 60, obs. crit. J. Vassaux-Vanovershelde ; *JCP* G 1992.II.21857, n. M. Dobkine ; jugé que le mari n'avait pas le droit d'établir que l'enfant n'était pas de ses œuvres en se bornant à démontrer qu'il avait été procréé au moyen d'une insémination artificielle avec donneur.

Les lois bioéthiques tranchèrent le problème en interdisant toute contestation de la présomption de paternité ou de la reconnaissance, et plus généralement, toute contestation de la filiation (car la femme qui a accouché pourrait aussi être tentée de prouver que l'enfant n'est pas biologiquement le sien). Selon l'article 311-20, alinéa 2, « *Le consentement donné à une procréation médicalement assistée interdit toute action aux fins d'établissement ou contestation de la filiation à moins qu'il ne soit soutenu que l'enfant n'est pas issu de la procréation médicalement assistée ou que le consentement a été privé d'effet* ». Corrélativement, toute action en établissement de la filiation est interdite au tiers donneur. La filiation est ainsi verrouillée. La règle peut paraître paradoxale à une époque où triomphe le « tout biologique » : la loi cautionne et garantit une filiation que l'on sait mensongère. Mais est ainsi affirmée la responsabilité qui découle de l'engagement pris par le couple lorsqu'il a décidé de recourir aux PMA. Le fond du problème n'est-il pas d'avoir voulu faire « comme si » il s'agissait d'une filiation « naturelle » alors qu'interviennent des tiers ?

Toutefois, l'interdiction ne joue que si elle est justifiée : la filiation peut être attaquée s'il est prouvé que l'enfant n'est pas issu de la PMA (un troisième homme...) ou que le consentement du père prétendu était privé d'effets (dol, séparation, révocation etc.[201]).

1058. L'assistance médicale à la procréation en débats. – Indépendamment de la GPA, le droit français de l'AMP est aujourd'hui soumis à de fortes tensions. Sont discutés les trois piliers sur lequel il repose : l'hétérosexualité du couple parental, l'exigence même d'un couple, la règle de l'anonymat. Parallèlement, est remis en cause le modèle sur lequel a été construite la filiation des enfants nés grâce à un don de gamètes : est-il encore possible de faire comme si l'enfant était né de parents biologiques ? Quel sens aurait le maintien de ce modèle « pseudo procréatif » (pour reprendre l'expression du rapport Théry-Leroyer[202]), si l'on ouvre l'AMP aux couples de personnes de même sexe ?

1059. AMP et couples de personnes de même sexe. – En ouvrant l'adoption aux couples homosexuels, la loi du 17 mai 2013 a levé un tabou. L'innovation était présentée comme une simple conséquence de l'accès au mariage[203]. On a dit tout ce que raisonnement avait de fallacieux[204]. Pourtant, le Conseil constitutionnel n'y a rien trouvé à redire, qui a estimé que puisque le mariage était possible, l'adoption devait l'être aussi[205]. Il est vrai que la CEDH place les législateurs dans une situation pour le moins délicate : il ressort de l'arrêt *X et alii c. Autriche*[206], qu'à statut identique (l'arrêt concernait les couples non mariés, l'adoption étant ouverte aux couples non mariés hétérosexuels et fermée aux couples de même sexe), les droits doivent être identiques, sauf à établir « *qu'il serait préjudiciable pour un enfant d'être élevé par un couple homosexuel ou d'avoir légalement deux pères ou deux mères* » (§ 146), ce qui est, *de facto*, une preuve impossible, ne serait-ce que parce que la plupart des arguments apportés par l'État, quel que soit leur sérieux, risquent d'être « inaudibles » pour la Cour[207].

201. *Supra*, n°s 1045 s.

202. *Filiation, origine, parentalité : le droit face aux nouvelles valeurs de responsabilité générationnelle*, rapport préc.

203. Cf. *supra*, n° 132.

204. Cf. *supra*, n° 966.

205. Cons. const., 17 mai 2013, n° 2013-668 DC, préc.

206. CEDH, 19 février 2013, *X. et alii c. Autriche*, Gr. ch., préc.

207. Il est vrai que le Conseil ne se prononce que sur l'adoption coparentale, et non sur l'adoption par un couple homosexuel : d'autres facteurs (l'existence d'une famille de fait, l'intérêt de l'enfant

Quoi qu'il en soit, la loi a consacré la possibilité d'une double filiation monosexuée, ce que le Conseil constitutionnel a entériné[208].

Dès lors, comment fonder le maintien de l'interdiction de l'AMP aux couples de même sexe ? Lors des débats autour de la loi sur le mariage pour tous, la question fut au centre des discussions, alors même qu'elle n'était pas en principe à l'ordre du jour[209]. Après moult tergiversations, le gouvernement déclara que la question des PMA serait traitée dans une « grande loi sur la famille » annoncée pour la fin l'année 2012 puis pour le printemps 2013, suspendue aux conclusions du Comité national d'éthique et finalement reportée *sine die*. Mais ouvrir les PMA aux couples de même sexe supposerait que l'on en change la nature : d'une assistance médicale conçue comme un remède à une infertilité pathologique, elle deviendrait un accompagnement médicalisé de la demande d'un couple, qui, de façon générale, ne peut avoir d'enfant : l'ouverture de l'AMP aux couples de même sexe supposerait de repenser totalement l'AMP « à la française ».

Le gouvernement ne semble pas pressé de mettre la question à l'agenda législatif. Il est vrai que la levée de boucliers suscitée par le mariage pour tous visait plus l'homoparentalité que le mariage lui-même[210]. En attendant, les couples de femmes de même sexe continueront à recourir à des inséminations « sauvages » ou à se rendre à l'étranger pour bénéficier d'un encadrement médical minimum. La question des « bébés Thalys » conçus dans les cliniques belges ou néerlandaises (il existe aussi des bébés Talgo et des bébés Eurostar) a fait couler beaucoup d'encre[211]. Maintenant que l'adoption est ouverte aux couples de femmes mariées[212], l'épouse de la mère d'un enfant né grâce à une PMA réalisée à l'étranger peut-elle adopter cet enfant, fruit d'un « projet parental commun » ? S'inscrivant dans la lignée des arrêts rendus par la Cour de cassation en 2011[213] et en 2013[214] en matière de GPA[215], certains procureurs s'opposèrent au prononcé de l'adoption en invoquant la fraude. Jurisprudence et doctrine se divisèrent[216]. Saisie pour avis, la Cour de cassation affirma que « *le recours à la PMA, sous forme d'un recours à une insémination artificielle avec donneur anonyme à l'étranger, ne fait pas obstacle au prononcé de l'adoption, par l'épouse de la mère de l'enfant né de cette procréation, dès lors que les conditions légales de l'adoption sont réunies et qu'elle est conforme à l'intérêt de l'enfant* »[217].

Prônant l'abandon du modèle de procréation pseudo-charnelle des PMA au profit d'un droit fondé sur le projet parental d'un couple, le rapport Théry-Leroyer se prononce en faveur des

d'être rattaché au couple qui l'élève, etc.), ont pesé de tout leur poids. Mais la question n'en reste pas moins posée : la Cour peut-elle entendre une argumentation reposant sur le refus de l'homoparentalité ?

208. Cons. const., 17 mai 2013, n° 2013-668 DC, préc.

209. Cf. *supra*, n° 966.

210. Cf. *supra*, n° 966.

211. Cf. *infra*, n° 1427.

212. Sur les difficultés suscitées par l'adoption dans un couple non marié, cf. *infra*, n° 1427.

213. Cass. civ. 1re, 6 avril 2011 (3 arrêts), préc.

214. Cass. civ. 1re, 13 septembre 2013, (deux arrêts), préc.

215. Cf. *supra*.

216. *Contra* : TGI Versailles 29 avril 2014 (3 jugements), *D.* 2014, *AJ famille* 368, note C. Mecary, 267, obs. A. Dionisi-Peyrusse, *Dr. famille* 2014, com. n° 113, obs. P. Reigné : le procédé qui consiste à bénéficier à l'étranger d'une assistance médicale à la procréation interdite en France, puis à demander l'adoption de l'enfant, conçu conformément à la loi étrangère mais en violation de la loi française constitue une fraude à celle-ci et interdit l'adoption de l'enfant illégalement conçu (*sic*). *Pro* : TGI Nanterre, 8 juillet 2014, *D.* 2014, p. 1669, note P. Reigné, niant l'existence d'une fraude et prononçant l'adoption, conforme à l'intérêt de l'enfant. Sur la polémique, cf. H. FULCHIRON, « *Fraus omnia corrumpit ?* », *D.* 2014, p. 1162.

217. Avis n° 15010 du 22 septembre 2014 et n° 15011 du 22 septembre 2014, *D.* 2014, 2031, note A.-M. Leroyer, *AJ famille* 2014, 555, note F. Chénedé, *Dr. famille* 2014, 160, comm. C. Neirinck, *RTD civ.* 2014, p. 872, obs. J. Hauser ; J. HAUSER, « L'externalisation de la fabrique des enfants ? Libres propos », *JCP* 2014, 1004. *Adde* H. FULCHIRON, « Le juge et l'oracle », *D.* 2015, p. 21.

PMA pour les couples de femmes[218]. Mais ne risque-t-on pas de créer ainsi de nouvelles inégalités entre homme et femmes et de relancer le débat sur la GPA[219] ?

1060. L'anonymat en question. – Pilier des lois bioéthiques[220], l'anonymat du donneur de gamètes (on parle de plus en plus souvent de « donneur d'engendrement ») est aujourd'hui contesté[221]. Né dans un contexte particulier, le modèle du « ni vu ni connu » (pour reprendre l'expression du rapport Théry-Leroyer[222]) permet de garder le secret sur les circonstances de la procréation, tout en protégeant le donneur. L'évolution des mentalités, la prise en compte de l'intérêt de l'enfant, la consécration de son droit au respect de son identité qui suppose la possibilité de connaître ses origines personnelles[223] l'ont remis en cause[224]. Surtout, les débats sur l'homoparenté et l'accès éventuel des couples de même sexe aux techniques d'AMP rendent son maintien intenable.

S'inspirant de certaines expériences étrangères, le rapport Théry-Leroyer propose de distinguer clairement filiation et origine et d'ouvrir un droit d'accès aux origines personnelles pour les personnes engendrées avec un tiers donneur dans le cadre de l'AMP[225]. La règle de l'anonymisation du don de gamètes et d'embryon serait maintenue, mais l'enfant à sa majorité pourrait en demander la levée. Si le donneur le souhaite, il pourrait également laisser lors du don un certain nombre de renseignements non identifiants que le mineur, assisté de ses représentants légaux, pourrait consulter afin de « personnaliser » ses origines. L'accès à l'identité du donneur serait de droit ; il n'ouvre pas de droit à établir une filiation. Par l'intermédiaire du CNAOP[226], l'enfant pourrait demander à entrer en contact avec le donneur, mais cette possibilité serait soumise au consentement de ce dernier. Le rapport suggère également d'ouvrir une réflexion sur le « don dirigé », *i.e.* la possibilité pour une personne de faire un don de gamète en faveur de tel ou tel couple.

1061. Un statut pour celui qui participe au projet parental d'autrui ? – En permettant à l'enfant d'agir en reconnaissance de son ascendance génétique[227], la

218. Rapport préc., p. 163.

219. Cf. H. Fulchiron, « Le mariage pour tous. Un enfant pour qui ? », art. préc.

220. Cf. TA Montreuil, 14 juin 2012, n° 1009924, *D.* 2012, 1618, obs. A. Mirkovic, *RTD civ.* 2012, p. 520 : trente ans après sa naissance, une femme née par IAD souhaitait obtenir des informations sur le donneur de gamètes à l'origine de sa conception. Face au refus du CECOS, elle agit devant le TA pour obtenir son nom et, à défaut, des données non identifiantes relatives au donneur, en particulier son âge, sa situation professionnelle et familiale, sa description physique, les motivations de son don, des données non identifiantes de nature médicale ou le nombre de personnes conçues avec ses gamètes. Refus : le tribunal se retranche derrière la lettre de la loi.

221. Le Conseil d'État en a pourtant réaffirmé l'importance dans un avis du 13 juin 2013 (CE, 13 juin 2013, n° 362981, *Molenat*, *D.* 2013, obs. R. Grand, 2014, 1171, obs. F. Granet-Lambrechts, *Dr. famille* 2013, com. 113, obs. J.-R. Binet, *AJ famille* 2013, 405, obs. A. Dionisi-Peyrusse, *RFDA* 2013, 1051, concl. E. Crepey). Sont notamment invoqués « *la sauvegarde de l'équilibre des familles et le risque majeur de remettre en cause le caractère social et affectif de la filiation, le risque d'une baisse substantielle* (sic) *des dons de gamètes, ainsi que celui d'une remise en cause de l'éthique qui s'attache à cette démarche de don d'éléments ou de produits du corps* ». Selon le Conseil d'État, « *en interdisant la divulgation de toute information sur les données personnelles d'un donneur de gamètes, le législateur a établi un juste équilibre entre les intérêts en présence* » et respecte ainsi les exigences de l'article 8 Conv. EDH.

222. Rapport préc.

223. Cf. *supra.*

224. Cf. rapport Théry-Leroyer, préc., p. 149 et s.

225. Rapport préc., p. 221 et s.

226. Sur ces organismes, cf. *infra*, n° 1123.

227. Cass. civ. 1re, 13 novembre 2014, n° 13-21.018, *D.* 2015, 649, obs. M. Douchy-Oudot, *AJ famille* 2015, obs. F. Chénedé, *Dr. famille* 2015, comm. n° 9, note C. Neirinck, *RJPF* 1/20, obs. T. Garé, H. Fulchiron, *D.* 2015, 1070.

Cour de cassation a ouvert de nouvelles perspectives[228]. Dès lors en effet que l'on distingue reconnaissance de l'ascendance biologique et établissement du lien juridique de filiation, la réalité de cette ascendance pourrait être reconnue, sans qu'en découlent les conséquences que la loi attache à la filiation. Resterait à construire, en s'inspirant de certains droits étrangers, le statut du « donneur d'engendrement[229] ».

1062. Reconstruire le droit de la filiation en cas d'AMP avec donneur. – Jusqu'à présent, la filiation des enfants nés grâce à une procréation médicalement assistées a été construite sur le modèle de la parenté biologique, donc de l'altérité sexuelle. Ont été utilisées les règles traditionnelles de la filiation : présomption de paternité en mariage, reconnaissance, possession d'état en mariage et hors mariage, quitte à modifier le sens et la portée de ces règles afin de « sceller », en quelque sorte, ces filiations. En témoigne l'interdiction de la contestation de sa paternité par le mari ou par le concubin de la mère lorsque celui-ci a consenti à l'IAD[230]. La situation est, en apparence, paradoxale puisque l'on rend des filiations fictives plus solides que les autres. Mais la règle est logique dans la perspective d'une parenté construite sur le modèle de la filiation charnelle.

Avec l'ouverture des PMA aux couples de même sexe, l'utilisation des règles de la filiation biologique « hétérosexuelle » deviendrait totalement incohérente. Fictions, présomptions, déclarations volontaires, possession d'état ont été pensées pour pallier l'impossibilité de la preuve de la vérité (biologique) des filiations. Elles n'ont plus de sens lorsque le lien de filiation que l'on souhaite établir est dépourvu de toute réalité biologique. Le comble de l'absurde est atteint avec la présomption de co-maternité du droit québécois qui rattache l'enfant à la conjointe de la mère lorsque l'enfant est né dans le cadre d'un projet parental commun. Que l'on fonde l'établissement de la filiation sur l'engagement pris est une chose, que l'on coule cette règle dans le moule d'une présomption fondée sur la vraisemblance biologique de la filiation en est une autre.

Faute de pouvoir utiliser les instruments traditionnels du droit de la filiation, il convient d'inventer de nouvelles formes de filiation reposant à la fois sur la volonté (le projet parental), la réalité biologique (si l'un des parents apporte ses gamètes) et la sanction de l'autorité publique (qui enregistre la volonté et lui donne force juridique) : il s'agirait donc d'imaginer des liens de filiation différents à la fois de la filiation charnelle et de la filiation adoptive, telle qu'on la conçoit aujourd'hui.

Parmi les États qui ont ouvert adoption et PMA aux couples de même sexe, certains ont tenté l'aventure, avec plus ou moins de succès et de cohérence[231]. Au-delà des choix opérés par chacun en matière de PMA et de maternité pour autrui, deux grandes logiques sont à l'œuvre. Certains systèmes juridiques construisent la parenté lien par lien, la filiation qui rattache l'enfant à son parent biologique servant de support à celle qui le rattache au « conjoint » (marié ou non) de son père ou de sa mère. Il y a donc établissement successif de la double parenté. L'instrument privilégié pour établir le second lien de filiation est l'adoption (au sens générique, *i.e.* une volonté individuelle qui prend force juridique dans le cadre d'une décision de l'autorité publique). L'avantage d'une telle solution est de ne pas nier la réalité biologique et de respecter les origines de l'enfant ; mais elle a pour inconvénient de placer le second parent (le parent qui n'est pas le parent biologique) dans la dépendance de l'autre.

D'autres États ont opté pour une co-parenté d'origine, plus conforme à l'esprit d'un projet parental commun. Est privilégié l'établissement simultané ou quasi simultané de la filiation à l'égard du couple. Pour y parvenir, certains systèmes ont choisi de transposer les antiques règles de la filiation biologique à la famille homoparentale. Tel est le cas du droit québécois avec sa présomption de co-maternité. En effaçant la différence d'engendrement, on place les deux parents sur un pied d'égalité. Mais, juridiquement, il est absurde d'utiliser une présomption qui

228. H. Fulchiron et J. Sosson (dir.), *Parenté, filiation, origine : le droit et l'engendrement à plusieurs*, éd. Bruylant, 2013.

229. Pour une étude de droit comparé, cf. H. Fulchiron et J. Sosson (dir.), *Parenté, filiation, origine : le droit et l'engendrement à plusieurs, op. cit.*

230. Cf. *supra*, n° 1057.

231. Cf. H. Fulchiron et J. Sosson (dir.), *Parenté, filiation, origine : le droit et l'engendrement à plusieurs, op. cit.*, et réf. cit.

repose sur une probabilité de paternité ou de maternité biologique pour couvrir une pure fiction. Surtout, on travestit la réalité biologique et, en désexualisant totalement l'état civil, on nie les origines de l'enfant. Loin de ces transpositions hasardeuses, ont été inventées des procédures innovantes permettant d'établir la co-parenté d'origine par déclaration enregistrée dans le cadre d'une procédure administrative ou judiciaire adéquate, ou par le truchement d'une adoption allégée (et éventuellement anticipée). Ainsi, la loi danoise permet-elle à une femme d'obtenir l'adoption de l'enfant à naître de sa conjointe. Dans certains pays qui admettent le recours à une mère porteuse, l'enfant peut être rattaché à ses deux parents d'intention par une même décision judiciaire, sur le modèle du *parental order* du droit anglais ou de l'adoption allégée du droit néerlandais[232]. L'équilibre ainsi trouvé entre volonté individuelle et encadrement social permet de respecter la réalité biologique et donc préserver les origines de l'enfant, dès lors du moins que l'on ne prétend pas, parallèlement, nier l'existence de celui ou de ceux qui ont participé au projet parental des pères ou mères, juridiques, de l'enfant.

1063. Un nouveau type de filiation ? Vers une responsabilité générationnelle ? – Dénonçant les incohérences du modèle de filiation biologique, tout en soulignant les limites de la technique de l'adoption, le rapport Théry-Leroyer propose d'inventer une troisième voie, propre aux enfants nés par AMP avec don d'engendrement : un nouveau modèle construit sur une « *éthique de la responsabilité générationnelle* »[233]. Devant le notaire ou le juge recevant le consentement à l'AMP, les futurs parents procéderaient à une « *déclaration commune anticipée de filiation* » par laquelle ils consentiraient à être les futurs parents de l'enfant issu de l'AMP. Cette déclaration serait communiquée par l'un ou l'autre parent à l'officier de l'état civil lors de la déclaration de naissance et portée sur l'acte de naissance de l'enfant. Elle établirait un lien de filiation indivisible entre l'enfant et ses deux parents, quel que soit bien sûr le sexe des intéressés[234].

Vaste mais nécessaire chantier...

SECTION III
ACTIONS RELATIVES À LA FILIATION

1064. Conflit d'intérêts. – Le contentieux de la filiation est une question particulièrement délicate : au-delà de l'enfant, elle intéresse la famille et la société tout entière. Pendant longtemps, elle fut dominée par la peur du scandale et l'incertitude des preuves. S'y ajoutait l'hostilité à l'égard d'une intrusion du juge, donc de l'État, au plus profond de l'intimité familiale. Paradoxalement, les actions, rares, étaient assez mal organisées par la loi, sauf à être bornées par de strictes règles de délais et de preuves. De nombreuses difficultés s'étaient élevées, que la loi du 3 janvier 1972 apaisa en créant un ensemble de règles constitutives d'un véritable droit commun des actions relatives à la filiation. Le nouveau système subit cependant de plein fouet les évolutions postérieures à la loi : rejet des filiations fictives, prédominance de la vérité biologique, certitude de la preuve. La jurisprudence ouvrit de nouvelles actions, au risque de déstabiliser l'ensemble du système[235].

1065. Reconstruction des actions. – L'ordonnance de 2005 a procédé à une reconstruction des actions : il s'agissait tout à la fois de simplifier, d'ouvrir et de canaliser. Modifiant le plan adopté en 1972, elle transfère le droit commun des actions relatives à la filiation (Chapitre I) à

232. H. FULCHIRON et J. SOSSON (dir.), *Parenté, filiation, origine : le droit et l'engendrement à plusieurs, op. cit.*, et réf. cit.

233. Rapport préc., p. 178.

234. Selon le rapport, le parent qui déciderait de ne pas transmettre la déclaration et de recourir aux règles de la filiation « charnelle » s'exposerait au risque de voir la filiation contestée si elle ne correspond pas à la réalité biologique.

235. *Infra*, nos 1304 s.

un chapitre spécial, consacré aux actions aux fins d'établissement ou de contestation de la filiation (Chapitre III). La logique d'un tel plan serait parfaite si la compréhension de certains modes d'établissement de la filiation (Chapitre II) ne supposait l'examen préalable des actions permettant leur contestation, et, surtout, si le regroupement de ces règles ne plaçait bizarrement l'établissement judiciaire de la filiation hors des modes d'établissement de la filiation. Aussi est-il préférable de traiter le droit commun des actions relatives à la filiation au titre des dispositions générales du droit de la filiation.

La spécificité des règles gouvernant ces actions (§ 2) suppose que soit définie l'action relative à la filiation (§ 1).

§ 1. Qu'est-ce une action relative à la filiation ?

1066. Définition. – Par actions relatives à la filiation, il faut entendre les actions tendant à établir ou à détruire un lien juridique de filiation. Avant 2005, y étaient assimilées les actions ayant pour objet de modifier la qualité de la filiation (légitimation, contestation de légitimité). Rameau des actions d'état, elles devaient être distinguées d'actions voisines : actions en rectification de l'état civil, en constatation de possession d'état, en reconstitution de généalogie, à fin de subsides.

1067. 1°) **Rectification de l'état civil.** – L'action en rectification de l'état civil a pour objet de corriger une inexactitude dans la rédaction des actes de l'état civil, sans modifier l'état de la personne.

La rectification d'un acte de l'état civil est soumise à une procédure beaucoup plus simple que celle des actions d'état qui sont relatives à la filiation. S'il s'agit d'erreurs ou d'omissions simples et purement matérielles[236], la rectification est ordonnée par le parquet (art. 99, al. 3), ce que l'on appelle une rectification administrative. Si la faute commise dans l'acte n'est ni une erreur de plume ni une omission matérielle qui soit très simple, la rectification est judiciaire ; la demande est introduite par une requête – pas une assignation – devant le président du tribunal – pas le tribunal – (art. 99, al. 1). Comme son nom l'indique, l'action a uniquement pour objet un acte de l'état civil et une rectification ; elle ne peut avoir pour objet un état, et notamment la modification d'une filiation. La différence n'est pas toujours facile à faire, car ce qui distingue un changement de pure forme et un changement du fond est parfois subtil.

Dans son principe, le critère est simple : l'action en rectification est d'un ordre purement matériel ; elle tend ou à rectifier – l'acte comporte une erreur matérielle, par exemple sur le sexe[237] –, ou à compléter – l'acte est incomplet, par exemple il oublie un prénom –, ou à effacer – l'acte comporte une indication

236. Ex. : Faute d'orthographe sur le nom ; indication que l'enfant est né de père ou de mère inconnu, ou que deux personnes vivent maritalement.

237. Cass. civ. 1re, 26 janvier 1983, *Bull. civ.* I, n° 38 ; *D.* 1983.436, n. J. Massip ; *Defrénois* 1983, art. 33133, n° 74, p. 1148, m. n. : jugé qu'est une rectification d'état civil l'action qui n'a « *pour objet que de réparer une erreur sur le sexe et une omission quant au prénom* [...] *et ne* (s'analyse) *ni en une action relative à la vérité ou au caractère mensonger de la filiation résultant de cette reconnaissance, ni en une demande tendant à suppléer un acte de l'état civil* ». Ultérieurement, dans la même affaire, la Cour de cassation a précisé « *que l'article 99 ne distingue pas selon le caractère volontaire ou non des erreurs contenues dans les actes de l'état civil* » (Cass. civ. 1re, 2 juin 1987, *Bull. civ.* I, n° 175 ; *D.* 1987, IR 145 ; *Defrénois* 1987, art. 34108, n° 91, p. 1389, obs. J. Massip). En l'espèce, les futurs époux avaient, en 1948, reconnu avant leur mariage « *pour leur fils un enfant...* », prénommé Frédéric et né en 1934. En 1979, après le décès du mari, une dame prénommée Frédérica, obtint une rectification de l'état civil malgré l'opposition d'un enfant du premier lit. En fait, il s'agissait d'une reconnaissance et d'une légitimation de complaisance qui ne pouvaient plus être contestées, en raison de l'accomplissement de la possession d'état décennale (art. 339, al. 3 anc.).

matériellement inexacte, par exemple, il énonce que la mère était mariée alors qu'elle ne l'était pas –[238]. Au contraire, est une action d'état celle qui s'attaque, au fond, à l'état que l'acte constate, par exemple, la détermination du père ou de la mère, un changement de sexe[239] ou de père[240].

L'application de ce critère avait soulevé des difficultés lorsqu'il s'agissait de tirer les conséquences de l'exclusion ou de la restauration de la présomption de paternité légitime pour un enfant né d'une femme mariée dans des conditions suspectes. Depuis l'ordonnance du 4 juillet 2005, la question a perdu beaucoup de son intérêt puisqu'a disparu la distinction entre filiation légitime et naturelle, sauf qu'est maintenue la présomption de paternité pour un enfant né dans le mariage.

1068. 2°) **Constatation de la possession d'état.** – La possession d'état peut être constatée par un acte de notoriété[241]. S'il y a une contestation, un procès s'impose. Elle peut aussi être constatée par le juge[242].

Le procès n'a pas alors pour objet d'établir en justice une filiation – ce n'est ni une réclamation d'état ni une recherche de maternité ou de paternité naturelle[243] –, mais de démontrer la possession d'état, mode de preuve non contentieuse de la filiation. En d'autres termes, ce n'est pas une action relative à la filiation, mais une action en constatation de possession d'état ou de contestation de l'acte de notoriété[244] ; elle échappe aux restrictions qui ont pour objet les actions relatives à la filiation[245]. En subordonnant les effets de la possession d'état à sa constatation par le juge, l'ordonnance de 2005 a brouillé la distinction[246].

238. Ex. : Cass. civ. 1re, 14 mai 1985, *Bull. civ.* I, n° 150 ; *Defrénois* 1986, art. 33735, n° 41, obs. J. Massip : « *l'action de Mme D, en ce qu'elle avait pour objet de faire supprimer de l'acte de naissance de ses fils, la mention erronée qu'elle était, à l'époque de la naissance, l'épouse de M. Z., s'analysait bien en une action de rectification d'état civil* ». En l'espèce, des enfants étaient nés plus de 300 jours après le divorce de leurs parents avec l'indication du nom du mari et de la mère « *son épouse* » ; jugé que l'action était une rectification de l'acte d'état civil ; – cf. aussi TGI Paris, 26 janvier 1982, *D.* 1983, IR 327, obs. D. Huet-Weiller : en l'espèce, l'enfant était né plus de trois cents jours après la dissolution du mariage (le divorce avait été prononcé depuis plus de onze ans) ; en outre, la maternité qu'indiquait l'acte était inexacte, car le père avait mis sous le nom de sa femme divorcée l'enfant né de sa concubine (une sorte de substitution d'enfant) ; jugé que la suppression du nom de la mère (l'ex-épouse) était une action en rectification de l'acte d'état civil ; TGI Chaumont, ord., 30 mars 2010, *Dr. famille* 2010, n° 141, obs. J. Massip : l'enfant était né pendant la procédure de divorce et plus de deux ans après l'ordonnance de non-conciliation ; il n'avait aucune possession d'état à l'égard de son père qui ignorait son existence. Quarante ans plus tard, celui-ci demande et obtient la rectification des actes.

239. Sur le transsexualisme, v. *Les personnes, Les incapacités*, coll. Droit civil.

240. TGI Dunkerque, ord. prés., 9 juillet 1979, *D.* 1981, IR 293, obs. D. Huet-Weiller : enfants déclarés successivement à l'état civil avec des pères différents.

241. *Infra*, n° 1225.

242. TGI Créteil, 21 février 2002, *aff. de l'enfant de Jacques Frèche*, *D.* 2003.1710 : « *aucun texte ne prohibe une telle action* » ; en l'espèce, le demandeur voulait seulement porter le nom de son père, mort guillotiné, en odeur de sainteté ; la cour de Paris a infirmé (4 avril 2003, cité *supra*), estimant que les éléments de la possession d'état n'étaient pas réunis. La Cour de cassation a cassé *Cass. civ. 1re, 25 octobre 2005, cité *supra*, n° 997.

243. *Supra*.

244. Carbonnier, *op. cit.*, p. 264 ; R. Savatier, *D.* 1953.97 ; *D.* 1974.629 ; E. Agostini, *D.* 1976.126.

245. Pour la prescription extinctive, *infra*, nos 1075 s. ; pour la qualité pour agir : Cass. civ. 1re, 10 mars 1998, *Bull. civ.* I, n° 99 ; *D.* 1998, IR 101 : jugé que des grands-parents peuvent agir en constatation de la possession d'état d'enfant naturel de leur petit-fils à l'égard de leur fils décédé : « *l'action en constatation de la possession d'état, précisément parce qu'elle est distincte de l'action en réclamation ou en contestation d'état, est ouverte à toute personne justifiant d'un intérêt légitime* » ; * Cass. civ. 1re, 10 février 1993, *Bull. civ.* I, n° 68, a même admis qu'un enfant pouvait recueillir la succession du mari de sa mère, en invoquant sa qualité d'enfant légitime, puis, ultérieurement, établir sa possession d'état naturel d'un autre homme, pour en recueillir la succession. L'enfant aurait donc deux pères !

246. Cf. *infra*, n° 1230 et 1329 s. et réf. cit. En particulier, l'action doit être communiquée au ministère public (Cass. civ. 1re, 24 octobre 2012, n° 11-10.769, *RTD civ.* 2013, 102, obs. J. Hauser).

1069. 3°) **Reconstitution de généalogie.** – L'action en reconstitution de généalogie intéresse une succession où l'héritier, afin d'établir sa parenté avec le défunt, entend démontrer des rapports de filiation qui remontent à des temps éloignés – un lointain auteur commun –, en s'en tenant aux apparences ; cette preuve est libre[247]. Au contraire, les actions relatives à la filiation mettent en cause l'état de successible, et ne s'attachent qu'à des événements proches. Le critère n'est pas précis.

1070. 4°) **Action à fins de subsides.** – L'action à fins de subsides (art. 342), ne constitue pas à proprement parler une action relative à la filiation puisqu'il n'est pas question d'établir un lien de filiation, donc de modifier l'état de la personne : il s'agit seulement de réclamer des subsides à un homme qui a eu des relations avec la mère pendant la période légale de la conception. Fondée sur une éventualité de paternité, et longtemps utilisée comme un substitut à l'action en recherche de paternité, l'action à fins de subsides est cependant soumise à un régime que la loi (l'action apparaît au titre de la filiation dans le Code civil et le Code de procédure civile traite concurremment aux articles 1149 et suivants *« De la filiation et des subsides »*), et la jurisprudence rapprochent de celui des actions relatives à la filiation[248].

En pratique, cette action est en voie de disparition.

§ 2. Régime des actions relatives à la filiation

Compte tenu de leur objet, les actions relatives à la filiation sont soumises à un régime particulier, qu'il s'agisse de la compétence (I), du droit d'agir (II), du déroulement de l'instance (III) et de l'autorité du jugement (IV).

I. — Compétence

A. Principe : compétence exclusive du tribunal de grande instance

1071. Compétence exclusive. – Le tribunal de grande instance statuant en matière civile est seul compétent pour connaître des actions relatives à la filiation (art. 318-1). Rien de plus naturel : la filiation est au cœur de l'état des personnes. Comme il a été dit, le juge d'instance intervient certes en la matière, puisqu'il est chargé de délivrer l'acte de notoriété constatant l'existence d'une possession d'état. Mais il ne lui appartient pas de trancher une question de filiation : il se contente de constater dans un acte de notoriété qui fera foi jusqu'à preuve contraire (art. 317), l'existence d'une réalité à laquelle la loi attache un certain nombre d'effets ; si cette réalité est contestée ou si le juge refuse de délivrer l'acte, il conviendra d'agir devant le tribunal de grande instance pour exercer l'action d'état[249].

---

247. Cass. civ., 9 mars 1926, *aff. Oppenheim, DP* 1936.I.225, n. A. Rouast ; *S.* 1926.I.337, n. H. Vialleton : en l'espèce, la succession du *de cujus* avait été déclarée vacante ; la veuve Oppenheim avait prétendu en être l'héritière, en qualité de sœur naturelle du défunt : bien que ni le *de cujus*, ni la veuve n'eûssent été reconnus par leur mère et que les conditions d'une recherche en maternité naturelle ne fûssent pas réunies, sa prétention a été accueillie par les juges du fond : *« puisqu'il s'agit d'une question de succession, le juge peut puiser sa conviction dans tous les documents et présomptions quelconques »*. Cassation, car il ne s'agissait pas d'un rapport de filiation remontant à des temps éloignés. Aujourd'hui, l'enfant naturel aurait pu, dans cette espèce, établir sa filiation par la possession d'état (*supra*, n° 995). À cet égard, le particularisme de l'action en généalogie a décliné. V. toutefois pour la communicabilité de la cause au ministère public (C. pr. civ., art. 425) : Cass. civ. 1re, 2 juin 1987, *Bull. civ.* I, n° 179 ; *D.* 1988.405, n. J. Massip ; *Defrénois* 1988, art. 34186, n° 3, p. 309, m. n.

248. *Infra,* nos 1360 s.

249. Sur l'intervention du juge des référés ou du juge de la mise en état lors de mesures d'instruction, *infra*.

B. Conséquence : exception préjudicielle de filiation

1072. Compétence exclusive et exception préjudicielle. – L'exclusivité de la compétence du tribunal de grande instance vaut pour les autres juridictions civiles, le juge saisi devant se déclarer d'office incompétent (C. pr. civ., art. 92). Elle s'impose également aux juridictions administratives. À l'égard des juridictions pénales, elle est affirmée par un texte spécial. Selon l'article 319 : « *En cas d'infraction portant atteinte à la filiation d'une personne, il ne peut être statué sur l'action pénale qu'après le jugement passé en force de chose jugée sur la question de filiation* ». Cette exception préjudicielle a donc un champ strictement délimité.

Si l'action porte sur une infraction portant atteinte à la filiation d'un individu (faux commis par l'officier de l'état civil, suppression, enlèvement, substitution d'enfant, C. pén., art. 227-5 et 227-13), la juridiction pénale compétente devra surseoir à statuer. Si en revanche le juge pénal est saisi d'une autre infraction, qui suppose cependant qu'il se prononce sur des questions incidentes relatives à la filiation (savoir par exemple si l'accusé est le fils de la victime, et si, par conséquent, sont applicables les peines du parricide : le meurtre d'un ascendant légitime ou naturel (sic) ou sur les père ou mère adoptif n'est plus puni par le poing coupé, mais entraîne aggravation de la peine (C. pén., art. 221-4)), le principe selon lequel le juge de l'action est le juge de l'exception s'applique : la juridiction pénale pourra statuer sans surseoir, mais sa décision n'aura pas autorité au civil.

II. — Droit d'agir

1073. Encadrement. – Le souci de préserver la paix des familles et, tout simplement, l'intimité des personnes, avait conduit le législateur de 1972 à encadrer strictement le droit d'agir, qu'il s'agisse de la qualité pour agir, des délais pour agir ou du principe d'indisponibilité des actions relatives à la filiation.

A. Qualité pour agir

Même si la qualité pour agir est accordée plus largement aujourd'hui qu'elle ne l'était hier, les actions relatives à la filiation restent des actions personnelles et, en principe, intransmissibles.

1) Titulaires de l'action

1074. Hier. – La loi de 1972 avait mis en place un système d'actions attitrées, complexe mais équilibré. En ce qui concerne l'enfant légitime, le désaveu restait réservé au mari (art. 312, 325 et 326 anc.), mais une action en contestation de paternité légitime était ouverte à la mère et au véritable père (art. 318) ; l'action en revendication d'enfant légitime était l'affaire des époux (art. 328 anc.). Pour l'enfant naturel, l'action en recherche de paternité ou de maternité appartenait à l'enfant et à lui seul (art. 340-1 et 341 anc.). Seule l'action en contestation de reconnaissance était, en principe, ouverte à tout intéressé (art. 339 anc.) ; mais telle était la contrepartie de la liberté de la reconnaissance[250]. De telles restrictions supposaient un texte ; aussi les actions « inventées » par la jurisprudence à partir d'une interprétation *a contrario* des articles 334-9 et 322 anc. étaient-elles, faute de texte spécial, ouvertes à tout intéressé, dans le délai de droit commun, *i.e.* trente ans. L'équilibre recherché en 1972 était ruiné, certaines actions étant trop largement ouvertes alors que d'autres ne l'étaient pas assez.

1075. Aujourd'hui. – Le législateur de 2005 a reconstruit l'ensemble du système. Les actions tendant à l'établissement de la filiation maternelle ou paternelle (la loi ne distingue plus selon qu'il s'agit d'une filiation en ou hors mariage),

250. *Infra*, n° 1197.

appartiennent à l'enfant (art. 325 et 328, al. 2)[251]. La contestation est ouverte ou fermée selon une règle simple. En cas de conformité du titre et de la possession d'état, seuls peuvent agir le père, la mère, l'enfant ou celui qui se prétend le parent véritable (art. 333) ; et encore l'action se ferme-t-elle à tous (sauf au ministère public), si la possession d'état a duré au moins cinq ans (art. 333, al. 2). À défaut de possession d'état conforme au titre, l'action peut être engagée par tout intéressé dans les délais prévus à l'article 321[252]. Le lien de filiation légalement établi peut également être contesté par le ministère public, mais seulement « *si des indices tirés des actes eux-mêmes le rendent invraisemblable ou en cas de fraude à la loi* » (art. 336)[253].

2) Caractère personnel de l'action

1076. Personnalité. – Qu'elle soit ou non attitrée, l'action présente toujours un caractère personnel ; ainsi, elle ne peut jamais être exercée par les créanciers agissant par la voie oblique (art. 1166).

3) Intransmissibilité de l'action

1077. Principe et exceptions. – L'intransmissibilité des actions relatives à la filiation est traditionnellement rattachée à l'indisponibilité de la filiation. Le principe est posé par les deux tempéraments qui y sont apportés ; mais ces deux tempéraments conduisent précisément à en nuancer la portée.

Tout d'abord, l'article 322 prévoit que l'action peut être exercée par les héritiers si le titulaire de l'action est décédé avant l'expiration du délai pour agir ; elle est alors intentée « *dans le délai restant à courir au jour du décès* » ; on ne sait si le titulaire de l'action aurait ou non agi ; dans le doute, on permet aux héritiers de le faire pendant dix ans, délai de droit commun de la prescription des actions relatives à la filiation. Les héritiers peuvent poursuivre l'action engagée par le défunt « *à moins qu'il n'y ait eu désistement ou péremption d'instance* » (art. 322, al. 2).

Cette limitation de la transmissibilité ne s'applique qu'aux actions relatives à la filiation : elle ne concerne ni les actions en rectification de l'état civil[254], ni les actions en pétition d'hérédité[255].

Les règles tranchent avec l'ancien article 311-8 qui prévoyait que « *l'action qui appartient à un individu quant à sa filiation ne peut être exercée par ses héritiers qu'autant qu'il est décédé mineur ou dans les cinq années après sa majorité ou son émancipation* ». D'une part, en effet, ce texte ne traitait que des actions qu'un individu intentait relative à sa filiation, *i.e.* celle qui le rattachait à ses ascendants, d'où l'on déduisait que pour les actions appartenant à d'autres personnes que l'enfant (père, mère, nouveau mari de la mère, personne ayant intérêt à agir), la transmission s'opérait sans restriction[256]. D'autre part, l'ancien article 311-8 exigeait que l'enfant fût décédé mineur ou dans les cinq ans suivant sa majorité ou son émancipation ; mais le délai

---

251. Sur l'exercice de l'action pendant la minorité, cf. art. 329, *infra*, n° 1314.

252. *Infra*, n° 1326. Sur le cas particulier d'une filiation établie par la possession d'état constatée dans un acte de notoriété, art. 335 nouv., *infra*, n° 1327.

253. *Infra*, n° 1337.

254. Caen, 23 février 1965, *D.* 1966, 27.

255. Ex. : Cass. civ. 1re, 2 décembre 1958, *Anania*, *Bull. civ.* I, n° 532 ; *D.* 1959, 293, n. G. Holleaux : « *les délais énoncés dans l'article 329* (anc.) *ne sont applicables qu'à la réclamation d'état, c'est à dire au cas où des enfants viennent du chef de leur père ou de leur mère réclamer un état dont ceux-ci n'étaient pas en possession pendant leur vie* ». En l'espèce, il s'agissait d'une pétition d'hérédité ; jugé que le demandeur pouvait agir afin de faire constater que son auteur possédait un tel état, bien qu'il n'eût pas de titre et que sa naissance datât de plus de trente ans. Autrefois, la règle n'intéressait que la filiation légitime, elle a aujourd'hui une portée générale.

256. D. Huet-Weiller et J. Hauser, n° 519.

pour agir était soit trop court, ce qui interdisait l'action, soit très long (30 ans, avec suspension pendant la minorité), ce qui laissait planer une menace permanente sur la filiation.

Pour mieux encadrer les actions, le législateur les enferme dans de stricts délais.

B. Délais pour agir

1078. Indisponibilité de l'état, prescription des actions. – La question est délicate, et l'évolution législative sensible. Deux considérations opposées sont à l'œuvre[257]. D'une part, l'état des personnes étant indisponible, il ne devrait pas s'acquérir ni se perdre par l'écoulement du temps ; les actions d'état et les actions relatives à la filiation en particulier devraient donc être imprescriptibles (C. Napoléon, art. 328). Mais, d'autre part, le souci d'assurer la sécurité de l'état et la paix des familles, joint au risque de dépérissement des preuves, plaide en faveur de la prescription[258].

La loi de 1972 dissocia indisponibilité et imprescriptibilité : les actions relatives à la filiation furent soumises à la prescription trentenaire de droit commun, « *toutes les fois qu'elles ne sont pas enfermées par la loi dans des termes plus courts* » (art. 311-7 anc.). Soucieux de garantir la stabilité de l'état[259], le législateur de 2005 a ramené le délai à 10 ans (art. 321). Parallèlement, les délais propres aux actions en établissement ou en contestation ont été refondus[260].

Le nouveau principe de prescriptibilité est si bien ancré en droit français qu'au lendemain de la loi de 1972, la Cour de cassation a affirmé que la loi étrangère qui affirmerait l'imprescriptibilité des actions en contestation d'état, était contraire à l'ordre public français en matière internationale[261].

La règle appelle plusieurs précisions.

1) Domaine de l'article 321

1079. Dix ans. – La règle ne vaut que faute de dispositions spéciales propres à telle ou telle action ou liées à des circonstances particulières (cinq ans pour agir en contestation à compter du jour où la possession d'état a cessé ou du décès du parent dont le lien de filiation est contesté s'il y a conformité entre le titre et la possession d'état, art. 333, al. 1). La simplification réalisée en 2005 est remarquable, quand on se souvient de la complexité du régime antérieur et des incohérences engendrées par la création jurisprudentielle d'actions qui, faute de délai spécial, étaient soumises au droit commun[262].

257. Sur le débat, not. Marty et Raynaud, n° 868 et réf. cit. ; *Adde* R. Savatier, « Parenté et prescription civile », *RTD civ.* 1975, 1 s.

258. Cf. d'ailleurs les tempéraments apportés à la loi par la jurisprudence (sont prescriptibles les actions exercées par les héritiers ne poursuivant que la satisfaction d'un intérêt pécuniaire, Cass. civ. 1re, 26 juin 1956, *D.* 1956, 605, n. Ph. Malaurie) et les très brefs délais expressément prévus pour intenter telle ou telle action.

259. Cf. *infra*, n° 1079.

260. Cf. J. Hauser, « Filiation et prescription », *AJ famille* 2012, p. 29 et réf. cit. *Infra*, nos 1315 et 1327.

261. Cass. civ. 1re, 13 novembre 1979, *Bull. civ.* I, n° 227 ; *Rev. crit. DIP* 1986, 753, n. M.-L. Rassat ; *Defrénois* 1980, 1457, n. J. Massip.

262. Cf. *infra*, nos 1304 s.

Le domaine de la prescription prévue par l'article 321 s'étend à l'action en contestation d'une possession d'état[263], mais non aux reconnaissances, qui sont des actes et non des actions[264], ni à l'établissement d'un acte de notoriété.

2) Régime de l'article 321

1080. Interruption de la prescription. – L'article 321 édicte une règle générale soumise au droit commun de la prescription. Il en résulte que la prescription est susceptible d'interruption ou de suspension selon le droit commun. On en déduisait notamment qu'elle était suspendue pendant la minorité de l'enfant[265] ; celui-ci pouvait donc agir jusqu'à l'âge de 48 ans, ce qui ne paraissait pas opportun. Depuis l'ordonnance de 2005, la règle est affirmée à l'article 321. Le délai de prescription ayant été ramené à dix ans, l'enfant doit agir avant l'âge de 28 ans.

3) Point de départ du délai

1081. Mystères de la prescription. – La question est difficile car la formule inscrite à l'article 321 garde une part du mystère qui entourait depuis 1972 l'ancien article 311 : « *Les actions relatives à la filiation se prescrivent par dix ans à compter du jour où la personne a été privée de l'état qu'elle réclame ou a commencé à jouir de l'état qui lui est contesté.* »

1°) Pour les **actions en établissement** de la filiation, on en déduit que la prescription court à compter du jour où la possession d'état a cessé, *i.e.* à compter de la naissance si l'enfant n'a jamais eu de possession d'état, ou plus tard si l'enfant en a joui pendant quelques temps.

2°) Pour les **actions en contestation**, l'ancien article 311-17, que reprend l'article 321, prêtait à discussion. Par « *jouir de l'état qui lui est contesté* », on entendait « *jouir d'une possession d'état* ». S'il y avait eu possession d'état, la prescription partait de l'établissement de celle-ci ; mais *quid* si l'enfant ne disposait que d'un titre, sans possession d'état ? Force était d'admettre qu'il convenait de se référer à la date à laquelle le titre avait été établi[266]. La situation a été éclaircie en 2005. De fait, si la filiation est établie par possession d'état *stricto sensu, i. e.* par délivrance d'un acte de notoriété (art. 317), la prescription prévue à l'article 335 s'applique, soit dix ans à compter de la délivrance de l'acte[267]. Sinon de deux choses l'une. Ou bien l'enfant dispose d'un titre et d'une possession d'état conforme : en vertu de l'article 333 (L. du 16 janvier 2009), l'action se prescrit pas cinq ans à compter du jour où la possession d'état a cessé ou du décès du parent dont le lien de filiation est contesté. Ou bien l'enfant n'a qu'un titre nu : bien que la formule de l'article 321 soit passablement obscure (l'enfant peut-il vraiment avoir « *joui de l'état* » alors qu'il n'a pas de possession d'état ?), le délai de droit commun ne peut partir que du jour de l'établissement du titre, acte de naissance ou reconnaissance.

263. Ex. : Cass. civ. 1re, 10 février 1993, *Bull. civ.* I, n° 67 ; *D.* 1993, 490, n. J. Hauser et P. Nicoleau ; *Defrénois* 1993, art. 35772, n° 49, obs. J. Massip : « *distincte de l'action en recherche de paternité, l'action en contestation de possession d'état n'est pas soumise au délai préfix prévu par l'article 340-4, mais à la prescription de 30 ans telle qu'instaurée par l'article 311* (aujourd'hui, art. 321) ».

264. On peut reconnaître un enfant plus de trente ans après sa naissance, cf. *infra*, n° 1185.

265. Cass. civ. 1re, 10 janvier 1990, *Bull. civ.* I, n° 8 ; *D.* 1990, 193, n. D. Huet-Weiller.

266. Cf. D. Huet-Weiller et J. Hauser, *op. cit.*, n° 523.

267. *Infra.*

Les règles imposant des délais à l'exercice d'une action intéressent l'ordre public, le juge peut les soulever d'office[268] : l'état des personnes est indisponible.

C. Indisponibilité des actions relatives à la filiation

1082. Principe d'indisponibilité. – Les actions relatives à la filiation sont indisponibles comme l'est l'état de la personne : « *l'état n'est pas un objet qui soit extérieur à la personne ; c'est la personne elle-même, considérée dans ses rapports familiaux*[269] » ; or la personne est par nature hors du commerce juridique. De ce principe, le Code civil fait une application particulière à l'article 323 : « *Les actions relatives à la filiation ne peuvent faire l'objet de renonciation* ». Plus généralement, elles ne peuvent être cédées à des tiers, faire l'objet d'une transaction[270] ou être soumises à arbitrage. Il ne peut y avoir non plus désistement d'action[271] ou acquiescement, qu'il s'agisse de l'acquiescement à la demande ou au jugement[272].

1083. Portée de l'indisponibilité. – Il convient cependant de préciser la portée du principe d'indisponibilité. Tout d'abord, il ne concerne que le rapport de filiation lui-même (l'état de la personne), non ses conséquences patrimoniales, dans la mesure du moins où ces conséquences ne sont pas elles-mêmes indisponibles (par *ex.* : l'obligation alimentaire) : ainsi, une transaction portant sur l'action en réclamation de la succession du prétendu père, décédé, serait-elle valable[273]. De plus, s'il est interdit de disposer de la filiation elle-même, la loi laisse aux parents de plus en plus de liberté pour aménager les conséquences de l'établissement ou de la destruction du lien : modalités d'exercice de l'autorité parentale, paiement

268. Cass. civ. 1re, 24 novembre 1987, *Bull. civ.* I, n° 22 ; *D.* 1988, 425, n. J. Massip : « *les dispositions de l'article 318-1, alinéa 2, étant d'ordre public, l'irrecevabilité de l'action en raison de l'expiration des délais qu'elles prévoient doit être soulevée par le ministère public, soit relevée d'office par le juge* ». En revanche, la Cour de cassation a affirmé, a propos d'une action en contestation de paternité fondée sur l'article 322 ancien interprété *a contrario* (donc soumise au délai de prescription de droit commun), que les juges ne pouvaient relever d'office le moyen tiré de la prescription, quand bien même la prescription serait d'ordre public (Cass. civ. 1re, 6 mars 2007, *Dr. famille* 2007, n° 141, obs. P. Murat ; n.p.B. La différence ainsi faite entre les actions « légales » enfermées dans des délais préfix et les actions « prétoriennes » soumises à la prescription de droit commun, n'a pas convaincu (P. Murat, note préc.).

269. J. Carbonnier, *op. cit.*, p. 226.

270. Cass. req., 26 février 1923, *DH* 1924, 247 : « *l'état des personnes ne peut faire l'objet d'aucune transaction ou renonciation* ». En l'espèce, la mère d'un enfant naturel « *s'était engagée, moyennant le paiement de deux sommes de 20 000 F chacune, à rapporter ou détruire toute correspondance de Félix B.* ». À supposer que cette promesse fût une transaction ou une renonciation à exercer une recherche de paternité naturelle, elle eût été nulle. Rappr. Cass. civ. 1re, 25 septembre 2013, n° 12-24.588, *Dr. famille* 2013, n° 161, note C. Neirinck, *D.* 2013, p. 1171, obs. F. Granet-Lambrechts : moyennant compensation financière, la mère s'était engagée à ne pas demander de subsides à un de ses anciens amants ; l'accord précisait que la paternité ne pouvait lui être imputée malgré leur liaison. Dix ans plus tard elle intente une action en tant que représentant légal de son fils majeur placé sous tutelle. La Cour de cassation accueille sa demande.

271. Ex. : Cass. civ. 1re, 20 janvier 1981, *Bull. civ.* I, n° 22 ; *D.* 1981, IR 297, 1re esp., n. D. Huet-Weiller : « *le désistement visé à l'article 311-8, alinéa 2, est le désistement d'instance et non le désistement d'action ; en l'espèce, la cour d'appel retient, à bon droit, que le désistement d'action fait par dame X était nul, par application de l'article 311-9, aux termes duquel les actions relatives à la filiation ne peuvent faire l'objet d'une renonciation* ». En l'espèce, la dame X avait agi en recherche de paternité contre les héritiers de son père prétendu ; puis elle s'était désistée, tant de son instance que de son action, contre remise d'une grosse somme. Puisque le désistement de son action était nul, elle a eu le droit d'agir à nouveau.

272. D. Huet-Weiller et J. Hauser, *op. cit.*, n° 517 et réf. cit.

273. Demolombe, nos 324 s.

de la pension alimentaire, etc. Cette évolution s'inscrit dans un mouvement plus large de contractualisation du droit de la famille[274].

La loi elle-même peut faire exception au principe d'indisponibilité. Ainsi le consentement donné à l'IAD entraîne-t-il interdiction de toute action aux fins d'établissement ou de contestation de la filiation (art. 311-20, al. 1 *supra*) : la règle peut s'analyser comme un consentement-renonciation.

La jurisprudence fait du principe d'indisponibilité une application des plus nuancées. Ont été ainsi déclarés valables... le désistement d'appel contre une recherche ou un désaveu de paternité, qu'il soit fait par un défendeur[275] ou un demandeur[276]... et, en pratique, les désaveux et les contestations de paternité d'accord, ... une recherche de paternité naturelle faite en accord avec les héritiers du défendeur[277]. Désormais, l'indisponibilité de l'action signifie simplement qu'est nul l'engagement de ne pas exercer une action relative à la filiation ; on ne peut y renoncer à l'avance[278].

III. — Déroulement de l'instance

L'instance présente, compte tenu de son objet, un certain nombre de particularités.

1084. Rôle du ministère public. – Parce que la filiation intéresse l'ordre public, le ministère public doit avoir communication des affaires relatives à la filiation (C. pr. civ., art. 425-1). La règle s'impose à tous les degrés de juridiction[279]. De plus, l'article 336 lui reconnaît le droit d'agir en contestation de la filiation « *si des indices tirés des actes eux-mêmes* » « *rendent invraisemblable* » le lien de filiation ou que ce lien ait été « *établi en fraude à une règle d'ordre public* »[280].

1085. Office du juge. – Le juge dispose de pouvoirs particuliers que lui a accordés la loi de 1972, confirmés par l'ordonnance de 2005. Ainsi, il peut statuer *ultra petita* en accordant un droit de visite à celui dont il écarte les prétentions (art. 311-13). Il peut également ordonner d'office la mise en cause d'un tiers (art. 324). Il peut ordonner d'office une expertise sanguine (par application des articles 10 et 143 du C. pr. civ.) ou toute autre mesure d'instruction. Il en a

274. *Supra*, n° 36.

275. Paris, 6 avril 1978, publié en annexe à la chronique de D. Huet-Weiller, *D.* 1978, chron. 233 : « *il est de principe que le défendeur à une action en recherche de paternité peut se désister de son appel et cette faculté est ouverte à ses héritiers qui ne font que poursuivre son action* ».

276. Paris, 5 mai 1978, publié en annexe à la chronique précitée : un mari peut se désister de l'appel formé contre le jugement qui l'a débouté de sa demande en désaveu, car « *il est seul titulaire de l'action qu'il avait le pouvoir discrétionnaire de ne pas intenter* » et « *le désistement n'a pas pour conséquence de priver l'enfant de sa filiation mais, au contraire, de consolider l'état d'enfant légitime qui était précédemment le sien* ».

277. Ex. : dans l'affaire *Picasso*, Aix-en-Provence, 17 juin 1974, *D.* 1974, 629 : « *le principe de l'indisponibilité de l'état n'est pas applicable à l'établissement de la filiation naturelle puisque les parents disposent du pouvoir d'établir cette filiation* ». D'autres décisions sont plus strictes : ex. : dans l'affaire *Pagnol*, TGI Paris, 25 mars 1975, 126, n. E. Agostini : « *l'accord des héritiers ne saurait couvrir la forclusion de l'action qui est d'ordre public* », voire une recherche de paternité naturelle faite en accord avec les héritiers du défendeur.

278. Sur l'ensemble de la question, cf. D. Huet-Weiller, « Réflexions sur l'indisponibilité des actions relatives à la filiation », *D.* 1978, chron. p. 233 s. ; P. Murat, « Indisponibilité de la filiation et perspectives d'avenir », *Études Huet-Weiller*, p. 341 s.

279. Cass. civ. 1re, 21 mai 1997, *Bull. civ.* I, n° 166 ; *D.* 1998, somm. p. 25, obs. Fr. Granet.

280. Sur ce texte, *infra*, n° 1337. Sur le cas particulier de l'action en constatation de la possession d'état, Cass. civ. 1re, 6 décembre 2005, *Bull. civ.*, I, n° 475 ; *D.* 2006, 1141, obs. Fr. Granet ; *Dr. famille* 2006, n° 26, n. P. Murat.

l'obligation si elle lui a été demandée : selon la Cour de cassation, l'expertise biologique est de droit en matière de filiation, sauf s'il existe un motif légitime de ne pas y procéder[281].

1086. Règles de publicité. – Afin d'assurer le respect de la vie privée, l'article 1149 du Code de procédure civile dispose que « *les actions relatives à la filiation et aux subsides sont instruites et débattues en chambre du conseil* ».

IV. — Autorité du jugement

1087. Principe et tempéraments. – L'application aux jugements relatifs à l'état des personnes du principe de la relativité de la chose jugée paraît particulièrement mal venu : une personne ne peut avoir qu'un état, opposable à tous, tout particulièrement en ce qui concerne sa filiation. Aussi la loi de 1972 posa-t-elle le principe (art. 324) de l'opposabilité *erga omnes* des jugements en matière de filiation. Elle tempéra la rigueur de la règle en ouvrant aux tiers la voie de la tierce opposition.

A. Principe d'opposabilité erga omnes

1088. *Erga omnes*. – La loi de 1972 a mis fin sur ce point à d'importants débats doctrinaux et jurisprudentiels. Selon l'article 324, al. 1, « *Les jugements rendus en matière de filiation sont opposables aux personnes qui n'y ont point été parties* ». Le législateur semble avoir repris la distinction doctrinale entre opposabilité du jugement et de ses effets (qui est quasi absolue) et autorité du jugement (qui est relative)[282]. La décision passée en force de chose jugée fait preuve à l'égard de tous, et ses effets s'imposent aux parties comme aux tiers.

Les conséquences de l'opposabilité absolue ainsi accordée aux jugements rendus en matière de filiation sont atténuées par l'ouverture de la tierce opposition.

B. Ouverture de la tierce opposition

1089. Droits des tiers. – L'article 324, alinéa 1, *in fine*, dispose que les personnes non parties[283] au jugement ont le droit d'y former tierce opposition. Encore faut-il, précise désormais le texte, que l'action leur ait été ouverte, ce qui exclut les actions attitrées[284] et impose que soient respectées les restrictions propres à telle ou telle action[285]. Le juge qui a rendu la décision contestée pourra donc au besoin se rétracter. Mais le nouveau jugement ne produit d'effet qu'au profit des tiers qui ont agi en tierce opposition[286] : il y a divisibilité de l'état. Sont ainsi

281. Cass. civ. 1re, 28 mars 2000, *supra*.

282. Cf. Marty et Raynaud, *op. cit.*, n° 814 ; Huet-Weiller et J. Hauser, *op. cit.*, nos 531 s.

283. Les tiers seulement, pas les ayants cause universels d'une des parties au litige : ex. : Cass. civ. 1re, 29 janvier 1975, *Bull. civ.* I, n° 41 : « *il ne résulte nullement de la loi du 3 janvier 1972 [...] que la tierce opposition puisse, par dérogation aux principes généraux qui la régissent, être exercée par les ayants cause universels d'une personne qui avait intérêt à contester la paternité d'un enfant* ». En l'espèce, un enfant avait été reconnu par un homme, A ; puis, sur la demande de la mère, B, un jugement a reconnu à l'enfant la qualité d'enfant légitime de B et de C, son époux ; la reconnaissance de A a donc été annulée ; le jugement a été signifié à C ; ultérieurement, les héritiers de C ont exercé une tierce opposition contre ce jugement ; jugé que cette tierce opposition était irrecevable.

284. Déjà Cass. civ. 1re, 7 juin 1995, *Bull. civ.* I, n° 237 ; *D.* 1996, 306, n. J. Massip.

285. *Infra*, n° 1309.

286. Cass. civ. 1re, 27 octobre 1981, *Bull. civ.* I, n° 309 ; *D.* 1982, IR 263, obs. Huet-Weiller.

préservés les droits légitimes des tiers, mais la situation risque d'être inextricable : tel enfant aura un père, mais n'aura ni oncle ni grand-père[287].

Les inconvénients de la règle sont tempérés par les délais pour agir. De fait, si à l'origine la tierce opposition avait été accordée sans condition particulière de délai, ce qui était inopportun au regard de la stabilité de l'état, l'ordonnance de 2005 la soumet désormais aux délais de l'article 321. La solution est cohérente : la filiation peut être établie ou attaquée par tous dans les mêmes délais ; au-delà, elle reste en l'état : *Quieta non movere*.

De plus, la loi tente de stabiliser la situation en donnant aux juges le pouvoir d'ordonner d'office la mise en cause de « *tous les intéressés auxquels ils estiment que le jugement doit être rendu commun* » : devenant parties au procès, ils perdent le droit de former tierce opposition.

N°s 1090-1099 réservés.

287. Cass. civ. 1re, 10 décembre 1985, *Leonetti*, n° 1, *Bull. civ.* I, n° 344 ; Cass. civ. 1re, 9 octobre 1991, *Leonetti*, n° 2 ; *Bull. civ.* I, n° 264 ; *D.* 1993, 134, n. C. Philippe ; *JCP* G 1992.II.21880, n. G. Sutton, *Defrénois* 1992, art. 35212, n° 7, obs. J. Massip ; *RTD civ.* 1992, 372, obs. Huet-Weiller. Cette rocambolesque affaire corse a connu de nombreuses péripéties qui l'ont rendue passablement embrouillée. En 1905, François Leonetti, marié et père de 3 enfants (Jacques, Marie-Diane et Jacques-Antoine), avait engrossé une jeune veuve, Marie-Louise. « *Afin d'éviter un bain de sang* », il obligea son fils, Jacques, alors âgé de moins de 18 ans, à épouser (en un mariage fictif) Marie-Louise pendant qu'elle était enceinte d'Antoinette, dont la naissance ne fut pas déclarée à l'état civil. En 1917 un jugement déclara Antoinette fille légitime de Jacques et Marie-Louise. Un jugement identique fut rendu en 1966. Sur tierce opposition de Jacques-Antoine au jugement de 1966, la cour d'appel de Bastia décida en 1979 qu'Antoinette n'était pas la fille légitime de Jacques et de Marie-Louise. Après le décès de François et de son épouse, Paul-Marie, fils de Diane, avait demandé le partage de la succession de ses grands-parents, et assigna Antoinette (qu'il considérait comme sa tante) et les héritiers de Jacques-Antoine. Ces derniers invoquant l'arrêt de 1979, firent tierce opposition au jugement de 1917 pour qu'Antoinette ne pût prendre part au partage de la succession de François et de son épouse. La cour d'appel de Montpellier fit droit à leur demande et décida que le jugement de 1917 était « *nul et de non effet à l'égard de tous* ». Sur pourvoi d'Antoinette et de Paul-Marie (qui s'étaient mis dans le même clan familial), cassation : « *le seul effet d'une tierce opposition est de rendre la décision attaquée inopposable au tiers opposant* ». Bien que la question soit délicate, la décision de la Cour de cassation est regrettable, car elle aboutit à des conséquences inextricables ; il est difficile de déclarer qu'Antoinette est la fille de Jacques à l'égard de Paul-Marie et non à l'égard de Jacques-Antoine. Si elle n'est pas la fille de Jacques, elle est celle de François ; nouveau problème.

CHAPITRE II

ÉTABLISSEMENT DE LA FILIATION

1100. Loi, volonté, justice. – Conséquence de la disparition des concepts d'enfant légitime et naturel, les modes d'établissement de la filiation sont en principe communs à tous les enfants par le sang. En réalité les choses sont plus complexes. Le mariage, pierre angulaire de la légitimité, offre à la filiation un cadre juridique privilégié, de par son existence même. Longtemps vraie pour la mère, cette réalité vaut toujours pour le père.

Pour traduire la nouvelle égalité des filiations dans ses modes d'établissement, le législateur de 2005 a rompu avec le plan traditionnel, qui opposait enfants nés en mariage et hors mariage, au profit d'un plan tripartite. Selon l'article 310-1, la filiation est établie par la loi (mention de la mère dans l'acte de naissance, présomption *Pater is est*), par la volonté (reconnaissance et possession d'état) ou par un jugement. La classification opérée entre les différents modes d'établissement de la filiation est ambiguë. La filiation, telle que la conçoit le Code civil, est toujours un effet de la loi : c'est une construction juridique à partir de réalités de fait, telles que l'accouchement, le mariage, la possession d'état, etc. Même la reconnaissance n'a d'effet que par la loi, dans le cadre fixé par elle. À l'inverse, la présomption de paternité repose en partie sur la volonté, volonté d'assumer les enfants qui naîtront pendant le mariage. De même, la règle *Mater semper certa* suppose que la mère ne s'oppose pas à ce que son nom figure dans l'acte de naissance : le plein effet de la loi ne se déclenche qu'en l'absence de volonté contraire. Quant à la possession d'état, la faire figurer au titre de l'établissement volontaire de la filiation en fausse le sens. Volonté de qui ? Celle du père ou de la mère ? Certes, s'occuper de l'enfant, le traiter comme le sien, peut être analysé comme une sorte de reconnaissance tacite. À elle seule, cette volonté serait insuffisante pour créer une possession d'état. « Volonté » de l'enfant qui traite ses parents comme tel ? « Volonté » des tiers ? L'explication volontariste devient pur artifice.

Par ailleurs, le souci de rassembler les textes consacrés aux actions relatives à la filiation a conduit le législateur à couper l'établissement judiciaire de la filiation (chapitre III) des autres modes d'établissement de la filiation (chapitre II).

Il convient de s'affranchir de ce plan en trompe l'œil et de traiter successivement l'établissement par le seul effet de la loi (Section I), par reconnaissance (Section II), par possession d'état (Section III) et en justice (Section IV).

Section I

ÉTABLISSEMENT DE LA FILIATION PAR LE SEUL EFFET DE LA LOI

1101. Père et mère. – Deux règles permettent de rattacher l'enfant à son père ou à sa mère, de façon instantanée, par le seul effet de la loi. L'enfant a juridiquement pour mère la femme dont le nom est indiqué dans l'acte de naissance : *Mater semper certa est* (la mère est toujours certaine). L'enfant est présumé avoir pour père le mari de la mère : *Pater is est quem nuptiae demonstrant* (le père est celui que désigne le mariage). Longtemps, ces deux règles associées ont fait la légitimité. Aujourd'hui, la première vaut pour tous les enfants ; la seconde reste propre aux enfants nés en mariage.

§ 1. *Mater semper certa est*

Selon l'article 311-25, « *La filiation est établie, à l'égard de la mère, par la désignation de celle-ci dans l'acte de naissance de l'enfant* » : *Mater semper certa est*[1]. Comme on l'a souligné, le principe fut longtemps l'apanage de la filiation légitime, sans qu'une raison pratique justifiât une solution différente pour la filiation hors mariage. Elle vaut désormais pour tous les enfants.

Si la généralisation de la règle est opportune (I), il convient de s'interroger sur la portée qui est désormais la sienne (II), étant entendu qu'elle ne remet nullement en cause le droit traditionnellement reconnu à la mère de demander le secret de son identité (III).

I. — Évolution du droit

1102. La mère non mariée n'est pas toujours certaine. – Hors le cas de l'accouchement sous X[2], la plupart des actes de naissance d'enfants nés en mariage ou hors mariage indiquent le nom de la mère. Pour l'enfant légitime, l'article 319 ancien en faisait le mode de preuve par excellence de la maternité et, au-delà, de la filiation dans son ensemble par le jeu de la présomption de paternité : « *La filiation des enfants légitimes se prouve par les actes de naissance inscrits sur les registres de l'état civil* ». Rien de tel pour l'enfant naturel. Certes, la jurisprudence avait admis dans un premier temps que l'acte de naissance portant indication du nom de la mère suffisait à établir la filiation maternelle[3]. Mais la Cour de cassation avait ultérieurement abandonné cette position pour deux arguments de texte[4]. D'une part, la loi ne prévoyait pas à l'égard de la filiation naturelle ce que l'article 319 anc. énonçait pour la filiation légitime dont l'acte de naissance était une preuve : l'article 319 anc. était propre à la filiation légitime (art. 319 anc., *a contrario*). D'autre part, la loi, à défaut de reconnaissance, n'admettait en ce temps-là qu'une seule preuve de la filiation naturelle, la recherche de la maternité.

1103. Aménagements légaux. – Cette jurisprudence fut très critiquée : nombre de mères célibataires ignoraient la nécessité d'une reconnaissance, croyant que l'acte de naissance faisait preuve de la maternité dès lors qu'y était indiqué le nom de la mère ; au décès, les enfants découvraient que leur filiation n'avait jamais été établie et étaient juridiquement étrangers à leur mère, sans lien de filiation et donc sans droit de succession. Leur seul recours était d'agir en recherche de maternité naturelle. Aussi, la Convention de Bruxelles du 12 septembre 1962,

1. La formule se trouve chez le jurisconsulte Paul.
2. *Infra*, n° 1113.
3. Cass. civ., 1er juin 1853, aff. *Lahirigoyen*, *DP* 1853, I, 177 ; *S.* 1853, I, 481.
4. Cass. civ., 3 avril 1872, *Miquel*, *DP* 1872, I, 133 ; *S.* 1872, 1, 226.

élaborée par la Commission internationale de l'état civil, avait-elle admis à l'instar des droits germaniques, que l'acte de naissance était une preuve directe de la maternité légitime ou naturelle. La règle souleva de telles critiques que la Convention ne fut pas ratifiée[5]. On craignait, d'une part, qu'un tel principe n'incitât à des infanticides ou à des avortements, ce qui était chimérique, puisque la maternité pouvait être secrète[6]. D'autre part, on redoutait qu'elle n'empêchât l'adoption plénière d'enfants dont la filiation serait automatiquement établie, alors même que la mère s'en serait désintéressée : le risque avait été effacé depuis que la loi du 11 juillet 1966 sur l'adoption avait prévu pour ce genre de situation une déclaration d'abandon[7] (art. 350).

La loi de 1972 choisit un compromis entre les règles du Code Napoléon et les systèmes germaniques. Aux termes de l'article 337 anc., « *l'acte de naissance portant l'indication de la mère vaut reconnaissance lorsqu'il est corroboré par la possession d'état* ». Ainsi, à l'égard des mères célibataires qui s'étaient occupées de leur enfant, la filiation était établie s'il y avait un acte de naissance, bien que n'existât pas d'acte de reconnaissance. Ce que certains auteurs avaient appelé une « reconnaissance tacite[8] ». La maternité était établie, non du jour où la possession d'état avait été constatée, mais, rétroactivement, de celui de l'acte de naissance si c'était à ce moment qu'avait commencé la possession d'état. En outre, l'acte de naissance établissait pleinement la maternité naturelle lorsque l'enfant était né d'une femme mariée et avait été désavoué[9], ou qu'inscrit à l'état civil sans le nom du mari, il n'avait de possession d'état qu'à l'égard de la mère, ou qu'il avait été conçu pendant une période de séparation légale. En dehors de ces circonstances, l'acte de naissance n'établissait pas la filiation naturelle[10].

La loi du 25 juin 1982, en faisant de la possession d'état un mode autonome d'établissement de la filiation en général et de la maternité en particulier[11], fit douter de l'utilité de l'article 337 anc. : n'était-il pas destiné à mourir[12] ?

1104. Droit comparé, droits fondamentaux. – Quels que fussent la portée et l'avenir du texte[13], les critiques restaient vives. Certes, les femmes sont mieux informées de la nécessité de reconnaître l'enfant ; en outre, si elles élèvent l'enfant, leur maternité sera établie en vertu de l'article 337 anc. Mais étendre la règle *Mater semper certa* serait, disait-on, gage de simplicité autant que de sécurité juridique[14]. Étaient également invoqués le droit comparé, la règle tendant à se généraliser en Europe, et le poids du droit international : la Belgique ne fut-elle pas condamnée dans l'affaire *Marckx*[15] en raison, notamment de l'obligation faite à la femme non mariée de

5. Cf. R. Savatier, « Est-ce possible ? », *D.* 1963, chron. p. 229.

6. CASF, art. L. 226.

7. *Infra*, n° 1420.

8. Marty et Raynaud, *op. cit.*, n° 396.

9. *Ex.* : Cass. civ. 1re, 25 avril 1984, *Bull. civ.* I, n° 134 ; *Defrénois* 1984, art. 33368, n° 77.

10. Ex. : TGI Nancy, 15 octobre 1979, *Defrénois* 1981, art. 32682, n° 37, obs. J. Massip : en l'espèce, une servante avait eu un enfant hors mariage qu'elle avait déclaré à l'état civil sous son nom ; dix jours après, elle l'avait abandonné à l'assistance publique. Près de cinquante ans s'écoulèrent ; une femme se prétendit l'enfant née de la servante ; le tribunal dit que l'acte de naissance ne faisait pas preuve de l'identité, et qu'il n'y avait pas de possession d'état, en raison de l'attitude de la défenderesse, qui n'avait jamais traité la demanderesse comme son enfant.

11. *Infra*, n° 1224.

12. J. Hauser et D. Huet-Weiller, *op. cit.*, n° 772 et réf. cit.

13. Sur l'article 337, sa portée et son avenir au lendemain de la loi du 25 juin 1982, Carbonnier, p. 313.

14. Rapport Dekeuwer-Défossez, préc., p. 56. Le rapport relève qu'en 1995, près de 25 % des enfants étaient reconnus par leur seul père à leur naissance, mais 97 % d'entre eux étaient reconnus par leur mère dans l'année qui suivait. Pour autant, était-il affirmé, admettre l'établissement automatique de la filiation maternelle éviterait une démarche qui a perdu de sa signification à une époque où la filiation hors mariage est généralement voulue et non subie, et renforcerait la sécurité de l'enfant en supprimant le « *no man's land* » juridique qui s'étend de la naissance à la reconnaissance.

15. Dans un jugement du 30 juin 2000, le TGI de Brives (*D.* 2001, 27, n. I. Ardeef, 972, obs. Fr. Granet et 2872, obs. F. Le Doujet-Thomas ; *Defrénois* 2000, 1310, obs. J. Massip ; *RTD. civ.* 2000, 815, 2001, 344, obs. J. Hauser et 2000, 930, obs. J. Marguénaud ; *Dr. famille* 2000, n° 107, obs. P. Murat) avait invoqué la Convention EDH et se voulait d'avant-garde : « *il doit désormais être admis que l'indication du nom de la mère dans l'acte de naissance de l'enfant naturel emporte* de facto *établissement juridique de la filiation naturelle sans qu'une reconnaissance soit nécessaire* » ; *contra* Paris, 4 avril 2003, *D.* 2004, 1697, n. crit. Ch. Meyzeaud-Garon.

reconnaître son enfant alors que la filiation de la mère légitime était automatiquement établie par la mention de son nom dans l'acte de naissance[16] ? Il est vrai que la loi condamnée, issue du Code Napoléon, ne connaissait pas l'équivalent de l'article 337 anc. : la filiation maternelle ne pouvait être établie que par reconnaissance ou par jugement.

La généralisation de la règle *Mater semper certa* n'en était pas moins souhaitée par la majorité de la doctrine ; la suppression de toute distinction entre filiation légitime et naturelle la rendait inévitable. Prenant de vitesse le législateur, la Cour de cassation, quelques mois avant l'entrée en vigueur de l'ordonnance du 4 juillet 2005, affirma au visa des articles 8 et 14 Convention EDH que nommer la mère dans l'acte de naissance entraînait l'établissement de la maternité[17].

II. — Consécration du principe

1105. Généralité de la règle. – Selon l'article 311-25 : « *La filiation est établie, à l'égard de la mère, par la désignation de celle-ci dans l'acte de naissance de l'enfant* ». La règle vaut pour toutes les mères, mariées ou non. Dans le cas d'une femme mariée, l'indication du nom de la mère déclenche en principe le jeu de la présomption de paternité (sous réserve de l'article 313) : elle permet donc l'établissement, comme par le passé, d'une filiation maternelle *et* paternelle. Dans le cas d'une femme non mariée, elle assure seulement l'établissement du lien maternel de filiation ; mais plus n'est besoin pour cela d'une possession d'état conforme[18] (art. 337 anc.).

1106. Nature de la règle. – À première vue, l'article 311-25 ne fait que reprendre, en l'étendant, une règle préexistante. Il se pourrait cependant que cette transposition de la règle *Mater semper certa* en ait changé la nature. Lorsqu'était en cause l'ancien article 337, elle apparaissait comme une simple **règle de preuve** : la filiation légitime était un don de la loi ; elle était établie de plein droit à l'égard de tout enfant né d'un homme et d'une femme mariés. L'indication du nom de la mère dans l'acte de naissance constituait seulement la preuve de l'accouchement, celle (provisoire) de l'identité de l'enfant qui excipait de l'acte de naissance avec celui dont la naissance avait été constatée, et celle (hors les cas particuliers de l'article 313-1 anc.) de la paternité par le jeu de la présomption de paternité. Pour l'enfant né hors mariage, et plus généralement pour tout enfant dès lors qu'il n'est plus question d'établir sa ci-devant légitimité, la règle *Mater semper certa* est désormais plus qu'une règle de preuve : elle établit, de plein droit, la filiation maternelle. La règle de preuve se double d'une **règle de fond**.

1107. Portée de la règle. – En tant que règle de fond, l'article 311-25 constitue donc un mode autonome d'établissement de la filiation maternelle. En tant que mode de preuve, l'acte de naissance prouve deux choses : la mère est accouchée de tel enfant (preuve de l'accouchement) ; l'enfant qui invoque l'acte de naissance est identique à celui que l'acte désigne (preuve de l'identité).

1108. Accouchement de la mère. – L'acte de naissance démontre certainement l'accouchement de la mère : le fait de déclarer à l'état civil une naissance prouve

16. *Supra*, n° 945.

17. Cass. civ. 1re, 14 février 2006, *Bull. civ.* I, n° 73 ; *D.* 2006, pan., p. 1140, obs. Fr. Granet ; *Dr. famille* 2006, n° 107, n. P. Murat. Ce revirement *in extremis* a permis d'harmoniser les solutions prises en vertu du nouveau droit et celles des instances en cours, mais ses effets rétroactifs peuvent susciter bien des difficultés, cf. *infra* n° 1112.

18. L'extension de la règle a des incidences sur l'attribution du nom de famille : sauf reconnaissance paternelle anténatale ou déclaration de naissance par le père accompagnée d'une reconnaissance, la filiation de l'enfant est désormais établie en premier lieu à l'égard de la mère : c'est donc son nom que l'enfant portera (art. 311-21 et 311-23). Pour que l'enfant porte le double nom, ou le seul nom de son père, il convient de recourir à la déclaration conjointe de l'article 311-23. Les nouvelles règles de dévolution du nom de famille assurent l'égalité entre les parents. Mais hors mariage, la règle *Mater semper certa* renforce la prédominance maternelle.

que la femme qui y est désignée a accouché d'un enfant. Sans doute, cette preuve peut librement être contestée, car l'officier de l'état civil n'a pas lui-même constaté l'accouchement et, par conséquent, la supposition d'enfant peut être démontrée (la supposition d'enfant est un délit pénal : C. pén., art. 227-3). Tant que la contestation n'a pas réussi, l'acte de naissance démontre l'accouchement. *Pour les difficultés que posent les mères porteuses*, cf. *supra*.

1109. Identité de l'enfant. – L'autre aspect de la filiation maternelle, l'identité de l'enfant, suscite traditionnellement une difficulté et une controverse. Le fait qu'un individu produise un extrait de naissance ne démontre pas qu'il soit le même que celui dont la naissance est constatée. Aussi, la doctrine dominante dit-elle que si son identité est contestée, l'enfant doit la prouver ; la preuve est libre, par témoignage ou possession d'état[19].

Une opinion différente avait été proposée par Jean Carbonnier[20], pour lequel la loi présumerait que celui qui produit un extrait de naissance est identique à celui qui y est mentionné. Cette présomption serait simple et pourrait être combattue par tous moyens : la démonstration du décès de l'enfant par un acte de décès, ou de l'existence d'un autre enfant du même sexe et du même âge que celui qui produit l'acte de naissance.

1110. Portée de la controverse. – On voit l'objet de la controverse : elle porte sur la charge de la preuve. Qui, en cas de contestation, doit démontrer l'identité ? La doctrine dominante dit que c'est l'enfant ; selon Jean Carbonnier, ce serait le contestant.

Afin de déterminer la charge de la preuve, une distinction pourrait être faite selon l'âge de l'enfant : s'il s'agit d'un **enfant en bas âge** – au berceau –, il semble que l'acte de naissance fasse à la fois preuve de l'accouchement et de l'identité, parce que la possession d'état de cet enfant est encore inconsistante ; la présomption d'identité ne tomberait que si le contestant faisait la preuve d'une supposition ou d'une substitution d'enfant. S'il s'agit **d'un adulte**, il semble que l'acte de naissance ne fasse preuve que de l'accouchement, et en cas de contestation, ce serait à celui qui produit l'acte de naissance de faire la preuve de son identité à l'enfant mentionné dans l'acte ; en d'autres termes, si son identité est contestée, l'adulte intéressé devrait faire la preuve de son identité, fût-ce par un embryon de possession d'état.

1111. Limites de la règle. – La consécration de la règle *Mater semper certa* ne rend nullement obligatoire la désignation de la mère dans l'acte de naissance : à la différence de certaines législations étrangères[21], la loi française ne connaît pas la maternité obligatoire. La mère peut demander à ce que son nom ne figure pas dans l'acte de naissance (art. 57), ce qui prévient le déclenchement de l'article 311-25, mais n'interdit nullement que la filiation soit établie ultérieurement par reconnaissance, possession d'état ou action en recherche de maternité. Elle peut, plus radicalement, demander lors de l'accouchement le secret de son admission et de son identité. Dans cette hypothèse, le secret de la filiation ne pourra être levé que par elle. La règle *Mater semper certa* suppose donc que la mère accepte – ou ne s'oppose pas – à ce que son nom figure dans l'acte de naissance : la volonté individuelle « commande » la loi[22].

19. *Ex.* : Mazeaud-Chabas, n° 827.
20. Carbonnier, *op. cit.* p. 268 ; Cass. civ. 1re, 18 février 1978, cité *infra*.
21. Fr. Granet, « L'enregistrement de l'enfant dans les États membres de la commission internationale de l'état civil », art. préc.
22. Cf. C. Neirinck, « La maternité », *Dr. famille* 2005, 2.

1112. Interrogations. – Si la généralisation de la règle *Mater semper certa* simplifie le droit de la filiation, elle n'en suscite pas moins un certain nombre d'interrogations.

Certes, elle ne remet nullement en cause l'accouchement sous X, puisque l'indication du nom de la mère dans l'acte de naissance ne constitue pas une obligation[23]. De même, elle ne crée pas d'obstacle à l'adoption : la filiation par le sang est établie, mais une déclaration judiciaire d'abandon (art. 350) permettra de passer outre le refus de la mère de consentir à l'adoption[24].

En revanche, elle pose de façon plus aiguë que par le passé la question de la maternité de substitution. N'est-il pas paradoxal que la règle *Mater semper certa*, née d'une évidence (la mère est celle qui accouche, *Etiam si vulgo conciperit*, alors que la paternité reste souvent un mystère), soit généralisée alors même que cette évidence n'en est plus une en raison de l'apparition des mères porteuses ? Qui est la mère ? Celle qui a porté l'enfant mais n'a pas de lien génétique avec lui ? Celle qui a fourni les gamètes mais ne l'a ni voulu, ni porté ? Celle qui a construit le projet parental mais a dû recourir à d'autres femmes pour le mener à bien ? Entre biologie, volonté et accouchement, les certitudes disparaissent : « *Mater alequando incerta* ». Faut-il pour autant remettre en cause le principe ? Fonder la maternité sur la volonté (la mère est celle qui déclare être la mère à la naissance de l'enfant) ? Mais la filiation est bien plus qu'un acte de volonté unilatérale ; et l'on risque de priver l'enfant de toute filiation.

Plus concrètement, l'établissement « automatique » de la filiation maternelle sans le soutien du mariage ou de la possession d'état, *i.e.* d'un engagement juridique et/ou pratique, risque d'avoir des conséquences plus ou moins heureuses.

La Cour de cassation ayant affirmé au vu des articles 8 et 14 Convention EDH que ne pas admettre l'établissement de la filiation maternelle hors mariage à raison de la seule indication du nom de la mère dans l'acte de naissance était discriminatoire, ce sont tous les enfants nés antérieurement qui sont potentiellement concernés : à eux, à leurs descendants, à leurs héritiers[25], d'invoquer le lien de filiation établi par la mention du nom de la mère dans l'acte de naissance. Les conséquences du caractère rétroactif de la jurisprudence sont, potentiellement, incalculables, en matière de succession[26] ou de nationalité par exemple. Sur les dispositions transitoires de l'ordonnance du 4 juillet 2005 modifiée par la loi du 24 juillet 2006 (art. 91), cf. *supra*[27].

III. — Secret de la maternité

1113. De l'exposition à l'accouchement sous X. – La consécration de la règle *Mater semper certa* ne met pas fin à la possibilité pour la mère de demander lors

23. *Supra*.

24. *Infra*, n° 1420.

25. Cf. déjà TGI Brives la Gaillarde, 30 juin 2000, cité *supra* : en l'espèce, l'enfant, abandonné quelques jours après sa naissance par la mère, dont le nom figurait cependant dans l'acte de naissance, avait été élevé par les services de l'Assistance publique. Par l'entremise d'un généalogiste, trois de ses prétendus cousins germains réclamèrent sa succession : en affirmant que le droit français de l'époque était contraire à la Convention EDH (cf. *supra*), les juges de Brives, tout à leur enthousiasme européen, ont permis aux dits « cousins » de venir à la succession, alors que l'enfant n'avait jamais eu le moindre contact avec sa famille par le sang...

26. Ex. Cass. civ. 1re, 15 décembre 2010, n° 09-16.969, *Defrénois* 2011, p. 831, obs. J. Massip, *RTD civ.* 2011, p. 114, obs. J. Hauser : en 1927, une femme donne naissance à un fils qu'elle reconnaît, puis à un second, qu'elle abandonne à l'ASE. L'acte de naissance indiquait cependant le nom de la mère. Celle-ci décède en 1993. En 2002, le second fils assigne son frère aîné et lui réclame sa part dans la succession maternelle. Il est débouté par les juges du fond : en l'absence de reconnaissance, sa filiation maternelle n'est pas légalement établie et l'action en recherche de maternité est prescrite. Cassation. Sur les conséquences successorales, cf. J. Massip, note préc. Rappr. les mésaventures françaises dans l'affaire *Fabris* à propos des droits successoraux de l'enfant adultérin, *infra*, n° 945.

27. Selon ces textes, les enfants nés avant l'entrée en vigueur de la loi, dont la filiation est ainsi établie, ne pourront pas s'en prévaloir dans les successions déjà liquidées. De même, les dispositions nouvelles n'ont pas d'effet sur la nationalité des personnes majeures à la date de son entrée en vigueur. Le Conseil constitutionnel a validé le système (Cons. const., 21 octobre 2011, n° 2011-186/187/188/189 QPC, *RTD civ.* 2012, p. 107, obs. J. Hauser).

de l'accouchement que *« le secret de son admission et de son identité soit préservé »* (art. 326). Son nom ne figurera donc pas dans l'acte de naissance et, en conséquence, la filiation ne sera pas établie à son égard par le jeu de l'article 311-25.

La tradition de l'accouchement sous X est ancienne. À l'antique exposition des enfants au coin des rues ou sur les marches des églises, Saint Vincent de Paul substitua le système des tours qui garantissait le secret de la naissance tout en préservant la vie de l'enfant. En 1691 l'Hôtel-Dieu de Paris permit aux femmes d'accoucher secrètement en certains lieux, ce que confirma la Convention le 28 juin 1793[28]. Cette possibilité fut réaffirmée en 1939 par le Code de la famille puis par un décret-loi de 1941, qui, au nom de la protection des naissances, garantissait l'anonymat de la mère et la gratuité des soins. Elle est aujourd'hui inscrite à l'article L. 222-5 du Code de l'action sociale et des familles. Aujourd'hui, l'accouchement sous X concernerait 700 naissances environ par an[29].

Inconnu de la plupart des pays européens[30], l'accouchement sous X continue à faire l'objet de vifs débats : s'il permet à l'enfant de naître, il suscite le drame pour la mère, abandonnant son enfant, pour l'enfant, privé de son identité et, parfois, pour le père, dépouillé de sa paternité, et met en jeu les principes essentiels de notre droit de la filiation[31].

Il convient d'exposer le débat (A), avant d'examiner le droit positif (B), puis, entre droit de la mère et droits de l'enfant, de s'interroger sur la place du père (C).

A. Le débat

1114. Protection de l'enfant. – Pour ses partisans, l'accouchement sous X permettrait avant tout de prévenir l'avortement et les infanticides : il protège la mère, fragilisée par la grossesse et qu'une naissance connue mettrait au ban de sa famille et naguère de la société[32] ; il protège l'enfant contre l'avortement, contre un accouchement clandestin et contre un abandon dans les pires conditions. Ses adversaires font remarquer que dans les pays qui l'ignorent, le taux d'infanticides n'est pas plus élevé qu'en France : pour protéger l'enfant, il est nécessaire de prévoir les conditions légales d'un abandon à la naissance ; faut-il en plus autoriser le secret de l'identité ? Mais certains pays européens, traditionnellement hostiles à l'accouchement sous X, ont pourtant mis en place des « boîtes à bébé » permettant l'abandon anonyme (les *Babyklappen* installées à Hambourg à la fin des années 1990 se sont multipliées en Allemagne et en Autriche) ou réfléchissent à des systèmes qui, comme en droit français, garantissent la protection de l'enfant grâce à l'anonymat de l'accouchement et de l'abandon[33].

1115. Liberté de la mère. – Plus radicalement, l'accouchement sous X est présenté comme un droit ou une liberté de la mère[34] : liberté de ne pas assumer sa maternité, qui prolongerait sa liberté de procréer ou de ne pas procréer, droit de ne pas établir sa filiation à l'égard de l'enfant. L'accouchement sous X apparaîtrait alors comme un aspect du droit au respect de la vie privée

28. B. Trillat, « L'accouchement anonyme, de l'opprobre à la consécration », *Mélanges D. Huet-Weiller*, PUS/LGDJ, 1994, p. 513. *Adde* A. Batteur, « Secrets autour de la maternité », article préc.

29. INED, *Focus sur les accouchements sous X en France*, voir le site ined. fr et l'article, sur le site, de C. Lilleneuve-Gokalp, « Les femmes qui accouchent sous le secret en France », 2007-2009.

30. V. cependant *infra*.

31. F. Dreyfuss-Netter, « L'accouchement sous X », *Mélanges D. Huet-Weiller, op. cit.*, p. 99 s. et, très critique, Cl. Neirinck, « L'accouchement sous X : le fait et le droit », *JCP* G 1996.I.3922.

32. Les enquêtes réalisées insistent sur les jeunes filles maghrébines pour lesquelles l'accouchement sous X est le seul moyen d'échapper à l'opprobre et, parfois, à la violence de la famille, cf. B. Trillat, article préc.

33. Fr. Granet, « Confidentialité, secret et anonymat autour d'une naissance, de quelques aspects des droits européens », *AJ famille* mars 2003, 95.

34. Not. J. Rubellin-Devichi, « Droits de la mère et droits de l'enfant : réflexions sur les formes de l'abandon », *RTD civ.* 1991, 695.

garanti par l'article 8 de la Convention EDH[35]. Les adversaires de l'accouchement sous X nient l'existence de tels droits. La liberté de la mère est garantie par la possibilité d'abandonner l'enfant dans les conditions fixées par la loi ; on ne saurait ériger cette liberté (qui peut être assurée par bien d'autres moyens, comme le montrent les exemples étrangers), en *droit* de la mère. Les fondements d'un tel droit seraient par trop incertains[36], et l'on ne manquera pas de souligner que le père ne dispose pas d'un droit comparable : ne serait-il pas discriminatoire de reconnaître à la mère le droit de ne pas assumer sa filiation et de le nier au père ? Que la femme ait aujourd'hui la maîtrise de la procréation et de la gestation est une chose : c'est elle qui porte l'enfant et lui donne naissance, et, de ce point de vue, sa situation diffère radicalement de celle de l'homme. Mais qu'elle ait le droit de ne pas se rattacher l'enfant et, en pratique d'empêcher le père d'établir sa propre filiation, en est une autre. Et peut-on lui reconnaître le droit de priver l'enfant de son identité ?

1116. Droits de l'enfant. – Pour ses adversaires, le droit reconnu à la mère de garder le secret sur son identité irait à l'encontre du droit de l'enfant à connaître ses origines[37]. Ce droit, apparu peu à peu en droit contemporain, est protégé par l'article 7 de la Convention IDE et reconnu par l'article 8 de la Convention EDH tel qu'interprété par la Cour. Selon l'article 7 de la Convention IDE, « *dans toute la mesure du possible, chacun a le droit de connaître ses parents et d'être élevé par eux* ». On peut, certes, faire observer que le droit de connaître ses parents n'est pas le droit de connaître ses origines, mais on répondra que pour connaître ses parents, il faut nécessairement connaître ses origines, étant précisé que ni l'un ni l'autre n'ouvre à l'enfant le droit de faire établir sa filiation à l'égard de ceux qui l'ont engendré[38]. En toute hypothèse, le droit de connaître ses parents n'est ouvert par le texte que « *dans toute la mesure du possible* ». La Cour de cassation, dans un arrêt du 7 avril 2006 n'en a pas moins déclaré que l'article 7 était applicable directement devant les tribunaux français[39]. L'article 8 de la Convention EDH pourrait constituer un obstacle beaucoup plus redoutable. Dans l'arrêt *Gaskin* du 7 juillet 1989[40], la Cour avait affirmé que « *Les personnes ont un intérêt primordial protégé par la Convention à recevoir des renseignements qu'il leur faut connaître pour comprendre leur enfance et leurs années de formation* », afin qu'elles puissent « *établir les détails de leur identité d'être humain* ». Mais en l'espèce, il s'agissait pour l'intéressé, non pas de connaître ses origines, mais son histoire d'enfant maltraité, ballotté de famille d'accueil en famille d'accueil. Lorsqu'est directement en cause le droit de connaître ses origines, la Cour est beaucoup plus nuancée. Certes, dans l'arrêt *Mikulic contre Croatie*, du 7 février 2002[41], la CEDH a consacré l'existence d'un tel droit comme partie intégrante de l'article 8 de la Convention EDH : « *l'établissement des détails de son identité d'être humain* » participe du droit « *à l'épanouissement personnel* » protégé par l'article 8 au titre de la vie privée[42]. Dans la seule affaire vraiment comparable, où était en cause l'anonymat du donneur dans une insémination artificielle, la Cour, prudente, a constaté « *qu'il n'existait pas d'assentiment général des États membres du Conseil de l'Europe quant à savoir s'il était préférable du point de vue de l'enfant ainsi conçu de protéger l'anonymat du donneur ou de donner*

35. J. Rubellin-Devichi, « La recherche des origines personnelles et le droit à l'accouchement sous X dans la loi du 22 janvier 2002 », *Dr. famille* 2002, chron. n° 11.

36. B. Mallet-Bricout, « Réforme de l'accouchement sous X. Quel équilibre entre les droits de l'enfant et les droits de la mère biologique ? », *JCP* G 2002.I.119.

37. D. Gutman, *Le sentiment d'identité, étude du droit des personnes et de la famille*, th. Paris II, 2000, préf. F. Terré ; J. Vidal, « Un droit à la connaissance de ses origines ? », *Ét. L. Boyer*, Université Toulouse, 1996, p. 733 s.

38. Ph. Malaurie, « La Cour européenne des droits de l'homme et le "droit" de connaître ses origines. L'affaire Odièvre », *JCP* G 2003.I.120, n° 10 : « *Bien que la confusion soit parfois commise, le droit de connaître ses origines a uniquement pour objet une situation de fait, les données biologiques ; il ne permet aucunement d'établir ni de contester une filiation, qui relève d'un ordre différent, celui du droit, où sont en cause des réalités juridiques, biologiques et volontaires* ».

39. Cass. civ. 1re, 7 avril 2006, aff. *du petit Benjamin*, *infra*, n° 1026.

40. **Gaskin c/Royaume-Uni*, 7 juillet 1989, série A, n° 160, *GA CEDH*, 398 et réf. cit.

41. *Mikulic c/Croatie*, 7 février 2002, *JCP* G 2002.I.157, n° 13, obs. F. Sudre.

42. En l'espèce, la recherche de paternité intentée par la mère au nom de l'enfant avait été rendue impossible par le refus du père prétendu de se soumettre à une expertise ADN, alors qu'il n'existait pas de moyen de le contraindre à se soumettre à l'ordre du tribunal et que la mère ne disposait pas d'autres voies pour faire établir la filiation : la Croatie a été condamnée car « *l'inefficacité des tribunaux a maintenu la requérante dans un état d'incertitude prolongée quant à son identité personnelle* » (§ 66).

à l'enfant le droit de connaître l'identité de celui-ci » (*X c/Royaume-Uni*, 22 avril 1997[43]) : chaque État dispose en la matière d'une large marge d'appréciation pour peser l'ensemble des intérêts en présence. C'est un raisonnement semblable que la CEDH a suivi lorsqu'elle a statué sur la législation française dans l'affaire *Odièvre*[44].

1117. Droits du père. – Enfin, le droit de la mère d'accoucher sous X priverait le père de son droit d'établir sa descendance. Certes, le père peut reconnaître l'enfant ou lui donner une possession d'état ; mais comment, en fait, identifier l'enfant et obtenir sa restitution ? D'autant que souvent aura été mise en œuvre une procédure d'adoption[45].

1118. Intérêt des adoptants. – À ces arguments d'ordre strictement juridique s'ajoutent des arguments d'opportunité. Ainsi, dit-on, l'accouchement sous X faciliterait l'adoption de l'enfant et garantirait la stabilité du lien : coupé de ses racines, l'enfant adopté ne pourra être revendiqué par ses parents par le sang ; il n'aura qu'une famille, celle de ses adoptants. Mais l'argument prouve trop : la plupart des enfants adoptés sont de mère connue, et pourtant le lien de filiation est tout aussi fort. De plus, soulignent certains, l'accouchement sous X a pu engendrer d'étranges manœuvres pour s'approprier un enfant adoptable. En fait, on peut regretter que le débat sur l'adoption interfère trop souvent avec celui du secret de la naissance.

1119. Un débat sans fin. – Enfin, sont avancés des arguments d'ordre psychologique. Les adversaires de l'accouchement sous X soulignent le traumatisme causé à l'enfant : à l'abandon, au sentiment de rejet, s'ajoute l'angoisse de ne pas connaître ses origines : « enfant de personne », il risque d'avoir le plus grand mal à construire son identité. Mais l'abandon anonyme n'est-il pas tout aussi traumatisant ?

Au fond, le débat est infini. On comprend que dans des situations dramatiques il puisse être une voie, douloureuse pour tous, qui, effaçant le passé, permette, espère-t-on, de construire l'avenir. Encore faut-il pour cela que l'accouchement sous X soit entouré de garanties pour chacune des personnes concernées. C'est à quoi s'efforce le droit français.

B. Le droit positif

1120. Secret de l'admission et de l'accouchement. – En pratique, la femme qui accouche sous X ne donne pas son nom lors de son entrée dans l'établissement[46] et demande le secret de son identité lors de la déclaration à l'état civil[47]. Elle peut faire connaître les prénoms qu'elle souhaite voir attribuer à l'enfant (art. 57, al. 2). Afin que soit respecté le secret de la naissance, l'acte de naissance sera dressé comme s'il s'agissait d'un enfant trouvé (art. 58, al. 4). Une mineure a la possibilité de recourir à l'accouchement sous X : Sans avoir besoin d'une autorisation des titulaires de l'autorité parentale[48]. Selon la Cour de cassation, l'accouchement sous X et le recueil de l'enfant par l'ASE ne sont pas des actes juridiques, mais des faits juridiques, ce qui interdit d'en demander la nullité pour incapacité ou vice du consentement : la qualification mériterait d'être discutée, mais la solution retenue garantit la stabilité de la situation[49].

43. *D.* 1997, 583, n. S. Grataloup.

44. *Infra*, n° 1124.

45. *Infra*, n° 1126.

46. CASF, art. L. 222-6, al. 2 et 3 : il n'est pas besoin de pièces d'identité et il y a prise en charge des frais.

47. Art. 326. Bien que l'ancien article 341 fût inscrit au titre de la filiation naturelle, nul ne doutait sérieusement que l'accouchement sous X fût ouvert à la femme marié comme à la femme non mariée (cf. F. Terré et D. Fenouillet, n° 799 et réf. cit.). Le nouveau texte lève toute ambiguïté.

48. Cass. civ. 1re, 5 novembre 1996, *Bull. civ.* I, n° 368 ; *JCP* G 1996.II.22749, n. I. Ardeef ; *D.* 1997, 587, n. J. Massip et somm. comm. p. 161, obs. F. Granet ; *RTD civ.* 1997, 98, obs. J. Hauser, cassant Agen, 14 décembre 1995, *Dr. famille* 1996, n. P. Murat.

49. Cass. civ. 1re, 5 novembre 1995, préc. *Adde* Cass. civ. 1re, 6 avril 2004, *Dr. famille* 2004, n° 120, obs. P. Murat ; *RTD civ.* 2004, 496, obs. J. Hauser.

1121. Accouchement sous X et établissement de la filiation maternelle. – Pour sceller le secret, la loi du 8 janvier 1993 avait élevé à l'article 325 alinéa 1 une fin de non-recevoir à une action en recherche de maternité : « *À défaut de titre et de possession d'état, la recherche de maternité est admise sous réserve de l'application de l'article 326* ». Cette règle, introduite sans que le législateur ait eu, dit-on, pleinement conscience de ses implications[50], fut très critiquée : si l'enfant n'a pas été adopté[51], si par conséquent nulle filiation n'a rempli le vide créé par l'accouchement sous X, pourquoi interdire à l'enfant d'agir ? Elle fut supprimée à l'occasion de la loi de ratification du 16 janvier 2009[52]. Dès lors, de deux choses l'une. Ou bien l'enfant a été placé en vue de l'adoption : dans ce cas, toute demande en restitution sera rejetée, toute déclaration de filiation, toute reconnaissance sera déclarée irrecevable (art. 352) ; que si, par la suite, une adoption est prononcée, l'établissement de la filiation biologique maternelle sera juridiquement impossible (en revanche, une adoption simple ne ferait pas obstacle à l'établissement de la filiation à l'égard de la mère biologique, l'article 369 disposant que « *l'adoption conserve tous ses effets, nonobstant l'établissement ultérieur d'un lien de filiation* »). Ou bien l'enfant n'a pas été placé en vue de l'adoption, ou la procédure n'a pas abouti (en raison par exemple d'un lourd handicap) ; dans ce cas, l'enfant pourra agir en recherche de maternité[53]. Encore faut-il qu'il dispose des indices qui lui permettront de retrouver sa mère.

1122. Secret, indices, repentir. – Entre droit de la mère à demander le secret et droit de l'enfant à connaître ses origines, la loi tente de trouver un difficile équilibre. L'article L. 222-6 du Code de l'action sociale et des familles (L. 22 janvier 2002[54]) tend à s'assurer que la femme qui accouche sous X est pleinement consciente de l'importance et des conséquences juridiques de sa décision. Il lui est rappelé « *l'importance pour toute personne de connaître ses origines et son histoire* ». En conséquence, elle est invitée à laisser « *si elle l'accepte, des renseignements sur sa santé et celle du père, les origines de l'enfant et les circonstances de la naissance ainsi que, sous pli fermé, son identité* ». Il lui est indiqué qu'elle peut à tout moment donner son identité sous pli fermé ou compléter les renseignements qu'elle a donnés au moment de la naissance.

La mère est également informée de la possibilité qu'elle a de lever à tout moment le secret de son identité.

---

50. F. Terré et D. Fenouillet, *op. cit.*, n° 797 et réf. cit.

51. Selon l'article 352, une fois l'enfant placé en vue de l'adoption, toute demande en restitution est irrecevable. La CEDH, saisie par une mère irlandaise venue accoucher en France, a estimé que la règle n'était pas contraire à l'article 8 Conv. EDH (*Kearns c. France*, 10 janvier 2008, *Dr. famille* 2008, n° 14, obs. A. Gouttenoire, *RTD civ.* 2008, p. 252, obs. J. P. Marguénaud, dans un arrêt rendu pour une affaire ayant donné lieu à un arrêt de la Cour de cassation : Cass. civ. 1re, 6 avril 2004, *Bull. civ.* I, n° 107 ; *Dr. famille* 2004, n° 120, obs. P. Murat ; *RTD civ.* 2004, p. 496, obs. crit. J. Hauser) : la CEDH estime que le délai de rétractation prévu par le droit français (deux mois, art. L. 224-6 CASF) « *vise à atteindre un équilibre et une proportionnalité suffisante entre les intérêts en cause, et que la mère avait été informée aussi complètement que possible sur les conséquences de ces choix, ainsi que sur les délais et modalités de rétractation de son consentement* ».

52. Not. G. Vial, « La recevabilité des actions relatives à la filiation dans la loi du 16 janvier 2009 », *Dr. famille* 2009, n° 18, M.C. Le Boursicot, « L'abrogation de la fin de non-recevoir à la recherche de maternité résultant du secret de l'accouchement », *RJPF* 2009, n° 4, p. 8 s., F. Dekeuwer-Défossez, « La loi du 16 janvier 2009 sur la filiation : bien plus qu'une ratification », *RLDC* 2009, n° 58, n° 3338. Les partisans de l'abrogation ont mis en avant le principe de non-discrimination entre homme et femme et le risque de condamnation de la France par la CEDH sur le fondement des articles 8 et 14 de la Convention. L'argument ne vaut pas cher (l'homme et la femme sont-ils vraiment dans une situation comparable ?), mais fait toujours son effet. Le vrai débat est ailleurs.

53. Quels sont les délais pour agir ? En toute logique, il devrait s'agir du délai de dix ans à compter de la découverte de l'identité de la mère (sur la question, cf. Toulouse, 8 octobre 2012, *RTD civ.* 2013, obs. J. Hauser).

54. B. Mallet-Bricout, « Réforme de l'accouchement sous X, Quel équilibre entre les droits de l'enfant et les droits de la mère biologique ? », *JCP* G 2002.I.119 ; Cl. Neirinck, « La loi relative à l'accès aux origines des personnes adoptées et pupilles de l'État : la découverte de la face cachée de la lune ? », *RDSS*, 2002, 189 ; J. Rubellin-Devichi, « La recherche des origines personnelles et le secret de l'accouchement sous X dans la loi du 22 janvier 2002 », *Dr. famille* 2002, chron. n° 11.

1123. Secret et accès aux origines. – Surtout, la loi de 2002 a créé le Conseil national pour l'accès aux origines personnelles (CNAOP), chargé de procéder à une sorte de médiation entre la mère et l'enfant si, ultérieurement, l'enfant tente de retrouver ses origines ou si la mère souhaite se rapprocher de l'enfant. Le Conseil reçoit les demandes d'accès à la connaissance de ses origines formulées par l'enfant, les déclarations de la mère autorisant le Conseil à lever le secret, les déclarations d'identité formulées par les ascendants, les descendants et les collatéraux privilégiés, ainsi que les demandes du père ou de la mère s'enquérant de leur recherche éventuelle par l'enfant (CASF, art. L. 147-2)[55]. Avec mille précautions, le Conseil peut communiquer les éléments dont il dispose afin de permettre à l'enfant de connaître l'identité de sa mère, si celle-ci en est d'accord, ou, au moins d'avoir accès aux renseignements réunis lors de la naissance ou ultérieurement, dans la mesure du moins où ils ne portent pas atteinte à l'identité des père et mère de naissance[56] (CASF, art. L. 147-2 et s.).

En toute hypothèse, « l'accès d'une personne à ses origines est sans effet sur l'état civil et la filiation. Il ne fait naître ni droit ni obligation au profit ou à la charge de qui que ce soit » (art. L. 147-7 CASF). Reste que les indices recueillis peuvent faciliter, dans les cas exceptionnels où celui-ci est possible, l'établissement de la filiation, l'action en recherche de maternité ne se heurtant plus à la fin de non-recevoir édictée par l'ancien article 325. On peut craindre que la mère biologique ne soit par là même dissuadée de laisser des éléments relatifs à son identité, de peur que l'enfant ne la retrouve et établisse sa filiation[57].

1124. Le verdict de Strasbourg. – L'accouchement sous X à la française ne pouvait échapper au contrôle de la CEDH. Contrairement à ce que beaucoup pronostiquaient, la Cour a adopté une position prudente et, aux termes d'une motivation alambiquée, a donné un satisfecit à la France[58].

En l'espèce, la requérante se plaignait de ne pouvoir obtenir la communication d'éléments identifiant sa famille naturelle et de l'impossibilité qui en résultait pour elle de connaître sa propre histoire ; elle invoquait une violation de l'article 8 de la Convention EDH. Après avoir rappelé que « *l'article 8 protège un droit à l'identité et à l'épanouissement personnel* », épanouissement au titre duquel « *figurent l'établissement des détails de son identité d'être humain et l'intérêt vital, protégé par la Convention à obtenir des informations nécessaires à la découverte de la vérité concernant un aspect important de son identité personnelle, soit par exemple l'identité de ses géniteurs* » (§ 29), la Cour souligne qu'elle est en présence « *d'intérêts privés*

55. Seul le conseil, dans le régime procédural ainsi défini, peut communiquer les éléments confidentiels recueillis. Selon le Conseil d'État, le fait que des informations identifiantes aient été divulguées révèle un dysfonctionnement des services de l'ASE de nature à engager la responsabilité du département, sauf à prouver que cette divulgation est imputable à un tiers ou à une fraude de la victime (CE, 7 octobre 2012, n° 348440, publié au *Recueil Lebon*, *AJDA* 2013, 362, note H. Rihal, *AJ famille* 2012 ; obs. 616, obs. A. Dionisi-Peyrusse, *RTD civ.* 2013, p. 104, obs. J. Hauser). En l'espèce, ce fut la mère qui, après avoir obtenu des renseignements sur le nouvel état civil de sa fille et le nom des parents adoptifs, s'était manifestée auprès de ces derniers de façon insistante et avait raconté son histoire dans la presse. La solution serait la même si l'enfant né sous X tentait de retrouver sa mère.

56. Des renseignements peuvent également être recueillis auprès des père et mère, « *dans le respect de leur vie privée* », par un membre du conseil ou par une personne mandatée par lui (CASF, art. L. 147-6). Cf., par exemple, dans une hypothèse où la mère avait refusé de consentir à la levée du secret de son identité, CE, 25 octobre 2007, *RJPF* 2008, n° 3, p. 19, note M.-C. Le Boursicot.

57. F. Dekeuwer-Défossez, art. préc., A.M. Leroyer, *RTD civ.* 2009, p. 375 s.

58. * CEDH, 13 février 2003, *Odièvre c/France*, *D.* 2003, 1240, n. B. Mallet-Bricout ; *JCP* G 2003.II.10049, n. A. Gouttenoire et F. Sudre ; *Dr. famille* 2003, 58, obs. P. Murat ; *RTD civ.* 2003, 277, obs. J. Hauser et 375, obs. J.-P. Marguénaud ; Ph. Malaurie, « La Cour européenne des droits de l'homme et le « droit » de connaître ses origines », *JCP* G 2003.I.120. La conformité du système français aux exigences de la Conv. EDH a été confirmée par l'arrêt *Kearns c. France*, 10 janvier 2008, préc. La suppression de la fin de non-recevoir édictée par l'ancien article 325 (cf. *supra*, n° 1121), ne peut que conforter la situation de la France.

difficilement conciliables » (§ 44), avec d'un côté le droit à la connaissance de ses origines (art. 8), de l'autre, « *l'intérêt d'une femme à conserver l'anonymat pour sauvegarder sa santé en accouchant dans des conditions médicales appropriées* ». La Cour, fait également allusion, de façon assez critiquable d'ailleurs, aux intérêts des tiers, notamment des parents adoptifs et de la famille biologique, qui ont eux aussi droit au respect de leur vie privée et familiale, et, de façon plus convaincante, à l'intérêt général (volonté de protéger la mère et l'enfant, souci d'éviter les accouchements clandestins et les « *abandons sauvages* »), ainsi qu'au droit au respect de la vie qui anime le droit français. Elle constate que si les États contractants n'ont pas de législation comparable, « *au moins sur l'impossibilité à jamais d'établir un lien de filiation à l'égard de la mère biologique* » si celle-ci persiste dans sa volonté de maintenir le secret de son identité, certains pays ne prévoient pas l'obligation de déclarer le nom des parents biologiques lors de la naissance et que « *des pratiques d'abandon sont avérées dans plusieurs autres, engendrant de nouveaux débats sur l'accouchement anonyme* ». Elle en déduit l'absence de consensus en la matière et, partant, la marge d'appréciation qui doit être reconnue aux États. En l'espèce, la Cour observe que la requérante a eu accès à des informations non identifiantes sur sa mère et sa famille biologique « *lui permettant d'établir quelques racines de son histoire dans le respect et la préservation des intérêts des tiers* ». Elle relève également que la loi de 2002, d'application immédiate, tend à établir un meilleur équilibre entre les intérêts en présence. Au total, la Cour estime que « *la législation tente ainsi d'atteindre un équilibre et une proportionnalité suffisante entre les intérêts en cause* » et qu'« *elle n'a pas excédé la marge d'appréciation qui doit lui être reconnue en raison du caractère complexe et délicat de la question que soulève le secret des origines au regard du droit de chacun à son histoire, du choix des parents biologiques, du lien familial existant et des parents adoptifs* ».

Cette position a été confirmée dans un arrêt *Godelli c. Italie*[59].

1125. La bénédiction du Conseil constitutionnel. – Saisi par une QPC, le Conseil constitutionnel eut, à son tour, à connaître de l'accouchement sous X. Selon les requérants, en autorisant une femme à accoucher sans révéler son identité et en ne permettant la levée du secret qu'avec l'accord de cette femme ou, en cas de décès, dans le seul cas où elle n'a pas exprimé préalablement une volonté contraire, la loi méconnaîtrait le droit de l'enfant au respect de sa vie privée et son droit de mener une vie familiale normale. Selon le Conseil : « *en permettant à la mère de s'opposer à la révélation de son identité même après son décès, les dispositions contestées visent à assurer le respect de manière effective, à des fins de protection de la santé, de la volonté exprimée par celle-ci de préserver le secret de son admission et de son identité lors de l'accouchement tout en ménageant, dans la mesure du possible, par des mesures appropriées, l'accès de l'enfant à la connaissance de ses origines personnelles* » ; or « *il n'appartient pas au Conseil constitutionnel de substituer son appréciation à celle du législateur sur l'équilibre ainsi défini entre les intérêts de la mère de naissance et ceux de l'enfant* »[60] (cons. 8).

Il était une dimension que la Cour et le Conseil n'avaient pas à prendre en considération, mais qui donne à penser que l'équilibre réalisé est loin d'être parfait, celle de la place du père.

---

59. CEDH, 25 septembre 2012, req. n° 33783/09 (*AJ famille* 2012, 554, obs. F. Chénedé, *RTD civ.* 2013, p. 104, obs. J. Hauser) : après avoir rappelé les principes posés sans l'affaire *Odièvre*, la Cour souligne que « *si la mère biologique a décidé de garder l'anonymat, la législation italienne ne donne aucune possibilité à l'enfant adopté et non reconnu à la naissance de demander soit l'accès à des informations non identifiables sur ses origines, soit la réversibilité du secret* » : « *dans ces conditions, la Cour estime que l'Italie n'a pas cherché à établir un équilibre et une proportionnalité entre les intérêts des parties concernées et a donc excédé la marge d'appréciation qui doit lui être reconnue* » (par. 71).

60. Comme on l'a fait remarquer (cf. D. Roman, « La constitutionnalité de la procédure d'accouchement sous X : une décision attendue et prévisible », *RDSS* 2012, p. 750 et s.), le Conseil constitutionnel, à la différence de la CEDH, ne se place pas sur le terrain de la conciliation entre des droits et des intérêts contradictoires, mais sur celui de la protection de la santé publique.

C. Quelle place pour le père ?

1126. L'épreuve de l'identification. – En droit, rien n'empêche le père d'établir sa filiation, par reconnaissance, par possession d'état[61] ou aux termes d'une action en recherche de paternité.

Certains tribunaux avaient cependant affirmé que le père ne pouvait reconnaître un enfant né d'une femme qui, selon la loi, n'avait jamais accouché[62]. Ce n'était qu'un sophisme : il y a bien une femme qui a accouché et un enfant qui est né ; peu importe à la limite l'identité de la mère : ce qui compte, c'est qu'un enfant soit venu au monde à une époque donnée, et que cet enfant soit celui du père prétendu. Le droit au secret reconnu à la mère ne peut aller jusqu'à priver le père de toute possibilité d'établir sa paternité. Reste à retrouver l'enfant et à faire la preuve de son identité. Il y a là un obstacle de fait, qui, en pratique, risque de rendre difficile, voire impossible, la volonté du père d'assumer sa paternité. La mère ayant accouché sous X, en un lieu et à une date ignorée par le père, il lui sera difficile de retrouver l'enfant, bien que le nombre d'enfants nés sous X soit limité, et, surtout, de prouver l'identité de cet enfant avec celui qu'il prétend être le sien. C'est à ce prix que la reconnaissance pourra être transcrite en marge de l'acte de naissance et qu'elle produira sa pleine efficacité. Conscient de l'injustice faite au père, le législateur de 2002 lui a offert l'aide du procureur de la République : « *Si la transcription de la reconnaissance paternelle s'avère impossible, du fait du secret de son identité opposé par la mère, le père peut en informer le procureur de la République. Celui-ci procède à la recherche des dates et lieu d'établissement de l'acte de naissance de l'enfant* » (art. 62-1).

1127. Le combat pour la restitution. – Mais le père qui a réussi à traverser l'épreuve de l'identification risque de se heurter à un obstacle juridique redoutable lorsqu'il demandera la restitution de l'enfant. Très souvent en effet, l'enfant né sous X aura été immatriculé comme pupille de l'État. Le recours contre l'admission peut être formé dans un délai de trente jours (CASF, art. L. 224-6 et 224-8). Or, dans la plupart des cas, le père n'aura pas encore pu retrouver l'enfant. Peut-il bloquer le processus d'adoption et obtenir la restitution de l'enfant ? La question a divisé la jurisprudence et la doctrine[63]. Dans un arrêt du 7 avril

61. TGI Créteil, 21 février 2002, *aff. de l'enfant de Jacques Frèche, D.* 2002, 1710, n. F. Granet ; *RTD civ.* 2002, 495, obs. J. Hauser ; *Dr. famille* 2002, 97, obs. P. Murat. L'affaire aurait pu inspirer un roman : le père, condamné à mort, avait été exécuté lorsque l'enfant avait trois ans. De sa prison, il n'avait jamais pu reconnaître l'enfant, la mère ayant accouché sous X. Il avait cependant écrit une lettre de reconnaissance et divers documents établissant sa volonté de retrouver son fils et de le traiter comme tel. Quant à l'Administration, elle savait qui était le père et avait même porté des mentions en ce sens sur la fiche individuelle de l'enfant. Jugé qu'il y avait des éléments de possession d'état permettant d'établir la filiation. Le raisonnement n'a pas convaincu les juges d'appel (Paris, 4 avril 2003, *D.* 2004, 1697, n. Meyzaud-Garon ; *Dr. famille,* 2003, 141, obs. P. Murat ; *RTD civ.* 2003, 487, obs. J. Hauser) : selon eux, il n'y avait pas une réunion « *suffisante de faits établissant un rapport de parenté entre l'enfant et le défunt* ». Cassation : * Cass. civ. 1re, 25 octobre 2005, *D.* 2006, pan. p. 1142, obs. F. Granet ; n.p.B ; V. aussi *supra,* n° 997.

62. Riom, 16 décembre 1997, *D.* 1998, somm. p. 301, obs. Bourgault-Coudevylle ; *D.* 1999, somm. p. 198, obs. F. Granet ; *Dr. famille* 1998, 150, obs. P. Murat ; *JCP* G 1998.II.10147, n. Garé ; *RTD civ.* 1998, p. 891, obs. J. Hauser, affirmant que la reconnaissance anténatale passée devant notaire est « *sans effet direct sur la filiation, puisqu'elle concerne l'enfant d'une femme qui, selon la loi n'a pas accouché ; qu'elle est donc privée de toute valeur, l'enfant objet de la reconnaissance n'étant pas né, puisque l'effet juridique de cet acte ne prend corps qu'au jour de la naissance* ». Le sophisme est presque parfait : il y a une reconnaissance, il y a un enfant, le seul problème est de prouver que l'enfant en question est bien celui qui a été reconnu. Faute de pouvoir passer par la mère, cette preuve doit pouvoir se faire par tout autre moyen, notamment par expertise biologique.

63. L'affaire *du petit Benjamin, infra. Adde* Riom, 16 décembre 2003, *RTD civ.* 2003, 74, obs. J. Hauser ; *Dr. famille* 2004, 17, n. P. Murat ; *JCP* G 2004.I.167, n° 11, obs. J. Rubellin-Devichi et Y. Favier : en l'espèce, le père avait reconnu par acte passé devant notaire l'enfant avant la naissance ; la mère accoucha sous X ; après de nombreuses et vaines recherches, la mère finit par donner au père le prénom de l'enfant et le lieu de naissance ; le père reconnut à nouveau l'enfant à l'état civil cette fois. Entretemps, l'enfant avait été admis en qualité de pupille de l'État. Le père demanda la restitution de l'enfant et, à la demande du tuteur, engagea une action pour prouver qu'il était bien le père de l'enfant (?). Après diverses péripéties, la preuve, par examen des sangs fut apportée, mais l'adoption

2006[64], la première chambre civile de la Cour de cassation a affirmé que si l'enfant qui a fait l'objet d'une reconnaissance anténatale a été identifié à une date antérieure au consentement à l'adoption, cette reconnaissance prénatale « *établit la filiation paternelle de l'enfant au jour de la naissance, de sorte que le conseil de famille des pupilles de l'État, qui était informé de cette reconnaissance, ne pouvait plus [...] consentir valablement à l'adoption de l'enfant* » car ce consentement « *relevait du seul pouvoir de son père naturel* ». En statuant ainsi, la Cour de cassation n'a pas manqué d'inquiéter les défenseurs des parents adoptifs – la solution sera-t-elle toujours conforme à l'intérêt de l'enfant apprécié *in concreto ?* – ; mais elle sauvegarde les droits du père autant que, souligne la cour, le « *droit de l'enfant de connaître son père déclaré* » (Conv. IDE, art. 7).

D'autres membres de la famille tentent parfois de s'interposer, les grands-parents notamment, qui, faute de pouvoir établir la filiation[65], souhaiteraient au moins empêcher que tous les liens ne fussent rompus par l'adoption de leur petit enfant : en l'absence de filiation établie entre l'enfant et sa mère biologique, les grands-parents n'ont pas qualité pour intervenir à l'instance en adoption[66]. La solution est sévère ; même si elle peut s'expliquer par le souci de préserver la stabilité d'un enfant qui vit déjà dans sa nouvelle famille.

---

avait été prononcée... quelques jours avant que l'expert ne rendît ses conclusions. Le père fit tierce opposition au jugement invoquant la fraude et le dol des adoptants. La cour rejetta la demande, estimant que les adoptants avaient scrupuleusement respecté la procédure d'adoption.

64. *Cass. civ. 1re, 7 avril 2006, *aff. du petit Benjamin, Bull. civ.* I, n° 195 ; *Defrénois* 2006, p. 1129, note J. Massip, *Dr. famille* 2006, 124, obs. P. Murat, *JCP* 2006, I, 199, chron. J. Rubellin-Devichi, *RTD civ.* 2006, p. 292, obs. J. Hauser. Benjamin était né sous X en mai 2000. Il fut admis à titre définitif en qualité de pupille de l'État à compter du 14 juillet puis confié en vue de l'adoption à un couple de médecins qui assura sa prise en charge médicale, car son état nécessitait une trithérapie. Son père l'avait reconnu le 13 mars et dès le 22 juin, il entama des démarches pour faire valoir les effets de sa reconnaissance. Le 28 octobre, l'enfant fut placé en vue de l'adoption ; le 18 janvier 2001, le père saisit la cellule d'adoption du Conseil général d'une demande de restitution qui se heurta à l'article 352 ; le 26 avril le conseil de famille donna son consentement à l'adoption. Le tribunal de Nancy refusa de prononcer l'adoption plénière ou l'adoption simple, et, dans une décision du même jour, ordonna la restitution de l'enfant à son père (TGI Nancy, 16 mai 2003, *D.* 2003, 2120, obs. F. Granet et 2910, n. E. Poisson-Drocourt ; *D.* 2004, 465, obs. crit. D. Bourgault-Coudevylle ; *JCP* G 2003.I.148, n° 2, obs. approb. J. Rubellin-Devichi et 2004, II, 10036, n. approb. J. Massip) : « *Benjamin connaîtra rapidement la vérité sur ses origines et le traumatisme lié à l'existence d'un père qui le réclame et veut l'élever [...] doit être retenu en premier lieu, nonobstant celui qui résultera de sa séparation avec la famille dans laquelle il a été placé pendant plus de deux ans* ». En appel, la cour infirma (Nancy, 23 février 2004, *D.* 2004, 1422, obs. F. Granet et 2249, n. E. Poisson-Drocourt ; *RTD civ.* 2004, 275, obs. J. Hauser ; *Dr. famille* 2004, 48, n. P. Murat) : l'article 352 fait obstacle à toute restitution et fait échec à toute reconnaissance. Le père « *s'étant manifesté auprès des services chargés de l'adoption après le placement, son intervention ne lui permet pas de rendre effective sa reconnaissance prénatale et a fortiori de se voir confier l'enfant* ». La cour prononca l'adoption plénière de l'enfant en raison de l'intérêt d'un enfant confié à ses parents adoptifs dès l'âge de cinq mois et avec lesquels « *il s'est épanoui malgré ses graves handicaps de santé* ». Cassation : « *L'enfant ayant été identifié par M. X à une date antérieure au consentement à l'adoption, la reconnaissance prénatale avait établi la filiation paternelle de l'enfant avec effet au jour de sa naissance, de sorte que le conseil de famille des pupilles de l'État, qui était informé de cette reconnaissance, ne pouvait plus consentir valablement à l'adoption de l'enfant, ce qui relevait du seul pouvoir de son père naturel ; de la sorte, la cour d'appel a méconnu le droit de l'enfant de connaître son père déclaré et a ainsi violé les textes susvisés* (art. 7.1 de la Convention IDE, C. civ., art. 335, 336, 341-1, 348-1 et 352) ». Une fois ces principes posés, la cour d'appel de Reims, statuant sur renvoi (Reims 12 décembre 2006, *Defrénois* 2007, p. 795, obs. J. Massip) reprit l'accord conclu entre les parties après l'arrêt de la Cour de cassation : elle prononça l'adoption simple de *Benjamin* et accorda au père biologique un droit de visite et d'hébergement.

65. En droit, pas de grands-parents sans parent : la reconnaissance est un acte personnel émanant de l'auteur de l'enfant (cf. *infra*) ; la possession d'état semble bien peu probante puisque la mère a accouché sous X ; quant à la recherche de maternité, elle est réservée à l'enfant (cf. *infra*). Tout au plus, pourrait-on imaginer avec Jacques Massip (note préc.) que, constatant l'opposition d'intérêt entre l'enfant et ses représentants légaux, le juge des tutelles nomme un administrateur *ad hoc*. Encore faudrait-il que la procédure en vue de l'adoption ait abouti.

66. Cass. civ. 1re, 8 juillet 2009, *Affaire du petit Constantin*, *JCP* G 2010, 598, note J. Massip ; *Dr. famille* 2009, n° 108, obs. P. Murat ; *RTD civ.* 2009, p. 708, obs. J. Hauser, P. Salvage-Gerest,

1128. Poursuite de la lutte. – Peuvent-ils, à défaut, s'immiscer dans sa phase préparatoire et, en contestant la régularité du placement ou en faisant un recours contre l'admission de l'enfant en qualité de pupille de l'État (cf. art. L. 224-8 CASF ouvrant le recours à toute personne ayant un lien de fait ou de droit avec l'enfant) ? Quelques affaires douloureuses ont connu un fort retentissement médiatique[67]. Saisi dans le cadre d'une QPC d'un texte qui, certes, offre un recours mais sans prévoir les conditions et les cas dans lesquels les personnes les plus proches de l'enfant seront à même de l'exercer effectivement, le Conseil constitutionnel estima que l'article L. 224-8 CASF méconnaissait les exigences de l'article 16 de la Déclaration des droits de l'homme et du citoyen de 1789[68]. Le texte fut abrogé, mais les effets de cette abrogation furent reportés pour permettre au législateur d'intervenir. Dans l'intervalle, la Cour de cassation déclara l'article contesté contraire à l'article 6 de la Conv. EDH[69]. La loi du 26 juillet 2013 précise quelles personnes peuvent contester l'arrêté d'admission mais ne prévoit pas que l'arrêté sera notifié au père ou aux membres de la famille du père ou de la mère de naissance (cf. CASF, art. L. 224-8 nouveau)[70]. Il est vrai que cette exigence aurait été impossible à respecter dans le contexte, précisément, de l'accouchement sous X. En conséquence, aucun délai de forclusion ne peut leur être opposé, étant entendu que le placement de l'enfant fait obstacle à tout recours (mais le placement ne peut intervenir moins de trois mois avant la remise ou le recueil de l'enfant à l'ASE). L'équilibre réalisé est, certes, plus satisfaisant, mais il est loin d'être parfait. Peut-il en être autrement dans une matière si délicate ?

« Les grands-parents et l'adoption de leurs petits-enfants (à l'occasion de l'arrêt de la 1re chambre civile de la Cour de cassation du 8 juillet 2009) », *Dr. famille* 2009, Et. n° 32, M.C. Le Boursicot, « Pas de grands-parents sans parents », *RJPF* 2009, n° 9, p. 25. Les faits étaient dramatiques : après le suicide de leur fille, un couple découvre en rangeant ses papiers qu'elle a accouché sous X quelques mois plus tôt. Ils retrouvent la trace de l'enfant placé entre-temps chez les époux Z qui ont déposé une requête en vue d'une adoption plénière. Les grands-parents de fait prétendent intervenir volontairement à l'instance en adoption pour s'opposer à son prononcé et se voir confier l'enfant : pas de qualité pour intervenir à l'instance disent les juges du fond, approuvés par la Cour de cassation.

67. Dans l'affaire soumise au TGI d'Angers (TGI Angers, ord. Président, 8 octobre 2009 ; *Dr. famille* 2009, n° 152, obs. P. Murat, *RJPF* 2009, M. C. Le Boursicot, n° 12, p. 25, *RTD civ.* 2009, p. 708, obs. J. Hauser), les grands-parents obtiennent une expertise biologique afin d'établir non pas le lien de filiation mais « *le lien avec l'enfant* » visé à l'article L. 224-8 CASF qui leur permettrait, espèrent-ils, de faire annuler l'arrêté d'admission et de se voir confier la garde de l'enfant. Peine perdue : le 26 avril 2010, le tribunal d'Angers déclare le recours irrecevable car même si le lien biologique entre l'enfant et les demandeurs était établi, à lui seul il n'aurait pas été suffisant au sens de l'article L. 224-8, « *étant relevé l'absence de tout autre lien des époux Y avec l'enfant que Mme Y a aperçue une fois seulement au service néonatal de la maternité, outre une volonté déterminée et réitérée de leur fille que l'enfant dont elle a accouché sous X soit admise comme pupille de l'État et adoptée* » (TGI Angers 26 avril 2010, *Dr. famille* 2010, n° 114, obs. P. Salvage Gerest, *adde*, très critique, P. Murat, « Les grands-parents, l'accouchement anonyme de leur fille et la contestation de l'admission de l'enfant en qualité de pupille de l'État », *Dr. famille* 2010, Repère, n° 6). En appel, les juges font droit à leur demande (cf. Angers, 26 janvier 2011, *AF fam.* 2011, 156, obs. F. Chénedé, *JCP* 2011, 298, note A. Gouttenoire, *D.* 2011, p. 1053, *D.* 2013, p. 1053, note T. Garé) : il existe, disent les juges, « un lien affectif de fait » entre l'enfant et ses grands-parents, malgré les difficultés auxquelles ils se sont heurtés pour le construire. Contre la volonté de la mère, qui refusait que l'enfant soit confié à ses grands-parents, la Cour, se référant à l'article 7.1 CIDE, estime que l'intérêt supérieur de l'enfant est d'être confié à ces derniers : l'arrêté portant admission de la fillette en qualité de pupille de l'État doit être annulé et l'enfant remis à ses grands-parents, à charge pour eux de requérir l'ouverture d'une tutelle (*adde* Metz, 22 janvier 2013, *Dr. famille* 2013, n° 54, obs. C. Neirinck).

68. Cons. const., 27 juillet 2012, n° 2012-268 QPC, sur laquelle cf. not. F. Eudier, « Recours à l'encontre de l'arrêté d'admission d'un enfant en qualité de pupille de l'État : inconstitutionnalité de l'article L. 224-8, alinéa 1 CASF », *AJ famille* 2012, 454.

69. Cass. civ. 1re, 9 avril 2013, n° 11-27.071, *Dr. famille* 2013, com. n° 89, C. Neirinck, *D.* 2013, 1100, obs. P. Chevalier, *AJ famille* 2013, 308, obs. P. Salvage-Gerest, *RTD civ.* 2013, 589, obs. Y. Favier : il s'agissait là aussi de grands-parents qui tentaient de prendre en charge leur petit enfant né sous X.

70. Loi n° 2013-673 relative à l'arrêté d'admission en qualité de pupille de l'État, sur laquelle, cf. not. A.-M. Leroyer, *RTD civ.* 2013, p. 889, Cl. Neirinck, « Notification de l'arrêté d'admission en qualité de pupille de l'État : protection procédurale de la famille ou protection de l'adoptabilité de l'enfant ? », *Dr. famille* 2013, p. 137.

1129. Nouvelles réformes ? – Quoiqu'ayant reçu l'onction du Conseil constitutionnel et de la CEDH, l'accouchement sous X reste très discuté. La levée de l'anonymat a été proposée pour un accouchement *dans le secret* ou un accouchement *dans la discrétion*[71]. Le rapport Théry-Leroyer préconise pour sa part la redéfinition de l'accouchement secret « *articulant anonymat de l'accouchement et respect du droit aux origines de l'enfant par le recueil systématique et l'anonymisation de l'identité de la mère de naissance* », le CNAOP étant chargé de conserver les données. L'accès à l'identité de la mère de naissance serait de droit, mais seulement à la majorité de l'enfant. La filiation ne pourrait cependant être établie à son égard (le rapport préconise le rétablissement de la fin de non-recevoir) et tout contact ou rencontre avec l'enfant serait soumis à l'accord préalable de la mère[72].

§ 2. Pater is est quem nuptiae demonstrant

1130. Paternité, légitimité. – Pierre angulaire de la légitimité, la présomption de paternité permit longtemps de rattacher l'enfant au mari de la mère et par là même de lui donner une filiation, la seule qui comptât, une filiation légitime. Aujourd'hui, la règle n'assoit plus la légitimité, mais fonde encore, par le seul effet de la loi, la paternité du mari.

Bien qu'il fût excessif de prétendre, comme le fit Demolombe, que la règle ait existé « *de tous temps, chez toutes les nations policées*[73] » (elle n'existait pas en tant que telle à Rome[74]), on la retrouve sous une forme ou sous une autre dans nombre de systèmes juridiques. Le droit musulman classique l'exprime par exemple sous une forme plus imagée : « *L'enfant appartient au lit* » (*i.e.* au seul lit légalement et socialement convenable, le lit conjugal[75]). Pour autant, son fondement (I) et sa nature (II) sont complexes ; son domaine (III) et sa force (IV) sont variables. Ces différentes questions doivent être examinées à la lumière de l'ouverture du mariage aux personnes de même sexe. Certes, les règles de la filiation « *charnelle* » (la « *filiation du titre VIII* » comme disent certains) sont exclues des effets du mariage homosexuel (art. 6-1 du Code civil). « *Cœur du mariage* », la présomption de paternité n'en est pas moins profondément affectée par l'avènement du « *mariage pour tous* »[76].

I. — Fondement de la présomption de paternité

1131. Aux sources de la présomption. – Le fondement de la présomption de paternité a été discuté. La formulation latine de la règle ne doit pas tromper : certes, elle est empruntée au juriste Paul, mais celui-ci la formula à propos d'une question de procédure, non comme une

71. Cf. B. Barège, *Rapport pour la mission parlementaire sur l'accouchement dans le secret*, Ass. nat., 12 novembre 2010, suivi par une proposition de loi visant à la levée de l'anonymat et à l'organisation de « l'accouchement dans le secret », Ass. nat., n° 4043, 7 décembre 2011 et préconisant de transformer l'accouchement sous X en accouchement « dans la discrétion ».

72. Rapport préc., p. 245 et s.

73. Demolombe, t. 5, *De la paternité et de la filiation*, n° 12.

74. A. Lefebvre-Teillard, *op. cit.*, n° 170.

75. Sur la règle, cf. Y. Linant de Bellefonds, *Traité de droit musulman comparé, op. cit.*, t. 3, n° 1136.

76. Cf. H. Fulchiron, « Le mariage pour tous, un enfant pour qui ? », art. préc. ; V. Bonnet, « Réflexions sur la présomption de paternité du XXIe siècle dans ses rapports avec le mariage », *D.* 2013, p. 107.

règle générale[77] : maître de sa *domus*, le *paterfamilias* peut, à la naissance, accepter ou refuser l'enfant[78]. En ce sens, « *on peut dire qu'il n'y a à Rome de paternité que volontaire*[79] ». La présomption de paternité telle que nous la connaissons fut forgée par les glossateurs du Moyen Âge, dans l'intérêt de l'enfant, et le succès de l'adage tint à ce que les canonistes des XIIe et XIIIe siècles le lièrent à la *favor filiationis* et à la *favor matrimonii*[80].

Quatre justifications en ont été données.

1132. *Plerumque fit*. – D'abord l'empirisme : la loi du *plerumque fit*. L'immense majorité des enfants nés d'une femme mariée ont pour père le mari de la mère. Cette justification empirique, constante pour fonder les présomptions, ne suffirait pas à justifier la force particulière qu'a la présomption *Pater is est*. Il existe d'autre données juridiques et sociales : soit une sorte de reconnaissance, soit une présomption d'innocence de la mère, soit plutôt un effet du mariage.

1133. Reconnaissance en blanc ? – Ambroise Colin, au début du XXe siècle, avait expliqué la règle par une reconnaissance anticipée des enfants à naître du mariage[81]. Techniquement, l'analyse était inexacte : il était incorrect d'étendre à la filiation légitime la reconnaissance telle qu'on l'entendait alors dans la filiation naturelle. La filiation légitime (plus généralement la paternité en mariage) ne repose pas sur la volonté du mari, qui, à la différence du *Paterfamilias* romain, n'a pas la liberté d'accepter ou de refuser les enfants nés de sa femme ; elle s'impose à lui et la contestation de paternité du mari reste, aujourd'hui encore, enfermée dans de strictes conditions. En outre, la possibilité donnée à l'enfant d'exercer une réclamation d'état montre que l'intérêt de l'enfant est au moins autant en cause que les droits du mari. Et l'on n'a pas manqué de dénoncer dans la thèse de Colin les excès de la théorie de l'autonomie de la volonté[82].

1134. Présomption de fidélité. – Certains ont fondé l'attribution légale de l'enfant au mari sur une présomption d'innocence de l'épouse[83] : la plupart des femmes ne commettent pas l'adultère, on doit les présumer innocentes. L'analyse est inexacte, parce que la démonstration de l'adultère de la mère ne suffit pas à faire tomber la présomption.

1135. Communauté de vie. – On a également ancré la présomption sur le devoir conjugal de communauté de vie (l'ancien devoir de cohabitation). Ce qui est déterminant est l'union entre le mari et la femme, et que la mère ait pu avoir des relations avec son époux (et non qu'avec lui) ; par conséquent, la présomption disparaît lorsqu'il n'y a plus légalement de communauté de vie. Pour autant, il serait faux de rattacher la présomption au seul fait de la cohabitation : pourquoi ne pas, dans ce cas, l'étendre aux concubins pacsés[84] ?

1136. Effet du mariage. – Aujourd'hui, alors que la présomption de paternité est la seule règle d'établissement de la filiation qui ne soit pas commune aux enfants nés en mariage ou hors mariage, on serait tenté de revenir à l'ancienne analyse : la présomption de paternité est un effet du mariage. Certes, elle ne joue que si elle est vraisemblable, et elle peut être renversée ; elle n'en constitue pas moins le principe. Plus profondément, le mariage est un berceau qui accueille les enfants à venir : par deux antiques maximes, la loi les rattache de plein droit à leurs père et mère.

77. A. LEFEBVRE-TEILLARD, « *Pater is est quem nuptiae demonstrant*, Jalons pour une histoire de la présomption de paternité », *in Le droit de la famille en Europe*, R. GANGHOFER (dir.), PUF, 1992, p. 393 s.

78. Cf. *supra*.

79. A. LEFEBVRE-TEILLARD, *op. cit.*, n° 169.

80. A. LEFEBVRE-TEILLARD, article préc.

81. A. COLIN, « De la protection de la descendance illégitime au point de vue de la preuve de la filiation », *RTD civ.* 1902, 282 s.

82. E. GOUNOT, *Le principe de l'autonomie de la volonté*, thèse, Dijon, 1912.

83. DEMOLOMBE, *op. cit.*, n° 12 : « *La cohabitation publique et obligée des époux ; la fidélité qu'ils se doivent ; l'autorité du mari sur sa femme, voilà les faits connus, desquels il est assurément logique et moral de conclure que l'époux est l'auteur de la grossesse de l'épouse. Dans une telle situation, présumer que la femme a trahi ses devoirs, et trompé son mari, ou même rester à cet égard dans le doute, ne serait pas seulement une atteinte profonde à l'ordre social ; une telle présomption, ou même ce seul doute, serait inique et outrageant non moins qu'illogique et immoral.* »

84. *Infra*, n° 1168.

Reste que l'ouverture du mariage aux personnes de même sexe fragilise la règle et son fondement : la présomption de paternité n'est plus que l'effet de *certains* mariages. Car le lien entre mariage et procréation, entre nature et institution, est beaucoup plus profond qu'on ne le dit : l'égalité cède devant les réalités de la vie ; si on veut l'imposer envers et contre tout, il faut passer des artifices (au sens étymologique du terme) tels que l'adoption ou les PMA qui appellent d'autres règles juridiques (cf. *infra*). En attendant que le législateur fasse ses choix, c'est l'ensemble du système qui est déséquilibré[85].

En l'état, les différentes explications évoquées se mêlent pour fonder la règle[86]. Elles mettent en lumière la complexité de sa nature.

II. — Nature de la règle *Pater is est*

1137. Règle de fond ou règle de preuve ? – On a longtemps discuté du point de savoir s'il s'agissait d'une règle de fond ou d'une règle de preuve[87] (une présomption, *stricto sensu*). **1°** L'analyse traditionnelle penchait pour en faire une **règle de fond** : il s'agirait moins de refléter une certaine vérité que d'affirmer un principe, garant de l'ordre social et de la paix des familles[88]. Faveur pour l'enfant qui bénéficiait grâce à elle d'une filiation, elle constituait également une prérogative du mari qui seul pouvait en disposer. Comme certains l'avaient souligné[89], elle aurait constitué moins une présomption légale, assise sur la probabilité de la paternité, qu'une fiction au service d'une certaine politique familiale.

2° Au lendemain de la loi de 1972, le cantonnement de la présomption aux seules hypothèses où la paternité du mari était vraisemblable[90] et sa fragilisation, avaient plutôt fait pencher la balance en faveur d'une simple **règle de preuve**, une simple « présomption ». Il se pourrait cependant que l'ordonnance de 2005 renverse la tendance : la règle n'a plus pour effet de fonder la légitimité de l'enfant, conçue comme un tout, filiation maternelle *et* paternelle ; elle établit la filiation paternelle par le seul effet de la loi, comme un effet du mariage et non de la simple cohabitation. En cela, elle est plus qu'une règle de preuve : comme la règle *Mater semper certa*, elle constitue une véritable règle de fond.

III. — Domaine de la règle *Pater is est*

1138. Une présomption en peau de chagrin. – Le domaine de la présomption de paternité a longtemps été étroitement lié à l'importance attachée à la légitimité. Dans une société qui faisait de la filiation légitime la seule filiation légalement et socialement reconnue ou du moins admissible, la présomption de paternité avait tendance à s'étendre au-delà de toute rationalité. C'est qu'il fallait donner un père à l'enfant, et ce père ne pouvait être que le mari de la mère : il n'était de père que légitime. Ainsi dans l'Ancien droit français, la présomption *Pater is est* était-elle

85. Cf. *infra*, n° 1167 s..

86. Portalis, *Discours préliminaire*, préc. : « *Les opérations de la nature dans le mystère de la génération, sont impénétrables ; il nous serait impossible de soulever le voile qui nous les dérobe : sans un mariage public et solennel, toutes les questions de filiation resteraient dans le nuage ; la maternité pourrait être certaine, la paternité ne le serait jamais. Y a-t-il un mariage en forme, avoué par la loi et reconnu par la société ? Le père est fixé : c'est celui que le mariage démontre. La présomption de la loi, fondée sur la cohabitation des époux, sur l'intérêt et la surveillance du mari, sur l'obligation de supposer l'innocence de la femme plutôt que son crime, fait cesser toutes les incertitudes du magistrat et garantit l'état des personnes et la tranquillité des familles.* »

87. Cf. sur ce débat, J. Hauser et D. Huet-Weiller, *op. cit.*, n° 575 et réf. cit.

88. Cf. Planiol et Ripert, par Rouast, t. 2, n° 770.

89. Cf. J. Schmidt-Szalewski, « Les fictions en droit privé », Arch. de philosophie du droit, *Réformes du droit de la famille*, 1975, p. 273 s.

90. Cf. *infra*, n° 1140.

parfois admise dans des situations surprenantes[91]. Un peu de la même manière, mais plus imaginative, le droit musulman classique créa la théorie de l'enfant endormi : l'enfant, endormi dans le sein de sa mère, peut venir au monde quatre ou cinq ans après le décès du mari. Comme le souligne Linant de Bellefonds dans son *Traité de droit musulman comparé*, ce serait faire injure aux juristes musulmans des premiers siècles que de les taxer d'ignorance ou de crédulité. Leur préoccupation principale était d'allonger le plus possible le délai maximal de la grossesse, dans l'intérêt de l'enfant qui bénéficiait ainsi d'une filiation, dans l'intérêt des familles dont la paix était préservée, et dans l'intérêt de la mère qui échappait aux redoutables sanctions frappant la fornication[92].

La position du Code Napoléon était, à cet égard, révélatrice. Certes, il était établi que la durée maximum de la grossesse était fixée à 300 jours ; et la présomption était irréfragable. Pour autant, l'article 315 anc. du Code Napoléon affirmait que « *La légitimité de l'enfant né trois cents jours après la dissolution du mariage pourra être contestée* » : la présomption jouait, *a priori*, dans l'intérêt de l'enfant[93].

1139. Un siècle de déclin. – Les premières atteintes à la présomption de paternité, ne furent portées qu'en 1915 : l'article 313, alinéa 2 (anc.), disposait désormais que la présomption de paternité cessait de s'appliquer aux enfants conçus pendant la séparation des époux durant l'instance en divorce ou de séparation de corps, depuis la décision du président du tribunal autorisant la femme à avoir un domicile séparé, mais à la condition que l'enfant fût légitimé ensuite par un nouveau mariage de la mère. L'enfant était donc considéré comme ayant provisoirement pour père le premier mari, sauf à rectifier rétroactivement cette attribution de paternité pour en faire bénéficier le second mari lorsque la légitimation se produirait. Si la légitimation ne se produisait pas, l'enfant était couvert par la présomption de l'article 312, sauf au mari à faire tomber cette présomption par simple dénégation[94].

Les exceptions se multiplièrent par la suite. Parallèlement, la situation des enfants naturels, et plus particulièrement des enfants adultérins, s'améliorait, tant du point de vue de l'établissement de leur filiation que de celui de leurs droits[95]. Tout en proclamant le principe d'égalité des filiations, la loi de 1972 cantonna le domaine de la présomption aux hypothèses où la paternité du mari était vraisemblable : le souci de vérité des filiations pouvait s'épanouir dès lors que la

91. Cf. Merlin, *Répertoire*, V° *Légitimité* et réf. cit. Il n'y est question que d'enfants nés après onze, douze ou treize mois de grossesse Il est vrai que savants auteurs et magistrats de l'époque s'abritaient derrières les incertitudes de la science. Est ainsi rapportée l'histoire de l'épouse de Pierre-Joseph Geofroy, marchand à Lyon. Le mari disparaît en janvier 1703. Il est établi par la suite qu'il s'est noyé dans le Rhône le 26 février 1703. Sa veuve accouche d'un enfant le 4 mars 1704. Pour sa défense, elle affirmait que « *quand il serait prouvé que Geofroy est mort le 26 février 1703, on ne pourrait pas déclarer l'enfant illégitime, pour être né douze mois après la mort de son père. On doit toujours présumer pour l'honneur du mariage, lorsque le fait est possible : or il n'est pas extraordinaire de voir des femmes accoucher à douze ou treize mois, et même au delà : la nature, toujours variée dans ses opérations, n'a point de règle certaine pour le temps de la naissance de l'homme ; des événements imprévus, venant frapper subitement l'imagination d'une femme, peuvent arrêter la perfection de ce grand ouvrage. Souvent un chagrin mortel, quelquefois aussi une joie excessive, avancent ou retardent le temps ordinaire de l'accouchement ; et s'il est vrai que Geofroy se fût noyé dans le Rhône, comme l'intimée le prétend, pourrait-on douter que cette funeste nouvelle n'eût fait sur l'appelante les mêmes effets que de tels accidents font sur toutes les autres femmes ?* ». La Sénéchaussée de Lyon et, sur appel, le Parlement de Paris déclarèrent cependant l'enfant illégitime. Le Parlement de Paris avait pourtant, en 1653, admis la légitimité d'un enfant né onze mois après de décès du mari. Il est vrai que les circonstances étaient apparemment moins troubles : la veuve « *qui avait toujours vécu d'une manière exemplaire pendant la vie de son mari, déclara aussitôt après sa mort, qui arriva subitement, qu'elle était grosse, et se retira dans un couvent. Neuf mois après, elle sentit les douleurs de l'accouchement ; mais ces douleurs se passèrent, et ses couches furent retardées de deux mois. Comme sa conduite n'était point soupçonnée, qu'elle avait déclaré sa grossesse aussitôt après la mort de son mari, et qu'elle avait choisi pour demeure un lieu non suspect, presque toute sa famille reconnut d'abord pour légitime l'enfant dont elle accoucha* ». L'action intentée par des parents « *de mauvaise humeur* » (sic), fut rejetée. V. aussi *supra*, n° 984 d'autres exemples aussi burlesques.

92. *Traité de droit musulman comparé*, *op. cit.*, t. 3, n° 1144.

93. *Infra*, n° 1145.

94. Planiol et Ripert, par Rouast, *op. cit.*, n° 772.

95. *Supra*, n° 943 s.

filiation hors mariage était, juridiquement et socialement, de mieux en mieux acceptée. L'ordonnance de 2005 n'a pas rompu cet équilibre.

1140. Présomption et vraisemblance. – Pour que joue la présomption de paternité, il faut avant tout un mariage (A). Plus précisément, l'enfant devrait avoir été conçu pendant le mariage ; mais, traditionnellement, le droit français abrite sous le manteau de la présomption les enfants conçus avant le mariage et nés pendant le mariage : la vraisemblance de la paternité justifie cette extension (B). En revanche, la présomption n'a plus lieu d'être lorsqu'elle perd toute vraisemblance, *i.e.* lorsque les époux sont légalement séparés ; enfin, depuis, 1972, le législateur a permis à la mère d'écarter la présomption, quand bien même l'enfant aurait été conçu dans le mariage (C).

A. Conditions relatives au mariage

1141. Nécessité d'un mariage. – Par faveur pour la légitimité et pour l'enfant, il fut admis que la présomption découlait non seulement d'un mariage valable, mais aussi d'un mariage nul : la théorie du mariage putatif permettait de conférer la légitimité aux enfants nés du mariage nul dès lors du moins qu'un des parents était de bonne foi. La loi de 1972 alla plus loin : selon l'article 202, le mariage « *produit aussi ses effets à l'égard des enfants, quand bien même aucun des époux n'aurait été de bonne foi*[96] ». La disparition de la légitimité entraîne-t-elle dans une telle hypothèse celle de la présomption de paternité ? Désormais, la question n'est plus de savoir si l'enfant aura ou non la qualité d'enfant légitime, mais de savoir si l'enfant sera ou non rattaché de plein droit à sa mère par le jeu de la règle *Mater semper certa*, et à un père par celui de la règle *Pater is est*. L'article 202 n'ayant pas été supprimé ni même retouché en 2005, il faut en conclure que la présomption, effet du mariage, demeure. La solution paraît d'autant plus opportune que les circonstances rendent vraisemblables la paternité du mari.

B. Enfants couverts par la présomption

1142. Naissance dans le mariage. – Dans sa nouvelle rédaction (Ord. de 2005), l'article 312 dispose : « *L'enfant conçu ou né pendant le mariage a pour père le mari* ». Le texte opère la fusion de deux hypothèses que la loi distinguait auparavant avec d'autant plus de soin que si l'enfant *conçu* en mariage (art. 312 anc.) disposait d'une légitimité solide, celle de l'enfant seulement *né* en mariage (art. 314 anc.) était relativement fragile.

1) Enfant conçu pendant le mariage

1143. Conception dans le mariage. – La présomption de paternité doit se combiner avec les présomptions de l'article 311 relatives à la durée légale de la grossesse[97]. En conséquence, est rattaché de plein droit au mari de la mère, l'enfant né plus de 180 jours après la célébration du mariage (durée minimum de la

96. *Supra*, n° 278. Sur l'ensemble de la question, Jacques Foyer, « Réflexions sur l'article 202 du Code civil », *Mélanges Terré*, *op. cit.*, p. 469.
97. *Supra*, n° 983.

grossesse) et moins de 300 avant la dissolution du mariage (durée maximum de la grossesse)[98].

Comme on l'a souligné, le Code Napoléon (art. 315 anc.) affirmait que la légitimité de l'enfant né plus de 300 jours après la dissolution du mariage « *pourra être contestée* », ce qui signifiait qu'un tel enfant était légitime tant qu'une action n'était pas exercée. La faveur à la légitimité et l'indifférence à la réalité biologique étaient portées à un degré extrême et aboutissaient à des résultats absurdes, que la loi de 1972 fit disparaître. Le nouvel article 315 (anc.) disposait que « *La présomption de paternité n'est pas applicable à l'enfant né plus de 300 jours après la dissolution du mariage ni, en cas d'absence déclarée du mari, à celui né plus de trois cents jours après la disparition* ». L'ordonnance de 2005 a abrogé un texte qui, sur le premier point, n'énonçait plus que des évidences.

Par dissolution, il faut entendre dissolution par décès ou par divorce (dans ce cas la présomption prend fin en réalité bien avant le prononcé du divorce, cf. art. 313, al. 1, *infra*). *Sur la nullité*, cf. *supra*.

1144. Disparition et absence. – Sous l'empire du Code Napoléon, la jurisprudence avait affirmé que cet enfant était naturel, la présomption de paternité ne s'appliquant « *qu'autant qu'il est constant que le mariage existait au moment de la conception*[99] ». La présomption de paternité était rétroactivement rétablie en cas de retour du mari ; à lui, alors, d'user de l'action en désaveu[100]. La loi de 1972 prévoyait, à l'article 315 (anc.), la fin de la présomption trois cents jours après la disparition. La règle était importante avant 1977 car à l'époque l'absence déclarée n'entraînait pas dissolution du mariage. L'ordonnance de 2005 a supprimé toute référence à la disparition et à l'absence. En cas de disparition, la présomption prend fin 300 jours après la date du décès telle que fixée par le jugement déclaratif de décès (art. 90, al. 3). La question est plus complexe en cas d'absence ; en toute logique, il faut admettre que la présomption de paternité devrait prendre fin 300 jours après le jugement de présomption d'absence et, à défaut d'une telle décision, 300 jours après le jugement déclaratif d'absence : c'est en effet à l'une ou l'autre de ces dates que l'absence du mari est judiciairement constatée et que, par conséquent, la présomption perd toute justification. En toute hypothèse, la mère qui voudrait écarter la présomption peut user des dispositions de l'article 313-1 anc.[101].

2) Enfant né pendant le mariage

1145. L'enfant express. – Lorsque l'enfant naît dans les 180 premiers jours du mariage, sa conception est certainement antérieure au mariage. Pourtant, il est traditionnellement rattaché au mari de la mère. L'assimilation n'en suscitait pas moins des controverses et la légitimité de l'enfant restait fragile. L'ordonnance de 2005 l'a pleinement assimilé à l'enfant conçu dans le mariage.

1146. Principe et controverses. – Le Code Napoléon étendait la présomption de paternité à l'enfant né dans le mariage mais conçu avant, puisque l'article 314 anc. prévoyait la nécessité d'un désaveu pour faire tomber ladite présomption. Ce qui n'avait rien de surprenant : il est probable que l'enfant est bien né des œuvres de celui qui n'était encore que le futur mari[102] ; l'enfant des fiançailles est assimilé à l'enfant du mariage. Que si l'enfant n'est pas du mari, il arrive souvent que le mariage soit célébré en toute connaissance de cause : l'histoire, la littérature et le cinéma sont pleins de ces mariages d'amour, de pardon ou de sauvetage[103].

98. Sur les conséquences par trop incertaines d'une procréation artificielle *post mortem*, *supra*, n° 1045.

99. Cass. civ., 19 décembre 1906, *DP* 1907, I, 289, n. J.-R. Binet.

100. Cf. Planiol et Ripert, par Rouast, *op. cit.*, n° 736 et réf. cit.

101. Cf. sur cette question, J. Massip, « Le nouveau droit de la filiation », article préc., n° 19.

102. La sagesse populaire est riche d'expressions pour évoquer cette réalité de tous les temps : « *Les promis ont fêté Pâques avant les Rameaux* ».

103. Pagnol en fit le thème de sa Trilogie.

S'agissait-il d'une légitimité ou d'une légitimation ? La question fit l'objet d'une controverse célèbre. Au XIXe siècle, on estimait que cet enfant, puisque conçu hors mariage, était naturel pendant toute la grossesse située hors mariage, mais que le mariage de ses parents l'avait légitimé, ce qui avait pour conséquence majeure que la légitimation ne prenait effet qu'au jour du mariage, car à la différence de la légitimité, elle n'était pas rétroactive jusqu'au jour de la conception. Cette analyse a été abandonnée en 1930 dans l'arrêt rendu dans l'affaire *Degas*[104], qui fut confirmé par des arrêts postérieurs[105] et dont les principes furent consacrés par la loi de 1972[106] : l'enfant né après la célébration du mariage est légitime quelle que soit la date de sa conception, bien que celle-ci soit antérieure au mariage de ses parents.

La loi de 1972 consacra cette jurisprudence : « *L'enfant né avant le cent quatre-vingtième jour du mariage est légitime et réputé l'avoir été dès sa conception* ». Cette légitimité était fragile. Pour renverser la présomption de paternité, le mari devait certes agir en désaveu dans les délais restreints prévus à l'article 316 anc. (six mois à compter de la naissance ou, s'il n'était pas sur les lieux, dans les six mois de son retour, ou encore dans les six mois qui suivent la découverte de la fraude si la naissance de l'enfant lui avait été cachée)[107] ; mais la preuve qui lui incombait était légère. Il n'avait pas à prouver sa non-paternité ; il lui suffisait de la nier en produisant deux dates, celle du mariage et celle de la naissance : un désaveu par simple dénégation. Le juge ne disposait d'aucun pouvoir d'appréciation. Pour se défendre, l'enfant, ou du moins son représentant, pouvait cependant démontrer que le mari avait connu la grossesse avant le mariage ou qu'il s'était, après la naissance, comporté comme le père (art. 314, al. 3 anc.). Mais alors qu'avant 1972 cet « aveu de paternité » constituait une fin de non-recevoir qui paralysait complètement le désaveu, il ne constituait plus en 1972 qu'un obstacle au désaveu : le mari pouvait librement faire la preuve de sa non-paternité par la voie du désaveu ordinaire de l'ancien article 312[108].

Volonté de simplification ou souci de réalisme (aujourd'hui, la cohabitation précède très souvent le mariage), l'ordonnance de 2005 a totalement assimilé naissance et conception en mariage.

1147. Assimilation. – Selon le nouvel article 312, « *L'enfant conçu ou né pendant le mariage a pour père le mari* ». La présomption de paternité joue donc dans l'un et l'autre cas, et avec la même force, l'action en désaveu ayant elle-même disparu au profit d'une action générale en contestation de la filiation (art. 332, *infra*), à la fois plus large et plus restreinte[109].

Reste une dernière hypothèse, celle de l'enfant dont seule la gestation a eu lieu pendant le mariage. Dans l'affaire *Dewalle*[110], l'enfant avait été conçu avant le mariage et était né après dissolution par le décès du mari : la Cour de cassation

104. Cass. civ., 8 janvier 1930, *Degas, GA civ.*, n° 37 : en 1878, René Degas, encore dans les liens du mariage, épousa aux États-Unis America Durive, également mariée. Un double divorce motivé par l'adultère fut prononcé à l'égard de leurs conjoints respectifs, et les époux, se présentant comme veufs (!), se (re)marièrent quelques jours plus tard. Un enfant naquit moins de six mois après. Le mariage fut déclaré nul par les juridictions françaises car à l'époque le divorce était prohibé : or le mari, citoyen français, restait soumis à sa loi nationale. Mais les juges français accordèrent aux époux le bénéfice de la putativité. La Cour affirma que tout enfant né au cours du mariage avait la qualité d'enfant légitime, quelle que fût la date de sa conception : « *s'agissant d'un enfant conçu avant le mariage, ladite qualité doit lui être reconnue, moins à raison de l'intention présumée chez ses parents de lui conférer par mariage le bénéfice d'une légitimation qu'en vue de sauvegarder par une fiction légale la dignité du mariage et l'unité de la famille* ». L'enfant bénéficia donc de la même légitimité que les autres enfants nés du mariage..., bien que conçu d'un double adultère.

105. Arrêts *Héranval*, Cass. civ., 4 janvier 1935, *S.* 1936, 1, 17 ; *DP* 1935.I, 5 et Cass. ch. réun., 8 mars 1939, *S.* 1941, 1, 25, n. Batiffol ; *DC* 1941, 37, n. Julliot de la Morandière.

106. Art. 314, al. 1 ancien.

107. Cf. *infra*, n° 1300.

108. Cf. *infra*, n° 1301.

109. Cf. *infra*, n° 1309 et s.

110. Cass. civ., 2 juillet 1936, *DP* 1936, I, 118, n. Gaudin de Lagrange : il s'agissait d'un problème d'accident du travail, le mariage ayant été célébré *in extremis*.

admit que l'enfant était légitime. La solution reste applicable, *mutatis mutandis :* l'enfant est rattaché au mari de la mère par la présomption de paternité.

Mais le principal enjeu, celui de la légitimité, a disparu.

Dans toutes ces hypothèses, la légitimité hier, la paternité du mari aujourd'hui apparaissent bien comme des *effets* du mariage.

C. Exclusion de la présomption

1148. Limites du vraisemblable. – Dans un système soucieux de vérité, la règle *Pater is est* n'a de sens que si la paternité du mari est au moins vraisemblable. Aussi la présomption disparaît-elle de plein droit dans deux hypothèses : lorsque l'acte de naissance de l'enfant ne désigne pas le mari en qualité de père ; lorsque les époux étaient légalement séparés à l'époque de la conception (art. 313). La loi du 16 janvier 2009 ratifiant l'ordonnance du 5 juillet 2005 a opéré la fusion des deux hypothèses, jusque-là séparées dans deux textes distincts et les a soumises au même régime. Écartée *ab initio*, la présomption est cependant rétablie lorsqu'elle redevient vraisemblable, *i.e.* lorsque l'enfant jouit d'une possession d'état à l'égard du mari de la mère (art. 314) ou lorsque la paternité du mari est prouvée en justice (art. 315 et 329). Le mari privé de sa paternité peut également reconnaître l'enfant (art. 315 *in fine*).

1) Cas d'exclusion de la présomption de paternité

a) Enfant déclaré sans indication du nom du mari en qualité de père

1149. L'enfant de la séparation. – Selon l'article 313, « *la présomption de paternité est écartée lorsque l'acte de naissance de l'enfant ne désigne pas le mari en qualité de père* ». Ce silence rend improbable la paternité du mari.

La création de l'article 313-1 en 1972 (devenu art. 313 en 2009), constitua une de ces révolutions tranquilles qu'affectionnait l'inspirateur de la loi. L'épouse pouvait ainsi écarter le jeu de la présomption de paternité ; le mari n'avait donc plus la totale maîtrise de la légitimité. En pratique la situation de bien des femmes séparées fut considérablement simplifiée.

1150. Absence d'indication du nom du mari en qualité de père. – L'enfant peut être déclaré sous le seul nom de sa mère : nom « de jeune fille » ou nom de femme mariée. Il peut aussi être déclaré comme né d'un autre homme : pour que s'applique l'article 313-1, l'essentiel est que le mari n'apparaisse pas « *en qualité de père* ». La jurisprudence s'était clairement prononcée sur cette question à une époque où l'article 313-1 anc. visait, sans autre précision, le nom du mari[111] : l'ordonnance de 2005 a transcrit cette jurisprudence dans les textes.

L'hypothèse type est celle d'une femme séparée de fait de son mari et qui a un enfant d'un autre homme. Sous l'empire du Code Napoléon, la Cour de cassation

111. Cass. civ. 1re, 3 juin 1980, *Bull. civ.* I, n° 169 ; *D.* 1981, 119, n. J. Massip ; *Defrénois* 1981, art. 32599, n° 1, m. n. : « *L'indication du nom du mari* » *au sens de l'article 313-1 est l'indication du nom de celui-ci dans l'acte de naissance en qualité de père* ». Comme souvent dans ces histoires, l'espèce était extraordinaire. En 1923, Jacques naquit d'une femme mariée et fut déclaré à l'état civil sous le nom de sa mère, qualifiée de célibataire ; puis la mère et son mari décédèrent ; en 1975, Jacques obtint du président du TGI une rectification de son état civil, supprimant la qualité de célibataire de la mère figurant dans l'acte de naissance et ajoutant le nom du mari. Puis, à la demande d'une sœur du mari, qui s'en prétendait seule héritière, les juges décidèrent que la présomption de paternité ne s'appliquait pas et que Jacques n'était pas l'enfant du mari puisque l'acte de naissance n'avait pas mentionné le nom de celui-ci et que l'enfant n'avait pas de possession d'état à l'égard de la mère.

avait décidé, après plusieurs revirements, que cet enfant était légitime, sauf désaveu du mari[112] ; or il arrivait que le mari ne désavouât pas, soit qu'il ignorât son infortune, soit qu'il fût attaché à la mère ou à l'enfant, soit – c'était la source majeure des difficultés – afin d'empêcher le nouveau mari de la mère (le « vrai » père), de légitimer l'enfant, après le divorce. La légitimité était « fictive » et parfois haineuse. La loi de 1972 a mis fin à de telles situations : désormais, la présomption de paternité disparaît de plein droit sans qu'aucun désaveu, aucune action judiciaire ne soit nécessaire.

La mère étant libre d'indiquer ou non le nom du mari lors de la déclaration de naissance, on saisit l'importance du texte : la paternité du mari tombe sous le pouvoir de la mère.

1151. Incidence de la possession d'état à l'égard du mari de la mère. – Quid si l'enfant, bien que déclaré à l'état civil sans indication du nom du mari en qualité de père a la possession d'état d'enfant de celui-ci ? Soucieux d'équilibre et de stabilité, le législateur de 1972 avait estimé que l'existence d'une possession d'état rendait vraisemblable la paternité du mari : la présomption de paternité n'était écartée qu'à la double condition que l'enfant fût déclaré à l'état civil sans indication du nom du mari dans l'acte de naissance et qu'il n'eût pas de possession d'état à son égard (art. 313-1, loi du 3 janvier 1972, art. 314, ord. 5 juillet 2005). L'ordonnance du 16 janvier 2009 a restreint cette seconde exigence. L'existence d'une possession d'état à l'égard du mari entraîne seulement le rétablissement de plein droit de la présomption, dès lors que l'enfant n'a pas de filiation paternelle déjà établie à l'égard d'un tiers (art. 314, *infra*). Symboliquement, la présomption est encore affaiblie, et son déclenchement est entre les mains de la mère.

b) Séparation légale des époux

1152. Exclusion. – Quoique conçu pendant le mariage, un enfant n'est pas automatiquement rattaché au mari de la mère par le jeu de la présomption de paternité lorsqu'il a été conçu à une époque où l'obligation de cohabitation était suspendue, *i.e.* pendant l'instance en divorce ou en séparation de corps. Dans ce cas en effet, la présomption n'a plus de sens ou tout au moins la paternité du mari n'a plus rien de vraisemblable[113].

L'article 313, alinéa 1, corrigé en 2005, distingue, conformément à la nouvelle procédure de divorce, le divorce par consentement mutuel et les différents divorces contentieux. En cas de divorce par consentement mutuel, la présomption de paternité est écartée lorsque l'enfant est né plus de 300 jours après l'homologation de la convention réglant l'ensemble des conséquences du divorce (art. 250-1) ou, si le juge refuse d'homologuer, après l'homologation des mesures provisoires que les parties s'accordent à prendre en attendant que le juge n'homologue la nouvelle convention et ne prononce le divorce (art. 250-2, *supra*). À défaut de présentation d'une nouvelle convention dans le délai de six mois (art. 250-2, al. 2), ou si le juge refuse une nouvelle fois l'homologation, la demande en divorce est caduque (art. 250-3) ; la présomption retrouvera son empire 180 jours après

112. *Ex.* : Cass. req., 1er février 1876, *DP* 1876, I, 323 ; *S.* 1876, I, 373.

113. Sous l'empire du Code Napoléon, cet enfant était légitime, mais d'une légitimité fragile, qui tombait par l'effet soit d'un désaveu simplifié du mari, soit de la légitimation par un tiers. La loi de 1972 en fit un enfant illégitime, mais d'une illégitimité fragile, puisque la présomption pouvait retrouver sa force dans les hypothèses visées aux articles 313, al. 2 et 313-2, al. 2 : une illégitimité sous condition résolutoire.

l'expiration du délai de six mois (art. 313, *in fine*). Dans les cas de divorce contentieux, la présomption est écartée lorsque l'enfant est né plus de 300 jours après l'ordonnance de non-conciliation et moins de 180 jours après le rejet définitif de la demande ou depuis la réconciliation (art. 313, al. 1).

1153. Résidence séparée. – Les précisions apportées en 2005 permettent de régler deux questions longtemps douteuses. L'ancien article 313 faisait courir la période légale de la conception à compter de « *l'ordonnance autorisant les époux à résider séparément* ». *Quid* lorsque le juge n'a pas pris cette décision, par exemple lorsque les époux étant déjà séparés de fait lors de la demande, il leur a paru inutile de demander la permission de continuer à avoir une résidence distincte ? La doctrine estimait qu'il convenait de s'attacher au fait de la séparation lorsqu'il était certain[114]. *Quid* lorsque l'ordonnance est caduque parce que dans les six mois qui ont suivi les époux n'ont pas agi en divorce (art. 313, al. 2 anc.) ? Une décision avait dit qu'il ne fallait pas tenir compte de la caducité si la période légale de conception avait commencé avant que l'ordonnance ne fût frappée de caducité[115]. La première question n'a plus lieu d'être dès lors qu'est visée par l'article 313 non plus l'ordonnance autorisant les époux à résider séparément, mais de façon générale l'ordonnance de non-conciliation. Quant à la seconde, elle devrait être tranchée selon le même raisonnement qu'auparavant, étant précisé que l'ordonnance en question est l'ordonnance de non-conciliation et que le délai de caducité de celle-ci est passé de 6 mois à 300 jours.

Se posent deux nouvelles difficultés. Tout d'abord, les époux peuvent avoir été admis à résider séparément au titre des mesures d'urgence (art. 257, al. 2, art. 515-9 et s.), ou des mesures de sauvegarde de l'article 220-1[116]. En visant la seule ordonnance de non conciliation, le nouvel article 313 assure le maintien de la présomption en une période où elle n'a plus lieu d'être. Surtout, qu'en est-il si, rejetant définitivement la demande en divorce, le juge organise la séparation légale des époux sur le fondement de l'article 258 ? Sous l'empire de l'ancien article 313, il pouvait être répondu que la décision prise au titre de l'article 258 était assimilée à une « autorisation de résidence séparée » au sens de l'article 313 ancien[117]. Une telle interprétation n'est plus de mise aujourd'hui. L'exclusion de la présomption semble cependant s'imposer en tant que de raison.

2) Rétablissement de la présomption de paternité

Raisonnable, l'exclusion de la présomption de paternité est cependant précaire : la présomption retrouve son empire : de plein droit si l'existence d'une possession d'état fait du mari un père probable (art. 314), au terme d'une action en justice si l'on prouve que le mari est le père (art. 315).

a) Restauration de plein droit

1154. Regain. – Selon l'article 314 loi du 16 janvier 2009, « *Si elle a été écartée en application de l'article 313, la présomption de paternité se trouve rétablie de plein droit si l'enfant a la possession d'état à l'égard du mari et s'il n'a pas de filiation paternelle déjà établie à l'égard d'un tiers* ». De fait, si le mari s'est comporté ultérieurement comme le père de l'enfant, sa paternité redevient vraisemblable. La présomption a toutes les raisons de jouer, sans qu'il soit besoin d'agir en justice.

1155. Existence d'une possession d'état à l'égard du mari. – Les situations sont parfois ambiguës, surtout lorsque la vie commune n'a pas vraiment cessé. La possession d'état n'existe certainement pas lorsque les époux étaient séparés de fait.

114. Marty et Raynaud, *op. cit.*, n° 139.
115. TGI Paris, 11 février 1980, *D.* 1980, IR 442, 1re esp., obs. D. Huet-Weiller.
116. Cf. *supra*, n° 633.
117. La question était discutée, J. Hauser et D. Huet-Weiller, *op. cit.*, n° 557 et réf. cit.

La possession d'état n'existe certainement pas lorsque les époux étaient séparés de fait avant la conception, puis pendant la période légale de conception et ont continué à l'être après la naissance. Son absence est également indiscutable si, après la conception de l'enfant, le mari ne manifeste aucun intérêt envers l'enfant. Mais il arrive que la mère ne quitte le domicile conjugal qu'après la naissance ; la possession d'état du mari dépend alors des circonstances : il est des cas où elle existe[118], d'autres où elle n'existe pas ou est insuffisamment caractérisée ou viciée[119].

Il se pourrait également que deux possessions d'état concurrentes (celle du mari, celle de l'amant) se soient constituées[120] : les deux hommes se sont occupés de l'enfant (et de la mère). Dans ce cas, le comportement des deux prétendus pères se doublera en général d'une reconnaissance.

1156. Absence de filiation paternelle déjà établie à l'égard d'un tiers. – Il arrive souvent que l'enfant ait été reconnu par l'amant de la mère, parfois même avant la naissance, et qu'une possession d'état se soit malgré tout constituée à l'égard du mari (la femme n'a pas osé lui avouer son infidélité, mais prend soin de l'exclure de l'acte de naissance).

1° Avant 2009, la mise à l'écart de la présomption supposant la réunion d'une double condition, il convenait de distinguer trois hypothèses. Ou bien, malgré son absence de titre paternel (son acte de naissance ne mentionne pas le nom du mari), l'enfant a, dès sa naissance, la possession d'état d'enfant du mari ; sa filiation est établie tant à l'égard de sa mère que du mari de celle-ci : la reconnaissance est privée d'effet puisque l'enfant a déjà une filiation légalement établie (art. 334-9 anc., appliqué « à l'endroit », art. 320 actuel). Ou bien, la reconnaissance de l'amant de la mère est confortée par une possession d'état tout aussi ancienne et consistante que celle du mari, ce qui n'a rien d'invraisemblable lorsque les deux hommes se comportent l'un et l'autre comme le père de l'enfant[121]. La jurisprudence antérieure à 2005 aurait eu tendance à trancher en faveur de la possession d'état la plus effective[122], ce qui conduisait à de délicates pesées. Après 2005 le conflit de filiation aurait plutôt été tranché par la recherche du

118. 1er ex. : Douai, 12 janvier 1977, *D.* 1979, IR 242, obs. D. Huet-Weiller ; en l'espèce, avant la naissance, le mari avait « reconnu » l'enfant ; après la naissance, il avait sollicité un droit de visite et versé une pension alimentaire pour son entretien. 2e ex. : TGI Paris, 14 juin 1982, *D.* 1983, IR 327, 2e esp., obs. D. Huet-Weiller : en l'espèce, le prénom de l'enfant avait été choisi en commun par le mari et son épouse ; en outre, le mari avait participé à l'entretien de l'enfant et exercé un droit de visite. 3e ex. : TGI Strasbourg, 15 septembre 1983, *D.* 1984, IR 317, obs. D. Huet-Weiller : en l'espèce, le mari avait cohabité avec sa femme pendant toute la période légale de la conception : dès l'échec de la tentative de conciliation, il avait demandé à exercer un droit de visite sur l'enfant à naître de son épouse. On voit l'importance du droit de visite ; il est parfois équivoque puisqu'il peut être accordé à d'autres qu'à un père ou une mère : il n'est significatif que s'il est exercé « en qualité de père ».

119. Paris, 15 mars 1977, cité *infra* (2e ex.) : « *Dès lors que le jeune Laurent qui est né 300 jours exactement après l'ordonnance de non-conciliation rendue dans la procédure de divorce a été déclaré sur les registres de l'état-civil sans l'indication du nom de la mère, il appartient aux époux A., s'ils veulent faire proclamer la légitimité de l'enfant, d'établir soit que celui-ci a la possession d'état d'enfant légitime à leur égard, soit que la reconnaissance souscrite par Jean G. est inexacte et qu'il y a eu réunion de fait entre les époux rendant vraisemblable la paternité du mari* ». En l'espèce, la cour a jugé que la possession d'état ne pouvait produire d'effet à cause de ses vices.

120. Cf. *supra*, n° 1005.

121. Dans ces espèces, la situation de la femme pendant la grossesse est souvent décisive, car les juges s'attachent à la possession d'état prénatale ; celui qui « possède » la mère possède généralement l'enfant *in utero*.

122. *Ex.* : Pau, 17 mars 1975, *D.* 1975, 597, 1re esp., obs. D. Huet-Weiller : le mari et l'auteur de la reconnaissance s'étaient tous deux, de la même manière, pendant cinq ans, intéressés à l'enfant. La cour ordonne une enquête afin de savoir quel est celui des deux qui avait la possession d'état de père effective.

père biologique[123]. Ou bien, l'enfant n'a pas de titre de naissance à l'égard du mari (son acte de naissance ne mentionne pas le nom du mari), il est reconnu par un tiers et acquiert ultérieurement la possession d'état à l'égard du mari : il y a conflit de filiations qui sera tranché comme dans l'hypothèse précédente[124]. Reste l'hypothèse du troisième homme.

2° Depuis 2009, la donne a changé, au détriment du mari. La présomption est écartée du seul fait de l'absence d'indication du nom du mari dans l'acte de naissance et ne prend son empire qu'en l'absence de filiation paternelle déjà établie à l'égard d'un tiers : c'est dire que la reconnaissance de l'amant est valable. Il en irait de même si la filiation à l'égard de l'amant avait été établie par la possession d'état. La présomption n'est pas rétablie de plein droit. Le mari devra agir en justice.

b) Rétablissement judiciaire de la présomption

1157. Action en rétablissement. – Selon l'article 315, « *Lorsque la présomption de paternité est écartée dans les conditions prévues à l'article 313, ses effets peuvent être rétablis en justice dans les conditions prévues à l'article 329* », *i. e.* « *chacun des époux peut demander, durant la minorité de l'enfant, que ses effets soient rétablis en prouvant que le mari est le père* ». L'action est ouverte à l'enfant pendant les dix ans qui suivent sa majorité.

L'ordonnance de 2005 a simplifié la règle. L'ancien article 313-2, alinéa 2 exigeait de l'époux demandeur qu'il justifiât que « *dans la période légale de la conception, une réunion de fait a eu lieu entre eux* (les époux) *qui rend vraisemblable la paternité du mari* ». On avait souligné à l'époque que cette réunion n'était pas nécessairement une réconciliation[125] ; elle ne rétablissait la présomption *Pater is est* que si s'y ajoutait une preuve rendant vraisemblable la paternité du mari, notamment la preuve biologique[126].

1158. Fin de la réunion de fait. – La règle avait soulevé plusieurs difficultés d'application : sur la preuve, sur ses effets, sur l'exercice de l'action en rétablissement de la présomption de paternité légitime, et, si elle réussissait, sur ses conséquences. 1) La première difficulté était

123. Cf. déjà en ce sens, Rouen, 25 janvier 1978, *Defrénois* 1978, art. 31860, n° 64, obs. H. Souleau : en l'espèce, une femme mariée avait quitté son mari afin de rejoindre son amant avec lequel elle vivait publiquement lors de la conception de l'enfant et pendant presque toute la grossesse. Il était notoire que l'enfant était l'œuvre de l'amant par lequel il avait été reconnu deux mois avant sa naissance ; trois mois avant la naissance, l'épouse avait rejoint son mari avec lequel elle s'était réconciliée. Bien que l'enfant eût été déclaré sous le nom du mari, les juges ont ordonné une analyse sanguine, car il y avait eu, selon eux, un conflit de filiations : la possession d'état du mari était en effet postérieure à celle de l'amant, qui était prénatale. L'amant, et la vérité biologique, l'emportèrent.

124. Pour une hypothèse plus complexe encore, Paris, 15 mars 1977, *D.* 1978, 266, n. J. Massip ; *Defrénois* 1977, art. 31535, m. n. ; *JCP* G 1979.II.19084, n. P. Salvage-Gerest. En l'espèce, une femme mariée vivait avec son mari et avait un amant ; au moment où commença la période légale de la conception, fut rendue une ordonnance de non-conciliation ; les époux continuèrent à vivre ensemble, même quelques temps après le divorce. L'enfant fut déclaré à l'état civil sous le nom de jeune fille de la mère, puis reconnu par l'amant, que la mère rejoint après son accouchement ; elle le quitta quelques mois après (il arrive souvent que l'amour né dans une aventure ne résiste pas à la vie commune) ; elle rejoint son ancien époux à l'étranger, qu'elle épousa à nouveau, et se cacha pour échapper aux revendications de l'enfant par son amant. La cour décide qu'avant la reconnaissance, il n'y avait pas eu de possession d'état d'enfant légitime, puisqu' alors les époux n'étaient plus mariés, et qu'en outre (motif surabondant) après la réconciliation, la possession d'état était viciée. La paternité biologique (naturelle), l'a donc emporté sur la paternité légitime, suspecte en raison de son défaut de titre, et dont la possession d'état était tardive et vicieuse.

125. Cass. civ. 1re, 31 janvier 1978, *Bull. civ.* I, n° 38 ; *D.* 1978, IR 182, obs. D. Huet-Weiller ; *Defrénois* 1978, art. 31860, n° 65 : « *la réunion de fait, requise par ce texte pour que soient rétablis les effets de la présomption de paternité, n'exige pas la réconciliation des époux* » ; elle peut résulter de la surprise des sens.

126. *Ex.* : Cass. civ. 1re, 16 juillet 1992, *Bull. civ.* I, n° 231 ; *D.* 1993, somm. p. 45, obs. Fr. Granet.

pratique : comment prouver la « réunion de fait », c'est à dire les relations intimes entre époux ? Par tous moyens ; ainsi la jurisprudence induisit la « réunion de fait » de l'analyse des sangs[127]. 2) La réunion de fait ne rendait pas par elle-même vraisemblable la paternité du mari[128]. 3) Qui avait qualité pour agir ? Les époux[129] et, à partir de la loi du 8 janvier 1993, l'enfant, pendant les deux années qui suivaient sa majorité. 4) Si la présomption de paternité était rétablie, la preuve contraire était libre[130] ; de même, il pouvait y avoir un conflit de filiations si l'enfant avait été reconnu par un tiers : la paternité la plus vraisemblable l'emportant, conformément à l'ancien article 311-12[131].

1159. Preuve de la paternité du mari. – Désormais, la loi exige, plus directement, que soit prouvée la paternité du mari[132]. Par là même, on peut se demander s'il s'agit vraiment de rétablir la présomption de paternité, ou, tout bonnement, d'établir en justice le lien de filiation paternel. La distinction conserve cependant son importance. En effet, les titulaires de l'action et les délais pour agir ne sont pas les mêmes : peuvent agir sur le fondement de l'article 329, les époux, pendant la minorité, et l'enfant, pendant les dix ans qui suivent sa majorité (comp. art. 321 et s.). Si une autre filiation paternelle a été établie entre-temps (l'amant de la mère, un troisième homme...), la preuve biologique permettra de trancher le conflit de filiations. Dans une telle hypothèse cependant l'action de l'article 329 remet en cause une tierce filiation : est-elle soumise aux conditions de l'article 333 ? Si, par exemple l'enfant a bénéficié d'une possession d'état ayant duré au moins cinq ans depuis ladite reconnaissance, l'action en rétablissement serait-elle fermée par application de l'article 333, alinéa 2 ? Une réponse négative devrait s'imposer : l'action, spécifique, de l'article 329 tend à rétablir la présomption de paternité ; la contestation de la filiation hors mariage n'intervient, en quelque sorte, que par ricochet : les règles qui encadrent celle-ci (art. 333) n'ont pas à jouer. Si le mari parvient à rétablir la présomption, la filiation est établie *ab initio*, par le seul effet de la loi, le conflit de filiations étant vidé par la preuve de sa paternité. À cet égard, le nouveau droit de la filiation, qui confère une place croissante à la preuve de la vérité biologique, devrait peut-être mettre fin aux raffinements byzantins de la jurisprudence antérieure. De deux choses l'une en effet. Ou bien

---

127. Cass. civ. 1re, 20 novembre 1990, *Defrénois* 1991, 292, obs. J. Massip ; *RTD civ.* 1991, 307, obs. J. Hauser.

128. Cass. civ. 1re, 16 juillet 1992, *Bull. civ.* I, n° 231 ; en l'espèce, la cour d'appel avait décidé que la réunion de fait rendait vraisemblable la paternité du mari ; cassation : « *la cohabitation des époux jusqu'au 1er juillet 1992 ne pouvait établir que leur réunion de fait pendant la période légale de conception ; en se fondant sur cette seule circonstance sans relever aucun élément de nature à rendre vraisemblable la paternité du mari, la cour d'appel a privé sa décision de base légale au regard du texte susvisé* » (art. 313-2, al. 2 ancien).

129. Cass. civ. 1re, 3 juin 1998, *Bull. civ.* I, n° 1993.

130. *Ex.* : Cass. civ. 1re, 25 juin 1991, *Bull. civ.* I, n° 208 ; *Defrénois* 1991, art. 35142, n° 91, obs. J. Massip ; *RTD civ.* 1992, 70, obs. J. Hauser : en l'espèce, les époux avaient vécu ensemble pendant la période légale de conception, annoncé la naissance de leur « enfant commun » *(sic)*, puis, avaient divorcé ; lors de la période légale de conception, la mère avait eu un amant qui avait fait une reconnaissance prénatale ; l'enfant avait été déclaré à l'état civil comme étant celui de l'amant et de son « épouse » ; afin de rétablir la présomption de paternité légitime, le mari devait démontrer que la reconnaissance de l'enfant était mensongère ; il demanda une analyse des sangs que l'amant refusa : « *de ces motifs, elle* (la cour d'appel) *a déduit tant la preuve d'une réunion de fait entre les époux pendant la période légale de conception [...] rendant vraisemblable la paternité du mari, que le peu de vraisemblance de la reconnaissance souscrite par M. X* "(l'amant)" ».

131. TGI Paris, 24 janvier 1983, *D.* 1983, IR 327, 1re esp., obs. D. Huet-Weiller ; en l'espèce, la mère séparée de son mari pendant l'instance en divorce avait demandé que fût rétablie la présomption de paternité légitime, en raison de la réunion de fait et de la possession d'état. Pour se défendre, le mari a pu, au moyen d'une expertise sanguine, démontrer qu'il n'était pas le père.

132. Comp. pour le rétablissement de plein droit de la présomption en vertu de l'art. 313, al. 2, *supra*, n° 1154.

le mari est le père biologique, et le prouve : peu importe alors la possession concurrente de l'auteur de la reconnaissance. Ou bien le mari n'est pas le père biologique : dans ce cas, la présomption n'est pas rétablie et la reconnaissance, qu'elle corresponde ou non à la vérité biologique, demeure.

Dans les différentes hypothèses où la présomption de paternité est écartée, l'enfant né en mariage reste attaché à sa mère en vertu de la règle *Mater semper certa* (art. 311-25). Auparavant, l'enfant était un enfant naturel de la mère, sa filiation étant « *établie à l'égard de la mère comme s'il y avait eu désaveu établi en justice* » (art. 313-2 anc.). La loi nouvelle a l'avantage de la simplicité.

En toute hypothèse, le mari dont la paternité serait niée par la mère peut désormais reconnaître l'enfant.

3) Reconnaissance de l'enfant par le mari de la mère

1160. Reconnaissance du mari. – Bien que la question eût été discutée[133], la lettre et l'esprit des textes de 2005 ouvraient au mari la possibilité de reconnaître l'enfant de sa femme, avant ou après la naissance. La loi de ratification du 16 janvier 2009 lève toute incertitude : selon l'article 315 *in fine*, « *Le mari a également la possibilité de reconnaître l'enfant dans les conditions prévues aux articles 316 et 320* ». Cette possibilité contrebalance le pouvoir donné à la mère de faire jouer ou non la présomption. Dans l'hypothèse où la filiation paternelle serait déjà établie à l'égard des tiers, la reconnaissance du mari crée un conflit de filiations : la reconnaissance ne produira pas effet tant que le premier lien de filiation n'aura pas été contesté en justice[134] (art. 320).

IV. — Force de la présomption de paternité

1161. Déclin. – L'histoire de la règle *Pater is est* est, de ce point de vue également, celle d'un long déclin, jusqu'à ce que l'ordonnance du 4 juillet 2005 aligne les actions tendant à la détruire sur le droit commun des actions en contestation de la filiation paternelle. Il est vrai que désormais la qualité d'enfant légitime n'est plus en jeu.

A. Affaiblissement

1162. Fin du monopole marital. – **1°** Dans la conception traditionnelle, celle du **Code Napoléon**, la possibilité d'écarter la présomption de paternité était gouvernée par trois règles : caractère judiciaire, monopole marital et sévérité des conditions de délai et de preuve. Le droit de la filiation était alors moins animé par le respect des vérités biologique ou « sociologiques », que par l'attachement à la paix des familles[135] : or la chute de la présomption supposait que fût révélé l'adultère de la mère. De plus elle faisait perdre à l'enfant sa qualité d'enfant légitime, et plus radicalement sa filiation paternelle, pour en faire un enfant adultérin de la mère. **2°** Porteuse d'égalité, au profit notamment de l'enfant adultérin, et soucieuse de vérité, **la loi de 1972** remit en cause les trois principes de 1804. S'engouffrant dans la brèche, la Cour de cassation se livra dans les années qui suivirent à une œuvre d'interprétation (constructive dirent les uns, destructrice, dirent les autres) particulièrement audacieuse. Au terme de cette évolution, quatre groupes d'actions avaient permis de renverser la présomption de paternité. L'action en désaveu du mari (art. 312 et 314 anc.), permettait au mari de détruire la présomption de paternité, quand bien

133. *Infra*, n° 1174.

134. Sur le cas particulier d'un enfant reconnu prénatalement par l'amant alors qu'il a été déclaré à l'état civil comme né du mari, *infra*, n° 1176.

135. *Supra*, n° 926 s.

même il y aurait eu un embryon de possession d'état ; encore fallait-il qu'il agisse très vite : dans les six mois, en principe, de la naissance[136]. Brisant le monopole marital, la loi de 1972 avait ouvert à la mère la voie de la contestation ; mais cette action devait rester exceptionnelle : la loi exigeait que la mère se remariât avec le véritable père et que les deux époux légitiment l'enfant ; la mère avait sept ans pour agir ; peu importait en revanche que l'enfant eût la possession d'état d'enfant légitime à l'égard du premier mari[137]. **3°** Pour ouvrir plus largement le champ de la contestation, la **jurisprudence** eut recours aux interprétations *a contrario*. Lorsque l'enfant n'avait pas de possession d'état d'enfant légitime, celui qui se prétendait être le père pouvait le reconnaître. Était ainsi ouvert un conflit de filiations que tout intéressé pouvait demander au juge de trancher. L'action était soumise au délai de droit commun, *i.e.* trente ans[138]. La Cour de cassation admit enfin que tout intéressé pouvait contester une filiation légitime lorsque l'enfant n'avait pas de titre et de possession d'état conformes[139] : soumise aux délais de droit commun, l'action pouvait être intentée pendant trente ans, le délai étant suspendu pendant la minorité de l'enfant. Ébranlée par la loi de 1972, la présomption de paternité fut donc minée par la jurisprudence. L'ordonnance de 2005 la rend encore plus fragile.

B. Alignement sur le droit commun

1163. ***Tabula rasa***. – La disparition de la qualité d'enfant légitime n'entraînait pas *nécessairement* celle des actions propres à la présomption de paternité. On aurait pu considérer en effet que compte tenu de l'importance que revêtait la filiation paternelle en mariage et de la commodité de son établissement, certains garde-fous dussent être maintenus afin de (re)faire de la filiation en mariage une filiation plus stable que les autres. C'était sans compter sur la force des principes qui animèrent le législateur : la vérité, qui rend de moins en moins supportables les filiations fictives et tend à faire considérer qu'il vaut mieux que l'enfant n'ait pas de filiation du tout plutôt que de l'enfermer dans une filiation mensongère, surtout si elle n'est pas vécue[140] ; l'égalité, qui ne permet plus d'admettre qu'une filiation puisse être juridiquement plus stable qu'une autre en fonction des seules circonstances de la naissance[141], ou que, à l'inverse, un enfant ne puisse se débarrasser d'une fausse filiation au motif que sa mère était mariée ; la simplicité : les ravages causés par la jurisprudence dans le droit issu de la loi de 1972 rendaient particulièrement forte l'aspiration à un droit simple, construit sur quelques règles communes à tous les enfants.

Les conséquences qu'en a tirées l'ordonnance de 2005 ont été radicales : les anciennes actions disparaissent avec leurs conditions et leurs délais particuliers, excessivement restreints pour les uns, excessivement larges pour les autres. La contestation de la paternité du mari est désormais régie par les règles de l'action en contestation de paternité des articles 332 et suivants.

Deux hypothèses doivent donc être distinguées.

1164. 1° La possession d'état est conforme au titre : cinq ans. – Si la possession d'état a duré au moins cinq ans depuis la naissance, nul ne peut contester la filiation (art. 333). Dans l'hypothèse contraire, l'action est ouverte, mais seulement à l'enfant, à l'un de ses père et mère (donc, en l'état, au mari) ou à celui qui se prétend le véritable père (art. 333, al. 1). L'action se prescrit par cinq ans à compter du jour où la possession d'état a cessé (art. 333, al. 1, *in fine*). Pour

136. *Infra*, n° 1298.

137. *Infra*, n° 1302.

138. *Infra*, n° 1304 s.

139. *Infra*, n° 1307 s.

140. CEDH, 27 octobre 1994, *Kroon c/Pays-Bas, supra* : « *Aux yeux de la Cour, le respect de la vie familiale exige que la réalité biologique et sociale prévale sur une présomption légale heurtant de front tant les faits établis que les vœux des personnes concernées, sans réellement profiter à personne* » (§ 40).

141. Sur la jurisprudence de la CEDH, *supra*, n° 912.

triompher dans son action, le demandeur doit rapporter la preuve que le mari n'est pas le père (art. 332, al. 2)[142].

1165. 2° La possession d'état n'est pas conforme au titre : dix ans. – L'action en contestation peut être engagée par toute personne qui y a intérêt (art. 334), dans les dix ans à compter du jour où la personne a été privée de l'état qu'elle réclame, ou a commencé à jouir de l'état qui lui est contesté ; à l'égard de l'enfant, ce délai est suspendu pendant sa minorité (art. 321)[143].

1166. Fragilisation. – De façon générale, la présomption de paternité devient de plus en plus fragile. Certes, les effets de l'ancien article 322 *a contrario* sont cantonnés, puisqu'en cas de non-conformité entre le titre et la possession d'état, le délai pour agir n'est plus que de dix ans. Mais l'alignement sur le droit commun ouvre de nouvelles possibilités de contester la filiation. Ainsi, les délais du désaveu sont-ils considérablement élargis. Surtout, lorsque la possession d'état est conforme au titre, le père, la mère ou celui qui se prétend le père peut désormais agir alors que jusque-là toute action était fermée par l'article 322 anc. lu « à l'endroit »[144]. En ce sens, on serait tenté de dire que l'enfant n'est guère mieux protégé par le mariage : celui-ci lui offre un berceau, mais fragile.

1167. Quel avenir pour la présomption de paternité ? *Requiem in pace* ou *dies tremenda* ? – La présomption de paternité a survécu à la disparition de la distinction entre filiations légitimes et naturelles. Le législateur de 2005 était en effet conscient que s'attaquer à la présomption serait porter atteinte au mariage[145]. Elle est cependant affaiblie. Amputée de son prolongement, et de sa raison d'être, la légitimité, ne serait-elle plus qu'une règle technique ? Une telle affirmation serait excessive. Reconstruite comme un effet du mariage, la présomption *pater is est*, permet de conserver à cette union la valeur qui lui est propre. Mais là aussi les nuages s'amoncellent : l'ouverture du mariage pour tous annonce-t-elle la fin de la présomption ? À moins qu'elle n'ouvre la voie de sa généralisation. Mais ce serait se payer de mots : la règle n'aurait ni le même sens, ni le même fondement[146].

1168. *Pater is est quem cohabitatio demonstrat* ? – Selon certains, le respect de l'égalité des enfants, le respect de l'égalité des couples auraient dû conduire à étendre la présomption de paternité à tous les couples stables, du moins à tous les couples stables de sexe différent : l'enfant né de parents pacsés ou de parents vivant en concubinage stable aurait automatiquement été rattaché au partenaire de sa mère. Pour les concubinages se poserait assurément une difficulté technique : comment caractériser la stabilité du concubinage, et combiner le constat de cette stabilité avec le caractère automatique de la règle ? En revanche rien ne semblerait s'opposer, sur le plan technique du moins, à l'application de la règle pour les partenaires pacsés (à rapprocher de l'article 525 du Code civil du Québec : « l'enfant né pendant le mariage ou l'union civile de personnes de sexe différent ou dans les trois cents jours après sa dissolution ou son annulation est présumé avoir pour père le conjoint de sa mère »). Mais quel serait le sens d'une telle extension ? La présomption serait fondée sur le seul fait d'une vie commune rendant vraisemblable la paternité. Il y aurait appauvrissement de la présomption, réduite à la seule dimension de la cohabitation. Il y aurait transformation du Pacs qui de statut du couple deviendrait un véritable statut familial – une famille sans fidélité. Il y aurait, surtout, altération du mariage : mode de conjugalité parmi d'autres, le mariage laisserait présumer comme les autres, au même titre que les autres, une paternité fondée sur la cohabitation et le *plerumque fit*.

142. *Infra*, n° 1312 s.

143. *Infra*, n° 1325 s.

144. *Infra*, n° 1325.

145. Le Rapport au Président de la République sur le projet d'ordonnance, préc. affirme (p. 5) : « *La présomption de paternité du mari, qui repose sur l'obligation de fidélité entre époux, traduit l'engagement pris par lui lors de la célébration du mariage d'élever les enfants du couple. Elle constitue, selon l'expression du doyen Carbonnier, le "cœur du mariage", et ne saurait être remise en cause sans faire perdre à cette institution son sens et sa valeur.* »

146. Cf. sur le sujet V. Bonnet, « Réflexions sur la présomption de paternité au XXIe siècle dans ses rapports avec le mariage », art. préc.

1169. ***Pater materque semper certi sunt ?*** – La meilleure façon de faire triompher à la fois l'égalité entre enfants et l'égalité entre père et mère ne serait-elle pas de faire disparaître, tout simplement, la présomption de paternité au profit d'un système dans lequel l'indication du nom du père dans l'acte de naissance suffirait, comme pour la filiation maternelle, à établir la filiation paternelle ? Une présomption de vérité serait reconnue aux indications contenues dans l'acte. Certes, la paternité ne présente pas le même degré de certitude que la maternité : celle-ci repose sur le fait, aisément constatable, de l'accouchement ; et l'on pourrait voir renaître les craintes que suscitait dans l'Ancien droit la règle *creditur virgini praegnanti* : la mère ne serait-t-elle pas tentée d'attribuer son enfant à un homme respectable et fortuné qui, pour se défendre, devrait subir la honte d'un procès ? Mais on a fait remarquer que « *ces arguments perdent aujourd'hui un peu de leur force en raison de la facilité et de la fiabilité des tests génétiques, qui permettent d'écarter aisément les fausses paternités et de proclamer les paternités véritables*[147] ». L'égalité est assurée, mais le jeu ne risque-t-il pas d'être dangereux pour le prétendu père qui, d'ailleurs, peut ignorer que tel ou tel enfant lui a été attribué ? Il supposerait en tout cas un encadrement de l'état civil que la France ne connaît pas.

1170. ***Patres ei sunt quos pacsae demonstrant, Matres eae sunt quas pacsae demonstrant ?*** – Enfin, quelques parangons de l'égalité se prononceront pour l'extension de la présomption de paternité aux couples homosexuels. Le Canada connaît la chose qui a institué une *présomption de parentalité* au bénéfice du conjoint ou du partenaire hétérosexuel ou homosexuel de la mère lorsque l'enfant a été conçu par procréation médicalement assistée dans le cadre d'un projet parental commun : des co-mères[148]. La Belgique a fait de même : selon l'article 325-2 du Code civil (réd. loi du 5 mai 2014), « *l'enfant né pendant le mariage ou dans les trois cents jours qui suivent la dissolution ou l'annulation du mariage, a pour coparente l'épouse* » ; les dispositions relatives à la présomption de paternité sont applicables « par analogie ». Et l'on pourrait songer à élargir ce genre de règle au mari ou au partenaire du père. Mais qui ne voit l'absurdité d'un système où des présomptions de comaternité ou de copaternité joueraient hors de toute vraisemblance[149] ? La confusion entre parenté et parentalité est à son comble. S'il s'agit de créer des liens de filiation, l'adoption offre ses règles ancestrales. S'il s'agit d'assurer la prise en charge de l'enfant, d'autres moyens (la délégation-partage, la prise en charge *in loco parentis*) existent ou sont à inventer. S'il s'agit d'inventer une nouvelle forme de filiation fondée sur l'engagement des parents dans le cadre d'un projet parental, il faut imaginer les règles juridiques adéquates[150]. En singeant les règles traditionnelles, on les trahit.

SECTION II
RECONNAISSANCE

1171. En mariage et hors mariage. – Selon l'article 316, « *Lorsque la filiation n'est pas établie dans les conditions prévues à la section I du présent chapitre, elle peut l'être par une reconnaissance de paternité ou de maternité, faite avant ou après la naissance.*

La reconnaissance n'établit la filiation qu'à l'égard de son auteur.

Elle est faite dans l'acte de naissance, par acte reçu par l'officier de l'état civil ou par tout autre acte authentique.

147. J. MASSIP, « Le nouveau droit de la filiation », article préc., n° 23. L'auteur souligne qu'un tel système existe dans certains pays d'Europe, notamment les pays scandinaves.

148. Art. 538-3 C. civ. Québec : « *L'enfant, issu par procréation assistée d'un projet parental entre époux ou conjoints unis civilement, qui est né pendant leur union ou dans les trois cents jours après sa dissolution ou son annulation est présumé avoir pour autre parent le conjoint de la femme qui lui a donné naissance* ».

149. Cf. C. Neirinck, « De la comaternité », *Dr. fam.* 2015, repère n° 3.

150. Cf. *infra*.

L'acte comporte les énonciations prévues à l'article 62 et la mention que l'auteur de la reconnaissance a été informé du caractère divisible du lien de filiation ainsi établi. »

À première vue, le texte ne comporte pas de profondes différences avec l'ancien article 335. En réalité la rupture est radicale : réservée jusque-là à l'établissement de la filiation naturelle, la reconnaissance est devenue un mode d'établissement de la filiation en mariage comme de la filiation hors mariage. La généralité du domaine désormais accordée à la reconnaissance (§ 1), rejaillit sur sa nature et son régime (§ 2) ainsi que sur les conditions de sa contestation et de son annulation (§ 3).

§ 1. Généralités sur la reconnaissance

Pour apprécier l'importance des bouleversements apportés par l'ordonnance de 2005, il convient de revenir aux sources historiques de la reconnaissance en droit français.

I. — Reconnaissance, mode d'établissement privilégié de la filiation naturelle

1172. Naissance de la reconnaissance. – La reconnaissance, libre démarche par laquelle l'homme ou la femme affirme sa paternité ou sa maternité autant qu'il la reconnaît, est née de la Révolution française. **1°** Dans l'**Ancien droit**, la filiation maternelle était établie par le simple fait de la naissance (*Mater semper certa*...). Le père pouvait « avouer » l'enfant ; sinon, il s'exposait à une action de la mère. Cet aveu n'entraînait cependant pas l'établissement de la filiation, avec tous les droits qui y étaient attachés : il donnait essentiellement à l'enfant un droit aux aliments (« *Qui fait l'enfant doit le nourrir* »). Pour le reste, la condition du bâtard était très diverse, selon les temps, les lieux et les milieux[151]. Dans son Édit de 1556, Henri II obligea toute fille, veuve ou femme dont le mari avait disparu depuis longtemps à déclarer sa grossesse ; l'aveu paternel demeurait, aux côtés des actions exercées désormais devant le juge civil, aveu formel[152] ou aveu tacite par la prise en charge de l'enfant.

2° Hostiles aux scandaleux procès en recherche de paternité et portés par l'idéologie de la paternité volontaire, les **Révolutionnaires** firent de la reconnaissance le mode privilégié d'établissement de la filiation des enfants de la nature, à condition cependant qu'ils ne fûssent pas le fruit d'un adultère[153]. La démarche paternelle changeait cependant de nature : « *ce qui était aveu, et parfois un peu traqué, comme d'un fait criminel, est devenu, dans les rêves révolutionnaires, acte de volonté joyeuse et d'une gravité antique*[154] ».

1173. Reconnaissance, mode d'établissement privilégié de la filiation natu-relle. – Le **Code Napoléon**, soucieux d'ordre et de décence, fit de la reconnaissance le seul mode de preuve de la filiation paternelle. Elle était aussi nécessaire pour que fût établie la filiation maternelle, la recherche de maternité étant enfermée dans de strictes limites[155]. La volonté régnait en maître, mais il s'agissait moins de rendre hommage à la liberté individuelle que d'assurer l'ordre social et la protection de la famille légitime. Ainsi, la reconnaissance n'était-elle pas possible pour tous les enfants, notamment les enfants adultérins. La loi du 3 janvier 1972 complétée par celles de 1982 et 1983, fit de l'action en recherche de paternité un mode parmi d'autres d'établissement de la filiation naturelle, aux côtés de la reconnaissance de paternité, d'abord strictement

151. A. Lefebvre-Theillard, n° 210 s. ; cf. *supra*, n° 926 s.

152. La présence du père au baptême et *a fortiori* sa signature sur les registres constituaient un aveu formel, au même titre que la reconnaissance par écrit devant notaire (A. Lefebvre-Theillard, *op. cit.*, n° 247 et réf. cit.).

153. Garaud et Szramkievicz, *op. cit.*, n° 117 et réf. cit.

154. Carbonnier, p. 297.

155. *Infra* n° 1252.

encadrée, puis largement ouverte[156], et de la possession d'état. Possible pour les enfants naturels simples comme pour les enfants adultérins, elle continuait à constituer le mode d'établissement privilégié de la filiation paternelle comme de la filiation maternelle.

En revanche, la reconnaissance n'avait aucune place en matière de filiation légitime : celle-ci était liée, disait-on, non à une admission ou à une confession, mais au mariage lui-même : don de la loi, la légitimité découlait automatiquement et indivisiblement de la mention du mari dans l'acte de naissance et de la présomption *Pater is est*. En conséquence, une reconnaissance de paternité ou de maternité légitime, si solennelle qu'elle fût[157], était radicalement inopérante[158].

L'ordonnance de 2005 a bouleversé ce système.

II. — Reconnaissance, mode d'établissement de la filiation en général

L'ordonnance de 2005 fait de la reconnaissance un mode d'établissement de la filiation en mariage ou hors mariage, au titre de l'établissement volontaire de la paternité et de la maternité[159].

A. Reconnaissance, mode d'établissement de la filiation en mariage et hors mariage

1174. Reconnaissance pour tous. – Affirmée à l'article 310-1, confirmée par le nouvel article 315 (L. 16 janvier 2009)[160], cette généralité ne laisse pas de surprendre[161]. De fait, il ne s'agit pas d'une simple conséquence technique de la disparition des catégories de filiations légitime et naturelle : celle-ci n'interdit nullement que soient maintenus des modes d'établissement distincts de la filiation en raison des circonstances de la naissance. À preuve, le législateur a conservé la présomption de paternité pour les enfants nés en mariage, et, surtout, a refusé d'en élargir le champ au Pacs ou au concubinage stable[162]. Certes, l'extension de la reconnaissance aux époux offre quelques avantages techniques : elle permet notamment au père de reconnaître l'enfant avant la naissance et de « fixer » ainsi sa paternité, quelles que soient les énonciations figurant dans l'acte de naissance[163]. Que si l'acte de naissance ne mentionne pas son nom en qualité de père, le mari peut également rétablir sa paternité par une reconnaissance ultérieure, échappant aux incertitudes de la possession d'état[164]. Mais la généralisation n'avait rien d'indispensable. Elle marque en revanche la volonté du législateur d'instaurer la plus

156. *Infra* n°s 1267 s.

157. Ex. : Enfant trouvé (l'acte de naissance ne mentionne pas le nom de la mère) reconnu par une femme dont on s'aperçoit ultérieurement qu'elle était mariée. Avant la loi de 1972, la solution était simple : ni la filiation maternelle ni la filiation paternelle n'étaient établies. Après la loi de 1972, si les conditions des articles 313 et 313-1 étaient réunies, l'enfant n'était pas légitime, il était naturel : par conséquent, la reconnaissance de la mère était valable, cf. TGI Paris, 21 mai 1985, *D.* 1986 IR, 63, obs. D. Huet-Weiller.

158. Ex. : Douai, 9 mai 2000, *D.* 2001, 2865, n. Bourgault-Coudevylle ; en l'espèce, un enfant né d'une femme mariée avait été déclaré à l'état civil sans indication du nom de la mère ; ultérieurement, le mari reconnut l'enfant ; jugé que cette reconnaissance était nulle.

159. P. Salvage-Gerest, « La reconnaissance d'enfant, ou de quelques surprises réservées par l'ordonnance du 4 juillet 2005 », *Dr. famille* 2006, n° 4.

160. Et que confirme le projet de loi de ratification de l'ordonnance du 4 juillet 2005. La Commission des lois du Sénat a notamment invoqué la nécessité de reconnaître expressément la possibilité pour le mari de reconnaître les enfants de sa femme, pour justifier les modifications apportées au texte de l'ordonnance.

161. La Commission Dekeuwer-Défossez réservait la reconnaissance aux hypothèses où « *la paternité n'est pas déjà établie par la présomption de paternité* » (Rapp., p. 212).

162. *Supra*, n° 1168.

163. *Supra*, n° 1150.

164. *Supra*, n° 1160.

stricte égalité possible entre les enfants, réduisant par contrecoup la présomption de paternité au rang de simple règle technique.

L'effet de la règle est en revanche considérable sur le plan symbolique.

B. Reconnaissance, mode d'établissement de la paternité et de la maternité

1175. Reconnaissance de la mère toujours certaine. – Ouverte à l'homme marié, la reconnaissance l'est également à la femme mariée et plus généralement à toutes les femmes, ce qui peut paraître paradoxal puisque la loi consacre en même temps la règle *Mater semper certa* : pourquoi ouvrir un peu plus le champ de la reconnaissance alors que la filiation maternelle est établie par l'indication du nom de la mère dans l'acte de naissance ? On peut certes invoquer tel ou tel avantage technique, notamment en matière de nom : en reconnaissant l'enfant avant sa naissance, et avant que le père n'établisse sa filiation, la mère donne son nom à l'enfant. Mais cette possibilité ne joue que pour l'enfant né hors mariage.

Le législateur aurait-il été soucieux de ne pas rompre avec la tradition juridique française d'une maternité librement assumée ? A-t-il souhaité s'inscrire dans la lignée révolutionnaire ou marquer la place croissante de la volonté individuelle dans le droit de la filiation ? A-t-il, tout simplement, été emporté par l'amour (assez vain en la matière) de l'égalité ou par la passion (dangereuse parfois) de la symétrie juridique ? Fausse fenêtre et trompe-l'œil ne sont pas forcément condamnables, mais risquent fort, dans une matière aussi complexe, d'engendrer des difficultés techniques insoupçonnées[165].

C. Reconnaissance, mode d'établissement subsidiaire de la filiation ?

1176. Hiérarchie des modes d'établissement de la filiation. – À lire l'article 316, alinéa 1, il semblerait qu'est instaurée une sorte de hiérarchie des modes d'établissement de la filiation : la reconnaissance interviendrait à défaut d'établissement par l'effet de la loi. La mère ne recourrait donc à la reconnaissance que faute d'établissement de plein droit, par application de la règle *Mater semper certa*, le père, faute d'un mariage déclenchant le jeu de la présomption *Pater is est*. La réalité est plus complexe. D'une part, le père comme la mère peuvent reconnaître l'enfant avant sa naissance (art. 316, al. 1), *i.e.* avant que les modes d'établissement légaux ne sortent leurs effets : la filiation est établie par anticipation et non à défaut d'établissement automatique : à la naissance de l'enfant, la reconnaissance confirme le jeu des règles *Mater semper certa* et *Pater is est*. D'autre part, le mari dont la filiation est établie par le jeu de la présomption de paternité peut être tenté de reconnaître l'enfant, notamment lorsque la possession d'état est douteuse et que la filiation est, par conséquent, fragile. Que si l'article 320 affirme qu'une filiation légalement établie fait obstacle à l'établissement d'une autre filiation, ce n'est que dans l'hypothèse où cette dernière serait contraire : une reconnaissance « confirmative » semble recevable. En revanche une reconnaissance ne peut intervenir si elle contredit une filiation préexistante : celle-ci doit, en principe, être préalablement contestée en justice.

Ainsi le mari de la mère qui souhaiterait, au moyen d'une reconnaissance, établir sa filiation à l'égard d'un enfant déclaré à l'état civil sans que l'acte de naissance le désigne en qualité de père et ne bénéficiant pas de possession d'état à son égard, devra si l'enfant a été reconnu par l'amant de la mère, faire préalablement trancher le conflit de filiation.

165. P. Salvage-Gerest, art. préc.

III. — Obstacles à l'établissement de la filiation par reconnaissance

La reconnaissance est impossible dans deux séries d'hypothèses.

A. Enfant dont la filiation est déjà établie à l'égard d'une tierce personne

1177. Reconnaissance sur filiation ne vaut. – Si le fait que la filiation soit déjà établie par le jeu des règles légales à l'égard de la même personne ne semble pas interdire une reconnaissance[166], une filiation déjà établie à l'égard d'une tierce personne, par le seul effet de la loi ou par reconnaissance (pour la possession d'état, la situation est plus complexe, cf. *infra*), rend une reconnaissance irrecevable : « *Tant qu'elle n'a pas été contestée en justice, la filiation légalement établie fait obstacle à l'établissement d'une autre filiation qui la contredirait* (art. 320 préc.) ».

Quid lorsque l'amant de la mère a reconnu l'enfant avant que la présomption de paternité ne sorte ses effets, *i. e.* avant la naissance de l'enfant ? En toute logique, il aurait convenu de donner toute leur portée aux dispositions de l'article 316 : la filiation légalement établie par l'effet de la loi en vertu des articles 311-25 (*Mater semper certa*) et 312 (*Pater is est*), prévaut sur la filiation établie par une reconnaissance dont les effets seraient en quelque sorte « gelés ». Admettre que la reconnaissance l'emporterait en raison de son antériorité serait non seulement contraire à la lettre et à l'esprit des textes (d'autant que, comme l'a affirmé la Cour de cassation, la reconnaissance prend elle aussi effet au jour de la naissance de l'enfant), mais encore, aurait donné à l'amant un avantage indû sur le mari[167]. À l'auteur de la reconnaissance d'agir en justice pour contester la paternité du mari.

Saisi de la difficulté, le législateur de 2009 a opté pour une solution intermédiaire qui se veut sans doute plus concrète. Selon l'article 336-1 « *Lorsqu'il détient une reconnaissance paternelle prénatale dont les énonciations relatives à son auteur sont contredites par les informations concernant le père que lui communique le déclarant, l'officier de l'état civil compétent en application de l'article 55 établit l'acte de naissance au vu des informations communiquées par le déclarant. Il en avise sans délai le procureur de la République qui élève le conflit sur le fondement de l'article 336* ». La règle est très discutable[168]. Elle ne résout qu'une partie du problème car il arrivera souvent que l'officier de l'état civil ignore la reconnaissance anté-natale. Elle fait jouer au ministère public un rôle de régulation des conflits de filiation qui n'a jamais été le sien en droit français : en principe le ministère public ne peut agir qu'en cas de fraude (art. 336). Surtout, elle affaiblit encore la présomption de paternité, alors même qu'elle prétendait la confronter : elle met à égalité les deux filiations, alors que la lettre de l'article 316 aurait dû assurer la primauté de la filiation par l'effet de la loi, *i.e.* celle du mari.

B. Enfant dont l'établissement de la filiation est prohibé

1178. Filiations interdites. – L'article 335 anc. du Code Napoléon prohibait la reconnaissance « *des enfants nés d'un commerce incestueux ou adultérin*[169] ». L'interdiction a disparu pour l'enfant adultérin[170] ; elle demeure pour l'enfant incestueux (art. 310-2)[171].

---

166. *Supra*.

167. En ce sens, J. Massip, « Précisions sur les problèmes posés par la reconnaissance de l'enfant d'une femme mariée », *Defrénois* 2006, p. 1863 ; G. Cornu, *La Famille*, *op. cit.*, n° 248.

168. Très critique, J. Massip, « La loi du 16 janvier 2009 notifiant l'ordonnance du 4 juillet 2005 réformant le droit de la filiation », art. préc.

169. *Supra*, n° 928.

170. *Supra*, n° 928.

171. *Supra*, n° 954.

§ 2. Nature et régime de la reconnaissance

Considérée en France comme le mode « naturel » d'établissement de la filiation hors mariage, la reconnaissance a une réalité complexe ; malgré l'importance des effets qui y sont attachés, les règles qui l'encadrent restent des plus souples ; sans doute faut-il y voir une trace de l'héritage révolutionnaire.

I. — Nature de la reconnaissance

1179. Biphysisme. – La nature de la reconnaissance est étroitement liée à son objet initial : établir une filiation en l'absence de mariage, *i.e.* hors le jeu de la présomption de paternité. Or pour les Révolutionnaires, la meilleure preuve de la vérité de cette filiation, toujours douteuse en ce qui concernait le père, résidait dans une démarche libre et volontaire du père, et par extension de la mère, qui affirmait sa paternité ou sa maternité et s'engageait par là même à en assumer la charge. En ce sens, la reconnaissance a une double nature ; comme le montra Ambroise Colin dans un article célèbre, elle est à la fois un aveu – une confession- et un acte juridique – une admission[172].

1° Dans son objet, elle est surtout l'aveu d'un fait (la maternité ou la paternité) : elle est une preuve, une confession. Sa pertinence vient de ce que son auteur est bien placé pour attester sa maternité ou sa paternité. Elle peut, parce qu'elle est une preuve, être contestée à cause de son inexactitude. Elle est déclarative et donc rétroactive, puisqu'elle concerne un fait passé ; elle est irrévocable, parce qu'un aveu ne peut être révoqué[173].

2° Dans sa source, elle constitue un acte juridique, la libre acceptation d'un enfant ; son auteur accepte qu'entre l'enfant et lui existe un lien de filiation. Puisqu'elle est libre, elle n'est pas obligatoire ; il n'y a pas de faute à ne pas reconnaître son enfant ; une condamnation à dommages-intérêts ne peut être prononcée pour défaut de reconnaissance (mais la filiation peut être établie en justice), sauf en cas de PMA[174]. Elle peut être annulée si les conditions relatives à la volonté ne sont pas remplies[175].

1180. Syncrétisme. – Certains auteurs ont entendu combiner de manière syncrétique les deux aspects de la reconnaissance : elle serait un « acte de déclaration », comme la déclaration de naissance à l'état civil, et un engagement, voire l'exécution d'une obligation naturelle[176]. Le lien qui unit la confession et l'admission est en effet étroit. La reconnaissance « à la française » est en cela héritière de l'histoire : comme le soulignait Jean Carbonnier, « *si notre conception de la reconnaissance réunit les deux courants contradictoires de la confession et de l'admission, c'est peut être que deux courants de pensée y confluent : l'un venu de la pratique de l'Ancien*

---

172. A. Colin, « La protection de la descendance illégitime au point de vue de la preuve de la filiation », *RTD civ.* 1902, 257.

173. *Infra*, n°s 1193 et 1194.

174. Cass. civ., 28 octobre 1935, *DH* 1935, 537 : « *si la loi du 16 novembre 1912 a autorisé dans des conditions précises et rigoureusement limitatives de recevabilité l'action en déclaration judiciaire de paternité, elle n'a pas établi, à l'encontre de celui dont la paternité serait postérieurement reconnue, l'obligation de reconnaître l'enfant volontairement et en dehors de toute demande en justice* ». Cassation de l'arrêt d'appel qui avait condamné le père naturel d'un enfant à verser une indemnité « *en réparation du préjudice que par le fait de sa non reconnaissance et eu égard à sa fortune personnelle, il avait causé dans le passé à sa fille naturelle et qu'il lui causerait dans l'avenir en l'ayant placée, faute d'instruction suffisante, dans une situation inférieure à celle qu'en vertu de la loi et de la morale, elle devrait normalement occuper* ».

175. *Infra*, n°s 1207 s.

176. J. Carbonnier, *op. cit.*, p. 780.

droit en matière de séduction, l'autre de la philosophie volontariste du XVIIIe siècle[177] ». Le double héritage (abondé par une hostilité commune à l'égard des « scandaleuses » actions en recherche de paternité), permet de comprendre le régime de la reconnaissance.

II. — Régime de la reconnaissance

Parce qu'elle est acte de liberté, la reconnaissance n'est soumise à aucun contrôle ni autorisation (A) ; de même, elle n'est enfermée dans aucun délai (B). Parce qu'elle est un acte grave, elle doit cependant être faite par acte authentique (C). Parce qu'elle est un acte qui relève de l'intimité de la personne, elle constitue un acte personnel et unilatéral (D). Par son objet, elle est un acte irrévocable, déclaratif et absolu (E).

A. Liberté de la reconnaissance

1181. Absence de contrôle *a priori*. – Celui qui reçoit la reconnaissance (l'officier de l'état civil, le notaire..., cf. *infra*), n'a pas à se faire juge de son exactitude, aussi peu vraisemblable soit-elle. La pratique semble cependant plus ambiguë[178]. Si l'officier de l'état civil estime que la reconnaissance est invraisemblable (le père prétendu est un transsexuel naguère de sexe féminin[179], la faible différence d'âge rend douteuse la maternité ou la paternité[180]), il n'a pas le pouvoir de refuser l'inscription : il peut en informer le Parquet qui pourra contester la reconnaissance sur le fondement général de l'article 336[181].

1182. Qui veut la mère prend l'enfant ? – La liberté de la reconnaissance permet à n'importe quel homme ou à n'importe quelle femme de reconnaître n'importe quel enfant, dès lors du moins que celui-ci n'a pas de filiation déjà établie à l'égard d'un parent du même sexe : sinon, la reconnaissance serait irrecevable, l'intéressé devant au préalable faire tomber la filiation existante (art. 320). Le risque n'a rien de chimérique. Le plus souvent, la reconnaissance mensongère intervient dans l'intérêt de l'enfant : le nouvel « ami » de la mère reconnaît l'enfant de celle-ci (et, avant le 1er juillet 2006, il le légitimait même par mariage subséquent) et lui donne un père. Les « reconnaissances de complaisance » constituent une sorte de coutume qui relève de l'exception culturelle française[182]. Elle ne

177. J. Carbonnier, *op. cit.*, p. 297.

178. F. Dekeuwer-Défossez, chron. préc., relevait que certains services subordonnent les reconnaissances prénatales à un certificat de grossesse de la mère : cette pratique était illégale.

179. TGI Marseille, 27 janvier 1982, *JCP* G 1983.II.20028, n. J. Penneau, *infra*. Mais certaines reconnaissances passent à travers les mailles du filet : cf. Cass. civ. 1re, 18 mai 2005, *Bull. civ.* I, n° 218 ; *Defrénois* 2005, art. 38242, p 1493 ; n. J. Massip ; n.p.B. : l'enfant avait été reconnu par Vincent C., naguère de sexe féminin et ayant obtenu la modification de son état civil. Le « père » et la mère vivaient en concubinage, puis se séparèrent. La mère agit avec succès en contestation de la reconnaissance.

180. Selon l'IGEC, lorsqu'il y a moins de douze ans d'écart entre l'âge de l'auteur de la reconnaissance et celui de l'enfant, l'officier de l'état civil informe le Parquet, qui pourra contester la reconnaissance (n° 307).

181. L'ancien article 339, propre à la contestation de la reconnaissance, affirmait que « *l'action est aussi ouverte au ministère public, si des indices tirés des actes eux-mêmes rendent invraisemblable la filiation déclarée. Elle lui est également ouverte lorsque la reconnaissance est effectuée en fraude des règles régissant l'adoption* ». Le nouvel article 336, qui concerne toutes les actions en contestation de la filiation, reprend les deux hypothèses. Sur ce texte, et notamment l'ambiguïté de la formule « *filiation légalement établie* », cf. *infra*.

182. Cf. le conte de Maupassant, *Le papa de Simon* (1881). Simon est le fils naturel de la Blanchotte. Ses camarades d'école « *le regardaient comme un phénomène, un être hors de la nature, et ils sentaient en eux ce mépris, inexpliqué jusque-là, de leurs mères pour la Blanchotte [...]. Et ces*

laisse pas d'étonner les pays voisins, qu'ils soient de tradition germanique, encore marqués par la volonté de protéger la mère contre son séducteur et l'enfant contre sa mère (Faust et Marguerite[183]), ou de tradition latine (au Portugal par exemple, le ministère public a pour mission de donner à l'enfant son père)[184]. En France, « *Qui veut la mère prend l'enfant* ». Mais il peut aussi s'agir d'une reconnaissance « sauvage », pour assouvir des désirs de paternité ; d'une reconnaissance de vengeance à l'égard de la mère ; ou d'une reconnaissance purement instrumentale, destinée à « habiller » juridiquement le recours à une mère porteuse[185] ou à contourner les règles de l'adoption[186].

Symbole de la traditionnelle tolérance du droit français à l'égard des reconnaissances de complaisance, la Cour de cassation estime que bien qu'elle soit incluse dans un acte de l'état civil, la reconnaissance mensongère ne constitue pas un faux pénalement punissable[187].

Si la véracité de la reconnaissance n'est pas une condition de sa recevabilité, l'acte peut, en contrepartie, être contesté dans des conditions relativement aisées, notamment par l'auteur de la reconnaissance lui-même. Afin d'assurer la stabilité des filiations, le législateur de 2005 a cependant restreint les possibilités de contestation[188].

1183. Absence d'autorisation. – Soucieux de protéger la mère, et à travers elle, l'enfant, certains pays soumettent la reconnaissance paternelle à l'autorisation de la mère ou de l'enfant, ou encore à la volonté de chacun d'eux. Tel fut longtemps ou est encore le cas, par exemple, de la Belgique (dans les textes du moins[189]), de l'Espagne (sauf cas particuliers), de la Grèce, de l'Italie (où le système est égalitaire)[190], des Pays-Bas, de l'Allemagne[191] ou de la Pologne.

---

polissons, dont les pères étaient pour la plupart méchants, ivrognes, voleurs et durs à leurs femmes, se bousculaient, en se serrant de plus en plus, comme si eux, les légitimes eussent voulu étouffer dans une pression celui qui était hors la loi ». Désespéré, Simon veut se noyer ; il en est empêché par Philippe Remy, ouvrier forgeron, qui, peu de temps après, épouse Blanchotte. « *Le lendemain, comme l'école était pleine et que la classe allait commencer, le petit Simon se leva tout pâle et les lèvres tremblantes : "Mon papa, dit-il d'une voix claire, c'est Philippe Remy, le forgeron, et il a promis qu'il tirerait les oreilles à tous ceux qui me feraient du mal". Cette fois, personne ne rit plus, car on le connaissait bien ce Philippe Remy, le forgeron, et c'était un papa, celui-là, dont tout le monde eût été fier* ».

183. Marguerite, abandonnée par Faust, tue son enfant et meurt dans la prison où elle a été jetée pour son infanticide.

184. La France n'est pas totalement seule, cf. Paris, 29 décembre 2007, *JCP* G 2008.IV.1226 condamnant l'auteur de la reconnaissance mensongère à indemniser le préjudice subi par la fillette bien qu'il invoquât pour sa défense les pressions exercées par la famille de la mère et l'usage camerounais qui voudrait qu'en l'absence de père l'enfant fût éduqué par le compagnon de la mère.

185. Cf. *supra*, n° 1036.

186. *Ex.* : un homosexuel ou une femme qui ne peut avoir d'enfant reconnaît l'enfant d'une femme qui le lui confie.

187. Cass. crim., 8 mars 1988, *JCP* G 1989.II.21162, n. crit. W. Jeandidier. En revanche, la fraude est pourchassée lorsqu'elle n'a d'autre but que de faire profiter son auteur de la protection que la loi et la jurisprudence accordent au parent d'un enfant français en matière d'entrée et de séjour en France.

188. *Infra*, n° 1196.

189. Mais la règle a été corrigée : le nouvel article 329 bis du Code civil belge exige le consentement du parent à l'égard duquel la filiation a été préalablement établie (la mère dans la plupart des cas, mais la règle est « gender free ») ou de la mère si la reconnaissance est faite avant la naissance de l'enfant. Le consentement préalable de l'enfant est également requis si l'enfant a plus de douze ans. Pour un enfant majeur, son consentement est également exigé. En cas de refus de consentement, le juge tranche au regard de la vérité biologique ; mais il peut refuser la reconnaissance si elle est manifestement contraire à l'intérêt de l'enfant.

190. En Italie, la reconnaissance d'un enfant de moins de quatorze ans est soumise à l'accord de l'autre parent s'il a déjà reconnu l'enfant. En cas de refus, l'auteur de la reconnaissance dispose d'un recours. Si l'enfant a plus de quatorze ans, il doit donner son consentement (C. civ., art. 250).

191. BGB, art. 1626 a, al. 2 : la mère a seule qualité pour autoriser ou non la reconnaissance paternelle.

Un tel système est contraire aux traditions françaises[192], et l'on peut se demander s'il est vraiment conforme au principe d'égalité entre homme et femme et au droit d'établir sa descendance : curieusement, la CEDH ne semble guère s'en émouvoir[193].

Pour autant, la liberté totale qui prévaut en France n'est pas sans inconvénient, alors que se généralise l'exercice en commun de l'autorité parentale[194]. D'autant que la mère peut ignorer l'existence même de la reconnaissance paternelle : aucun système d'information n'est prévu et la mère découvre parfois la reconnaissance lors d'une demande d'extrait d'acte de naissance.

Somme toute les seuls véritables obstacles qui s'opposent à une reconnaissance sont ceux qui interdisent l'établissement de toute filiation : filiation déjà établie ou inceste.

B. Absence de délais

1184. Reconnaissance prénatale. – Il suffit pour reconnaître l'enfant avant sa naissance qu'il soit identifiable. Un enfant simplement conçu peut être reconnu, ce que l'on appelle une reconnaissance prénatale (ou anténatale), dont la validité est admise depuis longtemps[195] et de plus en plus pratiquée. L'ordonnance de 2005 l'a inscrite dans le texte de l'article 316, alinéa 1. Réservée jusque-là aux enfants à naître hors mariage, elle est désormais possible pour les enfants nés en mariage (cf. art. 315). Si la reconnaissance prénatale émane du père, elle doit indiquer le nom de la mère, seule manière d'identifier l'enfant.

Pour **la mère**, la reconnaissance prénatale a perdu une grande part de son intérêt puisque, désormais, la filiation maternelle est établie par le seul effet de la loi[196]. Elle conserve son importance en ce qui concerne le nom (art. 311-23). Pour **le père** qui craindrait de mourir, elle assure l'établissement de la filiation sans attendre la naissance de l'enfant. Elle permet également au père non marié de donner son nom à l'enfant, au prix de la course (art. 311-21). Elle peut également conforter par anticipation une filiation paternelle en mariage lorsque, par exemple, les époux sont séparés et que le mari craint que la mère n'use de l'article 313[197]. Dans des cas extrêmes, elle peut lui permettre de prévenir les conséquences d'un accouchement sous X ; la situation du père reste alors difficile car il lui faudra retrouver l'enfant et obtenir sa restitution[198].

---

192. Elles n'ont jamais été vraiment envisagées en France. En revanche, d'importants débats eurent lieu autour de la reconnaissance conjointe. Certains jugeaient en effet important que les parents, par une démarche commune, manifestent leur volonté d'assumer ensemble leur mission de parents, de « faire famille » (la reconnaissance de l'enfant, substitut du mariage ?). L'adoption en 2005 du principe *Mater semper certa* a rendu le débat assez vain, sauf à vouloir favoriser les reconnaissances conjointes prénatales. La seule mesure prise est celle, tout individuelle, prévue à l'article 62, dernier alinéa, L. 2002 : lors de la reconnaissance, il est fait lecture à son auteur des textes relatifs aux droits et devoirs de l'autorité parentale (art. 371-1 et 371-2). V. *infra*, n° 1188.

193. Cf. *supra*, n° 920. *Adde* le très prudent arrêt * CEDH, 18 mai 2006, *Rozanski c. Pologne* qui donne raison au père pour des considérations d'ordre procédural, afin d'éviter d'avoir à trancher le problème de fond (cf. J. Flauss-Diem, « Vie familiale et paternité hors mariage : quelques pistes européennes », *Revue Lamy Droit civil* 2006, n° 2313, qui parle d'un arrêt « archaïque »).

194. Sur les restrictions apportées en cas d'établissement tardif de la filiation (art. 372), v. cependant *infra*.

195. Le point de départ de cette jurisprudence constante est très ancien : Cass. civ., 16 décembre 1811, *Dalloz Jur. gén.*, V° *Paternité et filiation*, n° 520 ; *S.* 1809-1811, I, 433 : « *l'enfant conçu peut être reconnu avant la naissance* ». Cf. Demolombe, n° 414, qui rattache cette possibilité à la règle *infans conceptus*.

196. *Supra*, n° 1105.

197. *Supra*, n° 1160.

198. *Supra*, n° 1126.

À quelle date la reconnaissance prénatale produit-elle ses effets ? Pour l'attribution du nom, il avait été jugé que c'était au jour où elle avait été faite, non celui de la naissance[199]. Mais dans un arrêt du 7 avril 2006[200], la Cour de cassation a décidé que la reconnaissance anténatale faite par le père d'un enfant dont la mère avait accouché sous X, « *avait établi la filiation paternelle de l'enfant avec effet au jour de sa naissance* ».

1185. Après la naissance. – Après la naissance, l'enfant peut être reconnu à tout âge, même après sa majorité, aussi douteuse que puisse paraître ce genre de reconnaissance tardive. Il n'existe pas de contrôle *a priori*, même si le ministère public veille[201]. Encore faut-il que l'enfant n'ait pas de filiation déjà établie.

1186. Reconnaissances posthumes : repentants et nécrophages. – La reconnaissance peut intervenir après le décès de l'enfant, ce que l'on appelle une reconnaissance posthume[202]. Généralement, elle est suspecte d'inexactitude ou de fraude : lorsqu'un père ou une mère se sont désintéressés d'un enfant pendant toute sa vie et ne le reconnaissent qu'après sa mort, leur but est habituellement de recueillir une succession : des nécrophages.

C. Authenticité de la reconnaissance

1187. Acte authentique. – La loi soumet la reconnaissance à l'authenticité, en raison de la gravité de cet acte volontaire (art. 316, al. 2) ; la jurisprudence contemporaine a tendu à la désolenniser en partie, parce que le côté probatoire tendait à l'emporter et que reculait la défaveur à l'encontre de la filiation naturelle. La tendance actuelle serait plutôt de l'entourer de nouvelles formalités pour en rehausser l'importance symbolique[203]. Elle peut être faite par acte de l'état civil, notarié ou judiciaire.

1188. Acte de l'état civil ; baptême républicain. – La reconnaissance est normalement faite par acte de l'état civil. Il n'est pas nécessaire qu'elle soit faite par acte séparé ; si elle est faite lors de la déclaration de la naissance, elle pourra être contenue dans l'acte de naissance de l'enfant[204].

Elle peut aussi être établie par un acte distinct. Tel était notamment le cas lorsqu'elle était faite au moment où les parents légitimaient l'enfant en se mariant : la loi interdisant de l'insérer dans

199. *Ex.* : TGI Lille, 3 février 1987, *JCP* G 1990.II.21447, n. crit. X. Labbée : la reconnaissance prénatale « *confère à un enfant encore simplement conçu une filiation sous la condition suspensive de sa naissance vivant et viable* » ; lorsque les reconnaissances prénatales du père et de la mère sont simultanées, jugé que l'enfant doit porter le nom du père ; Paris, 13 novembre 1990, *D.* 1990, IR 8 : « *lorsque la filiation d'un enfant est établie à l'égard de la mère* (pour une reconnaissance prénatale) *antérieurement à la reconnaissance du père faite le lendemain, cet enfant doit porter le nom de la mère, conformément à l'article 334-1* ». Sur la possession d'état prénatale, cf. *infra*.

200. * Cass. civ. 1re, 7 avril 2006, *aff.* du *petit Benjamin*, cité *supra*, n° 1126.

201. *Infra*, n° 1204.

202. La solution est, là encore, traditionnelle même si elle a suscité les réserves d'une partie de la doctrine qui eût préféré qu'elle ne fût valable que si l'enfant était décédé en laissant des descendants : la cupidité disparaîtrait puisque la succession ne reviendrait pas à l'auteur de la reconnaissance. À l'appui de cette opinion était invoqué le principe selon lequel la reconnaissance a pour objet principal et essentiel l'intérêt de l'enfant. Sur cette discussion, Demolombe, *op. cit.*, n° 416.

203. Sur le « baptême républicain », *infra*, n° 1188.

204. De même, un acte de décès Cass. civ. 1re, 1er juillet 1981, *Bull. civ.* I, n° 243 ; *D.* 1982.105, n. D. Huet-Weiller ; *Defrénois* 1982, art. 32871, 1re esp., n. J. Massip. Encore faut-il que « l'aveu » de paternité émane de celui dont la filiation est en cause : « *la simple indication de la filiation du défunt dans un acte de décès dressé sur les déclarations d'un tiers ne peut valoir reconnaissance* » (Cass. civ. 1re, 14 janvier 2009, *Dr. famille* 2009, n° 26, obs. Cl. Neirinck ; *RTD civ.* 2009, p. 304, obs. J. Hauser, statuant à propos d'une succession polynésienne.

l'acte de mariage, un acte spécial devait être dressé. Il n'est pas nécessaire non plus que la reconnaissance ait été formulée en termes exprès ; il suffit que l'intention de reconnaître l'enfant apparaisse dans l'acte[205].

Il avait été envisagé, dans les débats contemporains sur la filiation, que fût accentuée la solennité de la reconnaissance, en exigeant que, comme le mariage, elle fût reçue par l'officier d'état civil lui-même (non un employé) qui aurait exposé à l'auteur de la reconnaissance la signification de son acte et sa portée (en fait, il aurait lu les articles du Code civil sur l'autorité parentale) : un « baptême républicain[206] ». La première suggestion a fait long feu ; cette mini cérémonie célébrée à l'état civil aurait risqué de décourager les parents de reconnaître leur enfant devant la lourdeur des formalités. La seconde a en revanche été retenue par le législateur du 4 mars 2002 : l'article 62, alinéa 6, impose désormais à l'auteur de la reconnaissance que lui soient lus les articles 371-1 et 371-2 énonçant les droits et devoirs de l'autorité parentale. On peut ne pas être convaincu par cette symbolique de guichet ; beaucoup de services d'état civil s'en dispensent.

1189. Acte notarié. – La reconnaissance peut aussi être faite par acte notarié, c'est-à-dire, soit un acte spécial établi à cette fin, soit accessoirement à un autre acte, tel un testament authentique ou un contrat de mariage. Il suffit que, dans le corps de l'acte, l'intéressé soit qualifié d'enfant naturel par le signataire, pour qu'il y ait reconnaissance. L'intérêt de ce mode de reconnaissance tient à ce que les minutes des notaires n'étant pas publiques, la reconnaissance ne sera pas reportée sur l'acte de l'état civil ce qui, bien entendu, ne l'empêche pas d'être valable[207] et les tiers n'en auront aucune connaissance : celui qui veut dissimuler sa paternité, tout en la reconnaissant, peut ainsi le faire par acte notarié. Le procédé est rarement utilisé.

Elle ne peut être faite par un acte sous signature privée, tel qu'un testament olographe[208].

1190. Aveu judiciaire. – La reconnaissance peut même résulter d'un aveu judiciaire : elle constitue la déclaration faite devant un juge par un homme ou une femme qui reconnaît sa paternité ou sa maternité. Elle peut être faite en termes quelconques ; généralement, elle intervient lors d'une instruction criminelle devant le juge d'instruction, ou dans une procédure civile[209]. La reconnaissance n'est pas alors spontanée, elle est seulement volontaire. À nouveau, l'élément probatoire l'emporte.

D. Acte personnel et unilatéral

L'intimité de l'acte le rend strictement personnel et unilatéral ; il suffit, à l'égard de l'enfant, qu'il soit identifié.

1191. Acte personnel. – La reconnaissance doit émaner du parent de l'enfant reconnu ; en ce sens, elle est strictement personnelle. Elle ne pourrait être faite à la place du père ou de la mère par l'autre parent ou par un membre de la famille,

---

205. *Ex :* Cass. civ. 1re, 19 juillet 1989, *Bull. civ.* I, n° 299 : « *l'arrêt attaqué relève que la naissance des deux enfants Frédéric et Philippe a été déclarée à l'officier d'état civil par M. Z. qui a indiqué qu'ils étaient issus de lui-même et de Mme J. ; une telle déclaration constituant une reconnaissance, c'est à bon droit que la cour d'appel a estimé que la filiation des enfants à l'égard de M. Z. était établie* ».

206. Rapp. Théry, préc., p. 174. Comp. les réserves du Rapport Dekeuwer-Défossez, préc., p. 365.

207. Versailles, 25 juin 1992, *D.* 1993 som. 169, obs. Fr. Granet-Lambrechts.

208. Jurisprudence constante. Ex. : Cass. civ. 1re, 14 janvier 2003 ; *Defrénois* 2003, article 37727, n° 40, obs. J. Massip ; n. p. B. : « *une reconnaissance de paternité ne peut résulter d'un acte sous seing privé, même reproduit dans un arrêt qui en a vérifié la sincérité* ».

209. Ex. : Cass. civ. 1re, 1er juillet 1981, *Bull. civ.* I, n° 244 ; *D.* 1982, IR, 259, 1re esp., obs. D. Huet-Weiller ; *Defrénois* 1982, article 32871, 2e esp., n. J. Massip ; *Gaz Pal.*, 2 mai 1982, m. n. : « *l'acte authentique prévu par ce texte* (art. 335) *pour la reconnaissance volontaire d'un enfant naturel peut être constitué par un aveu de paternité judiciairement constaté* » (en l'espèce des conclusions en justice, signées par le père naturel en défense à une demande d'aliments). Mais n'est pas une reconnaissance « l'attestation » de paternité faite par un acte sous signature privée à l'occasion d'une action de subsides : Cass. civ. 1re, 23 mars 1994, *Bull. civ.* I, n° 106 ; *D.* 1995, som. 116, obs. Fr. Granet-Lambrechts, 127, n. Fr. Dekeuwer-Défossez. 2e ex. *:* TGI, Paris, 5 décembre 1978, *D.* 1979, IR, 246, obs. D. Huet-Weiller ; en l'espèce, il s'agissait d'une déclaration faite devant un juge des tutelles.

ou par un héritier[210]. Aucune condition particulière de capacité n'est exigée ; il suffit donc que son auteur ait conscience de la portée de ses actes[211] ; la reconnaissance peut donc être faite par un mineur ou un majeur protégé (fût-il sous tutelle), sans autorisation ni assistance. Pour autant, la représentation n'est pas exclue ; mais le mandataire doit être muni d'une procuration authentique[212].

1192. Acte unilatéral. – Il n'est pas nécessaire d'obtenir le concours de l'enfant ; elle peut même être faite contre son gré. De même n'est-il pas besoin de solliciter l'accord de la mère[213].

En soi, l'indication du nom de l'autre parent dans la reconnaissance n'établit pas *ipso facto* la filiation de l'enfant à l'égard de ce dernier : comme le souligne l'article 316, al. 2 : « *La reconnaissance n'établit la filiation qu'à l'égard de son auteur* ». Pour l'enfant né hors mariage, la règle, réaffirmée par l'ordonnance de 2005, ne fait que traduire la divisibilité de sa filiation (art. 316, al. 4). Pour l'enfant né en mariage, le principe appelle des éclaircissements. La reconnaissance de la mère déclenche en effet le jeu de la présomption de paternité ; elle produit donc un effet sur la filiation paternelle, non en elle-même, mais, en quelque sorte, par ricochet. À l'inverse, la reconnaissance par le mari n'aurait aucun effet sur la filiation maternelle. Si les deux parents reconnaissent l'enfant dans le même acte, il n'y en a pas moins, juridiquement, deux reconnaissances séparées.

E. Acte irrévocable, définitif, absolu

La reconnaissance confère un titre à l'enfant qui pourra, sur ce fondement, faire produire tous ses effets à la filiation. C'est surtout dans ses caractères d'irrévocabilité, de déclarativité et d'absolutisme que se marque son double aspect d'acte juridique et de preuve.

1193. Irrévocable. – Une fois faite par son auteur, la reconnaissance, comme tout aveu, ne peut être rétractée[214]. L'enfant ne doit pas être soumis au caprice de son parent, afin que son état ait la plus grande stabilité possible.

L'application de cette règle au testament notarié avait jadis soulevé des difficultés, puisque le testament est essentiellement révocable. La jurisprudence a considéré que la reconnaissance était un acte distinct du testament qui la contenait, et devait donc survivre à la révocation de celui-ci. Cependant, cette distinction entre la reconnaissance et le testament qui la contient n'est pas absolue, puisque la reconnaissance produit son effet à la même date que le testament, c'est-à-dire au décès de son auteur : elle ne peut donc être invoquée du vivant du testateur.

---

210. Cass. civ., 8 mars 1948, *D.* 1948, 213, n. R. Lenoan ; *S.* 1948, I, 84 : « *la reconnaissance d'un enfant naturel doit être faite dans un acte de naissance ou dans un acte authentique et ne peut émaner que de ses auteurs ; il n'en est autrement qu'au seul cas où la désignation de la mère dans l'acte de naissance vaut reconnaissance de maternité, lorsque, à la déclaration émanant du père de l'enfant, vient ultérieurement se joindre l'aveu de la mère* » : en l'espèce, dans l'acte de naissance, le père de la mère naturelle avait déclaré le nom de cette dernière : ce n'était pas une reconnaissance.

211. L'article 258, al. 2 (loi 5 mars 2007) cite la reconnaissance parmi les actes réputés strictement personnels, ne pouvant jamais donner lieu ni à assistance ni à représentation du majeur protégé.

212. Cf. IGEC.

213. *Supra*, n° 1183.

214. Ex. : Cass. civ. 1re, 4 juillet 1995, *Bull. civ.* I, n° 292 ; *D.* 1996, som. 152, obs. Fr. Granet-Lambrechts ; *Defrénois* 1996, article 36354, n° 44, obs. J. Massip : « *Une telle reconnaissance* (d'enfant naturel) *étant un acte irrévocable, son auteur ne peut se rétracter par une simple dénégation, même formulée en accord avec la mère* ».

1194. Déclaratif. – La reconnaissance est un acte déclaratif qui établit une filiation préexistante ; à cet égard, elle a un aspect probatoire et n'est pas un acte constitutif ; en d'autres termes, elle ne crée pas le lien de filiation, qui avait une existence antérieure. Par conséquent, elle est un acte rétroactif. Les effets de la filiation remontent au jour de la naissance, quelle que soit la date de la reconnaissance[215].

1195. Absolu. – Généralement, un acte déclaratif a un effet simplement relatif ; il se borne à conférer une précision à un droit préexistant, auquel il ne peut donc donner une opposabilité aux tiers qu'il n'avait pas ; par exemple, un jugement qui habituellement est déclaratif n'a, en principe, qu'un effet relatif (art. 1351). Cependant la filiation, à cause de son importance sociale, présente, à cet égard, une particularité ; les jugements relatifs à une filiation ont une opposabilité absolue, sauf tierce-opposition (art. 324)[216].

La situation est la même à l'égard de la reconnaissance ; puisqu'elle est un acte déclaratif, elle aurait dû, elle aussi, ne produire qu'un effet relatif ; mais la loi de 1972, développant un principe posé en 1955, lui a donné un effet absolu, la traitant, en ce sens, comme un acte constitutif. À cet égard, elle est donc beaucoup plus un mode de création – une admission – qu'un mode de preuve – une confession. Afin d'éviter les conflits de paternités, la loi en effet dit qu'un enfant ne pouvait être l'objet de reconnaissances successives émanant de personnes du même sexe ; on ne peut donc reconnaître un enfant déjà reconnu qu'en démontrant l'inexactitude de la première reconnaissance[217]. La règle a été étendue par l'ordonnance de 2005 à l'ensemble des modes d'établissement légaux de la filiation (art. 320).

La double nature de la reconnaissance retentit sur ses modes de contestation et d'annulation.

§ 3. Contestation et annulation de la reconnaissance

1196. Anéantissement de la reconnaissance. – D'une manière générale, il est courant que deux sortes d'actions permettent de faire disparaître un acte juridique. Ainsi, un contrat synallagmatique peut être anéanti soit par la nullité, soit par la résolution ; une solution comparable se trouve dans le mariage avec la

215. 1er ex. : l'enfant a droit à toutes les successions ouvertes depuis sa naissance même si le décès était antérieur à la reconnaissance. 2e ex. : deux pères (non) : dès lors que l'enfant a été reconnu, la mère ne peut réclamer d'aliments à un tiers : l'enfant ne peut, en effet, avoir deux pères, l'un ayant avoué la procréation, l'autre étant soumis à une obligation d'entretien : Cass. civ. 1re, 29 juin 1977, *Bull. civ.* I, n° 305 ; *D.* 1977, IR, 436, obs. D. Huet-Weiller : « *la reconnaissance d'un enfant naturel étant déclarative de filiation, ses effets remontent au jour de la naissance* ». Cependant, la promesse d'entretien faite par un tiers reste valable : Cass. civ. 1re, 30 juin 1976, *Bull. civ.* I, n° 237 : « *L'engagement d'entretien pris par un homme dans la croyance de sa paternité, pour satisfaire à un devoir de conscience, doit continuer à recevoir exécution malgré la légitimation dont l'enfant a été l'objet de la part d'un autre homme* » ; l'enfant a alors, en quelque sorte, deux pères, l'un juridique, l'autre nourricier. 3e ex. : Cass. civ. 1re, 12 décembre 2000, *Bull. civ.* I, n° 318 ; *D.* 2002.1879, obs. D. Autem ; *JCP* G 2001.II.10478, n. J. Casey ; en l'espèce, après avoir changé de régime matrimonial pour adopter la communauté universelle avec attribution de la totalité de la communauté au survivant, le mari avait reconnu un enfant naturel né avant ce changement ; jugé que cet enfant pouvait demander la nullité du changement de régime : « *La reconnaissance d'un enfant naturel étant un acte déclaratif et non constitutif de filiation, les droits en découlant remontent au jour de la naissance.* »

216. *Supra*, n° 1088.

217. Ex. : TGI Paris, 11 avril 1978, 2e esp., *D.* 1979, IR, 246, obs. D. Huet-Weiller. En l'espèce, un enfant avait été l'objet de deux reconnaissances paternelles successives. L'auteur de la seconde (et la mère) demandèrent la nullité de la première : « *faute d'avoir rapporté la preuve de la fausseté de la première reconnaissance* », ils ont été déboutés.

dualité du divorce et de la nullité. De même, deux causes d'inefficacité peuvent atteindre la reconnaissance, qui répondent à sa double nature juridique.

Parce qu'elle est la preuve d'une filiation, la reconnaissance est susceptible de contestation lorsqu'elle est inexacte (I) ; parce qu'elle est la volonté d'admettre un enfant dans une famille, elle est annulable si ne sont pas remplies les conditions de validité auxquelles un acte juridique est soumis (II). L'action la plus fréquemment exercée, la seule qui fasse l'objet d'une réglementation spécifique au titre de la filiation, est la contestation. De ce point de vue, l'élément de preuve l'emporte sur l'élément volontaire.

I. — Contestation

1197. À reconnaissance facile, filiation fragile. – Au fil des années, le législateur et le juge avaient construit un ensemble de règles très complètes pour encadrer la contestation de la reconnaissance. Cette réglementation était d'autant plus nécessaire que la reconnaissance est, comme on l'a souligné, un acte libre : la vérité de la filiation qu'elle affirme n'est en aucune façon une condition de sa recevabilité ; et l'on sait que la reconnaissance de complaisance, suivie ou non d'une légitimation par mariage, est une tradition culturelle française. La liberté de la reconnaissance favorise l'établissement d'une filiation : elle permet de donner un père à l'enfant. En contrepartie la loi et la jurisprudence ont largement ouvert l'action en contestation[218] : à reconnaissance facile, filiation fragile. Or cette fragilité de la filiation, accentuée par l'accès à la preuve biologique, a suscité l'inquiétude du législateur. Ne vaut-il pas mieux que l'enfant n'ait pas de filiation paternelle, plutôt qu'une filiation mensongère qui peut être remise en cause à tout moment ? Que si le prétendu père s'est occupé de l'enfant comme un père pendant de nombreuses années, ne faut-il pas fermer l'action plus rigoureusement qu'auparavant ? Certes, on risque d'enfermer la paternité dans un mensonge – ou dans une erreur – mais l'exigence de stabilité de la filiation ne l'emporte-t-elle pas sur les aléas de la vie ou les amours changeantes ?

De telles interrogations concernent l'ensemble du droit de la filiation[219]. Elles touchent particulièrement la contestation de la reconnaissance. Pour tenter de parvenir à un équilibre entre liberté et stabilité, mais aussi entre vérité biologique et réalité sociale, l'ordonnance de 2005 a opéré de profondes réformes. Tout d'abord, il a fondu l'action en contestation, auparavant régie par des textes propres à la reconnaissance (art. 339 anc.), dans le droit commun des actions relatives à la filiation (art. 318 et s.). Par contrecoup, il a soumis l'action aux nouvelles règles régissant les conditions de l'action (A) et ses modes de preuve (B). Il faut examiner ces points de façon spécifique, ne serait-ce que pour souligner les transformations apportées par la loi nouvelle.

A. Conditions de l'action

1198. Restrictions légales. – Jusqu'en 2005, l'action en contestation était largement attribuée et ses conditions en étaient très souples. Le nouveau système est au contraire des plus restrictifs. Il convient d'étudier ces conditions générales, avant de s'intéresser au cas particulier de l'action intentée par le ministère public, et au

218. Selon la jurisprudence, la loi étrangère qui n'admet pas la contestation de reconnaissance est contraire à l'ordre public français en matière internationale : Paris, 5 décembre 1991, *D.* 1992, 290, n. Fr. Boulanger : « *La loi de l'État fédéré de Bosnie-Herzégovine devrait être écartée au profit de la loi française, comme heurtant la conception française de l'ordre public international, en ce que cette législation énonce un principe d'irrévocabilité de la reconnaissance d'enfant naturel, disposition qui a pour effet d'interdire le rétablissement de la filiation véritable.* »

219. *Supra*, n°s 961 s.

principe d'irrecevabilité de la contestation en cas de recours aux procréations médicalement assistées.

1) Règles générales

a) Avant 2005

Selon l'ancien article 339, alinéas 1 et 3 : « *La reconnaissance peut être contestée par toutes personnes qui y ont intérêt, même par son auteur [...].*

Quand il existe une possession d'état conforme à la reconnaissance et qui a duré dix ans au moins depuis celle-ci, aucune contestation n'est plus recevable, si ce n'est de la part de l'autre parent, de l'enfant lui-même ou de ceux qui se prétendent les parents véritables. »

Tout dépendait donc de l'existence ou de l'absence de possession d'état et de sa durée.

1199. Absence de possession d'état de dix ans à compter de la reconnaissance. – Pouvait agir l'enfant lui-même, dont l'intérêt à rejeter une reconnaissance mensongère était évident ; l'autre parent ; le tiers qui se prétendait le père ; la mère de l'enfant ; « tout intéressé », dont l'intérêt pécuniaire ou moral était souverainement apprécié par le juge. Surtout, il fut très vite admis en jurisprudence que l'auteur de la reconnaissance pouvait lui aussi agir en contestation (solution que confirma l'art. 339 ancien). Cette possibilité ne contredisait nullement le caractère irrévocable de la reconnaissance. Dans le cas d'une reconnaissance de complaisance, la jurisprudence tenta d'en atténuer les conséquences par la mise en jeu de la responsabilité civile de son auteur.

La légitimation de l'enfant, qui suivait souvent une reconnaissance de complaisance, ne faisait nullement obstacle à l'action en contestation : la reconnaissance entraînait dans sa chute la légitimité de l'enfant : il n'était plus qu'un enfant naturel de la mère.

Faute de règles particulières, l'action en contestation était soumise au délai de droit commun de l'article 311-17 ancien : trente ans à compter du jour de la reconnaissance, le délai étant suspendu pendant la minorité de l'enfant (soit quarante-huit ans maximum pour agir !).

1200. Possession d'état de dix ans conforme au titre. – Pour limiter les excès de la contestation, l'article 339, alinéa 3 ancien, fermait l'action aux tiers et à l'auteur de la reconnaissance, lorsque l'enfant disposait d'une possession d'état conforme à la reconnaissance et qui avait duré dix ans : le temps consolide les situations de fait, même mensongères. Mais si l'action était restreinte, la filiation n'en demeurait pas moins relativement fragile, puisque, après ce délai, l'action restait ouverte à la mère, à l'enfant et à celui qui se prétendait le véritable père.

b) Ordonnance du 4 juillet 2005

En alignant l'action sur le droit commun des actions relatives à la filiation, l'ordonnance de 2005 a considérablement réduit les possibilités de contestation. Conformément aux articles 333 et 334 nouveaux, deux hypothèses doivent être distinguées[220].

1201. Possession d'état conforme au titre. – Lorsque la possession d'état est conforme au titre, seuls peuvent agir l'enfant, son père ou sa mère (ce qui englobe l'auteur de la reconnaissance puisqu'à la date où l'action est intentée, il est encore père ou mère de l'enfant en vertu de la reconnaissance contestée) et celui qui se prétend le parent véritable. Les délais pour agir sont considérablement abrégés : cinq ans à compter du jour où la possession d'état a cessé.

Surtout, selon l'article 333, alinéa 2, « *nul ne peut contester la filiation lorsque la possession d'état a duré au moins cinq ans depuis la naissance ou la reconnaissance, si elle a été faite ultérieurement* ». Au regard du droit antérieur, la rupture est double. D'une part, cinq ans de possession d'état suffisent à conforter la

220. *Infra*, n°s 1309 s.

filiation, et non plus dix. D'autre part, passés cinq ans de possession d'état conforme, la filiation ne peut être attaquée par quiconque[221].

1202. Titre sans possession d'état conforme. – Selon l'article 334 nouveau : « *À défaut de possession d'état conforme au titre, l'action en contestation peut être engagée par toute personne qui y a intérêt dans le délai prévu à l'article 321* », soit dans les dix ans du jour où la personne a été privée de l'état contesté.

1203. Qui perd la mère garde l'enfant. – L'ordonnance de 2005 devrait donc opérer une véritable révolution dans les mentalités comme dans les pratiques. Jusque-là en effet, le concubin ou le mari complaisant disposaient d'un large droit de repentir. Désormais, une possession d'état de cinq ans seulement verrouille la filiation à leur égard, comme pour tous. Le changement est plus radical encore pour la mère. Bien souvent en effet, la filiation de l'enfant était entre ses mains : elle conservait le droit d'agir en contestation alors même que les dix ans de possession d'état étaient constitués, alors même que celui qui s'était déclaré comme père avait pleinement assumé sa paternité. Elle ne pourra plus le faire si l'enfant jouit d'une possession d'état de cinq ans.

La règle n'est pas sans inconvénients : non seulement une filiation mensongère sera ainsi confirmée, mais il se peut que cette filiation ne corresponde plus à aucune réalité sociale et familiale. Tel sera le cas d'un enfant reconnu à l'âge de deux ans par le concubin de la mère, élevé par lui pendant six ans, et abandonné par son « père » après la rupture du couple. Ni la mère, ni le véritable père, ni, surtout, l'enfant devenu majeur, ne pourront faire tomber une filiation qui n'est plus qu'une fiction juridique. Le législateur n'est-il pas allé trop loin ? N'aurait-il pas été opportun de donner à l'enfant devenu majeur la possibilité de rompre le lien[222] ? Mais s'il y a eu possession d'état, il serait consternant de faire tomber une filiation vivante, enracinée dans les faits (même si les laborantins disent qu'elle n'est pas « vraie »).

Il est indispensable que les mentalités évoluent : la reconnaissance de complaisance n'est plus une décision prise d'autant plus facilement qu'elle peut être aisément remise en cause ; elle engage désormais son auteur, l'enfant, la famille. Par contrecoup, les nouvelles règles rendent plus nécessaire encore la création d'un statut du tiers : la reconnaissance de complaisance est souvent un moyen de prendre juridiquement en charge un enfant qui vit au foyer commun. Le procédé est commode, mais devient dangereux. Et l'adoption n'est pas toujours possible, ni opportune[223].

2) Droit d'agir du ministère public

1204. Fraude et invraisemblance. – Avant 1972, la jurisprudence avait décidé que le ministère public ne pouvait exercer à titre principal la contestation d'une reconnaissance, parce qu'elle mettait en cause « *l'honneur et la paix des familles*[224] ». Cette règle était liée à une conception fermée de la famille, dans laquelle l'État n'avait pas à intervenir. La loi de 1972 ouvrit l'action « *si des indices tirés des actes eux-mêmes rendent invraisemblable la filiation déclarée* » ; la loi du 5 juillet 1996 l'élargit aux hypothèses où la « *reconnaissance a été effectuée en*

221. Du moins pour l'action en contestation : sur l'action en nullité, *infra*, n° 1207.

222. *Infra*, n°s 1348 s.

223. Sur la question du statut du tiers, cf. *infra*, n°s 1630 s.

224. Arrêt de principe : Cass. civ., 17 décembre 1913, *Honoré Bodin*, *DP* 1914, I, 261, n. P. Binet ; *S.* 1914, I, 153, n. Ruben de Couder ; « *les questions de paternité et de filiation intéressent moins l'ordre public que l'honneur et le repos des familles qui doivent être protégées par la loi contre toute atteinte* ».

fraude des règles régissant l'adoption »[225]. L'article 336 nouveau dispose désormais que « *La filiation légalement établie peut être contestée par le ministère public si des indices tirés des actes eux-mêmes la rendent invraisemblable ou en cas de fraude à la loi* ». Est ainsi généralisée à l'ensemble des filiations « *légalement établies*[226] » une règle qui était à l'origine propre à la reconnaissance.

L'ordonnance de 2005 encadre strictement le droit d'agir du ministère public. Au titre de la preuve intrinsèque, pourrait être contestée par exemple une reconnaissance douteuse à raison de la faible différence d'âge entre l'enfant et l'auteur de la reconnaissance, ou la multiplicité de reconnaissances par la même personne[227]. *Sur la fraude à une règle d'ordre public*[228].

3) Procréation médicalement assistée

1205. Prohibition de la contestation. – Les lois de 1994 sur la bioéthique, confirmées par l'ordonnance de 2005, ont érigé le recours aux PMA en causes d'irrecevabilité de la reconnaissance paternelle : l'article 311-20, alinéa 2, dispose que « *Le consentement donné à une procréation médicalement assistée interdit toute action aux fins d'établissement ou de contestation de la filiation, à moins qu'il ne soit soutenu que l'enfant n'est pas issu de la procréation médicalement assistée ou que le consentement a été privé d'effet*[229] ».

B. Preuve

1206. Tous moyens. – Toute reconnaissance est présumée sincère et exacte ; la charge de la preuve de son inexactitude pèse donc sur celui qui la conteste. Selon que la contestation est relative à la maternité ou à la paternité, la preuve a un objet différent.

S'il s'agit d'une reconnaissance de maternité, il faut, pour la contester, démontrer l'absence d'accouchement ou le défaut d'identité de l'enfant. S'il s'agit de paternité, la preuve est libre : elle peut être faite par tous moyens[230]. Il n'est nécessaire, ni d'établir que le père et la mère ne se

225. Cf. Cass. civ. 1e, 16 juin 2011, n° 08-21.864, *RTD civ.* 2011, p. 525, obs. J. Hauser : en 1995 avait été reçue en France la reconnaissance conjointe d'une enfant née quelques jours auparavant à Oran. Le père est très âgé (il est né en 1911), la mère beaucoup plus jeune (elle est née, à Oran également, en 1967). Au cours d'une procédure pénale pour des faits d'abus de faiblesse et d'escroquerie, on découvre que le père n'est pas le père... et que la mère n'est pas la mère. Le parquet demande, et obtient, la nullité de la reconnaissance en se fondant – faute de mieux (l'action étant soumise aux règles applicables avant l'ordonnance de 2005, on ne pouvait invoquer la fraude à la loi) – sur la fraude aux règles régissant l'adoption.

226. Sur l'ambiguïté de ce terme, cf. *supra*, n° 1100.

227. Comme dans l'affaire Honoré Bodin, *supra*. Sans parler de la nullité de la reconnaissance paternelle faite par un transsexuel de sexe (biologique) féminin : ex. Cass. civ. 1re, 18 mai 2005, *Bull. civ.*, I, n° 24 ; *Dr. famille* 2005, n° 153, n. P. Murat.

228. *Infra*, n° 1057.

229. *Supra*, n° 1049.

230. Ex. : * Cass. civ. 1re, 21 février 1966, *Chaix*, *Bull. civ.* I, n° 131 ; *D.* 1966.338 : « *si la reconnaissance d'un enfant naturel est présumée l'expression de la vérité, la preuve contraire est réservée à tout intéressé qui peut contester cette reconnaissance en établissant par tous moyens qu'elle est mensongère* » ; en l'espèce, il avait été démontré que pendant la période légale de conception, l'auteur de la reconnaissance ne connaissait pas encore la mère. V. également, Aix-en-Provence, 12 mars 2002, préc., maintenu par Cass. civ. 1re 18 mai 2005 *supra*, notes 221 et 228 : reconnaissance de paternité par un transsexuel ; cf. aussi Cass. civ. 1re, 18 janvier 1989, *JCP* G 1989.IV.101 ; le « *fait que la mère de l'enfant en cause ait refusé de se soumettre à un examen comparé des sangs* » permet d'induire « *qu'il existait en l'espèce des présomptions graves précises et concordantes de la non-paternité de l'auteur* » de la reconnaissance. *Adde* Cass. civ. 1e, 15 mars 2013, n° 11-12.569, *AJ Fam.* 2013, p. 379, obs. C. Gattu : à l'occasion de l'ouverture d'une succession, la veuve et les trois enfants apprennent que

connaissaient pas lors de la conception de l'enfant[231], ni de recourir à une analyse sanguine, même si elle est demandée[232] ; il faut et il suffit de démontrer que l'auteur de la reconnaissance n'est pas le père. Le fait que la mère reconnaisse l'inexactitude de la reconnaissance ne suffit pas à en établir le défaut de véracité[233]. *Sur les conséquences de l'action en contestation*[234].

II. — Annulation

1207. Nullités absolue et relative. – Parce qu'elle constitue un acte juridique, la reconnaissance peut être nulle. L'existence d'une cause de nullité dispense son auteur d'en prouver l'inexactitude.

Il y a **nullité absolue** au cas de vice de forme de la reconnaissance, par exemple celle qui est faite par acte sous signature privée, ou de vice de fond[235].

Il existe deux causes de **nullité relative**.

La première tient à l'insuffisance de volonté. Le dol est le plus souvent invoqué : la mère, par des machinations, avait fait croire à l'auteur de la reconnaissance que l'enfant avait été conçu de ses œuvres. L'autre cause de nullité relative est l'erreur. La distinction entre contestation de la reconnaissance pour défaut de véracité ou de validité et nullité de la reconnaissance pour erreur sur la paternité est subtile. La jurisprudence paraît abandonner la distinction à l'égard des conflits de lois dans l'espace[236].

La seconde, plus rare, tient à l'établissement antérieur d'une filiation qui n'a pas été contestée (art. 320)[237].

Il arrive, très exceptionnellement, que soit annulée une reconnaissance de maternité[238]. Ces actions en nullité sont soumises au régime général des nullités relatives, avec les règles de confirmation leur sont propres. Si la nullité est prononcée, l'auteur de la reconnaissance qui a été trompé peut obtenir réparation du préjudice moral qu'il a subi et même le remboursement

---

le père a reconnu deux autres enfants nés en Côte d'Ivoire ; ils agissent en nullité et obtiennent gain de cause : les enfants prétendus ne se sont pas soumis à l'expertise biologique ordonnée et d'autres éléments (dates...) permettent au juge de déclarer mensongères les reconnaissances contestées.

231. * Cass. civ. 1re, 21 février 1966, *Chaix*, cité *supra* : « *en exigeant ainsi de X qu'il rapporte la preuve de l'impossibilité où il s'est trouvé d'avoir pendant ladite période des relations intimes avec la mère, alors qu'il lui suffisait d'établir le caractère mensonger de la reconnaissance par tous moyens, l'arrêt attaqué a, abusivement, étendu à la contestation de celle-ci une règle spéciale à l'action en désaveu de paternité* » (en ce temps-là, le désaveu du mari était soumis, en général, à de strictes conditions de preuve).

232. Cass. civ. 1re, 12 février 1985, *Bull. civ.* I, n° 57 ; *D.* 1986, IR, 65, 1re esp., obs. D. Huet-Weiller ; *Defrénois* 1985, article 33581, n° 77, obs. J. Massip : « *L'examen comparatif des sangs, qui constitue en matière de contestation de reconnaissance, non une fin de non-recevoir mais un moyen de preuve au fond, n'est pas obligatoire pour le juge.* »

233. Cass. civ. 1re, 16 juin 1992, *Bull. civ.* I, n° 183 ; *D.* 1993, som., 50 ; *Defrénois* 1993, article 35484, n° 8, obs. J. Massip ; *JCP* G 1992.IV.2379 : « *une telle reconnaissance étant un acte irrévocable, son auteur ne peut se rétracter par une simple dénégation, même formulée en accord avec la mère* » ; v. toutefois Toulouse, 8 mars 1994, *D.* 1996, som. 154, 2e espèce, obs. Fr. Granet : « *Dès lors que de l'aveu de la mère, l'auteur des reconnaissances ne pouvait être le père et que les intéressés* (les enfants) *ne contestent nullement cet état de fait, il y a lieu de déclarer mensongères lesdites reconnaissances et de les annuler.* »

234. *Infra*, n° 1346.

235. Ex. : avant l'ordonnance de 2005 la reconnaissance par un mari de l'enfant né de son épouse : Douai, 9 mai 2000, *D.* 2001.2865, n. D. Bourgault-Coudevylle, cité *supra*.

236. Paris, 16 avril 1996, *D.* 1997.344, n. S. Aubert.

237. Ex. : TGI Colmar, 6 juin 1998, *D.* 1978.106, n. D. Huet-Weiller ; en l'espèce, un enfant avait été reconnu par un homme, puis par un second qui épousa la mère et légitima l'enfant ; puis divorça ; jugé que la seconde reconnaissance et la légitimation devaient être annulées par application de l'art. 338 sans avoir à en démontrer l'inexactitude.

238. Cass. civ. 1re, 15 novembre 1996, *D.* 1998.34, n. J. Massip ; n.p.B.

des sommes qu'il a dépensées pour l'entretien de l'enfant[239], ce qui est choquant puisque c'est l'enfant qui en a été le bénéficiaire. Ces différentes sommes sont généralement symboliques[240].

1208. Survie de l'action en nullité. – Pas plus que le droit antérieur, l'ordonnance de 2005 ne traite de l'action en nullité. Du silence des textes on ne saurait conclure qu'elle aurait disparu. Il s'agit en effet d'une action traditionnelle, liée à la nature même de la reconnaissance en tant qu'acte juridique : ce qui est en cause est moins la vérité de la filiation que la validité de l'acte. Reste à savoir qui peut agir et dans quels délais. La question est d'autant plus délicate que l'ordonnance de 2005 a strictement limité les actions qu'elle nommait. Ainsi, la mère, l'auteur de la reconnaissance, les héritiers ou l'enfant lui-même pourraient être tentés d'agir en nullité pour tourner les limites de l'action en contestation de la filiation inscrites aux articles 333 et 334.

1209. Droit commun. – Conformément aux solutions antérieures[241], l'action en nullité est soumise au droit commun des nullités. Le délai pour agir posait cependant un problème particulier. Avant 2005, la question ne suscitait pas de difficultés pour les nullités absolues : l'action se prescrivait par trente ans, conformément au délai de droit commun mais aussi au délai de prescription des actions relatives à la filiation (art. 338 anc.). Qu'en était-il en revanche pour les nullités relatives ? Avant 1972, on considérait généralement qu'elles étaient soumises à la prescription trentenaire. La solution parut confortée en 1972 par l'article 311-7 (anc.) ; mais il était aussi proposé de transposer les conditions en général et les délais en particulier de l'ancien article 339, alinéa 3[242]. Dès lors que l'action vise la validité de l'acte et non la vérité de la filiation, on pourrait aujourd'hui songer à une application du délai de droit commun des nullités, *i.e.* désormais cinq ans. Mais l'article 321 nouveau, qui fixe un délai de dix ans pour les actions relatives à la filiation est un texte général, qui vise toutes les actions relatives à la filiation ; or l'acte attaqué constitue un mode d'établissement de la filiation ; dans sa chute, il entraînera la filiation qu'il établit : c'est ce délai spécial qui semble devoir être retenu[243].

1210. Soupape de sécurité. – Une telle interprétation permet en tout cas de marier vérité et stabilité. Maintenir une large action en nullité constitue en quelque sorte une soupape de sécurité, qui devrait permettre de tempérer les conséquences de la fermeture de l'action en contestation. De fait, si la fermeture de l'action est opportune au regard de la stabilité des filiations lorsque, par son comportement, le père a confirmé, en toute connaissance de cause, sa volonté de prendre en charge l'enfant, il paraît tout aussi opportun de laisser au père, et à l'enfant, la possibilité de remettre en cause le lien lorsque la situation repose sur un mensonge ou une erreur. Les juges devront cependant se montrer très vigilants, afin d'éviter que le contentieux ne se déplace, de l'action en contestation vers l'action en nullité, au mépris de l'objectif de stabilité.

En vertu de la règle *Quae temporalia...* la nullité peut être invoquée sans conditions de délais par voie d'exception[244].

N°s 1211-1220 réservés.

239. Rennes, 17 janvier 1992, *D.* 1993, som. 166, obs. Fr. Granet-Lambrechts : « *Suite à l'annulation de la reconnaissance de l'enfant naturel, demandée par la mère et le père véritable, doit être réparé le préjudice matériel et moral causé au concubin auteur de la reconnaissance à qui a été dissimulée volontairement sa non-paternité.* »

240. TGI Paris, 21 octobre 1997, inédit ; en l'espèce, l'auteur de la reconnaissance demandait... 500 000 F pour la réparation du préjudice moral que lui avait causé la tromperie dont il avait été victime : il obtint 8 000 F ; et... 107 577 F pour le préjudice matériel ; il obtint 10 000 F (les deux sommes allouées étaient presque symboliques). Pourtant, le droit de la responsabilité civile impose la réparation intégrale ; peut-être existe-t-il une sorte de compensation entre le dommage matériel subi par le faux père et les satisfactions humaines que l'enfant lui avait données ? Contre le recours à la responsabilité civile : J. Massip, n. *D.* 1984.390, sous Cass. civ. 1re, 1er février 1984.

241. Cf. Huet-Weiller et J. Hauser, *op. cit.*, n° 749 et réf. cit.

242. *Ib.*

243. Il n'est pas question en revanche d'appliquer les règles particulières des articles 333 et 334 car l'action ne tend pas à la vérité de la filiation.

244. Cass. civ. 1re, 21 décembre 1982, *Bull. civ.* I, n° 371 ; *D.* 1983, IR 331, obs. Huet-Weiller.

SECTION III
ÉTABLISSEMENT DE LA FILIATION PAR LA POSSESSION D'ÉTAT

1221. Le passé. – La place de la possession d'état dans l'établissement de la filiation a toujours été reconnue pour la filiation légitime même si en pratique elle ne jouait que dans des hypothèses marginales. Son rôle dans l'établissement de la filiation naturelle fut en revanche très discuté ; il est vrai que l'enjeu était d'une tout autre ampleur.

1222. Possession d'état et mariage. – Dans le Code Napoléon, c'était le mariage qui faisait la légitimité. La possession d'état n'intervenait qu'au titre de « preuve » du lien : la filiation des enfants légitimes se prouvait en principe par l'acte de naissance inscrit sur les registres de l'état civil (art. 319 anc.) ; à défaut de titre, l'article 320 anc. affirmait que « *la possession d'état constante de l'enfant légitime suffit* ». S'agissant d'une filiation légitime, la possession d'état était par nature indivisible (art. 321 anc.) : il ne suffisait pas que l'enfant eût été traité comme tel par sa mère ou par son père ; il devait l'avoir été comme l'enfant commun des époux[245]. Il était admis que la possession d'état d'enfant légitime prouvait complètement la filiation (art. 320 anc.), le fait de posséder cet état démontrant qu'en droit on en était titulaire. Quoique subsidiaire, la preuve par la possession d'état équivalait donc à la preuve par l'acte de naissance[246].

Si les deux modes de preuve étaient concordants, la filiation était inattaquable (art. 322 anc.) : lorsque l'enfant avait une possession d'état conforme à son titre[247], la preuve de sa filiation était incontestable[248] ; c'est-à-dire qu'on ne pouvait remettre en cause la maternité légitime, ni par contrecoup la paternité du mari. Il s'agissait d'une fin de non-recevoir à toute action en justice : ni l'enfant, ni les parents ne pouvaient discuter l'exactitude de cette filiation. Par l'effet de cette règle tutélaire, l'immense majorité des familles vivait en paix, car l'immense majorité des personnes a un acte de naissance et une possession d'état conformes.

Dans les cas exceptionnels où le titre n'était pas conforme à la possession d'état, une lecture *a contrario* de l'article 322, alinéa 2 ancien, permit la contestation de la filiation, qui est suspecte. Longtemps, cette lecture *a contrario* du texte n'avait eu pour objet que la contestation de la maternité[249]. Puis, la Cour de cassation étendit le raisonnement *a contrario* à la contestation de la paternité[250].

Il en allait tout autrement pour la filiation naturelle.

1223. Possession d'état et enfant naturel. – Le Code Napoléon avait gardé le silence sur la valeur probatoire de la possession d'état dans la filiation naturelle. La jurisprudence du début du XIXe siècle avait admis que la possession d'état pouvait faire la preuve de la filiation maternelle[251], non de la filiation paternelle ; l'article 340 ancien prohibait la recherche de la paternité naturelle et admettre que la possession d'état prouvait la filiation paternelle eût été une manière de tourner la prohibition légale[252].

245. *Supra*, n° 988.

246. Sur la valeur probatoire de la possession d'état, *supra*, n° 1008.

247. Il faut que l'acte de naissance soit régulier, ce qui ne serait pas le cas s'il ne mentionnait pas le nom du mari.

248. Le texte a été appliqué à un enfant né d'une PMA avec tiers donneur : après divorce, la mère avait voulu rattacher l'enfant à son nouveau foyer ; elle contesta, avec l'accord du premier mari, la paternité de celui-ci ; jugé que son action était irrecevable, en raison de la conformité du titre avec la possession d'état : Cass. civ. 1re, 14 juin 2000, *D.* 2001.969, obs. F. Granet, 2798, obs. Fr. Dekeuwer-Défossez ; *Defrénois* 2000.1313, obs. J. Massip ; *Dr. famille* 2000, n° 109, obs. P. Murat ; n. P. B. La loi de 1994 sur la bioéthique prévoit aussi une consolidation de la filiation résultant d'une PMA (art. 311-20 ; *supra*, nos 1049 s).

249. Ex. : PLANIOL et RIPERT, t. II, par A. Rouast, n° 751.

250. Cass. civ. 1re, 27 février 1985, cité *infra*.

251. Ex. : Bastia, 17 décembre 1834, Jur. gén., V° *Paternité et filiation*, n° 647.

252. Cass. civ., 13 mars 1827, Jur. gén., V° *Paternité et filiation*, n° 558 ; *S.* 1827.I.444.

Dans une analyse demeurée célèbre, Demolombe critiqua ce système, car il trouvait illogique de distinguer entre paternité et maternité ; il estimait que la possession d'état aurait dû, en tout état de cause, avoir une valeur probante, pour la paternité comme pour la maternité, pour la filiation naturelle comme pour la filiation légitime. Le père célibataire affichant sa paternité naturelle donne une preuve pleinement démonstrative de l'existence de sa paternité ; Demolombe ajoutait un argument technique afin de répondre à l'objection tenant à la prohibition de la recherche de la paternité naturelle : « *on ne recherche pas ce que l'on possède* »[253].

La Cour de cassation ne fut que partiellement, mais d'une manière contraire aux intentions de Demolombe, convaincue par le raisonnement ; elle estima que dans la filiation naturelle, la possession d'état était toujours équivoque et qu'elle devait, aussi bien à l'égard de la maternité que de la paternité, être dépourvue de valeur probante, même si elle corroborait un acte de naissance[254].

La loi de 1972, bien qu'elle fît une place importante à la possession d'état[255], ne modifia pas cette situation : la possession d'état en tant que telle ne faisait pas directement la preuve de la maternité naturelle et moins encore de la paternité naturelle. La question fut cependant discutée[256], doctrine et jurisprudence se divisant à l'occasion de l'affaire *Law-King*[257]. La loi du 25 juin 1982 intervint pour faire de la possession d'état un mode d'établissement autonome de la filiation hors mariage[258], aux côtés de la reconnaissance et du jugement (art. 334-8 anc.).

1224. La possession d'état constatée, mode volontaire d'établissement de la filiation. – À première vue, l'ordonnance de 2005 confirme cette évolution. En réalité, elle en transforme le sens. Certes, la possession d'état est inscrite au titre de l'établissement volontaire de la filiation, au côté de la reconnaissance, ce qui pourrait apparaître comme le triomphe posthume de Demolombe[259]. Mais selon l'article 310-1, alinéa 1, la filiation est légalement établie par la possession d'état lorsque celle-ci est « *constatée par un acte de notoriété* » ; de même, la filiation peut être établie par un jugement (art. 310-1, al. 2) constatant la possession d'état (art. 330). C'est dire que pour produire l'effet que la loi lui attache, *i.e.* l'établissement de la filiation, la possession d'état doit être constatée par un acte public. Tel n'était pas le cas auparavant ; la possession d'état *donnait* la filiation, sans qu'il fût

253. DEMOLOMBE, *Cours de Code Napoléon*, t. V, 2e éd., 1860, nos 477-480 *bis*. « *La possession d'état est une véritable reconnaissance ; lorsqu'un homme a constamment et publiquement traité un enfant comme le sien, lorsqu'il l'a présenté comme tel, dans sa famille, dans la société, lorsqu'il lui a donné son nom, lorsqu'il a, en qualité de père, toujours pourvu à ses besoins, à son entretien, à son éducation, il est impossible de ne pas dire qu'il l'a reconnu. Il est vrai que cette reconnaissance n'est pas consignée dans un acte ; tout ce qu'il faut en conclure, c'est qu'elle est plus complète et plus décisive encore* [...] *Son état, il le possède ! La paternité, elle est prouvée ! Elle est reconnue !* »

254. Cass. civ., 17 février 1851, *Boissin*, *DP*, 1851.I.113 ; *S.* 1851.I.161.

255. Cf. *supra*, n° 988.

256. Cf. sur ce débat, HUET-WEILLER, *op. cit.*, n° 758, *adde* CARBONNIER, p. 330 et réf. cit.

257. *Cass. civ. 1re, 8 mai 1979, *D.* 1979, 477, n. D. Huet-Weiller ; *JCP* G 1980.II.19301, n. Paire, *RTD civ.* 1979, obs. R. Nerson et J. Rubellin-Devichi et Cass. Ass. plén., 9 juillet 1982, *JCP* G 1983.II.19993, concl. Cabannes, *Defrénois* 1982, 1265, n. J. Massip, *RTD civ.* 1982, 584, obs. R. Nerson et J. Rubellin-Devichi ; sur l'ensemble de l'affaire, *GA civ.*, n° 46-47. En l'espèce, Law-King, originaire de Chine, était venu s'installer en 1938 à la Réunion, où il était décédé en 1972. Il laissait des enfants légitimes ainsi qu'un enfant naturel né à Canton en 1927. Cet enfant bénéficiait d'une possession d'état constante, mais il ne pouvait produire un acte de reconnaissance et se trouvait hors délai pour agir en recherche de paternité. La veuve et les enfants légitimes entendaient en conséquence l'exclure de la succession. Les juges du fond firent droit à son action en constatation d'état. Cassation au motif qu'une telle action est irrecevable. Sur renvoi, les juges de la cour d'appel de Saint Denis de la Réunion refusèrent de s'incliner. Quelques jours après la loi du 25 juin 1982, l'Assemblée plénière de la Cour de cassation rejeta le pourvoi : revirement *post-mortem*.

258. Cf. D. HUET-WEILLER, « L'établissement de la filiation naturelle par la possession d'état », *D.* 1982, chron. 185 ; J. MASSIP, « La preuve de la filiation naturelle par la possession d'état », *Defrénois* 1982, p. 1265 ; Ph. THÉRY, « La possession d'état d'enfant naturel, état de grâce ou illusion », *JCP* G 1984.I.3135.

259. Cf. *supra*.

besoin d'un acte ou d'un jugement : du fait naît le droit. L'acte de notoriété ou le jugement avaient seulement pour objet de prouver l'existence de la possession d'état dont découlait, par l'effet de la loi, une filiation. Désormais, les formules ambiguës du Code civil laissent entendre que pour produire effet, la possession d'état doit nécessairement être constatée selon un des deux modes de preuve prévus par les textes[260].

On peut se demander si cette évolution fut vraiment consciente ou si la volonté de « pétrifier » ainsi la possession d'état, par nature mouvante et évolutive, n'est pas « *symptomatique de la pente bureaucratique sur laquelle nous roulons, de notre goût policier pour les papiers bien en règle*[261] ». Elle retentit en tout cas sur l'ensemble des règles relatives à l'établissement de la filiation par la possession d'état, que l'enfant soit né en mariage ou hors mariage[262]. Dans les deux cas, l'ordonnance de 2005 apporte une innovation majeure : les mêmes règles étant désormais applicables aux enfants nés en mariage et hors mariage, la possession d'état produit les mêmes effets.

Comme la filiation, la possession d'état est toujours divisible, le rattachement de l'enfant à l'égard de son père et de sa mère se fait séparément, que les parents soient ou non mariés[263].

§ 1. Établissement de la filiation par la possession d'état constatée dans un acte de notoriété

Reprenant pour l'essentiel l'article 311-3 ancien (L. 1972 et 1993), l'article 317 (réd. loi du 13 déc. 2011) dispose : « *Chacun des parents ou l'enfant peut demander au juge du tribunal d'instance du lieu de naissance ou de leur domicile que lui soit délivré un acte de notoriété qui fera foi de la possession d'état jusqu'à preuve contraire.* »

I. — Conditions de délivrance de l'acte de notoriété

1225. Compétence. – L'article 317 donne au juge d'instance compétence pour délivrer l'acte de notoriété.

On s'est demandé si les notaires pouvaient aussi dresser des actes de notoriété[264]. La raison d'en douter tient au Code civil qui ne vise que le juge d'instance ; à quoi s'ajoutait la gravité des intérêts en jeu et l'incertitude de la notion. Pourtant, avait-on fait observer, il appartient traditionnellement au notaire d'établir un tel acte dans l'exercice de ses fonctions, particulièrement utile lors de la liquidation amiable d'une succession où est héritier un enfant ci-devant naturel qui n'avait pas été reconnu : comment calculer sinon les droits de chacun et procéder aux déclarations fiscales[265] ? En réalité, la similitude des appellations ne doit

260. Affirmation faite à plusieurs reprises par la circulaire du 30 juin 2006.

261. J. Carbonnier, *op. cit.*, p. 224.

262. Cf. J. Massip, « Le nouveau droit de la filiation », article préc., n°s 28 s., 47 s. et 59 ; P. Murat, « L'action de l'ordonnance du 4 juillet 2005 sur la possession d'état », *Dr. famille* 2006, n° 5.

263. Cf. *supra*.

264. Pour M. A. Guerriero, « Les actes de notoriété après la réforme de la loi du 3 janvier 1972 sur la filiation », Ann. Univ. sc. soc. Toulouse ; 1973, 227 ; J. Massip, obs. *Defrénois* 1994, art. 35845, n° 51. Dans Cass. civ. 1re, 15 décembre 1964, *Bull. civ.* I, n° 567 ; *D.* 1965, 290, un acte de notoriété avait été dressé par un notaire.

265. Exemple de formule notariale ; J. Massip, annexe à « La preuve de la filiation naturelle par la possession d'état », *Defrénois* 1982, art. 32935.

pas tromper : les deux actes, qui coexistent, n'ont ni la même nature ni les mêmes finalités. L'acte de notoriété délivré par le juge d'instance constate une réalité à laquelle la loi attache comme conséquence l'établissement de la filiation, qui sera d'ailleurs transcrite en marge de l'acte de naissance (cf. *supra*) : il produit des effets directs en matière de filiation. Au contraire, l'acte de notoriété dressé par le notaire a pour objet d'établir la qualité de successible, lors d'opérations successorales[266] ; établi pour l'essentiel sur les déclarations des ayants droit (art. 730-1, al. 4), éventuellement d'autres personnes (art. 730-1, al. 5), s'appuyant sur les actes de l'état civil, il n'a pas d'effet direct en matière d'état des personnes[267]. Il ne saurait d'ailleurs être question de transcription en marge de l'acte de naissance : il ne peut servir que pour les opérations en vue desquelles il a été rédigé.

La compétence du juge d'instance est exclusive : le tribunal de grande instance n'est pas compétent pour dresser un acte de notoriété ; il peut en revanche rendre un jugement constatant la possession d'état[268].

1226. Demandeur. – L'acte de notoriété est délivré à la demande des parents ou de l'enfant (art. 317) ; les autres personnes souhaitant faire constater la possession d'état doivent s'adresser au TGI pour obtenir un jugement[269]. L'acte est établi « *sur la foi des déclarations d'au moins trois témoins et, si le juge l'estime nécessaire, de tout autre document produit qui attestent une réunion suffisante de faits au sens de l'article 311-11* » (art. 317 al. 2).

1227. Modes de preuve. – La preuve de l'existence de la possession d'état se fait par tous moyens. Il appartient au juge d'apprécier la consistance et la pertinence des déclarations qui lui sont faites et des divers éléments produits. « *S'il estime insuffisants les témoignages et documents produits* », il peut « *faire recueillir d'office par toute personne de son choix des renseignements sur les faits qu'il y aurait lieu de constater* » (C. pr. civ., art. 1157). Le décès du parent prétendu n'interdit nullement la délivrance d'un tel acte. En pratique, c'est dans cette hypothèse que l'acte de notoriété est sollicité, faute de reconnaissance et hors délai de toute action en recherche de paternité.

Il n'est pas certain que le juge procède toujours aux vérifications nécessaires[270] ; il n'est pas certain non plus qu'il connaisse les conséquences qui s'attacheront à la filiation ainsi établie. Pourtant, ni l'acte ni le refus de le délivrer ne sont sujets à recours (art. 317 dernier alinéa). On évite ainsi un contentieux et l'on renforce la crédibilité de l'acte. Mais compte tenu de l'importance des effets qui lui sont attachés, il serait bon que les juges d'instance ne délivrent l'acte de notoriété qu'après de stricts contrôles.

---

266. *Droit des successions*, coll. Droit civil.

267. À l'inverse, l'acte de notoriété délivré par le juge des tutelles fait foi de la possession d'état jusqu'à preuve contraire et permet donc l'établissement du lien de filiation, nonobstant le fait que l'acte de notoriété délivré par le notaire ne mentionne comme héritiers que les deux enfants reconnus par le *de cujus* : Cass. civ. 1re, 5 mars 2002, *D.* 2002, somm. p. 2118, obs. Fr. Granet ; *Dr. famille* 2002, n° 96, n. P. Murat ; *Defrénois* 2002, 1163, obs. J. Massip.

268. *Infra*, n° 1230.

269. *Infra*, n° 1230. Cassation de l'arrêt qui, pour déclarer irrecevable une action en constatation de sa possession d'état intentée par un enfant naturel, énonce que sa filiation est suffisamment établie par l'acte de notoriété délivré par le juge des tutelles, sans qu'il soit établi que cet acte ait été délivré à la requête de l'enfant ou de ses parents : Cass. civ. 1re, 16 mai 2000, *D.* 2000, 711, n. J. Massip et 2001, somm. p. 975, obs. Fr. Granet ; *Dr. famille* 2000, n° 84, n. P. Murat ; n.p.B.

270. F. Dekeuwer-Défossez, « Le droit de la filiation à l'épreuve des pratiques administratives et judiciaires », *D.* 1986, chron., p. 304, et les observations de D. Huet-Weiller et J. Hauser, *op. cit.*, n° 504.

1228. Délais. – Afin d'éviter certains débordements, l'article 317, alinéa 3, dispose que « *la délivrance de l'acte de notoriété ne peut être demandée que dans un délai de cinq ans à compter de la cessation de la possession d'état alléguée ou à compter du décès du parent prétendu, y compris lorsque celui-ci est décédé avant la déclaration de naissance* ». De fait, avec le temps, la force des témoignages faiblit. Restera à prouver à quelle date la possession d'état a cessé, ce qui ne fait que déplacer en partie le problème. On s'était demandé si le décès ne mettait pas fin, par lui-même, à la possession d'état. Mais quelque chose reste du *tractatus* et de la *fama* au-delà de la mort. Pragmatique, le législateur de 2009 a tranché : la délivrance de l'acte ne peut être demandée plus de cinq ans après le décès du père prétendu.

Au-delà des cinq ans, ou en cas de difficulté de preuve, les personnes intéressées peuvent toujours s'adresser au TGI pour faire constater la possession d'état[271].

II. — Effets de la constatation de la possession d'état par un acte de notoriété

1229. Constatation de la possession d'état et établissement de la filiation. – L'acte de notoriété constate l'existence de la possession d'état. Au-delà, il déclenche le jeu de l'article 317, alinéa 4 : la preuve de l'existence de la possession d'état entraîne établissement de la filiation.

Selon l'analyse classique, ce n'était pas à proprement parler l'acte de notoriété, (pas plus que le jugement constatant l'existence d'une possession d'état), qui établissait la filiation[272], mais l'existence même de cette possession d'état, dont l'acte ou le jugement était seulement la preuve : ils cristallisaient les éléments de possession et leur faisait produire tous leurs effets, jusque-là en suspend. Une fois muni de cette preuve, le possédant était légalement tenu pour l'enfant de celui ou de celle à l'égard de qui la possession avait été constatée. À celui qui le contestait d'apporter la preuve contraire.

L'ordonnance de 2005 infléchit le sens de la règle. Pour produire l'effet que la loi lui attache, la possession d'état doit être constatée. La possession d'état « nue », fût-elle établie par des témoignages, des attestations, des documents personnels ou officiels, n'aurait pas cet effet. Elle doit « s'incarner » dans un « titre » dont le statut est pour le moins ambiguë, car les nouveaux textes tendent à l'assimiler aux autres titres, acte de naissance et reconnaissance (art. 310-3) alors qu'il n'en a nullement la fiabilité.

Le lien de filiation ainsi établi est mentionné en marge de l'acte de naissance[273]. La règle, introduite par la loi du 8 janvier 1993[274], est utile en ce qu'elle permet de stabiliser la filiation et d'en informer les tiers.

Tout aussi incertaines sont les règles relatives à l'établissement de la filiation par la possession d'état constatée dans un jugement.

271. *Infra*, n° 1233.

272. *Infra*, n° 1234.

273. Le juge qui délivre l'acte de notoriété en donne aussitôt avis au procureur de la République du lieu où est détenu l'acte de naissance de l'intéressé. Il appartient à celui-ci de faire « *procéder à la mention du lien de filiation ainsi établi en marge de l'acte de naissance de l'enfant* » (C. pr. civ., art. 1157-1, al. 2).

274. Sur l'ambiguïté de la situation antérieure, cf. D. Huet-Weiller et J. Hauser, *op. cit.*, n° 505.

§ 2. Établissement de la filiation par la possession d'état constatée dans un jugement

1230. Consécration, transformation. – La possession d'état est un mode d'établissement extra-judiciaire de la filiation. Mais il peut être nécessaire d'agir en justice pour faire constater son existence : tel est le cas lorsque le juge des tutelles refuse de délivrer l'acte de notoriété ou que l'existence d'une possession d'état est contestée par un tiers. Pourraient aussi agir un héritier ou toute personne qui aurait intérêt à faire constater l'existence de la possession d'état.

L'article 330, L. 16 janvier 2004 dispose que « *La possession d'état peut être constatée à la demande de toute personne qui y a intérêt dans le délai de dix ans à compter de sa cessation ou du décès du parent prétendu* ». Est ainsi consacrée par la loi l'action en constatation de la possession d'état créée par la jurisprudence au lendemain de la loi de 1982[275]. Là encore, l'ordonnance de 2005 en a profondément, quoique peut-être inconsciemment, transformé la nature (I) et, par contrecoup, le régime (II) et les effets (IV). Se pose surtout le problème de la vérité de la filiation que l'on prétend faire constater (III).

I. — Nature de l'action

Il était traditionnellement admis que l'action en constatation de la possession d'état avait pour seul objet de constater l'existence d'une possession d'état, une possession d'état utile, dont découle, par le seul effet de la loi, l'établissement du lien de filiation. L'ordonnance de 2005 rend l'analyse beaucoup plus incertaine.

1231. Analyse classique. – De la finalité de l'action se déduisait sa nature. Portée devant le TGI, l'action avait en principe pour finalité de constater l'existence de la possession d'état, *i.e.* l'existence d'une réunion suffisante de faits révélant le lien de filiation que la loi lui attache. Il ne s'agissait nullement de rechercher judiciairement une filiation[276]. Elle fut créée par la pratique au lendemain de la loi de 1982 qui avait érigé la possession d'état en mode autonome d'établissement de la filiation. Il était admis qu'il ne s'agissait pas d'une action d'état, même si elle était partiellement soumise aux règles générales des actions relatives à l'établissement de la filiation[277] ; et l'on hésitait sur les termes permettant de caractériser cette action *sui generis*[278].

1232. Métamorphose. – Désormais, la possession d'état n'établit la filiation que si elle est constatée[279]. En elle-même, la possession d'état ne *confère* pas juridiquement l'état. Seule sa constatation permet de créer le lien. L'action en constatation de la possession d'état inscrite à l'article 330 est non seulement une action en constatation, mais aussi une action en établissement de la filiation. C'est d'ailleurs à ce titre qu'elle apparaît dans le Code civil. D'action *sui generis*, l'action en constatation tend à devenir une action d'état.

275. J. Massip, « La preuve de la filiation naturelle pas la possession d'état », *Defrénois* 1982, 1265 ; D. Huet-Weiller, « L'établissement de la filiation naturelle par la possession d'état », article préc.

276. Sur l'action en recherche de maternité ou de paternité, cf. *infra*, n°s 1251 s.

277. *Supra*, n° 1224.

278. « *Action en déclaration d'un état légalement existant* », « *action déclarative de la preuve qui ne fait que la constater et dont l'existence est antérieure* », etc. : J. Hauser, *RTD civ.* 1997, 406 ; J. Massip, *Defrénois* 1997, 304.

279. *Supra*, n° 1224.

II. — Régime de l'action

1233. Qui et quand ? – 1° Comme auparavant, et conformément au droit commun de l'action en justice, l'action en constatation de la possession d'état est ouverte à **tout intéressé**. De fait, chacun peut avoir intérêt à ce que soit constatée une possession d'état dont découle l'établissement d'un lien de filiation.

2° Le **délai** pour agir est en revanche régi par des règles spécifiques : selon l'article 330 (L. 16 janvier 2009), elle peut être constatée « *dans le délai de dix ans à compter de sa cessation ou du décès du parent prétendu* ». De fait, la nature mouvante et incertaine de la possession d'état s'accommode mal de la formule ambiguë de l'article 321 : « *dix ans à compter du jour où la personne a été privée de l'état qu'elle réclame* ». L'action peut donc être intentée alors que l'enfant est en pleine possession de son état, ou dans les dix ans qui suivent le moment où cette possession a disparu ou du moins est devenue si contestable et ambiguë qu'elle ne peut plus être considérée comme utile.

On s'était demandé si la mort du parent qui a traité l'enfant comme le sien jusqu'à son décès mettait fin à la possession d'état. Oui, disaient les uns[280]. Mais si une certaine forme de *tractatus* prend fin au décès, d'autres peuvent lui survivre (à travers les rites funéraires ou le *tractatus* des proches du défunt) et la *fama* demeure ; le point de départ du délai doit être fixé à l'époque où les différentes formes de *fama* ou de *tractatus* ont perdu leur signification[281]. L'inconvénient en serait que le point de départ du délai pour agir serait des plus vagues. La loi de ratification de l'ordonnance de 2005 a tranché la difficulté de façon pragmatique quoique peu logique : elle reconnaît l'existence d'une possession d'état *post mortem*, mais bloque en quelque sorte ses effets : sa constatation judiciaire (donc son efficacité) ne peut intervenir que dans les dix ans suivant le décès[282]. La règle énoncée par l'article 330 a l'avantage de contribuer à la stabilité de l'état : d'anciennes possessions d'état, mortes depuis plus de dix ans, ne pourront pas être ressuscitées à des fins, notamment, successorales[283]. Mais *quid* des possessions d'état encore vivantes ? Celui qui voudrait établir la filiation devra utiliser d'autres voies, une action en recherche de paternité ou de maternité en particulier, si les délais pour agir le lui permettent.

1234. Objet et modes de preuve. – S'il ne s'agit que de constater l'existence de la possession d'état, *i.e.* l'existence d'une réunion suffisante de faits qui révèlent le lien de filiation et de parenté, la preuve peut en être faite par tous moyens.

280. J. Hauser, *Des filiations à la filiation*, art. préc., p. 11 ; en ce sens, Paris, 25 janvier 1994. *D.* 1994, IR 117, obs. Fr. Granet ; *RTD civ.* 1994, 338, obs. J. Hauser ; TGI Paris. 7 mars 2000, *RTD civ.* 2001, 121, obs. J. Hauser : l'enfant né en 1924 avait retrouvé sa mère longtemps après et fut traité par elle dans les conditions d'une possession d'état.

281. En ce sens P. Murat, « L'action de l'ordonnance du 4 juillet 2005 sur la possession d'état », art. préc., n° 13.

282. Cinq ans à compter du décès pour un acte de notoriété (art. 317, *supra*). Si les enfants sont mineurs, le délai de dix ans, suspendu pour cause de minorité, court à compter de cette date et non à compter de leur majorité (cf. Cass. civ. 1e, 23 novembre 2011, n° 10-26.993, *D.* 2012, p. 1432, obs. F. Granet-Lambrechts).

283. Chargée d'examiner une QPC arguant de la contrariété des délais instaurés par l'article 333 à la Déclaration des droits de l'homme et du citoyen, la Cour de cassation a refusé la transmission au Conseil constitutionnel au motif que « *la question posée ne présente pas un caractère sérieux, en ce que l'article 333 du Code civil (...) répond à une situation objective particulière dans laquelle se trouvent toutes les personnes bénéficiant d'une possession d'état, en distinguant selon la durée de celle-ci, afin de stabiliser leur état, dans un but d'intérêt général et en rapport avec l'objet de la loi qui a recherché un équilibre entre les composantes biologiques et affectives de la filiation, dans le respect de la vie privée et familiale des intéressés* » (Cass. civ. 1re, 24 février 2011, n° 10-40.068, *RTD civ.* 2011, p. 334, obs. J. Hauser).

Reste à savoir si le débat sur l'existence d'une possession d'état peut se doubler d'un débat sur la vérité de la filiation que l'on prétend établir par le biais de possession d'état.

III. — Vérité de la filiation

1235. Apparence et vérité biologique. – L'existence d'une possession d'état ne signifie pas nécessairement que la filiation en cause soit conforme à la vérité biologique. S'il a des doutes, le juge pourrait-il ordonner une expertise biologique ? Si l'action a uniquement pour objet de démontrer l'existence d'une possession d'état à laquelle est attaché par le seul effet de loi l'établissement d'une filiation, une réponse négative s'impose : l'action porte sur l'existence de la possession d'état, non sur la vérité de la filiation qui en découle. En revanche, si l'objet de l'action tend à la fois à constater l'existence de la possession d'état et à établir judiciairement la filiation, la question de la vérité biologique de la filiation doit pouvoir être débattue. Ce qui est devenu le cas au lendemain de l'ordonnance de 2005 : qu'il y ait eu fusion volontaire ou confusion involontaire, l'action en constatation de la possession d'état tend à établir judiciairement la filiation. Dès lors, même s'il existe des moyens de contester ultérieurement la filiation déjà établie, le problème général de la filiation, dans toutes ses dimensions, apparence et vérité, devrait être abordé.

1236. Possesseurs contre experts. – Il semble donc que le juge devrait non seulement pouvoir ordonner une expertise biologique, mais encore que celle-ci devrait être de droit, comme pour toute action tendant à établir la filiation. La Cour de cassation a adopté une position contraire dans un arrêt du 16 juin 2011[284] : « *en matière de possession d'état, il ne peut y avoir lieu à prescription d'une expertise biologique* ». Malgré le caractère sans appel de la formule utilisée, il convient de remarquer que la décision a été rendue au visa des textes antérieurs à l'ordonnance de 2005[285]. De plus, écarter l'expertise en dehors des hypothèses très particulières posées par la jurisprudence, favoriserait les stratégies de contournement des conditions désormais très strictes qui encadrent l'établissement judiciaire de la filiation[286]. Enfin, les règles qui gouvernent l'action en contestation d'une filiation établie par une action en constatation de la possession d'état sont pour le moins incertaines[287]. En toute hypothèse, il vaut mieux purger la situation tout de suite[288].

1237. Intervention des tiers. – Reste à savoir comment des « tiers » pourraient être attraits au procès et demander une telle expertise. De fait, l'action n'est pas dirigée contre un particulier, héritier ou membre de la famille notamment. Puisque l'on fait de l'action en constatation de la possession d'état une action aux fins d'établissement d'un lien de filiation, pourrait-on étendre par analogie les règles de l'article 329, qui prévoit à son alinéa 3 que l'action aux fins d'établissement de la filiation est exercée contre le parent prétendu ou ses héritiers, et à défaut contre l'État ? Il conviendrait également de faire application de l'article 324, alinéa 2, selon lequel « *les juges peuvent d'office ordonner que soient*

284. Cass. civ. 1re, 16 juin 2011, n° 08-20.475, *D.* 2011, 1757, obs. C. Siffrein-Blanc, *AJ famille* 2011, obs. F. Chénedé, *RTD civ.* 2011, p. 524, obs. J. Hauser.

285. Cass. civ. 1re, 6 décembre 2005, préc.

286. P. Murat, note sous Cass. civ. 1re, 6 décembre 2005, préc.

287. *Infra*, n°s 1329 s.

288. P. Murat, « L'action de l'ordonnance du 4 juillet 2005 sur la possession d'état », article préc., n° 16.

mis en cause tous les intéressés auxquels ils estiment que le jugement doit être rendu commun[289] ».

Le débat sur l'existence de la possession d'état peut donc se doubler d'un débat sur la « vérité » de la filiation. Dès lors, de deux choses l'une. Ou bien la filiation vécue correspond à la filiation biologique. Dans ce cas, elle est établie et inattaquable, comme elle le serait au terme d'une action en recherche de paternité ou de maternité. Ou bien est apportée au tribunal la preuve de la non-paternité ou de la non-maternité (biologique) : cette preuve interdit, semble-t-il, que soit établie la filiation, malgré l'existence d'une possession d'état. Est-ce à dire que la possession d'état peut être écartée quelle que soit sa durée ? Le silence des textes l'imposerait, mais on pourrait être tenté de dire que l'action en constatation-établissement se double alors d'une action en contestation préventive (en quelque sorte), soumise aux délais de l'article 334 : la contestation ne pourrait donc réussir si la possession d'état avait duré plus de dix ans. Si la règle selon laquelle une possession d'état de dix ans rend la filiation établie par constatation de la possession d'état inattaquable, n'est pas contraire à la philosophie de l'ordonnance de 2005 (le titre nu suffirait également à rendre la filiation inattaquable lorsque l'enfant a joui pendant dix ans de l'état qui lui est contesté, art. 334, *supra*), elle n'est inscrite dans aucun texte. Pourtant, il faut trouver un moyen de stabiliser la filiation en présence d'une possession d'état de longue durée : la stabilité de son état est nécessaire à la stabilité de l'enfant[290].

IV. — Effets de l'action en constatation

1238. Établissement de la filiation. – La possession d'état judiciairement constatée entraîne l'établissement de la filiation. Mention en sera portée en marge de l'acte de naissance. Les conséquences de cet établissement peuvent être anticipées par le juge : au titre des dispositions communes aux actions relatives à l'établissement de la filiation, il est en effet prévu (art. 331) que le tribunal statue « *sur l'exercice de l'autorité parentale, la contribution à l'entretien et à l'éducation de l'enfant et l'attribution du nom* ». Le recours à ce texte contribue toutefois au « court circuit » provoqué en la matière par l'ordonnance de 2005 : sont fondus en une même instance l'établissement de l'existence d'une possession d'état, l'établissement judiciaire d'une filiation et le règlement des conséquences de cette filiation.

N°s 1239-1250 réservés.

SECTION IV
ÉTABLISSEMENT JUDICIAIRE DE LA FILIATION

1251. Tentations biologiques. – Les actions en justice à fin d'établissement de la filiation maternelle ou paternelle ont longtemps suscité la plus vive méfiance : comment s'assurer en effet de la vérité, ou tout au moins, de la plus grande vraisemblance possible, de la filiation revendiquée ? L'ouverture de l'action ne risque-t-elle pas d'être cause d'abus et de scandales ? Les progrès de la science et l'évolution des mentalités ont conduit à une banalisation de ces actions. Elles restent cependant à part. En témoigne leur place dans le Code civil qui, curieusement, regroupe en un même chapitre les actions relatives à la filiation (chapitre III), par opposition aux règles relatives à « l'établissement » de la filiation (chapitre II).

289. *Supra*, n° 1086.
290. Comp. J. MASSIP, « Le nouveau droit de la filiation », article préc., n° 49.

En fait, le législateur est partagé entre la tentation d'ouvrir largement les actions, ce que justifieraient les progrès de la biologie, et au contraire la volonté de maintenir la paix dans les familles et plus encore aujourd'hui le souci de préserver la stabilité de l'état des personnes. L'établissement judiciaire de la filiation reste donc exceptionnel, qu'il s'agisse de la maternité (§ 1) ou de la paternité (§ 2).

§ 1. Établissement judiciaire de la maternité

1252. Fusion des actions. – Les actions en recherche de maternité sont rares. Elles devraient l'être plus encore avec la généralisation de la règle *Mater semper certa*. Elles supposent aujourd'hui que l'enfant n'ait ni titre (acte de naissance ou reconnaissance), ni possession d'état (mode autonome d'établissement de la filiation dont il suffirait de faire constater l'existence pour que soit établie la maternité), à l'égard de la femme qu'il prétend être sa mère.

Avant l'ordonnance de 2005, la loi distinguait l'action en recherche de maternité légitime (action en réclamation d'état, art. 323 anc.) et l'action en recherche de maternité naturelle (art. 341 anc.). Elles sont aujourd'hui confondues en une action unique en recherche de maternité régie par l'article 325 (I). Les circonstances exceptionnelles que suppose une telle action avaient jadis conduit le législateur à l'entourer de précautions ; la certitude scientifique de la maternité a permis de lever certains obstacles ; mais d'autres impératifs (respect de la paix des familles, stabilité des filiations, respect de l'anonymat de la femme qui accouche), conduisent à un strict encadrement (II) d'une action dont les conséquences directes (sur la maternité) et indirectes (sur la paternité, par le jeu de la présomption de paternité), doivent être précisées (III).

I. — Unification des actions

1253. Évolution. – Reprenant l'héritage de l'Ancien droit, le Code Napoléon avait admis la recherche judiciaire de la maternité légitime comme de la maternité naturelle. La première tendait à établir la maternité d'une femme mariée, et, par contrecoup, établissait la paternité du mari de la mère par le jeu de la présomption de paternité ; au-delà de la maternité, l'action avait donc pour objet la légitimité de l'enfant. La seconde action ne concernait que la maternité, compte tenu du caractère divisible de la filiation hors mariage. L'une et l'autre n'avaient pas été admises sans précautions, notamment en matière de preuve. Les réformes successives, et plus encore la jurisprudence, en avaient peu à peu atténué la rigueur, tout en rapprochant leur régime. L'ordonnance de 2005 en a opéré la fusion.

A. Anciennes actions en réclamation d'état d'enfant légitime et en recherche de maternité naturelle

1) Réclamation d'état d'enfant légitime

1254. Romans juridiques. – Une telle action supposait des circonstances exceptionnelles et parfois scandaleuses : enfant né d'un mariage secret, que l'on cache ou que l'on perd[291] ; enfant

291. Les romans du XIXe s. en furent friands, du *Capitaine Fracasse* au *Bossu*.

enlevé par des brigands[292] ou par la famille[293] ; enfants disparus dans les drames de la guerre[294] ou dans la fureur des éléments[295]. Fantasme ou réalité (aujourd'hui, le fantasme de l'échange des bébés à la maternité[296] a remplacé celui de la nourrice infidèle ou des bohémiens voleurs d'enfants, en attendant que le cinéma ne construise demain ses scénarios sur des manipulations maladroites ou malicieuses d'éprouvettes et de gamètes congelés), le thème de l'enfant volé, perdu et retrouvé constitue un ressort inépuisable de la littérature et du cinéma.

Si les scènes de reconnaissances permettent de dénouer les situations les plus complexes ou de faire triompher les amours les plus compromises[297], le caractère douteux, voire suspect, de telles retrouvailles, la peur du scandale et, surtout, des abus ou des fraudes, expliquent la méfiance du législateur. D'autant que jusqu'à une époque récente, la preuve de la maternité restait en toute hypothèse incertaine : comment, faute de certitude biologique, être sûr que tel enfant est bien celui dont telle femme aurait, jadis, accouché ? En 1804, le législateur exigeait de l'enfant qu'il prouvât « *qu'il est identiquement le même que l'enfant dont elle* (la mère réclamée) *est accouchée* » : la preuve par témoins n'était admise que « *lorsqu'il y a commencement de preuve par écrit, ou lorsque les présomptions ou indices résultant de faits dès lors constants, sont assez graves pour déterminer l'admission* » (art. 323 anc., réd. 1804). La question des « adminicules » suscita une abondante littérature[298].

En pratique, la jurisprudence se montra si libérale qu'on pouvait en conclure que, de fait, la preuve de la maternité était libre. La loi du 8 janvier 1993 en tira partiellement les conséquences : la preuve de la filiation ne pouvait être judiciairement rapportée « *que s'il existe des présomptions ou indices assez graves pour en déterminer l'admission* » (art. 323 anc., L. 1993). Bien qu'en théorie ces indices ne fûssent pas par eux-mêmes pleinement démonstratifs de la maternité alléguée, ils donnaient à celle-ci une vraisemblance telle qu'ils suffisaient souvent à convaincre le juge.

La bienveillance judiciaire se manifestait également dans l'action en recherche de maternité naturelle.

---

292. Ou encore par vengeance politique, cf. *L'homme qui rit,* de Victor Hugo.

293. Cf. les hypothèses de vengeance familiale et dynastique échaffaudées pour résoudre l'énigmatique destin de Gaspard Hauser (enfant mystérieux, trouvé en 1828 à Nuremberg, sachant à peine parler, recueilli par la charité publique ; après plusieurs tentatives de meurtre, il fut assassiné en 1833, on ne sait par qui).

294. Ex. : **Histoire de Loubette** : Cass. req., 27 janvier 1818, *D. Jur. gén.*, V° *Paternité et filiation*, n° 229. En l'espèce, suivant l'armée vendéenne, Duvau de Chavagne, sa femme et ses enfants (dont Loubette, âgée de quatre ans) traversèrent la Loire en 1793 pour passer sur la rive droite. À la suite des combats contre les républicains, toute la famille mourut, sauf Loubette que ses parents, avant de mourir, avaient confiée à un aubergiste « *enveloppée de langes et couverte d'une petite robe de molleton blanc* ». Trois semaines après (janvier 1794), l'aubergiste, après l'avoir dépouillée de sa robe, la mit dans une charrette conduisant des prisonniers à Nantes, sans doute destinée aux noyades de Carrier. Quelques jours après, le colonel Lepic, de l'armée républicaine, découvrit sur le bord de la route menant à Saint-Laurent-sur-Sèvre, « *une femme renversée d'un coup de feu à la suite d'une charge contre des Vendéens fugitifs ; cette femme tenait un enfant dans ses bras* ». Le colonel confia l'enfant à des demoiselles nantaises, qui l'appelèrent Clémentine. 15 ans s'écoulèrent. En 1810, à Nantes, la belle-mère de Duvau de Chavagne découvrit Loubette, alias Clémentine, et s'écria : « *Voilà bien le portrait de sa maman* ». Mais le reste de la famille refusa de reconnaître Loubette en Clémentine. Une autre jeune personne prétendit aussi être Loubette, mais elle n'avait pas « *un signe placé sur le cou, ni un petit bonnet vendéen* », etc. Loubette exerça alors une réclamation d'état qu'accueillit la cour d'Angers, approuvée par la Cour de cassation. Aujourd'hui les « méthodes médicales certaines » auraient permis de régler la question en un trait de temps. V. aussi J. A. Tournerie, *Justice et identité sous la restauration*, L'Harmattan, 2001.

295. Molière, *L'Avare*.

296. Cinéma : *La vie est un long fleuve tranquille* de Et. Chatillier (1988).

297. Beaumarchais, *Le mariage de Figaro*. Oscar Wilde s'en amuse dans *De l'importance d'être constant* : son héros sauve son mariage en découvrant qu'il est l'enfant perdu d'une noble famille (sa nurse l'oublia jadis à la consigne de la gare Victoria) et produit comme pièce à conviction... le sac de voyage qui lui avait servi de Moïse.

298. Cf. *infra*, n° 1261.

2) Recherche de maternité naturelle

1255. Maternité sous contrôle. – Le **Code Napoléon** ne faisait de l'acte de naissance une preuve de la maternité naturelle que sous certaines conditions[299]. Aussi ouvrit-il assez largement la recherche en justice de la maternité naturelle. Les circonstances particulières dans lesquelles l'action était intentée, et, en toute hypothèse, les incertitudes de la preuve et la peur du scandale, conduisirent le législateur à mettre en place un système plus contraignant encore que pour l'action en réclamation de maternité légitime. Non seulement l'action était fermée lorsque la maternité recherchée eût été adultérine ou incestueuse (art. 342 anc.), mais encore la preuve par témoins n'en était admissible que lorsqu'il y avait un commencement de preuve par écrit (art. 341, al. 3 anc.). La jurisprudence se montra d'abord libérale : reprenant la tradition de l'Ancien droit, elle admit que l'enfant pouvait établir sa filiation par l'acte de naissance et la possession d'état ; mais la Cour de cassation affirma ensuite que si l'acte de naissance prouvait l'accouchement, il ne dispensait pas l'enfant de démontrer son identité, dans le respect des exigences de l'article 341, alinéa 3 ancien, donc par témoignages précédés d'un commencement de preuve par écrit, à l'exclusion de la possession d'état.

La **loi de 1955** tempéra cette exigence : l'enfant était admis à faire la preuve de son identité en établissant sa possession d'état d'enfant naturel à l'égard de la mère prétendue ; à défaut, la preuve de la filiation pouvait être établie par témoins « *s'il existe des présomptions ou indices graves, ou un commencement de preuve par écrit au sens de l'article 324 du présent code* ». L'assouplissement passait donc par un rapprochement avec l'action en établissement de la maternité légitime.

La **loi de 1972** reprit, pour l'essentiel, le système de 1955. À vrai dire, l'action avait perdu une grande partie de son utilité, puisque désormais l'acte de naissance corroboré par la possession d'état valait reconnaissance (art. 337 anc.) ; en 1982, la possession d'état devint un mode extrajudiciaire d'établissement de la filiation naturelle (art. 334-8 anc.).

La **loi du 8 janvier 1993** en tira partiellement les conséquences : alignant la rédaction de l'article 341 ancien sur celle de l'article 323 ancien, elle posa le principe de la liberté de la preuve sous réserve de l'existence de « *présomptions ou indices graves* » (art. 341 anc.). Mais ces adminicules tendaient à se confondre avec la preuve de la filiation elle-même.

L'évolution légale et jurisprudentielle a largement préparé la fusion des actions réalisée en 2005.

B. Fusion des actions

1256. Unicité de l'action. – L'ordonnance de 2005 prévoit une action unique en recherche de maternité. La fusion des actions, favorisée par l'alignement antérieur de leur régime, est logique. Elle se justifie tant au regard de la disparition de la distinction entre enfants légitimes et enfants naturels, qu'au regard de la généralisation de la règle *Mater semper certa*. Si les conditions et le régime en sont désormais identiques, certaines conséquences de l'action restent cependant spécifiques, compte tenu du jeu de la présomption de paternité.

II. — Recherche de la maternité

L'étude du régime de l'action suppose que soient précisés ses conditions d'exercice, son objet et ses règles de preuve.

A. Conditions d'exercice

1257. Parties au procès (action réservée). – L'enfant est seul titulaire de l'action : « *L'action est réservée à l'enfant* » (art. 325, al. 2). Pendant la minorité de l'enfant, elle est exercée par le parent, même mineur, à l'égard duquel le lien de

299. Cf. *supra*, n°s 1102 s.

filiation est établi : lui seul a qualité pour agir (art. 328, al. 1). Dans le cas, le plus fréquent s'agissant d'une action en recherche de maternité, où aucune filiation ne serait établie ou si le père est décédé ou dans l'impossibilité de manifester sa volonté, l'action est intentée conformément aux dispositions de l'article 464, alinéa 3 ; elle est exercée contre le parent prétendu ou ses héritiers, à défaut contre l'État (art. 329, al. 3[300]).

1258. Délais pour agir. – La loi ne fixe pas de délais particuliers pour l'exercice de l'action ; il s'applique le droit commun. Selon l'article 321, l'action se prescrit par dix ans à compter du jour où la personne a été privée de l'état qu'elle réclame, ce délai étant suspendu pendant la minorité de l'enfant. Est-ce à dire que le père ou le tuteur de l'enfant doivent intenter l'action dans les dix ans de la naissance, l'enfant disposant à nouveau de dix ans pour agir à compter de sa majorité[301] ? En réalité, puisque le délai ne court pas pendant la minorité, il faut en déduire que l'action peut être intentée pendant toute cette période, puis pendant les dix ans qui suivent la majorité[302].

1259. Obstacles. – Trois obstacles peuvent s'opposer à une action en recherche de maternité (sur l'interdiction d'agir en recherche de maternité en cas d'accouchement sous X, supprimée par la loi du 16 janvier 2009, cf. *supra*).

1° L'action est exclue lorsque l'enfant dispose déjà d'**une filiation qui ne peut être contestée**. De façon générale en effet, l'article 320 dispose que tant qu'elle n'a pas été contestée en justice, toute filiation légalement établie fait obstacle à l'établissement d'une autre filiation qui la contredirait. Or la contestation de la filiation est impossible lorsque l'enfant dispose d'un titre et d'une possession d'état conforme si cette possession d'état a duré au moins cinq ans depuis la naissance ou la reconnaissance si elle a été faite antérieurement (art. 333). Faute de pouvoir contester la filiation antérieure, l'action en recherche de maternité est fermée. Il en va de même lorsque les délais prévus à l'article 333, alinéa 1 et plus généralement aux articles 333 ou 321 sont épuisés. Les dispositions propres aux hypothèses de supposition ou de substitution d'enfant ayant disparu (art. 322-1 anc.), la règle vaut de façon générale pour la maternité en mariage comme pour la maternité hors mariage.

Le champ de l'action en recherche de maternité est donc étroit. Entre la stabilité des filiations et le droit de l'enfant à voir établir sa filiation, la loi a tranché. Il se pourrait cependant que l'obstacle puisse être contourné en partie : pour faire tomber une maternité qu'il affirme mensongère et ouvrir la voie à l'action en recherche de maternité, l'enfant pourrait prétendre que la possession d'état corroborant le titre est viciée, au motif notamment qu'elle aurait été constituée par fraude[303].

2° L'adoption plénière de l'enfant ou un placement en vue de l'**adoption** plénière font également obstacle à l'action conformément à la règle énoncée à l'article 352.

3° Enfin, l'action ne peut tendre à l'établissement d'une filiation **incestueuse**[304].

---

300. *Supra*, n°s 1071 s.

301. Le problème ne se posait pas sous l'empire des textes antérieures : la prescription étant trentenaire, l'action pouvait être intentée durant toute la minorité de l'enfant plus dix-huit ans, soit pendant quarante huit-ans.

302. En ce sens, J. Massip, « Le nouveau droit de la filiation », article préc., n° 39.

303. *Supra*, n° 1003.

304. *Supra*, n° 959.

B. Objet de l'action

1260. Jonction des actions. – L'action en recherche de maternité a pour objet d'établir une maternité, en mariage ou hors mariage. Il peut être nécessaire de contester au préalable une filiation légalement établie que l'on prétend mensongère[305]. En principe, les deux actions sont distinctes. Mais sous l'empire des textes anciens, il avait été admis que l'on pouvait joindre l'action en contestation de la première filiation à l'action en déclaration d'une filiation contraire[306].

C. Règles de preuve

1261. Fin des adminicules, liberté de la preuve. – Pour établir la maternité, l'enfant doit prouver l'accouchement de la mère et son identité avec celui dont la femme est accouché.

Longtemps, le législateur, soucieux d'éviter les scandales ou, tout simplement, les erreurs, fit preuve de la plus grande prudence en la matière, avec l'exigence des adminicules[307]. Pour l'action en réclamation d'état d'enfant légitime, l'article 323 ancien disposait que la preuve par témoins ne pouvait être admise que « *lorsqu'il y a commencement de preuve par écrit, ou lorsque les présomptions ou indices résultant de faits dès lors constants, sont assez graves pour déterminer l'admission* ». Pour la maternité naturelle, la règle était encore plus stricte puisque le seul adminicule envisagé était un commencement de preuve par écrit (art. 341 anc.). L'article 324 ancien donnait une définition du commencement de preuve par écrit plus large que celle du droit commun (art. 1341) ; en particulier, il n'était pas besoin qu'il émanât de celui qui l'invoque.

Le même libéralisme prévalait pour les présomptions et indices graves qui, en matière de maternité légitime, pouvaient suppléer à l'absence de commencement de preuve par écrit : marques des linges enveloppant l'enfant trouvé, médailles ou bracelet[308], cicatrice ou autre signe physique, ressemblance de l'enfant avec la mère prétendue, etc. : la réalité des espèces dépasse parfois l'imagination du romancier. Au juge d'apprécier ; et ceux-ci se montraient si libéraux que l'on pouvait dire que la preuve était, en fait, libre[309].

Alors que la preuve scientifique était devenue possible et indiscutable, le législateur de 1993 ne mit pas fin au système des adminicules : la libre preuve de la maternité était subordonnée à l'existence de « *présomptions ou indices assez graves pour en déterminer l'admission* » (art. 323 anc.) pour la maternité légitime, de « *présomption ou indices graves* » (sans autre précision) pour la maternité naturelle (art. 341 anc.). La jurisprudence se montrait cependant si libérale que « *l'exigence d'un adminicule absorbait en quelque sorte la preuve de la maternité tout entière* » et réciproquement[310].

L'ordonnance de 2005 a mis fin à ce système : désormais, la preuve de la maternité est libre (art. 325). La même liberté vaut pour le défendeur. Avant 2005, l'article 325 le disait expressément. La règle relève aujourd'hui de l'évidence.

---

305. Art. 320 : « *Tant qu'elle n'est pas contestée en justice, la filiation légalement établie fait obstacle à l'établissement d'une autre filiation qui la contredirait.* »

306. Douai, 8 juillet 1952, *JCP* G 1953.II.7515, n. J. S. ; *RTD civ.* 1953, 308, obs. G. Lagarde. Sur l'ensemble de la question, Marty et Raynaud, *op. cit.*, n° 384.

307. *Supra*, n° 1254.

308. La médaille de Figaro, les bracelets d'agate de *L'Avare* de Molière, la bague d'améthyste d'Isabelle dans *Le Capitaine Fracasse*.

309. La Cour de cassation avait même admis que le tribunal pouvait ordonner, d'office, une comparution personnelle des parties ; les réponses du défendeur, son attitude ou tout simplement la ressemblance avec le demandeur pouvait constituer des « indices graves » réglant la question de l'adminicule préalable en cours d'instance (Cass. req., 19 octobre 1925, *Patureau-Mirand*, *S.* 1925, I, 313, n. H. Mazeaud ; *DP* 1926, I, 89, n. R. Savatier).

310. D. Huet-Weiller et J. Hauser, *op. cit.*, n° 600.

III. — Conséquences de l'action

1262. Établissement de la maternité, conséquences sur la paternité. – Action d'état, l'action en recherche de maternité permet l'établissement du lien de filiation maternelle. En principe, elle ne devrait concerner que la mère. Au cas où la mère aurait été mariée à l'époque de la naissance de l'enfant, il convient de s'interroger sur le jeu de la présomption *Pater is est*.

Sous l'empire du Code Napoléon, la présomption de paternité produisait son plein effet : l'enfant dont la filiation était établie à l'égard d'une femme mariée à l'époque de la naissance, était rattaché au mari de celle-ci : de la maternité découlait la paternité[311]. La loi de 1972 remit partiellement en cause cette automaticité : lorsque l'enfant a été conçu en un temps où les époux étaient légalement séparés (art. 313 anc.), la présomption de paternité ne joue pas et la paternité doit être établie de manière distincte. Selon certains, il en allait de même lorsque l'enfant n'avait ni titre initial (acte de naissance), ni possession d'état car dans ce cas également la présomption ne joue pas (art. 313-1 anc.).

1263. Divisibilité des filiations. – L'action est aujourd'hui réservée à l'hypothèse où l'enfant se trouve sans titre et sans possession d'état à l'égard de la mère, les nouvelles dispositions semblant aller dans le sens d'une preuve autonome de la paternité du mari. D'une part, en effet, l'esprit général des textes est de distinguer les deux liens de filiation, paternel et maternel : il n'est plus question d'action en réclamation d'enfant légitime, conçue comme un tout (filiation maternelle et paternelle), mais d'action en recherche de la maternité. D'autre part, ont été supprimées les actions des articles 325 et 326 ancien : désaveu en défense (le mari de la femme contre laquelle est intentée une action en réclamation d'état intervient à l'action pour prouver sa non paternité ou, s'il n'a pas été mis en cause dans l'instance en réclamation d'état, il conteste sa paternité de droit dans les six mois du jour où il a connaissance du jugement passé en force de chose jugée accueillant la demande de l'enfant) et désaveu préventif (le mari, sans attendre une action en réclamation d'état, conteste sa paternité dans un délai de six mois à compter du jour où il a connu la naissance[312]) ; de fait, cette disparition est cohérente si l'on admet que l'action en recherche de maternité ne prouve que la maternité. Pour rétablir la paternité du mari, il conviendrait de recourir à l'article 327 relatif au rétablissement judiciaire de la présomption de paternité. La preuve pourra être apportée par tous moyens. Dans l'hypothèse où la filiation paternelle aurait été entre-temps établie (par reconnaissance par exemple), il conviendrait de contester cette filiation dans les conditions du droit commun[313].

§ 2. Recherche de la paternité

1264. Naissance hors mariage. – L'action en recherche de paternité ne concerne que la paternité hors mariage. Si mariage il y avait lors de la naissance, l'enfant est rattaché au mari de la mère par le jeu de la présomption de paternité. Si celle-ci ne joue pas, soit que les époux fussent légalement séparés, soit que la mère l'eût écartée en usant de l'article 314, il y aurait lieu d'agir en rétablissement de la présomption en prouvant que le mari est le père de l'enfant[314].

311. Cass. civ. 1re, 7 juillet 1960, *Girault*, *D.* 1960, 545, n. G. Holleaux.
312. Sur ces actions, *infra*, nos 1295 s.
313. *Infra*, nos 1309 s.
314. *Supra*, art. 327.

L'hypothèse est la suivante : un enfant, conçu et né hors mariage, n'a pas été accepté par son père, qui ne l'a pas reconnu et ne lui a pas donné de possession d'état. Comment peut-il faire établir en justice sa filiation paternelle ? La recherche de la paternité naturelle soulève deux difficultés de principe : les moyens de preuve, qui surtout attirent l'attention, et l'objet de la preuve, qui est incertain.

Les **moyens de preuve** de la paternité naturelle ne peuvent bénéficier d'une présomption légale comme en matière de mariage. Pendant longtemps, ils ne pouvaient non plus être directs ; l'évolution des sciences biologiques a changé les données de la question.

Quant à l'**objet de la preuve**, il faut établir qu'un enfant est des œuvres d'un homme, qui, le refuse. Ou bien, par une preuve indirecte, en établissant : 1°) qu'un homme et une femme ont eu des relations intimes à l'époque de la conception de l'enfant ; 2°) que ces relations ont engendré l'enfant dont la mère a accouché. Ou bien, plus directement, en prouvant la paternité du défendeur. Ce qui fait apparaître les incertitudes de l'objet de la preuve, constantes dans la filiation, ici plus aiguës qu'ailleurs. L'objet de la preuve est la vérité biologique, ce qui suscite une question souvent évoquée : la paternité est-elle uniquement d'ordre biologique ? N'existe-t-il pas dans la paternité, qui est une réalité complexe, d'autres données ?

La politique législative a longtemps hésité entre deux tendances contraires. D'une part, il pourrait paraître rationnel de n'admettre qu'une paternité naturelle volontairement reconnue (la reconnaissance) ou vécue (la possession d'état), parce qu'elle seule peut être constitutive d'une famille naturelle : il fallait donc interdire la recherche de la paternité naturelle. D'autre part, il serait immoral de faire peser sur l'enfant et sur la mère le poids de la lâcheté et de l'égoïsme de l'homme qui fuit ses responsabilités.

1265. Loi d'équilibre. – Un élément de solution est le lien que l'histoire a longtemps établi entre les règles de preuve et les règles de fond : plus les droits de l'enfant sont importants, plus strictes devraient être les conditions de preuve. De plus, le droit français à l'instar d'autres droits, distingua longtemps, sans que la distinction fût toujours très claire, établissement d'un lien de filiation et simple droit aux aliments.

1266. Complexité. – La recherche de paternité en justice constitue depuis toujours une des grandes questions du droit de la filiation. Encore aujourd'hui, en des temps d'égalité et de certitude biologique, elle conserve une part de ses difficultés. Non que désormais la preuve de la paternité pose *a priori* un problème (si l'on met à part quelques hypothèses scabreuses d'actions intentées *post mortem*[315]). Mais l'équilibre n'est pas toujours facile à trouver entre l'affirmation des droits de l'enfant d'une part, le respect de la paix des familles (voire de la paix des morts) d'autre part. L'ordonnance de 2005, tirant les conséquences des évolutions sociales et scientifiques contemporaines a fait œuvre, là encore, de simplification, tout en tentant de respecter l'ensemble des intérêts en présence.

Il convient de retracer l'histoire de la recherche judiciaire de paternité pour saisir l'importance des modifications apportées par l'ordonnance de 2005 avec le nouvel article 327.

315. *Infra*, n° 1021.

I. — Histoire de l'action en recherche de paternité

L'histoire de la recherche de paternité est divisée en six étapes : l'Ancien droit, le droit révolutionnaire, le Code Napoléon, la loi de 1912 légèrement modifiée par la loi de 1972, la loi du 8 janvier 1993 et l'ordonnance de 2005.

1267. 1°) Ancien droit[316]. Dans l'Ancien droit, la paternité hors mariage ne conférait ni droits ni obligations familiaux et notamment aucun droit de succession. Par conséquent, la preuve était largement admise par tous moyens comme celle d'un pur fait. La règle *virgini praegnanti semper esse creditur* (on doit croire la fille enceinte quand elle désigne celui qu'elle prétend être le père de son enfant) permettait de pourvoir, au moins à titre provisoire, aux premiers frais de la naissance et à fournir des aliments à l'enfant[317]. Cette règle avait suscité de nombreux scandales[318] : des jeunes filles attribuaient mensongèrement la paternité de leur enfant aux personnes les plus riches et les plus considérées[319].

1268. 2°) Droit révolutionnaire. – En réaction contre ces abus et parce que la Révolution avait accordé des droits successoraux à l'enfant naturel identiques à ceux de l'enfant légitime, il parut logique de n'admettre l'établissement de la filiation paternelle hors mariage que par la seule volonté du père ; la Convention interdit toute action en justice, qu'elle eût pour objet une simple réclamation d'aliments ou la preuve d'un état[320] ; la paternité naturelle s'établissait uniquement par une reconnaissance volontaire exprimée dans un acte authentique (L. 12 brumaire an II)[321].

1269. 3°) Code Napoléon. – Le Code Napoléon adopta la même attitude de principe : à une considération technique – l'impossibilité de prouver la paternité[322] – s'ajoutaient des considérations de politique sociale (cf. le mot du Premier Consul : « *l'État n'a aucun intérêt à ce que la filiation de l'enfant naturel soit établie* »[323]. La loi avait entendu couper court, dans l'intérêt de

316. J.-Ph. Lévy et A. Castaldo, n° 162, qui énoncent un peu autrement l'adage de l'Ancien droit : *creditur virgini praegnanti.*

317. Cf. A. Lefebvre-Teillard, *op. cit.*, n°s 210 et 238 et réf. cit.

318. Sur l'évolution des mentalités, de la mère victime à la mère « coupable », cf. A. Lefebvre-Teillard, n° 238.

319. Ex. *:* l'affaire jugée par le Parlement de Grenoble en 1774. Une jeune fille de 15 ans choisit pour maître à danser un nommé F., prend trois leçons de danse et, six mois après, accouche d'une fille ; elle désigne pour père F., sexagénaire privé d'un œil et presque estropié d'une jambe, aussi peu propre à l'amour qu'à la danse. Selon les termes mêmes de l'avocat général Servan qui, dans cette espèce, avait combattu la règle *Virgini praegnanti* : « *Sa seule présence réfute une grossesse ; il suffit de le voir pour le croire innocent ; Anne entre vierge chez F. et de son aveu, le troisième jour, elle sort enceinte ! Ce qu'on peut dire de plus honorable pour cette fille, c'est qu'elle ment* [...] *Quel est ce témoin à qui sont accordé des privilèges qui eussent honoré le vertueux Caton ? C'est une fille convaincue de faiblesse ; on nous donne pour garant de sa conduite une pudeur qu'elle n'a plus.* » Servan, *Discours dans un procès sur une déclaration de grossesse*, Lyon, 1774, p. 24 ; cf. J.-F. Fournel, *Traité de la séduction*, 1781, qui qualifie de « triviale » (p. 100), la maxime *virgini praegnanti.*

320. Cf. 1) Circulaire de la Convention du 15 prairial an III : « *La Convention nationale* (n'a) *pas entendu faire revivre ces procédures immorales qui avaient pour objet la recherche d'un secret sur lequel la nature a jeté un voile impénétrable, et dans lesquelles s'égarait le plus souvent la prudence du magistrat.* » 2) Déclaration de Berlier, président de la commission de législation de la Convention : « *Il ne s'agit plus aujourd'hui d'une légère somme d'argent à accorder pour se débarrasser d'un titre onéreux ; il s'agit de savoir si, contre sa conscience et sa conviction, vous obligerez un citoyen à recevoir dans sa famille un enfant appelé à recueillir tous les droits que cette qualité peut donner.* »

321. Sur l'idéologie révolutionnaire des « nouveaux pères », cf. J. Mulliez, « Révolutionnaires, nouveaux pères : forcément nouveaux pères ! Le droit révolutionnaire de la paternité », *in La révolution et l'ordre juridique privé, op. cit.*, n° 1, p. 373 s.

322. Bigot de Préameneu, *in* Fenet, *Tvx préparatoires...*, t. X, p. 135 : « *La nature a couvert d'un voile impénétrable la transmission de notre existence.* »

323. Après de vifs débats, ne fut admise à l'article 340 que l'hypothèse de l'enlèvement : selon l'article 340, « *La recherche de la paternité est interdite. Dans le cas d'enlèvement, lorsque l'époque de cet enlèvement se rapportera à celle de la conception, le ravisseur pourra être, sur la demande des parties intéressées, déclaré père de l'enfant* », cf. Fenet, p. 133.

la famille, aux actions téméraires[324]. Cette réaction était beaucoup trop rigoureuse, car elle faisait de l'enfant naturel et de sa mère des victimes. La jurisprudence s'efforça de tempérer ces inconvénients, préparant la loi de 1912, qui allait transformer les données du problème.

1270. 4°) Lois du 16 novembre 1912 et du 3 janvier 1972. – La loi du 16 novembre 1912[325] admit la recherche de paternité naturelle. Elle ne l'accorda qu'à regret, en la soumettant à de strictes conditions de fond et d'exercice. Avant de pouvoir faire la preuve de la paternité proprement dite, le demandeur devait franchir deux séries d'obstacles.

1271. Cas d'ouverture et fins de non-recevoir. – Tout d'abord, il lui fallait entrer dans un des cinq cas d'ouverture prévus par la loi et qui correspondaient à autant d'hypothèses dans lesquelles la paternité semblait vraisemblable. Selon l'article 340 ancien (L. 1912) :

« *La paternité peut être judiciairement déclarée :*

1°. Dans le cas d'enlèvement ou de viol, lorsque l'époque de l'enlèvement ou du viol se rapportera à celle de la conception ;

2°. Dans le cas de séduction accomplie à l'aide de manœuvres dolosives, abus d'autorité, promesses de mariage ou fiançailles, et s'il existe un commencement de preuve par écrit, dans les termes de l'article 1347 ;

3°. Dans le cas où il existe des lettres ou quelque autre écrit privé émanant du père prétendu et desquels il résulte un aveu non équivoque de paternité ;

4°. Dans le cas où le père prétendu et la mère ont vécu en état de concubinage notoire pendant la période légale de la conception ;

5°. Dans le cas où le père prétendu a pourvu ou participé à l'entretien et à l'éducation de l'enfant en qualité de père ».

Dans les hypothèses visées comme dans les termes utilisés, la loi de 1912 était proche de l'Ancien droit. La loi de 1972 reprit ces cas d'ouverture avec quelques assouplissements[326].

Quand bien même l'enfant aurait franchi le filtre des cas d'ouverture, le demandeur pouvait se heurter aux fins de non-recevoir prévues à l'article 340 :

« *L'action en reconnaissance de paternité ne sera pas recevable :*

1°. *S'il est établi que, pendant la période légale de la conception, la mère était d'une inconduite notoire et qu'elle a eu un commerce avec un autre individu ;*

2°. *Si le père prétendu était, pendant la même période soit par suite d'éloignement, soit par l'effet de quelque accident, dans l'impossibilité physique d'être le père de l'enfant* ».

La loi de 1972 actualisa le texte afin de tenir compte des progrès de la preuve biologique : aux deux fins de non-recevoir désormais inscrites à l'article 340-1 ancien, en fut ajoutée une troisième : « *si le père prétendu établit par un examen des sangs ou par toute autre méthode médicale certaine qu'il ne peut être le père de l'enfant*[327] ».

1272. Délais : brefs et préfix. – Enfin, l'action devait être introduite dans des délais extrêmement brefs : crainte du dépérissement des preuves, souci de préserver la paix des familles, volonté de ne pas remuer de vieilles boues.

Pendant la minorité de l'enfant, l'action devait être introduite dans un délai de deux ans, dont le point de départ était la naissance de l'enfant, sauf en cas de concubinage et de participation à l'entretien de l'enfant en qualité de père, où le délai partait de la cessation du concubinage ou de l'entretien de l'enfant (art. 340-4, al. 2 anc.[328]) : car tant que durait le concubinage ou

324. Cf. Bigot de Préameneu : « *Depuis longtemps, dans l'ancien régime, un cri général s'était élevé contre les recherches de paternité. Elles exposaient les tribunaux aux débats les plus scandaleux, aux jugements les plus arbitraires, à la jurisprudence la plus variable. L'homme dont la conduite était la plus pure, celui même dont les cheveux avaient blanchi dans l'exercice de toutes les vertus, n'était point à l'abri de l'attaque d'une femme impudente, ou d'enfants qui lui étaient étrangers. Ce genre de calomnie laissait toujours des traces affligeantes. En revanche, les recherches de paternité étaient regardées comme le fléau de la société* » (Fenet, p. 154).

325. Sur laquelle particulièrement sévères, Planiol et Ripert, t. II, par Rouast, *op. cit.*, n°s 885 s.

326. Cf. J. Carbonnier, *op. cit.*, p. 326.

327. Sur les fins de non-recevoir, J. Carbonnier, *op. cit.*, p. 322 s.

328. Plusieurs difficultés. 1) La participation devrait avoir commencé avant l'expiration du délai : ex. : Cass. civ., 16 juillet 1941, *DC* 1942.69, n. A. Rouast ; *JCP* 1941.II.1764, n. H. Desbois ; *S.* 1941.I.155 ; comp. Cass. civ. 1re, 30 mai 1978, *Bull. civ.* I, n° 208 ; *D.* 1980, IR, 66.2). La participation

l'entretien, l'action était, en fait, inutile et la mère aurait pu hésiter à agir par crainte de la rupture du concubinage ou de la cessation des subsides.

Au moment où l'enfant accédait à la majorité, il pouvait agir dans les deux années qui la suivaient pour suppléer à la négligence de ceux qui auraient dû le représenter (art. 340-4, al. 3 anc.). Par application de ce texte, la Cour de cassation n'avait pas admis, lorsque l'action était introduite par l'enfant, que le point de départ de ce délai fût retardé par le maintien du concubinage ou l'entretien de l'enfant par le père prétendu, comme dans le cas où l'action était exercée par la mère. En outre, l'enfant pouvait agir même si, antérieurement, la demande de la mère avait été déclarée mal fondée : il ne se heurtait pas à l'autorité de la chose jugée.

1273. Preuve. – Ce n'était que si ces différents obstacles étaient franchis que le demandeur était admis à faire la preuve de la paternité du défendeur. La preuve pouvait être faite par tous moyens, le tribunal disposant d'un pouvoir souverain d'appréciation. L'existence d'un cas d'ouverture ne conduisait donc pas automatiquement à l'établissement de la filiation.

Le tribunal pouvait prononcer la paternité du défendeur ; ou rejeter la demande, purement et simplement ; ou allouer des subsides à l'enfant, s'il estimait que la paternité du défendeur n'était pas prouvée mais possible (art. 340-7 anc.), ce qui avec le développement de l'ADN devenait une hypothèse d'école.

1274. 5°) Loi du 8 janvier 1993. Demi-ouverture. – Les progrès de la preuve scientifique de la paternité avaient rendu peu à peu incompréhensible le système des cas d'ouverture et des fins de non-recevoir. De plus, l'esprit des temps était favorable aux droits de l'enfant : pouvait-on raisonnablement l'empêcher d'établir sa filiation s'il en prouvait la vérité ? Aussi, la jurisprudence brisa-t-elle le carcan des articles 340 et 340-1 ancien : dans l'interprétation très large qu'elle donna des cas d'ouverture et très stricte des fins de non-recevoir, elle retira peu à peu de l'importance aux débats sur la recevabilité de l'action, fondant plus ou moins dans une même appréciation recevabilité, fins de non recevoir et preuve proprement dite de la paternité.

Au nom de la science et des droits de l'enfant, le législateur du 8 janvier 1993 tira les conséquences de cette évolution. Il supprima cas d'ouverture et fins de non-recevoir. Toutefois, sur le modèle de la recherche de maternité, il soumit la preuve de la paternité à l'existence de présomptions et indices graves. Selon le nouvel article 340 ancien :

« *La paternité hors mariage peut être judiciairement déclarée.*

La preuve ne peut en être rapportée que s'il existe des présomptions et indices graves ».

Les « présomptions et indices graves » constituaient en principe un simple commencement de preuve qui devait donc être complété, notamment par une expertise biologique, dont les tribunaux pouvaient se dispenser si les présomptions et indices leur paraissaient une preuve suffisante[329].

Cette nécessité de « présomptions ou indices graves » exigée pour que puissent être recherchées les preuves de la paternité avait été comprise par le législateur de 1993 comme une sorte de substitut adouci des anciens cas d'ouverture ; il ne devait être possible d'établir une paternité naturelle que s'il y avait eu lors de la conception de l'enfant un simili, même réduit, de vie familiale entre la mère et le père prétendu (concubinage même peu caractérisé, possession d'état de père même superficielle, fiançailles même de simples paroles en l'air). Le principe était que l'expertise biologique ne pouvait être ordonnée que si, préalablement, des présomptions ou indices graves avaient été constatés et que la recherche de ces présomptions ou indices *graves* n'était de la compétence ni du juge des référés, ni du juge de la mise en état. Peu à peu, la Cour de cassation retira de sa force à cette exigence ; ainsi du seul fait que les juges avaient ordonné une expertise biologique, elle induisait l'existence de présomptions ou indices graves. Elle décida

---

pouvait avoir été posthume lorsque les héritiers avaient exécuté la volonté du père prétendu : Cass. civ., 29 mars 1950, *D.* 1950.593, n. J. Carbonnier ; *S.* 1950.I.205 : en l'espèce, un homme avait déposé chez un notaire une somme destinée à être versée périodiquement, par fractions, à la mère d'un enfant naturel ; le délai ne court qu'à partir du dernier versement.

329. Cass. civ. 1re, 24 septembre 2002, *Bull. civ.* I, n° 216 ; *D.* 2003.1793, n. D. Cocteau-Senn ; 2117, obs. Fr. Granet-Lambrechts ; *JCP* G 2003.II.10053, n. Th. Garé ; I 148, n° 1, obs. J. Favier ; *Defrénois* 2003, article 37657, n° 15, obs. J. Massip ; *RTD civ.* 2003.795, obs. J. Hauser ; v. *supra*, n° 1022.

même que si une action de subsides avait été accueillie, les juges pouvait en induire l'existence d'une paternité naturelle[330].

À vrai dire, cette ultime restriction n'avait guère de sens ; d'autant que la méfiance qu'elle révélait vis-à-vis de l'établissement d'une filiation hors mariage paraissait hors d'âge.

6°) L'ordonnance de 2005 a tiré un trait sur le passé.

II. — Régime de la nouvelle action en recherche de paternité

1275. Liberté. – Laconique, l'article 327, alinéa 1, dispose : « *La paternité hors mariage peut être judiciairement déclarée* ». Toutes les conditions de fond encadrant l'action disparaissent. Il faut et il suffit au demandeur d'apporter la preuve de la paternité du défendeur qui peut se faire par tous moyens, étant entendu que la preuve biologique constitue à l'évidence la reine des preuves.

Reste à préciser quels sont les titulaires de l'action, les délais pour agir et les obstacles qui, conformément aux règles générales du nouveau droit de la filiation, peuvent s'opposer à son exercice.

1276. Titulaires de l'action. – L'action a un caractère personnel : selon l'article 327, alinéa 2, elle est « *réservée à l'enfant* ». Conformément au droit commun des actions aux fins d'établissement du lien de filiation, elle est intentée par le parent « *à l'égard duquel le lien de filiation est établi* », en l'occurrence la mère[331]. Elle seule a qualité pour agir (art. 328, al. 1)[332], quand bien même elle serait elle aussi mineure[333]. Encore faut-il, bien sûr, que sa filiation soit établie. Si aucun lien de filiation n'est établi, ou si ce parent est décédé ou dans l'impossibilité de manifester sa volonté, « *l'action est intentée conformément aux dispositions de l'article 313* », *i.e.* par le tuteur, avec l'autorisation du conseil de famille. En cas de décès de l'enfant prétendu, l'action peut être exercée par les héritiers de la personne décédée avant l'expiration du délai pour agir. Les héritiers « *peuvent également poursuivre l'action déjà engagée à moins qu'il n'y ait eu désistement ou péremption d'instance* » (art. 322, al. 2).

L'action est intentée « *contre le parent prétendu ou ses héritiers*[334] ». À défaut d'héritiers, précise l'article 328, alinéa 3 (identique sur ce point à l'art. 340-3 anc.) ou si ceux-ci ont renoncé à la succession, « *elle est dirigée contre l'État* ».

330. Cass. civ. 1re, 4 janvier 1995, *Bull. civ.* I, n° 7 ; *D.* 1995, somm. 225, obs. Fr. Granet ; 1996.49, n. J. Massip ; somm. 231, obs. Fr. Dekeuwer-Défossez.

331. Cf. art. 340-2 anc.

332. La mère doit dire qu'elle agit au nom de l'enfant. Peu importe cependant qu'elle ne le fasse pas : dans des affaires de cette gravité, les juges sont indulgents pour les manquements au formalisme et la mère est la représentante naturelle de son enfant. La règle n'a donc pas de sanction. Jurisprudence constante : ex. : Cass. civ. 1re, 23 novembre 1977, *Bull. civ.* I, n° 441 ; *D.* 1978, IR 185, obs. D. Huet-Weiller : « *La mère est réputée agir au nom de son enfant mineur, même si elle ne l'a pas indiqué expressément dans l'acte introductif d'instance.* »

333. Première conséquence : Cass. civ. 1re, 12 octobre 1983, *Bull. civ.* I, n° 230 ; *Defrénois* 1984, art. 33230, n° 5, n. J. Massip : « *La mère a, en sa seule qualité de mère, le droit d'agir en recherche de paternité, sans avoir à solliciter l'autorisation du juge des tutelles* » ; le pourvoi avait vainement prétendu que la mère, étant administratrice légale de son enfant, ne pouvait exercer une action extrapatrimoniale qu'avec l'autorisation du juge des tutelles (art. 434, al. 3).Deuxième conséquence (complémentaire) : Cass. civ. 1re, 6 octobre 1953, *Bull. civ.* I, n° 217 ; *S.* 1954, I, 107 ; *JCP* G 1953.II.7853 : le représentant légal d'une mère mineure n'a pas qualité pour agir à sa place ; l'action qu'il exerce est donc irrecevable.

334. Ex. : le conjoint survivant : Cass. civ. 1re, 16 décembre 1992, *Bull. civ.* I, n° 312 : « *Vu les articles 340 et 311-10 ; il résulte du premier de ces textes qu'en cas de décès du père prétendu, l'action en recherche de paternité peut être exercée contre l'un quelconque de ses héritiers et, selon le second, les autres héritiers peuvent être mis en cause ultérieurement par le demandeur ou d'office par le juge,*

1277. Délais pour agir. – En l'absence de règles particulières, l'action en recherche de paternité est soumise au délai de droit commun des actions relatives à la filiation, (dix ans), ce délai étant suspendu pendant sa minorité à l'égard de l'enfant. On en déduira, comme pour l'action en recherche de maternité[335], que la mère ou le tuteur peuvent agir pendant toute la minorité et que l'enfant le peut également jusqu'à l'âge de vingt-huit ans[336].

Le renvoi aux règles du droit commun des actions relatives à la filiation tranche avec l'ancien article 340-4 qui, par souci de préserver la paix des familles et d'éviter le dépérissement des preuves, avait enfermé en principe l'action dans le bref délai de deux ans à compter de la naissance de l'enfant ou de sa majorité : ces anciens délais ont en effet paru incompatibles avec la possibilité d'établir aujourd'hui avec certitude la vérité biologique. Comment justifier l'interdiction d'une telle action au motif que le bref délai de deux ans était épuisé ? Les circonstances peuvent, à la naissance, justifier l'inaction de la mère ; et à la majorité, il est parfois difficile pour l'enfant de prendre sa décision dans un temps aussi court. Des délais demeurent, mais ils s'inscrivent dans l'équilibre général entre l'intérêt de l'enfant à voir établir sa filiation, la paix des familles et la stabilité de l'état des personnes[337].

Sur les modes de preuve[338].

1278. Obstacles à l'action en recherche de paternité. – Si les obstacles spécifiques (cas d'ouverture, fins de non-recevoir) ont disparu, d'autres naissent du nouveau droit commun de la filiation.

Tout d'abord, est interdit l'établissement par quelque moyen que ce soit d'une filiation paternelle incestueuse (art. 310-2, al. 1). Ensuite, conformément à l'article 320, une filiation légalement établie à l'égard d'un autre homme fait obstacle à l'établissement d'une filiation qui la contredirait (art. 320) : qu'elle résulte de la possession d'état, de la présomption de paternité ou d'une reconnaissance, elle doit être au préalable anéantie. Or pour contester une filiation, il convient de respecter les prescriptions de l'article 333. Dès lors, de deux choses l'une. Ou bien l'enfant jouit au titre de cette filiation d'une possession d'état conforme au titre : dans ce cas, l'action se prescrit par cinq ans à compter du jour où la possession d'état a cessé (art. 333, al. 1), nul, à l'exception du ministère public, ne pouvant contester la filiation lorsque la possession d'état a duré « *au moins cinq ans depuis la naissance ou la reconnaissance* » si elle a été faite ultérieurement (art. 333, al. 2). Ou bien la possession d'état n'est pas conforme au titre ; dans ce cas, « *l'action en contestation peut être engagée par toute personne qui y a intérêt dans le délai prévu à l'article 321* » (art. 334). S'il y a prescription de l'action en contestation, l'action en recherche de paternité hors mariage ne pourra donc être intentée[339].

---

sans condition de délai » ; en l'espèce, l'action avait été exercée contre le conjoint du père prétendu et sa fille avait été mise en cause après l'expiration du délai de deux ans. La cour d'appel avait déclaré irrecevable l'action. Cassation.

335. *Supra*, n° 1258.

336. Pour laisser à l'enfant une dernière chance, les dispositions transitoires de l'ordonnance de 2005 prévoient (art. 20 IV *in fine*) que l'enfant doit agir dans le délai restant sans que ce délai puisse être inférieur à un an. Une QPC prétendant que ce délai était trop court, la Cour de cassation refuse de transmettre (Cass. civ. 1e, n° 11-25.205, *RTD civ.* 2012, p. 250, obs. J. Hauser) : la Cour justifie la différence de traitement par l'objectif d'intérêt général de stabilité des filiations que le législateur s'est assigné.

337. *Supra*, n° 962.

338. *Supra*, n° 1019.

339. L'autorité de la chose jugée fait évidemment obstacle à une action en recherche de paternité. La Cour de cassation a cependant admis que l'action pouvait être reprise lorsque la première tentative avait été bloquée par les cas d'ouverture et les fins de non-recevoir érigés avant 1993 : la loi ayant

III. — Conséquences de l'action en recherche de paternité

1279. Règlements de comptes. – S'il établit le lien de filiation, le tribunal est invité par la loi à statuer sur l'exercice de l'autorité parentale, la contribution à l'entretien[340] et à l'éducation de l'enfant et sur l'attribution du nom[341]. Sur ces différents points, cf. *supra*.

L'ancien article 340-5 disposait que le tribunal qui accueille l'action peut également, « *à la demande de la mère, condamner le père à lui rembourser tout ou partie de ses frais de maternité et d'entretien pendant les trois mois qui ont précédé et les trois mois qui ont suivi la naissance, sans préjudice des dommages et intérêts auxquels elle pourrait prétendre par application des articles 1382 et 1383* ». Ces dispositions, héritières des « frais de gésine » et des dommages intérêts de l'Ancien droit[342], avaient suscité une jurisprudence relativement abondante[343] : leur disparition ne devrait pas mettre fin à des mesures qu'appellent le droit et l'équité.

1280. Lot de consolation. – En revanche est sans doute abrogé sans retour l'article 340-7 ancien qui prévoyait que « *En rejetant la demande, les juges pourront, néanmoins, allouer des subsides à l'enfant, si les relations entre la mère et le défendeur ont été démontrées dans les conditions prévues aux articles 342 et suivants* ». Certes l'action à fin de subsides demeure dans le Code civil, ce qui peut paraître surprenant alors que triomphent la vérité biologique et la certitude de la paternité ou de la non-paternité[344]. Cette survie résulte peut-être moins de la volonté du législateur que du fait que l'action n'entrait pas dans le champ de la loi habilitant le Gouvernement à légiférer par voie d'ordonnance[345].

1281. Inégalité entre les sexes ? – « L'article 327 du Code civil instituant l'action en recherche judiciaire de paternité hors mariage, en ce qu'il empêche tout homme géniteur de se soustraire à l'établissement d'une filiation non désirée » est-il contraire au principe d'égalité entre homme et femme ? Telle était la question qu'un père prétendu entendait soumettre au Conseil constitutionnel. Avec l'accouchement sous X, en effet, la mère peut se soustraire aux conséquences de sa maternité. Pour le père, pas d'échappatoire. La Cour de cassation refuse de transmettre[346] : elle souligne que la maternité hors mariage peut être établie quand bien même il y aurait eu accouchement sous X ; mais encore faut-il que l'enfant retrouve sa mère. À trop vouloir raisonner en termes d'égalité des sexes[347]...

---

changé, les cas d'ouverture ayant disparu et une preuve biologique décisive étant offerte, l'action ne se heurtait pas à l'autorité de la chose jugée (Cass. civ. 1re, 21 septembre 2005, *D.* 2006, 207, note M. Lamarche et F. Granet ; *RTD civ.* 2005, 769, obs. J. Hauser). *Adde* pour l'hypothèse où la première action s'était heurtée au bref délai de prescription de l'article 340-4 ancien, Cass. civ. 1re, 6 mai 2009, *Dr. famille* 2009, n° 88, obs. P. Murat, ; *RTD civ.* 2009, 518, obs. J. Hauser. Comp. Cass. civ. 1re, 25 février 2009 ; *RTD civ.* 2009, 306, obs. J. Hauser : il ne suffit pas de fournir de nouveaux éléments de preuve.

340. Cf. Cass. civ. 1e, 14 janvier 2015, n° 13-19.720, inédit, rappelant le droit de la mère de solliciter des dommages-intérêts représentant une contribution à l'entretien de l'enfant à compter de la naissance de celui-ci.

341. Cf. Cass. civ. 1e, 8 juillet 2015, n° 14-20.417, *Dr. fam.* 2015, comm. n° 185 : le juge peut ordonner que l'enfant porte le nom du père quand bien même celui-ci s'y opposerait : « *c'est par une appréciation souveraine des intérêts en présence et plus particulièrement de ceux de l'enfant que (...) après avoir relevé l'avis exprimé par l'enfant lors de son audition, la cour d'appel a estimé que la substitution demandée était de nature à rattacher de manière apparente et symbolique l'enfant à un père qui refusait toute relation avec lui et persistait à nier sa paternité alors qu'il s'était abstenu de se soumettre à une mesure propre à l'établir ou à l'écarter avec certitude* ».

342. A. Lefebvre-Teillard, p. 282.

343. *Ib.*

344. *Infra*, n° 1360.

345. *Infra*, n° 1362.

346. Cass. civ. 1re, 28 mars 2013, n° 13-40.001, *D.* 2013, 1436, obs. F. Granet-Lambrechts, *RTD civ.* 2013, 361, obs. J. Hauser.

347. Sur les débats suscités par les « paternités imposées » (qui cadrent mal avec la vision nouvelle d'une filiation fondée sur un « projet parental »), cf. I. Théry et A.-M. Leroyer, rapport préc., p. 84 et s.

§ 3. Disparition de la revendication d'enfant légitime

1282. Requiem. – Comme son nom l'indique, l'action en revendication d'enfant légitime permettait à des parents de rechercher leur enfant légitime, si obscure en eût été la naissance. Elle était la symétrie de l'action en réclamation d'état par laquelle l'enfant recherchait ses parents. Consacrant la jurisprudence antérieure[348], l'action avait été énoncée par la loi de 1972 dans l'article 328 anc. Elle était soumise aux mêmes conditions que la réclamation d'état. L'obligation de démontrer l'inexactitude de la filiation antérieure si elle était établie constituait une embûche susceptible dans bien des cas de paralyser l'action.

La portée de l'action avait soulevé des difficultés. En pratique, elle était rarissime[349]. Elle a disparu avec la suppression des actions propres à la filiation légitime en 2005. On aurait pu penser que parallèlement aurait été ouverte une action générale en revendication d'enfant pour les enfants nés en mariage ou hors mariage. Il n'en a rien été, et ce silence paraît logique. La femme mariée comme l'homme marié qui voudraient établir la filiation de ces enfants en l'absence d'acte de naissance et de possession d'état peuvent désormais reconnaître l'enfant. Si entre-temps une filiation a été établie, il leur appartiendra de la contester (art. 320) en se conformant aux règles des articles 332 et suivants[350]. Plus n'est besoin d'une action spécifique, sauf à souligner que comme pour toutes les actions à fin d'établissement d'un lien de filiation qui sont combinées avec une action en contestation de la filiation, les conditions et les délais pour agir sont désormais très stricts[351].

N°s 1283-1289 réservés.

348. G. Champenois, *Réclamation d'état et revendication d'enfant légitime*, thèse Paris II, LGDJ, 1971, préf. J. Flour.

349. Cependant Paris, 15 mars 1977, *D.* 1978, 266, n. J. Massip ; *JCP* G 1978.II.19084, n. P. Salvage-Gerest ; *RTD civ.* 1978, 329, obs. Nerson et Rubellin-Devichi.

350. *Infra*, n° 1310.

351. *Infra*, n°s 1311 s.

■ CHAPITRE III ■

CONTESTATION DE LA FILIATION

1290. Séisme dans un champ de ruines. – C'est en ce domaine que l'ordonnance de 2005 a apporté les modifications les plus profondes et les simplifications les plus radicales. Il est vrai que le droit des actions en contestation de la filiation, autrefois enfermé dans de strictes règles de fond, de forme, de délais et de preuves, n'était plus qu'un champ de ruines. Sous la pression de l'évolution des mentalités et des progrès de la science, la jurisprudence avait en effet « inventé » de nouvelles actions, renversant les équilibres soigneusement pesés par le législateur de 1972. Cette révolution prétorienne avait permis de faire triompher le principe de vérité et libéré bien des enfants de leurs filiations mortes ; la combinaison des actions légales et jurisprudentielles ne manquait pas de cohérence, selon qu'existaient ou non un titre et une possession d'état conforme. Mais à l'ordonnancement des cas d'ouverture répondait l'anarchie des régimes : créées de toutes pièces par les tribunaux, les nouvelles actions étaient soumises aux règles de droit commun (tout intéressé pouvait agir, le délai de prescription était de trente ans !), alors qu'elles auraient dû rester exceptionnelles afin de tenir compte des intérêts complexes et contradictoires qui s'affrontent en la matière.

Le législateur de 2005 a fait table rase des actions antérieures, des plus vénérables, comme le désaveu, aux plus récentes, comme les interprétations *a contrario* des articles 334-9 et 322 anciens. Sur les ruines du droit ancien (Section I), il a construit un droit commun des actions en contestation de la filiation : commun aux filiations en mariage et hors mariage, commun aux filiations paternelles et maternelle (Section II).

SECTION I
RAPPEL DU PASSÉ

1291. Complexité, diversité, anarchie. – Comme l'ensemble du droit de la filiation, le système des actions en contestation de la filiation était gouverné par la distinction entre filiation légitime et naturelle. À vrai dire, le problème se posait surtout pour la filiation légitime, compte tenu de ses modes d'établissement « automatiques » pour la maternité comme pour la paternité. Même si le contentieux restait relativement rare, il avait, au cours des dernières décennies, pris une certaine ampleur. Pendant longtemps, la loi n'avait pas permis qu'une discussion relative à la filiation légitime pût s'établir librement. La différence était importante avec le droit commun, où toute personne estimant qu'un de ses droits a été méconnu ou contesté pouvait saisir un tribunal du moment qu'elle avait un intérêt légitime pour agir. Au contraire, la loi avait raréfié le contentieux de la filiation, afin que ne fûssent pas trop souvent troublés « *l'honneur et la paix des familles* ». Aussi, selon l'objet du contentieux et avec des modalités diverses, étaient limitativement déterminées les personnes pouvant agir en justice, les actions, les délais pour agir et les preuves admissibles.

La loi de 1972 desserra l'étau. Puis faisant une interprétation hardie des textes, la Cour de cassation bouleversa les équilibres soigneusement pesés par le législateur et admit largement la contestation de la paternité légitime, au nom de la vérité (biologique) de la filiation.

1292. Pluralité d'actions. – La contestation de la filiation légitime pouvait porter sur l'un ou l'autre des éléments qui faisaient la légitimité de l'enfant : la maternité, le rapport de l'enfant au mariage ou la paternité du mari :

Maternité d'une femme mariée : il s'agissait de démontrer l'inexactitude de la maternité que prêtait à l'enfant son acte de naissance ou sa possession d'état : était exercée une action en contestation d'état (§ 1).

Rapport au mariage : si la maternité était établie sans avoir été discutée, l'action pouvait porter sur le rapport de l'enfant au mariage : elle ne mettait pas en cause la filiation, mais seulement la légitimité : l'action en contestation de légitimité contestait la relation de l'enfant au mariage en niant le mariage (§ 2).

Rattachement de l'enfant au mari : si la maternité était établie ainsi que le rapport de l'enfant au mariage, la contestation pouvait porter sur le dernier élément de la légitimité : le rattachement au mari de la mère. Cette action, ou plutôt ces actions, provoquèrent de graves troubles pour l'enfant comme pour les familles ; ainsi, traditionnellement, étaient-elles soumises à d'étroites conditions que la loi de 1972 avait assouplies, et que la jurisprudence ultérieure submergea (§ 3).

§ 1. Contestation d'état

1293. La mère n'était pas la mère. – L'action en contestation d'état était ouverte lorsque l'enfant n'avait pas été irréfragablement protégé par la conformité du titre et de la possession d'état (art. 322 anc.). Elle tendait à établir que l'enfant n'était pas né de la mère, femme mariée, que lui attribuait le titre ou la possession d'état[1]. Si tombait la maternité, tombait également la paternité du mari.

Pour exercer la contestation d'état, la loi n'exigait pas de qualité particulière : il suffisait, conformément au droit commun, d'avoir un intérêt. Ainsi en était-il de l'héritier qui voulait exclure d'une succession un enfant contesté ; ainsi en était-il des membres d'une famille qui voulaient interdire à une personne le port du nom ; ainsi en était-il de la femme qui soutenait qu'elle n'était pas la mère de l'enfant que lui attribuait l'état civil. Quant à l'enfant, il pouvait notamment avoir intérêt à contester l'état qu'il possédait ou qu'indiquait son titre comme préalable à une action en revendication d'état.

L'action était soumise aux mêmes règles de preuve que la réclamation d'état[2]. En particulier, la preuve par témoin n'était recevable que s'il existait des adminicules préalables (art. 323 anc.).

§ 2. Contestation de légitimité

1294. L'enfant n'était pas légitime. – La contestation de légitimité intéressait le deuxième élément de la légitimité, le rapport de l'enfant au mariage, sans avoir pour objet la maternité (par hypothèse établie), ni même la paternité : l'action n'était pas relative à la filiation de l'enfant, mais seulement à sa légitimité. Il s'agissait de démontrer que le rapport de l'enfant au mariage manquait et que par conséquent l'enfant n'était pas légitime : soit que les parents n'eûssent jamais été mariés, soit, autrefois, que l'enfant fût né plus de trois cents jours après la dissolution du mariage, soit que le mariage eût été postérieur à la naissance et que les conditions de la légitimation n'eussent pas été remplies.

1. La lecture *a contrario* de l'article 322 fut longtemps réservée à la maternité légitime (Planiol et Ripert, t. II, par Rouast, *op. cit.*, n° 751 et réf. cit.) ; puis la Cour de cassation l'étendit à la paternité, *infra*, n° 1307.

2. *Supra*, n°s 1254 s.

Ces actions n'étant pas *stricto sensu* relatives à la filiation, leurs conditions d'exercice étaient plus larges que celles des actions relatives à la filiation légitime (contestation d'état ou contestation de paternité légitime). Elles étaient soumises au droit commun. Il n'existait pas de règles particulières de délai ni de qualité : tout intéressé pouvait agir en justice ; ni de preuve : toutes les preuves étaient, en la matière, admissibles.

L'ancien article 316-1 qualifiait également de « contestation de légitimité » le désaveu exercé par les héritiers du mari ; il s'agissait en réalité d'une contestation de paternité légitime, qui constituait une véritable contestation d'état.

§ 3. Contestation de paternité légitime

1295. Le mari n'était pas le père. – Le dernier élément constitutif de la légitimité était l'attribution de l'enfant au mari de la mère. Traditionnellement, cet élément ne pouvait être combattu aussi facilement que les autres. Cette contestation tendait en effet à établir l'adultère de la mère, ce qui troublait gravement la famille et la société.

Jusqu'en 1972, trois règles avaient été énoncées par la loi afin de freiner la contestation de paternité légitime : son caractère judiciaire, le monopole marital et la sévérité des conditions de délai et de preuve. La première fut limitée ; la deuxième profondément atteinte ; la troisième atténuée par la loi et parfois entièrement écartée par la jurisprudence ultérieure : la preuve était devenue libre. Car le droit de la filiation n'avait plus tellement pour objectif le maintien de la paix dans les familles, mais le respect des « vérités » sociologiques et surtout biologiques.

Jusqu'en 1972, la règle était que la contestation de paternité légitime imposait toujours, quelles que fûssent les conditions dans lesquelles elle s'exerçait, l'intervention d'un juge chargé de vérifier si les conditions légales étaient réunies. Elle était, comme le divorce, une institution en forme de procès. Une manifestation de volonté tendant à nier la paternité du mari, en quelque forme qu'elle se fût produite, n'était jamais suffisante, même si toutes les parties étaient d'accord, car l'existence d'un jugement était une solennité exigée à titre de garantie.

La loi de 1972 limita le domaine de cette règle et sa teneur s'altéra progressivement. La règle supposait qu'existât une présomption de paternité. Or, lorsque l'enfant était né d'une femme mariée, la loi de 1972 avait supprimé la présomption dans deux cas où la paternité du mari était très douteuse : lorsque l'enfant avait été conçu pendant une période de séparation légale ou lorsque son acte de naissance n'avait pas mentionné le nom du mari. La présomption étant écartée de plein droit, il n'avait pas besoin d'action en justice. En outre, les tribunaux avaient toujours, en fait, admis des désaveux d'accord, qui ressemblaient à des divorces d'accord ; une décision avait même admis une contestation de paternité sur requête conjointe ! La preuve de la non-paternité du mari résultait alors exclusivement des déclarations des intéressés, bien que la loi imposât la démonstration de l'absence de paternité : l'office du juge devenait une formalité.

1296. Fin du monopole marital. – Sous l'empire du Code Napoléon, le droit de contester la paternité d'un enfant rattaché au mariage était réservé au mari : si évidente que fût la paternité de l'amant, le mari seul pouvait décider s'il devait rejeter les enfants adultérins de sa femme ou s'abstenir afin de ne pas troubler la famille ou de se venger de la mère. Cette conception fut abandonnée en 1972, car elle correspondait à une vision patriarcale de la famille, où le mari, en quelque sorte, avait l'appropriation des fruits de sa femme. Outre le mari (on parlait dans ce cas de « désaveu[3] »), (I), la contestation de paternité fut accordée, non sans réserve et précautions à la mère (II). Bouleversant les équilibres légaux, la jurisprudence avait ouvert largement l'action en cas de discordance entre le titre et la possession d'état (III).

I. — Désaveu du mari

1297. Action fermée. – Traditionnellement, le désaveu était enfermé dans de strictes limites. La loi de 1972 avait simplifié et facilité le désaveu, en ce qui concernait du moins les règles

3. **Étymologie** : des+avouer. Avouer vient du latin *advoco, are* : appeler auprès de soi. Sens littéral de désaveu : rétractation d'un aveu, de la reconnaissance d'un lien (ex. : le désaveu féodal).

de preuve et de recevabilité (B) car les délais pour agir limitaient considérablement le champ de l'action (A).

A. Délais

1298. Six mois. – En principe, la durée du délai pour agir était brève : six mois, ce qui traduisait l'idée que cette contestation était anormale et que la présomption de paternité était forte. À vrai dire, il s'agissait d'une survivance de l'histoire, peu compatible avec l'esprit d'ensemble de la loi de 1972. Elle ne s'imposait pas moins et le juge devait soulever d'office l'irrecevabilité de l'action en cas d'expiration du délai.

Il n'était pas indispensable que l'action fût effectivement intentée dans ce délai : il fallait et il suffisait qu'avant son expiration le mari ait, par acte extrajudiciaire, avisé son épouse de son intention de désavouer l'enfant ; la notification de cet acte ouvrait au mari un nouveau délai de six mois pour désavouer (art. 316-2 anc.).

Lorsque l'action était exercée par le mari – le désaveu proprement dit –, le délai de six mois courait à compter... de la naissance, si le mari avait été en mesure de la connaître (art. 316, al. 1 anc.) ; ... de son retour, s'il n'était pas sur les lieux lors de la naissance (art. 316, al. 2 anc.) ; ... du moment où il en avait eu connaissance si la naissance lui avait été cachée (art. 316, al. 3 anc.), ce que l'on appelait le recel de naissance où la femme avait eu un comportement frauduleux. Si la filiation était établie par un jugement, à la suite d'une réclamation ou d'une revendication d'état, le délai courait du moment où le mari avait eu connaissance du jugement (art. 325, al. 2 anc.).

Si la filiation maternelle n'était pas établie, le mari pouvait prendre les devants, de crainte que l'enfant un jour n'agît et que les preuves de l'absence de paternité ne dépérissent. Le désaveu préventif dérogeait à l'interdiction des actions préventives ; dès le XIXe s., la jurisprudence l'avait admis, en accordant la liberté des preuves, étant donné le caractère suspect de la filiation de l'enfant, ce que consacra la loi de 1972 (art. 326 anc.). En fait, ce désaveu n'était guère pratiqué.

Si le mari était mort pendant le délai où il pouvait exercer le désaveu sans l'avoir fait, les héritiers pouvaient agir tant que les six mois ne s'étaient pas écoulés, délai courant à partir de l'époque où l'enfant s'était mis en possession ou avait « troublé » leur possession (art. 316-1, al. 2 anc.). L'action présentait alors un intérêt purement pécuniaire.

B. Preuve et recevabilité

1299. Paternités suspectes. – Avant la loi de 1972, le désaveu était, en général, soumis à de strictes conditions de preuve. Cependant la preuve était libre lorsque la maternité n'avait pas été établie selon les conditions de preuves normales ; en outre, aucune preuve n'était exigée lorsque la date de la naissance rendait suspecte la paternité du mari : la paternité du mari pouvait être purement et simplement déniée.

La loi de 1972 simplifia et surtout facilita le désaveu. N'existaient plus que deux types de désaveu : la dénégation (1°), et la preuve de non-paternité (2°).

1) Désaveu par dénégation

1300. Rapprochement des dates. – Lorsque la naissance avait eu lieu dans les cent quatre-vingts premiers jours du mariage, la conception avait été prénuptiale ; l'enfant était légitime, mais cette légitimité ne pouvait être fondée sur la justification normale de la règle *pater is est*, l'obligation de communauté de vie. Cette légitimité ne provenait que du fait que le mari l'avait acceptée : l'enfant cessait d'être légitime si le mari le refusait, le « déniait » (art. 314, al. 3 anc.). Si le désaveu réussissait, l'enfant n'était pas adultérin comme dans les autres cas de désaveu : il était naturel simple. La preuve du mari était légère, la défense de l'enfant difficile.

– Preuve du mari

La preuve du mari était légère parce qu'il n'avait rien à démontrer : il n'était pas obligé d'établir sa non-paternité, il lui suffisait de la nier ou plus exactement, il n'avait qu'à produire deux dates : celle du mariage et celle de la naissance ; la confrontation remplissait la charge de sa preuve s'il y avait moins de 180 jours entre elles. À cet égard, le désaveu était péremptoire, puisque le juge n'avait aucun pouvoir d'appréciation.

– Défense de l'enfant

Afin de rendre inopérante la dénégation du mari, l'enfant pouvait démontrer que le mari avait manifesté sa volonté de l'accepter. Cet aveu de paternité apparaissait dans deux hypothèses ; il n'empêchait pas le mari de faire la preuve de sa non-paternité.

La loi prévoyait deux hypothèses où le mari avait avoué sa paternité (art. 314, al. 3 anc.) : il avait connu la grossesse avant le mariage ; il avait accepté l'enfant après la naissance.

Lorsque le mari connaissait la grossesse de sa femme avant de l'épouser, il ne pouvait purement et simplement dénier sa paternité.

Lorsque, selon l'expression de l'article 314, alinéa 3 ancien, le mari s'était, « *après la naissance, comporté comme le père* », il avait avoué sa paternité et ne pouvait plus désavouer par simple dénégation.

Jusqu'en 1972, cet aveu constituait une fin de non-recevoir qui paralysait complètement le désaveu du mari ; selon la loi de 1972, il faisait simplement obstacle au désaveu par dénégation, non au désaveu ordinaire : le mari pouvait librement prouver son défaut de paternité, bien qu'il eût « avoué » sa prétendue paternité, par exemple sous l'empire de l'émotion ou de la passion amoureuse.

2) Désaveu « ordinaire »

1301. Libre preuve. – Lorsque la présomption *pater is est* reposait sur la conception dans le mariage (+ un acte de naissance indiquant le nom du mari), le mari pouvait la faire tomber en démontrant qu'il n'était pas le père de l'enfant (art. 312, al. 2 anc.). Selon la loi de 1972, cette preuve était libre : par exemple, en justifiant qu'il n'était pas présent lors de la conception, ou qu'il était impuissant ou stérile, ou que l'enfant n'était manifestement pas de ses œuvres (preuve scientifique – analyse des sangs ou méthode médicale certaine). L'adultère de la femme n'était pas une preuve suffisante.

II. — Contestation exercée par la mère

1302. Romantisme législatif : remariage avec le véritable père. – Contrairement au droit antérieur, la loi de 1972 (art. 318 anc.) avait permis à la mère d'un enfant adultérin d'exercer une contestation de paternité lorsque, après dissolution de son mariage, elle avait épousé le véritable père : par hypothèse, l'enfant était rattaché au premier mari sous le nom duquel il avait été déclaré et était né moins de trois cents jours après la dissolution du mariage ou la séparation légale des époux. La contestation supposait que fussent démontrées : 1) l'absence de paternité du premier mari, 2) la paternité du second, 3) la dissolution du premier mariage, 4) la conclusion du second.

1303. Le « vrai » père. – Les conditions d'exercice de cette action furent strictement réglementées par la loi de 1972, afin de la cantonner dans un domaine étroit. L'interprétation jurisprudentielle, consacrée par la loi du 8 janvier 1993, leur retira beaucoup de portée et le domaine de la contestation exercée par la mère s'étendit peu à peu.

Aux termes des articles 318, 318-1 et 318-2 anciens, la mère ne pouvait contester la paternité de son mari que si elle faisait entrer l'enfant dans son second foyer conjugal. Étaient ainsi imposées des conditions de délai, de fond et de preuve. Le délai était bref, afin que l'état de l'enfant ne fût ni incertain, ni instable ; l'action devait être exercée dans les six mois du mariage et avant que l'enfant eût atteint l'âge de sept ans (art. 318-1, al. 2 anc.). Quant au fond, il traduisait la substitution d'une légitimité à une autre. Le premier mariage devait être dissous (le plus souvent, il s'agissait d'un divorce) ; la mère devait en outre épouser le « véritable père », avec lequel elle allait agir conjointement. Quant à la preuve, elle devait démontrer deux choses : 1) afin de faire tomber la présomption de paternité du premier mari, elle devait établir son absence de paternité, preuve négative, qui ne soulevait guère de difficultés ; 2) la paternité du second mari, preuve positive également nécessaire.

En renvoyant à l'article 333-1 ancien qui subordonnait la légitimation *post nuptias* à la possession d'état d'enfant commun, l'article 318-1 ancien paraissait impliquer l'absence de possession d'état à l'égard du premier mari et l'existence d'une possession d'état à l'égard du second mari. Cette condition fut vidée de son sens par la Cour de cassation[4] dont la jurisprudence fut consacrée par la loi du 8 janvier 1993 (art. 318-1 anc.). Il importait peu que l'enfant possédât l'état d'enfant légitime du premier mari (qui probablement s'y était attaché) : la contestation pouvait être exercée au nom de la « vérité » biologique, malgré la « vérité » sociologique.

III. — Discordance entre titre et possession d'état

1304. Révolution de Palais. – Bien que les textes de la loi de 1972 n'eûssent expressément accordé la contestation de paternité légitime qu'au mari (art. 314 et 316 anc.) et à la mère (art. 318 anc.) en subordonnant son exercice à d'étroites conditions, la jurisprudence, mue par l'attachement à la « vérité » biologique, était allée bien au-delà. Par une interprétation usant hardiment du raisonnement *a contrario,* elle avait admis que la contestation de paternité légitime pouvait être exercée par tout intéressé lorsque le titre établissant la paternité du mari n'était pas consolidé par la possession d'état et que la paternité du mari était donc douteuse.

La Cour de cassation le décida d'abord au moyen d'une interprétation *a contrario* de l'article 334-9 ancien (A), puis, encouragée par ce précédent et quelques auteurs, dans une autre interprétation *a contrario,* celle de l'article 322, alinéa 2 ancien, qui retira son intérêt à la jurisprudence et à une partie de la législation antérieures (B).

A. Ancien article 334-9, *a contrario*

1305. Description. – Aux termes de l'ancien article 334-9 : « *Toute reconnaissance* (d'enfant naturel), *toute demande en recherche est irrecevable quand l'enfant a une filiation légitime déjà établie par la possession d'état.* » L'argument *a contrario* a consisté à retourner le texte pour dire que la reconnaissance était valable quand l'enfant avait une filiation légitime qui n'était pas établie par la possession d'état.

L'hypothèse était celle d'un enfant conçu ou né dans le mariage, dont l'acte de naissance indiquait le nom de la mère et celui du mari : il était donc soumis à la présomption *Pater is est.* Mais il n'avait pas de possession d'état à l'égard du mari : sa filiation paternelle était donc suspecte. Il était reconnu par un tiers. Cette reconnaissance était-elle valable ? L'enfant était-il rattaché au mari de la mère ou à l'auteur de la reconnaissance ?

La Cour de cassation, après une controverse d'une grande ampleur doctrinale, avait admis la validité de la reconnaissance[5], ce qui avait entraîné un conflit de paternités. L'enfant avait deux pères possibles, celui que désignait la présomption de paternité découlant du mariage et celui que désignait la reconnaissance. Le conflit de paternités avait été résolu en permettant à tout intéressé et notamment l'auteur de la reconnaissance de déterminer la filiation la plus vraisemblable (art. 311-12, al. 1 anc.) ; le plus souvent, l'auteur de la reconnaissance parvenait à démontrer l'inexactitude de la paternité biologique du mari. Comme presque toujours lorsqu'il y avait un conflit de paternités, la filiation illégitime l'emportait sur la filiation légitime. La règle fut étendue à la recherche de paternité naturelle. La Cour de cassation décida même que l'article 334-9 ancien s'appliquait quand la reconnaissance avait été prénatale et que la possession d'état du mari avait commencé au jour de la naissance[6].

1306. Discussion. – La présomption de paternité pouvait donc être combattue par un autre que le mari de la mère ou que la mère, même lorsqu'il n'y avait pas eu de légitimation, au contraire de ce qu'avait imposé l'article 318, même lorsque l'acte de naissance avait indiqué le nom du mari, au-delà par conséquent de ce qu'avait prévu l'article 313-1. Cette contestation n'était pas non plus soumise aux brefs délais dans lesquels, traditionnellement, la contestation de paternité légitime était enfermée. Elle pouvait être exercée contre le mari ou avec son accord ; par le mari, avec ou contre l'agrément de la mère ; précisément, dans l'espèce que

4. Cass. civ. 1re, 16 février 1977, *Bull. civ.* I, n° 92 ; *D.* 1977.328, 1re esp., n. crit. D. Huet-Weiller ; *JCP* 1977.II.18663 ; *Defrénois* 1977, art. 31421, 2e esp., n. appr. J. Massip ; *Gaz Pal.*, 1977.II.368, m. n.

5. Ex. : Cass. civ. 1re, 9 juin 1976, *Bull. civ.* I, n° 211 ; *D.* 1976.593, n. crit. P. Raynaud ; *JCP* 1976.II.18494 ; *Defrénois* 1976, art. 31207, 1re esp., n. appr. J. Massip ; *Gaz Pal.* 1976.II.708.

6. Cass. civ. 1re, 4 mai 1994, *Bull. civ.* I, n° 157 ; *D.* 1995, somm. 129, obs. V. Morgand ; *Defrénois* 1994, article 35945, n° 149, obs. J. Massip.

connut la Cour de cassation dans son arrêt de principe, la mère ne voulait pas que l'enfant fût rattaché à l'auteur de la reconnaissance, et pourtant la contestation fut accueillie.

En faveur de la solution de la Cour de cassation, on avait invoqué les avantages de la « vérité », en raison du caractère très douteux qu'avait alors la présomption *pater is est.* Si le mari avait refusé de traiter cet enfant comme le sien, c'était probablement qu'il n'en était pas le père. Pourquoi rattacher cet enfant à un mari qui n'était pas et ne voulait pas en être le père ?

Contre la solution de la Cour de cassation, on avait opposé l'instabilité et l'insécurité de l'état qu'elle entraînait. Ce qui se traduisait par trois arguments.

1) Elle permettait de tourner toutes les règles qui avaient restreint l'exercice de la contestation de paternité légitime. Celles qui étaient relatives au délai : l'action pouvait être introduite pendant trente ans à compter du jour où avait cessé la possession d'état (art. 311-7 anc.) ; le délai était considérable, source d'insécurité dans une matière grave : comme l'avait dit l'arrêt *de Wrède « l'état des personnes ne peut demeurer incertain »*[7]. Celles qui étaient relatives à la qualité pour agir, qui réservaient l'exercice de la contestation à certaines personnes[8] : l'action pouvait être intentée par tout intéressé, l'auteur de la reconnaissance, le mari, la mère, l'enfant, les héritiers du mari (notamment ses autres enfants). Qui ne pouvait voir l'insécurité qui en résultait ?

2) Elle s'attachait à une possession d'état souvent confuse, car les situations de fait qui recouvraient ce genre d'histoires étaient diverses et enchevêtraient mariages, divorces, concubinages, ruptures, réconciliations où le mari et l'amant tantôt abandonnaient, tantôt reprenaient l'enfant.

3) Où était l'intérêt de l'enfant ? Bien malin qui aurait pu le prophétiser. Le plus souvent, il était dans la stabilité. Le comportement des adultes à son égard était souvent ambigu : était-il mû par la tendresse qu'ils lui portaient, ou leurs animosités et leurs affections mutuelles et passagères, ou la recherche de leur tranquillité personnelle, ou leur cupidité ? La référence à l'intérêt de l'enfant masquait souvent l'intérêt d'un adulte.

Un débat comparable, plus important, mais où vint la lassitude, fut suscitée par l'interprétation *a contrario* de l'article 322, alinéa 2 ancien. La jurisprudence qui en résulta rendit largement caduque celle qui s'était faite sur l'article 334-9 anc., *a contrario.*

B. Ancien article 322, alinéa 2, *a contrario*

1307. D'un *a contrario* à l'autre. – Allant plus loin, avec les mêmes objectifs et la même logique, la Cour de cassation[9] décida, par une interprétation *a contrario* de l'article 322, alinéa 2 ancien, que la filiation, notamment la paternité légitime, pouvait être contestée lorsque le titre n'avait pas une possession d'état conforme. Le texte disposait : « *nul ne peut contester l'état de celui qui a une possession conforme à son titre de naissance* » ; la lecture *a contrario* du texte disait : « tout intéressé peut contester l'état de celui qui n'a pas un titre de naissance conforme à sa possession ».

1308. Discussion. – Comme pour l'article 334-9 ancien, *a contrario,* la Cour de cassation avait ainsi écarté beaucoup de règles : pas de condition de délai autre que la prescription trentenaire ; pas de condition de preuve. La quasi-totalité des conditions restrictives du désaveu devenait caduques, lorsque, d'évidence, la légitimité était douteuse. La portée pratique de cette règle prétorienne demeurait cependant limitée puisqu'elle se cantonnait à des situations aussi rares que suspectes, où n'existait pas de conformité entre l'acte de naissance et la possession d'état.

Cette jurisprudence pouvait devenir dangereuse dès lors qu'on admettait une conception extensive des vices de la possession. Voici une filiation légitime paisible, d'une paix durable. Suffirait-t-il que le mari, ou la mère, ou l'enfant, ou un amant la conteste pour que la possession d'état disparaisse et que la contestation soit recevable ? La stabilité de l'état disparaîtrait

7. * Cass. civ., 9 mai 1900, *de Wrède,* cité *supra.*

8. *Supra.*

9. Cass. civ. 1re, 27 février 1985, *Bull. civ.* I, n° 76 (2 arrêts) ; *D.* 1985.265, concl. contr. Sadon, *1re esp.,* n. approbat. G. Cornu ; *JCP* G 1985.II.20460, n. E. Fortis-Monjal et G. Paire ; *Defrénois* 1985, article 33620, n. M. Grimaldi ; article 33535, n° 40, obs. J. Massip, *2e esp. ; Gaz. Pal.* 1985.I.332.

complètement. Malgré une jurisprudence parfois ambiguë des juges du fond, la Cour de cassation ne l'admit pas[10].

L'ordonnance de 2005 renouvelle entièrement la question.

SECTION II
NOUVELLE ACTION EN CONTESTATION DE LA FILIATION

1309. Simplicité, prévisibilité, équilibre. – Le législateur de 2005 a été animé par le souci de créer un système compréhensible et prévisible. Deux considérations devaient être prises en compte et parfois conciliées. Il convenait d'abord de tirer les conséquences des progrès de la science : la preuve négative de la paternité comme de la maternité est aujourd'hui possible, et de plus en plus facilement accessible sur le plan technique, pratique (des laboratoires habilités aux officines plus ou moins contrôlées via internet) et financier. L'ancien système d'actions reposant encore largement sur les incertitudes et la complexité des preuves ne correspondait plus à la réalité. De plus, les esprits ont évolué : dans la psychologie contemporaine, on admet assez facilement que l'enfant n'ait pas juridiquement de père ; à l'inverse, on tolère de moins en moins les paternités fictives, surtout lorsqu'elles ne correspondent pas ou plus à la réalité vécue. Enfin, la fascination qu'exerce la vérité biologique rend à beaucoup insupportables l'incertitude, les fictions et parfois les mensonges du droit.

Dans le même temps et à l'inverse, il importait d'assurer la stabilité des filiations : il n'était pas question de permettre que fût contestée n'importe quelle filiation, dans n'importe quelles circonstances, par n'importe qui et dans n'importe quels délais, au nom de la seule réalité biologique. La filiation est tissée de bien d'autres fils[11]. Contre les paternités « kleenex » que l'on prend et que l'on jette, contre les contestations de rancune (celles de la mère, du père et parfois de l'enfant) et les contestations de fortune (celles des héritiers), le législateur a élevé des barrières : la stabilité de l'état des personnes doit être préservée.

Le législateur a ainsi tenté de réaliser un équilibre difficile entre vérité et réalité, entre liberté et responsabilité. Pour y parvenir, il a forgé un droit commun des actions en contestation de la filiation paternelle et maternelle, l'unité des actions (§ 1) se combinant avec la diversité de régimes nécessaire pour tenir compte de la réalité des situations (§ 2). Restait à organiser les conséquences de la destruction d'une filiation en justice (§ 3).

§ 1. UNITÉ DES ACTIONS EN CONTESTATION DE LA FILIATION

1310. Simplification. – L'ordonnance de 2005 rompt avec la diversité des actions antérieures : actions en désaveu, en contestation de paternité ou de maternité légitime, en contestation de légitimité, en contestation de reconnaissance, etc., fondées sur autant de textes distincts et soumises à autant de règles particulières. Désormais, l'article 332 dispose : *« La maternité peut être contestée en*

---

10. Cass. civ. 1re, 15 juillet 1993, *Bull. civ.* I, n° 256 ; *D.* 1994, somm. 115, obs. FR. Granet-Lambrechts ; *JCP* G 1994.II.22352, n. X. Lagarde ; *Defrénois* 1994, article 35746, n° 6, obs. J. Massip ; *RTD civ.*, 1993.806, obs. J. Hauser.

11. *Supra*, n° 906.

rapportant la preuve que la mère n'a pas accouché de l'enfant. La paternité peut être contestée en rapportant la preuve que le mari ou l'auteur de la reconnaissance n'est pas le père. »

La simplification est considérable, notamment en matière de preuve, puisque, lorsque la contestation est possible, il suffit d'établir la non-paternité ou la non-maternité au sens biologique du terme, cette preuve pouvant se faire par tous moyens. Cette simplicité ne va pas sans un appauvrissement de la filiation : s'impose, assez brutalement, une conception purement biologique de la filiation, tempérée cependant par les règles propres aux différentes hypothèses envisagées ensuite par la loi.

L'action en contestation de la **maternité** est rare. Si le nom de la mère figure dans l'acte de naissance, la contestation revient à établir qu'il y a eu supposition ou substitution d'enfant. Il y a substitution[12] lorsque deux femme ayant accouché, l'enfant de l'une est attribué à l'autre ; il y a supposition lorsqu'une femme simule un accouchement, généralement afin de masquer une adoption[13]. La possibilité de contester la filiation maternelle malgré la concordance du titre et de la possession était expressément prévue à l'ancien article 322-1 : la preuve de la supposition ou de la substitution pouvait en être faite par tous moyens. L'ouverture d'une action générale en contestation de maternité rendait inutile un texte spécial. Reste que ce qui était évident hier l'est moins aujourd'hui : *quid* si la femme qui a accouché n'est pas la mère « biologique » des enfants ; *quid* surtout si la femme qui prétend être la mère (biologique et affective) n'est pas celle qui accouché ? PMA et GPA rendent « incertaine » la maternité[14] ; mais pour le droit français, la mère demeure la femme qui a accouché.

Si la filiation maternelle a été établie par une reconnaissance, elle pourra également être anéantie par la preuve que cet enfant n'était pas le sien[15].

L'action en contestation de la **paternité** tendra à prouver que le mari ou l'auteur de la reconnaissance ne sont pas le père. La preuve peut se faire par tous moyens, notamment l'expertise biologique.

§ 2. Diversité des régimes

1311. Titre et/ou possession d'état. – Reprenant la distinction qui dans le système mi-légal mi-jurisprudentiel issu de la loi de 1972 constituait une sorte de *summa divisio* des actions en contestation de la filiation, les articles 333 et 334 distinguent deux hypothèses : celle où la possession d'état est conforme au titre

12. Ex. : de substitution... involontaire : l'erreur dans une clinique : *TGI Lille, 10 mars 1955, aff. des *enfants de Roubaix*, *Gaz. Pal.* 1955.I.358... volontaire : la nourrice qui échange son enfant avec celui qui lui a été confié (comp. TGI Paris, 24 juin 1986, *D.* 1987, somm. p. 302, obs. D. Huet-Weiller). Lorsqu'elle est volontaire, la substitution est sanctionnée par l'article 227-13 du Code pénal.

Bible : L'affaire la plus célèbre est le jugement de Salomon. Deux femmes accouchent au même moment et au même endroit ; un des enfants meurt ; chacune se prétend la mère du survivant ; le litige est déféré au roi Salomon : « *"Apportez- moi une épée" ordonne le Roi ; et on apporte une épée devant le Roi, qui dit : "Partagez l'enfant vivant en deux et donnez la moitié à l'une et la moitié à l'autre". Alors la femme dont le fils était vivant s'adressa au Roi, car sa pitié s'était enflammée pour son fils, et elle dit : "S'il te plaît, Monseigneur, qu'on lui donne l'enfant, qu'on ne le tue pas" ; mais celle-là disait : "Il ne sera ni à moi, ni à toi, partagez". Alors le Roi prit la parole et dit : "Donnez l'enfant à la première, ne le tuez pas, c'est elle la mère"* » (Rois, I, 3, 24).

13. La simulation d'enfant est sanctionnée par l'article 227-13 du Code pénal.

14. *Supra*, n° 909.

15. Sur l'hypothèse différente de la nullité de la reconnaissance, cf. *supra*. Dans l'hypothèse où la filiation serait établie par possession d'état, *infra*, n° 1329.

(I), celle où elle ne l'est pas (II)[16], le système mis en place étant tantôt plus large, tantôt plus restrictif que l'ancien. Reste un cas particulier, celui de la contestation d'une filiation établie par la constatation d'une possession d'état (III). Dans ces hypothèses, le droit d'agir du ministère public est omniprésent mais strictement encadré (IV).

I. — Possession d'état conforme au titre

1312. Principe et exception. – La contestation est en principe possible (art. 333, al. 1), mais son exercice est strictement encadré (A). De plus, l'action est fermée lorsque la filiation s'appuie sur une possession d'état conforme ayant duré au moins cinq ans (art. 333, al. 2) (B). De ce double point de vue, le droit nouveau présente une originalité certaine[17].

A. Principe : ouverture strictement encadrée de l'action (art. 333, al. 1)

1313. La porte étroite. – Selon l'article 333 (L. 16 janvier 2009) : « *Lorsque la possession d'état est conforme au titre, seuls peuvent agir l'enfant, l'un de ses père et mère ou celui qui se prétend le parent véritable. L'action se prescrit par cinq ans à compter du jour où la possession d'état a cessé ou au décès du parent dont le lien de filiation est contesté* ». Le texte ouvre des possibilités de contestation jusque-là fermées par l'ancien article 322. Mais les titulaires de l'action et les délais pour agir sont si strictement délimités que le principe lui-même apparaît presque comme une exception à une règle non dite qui, à l'instar de l'ancien article 322, interdirait la remise en cause de la filiation en cas de conformité du titre et de la possession d'état.

1314. Titulaires de l'action. – Seuls peuvent agir l'enfant, l'un de ses père et mère (*i.e.* celui dont la filiation est en jeu ou l'autre parent), ou celui qui se prétend le parent véritable[18] (sur le ministère public, cf. *infra*). Par « *parent véritable* », il faut entendre le parent dont la filiation *biologique* est susceptible d'être établie[19]. Pour lui, la destruction de la filiation existante constitue un préalable indispensable à l'établissement de sa propre filiation[20]. En réalité, les deux actions s'entremêlent, puisque le droit d'agir et donc le résultat de l'action sont liés à la preuve de la paternité ou plus rarement de la maternité[21].

16. Sur l'application de ces règles à la contestation de la reconnaissance, cf. *supra*, n°s 1201 s.

17. F. Millet, « La vérité affective ou le nouveau dogme de la filiation », *JCP* G 2006.I.112.

18. Conformément à l'article 322 C. civ., l'action peut être exercée par les héritiers d'une personne décédée avant l'expiration du délai imparti pour agir (cf. *supra*). Le légataire universel n'est pas héritier et ne peut donc agir (Cass. civ. 1e, 2 août 2014, n° 13-12.480, *D.* 2014, 1171, obs. F. Granet-Lambrechts ; *RTD civ.* 2014, 353, obs. J. Hauser : en l'espèce, la légataire universelle était la sœur du défunt... qui eût été héritière si la filiation de l'enfant était tombée, ce qui rend la solution douteuse).

19. Cf. la formule de l'ancien art. 318-1 et son interprétation jurisprudentielle, *supra*, n°s 1302 s.

20. Il convient de nommer un administrateur *ad hoc* pour représenter l'enfant (Cass. civ. 1e, 6 novembre 2013, n° 12-19.269, *RTD civ.* 2014, p. 99, obs. J. Hauser ; *D.* 2014, 689, obs. M. Douchy-Oudot).

21. L'ancien article 318 exigeait pour que puisse être contestée la filiation du mari que la mère se remariât avec le véritable père. Les deux actions, en contestation et en légitimation par mariage, étaient jointes à peine d'irrecevabilité (art. 318-1) et le tribunal statuait sur les deux demandes « *par un seul et même jugement* » (art. 318-2). La preuve de paternité véritable valait donc pour l'ensemble des questions posées par la mise en œuvre des articles 318 et suivants.

1315. Délai pour agir. – Selon l'article 333, alinéa 1, « *L'action se prescrit par cinq ans à compter du jour où la possession d'état a cessé ou du décès du parent dont le lien de filiation est contesté* ». Le délai est bref, ce qui garantit une certaine stabilité de l'état. Encore faut-il observer que dans bien des cas, il sera difficile de caractériser la disparition de la possession d'état : celle-ci s'effiloche plus souvent qu'elle ne s'interrompt. Selon que la jurisprudence sera plus ou moins stricte sur ce point, l'action pourra être intentée dans des délais plus ou moins longs en fait. À moins que le parent prétendu ne décède : quand bien même une possession d'état *post mortem* se serait perpétuée, le couperet des cinq ans met un terme au droit d'agir : *requiescat in pace*. La stabilité de la filiation en sort renforcée, mais n'est-ce pas faire trop bon marché des intérêts de l'enfant[22] ? Conformément au droit commun, le délai est suspendu pendant la minorité de l'enfant. En conséquence, l'enfant peut agir en contestation dans les cinq ans qui suivent sa majorité, quelle que soit la date à laquelle la possession d'état a cessé, quelle que soit la date à laquelle le décès est survenu[23].

1316. Portée de la règle. – Au regard des anciens textes, l'article 333, alinéa 1 constitue une ouverture considérable. Lu « à l'endroit », l'ancien article 322, alinéa 2 interdisait la contestation d'une filiation légitime en cas de conformité du titre et de la possession d'état. La règle ne souffrait que trois exceptions : celle du désaveu (mais le délai pour agir (six mois) limitait les possibilités d'agir[24]), celle de l'article 318 (l'enfant disposant d'une possession d'état conforme à son titre de naissance pouvait voir sa filiation attaquée jusqu'à l'âge de sept ans ; mais les conditions posées pour intenter l'action étaient si contraignantes qu'elles la rendaient rarissime[25]), et celles, par nature exceptionnelles, de la supposition ou de la substitution d'enfant (art. 322-1 anc.)[26].

En faisant sauter le verrou de l'article 322, alinéa 2 ancien, l'article 333 ouvre un champ considérable à la contestation, même si son alinéa 2 le borne aussitôt. Désormais, la filiation de l'enfant qui aurait dans un premier temps été accepté et élevé par le mari de la mère, pourra être contestée par le mari au-delà de l'ancien délai de 6 mois ; par la mère sans qu'elle ait à se remarier avec le véritable père ; par l'enfant à sa majorité. L'ordonnance de 2005 facilite la destruction des filiations mortes ; elle réduit ainsi un peu plus la force de la présomption de paternité[27]. *Sur la situation de l'enfant né hors mariage*[28].

Encore faut-il cependant que la possession d'état n'ait pas duré plus de cinq ans à compter de la naissance ou de la reconnaissance.

B. Exception : fermeture de l'action (art. 333, al. 2)

1317. Stabilité. – Par exception au principe posé à l'article 333, alinéa 1, « *Nul, à l'exception du ministère public, ne peut contester la filiation lorsque la possession d'état a duré au moins cinq ans depuis la naissance ou la reconnaissance, si elle a été faite ultérieurement* ». La stabilité de la filiation paternelle ou maternelle, en mariage ou hors mariage, établie à la naissance par le seul effet de la loi (règle

22. Sur cette règle, introduite par la loi de ratification du 16 janvier 2009, J. Massip, *La loi du 16 janvier 2009...*, art. préc., n° 4.
23. J. Massip, « Le nouveau droit de la filiation », article préc., n° 57.
24. *Supra*, n° 1298.
25. *Supra*, n° 1302.
26. *Supra*, n° 1310.
27. *Supra*, n°s 1163 s.
28. *Infra*, n° 1321.

Mater semper certa, présomption *Pater is est*) ou par reconnaissance, est donc assurée[29] : la filiation, quasiment, est inattaquable[30].

1) Conditions de l'exception

1318. Possession d'état de cinq ans. – Les cinq ans de possession d'état partent de la naissance (si la filiation est établie par le seul effet de la loi, par reconnaissance anténatale ou par reconnaissance faite à l'occasion de la déclaration de naissance), ou de la reconnaissance si celle-ci a été faite ultérieurement. À l'évidence, il doit s'agir d'une possession d'état continue pendant cinq ans : une possession d'état interrompue, quand bien même elle aurait été reprise ultérieurement, ne ferme pas la voie de la contestation. De même, une possession d'état, fût-elle de longue durée, qui se serait constituée après la naissance ou après la reconnaissance et non à compter de celle-ci (« *depuis* », selon l'art. 333, al. 2), ne peut être prise en compte à ce titre : l'article 333, alinéa 2 n'édicte pas une fin de non-recevoir dès lors que l'enfant peut arguer d'une possession d'état de cinq ans, mais seulement si pendant les cinq années qui ont suivi l'établissement de la filiation, l'enfant a joui d'une possession d'état conforme à son titre[31].

1319. Porte close. – Si les cinq années de possession d'état ainsi entendues sont écoulées, l'action est fermée à tous, fût-ce à celui qui se prétend le parent véritable, fût-ce à l'enfant, quand bien même la preuve de la non-paternité ou de la non-maternité serait apportée en fait ou en droit, quand bien même la possession d'état n'aurait *que* cinq ans. Soit par exemple un enfant qui, à sa majorité, souhaiterait remettre en cause la filiation qui le rattache au mari ou au concubin de sa mère ; celui-ci l'a élevé pendant sept ans, mais le couple s'est séparé et le « père » s'est ensuite totalement désintéressé de l'enfant : la filiation ne peut être contestée, quand bien même l'enfant pourrait faire la preuve que l'homme en question n'est pas son père biologique, quand bien même la filiation serait désormais une filiation morte, quand bien même tous les intéressés seraient d'accord[32].

Il est probable que dans de telles hypothèses, le débat se concentrera sur les qualités de la possession d'état invoquée comme fin de non-recevoir. S'agissant d'une action d'état,

---

29. Pour une filiation établie par la possession d'état constatée dans un acte de notoriété, *infra*, n°s 1329 s.

30. Aucun délai n'est satisfaisant : Aix 24 septembre 2009, *Dr. famille* 2010, n° 59, obs. P. Murat : Guillaume pouvait se prévaloir d'une possession d'état de huit ans au jour de l'assignation ; son frère Baptiste n'en jouissait que depuis quatre ans et dix mois. L'action en contestation de la paternité du mari, avec qui vivaient les deux enfants, est recevable, pour l'un et pas pour l'autre. Les frères ne seront plus que demi-frères.

31. La définition du point de départ du délai quinquennal ouvert par l'ordonnance de 2005 a donné lieu à un important contentieux. La Cour de cassation a affirmé et réaffirmé que le délai courait à compter de l'entrée en vigueur de la loi nouvelle, soit le 1er juillet 2006, sans que la durée totale puisse excéder la durée prévue par la loi antérieure, soit 30 ans, réduit à 10 ans pour l'action de l'auteur de la reconnaissance s'il a donné à l'enfant une possession d'état continue (art. 339) : Cass. civ. 1re, 27 février 2013, n° 12-13.326 et n° 12-13.329, *D.* 2013, 1436, obs. F. Granet-Lambrechts, *RTD civ.* 2013, p. 359 ; Cass. civ. 1re, 6 novembre 2013, *RTD civ.* 2014, 101, obs. J. Hauser ; Cass. civ. 1re, 28 mai 2014, n° 13-17.619, sur lequel, M.-P. Baudin-Morin, « La doctrine auxiliaire du juge à travers l'arrêt du 28 mai 2014 », *Dr. famille* 2014, étude n° 20 ou encore Cass. civ. 1re, 14 janvier 2015, n° 13-27.975 ou Cass. civ. 1re, 14 janvier 2015, n° 13-27.975, *Dr. famille* 2015, comm. 49, note C. Neirinck, *D.* 2015, 702, obs. F. Granet, *RTD civ.* 2015, p. 367, obs. J. Hauser. Sur l'ensemble de la question, cf. J. Hauser, « Filiation et prescription », *Af famille* 2012, p. 29 et les études de M.-P. Baudin-Morin, *Dr. famille* 2014, études n° 3 et 9, et réf. cit.).

32. Sur la possibilité de remettre en cause la filiation établie par reconnaissance au moyen d'une action en nullité, cf. *supra*, n° 1207.

indisponible, l'existence d'une possession d'état de cinq ans, devra en tout cas être invoquée d'office par le juge : les parties ne peuvent tenter d'échapper aux prescriptions de l'article 333, alinéa 2 par un silence concerté.

2) Portée de l'exception

1320. Enfant né en mariage. – Pour la filiation en mariage, verrouillée jusque-là par l'article 322, alinéa 2 ancien, les restrictions apportées par la règle nouvelle sont marginales. Elles ne concernent que la mère qui auparavant pouvait agir sur le fondement de l'article 318 ancien jusqu'à ce que l'enfant eût atteint l'âge de sept ans ; elle ne pourra plus le faire au-delà de cinq ans (mais elle n'aura plus à se remarier avec le « véritable père »).

1321. Enfant né hors mariage. – En revanche, l'article 333, alinéa 2, constitue une véritable révolution pour l'enfant né hors mariage. Dans le système antérieur, la filiation de l'enfant établie par reconnaissance restait fragile : la reconnaissance pouvait être contestée par toute personne qui y avait intérêt, même dans le délai de droit commun, *i.e.* trente ans, délai suspendu pour l'enfant pendant sa minorité (art. 339 *supra*). Certes, l'existence d'une possession d'état conforme à la reconnaissance restreignait cette possibilité de contestation. Mais, d'une part, il s'agissait d'une possession d'état de dix ans à compter de la reconnaissance. D'autre part, elle ne constituait pas une fin de non-recevoir générale à l'action : elle limitait seulement le nombre de personnes qui pouvaient agir (l'autre parent, le parent véritable, l'enfant) ; son principal effet était en réalité d'exclure l'auteur de la reconnaissance et les héritiers. Au contraire, l'article 333, alinéa 2 rend irrecevable toute action en contestation de la filiation dès lors que l'enfant a bénéficié d'une possession d'état de cinq ans à compter de la reconnaissance. Ni la mère ni le véritable père ne peuvent agir, pas plus que l'enfant, qu'il soit mineur ou qu'il soit majeur : l'action éteinte ne renaît pas à la majorité. Il en résulte qu'une filiation établie par une reconnaissance mensongère confortée par cinq ans de possession d'état est inattaquable.

1322. Un pas de trop ? – Si la nouvelle loi présente l'immense avantage d'assurer la stabilité des filiations, notamment pour l'enfant né hors mariage, on peut se demander si le législateur n'est pas allé trop loin[33] : l'équilibre entre vérité et stabilité n'a-t-il pas été rompu, – en sens inverse ? Et la règle nouvelle, sera-t-elle tenable ? N'eût-il pas été raisonnable de prévoir la possibilité, pour l'enfant à sa majorité ou pour le véritable père, de faire tomber une filiation mensongère lorsque celle-ci ne correspond plus à aucune réalité[34]. En réservant le droit d'agir du ministère public, la loi de ratification a certes placé un coin dans le système. Encore faut-il rappeler que le ministère public ne peut agir contre une filiation légalement établie que « *si des indices tirés des actes eux-mêmes la rendent invraisemblable ou en cas de fraude à la loi* »[35]. Le problème reste donc entier.

Faute de mieux, la bataille portera le plus souvent sur la caractérisation d'une possession d'état de cinq ans. Pour les filiations établies par reconnaissance, certains tenteront d'utiliser

33. En tout cas, en distinguant selon la durée de la possession d'état, la loi ne heurte pas le principe d'égalité. Selon la Cour de cassation, saisie d'une QPC au motif que l'article 333 serait contraire au principe d'égalité, qu'elle refuse de transmettre : « *la question posée ne présente pas de caractère sérieux en ce que l'article 333 répond à une situation objective particulière dans laquelle se trouvent toutes les personnes bénéficiant d'une possession d'état en distinguant selon la durée de celle-ci, afin de stabiliser leur état, dans un but d'intérêt général et en rapport avec l'objet de la loi qui a recherché un équilibre entre les composantes biologiques et affectives de la filiation, dans le respect de la vie privée et familiale des intéressés* » (Cass. civ. 1e, 24 février 2011, nº 10-40.068, *AJ Fam.* 2011, 2013, obs. F. Chénedé ; *RTD civ.* 2011, 334, obs. J. Hauser).

34. *Infra*, nº 1349.

35. *Infra*, nº 1337.

l'action en nullité[36] afin de contourner les règles de l'article 333, alinéa 2. La Cour de cassation semble avoir pris conscience du problème : le droit au respect de la vie privée pourrait *in casu* venir tempérer la rigueur de la règle[37].

II. — Non-conformité du titre et de la possession d'état

1323. Ouverture de l'action. – Selon l'article 334, « *À défaut de possession d'état conforme au titre, l'action en contestation peut être engagée par toute personne qui y a intérêt dans le délai prévu à l'article 321* ». L'action est donc largement ouverte ; l'ordonnance de 2005 consacre en la généralisant l'action créée par la jurisprudence sur le fondement de l'article 322 ancien *a contrario*.

A. Conditions de fond

1324. Absence de possession d'état. – L'action suppose que l'enfant n'ait pas de possession d'état conforme au titre, *i.e.* que l'enfant n'ait pas de possession d'état à l'égard du père ou de la mère que désigne son acte de naissance ou la reconnaissance dont il a fait l'objet avant ou après la naissance. Il se peut que la possession d'état ne se soit jamais formée ou que des éléments existent mais soient insuffisants pour caractériser une possession juridiquement efficace[38]. Si en revanche l'enfant a eu à un moment de sa vie une possession d'état conforme à son titre de naissance, n'eût-elle duré que quelques années, eût-elle disparu depuis longtemps, il convient d'appliquer les prescriptions de l'article 333 : entendue strictement, l'action de l'article 334 suppose une absence totale de possession d'état à l'égard du père ou de la mère dont la filiation est contestée.

1325. Contre le laxisme judiciaire. – Il est probable que, comme sous l'empire de l'article 322 ancien *a contrario*, il existera dans certains cas des embryons de possession d'état que la jurisprudence déclarera mal caractérisés, discontinus ou ambigus, afin de faciliter la destruction de filiations mortes[39].

Au regard de l'article 334-9 ancien, interprété *a contrario*, une circulaire de la Chancellerie avait même admis que l'absence de possession d'état à l'égard du mari pouvait se déduire de la preuve de la possession d'état d'enfant naturel vis-à-vis de l'auteur de la reconnaissance : certes, une preuve positive est plus facile à apporter qu'une preuve négative, mais la consécration d'une telle présomption paraît excessive. Les débats devraient donc se concentrer autour de la possession d'état et la Cour de cassation aura certainement à intervenir pour freiner le laxisme de certains juges du fond. Une telle attitude pouvait se comprendre à une époque où la concordance du titre et de la possession d'état rendait la filiation inattaquable (art. 322 anc.) : pour renverser la filiation, il fallait prouver l'absence de possession d'état efficace, quitte à « oublier » telle ou telle période au cours de laquelle l'enfant avait été élevé par son père juridique avant d'être abandonné. Mais aujourd'hui la conformité du titre et de la possession d'état n'interdit pas radicalement la contestation : les titulaires de l'action sont seulement réduits, les délais restreints et les cinq ans de possession d'état conforme à compter de la naissance ou de la reconnaissance, érigés en fin de non recevoir. C'est dire qu'une partie des interprétations souples de

36. *Supra*, n° 1210.

37. Cf. Cass. civ. 1e, 25 juin 2015, n° 14-20.790, *Dr. Fam.* 2015, comm. 163, obs. C. Neirinck : *infra*, n° 1350.

38. *Supra*, n° 998. *Adde*, par ex., Cass. civ. 1e, 22 octobre 2014, n° 13-22.555 : neuf enfant étaient rattachés au mariage, après le décès du père, les trois premiers assignèrent les six autres au motif qu'il existait des éléments de possession d'état à l'égard d'autres personnes, ce qui rendait la possession d'état équivoque.

39. D. Huet-Weiller et J. Hauser, *op. cit.*, n° 681 et réf. cit.

l'ancien article 322 seront désormais comprises par l'article 333. Une lecture stricte de l'article 334 s'impose donc si l'on veut que soit garantie la stabilité des filiations voulue par le législateur de 2005.

Une fois établie la recevabilité de l'action, restera à apporter la preuve de la non-paternité ou de la non-maternité. Pour la mère, il faudra démontrer qu'elle n'a pas accouché de l'enfant (art. 323, al. 1) ; pour le père, que le mari ou l'auteur de la reconnaissance n'est pas le père (art. 332, al. 1). La preuve peut se faire par tous moyens[40].

B. Régime de l'action

1326. Titulaires de l'action. – Tout intéressé peut agir. Conformément à la jurisprudence élaborée sur le fondement de l'ancien article 322, l'intérêt peut être moral autant que pécuniaire, l'action pouvant être exercée par le père (mari entendant renverser la présomption de paternité ou concubin tentant de détruire une reconnaissance mensongère), par la mère, par les héritiers du père prétendument fictif, par l'enfant lui-même, par celui qui se prétend le véritable père, etc.

Sur l'exercice de l'action par les héritiers, cf. supra.

1327. Délais pour agir. – L'article 334 renvoie au droit commun des actions relatives à la filiation (art. 321), soit « *dix ans à compter du jour où la personne a été privée de l'état qu'elle réclame ou a commencé à jouir de l'état qui lui est contesté* ». Dans de telles hypothèses, la règle peut paraître mystérieuse, même si le texte ne fait que reprendre la formule de l'article 311-7 ancien.

Pour que joue l'article 334, l'enfant doit n'avoir jamais eu de possession d'état conforme à son titre[41], du moins de possession d'état juridiquement utile : il n'a donc jamais été privé de l'état qu'il réclame, pas plus qu'il n'a commencé à jouir de l'état qui lui est contesté[42]. On peut hésiter entre deux *dies a quo* : la naissance de l'enfant ou la constitution du titre si celle-ci intervient ultérieurement (dans le cas notamment d'une reconnaissance paternelle). En toute logique, le délai de prescription part de la naissance de l'enfant (comp. art. 333) : il faut en effet que l'enfant n'ait jamais eu l'état en cause ; peu importe que le titre ait été constitué ultérieurement.

Conformément à l'article 321 *in fine*, « *à l'égard de l'enfant, ce délai est suspendu pendant sa minorité* » : l'action peut donc être intentée au nom de l'enfant pendant sa minorité et, à sa majorité, l'enfant dispose encore de dix ans pour agir. Le délai paraît raisonnable quand on le rapporte aux trente ans des actions d'autrefois[43].

1328. Appréciation. – Le nouveau système consacre certes l'interprétation jurisprudentielle des articles 322 et 334-9 anciens, mais en réduit considérablement les effets. D'une part, l'action est enfermée dans des délais plus raisonnables, qu'il s'agisse de l'enfant né en mariage ou hors mariage. D'autre part, la combinaison des articles 333 et 334 permet de rationaliser le système

---

40. Sur la tendance des juges à confondre preuve de la recevabilité et de la non-maternité ou de la non-paternité, cf. Huet-Weiller et J. Hauser, *op. cit.*, n° 681 et réf. cit.

41. *Supra*, n° 1324.

42. Sur l'ambiguïté de l'article 321, *supra*, nos 1078 s.

43. Comme pour l'article 333, la question de l'application dans le temps de la loi nouvelle a suscité un important contentieux. Là aussi, la Cour de cassation a affirmé que « *en cas de réduction du délai de prescription, le nouveau délai court à compter du jour de l'entrée en vigueur de la loi nouvelle, sans que la durée totale puisse excéder la durée prévue par la loi antérieure [soit trente ans]* » (Cass. civ. 1re, 6 mars 2013, n° 11-28.780, *D.* 2013, 1436, obs. F. Granet-Lambrechts).

de la contestation : dans l'hypothèse où existe une possession d'état ancienne, il n'est plus besoin de la nier ou de la dénaturer pour permettre la contestation. Si cette possession d'état a moins de cinq ans, l'action, irrecevable sur le fondement de l'article 334, est recevable sur celui de l'article 333, du moins pour certaines personnes et dans certains délais. Reste que les conditions imposées par ce dernier texte sont peut-être trop strictes : il est probable que l'on assistera à des batailles autour de la possession d'état pour percer des brèches dans les délais et les fins de non-recevoir.

III. — Contestation d'une filiation établie par la possession d'état

Pour établir la filiation, la possession d'état doit être constatée par un acte de notoriété (art. 317) ou un jugement (art. 330)[44]. L'acte peut-il être attaqué si par la suite il apparaît que les éléments de la possession d'état n'étaient pas réunis ou que celle-ci était viciée ? La remise en cause de la possession entraînerait la chute de la filiation. Celui qui prétend démontrer que ladite filiation est mensongère peut-il agir ?

Qu'il s'agisse de la contestation d'une filiation établie par la possession d'état constatée dans un acte de notoriété (A) ou de la contestation d'une filiation établie par la possession d'état établie par jugement (B), l'ordonnance de 2005 oscille entre ambiguïté et incohérence. Sans doute est-ce l'un des points faibles du nouveau droit de la filiation, que les précisions apportées par la loi de ratification n'ont pas complètement corrigé.

A. Contestation de la filiation établie par la possession d'état constatée dans un acte de notoriété

1329. Objet de la contestation. – Selon l'article 317, alinéa 1, l'acte de notoriété « *fera foi de la possession d'état jusqu'à preuve contraire* ». Le texte traduit l'ambiguïté de l'acte. *A priori*, l'acte de notoriété a seulement pour objet de constater l'existence d'une possession d'état : on pourrait donc croire qu'il suffit pour le priver d'effet d'en contester l'existence ou de mettre en lumière ses vices ; en attaquant l'acte, on attaquerait par contre coup la filiation. Mais ce constat déclenche l'intervention d'une règle légale selon laquelle l'existence d'une possession d'état entraîne établissement de la filiation. Dès lors, ce qui est contesté, c'est la filiation elle-même. L'action en contestation est une action d'état, en contestation de la filiation[45].

Sur ce point, l'ordonnance de 2005 a clarifié la situation. Figurant dans les actions en contestation de la filiation, l'article 335 dispose : « *La filiation établie par la possession d'état constatée dans un acte de notoriété peut être contestée par tout intéressé en rapportant la preuve contraire, dans le délai de dix ans à compter de la délivrance de l'acte* ». La règle suscite plusieurs interrogations.

1330. Contestation de la filiation ou de la possession d'état ? – La contestation porte sur la filiation elle-même. S'agit-il du lien de filiation en tant qu'il est établi par la possession d'état ou de la filiation en général ? En prouvant l'absence des éléments constitutifs de la possession d'état ou des qualités qui la rendent efficace, on peut certes faire tomber le lien de filiation : il appartient au juge (le

44. *Supra*, n° 1224.

45. Cass. civ. 1re, 30 septembre 2009, *RJPF*, n° 12, p. 28, obs. Th. Garé : « *dès lors que la contestation des actes de notoriété tendait à dénier les filiations établies par ces actes* », l'action en annulation aurait dû être communiquée au ministère public ; Cass. civ. 1e, 24 octobre 2012, n° 11-10.769, *RTD civ.* 2013, p. 102, obs. J. Hauser.

tribunal de grande instance, puisqu'il s'agit d'une action relative à la filiation), d'apprécier[46]. Mais, sans nier l'existence d'une possession d'état, peut-on attaquer la filiation qui en découle ? En d'autres termes, peut-on prouver que l'homme ou la femme qui a donné une possession d'état à l'enfant, n'est pas le père ou la mère *biologique* de celui-ci ? La question est d'autant plus importante que la « vérité » de la filiation n'a jamais été discutée auparavant : le juge d'instance n'a fait que collationner les éléments de possession d'état et en apprécier la pertinence.

L'article 335 est ambigu car les mots utilisés font écho à ceux de l'article 317, donc à la constatation de la possession d'état elle-même. Mais on peut soutenir que le lien de filiation établi par la possession d'état constatée dans un acte de notoriété, *i.e.* sans véritable contrôle *a priori*, tombe devant la preuve biologique contraire puisqu'une filiation établie par un titre doublé d'une possession d'état appréciée par le juge peut être contestée (art. 333). Le raisonnement continue : si l'on admet qu'une filiation établie par la possession d'état constatée par jugement (art. 330) peut être contestée au moins par la biais de la tierce opposition[47], il serait illogique de refuser la contestation lorsque la possession d'état a été constatée dans un acte de notoriété. Ce serait donner à ce mode d'établissement de la filiation une force injustifiée. Aussi il est possible que l'article 335 signifie que le lien de filiation peut être détruit par la preuve biologique[48].

Le régime de l'action, tel que le dessine l'article 336, donne d'ailleurs une certaine cohérence (quoiqu'imparfaite) au système.

1331. Régime de l'action. – Tout intéressé peut agir. La règle s'articule bien avec celle de l'article 334 qui ouvre également l'action à tout intéressé à défaut de possession d'état conforme au titre[49] : or, dans cette hypothèse, il y a bien possession d'état, mais pas de titre. Elle correspond également aux conditions dans lesquelles est délivré l'acte de notoriété[50]. L'action doit être intentée dans les dix ans à compter de la délivrance de l'acte (art. 335, L. 16 janvier 2009)[51]. Le délai de dix ans part du jour de la délivrance de l'acte de notoriété, non de celui de la mention en marge de l'acte de naissance ; c'est pourtant à compter de cette dernière date que chacun est censé être informé. Conformément au droit commun, il est suspendu pendant la minorité de l'enfant : la filiation établie par la possession d'état pourrait donc être contestée au nom de l'enfant pendant toute sa minorité, et par l'enfant lui-même dans les dix ans qui suivent sa majorité[52].

B. Contestation de la filiation établie par la possession d'état judiciairement constatée

1332. Contestation judiciaire de la constatation judiciaire. – L'ordonnance de 2005 n'a rien prévu sur ce point. On en déduira que l'action en contestation est

46. La charge de la preuve incombe à celui qui attaque la filiation, ex. Cass. civ. 1re, 7 février 1989, *Bull. civ.* I, n° 65 ; *Defrénois* 1989, 396, n. J. Massip ; Cass. civ. 1re, 20 février 2001, *Defrénois* 2001, 1008, n. J. Massip ; Cass. civ. 1re, 9 juin 2010, *Dr. famille* 2010, n° 149, note Cl. Neirinck.

47. *Infra*, n° 1332.

48. Rappr. J. Massip, « Le nouveau droit de la filiation », n° 59 ; P. Murat, « L'action de l'ordonnance du 4 juillet 2005 sur la possession d'état », article préc., n° 16.

49. *Supra*, n° 1323.

50. *Supra*, n° 1225.

51. L'ordonnance du 5 juillet 2005 avait prévu un délai de cinq ans seulement : ce délai, trop bref, donnait à la filiation établie par ce biais une force excessive (comp. les dix ans laissés pour agir lorsque la possession d'état est établie par jugement), alors même que l'acte de notoriété ne présentait pas toutes les garanties nécessaires. L'incohérence a été corrigée à l'occasion de la loi de ratification.

52. Sur les intérrogations suscitées par cette action, J. Massip, « Le nouveau droit de la filiation », article préc., n° 59.

régie par les règles de droit commun. Ces règles cadrent mal avec ce cas particulier.

Comme pour une possession d'état constatée dans un acte de notoriété, la contestation peut porter soit sur l'existence ou l'efficacité de la possession d'état, soit sur la vérité de la filiation.

1) Contestation de l'existence de la possession d'état

Dans ce cas, la seule voie de recours est la tierce opposition. Que la question de la « vérité » de la filiation ait été tranchée ou non, le jugement établissant la filiation a en effet autorité *erga omnes*[53], comme tous les jugements rendus en matière de filiation (art. 324, al. 1). Les tiers ont la possibilité de faire tierce opposition, dans le délai visé à l'article 321 si l'action leur était ouverte (ce qui est le cas puisque l'action en contestation peut être intentée par tout intéressé) : la tierce opposition pourrait donc être formée dans les dix ans à compter du jour où la personne a commencé à jouir de l'état qui lui est contesté. Mais ce délai est problématique : le jugement ne fait que constater l'existence d'une possession d'état qui peut avoir plus de dix ans, ce qui rendrait vaine la tierce opposition puisque le délai pour agir serait écoulé avant même que le jugement n'ait été rendu. La solution la plus logique serait d'admettre que le délai de dix ans part du jour où ce jugement est devenu définitif ; c'est en effet à ce jour que la filiation a été établie.

2) Contestation de la « vérité » de la filiation

1333. Vérité judiciaire v. vérité biologique ? – La filiation établie peut ne pas être conforme à la « vérité » ; or, à ce stade, le débat n'a porté en principe que sur l'existence de la possession d'état, non sur la biologique « vérité » de la filiation qui en découle. Dès lors, de deux choses l'une. Ou bien la question de la « vérité » de la filiation a été tranchée lors de l'action en constatation de la possession d'état, ce qui devrait être possible[54] ; l'autorité de la chose jugée s'oppose alors à ce que la « vérité » judiciaire soit remise en cause. Ou bien « la vérité » de la filiation alléguée n'a pas été débattue : un parent, un héritier, un créancier qui découvre la filiation peuvent-ils attaquer le jugement dont elle découle ?

1334. Tierce opposition. – Lui est ouverte la voie de la tierce opposition. Mais on se heurte de nouveau au délai de l'article 321, soit dix ans à compter du jour où la personne a commencé à jouir de l'état qui lui est contesté, ce qui pourrait avoir pour conséquence que l'action soit éteinte avant même que le jugement n'ait été rendu, sauf à faire partir le délai du jugement, contre la lettre de la loi. Pour échapper à cette contradiction, l'article 335 prévoit un point de départ spécifique lorsque la possession d'état a été constatée par un acte de notoriété : dix ans à compter de la délivrance de l'acte. Rien de tel pour une possession d'état constatée par jugement.

1335. Action en contestation ? – Un autre raisonnement consisterait à recourir au droit commun de l'action en contestation. Si la question de la vérité des filiations n'a pas été tranchée par le jugement, peut-on parler d'autorité de la chose jugée sur ce point ? Celle-ci ne porterait que sur la constatation d'une possession d'état. Or quel que soit le mode d'établissement de la filiation, la loi prévoit aujourd'hui qu'elle peut être contestée, dans les conditions fixées par les articles 332 et suivants[55]. Le principe est posé à l'article 332 pour la filiation établie par l'acte de naissance (combiné avec la présomption de paternité) ou par une reconnaissance. Les modalités en sont précisées aux articles 333 et 334. Dans le cas particulier d'une filiation établie par la

53. *Supra*, n° 1088.

54. Bien que la Cour de cassation affirme (mais sous l'empire des textes antérieurs ?) qu'« *en matière de possession d'état, il ne peut y avoir lieu à prescription d'une expertise biologique* » (Cass. civ. 1e, 16 juin 2011, préc.), cf. *supra*, n° 1235 et réf. cit.

55. Si la position de la Cour de cassation sur l'impossibilité de recourir à une expertise génétique lors de la constatation judiciaire de la filiation était confirmée (cf. *supra*), l'ouverture d'une action permettant d'attaquer la filiation établie « par ricochet » n'en serait que plus nécessaire.

possession d'état constatée dans un acte de notoriété, l'article 335 édicte des règles spécifiques[56]. Rien n'est dit en revanche sur la filiation établie par la possession d'état judiciairement constatée. Ou bien alors nulle contestation n'est possible hors la tierce opposition ; ce qui est critiquable puisque que la vérité de la filiation n'a pas été discutée antérieurement : pourquoi une possession d'état judiciairement constatée donnerait-elle naissance à une filiation plus forte que toutes les autres ? Ou bien on tente d'appliquer à cette hypothèse les règles de l'article 334 érigées en une sorte de droit commun des actions en contestation de la filiation. De fait, dans cette hypothèse, la possession n'est pas conforme au titre, puisque, par définition, le titre fait défaut : l'intéressé n'a ni acte de naissance (qui, pour la filiation maternelle, aurait suffi à établir la filiation), ni reconnaissance ; et le jugement constatant l'existence de la possession d'état ne constitue pas un titre au sens strict puisqu'il avait pour objet la constatation de la possession d'état et par ricochet seulement, l'établissement de la filiation. Faute de titre et de possession d'état conforme, l'action en contestation pourrait être engagée par toute personne qui y a intérêt, dans le délai prévu à l'article 321. Une telle analyse se heurte cependant à deux obstacles. Tout d'abord, les articles 333 et 334 semblent bien régir les seules hypothèses visées à l'article 332, *i.e.* celles d'une filiation établie par acte de naissance ou reconnaissance ; on comprendrait mal sinon pourquoi l'article 335 viserait de façon spécifique la filiation établie par la possession d'état constatée dans un acte de notoriété. Surtout, les délais pour agir sur le fondement de l'article 334 sont de nouveau problématiques : les dix ans de prescription partant selon l'article 321 du jour où l'intéressé a commencé à jouir de l'état qui lui est contesté et cet état pouvant avoir commencé bien avant que le jugement le constatant ait été rendu, l'action en contestation pourrait être prescrite avant même que le jugement en constatation n'ait été sollicité.

La possession d'état est un instrument souple et malléable, mais il n'est pas toujours aisé de le maîtriser.

1336. Triomphe de la possession d'état ? – L'ordonnance de 2005 tend à stabiliser les filiations lorsque s'est écoulé un délai de dix ans à compter du jour où l'enfant a été privé de l'état qu'il réclame, ou de celui où il a commencé à jouir de l'état contesté (art. 321). Si l'enfant a un titre et une possession d'état de moins de cinq ans, sa filiation peut être contestée dans les conditions de l'article 333, alinéa 1 ; s'il a un titre et une possession d'état conforme de plus de cinq ans, sa filiation est inattaquable (art. 333, al. 2) ; s'il a un titre mais pas de possession d'état conforme, sa filiation peut être contestée pendant dix ans (art. 334) ; s'il a une possession d'état de dix ans judiciairement constatée, sa filiation, une fois établie, ne peut être contestée.

Est ainsi conférée à la possession d'état une place que, semble-t-il, les autres dispositions de la loi ne lui confèrent pas. Si telle a été l'intention du législateur, il eût été préférable de le dire clairement.

IV. — Règles propres au droit d'agir du ministère public

1337. Droit d'agir. – Selon l'article 336 « *Le lien de filiation légalement établi peut être contesté par le ministère public si des indices tirés des actes eux-mêmes le rendent invraisemblable ou en cas de fraude à la loi* ». Le texte reprend pour l'essentiel l'ancien article 339, alinéa 2, alors propre à la reconnaissance[57]. En particulier, il maintient l'exigence « *d'indices tirés des actes eux-mêmes* » rendant la filiation invraisemblable. Cependant, il en élargit doublement

56. *Supra*, n° 1331.

57. Avant 1972, la jurisprudence avait décidé que le ministère public ne pouvait exercer à titre principal la contestation d'une reconnaissance, parce qu'elle mettait en cause « *l'honneur et la paix des familles* ». Arrêt de principe * Cass. civ. 1re, 17 décembre 1913, *Honoré Bodin*, préc.

le champ : d'une part, il l'ouvre à l'ensemble des filiations « légalement établies » ; d'autre part, il en élargit le champ à toutes les hypothèses de « fraude à la loi ».

1338. Filiation légalement établie. – On peut, un moment, hésiter sur le sens de la « *filiation légalement établie* » qui pourrait renvoyer à une filiation établie « par l'effet de la loi » (art. 311-25 et s.), *i.e.* par application des règles *Mater semper certa* et *Pater is est*, par opposition aux filiations établies « par la volonté » (art. 316), *i.e.* par reconnaissance ou en vertu de la possession d'état. À l'évidence cependant, l'article 336 concerne la première comme la seconde car il s'inspire de l'ancien article 339, propre à la reconnaissance. Sont donc visées toutes les filiations établies en vertu de la loi, *i.e.* toutes les hypothèses dans lesquelles une filiation est juridiquement établie.

Si le domaine d'intervention du ministère public est plus large que celui de tout autre, puisqu'il peut même attaquer une filiation établie par un titre et une possession d'état conforme de plus de cinq ans (art. 333 al. 2, L. 16 janvier 2009), l'exercice de l'action est soumis à des conditions restrictives.

1339. Preuve intrinsèque. – Sa preuve doit être intrinsèque, tirée de l'acte de naissance ou de la reconnaissance, telle que la faible différence d'âge entre l'enfant et le père ou la mère prétendu, la mention d'un changement de sexe du père ou de la mère prétendu, la multiplicité des reconnaissances effectuées par la même personne, etc.[58]. Encore faut-il que ces indices apparaissent dans l'acte lui-même : de simples soupçons ne suffiraient pas pour ouvrir le droit d'agir au ministère public.

1340. Filiation établie en fraude à la loi. – L'ancien article 339 ne visait que la reconnaissance effectuée « *en fraude des règles régissant l'adoption* »[59]. La nouvelle loi va plus loin : elle vise aussi bien les mères porteuses[60] qu'une reconnaissance mensongère qui serait destinée à faciliter l'obtention de la nationalité française ou le bénéfice de la protection particulière reconnue, en matière d'entrée et de séjour, au parent d'un enfant français[61].

§ 3. CONSÉQUENCES DE L'ACTION EN CONTESTATION DE FILIATION

Si l'action est accueillie, elle entraîne l'anéantissement du lien de filiation (I) ; les conséquences en sont radicales, que la loi et la jurisprudence tentent cependant d'atténuer (II).

58. *Supra*, à propos de la reconnaissance, n° 1204.

59. Cf. Cass. civ. 1e, 16 juin 2011, n° 08-21.864, *RTD civ.* 2011, p. 525, préc. : en 1995 est enregistrée en France une reconnaissance conjointe d'un enfant né à Oran un an plus tôt. À l'occasion d'une enquête diligentée pour abus de faiblesse deux ans plus tard, il apparaît que ni le père prétendu (âgé de 84 ans...), ni la mère prétendue (son aide-ménagère âgée de 28 ans, objet des poursuites) ne sont les parents de l'enfant. Le parquet agit en nullité. La Cour de cassation rejette le pourvoi des auteurs de la reconnaissance en se fondant sur « la fraude des règles régissant l'adoption ».

60. Sur l'utilisation de la fraude en cas de GPA ou de PMA pratiquée à l'étranger, cf. *supra*, n° 1036.

61. Cf. Douai, 12 février 2015, n° 14/01382, *Dr. Fam.* 2015, comm. 94, note C. Neirinck : la mère était arrivée en France pour accoucher ; le père avait reconnu l'enfant « pour des raisons d'humanité » afin de permettre à la mère et à l'enfant de rester en France ; par la suite, le père avait apporté un soutien financier à la mère et avait noué des liens affectifs avec l'enfant. À la demande du ministère public, la reconnaissance n'en fut pas moins annulée.

I. — Disparition du lien de filiation

1341. Destruction. – Le succès de l'action en contestation entraîne la disparition de la filiation contestée ; qui devient rétroactivement anéantie : l'enfant est juridiquement étranger au parent dont la filiation a été attaquée. Le jugement est mentionné en marge de l'acte de naissance. En principe, seul est en cause le lien de filiation contesté. Si toutefois l'action vise la maternité en mariage, la chute de la filiation maternelle entraîne celle de la filiation paternelle, sauf à recréer celle-ci par reconnaissance ou constatation de la possession d'état ; ce lien sera fragile car il est rare qu'il corresponde à la réalité.

II. — Conséquences et tempéraments

1342. Réparations. – La destruction du lien de filiation entraîne des conséquences sur le nom et l'autorité parentale. Par ailleurs, celui qui fut juridiquement le père et en remplit les obligations peut obtenir certaines compensations ; si, au contraire, il était complice de la situation, il peut être tenu de réparer le préjudice causé à l'enfant.

1343. Nom de l'enfant. – La chute de la filiation cause la perte du nom. Toutefois, lorsqu'il s'agit d'enfants majeurs, l'article 61-3, alinéa 2, dispose que la modification du lien de filiation n'emporte la modification du nom de famille « *que sous réserve de leur consentement* » : dans de telles hypothèses, la loi du 8 janvier 1993 a « déconnecté » le nom de la filiation[62].

L'enfant mineur pourrait être sauvé de la perte de son nom par l'article 3-1 de la CIDE qui fait de la prise en compte de l'intérêt supérieur de l'enfant une considération primordiale dans toute décision relative à l'enfant : déclaré d'application immédiate, le texte laisserait au juge du fond le soin d'apprécier quel nom doit, en l'espèce, porter l'enfant[63].

1344. Autorité parentale. – L'autorité parentale, liée à l'établissement de la filiation, disparaît également, qu'il s'agisse de son exercice ou des droits et devoirs reconnus à celui qui ne l'exerce pas mais en est titulaire de par l'établissement de la filiation. Pour tempérer les conséquences de la rupture dans l'intérêt de l'enfant, et non pour consoler l'homme ou la femme dont le lien de filiation est anéanti, un droit de visite et d'hébergement peut leur être accordé. Selon l'article 337 (qui double l'article 371-4, al. 2) : « *Lorsqu'il accueille l'action en contestation, le juge peut néanmoins, dans l'intérêt de l'enfant, fixer les modalités des relations de celui-ci avec la personne qui l'élevait*[64] ».

62. Cass. civ. 1re, 27 novembre 2001, *Bull. civ.* I, n° 293. Avant que la loi n'évolue sur ce point, la jurisprudence avait admis que l'homme dont la filiation était anéantie pouvait offrir à l'enfant le droit de porter son nom à titre de nom d'usage (Toulouse, 8 mars 1994, *D.* 1996, somm. p. 154, obs. F. Granet), voire que ledit nom pouvait faire l'ojet d'une sorte de possession d'état acquisitive si l'usage avait duré plus de trente ans (Paris, 8 décembre 1978, préc.). Ces solutions manquaient de base légale. Rappr. TGI Chaumont, 30 mars 2010, *Defrénois* 2011, p. 818, obs. J. Massip : il s'agissait non pas d'une action d'état, mais d'une action en rectification de l'état civil, la présomption de paternité du mari de la mère étant écartée en l'espèce : jugé que la fille pouvait conserver le nom qu'elle portait depuis plus de quarante ans.

63. Cass. civ. 1re, 17 mars 2010, *Dr. famille* 2010, n° 102, obs. P. Murat.

64. Art. 311-13, anc ; ex. Cass. civ. 1re, 17 mai 1993, *Bull. civ.* I, n° 175 ; *D.* 1994, somm. p. 114, obs. Fr. Granet ; *Defrénois* 1993, 1365, obs. J. Massip. Rappr. CEDH, 16 juillet 2015, n° 39438/13, *Nazarenko c. Russie*, affirmant son attachement au respect du droit de l'enfant à ne pas être privé de liens d'affection qui ont pu se développer avec celui qui, pendant des années, s'est comporté comme

1345. Conséquences pécuniaires. – L'anéantissement du lien de filiation suscite deux interrogations : le parent dont la filiation est anéantie peut-il obtenir le remboursement des sommes versées pour assurer en tant que père ou mère l'entretien et l'éducation de l'enfant ? À l'inverse, l'enfant peut-il demander réparation du préjudice subi du fait du comportement du père ou de la mère prétendu ?

1346. Remboursement des sommes versées pour l'entretien et l'éducation de l'enfant. – Sous l'empire des textes anciens, il était déjà admis que le mari dont la filiation avait été détruite par le jeu des articles 318, 322 ou 334-9 ancien pouvait obtenir le remboursement de ces sommes. Le remboursement était dû par la mère, ou par le « nouveau » père en cas de reconnaissance ou de légitimation. La Cour de cassation qualifiait cette action de *de in rem verso* lorsqu'elle était exercée contre le « nouveau » père[65] ; dirigée contre la mère, il s'agissait plutôt d'une répétition de l'indu. En fait, les tribunaux ne paraissaient guère attentifs à la qualification[66]. Les sommes en jeu peuvent être importantes, ce qui pourrait constituer un frein aux actions : mais les passions calculent-elles ? Le remboursement forcé d'aliments est un peu choquant ; le véritable bénéficiaire de l'entretien, c'est l'enfant, qui risque de souffrir de ces règlements de compte entre adultes.

Il en irait de même pour l'homme à qui la mère aurait fait croire qu'il était le père et qui, ainsi trompé, aurait reconnu l'enfant. Bien plus, il pourrait obtenir réparation du préjudice moral subi[67]. En général, ces sommes sont symboliques[68].

En revanche, le père complaisant qui aurait établi la filiation attaquée en toute connaissance de cause, ne peut se faire rembourser les sommes versées pour l'éducation de l'enfant[69], bien qu'elles paraissent sans cause, car il n'a pas commis d'erreur et s'est librement engagé.

---

un père (le droit russe ne prévoyait de droit de visite qu'au profit des proches parents de l'enfant : plus de parenté, plus de relations personnelles...).

65. Cass. civ. 1re, 1er février 1984, *Bull. civ.* I, n° 45 ; *D.* 1984, 388, n. J. Massip et IR 315, obs. Huet-Weiller ; *RTD civ.* 1984, 700, obs. J. Rubellin-Devichi ; 13 février 1985, *Bull. civ.* I, n° 62 ; *D.* 1986, IR 67, obs. Huet-Weiller ; *Defrénois* 1986, art. 33581, n° 76, obs. J. Massip : « *La condamnation obtenue contre un autre débiteur de l'appauvri* (en l'espèce, la mère), *lorsqu'elle est rendue vaine par l'insolvabilité de ce débiteur, ne fait pas obstacle à l'exercice, contre celui qui s'est enrichi, d'une action fondée sur l'enrichissement sans cause.* »

66. Cass. civ. 1re, 1er février 1984, préc. : « *L'effet déclaratif attaché au jugement qui a accueilli l'action en contestation de paternité formée par la mère d'un enfant fait disparaître rétroactivement l'obligation d'entretien qui pesait sur le premier mari, en sorte que les payements faits par lui pour subvenir aux besoins de l'enfant, se trouvent dépourvus de cause.* »

67. Rennes, 17 janvier 1992, *D.* 1993, somm. p. 166, obs. Fr. Granet : « *suite à l'annulation de la reconnaissance de l'enfant naturel, demandée par la mère et le père véritable, doit être réparé le préjudice matériel et moral causé au concubin auteur de la reconnaissance à qui a été dissimulée volontairement sa non-paternité* ».

68. TGI Paris, 21 octobre 1997, inédit ; en l'espèce, l'auteur de la reconnaissance demandait... 500 000 F pour la réparation du préjudice moral que lui avait causé la tromperie dont il avait été victime : il obtint 8 000 F (1 200 €) ; et... 107 577 F pour le préjudice matériel : il obtint 10 000 F (1 500 €). Les sommes allouées sont presque symboliques.

69. Cass. civ. 1re, 21 juillet 1987, *Bull. civ.* I, n° 246 ; *D.* 1988, 225, n. J. Massip : « *en reconnaissant l'enfant de la femme qu'il devait épouser par la suite et qu'il savait ne pas être le sien, M.C. avait contracté l'engagement de subvenir comme un père aux besoins de celle qu'il avait librement décidé de considérer comme sa fille, engagement dont l'octroi de dommages-intérêts a notamment pour objet de sanctionner l'inobservation* ». Aix-en-Provence, 7 octobre 1994, *D.* 1996, somm. p. 154, 3e esp., obs. Fr. Granet : cette indemnité est due par l'héritier de l'auteur de la reconnaissance, notamment lorsque c'était lui qui avait agi en contestation de la reconnaissance. Mais Paris, 9 avril 1996, *D.* 1996, IR 143 : elle ne l'est pas « *lorsque l'auteur de la reconnaissance n'est pas à l'origine de l'annulation de la reconnaissance* ».

1347. Réparation du préjudice causé à l'enfant. – Bien plus, il peut être condamné à réparer le préjudice qu'il a causé à l'enfant[70]. La Cour de cassation fondait cette règle sur l'engagement qu'aurait implicitement pris l'auteur de la reconnaissance de subvenir aux besoins de l'enfant[71]. La solution doit être la même sous l'empire des textes nouveaux.

L'enfant peut aussi se retourner contre sa mère lorsque celle-ci a agi en pleine connaissance de cause[72].

Sur la qualification délictuelle ou contractuelle de la responsabilité recherchée[73].

Section III

OBSERVATIONS FINALES

1348. L'ordonnance de 2005 : ouverture et fermeture. – L'ordonnance de 2005 se caractérise donc par un double mouvement.

1° L'ouverture : le législateur a consacré les actions prétoriennes fondées sur les articles 334-9 et 322 anciens *a contrario*. Il a largement ouvert la contestation en cas de contrariété entre titre et possession d'état, allant même au-delà de l'article 322 *a contrario* dans l'hypothèse où la discordance apparaîtrait après plusieurs années de possession d'état conforme au titre. La contrainte des conditions de fond posées pour les actions expressément prévues par la loi (art. 312 et 318 anc.), a été brisée ; les délais par trop brefs (ceux, notamment du désaveu) ont disparu ; les précautions de preuve ont été abolies ; au profit d'une action générale largement ouverte.

2° La fermeture : les délais pour agir ont été raccourcis dans certains cas afin d'assurer la stabilité des filiations : 10 ans selon le droit commun (non plus 30 ans), avec un verrouillage des actions lorsque la filiation juridique a été vécue pendant au moins cinq ans à compter de son établissement : dans bien des cas, la contestation de la filiation en mariage et plus encore de la filiation hors mariage sera désormais impossible.

1349. Le législateur de 2005 est-il allé trop loin ? – L'équilibre recherché était difficile. Il ne manquera pas d'hypothèses où l'on invoquera contre la loi l'intérêt de tel ou tel enfant particulier. Que l'on songe par exemple à un enfant que le nouveau concubin de la mère a reconnu à l'âge de 2 ans. L'enfant est élevé par cet homme jusqu'à l'âge de huit ans. Puis l'homme abandonne la mère et rompt tout lien avec l'enfant. Toute action est impossible puisque l'enfant dispose d'un titre et d'une possession d'état conforme ayant duré plus de cinq ans (art. 333).

70. Ex : 8 000 euros de dommage-intérêts dus par l'homme qui a reconnu mensongèrement la fille de sa compagne, en réparation du préjudice moral (sentiment d'abandon, perte de repères) et matériel (changement de nom, démarches auprès des administrations, etc.) : Paris 29 décembre 2007, *JCP* G 2007.IV.1226.

71. Cass. civ. 1re, 21 juillet 1987, *Bull. civ.* I, n° 246 ; *D.* 1988, 225, n. J. Massip.

72. Nancy, 26 février, 2007, *JCP* G 2008.IV.1270 : en l'espèce, la mère avait commis une faute en laissant, sciemment, déclarer l'enfant à l'état civil comme étant celui du mari et en attendant que l'enfant atteigne l'âge de 17 ans pour contester la paternité, dans le dessein clairement exprimé d'exclure l'enfant « adultérin » de la succession du mari, au profit des enfants « légitimes » ; Toulouse, 6 janvier 2009, *Dr. famille* 2009, n° 87, obs. J. Eynard : la mère après avoir divorcé, avait entendu remettre en cause la paternité de son mari. L'enfant « *qui se trouve privée de tout lien parental de filiation et de ses composantes tant affectives que matérielles, et qui se voit contrainte à l'âge de douze ans de renoncer au nom patronymique dont elle avait l'usage* », obtint 2 000 € de dommages intérêts.

73. D. Huet-Weiller et D. Hauser, n° 758 et s. réf. cit.

L'enfant est enfermé dans une filiation fictive qui n'est plus qu'une filiation morte. Et il est dans l'impossibilité d'établir éventuellement sa véritable filiation[74].

Le choix fait en faveur de la stabilité des filiations est ici radical. En sacrifiant l'intérêt de tel ou tel enfant particulier, le législateur entend préserver l'intérêt des enfants en général, celui des parents (notamment de l'homme qui a assumé et continue d'assumer sa paternité), et, au-delà, de la société. Mais qu'en penser alors que la preuve biologique de la filiation est de plus en plus facilement accessible ? Rien n'est plus aisé que d'obtenir un test à l'étranger pour contourner l'interdiction française de faire procéder à de telles analyses en dehors d'une action judiciaire. Sera-t-il vraiment possible d'opposer à un père sûr de sa non paternité biologique des barrières légales de moins en moins bien comprises ? Le législateur a eu la sagesse de ne pas ouvrir la boîte de Pandore. La pression de la réalité (celle des tests sauvages), celle des mentalités (cette redoutable fascination qu'exercent les certitudes biologiques), et la tentation de recourir aux tests puisqu'ils existent, celle des faits divers (de ces faits divers qui émeuvent le public), ne risquent-elles pas de submerger les digues ? Le nouveau droit de la filiation aura-t-il la stabilité qu'avait souhaitée le législateur de 2005 ?

1350. Vers de nouveaux équilibres ou de nouveaux déséquilibres ? – La loi de ratification de l'ordonnance du 4 juillet 2005 a certes donné au ministère public la possibilité de contester une filiation établie par un titre et une possession d'état de cinq ans conforme (art. 333 al. 2). Mais pour le législateur, il s'agissait seulement de mettre en place un nouvel instrument de lutte contre la « fraude », le nouvel article 333 alinéa 2 se lisant à la lumière de l'article 336[75]. On peut se demander s'il était besoin pour si peu d'ouvrir une brèche dans un des principes essentiels du nouveau droit de la filiation. Et en pratique la découverte d'une « fraude » justifie-t-elle que l'on remette en cause une filiation confrontée par cinq années de possession d'état ?

Ne serait-il pas préférable de rouvrir l'action au profit de l'enfant à sa majorité, quitte à subordonner cette réouverture à la cessation de la possession d'état pendant la minorité de l'enfant ? Serait ainsi atteint un plus juste équilibre entre les intérêts en présence : intérêt de l'enfant à faire tomber une filiation morte ; intérêt de la collectivité à assurer la stabilité de l'état de la personne ; intérêt de celui qui n'a pas cessé de s'occuper de l'enfant comme le sien. Une filiation morte, dont l'enfant ne veut plus et qui ne profite à personne : voilà qui pourrait attirer la censure des juges de Strasbourg. De fait, le législateur de demain devra compter avec une CEDH de plus en plus pressante.

Tout en reconnaissant la légitimité de l'intérêt des législateurs nationaux à assurer la stabilité et la sécurité des filiations et le besoin de protéger l'intérêt des enfants, la Cour exerce un contrôle de proportionnalité entre intérêts sociaux et droits individuels, de plus en plus strict. Ainsi, dans l'arrêt * *Mizzi c. Malte*, affirme-t-elle qu'une législation en vertu de laquelle le mari n'a jamais été autorisé à contester sa paternité n'a pas ménagé un juste équilibre, « *entre l'intérêt général de la protection de la sécurité juridique des liens familiaux et le droit du requérant à obtenir un réexamen de la présomption légale de paternité à la lumière des preuves biologiques* ». La violation du droit au respect de la vie privée est ici caractérisée dans une hypothèse extrême, mais les formules utilisées par la Cour sont suffisamment générales[76] pour que des systèmes qui laissent plus ou moins fermés les chemins de la contestation, puissent être condamnés. Dans l'arrêt * *Paulik c. Slovaquie*[77], elle franchit un pas de plus en affirmant que même

74. Cf. Douai, 6 juin 2013, n° 12/05184, *D.* 2013, 2958, note H. Fulchiron ; *RTD civ.* 2014, p. 99, obs. J. Hauser : en l'espèce, Sabine B. et Pierre S. s'étaient rencontrés et mariés alors que Sabine B. était déjà enceinte. Reconnu par Pierre S. avant sa naissance, Nicolas S., né pendant le mariage et rattaché au mari de la mère par la présomption de paternité, est élevé par celui-ci comme un fils. Lorsqu'il a treize ans, les époux divorcent et l'enfant perd tout contact avec son père légal. À vingt-et-un ans, il apprend que Pierre S. n'est pas son père biologique. Il intente une action en contestation de filiation. Rejet : Nicolas bénéficie d'une possession d'état de cinq ans conforme à son acte de naissance.

75. Cf. le rapport fait au nom de la Commission des lois du Sénat par H. de Richemont. Sur l'article 336, *supra*, n° 1337 s.

76. * *Mizzi c. Malte*, 12 janvier 2006, préc. Selon la Cour, « *une situation dans laquelle une présomption légale peut prévaloir sur la réalité biologique ne saurait être compatible avec l'obligation de garantir le "respect" effectif de la vie privée et familiale, même eu égard à la marge d'appréciation dont jouissent les États* ». La généralité de la formule laisse perplexe.

77. * *Paulik c. Slovaquie*, 10 octobre 2006, préc. En espèce, la filiation établie 37 ans auparavant en justice était remise en cause par la petite fille du (faux) père.

l'autorité de la chose jugée ne peut, dans certaines hypothèses, être opposée à la contestation d'une paternité dont la fausseté biologique a été démontrée[78] : « *the lack of a procedure for binging the legal position into line with the biological reality, flies in the face of the wishes of those concerned and does not in fact benefit anyone* ». La Cour de cassation semble avoir pris conscience du problème. Dans un arrêt du 10 juin 2015[79], elle censure les juges du fond qui, appliquant strictement les conditions inscrites à l'article 336, avaient écarté l'action intentée par le ministère public[80] au motif qu'il ne rapportait la preuve « *ni d'indices tirés des actes eux-mêmes rendant invraisemblable la filiation, ni d'éléments pouvant caractériser une fraude* » (cf. art. 336) : en se déterminant ainsi, sans répondre aux conclusions des parties « *qui faisaient valoir qu'un juste équilibre devait être ménagé, dans la mise en œuvre de l'article 8 de la Convention de sauvegarde des droits de l'homme et des libertés fondamentales, entre le droit revendiqué par M. Philippe X de voir établir sa filiation biologique et les intérêts de Mmes Z.* » (les filles du père prétendues), « *qui opposaient un refus à ce qu'il hérite, la cour d'appel n'a pas satisfait aux exigences du texte susvisé* ». C'est, au-delà d'un motif d'ordre procédural, admettre que les juges du fond doivent faire la balance entre les intérêts en présence : la règle fixée par l'article 333 pourrait donc être écartée *in casu* si son application portait une atteinte disproportionnée au droit de l'enfant au respect de la vie privée[81].

Évidence de la vérité biologique, volonté des intéressés, balance entre les intérêts en présence : droit des principes, le droit de la filiation va-t-il devenir un droit du cas par cas ?

N°s 1351-1359 réservés.

78. La Cour semble dire que pour rétablir un juste équilibre, le délai pour agir en contestation devrait partir du jour où l'intéressé a eu des raisons légitimes de mettre en doute la filiation.

79. Cass. civ. 1re, 10 juin 2015, n° 14-20.790, non publié au *Bull.*, *Dr. famille* 2015, comm. n° 163, *D.* 2015, note H. Fulchiron, p. 2365, *RTD civ.* 2015, 596, obs. J. Hauser.

80. En l'espèce, l'enfant, né en 1992, avait été rattaché au mari de sa mère et avait bénéficié pendant plus de cinq ans d'une possession d'état conforme à son titre. Divorcée en 2006, la mère s'était remariée en 2010 avec celui qui se prétendait le véritable père. Le père légal comme le père prétendu avaient donné leur consentement à une expertise. Quelques jours avant la mort de ce dernier, la mère avait saisi le ministère public afin de contester la paternité du mari. L'action du ministère public fut déclarée recevable (elle avait été engagée par le ministère public en mars 2013 dans le respect du délai de 10 ans prévu par l'article 321 du Code civil, calculé à compter de l'entrée en vigueur de la loi du 16 5 janvier 2009), mais non fondée.

81. La voie d'un assouplissement au cas par cas, sur le fondement de l'article 8 Conv. EDH, d'une règle par ailleurs incontestée, avait été ouverte par la Cour de cassation dans l'arrêt du Cass. civ. 1re, 4 décembre 2013, à propos des empêchements à mariage fondés sur la parenté, cf. *supra*, n° 217.

CHAPITRE IV

ACTION À FIN DE SUBSIDES

1360. Précédents. – L'action de subsides fut une des nouveautés de la loi de 1972 ; elle fut et demeure controversée, bien que le débat ait beaucoup perdu de sa vivacité. On peut s'interroger sur son maintien dans le nouveau droit de la filiation[1]. Elle permet à un enfant qui, en droit, n'a pas de « véritable » père, de réclamer des subsides[2] à l'homme ou aux hommes qui ont eu des relations avec la mère pendant la période légale de conception (art. 342 à 342-8) ; ces relations permettent d'induire une possibilité de paternité.

La loi de 1972 n'était pas complètement nouvelle. Dans le passé avaient existé des actions purement alimentaires, uniquement lorsqu'une filiation paternelle ne pouvait être établie. L'Ancien droit prévoyait une action alimentaire exercée par la mère contre le père d'un bâtard. De même, jusqu'à la loi de 1912, bien que le Code Napoléon eût interdit la recherche de la paternité naturelle, la jurisprudence avait permis à la mère d'un enfant naturel de réclamer une indemnité à l'auteur d'une séduction dolosive ou à l'homme qui lui avait promis des aliments. À l'égard des enfants adultérins, dont la filiation ne pouvait alors être établie, la loi du 15 juillet 1955 leur permettait de demander en justice des aliments à leur auteur qui ne les versait pas spontanément (art. 342, al. 2, 3, 4, anc., L. 1955). De la même manière, les droits allemand et suisse prévoyaient des « petites paternités » à effets purement alimentaires qui n'étaient pas constitutives d'état.

Bien qu'elle s'inspire de ces précédents, la nouvelle action de subsides présente un aspect original. Il est désormais possible d'établir en justice une paternité naturelle simple (1912) ou adultérine (1972). Il ne s'agit donc plus d'un substitut, mais d'un doublon à la recherche de la paternité naturelle dont l'intérêt apparaît dans deux séries d'hypothèses : soit lorsqu'il est jugé opportun par la mère ou par l'enfant d'obtenir du père des subsides sans pour autant établir un état avec les liens familiaux qui en résultent, soit, ce qui est une hypothèse qui disparaît, lorsque la paternité est simplement possible sans être certaine.

1361. Fondements. – Le fondement de cette action a embarrassé la doctrine : soit une idée de responsabilité un peu forcée, soit une idée de paternité plutôt diminuée. Une idée de responsabilité ? Ce que l'on dit parfois de façon passablement verbeuse : « avoir une sexualité responsable ». Mais où est le fait générateur de la responsabilité ? Une faute envers la mère ? Il n'est pas nécessaire que la séduction ait été fautive et le fait d'avoir des relations intimes hors mariage avec une femme ne constitue pas une faute civile. D'ailleurs, la faute de la mère serait sans conséquences et ne priverait pas l'enfant de ses droits, sauf s'il y avait eu débauche. Une faute envers l'enfant ? Ce n'est pas une faute de donner la vie ; en outre, on revient à la constatation d'une paternité. Le risque ? Ce que retenait Jean Carbonnier : le risque provenant de relations

---

1. Cf. *infra*.

2. **Étymologie :** du latin *subsidium, ii* = secours ; dérivé de *sub* = dessous + *sedeo, ere* = être assis : ce qui est posé dessous, afin de soutenir. **Biblio :** M. C. Catala de Roton, « L'action à fin de subside et la pratique des tribunaux », *RTD civ.* 1990.1.

sexuelles en dehors de la présomption de paternité[3]. Il faudrait donc qu'il y ait eu un rapport de causalité entre la relation intime et la naissance, ce qui, à nouveau, rapproche l'action de subsides de la constatation d'une paternité. Mais il n'est pas nécessaire que la paternité soit certaine, ni même probable : il suffit qu'elle soit possible, comme l'a dit la Cour de cassation[4]. Ce que Jean Carbonnier appellait « *le pouvant être père de l'enfant* »[5]. Les subtiles différences entre la possibilité, la probabilité, la vraisemblance et la certitude de la paternité n'ont plus de sens lorsque la paternité biologique peut, comme aujourd'hui, être scientifiquement établie.

Fondement mixte où les trois idées de responsabilité, d'aliments et de paternité s'entremêlent, ce qui retentit sur le régime procédural de l'action. L'action est, d'une certaine manière, relative à la filiation – une recherche de « quasi-paternité » –, ce qui explique que le juge, s'il rejette une recherche de paternité peut, même d'office, allouer des subsides à l'enfant (art. 340-7 anc.) ; de même, comme les actions d'état, elle est communicable au ministère public[6] et relève de la compétence exclusive du tribunal de grande instance, avec une option au profit de l'enfant entre le tribunal du domicile du demandeur et celui du défendeur[7] ; elle implique l'existence de relations intimes avec le défendeur qui ne peuvent plus être remises en cause lorsque l'enfant exerce l'action en recherche de paternité[8]. Mais elle n'est pas une véritable action de filiation : « *la chose jugée sur l'action à fin de subsides n'élève aucune fin de non-recevoir contre une action ultérieure de recherche de paternité* » (art. 342-8).

Le caractère alimentaire n'en est pas absent, puisque la révision de la pension relève du tribunal d'instance[9] et que, selon un arrêt de la Cour de cassation, le jugement présente un caractère constitutif[10].

1362. Une action en sursis. – En réalité, l'action à fin de subsides est un diminutif d'une action d'état, ce qui amène à s'interroger sur son avenir. Malgré l'intérêt qu'elle présente, elle devrait disparaître puisque est maintenant admise une preuve scientifique positive de la paternité. On ne devrait plus pouvoir fonder une obligation de subsides sur une paternité simplement possible dès lors que la paternité sera certaine. Ou bien, il y aura une « paternité » (biologique) prouvée, ou bien, il n'existera aucune obligation pour l'homme qui a eu des relations intimes avec une femme pendant la période de conception, s'il n'est pas biologiquement le père. Telle est peut-être la raison pour laquelle les lois allemande de 1969 et suisse de 1976 ont abandonné la « paternité alimentaire ». L'intérêt de l'action apparaît cependant lorsque la mère ne veut pas que soient établies des relations étroites entre l'enfant et le « père » ou bien qu'elle a laissé passer les délais.

L'action à fin de subsides a survécu à l'ordonnance de 2005. Officiellement, elle n'entrait pas dans le champ de l'habilitation donnée au Gouvernement pour légiférer en matière de filiation ;

---

3. J. Carbonnier, p. 698.

4. Cass. civ. 1re, 21 octobre 1980, *Bull. civ.* I, n° 262 ; *Gaz Pal.* 1981.II.475, n. J. Massip ; *Defrénois* 1981, article 32682, n° 38, obs. J. Massip : « *Les juges d'appel n'ont pas eu recours à une motivation hypothétique, en énonçant qu'il résultait des circonstances par eux analysées, une « possibilité de paternité » de X, l'action à fins de subsides, à la différence de l'action en recherche de paternité, n'impliquant pas la preuve de la paternité du défendeur, mais seulement de l'existence, pendant la période de conception, de relations intimes rendant possible cette paternité.* »

5. J. Carbonnier, p. 690 ; v. toutefois l'article 342, al. 3, qui qualifie le débiteur des subsides de « père ».

6. Cass. civ. 1re, 7 octobre 1980, *Bull. civ.* I, n° 243 ; *D.* 1981, IR, 298, obs. D. Huet-Weiller.

7. Cass. civ. 1re, 27 octobre 1981, *Bull. civ.* I, n° 310 ; *D.* 1982.305, n. J. Massip ; *D.* 1982, IR, 256, obs. D. Huet-Weiller : « *Si l'action à fins de subsides est assimilable à une action relative à la filiation relevant de la compétence exclusive du tribunal de grande instance, elle tend à l'attribution au profit de l'enfant d'une pension à caractère alimentaire ; d'où il suit que le demandeur peut, à son choix, saisir soit le tribunal de grande instance du lieu où il demeure, soit celui du lieu où demeure le défendeur.* »

8. Cass. civ. 1re, 4 janvier 1995, *Bull. civ.* I, n° 7 ; *D.* 1996.49, n. J. Massip.

9. TGI Poitiers, 8 juillet 1982, *D.* 1983, IR, 328, obs. D. Huet-Weiller : « *L'action à fins de subsides n'ayant nullement le caractère d'une action en recherche de filiation (puisque, au contraire, c'est lorsque l'établissement de celle-ci n'est pas possible qu'il y est recouru), la compétence de la juridiction d'instance n'apparaît pas formellement exclue par l'article R. 321-9, C. org. jud.* [...] *; la simplicité et la relative célérité de la demande de révision des pensions alimentaires devant la juridiction d'instance doivent dès lors bénéficier à toutes les catégories de créanciers alimentaires.* »

10. Cass. civ. 1re, 19 mars 1985, cité *infra*.

en outre, la commission Dekeuwer-Défossez s'était prononcée pour son maintien[11] ; elle reste utile chaque fois que le lien juridique est impossible à établir[12] ou que celui-ci risque d'être si traumatisant que les intéressés ne chercheront pas à l'établir[13]. Le Parlement a confirmé ce choix implicite à l'occasion des débats sur la loi de ratification : en 2005 comme en 2009, le législateur s'est contenté de procéder à quelques retouches, afin de tirer notamment les conséquences de la disparition des catégories d'enfant légitime et naturel[14]. Au demeurant, l'action est peu utilisée[15].

Ainsi, parce que les effets de cette action sont limités (Section II), ses conditions sont relativement souples (Section I).

SECTION I
CONDITIONS

L'action de subsides est soumise à des conditions d'exercice plus libérales que la recherche de la paternité, tant à l'égard de la qualité que doit avoir le demandeur (I), que des délais et de la preuve (II). Inversement, la défense du défendeur bénéficie de moyens plus limités que ceux prévus dans la recherche de paternité (III). Jusqu'en 2005, la conséquence en était que le juge, s'il rejetait une recherche de paternité, pouvait, d'office, allouer des subsides à l'enfant (art. 340-7 anc.)[16].

§ 1. LE DEMANDEUR

Le demandeur est l'enfant ; en général, un enfant sans père. Pas plus qu'on ne pouvait cumuler un père naturel avec un père légitime, la loi n'a pas voulu qu'on puisse cumuler un « père alimentaire » avec un père selon la loi. Avant 2005, la question était plus facile lorsque le cumul opposait la créance de subsides à une filiation naturelle simple que lorsque la créance de subsides s'opposait à une filiation adultérine ou à une légitimation de complaisance. L'ordonnance de 2005 a simplifié le problème.

1363. Filiation naturelle simple. – Lorsque la filiation naturelle établie était simple, la loi avait énoncé deux règles, afin d'empêcher le cumul entre une « paternité alimentaire » et une autre paternité constitutive d'un état. D'une part, et c'était une mesure préventive, l'action ne pouvait être exercée que par un « *enfant naturel dont la filiation n'est pas légalement établie* » (art. 342, al. 1). D'autre part, et c'était une mesure qui intervenait après coup, « *l'allocation de subsides cessera d'avoir effet si la filiation paternelle de l'enfant naturel a été établie par la suite à l'endroit d'un autre que le débiteur* » (art. 342-8, al. 2). Lorsque le père légal prenait le relais du « père nourricier », il ne pouvait y avoir cumul entre les deux paternités. Mais la promesse volontaire continuait à produire son effet[17].

Le terme du texte (« *cessera* ») empêchait la répétition de l'indu à l'égard des subsides payés avant l'établissement de la paternité du tiers[18].

1364. Coucou et cocu. – La situation de l'enfant adultérin soulevait plus de difficultés parce qu'à la différence de la paternité naturelle simple, la paternité légitime résultait d'une présomption légale. La question était la suivante : l'enfant pouvait-il demander des aliments à son père

11. Rapp. préc.
12. En cas d'inceste par exemple. *Adde* l'hypothèse où la loi applicable ne permettrait pas l'établissement de la filiation, cf. *supra*.
13. En cas de viol par exemple.
14. Cf. J. MASSIP, « Le nouveau droit de la filiation », article préc., n° 62.
15. 608 saisines cependant en 2004.
16. *Supra*.
17. Sous l'empire du droit antérieur : Cass. civ. 1re, 30 juin 1976, cité *infra*.
18. TGI Rouen, 23 octobre 1978, *D.* 1979, IR, 245, obs. D. Huet-Weiller.

adultérin en même temps qu'à son père légitime ? Il aurait donc eu deux pères ? Le père coucou et le mari cocu ?

Sous l'empire du droit antérieur à la loi de 1972, la question s'était posée de savoir si l'enfant adultérin *a matre* pouvait réclamer des aliments à son père adultérin, sur le fondement d'une promesse volontaire ou de la loi (art. 342, al. 2 anc., L. 15 juillet 1955). La jurisprudence avait fait une distinction selon que l'enfant avait été ou non désavoué. En cas de désaveu, il avait droit à des aliments, non dans le cas contraire, qu'il s'agisse de la promesse volontaire[19] ou de l'obligation légale[20].

La loi de 1972 simplifia la règle. L'enfant né d'une femme mariée pouvait exercer l'action de subsides contre son père adultérin lorsque la paternité du mari était exclue ou très suspecte. L'action de subsides était certainement recevable, sans qu'il pût y avoir de cumul de paternités, lorsque le nom du mari n'était pas indiqué dans l'acte de naissance et que sa paternité ne résultait pas de sa possession d'état, parce qu'alors la présomption *pater is est* était écartée (art. 313-1). La loi avait également admis la recevabilité de l'action lorsque le nom du mari n'était pas corroboré par la possession d'état (art. 342-1 ancien) : la présomption de paternité du mari subsistait mais était douteuse[21] : si le mari séparé ou divorcé de sa femme ne s'occupait pas de l'enfant qui portait son nom, c'était vraisemblablement que celui-ci n'était pas de ses œuvres.

La règle était opportune, à la condition que l'enfant ne cumulât pas une action contre le mari et une autre contre l'amant[22]. La loi rend en effet caduque l'allocation de subsides lorsque la filiation paternelle de l'enfant est ultérieurement établie à l'encontre d'un autre débiteur (art. 342-8, al. 2).

1365. Légitimation de complaisance. – Lorsque l'enfant avait fait l'objet d'une légitimation de complaisance, le droit ancien admettait la survie de la promesse volontaire d'entretien faite par le véritable père[23] et la règle n'avait sans doute pas changé en 1972. Mais l'enfant ne bénéficiait pas de l'action de subsides[24].

1366. Simplification. – L'ordonnance de 2005, en supprimant les distinctions entre enfant légitime et naturel et en abolissant la légitimation, simplifie le système : « *Tout enfant* (ci-devant naturel simple, adultérin, légitime ou incestueux) *dont la filiation paternelle n'est pas légalement établie, peut réclamer des subsides à celui qui a eu des relations avec sa mère pendant la période légale de conception* » (art. 342, al. 1). Si la mère était mariée à l'époque de la conception, l'action à fins de subsides est ouverte si la filiation du mari n'a pas été établie par le jeu de la présomption de paternité (cf. la suppression du cas particulier de l'article 342-1 abrogé[25]).

§ 2. PROCÉDURE

I. — Délai

1367. Minorité de l'enfant. – L'action peut être exercée pendant toute la minorité de l'enfant et dans les dix années suivant sa majorité si elle ne l'a pas été pendant sa minorité (art. 342, al. 2, L. 16 janvier 2009[26]). Mais à 25 ou 26 ans, sont-ce encore des subsides au sens

19. Cass. civ. 1re, 20 mai 1969, *Husser*, *Bull. civ.* I, n° 193 ; *D.* 1969.429, conc. Lindon, n. crit. Cl. Colombet ; *JCP* G 1969.II.16113, n. approb. H. Blin ; *Gaz Pal.* 1969.II.83.

20. Cass. civ. 1re, 18 novembre 1969, *Bull. civ.* I, n° 350 ; *D.* 1970.341, n. D. Huet-Weiller ; *JCP* 1970.II.16258, n. RL ; *Gaz Pal.* 1970.I.170.

21. *Supra*, n° 1150.

22. *Contra*, Marty et Raynaud, n° 462.

23. Cass. civ. 1re, 30 juin 1976, *Bull. civ.* I, n° 237 ; *D.* 1979.489, n. P. Guiho.

24. Cass. civ. 1re, 25 mai 1977, *Bull. civ.* I, n° 250 ; *D.* 1978.145, 1re esp., n. J. Massip ; *D.* 1977, IR, 434, obs. D. Huet-Weiller ; *Defrénois* 1997, article 31544, 1re esp., obs. J. Massip.

25. *Contra*, J. Massip, « Le nouveau droit de la filiation », article préc., n° 64.

26. Le délai pour agir après la majorité était auparavant de deux ans. Soucieux d'harmoniser les délais de l'action à fin de subsides avec les nouveaux délais de l'action en recherche de paternité, le législateur de 2009 l'a aligné sur les règles de droit commun (art. 321).

traditionnel ? Souvent la nécessité d'aliments ne se fait sentir que plusieurs années après la naissance parce que les besoins de l'enfant se sont accrus, ou que les ressources de la mère ont diminué.

II. — Preuve

L'objet de la preuve est simple lorsque l'action est exercée contre un seul défendeur (A) ; il est plus complexe lorsqu'elle est intentée contre plusieurs (B).

A. Un seul défendeur

1368. Liberté de la preuve. – Lorsque l'action de subsides est exercée contre un seul homme, l'enfant doit démontrer que le défendeur a eu des relations sexuelles avec sa mère pendant la période légale de conception[27]. Pour libre qu'elle soit[28], la preuve, dans l'état actuel des choses, est difficile car il s'agit d'un événement très intime, qui n'est pas public. Elle peut être faite par tous moyens : le témoignage d'un tiers (à la condition qu'il ne se borne pas à répéter ce que lui a dit la mère), l'aveu du défendeur, résultant notamment de lettres à la mère[29], le refus de procéder à une analyse sanguine[30] et donc, à plus forte raison, à une expertise biologique[31].

Un auteur estime que la preuve pourrait résulter des déclarations de la mère, mais sans la force probante absolue que leur conférait l'Ancien droit avec la règle *virgini praegnanti*[32] ; elles seraient, par conséquent, soumises à l'appréciation du juge. C'est une opinion discutable : il est dangereux qu'un homme puisse être à la merci de la bonne impression que la mère fait sur un juge ; des abus seraient à craindre : suffirait-il qu'elle sache employer un langage poignant, comme dans l'Ancien droit[33] ?

B. Plusieurs défendeurs ?

1369. Pluripaternité ? – La loi de 1972 (art. 342-3) avait admis, de manière embarrassée, que des subsides pouvaient être demandés à plusieurs hommes, si la mère a eu plus d'un amant pendant la période légale de conception. Elle nommait cette action une action en « *indemnité destinée à assurer l'entretien et l'éducation de l'enfant* ».

Une montagne d'objections avait été soulevée contre cette règle. On y a vu une scandaleuse et absurde « pluripaternité », ce qui n'était pas exact puisque aucun rapport d'état ne pouvait

27. Cass. civ. 1re, 15 novembre 1978, *Bull. civ.* I, n° 349 : à peine de cassation, la cour d'appel doit préciser que les relations intimes ont eu lieu pendant la période légale de conception. Lyon, 16 février 1989, *D.* 1989, IR, 88 : il suffit que la réalité de ces relations soit établie et que « *le père recherché a 91 chances* (sic) *sur 100 d'être le père biologique de l'enfant* ».

28. Ex. : Cass. civ. 1re, 21 octobre 1980, *Bull. civ.* I, n° 262 ; *Defrénois* 1981, article 32682, n° 38, obs. J. Massip. En l'espèce, bien que les signataires des attestations n'eûssent pas justifié de leur identité, la preuve des relations intimes était faite.

29. Ex. : TGI Dieppe, 13 juin 1974, *D.* 1975.71, 1re esp., obs. D. Huet-Weiller ; *JCP* 1974.IV.6470, p. 421, n. J. A. : en l'espèce, le garçon avait écrit à la fille, avant qu'elle ne fût enceinte, quatre-vingt-douze lettres « *au ton particulièrement amoureux* » qui « *s'accorde mal avec l'hypothèse d'une affection purement sentimentale* » ; un certain nombre de ces lettres s'achevaient par les majuscules suivantes : FPMBSTLA (fermé par mille baisers sur tes lèvres adorées).

30. Cass. civ. 1re, 5 février 1991, *Bull. civ.* I, n° 48 ; *D.* 1991.456, n. J. Massip ; *Defrénois* 1991, article 35047, n° 37, m. n. ; *JCP* G 1991.IV.127 ; *RTD civ.*, 1991.308 et 509.

31. Cass. civ. 1re, 14 février 1995, *Bull. civ.* I, n° 81 ; *D.* 1995.111, n. J. Massip ; *JCP* 1995.II.22569, n. Cath. Puigelier ; *RTD civ.*, 1995.343, obs. J. Hauser : « *La preuve des relations prévues par l'article 342 peut être faite par tous moyens et notamment par présomptions au nombre desquelles figurent les résultats d'un examen comparé des sangs ; l'article 1353 ne s'oppose pas à ce que les juges forment leur conviction sur un fait unique si celui-ci leur paraît de nature à établir la preuve nécessaire* ». Jugé que l'expertise biologique est de droit. Paris, 22 février 2001, *JCP* G 2001.II.10558, n. crit. Th. Garé.

32. D. Huet-Weiller, n. *D.* 1975.71, sous TGI Dieppe, 13 juin 1974, citée *supra*.

33. Cass. civ. 1re, 16 novembre 1983 et 18 mai 1976, cités *supra*, qui donnent l'*exequatur* à des décisions étrangères qui constatent un lien de filiation en tenant compte des déclarations de la mère si elles sont corroborées.

résulter de l'action de subsides. L'hypothèse était que, pendant la période légale de conception, il y avait eu viol collectif, ou légèreté de la mère, ou communauté d'amants. La pluralité des fornicateurs n'était pas un obstacle à l'action, à la différence de ce qui se passait dans la recherche de paternité naturelle.

La loi avait subordonné la dette plurale à deux conditions, qui ne gênaient guère la jurisprudence. D'une part, que les coamants fussent désignés[34], ce qui répondait à une nécessité évidente. D'autre part, qu'ils aient commis une faute ou pris un engagement volontaire. Cette condition était singulière : si la femme n'avait eu de relations qu'avec un seul homme, l'enfant n'aurait eu à prouver que ces relations. Si elle a eu des relations avec plusieurs, elle devait en outre prouver leur faute ou leur engagement volontaire. En fait, les tribunaux se contentaient d'éléments inconsistants pour l'admettre.

L'ordonnance de 2005 a abrogé l'article 342-3. Mais rien n'empêche la mère d'agir contre plusieurs hommes qui ont eu des relations sexuelles avec elle (en cas de viol collectif par exemple), et les juges de les condamner *in solidum*.

1370. Moyens de défense. – Le défendeur peut librement prouver qu'il n'est pas le père de l'enfant (art. 342-4), notamment par une expertise biologique telle que l'analyse des sangs.

Section II
EFFETS

L'action de subsides a des conséquences moindres qu'une recherche de paternité ; elle n'a pour objet que des subsides, non un état.

1371. Subsides. – La loi a préféré le mot de subsides à celui d'aliments parce qu'il est dépourvu de signification familiale. Mais pour l'essentiel, le régime de l'obligation alimentaire est applicable : ainsi, pour le recouvrement et les punitions frappant le défaut de paiement ; de même, pour leur étendue, ils dépendent principalement des besoins de l'enfant et des ressources du débiteur (art. 342-2), sans qu'importent les ressources de la mère[35]. Ils ne sont dus qu'à compter de l'assignation.

Il demeure deux différences importantes avec l'obligation alimentaire. D'une part, les subsides ne sont pas réciproques : l'enfant n'a pas à nourrir l'amant. D'autre part, leur étendue dépend de la situation familiale du débiteur, ce qui permet de modérer sa dette quand il est marié et a des enfants.

Le droit aux subsides demeure, en principe, tant que persistent les besoins de l'enfant ; il ne disparaît ni par le décès du débiteur (le « père subsidant »), ni par la majorité du créancier (il suffit que l'enfant soit en état de besoin, comme tout créancier d'aliments). Il devient caduc par l'établissement d'une filiation (art. 342-8), sans rétroactivité : celui qui les a payés ne peut les répéter ; son obligation avait une cause, à la différence de la contestation de la paternité[36].

1372. Pas un état. – La créance de subsides n'établit aucun lien d'état entre l'enfant et le débiteur. Par conséquent, elle ne produit d'effet ni sur le nom, ni sur l'autorité parentale, ni sur les successions ; elle ne confère même en principe aucun droit de visite au débiteur. Cependant, il arrive que le débiteur se soit attaché à l'enfant ; dans des circonstances exceptionnelles, le juge

34. Cass. civ. 1re, 22 mai 1979, *Bull. civ.* I, n° 149 ; *D.* 1980, IR, 65, obs. D. Huet-Weiller : « *Les dispositions combinées des articles 311-11 et 342-3 ne peuvent recevoir application que lorsqu'un ou plusieurs tiers déterminés sont appelés ou susceptibles d'être appelés en la cause, en vue de la condamnation éventuelle des divers défendeurs au paiement d'une indemnité destinée à assurer l'entretien et l'éducation de l'enfant.* »

35. Cass. civ. 1re, 22 juillet 1986, *Bull. civ.* I, n° 220 ; *Defrénois* 1986, art. 33821, n° 102, obs. J. Massip : « *quelle que soit la situation matérielle de la mère, celle-ci est en droit de réclamer des subsides à celui que la loi met dans l'obligation de contribuer à l'entretien de l'enfant.* » C'est le régime de l'obligation d'entretien, *infra*, nos 1780 s.

36. *Supra*.

peut lui accorder un droit de visite comme s'il était un parent (art. 371-4, al. 2), ce qui est une nouvelle forme de pouvoir modérateur du juge, le contraire du jugement de Salomon[37].

Longtemps, il avait été admis que le jugement de subsides n'avait aucune autorité sur une recherche de paternité naturelle ; l'enfant pouvait ultérieurement agir contre le débiteur (il lui fallait alors établir que les conditions de l'article 340 ancien étaient remplies et que la paternité était certaine) ou contre un tiers. Mais il a été jugé que le jugement qui a accueilli l'action de subsides a établi définitivement l'existence de relations intimes et cette constatation ne pouvait être remise en cause lorsque l'enfant exerçait une recherche de paternité naturelle[38] : ce qui était conférer une autorité au jugement de subsides sur une recherche de paternité naturelle. De toute façon, il faudra alors prouver que le père de subsides était bien le père biologique.

En outre, le jugement de subsides établit un empêchement à mariage : il suffit que le père soit possible pour que le risque d'inceste doive être évité.

N°s 1373-1379 réservés.

37. J. Carbonnier, p. 529 ; comp. Cl. Neirinck-Campredon, *JCP* G 1983.II.20042.
38. Cass. civ. 1re, 4 janvier 1995, *Bull. civ.* I, n° 7 ; *D.* 1995, som. 225, obs. Fr. Granet-Lambrechts.

■ CHAPITRE V ■

LÉGITIMATION (*IN MEMORIAM*)

1380. Alchimie juridique. – Dans un droit de la filiation dominé par la distinction entre enfants légitimes et naturels, la légitimation occupait une place charnière : elle assurait l'articulation entre les deux catégories de filiations ; elle permettait aux enfants nés hors mariage d'acquérir la qualité d'enfant légitime. La légitimation ne créait donc pas de lien de filiation : elle se bornait à en changer la nature. En d'autres termes, elle ne modifiait pas l'attribution des père et mère mais avait pour effet que les père et mère naturels de l'enfant en devenaient les père et mère légitimes (dans la légitimation par autorité de justice, il fallait dire les père ou mère). Par la grâce du mariage ou d'un jugement, l'enfant naturel accédait au statut d'enfant légitime.

1381. Rédemption. – Dans son histoire, la légitimation a été conférée par la loi de diverses manières dont on ne retiendra que les plus caractéristiques, la légitimation par mariage et celle par l'autorité publique.

La légitimation par le mariage des parents a été, jusqu'à l'ordonnance de 2005, une tradition presque constante de notre droit[1] ; le droit romain, le droit canonique[2], l'Ancien droit et le droit moderne l'avaient toujours connue. Traditionnellement, elle comportait une limite. Pendant longtemps, il fut interdit de légitimer les enfants adultérins, affronts vivants au mariage ; cette prohibition recula peu à peu, à cause de l'inefficacité de ce genre de prophylaxie civile ; elle fut entièrement effacée en 1972. La justification de l'institution ne résidait pas seulement dans une incitation à régulariser une union illégitime, mais, plus profondément, tenait à la valeur purificatrice du mariage et à la notion de légitimité. Ce qui conférait à une filiation sa régularité n'était pas son origine, mais sa situation actuelle et c'était en quoi la légitimation était une rédemption. Une famille qui se fonde ne devait pas supporter le poids de ses désordres passés. C'est ici qu'apparaissait le véritable esprit prophylactique du droit civil. La possibilité d'effacer une faute n'en a jamais favorisé l'accomplissement : le christianisme a toujours dit le contraire.

En outre, pour des raisons diverses, l'histoire a connu plusieurs formes de légitimations conférées par l'autorité publique. Ainsi, dans l'Ancien droit, la légitimation par « *lettres royaux* »[3] : des lettres du roi accordaient la légitimation d'un enfant naturel, lorsque le mariage était impossible, soit en raison du décès d'un des parents, soit à cause de son mariage avec un tiers. Cette institution a surtout eu une portée aristocratique, s'inspirant de raisons politiques (par exemple, la

1. J. Ph. Lévy et A. Castaldo, n°s 168 s.Elle était tellement importante qu'elle était devenue d'ordre public en droit international privé : Cass. civ. 1re, 12 mai 1987, *Bull. civ.* I ; n° 150 ; *D.* 1987, IR, 130 : sur les conséquences de la suppression de la légitimation en DIP, *cf. infra*, n° 1382.

2. R. Genestal, *Histoire de la légitimation des enfants naturels en droit canonique*, Bibl. Htes Et. Sc. Relig, 1905 ; decrétale (c'est-à-dire la lettre d'un pape, qui constitue une source du droit canonique) d'Alexandre III (1172), *Tanta vis* : « *Tanta vis est matrimonii, ut qui ante sunt geniti, post contractum matrimonium legitimi habeantur* » : la force du mariage est telle que les enfants qui sont engendrés avant deviennent légitimes par sa célébration.

3. Delbez, *De la légitimation par lettres royaux*, thèse Montpellier, 1923 ; P. Petot, *Histoire du droit privé français, La famille*, éd. Loysel, 1992, p. 358 s.

légitimation des enfants adultérins de Louis XIV)[4], plus que civiles, car elle ne conférait guère de droits successoraux. Elle fut supprimée, comme toutes les légitimations, par la Révolution et par le Code Napoléon qui rétablit la légitimation par mariage. Lors des deux conflits mondiaux et des guerres d'Indochine et d'Algérie, elle fut temporairement rétablie sous forme judiciaire au profit des enfants de soldats morts à la guerre. Elle trouva certains succédanés dans le mariage posthume[5] et l'adoption plénière individuelle faite par un ou deux célibataires[6]. Elle fut consacrée par la loi de 1972.

L'utilité de la légitimation était liée à la hiérarchie des filiations, c'est-à-dire à l'inégalité entre les enfants naturels et légitimes. En conférant les mêmes droits aux enfants naturels et aux enfants légitimes, la Révolution avait, logiquement, supprimé la légitimation. En affirmant l'inégalité des droits entre enfants légitimes et enfants naturels, le Code Napoléon avait, logiquement, rétabli la légitimation. La loi de 1972 a voulu à la fois supprimer toute discrimination entre enfants naturels et enfants légitimes, sauf quelques exceptions à l'encontre des enfants adultérins, et faciliter l'accès des premiers à la légitimité, ce qui était contradictoire.

1382. Abolition. – Les progrès de l'égalité entre enfants avaient ôté à la légitimation une grande partie de son intérêt. La disparition des catégories mêmes de filiation légitime et naturelle lui a porté le coupe de grâce[7] : l'ordonnance de 2005 l'a jetée aux oubliettes de l'histoire.

Logique, cette abolition risque cependant de causer quelques dommages en DIP : la légitimation ne permettra plus de donner à l'enfant né hors mariage le statut d'enfant légitime qui aurait pu le sauver des discriminations que connaissent nombre de systèmes juridiques : enfant comme tout autre d'un côté de la Méditerranée, enfant illégitime de l'autre[8].

L'importance[9] que revêtit pendant des siècles la légitimation et les effets qu'elle produit encore au-delà de son abolition, conduisent à en rappeler les règles, *in memoriam*.

La légitimation par mariage (Section I) et la légitimation par autorité de justice (Section II) traduisaient chacune des réalités différentes.

Section I
LÉGITIMATION PAR MARIAGE

Afin qu'une légitimité à peu près équivalente à celle des enfants légitimes fût accordée aux enfants légitimés (§ 1), il fallait que des conditions particulières soient remplies (§ 2).

4. Louis XIV légitima ses enfants adultérins nés de ses relations avec Mme de Montespan, notamment le duc du Maine, auquel son testament conféra un pouvoir de régence limitant celui du Duc d'Orléans. À la mort du Roi, le Parlement de Paris cassa ces dispositions ; Saint-Simon, qui détestait « *les bâtards* », décrit la scène. À l'ouverture de la séance où devait être ouvert et lu le testament du roi « *arrivèrent les bâtards. M. du Maine crevait de joie. Le terme est étrange : mais on ne peut rendre autrement son maintien, l'air riant et satisfait surnageait à celui d'audace, de confiance, qui perçait néanmoins, et à la politesse qui semblait les combattre* ». Au fur et à mesure des débats, où le Parlement inclina vers l'annulation du testament, sa physionomie changea : « *M. du Maine* [...] *avait l'air d'un condamné, et, lui toujours si vermeil, avec la pâleur de la mort sur le visage* [...] *; se voyant complètement tondu, essaya une dernière ressource* ». L'arrêt rendu, « *le duc du Maine eut toujours les yeux baissés, l'air plus mort que vif, et parut immobile* ». (*Mémoires*, t. V, ch. I, Pléiade, 1955, p. 15 et 25).

5. *Supra*, n° 154.

6. *Infra*, n° 1405.

7. Fr. Dekeuwer-Défossez, « Fossile ou zombie ? La légitimation à l'aube du XXIe siècle », *Mélanges M. Gobert*, Economica, 2004, p. 219 s.

8. *Adde* sur les conséquences de la disparition de la légitimation en DIP, F. Monéger, « Brèves remarques sur le droit international privé touché par l'ordonnance du 4 juillet 2005 portant réforme de la filiation », *Dr. famille* 2006, n° 19.

9. Importance symbolique, mais aussi quantitative : à la veille de sa disparition, la légitimation des enfants par mariage était devenue très courante, car beaucoup de personnes se marient après avoir eu des enfants (pour 300 000 mariages annuels, 100 000 enfants légitimés en 2004).

§ 1. Conditions

Habituellement, la légitimation par mariage se faisait par mariage subséquent (I) ; plus rarement, elle pouvait aussi se faire, sous certaines conditions, après le mariage, ce que l'on appelait la légitimation *post nuptias* (II). Depuis 1972, tous les enfants naturels, même adultérins, étaient susceptibles d'être légitimés (III).

I. — Légitimation par mariage subséquent

1383. De plein droit et avant le mariage. – Lorsque la légitimation était faite par mariage subséquent (art. 331 anc.), trois conditions étaient exigées : le mariage des parents, la constatation régulière de la filiation et son antériorité au mariage.

Notre droit avait abandonné la solennité que connaissait l'Ancien droit : la mise des enfants *sub pallium* que les anciens auteurs appelaient la mise de l'enfant « sous le poêle » (l'enfant était mis, pendant la cérémonie du mariage, sous un voile blanc que l'on retirait lorsque le mariage était célébré). Cet abandon du formalisme n'avait pas seulement été la disparition d'un symbole : désormais, la légitimation se produisait de plein droit, par le seul effet du mariage, même contre la volonté de ses auteurs ou de son bénéficiaire. Il était donc inutile de manifester la volonté de légitimer un enfant.

La célébration suffisait, que le mariage fût valable ou nul, même si, depuis la loi de 1972, il n'était pas putatif (art. 202,
al. 1)[10]. La filiation devait avoir été constatée : peu importait qu'elle l'eût été par reconnaissance volontaire, possession d'état ou jugement (art. 329 anc.). Enfin, l'établissement de la filiation des enfants à légitimer devait avoir eu lieu avant le mariage ou au moment de sa célébration.

L'antériorité au mariage de l'établissement de la filiation s'était longtemps expliquée par la crainte de voir un ménage sans enfant recourir à une reconnaissance mensongère pendant la durée de l'union, afin de s'attribuer une descendance légitime. Cette crainte était devenue moins fondée, depuis qu'existait la légitimation adoptive (devenue l'adoption plénière). En réalité, à l'expérience, la règle s'était révélée mauvaise. Aussi, la loi du 30 décembre 1915 avait-elle prévu une manière de l'assouplir : la légitimation pendant le mariage, dite *post nuptias*.

II. — Légitimation pendant le mariage

Sachant que la légitimation avait lieu de plein droit, plusieurs parents omettaient de reconnaître l'enfant avant le mariage, mariage qui avait pourtant été contracté en vue de la légitimation. Par faveur envers la légitimation, la loi de 1915 leur donna le moyen de réparer leur erreur en même temps qu'elle maintint le souci d'éviter les fraudes de supposition d'enfant qui expliquaient le droit antérieur. Elle créa la légitimation *post nuptias*. Outre l'exigence de l'établissement de la filiation, la loi (art. 331-1 anc.) imposa deux conditions supplémentaires : la possession d'état d'enfant commun et un jugement.

1384. Possession d'état d'enfant commun. – Il fallait que, pendant toute la durée du mariage, l'enfant eût été traité comme l'enfant commun des parents. Cette possession d'état n'était pas exactement celle d'un enfant légitime, puisque l'enfant ne portait pas le nom du mari et que, en général, il était d'abord reconnu par la mère. Ce n'était pas non plus tout à fait une possession d'état d'enfant naturel, puisqu'elle devait être indivisible et établie à l'égard du père et de la mère. Ce qui était démonstratif dans cette possession d'état d'enfant commun était l'attitude des parents. Il fallait que l'enfant eût toujours été élevé dans le foyer depuis le mariage et que la possession d'état fût indivisible à l'égard du mari et de la femme.

Cette condition était écartée lorsque la légitimation *post nuptias* est corrélative à une contestation de paternité légitime exercée par la mère[11] ou faite *post mortem*[12].

10. *Supra*, n° 278.
11. *Supra*.
12. *Infra*.

1385. Nécessité d'un jugement. – Le tribunal devait vérifier l'existence de la possession d'état et l'établissement de la filiation. Lorsque la filiation était établie par une reconnaissance, le tribunal, selon certaines décisions, n'avait pas à en vérifier la sincérité[13]. Il semble pourtant que le juge aurait dû refuser la légitimation s'il avait été convaincu de son inexactitude[14]. Mais il n'avait pas à en apprécier l'opportunité, ce qui la distinguait de l'adoption et de la légitimation par autorité de justice.

À la différence de la légitimation par autorité de justice, la légitimation *post nuptias* pouvait être demandée par tout intéressé[15]. Elle était peu pratiquée (2001 : 287).

III. — Enfants susceptibles d'être légitimés

1386. Naturels simples et adultérins. – La légitimation par mariage intéressait les enfants nés avant le mariage, puisque, même conçus avant, tous les enfants nés dans le mariage étaient légitimes (sauf les exceptions des art. 313, al. 1, 313-1 et 314, al. 3). Tous les enfants naturels pouvaient désormais être légitimés, même s'ils étaient adultérins. La loi de 1972 supprima la prohibition énoncée par le Code Napoléon que la législation postérieure avait partiellement et progressivement fait disparaître.

Encore fallut-il qu'aucun risque de conflit de paternités n'apparût.

Pour l'éviter, la légitimation d'un enfant adultérin *a matre* n'était possible que dans trois cas. Lorsque 1) l'enfant n'était pas soumis à la présomption de paternité pesant sur l'ancien mari, c'est-à-dire lorsqu'il avait été inscrit à l'état civil sans l'indication du nom du mari de la mère ou était né plus de trois cents jours après une période de séparation légale[16] ; 2) il avait été désavoué : 3) la contestation de paternité avait été exercée avec succès sur le fondement des articles 318, 334-9, *a contrario*, ou 322, al. 2, *a contrario*[17].

Ces enfants étaient susceptibles, soit d'une légitimation par mariage subséquent, soit d'une légitimation *post nuptias*.

1387. Légitimation posthume. – La légitimation était possible *post mortem*, c'est-à-dire lorsqu'était décédé soit l'enfant (art. 331), soit un époux. Dans le cas de décès de l'enfant, c'était une situation aussi bizarre que le mariage posthume[18] ou la filiation posthume : on ne devrait pas pouvoir conférer un état à quelqu'un qui n'existe plus ; la filiation, comme le mariage, est une vie, pas une mort.

Avant la loi du 8 janvier 1993, l'enfant décédé ne pouvait être légitimé que s'il avait une postérité (art. 332 anc.) : l'institution n'avait de sens que parce que l'enfant était adultérin avec des droits successoraux inférieurs à ceux d'un enfant légitime.

La Cour de cassation avait décidé que pour la légitimation posthume *post nuptias* la possession d'état d'enfant commun n'était pas requise[19] – une curiosité sur une bizarrerie –. Au nom d'une équité discutable, des fraudes était alors possibles. Mais il ne pouvait y avoir de possession d'état, puisque, par hypothèse, l'enfant était déjà mort lors de la célébration du mariage.

Une autre étrange légitimation posthume apparaissait lorsque, non l'enfant mais un époux était décédé[20].

---

13. Paris, 30 mars 1957, *D.* 1957, som. 141 ; *JCP*, 1957.II.10070, n. A. Rouast.

14. Marty et Raynaud, n° 445.

15. Habituellement par les deux époux ; parfois, par un seul : ex. : une épouse séparée de corps : TGI Fontainebleau, 12 novembre 1975, *D.* 1976.310, n. D. Huet-Weiller : la légitimation pouvait aussi être demandée par l'enfant : Cass. civ. 1re, 21 octobre 1970, *Bull. civ.* I, n° 274 ; *D.* 1971.141, concl. R. Lindon ; *Gaz. Pal.* 1971.1.106.

16. *Supra*, n° 1152.

17. *Supra*, n° 1305 s.

18. *Supra*, n° 154.

19. Cass. civ. 1re, 9 décembre 1980, *Bull. civ.* I, n° 318 ; *D.* 1981.136, n. crit. H. Mazeaud ; *D.* 1981, IR, 294, obs. crit. D. Huet-Weiller ; *Defrénois*, 1982, article 32833, n. appr. J. Massip ; *Gaz. Pal.* 1981.I.391, m. n. ; R. dr. san., 81.134, n. P. Raynaud.

20. Paris, 11 juillet 1978, *D.* 1979.422, n. J. Massip ; *D.* 1978, IR, 396, obs. D. Huet-Weiller. La légitimation *post nuptias* a même été admise en cas de mariage posthume (art. 171, réd. L. 31 décembre 1959) : T. civ. Seine, 25 mai 1964, *D.* 1964.546, n. P. Esmein, bien qu'alors, il n'y eût évidemment pas de possession d'état d'enfant commun pendant le mariage.

§ 2. Effets

1388. Légitimité fragile et non rétroactive. – L'enfant légitimé était traité comme un enfant légitime (art. 332, al. 1) : nom, autorité parentale et droits successoraux. Mais il existait entre les effets de la légitimité et ceux de la légitimation une différence, tenant au caractère plus fragile de la légitimation.

La légitimation pouvait être contestée, en attaquant la reconnaissance qui lui servait de base. Il était donc facile de faire annuler une légitimation de complaisance par la démonstration de l'inexactitude de la reconnaissance, même si l'enfant avait la possession d'état d'enfant légitime, malgré l'article 334-9[21]. Ce qui, en pratique, n'intéressait que la reconnaissance de paternité. L'auteur de la légitimation de complaisance pouvait être condamné à des dommages-intérêts[22] ; s'il y avait eu pendant dix ans une possession d'état conforme à la reconnaissance, la contestation ne pouvait être exercée que par l'autre parent, l'enfant ou ceux qui s'en prétendaient les parents (art. 339, al. 3)[23].

En outre, la légitimation n'était pas rétroactive : elle ne produisait effet qu'à partir du mariage et ne remontait pas au jour de la conception (art. 332-1, al. 3). Différence qui avait naguère une partie pratique quand l'enfant naturel avait des droits successoraux inférieurs à ceux de l'enfant légitime.

Section II
LÉGITIMATION PAR AUTORITÉ DE JUSTICE

1389. Hors mariage. – La loi de 1972 créa une légitimation par autorité de justice, c'est-à-dire une légitimation sans mariage des parents (art. 333 à 333-6). L'institution soulignait fortement, presque avec provocation, que la légitimité pouvait désormais être indépendante du mariage. Elle constituait une légitimité artificielle, car il n'existait pas de mariage pour l'accueillir. La pratique et les juges lui portèrent de moins en moins d'intérêt[24] ; quand elle était demandée, elle était rarement accueillie.

La légitimation par autorité de justice calquait la légitimation par mariage ; elle y parvenait mieux dans ses conséquences (§ 2) que dans ses conditions (§ 1).

§ 1. Conditions

Les conditions s'inspiraient de celles de la légitimation par mariage, surtout la légitimation *post nuptias*, avec la différence essentielle qu'il n'y avait pas de mariage : un pâté au canard sans canard. Elles s'inspiraient peut-être autant de l'adoption plénière. Il fallait que la filiation fût établie de manière caractérisée (I), que le mariage fût impossible (II). Il fallait, en outre, l'intervention et l'appréciation du juge (III). Enfin si, comme il advenait souvent, l'enfant était adultérin, il fallait que le conjoint de l'auteur de la légitimation y consentît (IV).

I. — Établissement de la filiation

1390. Une double « vérité ». – Non seulement, comme dans toute légitimation, la filiation de l'enfant devait être établie[25], mais l'enfant devait avoir « *à l'endroit du parent qui le requiert, la possession d'état d'enfant naturel* » (art. 333 anc.) afin d'éviter que la légitimation ne masquât

---

21. Ex. : Cass. civ. 1re, 6 octobre 1982, *Bull. civ.* I, n° 277 ; *Defrénois* 1983, art. 31133, n° 80, obs. J. Massip.

22. *Supra*, n° 1207.

23. *Supra*, n° 1199.

24. 1974 : 278 ; 1998 : 92 : l'*Annuaire statistique de la justice* pour 2003 n'indique pas le chiffre, ce qui laisse penser qu'il est insignifiant.

25. Paris, 13 février 1979, *D.* 1980.164, n. J. Massip ; *Defrénois* 1980, article 32236, n° 4, m. n.

une adoption, et d'avoir la certitude que le parent portât un intérêt à l'enfant. La filiation devait traduire une double « vérité », à la fois biologique et sociologique.

II. — Impossibilité du mariage

1391. Quand on ne veut pas... – La condition qui souleva le plus de difficultés et la plus caractéristique de l'institution tenait à l'impossibilité du mariage entre les parents (art. 333 anc.). Comme dans l'Ancien droit à l'égard de la légitimation par lettres royaux, l'idée qui la justifiait était que la légitimation par autorité de justice ne cessait d'être un concurrent au mariage que lorsque le mariage était impossible. Mais la manière dont la notion fut comprise la vida de toute portée.

Cette impossibilité pouvait en effet être interprétée de deux manières : l'une étroite – l'impossibilité aurait dû être objective –, l'autre beaucoup plus large – l'impossibilité pouvait être subjective –.

L'impossibilité du mariage était certaine lorsqu'elle était objective, c'est-à-dire quand elle était extérieure à la volonté d'un des parents ; tel était le cas lorsque l'un des parents était soit décédé, soit marié avec un tiers[26]. C'étaient les seules hypothèses où la légitimation par lettres royaux avait été admise dans l'Ancien droit.

La jurisprudence[27] et la majorité des auteurs[28] estimaient que l'impossibilité pouvait aussi être subjective : le mariage était impossible chaque fois qu'entre les parents de l'enfant aucune communauté de vie n'était concevable[29].

La condition de mariage impossible devenait inconsistante : tout parent qui ne voulait pas épouser l'autre aurait dit que le mariage était impossible parce qu'il constituait une situation de nature à conduire au divorce : le mariage était impossible quand on n'en voulait pas.

III. — Intervention du juge

1392. Intérêt de l'enfant ? – À la différence de la légitimation par mariage subséquent, la légitimation ne se produisait pas de plein droit, par le seul effet de la loi. Comme l'adoption, elle supposait l'intervention du juge qui devait être saisi par l'un ou les deux parents (art. 333-1)[30] : il examinait la régularité et l'opportunité de la légitimation (art. 333-3). Il avait la faculté d'interroger l'enfant, l'autre parent et le conjoint de celui qui demandait la légitimation. Il pouvait refuser la légitimation s'il la jugeait préjudiciable à l'intérêt de l'enfant, ce qu'il faisait souvent, car il constatait que ce genre de légitimation ne servait généralement à rien[31].

En un temps où l'enfant adultérin avait une vocation successorale inférieure à celle des autres enfants, la Cour de cassation avait décidé dans un arrêt d'arrière-garde que cette différence ne suffisait pas à justifier une légitimation par autorité de justice[32].

---

26. Cass. civ. 1er, 17 janvier 1978, *Bull. civ.* I, n° 22 ; *D.* 1978.521, n. E. Poisson-Drocourt ; *JCP* 1978.II.18819, n. D. Huet-Weiller ; *Gaz Pal.*, 27 septembre ; *Defrénois* 1978, article 31858, n. J. Massip.

27. Ex. : Paris, 13 février 1979, *D.* 1980.164, n. J. Massip ; *Defrénois* 1980, article 32236, n° 4, m. n. : « *Aucune communauté de sentiments et d'affection n'est actuellement concevable entre eux* » (la liaison avait été rompue vingt ans avant, alors que la mère était enceinte).

28. J. Carbonnier, p. 359, Colombet et autres, n° 140 ; J. Massip et autres, n° 89 ; contra, Marty et Raynaud, n° 451 ; P. Raynaud, « Réflexions sur la légitimation par autorité de justice », *D.* 1974, Chr. p. 167 ; G. Cornu, n° 239.

29. Ex. : les sentiments ne sont pas suffisamment vifs ou ont changé ; à cause de leur antagonisme, les parents sont convaincus de divorcer s'ils vivent ensemble ; il y a une disparité sociale ; l'un n'a pas assez d'argent au goût de l'autre ; les parents se désirent mais ne s'aiment pas, etc.

30. Conséquence : TGI Paris, 20 juin 1979, *D.* 1980, IR, 63, obs. D. Huet-Weiller : en cas de décès des deux parents, ni l'enfant, ni son tuteur, ni son grand-père, ne peuvent demander la légitimation. Les circonstances de l'espèce étaient pourtant favorables : les parents avaient d'évidence l'intention de se marier ; le père était décédé accidentellement avant la naissance, la mère peu de temps après.

31. Paris, 9 mai 1985, *D.* 1986, IR, 62, obs. D. Huet-Weiller.

32. Cass. civ. 1er, 5 février 2002, *D.* 2002.2020, obs. Fr. Granet, 2003.662, obs. crit. F. Vasseur : cette légitimation ne serait « *pas de nature à renforcer de manière immédiate et déterminante la situation de fait ou de droit de l'enfant* ».

IV. — Consentement du conjoint

1393. Abnégation ou contrainte. – Lorsqu'une personne mariée voulait légitimer par autorité de justice un enfant adultérin, elle devait obtenir le consentement de son conjoint (art. 333-2). L'hypothèse était celle où le père ou la mère était marié avec un tiers lors de la conception de l'enfant. L'enfant était adultérin, ce qui ne l'empêchait pas, depuis 1972, d'être librement reconnu par son auteur. Mais il ne pouvait être ni recueilli au foyer, ni légitimé qu'avec le consentement du conjoint victime de l'adultère[33]. Ce consentement supposait, ou de l'abnégation, ou une contrainte[34] : les consentements entre conjoints sont toujours très particuliers.

§ 2. Effets

Les conséquences de la légitimation par autorité de justice révèlaient son caractère boiteux ; la loi entendait qu'elles fûssent les mêmes que celles de la légitimation par mariage, alors qu'il n'existait pas de mariage.

1394. Symbole, droit et fait. – Or, la légitimité conférait des avantages de trois ordres – symbolique, juridique et effectif –. Symbolique : l'enfant cessait d'être naturel et avait le prestige (suranné ?) attaché à la légitimité : la légitimation par autorité de justice établissait des liens individuels, divisibles et divers selon les situations. Les effets étaient plus forts si elle avait été obtenue conjointement par les deux parents (qui n'étaient pas des conjoints), que si elle avait été unilatérale.

1395. Quasi-mariage. – Lorsque la légitimation était conjointe, si les parents vivaient ensemble sans être mariés, les effets de la légitimation étaient complètement ceux de la légitimité : un quasi-mariage qui produisait une pleine légitimité ; c'était ici que le défi au mariage était le plus net. Pourquoi se marier ?

Si les parents étaient séparés, il était statué sur la garde comme en matière de divorce (art. 333-5).

1396. Filiation complexe. – Lorsque la légitimation était unilatérale, l'enfant était naturel à l'égard d'un parent, légitime à l'égard de l'autre (art. 333-4), ce qu'on appela une « filiation complexe »[35]. L'indivisibilité classiquement attachée à la légitimité disparaissait.

Plusieurs situations devaient être envisagées.

Si l'enfant n'avait pas été reconnu par son autre parent, la filiation n'était établie qu'à l'égard du légitimant (nom, autorité parentale, garde).

Si l'enfant avait été légitimé par la mère, et simplement reconnu par le père, l'autorité parentale, le nom et la garde appartenaient à la mère.

Inversement, si l'enfant avait été reconnu par la mère et légitimé par le père, la loi prévoyait que le nom n'était pas modifié (art. 333-4). Pour le reste, les tribunaux estimaient en général qu'il ne fallait pas arracher l'enfant à la mère qui devait garder l'autorité parentale et la garde, sauf circonstances particulières[36]. La légitimation était alors privée de tout effet.

N°s 1397-1399 réservés.

33. Ex. : TGI Bobigny, 6 février 1973, *D.* 1973.528, n. J. Massip ; *Defrénois* 1973, article 30347, m. n. : était irrecevable la demande de légitimation d'un enfant adultérin *a matre* faite par la mère mariée, qui ne pouvait justifier du consentement de son mari qui l'avait abandonnée et laissée sans nouvelles depuis près de quarante ans.

34. Par chantage et autres procédés de pression : ex. : par le choix entre un divorce par consentement mutuel et une légitimation par autorité de justice avec le consentement du conjoint.

35. R. Legeais, « L'autorité parentale et les filiations complexes », *D.* 1978, chron. 43.

36. Paris, 15 février 1974, *D.* 1975.290, n. J. Massip ; 7 décembre 1976, *D.* 1977.297, 2e esp. ; 7 avril 1978, *D.* 1978, IR, 397, obs. D. Huet-Weiller ; comp. Nîmes, 9 décembre 1976, *Gaz Pal.* 1977.II, som. 335 : il appartenait au juge de choisir, selon l'intérêt de l'enfant ; dans le même sens : R. Legeais, *loc. cit.*

TITRE II

FILIATION ADOPTIVE

SECTION I
PREMIÈRES VUES SUR L'ADOPTION

1400. Diversité. – L'adoption[1] crée une filiation entre des personnes qui ne sont pas parentes selon le sang. À dessein, la définition est vague, car l'institution est multiple, comme le montrent l'histoire et le droit comparé. Il existe en effet une grande diversité dans les trois aspects fondamentaux de l'adoption : la création d'une filiation, l'étendue du lien qu'elle constitue et ses rapports avec la parenté du sang.

La création de l'adoption suppose, d'une part, une ou plusieurs volontés (adoptant, parfois parents de l'adoptant, souvent parents par le sang de l'adopté, parfois adopté), d'autre part, un acte social (loi, jugement ou décision administrative) ; l'importance respective de ce qui relève de la volonté et de la société varie selon les temps et les lieux. Le lien peut être ou juridique, ou une simple situation de fait plus ou moins organisée – que l'on appelle parfois une adoption de fait – ; il peut produire dans les relations entre adoptant et adopté des effets plus ou moins étendus allant de la simple adjonction de nom jusqu'à l'assimilation à une filiation effet du mariage qui fait complètement entrer l'enfant dans la famille de l'adoptant. Dans ses relations avec la parenté par le sang, l'adoption peut être ou une superposition au lien naturel (deux filiations existent parallèlement) ou une confirmation (l'adoptant adopte ses petits-enfants ou ses héritiers), ou une substitution (la parenté par le sang est éteinte et remplacée par la filiation adoptive).

Ainsi l'adoption est-elle marquée par deux caractères principaux : le pluralisme – il en existe plusieurs espèces – ; la juridicité – plus que toute autre institution, elle est dépendante du droit et notamment, plus que les filiations « charnelles », elle est une construction juridique qui varie selon les données sociales. Par l'anthropologie, l'histoire, le droit comparé et la sociologie juridique, on peut en percevoir la diversité[2].

---

1. **Étymologie :** du latin *ad + opto, are* = prendre par choix, choisir. **Biblio** : Fr. Boulanger, *Enjeux et défis de l'adoption. Étude comparative et internationale*, Economica, 2001.

2. Cf. S. Lallemand, *La circulation des enfants en société traditionnelle. Prêt, don, échange*, Paris, L'Harmattan, 1993 ; A. Fine (dir.), *Adoption : ethnologie des parentés choisies*, Paris, MSH, 1998.

Pour tourner les interdictions d'adopter imposées par la loi – loi française ou étrangère – ou pour se soustraire à la procédure et à ses contrôles, les règles de l'adoption sont parfois tournées au moyen de reconnaissances ou, hier, de légitimations de complaisance[3] ou d'une déclaration frauduleuse d'accouchement (une supposition d'enfant)[4]. Ces filiations fictives et frauduleuses peuvent être contestées tant que le délai de prescription n'est pas écoulé.

1401. Cycles historiques. – L'histoire de l'adoption est, comme pour beaucoup d'institutions, cyclique. Elle va de l'éclat au déclin, déclin suivi d'une vitalité nouvelle[5].

À Rome, elle avait été vivante et était parvenue à une diversification. Primitivement, elle était liée à une notion de la famille fondée sur la *potestas* plus que sur la génération ; elle permettait au *pater familias* d'assurer la survivance du culte domestique en se procurant, à défaut de postérité légitime, des descendants qui porteront son nom et assureront la continuité du culte domestique (les *sacra*) : elle était une volonté et une transmission mystiques.

Le fondement de la famille et les structures religieuses changeant, une diversification de l'adoption est apparue dans le droit byzantin. Justinien a distingué une *adoptio minus plena* où l'adopté demeurait dans sa famille d'origine, et une *adoptio plena* qui conférait aux parents adoptifs la puissance paternelle[6]. Dans son nom, le droit moderne est un retour à Byzance : la loi du 11 juillet 1966 parle d'adoption plénière, qui s'oppose à l'adoption simple.

Dans l'Ancien droit, l'adoption a été déclinante[7] car elle se heurtait au principe de la conservation des biens dans la famille.

Dans le droit révolutionnaire et le Code Napoléon, elle a eu une résurrection avortée. L'engouement pour l'Antiquité, le souci de la division des fortunes[8] et surtout les préoccupations dynastiques de Bonaparte permirent de restaurer l'adoption en en faisant un contrat, qui était une sorte de sacrement[9] : elle avait pour objet autant l'intérêt des parents que celui des enfants[10]. En fait, l'institution du Code Napoléon n'a guère eu de succès[11]. D'abord, pour des raisons extra-juridiques : le XIXe siècle n'a pas été une période de besoin d'enfants. Aussi, pour des raisons juridiques : l'adoption du Code Napoléon ne pouvait porter que sur des majeurs, était soumise à des conditions étroites, ne produisait que des effets familiaux partiels – exclusivement des

3. *Supra*, n° 1380.

4. *Supra*, n° 1108.

5. J. Ph. Lévy et A. Castaldo, n°s 133 s.

6. M. Prévost, *Les adoptions politiques à Rome sous la république et le principat*, th., Paris, 1949.

7. L'adoption pour le titre de prince, l'affiliation et l'affrérissement avaient pour objet la transmission des biens. L'adoption à charge de porter le nom et les armes du donateur ou du testateur avait pour objet la transmission des titres de noblesse.

8. Ex. : Cambacérès, rapport sur le premier projet de Code civil (1793) : « *Admirable institution que vous avez eu la gloire de renouveler et qui se lie naturellement à la constitution de la république puisqu'elle amène, sans crise, la division des fortunes* », Jur. gén., v° *Adoption et tutelle officieuse*, n° 2.

9. Cf. les remarques du Premier Consul lors de la discussion du projet de Code devant le Conseil d'État : « *L'adoption n'est ni un contrat ni un acte judiciaire. Qu'est-ce donc ? Une institution par laquelle la société veut singer la nature. C'est une espèce de nouveau sacrement* [...] *C'est le plus grand acte que l'on puisse imaginer. Il donne des sentiments de fils à celui qui ne les avait pas, ou réciproquement, ceux de père.* »

10. Cf. les déclarations de Berlier lors de la discussion du Code : « *Consolation des ménages stériles, carrière de secours pour les enfants de père et mère pauvres* », Jur. gén., v° *Adoption et tutelle officieuse*, n° 20.

11. V. toutefois Guy de Maupassant, *Aux Champs*, dans les *Contes de la Bécasse* (1883), où l'adoption est la « consolation d'un ménage stérile » et le sauvetage d'un enfant pauvre. Un ménage de la ville, fortuné et sans enfants, les d'Hubières, envisage d'adopter Charlot, un enfant des Tuvache, paysans misérables du pays de Caux. Furieuse, la mère Tuvache refuse : « *Vous voulez que j'vous vendions Charlot ? Ah ! mais non ; c'est pas des choses qu'on d'mande à une mère. Ça ! Ah ! mais non ! Ce serait une abomination !* » Les d'Humières adoptent, en donnant de l'argent, un enfant de la ferme voisine, Jean Vallin, qui, vingt ans après, est devenu un beau monsieur et revient au village pour saluer ses parents biologiques. « *Et, quand, ils se furent reconnus, les parents voulurent tout de suite sortir le fieu dans le pays pour le montrer. On le conduisit chez le maire, chez l'adjoint, chez le curé, chez l'instituteur. Charlot, debout sur le seuil de sa chaumière, le regardait passer. Le soir, au souper, il dit aux vieux :* "— Faut-ti qu'vous ayez été sots pour laisser prendre le p'tit aux Vallin !" *Sa mère répondit obstinément :* " – J'voulions point vendre not'éfant ! " » Le conte s'achève : « *Alors Charlot tapa du pied et se tournant vers ses parents, cria :* "Manants, va !" *Et il disparut dans la nuit.* »

droits successoraux – et n'établissait pas la partie vivante de l'adoption, les relations extrapatrimoniales, puisque l'adopté n'entrait pas dans la famille de l'adoptant. Elle est restée longtemps marquée de cette facture « bourgeoise », exclusivement patrimoniale. Il s'agissait avant tout de donner un enfant à une famille.

En droit moderne, une transformation radicale est intervenue avec la loi du 19 juin 1923 qui prévoyait que non seulement les majeurs, mais aussi les mineurs orphelins, pouvaient être adoptés ; ce qui fut une conséquence directe de la guerre : la multiplication des orphelins de guerre avait créé une situation particulièrement pitoyable. Surtout, le conflit de 1914 avait provoqué un changement dans les mentalités ; l'enfant prit une place prépondérante dans la société contemporaine. L'adoption permet désormais d'offrir un foyer aux enfants orphelins ou abandonnés, même s'ils présentent des « difficultés » particulières (p. ex. cécité, maladie génétique, Sida). Désormais, l'adoption a avant tout pour finalité de donner une famille à un enfant.

Depuis, se sont succédé des réformes législatives à un rythme rapide, signe des transformations progressives des mentalités et de l'étroite dépendance de l'institution à son organisation juridique. En 1939, tout en laissant subsister le contrat d'adoption à effet exclusivement successoral, a été créée la « légitimation adoptive », portant sur des enfants de moins de 5 ans, qui conférait la qualité d'enfant légitime aux adoptés. En 1958, l'adoption et la légitimation adoptive ont été prononcées par le juge, qui s'est vu reconnaître un pouvoir d'appréciation fondé sur l'intérêt de l'enfant. En 1963, ont été prises des mesures afin de vaincre le refus abusif de la famille selon le sang et de limiter ses recours contre la légitimation adoptive. Mesures que la loi du 11 juillet 1966 a renforcées en réorganisant l'ensemble de la matière et en substituant l'adoption plénière et l'adoption simple aux anciennes institutions. Des réformettes du 22 décembre 1976 et du 5 juillet 1996, dite loi *Mattei* (qui avait initialement de grandes ambitions), l'ont encore facilitée. L'esprit général de ces lois était de favoriser l'adoption des mineurs en adoucissant ses conditions et en renforçant ses effets. Le droit de l'adoption est devenu minutieusement réglementaire – procédures, délais, âges, recours – ; en même temps, comme il arrive souvent dans un droit rigide, il multiplie les interventions de l'administration et du juge, notamment de son pouvoir modérateur. Depuis 1958, l'adoption est toujours un jugement, qui souvent se fonde sur un consentement : elle continue donc à être un acte mixte. La loi du 6 février 2001 a entendu préciser le régime de l'adoption internationale, de beaucoup la plus fréquente. Une loi du 4 juillet 2005 a apporté quelques aménagements à la procédure d'adoption interne et internationale[12] : ce ne devait être qu'un prélude à de plus vastes réformes[13]. En ouvrant l'adoption aux couples de personnes de même sexe comme s'il s'agissait d'une simple conséquence du mariage, le législateur du 17 mai 2013 a profondément changé le sens de l'institution : même si l'adoption reposait sur la combinaison de la volonté et de la loi, elle était construite sur le double modèle matrimonial et biologique[14] (le modèle « pseudo-procréatif », dit-on) de la filiation par le sang. La dimension matrimoniale demeure[15] ; mais la possibilité donnée à deux personnes de même sexe d'adopter un enfant en tant que couple en fait un mode de filiation pleinement autonome. Reste à en tirer les conséquences[16], ce que le législateur, tétanisé par les débats suscités par la reconnaissance de l'homoparentalité[17], tarde à faire.

Une des causes de la facilité constante que la loi contemporaine donne à l'adoption a été la pression des *mass medias*, influencés par le *lobby* des partisans de l'adoption, souvent groupés

12. E. Poisson-Drocourt, « Une nouvelle loi pour réformer l'adoption », *D.* 2005, 2028 ; P. Salvage-Gerest, « Les modifications apportées au Code de l'action sociale et des familles par la loi du 4 juillet 2005 portant réforme de l'adoption », *Dr. famille* 2005, n° 22.

13. Cf. les propositions du Rapport de la « mission Colombani », La documentation française, 2008, sur lequel cf. not. P. Salvage-Gerest, « Adoption : le rapport de la "mission Colombani" », *Dr. famille*, 2008, Et. n° 13, J. Rubellin-Devichi, « Premiers regards sur le rapport Colombani », *JCP* G 2008, *Act.*, n° 261.

14. Cf. I. Théry et A.-M. Leroyer, *Filiation, origine, parentalité, op. cit.*

15. Mais pour combien de temps ?, cf. n° 1407.

16. Cf. G. Champenois, « L'adoption et la loi du 17 mai 2013 », *Defrénois*, 15-30 juillet 2013, p. 731.

17. Deux des rapports commandés par le gouvernement au lendemain de la loi sur le mariage pour tous abordent la question de l'adoption. Le rapport du groupe *Filiation, origine, parentalité* (préc.) s'est intéressé aux fondements de l'adoption et à sa reconstruction dans le cadre d'une réforme générale du droit de la filiation. Celui du groupe *Protection de l'enfance et adoption* (préc.) s'est intéressé plus particulièrement au dispositif de protection de l'enfance, aux modalités de prise en charge des enfants dans le cadre de la procédure d'adoption et à la question des origines. Cf. *infra*, n° 1420.

en associations. À cet égard, l'affaire *Novack* a joué un rôle décisif[18]. De nouveau, le droit de la famille est devenu une affaire sentimentale. Et quand aux passions que suscite l'adoption, se mêlent celles qu'engendre la question de l'homoparentalité, le cocktail risque de devenir explosif[19].

1402. Droit comparé ; sociologie. – En droit comparé, les régimes juridiques de l'adoption sont dans le monde extrêmement divers[20]. En simplifiant beaucoup, on peut présenter le schéma suivant. Exclue, sauf la Tunisie, la Turquie et l'Indonésie, par les pays qui s'inspirent du droit musulman[21], dans les pays asiatiques elle est traditionnellement comprise comme une institution successorale. En général, les pays occidentaux connaissent, comme la France, la dualité d'adoptions, celle des majeurs et celle des mineurs, l'adoption simple et l'adoption plénière ; sauf l'Angleterre, la Suisse, les Pays-Bas et l'Autriche qui ne connaissent que l'adoption plénière. Sauf la Grèce qui ne connaît que l'adoption simple.

La sociologie contemporaine de l'adoption[22] témoigne d'une institution à la fois « en euphorie[23] » et en crise : en euphorie, car le nombre de personnes ayant fait une demande pour adopter ne cesse de croître[24] ; en crise car, dans le même temps, le nombre d'enfants adoptables n'arrête pas de diminuer (10 000 demandes d'adoption chaque année pour 30 000 familles agréées).

1403. Adoption internationale ; conflits de lois. – L'adoption est de plus en plus internationale, qui suppose que les parents adoptifs et l'enfant adopté n'ont pas la même nationalité (la Convention de La Haye du 29 mai 1993 a un autre critère : parents et enfants ne résident pas dans le même pays).

Marginale dans les années 1960, elle a connu une forte croissance dans les années quatre-vingt-quatre-vingt-dix, jusqu'à représenter près de 90 % des adoptions à l'aube des années 2000. La grande majorité des enfants viennent des pays en voie de développement (Chine, Asie du sud est, Afrique noire, Amérique latine, notamment Haïti) et d'un certain nombre de pays de l'Est (Pologne, Roumanie, Bulgarie, Russie)[25]. La chute a été brutale : 3 017 adoptions prononcées

18. Dans l'affaire *Novack*, il s'agissait de savoir s'il y avait eu abandon et si les parents selon le sang pouvaient faire tierce opposition contre un jugement d'adoption dont la régularité était douteuse. L'affaire a duré neuf ans ; la Cour de cassation l'a jugée trois fois ; en dernier lieu : Cass. Ass. plén., 10 juin 1966, *Bull. Ass. plén.*, n° 4 ; *JCP* 1966.II.14778.

19. Sur l'adoption par un couple homosexuel, cf. *infra*, n° 1407.

20. Institut de droit comparé de Strasbourg, « L'adoption dans les principales législations européennes », *RID comp.* 1985.505-884 ; Fr. Boulanger, *op. cit. supra*, note 1.

21. L'interdiction résulte du Coran : *Sourate* 33, v. 4 : « *Dieu n'a pas donné deux cœurs à l'homme* [...] *ni que vos enfants adoptifs soient comme vos propres enfants* ». Ex. : pour l'Algérie, C. fam. algérien, art. 46 : « *l'adoption* (Tabani) *est interdite par la Chari'a et la loi* » ; C. statut personnel marocain, art. 8, al. 3 : « *l'adoption n'a aucune valeur juridique et n'entraîne aucun effet sur la filiation* ». Un dégradé de l'adoption est pratiqué dans les pays influencés par la loi coranique, la *kafala* (sorte de garde ou de tutelle officieuse qui n'établit aucun lien de filiation, mais peut permettre la dation du nom de l'auteur de la *Kafala*, le *Kafil* ; il faut ajouter le *tanzil*, institution d'héritier. Sur la réception de la *kafala* en France, *infra*, n° 1403.

22. M.-P. Marmier, *Sociologie de l'adoption*, thèse, LGDJ, 1967, préf. J. Carbonnier, *Sociologie du droit de l'adoption*, 1972 ; J. Halifax et C. Villeneuve-Gokalp, « L'adoption en France : qui sont les adoptés, qui sont les adoptants ? », *Population et société*, n° 417, novembre 2005.

23. R. Savatier, « Une institution civile en euphorie : l'adoption devant le Parlement français », *D.* 1949, 117.

24. Après avoir presque doublé en quinze ans, le nombre de demandes a légèrement baissé à partir de 2009. L'ouverture de l'adoption aux époux de même sexe va-t-elle le faire augmenter à nouveau ?

25. Cf. Z. Belmokhtar, « L'adoption simple et l'adoption plénière en 2007 : deux projets différents », *Infostat Justice* 2009, n° 106. Les caractéristiques des enfants varient selon les pays. En Chine, la politique de l'enfant unique combinée à la préférence ancestrale pour les garçons a fait que presque tous les enfants proposés à l'adoption étaient des filles : deux garçons pour 100 filles.

en 2009, 1 069 en 2014[26]. Cet effondrement est lié au développement économique de certains pays d'origine, mais aussi à une plus grande vigilance des États et à une meilleure coopération internationale pour lutter contre d'éventuelles dérives, sous l'impulsion de la Convention de La Haye du 29 mai 1993 sur la protection des enfants et la coopération en matière d'adoption internationale, en vigueur dans 85 pays[27]. Le rejet de l'homoparentalité a également conduit certains États à fermer leurs portes aux pays qui permettent l'adoption par un couple de personnes de même sexe. En toute hypothèse, l'adoption d'enfants étrangers est une aventure[28].

Lorsque la loi de l'adoption et celle de l'adopté sont profondément différentes – un conflit de civilisations plus qu'un conflit de lois –, l'établissement de l'adoption soulève de graves difficultés, surtout lorsqu'il s'agit d'adoption plénière, la plus souvent demandée. Ne sera ici que sommairement exposée une matière qui relève du droit international privé, relativement complexe, constituée maintenant en un corps de dispositions législatives (art. 370-3 et s., L. 6 février 2001), qui consacre le plus souvent la jurisprudence antérieure, pourtant fluctuante[29].

Le principe est que l'adoption relève du statut personnel, donc de la loi nationale de l'adoptant (art. 370-3, al. 1). Lorsqu'elle concerne un mineur étranger, elle ne peut être prononcée si sa loi personnelle la prohibe, sauf si le mineur est né et réside habituellement en France[30] (art. 370-3, al. 2). Le problème se pose notamment pour les pays de tradition musulmane, qui, à l'exception de la Tunisie, de la Turquie et de l'Indonésie, prohibent l'adoption[31]. Ces pays connaissent cependant la *kafala*, recueil légal de l'enfant par des proches ou par des tiers, volontaire ou judiciaire, qui permet d'assurer la prise en charge de l'enfant, mais ne crée pas de lien de filiation[32]. Peut-on assimiler *kafala* et adoption et prononcer l'adoption d'un enfant qui aurait été confié en *kafala* à un couple qui une fois en France en ferait la demande ? Certaines juridictions l'avaient admis, mais la Cour de cassation y a mis son veto[33] : la *kafala* met certes à la charge des

26. Source ministère des Affaires étrangères. Le phénomène est général, cf. J. F. MIGNOT, « L'adoption internationale dans le monde : les raisons d'un déclin », *Population et société*, 2015, n° 519, qui souligne que non seulement le nombre d'enfants à adopter a baissé, mais que la plupart d'entre eux sont désormais « à besoins spécifiques », *i.e.* relativement âgés, en fratrie ou atteints d'une pathologie.

27. La convention pose un certain nombre de principes juridiques et éthiques et organise la coopération entre États (cf. H. MUIR-WATT, *Travaux du Comité français de DIP*, 1993-1994, p. 49, N. MEYER-FABRE, *Rev. crit. DIP* 1994, 259, E. Poisson, *JDI* 1999, 707).

28. Conclusion de Jacques FOYER et Cath. LABRUSSE-RIOU, *L'adoption d'enfants étrangers*, Economica, 1988, p. 94 : « *Les mythes bibliques de Moïse et de Joseph, d'enfants juifs adoptés par des Égyptiens, ce qui est l'un des prototypes de l'adoption d'enfants étrangers et qui montre l'ancienneté de cette pratique ; l'exemple est, comme souvent, ambivalent puisque l'un des enfants, Joseph, s'intègre parfaitement dans son milieu d'adoption alors que l'autre, Moïse, s'en arrachera pour conduire son peuple vers la Terre Promise.* » Cf. Genèse 41, 14 : « *Pharaon dit à Joseph : "Vois : je t'établis sur tout le pays d'Égypte" et Pharaon ôta son anneau de sa main et le mit à la main de Joseph, il le revêtit d'habits de lin fin et lui passa au cou le collier d'or* ». Exode 2, 10 : « *Lorsqu'il eut grandi, elle le ramena à la fille de Pharaon qui le traita comme un fils et lui donna le nom de Moïse, car, dit-elle : "Je l'ai tiré des eaux"* ».

29. E. POISSON-DROCOURT, « Codification des règles de droit international en matière d'adoption », *D.* 2001.1404. ; H. MUIR WATT, *JDI* 2001.995 ; P. LAGARDE, *Rev. crit. DIP* 2001.275 ; M. REVILLARD, *Defrénois* 2001.333. Sur l'ensemble de la question, cf. B. BOURDELOIS, « L'adoption internationale », *TCF DIP* 2000-2002, éd. Pedone.

30. La règle ne concerne que l'enfant mineur : la prohibition de l'adoption par la loi nationale de l'adopté ne fait pas obstacle à son prononcé (Cass. civ. 1re, 6 avril 2011, n° 10-30.821, *AJ famille* 2011, 319, obs. A. Boiché, *Dr. famille* 2011, n° 98, obs. C. Neirinck).

31. L'interdit est d'autant plus profondément ancré qu'il trouve sa source dans le Coran lui-même, cf. LINANT DE BELLEFONDS, *Traité de droit musulman comparé,* Paris 1973, n° 1169.

32. La convention de La Haye sur l'adoption internationale insiste sur ce point et met la kafala en dehors de son champ d'application.

33. Cass. civ. 1re, 10 octobre 2006 (2 arrêts), *Bull. civ.* I, n° 432, *JCP* G 2007, 10072, note Y. Farges, *JCP* 2007, I, 170, n° 13, obs. J. Massip, *adde* H. FULCHIRON, « Adoption sur kafala ne vaut », *D.* 2007, p. 816, solution maintes fois réaffirmée, cf. par ex. Cass. civ. 1re, 15 décembre 2010, n° 15-12.2010 ou Cass. civ. 1re, 12 janvier 2011, n° 09-68.504 (*Dr. famille* 2011, n° 62, obs. M. Farge) à propos d'une adoption-protection du droit malien.

tuteurs désignés, des obligations d'entretien, d'éducation et de protection, mais ne crée aucun lien de filiation ; elle ne peut donc être prononcée, sauf à ce que l'enfant soit né et réside habituellement en France (art. 370-3, al. 1)... ou qu'il soit devenu français[34]. La solution peut paraître rigoureuse, mais elle garantit le respect de la lettre et de l'esprit du droit français comme du droit étranger. Certains l'ont critiquée au nom de l'intérêt de l'enfant (la délégation d'autorité parentale, à laquelle s'apparente la *kafala* n'offre pas la même protection à l'enfant) et les juridictions du fond se sont divisées[35]. Mais la Cour de cassation a tenu bon.

Saisie, la CEDH lui a donné un *satisfecit*[36] à la France. La Cour relève en particulier que le refus de transformer la *kafala* en adoption tient en grande partie au souci de respecter l'esprit et l'objectif des conventions internationales qui reconnaissent la *kafala* en tant que telle, que l'enfant peut bénéficier d'une protection dans le pays d'accueil (en France, une tutelle) et que les restrictions apportées à la création d'un lien de filiation par adoption ne sont ni absolues (cf. le cas de l'enfant né et résidant en France), ni définitives (cf. la possibilité d'acquérir la nationalité française pendant la minorité). Selon la Cour, il apparaît donc que « *l'État défendeur, appliquant les conventions internationales régissant la matière, a institué une articulation flexible entre le droit de l'État d'origine de l'enfant et le droit national* » : en effaçant « *progressivement la prohibition de l'adoption, l'État défendeur qui entend favoriser l'intégration d'enfants d'origine étrangère sans les couper immédiatement des règles de leur pays d'origine, respecte le pluralisme culturel et ménage un juste équilibre entre l'intérêt public et celui des requérants* » (§ 51).

En toute hypothèse, l'adoption requiert le consentement du représentant légal de l'adopté, donné sans contrepartie (mais il y a des trafics d'enfants) et éclairé sur les conséquences de l'adoption (s'il est donné en vue d'une adoption plénière, sur le caractère complet et irrévocable de la rupture[37]). Les effets de l'adoption prononcée en France sont ceux de la loi française. Prononcée à l'étranger, elle produit les effets d'une adoption plénière si elle rompt de manière complète et irrévocable le lien de filiation préexistant ; à défaut, elle produit les effets d'une adoption simple.

La convention de La Haye du 29 mai 1993 impose le recours à une autorité centrale désignée dans chaque État contractant, à laquelle doivent s'adresser les personnes désirant adopter un enfant dont la résidence habituelle est située dans un autre État. Elle a pour mission d'assurer les relations avec les autres États, de veiller au respect par la France de ses engagements, de lutter contre les trafics d'enfants. Cette autorité est en France la « Mission de l'adoption internationale » (la MAI), service du MAE. Les adoptants ont le choix entre une démarche individuelle ou le recours à des organismes privés agréés, les OAA (organismes autorisés pour l'adoption). La loi du 4 juillet 2005 a restructuré le paysage institutionnel en créant un organisme public, l'AFA, chargé d'accompagner les parents dans leur projet d'adoption en pays étranger.

---

34. Mais encore faut-il apporter dans ce cas la preuve du consentement parental car en soit le fait de confier l'enfant en *kafala* ne signifie pas que les parents aient consenti à son adoption par un tiers, cf. Cass. civ. 1re, 4 décembre 2013, *D.* 2013, p. 2913 : l'enfant d'origine marocaine avait seulement été déclaré délaissé par sa mère qui ne pouvait subvenir à ses besoins et non en raison d'un désintérêt volontaire de celle-ci ; la mère n'ayant pas perdu ses droits d'autorité parentale, c'est à elle qu'il revient de donner son consentement à l'adoption et non au conseil de famille, par application des règles du droit français devenu applicable en raison de l'acquisition par l'enfant de la nationalité française.

35. Sur ces différents points, cf. le dossier *Kafala*, publié par la revue Droit de la famille, 2009, études 1 à 12.

36. CEDH, 4 octobre 2012, *Harroudj c. France*, *D.* 2012, note P. Hammje, *AJ famille* 2012, 546, obs. A. Boiché, *RTD civ.* 2013, p. 105, obs. J. Hauser, *Rev. crit. DIP* 2013, 146, note S. Corneloup.

37. Rappr. l'affaire des enfants haïtiens. Était en cause la conversion en adoption plénière française d'une adoption prononcée en Haïti. Une telle conversion suppose, selon l'article 370-3, al. 3 du Code civil, que le consentement soit éclairé sur les conséquences de l'adoption, tout particulièrement, s'il est donné en vue d'une adoption plénière, sur le caractère complet et irrévocable de la rupture du lien de filiation préexistant. Quelle valeur attacher à un consentement donné par un acte authentique qui n'aurait pas été légalisé ? Faute de légalisation, la conversion ne peut être prononcée (Cass. civ. 1re, 4 avril 2011, n° 11-00.001, *D.* 2001, p. 2016, note P. Guez, *RTD civ.* 2011, 338, obs. J. Hauser, réitérée par Cass. civ. 1re, 23 mai 2012, *D.* 2012, p. 1723, note C. Brière : saisie pour avis, la Cour de cassation affirme que le problème n'est pas nouveau et qu'il n'y a pas lieu de donner l'avis demandé). Sur les critiques suscitées par cette solution, cf. not. P. Salvage-Gerest, « Adoption en Haïti, ou comment une lettre simple devient source de droit », *D.* 2011, p. 764, E. Cadou, « Adoption internationale : variations autour de l'exigence de légalisation du consentement des représentants légaux », *D.* 2012, p. 2260.

1404. Adoption simple et adoption plénière. – L'accroissement contemporain de l'adoption plénière n'a pas empêché le développement parallèle de l'adoption simple. Avec la chute de l'adoption internationale et l'augmentation de l'adoption intrafamiliale (surtout l'adoption de l'enfant du conjoint), elle est même devenue majoritaire (en 2012, 6 220 adoptions simples, 2 360 adoptions plénières). Dans ce genre d'adoption, les adoptants sont généralement âgés : nombre d'adoptés sont majeurs et souvent parents de l'adoptant par le sang ou par l'alliance : adoption d'un neveu, d'un parent, jadis d'un enfant adultérin – la loi de 1972 en ayant permis sa légitimation avait retiré de son intérêt à cette pratique – et surtout aujourd'hui de l'enfant du conjoint et, plus généralement, du bel-enfant[38]. Elle est essentiellement intrafamiliale, parfois à finalité avant tout successorale (dans ce cas, elle est une sorte de testament, irrévocable et public, par lequel une personne fortunée transmet ses biens à un de ses parents)[39]. Dans ses développements contemporains, elle peut être instrumentalisée pour contourner telle ou telle prohibition légale : adoption de l'enfant né grâce à une mère porteuse[40], adoption de l'enfant par ou dans un couple homosexuel[41] etc. : instrument de privatisation du droit de la famille, l'adoption simple devient « une adoption à tout faire ».

L'adoption plénière offre un tout autre visage. Elle ne concerne que des enfants mineurs (enfants de moins de 15 ans, sauf cas particuliers, cf. art. 345, *infra*) qui neuf fois sur dix n'ont aucun lien préalable avec l'adoptant : il s'agit vraiment de donner une famille à un enfant qui n'en a pas ou n'en a plus. Longtemps, l'adoption plénière a été marquée par la dialectique, sous-jacente, entre riches et pauvres, même si elle était parfois utilisée par des milieux modestes, notamment des parents nourriciers qui voulaient stabiliser une situation de fait, de crainte que l'enfant ne leur fût retiré et confié à d'autres parents adoptifs. Cette dialectique est encore plus complexe aujourd'hui, où l'adoption plénière se développe principalement dans l'ordre international, avec toutes les questions éthiques que posent ces échanges entre pays riches et pauvres et les risques de pression, d'abus ou de trafic contre lesquels luttent organismes nationaux et organisations internationales[42].

1405. Couples mariés et célibataires. – L'adoption plénière se voit surtout chez des ménages mariés stériles qui veulent donner davantage de sens à leur vie et faire un acte d'amour. Comme tout amour, sa signification est complexe ; non seulement, la « consolation des ménages stériles » (où il y a une part d'égoïsme), mais aussi le secours à l'enfance abandonnée et malheureuse (une générosité sans mélange).

Cette adoption intervient après cinq ou dix ans d'union conjugale, lorsque les époux sont sûrs de ne pas avoir d'enfants et ont eu parfois recours, sans succès, aux PMA ; en moyenne, les mères adoptives ont 11 ans de plus que les femmes qui donnent naissance à leur premier enfant : 38,5 ans au lieu de 27,5. La plupart des demandeurs sont indifférents au sexe de l'enfant ; tous désirent que l'enfant soit en bas-âge (mais aujourd'hui à Paris, 60 % des enfants placés en vue d'une adoption ont plus de 9 ans).

Le plus souvent, l'adoption « réussit ». Mais il est des réveils pénibles : ingratitude de l'enfant, traumatisme que lui donne la révélation de son origine, difficultés que lui cause la famille selon le sang, inadaptation au nouveau milieu, etc.

L'adoptant célibataire (10,9 % des demandes d'agrément, 6,8 % des adoptions prononcées[43]) est à peu près toujours une femme, qui a des revenus élevés et du temps disponible afin de pouvoir s'occuper de l'enfant (profession libérale, enseignement, direction de maison d'enfants). L'enfant n'a, en général, aucun rapport de parenté avec l'adoptant, ce qui est cumuler les constructions juridiques : une filiation sans famille et sans données biologiques. Dans la pratique,

38. M.-P. Marmier, *Sociologie du droit de l'adoption, op. cit.*, p. 135 : « *elle institue l'héritier, certes, mais consacre surtout l'attachement parental que le temps et la vie n'ont fait que renforcer* ». En 2007, 95 % des personnes adoptées en la forme simple l'étaient dans le cadre intrafamilial : très majoritairement des enfants du conjoint ou d'un ex-conjoint (le plus souvent un homme : 73 %), âgés en moyenne de 31 ans et 4 mois au moment de leur adoption (10 % seulement ont moins de 15 ans), cf. Z. Belkmokhtar, art. préc., *adde* J. Halifax et C. Villeneuve-Gokalp, art. préc.

39. Sur les aspects successoraux de l'adoption simple, cf. *infra*, n° 1428.

40. *Supra*, n° 1032.

41. *Infra*, n° 1426.

42. Cf., notamment pour les relations internationales, les travaux réalisés par la Conférence de DIP de La Haye, disponibles sur le site internet de la Conférence.

43. J. Halifax et C. Villeneuve-Gokalp, art. préc.

cette adoption n'est accordée que si la célibataire est entourée d'une famille où se trouve un élément masculin, jugé plus ou moins indispensable à l'éducation de l'enfant. Depuis quelque temps, l'adoption par un célibataire est, en fait, parfois, une adoption faite par des concubins. Il arrive aussi qu'elle masque une adoption par un couple homosexuel[44].

L'adoption faite par un seul conjoint peut intervenir soit du vivant de l'autre époux, soit après son décès. Généralement, elle tend à rattacher à l'adoptant des enfants présents lors de l'union conjugale : enfants nés d'un précédent mariage, ou de relations hors mariage, ou accueillis au foyer.

1406. Adoption et homoparenté : adoption par une personne homosexuelle. – Partout en Occident se fait de plus en plus forte la revendication de l'adoption par une personne ou par un couple homosexuel[45]. La question se pose différemment dans les deux hypothèses. Refuser l'adoption – ou, dans la procédure française, refuser l'agrément – à une personne qui souhaite adopter, au seul motif qu'elle est homosexuelle, n'est pas acceptable. Le Conseil d'État l'avait affirmé, non sans ambiguïté[46], tout en estimant en l'espèce que la demande du candidat à l'adoption ne paraissait pas conforme, *in concreto,* à l'intérêt de l'enfant[47]. Saisie d'un recours contre la France au nom du droit au respect de la vie privée et familiale, la CEDH s'était d'abord inscrite dans la même logique, relevant qu'il y avait certes une différence de traitement entre les demandeurs à l'adoption mais qu'en raison de l'absence de consensus entre les différents pays sur cette question, les États parties disposaient d'une large marge d'appréciation en la matière : la France a ainsi échappé à une condamnation[48]. Ce n'était que partie remise : dans un arrêt *E.B. contre France,* du 22 janvier 2008[49], la CEDH estime que dès lors qu'elle est décisive, la prise en compte (fût-elle implicite[50]) de l'homosexualité du candidat à l'adoption, constitue une discrimination au regard des articles 8 et 14 de la Convention EDH ; seules des raisons particulièrement graves et convaincantes pourraient justifier le refus d'agrément.

---

44. *Infra,* n° 1426.

45. P. Murat, « Vers la famille homosexuelle par adoption ? » *Dr. famille* 2000, n° 8 ; Cl. Neirinck, « Homoparentalité et adoption », *Mélanges Catala,* Litec, 2001, p. 353 et, du même auteur, « Une famille homosexuelle ? », *in Mariage-conjugalité, parenté-parentalité, op. cit.,* p. 143 s.

46. CE, 9 octobre 1996, *Fretté, D.* 1997.117, 1re esp., n. Ph. Malaurie ; *JCP* G. 1997.III.22766, concl. F. Mauguë ; *Dr. famille* 1997, n° 6, n. P. Murat ; *RTD civ.* 1997, 408, obs. J. Hauser ; *Defrénois* 1997, p. 726, n. J. Massip : « *eu égard à ses conditions de vie et malgré les qualités humaines et éducatives certaines, M.F. ne présentait pas des garanties suffisantes sur les plans, familial, éducatif et psychologique pour accueillir un enfant adopté* ».

47. *Adde* CE, 12 février 1997, *Mmes Parudé et Betton,* cité par P. Bécard, concl. ss. CAA de Lyon, 7 juillet 1999, concl. P. Bécard, CE 5 juin 2002, *AJDA* 2002, p. 615, concl. P. Fombeur ; *Dr. famille* 2003, 19 obs. P. Murat ; *RTD civ.* 2002, p. 496, obs. J. Hauser.

48. CEDH, 26 février 2002, *Fretté c. France, JCP* G 2002.II.10074, n. A. Gouttenoire et F. Sudre ; *RTD civ.* 2002, 280, obs. J. Hauser ; A. Debet, « La Cour européenne des droits de l'homme, les homosexuels et l'adoption », *Dr. famille* 2002, n° 19.

49. ** CEDH, grde ch. 22 janvier 2008, *E.B. c. France* ; *JCP* G 2008.II.10071, n. crit. F. Sudre et A. Gouttenoire ; *D.* 2008.2038. n. P. Hennion-Jacquet ; *RTD civ.* 2008, p. 287, obs. J. Hauser, p. 249, obs. J. P. Marguénaud.

50. Les autorités françaises s'étaient pourtant bien gardées de fonder leur refus sur l'homosexualité de la demanderesse. Elles invoquaient d'une part, l'absence de référent de l'autre sexe dans le proche entourage de celle-ci ; d'autre part, le fait que la personne avec laquelle elle vivait « *ne se sentait pas engagée par la demande d'adoption de son amie* » : deux raisons qui auraient pu être opposées à n'importe quel demandeur, homosexuel ou hétérosexuel. Insuffisant, dit la CEDH : d'une part, le Gouvernement français ne fournit aucune information statistique concernant le motif lié à l'absence de référent de l'autre sexe selon l'orientation sexuelle, déclarée ou connue, du requérant ; il ne peut donc se laver du soupçon d'avoir pris en considération, avant tout, l'orientation sexuelle de celui-ci ; d'autre part, si le second motif donne à réfléchir, il n'en reste pas moins que les deux motifs s'inscrivent dans une appréciation globale de la situation : « *pour cette raison, la Cour estime qu'ils ne sauraient être considérés alternativement, mais doivent au contraire être appréciés cumulativement. En conséquence, le caractère illégitime de l'un des motifs a pour effet de contaminer l'ensemble de la décision* ». En fait, ce que reproche la Cour aux autorités françaises, c'est d'avoir refusé l'agrément à *cause de* l'homosexualité de la demanderesse, les deux motifs étant liés à cette orientation sexuelle. Mais n'est-ce pas confondre les motifs (et encore peut-on être homosexuel(le) et avoir dans son entourage un référent de l'autre sexe et au foyer un(e) concubin(e) prêt à accueillir l'enfant) et la cause du refus ?

1407. Adoption et homoparentalité : adoption dans un couple ou par un couple de même sexe. – Toute différente est l'hypothèse d'une adoption *par* un couple ou de l'adoption *pour* un couple homosexuel. Se pose alors une question de principe, celle des notions de parenté et de famille. Tout enfant se construit à partir d'une double référence maternelle et paternelle. Certes, les circonstances de la vie font que l'enfant est parfois élevé par sa mère seule, plus rarement par son père seul, et que manque l'autre « référent » (à moins qu'un tiers, parent, beau-parent, nourrice comme dans les romans d'autrefois ne remplisse ce rôle) ; il en va de même en cas d'adoption par une personne seule. Mais ici, il s'agit bien de créer une situation où *ab initio* l'enfant vivra dans une famille monosexuée : deux personnes de même sexe vivant en couple seront l'une et l'autre « parents » de l'enfant. Certains diront que ce qui compte est moins le sexe que la fonction et qu'un homme peut fort bien jouer un rôle maternel, tout comme une femme pourrait servir de référent paternel. On a également fait observer que certains enfants sont apparemment heureux et épanouis dans ce type de situation. En tout cas, il n'y aurait pas d'étude établissant l'existence de traumatismes ou de dysfonctionnements caractérisés. Pour autant, le principe de précaution ne commanderait-il pas la plus grande prudence ? S'il s'agit vraiment de donner une famille à un enfant, ne serait-il pas opportun de lui offrir une structure d'accueil plus facile à vivre ? Que s'il s'agit de donner un enfant à un couple, il n'est plus question d'intérêt ou de droit à l'enfant, mais bien d'intérêts et de droits des adultes : un « droit à l'enfant » dont la société serait débitrice.

En la matière, la CEDH fait preuve d'une certaine retenue. Dans l'arrêt *Gas et Dubois c. France*[51], il n'était pas question de l'adoption par un couple, mais au sein d'un couple, étant précisé que l'enfant était né par IAD dans le cadre d'un projet parental commun. Après avoir souligné la différence que présente la situation avec l'affaire *E.B. c. France*[52], la Cour relève que les raisons invoquées par la France (l'adoption a été refusée car l'article 365 C. civ. aurait fait perdre l'exercice de l'autorité parentale au parent biologique au profit du parent adoptif, ce qui n'était nullement l'objectif recherché par les intéressés et qui était contraire à l'intérêt de l'enfant[53]) peuvent être opposées à tous les couples non mariés, qu'ils soient de même sexe ou de sexe différent : il n'y a donc pas de discrimination. Mais, soulignaient les demanderesses, les couples hétérosexuels ont, eux, accès au mariage, donc à l'adoption puisque, en cas d'adoption par deux époux, la loi permet le partage de l'exercice de l'autorité parentale entre parent par le sang et parent adoptif : il y aurait donc discrimination indirecte. Grâce à une analyse de comparabilité des situations dont la logique a pu être discutée[54], la Cour botte en touche en rappelant d'une part que les États ne sont pas tenus d'ouvrir le mariage aux personnes de même sexe (arrêt *Schalck et Kopf*[55]), d'autre part que le mariage offre à ceux qui s'y engagent un statut particulier. La cour s'abstient donc de prendre position sur le fond du problème : celui de l'homoparentalité en tant que telle.

En revanche, elle exige des États qu'ils ne fassent pas de différence entre couples homosexuels et hétérosexuels engagés dans un même statut conjugal. Dans l'arrêt de grande chambre *X et alii c. Autriche*[56], elle condamne ainsi l'Autriche non parce qu'elle réserverait l'adoption intraconjugale sans rupture des liens avec le parent par le sang aux couples mariés, mais parce qu'elle l'ouvre à tous les couples hétérosexuels, mariés ou non mariés, à l'exclusion des couples de même sexe. S'agissant d'une allégation de discrimination fondée sur l'orientation sexuelle, il appartient au Gouvernement d'apporter la preuve contraire. Or « *le gouvernement autrichien n'a pas présenté d'argument précis, d'étude scientifique ou d'autres éléments de preuve*

L'affaire a trouvé son épilogue judiciaire avec la décision du TA de Besançon, 10 novembre 2009, *Dr. famille* 2010, n° 5, obs. P. Murat, annulant la décision du président du conseil général du Jura refusant l'agrément. Reste pour la demanderesse à trouver un enfant à adopter.

51. CEDH, 15 mars 2012, *Gas et Dubois c. France, D.* 2012, 1241, note A. Dionisi-Peyrusse, *RTD civ.* 2012, p. 275, obs. J.-P. Marguénaud, p. 306, obs. J. Hauser.

52. CEDH, 15 mars 2012, *Gas et Dubois c. France, D.* 2012, 1241, *op. cit.*

53. Sur les raisons avancées en France pour refuser l'adoption dans une telle hypothèse, les règles de l'autorité parentale (la parentalité), servant de paravent au rejet de l'homoparentalité (une jurisprudence « cache-sexe » ont dit les mauvais esprits), cf. *infra*, n° 1427.

54. Cf. les observations de J.-P. Marguénaud, préc. qui parle de « débâcle méthodologique ».

55. Arrêt préc.

56. CEDH, gr. ch., 19 février 2013, *X et alii c. Autriche, D.* 2013, obs. I. Gallmaister, *AJ famille* 2013, 227, obs. F. Chénedé, *RTD civ.* 2013, obs. J.-P. Marguénaud, 363, obs. J. Hauser.

susceptibles de démontrer que les familles homoparentales ne peuvent en aucun cas s'occuper convenablement d'un enfant » (§ 142) ; au contraire, il admet qu'« *en termes de personnes, les couples homosexuels sont en théorie tout aussi aptes ou inaptes que les couples hétérosexuels à l'adoption* » (§ 141). Il y a donc bien discrimination. Le raisonnement abstrait de la Cour[57] a été critiqué. Surtout, alors même que la Cour prétendait ne pas se prononcer sur la question de fond, celle de l'adoption homoparentale, le message est clair : on ne peut refuser l'accès à l'adoption sur le fondement de l'absence d'altérité sexuelle. En reprochant à l'Autriche son « *incapacité à établir qu'il serait préjudiciable pour un enfant d'être élevé par un couple homosexuel ou d'avoir légalement deux mères ou deux pères* » (§ 146), la Cour place les États dans une situation intenable : leurs arguments d'ordre politique, sociologique ou anthropologique, ne risquent-ils pas en effet d'être « inaudibles » par la Cour[58] ?

1408. Adoption et homoparentalité : mariage et adoption « pour tous ». – En France, les débats entre ceux qui estiment que l'enfant a « droit » à un père et à une mère et ceux qui affirment que l'on ne peut refuser l'accès à la parenté au motif de son orientation sexuelle ont pris une tournure spectaculaire à l'occasion des discussions sur le mariage pour tous. Des centaines de milliers de personnes sont descendues dans la rue, des millions de pétitions ont été écrites pour réaffirmer que l'intérêt de l'enfant s'opposait à la reconnaissance de l'homoparentalité ; au-delà de l'intérêt de l'enfant, il y a l'intérêt de la société : de même que la personne se construit par référence à un père et à une mère, de même le lien social se construit sur la complémentarité de l'homme et de la femme. On sait que le législateur français, à la suite de divers autres pays, a tranché en faveur de l'ouverture de l'adoption aux couples de même sexe au nom de l'égalité entre les couples et qu'il a affirmé qu'il s'agissait là d'une conséquence « naturelle » en quelque sorte du mariage « pour tous[59] ». On a dit *supra* tout ce que de tels raisonnements avaient de fallacieux. En surface, la réforme n'a pas eu de grandes conséquences : les textes de l'adoption n'ont pas été modifiés, sinon, à la marge, en matière de nom ou d'état civil notamment, afin de les « désexualiser » (une réforme par non-dit ?). Mais, en profondeur, le bouleversement est total puisque la réforme consacre la possibilité d'une double filiation monosexuée[60].

57. En l'espèce, le gouvernement autrichien soulignait que l'adoption n'était pas conforme à l'intérêt de l'enfant et que son père, avec lequel il avait conservé des liens, s'y opposait. Peu importe, semble dire la Cour : ce qui compte, ce sont les droits que la loi ouvre ou ferme aux individus ; l'appréciation *in concreto* n'intervient que dans un deuxième temps.

58. Là aussi, le raisonnement de la Cour a pu être critiqué, non plus sur la comparabilité des situations, mais sur l'usage que fait la cour du consensus.

59. Sur la décision du Conseil constitutionnel rejetant l'argument de la contrariété au « *principe de valeur constitutionnel de la filiation bilinéaire fondée sur l'altérité sexuelle* », cf. déc. 17 mai 2013, n° 2013-669 DC, cons. 32, *supra*, n° 967.

60. Cf. H. Fulchiron, « Le mariage pour tous, un enfant pour qui ? », art. préc. ; G. Champenois, « L'adoption et la loi du 17 mars 2013 », art. préc. ; *adde*, dans l'attente de la loi, L. d'Avout, « La parenté homosexuelle à travers l'adoption : réflexion d'actualité », *D.* 2012, p. 1973, F. Millet, « La voie de l'homoparentalité bien ordonnée : retour aux fondamentaux de la filiation », *D.* 2012, p. 1975.

La jurisprudence commence à en tirer les conséquences[61]. Le législateur lui, semble peu pressé d'aller jusqu'au bout de ses choix[62]. Il y a pourtant urgence. La plus importante serait de savoir s'il convient ou non d'ouvrir l'adoption aux couples non mariés[63]. Avant même la loi sur le mariage pour tous, la Cour de cassation avait affirmé que « *l'article 346 du Code civil, qui réserve l'adoption conjointe à des couples unis par le mariage, ne consacre pas un principe essentiel reconnu par le droit français* »[64]. Certes, on ne saurait reprocher au législateur de rester attaché à l'idée que le mariage constitue l'acte fondateur d'une famille, quand bien même le mariage d'aujourd'hui serait bien différent du mariage d'hier. Mais alors comment justifier que les PMA soient accessibles aux couples (hétérosexuels) non mariés ? Quand les bornes sont franchies...

Sur l'adoption par le (la) concubin(e) du père ou de la mère au sein d'un couple homosexuel, cf. *infra*.

1409. L'offre et la demande. – Les deux données sociologiques contemporaines majeures sont la faveur à l'adoption et l'insuffisance de l'offre par rapport à la demande ; elles sont contradictoires.

D'une part, l'opinion publique est favorable à l'adoption (où elle ne voit que l'adoption plénière), pour un certain nombre de raisons : place qu'occupe l'enfant dans les sentiments de la société contemporaine, développement de la générosité, prédominance de l'affection et de l'éducation sur le sang[65]. Encore que le sentiment ne soit pas général : beaucoup continuent à être persuadés que rien ne remplace le lien biologique et que l'adoption est un artifice fragile et dangereux.

D'autre part, il y a beaucoup plus de demandes d'adoptions que d'offres. La chute contemporaine de la démographie, l'accroissement de la contraception et de l'avortement raréfient l'« offre » des enfants adoptables, sans diminuer la demande. C'est une des raisons pour lesquelles la loi essaye d'augmenter progressivement le nombre d'enfants adoptables au risque de faire passer les intérêts de l'adoption, estimée utile à l'enfant, avant ceux des liens du sang. Pour la même raison, l'administration, les œuvres d'adoption et les parents nourriciers exercent parfois des pressions sur une mère célibataire afin de l'inciter à l'abandon ; de même dans l'adoption internationale, un « marché noir » d'enfants des pays pauvres vers les pays riches, se développe[66]. Lutter contre ces dérives suppose, d'une part, une mobilisation de la communauté internationale (cf. la convention de La Haye du 29 mai 1993[67]), d'autre part, un encadrement légal

61. À la veille de la loi, la Cour de cassation avait refusé d'accorder l'exequatur à une décision d'adoption prononcée à l'étranger au profit d'un couple homosexuel (Cass. civ. 1re, 7 juin 2012, n° 11-30.262 et n° 11-30.261, *AJ famille* 2012, 397, obs. A. Dionisy-Peyrusse, *D.* 2012, p. 1992, note D. Vigneau, *RTD civ.* 2012, p. 552, obs. J. Hauser. Selon la Cour, « *est contraire à un principe essentiel du droit français de la filiation, la reconnaissance en France d'une décision étrangère dont la transcription sur les registres de l'état civil français, valant acte de naissance, emporte inscription d'un enfant comme né de deux parents de même sexe* ». La règle n'est plus de mise : sur renvoi, la cour d'appel de Versailles a accordé l'exequatur (Versailles, 20 mars 2014, n° 13-03.655, *D.* 2014, 237, note B. Hatfeld, *RTD civ.* 2014, 637, obs. J. Hauser).

62. Cf. *infra*, n° 1434.

63. Sur le débat cf. not. I. Théry et A.-M. Leroyer, *Filiation, origines, parentalité*, rapport préc. (le rapport préconise l'ouverture de l'adoption aux couples non mariés justifiant d'une vie commune d'au moins deux ans).

64. Cass. civ. 1re, 7 juin 2012, préc.

65. Ex. : R. Han, *Un Chinois de Bourgogne*, 1990 ; né en France de Chinois qui l'abandonnèrent, R. Han fut élevé par des Français puis devint président de France 3 (une chaîne de télévision) ; il retrouva ses parents en Chine, revint en France pour dire à ses parents adoptifs : « *Mes vrais parents, ce n'est pas le général Han et sa femme ; c'est vous. C'est avec vous et chez vous que je me sens bien. Mon pays, ce n'est pas la Chine, c'est la France* ».

66. La loi a créé le délit d'activité illégale d'intermédiaire (C. pén. art. 225-19) ; cf. Crim., 18 mars 2008, *Dr. famille* 2008, n° 84, obs. P. Salvage-Gerest.

67. Préc.

des procédures d'adoption, plus respectueuses des droits des parents par le sang et des droits de l'enfant[68].

L'adoption poursuit ainsi des objectifs différents ; aussi la loi l'a-t-elle diversifiée au moyen d'un pluralisme – un dualisme –. Les effets de l'adoption sont plus ou moins poussés selon qu'il s'agit d'adoption plénière (Section I) ou simple (Section II) ; les conditions sont plus strictes à l'égard de la première que pour la seconde.

Section II
ADOPTION PLÉNIÈRE

1410. Filiation par greffe. – L'adoption plénière assimile l'enfant adopté à un enfant biologique : elle est une transplantation. Elle peut intervenir dans des situations diverses. En voici deux hypothèses caractéristiques. 1) Deux époux recueillent un très jeune enfant, qu'ils veulent faire leur ; de 1939 à 1966, c'était le seul cas de « légitimation adoptive », l'ancêtre de l'adoption plénière ; 2) un conjoint veut établir un rapport de filiation avec les enfants du premier lit de son époux, ce qui est une adoption plénière différente des autres.

La loi du 11 juillet 1966 en a facilité les conditions ; les lois du 22 décembre 1976 et 5 juillet 1996 les ont assouplies (§ 1) et élargi leurs effets (§ 2).

§ 1. Conditions

1411. Individu, famille, société. – N'importe qui ne peut adopter n'importe qui dans n'importe quelles conditions : la volonté ne saurait, ici moins qu'ailleurs, être omnipotente : une filiation est un acte social, puisque l'adoption plénière est la greffe d'un enfant sur une famille ; elle est subordonnée à des exigences destinées à en assurer la réussite. Plusieurs types de conditions sont nécessaires : des conditions de fond, les unes déterminant les qualités respectives des futurs adoptants et adoptés à cette opération, d'autres tendant à donner la quasi-certitude que les parents selon le sang ne réclameront pas cet enfant (I) ; des conditions de procédure permettant de vérifier la réunion des conditions de fond et d'apprécier l'opportunité de l'adoption (II).

I. — Conditions de fond

L'adoption suppose que pour adopter ou être adopté, l'un et l'autre doivent avoir certaines qualités. Ces conditions de fond doivent être examinées distinctement en la personne de l'adoptant (A) et en celle de l'adopté (B).

A. Adoptant

1412. Aptitude et agrément. – Lorsqu'il s'agit de pupilles de l'État ou d'un enfant étranger, les parents ne peuvent présenter de demande d'adoption que s'ils ont été agréés par l'administration – actuellement le service d'aide sociale à l'enfance du département – (C. act. soc. et fam.,

68. Cf. A. Gouttenoire (dir.), *Protection de l'enfance et adoption*, rapport préc.

art. L. 225-2 et s.)[69]. Une grande partie des personnes ayant reçu l'agrément ne peuvent cependant pas adopter, faute d'enfants adoptables. Les pouvoirs publics veulent s'assurer que les futurs parents adoptifs ont les qualités nécessaires pour adopter un enfant – matérielles, affectives et éducatives ; ce qui est, en fait, difficile à découvrir. Le contrôle ne peut porter ni sur l'âge, ni sur la condition matérielle de l'intéressé. L'homosexualité du demandeur ne peut, directement ou indirectement, justifier un motif de refus. *Quid* si le candidat homosexuel n'a pas les qualités éducatives nécessaires ? L'agrément peut être refusé sur ce dernier fondement, à condition d'être soigneusement caractérisé et qu'aucun lien ne soit établi, *in abstracto* ou *in concreto*, entre orientation sexuelle et inaptitude à adopter[70]. Les refus d'agrément doivent être motivés et le juge administratif en apprécie le bien-fondé lorsqu'il est saisi d'un recours[71].

1413. Descendants ? – Pendant longtemps, la loi avait exigé que l'adoptant n'eût pas de descendants légitimes, faisant de l'adoption un privilège réservé aux ménages stériles, ce qui s'expliquait par plusieurs craintes : une fraude à la prohibition de la légitimation des enfants adultérins (aujourd'hui caduque), une fraude à la réserve héréditaire des enfants légitimes (également caduque) et surtout la crainte de discordes graves entre enfants selon le sang et enfants adoptés. Afin de tenir compte de circonstances particulières, la loi de 1966 avait accordé un pouvoir de dispense au Président de la République.

La loi de 1976 supprima la prohibition de l'adoption en présence de descendants ; ne reste qu'un pouvoir modérateur donné au juge qui vérifie « *si l'adoption n'est pas de nature à compromettre la vie familiale* », lorsque l'adoptant a des descendants (art. 353, al. 2)[72].

1414. « Conjugale » et « individuelle ». – L'adoption plénière peut être faite soit par deux époux – cas le plus courant –, soit par un veuf agissant en son nom et en celui du conjoint prédécédé s'ils avaient déjà accueilli l'enfant, soit par des grands-parents[73], soit plus rarement par une personne célibataire ou mariée agissant individuellement.

---

69. E. Poisson-Drocourt, « La procédure d'agrément des personnes souhaitant adopter un enfant », *D.* 2007, p. 163.

70. Dans son arrêt *Fretté* du 9 octobre 1996, (préc.), le Conseill d'État avait estimé qu'« *eu égard à ses conditions de vie et malgré les qualités humaines et éducatives certaines, M. F. ne présentait pas des garanties suffisantes sur les plans familial, éducatif et psychologique pour accueillir un enfant adopté* ». La CEDH, dans son arrêt du 26 février 2002, *Fretté c. France* (préc.) avait estimé que « *si l'on tient compte de la grande marge d'appréciation à laisser aux États et de la nécessité de protéger les intérêts supérieurs des enfants pour parvenir à l'équilibre voulu, le refus d'agrément n'a pas transgressé le principe de proportionnalité* ». Cette position nuancée, à l'ombre de laquelle la jurisprudence française semblait pouvoir se reposer (cf. CE, 5 juin 2008, *Melle B.*, préc.), a été abandonnée par l'arrêt *E.B. c. France* du 22 janvier 2008 (sur lequel, *supra*, n° 1406) : n'y pensez pas, n'en parlez pas.

71. Ex. : CE, 24 avril 1992, *D.* 1993.234, n. I. Rouvier-Perrier ; *JCP* G 1992.IV.1847 et 1848 : dans cette espèce, jugé qu'être Témoin de Jéhovah empêchait d'être agréé ; le Conseil d'État fait donc de l'appartenance à une secte une cause de discrimination ; cf. les critiques de Ph. Malaurie, *Les sectes et la liberté religieuse*, *Arch. phil. dr.*, 1993.211 ; CE, 9 décembre 1994, *Clunet*, 1995.44 : les motifs tirés du « *caractère fragile de la personnalité* » de l'intéressée ou « *d'une insuffisante appréhension des problèmes liés à l'adoption* » ne sont pas suffisants pour refuser un agrément. V. *JCP* G 2003.I.148, n° 5.

72. Y. Patureau, « L'adoption en présence de descendants », *D.* 1977, chron. 259. Ex. : Paris, 26 février 1985, *JCP* G, 1986.II.20561, 1re esp., n. Fr. Boulanger : refus d'une adoption parce qu'elle était « *de nature à compromettre la vie familiale* » ; en l'espèce, un homme divorcé avait une fille de son premier mariage, dont la mère avait la garde ; le juge avait donné au père un droit de visite ; il épousa une femme, également divorcée, et voulut en adopter le fils, du même âge que sa propre fille : « *une adoption plénière ainsi décidée, privilégiant nécessairement sur le plan matériel et psychologique, aux yeux de l'enfant légitime, un enfant entièrement étranger* [...] *apparaît comme risquant de faire l'objet d'un rejet fondamental par l'enfant légitime* »...

73. Elle est parfois refusée : Paris, 26 mars 1995, *D.* 1997, som. 278, obs. Fr. Vauvillé : « *reconnu par sa mère, mais élevé depuis sa naissance par sa grand-mère maternelle, l'enfant qui n'est âgé que de 7 ans 1/2 n'est pas en mesure de comprendre pleinement ni d'adhérer consciemment à un projet visant, d'une part, à superposer un lien de parenté existant déjà et susceptible, d'autre part, de brouiller les repères familiaux* ». Sur l'adoption intrafamiliale, *adde infra* à propos de l'adoption simple.

Quand elle est « conjugale »[74], il suffit, soit que le mariage ait duré plus de 2 ans (art. 343), soit que les époux aient plus de 28 ans. Ce qui a paru au législateur constituer une présomption suffisante de stabilité et de stérilité.

L'adoption est en revanche fermée aux concubins (art. 346). N'y a-t-il pas une discrimination au regard des articles 8 et 12 de la Convention EDH ? Selon la Cour, on ne peut déduire du droit de fonder une famille proclamé à l'article 12 de la Convention EDH un droit à l'adoption pour les couples non mariés, sous une forme non prévue par la loi[75]. Quant à réserver l'adoption aux époux, la Cour a estimé que « *le mariage confère un statut particulier à ceux qui s'y engagent* »[76]. Pour autant, la règle est de plus en plus contestée. De fait, l'accès aux PMA est ouvert aux couples mariés comme aux couples non mariés dès lors qu'ils sont hétérosexuels[77]. Tous les couples mariés, homosexuels ou hétérosexuels, peuvent adopter ; seuls les couples hétérosexuels, mariés ou non mariés, ont accès aux PMA ; aucun couple ne peut adopter hors mariage : où est la cohérence ? Certains réclament l'ouverture de l'adoption à tous les couples (avec une exigence de vie commune ?). Dans un arrêt du 7 juin 2012[78], la Cour de cassation a d'ailleurs affirmé que « *l'article 346 du Code civil, qui réserve l'adoption conjointe à des couples unis par le mariage, ne consacre pas un principe essentiel reconnu par le droit français* ».

Lorsqu'elle est « individuelle »[79], il suffit que l'adoptant ait plus de 28 ans (art. 343-1, al. 1). S'il est marié, il doit obtenir le consentement de son conjoint (art. 343-1, al. 2) ; donné, ce consentement ne peut être rétracté[80].

L'adoption plénière individuelle est souvent critiquée : pour s'épanouir, l'enfant devrait être élevé par un couple. Mais une nouvelle fois l'appréciation *in abstracto* de l'intérêt de l'enfant relève du dogmatisme, dogmatisme qu'a condamné la CEDH au nom du droit au respect de la vie privée et familiale[81]. Avant l'ouverture de l'adoption aux couples de même sexe, l'adoption par une personne seule cachait parfois une adoption par un couple homosexuel[82]. La loi du 17 mai 2013 devrait mettre fin à ce type de pratique.

1415. Enfant du conjoint. – Lorsque l'adoption porte sur l'enfant du conjoint, la loi la favorise car il est plus facilement intégré dans le foyer : sont supprimées les conditions d'âge de l'adoptant (art. 343-2) et de remise de l'enfant de moins de deux ans à l'aide sociale à l'enfance ou à une organisation d'adoption (art. 348-5) ; est réduite à dix ans la différence d'âge entre l'adoptant et l'adopté, qui peut même être diminuée par le tribunal (art. 344, al. 1). Dans ses effets, l'adoption

---

74. J. Carbonnier, p. 356.

75. CEDH, 13 décembre 2007, *Emonet et autres c. Suisse* cité *infra*, n° 1423. La Cour fait cependant observer, au détour d'un attendu, que l'argument « *selon lequel l'institution du mariage garantit à la personne adoptée une stabilité accrue par rapport à l'adoption par un couple des concubins, n'est plus forcément pertinent de nos jours* » (§ 81).

76. Cf. les arrêts *Gas et Dubois c. France* et *X et alii c. Autriche*, préc.

77. Cf. *supra*, n° 1043.

78. Arrêt préc.

79. J. Carbonnier, p. 140.

80. Cass. civ. 1re, 2 décembre 1997, *Bull. civ.* I, n° 333 ; *JCP* G 1998.II.10028, concl. contr. Sainte-Rose ; II.10038, n. Fr. Dreifuss-Netter : « *la faculté de rétractation ouverte aux parents de l'adopté ne peut être étendue au consentement donné par le conjoint de l'adoptant* ».

81. CEDH 28 juin 2007, *Wagner c. Luxembourg*, *JCP* G 2008.I.110, n° 9, obs. F. Sudre ; *Dr. famille* 2008, chron. n° 14 préc., obs. A. Gouttenoire. Il est vrai qu'en l'espèce il y avait vie familiale puisque l'adoption avait été prononcée au Pérou et que mère et fille vivaient ensemble au Luxembourg. Elles se heurtaient au refus des autorités luxembourgeoises d'exequaturer la décision péruvienne au motif que le droit luxembourgeois ne connaissait pas l'adoption plénière par une personne célibataire.

82. Cf. *supra*, n° 1426.

maintient les liens avec la famille du conjoint (art. 356, al. 2). Le législateur a également pris en compte la situation de la famille d'origine : souvent prononcée après le décès du père ou de la mère, l'adoption par le conjoint du survivant ne doit pas priver les grands-parents de leurs descendants : après leur enfant, il serait inhumain de leur faire perdre leurs petits-enfants. Aussi la loi du 8 janvier 1993, assouplie par celle de 1996, ne permet l'adoption plénière de l'enfant du conjoint que si l'enfant n'a de filiation établie qu'à l'égard de ce conjoint[83], ou si l'autre parent s'est vu retirer l'autorité parentale (l'ancienne déchéance), ou s'il est décédé en ne laissant pas d'ascendants au premier degré (les grands-parents) à moins que ceux-ci ne se soient manifestement désintéressés de l'enfant (art. 345-1).

Ce genre d'adoption est différente des autres, parce qu'elle ne repose pas sur la carence ou l'abandon par la famille du sang ; aussi les liens avec la famille d'origine sont-ils maintenus.

1416. Posthume. – L'adoption peut même être faite en cas de mort de « l'adoptant » s'il décède après avoir recueilli l'enfant en vue de l'adoption (art. 353, al. 3) ; la requête est présentée en son nom par son conjoint ou par l'un de ses héritiers[84] et l'adoption peut être prononcée afin d'éviter dans l'intérêt de l'adopté que le décès de l'« adoptant » n'exclue de son foyer l'enfant qui y était recueilli[85]. Sauf si l'adopté est l'héritier de l'adoptant[86].

Comme toutes les institutions qui mêlent la mort et la vie, l'adoption posthume est étrange et n'est pas une vraie filiation, mais un artifice sentimental ou successoral qui veut ressusciter après la mort des liens humains. Elle présente certaines différences avec les autres actes familiaux posthumes. La reconnaissance posthume et, naguère, la légitimation posthume[87] sont des artifices successoraux ; le mariage posthume[88] est un artifice sentimental. L'adoption posthume est à la fois sentimentale et successorale mais l'adopté n'a de droits successoraux sur la succession de l'adoptant que si celui-ci avait déposé la requête de son vivant[89]. Sur la question inverse, le législateur de 1996 a brisé une jurisprudence assez inhumaine de la Cour de cassation[90] et disposé qu'on pouvait adopter un enfant décédé après le jour de la requête ; cette adoption posthume ne produit aucun effet patrimonial (art. 353, al. 4).

B. Adopté

Trois types de conditions relatives à l'adopté sont énoncées par la loi et destinées à justifier l'adoption : rechercher l'intérêt de l'enfant (1°), faciliter son

83. Afin de conforter la situation des enfants qui grandissent déjà dans une famille monoparentale (cf. E. Binet, rapport préc.) – mais la règle bénéficie à tous les couples mariés –, la loi du 17 mai 2013 a précisé à l'article 345-1,1° bis (sic) que l'adoption peut également être prononcée « lorsque l'enfant a fait l'objet d'une adoption plénière par ce seul conjoint et n'a de filiation établie qu'à son égard ».

84. Cass. civ. 1re, 17 mars 2010, n° 09-10.918, *D.* 2010.1442, n. F. Granet-Lambrechts ; *AJ famille* 2010.230, obs. F. Chenedé ; *RTD civ.* 2010.542, obs. crit. J. Hauser : « *le légataire universel n'est pas un héritier au sens de l'art. 353, al. 3* ».

85. Si l'adoptant décède après le dépôt de la requête, la procédure suit son cours et le tribunal peut statuer valablement sur la demande : Cass. civ. 1re, 11 juillet 2006, *Bull. civ.* I, n° 384 ; *Dr. famille* 2006, n° 205, obs. P. Murat ; *RTD civ.* 2006 p. 750, obs. J. Hauser.

86. Versailles, 22 novembre 2001, *D*, 2003.654, obs. G. Serra : « *Eu égard aux dispositions sur l'adoption qui supposent un adoptant et un adopté, il n'est pas concevable qu'une même personne réunissant ces deux qualités puisse procéder à sa propre adoption* ».

87. *Supra*, n° 1387.

88. *Supra*, n° 154.

89. Versailles, 3 novembre 1987, *D.* 1989.458, n. crit. M. F. Nicolas-Maguin : l'enfant adoptif « *ne peut prétendre à aucune vocation successorale à l'égard de sa mère adoptive dont la succession s'est ouverte avant le dépôt de la requête en adoption* ».

90. Cass. civ. 1re, 4 octobre 1988, *Bull. civ.* I, n° 267 ; *D.* 1989.304, n. J. Massip ; *Defrénois* 1989, art. 34464, n° 7, p. 315, m. n.

rattachement à ses nouveaux parents (2°) et briser ses liens avec ses anciens parents (3°). Elles sont cumulatives[91].

1) Intérêt de l'enfant

1417. Tout pour l'enfant ? – L'adoption ne peut être prononcée que si elle est « *conforme à l'intérêt de l'enfant* » (art. 353, al. 1)[92]. Elle a moins pour raison d'être la « consolation des couples stériles » que l'avantage de l'enfant, en lui trouvant un foyer. L'adoption n'a pas, dit-on, pour objectif de donner un enfant à une famille, mais de donner une famille à un enfant. L'intérêt de l'enfant constitue donc une considération primordiale et le juge l'apprécie souverainement[93] ; comme toujours, il est difficile à préciser et n'est pas exclusif, comme l'a montré la décision prohibant l'adoption d'un enfant incestueux[94].

L'existence de rapports de parenté ou d'alliance ne constitue pas un obstacle à l'adoption ; mais la qualité d'époux est une fraude à l'adoption : un mari ne peut adopter sa femme et inversement – les rapports conjugaux sont incompatibles avec des relations de filiation –[95] ; de même, un grand-père ne peut adopter son petit-fils, à seule fin d'empêcher la reconnaissance de l'enfant par le père naturel[96]. Mais rien n'interdit d'adopter un enfant né hors mariage[97].

91. Cass. civ. 1re, 16 juillet 1992, *Bull. civ.* I, n° 230 : « *dès lors que le désintérêt manifeste des parents, dont la constatation est exigée par l'article 350, n'est pas établi, l'intérêt de l'enfant ne constitue pas une condition suffisante permettant de déclarer judiciairement l'abandon* ».

92. Convention de New York, 26 janvier 1990, relative aux droits de l'enfant, article 21, al. 1 : « *l'intérêt supérieur de l'enfant* » doit être « *la considération primordiale en la matière* ». V. toutefois les réserves de Cath. Labrousse-Riou, n. *JCP* G 2004.II.10064, n° 3, sous ** Cass. civ. 6 janv. 2004, préc. : « *À trop focaliser l'adoption sur l'intérêt de l'enfant et sur l'ordre public de protection, on risque fort de négliger les dimensions familiales et sociales de cet intérêt dont l'individualité ne peut être saisie qu'en fonction des relations de l'enfant avec autrui* ».

93. Le fait que le nom de famille de l'adoptant ait été trouvé ridicule par le juge de première instance ne lui permet pas de décider que l'adoption serait contraire à l'intérêt de l'enfant : Paris, 22 décembre 1972, *aff. Trognon, D.* 1974.199, n. C. I. Foulon-Piganiol ; le motif du jugement était futile ; en outre, le ridicule est toujours subjectif : « *Si ce nom pourra inspirer à certains de sottes plaisanteries, ce faible inconvénient est hors de proportion avec les avantages que doit procurer à un pupille de l'État son entrée dans une foyer honorable, où il aura la même situation qu'un enfant légitime et où il doit trouver, d'après le rapport d'enquête produit par le ministère public, des conditions d'existence favorables à son épanouissement.* »

94. Cf. ** Cass. civ. 1re, 6 janvier 2004, préc. : l'adoption d'un enfant incestueux par ses deux parents a été refusée, bien que l'expert l'eût jugée conforme à l'intérêt de l'enfant.

95. Ex. : s'il y a des enfants issus du mariage, le mari ne pourrait être, pour ces enfants, à la fois le père légitime et le grand-père adoptif : l'adoption serait dénaturée ; le même raisonnement a été suivi pour les concubins, *infra*.

96. Bordeaux, 21 janvier 1988, *D.* 1988.453, n. J. Hauser : « *il ressort des éléments du dossier que les conditions objectives prévues et exigées par la loi sont remplies ;* (mais) [...] *l'adoption plénière ne saurait avoir pour but d'ériger une fin de non-recevoir à l'encontre d'une reconnaissance éventuelle du mineur par le père et de le déchoir préventivement de ses droits* ». D'autres décisions ont, au contraire, admis l'adoption par le grand-père, alors que la mère avait été déchue de l'autorité parentale : Lyon, 18 octobre 1983, *RTD civ.* 1984.309, obs. J. Rubellin-Devichi.

97. Sur l'adoption « familiale », cf. *supra*, n° 1404.

La Cour de cassation n'a pas permis que la maternité de substitution (les « mères porteuses ») conduisît à une adoption[98]. Sur l'utilisation de l'adoption pour créer un lien de filiation avec la mère d'intention en cas de gestation pour autrui, cf. *infra*[99].

2) Intégration de l'enfant

1418. Quinze ans. – L'adopté doit être âgé de moins de quinze ans (autrefois cinq), afin qu'il puisse s'intégrer dans sa nouvelle famille (ou s'attacher à son nouveau parent, s'il s'agit d'une adoption par un célibataire). S'il a plus de treize ans, il doit donner son consentement. Il faut, en outre, qu'il ait été accueilli au foyer de l'adoptant depuis plus de six mois (art. 345).

Que l'adoption soit « conjugale » ou « individuelle », il doit y avoir une différence d'âge de quinze ans entre adoptant et adopté, réduite à dix si l'adopté est l'enfant du conjoint (art. 344, al. 1). Sauf dispense judiciaire, lorsqu'existent de justes motifs (art. 344, al. 2)[100] : nouvelle manifestation du pouvoir modérateur du juge.

Les enfants qui ont entre quinze et vingt et un ans peuvent être adoptés lorsque, avant d'avoir quinze ans, ils avaient été accueillis par des personnes qui ne remplissaient pas les conditions pour adopter ou avaient fait l'objet d'une adoption simple (art. 345 al. 2). Cette faculté est d'application marginale.

3) Abandon

Il faut, enfin et surtout, que l'enfant ait été abandonné et n'ait donc plus de foyer. Cette condition suscite de nombreuses difficultés, parce qu'elle met en cause des faits, parfois incertains ou complexes ; la loi, la pratique administrative et parfois la jurisprudence les ont réglées en favorisant l'adoption au détriment du lien du sang. L'abandon peut résulter du consentement des parents (a) ou d'une décision de l'autorité – déclaration judiciaire d'abandon ou immatriculation administrative d'un pupille de l'État – (b) : l'enfant peut donc être adopté à raison d'une volonté privée, d'une décision judiciaire ou d'un acte administratif.

a) Consentement des parents

1419. Un abandon authentique et sincère. – À l'égard du consentement que donnent les parents par le sang, la loi manifeste ses antinomies habituelles : faveur et défaveur. D'un côté, elle favorise l'adoption et facilite ce consentement. D'un autre côté, pour un père et surtout pour une mère charnels, il est extrêmement grave de se séparer définitivement de son enfant : consentir à une adoption plénière, c'est un abandon éternel : la loi doit être exigeante afin que le consentement soit éclairé et ferme.

Le père et la mère – dissentiment ne vaut pas consentement (art. 348, al. 1) – doivent « *consentir* » à l'adoption de leur enfant par un acte authentique (devant le greffier en chef du tribunal d'instance, un notaire, le service d'aide sociale à l'enfance ou un agent diplomatique ou consulaire : art. 348-3, al. 1). Il n'est pas

98. ** Cass. Ass. plén., 31 mai 1991, *Bull. cass. plén.*, n° 4 ; *D.* 1991.417, rap. Y. Chartier ; *JCP* G 1991.II.21752, n. Fr. Terré ; cf. aussi Cass. civ. 1re, 9 décembre 2003, *Bull. civ.* I, n° 252 ; *Defrénois*, 2004, art. 37926, n° 37, obs. J. Massip : « *La maternité pour autrui, dont le caractère illicite se déduit des principes généraux du Code civil et, aujourd'hui, de son article 16-7, réalise un détournement de l'institution de l'adoption, que les juges du fond ont, à bon droit, refusé de prononcer.* » Sur l'évolution de la jurisprudence, cf. *supra*, n° 1033 s.

99. Cf. *supra*, n° 1033 s.

100. Paris, 10 février 1998, *D.* 1998, IR, 71 : adoption d'un frère par une sœur de treize ans son aînée, qui s'était toujours occupée de lui, dans une famille très nombreuse.

nécessaire qu'ils connaissent le nom de l'adoptant (art. 348-4), ce qui prouve qu'il s'agit d'un abandon, non d'un consentement contractuel[101] : le choix de l'adoptant sera fait par l'aide sociale à l'enfance ou l'organisme autorisé qui avait provisoirement recueilli l'enfant. Si l'enfant est remis à l'aide sociale à l'enfance, le consentement peut être reçu par n'importe quel préposé du service. En toute hypothèse, il faut que le consentement ait été donné en connaissance de cause[102].

Afin d'éviter les « marchés d'enfants », la loi punit l'incitation à abandon d'enfant (C. pén., art. 227-12 à 227-14) ; surtout, elle a pris une précaution particulière lorsque l'enfant a moins de deux ans : le consentement suppose que l'enfant ait été remis à l'aide sociale à l'enfance ou à l'organisme autorisé pour l'adoption (art. 348-5) ; est ainsi prohibée « l'adoption directe », dite encore adoption « au choix » ; la méconnaissance de cette exigence entraîne l'inefficacité du consentement[103]. La règle est écartée lorsqu'existe un lien de parenté ou d'alliance entre l'adoptant et l'adopté, ce qui intéresse essentiellement l'adoption des enfants du conjoint.

Les parents, notamment la mère, peuvent avoir consenti dans le désarroi. Aussi, ont-ils la faculté de se rétracter pendant deux mois (art. 348-3, al. 2)[104] ; la restitution est alors de droit. Le délai est très court : la loi, afin de faciliter l'adoption de très jeunes enfants, a voulu consolider rapidement les situations sans trop se soucier des affres du sang, notamment d'une mère désemparée. Après l'expiration du délai, la rétractation n'est pourtant pas dépourvue de tout effet : elle confère au tribunal un pouvoir souverain : il peut ordonner la restitution si l'enfant n'a pas été « placé » et s'il la juge conforme à l'intérêt de l'enfant ; la restitution est alors facultative[105].

Le consentement est inutile lorsque le refus des parents ou de l'un d'eux de consentir à l'adoption est abusif, parce qu'ils se sont « *désintéressés de l'enfant, au risque d'en compromettre la santé ou la moralité* » (art. 348-6) si ce désintérêt est volontaire[106].

101. Ce que les Allemands appellent une « *Inkognitoadoption* ».

102. En un cas où la mère ignorait la langue française, l'acte d'abandon écrit en français a été annulé : Cass. civ. 1re, 20 juillet 1976, *Bull. civ.* I, n° 273 ; *JCP* G 1977.II.18581, 2e esp., n. crit. S. Bétant-Robert. En l'espèce, une jeune étrangère ignorant le français avait remis sa fille à l'aide sociale à l'enfance ; les juges ont annulé la déclaration d'abandon qu'elle avait signée sans la comprendre. Rappr. Cass. civ. 1e, 4 décembre 2013, préc. : la mère dont l'enfant avait été déclaré « délaissé » par les autorités marocaines, faute pour elle de pouvoir subvenir à ses besoins et non en raison d'un désintérêt manifeste à son égard, n'a pas « consenti » à l'adoption. Sur la portée d'une remise de l'enfant en *kafala*, cf. *supra*, n° 1403.

103. Ex. : Cass. civ. 1re, 5 juillet 1973, *Bull. civ.* I, n° 235 ; *D.* 1974.289, n. P. Raynaud. Pourtant, en l'espèce, il n'y avait pas eu de trafic d'enfant. Un très jeune enfant avait été recueilli par l'aide sociale à l'enfance qui l'avait placé chez une nourrice jusqu'au 31 janvier 1968 ; après cette date, l'enfant était resté chez la nourrice, uniquement en raison de la volonté du père ; le consentement que celui-ci a donné à l'adoption (l'enfant avait moins de deux ans) a été jugé inefficace.

104. 1er ex. : Cass. civ. 1re, 22 avril 1975, *Bull. civ.* I, n° 141 ; *D.* 1975.496 ; *Defrénois,* 1975, art. 31011, n. M. Morin : lorsque l'adoption a été consentie par les deux époux, la rétractation par l'un « *équivaut à un refus de consentement* » et constitue un obstacle à l'adoption ; 2e ex. : Cass. civ. 1re, 24 février 1998, *Bull. civ.* I, n° 72 ; *JCP* G 1998.IV.1826 : « *lorsque les parents ont déclaré qu'ils revenaient sur leur rétractation, l'œuvre d'adoption, qui ne pouvait invoquer l'article 1338 inapplicable en la cause,* (texte relatif à la confirmation des actes juridiques) *aurait dû recueillir un nouveau consentement à adoption dans les formes prescrites par l'article 348-3, al. 1er* » en conséquence, l'œuvre d'adoption a dû restituer l'enfant. Les organismes d'adoption, le service d'aide sociale à l'enfance et certains auteurs estiment inopportune cette faculté de rétractation : 40 % des mères qui se rétractent n'effectuent ensuite aucune démarche. Ils soupçonnent que la rétractation n'est pas sincère et est un instrument de chantage (S. Betant-Robert, n. citée *supra*, favorable aux organismes d'adoption).

105. Pour une hypothèse de refus de restitution, Rennes, 2 septembre 1996, *Dr. famille* 1997.174, n. P. Murat.

106. Pour l'hypothèse où un parent consent à l'abandon, tandis que l'autre s'est désintéressé de l'enfant, *supra*.

b) Décision de l'autorité publique

1420. Immatriculation pupillaire ou jugement. – Il est également inutile que les parents consentent à l'adoption lorsqu'ils ont abandonné leur enfant. La définition de l'abandon[107] avait soulevé des difficultés que les lois de 1966 et de 1976 ont essayé de régler, afin de consolider l'adoption : l'abandon doit avoir été constaté par un acte public, qui prépare la rupture définitive. Soit un acte administratif, s'il s'agit d'enfants abandonnés à l'aide sociale à l'enfance (art. 347, 2°), généralement lors de la naissance de l'enfant (par exemple les enfants accouchés sous X), dont la filiation est inconnue[108] ; l'enfant est « immatriculé » comme pupille de l'État s'il a été accueilli par le service pendant plus de deux mois (C. act. soc. et fam., art. L. 224-4, 1°), environ 70 % des enfants adoptés, ce qui explique que le droit administratif intervienne de plus en plus. Soit une déclaration judiciaire d'abandon (art. 350), lorsque les parents se sont « *manifestement désintéressés* » de l'enfant depuis plus d'un an, c'est-à-dire l'année précédant la demande en déclaration d'abandon[109].

La demande en déclaration d'abandon doit être transmise par la personne ou l'organisme ayant recueilli l'enfant dans le délai d'un an lorsque les parents se sont manifestement désintéressés de l'enfant (art. 350, al. 1).

Il est difficile de savoir quand les parents se « désintéressent » de leur enfant[110]. Il arrive que la mère se sépare momentanément de son enfant à cause des difficultés matérielles ou morales qu'elle traverse. La loi de 1976 a précisé que « *sont considérés comme s'étant manifestement désintéressés de leur enfant les parents qui n'ont pas entretenu avec lui les relations nécessaires au maintien de liens affectifs* » (art. 350, al. 2). Le « *maintien de liens affectifs* », c'est bien difficile à

107. **Étymologie** d'abandon : *Band,* terme germanique = étendard, pouvoir, autorité ; mettre à *bandon* = se mettre à discrétion, à merci.

108. Cass. civ. 1re, 5 novembre 1996, *Bull. civ.* I, n° 368 ; *D.* 1997.587, n. J. Massip ; *JCP* G, 1997.II.22749, n. I. Ardeef, cassant Agen, 14 décembre 1995, *ibid.* : « *En l'absence de reconnaissance, la filiation n'était pas établie, de sorte que le consentement de Mlle D. n'avait pas à être constaté lors de la remise de l'enfant au service de l'aide sociale à l'enfance* ». *Adde* Paris, 25 février 2010, *Dr. famille* 2010, n° 79, obs. P. Murat : l'enfant avait été déclaré à l'état civil sans indication du nom de ses père et mère ; cette dernière, sans doute traumatisée par le viol dont elle avait été victime, remit l'enfant à une association agréée ; l'enfant fut rapidement placé en vue de son adoption. Quelques mois plus tard, le père, éclairé sur sa paternité par un test génétique ordonné dans le cadre de l'information pénale ouverte sur la plainte pour viol, procéda à la reconnaissance de l'enfant, suivi quelques jours plus tard par la mère. La cour de Paris déclara nulles ces reconnaissances comme ayant été effectuées après le placement de l'enfant en vue de son adoption, l'enfant recueilli par un organisme autorisé pour l'adoption étant bien adoptable, le placement ayant été régulièrement effectué et, ajouta prudemment la cour, l'intérêt supérieur de l'enfant n'étant pas d'être privé, passé un délai suffisant pour que les parents de naissance aient pu manifester leur intérêt, d'un environnement familial stable que peut lui conférer le placement en vue de l'adoption.

109. Les juges ne doivent pas tenir compte de l'intérêt que les parents selon le sang ont porté à l'enfant après le délai d'un an : ex. : Cass. civ. 1re, 15 décembre 1981, *Bull. civ.* I, n° 379 ; *Defrénois* 1982, article 32967, n° 85, obs. J. Massip : pour rejeter une demande en abandon judiciaire d'enfant, la cour d'appel ne peut se fonder « *sur des faits postérieurs à l'expiration du délai d'un an prévu au 1er al. de l'article 350 sans préciser, en se référant aux circonstances de la cause, soit que le comportement* (des parents) *pendant l'année précédant l'introduction de la demande avait présenté un caractère involontaire, soit que le rejet de la requête de l'administration était justifié par l'intérêt de l'enfant* » ; Cass. civ. 1re, 16 juillet 1992, *Bull. civ.* I, n° 230 : l'intérêt de l'enfant ne suffit pas : « *dès lors que le désintérêt manifeste des parents, dont la constatation est exigée par l'article 350, n'est pas établi, l'intérêt de l'enfant ne constitue pas une condition suffisante permettant de déclarer judiciairement l'abandon* ».

110. Y. Patureau, « Le désintérêt de l'enfant déclaré judiciairement abandonné », *D.* 1978, chron. 167 ; P. Raynaud, n. *D.* 1981.495.

connaître : on ne découvre les sentiments d'autrui que par des signes extérieurs[111]. La loi admet qu'il n'y a pas non plus désintérêt si d'autres membres de la famille ont demandé à « *assumer la charge de l'enfant* » (art. 350, al. 4),[112]. Un moment, elle avait décidé que le tribunal pouvait, malgré le désintérêt des parents, ne pas déclarer l'abandon s'ils étaient alors en « *grande détresse* » (art. 350, al. 1)[113] mais cette faculté a été supprimée par la loi du 4 juillet 2005. En toute hypothèse, la déclaration d'abandon peut être refusée si elle est jugée contraire à l'intérêt supérieur de l'enfant[114].

La jurisprudence essaye de trouver l'équilibre entre les intérêts du sang (essentiellement ceux de la mère) et ceux des parents qui veulent adopter. Il faut que le désintérêt soit volontaire[115]. C'est au moment où est demandée la déclaration d'abandon qu'il faut apprécier le comportement des parents[116] ; les signes d'intérêt postérieurs au dépôt de la requête ne peuvent être pris en considération. La répartition de la charge de la preuve traduit cet équilibre difficile[117] : si les

111. Selon les cas, la remise d'un cadeau ou l'envoi d'une lettre est jugé épisodique et formel – et par conséquent n'empêche pas qu'il y ait eu un désintérêt envers l'enfant – ou, au contraire, l'expression d'une affection et d'un attachement à l'enfant – et par conséquent, empêche que soit prononcée l'adoption. Ex. : Cass. civ. 1re, 12 février 1985, *Bull. civ.* I, n° 56 : « *Si le fait de refuser de signer un acte d'abandon et de réclamer la restitution d'un enfant ne peut être considéré en lui-même comme un comportement de nature à maintenir la permanence de liens affectifs, la cour d'appel, qui, en l'espèce, a relevé d'une part, qu'il est établi que Mme G.* (la mère) *est allée voir ses enfants pendant la période d'un an ayant précédé la requête en déclaration d'abandon, d'autre part, qu'elle venait de temps en temps leur rendre visite et leur apporter des vêtements et qu'elle écrivait pour avoir de leurs nouvelles* [...] ; *de ces constatations et appréciations de fait, les juges du fond ont pu déduire que Mme G. avait entretenu avec ses enfants les relations nécessaires au maintien des liens affectifs* ». L'article 350, al. 3, estime qu'est un intérêt fictif « *la simple rétractation du consentement à l'adoption, la demande de nouvelles ou l'intention exprimée, mais non suivie d'effets, de reprendre l'enfant* ». La loi devient très minutieuse.

112. Cass. civ. 1re, 24 mars 1987, *Bull. civ.* I, n° 107 ; *D.* 1988.153, n. E. Roujou de Boubée ; oncle et tante de l'enfant : « *l'abandon ne peut non plus être déclaré lorsqu'un membre de la famille assume déjà cette charge* ».

113. Pour un refus de prendre en compte la « *grande détresse* » de la mère : SDF vivant chez des amis loin de sa fille, au motif que « *son mode de vie est le fruit d'un libre choix, aucune circonstance particulière n'étant mise en avant pour justifier l'obligation d'une telle existence et surtout d'un tel éloignement de l'enfant* », Agen, 13 octobre 2004, *Dr. famille* 2005, n° 29, obs. P. Murat. *Adde* pour une mère psychologiquement fragile et hospitalisée à de multiples reprises : Cass. civ. 1e, 23 juin 2010, *D.* 2011, 1585, obs. F. Granet-Lambrechts ; *AJ famille* 2010, 433, obs. F. Chénedé et CEDH, 26 septembre 2013, *Zambotto-Perrin c. France*, req. n° 4962/11, *D.* 2014, 689, obs. M. Douchy-Oudot ; *RTD civ.* 2013, 829, obs. J. Hauser ; comp., pour une mère également fragilisée, Cass. civ 1e, 23 novembre 2011, n° 10-30.174, *RTD civ.* 2011, p. 109, obs. J. Hauser.

114. Cass. civ. 1e, 3 décembre 2014, n° 13-24.268, *AJ famille* 2015, 60, obs. P. Salvage-Gerest ; *RTD civ.* 2015, 118, obs. J Hauser : l'enfant était exposé au risque d'une séparation douloureuse avec la famille d'accueil alors que n'existait pour lui aucun projet d'adoption.

115. Ex. : * Cass. civ. 1re, 28 mai 1980, *Bull. civ.* I, n° 158 : « *Par ces énonciations, la juridiction du deuxième degré a nécessairement admis que le manque d'intérêt manifeste sur lequel elle a fondé sa décision n'avait pas présenté un caractère involontaire* ». En l'espèce, pendant cinq ans, la mère n'avait manifesté aucune affection envers l'enfant qu'elle avait confié à une nourrice et qu'elle n'avait pas cherché à voir ; le désintérêt n'était donc pas involontaire, il y avait abandon. Cf. aussi Lyon, 27 février 1985, 1re esp., *D.* 1987.349, n. M. Maymon-Goutaloy : en l'espèce, la mère avait des ressources (elle était cartomancienne) qui, si faibles fûssent-elles, lui auraient permis d'aller voir sa fille, résidant à 14 km de son domicile ; son désintérêt n'était donc pas involontaire. Au contraire, Cass. civ. 1re, 3 octobre 1978, *Bull. civ.* I, n° 285 ; *D.* 1979, IR, 47 ; *Defrénois* 1979, article 32023, n° 25, obs. H. Souleau. En l'espèce, les parents nourriciers avaient empêché la mère de visiter son enfant ; le désintérêt de la mère était donc involontaire : il n'y a pas eu abandon.

116. Cass. civ. 1re, 29 octobre 1979, *Bull. civ.* I, n° 265 ; *JCP* G 1980.II.19366 : « *C'est à la date de la présentation de la requête en déclaration d'abandon qu'il convient d'apprécier si les parents se sont manifestement désintéressés de l'enfant depuis plus d'un an* ».

117. Cass. civ. 1re, 6 mars 1985, *Bull. civ.* I, n° 88 ; *D.* 1986.193, n. J. M. ; *Defrénois* 1986, article 33690, n° 6, m. n. : « *c'est à ceux qui invoquent, en tant que moyen de défense, le caractère*

parents selon le sang invoquent le caractère involontaire de leur désintérêt, c'est à eux de le prouver.

La déclaration judiciaire d'abandon n'est pas irrévocable ; les parents peuvent demander la restitution de l'enfant, tant qu'il n'y a pas eu de placement[118].

De façon générale, la loi tente de faire la juste part entre les droits et intérêts en présence. La loi n° 2013-673 du 26 juillet 2013 relative à l'arrêté d'admission en qualité de pupille de l'État prise après que le Conseil constitutionnel eut décidé que l'article 224-8 CASF, méconnaissant le droit à un recours effectif[119], renforce les garanties procédurales offertes aux membres de la famille par le sang qui entendraient contester l'arrêté[120]. Plus généralement, c'est l'ensemble de la procédure (et tout particulièrement celle de la déclaration judiciaire d'abandon) qui mériterait d'être revue[121].

II. — Procédure

1421. Placement et jugement. – La procédure de l'adoption a pour raison d'être d'établir avec certitude le désintérêt des parents selon le sang et l'aptitude des adoptants. Seule une communauté de vie à l'essai permet de dire si l'adoption a des chances de réussir. La procédure est donc divisée en deux phases : la première est une mise à l'épreuve : le placement ; la seconde est la vérification ultime, le jugement. Les enfants de moins de quinze ans doivent avoir été accueillis au foyer de l'adoptant, afin d'éprouver les chances de réussite de l'adoption (cf. *supra*).

Le placement est une innovation de la loi de 1966 et une des originalités de la loi française (art. 351 et 352) : il prépare l'adoption et empêche que les adoptants éventuels ne soient exposés à une demande de restitution lorsqu'ils ont recueilli l'enfant. Il ne consiste pas seulement en une remise effective de l'enfant à ses futurs adoptants ; il est la remise définitive d'un enfant légalement adoptable, c'est-à-dire abandonné, au sens qui vient d'être donné[122] ; ce qui en fait une notion de droit, une sorte de « préadoption ». La date du placement est importante, parce que, désormais, les parents selon le sang perdent leurs droits sur leur enfant[123].

---

involontaire du désintérêt d'en établir la réalité ». En l'espèce, l'enfant était né en 1973, sa mère l'avait confié en 1975 à l'aide sociale à l'enfance ; en mai 1979, l'administration avait prévenu la mère que l'enfant allait être immatriculé comme pupille de l'État ; en 1981, requête en déclaration d'abandon que les juges accueillent.

118. Cass. civ. 1re, 2 juin 1987, *Bull. civ.* I, n° 176 ; *D.* 1987, IR, 147 : « *Il résulte de la combinaison des articles 350, 351 et 352 et de l'article 1164, NCPC, que les parents d'un enfant, déclaré judiciairement abandonné, peuvent en demander la restitution lorsque l'enfant n'a pas été placé en vue de l'adoption.* »

119. Cons. const., 27 avril 2013, déc. n° 11-27.071, *D.* 2013, 1106, note M. Douchy-Oudot, avis P. Chevalier, *AJ famille* 2013, 308, note P. Salvage-Gerest. Sur cette décision et sur l'affaire qui en est à l'origine (contestation par la grand-mère maternelle de l'arrêté d'admission de son petit-fils, né sous X, cf. *supra*, n° 1127 et réf. cit.).

120. Cf. P. Eudier, « Réforme de l'admission en qualité de pupille de l'État », *AJ famille* 2013, p. 462.

121. Cf. A. Gouttenoire, *Protection de l'enfance et adoption*, rapport préc.

122. Le consentement à l'adoption est, en réalité, une forme d'abandon.

123. Pour une hypothèse curieuse : Paris, 16 avril 1982, *D.* 1983, IR, 331, obs. D. Huet-Weiller : « *suivant l'article 352, le placement en vue de l'adoption met obstacle à toute déclaration de filiation et à toute reconnaissance* ». En l'espèce, un enfant avait été confié en vue de l'adoption à un ménage marié ; il avait été déclaré par le juge abandonné ; procédure de divorce ; le mari reconnaît l'enfant (afin de l'avoir à lui seul, ou bien pour contrarier l'épouse ?) ; l'épouse obtient la nullité de la reconnaissance.

La date du placement dépend de l'attitude et de la condition des parents biologiques. Trois situations peuvent se présenter. Ou bien, ceux-ci ont consenti à l'adoption : le placement s'effectue au moment où leur consentement est devenu irrévocable par l'expiration du délai de deux mois. Ou bien, la filiation de l'enfant n'est pas établie : le placement ne peut intervenir que deux mois après le recueil de l'enfant (art. 351, al. 2)[124]. Ou bien, il y a abandon de fait : le placement a lieu dès que l'autorité publique l'a constaté, c'est-à-dire la déclaration judiciaire d'abandon ou l'immatriculation d'un pupille de l'État.

Le tribunal doit vérifier si les conditions légales sont réunies et notamment la volonté de l'adoptant[125] ; il doit, en outre, apprécier l'opportunité de l'adoption selon « *l'intérêt de l'enfant* »[126], en vérifiant, le cas échéant, si elle n'est pas « *de nature à compromettre la vie familiale* » (art. 353, al. 1 et 2) lorsque l'adoptant a des descendants. Il peut, ou accorder, ou refuser l'adoption plénière, ou prononcer une adoption simple, avec l'accord du requérant[127] (C. pr. civ., art. 1173) ; sa décision est susceptible d'appel et de pourvoi en cassation. Les jugements qui refusent l'adoption doivent être motivés (art. 353, al. 5)[128].

1422. Tierce opposition et nullité. – Le point sensible de l'irrévocabilité de l'adoption est la tierce opposition, où se manifeste le conflit entre la famille adoptive et la famille biologique. Influencée par l'affaire *Novack*, la loi de 1966 a eu pour souci de rendre l'adoption presque invulnérable, en protégeant l'une au détriment de l'autre. La tierce opposition contre le jugement d'adoption « *n'est recevable qu'en cas de dol ou de fraude imputable aux adoptants* » (art. 353-2)[129] ce qui est plus strict qu'en droit commun (C. pr. civ., art. 583).

124. Cf. Cass. civ. 1re, 1er juin 2011, n° 10-20.554, *D.* 2011, 2093, note E. Cadou, *RTD civ.* 2011, p. 527, obs. J. Hauser : une femme avait accouché sans réclamer le secret de son admission et de son identité, mais en demandant que son nom ne figurât pas dans l'acte de naissance ; le concubin de la mère, convaincu par celle-ci que l'enfant était le fruit d'un viol, ne le reconnut pas. L'enfant fut confié par la mère à un OAA qui constitua un conseil de famille qui lui-même consentit à l'adoption. L'enfant fut placé en vue de l'adoption. Tout était allé très vite : moins de cinq mois. Deux ans plus tard, une expertise génétique, diligentée dans le cadre de l'instruction pénale relative au viol, révéla que le concubin était le père de l'enfant. On lui expliqua que le placement faisait obstacle à tout établissement de la filiation. Il reconnut néanmoins l'enfant et la mère en fit autant. L'OAA et la tutrice de l'enfant agirent en annulation de la reconnaissance, les parents par le sang formant une intervention volontaire dans la procédure d'adoption. Le juge annula la reconnaissance sur le fondement de l'article 352 et prononça l'adoption.

125. * Cass. civ. 1re, 7 mars 1989, cité *infra*. Jugé que l'adoptant pouvait rétracter sa requête jusqu'au jour où le jugement d'adoption avait eu la force de chose jugée : « *l'adoption plénière n'est irrévocable que si le jugement qui la prononce est passé en force de chose jugée* ».

126. C'est à la date où le juge est appelé à statuer définitivement sur l'adoption que l'intérêt de l'enfant doit être apprécié. Dans l'affaire soumise à la Cour de cassation le 1er juin 2011 (préc.), la Cour de cassation approuve les juges du fond qui « *appréciant souverainement l'intérêt actuel de J. de maintenir la stabilité de son milieu familial et constatant que les délais entre la naissance et le consentement et le placement en vue de l'adoption avaient été suffisants pour permettre aux parents d'agir* », « *a souverainement estimé, sans méconnaître les articles 7 § 1 CIDE et 8 Conv. EDH, qu'il était de l'intérêt supérieur de l'enfant de lui procurer un milieu familial stable sans attendre une hypothétique reconnaissance* ».

127. Cass. civ. 1re, 5 novembre 2008, *Defrénois* 2009, p. 552, obs. J. Massip ; *RTD civ.* 2009, p. 107, obs. J. Hauser : le juge ne peut décider d'office de substituer une adoption simple à une adoption plénière. Il faut l'accord du requérant.

128. Jugé qu'en appel, les arrêts doivent être motivés même s'ils prononcent l'adoption : Paris, 11 octobre 1968, *D.* 1968.600, n. RD ; *JCP* G 1969.II.15711, n. Rajon ; 22 septembre 1972, *aff. Trognon*, *D.* 1974.199, n. C. I. Foulon-Piganiol.

129. La compréhension en a longtemps été très étroite : Cass. civ. 1re, 23 octobre 1973, *Bull. civ.* I, n° 278 ; *D.* 1973, IR, 250 ; *JCP* G 1974.II.17689, 3e esp. : le dol ou la fraude doit provenir des adoptants. En l'espèce, a été déclarée irrecevable la tierce opposition contre un jugement d'adoption, alors que le dol ou la fraude émanait de l'œuvre d'adoption et que la preuve de sa complicité avec les adoptants n'était pas rapportée. Il est maintenant admis que le dol peut résulter de la réticence : * Cass. civ. 1re, 7 mars 1989, *Bull. civ.* I, n° 112 ; *D.* 1989.477, n. J. Hauser ; *Defrénois* 1989, article 34548, n° 43, p. 690, obs. J. Massip : « *la cour d'appel a estimé à bon droit que le fait de s'être*

Une décision hétérodoxe a élargi les voies de critique contre le jugement d'adoption en admettant la recevabilité d'une action en nullité fondée sur un vice du consentement[130].

§ 2. Effets

L'adoption plénière a pour effet de substituer irrévocablement une nouvelle filiation à la filiation d'origine ; ce qui, lorsqu'elle porte sur l'enfant de l'adoptant, permet de tourner l'ensemble des règles sur l'établissement de la filiation selon le sang ; la situation est plus complexe lorsqu'il s'agit de l'enfant du conjoint.

1423. Exclusive, absolue, irrévocable. – Le principe est que l'enfant bénéficiaire d'une adoption plénière est assimilé à un enfant par le sang (art. 358) avec les mêmes prérogatives[131]. Sa filiation est exclusive, absolue et irrévocable.

Le lien est exclusif : l'adoption plénière rompt tous les rapports juridiques avec la famille selon le sang, sauf les empêchements à mariage (art. 356, al. 1). En d'autres termes, la personnalité antérieure de l'enfant est biffée ; le signe extérieur en est la transformation de son état civil : l'enfant a un nouveau nom, celui de l'adoptant. L'article 363 reprend les règles de l'article 311-21 en les « desexualisant » afin de les adapter à l'hypothèse d'une adoption par deux époux de même sexe[132]. L'enfant peut également recevoir un nouveau prénom (celui que donne l'adoptant) – les parents adoptifs y sont très attachés. L'acte de naissance original est « *considéré comme nul* » et le nouvel acte ne doit comporter aucune référence à la filiation antérieure et à son changement (art. 354, al. 5)[133]. Enfin, toute obligation alimentaire et tout droit successoral disparaît

abstenu sciemment d'informer le tribunal appelé à statuer sur la requête en adoption de circonstances qui auraient pu influer de façon déterminante sur sa décision » constituait un dol ; en l'espèce, la procédure d'adoption avait été dissimulée aux grands-parents biologiques de l'adopté ; TGI Strasbourg, 20 mai 1996, *D.* 1997, som. 161, obs. Fr. Granet : dissimulation de la procédure au père naturel de l'enfant. *Adde* Nancy, 17 mai 2004, *Dr. famille* 2005, n° 28, obs. P. Murat : la tierce opposition était formée... par l'enfant adopté par son beau-père quelques mois avant sa majorité, sans y avoir consenti personnellement et sans même avoir été consulté, sans que le père ait lui non plus consenti, sans que le délai de rétractation ouvert à la mère soit écoulé etc. ; ces manœuvres dolosives de l'adoptant ont rendu recevable la tierce opposition. De même, Cass. civ. 1re, 5 novembre 2008, préc : la famille d'accueil demanderesse à l'adoption avait omis d'informer le tribunal des liens affectifs et relationnels qui existaient entre l'enfant, sa grand-mère maternelle et son époux, ainsi que ses deux sœurs.

130. Paris, 30 mai 1990, *D.* 1991.20, n. V. Larribau-Terneyre : « *l'article 359 dispose que l'adoption plénière est irrévocable ; ce principe fondamental ne fait cependant pas obstacle à la recevabilité d'une action tendant à l'annulation de l'acte d'adoption fondée sur le vice* (par suite d'erreur ou de dol) *du consentement donné par les parents par le sang* » ; au contraire jugé lorsqu'il s'agissait d'une adoption simple, qu'était irrecevable l'action en nullité fondée sur le vice du consentement, et que devait être exercée une voie de recours contre le jugement.

131. Avant que l'égalité ne soit parfaite entre enfants légitimes et naturels, la jurisprudence avait affirmé que l'enfant adopté par deux époux devait être assimilé à un enfant « issu du mariage » : il bénéficiait donc de la protection offerte aux enfants légitimes contre l'enfant « adultérin » (Cass. civ. 1re, 8 novembre 1982, *dame Carru, Bull. civ.* I, n° 322 ; *Defrénois* 1983, article 33032, n. Y. Flour et M. Grimaldi ; *RTD civ.* 1983.569, obs. J. Patarin).

132. La loi du 17 mai 2013 a supprimé au passage l'antique dation de nom (art. 357 al. 4 ancien) qui permettait de donner à l'enfant le nom de son conjoint ou le double nom : sans doute la règle faisait-elle vieux jeu. On peut le regretter car elle assurait l'unité de la cellule familiale par le nom.

133. Le nouvel acte de naissance doit mentionner le lieu de naissance de l'enfant (art. 354, al. 2) : Cass. civ. 1re, 20 novembre 1990, *Bull. civ.* I, n° 253 ; *JCP* 1991.IV.23 ; *Defrénois* 1991, article 34980, n° 5, obs. J. Massip. Si ce lieu est inconnu, « *le jugement* (d'adoption) *doit déterminer le lieu de la naissance en se fondant sur tout moyen de preuve et le cas échéant sur des présomptions* » ; en l'espèce, il s'agissait d'un enfant trouvé à Bucarest où la mère était domiciliée (il est bizarre qu'on ait connu le nom et le domicile de la mère d'un enfant trouvé) ; « *la décision fixant à Bucarest le lieu de naissance de l'enfant est légalement justifiée* ».

dans un sens ou dans l'autre, sans cependant pouvoir remettre en cause les droits antérieurement acquis[134].

L'adoption plénière est absolue : elle est opposable aux membres de la famille de l'adoptant, notamment à ses propres parents ; l'enfant adoptif va donc avoir un droit successoral, identique à celui d'un enfant légitime, sur la succession de ses grands-parents (de la famille adoptive). Elle est également opposable à la famille selon le sang qui ne pourra la contester, sauf les rares cas de tierce opposition.

Enfin, elle est irrévocable, même en justice, dès lors que le jugement est passé en force de chose jugée[135], si graves soient les motifs que l'enfant ou les parents puissent invoquer (art. 359). Une nouvelle adoption est possible après le décès de l'un ou des deux adoptants, si la demande est présentée par le nouveau conjoint du survivant (art. 346, al. 2[136]).

L'irrévocabilité est difficile à vivre en cas d'échec de l'adoption, notamment lorsque les parents rejettent l'enfant, par exemple, parce qu'ils le trouvent insupportable ou invivable ; elle se justifie par l'assimilation qui est faite et doit l'être entre l'adoption plénière et une filiation par le sang. La loi du 5 juillet 1996 l'a atténuée en permettant en cas de « *motifs graves* » l'adoption simple d'un enfant qui avait fait l'objet d'une adoption plénière (art. 360, al. 2) : cette disposition est ambiguë ; s'agit-il, comme on le pense généralement de la *superposition* d'une adoption simple à une adoption plénière, dont certaines juridictions n'ont pas voulu qu'elle s'applique aux familles recomposées[137], ou de la *substitution* d'une adoption simple à une adoption plénière, devenue caduque par la décision du juge ?

1424. Enfant de l'adoptant. – En des temps d'inégalité entre enfants nés en et hors mariage, l'adoption par un parent de son enfant naturel pouvait lui permettre de tourner les règles de la filiation naturelle (l'enfant adopté, fût-il adultérin, était traité comme un enfant légitime) et de la légitimation : un homme pouvait ainsi légitimer son enfant naturel, sans épouser la mère, ce à quoi aurait pu répondre aussi l'ancienne légitimation par autorité de justice.

L'intérêt de ce genre de manœuvre a disparu aujourd'hui[138], sauf cas particulier (masquer l'adultère) ou volonté d'assurer la reconnaissance du lien de filiation à l'étranger.

1425. Enfant du conjoint. – L'adoption de l'enfant du conjoint « *laisse subsister sa filiation d'origine à l'égard de ce conjoint et de sa famille. Elle produit, pour le surplus, les effets d'une adoption par deux époux* » (art. 356, al. 2)[139].

---

134. Ex. : Sont définitivement acquis à l'enfant... la succession ouverte à son profit avant le jugement d'adoption... le droit personnel à une pension d'orphelin entré dans son patrimoine avant le jugement d'adoption : Soc., 21 juillet 1986, *Bull. civ.* V, n° 446 ; *D.* 1987.142, n. J. Massip ; *Defrénois* 1987, article 33905, n° 6, p. 320, m. n.

Au contraire, une obligation alimentaire contre les parents selon le sang, disparaîtrait avec l'adoption (J. Massip, n. préc.).

135. * Cass. civ. 1re, 7 mars 1989, cité *supra* ; Pau, 26 juin 1995, *D.* 1996.214, n. crit. V. Larribau-Terneyre : le recours en révision n'est pas non plus recevable.

136. Sauf à combiner les dispositions de l'article 346 avec celles de l'article 345-1 (*supra*). Comp. Paris, 23 mars 1996, *RTD civ.* 1996, 596, obs. J. Hauser estimant que l'article 346 est tacitement abrogé par l'article 345-1 plus récent.

137. TGI Paris, 15 mars 2000, *D.* 2001.2799, obs. Henneron ; *RTD civ.* 2001.122, obs J. Hauser.

138. Resterait le cas de l'enfant incestueux, mais la Cour de cassation puis le législateur ont interdit que l'interdiction d'établir le double lien de filiation fût contournée par une adoption (cf. *supra*, n° 958).

139. Rien de tel en cas d'adoption de l'enfant du concubin. Pour la CEDH, la disparition du lien de filiation peut, dans certaines hypothèses, porter atteinte au droit des intéressés au respect de leur vie privée : en l'espèce (enfant majeur élevé par le couple et gravement handicapé), « *le respect de la vie familiale des requérants aurait exigé la prise de compte des réalités tant biologiques que sociales, pour éviter une application mécanique et aveugle des dispositions de la loi à cette situation très particulière, pour laquelle elles n'étaient manifestement pas prévues. L'absence de cette prise en compte a heurté*

SECTION III
ADOPTION SIMPLE

1426. Adoption à tout faire ? – À la différence de l'adoption plénière, l'adoption simple peut coexister avec la parenté selon le sang. Parce que ses effets sont moins contraignants, ses conditions sont moins rigoureuses.

Elle est un contrat et constitue parfois un instrument de fraude à l'indisponibilité de l'état[140] ; par exemple, de fraude fiscale[141] ; ou bien elle a tenté des grands-parents qui voulaient conférer des avantages successoraux à certains de leurs petits-enfants[142] ; ou bien des concubins qui voulaient tout à la fois se lier et ne pouvaient ni ne voulaient se marier[143], notamment des concubins homosexuels[144] : on ne doit pas concevoir alors d'adoption, qui implique une filiation, c'est-à-dire des rapports de parents à enfants[145]. Elle a aussi tenté un père adultérin, du temps où les enfants

de front les vœux des personnes concernées, sans réellement profiter à personne », *CEDH, *Emonet et autres c. Suisse*, 13 décembre 2007, *JCP* G 2008.I.110, n° 9, obs. F. Sudre ; *Dr. famille* 2008, chron. n° 14 préc., obs. A. Gouttenoire.

140. J. HAUSER, « L'adoption simple, *joker* de la crise de la parenté ! », *Droit de la famille* 2010, focus 55, qui conclut de manière bien pessimiste « *En manière d'adoption simple* [...], *le pire est bien à venir* ».

141. Mais le législateur fiscal veille : en principe, pour la perception des droits de mutation à titre gratuit, il n'est pas tenu compte des liens de parenté résultant de l'adoption simple, sauf les exceptions énumérées à l'article 786 CGI : enfants du conjoint ou enfants qui, pendant leur minorité et durant au moins cinq ans, soit dans leur minorité et leur majorité et pendant dix ans au moins, auront reçu de l'adoptant des secours et des soins non interrompus.

142. Cass. civ. 1re, 16 octobre 2001, *Bull. civ.* I, n° 256 ; *D.* 2002.1097, n. Fr. Boulanger ; *Defrénois* 2002, 195, obs. J. Massip ; *Dr. famille* 2002, p. 41, n. P. Murat ; *RTD civ.* 2002, 84, obs. J. Hauser ; en l'espèce, une grand-mère veuve et âgée de 91 ans voulait adopter six de ses huit petits-enfants, le plus âgé dépassant la quarantaine ; cette adoption ne pouvant avoir aucune valeur éducative, les juges du fond avaient refusé l'adoption : rejet du pourvoi.

143. Riom, 9 juillet 1981, *JCP* G 1982.II.19799 : « *la loi sur l'adoption a pour but de créer une filiation et elle ne doit pas être détournée de son esprit* ». En l'espèce, le concubin était un homme marié de 77 ans ; il souhaitait adopter sa concubine, âgée de 24 ans qui lui avait donné un fils : « *le père de l'enfant serait le grand-père de son propre fils* » : l'adoption a été refusée.

144. Versailles, 4 novembre 1999, *Dr. famille* 2000, n° 141, obs. P. Murat ; *Defrénois* 2001, article 37353, n° 35, obs. J. Massip : « *l'adoption avait pour but de créer un lien de filiation dans lequel le père adoptif doit assumer le rôle d'un véritable père, l'adopté devant, de son côté, se comporter comme un enfant ; le contexte des relations existant entre M. G.* (âgée de plus de 70 ans) *et Patrick C.* (30 ans) *ne correspondait nullement à ce schéma législatif et sociologique ; leur situation ne saurait recevoir une reconnaissance légale à travers un mécanisme juridique, celui de l'adoption, auquel elle ne répond nullement* ». P. RAYNAUD, « Un abus de l'adoption simple, les couples adoptifs », *D.* 1983, Chr. 39 ; J. HAUSER, « L'adoption à tout faire », *D.* 1987, chron. 205. Mais la Cour de cassation n'y trouve pas à redire ; Ex. : Cass. civ. 1re, 6 février 2008, *Dr. famille* 2008, n° 59, note P. Murat, cassant Aix-en-P., 5 septembre 2006, *Dr. famille* 2007, n° 54, note A. Gabriel.

145. La manœuvre est parfois plus complexe, cf. Cass. civ. 1re, 4 mai 2011, n° 13996, *RTD civ.* 2011, p. 529, obs. J. Hauser : une vieille dame donne à ses neveux et nièces la nue-propriété des parts sociales dont elle est propriétaire dans une SCI ; quelques mois après, elle institue légataire universelle sa concubine, qu'elle adopte par la suite. Après le décès, la fille adoptive/concubine survivante/héritière/légataire universelle demande la révocation des donations... pour survenance d'enfant. De leur côté, les héritiers avaient fait tierce opposition à l'adoption. Les juges du fond estiment que la tierce opposition est recevable car l'adoptante a travesti la réalité par son silence sur la nature véritable de ses relations avec l'adoptée. Ils rappellent que « *l'adoption simple a pour objet non pas de renforcer les liens d'affection ou d'amitié entre deux personnes ayant des relations sexuelles mais de consacrer un rapport filial* » ; en l'absence d'un tel rapport, l'adoption ayant pour finalité de contourner les règles civiles régissant les donations entre vifs, il y a détournement de l'institution et l'adoption doit être refusée. La Cour de cassation approuve.

adultérins avaient une vocation successorale réduite[146], ou un père ou un frère incestueux[147], ou des mères porteuses[148] ou bien des ex époux[149]. Ce pourrait être aussi un moyen de faire entrer régulièrement en France des enfants ou des adultes étrangers[150]. Elle peut aussi constituer une maltraitance financière (vieux messieurs adoptant de jeunes femmes).

Aujourd'hui, elle est surtout revendiquée par les couples de même sexe.

1427. Adoption de l'enfant du concubin de même sexe. – La concubine ou la partenaire pacsée de la mère peut-elle adopter l'enfant de celle-ci, créant ainsi un double lien de filiation au sein d'une famille « homoparentale » ? La Cour de cassation mettant fin aux tergiversations des juges du fond[151], l'avait refusé[152] : une telle adoption aurait réalisé « *un transfert des droits d'autorité parentale en privant la mère biologique, qui entendait continuer à élever l'enfant, de ses propres droits* » (cf. art. 365, selon lequel « *l'adoptant est seul investi à l'égard de l'adopté de tous les droits d'autorité parentale* » ; il n'y a exercice en commun de l'autorité parentale qu'en cas d'adoption de l'enfant du conjoint). Sans créer de liens de parenté, la compagne de la mère n'avait qu'à solliciter une délégation partage de l'autorité parentale, comme l'avait admis parallèlement la Cour de cassation[153], afin d'assumer sa fonction parentale. La solution paraissait opportune, même si son fondement était fragile[154]. Le plus souvent l'enfant était né dans le cadre d'un « projet parental commun », par insémination artificielle généralement pratiquée à l'étranger ; admettre de prononcer l'adoption aurait permis de tourner les règles qui encadrent l'accès aux PMA et à l'adoption, surtout, aurait été juridiquement reconnue la famille homoparentale. Pour autant, n'y avait-il pas discrimination à l'encontre des couples de même sexe ? Le partage de l'autorité parentale supposait que les parents adoptifs et biologiques fussent mariés ; or le mariage était alors fermé aux couples de même sexe. Non, a dit la Cour de

146. Cass. civ. 1re, 8 octobre 1985, *Bull. civ.* I, n° 249 ; *RTD civ.* 1986.614, obs. J. Patarin, maintenant Paris, 20 mars 1984, *JCP* N 1985, 27, n. Ph. Rémy.

147. ** *Cass. civ.*, 1° 6 janvier 2004, *Bull. civ.*, n° 2 ; *D.* 2004.362, concl. J. Sainte-Rose, n. D. Vigneau ; *JCP* G 2004.I.109, n° 2, obs. J. Rubellin-Devichi ; II.0064, n. Cath. Labrusse-Riou ; *Defrénois* 2004, 594, obs. J. Massip ; *Dr. famille* 2004, n° 16, n. D. Fenouillet ; *RTD civ.* 2004, 75, obs. J. Hauser : en l'espèce, la cour d'appel, Paris, 1er février 2001, *RTD civ.* 2001.437, obs. J. Hauser (cf. les critiques de D. Fenouillet, « L'adoption de l'enfant incestueux par le père et sa mère ou comment l'intérêt de l'enfant tient lieu de la seule règle de droit », *Dr. famille* 2003, n° 29) avait admis l'adoption simple d'un enfant incestueux : « *la loi n'interdisant pas l'adoption de son propre enfant et l'adoption simple ne manifestant pas une filiation biologique ne pouvait être assimilée à la reconnaissance d'un enfant.* » Cassation : « *la requête en adoption présentée par M.L. contrevient aux dispositions d'ordre public de l'article 334-10 interdisant l'établissement d'un double lien de filiation en cas d'inceste absolu* ». Ce que l'on peut aussi motiver autrement : il est impossible d'institutionnaliser l'inceste, soit par mariage, soit par Pacs, soit par adoption.

148. Poitiers, 21 janvier 1992, *JCP* 1992.IV.1446.

149. Cass. civ. 1re, 23 juin 2010, n° 09-66.782 ; *Bull. civ.* I, n° 664 ; *RTD civ.* 2010.542, obs. J. Hauser ; *Defrénois* 2010.2026, obs. J. Massip ; *Dr. famille* 2010.33, n. Cl. Neirinck ; *AJ famille* 2010.392, obs. Fr. Chenédé : « *l'institution de l'adoption n'a pas vocation à créer un lien de filiation entre deux ex-époux* ».

150. Cass. civ. 1re, 25 janvier 2005, *Defrénois*, 2005, obs. J. Massip ; n. p. B. ; en l'espèce, l'enfant adopté, de nationalité marocaine, âgé de 21 ans, était le frère de l'épouse de l'adoptant. Les juges d'appel avaient relevé que l'adopté vivait à l'étranger, qu'il n'était justifié d'aucun lien filial entre l'adoptant et l'adopté et que le demandeur avait déjà adopté sept enfants ivoiriens et déposé trois autres requêtes tendant à l'adoption d'adultes d'origine africaine ; de sorte que le ministère public avait pu soutenir que l'adoptant entendait mettre en place un mécanisme permettant aux adoptés, soit d'entrer sur le territoire français, soit de leur éviter d'être expulsés.

151. Ex. TGI Paris, 27 juin 2001, *Dr. famille* 2001, n° 116, obs. P. Murat ; *RTD civ.* 2002, p. 84, obs. J. Hauser ; *JCP* G 2002.I.101, n° 9, obs. J. Rubellin-Devichi.

152. Cass. civ. 1re, 20 février 2007, (2 arrêts), *Bull. civ.* I, nos 70 et 71 ; *Dr. famille* 2007, n° 80, note P. Murat ; *D.* 2007, 1047, note D. Vigneau ; *JCP* G 2007.II.10068, n. C. Neirinck ; *RTD civ.* 2007, p. 325 obs. J. Hauser ; *Defrénois* 2007, 791, obs. J. Massip, *AJ famille* 2007.182, obs. F. Chénedé.

153. Jurisprudence plusieurs fois réitérée depuis Cass. civ. 1re, 24 février 2006, *enfants Camille et Lou* cité *infra*, n° 1434.

154. Après tout, la règle selon laquelle il y a exercice exclusif de l'autorité parentale par le parent adoptif n'est pas à l'abri de toute critique et il aurait suffi d'une modification de l'article 365 pour que s'effondrât tout le raisonnement de la Cour de cassation.

cassation[155]. Également saisi, le Conseil constitutionnel écarta le grief d'atteinte au droit de mener une vie familiale normale[156].

Sollicitée à son tour, la CEDH valida la solution française[157]. On le sait, la Cour se garde de prendre position sur la question même de l'homoparentalité[158]. Elle rappelle que le mariage « *confère un statut particulier à ceux qui s'y engagent* » : la situation (au regard de l'adoption) d'un couple non marié n'est donc pas comparable à celle d'un couple non marié ; par ailleurs, la règle de l'article 365 est opposable aussi bien aux couples hétérosexuels qu'aux couples homosexuels. La discrimination invoquée n'est donc pas caractérisée. La Cour nie également l'existence d'une discrimination indirecte (les couples homosexuels n'ont pas accès au mariage, donc à l'exercice conjoint de l'autorité parentale) : conformément la jurisprudence *Schalck et Kopf*[159], les États ne sont pas tenus d'ouvrir le mariage aux couples de même sexe.

Reste qu'une position fondée sur la distinction entre parenté et parentalité[160] n'était tenable que si l'on donnait effectivement accès à la parentalité, grâce notamment à la délégation partage de l'autorité parentale. Or la Cour de cassation, après avoir ouvert le chemin, le rétrécit brusquement : à celui qui demande le partage de prouver que « *les circonstances l'exigent* » et que la mesure est conforme à l'intérêt supérieur de l'enfant[161] (art. 377 al. 1). La lettre des textes était

155. Cass. civ. 1re, 19 décembre 2007, *Bull. civ.* I, n° 392 ; *Dr. famille* 2007, n° 28, n. P. Murat ; *JCP* G 2008.II.10046, n. Y. Favier ; *RTD civ.* 2008, p. ; *D.* 2008, p. 1028, obs. L. Mauger-Vielpeau ; *Defrénois* 2008.1119, 1re esp., obs. J. Massip. De fait, la règle de l'article 365 vaut pour tous les couples non mariés : qu'ils soient homosexuels ou hétérosexuels ; *adde* Cass. civ. 1e, 9 mars 2011, *JCP* 2011, 1029, note F. Boulanger ; *AJ Fam.* 2011, 338, obs. F. Chénedé ; *Dr. famille* 2011, n° 74, obs. C. Neirinck.

156. Saisi par la Cour de cassation (Assemblée plénière, 8 juillet 2010, *RTD civ.* 2010, 544, note J. Hauser), d'une question prioritaire de constitutionnalité, le Conseil constitutionnel, dans une décision du 6 octobre 2010 (D. n° 2010-39 QPC, *D.* 2010, 2744, note F. Chénédé ; *JCP* G 2010, 1145, note A. Gouttenoire et Ch. Radé), estima que si l'article 365 « *dans la portée que lui donne la jurisprudence constante de la Cour de cassation, empêche que, par la voie de l'adoption simple, un enfant mineur puisse voir établi un deuxième lien de filiation à l'égard du concubin ou du partenaire de son père ou de sa mère* », « *cette disposition n'empêche pas le parent de l'enfant mineur de vivre en couple comme il l'entend, pas plus qu'il ne fait obstacle à ce que le parent associe son concubin ou son partenaire à l'éducation et à la vie de l'enfant* ». Le Conseil constitutionnel considéra que le droit de mener une vie familiale normale n'impliquait pas que « *la relation entre un enfant et la personne qui vit en couple avec son père ou sa mère ouvre droit à l'établissement d'un lien de filiation* ». L'article 365 échappe donc au grief d'inconstitutionnalité. Quant au principe selon lequel l'adoption par un couple est réservée aux personnes mariées et par voie de conséquence aux couples hétérosexuels, c'est, affirma le Conseil, au législateur d'en apprécier l'opportunité.

157. CEDH, 15 mars 2012, *Gas et Dubois contre France*, n° 25951/07, *D.* 2012, 1241, note A. Dionisi-Peyrusse, *AJ famille* 2012, 220, obs. C. Siffren-Blanc, 163, point de vue F. Chénedé, *RTD civ.* 275, obs. J.-P. Marguénaud, 306, obs. J. Hauser : pacsées depuis 2002, Mesdames Gas et Dubois, en exécution d'un projet parental commun, recourent en Belgique à une PMA. Se heurtant en France au refus des juges du fond de prononcer l'adoption et n'espérant pas un revirement de la Cour de cassation, la compagne de la mère saisit la CEDH sur le fondement des articles 8 et 14 Conv. EDH.

158. Ce qu'elle fera indirectement quelques mois plus tard, dans l'arrêt *X et alii c. Autriche* du 19 février 2013 (préc.) en exigeant de l'État requis qu'il prouve en quoi les familles homosexuelles ne pourraient en aucun cas s'occuper convenablement d'un enfant, preuve évidemment impossible (en tout cas inaudible) dans le contexte actuel, cf. *supra*, n° 1407.

159. Arrêt préc.

160. H. Fulchiron, « Du couple homosexuel à la famille monosexuée : réflexions sur l'homoparentalité », *AJ famille*, Dossier *L'homoparentalité*, 2006, p. 392.

161. Cass. civ. 1re, 8 juillet 2010, n° 09-12.623, *Bull. civ.* I, n° 703 ; *Defrénois* 2010.2028, obs. J. Massip ; *RTD civ.* 2010.390, obs. Fr. Chénedé ; *RJPF* 2010 10/30, n. Th. Garé, 2e esp. ; *JCP* 2010, 994, note A. Gouttenoire ; *RTD civ.* 2010.547, obs. J. Hauser, *AJ famille* 2010.394, obs. Chénedé : deux femmes vivaient en couple et ont conclu un Pacs. L'une et l'autre donnent naissance à un fils, les deux enfants n'ayant de filiation établie qu'à l'égard de leur mère. Par requête conjointe, chacune sollicite une délégation partage de l'autorité parentale au profit de sa compagne. Acceptée en première instance, la demande se heurte aux refus des juges d'appel. La Cour de cassation les approuve : les demanderesses n'établissent pas les circonstances particulières imposant la délégation partage (elles ne se sont jamais heurtées à des difficultés particulières pour jouer auprès des tiers ou de leurs familles le rôle de parent qu'elles entendaient se partager juridiquement) et elles ne démontrent pas en quoi « *l'intérêt de l'enfant exigeait que l'exercice de l'autorité parentale soit partagé entre elles et*

respectée, mais non leur esprit : les maladresses de rédaction de la loi de 2002 ont fait de la délégation partage une simple modalité de la délégation « classique », alors que les raisons et les fins en sont toutes différentes[162]. Surtout, on pouvait craindre qu'en plaçant les couples homosexuels dans une impasse[163], on ne poussât le législateur à faire sauter le verrou de l'adoption. Faute de parentalité, la parenté ?

La loi du 17 mars 2013 a rendu caduc le débat. En un sens, l'ouverture de l'adoption aux couples de même sexe par la loi du 17 mars 2013 (sans que le législateur ait touché à l'article 365 malgré les critiques dont le texte avait fait l'objet) conforte la position française : aux couples de même sexe de se marier s'ils veulent accéder à l'adoption intraconjugale. Mais comme dans le même temps cette ouverture fragilise la règle réservant l'adoption aux époux...

Quid si, dans le cadre d'un projet parental commun, deux femmes vont à l'étranger pour réaliser une IAD interdite en France, l'épouse de la mère demandant ensuite au juge français le prononcé de l'adoption ? Dans la ligne de la jurisprudence de la Cour de cassation sur la GPA, certains parquets s'opposèrent à la demande en arguant de la fraude[164]. Après une brève mais

---

permettrait aux enfants d'avoir de meilleures conditions de vie ou une meilleure protection quand les attestations établissaient que les enfants étaient épanouis ». Établir que l'intérêt de l'enfant l'exige ? Prouver que tout ira mieux grâce à la mesure ? C'est ajouter au texte.

162. *Infra*, n° 1689 s.

163. *Quid* si l'adoption a été prononcée à l'étranger ? Ne convenait-il pas, comme pour les mères porteuses, de refuser tout effet en France à une situation que l'on interdit de créer en France (cf. *supra*, n° 1036 s.) ? Si la plus grande sévérité semblait devoir s'imposer lorsque les « parents » ne se sont précisément rendus à l'étranger que pour créer une situation qu'ils entendaient ensuite invoquer en France, il n'en allait pas de même lorsque les deux pères ou les deux mères avaient respecté les prescriptions du système juridique qui leur était « naturellement » applicable, en vertu, notamment, de liens de résidence ou de nationalité. Dans une telle hypothèse tout soupçon de fraude s'évanouit et les exigences de l'ordre public devaient s'adoucir. L'équilibre à trouver était délicat, mais une trop grande rigueur risquait là aussi de déclencher une intervention du législateur et, peut-être, d'attirer sur la France les foudres de la Cour européenne des droits de l'homme (cf. l'arrêt *Wagner*, préc.). Telle sembla la position adoptée par la Cour de cassation dans un deuxième arrêt du 8 juillet 2010 (* Cass. civ. 1re, 10 juillet 2010, n° 08-21.740 ; *Dr. famille*, n° 156, note M. Farge ; *JCP* G 2010.1173, note H. Fulchiron). En l'espèce, deux femmes, l'une de nationalité américaine, l'autre de nationalité française, vivant aux États-Unis, avaient conclu un *domestic partnership*. Après IAD, la femme américaine donna naissance à une fille, Anna. Celle-ci fut adoptée par la femme française en vertu d'une décision de la Cour supérieure du comté de Dekalb (Géorgie), le jugement précisant que l'autorité parentale serait partagée entre la mère de droit et la mère adoptive. La « mère » française demanda au juge français l'*exequatur* de la décision américaine. Elle se heurta au refus des juges du fond qui lui opposèrent l'ordre public français en matière internationale (CA Paris 9 octobre 2008, *AJ famille*, 475, obs. F. Chénedé, confirmant TGI Paris 23 mai 2007, *Gaz. Pal.* 2007, p. 3247, note G. de Geouffre de La Pradelle). Selon eux, l'adoption en question entrant dans la catégorie française de l'adoption simple, ses effets étaient régis par la loi française (art. 370-5) ; or l'article 365 prévoyant que l'adoptant est seul investi de l'autorité parentale, la reconnaissance du jugement d'adoption aurait pour effet de priver la mère par le sang de ses droits, alors même qu'elle vit avec l'enfant, ce qui serait contraire à l'ordre public français en matière internationale. Cette projection dans l'ordre international de la jurisprudence de la Cour de cassation au sujet des adoptions « internes », ne trouva pas grâce aux yeux de la Cour de cassation : le jugement étranger prévoyait le partage de l'exercice de l'autorité parentale ; la décision dont l'*exequatur* était demandé n'avait donc rien de contraire à l'ordre public français en matière internationale. La reconnaissance en 2013 de l'homoparentalité conforte cette solution.

164. Ils s'appuyaient également sur la décision du Conseil constitutionnel relative à la loi sur le mariage pour tous (déc. n° 669 DC du 17 mai 2013, préc.) : le Conseil avait écarté l'argument selon lequel l'ouverture de l'adoption aux couples de même sexe favoriserait les fraudes, en déclarant que « *l'éventualité d'un détournement de la loi lors de son application n'entache pas celle-ci d'inconstitutionnalité ; qu'il appartient aux juridictions compétentes d'empêcher, de priver d'effet et, le cas échéant, de réprimer de telles pratiques* ». Mais le Conseil constitutionnel n'avait pas précisé dans quels cas il y avait fraude ; et il n'avait jamais dit que l'enfant devait, si fraude il y avait, être privé de son statut. Sur la notion de fraude, J. Mouly, « La "délocalisation procréative" : fraude à la loi ou habileté permise ? », *D.* 2014, p. 2419.

vive polémique[165], la Cour de cassation prit position : dans deux avis du 22 septembre 2014[166], elle affirma que « *le recours à l'assistance médicale à la procréation, sous la forme d'une insémination artificielle avec donneur anonyme à l'étranger, ne fait pas obstacle au prononcé de l'adoption, par l'épouse de la mère, de l'enfant né de cette procréation, dès lors que les conditions légales de l'adoption sont réunies et qu'elle est conforme à l'intérêt de l'enfant* »[167].

1428. Adoption *light* ? – Les conditions de l'adoption simple sont plus aisées à remplir que celles de l'adoption plénière. Elle est possible lorsque l'adoption plénière l'est. Elle l'est également à l'égard des éventuels adoptés de plus de quinze ans – c'est la différence essentielle – : il ne s'agit plus d'abandon, mais de consentement[168] ; consentement de l'adoptant et de l'adopté et non plus consentement des père et mère de l'« enfant » car celui-ci est majeur[169]. L'adopté doit consentir personnellement à l'adoption s'il a plus de treize ans (art. 360, al. 3, L. 8 janvier 1993). Mais un majeur sous tutelle ne peut consentir à sa propre adoption[170]. Les conditions relatives à l'adoptant sont identiques à celles qui sont prévues dans l'adoption plénière. En particulier, elle doit être jugée conforme à l'intérêt de l'adopté, souverainement appréciée par les juges du fond[171]. Si l'adoptant a des enfants, elle ne doit pas être de nature à compromettre la vie familiale[172] (art. 353, 2° sur renvoi de l'article 361).

Un enfant adopté par le nouveau conjoint d'un de ses parents peut-il l'être ensuite par celui (ou celle) de l'autre ? Certains en doutaient au vu de l'article 346 ; la Cour de cassation l'a admis[173].

---

165. Certains TGI suivirent cet avis, cf. TGI Versailles, 29 avril 2014, *D.* 2014, p. 1787, obs. P. Bonfils et A. Gouttenoire, *AJ famille* 2014, 368, obs. C. Mécary et 267, obs. A. Dionisi-Peyrusse, TGI Aix-en-Provence, 23 juin 2014, *D.* 2014, p. 1787, obs. P. Bonfils et A. Gouttenoire ; d'autres prononcèrent l'adoption, cf. TGI Lille, 14 octobre 2013, TGI Clermont Ferrand, 15 mai 2014, TGI Marseille, 11 juin 2014, TGI Nanterre, 8 juillet 2014, *D.* 2014, 1669, note P. Reigné. Sur les arguments échangés, cf. H. Fulchiron, « *Fraus omnia corrumpit* ? À propos de la filiation des enfants nés par insémination artificielle avec don de sperme dans un couple de femmes », *D.* 2014, p. 1162.

166. Avis n° 15010 du 22 septembre 2014 et n° 15011 du 22 septembre 2014, *D.* 2014, 2031, note A.-M. Leroyer, J. Hauser, « L'externalisation de la fabrique des enfants ? Libres propos », *JCP* 2014, 1004, *AJ famille* 2014, 555, note F. Chénedé, *Dr. famille* 2014, 160, comm. C. Neirinck.

167. Sur l'étrange distorsion entre l'avis (non motivé) et le communiqué qui l'accompagne et qui, sous couvert d'explication, ajoute des conditions de proximité, cf. H. Fulchiron, « Le juge et l'oracle, brèves observations sur la (non) motivation des avis de la Cour de cassation », *D.* 2015, p. 21.

168. En cas de vice du consentement, l'adoption ne peut être annulée qu'en exerçant une voie de recours contre le jugement d'adoption : Cass. civ. 1re, 27 novembre 2001, *Bull. civ.* I, n° 292 ; *JCP* G 2002.I.165, n° 7, obs. J. Rubellin-Devichi ; *RTD civ.* 2002.82, obs. J. Hauser ; *Dr. fam.* 2002, n° 57, obs. P. Murat : « *le consentement à l'adoption et le jugement qui le constate sont indivisibles et en conséquence, la contestation du consentement ne pouvait se faire qu'au moyen d'une remise en cause directe du jugement par l'exercice d'une voie de recours* ».

169. Cf., rappelant cette règle, Cass. civ. 1e, 6 mars 2013, n° 12-17.183, *D.* 2013, 1436, obs. F. Granet-Lambrechts ; *AJ famille* 2013, 229, obs. P. Salvage-Gerest ; *RTD civ.* 2013, 364, obs. J Hauser ; Cass. civ. 1e, 20 mars 2013, n° 12-16.401, *RTD civ.* 2013, 589, obs. J. Hauser.

170. Cass. civ. 1re, 8 octobre 2008, *Dr. famille* 2008, n° 173, obs. P. Murat ; *RJPF* 2008, n° 12, p. 435, obs. M. C. Le Boursicot. L'adoption est assurément un acte strictement personnel, pour lequel aucune assistance ou représentation n'est possible (art. 458) ; mais l'application de la règle peut jouer contre l'intérêt du majeur protégé.

171. Cf. Cass. civ. 1re, 6 mars 2013, n° 12-17.183, *RTD civ.* 2013, p. 364, obs. J. Hauser : les grands-parents souhaitaient adopter leur petite fille. Refus : d'une part, « *l'adoption projetée constituerait un bouleversement anormal de l'ordre familial et aurait donc des effets plus négatifs que positifs* », d'autre part, « *même si leur consentement n'était pas exigé, la mère de Sandra faisait valoir que l'adoption nierait complètement son existence en tant que parent et que le père de l'intéressée précisait qu'il avait à cœur de préserver des liens avec sa fille* ».

172. D'où l'habitude de certains parquets de consulter la famille.

173. Cass. civ. 1re, 12 janvier 2011, n° 09-16.527, AJ 2011, 100, obs. F. Chénedé, *Dr. famille* 2011, comm. 20, obs. C. Neirinck, *RTD civ.* 2011, p. 337, obs. J. Hauser : en l'espèce, l'enfant après avoir été

Les effets sont à peu près les mêmes que ceux de l'adoption plénière, notamment l'autorité parentale, sauf que l'enfant conserve ses liens avec sa famille d'origine (art. 364, al. 1). Le nouveau nom résulte en principe d'une adjonction[174], mais peut être une substitution[175] ; si l'adopté a plus de treize ans, il doit consentir à la substitution non à l'adjonction qu'il ne peut refuser[176] ; l'obligation alimentaire subsiste, mais avec un caractère subsidiaire et au seul profit de l'adoptant et de l'adopté ; les père et mère de l'adopté ne lui doivent des aliments que s'il ne peut en obtenir de l'adoptant (art. 367)[177]. L'enfant entre dans la famille de l'adoptant et devient créancier et débiteur d'une obligation alimentaire ; les père et mère de l'adopté ne lui donnent des aliments que s'il ne peut en obtenir de l'adoptant (art. 367)[178] ; il a les mêmes droits successoraux qu'un enfant par le sang sauf qu'à l'égard de l'ascendant, il n'est pas réservataire (art. 368).

Pour éviter les adoptions à finalité purement successorale, qui ne reposeraient sur aucune réalité « familiale », le CGI prévoit (art. 786 3°) que pour la perception des droits de mutation à titre gratuit il n'est pas tenu compte du lien de parenté résultant de l'adoption simple, sauf si les adoptés « *soit dans leur minorité et pendant cinq ans au moins, soit dans leur minorité et leur majorité et pendant dix ans au moins, auront reçu de l'adoptant des secours et des soins non interrompus* ». Selon le Conseil constitutionnel, la différence ainsi instituée entre adoption simple et adoption plénière, tempérée par la prise en compte des hypothèses dans lesquelles l'adopté a été pris en charge par l'adoptant, ne crée pas de rupture caractérisée d'égalité devant les charges publiques[179].

---

adopté par le nouveau mari de sa mère était demandé en adoption par l'épouse (devenue veuve en cours de procédure) de son père. Les juges d'appel avaient accueilli la demande en estimant qu'il convenait d'écarter l'article 346 du Code civil car celui-ci ne serait pas conforme en l'espèce aux articles 8 et 14 Conv. EDH. La Cour de cassation casse : « *Le droit au respect de la vie privée et familiale n'interdit pas de limiter le nombre d'adoptions successives dont une même personne peut faire l'objet, ni ne commande de consacrer par une adoption tous les liens d'affection, fussent-ils anciens et bien établis* ».

174. En cas d'adoption par deux époux, le nom ajouté de l'adopté est, à la demande de l'adoptant, soit celui du mari, soit celui de la femme, dans la limite d'un nom pour chacun d'eux et, à défaut d'accord entre eux, le premier nom du mari (art. 363, al. 3).

175. La jurisprudence applique ces règles de manière rigide : ex. : Cass. civ. 1re, 5 novembre 1991, *Bull. civ.* I, n° 301 ; *JCP* G 1992.IV.64 ; *Defrénois* 1992, article 35212, n° 9 : « *l'article 363 n'autorise le changement de nom que concomitamment au prononcé de l'adoption* » ; cf. aussi Cass. civ. 1re, 9 janvier 1996, *Bull. civ.* I, n° 24 ; *JCP* G 1996.IV.473 ; *Defrénois* 1996, article 36381, n° 87, obs. crit. J. Massip ; il a fallu aller en cassation pour admettre que le juge pouvait décider que le nom d'origine de l'adopté suive (et non pas précède nécessairement) celui de l'adoptant (Cass. civ. 1re, 6 octobre 2010 (2 espèces), *Dr. famille* 2010, n° 186, obs J. Massip.

176. *Adde* Cass. civ. 1re, 22 février 2005, *Dr. famille* 2005, n° 72, obs. P. Murat, *RTD civ.* 2005, 361, obs. J. Hauser, *Defrénois* 2005, p. 1057, obs. J. Massip : l'adopté ne peut conserver son nom d'origine ; ce, quand bien même il serait majeur, affirme Aix-en-Provence, 9 avril 2009 (*Dr. famille* 2010, n° 80, note J. Massip) : l'article 363, texte spécial, déroge à l'article 61-3 selon lequel la modification du lien de filiation n'emporte changement de nom de famille d'un enfant majeur qu'avec le consentement de ce dernier (*contra* Chambéry, 5 janvier 2010, *ib.*). La solution est d'autant moins opportune – et surprenante en des temps où le rôle de la volonté individuelle en matière de nom ne cesse de croître – que le changement s'étend automatiquement aux enfants mineurs de l'adopté (Cass. civ. 1re, 8 octobre 2008, *Dr. famille* 2009, n° 6, obs. P. Murat, *RTD civ.* 2008, 652, obs. J. Hauser), sans que ceux-ci aient à y consentir s'ils ont moins de 13 ans.

177. Cass. civ. 1re, 22 mai 2007, *Bull. civ.* I, n° 204 ; *Defrénois* 2007.1321, obs. J. Massip ; *RTD civ.* 2007.764, obs. J. Hauser.

178. Cass. civ. 1re, 14 avril 2010, n° 69-12.456 ; *Dr. famille* 2010.273, obs. F. Chénedé ; *D.* 2010.1145 ; RJPF 2010-6/37, obs. S. Valory ; *JCP* G 2010.469, obs. H. Bosse-Platière ; *Dr. famille* 2010, comm. 115, n. P. Murat ; *RTD civ.* 2010.545, obs. J. Hauser : le parent biologique, débiteur alimentaire subsidiaire, peut être un débiteur alimentaire partiel.

179. Cons. const. 28 janvier 2014, n° 2013-361 QPC, *D.* 2014, 284, *AJ famille* 2014, 179, obs. P. Salvage-Gerest, Defrénois 2014, 185, note F. Douet, *RTD civ.* 2014, p. 356, obs. J. Hauser.

À la différence de l'adoption plénière, cette adoption est révocable pour motifs graves (art. 370), à la demande de l'adoptant[180] ou de l'adopté[181] ; en cas de décès du demandeur en cours d'instance, la procédure de la révocation peut être poursuivie par ses héritiers[182]. Comme le prévoit l'article 370-2, « *la révocation fait cesser pour l'avenir*[183] *tous les effets de l'adoption* ».

1429. Et demain ? – Touché et retouché à maintes reprises, sans qu'une réforme d'ensemble ait permis de lui redonner sa cohérence et de l'adapter aux nouvelles réalités familiales (celle notamment des recompositions familiales, de l'homoparentalité et du développement de l'assistance médicale à la procréation), le droit de l'adoption a perdu une grande partie de sa cohérence. D'autant que l'adoption est utilisée aujourd'hui à des fins les plus diverses. Au lendemain de l'ouverture de l'adoption aux couples de personnes de même sexe, une réforme d'ensemble s'impose, tant il est vrai que le modèle matrimonial « pseudo-procréatif » sur lequel elle est construite est désormais ébranlé. Le rapport Théry-Leroyer[184] propose de réformer globalement le droit de l'adoption, sans remettre en cause la dualité adoption simple/adoption plénière. En particulier, l'adoption serait ouverte à tous les couples, mariés, pacsés ou concubins de sexe différent ou de même sexe. L'adoption simple (rendue irrévocable), serait retouchée dans sa procédure et dans ses effets : elle cesserait d'être dans la dépendance de l'adoption plénière (une adoption de second rang ?) pour devenir un modèle de double filiation à part entière[185]. Le rapport insiste tout particulièrement sur l'originalité de l'adoption de l'enfant du conjoint, sans pour autant aller jusqu'à en faire un troisième type d'adoption, comme l'ont fait certains droits étrangers[186]. Le rapport Gouttenoire[187] propose quant à lui de réformer en profondeur la procédure de l'adoption, notamment en encadrant la procédure d'abandon (qui serait rebaptisée « procédure de délaissement ») et en favorisant l'adoption simple comme mesure de protection de l'enfant, avec un « apparentement adoptif de l'enfant » par les personnes qui l'ont accueilli et qui seraient susceptibles d'établir, à terme, avec lui des liens durables. Une attention particulière est également portée au droit de l'enfant de connaître ses origines.

Aussi nécessaire soit elle, la réforme tarde à venir. Il est vrai qu'elle est au cœur de trois questions particulièrement sensibles : celle de l'adoption proprement dite (surtout en des temps où, avec l'effondrement de l'adoption internationale, le nombre d'enfants adoptables ne cesse de se réduire), celle de l'homoparentalité et celle de l'assistance médicale à la procréation...

---

180. Ex. : Cass. civ. 1re, 12 janvier 1966, *Bull. civ.* I, n° 30 ; *D.* 1966.236 : « *les habitudes d'intempérance contractées par dame Lefrand* (l'adoptée) *et "les scandales ainsi provoqués par l'appelante* (l'adoptée) *au cours de ses intoxications éthyliques" justifiaient la demande en révocation de l'adoption* [...] ; *par la production en justice de lettres injurieuses pour l'adoptant, elle avait manqué "de respect à l'égard de son père adoptif"* ». Mais le comportement injurieux de l'adopté envers l'adoptant n'est pas une cause de révocation de l'adoption s'il résulte des carences de l'adoptant : Cass. civ. 1re, 10 juillet 1973, *Bull. civ.* I, n° 243 ; *JCP* G 1974.II.17689, 5e esp. ; il en est de même de la mésentente : TGI Paris, 28 mai 1996, *D.* 1997, som. 162, obs. Fr. Granet ; ou du simple fait que les liens entre l'adoptant (le beau-père qui avait élevé l'enfant depuis l'âge de six ans) et l'enfant (aujourd'hui âgé de vingt-trois ans) se seraient distendus depuis que l'enfant a renoué avec son père biologique : Versailles, 9 septembre 2010, *Dr. famille* 2010, comm. 185, obs. C. Neirinck ; *RTD civ.* 2011, p. 115, obs. J. Hauser.

181. Ex. : l'indignité de l'adoptant dans l'exercice de l'autorité parentale.

182. Cass. civ. 1re, 21 juin 1989, *Bull. civ.* I, n° 249 ; *D.* 1990, 182, n. Chr. Lesca ; *JCP* G 1990.II.21547, n. M. N. Charles ; *Gaz. Pal.* 1990.II.446 : « *le décès de l'adoptant n'empêche pas la juridiction saisie de statuer sur la révocation* ». Jugé qu'un ayant cause à titre universel peut également agir après le décès : Grenoble, 15 décembre 2004, *Dr. famille* 2005, n° 129. Les circonstances de l'espèce étaient dramatiques : le père adoptif s'était suicidé après avoir acquis la conviction que son fils adoptif avait eu des relations sexuelles avec son épouse, mère adoptive de l'enfant ; selon la cour, ce comportement de l'adopté à l'égard de son père adoptif avait été une cause de révocation de l'adoption.

183. Ce qui ne l'empêche pas de produire ses effets au jour de la demande : Cass. civ. 1re, 21 juin 1989, cité *supra*.

184. *Filiation, origines, parentalité*, préc.

185. *Filiation, origines, parentalité*, *op. cit.*, p. 107 et s.

186. Cf. le nouveau Code civil argentin (art. 619 s.) qui distingue adoption *plena*, adoption *simple* et adoption *de integracion i.e.* entre l'enfant et le conjoint ou concubin du père ou de la mère de l'enfant.

187. *Protection de l'enfance et adoption : 40 propositions d'adaptation aux réalités d'aujourd'hui*, préc.

ÉPILOGUE : QUELLE FILIATION DEMAIN ?

1430. Métamorphose ou rupture ? – Depuis une trentaine d'années, les mutations liées à la maîtrise de la procréation et, au-delà, à la maîtrise de la vie et du vivant ont profondément ébranlé la vision traditionnelle de la parenté et, par là même, les règles de la filiation. Parallèlement, la multiplication des naissances hors mariage et la force du principe d'égalité ont conduit la plupart des pays à engager une réforme globale de leur droit de la filiation. Mais les changements survenus ne sont peut-être rien par rapport aux bouleversements à l'œuvre aujourd'hui et aux mutations à venir. De fait, la fin de la légitimité avait seulement pour objectif de faire sortir la filiation de l'attraction du mariage. L'égalité entre les filiations a été proclamée et l'on a permis l'établissement lien par lien de la filiation paternelle et de la filiation maternelle. Mais ces modifications, aussi radicales soient-elles, n'ont pas remis en cause un modèle ancestral reposant sur trois piliers : l'hétérosexualité de la filiation, l'unicité des liens paternel et maternel, l'adéquation de principe entre le juridique et le biologique. En un sens, les progrès scientifiques ont même contribué à renforcer ces principes en rendant accessible la certitude biologique et en permettant ainsi de donner à chacun sa « vraie » filiation.

De même, si les développements de la médecine et de la biologie ont permis d'offrir un enfant à un homme et à une femme qui ne pouvaient en avoir, tout en donnant aux humains la clef des mystères de l'engendrement, le cadre juridique retenu restait fidèle, pour l'essentiel, aux principes traditionnels. Ainsi, dans nombre de systèmes juridiques, les enfants nés grâce à l'assistance médicale à la procréation ont-ils été rattachés à un père et à une mère selon des règles construites sur le modèle de la filiation biologique. Et le souci d'assimilation a été si fort que l'on a permis l'établissement de la filiation par les moyens classiques de la présomption de paternité ou de la reconnaissance, alors même que ces filiations sont biologiquement fausses, tout en « verrouillant » le système en interdisant de contester ces liens selon les voies du droit commun (action en désaveu, action en contestation de la paternité ou de la maternité[1]). Quant au tiers qui apporte ses gamètes, son existence même reste niée dans nombre de systèmes juridiques[2], quand bien même on priverait ainsi l'enfant de son droit de connaître ses origines : un père et une mère, un seul père et une seule mère.

1. Cf. *supra*, n° 1057.
2. notamment en France, cf. *supra*, n° 1438.

Plusieurs phénomènes se conjuguent aujourd'hui pour remettre en cause les piliers sur lesquels reposait la parenté traditionnelle, ce qui ouvre la voie à une nécessaire reconstruction du droit de la filiation.

§ 1. Les mouvements de fond

1431. La fondamentalisation. – Sur le plan à la fois juridique et symbolique, l'esprit des droits fondamentaux a soufflé sur la parenté, notamment en Europe. La CEDH a ainsi consacré le droit de connaître ses origines[3], le droit de connaître son ascendance génétique[4], le droit de connaître sa descendance[5] ; et le souci de faire triompher l'intérêt supérieur de l'enfant a permis de briser des liens juridiques qui ne correspondaient ni à la vérité biologique ni à la réalité affective[6]. Parallèlement, émerge peu à peu l'idée que l'individu serait créancier d'un véritable droit à bénéficier des techniques scientifiques et de l'aide matérielle qui lui permettraient de combler ses aspirations à la paternité ou à la maternité : un droit à avoir une descendance, pour ne pas parler, *horresco referens*, d'un « droit à l'enfant »[7] ; un droit dont la société serait débitrice.

1432. La complexification. – Dans le même temps, l'accélération des progrès de la science a rendu de plus en plus complexe le rattachement de l'enfant à ceux qui doivent être juridiquement considérés comme ses père et mère. Ainsi, les nouvelles techniques de procréation médicalement assistées permettent la conception d'un enfant grâce aux gamètes d'un tiers qui apporte ses « forces reproductrices » (*sic* ?) au service du « projet parental d'autrui », qu'il s'agisse d'un don de sperme, d'un don d'ovocyte, d'un don d'embryon ou d'une gestation pour le compte d'autrui. De telles pratiques posent de délicates questions d'ordre éthique. Juridiquement, la multiplication des personnes participant à « l'engendrement » d'un enfant (l'engendrement se distinguant alors de la procréation, qui ne concernerait que l'aspect biologique et physiologique des choses) conduit à s'interroger sur les notions même de paternité et de maternité : lorsque trois (avec un tiers donneur), quatre (avec deux tiers donneurs), cinq (avec deux tiers donneurs et une mère porteuse), six ou sept personnes (dans le cas de deux couples d'intention qui recourent aux gamètes d'un tiers et confient à une tierce personne le soin de la gestation), neuf, dix, onze ou plus à l'avenir si l'on décompose l'apport des gamètes, contribuent à un même projet parental, qui est (sont) le(s) père(s), qui est (sont) la (les) mère(s) ? Qui est le père : celui qui biologiquement est le géniteur de l'enfant ou celui qui a construit avec la mère le projet parental ? Et qui est la mère : celle qui a apporté les gamètes, celle qui a porté l'enfant ou celle qui a formé le projet parental ? Et si l'on décompose l'apport de gamètes, le père ou la mère sera-t-il celui qui dont l'enfant possède la plus grande part de gènes ?

3. Cf. *supra*, n° 913.
4. Cf. *supra*, n° 913.
5. Cf. *supra*, n° 920.
6. Cf. *supra*, n° 1350.
7. La CEDH affirme à qui veut l'entendre qu'il n'existe pas de « droit à l'enfant ». Elle l'a récemment réaffirmé dans les arrêts *Labassée* et *Mennesson* (préc.) en matière de gestation pour le compte d'autrui. Elle reconnaît cependant, au nom du droit au respect de la vie privée et familiale, un « *droit au respect de la décision de devenir parent génétique* » (par exemple pour les personnes incarcérées) ; tout en laissant aux États membres une certaine marge d'appréciation, elle veille à ce que l'accès et, surtout, le refus d'accès opposé par tel ou tel système juridique à l'adoption ou à l'assistance médicale à la procréation ne soit pas source de discrimination.

De plus, cette décomposition de la parenté pose la question de la place de ceux qui ont contribué (même si c'est de façon anonyme, même si c'est de façon partielle, par exemple pour « réparer » telle ou telle cellule défectueuse) à ce projet et qui, d'une manière ou d'une autre, font partie des « origines » de l'enfant, donc de son identité d'être humain[8].

Les incertitudes mêmes du vocabulaire (engendrement, procréation, projet parental, tiers participant au projet parental d'autrui, ascendance génétique, origines, etc.), témoignent de la difficulté à appréhender, et plus encore à traduire en droit, ces nouvelles réalités.

1433. La revendication homosexuelle. – Cette revendication, qui s'appuie à la fois sur les progrès de la technique scientifique et sur l'aspiration à un plus grand respect des droits fondamentaux, entraîne un bouleversement radical des systèmes traditionnels de la parenté car elle remet en cause son hétérosexualité. Loin d'une simple évolution « sociétale », comme on se plaît parfois à le dire, la consécration d'une double parenté « monosexuée » dans le cadre d'une filiation désexuée, voire d'une procréation « désexualisée », constitue bien une rupture : rupture sociale ; rupture anthropologique ; rupture juridique également, car, jusqu'ici, toutes les règles de la filiation étaient construites sur le modèle biologique hétérosexuel, qu'il s'agisse des fictions, présomptions, déclarations volontaires ou possession d'état encadrant la filiation « charnelle » ; qu'il s'agisse, on l'a souligné, des filiations construites sur PMA ; qu'il s'agisse même de la plus « fictive » des filiations, en ce sens qu'elle n'a, en principe, aucun fondement biologique : l'adoption. C'est ce modèle que remet en cause la « parenté homosexuelle ».

§ 2. L'ONDE DE CHOC

Les effets de ces évolutions sur la parenté et sur la filiation sont doubles : sur la conception même de la parenté et sur les règles permettant de construire le lien de filiation.

I. — Repenser la parenté

1434. Un nouveau cadre pour l'AMP ? – Ouvrir la procréation assistée aux couples de même sexe, au nom des droits fondamentaux et de la « faisabilité technique » de l'opération, supposerait, on l'a dit, que les PMA ne soient plus conçues comme une assistance médicale pour lutter contre l'infertilité d'un couple, mais, loin de toute finalité thérapeutique, comme une aide médicalisée à un projet parental[9]. Quelles doivent dès lors en être les conditions d'accès ? Pour les pays qui comme la France sont restés fidèles au modèle de la filiation charnelle, conservera-t-on, par exemple, les règles d'âge pour la PMA copiées sur celles de la procréation naturelle ? Ouvrira-t-on les PMA aux seuls couples homosexuels mariés, au motif que la procréation serait liée au mariage, ou comme pour les couples hétérosexuels, l'offrira-t-on également aux couples stables non mariés ? Surtout, l'ouverture de l'assistance « médicale » à la procréation crée de nouvelles inégalités entre les couples. En l'état, elle ne peut bénéficier qu'aux couples de femmes, les hommes se heurtant aux réalités de la gestation. L'accès aux PMA pose donc inéluctablement la question de la gestation pour le compte d'autrui[10].

8. Cf. *infra,* n° 1438.
9. Cf. *supra,* n° 1026.
10. Cf. *supra,* n° 1059.

1435. Pluriparenté, monoparenté. – Faut-il, enfin, réserver l'accès des PMA à un couple ? Dès lors en effet que l'on construit la parenté à partir des droits de l'individu pourquoi exiger la médiation d'un couple ? Certes, le cadre peut en sembler plus stable pour l'enfant. Ce qui compterait, dit-on, c'est que l'enfant soit le fruit d'un projet parental commun, qu'il ait été « engendré » au sens biologique et/ou symbolique du terme, par un couple. Un couple, un berceau : on en revient à l'image la plus traditionnelle de la famille, même si le couple a changé, que la filiation se construit de façon individuelle et que l'enfant a une filiation monosexuée... Mais, observeront certains, n'est-ce pas continuer à construire la filiation sur le modèle hétérosexuel ? Or ce modèle a-t-il encore un sens si l'on bascule dans une famille « monosexuelle » ? Si on ouvre les procréations assistées à tous les couples, hors de toute réalité biologique, pourra-t-on longtemps refuser à l'individu vivant seul ce que l'on accorde à l'individu vivant en couple ? D'autant qu'en pratique certaines femmes vont à l'étranger pour recourir à l'assistance médicale à la procréation et « faire un enfant » sans lignée paternelle.

À l'inverse, puisque plusieurs personnes peuvent aujourd'hui participer à un projet parental commun, ne serait-il pas temps, demandera-t-on, de dépasser le schéma traditionnel du couple parental pour s'ouvrir sur la pluri-parentalité ou, plus exactement, sur la multi-parenté ? Si l'on veut tenir compte de réalités biologiques de plus en plus complexes et, surtout, assurer le respect de projets parentaux de plus en plus divers, ne faudrait-il pas repenser la parenté sur la base de liens destinés à se conjuguer dans l'espace et dans le temps ?

Soit par exemple, un couple de femmes qui construit son projet parental avec un homme ou avec un couple d'hommes. À la naissance de l'enfant, ne faudrait-il pas reconnaître la place de chacun en tant que parent ? Certains pays ont, d'ores et déjà, ouvert un tel chemin... pour le moins périlleux. Dans une décision devenue célèbre, une cour d'appel de l'Ontario a ainsi admis de donner le statut de mère à la compagne de celle qui, avec l'aide d'un tiers dont la filiation paternelle avait été établie à la naissance, avait construit un projet parental commun : l'enfant aura donc un père... et deux mères[11]. Depuis, des décisions similaires ont été prises au Canada et aux États-Unis et la Colombie britannique a inscrit la multi-parenté dans sa loi.

1436. Une nouvelle conception de la parenté. – En fait, c'est une nouvelle conception de la parenté qui semble être en train de naître : une parenté qui se détacherait de sa base biologique pour devenir un lien fondé sur la volonté et l'engagement individuels : volonté, engagement d'assumer l'enfant que l'on choisit d'avoir et de garder ou que l'on décide de faire naître grâce au recours à la science. Il conviendrait donc de dépasser une conception biologique de la parenté considérée comme « archaïque » au profit d'un projet parental, construit par l'individu, selon un cadre (hétérosexuel, homosexuel, bi-parental, monoparental ou multiparental) qu'il choisirait librement, de même qu'il définirait librement les modalités de l'engendrement (procréation naturelle, recours aux gamètes et/ou à la gestation de tiers) de ses enfants. Et la société serait appelée à appuyer ce projet avec les moyens techniques (et financiers) qui sont les siens : seraient ainsi pleinement respectés les principes de liberté, d'égalité et de solidarité sur lesquels sont construites les sociétés contemporaines...

Le « parent » ne serait donc plus le « géniteur », *stricto sensu*, mais celui qui a « engendré » l'enfant, au sens où il lui a donné la vie, soit naturellement, soit avec l'assistance des techniques de PMA dans le cadre d'un projet parental dont il définit librement les modalités, mais qui, en toute hypothèse, l'engage à l'égard de l'enfant.

11. CA Ontario, 2 janvier 2007, *AA c. BB*, 2007, ONCA 2, 83 OR (3d) 575.

Une fois indiquées les lignes d'horizon (les lignes de fuite ?), avec quels instruments construirait-on le nouveau droit de la filiation ?

II. — Reconstruire le droit de la filiation

1437. À nouvelles parentés, nouveau droit de la filiation ? – Les règles traditionnelles qui permettent de construire la filiation (fictions, présomptions, déclarations volontaires, possession d'état, etc.) varient selon les systèmes juridiques. On serait même tenté de dire qu'elles forment un des domaines où le particularisme de chaque système s'exprime avec le plus de force, tant il est vrai que le droit de la filiation est étroitement lié à la conception de la parenté et, au-delà, à la conception de la famille propre à chaque société. Elles présentent cependant un point commun : elles ont toutes été conçues pour des filiations pensées dans le cadre d'une parenté biologique *hétérosexuelle* ou, dans le cas de l'adoption, *sur le modèle* de la parenté biologique hétérosexuelle[12]. Quel est le sens de ces règles lorsque le lien de filiation que l'on souhaite établir est dépourvu de toute réalité biologique puisque l'on entend rattacher l'enfant à deux hommes ou à deux femmes et, en principe, à deux hommes ou à deux femmes seulement ?

Faute de pouvoir utiliser les instruments traditionnels du droit de la filiation, il conviendrait d'inventer de nouvelles formes de filiation reposant à la fois sur la volonté (le projet parental), la réalité biologique (si l'un des parents apporte ses gamètes) et la sanction de l'autorité publique (qui enregistre la volonté et lui donne force juridique). Il s'agirait donc d'imaginer des liens de filiation différents à la fois de la filiation charnelle et de la filiation adoptive, telle qu'on la conçoit aujourd'hui[13].

1438. Un statut pour le donneur d'engendrement ? – Enfin, les mutations contemporaines de la parenté obligent à se poser la question du statut juridique du tiers ou des tiers qui participe (nt) au projet parental d'autrui. De fait, le modèle hétérosexuel de la filiation permet que l'on gomme l'apport des gamètes de l'homme, le don d'ovocyte de la femme ou le don d'embryon d'un couple qui participent au projet parental d'autrui. De plus en plus contesté au nom du droit de l'enfant de connaître ses origines, ce système devient intenable lorsque la filiation n'est établie qu'à l'égard d'un seul sexe, fût-elle doublement établie. Et le recours à la gestation pour autrui ne fait qu'aggraver le problème, surtout si la femme est à la fois génitrice et gestatrice. Il n'est donc plus possible de nier l'existence juridique de ce tiers ou de ces tiers. Parallèlement, la CEDH met en avant le droit de chacun au respect de son identité, intimement lié au droit au respect de la vie privée et familiale, dont le droit de connaître son ascendance génétique est une des composantes essentielles.

Certains pays se sont lancés dans la construction d'un statut pour celui qui participé au projet parental d'autrui[14]. Quoi qu'on en pense, celui qui a contribué à donner la vie à un enfant appartient à son histoire ; même si le droit se refuse à en faire un élément de son état, il fait partie de son identité[15].

On le comprend, les défis et les dangers auxquels sont confrontées nos « civilisations postmodernes » sont immenses. Au-delà du droit, ils concernent chacun d'entre nous dans notre humanité.

12. Cf. *supra*.

13. Pour un aperçu de droit comparé, cf. H. FULCHIRON et J. SOSSON (dir.), *Filiation, parenté, origines..., op. cit.* et pour une réflexion générale dans le cadre d'une réforme du droit français, I. THÉRY et A.-M. LEROYER (dir.), *Parenté, origines, parentalité..., op. cit.*

14. Cf. *Filiation, parenté, origines..., op. cit.*, spéc. l'étude de G. MATHIEU, « La place du donneur d'engendrement », p. 135 et s.

15. La Cour de cassation, en créant sur le seul fondement de l'article 8 Conv. EDH une action en reconnaissance de son ascendance génétique (Cass. civ. 1re, 13 novembre 2014, préc.) a peut-être posé la première pierre de ce statut, cf. *supra*, n° 1061.

TROISIÈME PARTIE

VIE FAMILIALE

1450. De la famille monade à l'individu nomade ? – Chaque famille a sa façon de mener sa vie, qui varie avec les temps, les pays, les milieux, les circonstances et les individus ; la diversité est encore plus étendue depuis que se développent, à côté de la famille légitime unie, ce que certains appellent des « modes alternatifs de vie » en famille : familles séparées, familles créées hors mariage, familles désunies, familles monoparentales, familles unilinéaires, familles recomposées, familles homoparentales, etc. Les rapports de la vie familiale avec le droit sont souvent inexistants, mais deviennent étroits lorsqu'une pathologie apparaît.

Pendant longtemps, la famille a été autonome : les relations en son sein étaient fondées sur des liens de dépendance mutuelle entre chacun de ses membres, et leur soumission à une autorité familiale unique. Aujourd'hui, la dépendance s'est relâchée et plus encore la soumission. L'individualisme a fait éclater ce monde clos ; mais si le groupe et ses membres ont échappé au mari et au père, c'est peut-être pour tomber sous le contrôle de l'État ou pour errer, sans véritables repères, d'une forme de vie à une autre, livrés à une pseudo-autonomie qui est moins liberté qu'absence de règles, de mesure et, parfois, d'espérance.

1451. Parenté et alliance. – Juridiquement, la famille repose sur deux piliers : la parenté et l'alliance. La parenté naît de la filiation par le sang (que l'enfant soit né en mariage ou hors mariage) et de l'adoption ; elle rattache l'individu à ses auteurs et à leur famille. L'alliance est scellée par le mariage qui unit deux personnes et au-delà, deux familles. La vie familiale[1] appelle donc l'étude des rapports juridiques qu'une personne entretient avec les membres de sa famille, parents et alliés.

Ces rapports sont divers, certains sont juridiques, les uns pécuniaires, les autres extrapatrimoniaux. Les relations pécuniaires résultant des régimes matrimoniaux et des successions sont complexes[2]. D'autres, les incapacités, relèvent à la fois du droit des personnes et de celui de la famille[3]. Seront uniquement examinées ici les relations entre époux d'une part, entre père et mère et entre parents et enfants d'autre part[4].

L'objet du droit est de rendre harmonieux ces rapports et d'assurer une vie paisible à la famille (loin du droit ?). Le droit français a, à cet égard, une méthode qui présente des caractères constants. Il repose sur des principes qui, eux, ont subi de profondes transformations, ce qui retentit sur les relations entre famille et État.

---

1. Sur la notion de « vie familiale » au sens, notamment de la Convention EDH, *i. e.* en réalité sur la notion même de famille, *supra*, n°s 20 s.

2. *Droit des régimes matrimoniaux*, coll. Droit civil ; *Droit des successions*, coll. Droit civil.

3. *Droit des personnes*, coll. Droit civil.

4. Les rapports entre concubins ne sont pas des rapports de famille *stricto sensu :* le concubinage, Pacs compris, ne crée pas de liens d'alliance. Hors mariage, les relations de famille ne naissent qu'avec les enfants.

1452. Une méthode. – Le droit français ne doit pas avoir pour méthode de fixer minutieusement les droits et les devoirs de chacun[5]. Ses règles constituent souvent plus des directives flexibles que des normes précises. Est-ce même toujours du droit ? Une vie familiale heureuse ne connaît ni la loi ni le juge ; elle trouve en elle-même son équilibre, sans se préoccuper de savoir s'il y a prédominance masculine ou féminine, égalité ou inégalité entre enfants. Le droit familial ne devrait poser que quelques grands principes ; il ne régit véritablement que les situations de crise et doit s'efforcer de les résoudre au moindre mal ; cet instrument est délicat : il peut être dangereux, parce qu'en réglant mal les conflits, il risque de ne pas les apaiser mais au contraire de les amplifier et les multiplier, voire de les créer.

Cette méthode, traditionnelle, fut revivifiée et réorientée par Jean Carbonnier lors des réformes réalisées au cours des années soixante et soixante-dix. L'attachement au pluralisme et l'attention au non-droit donnèrent naissance à un droit flexible, susceptible de s'adapter à des besoins et à des attentes diverses et évolutives. Pour autant, il ne s'agit pas d'un droit sans principes : même s'ils ne sont pas toujours mis en avant, ils irradient les textes et en orientent l'application.

Quoique l'on parle beaucoup aujourd'hui d'effet pédagogique de la loi ou de loi modèle, il n'est pas certain que le législateur contemporain résiste toujours à la tentation de tout réglementer, comme si la loi devait (et pouvait ?) tout organiser ou tout prévoir. Des détails viennent surcharger les textes : certains sont importants pour la vie de quelques familles mais pourraient tout aussi bien être déduits des règles générales[6] ; d'autres ne font que rappeler des évidences[7].

1453. Famille et État. – Longtemps, la famille fut placée sous la puissance du mari et du père ; les rapports au sein de la famille étaient soumis à une autorité interne ; la famille constituait un monde clos où l'État n'avait pas à intervenir. Les applications de ce principe étaient nombreuses ; ainsi, le désaveu de paternité était le monopole du mari[8], la poursuite pénale pour adultère n'était possible qu'à la demande de l'époux trompé, etc. Cette conception rejaillissait sur l'ensemble des rapports familiaux, même étrangers à la famille légitime ; ainsi, le ministère public ne pouvait agir à titre principal pour demander la nullité d'une reconnaissance irrégulière[9]. La famille reposait presque entièrement sur une autorité domestique ; la femme ou l'enfant qui ne se soumettaient pas au mari ou au père provoquaient peut-être un scandale, mais n'en appelaient guère au juge étatique.

Ce système n'est plus. Le droit français confère à l'État un pouvoir croissant et direct dans la famille. Précisément, l'État exerce une triple fonction. En premier lieu, un contrôle *préventif* : dans la mesure où il aide la famille par les prestations familiales et la sécurité sociale, il en vérifie parfois la correcte affectation et exerce ainsi une « tutelle » sur la famille[10]. L'État assure par ailleurs une *suppléance* ; il remplace, plutôt mal que bien, la famille lorsqu'elle est défaillante. Enfin, il remplit un rôle d'*apaisement* et de règlement des conflits entre le mari et la femme ou

5. *Supra*, n° 46.

6. Ex. : art. 372-2-6, al. 3, précisant qu'au titre des mesures permettant de garantir la continuité et l'effectivité du maintien des liens de l'enfant avec chacun de ses parents, le juge peut « *notamment ordonner l'inscription sur le passeport des parents de l'interdiction de sortie du territoire français sans l'autorisation des deux parents* ». Sur ce texte, issu d'un « cavalier » législatif, *infra*, n° 1622.

7. Ex. : le droit de l'enfant de ne pas être séparé des ses frères et sœurs « *sauf si cela n'est pas possible* » (*sic*) ou si son intérêt commande une autre solution : la règle, qui était pour les juges une évidence, figure à l'article 371-5 depuis que dans l'unanimité d'une veille de Réveillon, le législateur a « *pour faire un cadeau de Noël aux enfants (sic)* » inscrit dans le Code civil un vœu formulé par le premier « Parlement des enfants » : « loi gadget » ou pédo-démagogie ?

8. *Supra*, n° 1297.

9. *Supra*, n° 1337.

10. Cf. la récente invention du « contrat de responsabilité parentale » qui, en cas d'absentéisme scolaire ou de trouble porté au fonctionnement d'un établissement scolaire, ou lorsque se produit tout autre difficulté liée à une carence de l'autorité parentale, peut entraîner la suspension des prestations familiales (art. L. 222-4-1 Code action soc. et fam.), *infra*, n° 1689.

le père et la mère : dans la mesure où ceux-ci sont désormais égaux, il faut faire appel à un tiers, le juge, afin de régler leurs conflits.

Pourtant, dans le combat millénaire qui oppose la famille et les pouvoirs (dont les totalitarismes du xxe siècle ont tragiquement marqué un des sommets), il n'est pas certain que l'État ait actuellement le dessus. Certes, l'intervention de l'État est croissante, mais face aux difficultés de mise en œuvre d'une véritable politique familiale, face, surtout, à la montée des individualismes, il semble que l'État ait plus ou moins renoncé à contrôler ce qui socialement devient incontrôlable. Son rôle consiste moins à imposer un modèle qu'à poser des principes, à contrôler les familles qu'à arbitrer les conflits entre intérêts individuels... et à fournir des fonds.

Il convient cependant de rester vigilant. Une idéologie peut tenter d'imposer sa domination du haut vers le bas (de l'État vers la cellule familiale), mais aussi du bas vers le haut (des familles vers l'État) : là où les systèmes totalitaires, adeptes de la première méthode, ont échoué, les intégrismes contemporains, qui ont adopté la seconde, pourraient réussir, au moins provisoirement. Il est vrai que contre l'emprise de l'État et/ou d'une idéologie, il existe aujourd'hui des garde-fous. Le plus efficace est sans doute la Convention EDH et la jurisprudence que la CEDH a construite autour du droit au respect d'une vie familiale conçue de façon suffisamment souple diront les uns, floue et imprévisible diront les autres, pour que les aspirations individuelles les plus diverses puissent être protégées.

1454. Liberté, égalité, solidarité. – Loin des rapports de dépendance, de hiérarchie et d'autorité, les relations familiales sont aujourd'hui construites sur un ensemble de principes que l'on pourrait résumer en une devise : liberté, égalité, solidarité. Liberté de la femme affranchie de la puissance maritale, liberté des enfants affranchis de la puissance paternelle. Égalité de l'homme et de la femme en tant qu'époux et en tant que parents, égalité des enfants, quel que soit leur sexe ou les circonstances de leur naissance. Solidarité, car entre époux comme entre parents et enfants, la liberté et l'égalité ne peuvent vivre en harmonie que s'il y a solidarité[11]. À quoi s'ajoute la solidarité nationale[12].

Ces trois principes animent l'organisation légale des relations nées de la parenté et de l'alliance, dans les effets personnels (Titre I) et patrimoniaux (Titre II).

N°s 1455-1468 réservés.

11. *Infra*, n° 1730.
12. *Infra*, n° 1731.

TITRE I

RELATIONS PERSONNELLES DANS LA FAMILLE

Longtemps l'autorité régna dans la famille. Puissance paternelle et puissance maritale régissaient les relations entre époux d'une part, les relations entre parents et enfants d'autre part. Les unes comme les autres sont aujourd'hui construites sur de tout autres bases.

■ SOUS-TITRE I ■

RAPPORTS PERSONNELS ENTRE ÉPOUX

1469. Droit, volonté et mœurs. – Parce qu'il est une institution dont le sens et la finalité dépassent les volontés individuelles, le mariage instaure entre les époux un ensemble de droits et de devoirs d'ordre personnel dont le régime échappe, pour l'essentiel, au pouvoir des conjoints. Le mariage se distingue en cela des concubinages. Certes, la vie à deux fait naître des relations (et des difficultés) patrimoniales entre concubins. Mais la vie en couple hors mariage n'engendre pas de droits et d'obligations de nature personnelle, sinon celle, toute générale, de respecter son prochain : *neminem laedere*[1]. Quant au Pacs, il se trouve là encore à mi-chemin, pris dans l'orbite du mariage avec ses obligations de vie commune et d'assistance réciproque[2]. Mais lui manque l'essentiel : l'engagement à la vie, à la mort.

Le mariage crée donc un statut dont la dimension personnelle est une pièce essentielle qui s'impose aux époux comme aux tiers.

Pour autant le rôle du droit à l'égard des relations personnelles entre époux – la profondeur de leur lien ou l'indépendance qu'ils possèdent, les égards qu'ils se portent, les secours qu'ils s'apportent, l'amour qui les unit, les conflits qui les opposent, la communauté de vie qu'ils établissent, savoir si c'est le mari qui commande ou la femme qui porte la culotte – tout cela est affaire de mœurs, d'habitudes, de comportements et surtout de volontés individuelles. Comme il est constant dans le droit de la famille, la loi régit les signes extérieurs des relations personnelles, souvent au moyen des standards juridiques, dont la signification dépend des circonstances. Ces rapports sont conçus en termes de devoirs et de pouvoirs plus que de droits.

1470. De la hiérarchie à l'égalité. – L'évolution a été particulièrement importante en la matière. Longtemps dominée par un principe hiérarchique, la société conjugale française s'affirme aujourd'hui égalitaire. Pendant des siècles, la loi avait affirmé la prédominance du mari, constamment atténuée depuis 1938, pour disparaître en 1985.

L'Ancien droit entendait de manière vigoureuse la puissance maritale, qu'il associait à l'incapacité de la femme mariée. Par exemple, Beaumanoir, à la fin du XIIIe siècle, accordait au mari le droit de battre sa femme quand elle ne voulait pas lui obéir, pourvu que ce fût modérément

---

1. Ex. *:* Les actions en réparation du préjudice subi en raison de la conduite du concubin (infidélité, abandon, etc.) se fondent sur le droit commun de la responsabilité civile. Encore faut-il prouver une faute.

2. Art. 515-4 al. 1, *supra*, n° 318 s.

et sans que mort s'ensuive[3]. Ce pouvoir était fondé sur la nécessité d'une autorité familiale plus que sur l'antiféminisme apparu à la Renaissance, qui parlait de *fragilitas*, voire d'*imbecillitas sexus* (faiblesse du sexe) : les femmes n'étaient incapables que lorsqu'elles étaient mariées. Ces principes ont été maintenus par le Code Napoléon où l'influence des conceptions corses du Premier Consul a été manifeste[4]. La prépondérance maritale était énergiquement affirmée.

La loi du 18 février 1938 avait supprimé l'incapacité de la femme mariée, mais sans toucher à la puissance maritale. Ce fut celle du 22 septembre 1942 qui l'a fait disparaître, substituant à l'ancienne rédaction de l'article 213 : « *le mari doit protection à sa femme, la femme obéissance à son mari* », un texte nouveau : « *le mari est chef de la famille* » ; ce qui, en réalité, ne changeait pas grand-chose, car le chef est celui auquel on obéit. Dans leur application pratique, les deux lois de 1938 et 1942 sont restées ineffectives. La loi du 13 juillet 1965 avait maintenu au mari la qualité de chef de famille, mais lui avait retiré une prérogative majeure, celle de s'opposer à l'exercice d'une profession séparée par la femme ; elle a surtout porté réforme des régimes matrimoniaux, en conférant une entière indépendance à la femme dans la gestion de ses biens propres ou personnels. Afin de répondre aux idées égalitaires contemporaines, la loi du 4 juin 1970 a remplacé la puissance paternelle par l'autorité parentale, exercée conjointement par les deux parents ; elle a donc retiré au mari la qualité de chef de famille[5] ; il en subsistait un vestige dans la possibilité de choisir la résidence au cas de désaccord entre les époux, supprimée par la loi du 11 juillet 1975. Il demeurait aussi des séquelles de la prédominance maritale dans l'administration de la communauté, qu'a fait disparaître la loi du 23 décembre 1985. Aujourd'hui, le gouvernement du mariage relève de la codirection et de pouvoirs concurrents[6].

Les droits des autres pays occidentaux ont connu la même évolution garantie aujourd'hui par des textes internationaux : Convention sur l'élimination de toutes formes de discrimination à l'égard des femmes[7], Convention européenne des droits de l'homme[8] ou Charte des droits

---

3. *Coutumes de Beauvoisis* (vers 1280) : art. 1631... : « *il loit bien à l'homme a batre sa fame sans mort et sans mehaing, quand ele le mesfet, si comme quand ele est en voie de fere folie de son cors, ou quand ele desment son mari ou maudit, ou quant ele ne veut obéir à ses resnables commandements que preude fame doit fere* ».

4. Les boutades de Bonaparte sont demeurées célèbres : « *La femme est donnée à l'homme pour qu'elle fasse des enfants. Elle est donc sa propriété comme l'arbre à fruits est celle du jardinier* » ; « *Le mari a le droit de dire à sa femme :* Madame, vous ne sortirez pas ! Madame, vous n'irez pas à la comédie ! Madame, vous ne verrez pas telle personne » (*Mémorial de Sainte-Hélène)*. Ou bien encore, s'adressant aux rédacteurs du Code : « *Vous ferez promettre l'obéissance par la femme. Ce mot là – obéissance – est bon pour Paris surtout où les femmes se croient en droit de faire ce qu'elles veulent* » (Thibaudeau, *Mémoires sur le consulat*, 1827, p. 426). X. Martin, « La misogynie du Code Napoléon », *Droits* 2004, 69 et s., rattache cet antiféminisme aux *Lumières* et à la Révolution.

5. La disparition de la qualité de chef de famille a entraîné des conséquences inattendues ; ex. : CE, 6 novembre 1992, *JCP* G 1993.II.22055, concl. Lasvignes ; en l'espèce, il s'agissait d'une majoration accordée aux fonctionnaires en service dans les départements d'outre-mer, lorsque l'épouse ou l'enfant à charge accompagnait « *le chef de famille* » ; jugé que la modification en 1970 de l'article 213 « *implique nécessairement que les dispositions précitées de l'article 4 du décret du 22 décembre 1953 soient interprétées comme ouvrant droit à la majoration qu'il institue aussi bien au fonctionnaire du sexe féminin nommé dans un département d'outre-mer du fait de son conjoint et de ses enfants lorsqu'ils l'accompagnent qu'au fonctionnaire du sexe masculin du fait de son épouse et de ses enfants* ».

6. Ce que brocardent parfois la littérature, le théâtre mais surtout le **cinéma** ; ex : *Madame porte la culotte*, Georges Cukor, 1949, délicieux grâce notamment au couple Spencer Tracy et Katharine Hepburn – Un sacré échange de balles.

7. Art. 16 : « *Les États parties prennent toutes les mesures appropriées pour éliminer la discrimination à l'égard des femmes dans toutes les questions découlant du mariage et dans les rapports familiaux et, en particulier, assurent, sur la base de l'égalité de l'homme et de la femme :* [...] *c. les mêmes droits et les mêmes responsabilités au cours du mariage et lors de sa dissolution ;* [...] *g. les mêmes droits personnels au mari et à la femme, y compris en ce qui concerne le choix du nom de famille, d'une profession et d'une occupation ;* [...] *h. les mêmes droits à chacun des époux en matière de propriété, d'acquisition, de gestion, d'administration, de jouissance et de disposition des biens, tant à titre gratuit qu'à titre onéreux* ».

8. Art. 5 du protocole additionnel n° 7 de la Conv. EDH : « *Les époux jouissent de l'égalité de droits et de responsabilités de caractère civil entre eux et dans leurs relations avec leurs enfants au regard du mariage, durant le mariage et lors de sa dissolution* ».

fondamentaux de l'Union européenne[9]. La jurisprudence internationale, notamment celle des Cours de Luxembourg et de Strasbourg, veille minutieusement au respect du principe d'égalité.

En France, ont quelque temps survécu de l'inégalité ancienne des résidus, tels que les noms de la femme et des enfants – les symboles ont une grande signification, celle des profondeurs – mais là encore, le législateur contemporain n'a eu de cesse, quand bien même presque personne ne le lui demandait, de réformer pour assurer plus d'égalité[10]. Quant à la loi sur le « mariage pour tous », elle n'a rien changé aux droits et devoirs des époux : le législateur s'est contenté d'un toilettage partiel des textes afin de faire disparaître les termes de mari et de femme là où ils subsistaient encore[11].

Dans ce monde égalitaire, le mariage déploie ses effets selon une double perspective. Fondamentalement, il est un engagement. De cet engagement, naissent un ensemble de droits et de devoirs (Section I). En s'engageant l'un envers l'autre, devant la société, les époux n'abandonnent pas leur liberté (les époux ne sont pas en cage), même si cette liberté doit désormais être vécue à deux (Section II).

Section I
ENGAGEMENTS DES ÉPOUX

Les époux sont liés par des droits et devoirs réciproques (§ 1). Ils sont investis de missions communes (§ 2).

§ 1. Droits et devoirs réciproques

1471. Mêmes droits, mêmes devoirs. – Le Code civil consacre un chapitre aux « *devoirs et droits respectifs des époux* ». Cet intitulé appelle deux observations. Tout d'abord, pour les rédacteurs du Code, les devoirs précèdent les droits : on ne saurait mieux signifier que le mariage est un engagement. Ensuite, il est question de devoirs et droits respectifs, comme s'ils étaient propres à chacun des époux, propres à l'homme, propres à la femme. Tel fut longtemps le cas. Dans sa rédaction originelle, l'article 212 parlait bien de devoirs mutuels de fidélité, de secours et d'assistance, mais les textes suivants définissaient les obligations du mari et celles de la femme : « *Le mari doit protection à la femme, la femme obéissance à son mari* » (art. 213), « *La femme est obligée d'habiter avec le mari, et de le suivre partout où il juge à propos de résider ; le mari est obligé de la recevoir, et de lui fournir tout ce qui est nécessaire pour les besoins de la vie, selon ses facultés et son état* » (art. 214) ; les articles 215 et suivants définissaient le champ de l'incapacité de la femme et des autorisations maritales[12].

9. Art. 24.

10. En matière de nom, la loi du 4 mars 2002, corrigée par celle du 18 juin 2003 et l'ordonnance de 2005 (puis complétée par la loi du 17 mai 2013 « désexualisant » la transmission du nom par filiation), instaure l'égalité et ne laisse subsister la prédominance du nom du père (le patronyme, disparu au profit du nom de famille), qu'en cas d'absence de choix des parents (art. 311-21), ce qui sera vraisemblablement l'hypothèse la plus courante. *Les personnes*, coll. Droit civil.

11. *Adde*, en matière de nom, la nouvelle rédaction – strictement égalitaire – de l'article 225-1 : dans les couples hétérosexuels, le mari y gagne le droit de porter le nom de sa femme par substitution au sien alors que la coutume l'autorisait jusque-là à en user seulement par adjonction.

12. Pour que ces règles se gravassent plus facilement dans les mémoires, un juriste-poète, imagina de les mettre en vers (Code civil des français mis en vers, par J.-H. Flacon, Paris, 1805). L'article 213 devient ainsi :

« *Toujours à sa femme un mari*
Doit protection absolue ;

Dans la France d'aujourd'hui, ces devoirs et droits respectifs se sont mués en droits et devoirs réciproques : l'égalité homme femme est en effet conçue comme une identité des droits et des devoirs. Il est d'autres pays où l'égalité reste pensée en terme de complémentarité de droits et de devoirs propres à l'homme et à la femme[13].

Les articles 212 et 215 énoncent quatre grands devoirs et droits respectifs d'ordre personnel entre époux : fidélité, assistance, communauté de vie, respect du conjoint. Ils constituent en quelque sorte le socle du mariage (I). D'autres devoirs et d'autres droits ont été reconnus par la jurisprudence, à l'occasion, notamment, d'instances en divorce (II). Pour les uns comme pour les autres, se pose le problème de leur respect (III).

I. — Devoirs nommés

1472. Le polyptique du mariage. – Fidélité, secours et communauté de vie : entre ces trois effets du mariage, il existe des liens : étroits entre l'assistance et la communauté de vie, plus diffus entre la fidélité et la communauté de vie. En 2006, le législateur y a ajouté un devoir plus général : le respect. Ce qui coiffe l'ensemble est la communauté de vie, qui constitue la raison profonde du mariage.

A. Fidélité

1473. Fidélité, amour, adultère. – Le mariage est promesse : non d'aimer (l'amour s'évanouirait s'il était un devoir[14]), mais de garder la foi donnée. La fidélité inscrite à l'article 212 est avant tout une fidélité sexuelle : l'obligation de

---

Au mari, par la femme aussi,
Obéissance est toujours due ».

13. Ex. : Le Code du statut personnel et des successions marocain (*Moudawana*), qui, reprenant la tradition du droit musulman classique, distinguait les droits et devoirs réciproques des époux et les droits de chacun à l'égard de l'autre :

— art. 34 : « *Les droits et devoirs réciproques entre époux sont : 1° La cohabitation ; 3° Les droits de succession ; 4° Les droits de la famille, tels que le rattachement aux époux des enfants nés du mariage et la création d'une parenté par alliance* ».

— art. 35 : « *Les droits de l'épouse à l'égard du mari sont : 1° L'entretien prévu par la loi, tels que la nourriture, l'habillement, les soins médicaux et le logement ; 2° L'égalité de traitement avec les autres épouses, en cas de polygamie ; 3° L'autorisation de rendre visite à ses parents et de les recevoir dans les limites des convenances ; 4° L'entière liberté d'administrer et de disposer de ses biens sans aucun contrôle du mari, ce dernier n'ayant aucun pouvoir sur les biens de son épouse* ».

— art. 36 : « *Les droits du mari à l'égard de sa femme sont : 1° La fidélité ; 2° L'obéissance conformément aux convenances ; 3° L'allaitement au sein, si possible, des enfants issus du mariage ; 4° La charge de veiller à la marche du foyer et à son organisation ; 5° La déférence envers les père, mère, proches parents du mari* ».

Le vent d'égalité qui a soufflé au Maroc avec la loi n° 03-70 du 30 janvier 2004 a fait disparaître ces droits et obligations spécifiques de la femme et du mari au profit des seuls droits et devoirs réciproques (art. 34 nouveau).

14. C'est un thème littéraire classique. F. de la Rochefoucauld, *Maximes*, n° 113 : « *Il y a de bons mariages, il n'y en a pas de délicieux* ». Dans *L'Art d'aimer*, bréviaire de l'amour courtois, André Le Chapelain prête à Marie de Champagne, fille de Louis VII et d'Aliénor d'Aquitaine, des propos plus catégoriques : « *Nous disons et affirmons comme pleinement établi que l'amour ne peut étendre ses droits entre deux époux* ». Le romancier Paul Hervieu, membre de la première Commission de réforme du Code civil en 1904, avait proposé d'inscrire l'amour conjugal à l'article 212 : comme l'a rapellé Jean Carbonnier, cette initiative avait reçu un accueil sarcastique (*La famille*, p. 474).

fidélité interdit l'adultère[15]. Au-delà, ou plutôt en deçà, il peut être reproché à un époux d'entretenir avec un tiers une relation amoureuse, restât-elle platonique : ce serait donner à un tiers la place promise au conjoint[16].

1474. Sanctions de l'infidélité. – Jusqu'en 1975, l'adultère fut un délit pénal, plus sévèrement réprimé lorsqu'il était commis par la femme que par le mari[17]. Depuis la loi sur le divorce, l'adultère a été dépénalisé, mais demeure un délit civil. En droit civil, les sanctions peuvent être diverses. Violation des obligations du mariage, l'infidélité peut constituer une faute, cause de divorce si, du moins, toutes les conditions de l'article 242 sont réunies : il appartiendra au juge d'apprécier[18].

L'infidélité peut également être sanctionnée sur le fondement de l'article 1382. De façon contestable, la Cour de cassation a affirmé qu'une action de ce genre ne pouvait être intentée contre le complice de l'adultère, même s'il avait connaissance du mariage[19] : un tiers peut donc être condamné pour avoir contribué à la violation par une partie des obligations nées d'un contrat, non pour avoir contribué à la violation des obligations nées du mariage. Enfin, pendant longtemps, l'adultère fut sanctionné par ses fruits, que le droit rejetât radicalement l'enfant adultérin, ou le privât d'une partie de ses droits lorsqu'il se trouvait en concurrence avec les victimes de l'adultère[20].

1475. Fidélité relative, fidélité absolue ? – Le devoir de fidélité est aujourd'hui contesté : contesté par certains dans son existence même (au motif notamment qu'il ne serait pas constamment respecté...), contesté par d'autres dans son intensité (les juges du divorce n'en font pas toujours une cause de divorce), contesté, surtout, dans sa permanence et sa durée (doit-on rester fidèle si l'on vit séparé ?).

Qu'une obligation de fidélité découle du mariage paraît une évidence : indépendamment de sa dimension sociale et morale, elle n'est que l'autre face du caractère monogamique du mariage. Que les sociétés occidentales pratiquent largement l'adultère n'y change rien : le mariage est précisément un engagement (une joyeuse ou une douloureuse ascèse, selon les cas), librement consenti de se donner en exclusivité. Le reste n'est que défaillances humaines ou petits arrangements : ils ne sauraient faire oublier le principe, quand bien même appellerait-on à la rescousse liberté individuelle et respect de la vie privée[21].

1476. Fidélité et vie commune. – En revanche, il est tout aussi évident que l'adultère peut ne pas être sanctionné avec autant de rigueur selon que les époux sont unis ou désunis. Ainsi les juges répugnent-ils à prononcer le divorce pour faute lorsque les époux vivent séparés de fait ou ont entamé une instance en

---

15. Fût-ce un adultère « virtuel » : cf. Cass. civ. 1re, 30 avril 2014, n° 13-16.649, *Dr. famille* 2014, comm. n° 95, obs. J.-R. Binet : mails et échanges de photos sur un site de rencontres constituent une faute justifiant le prononcé du divorce aux torts exclusifs de l'épouse, cf. *supra*, n° 718 s.

16. Ex. : Paris 13 février 1986, *Gaz. Pal.* 1986, 1, 216, n. J. G.M. La princesse de Clèves pensait-elle autre chose ?

17. Y. Mayaud, « L'adultère, cause de divorce depuis la loi du 11 juillet 1975 », *RTD civ.* 1980, 464 et s.

18. Avant la loi du 11 juillet 1975, l'adultère constituait une cause péremptoire de divorce. Sur l'ensemble de la question, Y. Mayaud, article préc.

19. Cass. civ. 2e, 4 mai 2000, *JCP* G 2000.II.10356, n. Th. Garé ; n. p. B. En l'espèce, la Cour de cassation semble écarter l'action au motif que l'on ne saurait imputer au tiers la rupture du couple : il n'y aurait donc pas de préjudice. Le préjudice moral ne réside pas nécessairement dans la rupture du lien conjugal : il peut exister dans la violation même de l'obligation de fidélité.

20. Sur l'évolution du droit successoral français, *Les successions*, coll. Droit civil.

21. Cf., sur la question de la fidélité en général, S. Ben Hadj Yahia, *La Fidélité et le droit*, LGDJ, 2013.

divorce[22]. Certes, les devoirs et obligations qui naissent du mariage ne disparaissent qu'avec lui, mais la faute selon l'article 242 suppose une violation grave ou renouvelée de ces devoirs et obligations, rendant intolérable le maintien de la vie commune : il appartient donc au juge d'apprécier si ce qui constitue assurément une violation d'un devoir du mariage est ou non une faute au sens de ce texte. Ce pouvoir d'appréciation, *in concreto,* ne remet nullement en cause l'existence ni la permanence de l'obligation[23].

De même faut-il condamner les décisions qui admettent la validité de la clause d'une convention de séparation amiable (ou d'une convention temporaire stipulée dans une procédure de divorce sur requête conjointe) par laquelle les époux se dispenseraient de l'obligation de fidélité[24] : les droits et devoirs nés du mariage sont d'ordre public.

B. Assistance

1477. La maladie et le secours. – Le devoir d'assistance est lié à la communauté de vie : il est l'aide mutuelle, morale et matérielle, entre époux, dans la vie quotidienne (des tâches ménagères à l'aide professionnelle) et, surtout, face à l'adversité : le deuil, le chômage, l'échec, la maladie. Selon l'analyse classique, il est distinct du devoir de secours qui est d'ordre pécuniaire[25] : ce n'est pas en effet la même chose de dispenser des soins et une présence affective à un conjoint malade en se tenant à ses côtés et de lui donner de l'argent afin qu'il aille se soigner ailleurs. Cette analyse est parfois critiquée.

Un auteur estime qu'il n'existe pas de différences entre les devoirs d'assistance et de secours, pas plus qu'avec l'obligation de contribuer aux charges du mariage étant tous trois l'expression d'un devoir général d'entr'aide conjugale[26]. L'analogie entre le devoir d'assistance et le devoir de secours apparaît dans deux hypothèses de crise conjugale où la communauté de vie est brisée et le mariage plus ou moins maintenu : la séparation de fait et le divorce pour altération définitive du lien conjugal. En cas de séparation de fait, le devoir d'assistance prend une forme pécuniaire et se confond avec le devoir de secours : l'époux subvient aux frais de traitements du conjoint malade. Le divorce pour altération définitive du lien conjugal (l'ancienne rupture de la vie commune) en cas d'aliénation mentale est la violation complète du devoir d'assistance. Il est même la négation du mariage : on devrait soigner un conjoint malade, non l'abandonner. Le devoir d'assistance était, sous l'empire de la loi de 1975, remplacé par le devoir de secours qui prenait la forme d'une pension alimentaire[27]. Tout a disparu aujourd'hui.

C. Communauté de vie

1478. Deux vies en commun. – Le mariage est une vie en commun – autre chose qu'une brève rencontre. La communauté de vie en est une conséquence

22. La Cour de cassation a cependant affirmé à plusieurs reprises que « *l'introduction de la demande en divorce ne confère pas aux époux une immunité destituant de leurs effets normaux les offenses dont ils peuvent se rendre coupables l'un envers l'autre* » (cf. Cass. civ. 1e, 8 mars 2005 et Cass. civ. 1e, 9 juillet 2008, cités par V. Larribau-Terneyre, note sous Pau, 19 novembre 2012 et 29 mai 2012, *Dr. famille* 2013, comm. n° 36). Tout dépend des circonstances.

23. Ex. : Pau, 19 novembre 2012, n° 12/4573, *Dr. famille* 2013, comm. n° 36, obs. V. Larribau-Terneyre : les époux étaient séparés depuis vingt ans environ ; selon la Cour, « le devoir de fidélité est nécessairement moins contraignant après une aussi longue période et son manquement ne peut, compte tenu des circonstances, être qualifié de faute au sens de l'article 242 ».

24. TGI Lille, 26 novembre 1999, *D.* 2000, 254, n. X. Labbée.

25. *Infra*, nos 1824 s.

26. C. Philippe, *Le devoir de secours et d'assistance entre époux*, thèse Strasbourg, LGDJ, 1981, préf. G. Wiederkehr.

27. *Supra*, n° 691.

naturelle – et même son obligation prédominante (art. 215, al. 1). Le droit canonique en a toujours affirmé l'importance, ne fût-ce que pour souligner que le mariage établissait une famille et n'était pas seulement un contrat[28]. Jusqu'en 1970, la loi parlait de devoir de cohabitation. La réforme de 1970 a changé les mots et en même temps entendu réaliser l'égalité des époux sur ce point en abrogeant un des derniers vestiges de la prépondérance maritale qui subsistait jusqu'alors ; le changement n'a guère modifié le contenu de l'obligation (1), ni son caractère impératif (2).

1) Contenu de l'obligation

Depuis le droit canonique, le devoir de cohabitation consiste en une triple communauté : de lit, de table et de toit. Plus profondément, il emporte une volonté de vivre en commun et en accord mutuel.

1479. 1°. Communauté de toit. – Juridiquement, la communauté d'habitation est ce qui exprime le mieux la communauté de vie. Le droit en reste d'ailleurs à cette réalité, qui se borne à réglementer le choix par les époux du lieu où se matérialise la communauté de vie, la résidence de la famille.

Avant 1970-75, la résidence familiale était marquée par trois traits : la prépondérance maritale, le rôle du juge et le lien avec le domicile. 1) Le choix de la résidence incombait au mari. 2) La femme avait la possibilité d'obtenir du juge une résidence séparée lorsque celle qu'avait choisie le mari présentait des dangers d'ordre physique ou moral (art. 215, al. 2 anc.)[29] ; en outre, la nouvelle habitation choisie par le mari (en cas de changement de résidence) pouvait être refusée par la femme en raison de son instabilité, de son insuffisance ou de sa fictivité[30] ; la femme bafouée par le mari pouvait quitter la résidence familiale, sans pour autant commettre de faute conjugale[31]. Ces dispenses de cohabitation n'étaient pas subordonnées à une autorisation préalable du juge[32], ce qui annonçait une évolution. 3) Enfin, la communauté de résidence était liée à l'unité de domicile, en tout état de cause ; par exemple en cas de séparation de fait, la femme mariée continuait à avoir impérativement et fictivement son domicile chez son mari[33].

La loi de 1975 a supprimé la prépondérance maritale et même l'unité de domicile ; la résidence de la famille est désormais choisie d'un commun accord entre les époux. Cette règle n'a pas eu, jusqu'ici, beaucoup de conséquences en droit civil. De même, la suppression de l'unité de domicile (art. 108) n'a pas entraîné la disparition du devoir de cohabitation[34]. La disparition formelle du recours au juge a confirmé la jurisprudence antérieure ; moins que jamais, la femme n'a besoin d'autorisation judiciaire pour avoir une résidence séparée[35].

---

28. R. Le Picard, *Le communauté de vie conjugale, obligation des époux, étude canonique*, thèse Paris, Sirey, 1930.

29. Ex. : Cass. civ. 1re, 24 octobre 1973, *Bull. civ.* I, n° 282 ; *JCP* G 1975.II.17991, n. Chartier : une femme a été déboutée de sa demande en séparation de corps parce que son mari « *était indemne de toute faute* », ce qui « *n'impliquait pas l'absence de griefs de nature à justifier une dispense de cohabitation des époux* ».

30. Ex. : Cass. req., 2 janvier 1877, *Bastien*, *DP* 1877.I.162.

31. Cass. civ. 2e, 15 janvier 1969, *Bull. civ.* II, n° 16 ; *D.* 1970.148, 1re esp., n. Le Calonnec.

32. Ex. : Cass. civ. 1re, 14 mars 1973, *Bull. civ.* I, n° 97 ; *D.* 1974.453 obs. Ph. Rémy ; *JCP* G 1973.II.17430.

33. Art. 108, al. 1 anc. : « *La femme mariée n'a point d'autre domicile que celui de son mari* ».

34. Ex. : Cass. civ. 1re, 1er juillet 1980, *Bull. civ.* I, n° 206 : « *La possibilité pour les époux d'avoir des domiciles différents, au sens de l'article 108, ne les dispense pas de l'obligation de communauté de vie édictée par l'article 215 et qui comprend notamment le devoir de cohabitation.* »

35. Cass. civ. 1re, 6 janvier 1981, *Bull. civ.* I, n° 6. En l'espèce, la cour d'appel avait refusé à une femme séparée de fait le droit de réclamer au mari une pension de contribution aux charges du ménage : « *Il appartient à dame D., si elle estimait que la résidence de son mari présentait pour elle*

Ce qui soulève une vieille question encore ouverte : un époux peut-il s'adresser à la justice s'il ne parvient pas à se mettre d'accord avec son conjoint sur le choix de la résidence conjugale ? Ou plutôt, ce qui est pratiquement le seul cas concevable, sur le changement de résidence conjugale (au commencement du mariage, on ne se dispute pas sur le lieu du foyer).

La doctrine est hésitante[36]. Contre le recours : une intervention du juge limitée à la résidence n'aurait guère de sens ; si les époux ne parviennent à se mettre d'accord sur une question aussi importante, ils n'ont qu'à divorcer ou à être séparés de corps[37]. Pour la possibilité de s'adresser au juge, l'argument majeur est qu'il faut éviter l'irréparable ; si les époux n'en veulent pas, il ne faut pas les contraindre au divorce ou à la séparation de corps ; les séparations momentanées ont souvent une vertu apaisante. Les juges devraient aider les époux en discorde en acceptant d'organiser une séparation conjugale au moins provisoire ; un texte prévoit en termes généraux cette intervention dans les situations de crise (art. 220-1, al. 1)[38], un autre la prolongation de mesures provisoires prises pendant l'instance de divorce (art. 258)[39]. On peut certes se demander quel est l'intérêt d'une telle autorisation alors que la séparation de fait est aujourd'hui largement admise en droit et qu'elle peut même être organisée par le juge en ce qui concerne les enfants (art. 373-2 et 373-2-7). Mais il est encore des époux qui craignent de se voir reprocher leur départ si par la suite est engagée une instance en divorce ou qui estiment nécessaire de se ménager une preuve de la séparation vis-à-vis du fisc, des organismes sociaux ou des créanciers de leur conjoint.

1480. 2°. Communauté de lit. – La communauté de vie recouvre les relations charnelles entre époux[40]. Relations tellement importantes dans le mariage, qu'autrefois les canonistes les qualifiaient de devoir conjugal par excellence, le *debitum conjugale*[41]. Le législateur civil, par pudeur et prudence autant que par respect de l'intimité des couples, n'en parle pas directement : puisque les époux vivent ensemble... Ce devoir n'est pas absolu ; l'impossibilité ou même la difficulté physiques, voire une impossibilité morale, peut-être aussi un accord

des dangers d'ordre physique ou moral, dont elle devait prouver la réalité, de saisir le tribunal, aux fins de résidence séparée ». Cassation : ces motifs sont « *erronés en droit, notamment en ce qu'ils se réfèrent implicitement aux dispositions abrogées des al. 1 et 2 de l'article 215.* »

36. J. Carbonnier, p. 64. Le ministère de la Justice est également hésitant : Rép. min. n° 24212, 13 décembre 1982, *JOAN*, 9 mai 1983, p. 2122 ; *JCP* G 1983.IV.312 : « ...*En dehors de toute procédure de divorce ou de séparation de corps, il n'existe pas de disposition légale spécifique permettant au juge d'autoriser un époux à résider séparément de son conjoint* [...]. *La jurisprudence ne s'est pas prononcée clairement sur l'utilisation dans l'hypothèse considérée des textes précités* » (art. 220-1, al. 1 ; C. pr. civ., art. 808 ; pouvoir général du TGI de régler les conflits familiaux).

37. TGI Paris, 18 octobre 1977, *JCP* G 1978.II.18820, n. crit. Lindon ; *Gaz Pal.* 1978.I.24 : « ...*Le législateur, soucieux d'assurer une stricte égalité entre le mari et la femme, a délibérément supprimé, en cette matière, l'intervention de l'autorité judiciaire* [...]. *Si le devoir de cohabitation demeure l'une des obligations essentielles du mariage, il ne comporte plus sur le plan judiciaire d'autre sanction que celle résultant d'une demande en divorce ou en séparation de corps.* »

38. *Infra*, n° 1839.

39. Ex. : Cass. civ. 2e, 1re juin 1983, *Bull. civ.* II, n° 119 ; *D.* 1984.581, n. crit. E. Abitbol.

40. Art. 214 anc. : « *La femme est obligée d'habiter avec le mari et de le suivre partout où il juge à propos de résider ; le mari est obligé de le recevoir...* » : La Cour de cassation a décidé que les actes sexuels accomplis avec violence par un mari sur son épouse constituaient le crime de viol : Cass. crim., 11 juin 1992, *D.* 1993.117, n. M.-L. Rassat ; *JCP* G 1993.II.22043, n. Th. Garé : « *la présomption du consentement des époux aux actes sexuels accomplis dans l'intimité de la vie conjugale ne vaut que jusqu'à preuve contraire* » ; sur les excès et les insuffisances sexuelles entre époux, cause de divorce, *supra*, n° 718.

41. A. Sériaux, *Droit canonique*, PUF, coll. Droit fondamental, 1996, n° 239, a.p. 615 : « *S'il est une fin absolument première du mariage, la seule qui entre parfaitement dans le concept de* finis operis *(fin de l'acte lui-même), c'est bien la copulation : l'"accouplement", le "couplement".* »

temporaire et révocable, peut en dispenser[42]. Ce genre d'obligation n'est évidemment pas susceptible d'exécution forcée, même sous sa forme atténuée d'astreinte.

L'inexécution du *debitum conjugale* n'est, en pratique, discutée qu'à l'occasion d'un divorce fondé sur la faute[43] ; c'est aussi à ce moment que sont invoqués les faits justifiant le refus de lit résultant de la faute du demandeur tels que les mauvais traitements ou l'adultère.

1481. 3°. Communauté de table. – La communauté de table traduit la communauté du mariage : « vivre à mêmes feu et pot », comme on disait autrefois. Elle ne signifie pas que les époux doivent prendre tous leurs repas ensemble, mais qu'il existe une intimité de vie et une unité de budget. Elle est une source d'économies substantielles : deux célibataires vivant séparément dépensent plus que deux personnes vivant en commun. L'unité de budget intéresse les dépenses ménagères : elle présente un aspect exclusivement patrimonial.

1482. 4°. Boire, manger, dormir ensemble... – Les trois aspects matériels de la communauté de vie ont longtemps fait présumer qu'il y avait mariage. Mais de nos jours, le mariage ne se différencierait guère du concubinage si on le réduisait à cette seule dimension ; et le premier serait bien pauvre s'il ne se distinguait du second que par le formalisme d'une célébration. En réalité, le mariage est bien plus qu'une communauté matérielle : il existe une dimension morale et spirituelle du mariage que les rédacteurs du Code civil, dans leur volonté de distinguer mariage civil et mariage religieux, ont délibérément passée sous silence, mais que la jurisprudence a toujours su retrouver à travers, notamment, l'obligation de vie commune[44].

1483. 5°. Communauté de vies et partage. – De fait, le mariage est aussi une communauté de vies : deux vies mises en commun, un destin partagé. Certes, il n'impose pas une communauté d'âmes, de pensées, de rêves ni de sentiments ; mais il suppose une volonté de vivre ensemble, exprimée lors du consentement au mariage et qui engage pour la vie. Présente au cœur de l'obligation de vie commune, elle pourrait s'exprimer par un mot, bien peu juridique il est vrai, celui de *partage*.

2) Caractère impératif

1484. Pactes de séparation amiable : de la prohibition à la faveur. – Le droit classique affirmait la nullité des pactes de séparation amiable entre époux, ce que l'on pouvait justifier de trois

42. Comp., Paris, 27 octobre 1959, *D.* 1960.144 : « *L'obligation faite aux conjoints de cohabiter a pour raison d'être, et le devoir de fidélité qui leur est imposé, pour contrepartie nécessaire, l'établissement de relations sexuelles normales permettant la procréation ; ainsi le refus persistant par un conjoint, non pas seulement d'avoir avec l'autre des relations sexuelles, mais aussi par leur interruption volontaire de consommer lesdites relations, constitue une violation grave des obligations qui découlent du mariage ; il n'en serait autrement qui si les conjoints pour des raisons dont, civilement, ils sont seuls juges, étaient d'accord pour s'en libérer mutuellement ou si le refus unilatéral était commandé par des raisons relevant de la force majeure.* » Sur l'impuissance, cause de nullité du mariage, supra, n° 252 ; sur l'inaccomplissement ou l'inachèvement des relations sexuelles, cause de divorce, *supra*, n° 718.

43. Paris, 16 avril 2015, n° 13/16028, *Dr. famille* 2015, comm. 141, obs. J.-R. Binet : l'impuissance du mari était connue par l'épouse avant le mariage ; le divorce est prononcé aux torts exclusifs de celle-ci car elle avait révélé les faits à son beau-frère et faisait preuve d'une grande agressivité à l'égard de son mari.

44. Tel est notamment le cas lorsque, choix ou nécessité, les époux ne cohabitent pas. Cass. civ. 1re, 8 juin 1999, *D.* 2000, somm., p. 413, obs. J.-J. Lemouland ; *Defrénois* 1999, p. 1256, obs. J. Massip ; *Rev. dr. fam.* 1999 (10), n° 110 ; obs. H. Lécuyer ; *adde* Paris 25 mars 1999, *Rev. dr. fam.* 1999 (10), n° 110 (2e esp.), obs. H. Lécuyer.

manières. 1) Un texte l'affirmait expressément[45]. 2) Le devoir de cohabitation (aujourd'hui, de communauté de vie) est d'ordre public et de l'essence du mariage[46]. 3) Le mariage est un statut légal impératif, non une association entre un homme et une femme dont les effets seraient librement déterminés par des partenaires ; pas plus que le mari ou la femme ne pourraient être valablement autorisés par leur conjoint à avoir une maîtresse ou un amant, ils ne pourraient convenir de vivre séparés. La jurisprudence était constante dans la prohibition des pactes de séparation de fait[47], allant jusqu'à annuler les conventions accessoires[48], bien que la doctrine l'eût critiquée à cet égard[49]. Les conventions ne créaient que du fait – des séparations de fait – ; si les époux tenaient leur engagement, ils n'étaient évidemment pas obligés de reprendre la vie commune. Leur convention étant nulle, l'un d'eux pouvait demander que les conséquences fussent tirées de l'absence de cohabitation.

Depuis la loi de 1975, certains auteurs estiment que la suppression de la règle qu'énonçait l'article 307 ancien et la nouvelle rédaction de l'article 215 conféraient à la communauté conjugale de vie un caractère purement volontaire[50]. Les conventions de séparation de fait seraient donc valables ; le contenu du mariage deviendrait presque libre, ce qui le rapprocherait du concubinage. La jurisprudence[51] et la majorité des auteurs[52] sont contraires. Le souci d'assurer la protection des enfants les a cependant conduits à admettre la validité des conventions par lesquelles les père et mère organiseraient les modalités d'exercice de l'autorité parentale après leur séparation (art. 373-2-7) : la loi ne distinguant pas, les époux séparés de fait bénéficient du texte comme les autres parents.

Au demeurant, rien n'empêche les époux de respecter volontairement leurs accords, et l'on sait que le juge aura tendance à en tenir compte si, par la suite, est intentée une procédure de divorce. Pour autant, le principe de la nullité doit être maintenu : le mariage n'est pas la chose des époux.

D. Respect

1485. Respect du conjoint. – La loi du 4 avril 2006 renforçant la prévention et la répression des violences au sein du couple ou commises contre les mineurs a inscrit à l'article 212 le droit et devoir de respect mutuel entre époux. Au-delà des violences conjugales[53] (le respect d'autrui

---

45. Art. 307, al. 1 (anc.) *in fine* : « *Elle* (la séparation de corps) *ne pourra avoir lieu par le consentement mutuel des époux* ».

46. *Supra*, n° 103.

47. Cass. civ., 14 juin 1882, *héritiers Grassin*, *DP* 1883.I.248 ; *S.* 1882.I.421 : « *Aux termes des art. 307 et 1442* (anc.), *toute séparation volontaire de corps et de biens entre époux est prohibée ; il suit de là que toute convention qui a pour objet de régler les conditions d'une pareille séparation a une cause illicite et comme telle ne peut avoir aucun effet juridique.* »

48. Cass. civ., 2 janvier 1907, *Fruneau*, *DP* 1907.I.137 ; *S.* 1911.I.585 : nullité de la donation entre époux ayant pour cause une convention de séparation amiable.

49. H. Richardot, *Les pactes de séparation amiable entre époux*, thèse Dijon, 1930 ; comp. R. Savatier, « Les conventions de séparation amiable », *RTD* 1931.535, qui y voit « *de simples aménagements provisoires des rapports réciproques entre époux* » ; plutôt que la nullité, il préconisait la révocabilité de la convention.

50. J. Revel, « La convention entre époux désunis », *JCP* G 1982.I.3055, n°s 38 et s. ; A. Brunet, « Les incidences de la réforme du divorce sur la séparation de fait entre époux », *D.* 1977, chron. 191, n°s 29 et s.

51. Cass. civ. 2e, 22 avril 1977, *D.* 1977, IR, 359 ; n. p. B. « *Si l'époux qui a formé une demande en séparation de corps peut y renoncer valablement, c'est à bon droit qu'en l'espèce la cour d'appel a annulé le désistement d'une épouse, non pour des motifs étrangers à ce désistement, mais après avoir analysé l'accord conclu avec son mari auquel il se référait et en avoir exactement déduit qu'il avait pour but d'organiser la vie séparée des époux au mépris des dispositions de l'article 215.* » V. toutefois Aix, 15 septembre 1982, *D.* 1984.267, n. Ch. Atias et A. Sériaux : lorsque deux époux ont décidé de ne plus vivre ensemble, l'absence de cohabitation ne peut être considérée comme une violation des obligations du mariage qui serait une cause de divorce.

52. A. Bénabent, n° 393 ; J. Carbonnier, p. 227 ; Terré et Fenouillet, n° 315.

53. V. *supra*, n° 634 ; L. n° 2010-789 du 9 juillet 2010 *relative aux violences faites aux femmes, aux violences au sein du couple et aux incidences de ces dernières sur les enfants*. La loi n° 2014-873 pour l'égalité réelle entre les femmes et les hommes, inspirée de la convention d'Istanbul du Conseil de l'Europe sur la prévention et la lutte contre les violences à l'égard des femmes et la violence

passe par l'interdiction de porter atteinte à l'intégrité physique de son conjoint[54] : *Noli me tangere*), la loi consacre une obligation plus générale, que la jurisprudence avait peu à peu dégagée : respect de l'autre dans son corps, dans son esprit et dans sa dignité.

II. — Droits et devoirs révélés par la jurisprudence

1486. Don de soi et respect de l'autre. – L'existence de devoirs implicitement liés au mariage n'est pas prévue de manière positive par la loi ; elle est coutumière et n'apparaît que par la sanction de leur méconnaissance, c'est-à-dire surtout le divorce (art. 242)[55]. L'idée sur laquelle ils reposent est que la vie en commun dans l'intimité conjugale fait naître des devoirs.

La loi n'exige pas l'idéal, un don complet de soi avec un respect total de l'autre, mais un engagement plus moyen : elle ne veut pas traiter les hommes pour ce qu'ils ne sont pas, des héros ni des saints[56]. Aussi n'exige-t-elle qu'un minimum de don mutuel : une communauté intellectuelle et spirituelle, une certaine sincérité entre époux (on n'a pas à se confesser mutuellement toute sa vie : il ne s'agit pas de tout se dire, mais de dire ce que l'on doit se dire) ; surtout un minimum d'acceptation mutuelle de l'autre, des habitudes conjugales, des affections familiales[57], une patience réciproque (mais limitée) pour se supporter mutuellement, le respect de la personnalité de l'autre[58] et le maintien d'une certaine communion intellectuelle et spirituelle avec son conjoint[59].

---

domestique du 11 mai 2011 (entrée en vigueur le 1er août 2014), définit la violence à l'égard des femmes comme « *une violation des droits de l'homme et une forme de discrimination à l'égard des femmes* » (art. 3 a).

54. Dans un arrêt *Omuz c. Turquie* du 7 juin 2009 (req. n° 33401/02), la CEDH a affirmé que les États ont « *l'obligation positive (...) de mettre en place et d'appliquer de manière effective un système réprimant toutes les formes de violence familiale et offrant aux victimes des garanties suffisantes* ». Selon elle, « *le manquement même involontaire, des États à leur obligation de protéger les femmes contre les violences domestiques s'analyse en une violation du droit de celle-ci à une égale protection devant la loi* ». En l'espèce, le mari avait frappé et blessé à plusieurs reprises sa femme et la mère de celle-ci ; les plaintes avaient été retirées sous la menace, les poursuites abandonnées par un parquet peu empressé ; finalement le mari tua sa belle-mère. La Cour, constatant que « *les femmes sont les principales victimes de la passivité généralisée – mais non volontaire – des juridictions turques* », en déduit que les violences infligées aux requérantes « *doivent être considérées comme fondées sur le sexe et qu'elles constituent en conséquence une forme de discrimination à l'égard des femmes* » (cf. not. dans le même sens, CEDH, 28 mai 2013, *Eremia c. République Moldava*, req. n° 3564/11).

55. *Supra*, n° 715, la définition de la faute conjugale, cause de divorce.

56. G. Bernanos, préf. à la *Lettre aux Anglais* (1940), in *Essais et écrits de combat*, Pléiade, t. II, 1995, p. 7 : « *Nous avons toujours haï les surhommes et le surhumain, nous avons toujours cru qu'entre le naturel et le surnaturel il n'y a pas de place pour le surhumain* ».

57. Cf. les « divorces de beaux-parents ».

58. Le Conseil d'État a jugé que le mari (ou le concubin) ne pouvait s'opposer à l'avortement voulu par sa femme (ou sa concubine) : CE, 31 octobre 1980, *D.* 1981.38, concl. Genevois ; *JCP* G 1982.II.19732, n. Fr. Dekeuwer-Défossez : « *Si d'après le dernier alinéa de l'article L. 162-3 du Code de la santé publique* (auj. art. L. 2212-3). *"chaque fois que cela est possible, le couple participe à la consultation et à la décision à prendre", il ressort de ce texte, éclairé par les travaux préparatoires de la loi, que la disposition en cause, qui présente un caractère purement facultatif, n'a ni pour objet, ni pour effet de priver la femme majeure du droit d'apprécier elle-même si sa situation justifie l'interruption de la grossesse* » ; v. aussi Commission EDH, *H.C. Norvège*, 9 mai 1992, *Dec. et Rap.*, vol. 73, p. 155 : dans une affaire d'avortement non thérapeutique, il faut « *avant tout tenir compte des droits de la mère, puisque c'est elle qui est essentiellement concernée par la grossesse, sa poursuite ou son interruption* ». Commentaire Fr. Sudre, *in* « Les incertitudes du juge européen face au droit à la vie », *Et. Mouly*, Litec, 1998, t. I, p. 375 et s., sp. 384 : « *On n'est pas très loin ici, sous couvert du droit au respect de la vie privée, de l'affirmation du droit de la femme de disposer librement de son corps. Exit donc le père qui n'apparaît pas "concerné" par la grossesse.* »

59. Ce que ne permettraient pas par exemple des pratiques religieuses perturbantes pour la vie du couple ou un engagement politique ou syndical exclusif d'une vie familiale normale.

Il n'y a pas de formule nette qui permette de définir juridiquement tous les devoirs conjugaux. À cause même de son impressionnisme, un obscur slogan politique peut confusément y parvenir : « l'interdépendance dans l'indépendance » (se marie-t-on pour être indépendant ?). L'imprécision est inéluctable et le droit intervient surtout pour la sanction de ces devoirs, lors d'une crise.

III. — Respect des droits et obligations nés du mariage

1487. Coercition, astreinte, procédés indirects. – L'exécution forcée n'est concevable qu'à l'égard de l'obligation à la communauté de vie ; même là, elle n'a guère de sens.

Jusqu'en 1930, quelques décisions clairsemées avaient ordonné des mesures coercitives afin d'assurer la cohabitation forcée[60]. La force publique faisait revenir *manu militari* au domicile conjugal l'époux fugitif. Ce genre de mesure était inefficace : revenu au bercail, l'époux volage ne pensait qu'à se sauver. Cette pratique est tombée en désuétude et est aujourd'hui condamnée par la Cour de cassation[61]. A été aussi utilisée l'astreinte : le tribunal condamnait un époux à réintégrer le domicile conjugal. Le procédé était inefficace et passablement choquant : la communauté de vie à tant par jour de retard, c'était le bagne à la maison. Les obligations entre époux ont un caractère tellement personnel qu'elles ne peuvent faire l'objet d'une exécution sous astreinte. Comme le précédent, le procédé est abandonné[62].

C'est indirectement que l'exécution forcée de ce genre d'obligation peut être assurée. En privant l'époux qui, sans excuse, a mis fin à la vie commune de son droit d'obtenir une pension alimentaire, ou au contraire en l'obligeant à en verser une[63]. Un arrêt avait même privé une mère séparée de fait de son droit de visite des enfants[64] – ce qui était assez barbare – ; une telle mesure serait inenvisageable aujourd'hui : un droit de visite ne peut être refusé au père ou à la mère que pour motif grave et suppose en pratique que des contacts personnels présentent un danger physique ou moral pour l'enfant[65]. Primitivement n'était prévue d'infraction que pour le défaut de paiement de la pension alimentaire – l'abandon, pécuniaire – ; maintenant est également visé l'abandon du foyer pendant deux mois, lorsqu'existent des enfants mineurs (C. pén., art. 227-17) – l'abandon personnel, moins fréquent –. La règle pénale a pour objet principal la protection des enfants ; indirectement, elle protège la femme.

1488. Dommages-intérêts et divorce. – Restent les dommages-intérêts, sur le fondement de l'article 1382 si le manquement fautif aux obligations nées du mariage a causé un préjudice au conjoint demandeur. Encore cette indemnité est elle parfois mal vue : il est choquant de voir la victime d'un adultère battre

60. Mari qui réclame sa femme : Chambéry, 27 octobre 1931, *DH* 1931.579.Femme qui veut rentrer au domicile conjugal : Lyon, 14 mai 1920, *DP* 1920.II.128.

61. Cass. civ. 2e, 20 mars 1989, *Bull. civ.* II, n° 81 ; *JCP* G 1989.IV.194 : « *le refus de Mme X de reprendre la vie commune dans ces conditions* (sur sommation d'huissier) *ne constituait pas une violation grave des obligations nés du mariage* ».

62. Aix, 22 juin 1978, *D.* 1979.192, n. J. Prévault : « *en fait, ni l'astreinte, ni la force publique ne sont susceptibles en la cause de créer un climat de compréhension et de confiance susceptible de rendre possible un rapprochement entre les époux* ».

63. *Infra*, n° 1826.

64. Paris, 21 février 1964, *JCP* G 1964.II.13629, n. crit. A. Rouast. L'arrêt dit d'abord que le mari « *ne saurait sans abus jouer de l'affection qui unit l'enfant et la mère* ». Puis il décide le contraire parce que, selon lui, le droit de visite ne devrait pas être dissocié de la puissance paternelle. Bel exemple de juridisme ! Ce fut le drame d'*Anna Karénine* qui se suicida pour cette raison, en se jetant sous une locomotive (le moralisme se substituant au juridisme).

65. *Infra*, n° 1618.

monnaie de son infortune et des aventures galantes de son conjoint. Aussi les juges ont-ils longtemps évalué de façon parcimonieuse ce genre de préjudice, encore qu'une tendance contraire semble apparaître. Des dommages-intérêts sont aussi accordés pour sanctionner l'absence de communauté de vie : l'époux qui délaisse le domicile conjugal ou refuse de recevoir son conjoint peut être condamné à des dommages-intérêts.

On estimait autrefois que ces dommages-intérêts entre époux ne pouvaient être réclamés qu'après la dissolution du mariage ; d'une manière générale, les rapports pécuniaires entre époux devaient faire l'objet d'un règlement d'ensemble lors de la liquidation du régime matrimonial. Aujourd'hui, ils peuvent être payés pendant la durée du mariage, pratiquement à l'occasion d'une séparation de fait.

Reste surtout, paradoxalement, le divorce, notamment le divorce pour faute.

§ 2. Missions communes

1489. Deux chefs, deux missions communes. – Loin du modèle patriarcal du mari régnant sur la femme et les enfants, ou des systèmes reconnaissant au mari et à la femme des fonctions (et donc des droits et des devoirs) propres et complémentaires, le Code civil investit aujourd'hui les époux des mêmes fonctions qu'ils exercent ensemble et à égalité : une famille, deux chefs. Abandonnant toute référence liée au genre, l'ouverture du mariage aux personnes de même sexe n'a fait, en un sens, que renforcer le modèle égalitaire.

Dans le domaine personnel[66], deux missions sont inscrites dans la loi : la codirection de la famille (A) et l'éducation des enfants (B).

A. Codirection de la famille

1490. Ensemble et égaux, dans l'intérêt de la famille. – Selon l'article 213, « *Les époux assurent, ensemble, la codirection morale et matérielle de la famille* ». Le gouvernement familial est donc construit sur trois principes : une codirection, une codirection générale, une codirection finalisée.

Dire que les époux assurent ensemble la codirection morale et matérielle de la famille signifie que toutes les décisions doivent être prises en commun par les époux à égalité : la puissance maritale et l'incapacité de la femme mariée ont été supprimées par les lois du 18 février 1938 et du 22 septembre 1942 ; depuis la loi du 4 juin 1970, le mari a perdu la qualité de chef de famille. Cette codirection commande notamment le choix de la résidence de la famille[67], mais elle concerne tous les autres aspects de la vie familiale : la « constitution familiale » ne comporte pas de « domaine réservé » à l'homme ou à la femme. L'un comme l'autre doivent, en toute hypothèse, respecter la finalité de la mission qui leur a été confiée : la codirection « morale et matérielle » de la famille est une fonction, *i.e.* un ensemble de droits et de devoirs corrélatifs subordonnés à une fin, l'intérêt de la famille. Ainsi, on peut dire à la suite de Jean Carbonnier que les époux sont membres d'une association dont les finalités les dépassent.

1491. Le juge arbitre ? – En théorie, les époux devraient toujours donner un double consentement. Il en va différemment en matière patrimoniale, où il est surtout question de pouvoirs concurrents, renforcés par les présomptions de pouvoirs. En matière personnelle, la codirection suppose une action conjointe. Mais

66. En matière patrimoniale, v. n°s 1810 s.
67. Art. 215.

le modèle implicite, seul à même d'éviter blocages ou coups de force, est celui d'une présomption d'accord.

Reste l'hypothèse d'un désaccord manifeste. La loi ne dit rien sur ce point ; pour sortir de l'impasse, on pourrait songer à un arbitrage judiciaire. Possible pour les questions patrimoniales ou pour les désaccords relatifs aux enfants, le recours au juge n'est pas explicitement prévu pour ce type de conflit. Une interprétation extensive des règles du régime primaire (art. 217, art. 220-1 al. 1[68]), pourrait fonder la compétence du JAF. Mais que serait un mariage placé sous tutelle judiciaire ?

B. Éducation des enfants

1492. Nourrir, entretenir, élever les enfants. – Selon l'article 203 « *Les époux contractent ensemble, par le seul fait du mariage, l'obligation de nourrir, entretenir et élever leurs enfants* ». Texte essentiel car il est au cœur du mariage et de la filiation : les obligations des époux en tant que parents naissent du seul fait du mariage. Ainsi la filiation de l'enfant né en mariage est-elle automatiquement établie à l'égard de ses père et mère : à l'égard de sa mère, par la simple mention de celle-ci dans l'acte de naissance, à l'égard de son père par le jeu de la présomption de paternité qui rattache l'enfant né d'une femme mariée au mari de celle-ci (art. 312).

Depuis la loi du 4 juin 1970, les époux exercent en commun et à égalité l'autorité parentale[69]. À eux d'assurer l'éducation de l'enfant, au sens le plus large du terme. Et, comme le souligne l'article 203, l'obligation « d'élever » les enfants s'accompagne d'une obligation d'entretien[70].

Si les époux sont liés par des droits et des devoirs réciproques autant que par des fonctions conjointes, le mariage n'abolit pas toute liberté individuelle.

Section II
LIBERTÉ DES ÉPOUX

1493. Même lit, rêves différents. – Comme l'écrivait Jean Carbonnier, « *Le mariage n'emporte pas absorption d'une personnalité par l'autre : même lit, rêves différents*[71] ». Sans doute fut-ce toujours vrai, même si pendant longtemps on a pu en douter, lorsque la loi donnait au mari chef de famille pleine autorité sur sa femme. Il est encore des pays où l'on semble nier à la femme sa part de liberté. En France l'égalité entre époux va de pair avec la liberté des époux. Le souci actuel de respect des libertés individuelles, des droits de la personnalité et,

68. *Infra*, n° 1840.

69. *Infra*, n° 1523.

70. *Infra*, n° 1824.

71. Cette jolie maxime avait été employée, avec moins d'élégance, en droit international public, lors de la fin de la guerre froide opposant les Etats-Unis à l'Union Soviétique. Chou En Lai, alors Premier ministre de la Chine populaire, avait, vers 1970, transposé un vieux proverbe chinois : « *Les deux grandes puissances dorment dans le même lit, mais ne font pas les mêmes rêves* » (A. Fontaine, *Un seul lit pour deux rêves. Histoire de la détente*, Fayard, 1982). Ce qui aurait pu aussi s'étendre à beaucoup de cohabitations, codirections et autres alliances. Ou bien, en retournant la formule, aux amours-passions platoniques (Tristan et Iseult, La Princesse de Clèves, Titus et Bérénice, Dominique, Le Grand Meaulnes, etc.) : « Mêmes rêves, lits différents ».

notamment de la vie privée, ne peut que renforcer une telle exigence (I). Pour autant, cette part de liberté ne doit pas remettre en cause l'unité du couple (II).

I. — Reconnaissance de la liberté des époux

La part de liberté inaliénable qui appartient à chaque époux, est une liberté de corps, d'esprit et d'action.

1494. Liberté de corps. – Chaque époux, en tant que personne, conserve une pleine liberté sur son corps : le mari comme la femme consentent seuls aux traitements médicaux ou aux opérations chirurgicales qui les concernent. En tant que femme, l'épouse s'est vue confirmer le droit de décider seule d'une IVG[72].

Chaque époux doit également respecter l'intégrité physique de l'autre : les violences[73] comme les attentats à la pudeur[74] sont sanctionnés[75], et la Cour de cassation a abandonné l'ancienne règle selon laquelle le viol commis par le mari ne serait pas criminel : le mariage emporte seulement présomption de consentement aux relations sexuelles, mais la preuve contraire est possible[76].

1495. Liberté d'esprit. – Sous cette bannière, on rangera tout ce qui concerne les droits de la personnalité. Chaque époux doit ainsi respecter le droit à l'image, le droit au respect de la vie privée de son conjoint, le droit au respect de sa correspondance[77]. Chaque époux conserve également sa liberté d'opinion, en matière politique, syndicale ou religieuse.

1496. Liberté d'action. – Longtemps niée au nom de la puissance maritale, la liberté d'action de la femme est devenue complète, qu'il s'agisse de son activité professionnelle[78], de ses relations avec l'extérieur, de ses déplacements en France et à l'étranger[79], de ses loisirs, de ses pratiques religieuses, de son engagement politique ou associatif, etc.

La liberté des époux est cependant limitée afin que soit préservée l'unité du couple.

II. — Respect de l'unité du couple

1497. Une liberté à deux. – L'idée est toute simple : en se mariant, on s'engage. L'exercice par chacun des époux de sa liberté doit se faire dans le respect des droits et des devoirs du mariage, et plus généralement, dans le respect de son conjoint. Comme l'écrivait Jean Carbonnier, « *On peut dire* [...] *que le mariage crée une obligation particulière de réserve dans l'exercice de la liberté : un époux, avant d'agir,*

72. CE, 31 octobre 1980, cité *supra*.

73. Cass. crim., 9 février 1923, *DP* 1924.I.114.

74. Cass. crim., 21 novembre 1839, *S.* 1839, 1, 817, concl. Dupin.

75. La loi du 4 avril 2006 renforçant et la prévention et la répression des violences au sein du couple ou commises contre les mineurs a fait une circonstance aggravante du fait que les crimes ou délits soient commis par le conjoint ou l'ancien conjoint (auxquels le législateur assimile concubin et partenaire) (C. pén., art. 132-80).

76. Jurisprudence constante ; ex. : Cass. crim., 17 juillet 1984, *D.* 1985, 7, n. D. Mayer.

77. La jurisprudence civile est parfois hésitante, Cass. civ. 2e, 29 janvier 1997, *D.* 1997, 296.

78. Naguère la femme avait besoin d'une autorisation maritale pour exercer une profession séparée. Sur les étapes de l'émancipation professionnelle de la femme, *infra*, nos 1817 s. et *Droit des régimes matrimoniaux*, coll. Droit civil.

79. Ce qui est évident en France ne l'est pas dans tous les pays du monde.

doit se souvenir qu'il n'est pas seul[80] ». Ainsi, la liberté reconnue à chacun sur son corps trouve-t-elle ses limites dans l'obligation de fidélité, la liberté d'un engagement politique, syndical, associatif ou religieux, dans le respect des convictions de l'autre et le maintien de la communauté affective et spirituelle du couple. À défaut, l'abus de liberté risquerait de trouver sa sanction dans le divorce.

Nos 1498-1519 réservés.

80. La Famille, p. 484.

Sous-titre II

Autorité parentale

PREMIÈRES VUES SUR L'AUTORITÉ PARENTALE

1520. Définition. – L'autorité parentale est l'ensemble des droits et pouvoirs que la loi reconnaît aux père et mère sur la personne et sur les biens de leur enfant mineur non émancipé afin d'accomplir leurs devoirs de protection, d'éducation et d'entretien et d'assurer le développement de l'enfant, dans le respect dû à sa personne[1].

Pour exercer leur autorité, les parents doivent avoir une grande puissance d'amour. L'amour ne suffit pas à structurer un enfant et trop d'amour peut même être nocif, faisant de la famille un monde clos formé de liens d'étouffement ; mais l'affectivité et la subjectivité ne sont pas l'affaire du droit.

1521. Le poids des mots : puissance, autorité, responsabilité. – La loi du 4 juin 1970 remplaça la puissance paternelle du Code Napoléon, héritée de l'antique *patria potestas* romaine, par les termes *autorité parentale*[2]. Le néologisme marque un double changement de perspective. *Autorité,* car si le mot de puissance évoquait un pouvoir illimité, propre à son titulaire, celui d'autorité est moins fort et suggère une *fonction* attribuée dans l'intérêt d'autrui[3]. *Parentale,* car cette fonction n'est plus un monopole du père : elle appartient à égalité aux pères et mère qui, en principe, l'exercent en commun. Depuis 1970, les textes du Code civil[4], mais plus encore la conception de l'autorité parentale à travers notamment la reconnaissance des droits de l'enfant, ont profondément évolué. Pour tenir compte de ces transformations, pour répondre également aux recommandations du Conseil de l'Europe[5] et des divers organes de l'Union

1. Selon la présentation qu'en donne le Code civil (livre I, titre X), l'autorité parentale concerne non seulement la personne mais aussi les biens de l'enfant, *i.e.* l'administration légale et la jouissance légale. Sur ces aspects patrimoniaux, cf. *Les personnes*, coll. Droit civil.

2. R. Legeais, *L'autorité parentale*, Defrénois, 1973, préf. J. Carbonnier ; Ph. Bonfils et A. Gouttenoire, *Droit des mineurs,* Dalloz, 2014, n°s 537 s.

3. **Étymologie :** du latin *auctoritas, tis,* lui-même dérivé d'*augeo, ere :* faire croître ; cf. *augur, uris* : prêtre ; *augustus, a, um* : consacré par les augures, qui a un présage favorable. Lors de la naissance de l'Empire romain, quand Octave fut devenu *Augustus,* il a bénéficié de cette vertu mystique et de cette supériorité sur les autres Sénateurs, ses égaux. M. Humbert, *Institutions politiques et sociales de l'Antiquité, op. cit.*, n°s 378 et 441. *Auctor, oris* : celui qui fait croître ; cf. le mot anglais *auction* = vente aux enchères : qui augmente le prix.

4. Cinq réformes en 32 ans : 1970 (loi du 4 juin 1970), 1975 (loi du 11 juillet 1975 réformant le divorce), 1987 (loi *Malhuret* du 22 juillet 1987), 1993 (loi du 8 janvier 1993), 2002 (loi du 4 mars 2002), sans parler des lois « collatérales » sur les relations entre frères et sœurs (loi du 30 décembre 1996), la nationalité (loi du 16 mars 1997, qui, subrepticement, au détour d'un amendement, introduisit la résidence alternée après divorce dans le Code civil), les violences familiales (loi du 9 juillet 2010) ou des différentes réformes de la protection de l'enfance ou de la procédure en matière familiale.

5. Dès 1979, pour le Conseil de l'Europe, la Recommandation 974 (1979) relative à une Charte européenne des droits de l'enfant, adoptée le 4 octobre 1979, préconisant la substitution du terme

européenne[6], certains auraient souhaité que l'expression « autorité parentale » cédât la place à celle de « responsabilité parentale »[7]. La question fut débattue lors des travaux préparatoires de la loi du 4 mars 2002 : le législateur français a refusé d'adopter un terme qui aurait suggéré que l'autorité parentale se bornait à imposer des obligations, méconnaissant ainsi la nature complexe d'une institution où s'entremêlent, tout naturellement, droits, pouvoirs et obligations[8]. Et l'on fit observer qu'il n'était peut être pas inutile aujourd'hui de réaffirmer cette autorité, tant à l'égard des enfants ou des tiers, qu'à l'égard des parents eux-mêmes[9]. Au-delà des mots, c'est la conception même de l'autorité parentale qui a profondément évolué.

1522. Histoire[10]. À **Rome**, la *patria potestas* (puissance paternelle) était la source primitive de la famille : plus que sur le sang, la famille reposait sur la volonté du *pater familias*, qui exerçait son autorité sur ses *sui*, enfants et petits-enfants, tous *alieni juris*. La famille patriarcale était soumise à une autorité absolue, analogue à un droit de propriété, et conçue en termes énergiques allant jusqu'au *jus vitae necisque* (le droit de vie et de mort) et celui d'exposer les enfants nouveau-nés, c'est-à-dire de les abandonner. Elle ne s'éteignait que par la mort du *pater*, quel que fût l'âge du descendant, sauf lorsqu'il était sorti de la famille pour passer sous une autre *potestas*. Au fil du temps, ce droit s'était adouci, bien qu'en fût maintenue la perpétuité.

Dans l'**Ancien droit**, l'institution était passée dans les pays de droit écrit, non dans ceux de coutume. La différence qui s'était établie entre ces deux systèmes de droit n'empêchait pas qu'il y eût une atmosphère commune, celle d'un adoucissement des mœurs et d'une famille forte. L'adoucissement des mœurs a été l'œuvre de l'Église catholique ; il a entraîné la prohibition de l'infanticide et de l'avortement, puis de la vente et de l'abandon d'enfants, sauf des nouveau-nés : les abandons des nouveau-nés ont été tolérés à certaines époques ; notamment au XVIIe siècle, ils s'étaient multipliés (Saint Vincent de Paul organisa l'accueil des nouveau-nés abandonnés) ; cette tolérance a été à l'origine de la licéité de la maternité secrète, principe auquel le droit français reste attaché, malgré la faible importance pratique qu'elle présente aujourd'hui. La force de la famille se traduisait par de nombreux pouvoirs conférés aux parents, notamment la possibilité de résister à l'Église ; un mineur ne pouvait faire de profession religieuse, ni entrer dans les ordres sans autorisation de ses parents. À côté de cette atmosphère commune, des différences s'étaient manifestées entre les pays de droit écrit et les pays de coutume. Dans les premiers, la puissance paternelle s'exerçait sur les biens (les acquisitions des enfants bénéficiaient au père, jamais à la mère), et était perpétuelle : les enfants, même mariés, continuaient indéfiniment la vie commune avec leurs parents. Dans les pays de coutume, la règle était contraire : « *Droit de puissance paternelle n'a lieu* »[11]. Mais il y avait la mainbournie (la protection de l'enfant) qui appartenait au père et à la mère ; en outre, il était habituel que les enfants eussent une séparation d'habitation lorsqu'ils se mariaient ou entraient en religion. D'ailleurs, même dans les pays de coutume, la mère n'était pas mise sur un pied d'égalité avec le père ; elle n'exerçait son pouvoir qu'à défaut du père ou avec son consentement et son bon plaisir ; par exemple, elle ne pouvait faire enfermer un enfant dans une maison de force qu'avec l'autorisation du juge « *à cause du caractère d'emportement de ce sexe* ».

« responsabilité parentale » à celui de « autorité parentale ». Depuis, le terme est utilisé dans les différents textes du Conseil de l'Europe, cf. par ex. la Convention du Conseil de l'Europe sur les relations personnelles concernant les enfants, du 15 mai 2003.

6. La Résolution A3-0172/92 du Parlement européen sur une Charte européenne des droits de l'enfant adoptée le 8 juillet 1992. L'expression est utilisée aujourd'hui dans tous les textes communautaires, cf. par. ex. le Règlement (CE), n° 2201/2003 du Conseil, du 27 novembre 2003 relatif à la compétence, la reconnaissance et l'exécution des décisions en matière matrimoniale et en matière de responsabilité parentale, dit Bruxelles II bis.

7. Dans l'ordre international, le terme l'a également remplacé, cf. par. ex. la Convention de La Haye du 19 octobre 1996 concernant la compétence, la loi applicable, la reconnaissance, l'exécution et la coopération en matière de responsabilité parentale et de mesures de protection des enfants.

8. H. FULCHIRON, « L'autorité parentale rénovée », *Defrénois* 2002, p. 959 s.

9. En ce sens I. THÉRY, rapp. préc., p. 190 ; Fr. DEKEUWER-DÉFOSSEZ, rapp. préc., p. 74 s. Mais certains n'en continuent pas moins de réclamer un changement, cf. *infra*.

10. J. Ph. LÉVY et A. CASTALDO, n°s 143 s.

11. LOYSEL, *Institutes coutumières*, n° 55.

Les **ordonnances royales** ont renforcé l'autorité du père[12] qui avait le droit de correction, en faisant enfermer son enfant mineur (lettre de cachet). En fait, dans l'ancienne France, les choses ont évolué au fil du temps : jusqu'au XVIIIe siècle, les très nombreux enfants d'une même famille ne restaient guère à la maison[13] ; au XVIIIe siècle, les enfants sont devenus moins nombreux et plus proches de leurs parents.

Le **droit révolutionnaire** a réagi contre l'énergie de la puissance paternelle que, d'une manière ou d'une autre, connaissait notre Ancien droit : une révolution se fait avec l'appui de la jeunesse et en brisant les structures familiales. Sans doute, il a maintenu le principe qu'il y avait une minorité et fixé un âge unique de la majorité pour toute la France : 21 ans. Mais il n'a laissé qu'une ombre d'autorité aux parents sur les enfants mineurs, et l'a entièrement effacée lorsqu'ils étaient devenus majeurs[14] : notamment, il leur a pratiquement retiré le droit de tester (l'exhérédation est une manière posthume et efficace d'exercer l'autorité paternelle).

Le **Code Napoléon**, contrairement à sa méthode habituelle, n'a pas ici pratiqué une véritable transaction : il a exercé un choix. Il a rejeté les principes révolutionnaires : la famille du Code est soumise à une autorité énergique qui a un peu les accents militaires prisés par le Premier Consul[15]. Il rejette également la puissance paternelle romaine, parce que l'enfant est destiné à devenir un être libre, qui ne saurait vivre sous la totale dépendance du *pater*. Il consacre, dans l'ensemble, le système coutumier : la puissance paternelle est comprise dans l'intérêt de l'enfant, mais on se rapporte au père pour son bon usage[16]. La liberté de tester est limitée par la réserve héréditaire accordée à l'enfant : l'exhérédation complète n'est plus possible.

On dénonce souvent le despotisme paternel institué par le Code Napoléon[17]. Mais on ne saurait oublier que certains auteurs, à la suite de Le Play, lui reprochèrent d'avoir au contraire énervé la puissance paternelle en refusant de lui rendre « *l'étendue et l'énergie que réclamaient l'ordre public et les bonnes mœurs* »[18].

Telle qu'elle a été reconstruite (ou déconstruite) par les réformes successives, l'autorité parentale contemporaine a conservé peu de chose du sévère édifice napoléonien[19]. Divers facteurs se sont conjugués ; quatre grandes évolutions méritent d'être soulignées.

---

12. Déclaration royale de 1639 : « *Considérant que la révérence naturelle des enfants envers leurs parents est le lien de la légitime obéissance des sujets envers leurs souverains* ».

13. Ph. Ariès, *L'enfant et la vie familiale sous l'Ancien Régime,* Seuil, coll. Points-Histoire, 1975, p. 255 : « *On ne gardait pas ses enfants avec soi, on les envoyait dans une autre famille, avec ou sans contrat, pour y demeurer et commencer leur vie, ou pour y apprendre les manières d'un chevalier ou un métier ou même pour suivre l'école et s'instruire des textes latins.* »

14. L. 28 août 1792, art. 1er : « *Les majeurs ne sont pas soumis à la puissance paternelle ; elle ne s'étendra que sur la personne des mineurs* ». Ultérieurement (février 1793), Berlier voulut supprimer complètement la puissance paternelle ; cf. aussi l'exposé des motifs du premier projet de Code civil présenté par Cambacérès à la Convention : « *La voix impérieuse de la Raison s'est fait entendre : il n'y a plus de puissance paternelle ; c'est tromper la nature que d'établir ses droits par la contrainte. Surveillance et protection, voilà les droits des parents ; nourrir et élever leurs enfants, voilà leurs devoirs* », Fenet, *Recueil complet des travaux préparatoires du Code civil,* t. I, p. 5 ; v. M. Garaud et R. Szramkiewicz, *La Révolution française et la famille,* PUF, 1978, p. 133 et s. ; P. Murat, « La puissance paternelle et la Révolution française : essai de régénération de l'autorité des pères », *in La loi, la famille, l'État, op. cit.*, p. 390 et s.

15. X. Martin, « À tout âge ? Sur la durée du pouvoir des pères dans le Code Napoléon », *Rev. hist. fac. droit* 1992-227 : selon l'auteur, réagissant contre la Révolution, le Code civil aurait été gérontocratique ; il n'aurait admis la majorité à 21 ans qu'après des hésitations et avec d'importantes limites : les noirs, les femmes mariées, le mariage, le divorce, la réserve héréditaire.

16. Portalis dans l'exposé des motifs du Code Napoléon sur la puissance paternelle : « *La nature a donné aux pères et aux mères un désir de voir prospérer leurs enfants que ceux-ci sentent à peine par eux-mêmes. La loi peut donc sans inquiétude s'en rapporter à la nature* » : Fenet, *Recueil complet des travaux préparatoires du Code civil,* t. IX, p. 144. Cf. aussi Montesquieu, *Lettres persanes,* Lettre 129 : la puissance paternelle est « *la plus sacrée des magistratures, de toutes les puissances, celle dont on abuse le moins* ».

17. Voir sur ce débat, B. Schnapper, « La correction paternelle et le mouvement des idées au XIXe siècle (1788-1935) », *RHD* 1980, p. 319.

18. Selon la formule d'Aubry et Rau, *op. cit.*, 4e éd., 1873, t. 6, § 548.

19. Deux articles : 371 et 371-3.

§ 1. De l'égalité parentale à la coparentalité

1523. Présence des mères, pouvoirs des pères. – Pendant longtemps l'autorité dans la famille s'exerça par la puissance paternelle et la puissance maritale. Cette conception patriarcale, phallocratique diraient certains, a aujourd'hui disparu en France et dans les pays occidentaux[20] : désormais règne l'égalité, garantie par les grands textes internationaux dans le couple comme dans la famille. Depuis 1970, les père et mère exercent ensemble et à égalité l'autorité parentale[21]. Aujourd'hui, les débats sur l'égalité concernent plutôt la place du père dans la famille désunie et dans la famille hors mariage : alors que se multiplient les séparations et les familles créées hors mariage, il apparaît qu'un grand nombre d'enfants vivent avec leur mère et n'entretiennent avec leur père que des rapports épisodiques[22].

Certains voient là la marque du sexisme des juges ou de la tendance naturelle du législateur contemporain au matriarcat. D'autres font observer que la mère assume ainsi une charge dont elle partagerait volontiers le poids avec le père. Tous soulignent la nécessité de redonner au père la place qui lui revient auprès des enfants. Il s'agit moins de reconnaître de prétendus « droits des pères » que de respecter le droit de l'enfant à être élevé par ses deux parents et satisfaire par là même à une nécessité sociale. Les circonstances de la vie peuvent éloigner un père de son enfant ; s'il ne peut l'en empêcher, le droit ne doit pas, par ses dispositions comme par son silence, favoriser la rupture.

1524. Deux parents pour toujours. – Le principe de *coparentalité*[23] qui anime maintenant le droit français se traduit par la généralisation de l'exercice en commun de l'autorité parentale dans la famille construite en mariage comme dans la famille hors mariage, dans la famille unie comme dans la famille désunie, dans la famille par le sang comme dans la famille adoptive. La règle fut réaffirmée par la loi du 4 mars 2002 (qui a achevé sur ce point l'évolution amorcée en 1970 pour la famille légitime unie), élargie en 1987 à la famille divorcée et à la famille naturelle, généralisée, sous réserve de quelques exceptions, notamment dans la famille naturelle, en 1993. La plupart des législations européennes ont connu la même évolution[24], qui correspond d'ailleurs aux idéaux de la Convention internationale sur les droits de l'enfant et aux prescriptions européennes[25].

---

20. Cette conception demeure cependant présente dans d'autres parties du monde, notamment en terre d'Islam : les parents sont certes « égaux », mais cette égalité se traduit par des fonctions propres à l'homme et à la femme : la femme dispose du « droit de garde » (*hadana*) *i.e.* du droit (et du devoir) d'assurer la prise en charge et l'éducation quotidienne de l'enfant, du moins jusqu'à un certain âge. Le père dispose lui de la « tutelle » (*willaya*) *i.e.* du droit (et du devoir) de prendre toute décision importante en matière de protection et d'éducation de l'enfant (Linant de Bellefonds, *Traité de droit musulman comparé, op. cit.*, t. 3). Une partie des débats actuels sur la promotion du statut de la femme porte sur la reconnaissance du droit de la mère à exercer la « tutelle » en cas de décès du père (cf. la réforme du Code du statut personnel du Royaume du Maroc).

21. Sur la reconnaissance en droit français de la fonction maternelle, cf. F. Terré, « À propos de l'autorité parentale », *in Réformes du droit de la famille,* Archives de philosophie du droit, t. 20, 1975, p. 45 et s.

22. Le Rapport Théry (1998) relevait que 15,7 % des enfants mineurs ne vivaient pas avec leur père. Sur l'ensemble des enfants vivant avec leur mère, 20 % des enfants voyaient leur père toutes les semaines, 20 % tous les quinze jours, 5 % une fois par mois, 18 % moins d'une fois par mois ; 24 % ne le voyaient pas du tout (Rapp. préc., p. 51).

23. Sur la coparentalité, cf. not. le dossier *Coparentalité*, *AJ famille* 2009, n° 4, p. 148 s ; « Comment assurer le respect de la coparentalité entre parents séparés », Rapport du groupe de travail sur la coparentalité, ministère de la Justice et ministère des Affaires sociales et de la Santé, 2014.

24. Fr. Boulanger, *Autorité parentale et intérêt de l'enfant*, Éd. Edeline, 2008.

25. S. Grataloup, *L'enfant et ses parents dans les normes européennes*, thèse Lyon III, LGDJ, 1998, préf. H. Fulchiron. Pour la CEDH, l'absence de possibilité d'accorder la garde conjointe après divorce

Il se manifeste également par les efforts déployés à travers les réformes successives pour assurer la continuité des relations personnelles entre l'enfant et chacun de ses parents. La Convention internationale relative aux droits de l'enfant en fait un droit de l'enfant (art. 10.2), la Charte européenne des droits fondamentaux l'a inscrit à l'article 24-3[26]. La CEDH veille à son respect au titre du droit au respect de la vie familiale[27] ; son exercice « transfrontière » devrait être facilité tant par la Convention de Strasbourg du 15 mars 2003 sur les relations personnelles concernant les enfants que par les dispositions extrêmement favorables que contient sur ce point le règlement communautaire, Bruxelles II *bis*[28]. En droit interne, la loi du 4 mars 2002 a fait du maintien des relations personnelles avec l'enfant un devoir pour les père et mère[29] ; et à l'article 373-2-1, alinéa 3, il est désormais question d'un droit et d'un *devoir* de surveillance[30]. De ce point de vue, le droit français de l'autorité parentale pourrait se résumer en deux formules. La première est inscrite à l'article 371-1 du Code civil : l'autorité parentale « appartient » aux père et mère ; la seconde a fleuri en d'autres temps et sous d'autres cieux : « On est parent pour toujours ».

§ 2. De l'intérêt de l'enfant aux droits de l'enfant

1525. ***Favor* : intérêt de l'enfant.** – À partir du milieu du XIXe siècle, s'est développé un double mouvement en faveur de l'enfant. D'une part, la jurisprudence a réaffirmé son pouvoir modérateur, *i.e.* son droit, fondé dans la tradition des anciens Parlements, de remédier aux abus de la puissance paternelle et d'en prévenir les excès[31]. D'autre part, furent votées une longue suite de lois « *toutes imprégnées d'une foi profonde dans le droit de l'enfant*[32] », depuis la loi sur le contrat d'apprentissage du 28 mai 1851 ou celle du 7 décembre 1874 sur la protection des enfants employés dans les professions ambulantes[33] jusqu'à la loi du 24 juillet 1889 sur la protection des enfants maltraités et abandonnés, véritable « *charte des droits de l'enfant au*

relève de la marge d'appréciation dont disposent les États pour évaluer que toutes mesures sont nécessaires dans l'intérêt de l'enfant (CEDH, 22 novembre 2001, *R.W.c/. Autriche*, req. n° 36222/97). *Adde* CEDH, 3 décembre 2009, *Zaunegger c. Allemagne* (*JCP* G 2010, 399, note F. Boulanger ; *RJPF* 2010, n° 4, p. 25, obs. F. Eudier) condamnant l'Allemagne qui soumettait l'exercice en commun de l'autorité parentale dans les couples non mariés à l'accord de la mère, sans possibilité de recours judiciaire alors que dans les couples mariés le juge pouvait apprécier, en considération de l'intérêt supérieur de l'enfant. Depuis, la Cour constitutionnelle allemande a déclaré inconstitutionnelles les dispositions incriminées (Cour constit. allemande, 21 juillet 2010, n° 1 BvR 420/09, *AJ famille* 2010, p. 434, obs. M. Falgenträger).

26. « *Tout enfant a le droit d'entretenir régulièrement des relations personnelles et des contacts directs avec ses deux parents, sauf si cela est contraire à son intérêt* ». La CJUE ne semble cependant pas en faire grand chose : dans un arrêt du 5 octobre 2010 (n° C. 400/10, *AJ famille* 2010, 482, Pratique A. Boiché, *RTD civ.* 2011, p. 115, obs. J. Hauser), elle affirme que « *il y a lieu de tenir compte (...) de la grande diversité des relations hors mariage et de celle des relations des parents avec leurs enfants qui en résulte* » ; elle en conclut que le règlement invoqué (en l'occurrence le règlement Bruxelles 2 *bis* dans une affaire d'enlèvement d'enfant), « *doit être interprété en ce qu'il ne s'oppose pas à ce que le droit d'un État membre subordonne l'acquisition du droit de garde par le père d'une enfant, non marié avec la mère de ce dernier, à l'obtention par le père d'une décision de la juridiction nationale compétente* » : il suffit que le père... ait le droit d'agir en justice.

27. *GA CEDH*, p. 509 s. et réf. cit.

28. Cf. not. l'article 41 du Règlement : « *Le droit de visite* [...] *accordé par une décision exécutoire rendue dans un État membre, est reconnu et jouit de la force exécutoire dans un autre État membre sans qu'aucune déclaration leur reconnaissant force exécutoire ne soit requise et sans qu'il soit possible de s'opposer à sa reconnaissance si la décision a été certifiée dans l'État membre d'origine conformément au paragraphe 2* » : le contrôle ne se fait plus dans le pays d'exécution, mais dans le pays d'origine de la décision.

29. Art. 373-2 al. 2 : « *Chacun des père et mère doit maintenir des relations personnelles avec l'enfant et respecter les liens de celui-ci avec l'autre parent* », cf. *infra*, n° 1622.

30. Art. 373-2-1, *infra*, n° 1620.

31. Demolombe, t. 6, n° 358.

32. Planiol, *Traité élémentaire de droit civil,* t. 1, n° 529.

33. Hector Malot, *Sans famille* (1878).

regard de son père », selon Josserand[34]. Cette législation protectrice fut par la suite complétée et modifiée sans relâche : les ordonnances du 2 février 1945 sur l'enfance délinquante et du 1er septembre 1945 relative à la correction paternelle, puis la loi du 23 décembre 1958, texte fondateur de l'assistance éducative, consacrèrent le passage de la puissance paternelle « *de la catégorie des droits égoïstes, à celle des droits altruistes, des droits fonctions*[35] ».

La loi du 4 juin 1970 a marqué l'aboutissement de cette évolution : l'intérêt de l'enfant est désormais la seule finalité de l'action des parents et le seul critère d'intervention de l'État.

La notion d'intérêt de l'enfant constitue la pierre angulaire de l'autorité parentale : elle en est la condition, la mesure et la fin. On a critiqué son caractère flou, ainsi que les difficultés et les ambiguïtés de sa mise en œuvre. Ne permet-elle pas de justifier les égoïsmes parentaux aussi bien que les tentatives d'intrusion de l'État dans la famille ? Notion souple et évolutive, l'intérêt de l'enfant est le reflet d'un consensus social à une époque donnée dans un pays donné, mais doit être apprécié dans le cas de chaque enfant en particulier[36]. Les grands textes internationaux parlent aujourd'hui « d'intérêt supérieur de l'enfant ». Disposition phare de la CIDE, l'article 3.2 affirme ainsi que « *dans toutes les décisions qui concernent les enfants, qu'elles soient le fait des institutions publiques ou privées de protection sociale, des tribunaux, des autorités administratives ou des organes législatifs, l'intérêt supérieur de l'enfant doit être une considération primordiale* ». Le principe a été repris par la Charte des droits fondamentaux de l'Union européenne à l'article 24.2. Au-delà des textes, la notion d'intérêt supérieur de l'enfant rayonne désormais sur l'ensemble de la jurisprudence nationale, européenne et internationale[37].

Pour autant, que faut-il entendre par intérêt « supérieur » de l'enfant ? Lors des premiers débats sur la CIDE, on avait fait observer que la formule, traduite de l'expression *"the best interest of the child"*, pouvait se comprendre de deux façons : au sens du plus grand intérêt de l'enfant (ce qui est meilleur pour lui, d'autant que ses intérêts peuvent être multiples, parfois même contradictoires), d'une part ; au sens d'un intérêt « supérieur » par rapport aux autres intérêts en présence (ceux des parents, ceux des tiers, ceux de l'État), d'autre part. La réponse à la question se trouve dans la suite de l'article 3.2 : « *l'intérêt supérieur de l'enfant doit être une considération primordiale* ». L'intérêt de l'enfant n'est donc « supérieur » en ce qu'il primerait sur tout autre considération, mais en ce qu'il constitue une donnée qui non seulement doit être systématiquement prise en compte, mais encore, qui doit peser d'un poids particulier dans la décision à prendre. Telle semble être la lecture retenue par la CEDH qui fait de l'intérêt supérieur de l'enfant une des composantes du droit au respect de la vie familiale[38] (art. 8). Selon la Cour, « *il existe actuellement un large consensus – y compris en droit international- autour du principe de primauté de l'intérêt supérieur de l'enfant* »[39] : la Cour vérifie que l'État requis a bien respecté ce principe,

34. Josserand, *Cours de droit civil positif français*, Sirey, 1931, t. 1, n° 1078.
35. *Ib.*
36. I. Théry, *Le démariage*, *op. cit.* et réf. cit.
37. Cf. Ph. Bonfils et A. Gouttenoire, *Droit des mineurs, op. cit.*, n° 91 et s. et réf. cit.
38. La Cour a tenté de définir la notion dans un arrêt du 6 décembre 2007 (n° 39 388/05, *Mamousseau et Washington c. /France, AJ. Fam.* 2008, 83, obs. A. Boiché ; *D.* 2008, 1854, obs. A. Gouttenoire, elle a tenté de préciser la notion d'intérêt supérieur de l'enfant dont elle souhaitait qu'il fût « *constamment interprété de manière cohérente, quelle que soit la convention internationale invoquée* » (*sic*) [...] « *en matière de garde par exemple, l'intérêt supérieur de l'enfant peut avoir un double objet : d'une part lui garantir une évolution dans un environnement sain, et un parent ne saurait être autorisé à prendre des mesures préjudiciables à sa santé et à son développement ; d'autre part, maintenir ses liens avec sa famille, sauf dans les cas où celle-ci s'est montrée particulièrement indigne, car briser ce lien revient à couper l'enfant de ses racines* ». Il n'est pas certain que les juges nationaux se trouvent plus avancés.
39. Arrêt *Neulinger et Shuruk c. Suisse*, 10 juillet 2010, n° 41615/07.

dans le processus décisionnel (ce qui impose aux États un certain nombre d'obligations procédurales) et dans la décision prise[40]. La prise en compte de l'intérêt supérieur de l'enfant permettra soit d'écarter une règle légale qui lui serait contraire de façon générale, soit de faire exception à cette règle dans un cas particulier, soit de trancher des conflits de droits et d'intérêts[41]. Pour autant, l'intérêt supérieur de l'enfant ne peut servir à justifier tout et n'importe quoi[42] : lorsque sont en présence des droits et intérêts contradictoires (droits et intérêts du père ou de la mère de l'enfant, intérêt de l'enfant et intérêts collectifs), sa prise en compte constitue une considération « primordiale » et souvent décisive, mais sur la base d'une mise en balance de ces différents droits et intérêts[43].

1526. *Jus* : droit de l'enfant. – De ce point de vue, un pas décisif a été franchi avec la reconnaissance des droits de l'enfant. Il ne s'agit plus d'apprécier à la fois *in concreto* et *in abstracto* un intérêt souvent difficile à cerner, mais de reconnaître et de protéger un certain nombre de prérogatives fondamentales qui appartiennent à tout enfant, en sa qualité de petit d'homme[44]. À cet égard, un texte a révolutionné la vision juridique de l'enfant : la Convention internationale sur les droits de l'enfant, adoptée à l'unanimité par les Nations Unies le 20 octobre 1989 et ratifiée depuis par tous les États membres de l'ONU, à l'exception des États-Unis et de la Somalie[45]. La Convention reconnaît à l'enfant un ensemble de droits fondamentaux tels que le droit inhérent à la vie (art. 6.1), le droit, dans la mesure du

40. Cf. A. Gouttenoire, « La Convention internationale des droits de l'enfant dans la jurisprudence de la Cour européenne des droits de l'homme », in *Le Monde du droit, Écrits rédigés en l'honneur de Jacques Foyer*, Economica, 2008 p. 495.

41. Cf. *Johansen c. Norvège*, 7 avril 1996 : selon la Cour « *bien qu'il faille ménager un juste équilibre entre l'intérêt de l'enfant et ceux de ses parents, la Cour attache une importance particulière à l'intérêt supérieur de l'enfant qui, selon sa nature et sa gravité, peut l'emporter sur celui des parents...* ». De même, dans l'affaire *R.M.S c. Espagne*, 18 juin 2013, n° 28775/12 (placement en vue de l'adoption d'un enfant abandonné par sa mère), elle affirme que : « *Dans une affaire comme celle de l'espèce, le juge se trouve en présence d'intérêts souvent difficilement conciliables, à savoir ceux de l'enfant et ceux de sa mère. Dans la recherche de l'équilibre entre ces différents intérêts, l'intérêt supérieur de l'enfant doit être une considération primordiale* ».

42. Jean Carbonnier avait ironiquement déclaré qu'à la limite, la notion d'intérêt de l'enfant pourrait rendre superflues toutes les institutions de droit familial.

43. Cf. par ex. les arrêts *Labassée* et *Mennesson* de la CEDH (préc.) sur le sort des enfants nés à l'étranger par GPA. Selon la Cour, « *s'il est concevable que la France puisse souhaiter décourager ainsi ses ressortissants de recourir à l'étranger à une méthode de procréation qu'elle prohibe sur son territoire (...), il résulte toutefois de ce qui précède que les effets de la non reconnaissance en droit français du lien de filiation entre les enfants ainsi conçus et les parents d'intention ne se limitent pas à la situation de ces derniers, qui seuls ont fait le choix des modalités de procréation que leur reprochent les autorités françaises : ils portent aussi sur celle des enfants eux-mêmes dont le droit au respect de la vie privée, qui implique que chacun puisse établir la substance de son identité, y compris sa filiation, se trouve significativement affecté* » (*Mennesson*, par. 99) ; et la Cour de souligner que « *se pose donc une question grave de compatibilité de cette décision avec l'intérêt supérieur des enfants, dont le respect doit guider toute décision les concernant* » (*Mennesson*, par. 99). La France est donc condamnée non pas parce que le refus de reconnaître la filiation telle qu'établie à l'étranger serait en soi contraire à l'intérêt supérieur de l'enfant, mais parce que ce refus combiné à l'impossibilité d'établir en France la filiation *more gallico* porte, dans le cas d'une filiation biologique, voulue et vécue par les intéressés, une atteinte disproportionnée au droit de l'enfant au respect de son identité : dans la pesée entre les droits et intérêts individuels en présence, ceux de l'enfant et ceux de la société, le prise en compte de l'intérêt supérieur de l'enfant fait pencher la balance en faveur de celui-ci.

44. Sur l'articulation entre intérêt de l'enfant et droit de l'enfant, cf. H. Fulchiron, « Droits de l'enfant et intérêt de l'enfant, libres propos sur les interactions entre deux notions clefs de la protection de l'enfant », *in La personne humaine, entre autonomie et vulnérabilité, Mélanges en l'honneur d'Édith Deleury*, Éd. Yvon Blais, 2015, p. 181 s.

45. Ces deux États ont signé la Convention mais ne l'ont pas ratifiée, le premier en raison des débats internes sur la peine de mort pour les mineurs, le second en raison de l'instabilité qui y règne. Créé en 2011, le Soudan du Sud n'a pas encore signé la Convention, ni la Palestine devenue État observateur auprès de l'ONU en 2012.

possible, de connaître ses parents et d'être élevé par eux (art. 7), de ne pas être séparé de ses parents contre leur gré (art. 9), d'exprimer librement son opinion sur toute question l'intéressant et d'être entendu dans toute procédure administrative ou judiciaire l'intéressant (art. 12.2), le droit à la liberté d'expression (art. 13), à la liberté de pensée, de conscience et de religion (art. 14), au respect de la vie privée (art. 16), de jouir du meilleur état de santé possible et de bénéficier de services médicaux et de rééducation (art. 24), à l'éducation (art. 28), etc.

Le texte a suscité l'enthousiasme de certains. D'autres en ont critiqué les ambiguïtés, voire les dangers : à investir l'enfant de droits de l'homme ne le prive-t-on pas de son enfance ? Opposable à l'État, ces droits le sont aussi aux parents : ne risque-t-on pas de dresser les enfants contre leurs parents, en favorisant le contrôle de l'État, appelé comme arbitre, dans la famille ? Et que sont des droits sans devoirs ? En pratique, l'effet de la Convention sur le droit français a été considérable : diverses modifications législatives ont été réalisées au nom des droits de l'enfant[46] et la CIDE a été constamment invoquée au soutien des réformes contemporaines du droit de la famille[47]. L'attitude de la jurisprudence fut cependant très contrastée. Longtemps, la Cour de cassation dénia à la CIDE tout effet direct : « *Les dispositions de la Convention* [...] *ne peuvent être invoquées devant les tribunaux* » car « *elle ne crée d'obligations qu'à la charge des États parties*[48] ». Plus nuancé, le Conseil d'État se livra à un examen article par article : selon la Haute juridiction, certains articles sont suffisamment précis dans leur objet et dans leur forme pour être considérés comme étant « *self executing* » *i.e.* directement applicables dans l'ordre interne sans qu'il soit besoin de mesures complémentaires d'exécution ; d'autres constituent seulement des déclarations de principe dont la mise en œuvres est subordonnée aux mesures d'exécution législatives ou réglementaires que doivent prendre les États parties[49]. La Cour de cassation s'est finalement ralliée à cette position : elle a ainsi affirmé que l'article 3-1 de la Convention selon lequel l'intérêt supérieur doit être une considération primordiale, est d'application directe devant les juridictions françaises[50]. Reste à savoir quelles dispositions sont l'application directe et jusqu'où peut aller cette application[51].

La CIDE ne prévoyait pas de procédure de recours individuel. Le 3e protocole facultatif établissant une procédure de présentation de communication a comblé cette lacune. Adopté le

46. Ex. : la loi du 8 janvier 1993 consacrant notamment le droit du mineur capable de discernement d'être entendu dans toutes les procédures qui le concernent.

47. Ex. : la loi du 3 décembre 2001, réformant le droit des successions et parachevant l'égalité entre enfants.

48. ** Cass. civ. 1re, 10 mars 1993, *Le Jeune*, *D.* 1993, 361, n. J. Massip ; *JCP* G 1993.I.3677, obs. C. Neirinck et P.M. Martin. Malgré les critiques, parfois vives, la Cour de cassation a maintenu sa position jusqu'en 2005.

49. ** CE, 22 septembre 1997, *demoiselle Cinar*, *RFD adm.* 1998, 562, concl. R. Abraham ; *JCP* G 1998.II.10051, n. A. Gouttenoire-Cornut, affirmant que l'article 3, § 1 de la Convention, qui dispose que « *l'intérêt supérieur de l'enfant doit être une considération primordiale* » dans toutes les décisions le concernant, est d'application directe (*contra*, pour les articles 26, § 1 et 27, § 1, CE, 23 avril 1997, *GISTI*, 1997, 585, concl. R. Abraham).

50. Cass. civ. 1re, 18 mai 2005, 2 arrêts, *Bull. civ.* I, n° 211 et n° 212 ; *JCP* G 2005.II.10081. Y. Strickler, *JCP* G. II.10115, concl. C. Petit, n. C. Chabert ; *Defrénois* 2005, p. 1418, n. J. Massip ; *Dr. famille* 2005, n° 156, obs. A. Gouttenoire ; *RTD civ.* 2005, p. 750, obs. P. Rémy-Corlay.

51. Saisie du zèle des nouveaux convertis, la Cour de cassation paraît exiger désormais que toute décision rendue en matière d'autorité parentale le soit au nom de l'intérêt supérieur de l'enfant et de l'article 3-1 Conv. IDE. Cass. civ. 1re, 8 novembre 2005, *Bull. civ.* I, n° 404 ; *Dr. famille* 2006, n° 28, n. A. Gouttenoire : en l'espèce, le père d'origine libanaise et francophone avait obtenu des juges au fond que ses enfants résidant avec leur mère au Luxembourg fussent inscrits dans une école francophone et non dans une école primaire luxembourgeoise où les enseignements se faisaient en allemand, afin de mettre pleinement en œuvre le principe de coparentalité. Cassation : « *en se déterminant ainsi, en considération de l'intérêt du père et sans rechercher quel était l'intérêt supérieur des enfants qui ont la double nationalité française et luxembourgeoise, la cour d'appel a privé sa décision de base légale au regard des textes susvisés* » (CIDE art. 3-1 et C. civ., art. 371-1) : pourtant depuis près de vingt ans le principe de coparentalité s'identifie à l'intérêt de l'enfant. Sur l'ensemble de la question, cf. A. Gouttenoire *et al.*, « *La convention internationale des droits de l'enfant vingt ans après* », *Dr. famille* 2009, n° 13 s.

19 décembre 2011 par l'Assemblée générale des Nations Unies, il a été signé par la France en novembre 2014 à l'occasion des vingt-cinq ans de la Convention. Il permet à tout enfant de déposer une communication individuelle devant le Comité des droits de l'enfant s'il estime être victime d'une violation de ses droits par un État partie et qu'il n'a pu obtenir satisfaction devant les autorités de cet État.

Si l'idéologie des droits de l'enfant éclaire d'un jour nouveau le droit de l'autorité parentale, elle ne signifie pas que parents et enfants aient le même statut : égaux comme personnes, ce que traduit la reconnaissance des droits de l'enfant, parents et enfants n'ont ni la même place, ni le même rôle, ni le même statut dans la famille. Que les premiers soient chargés de protéger les seconds et de les amener à la pleine capacité juridique leur donne *autorité* sur les seconds.

§ 3. De l'égalité entre enfants à un droit commun de l'autorité parentale

1527. Égaux dans la différence. – Le Code Napoléon avait construit la famille sur le mariage et la légitimité. Sous son empire, certains doutaient même qu'existât une puissance paternelle sur les enfants naturels[52]. Il fallut attendre la loi du 2 juillet 1907 pour l'admettre. En principe, la puissance paternelle était attribuée à l'auteur de la première reconnaissance et au père en cas de reconnaissance simultanée, sauf décision contraire du tribunal. Le législateur du 4 juin 1970 mit fin à un système très critiqué car il privilégiait le père alors que, dans les faits, la charge des enfants incombait le plus souvent à la mère. Par souci de réalisme, mais aussi pour marquer la promotion de la femme en tant que mère, le législateur confia l'exercice de l'autorité parentale à celle-ci, sauf décision contraire du tribunal (art. 374). Sur ce chapitre, la loi du 4 juin 1970 fut généralement bien accueillie à l'époque ; mais elle fut dépassée par l'évolution des mœurs et des mentalités qui, dans les années 1970, bouleversèrent les conceptions traditionnelles de la famille : apparition d'une véritable famille hors mariage, modification des comportements et des revendications des pères désireux de s'occuper de leurs enfants pendant la vie commune et après la séparation (les « nouveaux pères » dont l'image se substitua peu à peu à celle du séducteur : Faust abandonnant Marguerite à son rouet), multiplication des reconnaissances conjointes et des demandes de transfert ou d'exercice en commun de l'autorité parentale. La loi du 22 juillet 1987 consacra les droits du père naturel et fit de l'exercice en commun de l'autorité parentale le modèle, dans la famille naturelle comme dans la famille légitime. Mais la loi maintenait la prédominance de la mère.

1528. Égaux dans l'indifférenciation. – Au nom de l'égalité entre enfants, la loi du 8 janvier 1993 posa les fondements d'un droit commun de l'autorité parentale : le principe d'un exercice en commun de l'autorité parentale pour les enfants légitimes et pour les enfants naturels fut inscrit dans un même article (art. 372 anc.), mais à deux alinéas différents. Les textes de l'autorité parentale étaient étendus à la famille naturelle (il n'était plus question « d'époux » mais de « parents »). Pour autant, des différences demeuraient, et la prédominance, subsidiaire, de la mère restait affirmée (art. 374, al. 2 anc.)[53].

52. Lors des discussions préparatoires, Tronchet avait affirmé que « *la naissance seule établit des devoirs entre les pères et les enfants naturels* » (Fenet, *op. cit.*, t. 10, p. 497). Mais les seules dispositions expressément déclarées applicables aux enfants naturels étaient celles organisant le droit de correction (C. Nap., art. 383). Les interprètes étaient, en conséquence, très divisés.

53. Sur la remise en cause de cette prédominance au nom de l'égalité entre hommes et femmes, cf. *infra*, n° 1605.

La loi du 4 mars 2002 a mis le terme à cette évolution : reprenant les propositions de la Commission *Dekeuwer-Défossez*[54], elle anticipa la réforme de la filiation et construisit un droit commun de l'autorité parentale, faisant disparaître des règles relatives à l'autorité parentale les notions même d'enfant naturel et d'enfant légitime.

1529. De l'égalité entre père et mère à l'homoparentalité. – La question de l'éducation de l'enfant par deux parents de même sexe s'est posée depuis longtemps, qu'il s'agisse de la prise en charge d'un enfant né d'une union antérieure ou d'un enfant « engendré » dans le cadre d'un projet parental commun. Non sans hésitations, les juges y avaient répondu avec les instruments du droit commun (délégation de l'autorité parentale, adoption[55]). Là encore, la loi de 2013 sur le « mariage pour tous » constitue une rupture. En ouvrant l'adoption aux époux de même sexe, elle consacre l'homoparentalité à travers l'homoparenté. De même que le modèle asexué du « couple conjugal » s'est substitué à celui du mariage traditionnel, de même, le modèle du « couple parental », tout aussi asexué, s'impose face à celui de la parenté/complémentarité des père et mère[56].

Cette évolution n'a pas été transcrite dans les textes sur l'autorité parentale. Face à la violence des réactions suscitées par la disparition programmée des termes de « père » et « mère[57] », le législateur de 2013 a temporisé : sauf exception[58], les dispositions légales sont restées intactes et l'article 6-1 du Code civil (disposition « balai »[59]), étend leur portée à tous les parents adoptifs, « *que les époux soient de sexe différent ou de même sexe* ».

On examinera quelles sont les fins de cette autorité parentale unifiée (Chapitre I), avant d'étudier les règles qui en gouvernent l'exercice (Chapitre II) puis les contrôles que l'État peut être amené à exercer dans l'intérêt de l'enfant (Chapitre III).

N°s 1530-1549 réservés.

54. *Rapp.* préc., p. 75.
55. Cf. *supra*, n° 1475.
56. Cf. pour une réflexion critique, C. Eoche-Duval, « Le droit d'un enfant à être nourri, entretenu et élevé par sa mère ou par son père, est-il un principe à valeur constitutionnel ? », *D.* 2013, p. 786.
57. Évolution déjà largement entamée depuis les années quatre-vingt, mais dans une finalité toute différente : celle de l'égalité entre homme et femme.
58. Le législateur a pris soin de « dégenrer » l'article 371-1 qui pose les principes de base de l'autorité parentale (l'autorité parentale « *appartient aux parents jusqu'à la majorité ou l'émancipation de l'enfant pour le protéger dans sa sécurité, sa santé et sa moralité, pour assurer son éducation et permettre son développement, dans le respect dû à sa personne* »), mais s'est gardé de s'attaquer au texte gravé au fronton du chapitre consacré à l'autorité parentale : « *L'enfant, à tout âge, doit honneur et respect à ses père et mère* » (art. 371). Ce ne devrait être, hélas, que partie remise, cf. *infra*, n° 1555.
59. Cf. *supra*, n° 968.

■ CHAPITRE I ■

FINALITÉS DE L'AUTORITÉ PARENTALE

L'autorité parentale est une fonction (Section I) qui investit les parents d'un ensemble de missions (Section II).

SECTION I
UNE FONCTION

L'autorité parentale est une fonction, *i. e.* un ensemble de droits et de devoirs (art. 371-1, al. 1) corrélatifs, chaque droit reconnu aux père et mère (ou, depuis 2013, aux pères ou aux mères[1]) étant en même temps un devoir qui leur est imposé. Cette fonction « *appartient* » aux père et mère (§ I), elle est finalisée dans l'intérêt de l'enfant (§ II) ; elle est d'ordre public (§ III).

§ 1. UNE FONCTION PARENTALE

Selon l'article 371-1, alinéa 2, « *l'autorité parentale appartient aux parents jusqu'à la majorité ou l'émancipation de l'enfant* »[2]. La règle appelle quatre précisions.

1550. Vocation première. – Dire, selon la rédaction énergique de l'article 371-1, alinéa 2, que l'autorité parentale « *appartient* » aux parents signifie que ceux-ci ont une vocation première, *naturelle,* à assurer la protection et l'éducation de l'enfant : les droits des parents sont antérieurs à ceux de la société[3]. Le principe est en harmonie avec l'article 5 de la Convention internationale relative aux droits de l'enfant, selon lequel : « *Les États parties respectent la responsabilité, le droit et*

1. Comme on l'a souligné *supra*, le législateur du 17 mai 2013 a (sauf exception) reculé devant un toilettage des textes en général et des textes de l'autorité parentale en particulier, l'adaptation aux couples de même sexe se faisant par le truchement de l'article 6-1 C. civ. Dans la plupart des cas, on conservera donc dans les développements qui suivent les termes de père et mère, étant entendu que les dispositions étudiées s'appliquent également aux parents de même sexe.

2. L'article 371-1 est un des rares textes que le législateur a pris soin de « dégenrer ». Mais le symbole est fort.

3. TREILHARD dans l'exposé des motifs des dispositions consacrées à la puissance paternelle parle d'un « *droit fondé sur la nature et confirmé par la loi* ».

le devoir qu'ont les parents [...] de donner à [l'enfant] *d'une manière qui corresponde au développement de ses capacités, l'orientation et les conseils appropriés à l'exercice des droits que lui reconnaît la présente convention* ». Quant à la Cour européenne des droits de l'homme, elle veille également au respect des droits parentaux et censure toute ingérence étatique qui ne serait pas justifiée par la protection de l'enfant[4].

1551. Vocation égalitaire. – Pendant longtemps, l'autorité parentale était, au moins en droit, une phallocratie, mais moins marquée en France que dans d'autres pays, notamment en terre d'Islam ; le mari avait pour l'ensemble des relations familiales une double puissance. La puissance maritale, d'abord dégradée en autorité du mari chef de famille (1942), avant de disparaître complètement (1965). Peu après, la puissance paternelle s'est transformée en autorité parentale (1970). La promotion croissante de la femme lui a donné des droits égaux à ceux de l'homme et fait disparaître cette conception patriarcale. Les parents sont donc, en toute égalité, titulaires de l'autorité parentale avec une vocation égale à l'exercer[5].

1552. Vocation exclusive. – L'autorité parentale appartient aux parents et à eux seuls. Dès lors que la filiation est établie, ils en sont titulaires. Ils ne perdent leur fonction que dans des circonstances exceptionnelles justifiant un *retrait* de leur autorité. Le tiers auquel l'enfant peut être confié, par le juge aux affaires familiales ou le juge des enfants, ne dispose que de pouvoirs restreints : en toute hypothèse, les parents restent titulaires de l'autorité parentale et l'un d'eux au moins en conserve l'exercice[6]. Les autres membres de la famille n'ont pas à proprement parler de droits d'autorité parentale. La loi les place en revanche en première ligne pour assurer la protection de l'enfant en cas de défaillance des père et mère (art. 399, art. 373-3, alinéa 2).

4. A. Debet, *L'influence de la Convention européenne des droits de l'homme sur le droit civil,* Thèse Paris II, Dalloz, 2002, préf. L. Leveneur ; F. Vasseur-Lambry, *La famille et la Convention européenne des droits de l'homme,* L'Harmattan, 2000. Cf. CEDH 13 juillet 2000, *Elshotz c. Allemagne* (req. n° 25735/94, JCP 2011, I, n° 32, obs. F. Sudre : refus d'un droit de visite au père séparé), CEDH, *Sabou et Pircalab c. Roumanie,* 28 septembre 2004 (req. n° 46572/99 : le père avait été privé de ses droits parentaux au titre de la peine accessoire prévue par le Code pénal roumain dès lors qu'un individu est condamné à une peine d'emprisonnement. La Cour affirme que « *l'intérêt de l'enfant doit passer avant tout autre considération et que seul un comportement particulièrement indigne peut autoriser qu'une personne soit privée de ses droits parentaux dans l'intérêt supérieur de l'enfant* »), *Schmidt c. France,* 26 juillet 2007 (req. n° 35109/02 : l'enfant, coupé du monde et maltraité, avait été placé au titre de l'assistance éducative afin de le protéger contre ses parents adeptes d'une église évangélique, La Citadelle, ultérieurement dissoute) ou *K et T c. Finlande,* 12 juillet 2001 (n° 25702/94, à propos d'un enfant placé dès sa naissance en raison des difficultés psychiatriques de sa mère : la Cour souligne « *la prise en charge d'un nouveau-né par l'autorité publique dès sa naissance est une mesure extrêmement dure. Il faut des raisons extraordinairement impérieuses pour qu'un bébé puisse être soustrait aux soins de sa mère, contre le gré de celle-ci, immédiatement après la naissance, à la suite d'une procédure à laquelle ni la mère ni son compagnon n'ont été mêlés* ». Sur l'ensemble de la question, cf. *infra.*

5. Rapprocher l'article 18, 1° de la CIDE, cf. *infra.*

6. *Infra,* n° 1623.

1553. Grands-parents[7]. – Les grands-parents n'ont pas sur leurs petits-enfants une autorité qui pourrait porter atteinte à celle des parents, mais ils en ont une ombre[8], survivance sans doute de l'antique *patria potestas*[9] et marque de la place qu'ils occupent *de facto* dans la vie de l'enfant[10]. Cette place est d'ailleurs de plus en plus grande, peut-être à cause de l'allongement de la vie humaine et du travail des femmes ; aujourd'hui, plus d'un enfant de dix ans sur deux a au moins trois de ses grands-parents vivants, dont le rôle est particulièrement important dans les situations de crise, notamment lors d'un divorce. Si bénéfique soit-elle, cette présence n'est pas sans danger, car elle peut menacer la cohésion du petit groupe fondamental, parents-enfants, la famille nucléaire[11].

S'il n'y a ni père ni mère pour exercer l'autorité parentale, la protection de l'enfant est assurée par un autre système, celui de la tutelle (art. 373-5).

1554. Vocation temporaire des parents. – L'autorité parentale dure autant que l'incapacité de l'enfant, *i. e.* de sa naissance[12] à sa majorité ou à son émancipation (art. 371-1, al. 2). Certaines prérogatives qui lui sont liées disparaissent plus tôt : nationalité (art. 17-3), jouissance légale (art. 384). D'autres sont subordonnées, à partir d'un certain âge (treize ans en général), à l'accord de l'enfant : nom (art. 334-2), adoption (art. 345), soins, etc. En matière de nationalité, l'enfant dispose même d'une capacité spéciale qui lui permet d'agir seul à partir de seize ans (cf. art. 21-11 C. civ.). De façon générale, l'autorité parentale constitue une mission évolutive ; en droit comme en fait, les parents n'ont pas les mêmes rapports avec un nourrisson et un adolescent.

1555. Association de l'enfant à sa protection. – Même si le droit français ignore la *prémajorité*, l'enfant se voit reconnaître une autonomie croissante au fur et à mesure qu'il grandit[13]. Cette tendance a été renforcée par la reconnaissance des droits de l'enfant (Convention internationale sur les droits de l'enfant, art. 11-1°). Elle a été consacrée, avec prudence, par le législateur du 4 mars

7. **Biblio. :** Th. Garé, *Les grands-parents dans le droit de la famille*, thèse Lyon III, éd. CNRS, 1989, préf. J. Rubellin-Devichi ; du même auteur, « Les grands-parents dans le droit de la famille à la lumière de Convention internationale sur les droits de l'enfant », *Liber amicorum D. Huet-Weiller, op. cit.*, p. 181. *Adde* le dossier *La place des grands parents,* et les articles de A. Gouttenoire, M. Lamarche, L. Gebler, M. Larbats, F. Fournel, F. Douet, A. Devers et A. Boiché, *AJ famille*, avril 2008, p. 138.

8. Cf. les articles 150 (droit de consentir au mariage de l'enfant mineur, à défaut des père et mère), 173 (opposition au mariage), 191 (nullité du mariage), 402 (anc.) (tutelle légale ; mais la loi du 5 mars 2007 a fait disparaître l'avantage donné aux grands-parents : cf. art. 404 nouveau), ou 935, al. 2 (acceptation d'une donation adressée à l'enfant mineur, du vivant même des père et mère).

9. *Adde* la rédaction ambiguë de l'article 378, alinéa 2, qui envisage le retrait de l'autorité parentale des ascendants « *autres que les père et mère pour la part d'autorité parentale qui peut leur revenir sur leurs descendants* ». Rappr. l'étrange décision du T. enfants Toulouse, 13 septembre 1988, *D.* 1990.395, 1e esp., n. crit. Th. Garé, conférant aux parents et aux grands-parents une « *autorité conjointe* ».

10. Victor Hugo a magnifié l'*Art d'être grand-père* (1877) : l'enfant arrive de l'espace infini, l'aïeul s'y prépare ; ils ont tous deux la même clef de la vérité : la naissance et la tombe. « *Car les petits-enfants étaient hier encore/Dans le ciel, et savaient ce que la terre ignore* » (Georges et Jeanne) ; « *Oui, devenir aïeul, c'est rentrer dans l'aurore/Le vieillard gai se mêle aux marmots triomphants* » (L'autre) ; Le grand-père est le protecteur naturel de l'enfant : « *Jeanne était au pain sec dans le cabinet noir* » (Jeanne).

11. Sur le droit de l'enfant à entretenir des relations personnelles avec ses grands parents (art. 371-4, al. 1), *infra,* n° 1562.

12. TGI Rennes, 30 juin 1998, *JCP* G 1994.II.22250, n. C. Neirinck : l'épouse ne peut se prévaloir de l'autorité parentale sur l'œuf fécondé congelé.

13. G. Cornu, « L'âge civil », *in Mélanges Paul Roubier*, t. II, Dalloz, 1961, p. 9 et s. ; F. Gisser, « Réflexions en vue d'une réforme de la capacité des incapables mineurs. Une institution en cours de formation : la prémajorité », *JCP* G 1984.I.3142.

2002[14] : selon l'article 371-1, alinéa 3, « *Les parents associent l'enfant aux décisions qui le concernent, selon son âge et son degré de maturité* »[15]. Laissant toute liberté aux parents, le texte dont la rédaction s'inspire de l'article 12 CIDE constitue plus une incitation qu'une obligation qui pourrait se traduire par une action en justice. En pratique, il pourrait servir « *de support aux parents et au juge en cas de conflit familial : lorsque, par exemple, se pose le problème du choix relatif à la religion de l'enfant, à l'orientation de ses études ou au type d'établissement dans lequel il sera éduqué*[16] ».

À l'inverse, quelques parcelles d'autorité parentale, de moins en moins nombreuses, survivent à la majorité et à l'émancipation, en matière de mariage notamment (pour le majeur en tutelle naguère (art. 506 ancien ; mais aujourd'hui il n'est plus question que de recueillir l'avis des parents, cf. art. 460 nouveau) ; pour les oppositions à mariage, art. 173). Surtout, l'article 371 qui ouvre le titre de l'autorité parentale (une des rares dispositions en la matière à être demeurée inchangée depuis deux siècles) dispose : « *L'enfant, à tout âge, doit honneur et respect à ses père et mère* »[17]. Au-delà du symbole[18], la jurisprudence déduit de ce précepte du Décalogue[19] un certain nombre de conséquences juridiques[20].

La règle risque d'avoir du mal à survivre dans un monde postmoderne plein de principes et de bons sentiments. Soulignant que les rapports interfamiliaux « *ne sont plus de bas en haut, de l'enfant aux parents, le temps de la minorité, mais réciproques dans le temps et par-delà cette période* », le rapport Rosenczveig[21] préconisait une réécriture du texte : « *Ascendants et descendants se doivent réciproquement respect et solidarité* ». Lors de l'examen de la proposition de loi sur l'autorité parentale et l'intérêt de l'enfant[22], les députés en ont rajouté dans les affirmations creuses : « *Les parents et les enfants se doivent mutuellement respect, considération et solidarité* ». *Exit* l'honneur jugé « désuet » ; *exeunt,* en passant, les « père » et « mère » ; pauvres « parents » réduits à attendre de leurs enfants un peu de « considération ».

---

14. Le rapport Rosenczveig, *De nouveaux droits pour les enfants ?* ... (préc.), préconise de remplacer le principe d'incapacité par un principe de « capacité prospective » : l'enfant de plus de treize ans bénéficierait d'une présomption irréfragable de discernement et bénéficierait de nouveaux droits : son consentement serait nécessaire pour son orientation scolaire, pour un changement de religion, pour sa résidence, etc. À seize ans, il aurait le droit de saisir toute autorité judiciaire ou administrative sur toute question l'intéressant, notamment sa résidence habituelle ou son émancipation. Le droit de vote aux élections locales lui serait également accordé.

15. Rappr. en matière de tutelle article 415 al. 2.

16. Rapport Dekeuwer-Défossez, préc., p. 109.

17. A. Sériaux, « Tes père et mère, honoreras, Réflexions sur l'autorité parentale en droit français contemporain », *RTD civ.* 1986, 265.

18. Certains auraient souhaité que disparût cette trace du despotisme paternel. D'aucuns, emportés par le grand souffle des droits de l'enfant, proposaient que la réciprocité des devoirs d'honneur et de respect fût inscrite dans le texte (« *l'enfant et ses parents se doivent mutuellement honneur et respect* »). Le législateur s'y est refusé : à chacun sa place dans la famille (H. Fulchiron, « L'autorité parentale rénovée », article préc., p. 963). Cf. cependant, comme en écho, la nouvelle rédaction de l'art. 371-1, al. 2, C. civ., *infra* n° 1579.

19. Exode, 20 : « *Honore ton père et ta mère, afin d'avoir longue vie sur la terre que Dieu te donne* ».

20. Cass. civ. 1re, 12 juillet 1994, *Bull. civ.* I, n° 250 ; *D.* 1995, 623, n. Tchendjou ; *Defrénois* 1994, 151, n. X. Savatier ; *JCP* G 1995.II.22425, n. A. Sériaux ; en l'espèce, un enfant a obtenu une indemnité, sur le fondement de l'enrichissement sans cause, pour l'aide et l'assistance apportées à ses parents dans les dernières années de leur existence. *Adde*, visant ce texte pour condamner l'enfant, même renonçant, à assumer les frais d'obsèques en cas d'insuffisance de l'actif successoral (Cass. civ. 1re, 14 mai 1992, *D.* 1993, 247, note J.-F. Eschylle ; *JCP* G 1993.II.22097, n. F. Teste ; *Defrénois* 1992, 1435, obs. J. Massip ; *RTD civ.* 1993, 171, obs. J. Patarin). V. *Droit des successions*, coll. Droit civil.

21. Rapport préc.

22. Proposition de loi AN n° 1856, votée en première lecture par l'Assemblée nationale en juin 2014 et transmise au Sénat.

§ 2. Une fonction dans l'intérêt de l'enfant

1556. Impératif catégorique. – Les droits et devoirs des parents doivent être déployés dans l'intérêt de l'enfant. Notion protéiforme[23], l'intérêt de l'enfant est omniprésent dans le droit contemporain de la famille[24] ; il guide l'action des parents et justifie une intervention de l'État dans l'hypothèse où ils se révéleraient incapables ou indignes de remplir leur mission[25]. La Cour de cassation[26] comme le Conseil d'État[27] en font la mesure de toute chose. Il en va de même de la CEDH[28].

§ 3. Une fonction d'ordre public

1557. Indisponibilité v. contractualisation. – L'autorité parentale est l'un des piliers de l'organisation familiale et l'un des éléments de l'état des personnes. Elle est donc d'ordre public et, par conséquent, hors du commerce. Le principe est énoncé à l'article 376 : « *Aucune renonciation, aucune cession portant sur l'autorité parentale, ne peut avoir d'effet, si ce n'est en vertu d'un jugement dans les cas déterminés ci-dessous* »[29]. La règle vaut pour les parents comme pour les tiers.

Aujourd'hui, une place de plus en plus importante est reconnue aux accords passés par les parents pendant la vie commune et, surtout, en cas de séparation (art. 373-2-11, art. 372-2-13 pour le divorce sur requête conjointe). Cette évolution s'inscrit dans un mouvement général de « contractualisation » du droit de la famille[30] ; elle traduit également l'idée que tout doit être fait pour favoriser un « exercice consensuel » (*sic*, art. 373-2-10) de l'autorité parentale dans l'intérêt de l'enfant. Il ne s'agit plus seulement d'inviter le juge à « avoir égard aux pactes que les père et mère ont pu librement conclure » en la matière[31] (art. 376-1) : les parents séparés peuvent, depuis la loi de 2002, « *saisir le juge aux affaires familiales afin de faire homologuer la convention par laquelle ils organisent les modalités d'exercice de l'autorité parentale et fixent la contribution à l'entretien et à l'éducation de l'enfant* ». Problèmes de couple et problèmes de parents sont ainsi séparés ou du moins peuvent l'être ; les parents sont incités à organiser eux-même la vie du « couple parental » au-delà de la rupture du « couple conjugal ».

En toute hypothèse le juge veille : protecteur de l'intérêt de l'enfant (et de la liberté du consentement donné par les parents), il peut refuser d'homologuer la convention qui lui est soumise. Au demeurant, rien n'est gravé dans le marbre :

23. I. Théry, *Le démariage*, éd. Odile Jacob.

24. Sur la notion d'intérêt de l'enfant, *supra*, n° 1525.

25. Délégation, retrait, etc.

26. Cass. civ. 1re, 8 novembre 2000, préc.

27. ** CE, 22 septembre 1997, *Delle Cinar*, préc.

28. Cf. *supra*, n° 1525.

29. *Adde* art. 1388 : *Cass. req., 5 mars 1855, *Abry, DP*, 1855.I.341, « *les droits de la puissance paternelle étant inaliénables, les engagements que la mère a pris envers* A (le grand-père) et le *conseil de famille relativement à la personne de ses enfants, ne peuvent être considérés que comme lui imposant des devoirs moraux* » ; en l'espèce, une mère de famille d'enfants mineurs s'était remariée après le décès de son mari ; en raison du mécontentement que ce mariage avait suscité dans sa famille, elle prit l'engagement pour ses enfants de donner des droits de visite et d'hébergement au grand-père et d'obtenir son consentement sur le mode d'éducation des enfants ; jugé que ces promesses étaient nulles.

30. A.-M. Leroyer, « Autorité parentale et contrat », *in La contractualisation de la famille, op. cit.*, p. 153 s.

31. A. Chapelle, « Les pactes de famille en matière extrapatrimoniale », *RTD civ.* 1984, 411 s.

les parents, mais aussi le ministère public (qui peut lui-même être saisi par un tiers, parent ou non) peuvent demander au juge de modifier ou de compléter les clauses de la convention[32] ; tout dépend de l'intérêt de l'enfant et cet impératif l'emporte sur la force obligatoire des conventions parentales[33] ; contrairement au droit commun des contrats (art. 1134, al. 1) ces conventions sont toujours révisables.

Section II
DES MISSIONS

Selon l'article 371-1, « *L'autorité parentale est un ensemble de droits et de devoirs* » qui appartiennent aux parents jusqu'à la majorité de l'enfant ou son émancipation « *pour le protéger dans sa sécurité, sa santé et sa moralité ; pour assurer son éducation et permettre son développement, dans le respect dû à sa personne* ». Curieusement, toute référence aux anciens droits et devoirs de garde, de surveillance et d'éducation (art. 371-2 anc.) a été supprimée en 2004[34]. Certes, ces droits et devoirs demeurent : ils se déduisent des finalités mêmes de la mission assignée aux parents. Mais, désormais, l'autorité parentale se définit par ses fins, non par ses moyens.

§ 1. Protection de l'enfant

« Sécurité, santé, moralité », la trilogie inscrite à l'article 371-1, alinéa 2, est ancienne. Elle correspond à trois missions des parents : la prise en charge quotidienne de l'enfant (I), l'organisation de ses relations avec le monde extérieur (II) et la protection de sa santé (III).

I. — Prise en charge quotidienne de l'enfant

1558. La garde. – C'était l'ancien droit et devoir de *garde*[35] que l'on définissait comme le droit de fixer la résidence de l'enfant (auprès de soi ou auprès d'un tiers) et d'exiger qu'il y demeurât effectivement. Naguère, la notion de garde jouait un rôle essentiel en matière d'exercice de l'autorité parentale puisqu'en cas de divorce, l'attribution de la garde par le juge entraînait l'attribution de l'autorité parentale. La loi du 22 juillet 1987 avait supprimé ce détour et réduit la garde au rang de simple attribut de l'autorité parentale. Le législateur du 4 mars 2002 en a fait disparaître toute mention expresse. Les parents n'en conservent pas moins le droit, et le devoir, de fixer la résidence de l'enfant, légalement domicilié

32. Art. 373-2-13, *infra*, n° 1625.

33. Témoin d'une époque où les pactes de famille n'avaient pas la même place qu'aujourd'hui, l'article 376-1 exige des parents qu'ils justifient d'un « motif grave » pour révoquer leur consentement. En se banalisant, les accords entre parents perdent leur statut d'exception et, comme une décision de justice, deviennent révisables selon l'évolution de l'intérêt de l'enfant.

34. Sur les raisons de cette suppression, H. Fulchiron, « L'autorité parentale rénovée », article préc., p. 964.

35. Sur l'ancien droit de garde, Ph. Simler, « La notion de garde de l'enfant », *RTD civ.* 1972, 635 s.

chez ses père et mère ou, en cas de domicile distinct, chez celui des parents avec lequel il réside, au sens juridique du terme[36].

1559. Un droit. – Cette prérogative parentale est garantie par l'article 371-3 qui, conservant les accents militaires du Code Napoléon, dispose : « *L'enfant ne peut sans permission des père et mère, quitter la maison familiale et il ne peut en être retiré que dans les cas de nécessité que détermine la loi* ». La règle s'impose aux tiers comme à l'enfant lui-même. Les parents peuvent agir en justice pour obtenir le secours de la force publique en vue de faire réintégrer par l'enfant la maison familiale ou pour contraindre le tiers à restituer l'enfant. Il y a délit pénal à enlever un mineur ou à ne pas le représenter (C. pén., art. 227-5 à 227-7)[37].

La règle s'impose également à l'État qui ne peut enlever l'enfant à ses parents que dans des hypothèses et selon une procédure strictement définie par la loi[38]. De telles ingérences dans le droit au respect de la vie familiale (Conv. EDH, art. 8) sont aujourd'hui étroitement contrôlées par la Cour européenne des droits de l'Homme : elles ne sont admissibles que si elles sont prévues par la loi, poursuivent un but légitime et sont nécessaires dans une société démocratique[39].

1560. Un devoir. – La garde, qui assure la protection de l'enfant, est aussi un devoir pour les parents, sanctionné par la loi civile et la loi pénale. Les parents qui méconnaîtraient cette obligation encourraient le retrait de leur autorité ou verraient leurs pouvoirs encadrés par des mesures d'assistance éducative. De plus, les parents sont responsables des dommages causés par leurs enfants mineurs habitant avec eux (art. 1384, al. 4). Au fil de l'évolution jurisprudentielle, cette responsabilité est devenue une responsabilité objective, dont les parents ne peuvent s'exonérer en prouvant qu'ils n'ont commis aucune faute dans leur fonction de gardien[40]. Enfin, *l'abandon d'enfant* constitue une infraction pénale (C. pén., art. 227-1), sauf pour les parents à respecter la procédure prévue aux articles L. 224-4 et suivants du Code de l'action sociale et des familles.

II. — Organisation des relations de l'enfant avec le monde extérieur

1561. Surveiller, veiller sur. – Cette responsabilité était naguère assurée au titre du droit et devoir de surveillance. Étroitement lié au droit de garde, le droit de surveillance se définit comme le droit (et le devoir) de veiller sur l'enfant, en aménageant et en contrôlant ses allées et venues, ses relations avec les membres de la

36. Ainsi la jurisprudence avait-elle affirmé que le placement de l'enfant dans un établissement scolaire, même éloigné, n'avait pas pour effet de modifier son domicile qui restait fixé chez celui des parents divorcés qui était titulaire de la garde (Cass. civ. 2e, 6 décembre 1968, *Bull. civ.* II, n° 299).

37. Sur le délit d'enlèvement et de non-représentation d'enfant, cf. *infra*. Sur les enlèvements internationaux, H. Fulchiron, « Les enlèvements d'enfants à travers les frontières », Bruylant, 2004.

38. CEDH, *Olsson c/Suède*, 24 mars 1988, série 1, n° 130 ; *JDI* 1989, 789, obs. P. Tavernier ; *Rev. sc. crim.* 1988, 773, obs. L.E. Pettiti ; *GA CEDH*, *op. cit.*, n° 49 et réf. cit.

39. Cf. Ph. Bonfils et A. Gouttenoire, *Droit des mineurs*, *op. cit.*, n° 783 et réf. cit. ; *infra*, n° 1687.

40. Cass. civ. 2e, 19 février 1997, *dame Bertrand*, *Bull. civ.* II, n° 56 ; *D.* 1997, 265, n. P. Jourdain ; *JCP* 1997.II.22848, concl. Kessous, n. G. Viney : « *seule la force majeure ou la faute de la victime pouvait exonérer le père de la responsabilité de plein droit encourue du fait des dommages causés par son fils mineur habitant avec lui* ». D. Mazeaud, « Famille et responsabilité (Réflexions sur quelques aspects de l'idéologie de la réparation) », *in Mélanges P. Catala*, *op. cit.*, p. 569 s. Stade ultime (?) de l'objectivation, la responsabilité est aujourd'hui rattachée à la fixation de la résidence de l'enfant, quand bien même les parents exerceraient en commun l'autorité parentale (cf. Cass. crim., 6 novembre 2012, *AJ famille* 2012, 613, obs. F. Chénedé ; *RTD civ.* 2013, p. 106, obs. J. Hauser et Cass. crim., 29 avril 2014, *RTD civ.* 2014, 639, obs. J. Hauser) : la logique de réparation ne s'accorde guère avec le principe de coparentalité. Sur l'ensemble de la question, cf. *Droit des obligations*, coll. Droit civil.

famille et avec les tiers, ainsi que sa correspondance[41] et plus généralement, ses communications, directes ou indirectes (téléphone, internet) avec le monde extérieur.

Le pouvoir de contrôle n'est cependant pas absolu. Comme toute prérogative parentale, il n'existe que dans l'intérêt de l'enfant. Par ailleurs, sa force varie avec l'âge de l'enfant et avec les mœurs. Il doit surtout s'exercer dans le respect des droits de l'enfant : droit à la liberté d'expression (CIDE, art. 13, Charte des droits fondamentaux, art. 24), droit à ne pas faire l'objet d'immixtions dans sa vie privée, sa famille et sa correspondance (CIDE, art. 16), droit au respect de sa vie privée et familiale (Conv. EDH, art. 8). Enfin, il est limité par le droit de l'enfant à entretenir des relations avec certaines personnes, qu'il s'agisse de l'autre parent[42], des grands-parents[43] ou, si tel est son intérêt, d'autres personnes, parents ou non[44].

Le droit de surveillance est aussi un devoir : le manque de surveillance qui mettrait l'enfant en danger, le désintérêt, le défaut de soins ou le manque de direction, pourraient conduire à des mesures d'assistance éducative, à une délégation ou à un retrait de l'autorité parentale.

A. Relations de l'enfant avec ses ascendants

1562. Un droit de l'enfant. – Selon l'article 371-4, alinéa 1, « *L'enfant a le droit d'entretenir des relations personnelles avec ses ascendants. Seul l'intérêt de l'enfant peut faire obstacle à l'exercice de ce droit* ». Affirmé par la jurisprudence dès le milieu du XIXe siècle[45], le droit des grands-parents à entretenir des relations personnelles avec l'enfant fut consacré par la loi du 4 juin 1970[46]. Conçu à l'origine comme une prérogative des grands-parents[47], il fut reconstruit par la loi du 4 mars 2002 comme *un droit de l'enfant* et étendu, conformément à une jurisprudence constante, à l'ensemble des ascendants[48].

Les relations personnelles s'entendent de droits de visite, d'hébergement, de correspondance ou de tout ce qui, dans le monde contemporain, peut permettre des contacts directs (téléphone, Skype, internet). Il appartient au juge d'aménager les liens, au mieux de l'intérêt de l'enfant[49].

---

41. Jadis, il était admis que les père et mère pouvaient décacheter et examiner la correspondance de leurs enfants, intercepter ou confisquer les lettres écrites par eux : le secret et l'inviolabilité des lettres missives ne s'imposaient pas à eux (Aubry et Rau, t. I, § 550). Les juges auraient sans doute plus que des états d'âme aujourd'hui.

42. *Infra*, n° 1618 s.

43. *Infra*, n° 1562.

44. *Infra*, n° 1563.

45. *Cass. civ., 8 juillet 1857, *Jaumes*, *DP* 1857, 1, 275.

46. G. Sutton, « Du droit des grands-parents aux relations avec leurs petits-enfants », *JCP* G 1972.I.2504 ; H. Bosse-Platière, « La présence des grands-parents dans le contentieux familial », *JCP* G 1997.I.4030.

47. Josserand, qui concevait la puissance paternelle comme une *fonction* confiée aux parents dans l'intérêt de l'enfant, affirmait que l'intérêt de l'enfant était précisément de demeurer en étroites relations d'affection avec ses grands-parents. Le parent qui prétend rompre ces liens doit donc prouver que sa décision est conforme à l'intérêt de l'enfant (Josserand, *De l'esprit des lois et de leur relativité*, Dalloz, 1927, n° 71).

48. Pour un panorama de jurisprudence, cf. M.T. Cordier, « Autorité parentale. Grands parents – petits enfants », *Dr. famille* 2007, panorama n° 1.

49. La séparation des parents peut entraîner plusieurs demandes de droit de visite et d'hébergement. Pour éviter leur multiplication, le juge peut décider que les grands-parents entretiendront des relations personnelles avec leurs petits-enfants dans l'exercice du droit de visite et d'hébergement déjà reconnu à leur fils ou à leur fille (Paris, 17 avril 1981, *D.* 1981, IR, 260).

En toute hypothèse, le droit de l'enfant à entretenir des relations avec ses grands-parents suppose que ces relations se développent dans son intérêt ; ce qu'a voulu souligner le législateur de 2007 en modifiant la dernière phrase du texte : auparavant, « seuls des motifs graves » pouvaient faire obstacle à ce droit ; désormais, il n'est question que de l'intérêt de l'enfant[50]. Les dernières reliques d'un droit des grands-parents ont ainsi disparu.

En pratique, les circonstances dans lesquelles le juge intervient sont passionnelles ; le plus souvent, le problème se pose après la séparation des parents, parfois après le décès de l'un d'eux et le remariage de l'autre ; la situation est peut-être pire lorsque le litige oppose les deux parents à la famille, honnie, de l'un ou de l'autre. Dans de telles hypothèses, le souci de préserver l'équilibre psychologique et affectif des enfants menacés par le conflit familial peut justifier un rejet de la demande des grands-parents[51] ; il en va de même lorsque le comportement de l'un des grands-parents constitue un danger pour l'enfant[52].

Soucieux de ménager l'avenir, le juge soumet parfois les relations personnelles à l'accord des petits-enfants[53]. On saisit là les limites d'une intervention du droit en la matière : qu'est-ce pour l'enfant qu'un amour né dans l'exercice d'un *droit* de visite ?

B. Relations de l'enfant avec d'autres personnes

1563. Dans l'intérêt de l'enfant. – Il peut être de l'intérêt de l'enfant d'entretenir des relations personnelles (droit de visite, d'hébergement, de correspondance et de contact) avec d'autres personnes que les ascendants, parents ou non. Tranchant une question très controversée en doctrine et en jurisprudence[54], le législateur de 1970[55] avait admis que le juge pût organiser, contre la volonté des parents ou de l'un d'eux, un droit de visite ou de correspondance entre l'enfant et un tiers : encore fallait-il que ce dernier établît l'existence de « *circonstances*

50. Loi de 2007-293 du 5 mars 2007 réformant la protection de l'enfance.

51. La Cour de cassation a tenu à rappeler principe (relations personnelles) et exception : au juge du fond d'apprécier, et de motiver, en prenant en compte le seul intérêt de l'enfant, ex. : Cass. civ. 1re, 14 janvier 2009, *Dr. famille* 2009, nº 41, note P. Murat : la cour d'appel qui a accordé un droit de visite et d'hébergement aux grands-parents malgré l'existence d'un conflit familial « *aigu, ancien et non résolu* » entre grands-parents et parents (les parents reprochaient aux grands-parents de les dénigrer constamment et de se livrer à un véritable harcèlement : appels téléphoniques, détectives privés...), a souverainement apprécié et légalement justifié sa décision en soulignant que selon le rapport d'expertise la démarche actuelle des grands-parents « *ne constituait pas un geste de malveillance mais un désir inconscient de réparation* », alors que la reprise des relations apparaissait non seulement souhaitable mais nécessaire pour les petits-enfants, et que les grands-parents s'étaient engagés à ne plus dénigrer les parents.

52. Th. Garé, « Les grands-parents dans le droit de la famille », *op. cit.* et réf. cit. Ex. : le grand-père tient à son domicile une agence d'acteurs pour des films X et la grand-mère participe à ses activités (Poitiers, 7 février 2006) ; parcours chaotique de la grand-mère qui a eu huit enfants, de quatre pères différents, ayant tous fait l'objet de mesures d'assistance éducative (Bordeaux, 15 décembre 2005) ; la grand-mère est en conflit aigu avec la mère, qu'elle accuse d'être responsable du décès de son fils (Orléans, 8 avril 2006) etc., cités par M. T. Cordier, art. préc.

53. Rennes, 18 juillet 1995, *Dr. famille*, 1997, nº 58, obs. P. Murat. Une telle condition peut se comprendre (juridiquement du moins) s'agissant d'un droit de l'enfant et non d'un droit des grands-parents ; comp. à propos des relations personnelles entre l'enfant et ses père et mère, *infra*, nº 1618.

54. La Cour de cassation affirma les droits des père et mère en posant en principe (Cass. civ. 1re, 22 mars 1961, *D.* 1961, 521, n. R. Savatier) que « *les parents investis du droit de garde de leurs enfants mineurs ne peuvent se voir imposer un droit de visite ou d'hébergement au profit de personnes autres que les ascendants à peine de subir une atteinte à leur puissance paternelle.* »

55. Art. 371-4, al. 2 anc. : « *En considération de situations exceptionnelles, le juge aux affaires familiales peut accorder un droit de correspondance à d'autres personnes, parents ou non* ».

exceptionnelles ». La loi de 2002 (art. 371-4, al. 2) a allégé ces exigences : tout dépend désormais du seul « *intérêt de l'enfant* ».

En pratique, le texte a surtout bénéficié à des personnes qui, pendant un certain temps, avaient pris en charge l'enfant[56] ou l'avaient accueilli au sein d'une famille recomposée[57]. Prenant acte de la multiplication des séparations et des recompositions familiales, plusieurs rapports[58] avaient proposé de reconnaître la place du beau-parent en consacrant le droit de l'enfant à entretenir des relations personnelles avec lui après la séparation. L'idée, reprise par un avant-projet de loi en 2008[59], suscita de vifs débats : demande surestimée, critères de mise en œuvre ambigus, besoin de stabilité de l'enfant qui ne peut être partagé entre de multiples droits de visite et d'hébergement, atteinte au principe de coparentalité (les « droits » reconnus au beau-parent, en général, venant se heurter à ceux des père et mère), contrariété à l'intérêt de l'enfant qui risque de perdre ses (derniers ?) repères, etc. Il est vrai que la polémique se développait dans l'ombre de la « question homoparentale »[60]. Enterrée à grand renfort de recommandations sur la médiation[61], la réforme revint à l'ordre du jour avec la loi sur le mariage pour tous. Au terme de violentes discussions, le législateur parvint à faire du beau-parent un tiers privilégier, en attendant, peut-être, de lui reconnaître un véritable statut[62]. Selon l'article 371-4 alinéa 2 nouveau, « *si tel est l'intérêt de l'enfant, le juge aux affaires familiales fixe les modalités des relations entre l'enfant et un tiers, parent ou non* », « *en particulier lorsque ce tiers a résidé de manière stable avec lui et l'un de ses parents, a pourvu à son éducation, à son entretien ou à son installation, et a noué avec lui des liens affectifs durables* ». Il ne suffit donc pas d'avoir partagé la vie du père ou de la mère de l'enfant.

---

56. Ex. : Cass. civ. 1re, 1er décembre 1982, *Decharran, Bull. civ.* I, n° 346, pour une grand-tante maternelle qui était la marraine d'un des enfants et en avait eu la charge pendant une courte période : la « *circonstance exceptionnelle* » a tenu à l'abandon de l'enfant par leur mère. Comp., pour un « parrainage » plus laïque, Cass. civ. 1e, 15 fév. 2012, n° 11-10.344, *RTD civ.* 2012, p. 309, obs. J. Hauser.

57. H. Fulchiron, « Autorité parentale et famille recomposée », *in Liber amicorum Danièle Huet Weiller, op. cit.*, p. 141. La configuration familiale est parfois complexe : Cass. civ. 1re, 18 mai 2005, *D.* 2005, 2125, obs. J.-J. Lemouland, un transsexuel, ex concubine de la mère, obtient un droit de visite pour un enfant dont il/elle s'était occupé pendant plusieurs années.

58. Cf. not. V. Pécresse et P. Bloche, *L'enfant d'abord, 100 propositions pour placer l'enfant au cœur du droit de la famille,* rapport fait au nom de la commission d'information et de la famille et des droits des enfants, AN, rapport n° 2832, La Doc. fr., 2006 ; D. Versini, *L'enfant au cœur des nouvelles parentalités. Pour un statut des tiers qui partagent ou ont partagé la vie d'un enfant et ont des liens affectifs forts avec lui,* La Doc. fr., 2006.

59. Avant-projet de loi sur l'autorité parentale et les droits des tiers, 2008.

60. On craignait en effet que la reconnaissance de la « beau-parentalité » ne fût une consécration de l'homoparentalité. En attendant les demandes des « *beaux-parents homosexuel(le)s* » se sont développées sur le fondement du droit commun. Dans l'affaire jugée par la Cour de cassation le 23 octobre 2013, la mère de l'enfant voulait rompre tous les liens entre son ex-compagne et l'enfant né grâce à une insémination artificielle pratiquée en Belgique dans le cadre d'un projet parental commun. En première instance, un droit de visite et d'hébergement fut accordé à la « *belle-mère* » : selon les juges « *l'intérêt de l'enfant commande que soit assurée une stabilité dans ses relations affectives et sociales avec ceux qui ont décidé, dès avant sa conception, d'être ses parents et qui en ont assumé les obligations et la responsabilité depuis la naissance* » (TGI Briey, 21 octobre 2010, *D.* 2011, p. 1060, note V. Bonnet et *RTD civ.* 2011, p. 118, note J. Hauser). En appel, les juges de Nancy rejetèrent la demande en soulignant « *que des témoignages produits faisaient ressortir que Mme Y... était devenue une étrangère pour l'enfant, qu'il avait manifesté une franche hostilité au fait de devoir la suivre à l'occasion du droit de visite et d'hébergement octroyé par les premiers juges, avec des manifestations somatiques et des régressions, enfin, que les deux avis de spécialistes produits, psychologue et psychiatre, motivés et concordants dans leurs conclusions, mettaient en évidence la "stupéfaction" de l'enfant au sujet de la revendication de Mme Y..., son refus de la voir, son désarroi, et l'absence d'investissement de cette dernière comme beau-parent* ». La Cour de cassation (Cass. civ. 1re, 23 octobre 2013, n° 12-20.560, *AJ famille* 2013, p. 705, note G. Vial, *RTD civ.* 2014, p. 106, obs. J. Hauser) maintint en s'abritant derrière l'appréciation souveraine, par les juges du fond, de l'intérêt de l'enfant.

61. *Intérêt de l'enfant, autorité parentale et droits des tiers,* rapport présenté par J. Leonetti, octobre 2009.

62. Sur les propositions du rapport *Filiation, origines, parentalité* (I. Théry et A.-M. Leroyer, dir.) et les dispositions de la proposition de loi sur l'autorité parentale et l'intérêt de l'enfant (préc.), cf. *infra.*

L'article 371-4 al. 2 peut aussi servir de substitut à des liens de filiation[63]. Encore faut-il établir que tel est l'intérêt de l'enfant[64].

III. — Protection de la santé de l'enfant

De façon générale, les soins, traitements, opérations, etc., rendus nécessaires par l'état de l'enfant relèvent de l'autorité parentale. En une matière éminemment personnelle, les parents doivent accorder une attention toute particulière à l'avis de l'enfant, quand la loi ne lui reconnaît pas une véritable autonomie. Comme les décisions ou les abstentions des parents risquent de mettre en cause le bien-être sinon la vie de l'enfant, la société investit le médecin et le juge d'une mission de protection.

A. Droits et devoirs des parents

1564. Pouvoir parental. – Il appartient aux père et mère de choisir un traitement médical, de demander l'admission de l'enfant à l'hôpital, de consentir à une opération[65] et plus généralement, de décider des soins à donner à l'enfant[66]. Le médecin appelé à donner des soins à l'enfant doit s'efforcer de prévenir les parents et d'obtenir leur consentement[67]. La même exigence est rappelée dans les domaines ayant fait l'objet d'une intervention législative particulière, comme les prélèvements d'organes (CSP, art. L. 1232-2), les prélèvements de moelle osseuse (art. L. 1231-3) ou les recherches biomédicales (art. L. 1122-2).

B. Intervention de la société

1565. Devoir médical. – La loi impose aux parents certains soins (des vaccinations obligatoires par ex.[68]). En cas d'urgence, le médecin doit intervenir malgré l'opposition des parents. Si

63. Avant que le législateur n'intervienne pour prohiber l'adoption plénière par le conjoint du parent survivant en présence de grands-parents (art. 345-3°, L. 5 juillet 1994), le texte avait permis aux grands-parents par le sang, qui n'avaient plus de lien de parenté avec leur petit-enfant, de conserver des relations personnelles avec celui-ci (Cass. civ. 1re, 21 juillet 1987, *Bull. civ.* I, n° 285 ; *RTD civ.* 1988, 319, obs. J. Rubellin-Devichi). L'article 371-4, alinéa 2, peut également permettre au mari ou au concubin qui a élevé l'enfant pendant plusieurs années mais dont la filiation a été détruite, de conserver des liens avec l'enfant (pour un concubin après annulation d'une reconnaissance mensongère, Paris, 25 juillet 1979 et Paris, 11 juillet 1986, *RTD civ.* 1981, 388, obs. J. Rubellin-Devichi, et pour un mari dont la présomption de paternité a été renversée : Paris, 16 décembre 1976, *D.* 1977, 133, n. J. Massip). Le texte a servi à résoudre (plus ou moins mal) les délicates questions que posent les techniques de PMA (accordant un large droit de visite à une mère porteuse, Paris, 19 février 1988, *RTD civ.* 1988, 326, obs. J. Rubellin-Devichi). Rappr. CEDH, 15 septembre 2011, *D.* 2011, p. 2908, note F. Boulanger ; *RTD civ.* 2011, 494, obs. J. Hauser : d'une liaison adultère naissent deux jumelles que l'amant revendique mais que la mère et son mari se rattachent. Le père prétendu tente de faire établir sa paternité ou au moins d'obtenir un droit de visite et d'hébergement. Il se heurte à un refus des juridictions allemandes. Condamnation par la CEDH : les juges allemands se sont appuyés sur des règles légales sans se demander si, en l'espèce, des relations entre le père prétendu et ses filles seraient dans l'intérêt supérieur de celles-ci.

64. Ex. : d'un cas où ce droit a été refusé à un oncle et à une tante qui avaient été parents nourriciers de l'enfant dans sa prime jeunesse : Cass. civ. 1re, 10 mai 1977, *Bull. civ.* I, n° 213 : « *toute nouvelle tentative de reprise des relations des époux B. avec Valérie ne pourrait qu'être néfaste à l'équilibre de celle-ci en redonnant naissance à un conflit qui s'est estompé dans son esprit* ».

65. A. Gouttenoire et P. Bonfils, *Droit des mineurs, op. cit.*, n° 618 s. et réf. cit.

66. Cf. CSP art. L. 1111-2.

67. Un consentement éclairé, a précisé la Cour de cassation (Cass. civ. 1re, 29 mai 1984, *JCP* G 1984.II.20259, concl. Gulphe ; *D.* 1985, 281, n. F. Bouvier).

68. L'article L. 3111-2 CSP dispose que les personnes titulaires de l'autorité parentale sont tenues personnellement de l'exécution de cette obligation. Dans un contexte général de contestation des

le refus de consentement des père et mère risque d'entraîner des conséquences graves pour la santé du mineur, le médecin doit délivrer les soins indispensables (art. L. 1111-4, al. 4)[69]. Une abstention de sa part engagerait sa responsabilité civile et pénale.

1566. Intervention du juge. – Hors cette hypothèse, le médecin doit respecter la volonté des parents, sauf à saisir le ministère public ou informer le juge des enfants afin que soit prise une mesure d'assistance éducative lui permettant de donner les soins qui s'imposent. L'intervention du juge est difficile[70], surtout lorsque la décision des parents se fonde sur leurs convictions religieuses. Il n'en reste pas moins que contrairement à ce qui a pu être affirmé[71], il paraît opportun de reconnaître au juge un tel pouvoir (*sur la question particulière de l'IVG*[72]).

C. Prise en compte de la volonté de l'enfant

Le domaine médical est sans doute celui où la place faite aux sentiments et à la volonté du mineur est la plus importante. Mais l'équilibre entre reconnaissance des droits de l'enfant, respect de la fonction des parents et nécessité de donner des soins, est difficile : il n'est pas certain que le législateur contemporain y soit parvenu.

1567. Information de l'enfant. – La loi n'a pas instauré de pré-majorité en matière médicale, mais elle reconnaît à l'enfant un certain nombre de droits. Le mineur doit tout d'abord être informé sur son état de santé. Dans la rédaction que lui a donné la loi *Kouchner* du 4 mars 2002 renforçant les droits des malades, l'article L. 1111-2 prévoit que le droit des mineurs à être informés sur leur état de santé est exercé par les titulaires de l'autorité parentale ; mais les enfants ont le droit de recevoir eux-mêmes du médecin une information et de « *participer à la prise de décision les concernant d'une manière adaptée à leur degré de maturité*[73] ». L'article L. 1111-4 al. 6 va plus loin, qui exige que le consentement du mineur soit systématiquement recherché (mais il n'est pas exigé) si celui-ci est apte à exprimer sa volonté et à participer à la décision. Le médecin peut cependant passer outre le refus du mineur s'il a obtenu le consentement du ou des titulaires de l'exercice de l'autorité parentale ou si « *le refus qu'on lui oppose risque d'avoir des conséquences graves pour la santé du mineur* » (art. L. 1111-4, al. 6). À l'inverse, un acte médical sollicité par un mineur et auquel ses parents s'opposeraient, ne peut, sauf exception, être accompli par le médecin.

---

vaccinations en général et des vaccinations obligatoires en particulier, le Conseil constitutionnel, saisi d'une QPC, a affirmé « *qu'il n'appartient pas au Conseil constitutionnel, qui ne dispose pas d'un pouvoir général d'appréciation et de décision de même nature que celui du Parlement, de remettre en cause, au regard de l'état des connaissances scientifiques, les dispositions prises par le législateur ni de rechercher si l'objectif de protection de la santé que s'est assigné le législateur aurait pu être atteint par d'autres voies, dès lors que les modalités retenues par la loi ne sont pas manifestement inappropriées à l'objectif visé* » (D. n° 2015-458 QPC du 20 mars 2015).

69. Pour une application qui révèle les ambiguités de ce texte, T. enfants Auch, 28 février 2003, *RTD civ.* 2003, 493, obs. J. Hauser.

70. A. Deiss, « Le juge des enfants et la santé des mineurs », *JCP* G 1983.II.3125.

71. Nancy, 3 décembre 1982, *JCP* G 1983.II.20081, n. G. Raymond : en l'espèce, les juges avaient donné raison à la mère qui en accord avec sa fille avait décidé d'abandonner un traitement lourd comportant des effets secondaires déplaisants au profit d'un traitement alternatif « *aussi inoffensif qu'inefficace* ». La cour motive ainsi sa décision : « *la compétence du juge des enfants* [...] *ne saurait être admise à défaut d'établir que par leur carence et leur défaillance, les parents, investis de l'autorité parentale ont commis une faute susceptible de mettre en péril la vie de leur enfant* ».

72. *Infra*, n° 1570.

73. Rappr. art. 371-1, al. 3.

1568. Accord de l'enfant. – Au-delà d'un simple avis de l'enfant, certains actes sont soumis à l'accord de l'enfant : ainsi ne peut-on passer outre au refus du mineur d'autoriser un prélèvement de moelle osseuse au profit de ses frère et sœur (art. L. 1231-3 *in fine*) ou de se prêter à une recherche biomédicale (art. L. 1122-2, al. 3).

1569. Droit au secret ; un droit flou. – Contrairement à certains droits étrangers, le droit français ne reconnaît pas au mineur le droit de consulter lui-même son dossier médical : ce droit est exercé par les parents. La loi *Kouchner* prévoit cependant que le mineur peut s'opposer à ce que ses parents consultent son dossier « *afin de garder le secret sur son état de santé* » (on a, bien sûr, pensé au SIDA ou aux mineures souhaitant avoir recours à une IVG pour des raisons médicales) : dans ce cas, le médecin peut se dispenser d'obtenir le consentement du ou des titulaires de l'autorité parentale et mettre en œuvre le traitement ou l'intervention « *lorsque le traitement ou l'intervention s'impose pour sauvegarder la santé* » de l'enfant (art. L. 1111-5, al. 2). Pour remplacer ses parents ainsi tenus à l'écart, l'enfant peut se faire « *accompagner d'une personne majeure de son choix* » (art. L. 1111-5, al. 1 *in fine*). On peut comprendre que le législateur ait voulu éviter que l'enfant refuse de se faire soigner plutôt que parler à ses parents, mais le flou de la loi n'est pas satisfaisant.

1570. Autonomie du mineur. – Plus personnels encore, et plus intimes, la contraception et l'avortement ont connu une évolution tout aussi significative. Depuis longtemps déjà, la loi a reconnu au mineur une autonomie complète en matière de contraception[74]. Compte tenu de l'importance d'une telle décision, la loi exigeait en revanche le consentement d'au moins un des parents pour une interruption volontaire de grossesse (C. santé publ., art. L. 167-7). Des tribunaux avaient admis que le refus des parents pouvait constituer un abus de droit s'il n'avait pas été dicté par le seul intérêt de l'enfant[75] ; d'autres passaient, plus ou moins habilement, par une mesure d'assistance éducative pour permettre l'avortement[76]. La loi du 4 juillet 2001 a franchi le pas. En principe, le consentement d'un des titulaires de l'autorité parentale doit être recueilli. Mais si les parents refusent et que la jeune femme persiste dans sa demande, le médecin procédera à l'IVG. Il en ira de même si la femme mineure désire garder le secret : après s'être efforcé de la convaincre d'obtenir le consentement parental, le médecin accomplira l'acte, les actes médicaux et les soins qui y sont liés (art. L. 2212-7).

La mineure n'est cependant pas laissée seule face à elle-même et au corps médical : elle pourra se faire accompagner dans sa démarche par la personne majeure de son choix[77]. La présence de ce tiers référent, choisi parmi les parents, les amis ou toute personne qui s'intéresse à l'enfant (enseignant, travailleur social ?), ne fait que souligner la gravité de l'atteinte portée à la mission protectrice des parents.

74. L. n° 67-1176, 28 décembre 1967, art. 4, dont le principe est aujourd'hui repris à l'article L. 5134-1 CSP ; *adde*, pour la contraception d'urgence, l'article L. 5134-1 al. 2 CSP ; *adde* pour le dépistage du SIDA la loi du 31 décembre 1991 permettant au mineur d'avoir un accès gratuit et anonyme au test de dépistage dans les centres de planification familiale.

75. Bordeaux, 4 décembre 1991, *D.* 1993, 129, n. Th. Dubaele.

76. T. enfants Evry, 8 novembre 1982, *D.* 1983, 218, n. crit. P. Raynaud ; *contra* Bordeaux, 4 décembre 1991, préc.

77. M. Redon, « L'interruption volontaire de la grossesse de la mineure ou l'exercice interposé du droit parental », *D.* 2001, 1194.

§ 2. ÉDUCATION ET DÉVELOPPEMENT DE L'ENFANT

L'éducation de l'enfant est une mission essentielle des parents, que leur disputent parfois d'autres puissances, telles que les Églises, l'État, le Parti et aujourd'hui le commerce. Au-delà de l'éducation, les parents ont pour mission d'assurer le développement de l'enfant.

L'autorité parentale ne se réduit pas à l'éducation. Elle implique l'enracinement dans une lignée familiale et l'intégration à un système de valeurs.

I. — Éducation

1571. Droit et mœurs. – L'éducation des enfants est aussi un mélange de droits et d'obligations. Pour autant, elle relève plus des mœurs et des habitudes que du droit ; elle dépend de la puissance d'amour des parents, de leur intelligence, de leur condition sociale, de leur exemple, de leur présence, de leur disponibilité et aussi de leur force. Les parents disposent en la matière d'un certain nombre de droits, antérieurs à ceux de la société (CIDE, art. 5)[78]. Ils doivent aussi respecter un certain nombre d'obligations. Une défaillance de leur part pourrait conduire à des mesures d'assistance éducative ou de retrait de l'autorité parentale.

Il en irait de même s'ils abusaient du *droit de correction* que la coutume leur reconnaît ; mais qui est de plus en plus contesté aujourd'hui, de peur que certains parents ne confondent pédagogie et maltraitance[79].

Par éducation, il faut entendre non seulement l'éducation scolaire, mais aussi l'éducation professionnelle, religieuse, morale, civile et politique, sans parler de cette éducation quotidienne qui doit permettre à l'enfant de faire l'apprentissage de la vie en société et de ce que l'on appelait jadis la civilité puérile et honnête.

78. La CEDH (*Kjeldsen, Busk Madsen et Pedersen c/Danemark*, 7 décembre 1976, Série A, n° 23, *Grands arrêts* CEDH, n° 48 et réf. cit.) parle d'un « devoir naturel » des parents « *dont il leur incombe en priorité d'assurer* (l')*éducation et* (l')*enseignement* ».

79. Ex. : T. police Bordeaux, 18 mars 1981, *D.* 1982, 182, n. D. Mayer : « *si les châtiments corporels ou même le traditionnel droit de correction ne correspondent plus à l'état de nos mœurs, les parents et les enseignants possèdent toujours, dans un but éducatif, un pouvoir disciplinaire pouvant éventuellement s'exercer sur des jeunes enfants sous forme de gifles ou de tapes inoffensives* » : relaxe d'une institutrice qui avait donné trois gifles à un jeune élève insolent (aujourd'hui, l'instituteur serait sanctionné) ; Cass. crim., 4 décembre 1908, *S.* 1909-10, I, 160 : relaxe de l'instituteur qui avait obligé son élève, âgé de sept ans, à essuyer avec sa main l'excrément de poule que l'enfant avait lancé sur le tableau de la classe. CEDH, 25 mars 1993, *JCP* G 1994.II.22262 : « *ne constitue pas un traitement dégradant contraire à l'article 3 de la Convention européenne des droits de l'Homme le châtiment corporel consistant pour le directeur d'une école privée britannique à administrer trois coups de chaussure de gymnastique à semelle de caoutchouc sur le derrière, par dessus le short, d'un élève* » ; Angers, ch. cor., 23 mars 2006, *JCP* G 2006.IV.2905 : relaxe du père qui avait donné des coups de baguette et un coup de pied aux fesses de son fils (mais il y avait eu expertise médicale et psychologique, audition des enseignants, des proches etc.). Comp. L'Ecclésiaste : « *Qui aime son fils le fouette souvent, afin d'en avoir finalement de la joie* ». Cette morale biblique ne correspond plus à notre temps.

Certaines législations étrangères s'efforcent de bannir les châtiments corporels même légers (ex. : Suède, Allemagne). L'ONU (cf. Rapport 1995 du Comité des droits de l'enfant) et le Conseil de l'Europe (Cons. Europe, ass. parlementaire 4 juin 2004, recomm. n° 1666 (2004), doc. n° 10199, se prononcent pour l'interdiction de toute forme de violence à l'égard des enfants et, dans une décision que certains ressentiront comme une gifle, le Conseil de l'Europe a tancé la France en raison de « *l'absence d'interdiction explicite et effective de tous les châtiments corporels envers les enfants en milieu familial, en violation de l'article 17 de la Charte sociale européenne* » (décision du 12 septembre 2014 du Comité européen des droits sociaux). Sur les enfants battus, C. NEIRINCK, *La protection de la personne de l'enfant contre ses parents*, thèse Montpellier, LGDJ, 1984, n°s 125 s. Les articles 322-8 à 322-11 du Code pénal aggravent la peine lorsque l'auteur des sévices est le père ou la mère.

A. Éducation scolaire et professionnelle

1572. Droit à l'éducation. – Énoncé par l'article 26 de la Déclaration universelle des droits de l'homme, par l'article 28 de la Convention internationale relative aux droits de l'enfant, et par l'article 14 de la Charte des droits fondamentaux, garanti par le protocole n° 1 à la Convention EDH au titre du droit à l'instruction (art. 2), le droit à l'éducation est mis en œuvre par les père et mère de l'enfant. Leur pouvoir s'exerce dans le cadre fixé par la loi et par les règlements, particulièrement nombreux en la matière[80]. Si l'enfant est placé dans un établissement, public ou privé, leur est reconnu le droit de surveiller l'enseignement dispensé aux enfants[81]. La CEDH fait obligation aux États de veiller au respect, dans les établissements publics comme dans les établissements privés, des convictions religieuses et philosophiques des parents[82].

B. Éducation religieuse

1573. Choix des parents. – Le rôle des parents dans la vie religieuse de leurs enfants mineurs constitue un des problèmes les plus délicats et les plus sensibles du droit de l'autorité parentale. En principe, le choix de la religion (ou de l'absence de religion) appartient aux père et mère[83]. Leur liberté est garantie par différents textes internes et internationaux[84].

1574. Désaccord des parents. – Si les parents exercent en commun l'autorité parentale, le choix de la religion doit être fait en commun[85]. Si elle est exercée par un seul, il appartient à celui-ci de décider, mais l'autre parent pourrait saisir

80. Cf. Ph. Bonfils et A. Gouttenoire, *op. cit.*, n° 712 s. et réf. cit.

81. T. confl., 2 juin 1908, *Morizot, DP* 1908, III, p. 57 : en l'espèce, un père de famille, demandeur, entendait, pour en engager la responsabilité personnelle, prouver que l'instituteur (d'une école laïque) avait tenu en classe les propos suivants : « *1) Les soldats français sont des voyous et des lâches ; 2) les Allemands ont bien fait, en 1870, de tuer les enfants au berceau ; 3) ceux qui croient en Dieu sont des imbéciles ; 4) il ne faut pas se confesser au curé, mais à ceux auxquels on a fait tort ; 5) le bon Dieu, c'est un porte-monnaie bien garni ; 6) il n'y a pas de différence entre l'homme et la vache, car ils ont une queue tous les deux* ».

82. CEDH, 7 décembre 1976, *Kjeldsen, Busk Madsen et Pedersen c. Danemark*, GA CEDH, *op. cit.*, comm. 56 et réf. cit. : en s'acquittant de leurs fonctions en matière d'éducation et d'enseignement, les États doivent veiller « *à ce que les informations ou connaissances figurant au programme soient diffusées de manière objective, critique et pluraliste* » ; ils ne doivent pas « *poursuivre un but d'endoctrinement qui puisse être considéré comme ne respectant pas les convictions religieuses et philosophiques des parents* » (en l'espèce les parents voyaient dans l'intégration de l'éducation sexuelle dans les matières enseignées à l'école primaire une atteinte à leurs convictions chrétiennes). Leur demande de dispense a été rejetée mais la liberté de l'État encadrée.

83. Ex. : Liège, 5 mai 1909, *DP* 1911, II, 364 : en l'espèce la grand-mère maternelle, à laquelle l'enfant d'un veuf avait été confié, l'avait fait baptiser, sans avoir obtenu l'agrément du père ; elle a été condamnée à des dommages-intérêts très modiques (les dépens). Comp. l'affaire *Finaly, infra*.

84. Convention internationale relative aux droits de l'enfant, article 14, 2° affirmant que « *Les États parties respectent le droit et le devoir des parents, ou le cas échéant, des représentants légaux de l'enfant, de guider celui-ci dans l'exercice du droit susmentionné* [le droit à la liberté de pensée, de conscience et de religion] *d'une manière qui corresponde au développement de ses capacités* ».

85. Paris, 29 septembre 2000, *D.* 2001, 1585, n. C. Duvert : mise en jeu de la responsabilité du père qui avait profité de son droit de visite et d'hébergement pour prendre la décision grave de faire procéder, à des fins rituelles et sans nécessité médicale, à la circoncision de l'enfant ; Lyon, 25 juillet 2007, *RTD civ.* 2008, p. 99, obs. J. Hauser : rejet de la demande présentée par le père aux fins d'obtenir l'autorisation de circoncire son enfant : cette opération, qui constitue une atteinte à l'intégrité physique de l'enfant, était motivée en l'espèce par une pratique religieuse et des origines culturelles ; or il s'agit d'une décision grave qui suppose le consentement des deux parents et celui de l'enfant lorsqu'il est âgé de 11 ans ; or la mère comme l'enfant s'y étaient opposés. Rappr. Nîmes, 20 juin 2012 (cité par

le juge aux affaires familiales au titre de son droit de surveillance[86] : le juge statuera selon l'intérêt de l'enfant.

Faire intervenir le juge comme arbitre en matière de religion ne peut satisfaire personne. En pratique, les juges semblent soucieux avant tout de trouver un accord, et en cas de conflit irréductible, la tendance est au maintien du *statu quo*[87], quitte à interdire à l'un des parents de faire participer l'enfant à tel ou tel culte ou à recevoir tel ou tel enseignement[88], dans l'attente du moment où il pourra se décider par lui-même[89]. Il est vrai qu'en la matière le critère de l'intérêt supérieur de l'enfant paraît bien périlleux[90].

1575. Respect des droits parentaux par les tiers. – Le choix des parents s'impose aux tiers. En particulier, en cas de décès des père et mère, leur volonté doit être respectée par les personnes qui assument la charge des enfants[91]. Si toutefois ce choix mettait l'enfant en danger, des mesures d'assistance éducative pourraient être prises (art. 375) ; là encore, le juge doit faire preuve de la plus grande prudence, notamment lorsqu'il se trouve confronté au phénomène des « groupes

---

Ph. Bonfils et A. Gouttenoire, *op. cit.*, n° 723) : condamnation du père qui avait organisé la bar-mitsva de son fils âgé de douze ans lors d'un voyage en Israël sans en avoir informé la mère.

86. *Infra*, n° 1620.

87. Pour des parents divorcés : Paris, 6 avril 1967, *JCP* G 1967.II.15100, concl. contr. Nepveu : « *Le litige qui est soumis à la cour lui échappe totalement, en ce qu'il a pour objet de dire si l'enfant doit être élevé dans telle confession ou dans telle autre, car elle n'a aucun pouvoir, ni d'ailleurs aucune qualité pour statuer dans un domaine qui relève exclusivement de la conscience de chacun des parents ; le choix d'une religion pour l'enfant mineur est un attribut direct de l'autorité dite « puissance paternelle » qui appartient aux deux parents [...] ; on est alors conduit pour les attributs de ce genre à rechercher si un accord a existé entre les conjoints durant le mariage quand l'autorité sur l'enfant appartenait aux deux parents, conformément à l'article 373* (anc. réd. L. 3 janvier 1942), *cet accord subsistant à la dissolution du lien conjugal de sorte que le parent dépositaire de la garde de l'enfant est tenu de l'observer, à moins que la modification survenue du chef d'un des parents, soit par l'autre expressément ou tacitement acceptée* ».

88. Ex. : Dijon, 4 juin 1991, *RTD civ. 1992*, 75, obs. J. Hauser : « *la liberté de la mère d'adhérer à une secte où elle croit trouver son épanouissement personnel ne peut avoir pour effet que ses enfants, âgés de huit et cinq ans, soient contraints de partager un mode de vie peu compatible avec les normes éducatives communément admises. Il n'est pas conforme à l'intérêt des enfants, que seule la cour doit prendre en considération, de subir l'influence de la responsable de la secte qui paraît avoir subjugué la mère* ». *RTD civ.* 2001, 126, obs. J. Hauser.

89. Ex. Cass. civ. 1re, 11 juin 1991, *Bull. civ.* I, n° 196 ; *D.* 1991, 521, n. crit. Ph. Malaurie ; *JCP* G 1991.IV.316.

90. Cf. Cass. civ. 1re, 23 sept. 2015, n° 14-23724, *Dr. fam.* 2015, Focus par M. Lamarche, n° 69, *AJ fam.* 2015, p. 607, obs. S. Thouret : « *après avoir exactement rappelé, par motifs adoptés, que le conflit d'autorité parentale relatif au baptême des enfants devait être tranché en fonction du seul intérêt de ces derniers, la cour d'appel a relevé, par motifs propres et adoptés, d'une part, que les enfants, âgés de 6 et 7 ans, ne souhaitaient pas être baptisés car ils ne comprenaient pas le sens de cette démarche, d'autre part, qu'ils ne souhaitaient pas, en l'état, revoir leur père, dont les droits de visite avaient été suspendus en raison de son comportement menaçant et violent ; qu'elle en a souverainement déduit, sans méconnaître la liberté de conscience et de religion du père, qu'en l'état du refus de la mère, la demande de ce dernier, qui n'était pas guidée par l'intérêt supérieur des enfants, devait être rejetée* ». La Cour se cache derrière l'appréciation de l'intérêt de l'enfant par les juges du fond pour maintenir le *statu quo*, mais dans un tel domaine, qui peut dire quel est l'intérêt de l'enfant ?

91. Ex. : *aff. des enfants Finaly*, Cass. civ. 1re, 23 juin 1953, *JCP* G 1953.II.7683, rapp. Jacquillard ; pendant l'occupation allemande, la femme qui avait recueilli les enfants mineurs de juifs déportés les avait fait baptiser ; après la Libération, la famille juive survivante s'est fait restituer les enfants contre la volonté de la mère d'accueil (la question était posée en termes de tutelle).

religieux minoritaires »[92]. Le juge européen est attentif au respect par les États de la liberté de croyance et de religion[93].

1576. Foulards et voiles. – La question du respect des croyances philosophiques et religieuses des élèves et de leurs parents dans les écoles est ancienne. Elle a pris un tour nouveau depuis quelques années, avec les débats relatifs au voile et autres « foulards islamiques ». Pour répondre aux inquiétudes des défenseurs d'une laïcité à la française dans le respect des croyances et de la religion de chacun[94], pour tenter également d'éviter une instrumentalisation des droits fondamentaux par des mouvements qui en sont les premiers adversaires, le Conseil d'État[95] avait affirmé le droit des élèves « *d'exprimer et de manifester leurs croyances religieuses à l'intérieur des établissements scolaires dans le respect du pluralisme et de la liberté d'autrui* [...] : *dans les établissements, le port par les élèves de signes par lesquels ils entendent manifester leur appartenance à une religion n'est pas par lui-même incompatible avec le principe de laïcité, dans la mesure où il constitue l'exercice de la liberté d'expression et de manifestation des croyances religieuses » ;* mais la liberté ainsi reconnue aux élèves ne leur permet pas « *d'arborer des signes d'appartenance religieuse qui, par leur nature, par les conditions dans lesquelles ils sont portés individuellement ou collectivement, ou par leur caractère ostentatoire ou revendicatif, constitueraient un acte de pression, de provocation, de prosélytisme ou de propagande, porteraient atteinte à la dignité ou à la liberté de l'élève ou d'autres membres de la communauté éducative, compromettraient leur santé ou leur sécurité, perturberaient le déroulement des activités d'enseignement et le rôle éducatif des enseignants, enfin, troubleraient l'ordre dans l'établissement ou le fonctionnement normal du service public*[96] ». À la suite des travaux de la Commission *Stasi*, la loi du 15 mars 2004 a interdit dans les écoles, les collèges et les lycées publics, « *le port de signes ou de tenues par lesquels les élèves manifestent ostensiblement une appartenance religieuse* ». Elle n'a fait que rappeler des règles déjà acquises et a été appliquée avec prudence, de façon à ne pas porter atteinte à des libertés fondamentales, la liberté religieuse notamment[97]. Le principe même d'une loi était discutable[98]. En pratique, elle est

92. Par. ex. : Cass. civ. 1re, 28 mars 1995, *Bull. civ.* I, n° 141 ; *Defrénois* 1995, 1390, obs. J. Massip. Sur la question des sectes, C. DUVERT, *Les sectes et le droit familial*, Paris II, 2000, ronéo.

93. CEDH, 25 mai 1993, *Kokkinakis c. Grèce*, série A, n° 260-A ; *Grands arrêts CEDH*, n° 53 et réf. cit. ; CEDH, 23 juin 1993, *Hoffman c/Autriche*, série A, 255 C ; *D.* 1994, 326, n. J. Hauser : *RTD civ.* 1993, 817, obs. J. Hauser ; 16 décembre 2003, *Palau, Martinez c/France, D.* 2004, 1058, obs. L. Burgorgue-Larsen ; *D.* 2004, 1261, n. Fr. Boulanger : condamnation de l'Autriche et de la France qui avaient refusé l'exercice de l'autorité parentale à la mère (divorcée ou séparée) en se fondant uniquement sur sa qualité de Témoin de Jéhovah.

94. Coran, Sourate XXXIII : « *Prophète, dis à tes femmes et à tes filles et aux femmes des croyants, de se couvrir de leur voile. C'est le meilleur moyen pour elles d'être reconnues et de n'être pas offensées, car Dieu pardonne, il a pitié* ».

95. CE, avis, 2 novembre 1992, *RFD adm.* 1993, p. 113, concl. Kessler ; *AJDA* 1992, 790, obs. Ch. Maugüe et R. Schwartz ; *D.* 1993 108, n. G. Koubi ; *JCP* G 1993.II.21998, n. Tedeschi.

96. CE, 14 mars 1994, *D.* 1995, somm. 135, obs. B. Legros. Pour une interdiction, CE, 20 octobre 1999, *Aït Ahmad, AJDA* 2000, 165 ; *RTD civ.* 2001, 77, obs. J. Hauser.

97. Cf. la position mesurée adoptée par le Conseil d'État sur le problème du respect des convictions religieuses et de l'obligation d'assiduité scolaire : les élèves peuvent bénéficier d'autorisations individuelles d'absence « *nécessaires à l'exercice d'un culte ou à la célébration d'une fête religieuse* », sous réserve qu'elles soient « *compatibles avec l'accomplissement des tâches inhérentes à leurs études et avec le respect de l'ordre public dans l'établissement* » (CE, Ass., 14 avril 1995, 2 arrêts, *Consistoire central des Israélites de France et M. Koen, RFD adm.* 1995, 585, concl. Aguila ; *RDP* 1996, 886, note C. Haguenau ; *JCP* G 1995.II.22437, n. H. Van Tuong.

98. Ph. MALAURIE, « Laïcité, voile islamique et réforme législative », Loi du 15 mars 2004, *JCP* G 2004.I.124.

parvenue à endiguer la montée d'un contentieux instrumentalisé par les ayatollahs des deux bords[99].

De même, le principe de laïcité s'oppose à ce que les agents de l'enseignement public « *disposent, dans le cadre du service public, du droit de manifester leurs croyances religieuses* »[100]. Cette position rejoint dans ses conséquences celles de la CEDH qui n'a pas jugé contraire à l'article 9 de la Convention EDH l'interdiction pour une institutrice d'une école primaire publique de porter le foulard islamique pendant le service[101] : eu égard au jeune âge des enfants (quatre à huit ans) et au fait qu'il répond à « *une prescription coranique* » guère conciliable avec le principe de l'égalité des sexes, il « *semble difficile de concilier le port du foulard islamique avec le message de tolérance, de respect d'autrui et surtout d'égalité et de non-discrimination que dans une démocratie tout enseignant doit transmettre à ses élèves* ».

Reste à savoir quel champ donner à cette obligation de neutralité. Pour les élèves, l'extension à l'enseignement privé, dans le cadre d'un règlement intérieur, semble possible : les raisons qui ont poussé le législateur français à imposer une telle restriction dans les écoles, collèges et lycées (neutralité de celui qui détient l'autorité, souci du pluralisme, protection de la liberté de l'enfant, etc.) peuvent se retrouver dans un établissement privé dès lors du moins que ces valeurs fondent son projet éducatif. Pour les enseignants et, plus généralement, pour ceux qui participent à l'œuvre d'éducation, l'extension paraît également envisageable, lorsqu'elle est « *justifiée par la nature de la tâche à accomplir et proportionnée au but recherché* »[102]. Encore faut-il donc qu'elle s'explique par les fonctions assurées et qu'elle corresponde au projet d'établissement.

Quid des parents d'élèves ? Dans un établissement public, ils ne sont pas soumis à l'obligation de neutralité[103]. Leur liberté religieuse doit donc primer sauf à ce qu'ils apportent leur concours aux missions de l'école, notamment lorsqu'ils accompagnent les sorties scolaires. Et encore doit-on se souvenir que pour clore un débat qui commençait à s'envenimer, le Conseil d'État avait rappelé que les parents ne sont ni « agents » ni « collaborateurs occasionnels » du service public : ils ne sont que des « usagers », même si « *les exigences liées au bon fonctionnement du service public de l'éducation peuvent conduire l'autorité compétente, s'agissant des parents qui participent à des déplacements ou des activités scolaires, à recommander de s'abstenir de manifester leur appartenance ou leurs croyances religieuses* »[104].

Dans un monde où les questions religieuses ont pris une importance nouvelle, les tensions restent vives. Certains, au nom d'une conception que l'on jugera « dogmatique » de la laïcité, voudraient bannir la religion de l'école, et plus généralement, du système éducatif : interdiction du port du voile par toutes les personnes appelées à prendre en charge les enfants (dès lors du

---

99. Le Conseil d'État veille avec soin au respect de la loi (pour une exclusion liée au port d'un turban manifestant l'appartenance à la religion sikhe, CE, 5 décembre 2007, *JCP* G 2008.IV.1062) et lutte contre les détournements de signes ostensibles qui sont autant de contournements de la loi (CE, 5 décembre 2007, *JCP* 2008.IV.1061 : la jeune fille et sa famille refusaient avec intransigeance de renoncer à un carré de tissu, qui couvrait la chevelure de l'intéressée : il ne s'agissait, disaient-elles, que d'un bandana). Le Conseil d'État prend soin de rappeler que l'élève peut être inscrit dans un centre national d'enseignement à distance, dans un établissement privé, ou dans sa famille : la sanction ne méconnaît donc pas les stipulations de l'article 2 du 1er protocole additionnel de la Conv. EDH selon laquelle nul ne peut être privé du droit à l'instruction.

100. Avis 3 mai 2000, *AJDA* 2000, 673.

101. CEDH, 15 décembre 2001, req. n° 42393/98, *AJDA* 2001, 482, n. J.-F. Flauss.

102. Rappr. l'affaire *Baby Loup* : une assistante maternelle travaillant dans une crèche ouverte à toutes les communautés habitant un quartier « difficile » décida de porter le voile, violant ainsi le règlement intérieur de l'association. Elle fut licenciée. Au terme d'une longue saga judiciaire, l'assemblée plénière de la Cour de cassation valida le licenciement : se plaçant au regard de la nature des fonctions, liée au contexte particulier d'une petite entreprise dans laquelle les salariés étaient en contact direct avec les enfants et leurs parents, et compte tenu de la nature des tâches accomplies par les salariés, la Cour de cassation estime que « *la restriction à la liberté de manifester sa religion édictée par le règlement intérieur ne présentait pas un caractère général, mais était suffisamment précise, justifiée par la nature des tâches accomplies par les salariés de l'association et proportionnée au but recherché* » (Ass. plén., 25 juin 2014, n° 13-28.369, *D.* 2014, 1536, entretien C. Radé, *AJDA* 2014, 1293, obs. F. de la Morena, *Dr. soc.* 2014, étude J. Mouly, *RTD civ.* 2014, 620, obs. J. Hauser).

103. Cf. la circulaire du 18 mai 2004, préc.

104. CE, avis du 12 décembre 2013.

moins que la structure à laquelle elles participent reçoit des fonds publics), par les parents qui accompagnent les sorties scolaires, par les étudiants (fussent-ils majeurs) à l'Université etc. On en oublierait que la laïcité « à la française » est avant tout garante de la liberté de pensée et de religion de chacun, contribuant ainsi à la construction du « vivre ensemble[105] ».

1577. Droits de l'enfant. – Le problème de la prise en compte des sentiments du mineur se pose avec acuité en cas d'opposition entre l'enfant et ses parents. La difficulté est exprimée, à défaut d'être résolue, par la rédaction prudente de l'article 14 de la Convention internationale relative aux droits de l'enfant : le texte affirme le droit de l'enfant à la liberté de pensée, de conscience et de religion, tout en reconnaissant aux parents le droit de le guider « *d'une manière qui corresponde au développement de ses capacités*[106] ».

Pour permettre à l'enfant d'exprimer librement ses choix, certains pays ont fixé une prémajorité spéciale en matière religieuse : dix ou quatorze ans selon les *Länder* en Allemagne, seize ans en Suisse, douze ans en Angleterre. L'idée peut paraître séduisante, mais dans un droit laïc il ne semble pas opportun de donner à la religion un statut particulier : les rapports avec la religion « dominante » (au moins culturellement) s'étant pacifiés, ces règles risqueraient d'être utilisées avant tout par des groupes minoritaires plus soucieux de liberté pour eux-mêmes que pour autrui.

II. — Développement de l'enfant

1578. Permettre à l'enfant de se développer. – La référence au développement de l'enfant est nouvelle : introduite par le législateur de 2002, elle rappelle la mission éducative des parents (*éduquer*[107] : conduire, guider l'enfant sur le chemin de la vie). Elle doit être entendue au sens large : développement physique et intellectuel, mais aussi épanouissement de la personnalité. Elle témoigne également de l'attention que les parents doivent porter à l'enfant lui-même, de la naissance à l'âge adulte, et non à l'image idéale qu'ils se font tant de l'enfant que du futur adulte.

1579. Une exigence : le respect de la personne de l'enfant. – L'ensemble des missions dévolues aux parents doit être exercé « *dans le respect de la personne de l'enfant* » (art. 371-1, al. 2 *in fine*). Il s'agit là encore d'une innovation de la loi du 4 mars 2002. Certains parleront de verbalisme, d'autres de directive fondamentale rappelant qu'il n'existe plus, en droit français, de puissance paternelle : l'enfant n'est pas un objet mais un sujet de protection. Entre le flou de l'intérêt de l'enfant et les conflits de droits (droits de l'enfant, droit du père, droit de la mère) que risque d'engendrer une approche construite exclusivement sur les droits subjectifs, la loi introduit une nouvelle exigence fondée sur le respect : au respect par l'enfant de ses père et mère répond, sur le mode mineur, le respect de la personne de l'enfant par ses père et mère.

N°s 1580-1599 réservés.

105. Pour reprendre l'expression aujourd'hui fondatrice de la laïcité à la française, adoptée par la CEDH dans l'arrêt *SAS c. France* (1er juillet 2014, req. n° 43835/11), pour valider la loi portant interdiction de se dissimuler le visage (loi dite « sur le voile intégral »). Cf. H. Fulchiron et M. Philip-Gay, « La laïcité : un principe, des valeurs », *D.* 2015, p. 274.

106. Cf. « Article 14 : les libertés de l'esprit », *La Convention internationale des droits de l'enfants vingt ans après*, art. préc. et réf. cit.

107. **Étymologie** : du latin *dux, ducis* : chef, lui-même dérivé de *duco, ere* : conduire.

CHAPITRE II

EXERCICE DE L'AUTORITÉ PARENTALE

1600. Titularité et exercice. – Pendant longtemps, la loi a imposé en matière d'autorité parentale une nette distinction entre la filiation légitime, dont elle estimait qu'elle seule faisait naître des structures familiales et la filiation naturelle, qui n'était génératrice que de relations individuelles non familiales et peu organisées. Par conséquent, seuls les parents légitimes étaient titulaires de la puissance paternelle. Les parents naturels n'en étaient pas investis ; s'ils avaient reconnu l'enfant, ils en avaient des attributs isolés. Il n'en va plus de même aujourd'hui : la famille se construit sur le mariage ou, hors mariage, sur la filiation : dès lors que la filiation est juridiquement établie, les parents sont *titulaires* de l'autorité parentale. Seule une décision de retrait de l'autorité parentale pourrait les en priver.

Pour autant, ils n'en ont pas toujours l'exercice, *i.e.* le droit et le devoir d'en assumer les missions. Là encore, la loi a longtemps distingué entre famille légitime et famille naturelle, famille unie et famille désunie (divorce, séparation des concubins), famille par le sang et famille adoptive. Ces distinctions sont aujourd'hui abolies. Mais si la loi du 4 mars 2002 a construit un droit commun de l'autorité parentale applicable à tous les enfants et à tous les parents, des règles particulières de dévolution de l'exercice de l'autorité parentale demeurent : elles tiennent compte, sans toujours le dire, des besoins propres à tel ou tel type de famille[1].

SECTION I
MODALITÉS D'EXERCICE

L'article 372, alinéa 1, l'affirme sans détour, « *Les père et mère exercent en commun l'autorité parentale* ». Le principe (idéal) de coparentalité anime aujourd'hui le droit français[2]. Si l'exercice en commun est la règle, il est des hypothèses où son exercice doit être assumé par un seul des parents.

---

1. **Biblio. :** L. Gareil, *L'exercice de l'autorité parentale*, thèse Paris II, LGDJ, 2004, préf. L. Leveneur (très critique sur le régime actuel de la garde en commun lors de la séparation des parents, et du contrôle par l'État de l'autorité parentale).

2. Afin de renforcer le principe de coparentalité, notamment en cas de séparation, le législateur a pris soin d'en préciser la signification concrète. S'inspirant des propositions du rapport du groupe de travail sur la coparentalité (« Comment assurer le respect de la coparentalité entre parents séparés »,

§ 1. Exercice en commun

1601. Ensemble et égaux. – Égaux en droits et en devoirs, les parents disposent des mêmes pouvoirs, qu'ils mettent en œuvre conjointement. Toute décision suppose donc en principe leur accord : il y a exercice conjoint et non concurrence de pouvoirs identiques (comp. pour les époux les pouvoirs concurrents qui leur sont accordés par les articles 220 et 1421 sur les biens communs ; rappr. les articles 389 et suivants en matière d'administration légale). Le parent qui prétendrait agir sans le consentement de l'autre engagerait sa responsabilité ; des incidents répétés pourraient en théorie conduire le juge à mettre fin à l'exercice en commun de l'autorité parentale, mais la faveur manifestée par le législateur à l'égard de ce système laisse penser qu'une telle décision ne serait prise que si le comportement des parents ou de l'un d'eux risquait de causer de graves perturbations à l'enfant.

En toute hypothèse, un tel système ne peut fonctionner que si sont prévus des assouplissements pour les actes quotidiens et une procédure de règlement des conflits parentaux.

I. — Présomption d'accord pour les actes usuels

1602. Actes importants et actes usuels. – Selon l'article 372-2 « *À l'égard des tiers de bonne foi, chacun des parents est réputé agir avec l'accord de l'autre, quand il fait seul un acte usuel de l'autorité parentale relativement à la personne de l'enfant* ». La règle vaut à la fois dispense de preuve de l'accord des parents et décharge de responsabilité au profit des tiers de bonne foi.

La loi ne donne pas de définition des actes usuels, ni, surtout, de liste préétablie. Si l'on procède de manière négative, on peut considérer que ne constitue pas un acte « usuel » l'acte qui, rompant avec la pratique antérieurement suivie, engage l'avenir de l'enfant. Le tiers ou, en cas de conflit, le juge, devra se livrer à une double appréciation *in abstracto* et *in concreto*, en fonction des circonstances particulières de l'espèce. Ainsi, s'agissant de l'éducation scolaire, peut être considérée comme un acte usuel la réinscription de l'enfant dans l'établissement où il se trouvait déjà ou, après déménagement, dans un établissement de même nature. En revanche, ne constitue pas un acte usuel, sauf circonstances particulières, l'inscription de l'enfant scolarisé jusque là dans une école publique, dans un établissement confessionnel ou dans une école prônant des méthodes pédagogiques originales[3].

En pratique, le contentieux est rare, malgré la généralisation de l'exercice en commun de l'autorité parentale après séparation, ce qui ne peut que rassurer ceux qui redoutent l'intervention du juge dans les affaires de famille. Deux questions ont cependant été portées devant le juge. Ainsi, le choix d'une religion appartient aux deux parents ; en conséquence, un acte tel que la circoncision, qui dans la tradition juive symbolise l'appartenance au Peuple élu et l'Alliance avec Dieu, ne peut être considéré comme un acte usuel : le médecin qui y procéderait sans s'assurer de l'accord des deux parents engagerait sa responsabilité[4]. Les risques

---

ministère de la Justice et ministère des Affaires sociales et de la Santé, 2014), la proposition de loi relative à l'autorité parentale et à l'intérêt de l'enfant (préc.) lui consacre son premier chapitre.

3. Soucieux de préciser ce que recouvre l'exercice en commun de l'autorité parentale pour en favoriser la mise en œuvre par les parents, la proposition de loi sur l'autorité parentale et l'intérêt de l'enfant définit, non pas les actes usuels, mais les actes « importants » : « *Constitue un acte important l'acte qui rompt avec le passé et engage l'avenir de l'enfant ou qui touche à ses droits fondamentaux* » (art. 372-1 nouveau). Est expressément visé le changement de résidence de l'un des parents « *dès lors qu'il modifie les modalités de résidence de l'enfant ou le droit de visite de l'autre parent* » et le changement d'établissement scolaire (art. 372-1-1 nouveau).

4. Dans une décision critiquable, le TGI de Paris (6 novembre 1973, *Gaz. Pal.* 1974.1.299, n. Barbier) avait admis la qualification d'acte usuel en mettant en avant la nécessité médicale qui aurait

d'enlèvement d'enfant ont également conduit le juge administratif et le législateur à se prononcer : de façon contestable, le Conseil d'État a admis que l'inscription d'un enfant sur le passeport d'un des parents constituait un acte usuel[5]. Mais la loi exige le consentement des deux parents pour une demande de passeport au nom du mineur[6].

II. — Règlement des désaccords entre parents

1603. Coutume familiale et arbitrage judiciaire. – Le système d'exercice en commun de l'autorité parentale par des parents disposant de pouvoirs identiques comporte des risques de paralysie, surtout si les parents sont séparés. Pour résoudre d'éventuels conflits, le législateur de 1970 avait prévu un système particulièrement équilibré. Selon l'article 372-1-1 ancien : « *Si les père et mère ne parvenaient pas à s'accorder sur ce qu'exige l'intérêt de l'enfant, la pratique qu'ils avaient précédemment suivie leur tiendrait lieu de règle. À défaut d'une telle pratique ou en cas de contestation sur son existence ou sur son bien-fondé, le parent le plus diligent pourra saisir le juge aux affaires familiales qui statuera après avoir tenté de concilier les parties* ». Les interventions judiciaires ont été rares. La règle avait l'avantage de donner aux parents et au juge une ligne de conduite : respect de la « coutume familiale », recherche de la conciliation[7], décision du juge selon ce qu'exige l'intérêt de l'enfant. Pour des raisons inexplicables, le texte a été abrogé en 2002. On ne le retrouve plus que, mutilé, au titre des éléments que le juge est appelé à prendre en considération lorsqu'il se prononce en cas de séparation sur les modalités d'exercice de l'autorité parentale (art. 373-2-11, 1°). Désormais rien n'est dit sur le règlement des conflits parentaux ; sans doute, les juges se référeront-ils, à leur tour, à la pratique antérieurement suivie.

§ 2. Exercice unilatéral

1604. Un pour tout. – L'exercice unilatéral de l'autorité parentale est devenu une situation exceptionnelle. Le parent qui en est investi concentre alors entre ses mains les droits et devoirs attachés à cette fonction. Pour autant, ses pouvoirs ne sont pas sans limites : il doit respecter les droits et les devoirs qui appartiennent à l'autre parent. Ce dernier est en effet également titulaire de l'autorité parentale et dispose en conséquence des prérogatives fondamentales attachées à cette fonction : droit de consentir au mariage (art. 148), à l'adoption (art. 348) et à l'émancipation (art. 477). S'il ne vit pas avec l'enfant, il bénéficie, en outre, d'un droit à entretenir des relations personnelles avec l'enfant, droit qui peut prendre des formes diverses[8], et ne peut lui être refusé que pour des motifs graves[9]. Lui est également reconnu un droit de surveillance (art. 373-2-1) sur l'entretien et l'éducation de l'enfant. Ce droit s'étend en réalité à tous les aspects de la vie de

---

conduit à une simple intervention chirurgicale bénigne... pour les trois enfants concernés. En revanche, dans une affaire dépourvue de toute ambiguïté, la cour d'appel de Paris n'a pas hésité à condamner le tiers qui avait procédé à la circoncision sans s'assurer du consentement des deux parents (Paris, 29 septembre 2000, *D.* 2001, 1585, n. C. Duvert). *Adde* condamnant le père (musulman) qui avait fait procéder à la circoncision rituelle de son fils sans le consentement de la mère : Cass. civ. 1re, 26 janvier 1994, *D.* 1995, 226, n. Choain.

5. CE, 8 février 1999, *D.* 2000, 161, n. F. Vauvillé ; *Defrénois* 1999, art. 37031, n° 68, obs. J. Massip ; *RTD civ.* 1999, 361, obs. J. Hauser ; *Dr. famille* 1999, n° 40, obs. P. Murat ; CE, 4 décembre 2002, *D.* 2003, 413 ; *Dr. famille* 2003, n° 12, obs. P. Murat.

6. *D.* n° 2001-185, 26 février 2001, art. 8.

7. Avec au besoin recours à la médiation : TGI Argentan, 23 juin 1988 et TGI La Rochelle, 17 février 1988, *D.* 1989, 411, note C. Lienhard.

8. *Infra*, n° 1619.

9. Art. 373-2-1, al. 2, *infra*. *Adde* CIDE, art. 9.3 : « *Les États parties respectent le droit de l'enfant séparé de ses deux parents ou de l'un d'eux d'entretenir régulièrement des relations personnelles et des contacts directs avec ses deux parents, sauf si cela est contraire à l'intérêt supérieur de l'enfant.* »

l'enfant : formations scolaire et professionnelle, intellectuelle et religieuse, santé, sécurité et moralité.

Afin d'éviter que le droit de surveillance ne se transforme en un droit d'ingérence, la jurisprudence a précisé que ce droit ne donnait pas à son titulaire le pouvoir d'agir[10], ni celui d'interdire ou d'autoriser ; en revanche, le législateur a exigé que le parent concerné fût « *informé des choix importants relatifs à la vie* » de l'enfant. S'il conteste telle ou telle décision prise ou envisagée par l'autre parent, ou qu'il constate quelque carence, il peut saisir le juge aux affaires familiales. Il ne lui suffit cependant pas de prétendre que les solutions qu'il propose sont meilleures que celles qui avaient été retenues par celui qui est investi de l'exercice de l'autorité parentale : il doit prouver que, par son action ou par son inaction, l'autre parent va à l'encontre de l'intérêt de l'enfant. Si le juge estime que la demande est fondée, il peut interdire que la décision projetée soit exécutée, ordonner le retour au *statu quo ante* ou imposer l'orientation proposée par l'autre parent[11]. Des incidents répétés pourraient également justifier un changement des modalités d'exercice de l'autorité parentale. Parfois, pourtant, la situation créée est irréversible[12].

Si le père ou la mère qui exerce l'autorité parentale décède ou perd l'exercice de l'autorité parentale (art. 373), l'autre parent est automatiquement investi de cet exercice[13].

SECTION II
DÉVOLUTION DE L'EXERCICE

La loi fixe des règles de dévolution initiale fondées sur le principe de la coparentalité : les père et mère ont l'exercice de l'autorité parentale dès lors que la filiation est établie et l'exercent en commun. En principe, cette dévolution initiale (§ 1) n'est pas remise en cause par la séparation (§ 2). Il convient en revanche d'organiser les conséquences d'un décès qui arrache l'enfant à l'un de ses parents (§ 3).

§ 1. DÉVOLUTION INITIALE

La loi ne distingue plus entre enfants nés en mariage et enfants nés hors mariage (I). L'enfant adoptif est, quant à lui, régi par des règles particulières (II).

I. — Enfants par le sang

1605. Une règle pour tous. – Les termes d'enfant légitime et naturel ont disparu du titre de l'autorité parentale. Une règle unique régit désormais tous les enfants par le sang : selon l'article 372, alinéa 1 : « *Les père et mère exercent en commun l'autorité parentale* »[14]. Pour autant, il était nécessaire de prendre en compte les circonstances non de la naissance, mais de l'établissement de la filiation (la

10. Cass. civ. 2e, 16 mars 1973, *Bull. civ.* II, n° 166 ; *RTD civ.* 1974, 139, obs. R. Nerson.

11. Paris, 9 décembre 1967, *JCP* G 1968.II.15345, note J. A. ; *RTD sanit soc.* 1968, 56, obs. P. Raynaud.

12. TGI Paris, 15 mai 1984 (inédit) : le père, musulman, prétendait obtenir du juge l'annulation du baptême décidé unilatéralement par la mère catholique.

13. *Infra*, n° 1628.

14. L'ancienne rédaction du texte posait deux règles distinctes, pour les enfants nés en mariage (al. 1) et hors mariage (al. 2).

distinction est subtile car les unes dépendent étroitement des autres) : un établissement tardif de la filiation peut laisser supposer un certain désintérêt du père à l'égard de l'enfant ou traduire une situation familiale difficile. La question ne se pose pas en mariage, puisque, en principe, la filiation est établie automatiquement et indivisiblement, tant à l'égard de la mère que du père, mais est récurrente hors mariage pour le père au moins[15]. Aussi, le législateur de 2002 a-t-il maintenu l'exigence d'un double établissement de la filiation hors mariage dans l'année de la naissance de l'enfant[16] : à défaut, l'autorité parentale reste exercée par le parent à l'égard de qui la filiation a été constatée en premier (art. 372, al. 2), donc la mère dans presque tous les cas. Il en va de même lorsque la filiation a été déclarée en justice (art. 372, al. 2 *in fine*). En pratique, la règle bénéficie à la mère dont la situation ne sera pas bouleversée par un établissement tardif de la filiation paternelle. Le principe n'en demeure pas moins celui de l'exercice en commun de l'autorité parentale : celui-ci peut être mis en place par une déclaration conjointe devant le greffier en chef du tribunal de grande instance ou par une décision du juge aux affaires familiales (art. 372, al. 3).

II. — Enfants adoptifs

1606. Adoption plénière. – En cas d'adoption plénière, les textes ne disent rien de l'autorité parentale, mais la solution s'impose : l'enfant adopté n'a plus d'autres parents que ses parents adoptifs (art. 356, al. 1, art. 358) : s'il est adopté par une seule personne, celle-ci exerce seule l'autorité parentale ; s'il est adopté par deux époux, il y a lieu à exercice en commun de l'autorité parentale.

En cas d'adoption internationale, l'État de l'adopté engage sa responsabilité s'il n'exécute pas les décisions de justice ordonnant l'adoption, par exemple s'il prive les parents adoptifs de tout contact avec leur enfant adopté[17].

1607. Adoption simple. – En cas d'adoption simple, l'enfant conserve des liens avec sa famille par le sang, mais l'autorité parentale appartient désormais aux parents adoptifs : l'article 365, alinéa 1, dispose que « *l'adoptant est seul investi à l'égard de l'adopté de tous les droits d'autorité parentale, inclus celui de consentir au mariage de l'adopté* ». Aussi cruelle soit elle parfois pour les père et mère par le sang[18], cette règle se comprend fort bien pour une adoption « externe ».

La situation est plus délicate s'il s'agit de l'adoption de l'enfant du conjoint. Mais précisément dans cette hypothèse, l'article 365 pose une règle toute différente : l'adoptant devient titulaire de l'autorité parentale concurremment avec son conjoint (parent par le sang), mais seul ce dernier en a l'exercice. Pourtant l'adoption du mineur marque bien la volonté d'en assumer la charge : le principe devrait donc être celui d'un exercice en commun de l'autorité parentale. La loi du 4 mars 2002 n'a pas aboli cette règle discutable : elle a seulement permis le passage à un

15. Pour la mère, la question ne se pose plus que de façon exceptionnelle, puisque de sa maternité est établie automatiquement par la mention de son nom dans l'acte de naissance : *supra*, n°s 1105 s.

16. En revanche a été supprimée l'exigence, imposée en 1993, mais très critiquée, du maintien de la vie commune entre les parents lors de la seconde reconnaissance (Rapp. Dekeuwer-Défossez, préc., p. 78).

17. CEDH, 25 novembre 2003, *Pini et Bertani c. Roumanie, D.* 2004.1059, obs. I. Berro-Lefèvre ; la Cour réserve cependant sa décision sur le fond, laissant ouverte la question de savoir si la « *vie familiale* » au sens de l'article 8 de la Convention est constituée par l'existence du seul lien de parenté, en l'absence de cohabitation.

18. Cass. civ. 1re, 11 mars 1977, *Bull. civ.* I, n° 233 ; *JCP* G 1978.II.18833, n. J. Carbonnier ; *RTD civ.* 1978, 339, obs. J. Rubellin-Devichi. Le juge peut cependant leur accorder un droit de visite sur le fondement de l'article 371-4 (cf. *supra*, n°s 1553 et 1562).

exercice en commun par déclaration conjointe devant le greffier en chef du tribunal de grande instance.

Sur l'incidence de cette règle dans les familles « homoparentales », cf. *supra*, n° 1425 et réf. cit.

§ 2. Séparation des parents

1608. Bouleversement en fait, non événement en droit? – L'article 373-2 énonce que : « *La séparation des parents est sans incidence sur les règles de dévolution de l'exercice de l'autorité parentale* ». La règle vaut pour le divorce (comp. la rédaction plus négative de l'ancien article 286 : « *Le divorce laisse subsister les droits et les devoirs des père et mère à l'égard de leurs enfants* »), comme pour toute séparation de fait ou judiciaire des parents mariés ou non mariés. Il y a une grande illusion à croire que la séparation ne bouleverse pas la vie des enfants, comme elle bouleverse celle des parents : le législateur se serait-il payé de mots ? En fait, la loi entend poser un principe, proposer un modèle, dans l'espoir d'influencer les pratiques.

Sauf cas particulier (cf. *supra* pour l'enfant né hors mariage ou pour l'enfant du conjoint qui aurait fait l'objet d'une adoption simple), les père et mère qui exerçaient en commun l'autorité parentale pendant la vie commune continuent à le faire après la séparation. L'exercice unilatéral n'est plus qu'une exception[19].

I. — Principe : maintien de l'exercice en commun de l'autorité parentale

Si les principes sont clairs (A), l'aménagement de l'exercice en commun de l'autorité parentale après séparation comporte quelques zones d'ombre (B).

A. De l'exception au principe

En un peu plus de trente ans, le droit français a connu une évolution radicale, dans la famille fondée sur le mariage et plus encore dans la famille créée hors mariage.

1) Après divorce

1609. Autrefois, un seul parent. – Pendant longtemps, le système légal fut dominé par le souci de confier l'enfant à un seul des parents, afin d'assurer l'unité de sa direction et de le préserver des conflits parentaux. Après divorce, le Code Napoléon donnait consigne au juge de confier les enfants « *à l'époux qui a obtenu le divorce, à moins que le tribunal* [...] *n'ordonne, pour le plus grand avantage des enfants, que tous ou quelques-uns d'entre eux seront confiés aux soins soit de l'autre époux, soit d'une tierce personne* ». Les lois du 4 juin 1970 et du 11 juillet 1975, tout en affirmant que le seul critère à prendre en considération était l'intérêt de l'enfant, n'avaient pas remis en cause ce schéma : le parent « gardien » disposait de l'exercice de l'autorité parentale, l'autre ne bénéficiait que des droits, réduits, de visite, d'hébergement et de surveillance.

Plusieurs facteurs se sont conjugués pour rendre désuet ce système. Tout d'abord, la multiplication des divorces a ôté à la situation d'enfant de parents divorcés son caractère « anormal » qui justifiait des mesures de protection radicales : la question n'est plus seulement de tenir l'enfant à l'écart du conflit, mais de lui permettre d'être élevé par ses deux parents, malgré la

19. Th. Fossier, « L'exercice de l'autorité parentale par les parents séparés (quarante mois d'application de la loi du 4 mars 2002) », *Dr. famille* 2005, n° 15 et les arrêts cités.

rupture. De plus, les juges (qui le plus souvent se contentaient de répondre à la demande des parents[20]) confiaient l'enfant dans 85 % des cas environ à la mère : se posait donc le problème de la place du père dans la famille désunie. Enfin, est apparue peu à peu l'idée que l'intérêt de « l'enfant du divorce » serait non seulement de conserver des relations personnelles avec chacun de ses parents (droit reconnu par la Convention internationale relative aux droits de l'enfant (art. 10.2) et par la Charte européenne des droits fondamentaux (art. 24.3) et protégé par la Cour européenne des droits de l'homme au nom du droit au respect de la vie familiale), mais encore d'être éduqué par ses deux parents, malgré la séparation.

1610. Aujourd'hui, deux parents. – Pour répondre aux nouveaux besoins sociaux et aux attentes des justiciables, des tribunaux imaginèrent divers procédés permettant d'assurer un meilleur équilibre des droits et responsabilités de chacun : dissociation entre garde juridique et garde matérielle, garde alternée, garde conjointe ; les deux premiers furent condamnés par la Cour de cassation[21], le troisième consacré[22]. Quant au législateur, il multiplia les interventions.

La loi du 22 juillet 1987 dite *loi Malhuret* consacra l'exercice en commun de l'autorité parentale en donnant au juge du divorce la possibilité de l'ordonner et aux parents celle de la choisir en cas de divorce sur requête conjointe[23]. Très vite, le principe devint, dans la pratique l'exercice en commun, l'exception l'exercice unilatéral[24]. Toutefois, le législateur jugea nécessaire de franchir, symboliquement, un nouveau pas : la loi du 8 janvier 1993 posa en principe l'exercice en commun de l'autorité parentale après divorce ; seules des circonstances exceptionnelles pouvaient justifier que l'enfant fût confié à un seul de ses parents ou à un tiers[25]. La loi de 2002 ne fit que renforcer cette règle : en matière d'autorité parentale, il n'y a pas de solution de continuité entre le mariage et le divorce ; tout autre aménagement suppose l'existence de circonstances exceptionnelles[26].

2) Après séparation

1611. Naguère, la mère seule. – L'évolution a été tout aussi radicale pour les enfants nés hors mariage. Longtemps la famille naturelle avait été conçue comme étant par nature une famille désunie. La grande innovation de la loi du 4 juin 1970 fut de confier en principe l'exercice de l'autorité parentale à la mère : la famille naturelle disait-on, s'organise assez spontanément en matriarcat. Dès cette époque il apparaissait également que la réalité devenait plus complexe : les couples stables constitués hors mariage n'avaient plus rien d'exceptionnel (ni même de militant), et la venue d'enfants ne sonnait plus nécessairement l'heure du mariage. Il semblait

20. H. Fulchiron, « La généralisation de l'exercice en commun de l'autorité parentale par les parents divorcés à l'épreuve de la pratique judiciaire », *in Sociologie judiciaire du divorce,* dir. J. Hauser, Economica, 1999, p. 69 s. et réf. cit.

21. Condamnation de la dissociation entre garde juridique et garde matérielle : Cass. civ. 2e, 12 février 1976, *Bull. civ.* II, n° 53 ; condamnation de la garde alternée : Cass. civ. 2e, 21 mars 1983, *Bull. civ.* II, n° 86 ; *D.* 1984, 53, note T. Moussa ; *JCP* G 1984.II.20163, note A. Dekeuwer ; *Defrénois* 1983, art. 33174, n° 119, obs. J. Massip ; *RTD civ.* 1984, 95, obs. J. Rubellin-Devichi ; Cass. civ. 2e, 2 mai 1984, *Defrénois*, art. 33477, n° 7, obs. J. Massip ; *RTD civ.* 1984, 691, obs. J. Rubellin-Devichi.

22. Cass. civ. 2e, 21 mars 1983 et 2 mai 1984, préc. Sur cette jurisprudence, H. Fulchiron, *Autorité parentale et parents désunis,* éd. CNRS, 1985 et réf. cit.

23. G. Raymond, « De la réalité de l'absence du couple conjugal à la fiction de l'unité du couple parental, commentaire de la loi n° 87-570 du 22 juillet 1987 », *JCP* G 1987.I.3299 ; Fr. Dekeuwer et F. Vauvillé, « Droits de l'homme et droits de l'enfant, commentaire de la loi Malhuret du 22 juillet 1987 », *D.* 1988, chron. 7.

24. H. Fulchiron, « Une nouvelle réforme de l'autorité parentale, commentaire de la loi n° 93-22 du 8 janvier 1993 à la lumière de l'application de la loi Malhuret », *D.* 1993, chron. 117.

25. H. Fulchiron, article préc. ; J. Massip, « Les modifications apportées au droit de la famille par la loi du 8 janvier 1993 », *Defrénois* 1993, 609 ; J. Rubellin-Devichi, « Une importante réforme en droit de la famille, la loi n° 93-22 du 8 janvier 1993 », *JCP* G 1993.I.3659. Sur la mise en œuvre de la loi, H. Fulchiron et A. Gouttenoire, « Réforme législative et permanence des pratiques », article préc.

26. Fr. Boulanger, *D.* 2002, 1571 ; H. Fulchiron, « L'autorité parentale rénovée », *Defrénois* 2002, p. 959 et réf. cit. *Adde* le numéro spécial de l'*AJ famille* 2002, p. 125 s.

également que de plus en plus de pères naturels manifestaient leur volonté de prendre en charge leurs enfants ; et l'on s'inquiétait des conséquences d'une loi qui ne reconnaîtrait pas vraiment la place du père[27]. Enfin, la dynamique de la coparentalité et sa traduction juridique, l'exercice en commun de l'autorité parentale, le principe d'égalité entre l'homme et la femme en tant que parents, tout comme le principe d'égalité entre enfants nés en mariage et hors mariage, ont conduit le législateur à intervenir, là encore, à trois reprises.

1612. Aujourd'hui, les deux parents. – Après les lois du 27 juillet 1987 et du 8 janvier 1993 qui promurent l'exercice en commun de l'autorité parentale en cas de séparation, la loi du 4 mars 2002 posa comme principe (article 373-2) : « *La séparation des parents est sans incidence sur les règles de dévolution de l'exercice de l'autorité parentale* ». L'exercice en commun de l'autorité parentale, qui est plus que jamais le principe dans la famille construite hors mariage, demeure malgré la séparation, sauf décision du juge (art. 373-2-1) ou convention judiciairement homologuée (art. 373-2-7).

B. Aménagement de l'exercice en commun

Le fait même de la séparation rend nécessaire un aménagement de la situation et, tout d'abord, la détermination de la résidence de l'enfant. Depuis la loi de 2002, les parents ont le choix entre une résidence habituelle auprès de l'un d'eux ou une résidence alternée, chez l'un puis chez l'autre[28].

1) Résidence habituelle

1613. Une résidence habituelle. – Telle est la solution habituellement retenue ; qui correspond d'ailleurs, *mutatis mutandis*, à l'ancien schéma d'un enfant pris en charge quotidiennement par l'un de ses parents. Mais si ce dernier bénéficie en fait d'une situation privilégiée (et d'une charge d'autant plus importante), les règles de l'exercice en commun de l'autorité parentale ne s'en appliquent pas moins : il y a exercice conjoint, facilité pour les actes usuels par la présomption d'accord de l'article 372-2.

Le parent auprès de qui l'enfant n'a pas sa résidence habituelle dispose d'un droit, irréductible, sauf motif grave, à entretenir des relations personnelles avec lui[29] ; l'autre est tenu de respecter ces liens (art. 373-2).

27. Rapp. Théry, préc.

28. Selon une enquête de l'Insee (G. Bonnet, B. Garbinti et A. Solaz, *Les conditions de vie des enfants après le divorce*, Insee-Première, février 2015), 152 000 enfants, âgés en moyenne de 7 à 8 ans, ont été concernés par la rupture du mariage en 2009 et 5 100 par la rupture du Pacs. Fiscalement (l'enquête exploitait les données fiscales), 76 % étaient rattachés principalement à leur mère et 9 % à leur père, 15 % étaient en garde alternée. Quand la résidence est fixée chez la mère, six mères sur dix déclarent recevoir une pension, dont le montant médian est de 150 euros.

29. Ce droit ne peut lui être refusé que pour motifs graves : jurisprudence constante, ex. : Cass. civ. 1re, 14 mars 2006, *Bull. civ.* I, n° 147 ; *Dr. famille* 2006, n° 157, n. P. Murat, décidant que « *le parent qui exerce conjointement l'autorité parentale ne peut se voir refuser un droit de visite et d'hébergement que pour des motifs graves tenant à l'intérêt supérieur de l'enfant* ». Pour un exemple de « *motifs graves* », Cass. civ. 1re, 25 mars 2009, *AJ famille* 2009, n° 9, p. 29, obs. F. Eudier : le père n'avait ni domicile ni revenus et il avait, quelques années plus tôt, faussement déclaré la perte du passeport de sa fille pour l'emmener en Tunisie ; l'enfant avait été très perturbée par cet enlèvement. Afin d'éviter que l'enfant ne soit la victime directe ou indirecte des violences de l'un de ses parents, la loi du 9 juillet 2010 sur les violences conjugales prévoit que « *lorsque l'intérêt de l'enfant le commande ou lorsque la remise directe de l'enfant à l'autre parent présente un danger pour l'un d'eux, le juge en organise les modalités pour qu'elle présente toutes les garanties nécessaires. Il peut prévoir qu'elle s'effectue dans un espace de rencontres qu'il désigne, ou avec l'assistance d'un tiers de confiance ou du représentant d'une personne morale qualifiée* » (art. 373-2-9 al. 4 nouveau).

2) Résidence alternée

1614. Deux résidences, en alternance : pour ou contre. – La question du partage ou de l'alternance de l'hébergement ne cesse, depuis plus de trente ans, de susciter de vives polémiques. La « garde alternée » est née avec la « garde conjointe », au début des années 1980. Pour ses partisans, seul ce système permet à l'enfant de conserver des liens équilibrés avec chacun de ses deux parents ; lui seul assure l'égalité entre les parents, en redonnant au père – qui obtient rarement que la résidence habituelle de l'enfant soit fixée auprès de lui – toute sa place dans la famille désunie. Pour ses adversaires, l'alternance de l'hébergement risque de déstabiliser l'enfant, ballotté d'un parent à l'autre au fil des jours ou des semaines ; si elle satisfait les prétendus « droits » des père et mère, elle fait de l'enfant une chose que l'on se partage, sans trop se soucier de son intérêt.

1615. Proscription, prescription, illusions. – Par deux arrêts du 21 mars 1983 et du 2 mai 1984[30], la Cour de cassation avait consacré la garde conjointe et condamné la garde alternée. La loi du 2 juillet 1987 puis celle du 8 janvier 1993 confirmèrent cette position en inscrivant dans le Code l'exigence d'une « *résidence habituelle* ». Les partisans de l'alternance ne rendirent pas les armes : l'ambiguïté des textes, les revendications de certains parents, l'action militante de certaines associations de pères, conduisirent quelques juges à admettre diverses formules de partage de l'hébergement[31]. Le législateur en admit finalement la licéité au nom de la continuité des liens entre l'enfant et ses deux parents.

La loi du 4 mars 2002 ouvre une option entre résidence alternée et résidence habituelle (art. 373-2-9)[32]. Le législateur manifeste même sa préférence pour l'alternance en la mentionnant en premier lieu, et en donnant au juge le pouvoir de l'imposer, à titre expérimental, en cas de désaccord des parents : selon l'article 373-2-9, « *à la demande de l'un des parents ou en cas de désaccord entre eux sur le mode de résidence de l'enfant, le juge peut ordonner à titre provisoire une résidence en alternance dont il détermine la durée. Au terme de celle-ci, le juge statue définitivement sur la résidence de l'enfant en alternance au domicile de chacun des parents ou au domicile de l'un d'eux* ». La résidence alternée se déploie dans un exercice en commun de l'autorité parentale : les décisions doivent donc être prises en commun, sous réserve du jeu de la présomption d'accord de l'article 372-2.

En pratique, l'alternance se répand peu à peu, tout en conservant ses zélateurs (qui voudraient en faire le principe) et ses contempteurs (qui souhaiteraient, au moins, qu'elle fût interdite pour les enfants en bas âge). Les juges en font un usage modéré[33]

30. Préc., *supra*.

31. Lyon, 5 octobre 1993, *JCP* G 1994.II.22231, n. H. Fulchiron ; *RTD civ.* 1993, 818, obs. J. Hauser ; Fort de France, 27 juillet 1995, *RTD civ.* 1996, 980, obs. J. Hauser ; Paris, 10 février 1999, *JCP* G 1999.II.10170, n. Th. Garé. Sur l'ensemble de la question, H. Fulchiron et A. Gouttenoire-Cornut, « Réforme législative et permanence des pratiques », article préc.

32. Comp. les propositions beaucoup plus simples de la Commission Dekeuwer-Défossez (suppression de l'exigence de fixation d'une résidence habituelle, ce qui aurait laissé aux parents toute latitude pour organiser leurs relations avec l'enfant), Rapp. préc., p. 81 s.

33. Pour un panorama de la jurisprudence : M. Chopin, « La résidence alternée : état du droit, bilan et jurisprudence », *AJ famille* 2010, p. 21. Sur la dimension internationale, cf. A. Devers, « La résidence alternée en DIP », *Dr. famille* 2008. n° 9. Ex. (atypique), Lyon 28 juin 2010, *AJ famille* 2010, 490, obs. C. Siffrein-Blanc : mis en relation par une association, un homme et une femme vivant l'un et l'autre avec une personne de même sexe avaient décidé de concevoir un enfant et de l'élever dans leur couple respectif. Faute d'accord, le père saisit le juge pour que fût ordonnée une résidence alternée. Admise en première instance, cette solution a été refusée en appel : « *l'enfant n'a pas à se couler dans le schéma familial issu d'une construction intellectuelle de ses parents, mais c'est aux parents d'être à l'écoute des besoins de l'enfant* » ; compte tenu du très jeune âge de l'enfant et des symptômes de mal-être que la résidence alternée avait engendrés chez l'enfant, la résidence principale a été fixée chez la mère « *figure principale d'attachement* ». *Adde* le dossier « Résidence alternée » (*AJ famille*, décembre 2011) et « Enfant et conflit conjugal » (*AJ famille* 2013, 263) ; B. Ancel, « La résidence alternée : panacée ou pis-aller ? », *AJ famille* 2015, p. 213.

et rejettent tout esprit de système[34]. Certains proposent de trancher le nœud gordien en supprimant toute référence à la résidence ou en instaurant par principe une résidence partagée dont les parents et/ou le juge aménageraient les modalités[35].

Il arrive que ni le partage de l'hébergement ni même le partage des responsabilités parentales ne soient souhaitables ni possibles ; l'exercice en commun cèdera alors la place à un exercice unilatéral.

II. — Exception : exercice unilatéral de l'autorité parentale

Longtemps le monopole d'un parent après la séparation fut le principe. Il n'est plus que l'exception, le législateur s'attachant à maintenir, autant qu'il est possible, le lien entre l'enfant et le parent qui n'exerce pas l'autorité parentale.

A. Du principe à l'exception

1616. ***Si l'intérêt de l'enfant le commande.*** – Selon l'article 373-2-1 (L. 2002), « *Si l'intérêt de l'enfant le commande, le juge peut confier l'exercice de l'autorité parentale à l'un des deux parents* ». La formulation même du texte marque le caractère exceptionnel de la règle[36], c'est à celui qui s'oppose à un exercice en commun de l'autorité parentale de démontrer l'existence de ces « motifs graves »[37]. Le juge pourrait notamment y recourir en raison de la personnalité de l'un des parents : alcoolisme, violence[38], risque d'enlèvement[39], menaces d'abus sexuels[40], troubles du comportement[41], irresponsabilité[42], méthodes éducatives

34. La Cour de cassation a dû ainsi affirmer (solennellement !) que « *l'article 373-2-9 du Code civil n'impose pas, pour que la résidence d'un enfant soit fixée en alternance au domicile de chacun des parents, que le temps passé par l'enfant auprès de son père et de sa mère soit de même durée* » : tout dépend de l'intérêt de l'enfant (Cass. civ. 1re, 23 avril 2007, *Bull. civ.* I n° 156 ; *RTD civ.* 2007, p. 560, obs. J. Hauser ; *Dr. famille* 2007, n° 148, note P. Murat).

35. Cf. le projet de loi sur l'autorité parentale et l'intérêt de l'enfant (préc.), selon lequel la résidence de l'enfant serait fixée au domicile de chacun des parents, selon les modalités de fréquence et de durée déterminées d'un commun accord entre les parents ou, à défaut, par le juge.

36. Que les parents soient d'accord sur cette solution n'y change rien : Paris, 10 mars 2004, *Dr. famille* 2004, n° 101, n. P. Murat : le père, en désaccord avec la mère sur l'éducation de son fils avait préféré la laisser seule face à ses responsabilités ; le père, affirment les juges parisiens « *a un rôle fort à jouer dans la construction de son fils et doit persister à se mobiliser* (sic) *quelles que soient les difficultés auxquelles il dit se heurter pour trouver une bonne harmonie* ». Quand le juge se fait psychologue... En pratique, au lendemain de la loi de 2002, l'exercice unilatéral n'était ordonné après divorce que dans 5 % des cas (Infostat, 2007, préc.).

37. Cass. civ. 1re, 20 février 2007, *Bull. civ.* I n° 63 ; *Dr. famille* 2007, n° 103, n. P. Murat.

38. Violence à l'égard des enfants ou à l'égard du conjoint : selon l'article 373-2-11, le juge qui se prononce sur les modalités d'exercice de l'autorité parentale doit prendre en considération (5°) « *les pressions ou violences, à caractère physique ou psychologique, exercées par l'un des parents sur la personne de l'autre* ».

39. Sur l'ambiguïté d'une telle mesure au regard de la prévention des enlèvements d'enfant, « Les enlèvements d'enfants à travers les frontières », H. Fulchiron (ss. dir.), Bruylant, 2004. Soucieux de renforcer la lutte contre les enlèvements, la loi du 4 mars 2002 a donné au juge (art. 373-2-6) la possibilité d'ordonner l'inscription sur le passeport des parents de l'interdiction de sortie de l'enfant du territoire français, sans l'autorisation de ses deux parents (sur l'efficacité plus que limitée de ce texte, H. Fulchiron, « L'autorité parentale rénovée », article préc.). Les sanctions pénales ont été renforcées : C. pén., art. 227-5 et 227-7.

40. Cf. Cass. civ. 1re, 20 février 2007, préc.

41. Cass. civ. 1e, 11 février 2009, n° 08-11.337 : le père, « *animé par la volonté constante de reprendre la vie commune avec la mère, envahissait la sphère intime de ses enfants de ses problèmes personnels* » ; son mode de relation harcelant mettait en danger leur équilibre psychologique.

42. Ex. : Pau, 22 juin 1999, *JCP* G 1999.IV.2274 : le père possède un pitbull dont il se plait à souligner les mœurs paisibles, sans prendre en compte la vulnérabilité de sa fille âgée de quatre ans.

traumatisantes[43], appartenance à une secte (dès lors que cette appartenance risque d'avoir des conséquences néfastes pour l'enfant[44]), désintérêt[45] ou absence de contacts prolongés avec l'enfant. L'homosexualité de l'un des parents ne saurait en soi être un motif suffisant[46], à moins que le comportement du père ou de la mère ne risque d'être préjudiciable pour l'enfant[47].

Sur les modalités d'intervention du juge[48].

B. Aménagements de l'exercice unilatéral

1617. Un parent reste un parent. – L'exercice unilatéral de l'autorité parentale entraîne une concentration des pouvoirs entre les mains d'un seul parent. L'autre n'en conserve pas moins un certain nombre de droits et de devoirs. L'attachement manifesté par le législateur au principe de coparentalité l'a conduit à poser en principe que « *Chacun des père et mère doit maintenir des relations personnelles avec l'enfant et respecter les liens de celui-ci avec l'autre parent* » (art. 373-2, al. 2). Parmi les éléments que le juge doit prendre en considération lorsqu'il se prononce sur les modalités d'exercice de l'autorité parentale, figure « *l'aptitude de chacun des parents à assumer ses devoirs et respecter les droits de l'autre* » (art. 373-2-11, 3°).

1) Relations personnelles avec l'enfant

1618. Droit de visite et d'hébergement. – Lorsque le juge confie l'exercice de l'autorité parentale à l'un des parents, « *l'exercice du droit de visite et*

43. Nîmes, 23 octobre 1996, *JCP* G 1997.IV.2165 : les méthodes éducatives du père, pouvant aller jusqu'à des corrections physiques, ont abouti à créer un déséquilibre psychologique chez les enfants ayant nécessité des soins psychologiques pendant plusieurs années ; soulignant que « *s'il n'appartient pas à la cour de porter un jugement sur les fondements de la religion dite des Témoins de Jéhovah* », il entre en revanche dans ses attributions « *de protéger les enfants mineurs de pratiques qui ont pour but d'atténuer leur libre arbitre et l'éclosion de leur personnalité par un endoctrinement ou un conditionnement précoce* ».

44. Cass. civ. 1re, 25 juin 1998, *JCP* 1999, I, 101, n° 5, obs. Y. Favier, Nîmes, 23 octobre 1996, préc. La CEDH est particulièrement vigilante en la matière ; elle traque tout *a priori* et exige que les juridictions nationales se soient livrées à une appréciation *in concreto* de la situation, jurisprudence plusieurs fois réitérée depuis l'arrêt *Hoffman c. Autriche* du 23 juin 1993 (la Cour supérieure autrichienne avait confirmé le refus de confier les enfants à leur mère pour des motifs liés à l'appartenance de celle-ci aux témoins de Jéhovah. Accueillant les arguments du père, la Cour soulignait que les enfants couraient le risque d'un isolement social complet (cf. not. les positions des témoins de Jéhovah sur les fêtes religieuses, notamment la fête de Noël) ; étaient également invoquées les conséquences potentielles du refus des transfusions sanguines. L'Autriche est condamnée : la CEDH souligne que l'enquête sociale, sur laquelle s'étaient fondés les juges pour confier l'enfant à sa mère, n'avait révélé aucun danger potentiel).

45. Cass. civ. 1e, 4 novembre 2010, n° 09-15.165.

46. CEDH, 21 décembre 1999, *Salgueiro Da Silva Mouta c/Portugal*, *Dr. famille* 2000, n° 45, n. A. Gouttenoire ; *RTD civ.* 2000, 313, obs. J. Hauser, *ibid.* 433, obs. J.-P. Marguénaud : la cour d'appel de Lisbonne avait affirmé que le fait « *que le père de l'enfant, qui s'assume homosexuel, veuille vivre avec un autre homme, est une réalité qu'il faut accepter. Il est notoire que la société montre de plus en plus de tolérance envers ces situations. Toutefois, l'on ne saurait soutenir qu'un environnement de cette nature est le plus sain et adéquat au développement moral, social et mental d'un enfant, surtout dans le cadre du modèle dominant dans notre société,* [...]. *L'enfant doit vivre au sein d'une famille, d'une famille traditionnelle portugaise, qui n'est certainement pas celle que son père a décidé de constituer, car il vit avec un autre homme, comme s'ils étaient mari et femme. Il n'y a pas ici lieu de chercher à savoir si l'homosexualité est ou non une maladie ou si elle est une orientation sexuelle à l'égard des personnes du même sexe. Dans les deux cas, l'on est en présence d'une anormalité et un enfant ne doit pas grandir à l'ombre de situations anormales* ». Condamnation du Portugal par application de l'article 8 combiné avec l'article 14 de la Convention EDH.

47. Th. Fossier, « Homosexualité et divorce », *JCP* G 1998.I.151.

48. *Infra*, n° 1619.

d'hébergement ne peut être refusé à l'autre parent que pour des motifs graves » (art. 373-2-1, al. 2). Conformément aux vœux du législateur et aux prescriptions de la CEDH[49], les juges semblent de plus en plus hostiles à refuser toute relation personnelle entre l'enfant et « l'autre parent »[50] : ainsi, ni l'homosexualité du père[51], ni sa transsexualité[52], ni sa séropositivité[53], pas plus que les activités de prostituée de la mère[54] ou l'incarcération du père[55] ne sont par eux-mêmes des « motifs graves » au sens de l'article 373-1-1. Ils ne le deviendraient que s'ils comportaient un danger pour l'enfant. Peuvent en revanche justifier un refus la violence du père[56], sa fragilité mentale ou son irresponsabilité[57], son comportement douteux[58], des risques d'abus sexuel[59], des pressions psychologiques insupportables[60], ou le traumatisme que causeraient aux enfants des relations forcées avec leur père ou leur mère[61].

Sans aller jusqu'à couper les liens, le juge peut assortir l'octroi du droit de visite et d'hébergement à telle ou telle condition destinée à préserver l'intérêt de l'enfant : décider par exemple que

49. Cf. CEDH, *Vojnity c. Hongrie*, 12 février 2013, n° 29617/07, *RTD civ.* 2013, p. 365, obs. J. Hauser : le requérant qui appartenait à une congrégation religieuse s'était vu privé de son droit de visite en raison, selon les juges autrichiens, de sa vision « irrationnelle » du monde et des risques de prosélytisme. La CEDH, après avoir rappelé que l'intérêt de l'enfant est de conserver des liens avec sa famille et qu'une mesure aussi radicale que mettre fin à toute relation personnelle entre l'enfant et l'un de ses parents ne peut être justifiée que par des circonstances exceptionnelles, estime qu'en l'espèce la mesure était disproportionnée au regard des risques réellement encourus.

50. À l'époque où la loi ne reconnaissait pas expressément un tel droit au père naturel, la jurisprudence n'hésitait pas à le lui accorder en invoquant au besoin le droit naturel (TGI Toulouse, 7 juin 1984, *D.* 1986, 41, n. C. Philippe).

51. Ex. : Grenoble, 31 janvier 1996, *JCP* G 1996.IV.2221.

52. Les juges devraient d'ailleurs se garder de fonder leurs refus sur un tel motif, cf. CEDH 30 novembre 2010, *P. V. c. Espagne*, req. n° 35159/09 : pour restreindre le droit de visite du père, transsexuel, les juges avaient pris soin d'invoquer l'intérêt supérieur de l'enfant face à « *la situation d'instabilité émotionnelle constatée chez la requérante (...) et le risque de transmettre cette instabilité à l'enfant, perturbant ainsi son équilibre psychologique* ».

53. Aix-en-Provence, 5 octobre 1993, *RTD civ.* 1994, obs. J. Hauser.

54. Limoges, 13 juin 1991, *JCP* G 1992.IV.1113 : la cour accorde un droit de visite et d'hébergement à la mère d'enfants naturels nonobstant sa profession de prostituée en raison « *des sentiments profonds qu'elle leur porte et qui est de nature à favoriser leur épanouissement* ».

55. I. Moine-Dupuis, « Le droit de visite du parent incarcéré », *D.* 1999, 251. Ex. Paris 19 mars 2009, *AJ famille* 2009, n° 5, p. 218, note H. Herzog-Evans. Sur les règles applicables aux enfants dont l'un des parents fait l'objet de poursuites pénales, cf. Ph. Bonfils et A. Gouttenoire, *op. cit.*, n° 610 et réf. cit.

56. 1er ex. : TGI Paris, 16 juillet 1976, *JCP* G 1976.II.18502, n. R. L. : le père violent et déséquilibré terrorisait les enfants et les aurait battus à coup de ceinturon. 2e ex. : Cass. civ. 1re, 17 octobre 2007, *Dr. famille* 2007, n° 2005, obs. P. M. ; n.p.B. : le père avait été placé d'office dans un hôpital après avoir tué ses propres père et mère et commis des violences pendant le mariage. À l'appui de sa demande, il invoquait l'article 8 Conv. EDH ; selon la Cour de cassation « *le respect dû à la vie privée et familiale ne fait pas obstacle à ce que le juge intervienne, en cas de motifs graves, dans les conditions fixées par la loi, pour refuser un droit de visite sur un enfant afin d'assurer la protection de celui-ci* ».

57. Dijon, 21 janvier 1994, *RTD civ.* 1994, 846, obs. J. Hauser : présence d'un python au domicile du père.

58. Lié par exemple à l'homosexualité trop extravertie du père.

59. L'argument est trop souvent invoqué sans véritable preuve et l'accusation trop grave pour que le juge ne fasse pas preuve de la plus grande prudence.

60. Ex. : Cass. civ. 1re, 24 octobre 2000, *Bull. civ.* I, n° 262 ; *RTD civ.* 2001, 126, obs. J. Hauser : suspension du droit de visite et d'hébergement du père qui exerçait une trop forte pression psychologique sur les enfants en raison de ses convictions religieuses (il exigeait notamment que sa fille portât le foulard islamique). Rappr. (pour un enfant né hors mariage) Cass. civ. 1re, 26 janvier 1994, *D.* 1995, 226, n. Choain.

61. Metz, 20 février 1996, *JCP* G 1996.IV.1411 : l'instauration d'un droit de visite au profit de l'ex-mari, dont il n'est plus discuté qu'il n'est pas le père de l'enfant, ne ferait qu'aggraver la situation.

le droit de visite ou d'hébergement se déroulera chez un tiers[62] ou en « milieu protégé », notamment dans un espace de rencontre[63] spécialement aménagé à cette fin[64]. Pour protéger l'enfant et le parent à qui il a été confié des violences physiques ou psychologiques de l'autre, le juge peut organiser les modalités de la remise de l'enfant afin qu'elle présente toutes les garanties nécessaires : il peut ainsi prévoir que cette remise s'effectuera « *dans un espace de rencontre qu'il désigne, ou avec l'assistance d'un tiers de confiance ou du représentant d'une personne morale qualifiée* » (art. 373-2-1 al. 4 réd. loi du 9 juillet 2010). Le risque d'enlèvement d'enfant peut également être pris en considération pour refuser ou conditionner un droit de visite ou d'hébergement[65]. On a cependant fait observer qu'une telle restriction pouvait conduire le parent exclu à « passer à l'acte » et enlever l'enfant.

1619. Pouvoirs du juge. – Il appartient au juge d'apprécier, éclairé au besoin par les résultats des expertises effectuées et les renseignements recueillis dans les enquêtes et contre-enquêtes sociales prévues à l'article 373-2-12[66]. Il doit également prendre en compte les sentiments exprimés par l'enfant mineur (art. 373-2-11 2°)[67], notamment lors de son audition (art. 388-1) ; mais pas plus que les résultats de l'enquête sociale, l'avis de l'enfant ne lie le juge[68]. De même, il ne peut soumettre l'exercice du droit de visite et d'hébergement au bon vouloir de l'enfant : malgré les réserves des juges du fond, la Cour de cassation réaffirme avec constance ce principe[69].

Certes, on peut s'interroger sur le sens de relations personnelles imposées à un enfant réticent ou hostile. Mais les risques de pression du parent qui vit quotidiennement avec l'enfant sont tels que l'on pourrait craindre que le respect de la volonté de l'enfant ne conduise en pratique à l'éviction d'un parent sous l'influence de l'autre.

Comme toutes les décisions prises en la matière, les mesures relatives au droit de visite et d'hébergement sont susceptibles d'être modifiées selon l'intérêt de l'enfant[70].

---

62. Ex. : Nancy, 15 mars 1992, préc. : le droit de visite et d'hébergement du père, transsexuel, s'exercera chez les grands-parents.

63. Cf. le dossier « Les espaces de rencontre », *AJ fam.* 2015, p. 517 s.

64. C. civ., art. 373-2-1, al. 3 : « *Lorsque, conformément à l'intérêt de l'enfant, la continuité et l'effectivité des liens de l'enfant avec le parent qui n'a pas l'exercice de l'autorité parentale l'exigent, le juge aux affaires familiales peut organiser le droit de visite dans un espace de rencontre désigné à cet effet* ». Le décret n° 2012-1153 du 15 octobre 2012 a défini l'espace de rencontre comme « *un lieu d'accès au droit, neutre et autonome, permettant, dans l'intérêt de l'enfant, l'exercice d'un droit de visite, la remise de l'enfant à l'autre parent ou la rencontre entre l'enfant et ses parents ou ses proches* ».

65. Sur la question, H. FULCHIRON, « Les enlèvements d'enfants à travers les frontières », préc. Ex. : Cass. civ. 1re, 17 janvier 2006, *Bull. civ.* I, n° 10 ; *JCP* G 2006.II.10177, note F. Boulanger : le droit de visite et d'hébergement du père résidant à Manille s'effectuera en France, et après remise de son passeport.

66. *Infra*, n° 1626.

67. *Ib.*

68. Cf. par ex. Cass. civ. 2e, 25 mars 1993, *Bull. civ.* II, n° 185.

69. Cf. Cass. civ. 2e, 7 octobre 1987, *Bull. civ.* II, n° 190 ; *RTD civ.* 1988, 321, obs. J. Rubellin-Devichi : « *Les juges, lorsqu'ils fixent les modalités d'exercice du droit de visite accordé sur les enfants au parent non attributaire de la garde, ne peuvent déléguer sur ce point le pouvoir que leur confère la loi* » ; solution constamment réaffirmée depuis, ex. : Cass. civ. 1e, 6 mars 2013 n° 11-22.770, *Dr. famille* 2013, comm. n° 70, obs. C. Neirinck ; Cass. civ. 1e, 28 mai 2015, n° 14-16511, Cass. civ. 1e, 10 juin 2015, n° 14-12592, *RTD civ.* 2015, 600, obs. J. Hauser. Certains doutent de l'opportunité de cette jurisprudence quand il s'agit de grands adolescents. Le rapport « De nouveaux droits pour les enfants ? », préc., propose de soumettre le droit de visite à l'accord de l'enfant quand celui-ci a plus de seize ans. *Adde*, sur la question, Ph. BONFILS et A. GOUTTENOIRE, *op. cit.*, n° 644 s. et réf. cit.

70. *Infra*, n° 1626. Les parents demandent parfois au juge d'aller très loin dans leur réglementation : TGI Dax (JAF), 26 août 2006, *AJ famille* 2006, p. 287, obs. M. Herzog-Evans organisant le droit de visite et d'hébergement du père en fonction des nécessités de l'allaitement (tardif) de l'enfant.

2) Participation à l'éducation de l'enfant

1620. Droit de surveillance. – Le parent qui n'exerce pas l'autorité parentale conserve le droit *et le devoir* (comme l'a précisé la loi de 2002) de surveiller l'entretien et l'éducation de l'enfant. Cette prérogative lui appartient de plein droit : le juge n'a pas à statuer sur ce point. Afin d'en renforcer l'efficacité, la loi exige (art. 373-2-1, al. 3) que le parent non titulaire du droit de surveillance soit suffisamment informé des choix relatifs à la vie de l'enfant. En cas de désaccord, le parent « non gardien » pourrait saisir le juge aux affaires familiales qui tranchera dans l'intérêt de l'enfant.

Sur les autres droits qui appartiennent au parent qui n'exerce pas l'autorité parentale, cf. infra.

1621. Des droits et des devoirs. – Les droits ainsi reconnus au parent qui ne vit pas quotidiennement avec l'enfant sont aussi des devoirs qui lui sont imposés. Reste à savoir comment sanctionner l'abandon de fait de l'enfant par un de ses parents[71]. Faute de moyens vraiment efficaces (sinon la suppression des droits au motif qu'ils ne sont pas respectés[72] ; mais le remède n'en est pas un), la jurisprudence tente parfois d'en tirer les conséquences sur le plan financier en révisant à la hausse le montant de la contribution à l'entretien de l'enfant[73] ; mais la Cour de cassation a rappelé qu'il n'était pas possible de lier le droit de visite et d'hébergement au paiement de la pension alimentaire[74].

1622. Exigence commune à l'exercice en commun ou unilatéral de l'autorité parentale ; coopération et respect de l'autre parent. – Qu'il y ait exercice en commun ou unilatéral de l'autorité parentale, les père et mère séparés sont tenus de « *respecter les liens* » de l'enfant « *avec l'autre parent* » (art. 373-2). De ce principe général, le législateur de 2002 a tiré plusieurs applications. En particulier, l'alinéa 3 du nouvel article 373-2 dispose : « *Tout changement de résidence de l'un des parents, dès lors qu'il modifie les modalités d'exercice de l'autorité parentale, doit faire l'objet d'une information préalable et en temps utile de l'autre parent. En cas de désaccord, le parent le plus diligent saisit le juge aux affaires familiales qui statue selon ce qu'exige l'intérêt de l'enfant. Le juge répartit les frais de déplacement et ajuste en conséquence le montant de la contribution à l'entretien et à l'éducation de l'enfant* ».

L'obligation d'information pèse au premier chef sur le parent auprès duquel l'enfant réside habituellement ou qui exerce seul l'autorité parentale : le départ de l'enfant risque en effet de remettre en cause l'organisation de ses relations avec l'autre parent, voire de les rendre impossibles en cas de déménagement lointain. Elle vaut aussi en cas de résidence alternée dès lors que le déménagement d'un parent perturbe gravement le système adopté, et s'impose également au parent auprès de qui l'enfant ne vit pas habituellement : son éloignement peut

71. TGI Poitiers, 15 novembre 1999, *Bull. inf. C. cass.* 15 novembre 2000, n° 1294 : le droit de visite et d'hébergement s'analyse aussi comme un devoir pour le parent qui a reconnu l'enfant ; son non-exercice est constitutif d'une faute engageant sa responsabilité sur le fondement de l'article 1382.

72. Cass. civ. 1re, 13 octobre 1993, *D.* 1995, somm. p. 132, obs. N. Descamps-Dubaele, admettant que les juges du fond assortissent les modalités d'exercice du droit de visite et d'hébergement d'un père naturel à l'obligation de respecter celles-ci « *de manière systématique, sous peine de suppression* ».

73. TGI Chartres, 22 juin 1992, malencontreusement infirmé par Versailles, 18 novembre 1993, *JCP* G 1994.I.3771, n° 17, obs. H. Fulchiron, qui avait ordonné le partage entre les parents des frais supplémentaires occasionnés à la mère par le père qui négligeait de prendre l'enfant aux dates convenues.

74. Cass. civ. 2e, 29 avril 1998, *Bull. civ.* II, n° 133 ; *RTD civ.* 1998, 896, obs. J. Hauser.

en effet l'empêcher de respecter ses droits de visite et d'hébergement. L'information doit être « *préalable et en temps utile* »[75].

En cas de désaccord, le juge pourrait intervenir comme arbitre. Il ne saurait évidemment interdire à un parent de déménager : comme toute personne, un parent jouit de la liberté d'aller et venir. En revanche, le juge pourrait être amené à modifier la situation, en redéfinissant notamment les droits de visite et d'hébergement du parent avec lequel l'enfant ne réside pas habituellement. Éventuellement, il pourrait même changer la résidence habituelle, ou alternée, de l'enfant. Le juge peut également aménager les conséquences financières de la nouvelle situation : répartir les frais de déplacement afin d'éviter que le parent resté sur place soit empêché de voir son enfant faute de moyens pour financer les trajets ; réajuster le montant de la contribution à l'entretien et à l'éducation de l'enfant pour tenir compte de cette nouvelle charge financière.

Dans le même esprit, l'article 373-2-11 dispose que le juge qui statue sur les modalités d'exercice de l'autorité parentale en cas de séparation des parents doit prendre en considération : « 3°. *l'aptitude de chacun des parents à assumer ses devoirs et respecter les droits de l'autre* »[76]. Parallèlement, le juge se voit reconnaître le pouvoir de « *prendre les mesures permettant de garantir la continuité et l'effectivité des liens de l'enfant avec chacun de ses parents* » (art. 373-2-6, al. 2)[77].

Le principe de coparentalité qui doit prévaloir en cas d'exercice en commun comme en cas d'exercice unilatéral de l'autorité parentale doit cependant s'effacer lorsque l'intérêt de l'enfant exige qu'il soit confié à un tiers.

III. — Enfant confié à un tiers

1623. Une situation exceptionnelle. – Dans des circonstances tout à fait exceptionnelles « *et si l'intérêt des enfants l'exige* », le juge peut décider de fixer la résidence de l'enfant chez un tiers (art. 373-3, al. 2)[78]. La règle qui figurait antérieurement au titre du divorce (art. 287-1) a été déplacée en 2002 dans un paragraphe consacré à l'intervention des tiers après séparation en général et aux conséquences du décés d'un parent en particulier[79]. La possibilité de confier l'enfant à un tiers n'en demeure pas moins (cf. art. 373-2-12) et les tribunaux en font un usage mesuré[80].

75. Cf. Cass. civ. 1re, 4 juillet 2006, *Bull. civ.* I, n° 339 ; *JCP* G 2006.II.10177, n F. Boulanger ; *Dr. famille* 2006, n° 188, n P. Murat ; *RTD civ.* 2006, 751, obs. J. Hauser : en l'espèce, la mère était partie vivre en Nouvelle-Calédonie sans laisser d'adresse ; en première instance, la résidence de l'enfant fut fixée chez le père, en territoire métropolitain ; en appel, les juges, soulignant que la mère avait retrouvé sa stabilité et que les enfants étaient bien intégrés socialement et scolairement, avaient décidé que la résidence habituelle serait chez la mère. Cassation, au visa des articles 373-2 et 373-2-11 3° : « *en se déterminant ainsi, sans rechercher si le comportement de la mère ne traduisait pas son refus de respecter le droit des enfants à entretenir des relations régulières avec leur père, la cour d'appel n'a pas donné de base légale à sa décision au regard des textes susvisés* » : intérêt de l'enfant pour les juges du fond, droit de l'enfant pour la Cour de cassation.

76. Cass. civ 1re, 4 juillet 2006, préc.

77. Il peut « *notamment ordonner l'interdiction de sortie du territoire sans l'autorisation des deux parents* ». Cette mesure est « *inscrite au fichier des personnes recherchées par le procureur de la République* » (art. 373-2-6 al. 3, L. 19 juillet 2010). Sur cette mesure, cf. Ph. Bonfils et A. Gouttenoire, *op. cit.*, n° 657 et réf. cit.

78. Un grand parent par exemple, en attendant que la situation du père et de la mère se soit stabilisée après leur séparation.

79. Cf. *infra*, n° 1628.

80. Rennes, 6 janvier 2005, *Dr. famille* 2005, n° 52, n. P. Murat : en l'espèce, M. L. et son épouse, Mme V. avaient eu recours aux services d'une mère porteuse, Mme X. L'enfant a été déclaré comme né

Le tiers auquel l'enfant a été confié ne dispose que de pouvoirs réduits : il accomplit les actes usuels relatifs à la surveillance et à l'éducation de l'enfant. Les père et mère ou l'un d'eux continuent à exercer l'autorité parentale[81]. En cas de conflit entre tiers et parents, il reviendra au juge aux affaires familiales de trancher, dans l'intérêt de l'enfant.

IV. — Modalités d'intervention du juge

1624. Protection ou contrôle. – Chargé de statuer sur l'ensemble des questions relatives à l'autorité parentale, le juge aux affaires familiales doit veiller « *spécialement à la sauvegarde des intérêts des enfants mineurs* » (art. 373-2-6), la Cour de cassation rappelant au visa de l'article 3-1 de la Convention EDH, que « *dans toutes les décisions qui concernent les enfants, l'intérêt supérieur de l'enfant doit être une considération primordiale* »[82]. Pour autant, il n'intervient pas systématiquement en cas de séparation : nécessaire en cas de divorce, sa présence n'est qu'occasionnelle dans les autres hypothèses (séparation de corps, séparation de fait ou séparation hors mariage). Tantôt le juge est invité par les parents à homologuer la convention par laquelle ils organisent les modalités d'exercice de l'autorité parentale (art. 373-2-7), tantôt il est saisi par les parents, le ministère public ou un tiers pour statuer sur ce point.

A. Homologation de la convention

1625. Accords et désaccords. – Les parents peuvent élaborer et soumettre au juge une convention par laquelle ils organisent leur séparation, en ce qui concerne du moins les enfants. Une telle possibilité était jusque-là réservée aux seuls époux divorçant sur requête conjointe. En l'ouvrant à tous les parents qui se séparent, la loi de 2002 tend à distinguer autant que possible les problèmes de couple et les problèmes de parents ; il entend également favoriser les accords entre père et mère dans l'espoir que des solutions élaborées en commun seront mieux respectées par eux que des décisions imposées de l'extérieur.

Le juge conserve cependant sa mission de protecteur de l'intérêt de l'enfant et de la liberté du consentement donné par les parents : au besoin, il refusera d'homologuer la convention qui lui est soumise (art. 373-2-7, al. 2).

En toute hypothèse, l'organisation ainsi mise en place peut toujours être modifiée ou complétée à la demande des parents ou de l'un d'eux, « ou du ministère public qui peut lui-même être saisi par un tiers, parent ou non ». *Les nécessités de l'intérêt de l'enfant l'emportent sur la force des conventions passées entre les époux.*

---

de Monsieur L. et de son épouse et la mère « biologique » est choisie... comme marraine. Les époux se séparent, le subterfuge est semble-t-il dénoncé par le père et se pose le problème de l'exercice de l'autorité parentale, réclamé tant par la mère devenue tiers que par la marraine reconnue comme mère. Le juge confie l'enfant à la mère-tiers sur le fondement de l'article 373-3, l'autorité parentale étant exercée conjointement par le père... et la marraine-mère. *Adde* Cass. civ. 1re, 25 février 2009, *Dr. famille* 2009, n° 58, obs. L. Gareil-Sutter, confiant l'enfant au père-tiers dont la reconnaissance (mensongère) avait été anéantie après la séparation du couple.

81. Pour une application particulièrement souple de l'article 373-2-8 permettant d'aboutir à une sorte de délégation partielle de l'autorité parentale (au profit, en l'espèce, des grands-parents) : Agen, 11 avril 2013, *Dr. famille* 2013, comm. 103, note C. Neirinck ; *RTD civ.* 2013, p. 830, obs. J. Hauser.

82. Cass. civ. 1re, 13 mars 2007, *Bull. civ.* I, n° 103 ; *Dr. famille* 2007, n° 125, n. P. Murat, cassant la décision des juges d'appel qui soulignaient surtout le comportement déplaisant du père à l'égard de la mère.

B. Décision du juge aux affaires familiales

1626. Juge et arbitre. – Le juge peut également être amené à intervenir pour statuer sur les modalités d'exercice de l'autorité parentale dans le cadre d'une séparation ou après celle-ci. Il peut être saisi par les parents ou l'un d'eux ou par le ministère public qui peut lui-même être saisi par un tiers, parent ou non (article 373-2-8)[83].

L'article 373-2-11 l'invite à prendre en considération différents éléments, qui devraient permettre au juge de déterminer quel est, en l'espèce, l'intérêt de l'enfant. Sont visés en premier lieu « *la pratique que les parents avaient précédemment suivie ou les accords qu'ils avaient pu antérieurement conclure* ». Mais encore faut-il qu'il y ait accord : le juge ne peut se borner à renvoyer les parents à un accord à venir. Si les parents n'ont rien prévu, le juge doit statuer[84].

Le mineur capable de discernement pouvant être entendu par le juge « *dans toute procédure le concernant* » (art. 388-1, al. 1), le juge est invité à prendre en compte « *les sentiments exprimés par l'enfant mineur* » au cours de cette audition (art. 373-2-11, 2°)[85]. Conformément aux principes généraux posés à l'article 388-1 (loi 5 mars 2007) « *cette audition est de droit lorsque le mineur en fait la demande. Lorsque le mineur refuse d'être entendu, le juge apprécie le bien fondé de ce refus* »[86]. Il peut être entendu seul, avec un avocat ou une personne de son choix[87]. Afin d'éviter toute ambiguïté, qui pourrait se révéler désastreuse en matière d'autorité parentale, l'article 388-1 précise que « *l'audition du mineur ne lui confère pas la qualité de partie à la procédure* »[88].

83. L'ancienne rédaction de l'article 289 prévoyait que le juge aux affaires familiales pouvait également être saisi par « *un membre de la famille* ». La loi de 2002 impose le filtre du ministère public.

84. Cf. Cass. civ. 1re, 23 novembre 2011, n° 10-391, *RTD civ.* 2011, p. 111, obs. J. Hauser ; Cass. civ. 1re, 26 juin 2013, n° 12-15.677, *RTD civ.* 2013, p. 591, obs. J. Hauser : constatant que le droit de visite du père « restreint et médiatisé » « réactivait la souffrance psychologique » des enfants, la cour d'appel s'était bornée à dire qu'à défaut d'éléments nouveaux, plutôt qu'une suppression demandée par la mère, et afin d'adapter le droit de visite et d'hébergement à l'évolution des enfants suivis par le juge des enfants, ce droit serait laissé à l'accord des parties. Cassation : « *faute de constatation de la teneur d'un tel accord, il incombait (au juge) de fixer les modalités d'exercice du droit de visite* » du père.

85. Le juge doit indiquer qu'il a pris en compte les sentiments du mineur, mais il n'est pas tenu d'en indiquer la teneur (Cass. civ. 1re, 22 octobre 2014, n° 13-24.945, *D.* 2014, 2241, obs. V. Da Silva, *AJ famille* 2014, 695, obs. D. Ganancia, *RTD civ.* 2015, p. 117, obs. J. Hauser).

86. Sous l'empire des textes antérieurs, le juge était libre d'apprécier, mais si le mineur en faisait la demande, le juge ne pouvait l'écarter que par une décision spécialement motivée. Traduisant la vieille méfiance des juges français envers l'audition de l'enfant, la Cour de cassation avait donné de la règle une interprétation « minimaliste » : le juge ne devait répondre à la demande d'audition par une décision spécialement motivée que si cette demande émanait du mineur lui-même (Cass. civ. 1re, 19 septembre 2007, *Bull. civ.* I, n° 286 ; *JCP* G 2008.I.102, n° 6, obs. C. Bideau ; *Dr. famille* 2007, n° 192, obs. P. Murat ; *JCP* G 2008, II, 10 026, n. A. Zelcevic-Duhamel ; *RTD civ.* 2008, p. 100 obs. J. Hauser : en l'espèce, le vœu de l'enfant s'était manifesté dans une attestation produite par l'assistance sociale...). La ratification par la France de la Convention du Conseil de l'Europe du 25 janvier 1996, sur l'exercice des droits de l'enfant, devrait lever les dernières méfiances. Que si le juge prend l'initiative de procéder à l'audition de l'enfant, il doit en avoir averti les parents, Cass. civ. 1re, 3 décembre 2008, *Dr. famille* 2009, n° 27, note P. Murat.

87. Dans un arrêt du 24 octobre 2012 (n° 11-18.849, *RTD civ.* 2013, p. 106, obs. J. Hauser, *AJ famille* 2012, 612, obs. J. Rovinski), la Cour de cassation a précisé que la demande d'audition d'un mineur peut être sollicitée en tout état de la procédure (en l'espèce au lendemain de l'audience de plaidoirie devant la cour d'appel).

88. Précisé par le D. n° 2009-572 du 20 mai 2009 (sur lequel J. H. Hayat et N. Fricero, « La reforme de l'audition de l'enfant en justice : un subtil équilibre entre intérêt de l'enfant et équité du procès », *RJPF* 2009, n° 10, p. 85, L. Francoz-Terminal, « Le nouveau régime de l'audition en justice de l'enfant concerné par une procédure judiciaire », *Dr. famille* 2009, n° 30), le régime de l'audition de l'enfant en

Il appartient au juge d'apprécier (souverainement) si le mineur est doué ou non de discernement, ce qui ne va pas sans ambiguïté[89]. Garanti par la CIDE (art. 12), le principe d'audition de l'enfant s'impose peu à peu, sous l'œil vigilant de la CEDH[90].

Doivent également être pris en compte les résultats des expertises effectuées, tenant compte notamment de l'âge des enfants, et les renseignements recueillis dans les enquêtes et contre-enquêtes sociales que le juge aurait ordonnées sur le fondement de l'article 373-2-12[91]. En des temps de sensibilisation à la lutte contre les violences conjugales et leurs répercussions sur les enfants, le juge est appelé à tenir compte des « *pressions ou violences, à caractère physique ou psychologique, exercées par l'un des parents sur la personne de l'autre* » (art. 373-2-II 6° réd. loi n° 2010-769 du 9 juillet 2010[92]).

Au titre du principe de coparentalité, la loi de 2002 a introduit à l'article 373-2-11 3° un élément nouveau : « *L'aptitude de chacun des parents à assumer ses devoirs et respecter les droits de l'autre* » : il y a là comme un écho, atténué, du « principe californien » selon lequel l'enfant doit être confié au parent qui semble le plus apte à respecter la place de l'autre[93]. Le même souci d'assurer la pérennité des relations entre parents et enfants a conduit le législateur à reconnaître au juge le pouvoir de prendre « *les mesures permettant de garantir la continuité et l'effectivité des liens de l'enfant avec chacun de ses parents* »[94].

1627. Conciliation, médiation. – De façon générale, le juge a pour directive de rechercher un accord entre les parties. Selon l'article 373-2-10, « *en cas de désaccord, le juge s'efforce de concilier les parties* ». Afin d'y parvenir, le législateur place de grands espoirs dans la médiation familiale, quitte à forcer quelque peu la main aux parents. Ainsi, l'article 373-2-10 poursuit-il : « *à l'effet de faciliter* (sic) *la recherche par les parents d'un exercice consensuel de l'autorité parentale* (resic), *le juge peut leur proposer une mesure de médiation et, après avoir recueilli leur accord, désigner un médiateur familial pour y procéder* ». Si les parents, ou l'un d'eux, résistent à ses sollicitations, le juge peut non pas leur imposer une

---

justice est désormais inscrit aux articles 338-1 à 338-12 du Code de procédure civile. Sur l'ensemble de la question cf. dossier *Audition de l'enfant*, *AJ famille* 2009, p. 320 et s. Sur les nombreuses difficultés procédurales soulevées par l'audition de l'enfant, cf. Ph. Bonfils et A. Gouttenoire, *op. cit.*, p. 1135 et réf. cit.

89. Pour ne plus faire dépendre du juge l'exercice effectif du droit de l'enfant à être entendu, le rapport *De nouveaux droits pour les enfants ?*, préc., se prononce en faveur d'une présomption de discernement pour l'enfant de plus de treize ans. Plus radicale, la proposition de loi sur l'autorité parentale et l'intérêt de l'enfant, préc., supprimerait la condition de discernement, l'enfant devant être entendu, sauf si son intérêt le commande, selon des modalités adaptées à son degré de maturité.

90. Même si la CEDH a estimé que « *ce serait aller trop loin que d'imposer systématiquement aux tribunaux une audition de l'enfant* » (CEDH, 8 juillet 2003, *Sahin c. Allemagne*, n° 30943/96, *RTD civ.* 2003, 760, obs. J.-P. Marguénaud), la possibilité pour l'enfant d'avoir été entendu et le poids accordé à son avis jouent un rôle important dans l'appréciation de la Cour.

91. Art. 373-2-11 4° et 5°. Sur l'enquête sociale, Th. Garé, « L'enquête sociale dans la désunion des parents », *RTD civ.* 1987, 692.

92. Sur les mesures prises par la loi n° 2010-769 du 9 juillet 2010 relative aux violences faites spécifiquement aux femmes, aux violences au sein des couples et aux incidences de ces dernières sur les enfants, cf. en matière d'autorité parentale, A. Gouttenoire, *AJ famille* 2010, p. 518.

93. Pour une illustration, cf. Cass. civ., 1re, 4 juillet 2006, préc.

94. Art. 373-2-6, al. 2. L'alinéa suivant du texte donne un exemple particulier de ces mesures, dans le domaine de la prévention des enlèvements internationaux : le juge peut ordonner l'inscription sur le passeport des parents de l'interdiction de sortie de l'enfant du territoire français sans l'autorisation des deux parents. On peut douter de l'efficacité d'une telle mesure dans le cas de parents binationaux (qui disposent par conséquent d'un passeport étranger sur lequel l'inscription d'une telle mention n'est pas envisageable) et dans le cadre de l'espace Schengen.

médiation (une médiation forcée n'aurait pas de sens), mais au moins « *leur enjoindre de rencontrer un médiateur familial qui les informera sur l'objet et le déroulement de cette mesure* ». Faute d'y recourir, les parents sauront au moins quels pourraient être les bienfaits d'une telle pratique[95].

On ne compte plus les rapports et les propositions de loi préconisant le développement de la médiation en matière familiale[96]. Certains proposent même de franchir le pas de la médiation obligatoire[97].

En toute hypothèse, le juge doit respecter une directive que le législateur a cru bon d'inscrire dans le Code civil au nom des droits de l'enfant : « *L'enfant ne doit pas être séparé de ses frères et sœurs, sauf si cela n'est pas possible ou si son intérêt commande une autre solution*[98] » (art. 371-5).

Les décisions prises par le juge aux affaires familiales en matière d'autorité parentale sont par nature provisoires : elles peuvent être modifiées ou complétées à tout moment (art. 373-2-13)[99]. *Sur la contribution à l'entretien de l'enfant*[100].

§ 3. Décès d'un parent

1628. Avant le décès : un principe assoupli. – Selon l'article 373-1 « *si l'un des père et mère décède ou se trouve privé de l'exercice de l'autorité parentale, l'autre exerce seul cette autorité* ». La dévolution intervient de plein droit, que les parents aient exercé en commun l'autorité parentale ou que le parent décédé ait seul exercé l'autorité parentale[101]. Pas besoin d'un jugement[102].

Si un tel transfert est en principe conforme à l'intérêt de l'enfant, il est des hypothèses dans lesquelles l'application aveugle de la règle risquerait de lui être contraire : tel est le cas lorsque le parent survivant ne s'est guère occupé de l'enfant par le passé et semble peu disposé à le faire dans l'avenir ou lorsqu'il en paraît incapable ou indigne (dans l'hypothèse, par exemple, de violences ou d'abus sexuels). Par ailleurs, il peut arriver que l'enfant soit parfaitement intégré dans le milieu où il vivait jusqu'alors et que des grands-parents, un oncle, une tante ou, de plus en plus souvent, un beau parent, souhaitent continuer à en assumer la charge[103].

1629. Après le décès. – Consacrant la jurisprudence antérieure, la loi du 4 juin 1970 a donné au juge la possibilité d'intervenir après ou, plus

95. Sur la médiation, *AJ famille* 2003, 48 (dossier) et réf. cit.

96. Cf. not. le rapport Leonetti, *Intérêt de l'enfant, autorité parentale et droits des tiers*, préc., le rapport du groupe de travail sur la coparentalité, *Comment assurer le respect de la coparentalité entre parents séparés*, préc. et le rapport Rosenczveig, *De nouveaux droits pour les enfants ?* préc. Sur la médiation en général, cf. *supra*.

97. Cf. notamment la proposition de loi sur l'autorité parentale et l'intérêt de l'enfant (préc.)

98. Sur ce texte, P. Murat, « La loi du 30 décembre 1996 relative au maintien des liens entre frères et sœur ou comment ressurgit la question des droits de l'enfant », *Dr. famille* 1997, chron. n° 4 et pour une illustration, Cass. civ. 1re, 9 novembre 2009, *Dr. famille* 2010, n° 24, note P. Murat.

99. Ex. : Cass. civ. 1e, 26 juin 2013, n° 12-14.392, *AJ famille* 2013, 499, obs. N. Khenkine-Sonigo ; *RTD civ.* 2013, 590, obs. J. Hauser : transfert de la résidence habituelle au père au motif que l'enfant développait un syndrome de l'aliénation parentale (sur ce syndrome, cf. not. G. Lopez, « Analyse éthique du syndrome d'aliénation parentale (SAP) ou aliénation parentale (AP) », *AJ famille* 2013, 283).

100. *Infra*, nos 1780 s.

101. H. Fulchiron, « L'exercice de l'autorité parentale en cas de décès d'un des parents », *JCP* G 1990.I.3462.

102. Perte et transfert automatiques interviennent également si l'un des parents est « *hors d'état de manifester sa volonté, en raison de son incapacité, de son absence ou de toute autre cause* » (art. 373).

103. H. Fulchiron, « Autorité parentale et familles recomposées », *in Liber amicorum D. Huet-Weiller, op. cit.*, p. 141 s.

exceptionnellement, avant le décès. Après avoir rappelé le principe de la dévolution automatique au parent survivant (al. 1), l'article 373-3, alinéa 2, prévoit, non sans précaution, que « *le juge peut, à titre exceptionnel, et si l'intérêt de l'enfant l'exige, notamment lorsqu'un des parents est privé de l'exercice de l'autorité parentale, décider de confier l'enfant à un tiers, choisi de préférence dans sa parenté* ». La même mesure peut être prise à titre préventif avant même le décès du parent qui exerce l'autorité parentale. Encore faut-il établir l'existence de « circonstances exceptionnelles ».

Il est paradoxal que les précautions posées pour une mesure préventive soient moindres que pour une mesure curative, prise après le décès : l'atteinte au principe selon lequel la protection de l'enfant revient aux père et mère est pourtant beaucoup plus grave. Cette différence résulte d'une maladresse du législateur de 2002 qui par un malheureux « couper-coller » a introduit à l'article 373-3 (texte conçu pour le cas du décès) un second alinéa rédigé pour l'après divorce (art. 287-1 anc.) renversant la gradation ménagée par l'ancien texte[104]. Au moins dans les deux cas apparaît le caractère exceptionnel d'une telle mesure[105].

Le tiers auquel l'enfant a été confié ne dispose cependant que de pouvoirs limités : accomplir les actes usuels relatifs à la surveillance et à l'éducation de l'enfant (art. 373-4). Pour le reste, il appartient au parent survivant de décider ; on saisit là l'inconvénient que présente l'absence d'un véritable statut du tiers en droit français[106].

Si les deux parents sont décédés, il y a lieu à ouverture d'une tutelle (art. 373-5).

104. L'article 287-1 ancien disposait qu'après décès le juge « *peut toujours être saisi* » pour que la résidence habituelle soit fixée chez un tiers. Avant décès, étaient exigées des « *circonstances exceptionnelles* ». Sur le nouvel article 373-3, A. Gouttenoire et P. Murat, « L'intervention d'un tiers dans la vie de l'enfant », *Dr. famille* 2003, p. 1.

105. Ex. : Pau, 12 décembre 1995, *JCP* G 1996.IV.1453 : le père condamné pour trafic de stupéfiants avait, après expiration de sa peine de prison, été reconduit à la frontière en direction du Zaïre ; la mère, atteinte d'une grave maladie, souhaitait qu'en cas de décès, sa fille fût confiée à ses propres parents. Nancy, 28 septembre 2012, *Dr. famille* 2013, n° 40, obs. C. Neirinck ; *RTD civ.* 2013, p. 365, obs. J. Hauser : le père, coupable de faits de viol et d'agression sexuelle sur personnes vulnérables, avait été condamné à dix-huit ans de réclusion criminelle. Devant être incarcéré au moins jusqu'à la majorité de sa fille, qui refusait d'ailleurs tout contact avec lui, il n'aurait pu prendre, le cas échéant, le relais de la mère. L'intérêt supérieur de l'enfant conduisit donc à décider qu'en cas de décès de la mère, la jeune fille serait confiée à une amie de celle-ci.

106. Cf. *infra*.

ÉPILOGUE : PARENTÉ C. PARENTALITÉ ?

1630. Un statut des tiers ? – De plus en plus d'enfants partagent leur vie avec des personnes, parents et surtout beaux-parents, amenées à les prendre en charge et à participer à leur éducation. Le droit français ignore largement ces « tiers ». Faut-il créer pour eux un statut ? La question est complexe. Les situations comme les attentes sont en effet très diverses. De plus, la question de la parentalité interfère désormais avec celle de l'homoparentalité. Surtout, si l'on reconnaît des droits (et des devoirs ?) au tiers, comment les articuler avec ceux des parents ? Le droit contemporain de la famille est fondé sur le principe de coparentalité : donner au tiers, n'est-ce pas prendre aux père et mère ? Encore faut-il s'entendre sur les finalités de l'entreprise : il s'agirait d'imaginer un ensemble de règles souples, adaptables et évolutives, offertes aux parents et aux tiers afin de donner à ces derniers les instruments nécessaires pour exercer en droit les responsabilités qu'ils assument en fait, dans l'intérêt de l'enfant. Le plus souvent, le tiers est amené à coopérer avec un des parents pour élever un enfant : des instruments reposant sur la volonté individuelle (mandat d'éducation pour les actes usuels, délégation-partage homologuée par le juge), permettraient d'asseoir sa place sans qu'il prenne celle de l'un des parents. Mais il peut arriver que le tiers prenne en charge un enfant, en cas notamment de décès ou de défaillance d'un des parents : il conviendrait de revoir les règles actuellement inscrites dans le Code civil en renforçant les pouvoirs du tiers auquel l'enfant est confié et en assouplissant les règles de la délégation, encore trop marqué par l'idée d'abandon.

Ouvert à tous, ce statut serait particulièrement opportun dans le cadre des familles homoparentales. Il permettrait en effet d'assurer la protection de l'enfant comme la reconnaissance du partenaire du père ou de la mère, sans passer par la création de liens de filiation : la parentalité, non la parenté.

1631. Pas de quartier pour les tiers ! – Avant même que la « question homosexuelle » ne donne une nouvelle dimension au débat, plusieurs commissions avaient examiné la question. La Commission présidée par I. Théry[1], le Groupe de travail animé par F. Dekeuwer-Défossez[2], la Mission d'information sur la famille et les droits des enfants, présidée par P. Bloche et V. Pecresse[3], le Rapport 2006 de la Défenseure des enfants[4], se prononçaient avec diverses nuances pour la consécration d'un tel statut. Conformément à une promesse de campagne de l'ancien président de la République, un avant-projet de loi, maladroitement intitulé « avant-projet de loi sur l'autorité parentale et les droits des tiers » fut rendu public au début de l'année 2009. Aucune allusion n'y était faite à l'utilisation que pourraient en faire les couples homosexuels, mais la substitution dans le texte du terme, neutre, de parent à celui de père et de

1. *Couple, filiation et parenté aujourd'hui*, préc.
2. *Rénover le droit de la famille, propositions pour un droit adapté aux réalités et aux aspirations de notre temps*, préc.
3. Rapport au présenté par P. Bloche et V. Pécresse, *Ass. nat.*, n° 2832, 2006
4. *L'enfant au cœur des nouvelles parentalités*, préc.

mère, ne trompait personne. Quoique très modéré dans ses propositions, le texte suscita un véritable tir de barrage. Inutile en pratique, dépourvu de toute nécessité sociale et juridique, contraire au principe de coparentalité sur lequel est construit le droit contemporain de la famille, symbole d'une néfaste contractualisation du droit de la famille, dangereux pour l'enfant écartelé entre une multitude de référents, etc. : juristes et « spécialistes de l'enfance », n'eurent pas de mots assez durs pour condamner un projet qui, malgré ses indéniables défauts[5], ne méritait ni cet excès d'honneur ni cette indignité[6]. Pour apaiser les esprits, une mission d'information fut confiée à Jean Léonetti qui vida le projet de sa substance et plaça la médiation au centre de ses propositions[7].

1632. Vers un statut de la parentalité ? – Le débat reprit au lendemain de la loi du 17 mai 2013 sur le mariage pour tous. La « question homosexuelle » étant réglée on aurait pu penser que les esprits s'apaiseraient, mais certains dénoncèrent une nouvelle étape dans le démantèlement des structures familiales. S'inspirant largement des propositions faites par la commission Théry-Leroyer[8], la proposition de loi sur l'autorité parentale et l'intérêt de l'enfant (préc.) « *vise à reconnaître la place croissante prise par les tiers, les beaux-parents en particulier, dans l'éducation et la vie quotidienne des enfants, avec lesquels ils nouent des liens affectifs étroits et durables* ». D'après l'exposé des motifs de la proposition, « *son objet n'est pas d'instituer un "statut du beau-parent", qui serait rigide et ne correspondrait pas à la diversité des situations et des attentes, mais d'offrir aux familles une "palette" d'instruments, souples, évolutifs et adaptables* » (création d'un « mandat d'éducation », renforcement des pouvoirs du tiers auquel a été confié l'enfant, assouplissement des règles de la délégation partage, etc.).

Quel que soit l'avenir de ces propositions, les débats autour du « statut du beau-parent » auront été révélateurs des tensions et des contradictions qui traversent le droit contemporain de la famille.

N°s 1633-1679 réservés.

5. Cf. Ph. Malaurie, « Autorité et droits des tiers : un avant-projet patchwork », *JCP* G 2009, act., p. 167

6. Cf. A. Mirkovic, « Un statut pour le beau-parent », *D.* 2008, p. 1709 et du même auteur, « Statut du beau parent : vivement le retrait d'un texte inutile et nuisible », *Dr. famille*, 2009, n° 28. *Adde* le dossier *Faut-il réformer le rôle des tiers en droit de la famille ?*, sous la direction de D. Fenouillet, LPA, n° 39, p. 7 s.

7. *Intérêt de l'enfant, autorité parentale et droits des tiers*, Rapport présenté par Jean Léonetti, 2009.

8. *Parenté, origines, parentalité*, préc. *Adde* les préconisations des rapports Gouttenoire, préc.

CHAPITRE III

ÉTAT ET AUTORITÉ PARENTALE

1680. Assistance éducative ; délégation et retrait de l'autorité parentale ; aide sociale. – L'État intervient de deux manières dans la vie familiale : soit en surveillant l'autorité parentale, soit en protégeant directement l'enfant ; comme toujours, la surveillance et la protection interfèrent.

L'État a toujours exercé un certain contrôle sur l'exercice de l'autorité parentale ; depuis 1804, son intervention s'est amplifiée au nom de la protection de l'intérêt de l'enfant, et aujourd'hui de ses droits. Encore faut-il que l'État ne tente pas, par le biais des enfants, de contrôler les familles elles-mêmes : les expériences totalitaires du XXe siècle ont montré que cette crainte n'avait rien d'un fantasme. Des garde-fous ont donc été élevés, au nom du droit des parents, au nom des droits de l'enfant, au nom, surtout, du droit au respect de la vie familiale (Conv. EDH, art. 8) : les États ont pour mission d'aider les familles, non de les contrôler.

L'intervention de l'État se déploie dans deux directions : assister les parents – lorsque leur autorité est suffisante, l'État peut leur prêter la main – ; les contrôler – lorsqu'ils abusent de leur autorité, l'État peut limiter leur pouvoir, voire y mettre fin. – Entre ces deux genres d'interventions, l'opposition n'est pas tranchée, car lorsque l'État assiste les parents sans qu'ils le demandent ou contre leur volonté, il exerce un contrôle. Assistance éducative (§ 1) délégation (§ 2) et retrait (§ 3), assurent cet encadrement de la fonction parentale[1].

En outre, l'État protège directement l'enfant par une prévention et une assistance. Il assure une surveillance de la santé de l'enfant qui s'exerce surtout à l'école (C. santé publ., art. L. 2111-1 ; *cf.* aussi la protection maternelle et infantile). L'aide sociale à l'enfance protège, en accord avec les parents, l'enfance malheureuse ou en danger par des moyens différents selon les situations : surveillance, recueil temporaire, placement, pupilles de l'État (C. act. soc. et fam., art. L. 221-1 et s.), sans compter les secours matériels dispensés aux familles.

---

1. Cf. Ph. BONFILS et A. GOUTTENOIRE, *Droit des mineurs*, *op. cit.*, n°s 736 s.

SECTION I
ASSISTANCE ÉDUCATIVE

1681. De l'incarcération à la prévention. – L'assistance éducative[2] a une double origine plus ou moins marquée de droit pénal, c'est-à-dire d'esprit répressif : une assistance demandée par les parents et imposée par l'État[3]. Dans le Code Napoléon existait un droit de correction que l'État, à la demande des parents, exerçait sur les enfants rebelles : « *le père qui avait des sujets de mécontentement très graves sur la conduite de ses enfants* » pouvait en demander l'incarcération (art. 376 anc.) dans une maison de correction. Cette lointaine survivance des lettres de cachet disparut seulement en 1945. Par ailleurs, en 1912, l'enfant qui avait commis un délit pouvait être soumis à un régime de liberté surveillée ; il était maintenu dans sa famille, mais un « délégué » surveillait la manière dont il était éduqué : le délégué à la liberté surveillée. À partir de 1935, on a estimé que la prévention valait mieux que la répression ; est apparue l'assistance éducative, lorsque la santé, la moralité, la sécurité ou l'éducation de l'enfant étaient compromises ou insuffisamment sauvegardées par le père et la mère.

Cette législation s'est développée en 1945 et surtout en 1958[4] ; la loi de 1970, en l'intégrant dans le Code civil, s'est efforcée d'en cantonner les excès[5] et d'en diminuer l'aspect pénal (art. 375 et s.). Elle a, depuis, fait l'objet de multiples modifications[6] en contrecoup de la triste affaire d'Outreau, mais aussi de l'augmentation des délits commis par des mineurs. Elle se trouve de nouveau sous les feux de l'actualité[7].

L'institution repose sur le juge des enfants, magistrat tutélaire dont les pouvoirs sont quasiment discrétionnaires, « déjuridicisés » et délégalisés. La loi a entendu donner une défense avant même tout péril à l'enfance malheureuse ou maltraitée. Ce qui est une application particulière de la théorie de la défense sociale (surtout importante en droit pénal) : il vaut mieux prévenir les dangers sociaux que sanctionner les délits[8]. Afin d'éviter tout abus, ou plus exactement tout sentiment d'abus chez les père et mère, un décret du 15 mars 2002 a souhaité mettre la procédure d'assistance éducative, procédure spécifique compte tenu de son objet, aux normes du

2. **Étymologie :** du latin *adsisto, ere* = se tenir auprès.

3. J.-F. RENUCCI, *Enfance délinquante et enfance en danger,* éd. CNRS, 1990.

4. P. RAYNAUD, « La puissance paternelle et l'assistance éducative », *Et. R. Savatier,* Dalloz, 1965, 807 et s.

5. Ce que Jean Carbonnier appellait l'effet macédonien : « .. *Parce que l'avidité d'un usurier avait conduit au crime le jeune Macedo, il fut défendu à tous les fils de famille de contracter un emprunt* (S.C. Macédonien, 69 ap. J.-C.). *Parce que quelques centaines de parents, dans le pays, mettent en péril la santé et la moralité de leurs enfants mineurs, on place des millions de parents sous la surveillance soupçonneuse de l'autorité publique...* », *Flexible droit,* LGDJ, 10e éd., 2001, p. 286.

6. Cf. la loi n° 2004-1 du 2 janvier 2004 relative à l'accueil et à la protection de l'enfance, *JO* 3 janvier 2004, p. 184 et la loi n° 2007-293, du 5 mars 2007, *JO* 6 mars 2007, (sur laquelle n. S. BERNIGAUD, « Les enjeux de la réforme de la protection de l'enfance », *Dr. famille* 2007, n° 23 ; A. GOUTTENOIRE, « La loi du 5 mars 2007 réformant la protection de l'enfance : à la recherche de nouveaux équilibres », *D.* 2007, p. 1090.

7. En 2012, 280 000 mineurs étaient pris en charge en protection de l'enfance en général (chiffres de l'ONED, Observatoire national de l'enfance en danger). Selon les chiffres du ministère de la Justice (*Chiffres clés du ministère de la Justice*, 2014), les juges des enfants reçurent en 2013 103 828 saisines et suivirent les dossiers de 66 724 mineurs délinquants. 15 821 familles faisaient l'objet d'une mesure d'aide judiciaire.

8. Pour autant le volet pénal ne doit pas être négligé : la loi du 9 septembre 2002 renforçant la répression à l'égard des mineurs délinquants a créé des centres éducatifs fermés. À l'occasion de son examen de la loi, le Conseil constitutionnel a élevé au rang de principes constitutionnels la primauté de l'action éducative et l'atténuation de la responsabilité pénale des mineurs, ainsi que l'existence d'une procédure pénale spécifique.

procès équitable[9]. En particulier, le texte ouvre le dossier d'assistance éducative aux père et mère. Quant à la CEDH, elle veille scrupuleusement au respect des droits procéduraux des parents et de l'enfant[10].

1682. Saisine du juge des enfants. – Pour empêcher des immixtions arbitraires dans la vie familiale, le droit de saisir le juge des enfants ne doit pas être accordé à n'importe qui, mais seulement à des personnes limitativement énumérées. Cette liste ne doit pas cependant être trop étroite afin que l'enfant ne souffre pas de la négligence de ses proches parents.

Le juge des enfants peut être saisi par tous ceux qui, d'une manière quelconque, connaissent de l'éducation de l'enfant : le père, la mère, « *la personne ou le service à qui l'enfant a été confié* » (que l'on appelait, avant la loi *Malhuret* de 1987, le gardien), le mineur lui-même, le procureur de la République ou lui-même, d'office (art. 375).

1683. Compétence. – La compétence du juge des enfants est déterminée de manière rigoureuse. 1°) Elle est exclusive pour prononcer une mesure d'assistance éducative[11]. 2°) Elle ne peut modifier l'attribution de l'autorité parentale, qui relève de la compétence des JAF. 3°) Lorsque les parents de l'enfant sont divorcés ou engagés dans une procédure de divorce, le juge des enfants ne peut retirer l'enfant de son milieu actuel que « *si un fait nouveau de nature à entraîner un danger pour le mineur s'est révélé postérieurement à la décision statuant sur les modalités d'exercice de l'autorité parentale ou confiant l'enfant à un tiers* » (art. 375-3).

La loi veut : 1) empêcher qu'un parent ne saisisse abusivement le juge des enfants afin de faire modifier la décision de garde prise par le juge du divorce[12] ; 2) ne pas empêcher l'intervention du juge des enfants lorsque l'enfant est en danger[13].

9. A. Gouttenoire, « La réforme imparfaite de l'assistance éducative », *Dr. famille* 2002, n° 14 ; M. Huyette, « La nouvelle procédure d'assistance éducative », *D.* 2002, 1433.

10. * CEDH, *Mac Michael c/Royaume-Uni*, 24 février 1995, *JCP* G 1996.I.3910, obs. Fr. Sudre. Sur l'ensemble de la question, v. notamment A. Gouttenoire, « La vie familiale à l'épreuve de l'assistance éducative », *in Le droit au respect de la vie privée et familiale au sens de la CEDH*, Fr. Sudre (dir.), Bruylant 2003, p. 287 et les réf. cit. *Adde*, cf. Ph. Bonfils et A. Gouttenoire, *op. cit.*, n° 738 et réf. cit. Ce contrôle va très loin : dans un arrêt * *Schmidt c. France* du 26 juillet 2007, *JCP* G 2008, I, 102, n° 7 obs. A. Gouttenoire ; *JCP* G 2008.I.110, n° 12, obs. F. Sudre ; *RTD civ.* 2007 p. 765, obs. J. Hauser, la Cour estime que, compte tenu des délais pris par la Cour de cassation pour statuer sur le pourvoi formé par les parents (3 ans à compter de sa saisine), le recours ne pouvait « *passer pour avoir été effectif* », *i. e* un « recours inutile » au sens de l'article 35 § 1 Conv. EDH.

11. Cass. civ. 1re, 10 mai 1995, *Bull. civ.* I, n° 192 ; *D.* 1996, somm. 238, obs. D. Autem ; *Defrénois* 1996, art. 36272, n° 9, obs. crit. J. Massip : « *Il résulte de ce texte* (art. 375-1) *que le pouvoir d'ordonner des mesures d'assistance éducative appartient au seul juge des enfants.* »

12. Cass. civ. 1re, 29 novembre 1965, *Bull. civ.* I, n° 653 ; *D.* 1966.81 : « *Le juge des enfants est sans compétence pour intervenir dans le conflit qui oppose deux époux au sujet de la garde d'un enfant commun dès lors qu'il n'est pas constaté que la manière de se comporter du père, légalement seul investi pendant le mariage de l'exercice de la puissance paternelle* (avant la loi du 4 juin 1970), *peut être nuisible pour l'enfant* ».

13. Ex. : Cass. civ. 1re, 10 juillet 1996, *Bull. civ.* I, n° 313 ; *JCP* G 1996.I.4045, n° 10, obs. Y. Favier : « *Le juge des enfants peut prendre* (au titre de l'assistance éducative) *des mesures qui aboutissent à imposer des modalités différentes, quant à l'exercice de l'autorité parentale, de celles prévues par le J.A.F., lorsqu'un fait de nature à entraîner un danger pour l'enfant s'est révélé ou est survenu postérieurement* » ; en l'espèce, la mère s'était vue confier l'exercice exclusif de l'autorité parentale, un droit de visite étant accordé au père ; devant l'attitude pathologique du père, dangereuse pour l'enfant, le juge des enfants avait pris des mesures d'assistance éducative et réduit le droit de visite du père ; rejet du pourvoi. À la suite du Rapport présenté par la Commission Guinchard, *L'ambition raisonnée d'une justice apaisée* (préc.), le législateur a organisé la communication des pièces entre juge des enfants, juge aux affaires familiales et juge des tutelles (D. n° 2009-398 du 10 avril 2009, JO 12 avril 2009, cf. art. 1072-1 s. et 1187 s. CPC).

Le juge peut à tout moment modifier et rapporter sa décision (art. 375-6)[14].

1684. Causes de l'intervention du juge. – Depuis 1958, la loi (aujourd'hui, art. 375, al. 1) prévoit que le juge des enfants peut intervenir lorsque « *la santé*[15], *la sécurité ou la moralité d'un mineur non émancipé sont en danger, ou si les conditions de son éducation*[16] *ou de son développement physique, affectif, intellectuel et social sont gravement compromises* ». La Cour de cassation vérifie que le juge des enfants n'excède pas sa compétence[17]. Ces vagues notions signifient que l'enfant souffre d'une carence éducative.

À la différence du retrait de l'autorité parentale, il n'est pas nécessaire que les parents aient commis une faute ; par exemple, l'enfant peut être en danger parce que ses parents n'ont pas d'argent ou que leur habitation est insuffisante : pauvreté n'est pas vice. À moins qu'ils ne soient, tout simplement, dépassés...

L'imprécision délibérée de ces conditions assouplit l'intervention du juge ; les parents accepteront peut-être plus facilement l'« assistance éducative » quand on leur dira qu'ils ne sont pas fautifs, mais seulement maladroits ou malheureux. Cet élargissement des pouvoirs peut entraîner des abus et susciter l'impérialisme du juge : avoir la faculté de dessaisir des parents parce qu'une « éducation est compromise » est avoir la possibilité d'imposer une orthodoxie officielle de l'éducation, morale, religieuse, politique, etc. Sans aller jusque-là, l'*affaire de Versailles* avait montré les dangers des bonnes intentions judiciaires[18]. Afin d'essayer de limiter le risque, la loi exige que l'éducation soit « gravement » compromise ; en outre, il est prévu (C. pr. civ.) qu'« *il doit être tenu compte des convictions religieuses ou philosophiques du mineur et de sa famille* ». La question s'est posée pour les sectes[19].

---

14. Cass. civ. 1re, 20 octobre 2010, n° 09-68.141 : si la situation de l'enfant s'est modifiée entre le moment où le juge s'est prononcé en première instance et celui où la cour d'appel a été saisie « *il incombe à la Cour d'appel de se placer au moment où elle statue pour apprécier les faits* ».

15. Si les parents négligent de soigner leur enfant malade, le juge des enfants est compétent : Nancy, 3 décembre 1982, *aff. de Nancy, JCP* G 1983.II.20081, n. G. Raymond ; *Gaz. Pal.* 1984.I.132, n. Dorsner-Dolivet : « *la compétence du juge des enfants ne saurait être admise à défaut d'établir que par leur carence et leur défaillance les parents investis de l'autorité ont commis une faute susceptible de mettre en péril la vie de leur enfant* ».

16. Ex. : Cass. civ. 1re, 5 janvier 1978, *Bull. civ.* I, n° 67 : « *La carence éducative qui s'est traduite non seulement par le manque d'autorité dont elle* (la mère) *a fait preuve dans le passé à l'égard de ses enfants, qu'elle ne réussissait pas à faire aller à l'école, mais encore à son incapacité à leur assurer une éducation "valable et épanouissante"* ».

17. Première règle : Cass. civ. 1re, 7 novembre 1973, *Bull. civ.* I, n° 297 : « *Les juges du fond* (le juge des enfants), *saisis en vertu des art. 375 et s., apprécient souverainement si la santé, la sécurité, la moralité d'un mineur non émancipé sont en danger ou si les conditions de son éducation sont gravement compromises* ».

Deuxième règle : Le juge des enfants doit expliquer : « *en quoi la santé, la sécurité ou la moralité du mineur étaient en danger ou les conditions de son éducation gravement compromises* ». Il ne peut se contenter de dire que la mesure est... « *à la fois pertinente est nécessaire* » : Cass. civ. 1re, 8 octobre 1985, *Bull. civ.* I, n° 226 ; *D.* 1985, IR, 448 ; *JCP* G 1985.IV.331 ; . ou justifiée par l'intérêt de l'enfant : Cass. civ. 1re, 26 janv. 1972, cité *infra*.

18. En l'espèce, la fille mineure de parents convertis au protestantisme, âgée de 16 ans et demi, avait sollicité la protection du juge des enfants afin d'être mise à l'abri des sévices exercés par son père ; le juge a ordonné son placement dans un établissement catholique ; après le placement, la fille s'est convertie au catholicisme ; jugé que cette décision était régulière : Paris, 31 janvier 1963, *JCP* G 1963.II.13235, n. R.P. : « *ce traumatisme psychologique, abstraction faite de toute considération religieuse, justifie à lui seul l'intervention de l'ordonnance attaquée* » confirmant TGI Versailles, 24 septembre 1962, *D.* 1963.52, n. crit. J. Carbonnier, maintenu par Cass. civ. 1re, 7 avril 1965, *Bull. civ.* I, n° 258, ; *D.* 1965.704, n. crit. J.C. ; *JCP* G 1965.II.14270.

19. Ex. : Cass. civ. 1re, 28 mars 1995, *Bull. civ.* I, n° 141 ; *D.* 1995, IR, 113 ; en l'espèce, l'aide sociale à l'enfance avait démontré que « *les conditions de vie de tous les enfants de la secte à laquelle les parents du jeune mineur étaient affiliés étaient de nature à compromettre gravement leur évolution et leur équilibre psychologique* ». Cassation de l'arrêt qui n'avait pas répondu à ce « motif déterminant ». Cass. crim., 11 juillet 1994, *JCP* G 1995.II.22441, n. Fr. Eudier : en l'espèce, les parents avaient

1685. Procédure. – Le juge des enfants est soumis aux règles générales de la procédure (C. pr. civ., art. 1749) et à celles qui sont particulières à l'assistance éducative (*ib.*, art. 1181 à 1200-1).

Notamment, il dispose de moyens d'investigation étendus : C. pr. civ., art. 1183 ; « *il peut* [...] *ordonner toute mesure d'information* ». Ainsi, il peut ordonner... une enquête de personnalité sur l'enfant, ses parents ou son entourage... l'audition des parents (obligatoire lorsqu'elle est possible) et celle de l'enfant (obligatoire aussi, sauf lorsqu'elle est inopportune).

Cette procédure présente un caractère inquisitoire. Le juge des enfants procède un peu comme un juge d'instruction, ce qui peut porter atteinte aux droits des parents et de l'enfant[20] et paraître contraire à la Convention EDH[21]. Sensible aux critiques adressées à cette procédure, le législateur a permis aux parents – et à l'enfant sous certaines conditions – d'avoir accès au dossier (C. pr. civ., art. 1187). En toute hypothèse, elle est encadrée dans de stricts délais (*ib.*, art. 1185), imposés à peine de nullité[22].

Le mineur peut agir lui-même, s'il est pourvu de discernement, choisir un avocat (*ibid.*, art. 1186) et exercer les voies de recours[23].

1686. Objet de l'intervention judiciaire. – Sur les décisions que le juge des enfants peut prendre, la loi (art. 375-2 à 375-5) est également vague[24] : soit, et de préférence, le maintien du mineur dans son milieu familial actuel, simplement

---

envoyé leur fils, âgé de 6 ans 1/2 « *dans une école dirigée par des adeptes du Sahaja Yoga à Dhampsala en Inde* » ; ils ont été condamnés pour manque de direction de leur enfant, compromettant sa santé, sa sécurité et sa moralité, et à des dommages-intérêts au profit des grands-parents qui s'étaient portés partie civile ; rejet du pourvoi. Au contraire, pour des Témoins de Jéhovah : Toulouse, 28 novembre 1995, *JCP* G 1996.IV.1409 (le conflit entre la mère (témoin de J.) et le père (libre penseur) est ainsi réglé : résidence de l'enfant chez la mère ; autorité parentale conjointe. Aujourd'hui la CEDH essaie de cantonner l'intervention de l'État dans les strictes bornes de la nécessité, ex. * CEDH, 26 juillet 2007, *Schmidt c. France,* préc. (en l'espèce, la Cour approuve le placement de l'enfant car « *plusieurs indices démontraient que celle-ci était embrigadée, soumise à un régime d'enfermement, coupée du monde extérieur et subissant des atteintes à son intégrité physique* »).

20. Ex. : Cass. civ. 1re, 24 octobre 1995, *Defrénois* 1996, art. 36354, n° 46, obs. J. Massip ; n.p.B. ; en l'espèce, le juge des enfants avait décidé que les enfants n'étaient pas en danger chez leur mère, au vu d'un rapport d'enquête sociale, qui ne pouvait être consulté que par le conseil des parents ou de l'enfant ; le père, n'ayant pas choisi de conseil, n'a pu en avoir connaissance ; jugé qu'il n'y avait pas eu atteinte aux droits de la défense ; *contra,* M. Huyette, « Le contradictoire en assistance éducatrice [...] », *D.* 1998, chron. 218.

21. Dans une décision du 8 juillet 2011 (Cons. const., 8 juillet 2011, n° 2011-147 QPC, *RSC* 2011, 728, chron. C. Lazerges, *RTD civ.* 2011, 756, obs. J. Hauser, *adde* L. Gebler, « L'impartialité du juge des enfants remise en question », *AJ famille* 2011, 391), le Conseil constitutionnel avait affirmé que si « *le principe d'impartialité des juridictions ne s'oppose pas à ce que le juge des enfants qui a instruit la procédure puisse, à l'issue de cette instruction, prononcer des mesures d'assistance, de surveillance ou d'éducation* », en revanche, « *en permettant au juge des enfants qui a été chargé d'accomplir les diligences utiles pour parvenir à la manifestation de la vérité et qui a renvoyé le mineur devant le tribunal pour enfants de présider cette juridiction de jugement habilitée à prononcer des peines, les dispositions contestées portent au principe d'impartialité des juridictions une atteinte contraire à la Constitution* ». L'article L. 251-3 du Code de l'organisation judiciaire est donc déclaré contraire à la Constitution. La loi n° 2011-1940 du 26 décembre 2011 y a porté remède en précisant (COJ, art. L. 251-3), que « *le juge des enfants qui a renvoyé l'affaire devant le tribunal pour enfants ne peut présider cette juridiction* ».

22. Cass. civ. 1re, 25 février 1997, *Bull. civ.* I, n° 71 ; *Defrénois* 1997, art. 36634, n° 104, obs. J. Massip.

23. Cass. civ. 1re, 21 novembre 1995, *Bull. civ.* I, n° 418 ; *D.* 1996.420, n. A. Gouttenoire ; *JCP* G 1997.I.3996, n° 3, obs. J. Rubellin-Devichi ; *RTD civ.* 1996, 140, obs. J. Hauser : « *le mineur peut lui-même saisir le juge des enfants pour lui demander d'ordonner des mesures et il peut également lui-même interjeter appel des décisions de ce juge et faire choix d'un avocat ; il incombe seulement aux juges du fond de vérifier qu'il possède un discernement suffisant pour exercer ces prérogatives* ».

24. Que le juge des enfants puisse être à la fois juge de l'instruction et juge du jugement est-il conforme au principe d'impartialité, pièce essentielle du procès équitable au sens de l'article 6 Conv. EDH ? Oui, estime la CEDH, compte tenu des particularités de la justice des mineurs

surveillé par des mesures d'observations, d'éducation ou de rééducation en milieu ouvert[25], quitte à soumettre l'enfant à certaines obligations (fréquenter un établissement sanitaire ou éducatif ou exercer une activité professionnelle) ; soit le retrait du mineur de son milieu actuel[26], en le confiant à un autre parent ou à un tiers ou en le mettant dans un établissement spécialisé, même sanitaire[27], ou en le remettant au service d'aide sociale à l'enfance[28].

Il existe de nombreux conflits entre le juge des enfants et l'administration (département, aide sociale à l'enfance) : 1) c'est le juge des enfants qui choisit le mode de placement : famille, personne qualifiée ou aide sociale à l'enfance : il peut en fixer les modalités, notamment imposer la fréquentation d'un établissement d'éducation ou sanitaire[29]. 2) il doit fixer les modalités des relations de l'enfant placé avec ses parents : fréquence et lieu des droits de visite et d'hébergement[30]. 3) Lorsque l'enfant a été confié à l'aide sociale ou à un établissement privé, ce sont eux qui choisissent le placement[31].

La loi a voulu que l'autorité parentale fût maintenue, autant que possible (art. 375-7), ce qui ne va pas sans difficultés[32] ; l'assistance éducative n'est pas un retrait de leur autorité, mais seulement un contrôle[33]. Elle souhaite (ce n'est qu'un souhait) que le juge : 1°) recueille l'adhésion

(cf. CEDH 2 mars 2010, *Pavel A. c. Pologne*, n° 54729/00, précisant les conditions dans lesquelles l'impartialité peut être préservée).

25. L'article 375-2 se réfère « *au milieu actuel* », du mineur. Selon la Cour de cassation, « *le milieu actuel, au sens de l'art. 375-2, est en principe le milieu familial naturel de l'enfant* » (Cass. civ. 1re, 4 juillet 1978, *Bull. civ.* I, n° 249 ; 6 janvier 1981, *Bull. civ.* I, n° 1 ; 17 novembre 1981, *Bull. civ.* I, n° 336). La question se pose lorsque l'enfant avait été confié soit par ses parents, soit sur décision judiciaire, à des parents nourriciers et que les parents légaux (la mère généralement) en demandent ultérieurement la restitution. Le juge peut accompagner la restitution de « *certaines transitions* » (Cass. civ. 1re, 20 mars 1979, *D.* 1970, IR, 431 ; n.p.B.) ou au contraire refuser un droit de visite aux parents nourriciers « *le mineur ayant été très perturbé par le conflit opposant ses parents naturels à ses parents nourriciers* » (Cass. civ. 1re, 17 novembre 1981, *Bull. civ.* I, n° 336).

26. Le juge doit expliquer pourquoi il retire l'enfant à ses parents naturels ; il n'est pas suffisant qu'il se réfère à l'intérêt de l'enfant : Cass. civ. 1re, 26 janvier 1972, *Bull. civ.* I, n° 26 ; *D.* 1972.553, n. J. Massip : « *en statuant ainsi, sans préciser les raisons de nature à justifier le maintien du placement antérieurement ordonné, la cour d'appel n'a pas donné une base légale à sa décision* ».

27. Cass. civ. 1re, 12 janvier 1994, *Bull. civ.* I, n° 17 ; *D.* 1995, somm. 136, obs. D. Autem ; *JCP* G 1994.II.22341, n. S. Bernigaud ; jugé que le juge des enfants peut confier un mineur à des gardiens « *jusqu'à ce qu'il en soit autrement ordonné* » ; cette mesure a « *un terme naturel qui est la majorité de l'enfant, sous réserve des modifications qui peuvent être décidées à tout moment* ».

28. Cf. les articles de M. Huyette, J.-P. Rozenczveig, T. Fossier, I. Corpart, A. Gouttenoire et C. Radé, M. Lasbats, A. Marienburg-Wachsmann, dossier *Placement de l'enfant, AJ famille*, février 2007, p. 54.

29. Cass. civ. 1re, 15 mai 1990, *Bull. civ.* I, n° 105 ; *JCP* G 1991.II.21666, n. S. Curiel : « *Le juge peut assortir la remise de l'enfant des modalités prévues par l'article 375-2, alinéa 2, parmi lesquelles figure l'obligation de fréquenter régulièrement un établissement sanitaire ou d'éducation, ordinaire ou spécialisé* ».

30. Ex. : Cass. civ. 1re, 9 juin 2010, n° 09-13.390 ; npB ; *RTD civ.* 2010.546, obs. crit. J. Hauser ; *AJ famille* 2010.325, obs. D. Durand ; *D.* 2010.2343, n. M. Huyeta : *JCP* G 2010.911, n° 10, obs. A. Gouttenoire, « *en cas de placement, le juge des enfants serait seul compétent pour statuer sur les modalités des relations entre l'enfant et un tiers parent ou non* ». Si l'enfant n'a pas été placé, le juge aux affaires familiales demeure compétent pour statuer sur le droit de visite.

31. Ex. : Cass. civ. 1re, 3 janv. 1980, *Bull. civ.* I, n° 1 : « *Il appartenait à l'administration de déterminer dans les conditions prévues notamment par l'art. 123-3, C. fam. et aide soc.* (auj. art. L. 421-10 C. act. soc. et fam.), *le placement de la mineure qui lui avait été confiée par l'autorité judiciaire* ». Ex. : Cass. civ. 1re, 6 mai 1980, *Bull. civ.* I, n° 135 : « *C'est à cette personne morale de droit privé, à laquelle la mineure avait été provisoirement confiée par la décision confirmée qu'il appartenait de désigner la famille d'accueil, sans qu'il soit porté atteinte aux pouvoirs reconnus au juge par les art. 375-6 et 375-7, al. 2, C. civ., ainsi que par l'art. 888-16, C. pr. civ.* ».

32. Sur l'abondante jurisprudence de la CEDH en la matière, *GAC EDH, op. cit.*, p. 509 s. et réf. cit.

33. Selon la Cour de cassation, la décision du juge des enfants de confier le mineur à une personne physique ou morale au titre de l'assistance éducative, transfère à celle-ci les pouvoirs nécessaires à l'organisation, la direction et le contrôle de la vie du mineur. Sa responsabilité est donc engagée en cas de dommages, causés à un tiers sur le fondement de l'article 1384, alinéa 1 : jurisprudence

de la famille à la mesure envisagée (art. 375-1, al. 2), afin que la décision soit éclairée et que son exécution s'en trouve facilitée ; 2°) que les fratries ne soient pas défaites (art. 371-5, L. 30 décembre 1996). En toute hypothèse le juge doit se prononcer « *en stricte considération de l'intérêt de l'enfant* » (art. 375-1, al. 2). *Sur le régime de l'appel*[34].

1687. Vigilance de la CEDH. – L'assistance éducative déploie ses effets sous le regard, particulièrement vigilant, de la CEDH[35]. La prise en charge de l'enfant par une autorité publique constitue en effet une ingérence dans le droit des parents mais aussi de l'enfant au respect de leur vie privée et familiale[36]. Les mesures prises doivent donc être prévues par la loi, proportionnées au but légitime poursuivi (étant entendu que le souci de l'intérêt de l'enfant revêt en la matière une importance décisive[37]) et nécessaires dans une société démocratique[38]. La Cour exerce son contrôle sur le type de mesures adoptées[39], leur nécessité[40], les circonstances dans lesquelles elles ont été prises[41], leur durée[42], mais aussi sur la procédure suivie[43]. Elle porte également une attention particulière au maintien des liens familiaux[44]. En toute hypothèse, la mesure d'assistance éducative doit être considérée comme une mesure temporaire qui doit prendre fin dès que les circonstances le permettent, le but ultime étant de favoriser la réunion de la famille[45].

---

constante, ex. : Cass. crim., 10 octobre 1996, *D.* 1997, p. 909, note H. Huyette ; *JCP* G 1997.II.1987, n. Chabas ; *Droit des obligations*, coll. Droit civil.

34. M. Huyette, *D.* 2004, 329 sous Cass. civ. 1re, 3 février 2004, qui montre les dangers des appels tardifs.

35. Cf. A. Gouttenoire, « La vie familiale à l'épreuve de l'assistance éducative », *in* F. Sudre (dir.), *Le droit au respect de la vie familiale au sens de la Convention européenne des droits de l'homme*, Bruylant, 2002, p. 287.

36. CEDH, 24 mars 1988, *Olsson c. Suède*.

37. Cf. CEDH, 19 septembre 2000, *Gnahore c. France* : « *La Cour le souligne avec force, dans les affaires de ce type, l'intérêt de l'enfant doit passer avant toute autre considération. Elle précise cependant que, bien compris, cet intérêt présente un double aspect.*
D'un côté, il est certain que garantir à l'enfant une évolution dans un environnement sain relève de cet intérêt et que l'article 8 ne saurait en aucune manière autoriser un parent à voir prendre des mesures préjudiciables à la santé et au développement de son enfant (...).
De l'autre côté, il est clair qu'il est tout autant dans l'intérêt de l'enfant que les liens entre lui et sa famille soient maintenus, sauf dans les cas où celle-ci s'est montrée particulièrement indigne : briser ce lien revient à couper l'enfant de ses racines ».

38. Cf. par ex. l'arrêt CEDH, 26 juillet 2007, *Schmidt c. France*, préc.

39. La Cour reconnaît cependant aux États une large marge d'appréciation sur le type de mesure à prendre, cf. *Johansen c. Norvège*, 7 août 1996 ou *K.A. c. Finlande*, 14 janvier 2003.

40. Cf. CEDH, 12 juillet 2001, *K. et T. c. Finlande* ; CEDH, 26 octobre 2006, *Walla et Wallova c. République tchèque* : en l'espèce, la Cour affirme que « *le fait qu'un enfant puisse être accueilli dans un cadre plus propice à son éducation ne saurait en soi justifier qu'on le soustraie de force aux soins de ses parents biologiques ; pareille ingérence dans les droits des parents au titre de l'article 8 de la Convention, à jouir d'une vie familiale avec leur enfant doit encore se révéler nécessaire en raison d'autres circonstances* ».

41. CEDH, *K. et T. c. Finlande*, préc.

42. CEDH, 13 juillet 2000, *Scozzarri et Giunta c. Italie*, condamnant l'absence de limite à la durée du placement.

43. Cf. F. Sudre, *Droit européen et international des droits de l'homme, op. cit.*, p. 578 et s. et réf. cit.

44. Cf. CEDH, *Schmidt c. France*, préc. : « *l'intérêt de l'enfant commande que seules des circonstances tout à fait exceptionnelles puissent conduire à une rupture du lien familial, et que tout soit mis en œuvre pour maintenir les relations personnelles et, le cas échéant, le moment venu, "reconstituer" la famille* ».

45. Cf. reprenant cette exigence, CEDH, *Gnahoré c. France*, préc. : « *l'intérêt de l'enfant commande que seules des circonstances tout à fait exceptionnelles puissent conduire à une rupture du lien familial, et que tout soit mis en œuvre pour maintenir les relations personnelles et, le cas échéant, le moment venu, "reconstituer" la famille. Dans l'intérêt non seulement du parent concerné mais aussi*

1688. « Mesure d'aide à la gestion du budget familial ». – Le juge des enfants peut ordonner que les prestations sociales soient versées à une personne physique ou morale qualifiée, dite « déléguée aux prestations familiales » chargée d'exercer auprès de la famille « une action éducative visant à rétablir les conditions d'une gestion autonome des prestations » (art. 375-9-1, C. civ., loi du 5 mars 2007) : en clair, de s'assurer que les parents usent bien des prestations sociales dans l'intérêt de l'enfant[46].

SECTION II
DÉLÉGATION

1689. Encadrement et partage. – La délégation de l'autorité parentale (art. 376-377-3) en transfère l'exercice à un tiers auquel les parents ont confié leur enfant ou qui a recueilli ce dernier. Elle est toujours judiciaire (JAF) même lorsqu'il s'agit d'une délégation « volontaire ». Elle est par nature provisoire et peut être modifiée ou abandonnée en cas de circonstances nouvelles (art. 377-3). Elle peut être totale ou partielle ; afin de donner plus de souplesse au système, la loi de 2002 a également permis un partage de l'exercice de l'autorité parentale entre parents et tiers délégataire[47]. Malgré l'ambiguïté des textes, liée aux maladresses du législateur de 2002, il convient de distinguer deux types de délégations : la délégation « volontaire », d'une part, la délégation « forcée » d'autre part.

1690. Délégations volontaires. – Dérogeant au principe d'indisponibilité de l'autorité parentale (art. 376), la délégation « volontaire » intervient, sur décision du juge à l'initiative des parents ou de l'un d'eux. Les motivations en sont diverses, mais les conditions en sont strictement définies : « *lorsque les circonstances l'exigent* » affirme l'article 377. Soucieux de donner plus de souplesse au système, le législateur de 2002 imagina, à côté de la délégation totale ou partielle des droits et devoirs de l'autorité parentale, un partage de ceux-ci : il s'agissait de permettre à un parent de se faire « épauler » par un tiers (les grands parents par exemple) sans abdiquer ses propres responsabilités, et, surtout, d'offrir au beau parent

de l'enfant, le but ultime de toute "prise en charge" doit en principe être d'"unir à nouveau le parent (...) et l'enfant" (...) ».

46. Cette mesure d'aide à la gestion du budget familial remplace la « tutelle aux prestations sociales » ; le contrôle est renforcé, mais les mots sont allégés. Le législateur contemporain semble (re) découvrir l'arme des prestations familiales comme instrument de contrôle des familles. La loi du 31 mars 2006 a créé le « *contrat de responsabilité parentale* » (qui n'a d'ailleurs de contrat que le nom, pas même un contrat d'adhésion), qui peut être « proposé » aux familles en cas d'absentéisme scolaire ou de trouble au fonctionnement d'un établissement scolaire, ou lorsque survient tout autre difficulté liée à une carence de l'autorité parentale (art. L. 222-4-1 Code action soc. et fam.). Ce contrat rappelle les obligations des titulaires de l'autorité parentale et transcrit les engagements pris pour remédier aux difficultés rencontrées. Le non-respect par les parents de leurs obligations peut entraîner la suspension du versement des prestations familiales (et, au besoin, la saisine des autorités judiciaires). Sur ce contrat, S. LAMBERT, « Le nouveau contrat de responsabilité parentale : où l'autorité de l'Etat prend le relais de l'autorité parentale », *Dr. famille* 2007, n° 85. Le droit des étrangers s'est emparé de ce nouvel instrument de contrôle social : les familles qui ne respecteraient pas le « contrat d'accueil et d'intégration » pris lors de la procédure de regroupement familial (art. L 311-9 CESEDA, loi n° 2006-911 du 24 juillet 2006 : autre « contrat d'adhésion » ?), peuvent être orientées vers un contrat de responsabilité parentale (art. 311-9-1, L. n° 2007-1631 du 20 novembre 2007), prélude à d'éventuelles sanctions pouvant aller jusqu'au refus de renouvellement de la carte de séjour.

47. H. FULCHIRON, « L'autorité parentale rénovée », art. préc., p. 980, A. GOUTTENOIRE et P. MURAT, « L'intervention d'un tiers dans la vie de l'enfant », art. préc.

les instruments juridiques qui lui permettraient d'exercer en droit la fonction qu'il assume en fait[48].

Selon l'article 377-1, alinéa 2 : le jugement de délégation « *peut prévoir, pour les besoins de l'éducation de l'enfant, que les père et mère, ou l'un d'eux, partageront tout ou partie de l'exercice de l'autorité parentale avec le tiers délégataire* ». Le partage de l'autorité parentale suppose l'accord des parents, en tant qu'ils exercent cette autorité : pas de ménage à trois (ou à quatre ; sans parler du juge), qui ne soit consenti. Pour faciliter la mise en œuvre des pouvoirs partagés, l'article 377-1 al. 2 *in fine* précise que « *la présomption de l'article 372-2 est applicable à l'égard des actes accomplis par le ou les délégants et le délégataire* » : pour les actes usuels de l'autorité parentale relativement à la personne de l'enfant, chacun d'eux est donc réputé, à l'égard des tiers de bonne foi, avoir agi avec l'accord de l'autre[49]. En cas de conflit, l'article 377-1 alinéa 3 renvoie à l'article 373-2-11 qui, pourtant, traite des critères permettant au juge de statuer sur les modalités d'exercice de l'autorité parentale et non des conditions de sa mise en œuvre.

1691. Délégation partage et « famille » homoparentale. – De cette possibilité nouvelle, les couples de même sexe s'emparèrent aussitôt (avec, semblait-il, la bénédiction de la Cour de cassation[50]), pour créer des liens juridiques entre l'enfant et la compagne, ou le compagnon du père ou de la mère : la délégation partage servait de palliatif à une impossible adoption[51] pendant la vie commune[52], après la séparation[53], voire après le décès[54]. Le système permettait d'apporter

48. Telles étaient les hypothèses envisagées en 2002 par le Rapport Dekeuwer-Défossez, préc., p. 91 s.

49. *Supra*, n° 1602.

50. * Cass. civ. 1re, 24 février 2006, *enfants Camille et Lou*, cité *supra*, n° 1433 : « *L'article 377 al. 1 ne s'oppose pas à ce qu'une mère, seule titulaire de l'autorité parentale en délègue tout ou partie de l'exercice à la femme avec laquelle elle vit en union stable et continue, dès lors que les circonstances l'exigent et que la mesure est conforme à l'intérêt supérieur de l'enfant* ».

51. *Supra*, n° 1477 et réf. cit.

52. Ex. TGI Paris, JAF, 18 septembre 2009, *AJ famille*, 2009, p. 490, obs. F. Chénedé : selon les juges, les circonstances (l'enfant né grâce à une insémination artificielle pratiquée à l'étranger est élevé au foyer formé par sa mère et la partenaire de celle-ci, qui « *apparaît comme le second parent de fait de l'enfant, s'occupant au quotidien de l'enfant à l'égal de sa mère, prenant les décisions avec elle, et pourvoyant à tous ses besoins, d'ordre extra-patrimonial (éducation, santé, surveillance) ou d'ordre patrimonial (contribution financière à son éducation* »), et « *l'intérêt de l'enfant exigent qu'Elisa, qui n'a pas de filiation paternelle établie, puisse bénéficier de la conjonction de deux parents également investis de l'autorité parentale, afin que soit poursuivi un rôle éducatif et affectif continu auprès d'elle, notamment en cas d'absence ou d'empêchement de la mère biologique* » ; TGI Paris, 28 mars 2008, *AJ famille* 2008, p. 249, note F. Chénedé, ou, pour un couple homosexuel masculin, TGI Grenoble, JAF, 28 janvier 2008, *AJ famille*, 2008, p. 476, note F.C., après adoption d'un enfant vietnamien par l'un des partenaires).

53. Ex. TGI Lille, 18 décembre 2007, *Dr. famille* 2008, 2058, note P. Murat, *RTD civ.* 2008, p. 470, obs. J. Hauser : en l'espèce, l'enfant, Alix, avait été élevé par sa mère et la compagne de celle-ci. Après rupture (et recomposition familiale : la mère vit avec une autre femme, mère de quatre enfants), son ex-compagne s'est pacsée avec le mère de deux autres enfants, les deux femmes obtiennent une délégation-partage de l'autorité parentale ; l'enfant vit en alternance dans les deux foyers et les frais d'éducation et d'entretien sont partagés.

54. Cass. civ. 1re, 16 avril 2008, *Bull. civ.* I, n° 106 ; *JCP* 2009, I, 102, obs. A. Gouttenoire, *Defrénois* 2008, 1846, obs. J. Massip, *RTD civ.* 2008, 470, obs. J. Hauser : après le décès de la mère, le père et la compagne de la mère avaient formé une requête conjointe en vue d'une délégation partielle de l'autorité parentale au profit de cette dernière, auprès de qui vivaient les enfants ; la sœur de la mère affirme que le juge aurait dû choisir la personne à laquelle il a délégué l'autorité parentale, de préférence dans la parenté. Refus de la Cour de cassation qui approuve les juges du fond : « *Aucune disposition légale n'impose au juge de choisir par priorité parmi les membres de la famille le tiers à qui il*

une solution à la question des familles « homoparentales » en passant par la parentalité, non par la parenté. Las, la Cour de cassation a jugé bon de rappeler le strict cadre dans lequel il peut être mis en place : « *lorsque les circonstances l'exigent* » (art. 377 al. 1), « *pour les besoins de l'éducation de l'enfant* » (art. 377-1 al. 2), et, bien sûr, à condition que ce que la demande des parents soit conforme à l'intérêt supérieur de l'enfant[55].

La Cour de cassation s'inscrivait ainsi dans un mouvement de recul à l'égard des tiers en général et des beaux-parents, homo ou hétéro, en particulier[56], marqué notamment par l'échec de l'avant-projet de loi sur l'autorité parentale et les droits des tiers déposé début 2009[57].

Les juges du fond se sont montrés plus conciliants[58] et l'on peut supposer que la consécration en 2013 de l'homoparenté accentue cette tendance. Telle est en tout cas la voie tracée par le rapport *Filiation, origines, parentalité* (préc.), dans la perspective de la construction d'un statut du beau-parent[59].

1692. Délégation forcée. – La délégation forcée peut être décidée par le juge à la demande et au profit du particulier, de l'établissement ou service départemental de l'ASE qui a recueilli l'enfant ou d'un membre de sa famille[60], lorsque les parents se sont manifestement désintéressés de l'enfant ou se trouvent dans l'impossibilité d'exercer tout ou partie de leur autorité[61] (art. 377, al. 2).

SECTION III
RETRAIT

1693. Déchéance, retrait. – Le retrait (mot que la loi du 5 juillet 1996 a substitué à celui de déchéance afin de souligner qu'il s'agit avant tout d'une mesure de protection de l'enfant, non d'une sanction infligée aux parents, art. 378-381) de

délègue l'autorité parentale » ; les juges du fond avaient relevé les éléments établissant « *qu'il était de l'intérêt des enfants de fixer leur résidence chez l'ancienne compagne de leur mère et de déléguer partiellement à celle-ci l'exercice de l'autorité parentale dont le père était seul titulaire et de la partager entre eux* » ; comp., pour une espèce très semblable (dans les lieux, les circonstances et les époques), supra, n° 1433.

55. Cass. civ. 1re, 8 juillet 2010, citée *supra*.

56. Cf. *supra*, n° 1472.

57. Cf. *supra*, n° 1630.

58. Cf. dans le cas d'un projet parental à deux, TGI Bayonne, 26 octobre 2011, et TGI Nanterre 14 décembre 2010, *RTD civ.* 2012, p. 111, obs. J. Hauser; d'un projet parental à trois, (les père et mère de l'enfant demandent conjointement une délégation partage au profit de la compagne de la mère), TGI Paris, 22 février 2013, *AJ famille* 2013, p. 232, obs. I. Gallmeister ; d'un projet parental à quatre (deux couples homosexuels qui demandent une « délégation croisée »), TGI Créteil, 30 août 2011, cité par C. Mecary, note sous TGI Nanterre 30 août 2011, Paris 16 juin 2011, TGI Créteil, 24 mars 2011, *AJ famille* 2011, p. 604.

59. Cf. *supra*. Le projet de la loi sur l'autorité parentale et l'intérêt de l'enfant en fait une des pièces maîtresses de ce statut.

60. Petit assomplissement apporté par la loi du 9 juillet 2010 relative aux violences conjugales, qui devrait permettre de surmonter la condition, souvent dénuée de toute signification, de *recueil* de l'enfant.

61. Cass. civ. 1re, 5 avril 2005, *Bull. civ.*, I, n° 162 ; *Dr. famille* 2005, n° 155, note P. Murat : " *Le père est difficilement joignable et ne prend pas réellement en compte les besoins de sa fille au regard des démarches inhérentes à l'exercice de l'autorité parentale ; d'où il suit que la cour d'appel ayant caractérisé l'impossibilité pour le père d'exercer en partie l'autorité parentale, a pu décider que l'autorité parentale devrait être partiellement déléguée au service, le droit de correspondance et un droit de visite à organiser étant maintenus à l'égard des deux parents* ».

l'autorité parentale implique que les parents aient commis des manquements d'éducation à l'égard de leur enfant[62] : il est lié à la commission d'infractions pénales (parents condamnés comme auteur, coauteurs ou complices d'un crime ou d'un délit commis sur la personne de leur enfant, ou comme coauteurs ou complices d'un crime ou délit commis par leur enfant ou en application de la lutte contre les violences conjugales, comme auteurs ou complices d'un crime contre l'autre parent : art. 378), ou à de graves carences dans la protection ou l'éducation de l'enfant (art. 378-1)[63], dès lors que ce comportement a mis en danger la sécurité, la santé ou la moralité de l'enfant[64].

Depuis 1970, le tribunal jouit d'un grand pouvoir en la matière : le retrait peut être total (il prive les parents de tous les attributs de l'autorité parentale) et général (il porte sur tous les enfants du parent déchu), ou seulement partiel, en ne retirant que certains attributs de l'autorité parentale (généralement la garde), ou le limitant à certains enfants, ou ne frappant qu'un seul parent (art. 380).

En toute hypothèse, la CEDH veille : ainsi, dans l'arrêt *Sabou et Pircalab c. Roumanie* du 28 septembre 2004[65] affirme-t-elle que « *dans les affaires de ce type, l'examen de ce qui sert au mieux l'intérêt de l'enfant est toujours d'une importance cruciale, que l'intérêt de l'enfant doit passer avant toute considération et que seul un comportement particulièrement indigne peut autoriser qu'une personne soit privée de ses droits parentaux dans l'intérêt supérieur de l'enfant* (...) ». Pour elle, l'application de l'interdiction totale et absolue de l'exercice des droits parentaux, par effet de la loi, sans aucun contrôle par les tribunaux du type d'infraction commise et de l'intérêt des mineurs, ne saurait répondre à une exigence primordiale touchant aux intérêts des enfants et, partant, poursuivre un but légitime, tel que la protection de la santé, de la morale ou de l'éducation des mineurs[66].

N°s 1694-1729 réservés.

62. Peu importe que le parent soit civilement ou pénalement irresponsable pour cause de démence : Cass. civ. 1re, 14 avril 1982, *Bull. civ.* I, n° 125 ; *D.* 1983.294, n. J. M. ; *Defrénois* 1983, art. 33022, n° 9, m. n. : « *La déchéance prononcée à l'égard des époux X* » ne constitue pas une sanction mais une mesure de protection « *vis-à-vis d'un enfant soumis par une mère démente et dangereuse à de mauvais traitements qui ont abouti à faire de lui un infirme* ».

63. Cass. civ. 1re, 10 juillet 2010, n° 08-21.740 ; *Bull. civ.* I, n° 162 ; *RDPF* 20109/3, n. Fr. Eudier ; en l'espèce, en 2001, le père avait été condamné pour abus sexuels sur ses enfants et la mère pour non-dénonciation ; les enfants avaient été confiés au service de l'aide sociale à l'enfance ; en 2008, la cour d'appel a prononcé le retrait total de l'autorité parentale des deux parents, qui ont formé un pourvoi : les enfants n'étant pas en contact avec leurs parents n'étaient pas en danger. Rejet : « *Chacun des parents était dans le déni des infractions pour lesquelles ils avaient été condamnés ; ils avaient mis en échec pendant des années toute action éducative concernant leurs enfants placés, contribuant à les déstabiliser encore plus ; ce positionnement* (sic) *persistant et sans évolution constituait une maltraitance psychologique continue à l'égard de leurs trois enfants et il appartenait manifestement à l'égard de ces derniers de les préserver à l'avenir, compte tenu de leur grand fragilité psychologique, de toute intervention parentale* ».

64. La Cour de cassation en a tiré une conséquence singulière à l'égard d'une mère porteuse : Cass. civ. 1re, 23 avril 2003, *JCP* G 2004.II.10058, n. A. Bourrat-Gueguen ; n.p.B. ; en l'espèce, des époux avaient utilisé les ressources d'une mère porteuse britannique résidant en Grande-Bretagne (la loi anglaise admet cette pratique : loi de 1990 sur la fertilisation et l'embryologie humaine) ; à la naissance, les enfants (des jumeaux) avaient été inscrits comme nés de la mère porteuse ; les parents génétiques et la mère porteuse demandèrent tous trois retrait de l'autorité parentale attribuée à la mère porteuse. Rejet de la demande : les enfants n'étaient pas en danger.

65. CEDH, 28 septembre 2004, n° 46572/99.

66. Cf. dans le même sens, CEDH, 14 octobre 2008, *Iordache c. Roumanie*, n° 6817/02, pour un crime commis devant le mineur et 17 juillet 2012, *A.D. et al. c. Malte*, n° 64791/10, pour des crimes et délits commis sur le mineur.

TITRE II

RAPPORTS PÉCUNIAIRES DANS LA FAMILLE

1730. Solidarité familiale[1]. – La solidarité familiale domine les rapports pécuniaires qui s'établissent au sein d'une famille. Autrefois, elle faisait de la famille une unité de production économique. Aujourd'hui, elle traduit davantage la dépendance mutuelle de ses membres et continue à demeurer vivante dans les entreprises familiales. Elle est d'autant plus intense que sont proches les liens familiaux : elle est ainsi plus forte entre parents et enfants ou entre époux qu'entre les membres d'une famille dont les rapports de parenté sont plus lointains. Elle est en recul ; au fur et à mesure que s'étendent l'individualisme et la solidarité nationale, le rôle de la famille décroît.

Tous les hommes sont frères, tous sont moralement tenus d'aider ceux d'entre eux qui sont dans le malheur. Mais ils sont inégalement frères et leurs devoirs de solidarité sont inégaux. Le noyau le plus dur est la famille nucléaire fondée sur le mariage : les législations de tous les temps et de tous les pays prévoient une obligation alimentaire entre époux et entre parents légitimes en ligne directe. Aujourd'hui, les deux familles, en mariage et hors mariage, se sont rapprochées en droit jusqu'à se confondre plus ou moins. Les rapports avec les collatéraux sont moins intenses et moins stables.

Les relations pécuniaires que suscite la vie familiale sont nombreuses et variées : elles traduisent, d'une manière ou d'une autre, la solidarité familiale. Il y a d'un côté les richesses qu'un membre de la famille a pu accumuler : l'interdépendance familiale en entraîne la répartition familiale, qui explique la vocation successorale et certaines règles du régime matrimonial[2]. D'un autre côté, surtout, il y a les charges que chacun des membres d'une famille peut avoir à supporter, seule question qui soit maintenant examinée.

1731. Individu, famille et société. – La première personne qui supporte les charges de la vie est l'intéressé lui-même, qui doit y faire face au moyen de ses ressources personnelles et, surtout, de son travail. L'employeur doit à ses salariés non seulement un salaire, qui leur permet de vivre – il présente un certain caractère alimentaire –, mais aussi des pensions de retraite ou d'invalidité lorsque l'âge ou l'accident de travail ne leur permet plus de travailler.

---

1. **Biblio.** : *Les Solidarités entre générations*, H. Fulchiron (dir.), Bruylant, 2013 ; F. Maisonnasse, *L'Articulation entre la solidarité familiale et la solidarité collective*, thèse Grenoble, 2013.
2. *Droit des successions, Droit des régimes matrimoniaux*, coll. Droit civil.

En cas d'impossibilité de travail, cette charge relève de la solidarité familiale ; il appartient aux parents et alliés de subvenir aux nécessités de ceux de leurs parents qui sont dans le besoin. Telle est l'obligation alimentaire proprement dite.

À la solidarité familiale originaire s'est ajoutée depuis le commencement du xxe siècle, la solidarité nationale, devenue un principe constitutionnel[3], mais dont l'application et l'extension soulèvent des difficultés à raison de son coût : la solidarité nationale coûte cher. Elle intervient lorsque la famille est pauvre ou traverse des épreuves et n'est plus à même de supporter les charges de son entretien. De plus en plus, la collectivité publique intervient, de manières diverses, à côté des membres de la famille, sans toujours porter atteinte à ses droits et ses obligations, au moyen soit de l'aide sociale, soit de la Sécurité sociale[4]. La dernière forme en a été le revenu minimum d'insertion (le RMI), et son successeur, le revenu de solidarité active (RSA) créé par la loi du 1er décembre 2008 et qui a pour finalité « d'assurer à ses bénéficiaires des moyens convenables d'existence, d'inciter à l'exercice d'une activité professionnelle et de lutter contre la pauvreté de certains travailleurs, qu'ils soient salariés ou non salariés » (CASF, art. L. 262-1 et s.).

Les charges de la vie incombent ainsi d'abord à l'individu, puis à sa famille, enfin, à titre subsidiaire, à la collectivité. Cette superposition des deux solidarités, nationale et familiale, explique la complexité croissante du droit. La vieillesse en est l'exemple le plus saisissant aujourd'hui, en raison de la situation démographique de la France. La charge financière des personnes âgées a pendant longtemps été supportée par les intéressés eux-mêmes, au moyen de pensions, de retraites publiques et privées et d'assurances. La famille, en outre, entourait de sa présence et de son aide son aïeul qui vivait en son sein. Aujourd'hui, souvent, les vieillards quittent la maison pour aller s'éteindre dans des foyers dits du troisième âge. Les causes en sont nombreuses et complexes : chute de la natalité, prolongement de la durée de la vie humaine, travail des femmes, changement des mentalités, urbanisation, amélioration du niveau de vie, dislocation des familles, individualisme, etc. La solidarité familiale recule ; le lien entre les générations s'est altéré.

L'aide sociale, héritière de l'assistance publique, subvient aux besoins des indigents. Ses secours ont une nature différente des prestations que distribue la Sécurité sociale car ils n'ont pas de contrepartie, puisque ses bénéficiaires n'ont pas versé de cotisations antérieures. La société aide ses membres besogneux ; elle est, en quelque sorte, l'ultime débiteur alimentaire. Ainsi, différentes aides sociales sont désormais accordées par la nation ou les collectivités publique (ex. : l'allocation personnalisée d'autonomie : CASF, art. L. 232-1 et s.). Tous ces secours présentent, selon des modalités et à des degrés divers, un caractère subsidiaire.

L'aide sociale n'intervient qu'en cas de carence ou d'absence de la famille. L'obligation alimentaire est maintenue (v. toutefois art. L. 232-24 pour l'allocation personnalisée d'autonomie) : les débiteurs alimentaires familiaux sont invités à indiquer l'aide qu'ils peuvent allouer aux membres indigents de leur famille (art. L. 132-6) ; en cas de carence, ils peuvent être poursuivis par la collectivité publique, qui agit au nom du bénéficiaire (art. L. 132-7) uniquement pour les sommes payées après la demande en remboursement, par application de la règle « *Aliments ne s'arréragent pas* »[5]. La règle est la même pour le recours exercé par les hôpitaux publics (C. santé

3. Préambule de la Constitution du 27 octobre 1946 : « *La nation assure à l'individu et à la famille les conditions nécessaires à leur développement. Elle garantit à tous, notamment à l'enfant, à la mère et aux vieux travailleurs, la protection de la santé, la sécurité matérielle, le repos et les loisirs.* »

4. Sur les différentes prestations à destination de la famille, voir *AJ famille*, dossier mars et avril 2012 et réf. cit.

5. Jurisprudence constante ; ex. : Cass. civ. 1re, 18 janvier 1989, *Bull. civ.* I, n° 14 ; *D.* 1989.383, n. J. Massip ; *Defrénois* 1989, art. 34548, n° 38, m. n. : « *Vu l'article 145, C. fam. et aide soc.* (auj. C. act. soc. et fam. art. L. 132-7), *ensemble les principes qui régissent l'obligation alimentaire ; il résulte de ce texte que l'action qu'il prévoit ne peut être exercée par le représentant de l'État ou du département qu'au lieu et place du créancier d'aliments en cas de carence de celui-ci, vis-à-vis des personnes tenues à son égard sur le fondement des articles 205 et s., et emprunte dès lors tous ses caractères à*

publ., art. L. 6145-11)[6], ce qui allège la charge du débiteur alimentaire[7], souvent de modeste condition, mais alourdit celle des hôpitaux et autres collectivités (ils n'ont qu'à s'en prendre à eux-mêmes de ne pas avoir agi plus tôt) ; la collectivité peut aussi exercer un recours contre la succession du bénéficiaire afin de se faire rembourser des sommes qu'elle a allouées à l'indigent (art. L. 132-8) ; ce recours est fondé sur la subrogation légale. Le contentieux relève de la compétence exclusive des juridictions judiciaires[8](en l'occurrence le JAF). L'aide sociale peut exercer un recours contre la succession du bénéficiaire, afin de se faire rembourser des sommes qu'elle avait allouées à l'indigent (*ibid.*) ; ce recours est également fondé sur la subrogation légale[9].

Ces interventions de l'aide sociale confèrent une nouvelle importance aux obligations alimentaires, parce que des organismes d'État n'ont pas les raisons morales qu'auraient les particuliers d'hésiter à exercer une action alimentaire contre des proches parents. Dans une société vraiment socialiste, ces actions récursoires ne devraient pas exister : la charge des malheureux pèserait exclusivement sur l'État.

La législation s'était orientée en ce sens : une loi du 21 décembre 1973 avait supprimé le recours contre les débiteurs alimentaires du fonds national de solidarité pour l'allocation vieillesse qu'il verse aux personnes âgées ; mais le recours peut être exercé contre la succession de l'allocataire (C. séc. soc., art. L. 815-13). Aujourd'hui, la dureté des temps (et l'importance des aides) multiplie les hypothèses de recours.

La socialisation des risques est plus marquée avec la Sécurité sociale, organisme de garantie collective qui assure ses membres contre les risques les plus habituels de la vie humaine ; l'assuré et son employeur versent une cotisation en contrepartie de laquelle il reçoit des prestations lorsque certains événements se réalisent : la vieillesse, la maladie, la maternité, etc. L'assuré voit diminuer, grâce à ces prestations, ses besoins, et du même coup, sa créance alimentaire contre ses proches. D'autant que les prestations que la Sécurité sociale a versées ont pour contrepartie les cotisations qu'elle avait reçues. Elle diminue donc la solidarité familiale : la famille perd de son importance. En général, la Sécurité sociale n'a pas de recours contre les débiteurs alimentaires familiaux. Cependant, lorsque des parents ne versent pas les aliments qu'ils doivent à leur enfant, la Sécurité sociale supplée à leur carence en avançant une « *allocation de soutien familial* » pour le remboursement de laquelle elle bénéficie d'un recours contre le parent défaillant (C. séc. soc., art. L. 581-2)[10].

1732. Socialisation intégrale. – Certains systèmes juridiques vont plus loin : le « modèle suédois » supprime l'obligation alimentaire des descendants envers les ascendants et en assure

---

l'action alimentaire ; il est de principe que les pensions alimentaires ne s'arréragent pas » ; J. Massip, « Les recours contre les débiteurs d'aliments par les services de l'aide sociale ou les hôpitaux et hospices », *Defrénois* 1990, art. 34763.

6. Jurisprudence constante ; ex. : Cass. civ. 1re, 20 janvier 2004, *Bull. civ.* I n° 19 ; *JCP* G 2004.II.10043, n. J. Casey : « *Le recours dont disposait le CHU de Bordeaux ne pouvait s'exercer que dans la limite de l'obligation alimentaire qui incombait aux débiteurs d'aliments de la personne hospitalisée ; il en résulte que le principe selon lequel les aliments ne s'arréragent pas doit recevoir application* ».

7. Le recours ne s'exerce pas sur la totalité des aides versées, mais seulement sur ce qui est dû par les intéressés au titre de l'obligation alimentaire, *i. e.* en tenant compte des ressources du débiteur et des besoins au créancier. La Cour de cassation martèle le principe (ex. : Cass. civ. 1re, 31 octobre 2007, *Bull. civ.* I, n° 339 ; *Defrénois* 2007, p. 564, obs. J. Massip) (contre les prétentions des organismes sociaux, notamment des hôpitaux). Mais encore faut-il être tenu au titre de l'obligation alimentaire : l'époux de la personne hospitalisée étant obligé au titre des dettes ménagères et non de l'obligation alimentaire, la règle « aliments ne s'arréragent pas » ne s'applique pas (Cass. civ. 1e, 17 décembre 2014, n° 13-25.117, *AJ famille* 2015, 109, obs. P. Hilt, *RTD civ.* 2015, 116, obs. J. Hauser).

8. T. confl., 12 mai 1997, *Bull. civ. T. confl.*, n° 8 : « *les recours exercés par les établissements publics de santé contre les personnes tenues à l'obligation alimentaire relèvent de la compétence du juge judiciaire* » ; Cass. civ. 1re, 22 juin 1999, *D.* 2000.146, n. J. Massip.

9. Sur la question, cf. n. B. Beignier et S. Plé, « Les aides sociales et leur récupération sur la succession », *Dr. famille* 2006, n° 21.

10. Précisément, « *l'organisme débiteur des prestations familiales est subrogé dans les droits du créancier dans la limite du montant de l'allocation de soutien familial ou de la créance d'aliments si celle-ci lui est inférieure. Dans ce dernier cas, le surplus de l'allocation demeure acquis au créancier* » (art. L. 581-2 al. 2).

la prise en charge complète par l'État ; il repose sur l'idée qu'épurée, l'affection se trouve renforcée entre les générations. Le postulat est que le vieux parent bénéficiant de l'aide publique sera d'autant plus facilement accepté au foyer de ses enfants que la collectivité ne leur demandera pas le remboursement des sommes dépensées. L'opinion française demeure différente : la facilité n'est jamais un élément de cohérence ; ce qui donne sa force à la famille, ce sont ses obligations de solidarité, face à l'épreuve que traverse un des siens.

Sera d'abord étudié le droit commun de la solidarité familiale : l'obligation alimentaire (Chapitre I), puis le particularisme que lui apporte l'obligation d'entretien pesant sur les parents (Chapitre II) et enfin les rapports pécuniaires entre époux (Chapitre III).

N°s 1733-1739 réservés.

CHAPITRE I

OBLIGATION ALIMENTAIRE

1740. L'urgence et la nécessité. – La notion d'aliment[1] implique l'affectation de certains biens aux besoins essentiels de la vie, affectation qui entraîne des conséquences sur ces biens et sur le principe même de la créance. La pressante nécessité à laquelle répondent les aliments les destinent à l'usage exclusif de la personne qui en bénéficie ; ils sont donc soustraits à ses créanciers en étant insaisissables. En outre, le besoin alimentaire est la cause de certaines créances, la pension alimentaire, versée par arrérages réguliers.

1741. Diversité des obligations alimentaires. – Ces obligations sont diverses. Certaines n'ont aucun caractère familial. Elles peuvent avoir été voulues : par exemple, un concubin promet d'entretenir une concubine, ou bien la promesse d'entretenir autrui fondée sur le pur altruisme (en ce sens, « autrui » est étranger à la parenté et à la famille) ; ou bien, dans une vente, l'acquéreur peut s'engager à assumer les besoins du vendeur au moyen d'une rente viagère ou d'un bail à nourriture. D'autres peuvent avoir été imposées par la loi, ce qui est plus exceptionnel, parce que l'on ne peut, en principe, obliger des étrangers à une solidarité. Ces droits alimentaires imposés peuvent apparaître en matière de délit : celui qui, par ses fautes, met autrui dans le besoin doit réparer le dommage ; à cet égard, l'indemnité qu'il doit présente un certain caractère alimentaire, bien que l'aspect délictuel l'emporte sur la plupart des autres points de vue. De même, le débiteur soumis à une procédure collective, dessaisi de la gestion de ses biens, a le droit de demander des aliments au juge commissaire (C. com., art. L. 631-11, al. 2). Enfin, on s'est demandé si une obligation alimentaire ne résultait pas indirectement de la donation : le Code civil prévoit que si le donataire refuse de verser des aliments au donateur tombé dans le besoin, la donation pourra être révoquée pour cause d'ingratitude (art. 955, 3°) ; la Cour de cassation n'y a pas vu la consécration d'une obligation alimentaire à la charge du donataire[2] : le donateur ne peut donc agir en justice pour réclamer des aliments au donataire ; il peut seulement réclamer la révocation de la donation ; par conséquent, si la donation est irrévocable même en cas d'ingratitude, ce qui est le cas des donations en faveur du mariage, le donataire ne peut ni directement, ni indirectement être contraint de verser des aliments au donateur dans le besoin.

D'autres créances alimentaires présentent un caractère familial, mais avec une nature successorale, *post mortem* ; par exemple, le conjoint survivant dans le besoin a un droit alimentaire contre la succession du prédécédé (art. 767 C. civ.).

---

1. **Étymologie :** du latin *alo, ere* = faire grandir, nourrir. **Biblio :** P. Berthet, *Les obligations alimentaires et les transformations de la famille*, Thèse Lyon III, L'Harmattan 1999.

2. Cass. req., 1er décembre 1919, *DP*, 1920.I.5, n. G. Ripert : « *l'article 955 ne relève* (sic) *le refus d'aliments que comme un cas d'ingratitude entraînant la révocation de donations et ne crée nullement une dette alimentaire exigible directement par le donateur à la charge du donataire* » ; V. *Les Successions*, coll. Droit civil.

Les obligations alimentaires obéissent toutes à un certain nombre de règles communes : elles sont périodiques, variables en fonction du coût de la vie, insaisissables et en principe intransmissibles. Ce qui diffère tient à leur origine. Les unes traduisent une solidarité familiale : elles sont réciproques, variables en fonction des besoins et des ressources et leur inexécution est punie par la loi pénale. Les autres résultent d'un acte ou d'un fait juridique : elles sont unilatérales, susceptibles de renonciation et leur inexécution n'est pas sanctionnée pénalement.

Ne seront étudiées que les obligations alimentaires entre vifs traduisant une solidarité familiale ; elles n'existent qu'entre parents et alliés. Le Code Napoléon ne les avait envisagées qu'à travers la famille légitime. Aujourd'hui encore, il les présente comme un effet du mariage (art. 203 à 211). Cette méthode est doublement incorrecte : dans les rapports directs entre époux et entre père et mère et enfants, l'obligation alimentaire a un particularisme prononcé ; par ailleurs, l'obligation alimentaire découle de la parenté et de l'alliance, même en dehors du mariage[3].

1742. Sociologie. – La sociologie de l'obligation alimentaire conserve de nombreuses zones d'ombre[4]. Sauf dans le divorce, le plus souvent elle est amiable ; soit, parce qu'il y a un véritable accord au sein de la famille ; soit parce qu'à la suite d'une assignation, le juge a réussi à faire signer un procès-verbal de conciliation qui fixe l'économie de l'obligation. Lorsqu'elle est contentieuse, elle traduit une situation familiale malsaine, parfois même des passions haineuses à l'intérieur d'une famille. Il arrive aujourd'hui plus souvent qu'hier qu'un fils plaide contre son père pour avoir de quoi vivre ou continuer ses études ; ou bien, à l'inverse, le fils qui refuse de subvenir aux besoins de son vieux père est harcelé par un hôpital ou un département pour rembourser l'aide de la collectivité. Sauf entre époux où elle est parfois opulente, la pension alimentaire est souvent misérabiliste.

Seront successivement étudiés les conditions (Section I) et le régime (Section II) de l'obligation alimentaire.

Section I
CONDITIONS

L'obligation alimentaire repose sur la solidarité familiale. Ce qui a pour conséquence qu'elle comporte une double limite : les personnes entre lesquelles elle existe (§ 1) et l'objet sur lequel elle porte (§ 2).

§ 1. Personnes entre lesquelles existe une obligation alimentaire

L'obligation alimentaire existe entre les membres de la famille ayant des rapports familiaux étroits ; elle est donc réciproque, sauf un tempérament qu'apporte la faute.

1743. Réciprocité et faute. – La détermination des obligés est réciproque (art. 207, al. 1). Ce qui ne signifie pas que les obligés se doivent mutuellement

3. Pour des raisons que l'on a peine à comprendre, compte tenu notamment de l'ampleur des problèmes posés par les obligations alimentaires « ascendantes » (celle que doivent les enfants à leurs parents âgés), le législateur contemporain ne semble pas s'intéresser au problème. Sur la nécessité d'une refonte des textes, cf. not. J. Hauser, « Diversité et actualité des aliments en droit moderne », *in Mélanges J. Sainte-Rose*, Bruylant, 2012, p. 622 s.

4. J. Carbonnier, p. 386 ; J.-L. Sourioux, « Pour une sociologie de l'obligation alimentaire », *RTD civ.*, 1962.65 et s.

des aliments au même moment, mais qu'éventuellement chacun peut y avoir droit ; celui qui, riche doit aider son proche dans la misère, peut, avec les revers de la vie, se trouver à son tour dans la détresse et faire appel à celui qu'il avait aidé hier et qui, aujourd'hui, a fait fortune : la solidarité familiale permet de résister aux inconstances de la vie. Ce caractère la distingue de l'obligation d'entretien entre parents et enfants, qui est unilatérale.

Le principe de réciprocité a été atténué en 1972. L'alinéa 2 de l'article 207 accorde au débiteur un moyen de défense : afin de faire diminuer ou supprimer par le juge la dette alimentaire, il peut invoquer la faute commise à son endroit par le créancier[5] : « quand le créancier aura lui-même gravement manqué à ses obligations envers le débiteur, le juge pourra décharger celui-ci de tout ou partie de la dette alimentaire ». Nouvel exemple du pouvoir modérateur du juge en matière familiale et de l'importance croissante que prend le droit de la responsabilité dans les relations familiales[6].

Cette règle ne s'applique pas aux obligations alimentaires qui ne sont pas réciproques : ... l'obligation d'entretien[7] (ce qui constitue une autre différence avec l'obligation alimentaire proprement dite)... l'obligation alimentaire qui pèse personnellement sur les héritiers[8]. Elle ne s'applique pas non plus au devoir de secours entre époux[9]. *Sur l'autorité de la chose jugée*[10].

La liste des débiteurs alimentaires ne comprend pas tous les membres de la famille. Les sociétés primitives et notre Ancien droit comprenaient extensivement la solidarité familiale. Le droit français moderne la définit de façon étroite, nouvelle application de la loi historique du rétrécissement continu de la famille.

5. Ex. : pendant sa prospérité, un père abandonne le foyer familial où vivent ses enfants mineurs sans ressources. Plus tard, devenu vieux, malade ou chômeur, il réclame des aliments à ses enfants qui entretemps ont obtenu une « bonne situation ». Ceux-ci pourront faire valoir la faute de leur père, et ne seront pas tenus de leur dette alimentaire, totalement ou partiellement. Tout dépend des circonstances. Ex. : Cass. civ. 1re, 3 avril 1990, *Bull. civ.* I, n° 77 : « *le fait que Mme Germaine Coudeville était constamment malade pourrait expliquer que son fils ait été confié dès son jeune âge à des tiers* ». Le cas le plus courant est triangulaire. Des parents dans la force de l'âge se sont complètement désintéressés de leurs enfants ; devenus âgés, ils sont hospitalisés et pris en charge par l'aide sociale. L'administration n'a pas le droit d'obtenir des enfants le payement des frais engagés si antérieurement les parents avaient été en faute de les délaisser. La situation inverse est plus rare : ex. Cass. civ. 1re, 18 janvier 2007, *Bull. civ.* I, n° 25 ; *Dr. famille* 2007, n° 58, obs P. Murat, *RTD civ.* 2007.328, obs. J. Hauser : la Cour approuve les juges du fond d'avoir rejeté la demande de pension alimentaire du fils au motif que « *par les violences qu'il avait exercées à diverses reprises sur ses parents, celui-ci avait gravement manqué à ses obligations d'honneur et de respect à leur égard, de sorte qu'ils devaient être déchargés de la dette alimentaire* ».

6. Pour éviter la multiplication des contentieux, le législateur a prévu des déchéances automatiques dans certaines circonstances : « *Les enfants qui ont été retirés de leur milieu familial par décision judiciaire durant une période d'au moins trente-six mois cumulés au cours des douze premières années de leur vie sont, sous réserve d'une décision contraire du juge aux affaires familiales, dispensés de droit de fournir cette aide* » (CASF, art. L. 132-6, al. 2, L. n° 2007-293 du 5 mars 2007 réformant la protection de l'enfance).

7. Cass. civ. 1re, 17 juillet 1985, cité *infra*, n° 1792.

8. Cass. civ. 1re, 9 mars 1994, *D.* 1994, IR, 91 ; n.p.B. : « *ne concernant que les obligations alimentaires réciproques, la faculté donnée au juge par l'article 207, alinéa 2, ne s'étend qu'à l'obligation alimentaire mise à la charge de la succession, et non des héritiers personnellement, par l'article 207-1* ».

9. Cass. civ. 1re, 17 janvier 1995, *Bull. civ.* I, n° 30 ; *D.* 1995 somm. 329, obs. M. Grimaldi ; *JCP* G 1995.II.22407, n. A. Bénabent : « *Cette faculté ne s'étend pas, sauf l'exception prévue par l'article 303, al. 2, au devoir de secours entre époux.* »

10. Cass. civ. 1re, 25 mai 1987, *Bull. civ.* I, n° 159 ; *D.* 1987.605, n. J. Massip ; *Defrénois* 1987, art. 34106, n° 92, p. 1391, m. n. La question se pose en cas de demande d'augmentation de la pension alimentaire ; si une décision a déjà condamné les débiteurs à une pension, elle a autorité de chose jugée et ne peut être révisée qu'en cas de modification des ressources et des besoins des parties. Mais les débiteurs peuvent s'opposer à une demande d'augmentation en invoquant l'article 207, alinéa 2.

I. — Membres de la famille entre lesquels existe une obligation alimentaire

1744. Époux, alliés, parents. – Les membres de la famille entre lesquels il y a une obligation alimentaire sont ceux entre lesquels existent des relations de mariage, d'alliance ou de parenté directe.

Entre époux, l'obligation prend une forme particulière, le devoir de secours ; il n'y a pas d'obligation alimentaire entre concubins ou entre partenaires pacsés.

Entre alliés, le mariage fait naître des relations entre les deux familles des époux, mais ces relations n'ont d'effet alimentaire que si elles sont proches. Elles existent entre beaux-parents et gendre et belle-fille[11] (art. 206), mais ne vont pas plus loin[12]. En outre, elles n'existent en principe que tant que dure le mariage qui avait fait naître l'alliance et ne survivent pas à sa dissolution. Si le mariage est dissous par divorce, le mari ne doit pas de pension alimentaire aux parents de celle qui avait été sa femme[13]. Si le mariage est dissous par décès, en principe, l'obligation alimentaire ne subsiste pas non plus (« Morte ma fille, mort mon gendre ») ; il en est autrement s'il y a une postérité née du mariage[14].

Entre parents, il n'y a d'obligation alimentaire qu'en ligne directe. Est provisoirement laissée de côté l'obligation des père et mère d'élever leurs enfants[15]. Sont ici seulement envisagées les obligations alimentaires entre parents du deuxième degré et au-delà : d'enfants à parents (art. 205)[16], et de

---

11. * Cass. civ., 2 janvier 1929, *époux Giraud, DP,* 1929.I.137, n. R. Savatier ; *S.* 1929.I.185, n. Audinet ; *Gaz Pal.,* 1929.I.287 : « *Vu l'article 206 ; cet article assimile entièrement les gendres et belles-filles aux enfants quant à l'obligation de fournir des aliments à leur beau-père et belle-mère qui sont dans le besoin ;* [...] *aucune disposition n'impose au demandeur, contre les divers débiteurs des aliments, une action commune ou des actions successives suivant un ordre déterminé* ». En l'espèce, des parents avaient réclamé des aliments à leur belle-fille, qui était séparée de corps, et non à leurs enfants ; les juges du fond avaient décidé que cette action ne pouvait réussir qu'après démonstration de la carence des enfants à fournir une pension alimentaire à leurs parents. Cassation ; *sur l'absence de hiérarchie entre débiteurs alimentaires, infra,* n° 1750.

12. Elle n'existe, entre alliés, qu'au premier degré : les gendres et belles-filles ne sont pas tenus de verser des aliments aux grands-parents de leurs conjoints : Lyon, 13 novembre 1952, *D.* 1953.755, n. Gervésie ; Angers, 5 février 1974, *D.* 1974.585 ; *contra,* Paris, 31 octobre 1980, *Defrénois,* 1981, article 32599, n° 3, obs. J. Massip.

13. Cass. civ., 13 juillet 1891, *DP,* 1893.I.353 : « *On n'y* (dans le titre du divorce) *trouve aucun texte qui consacre cette obligation* (imposant à l'époux divorcé de verser des aliments aux parents de son ex-conjoint) *et le juge ne saurait dès lors la reconnaître sans ajouter arbitrairement à la loi* ». Divorce prononcé contre le mari ; la cour d'appel avait décidé qu'il était tenu de verser des aliments à son ex-beau-père : « *le conjoint contre lequel le divorce est prononcé* [...] *est considéré par le législateur comme en étant indigne* (de recevoir une pension alimentaire), *alors qu'aucune indignité n'a pu être encourue par les père et mère du conjoint coupable* » ; cassation.

14. Lyon, 25 janvier 1967, *D.* 1967.443 : la réclamation d'aliments que le beau-père exerce contre le mari de sa fille décédée est recevable si des enfants survivent de cette union.

15. *Infra,* n°s 1780 s.

16. Balzac donne un cruel exemple de la méconnaissance par des enfants de l'obligation alimentaire à laquelle ils sont tenus envers leurs parents. Les deux filles du Père Goriot (Anastasie et Delphine), qu'il avait adorées et comblées d'immenses richesses, le laissent mourir dans la misère, sans même venir le voir, sauf pour l'une pendant son agonie quelques minutes avant sa mort. Le Père Goriot ne pense pas un seul instant à demander la révocation de ses donations (des dons manuels considérables) pour cause d'ingratitude, ni à réclamer en justice l'exécution de l'obligation alimentaire : il est trop bon et aime trop ses filles pour songer au droit. Balzac, dont la *Comédie humaine* était pourtant très encadrée par le droit, savait qu'il existait d'autres réalités humaines et sociales que le droit et la lutte pour le droit. Aujourd'hui, en raison de son indigence, le Père Goriot aurait reçu de l'État une aide sociale ; le Trésor public, subrogé dans ses droits, aurait exercé une action en recouvrement des sommes versées contre Anastasie, Delphine et leurs époux (M.M. de Restaud et de Nucingen). Notre société, à cause de l'idée neuve de solidarité nationale, est devenue très juridicisée. Les rapports familiaux ne relèvent plus seulement du Code civil, mais de nombreuses autres dispositions, tenant généralement au droit public (C. séc. soc., C. santé publ., C. act. soc. et fam.).

grands-parents à petits-enfants[17]. L'obligation alimentaire existe alors à l'infini[18].

L'obligation alimentaire qui pèse sur les enfants à l'égard de leurs parents devient plus lourde au fur et à mesure que les parents avancent en âge, phénomène qu'accusent la prolongation de la durée de la vie humaine et le développement de la dépendance. Cette obligation n'existe pas dans les familles recomposées : l'enfant du premier lit n'a aucune obligation envers le second conjoint, et inversement. Un auteur estime que les obligations des grands-parents ont le même degré et la même étendue que celle qui pèse sur les parents ; elles comporteraient la même obligation d'entretien, sauf qu'elles présentent un caractère subsidiaire[19] (arg. art. 375-8, sur l'assistance éducative qui prévoit un droit de recours contre les père et mère « *ainsi qu'aux ascendants* »).

II. — Membres de la famille entre lesquels n'existe pas d'obligation alimentaire

1745. Frères et sœurs. – L'obligation alimentaire n'existe pas dans la famille collatérale, même entre frères et sœurs. La législation n'a pas voulu faire peser une trop lourde charge sur les aînés des familles nombreuses. Cependant, la jurisprudence estime qu'il y a entre frères et sœurs une obligation alimentaire naturelle, avec les conséquences qui en résultent[20]. Fiscalement, ils sont cependant considérés comme des tiers par rapport au groupe familial.

§ 2. Objet

La mise en œuvre de l'obligation alimentaire pose deux questions : combien ? – la réponse est un minimum très relatif (I) – ; comment ? – la réponse a pour but une indépendance également très relative, parce que celui qui est dans la détresse ne saurait avoir une pleine indépendance (II).

I. — Combien ?

L'obligation alimentaire ne ressemble à aucune autre obligation ; elle suppose que celui qui en réclame l'exécution soit dans le besoin (A) et que celui auquel il

17. Cass. civ. 1re, 6 mars 1974, cité *infra*, n° 1782.

18. En cas d'adoption simple, l'obligation alimentaire survit entre l'enfant et ses parents par le sang, mais uniquement au profit de l'enfant : « *l'obligation de fournir des aliments à son père et sa mère cesse pour l'adopté dès qu'il a été admis en qualité de pupille de l'État ou pris en charge dans les délais prescrits à l'article L. 132-6 du Code de l'action sociale et des familles* » : une obligation alimentaire à sens unique (art. 367 C. civ., loi du 5 mars 2007 réformant la protection de l'enfance). Cette obligation est subsidiaire : les parents par le sang ne sont tenus de fournir des aliments que si l'enfant ne peut les obtenir de l'adoptant (cf. Cass. civ. 1e, 14 avril 2010, *AJ famille* 2010, 273, obs. F. Chénedé ; *Dr. famille* 2010, n° 115, obs. P. Murat ; *RTD civ.* 2010, 545, obs. J. Hauser ; mais cette subsidiarité n'est pas exclusive d'une contribution partielle).

19. *Infra*, n° 1750.

20. Gaury, n. sous Cass. civ. 1re, 6 mars 1974, cité *infra*, n° 1782. Le recours à l'obligaton naturelle permet dans d'autres hypothèses d'élargir le champ étroit des obligations légales, cf. *Droit civil, Droit des obligations*. Ex. Cass. civ. 1re, 3 octobre 2006, *Bull. civ.* I, n° 428 ; *Defrénois* 2007, p. 306, obs. J. Massip ; *Dr. famille* 2007, n° 3, n. P. Murat : X agit contre Y, en recherche de paternité ; il se désiste de son action, Y s'étant engagé à lui verser « à titre de susbsides » 3 000 F par mois jusqu'à la fin de ses études. Trois ans plus tard, Y ne payant plus, X agit devant le JAF ; il est débouté ; cassation : la cour d'appel aurait dû rechercher « *si en s'engageant volontairement à verser* » à X « *une somme mensuelle jusqu'à la fin de ses études* », Y « *n'avait pas voulu exécuter un devoir de conscience et n'avait pas ainsi transformé une obligation naturelle en une obligation civile* ».

la réclame dispose de ressources permettant de l'exécuter (B). Ces deux éléments en déterminent l'étendue (C) (art. 208, al. 1).

A. Besoins du créancier

1746. Travail, capitaux et revenus. – Les besoins résultent de l'absence actuelle de ressources et des moyens de s'en procurer[21]. L'indigent ne peut faire appel à autrui s'il peut subvenir lui-même à ses besoins ; il peut le faire quelles que soient ses fautes passées[22].

Si le créancier est en mesure de travailler et ne le fait pas, il ne peut faire appel à ses parents : la solidarité familiale ne doit pas être une prime à la paresse[23]. Si le créancier peut tirer des revenus de ses biens en gérant utilement son capital, il ne peut non plus faire appel à ses parents[24] : la solidarité familiale ne doit pas être une incitation à l'incurie. Mais il n'y a pas faute de sa part à ne pas réaliser un bien momentanément improductif pour se procurer des ressources ; on peut donc réclamer des aliments à ses parents, même si on est à la tête d'un capital dont les revenus sont insuffisants pour faire vivre[25]. La solidarité familiale n'impose pas la paupérisation.

On n'a pas à tenir compte des causes passées de son indigence, même si elles lui sont imputables ; celui qui est dans le besoin ne peut être privé de réclamer à sa famille ce qui est indispensable à la vie. Mais, depuis 1972, la faute du réclamant envers celui auquel il demande des aliments peut le priver de son droit[26].

C'est à celui qui réclame des aliments de prouver son état de besoin[27].

B. Ressources du débiteur

1747. Charité bien ordonnée... – Celui auquel on demande des aliments doit être en mesure de les fournir ; il faut donc tenir compte de ses ressources et de ses

21. Ex. : Cass. req., 5 mai 1868, *DP*, 1869.I.285 ; en l'espèce, X atteint d'aliénation mentale, avait été placé chez les frères de Saint-Jean de Dieu ; Y., frère de X., s'était engagé à payer la somme de 18 884 F pour la pension de X. ; ultérieurement, une contestation l'opposa à l'établissement hospitalier sur l'étendue de la dette ; il a été condamné à payer la somme promise : « *La reconnaissance par Y. de la créance de l'hospice, ainsi que les motifs qui y avaient donné lieu, étaient une cause suffisante de l'obligation qu'il avait contractée de la rembourser* ».

22. Cf. cependant *supra*, n° 1743.

23. Cass. req, 7 juillet 1863, *DP*, 1863.I.400 : « *L'état de dénuement où P. X prétend se trouver a pour cause principale son instabilité dans les divers emplois qu'il a occupés, ses habitudes de désordre et d'oisiveté, sa répugnance à s'employer utilement pour lui-même ; il était en âge et en état de se suffire à lui-même* ». Comme pour le débiteur alimentaire (*infra*), on ne saurait exiger qu'il change de profession.

24. Cass. civ. 2e, 17 décembre 1965, *Bull. civ.* II, n° 1054 ; *D.* 1966.465, n. R. Savatier : « *il n'a pas été démontré que le capital dont dispose la demanderesse, s'il était utilement géré, serait insuffisant pour lui permettre de mener la vie décente qu'elle revendique ; par ces énonciations, les juges du fond ont implicitement et nécessairement pris en considération les revenus qu'une gestion utile du capital pourrait procurer* ».

25. Cass. req., 23 février 1898, *DP*, 1898.I.303, rapp. Denis : « *Les articles 205 et 207 n'impliquent ni par leur texte, ni dans leur esprit que l'exercice du droit aux aliments soit subordonné à la condition de ne posséder ni immeuble ni aucune ressource ; ils édictent que le devoir alimentaire naît entre ascendants et descendants du seul fait que l'un d'eux est dans le besoin ; en cette matière, les tribunaux ont un pouvoir d'appréciation très étendu qui s'exerce en considération des circonstances et de la situation des parties* » : en l'espèce, vainement, le père a opposé à la demande d'aliments de sa fille qu'elle avait des immeubles et n'avait qu'à les vendre.

26. Cf. cependant *supra*, n° 1743.

27. Cass. soc., 6 mars 1985, *Bull. civ.* V, n° 152 : « *celui qui réclame des aliments doit prouver qu'il est dans le besoin et, par là-même, qu'il n'est pas en mesure d'assurer sa subsistance, spécialement en exerçant une activité rémunérée* ».

propres charges, qui doivent d'abord être satisfaites (« Charité bien ordonnée commence par soi-même »).

Le calcul de ces ressources se présente à peu près dans les mêmes termes que lorsqu'il s'agit de déterminer les besoins du créancier[28] ; les biens insaisissables sont pris en compte, mais la créance alimentaire s'exécute sur d'autres biens[29]. Rationnellement, ce devrait être au demandeur de créances de prouver que le débiteur a des ressources ; mais afin de faciliter l'exercice de l'obligation alimentaire, les tribunaux renversent la charge de la preuve[30]. Tous les modes de preuve contraire sont possibles.

C. Étendue des droits alimentaires

1748. Condition sociale et volonté. – Le montant des droits alimentaires est fixé en tenant compte de ces deux éléments ; il doit couvrir toutes les dépenses indispensables à la vie (nourriture, logement, vêtements, frais de maladie[31], etc.), mais il n'est pas compris comme un minimum vital ; il est apprécié en tenant compte du genre de vie et de la condition sociale des intéressés ; dans certains cas, la pension alimentaire est donc inférieure au salaire minimum, dans d'autres, elle est très élevée[32]. Cette pension peut être fixée amiablement par les parties, à défaut par le juge (JAF).

En principe, le fait que l'obligation alimentaire ait été l'objet d'une promesse volontaire n'en change pas la nature et la promesse d'aliments peut toujours être révisée par le juge ; la convention qui s'y opposerait serait nulle[33]. Ce principe comporte une exception, qui elle-même, comporte une exception, renvoyant ainsi au principe. Si l'obligation alimentaire n'est pas d'origine

28. Ex. *:* Cass. civ. 2e, 21 janvier 1976, *Bull. civ.* II, n° 17 : il faut tenir compte, non seulement des revenus d'un bien, mais aussi de ceux « *qu'une gestion utile du capital de L. pourrait lui procurer* », cf. *supra* : Paris, 13 novembre 1962, *JCP* G 1962.II.12984 : « *on ne saurait exiger de lui* (le débiteur alimentaire) *qu'il change de profession et se livre à des occupations plus lucratives* ». S'il est en chômage, il ne doit pas d'aliments (Versailles, 21 décembre 2000, *D.* 2001.3167, obs. Chr. Willman), sauf s'il a des revenus suffisants provenant de ses capitaux. Mais Cass. civ. 1re, 8 octobre 2008, n° 06-21.912 : le père, débiteur d'aliments ne pouvait se prévaloir de son licenciement intervenu en cours d'instance « *s'il ne justifiait d'aucune recherche d'emploi* » ; de même, il ne peut invoquer les charges résultant d'un immeuble dans lequel il ne résidait pas à titre principal (même arrêt).

29. Ex. *:* Cass. civ. 2e, 7 juin 1990, *Bull. civ.* II, n° 127 ; *Defrénois*, 1991, article 35088, n° 64, obs. J. Massip ; *Gaz Pal.*, 28 mars 1991, obs. X. Labbée : « *si l'allocation compensatrice pour aide d'une tierce personne ou frais supplémentaires dans l'exercice d'une activité professionnelle est incessible ou insaisissable sauf pour les frais d'entretien de l'handicapé, il n'en résulte pas nécessairement qu'elle doive être exclue du calcul des ressources de l'intéressé lorsque celui-ci dispose d'autres revenus sur lesquels peut être exécutée l'obligation alimentaire* » : Cass. civ. 1re, 5 février 1991, *Bull. civ.* I, n° 42 ; *Defrénois* 1991, art. 35047, n° 33, obs. J. Massip : pension de retraite et d'invalidité.

30. Cass. civ. 1re, 18 janvier 1989, *Bull. civ.* I, n° 14 ; dans son pourvoi, le petit-fils, condamné à subvenir aux besoins de son grand-père, soutenait que « *c'est au créancier d'aliments à démontrer quelles sont les ressources réelles du débiteur et à prouver que les charges invoquées par lui* (le débiteur) *ne sont pas justifiées* ». Rejet du pourvoi : « *c'est au débiteur d'aliments à rapporter la preuve des charges qu'il invoque* ».

31. Cass. civ., 28 février 1938, *DH*, 1938.241 : « *il faut entendre par "aliments" tout ce qui est nécessaire à la vie, notamment les soins médicaux* ».

32. Les exemples les plus saisissants apparaissent dans les pensions alimentaires autrefois attribuées à l'époux divorcé en application du droit antérieur à la loi de 1975, sur le fondement de l'article 301 ancien ; ainsi, doña Maria-Cristina de Borbón (cousine du roi d'Espagne et épouse d'Anteñor Patiño, le fils du roi bolivien de l'étain), pension mensuelle de 500 000 F (anciens) (Paris, 1er juillet 1959, *D.* 1959.431)... la dame Fillette, ancienne blanchisseuse, malade et en chômage, pension mensuelle de 5 000 F (anciens) (Paris, 18 décembre 1958, *JCP* G 1959.II.11316) ; v. A. Sayag, *Essai sur le besoin créateur de droit*, thèse Paris, LGDJ, 1969, préf. J. Carbonnier, p. 285.

33. Ex. *:* Cass. civ. 2e, 18 mars 1954, *D.* 1954.398 : « *toute convention ayant pour objet la fixation d'une pension alimentaire présente un caractère provisoire et peut toujours être modifiée par le juge en raison du changement de situation des parties* ».

légale, mais seulement une obligation naturelle, transformée en obligation civile par une exécution volontaire[34], la convention fait la loi des parties et la promesse n'est pas révisable[35]. Cependant, la jurisprudence tempère cette règle : sauf intention contraire, formellement exprimée, les juges estiment que le promettant a donné à son engagement tous les caractères de l'obligation alimentaire, notamment sa révisabilité[36].

II. — Comment est-elle exécutée ?

1749. En argent ou en nature. – L'obligation alimentaire est **normalement** exécutée en argent ; elle prend la forme d'une pension alimentaire mise à la charge du débiteur au profit du créancier. Elle est un versement périodique d'argent, payable avant terme, puisqu'elle doit permettre de vivre. Depuis 1963 (Ord. 30 décembre 1958, art. 79 modifié, codifiée *in* C. mon. et fin., art. L. 112-2), cette pension peut être indexée sur n'importe quel indice ; depuis 1972 (art. 208, al. 2 nouv.), le juge peut, même d'office, ordonner cette indexation, ce qu'en pratique il fait chaque fois qu'il fixe une pension alimentaire. Cette indexation n'empêche pas la révision de la pension si les ressources du débiteur et les besoins du créanciers ont changé[37].

Exceptionnellement, l'obligation alimentaire peut être exécutée en nature. Le débiteur offre de recevoir le créancier chez lui et de l'y entretenir : c'est un mode d'exécution de l'obligation alimentaire moins onéreux que le paiement en argent, mais la loi n'y est pas favorable, parce que ce genre de communauté de vie blesse l'indépendance du créancier alimentaire et parfois sa dignité. Aussi ne la prévoit-elle que dans deux cas, toujours soumis au pouvoir d'appréciation du juge (le JAF) : quand le débiteur n'a pas d'argent (système d'économie fermée) (art. 210) ; quand le débiteur est le père ou la mère du créancier (système d'économie familiale)[38].

SECTION II
RÉGIME JURIDIQUE

L'affectation des obligations alimentaires en explique les caractères (§ 1) et les sanctions (§ 2).

---

34. V. *Droit des obligations*, coll. Droit civil.

35. Cass. civ. 1re, 29 mai 1956, *Bull. civ.* I, n° 211 ; *Gaz Pal.* 1959.II.83 : « *La transformation d'une obligation naturelle en obligation civile dépend uniquement de l'engagement volontaire de celui qui s'estime tenu d'une telle obligation ; en conséquence, l'obligation civile est régie, quant à ses limites et conditions, par cet engagement même* ». En l'espèce, il s'agissait d'une promesse de pension alimentaire lors d'une rupture de concubinage, à la condition que la concubine délaissée « *ne chercherait plus à l'importuner ni à influencer sa fille* » : cette condition n'ayant pas été respectée, la promesse devint caduque. Pour une critique, Ph. MALAURIE, n. *D.* 1960.516.

36. Cass. civ. 1re, 18 mai 1960, *Bull. civ.* I, n° 270 ; *D.* 1960.681, 3e esp. : les juges du fond « *énoncent que des termes mêmes de l'engagement ressort l'intention formulée de D., non pas d'allouer à l'enfant une pension définitive fixée à un montant déterminé, mais bien de contribuer à l'entretien de celle-ci par la souscription d'une obligation civile ayant un caractère alimentaire et de lui fournir des moyens d'existence suffisants, donc variables avec ses besoins ; en l'état de ces constatations et appréciations souveraines sur la nature alimentaire et révisable que D., avait entendu conférer à son obligation conventionnelle en dehors de tout titre légal de l'enfant à des aliments, l'arrêt attaqué qui est motivé a légalement justifié sa décision* ».

37. Sur les difficultés que soulève le défaut de payement, *infra*, nos 1759 s.

38. Ex. TGI Lille, 10 août 2007, *JCP* G 2007.II.10121, note X. Labbée : le juge donne acte à la mère, en situation de précarité, de recevoir, nourrir et entretenir son fils, âgé de 20 ans, en sa demeure.

§ 1. Caractères

L'obligation alimentaire présente trois caractères : elle est personnelle (I), d'ordre public (II) et dépendante des situations de fait (III).

La jurisprudence a fait évoluer ces trois caractères afin de faciliter l'action des créanciers alimentaires dont les besoins sont, par définition, pressants et urgents ; en même temps, en donnant aux juges un large pouvoir d'appréciation, elle les incite à juger en équité : comme souvent dans le droit de la famille, des règles rigides n'auraient pas convenu à la diversité des situations.

I. — Caractère personnel

L'obligation alimentaire, étant fondée sur les rapports personnels du créancier et du débiteur, a un caractère fortement personnel, qui apparaît lorsqu'on se tourne du côté du créancier, puisqu'elle est destinée à subvenir aux besoins d'une personne ; elle est donc personnelle dans son objet ; ce caractère est plus douteux si l'on se tourne du côté du débiteur puisqu'elle traduit une solidarité familiale.

L'évolution a renforcé ce devoir familial en soulignant son aspect de solidarité et diminuant son caractère personnel, afin de régler les difficultés liées à la pluralité de débiteurs (A) et à son intransmissibilité (B).

A. Pluralité de débiteurs alimentaires

Il résulte des règles sur la détermination des obligés alimentaires qu'une personne peut s'adresser à plusieurs parents pour leur réclamer des aliments[39]. Pluralité qui soulève deux questions : y a-t-il égalité ou hiérarchie entre les co-obligés ? À supposer qu'il y ait égalité, comment se règlent les concours et les recours entre les coobligés ?

1750. Égalité ou hiérarchie ? – Le créancier alimentaire peut-il s'adresser à n'importe lequel des obligés ou doit-il suivre un ordre dans ses recours ? L'égalité entre codébiteurs avantage le créancier en facilitant son action : il choisira le débiteur le plus solvable, le plus voisin et le plus conciliant. Au contraire, la hiérarchie paraît correspondre aux réalités familiales[40] ; par exemple, les relations entre époux sont plus intenses qu'entre alliés ou entre parents au troisième degré.

Le droit français a pris sur cette question une position nuancée. S'il s'agit de parents au même degré, le réclamant peut indistinctement s'adresser, à l'un d'eux ou à tous[41]. La question est plus délicate s'il s'agit de parents ou d'alliés de degrés différents. La règle comporte un principe et des exceptions. Après de nombreuses hésitations, la jurisprudence a finalement rejeté, en principe, la hiérarchie entre les co-débiteurs[42]. Elle a eu le souci de faciliter l'action des

39. Ex. : un père de famille dans l'indigence peut s'adresser à son épouse, à ses enfants, à son père, à son beau-père, etc.

40. C. Demolombe, *Cours de Code Napoléon*, t. IV, Durand-Hachette, 2e éd., 1861, n° 32 : « *les devoirs d'affection et de dévouement sont plus ou moins sacrés, suivant le caractère du lien et la proximité de degré ; d'autre part, toutes les personnes que l'obligation alimentaire peut atteindre, n'ont pas dans les successions* ab intestat *une vocation héréditaire égale ; donc, il était logique et équitable de ne pas les soumettre toutes également à cette obligation et d'établir entre elles une graduation, un ordre successif* ». La jurisprudence contemporaine a décidé le contraire : *infra*.

41. Ex. : si le père qui est dans le besoin a plusieurs enfants, il peut indistinctement s'adresser à l'un d'eux, à plusieurs ou à tous ; à chacun, il peut demander le tout.

42. * Cass. civ., 2 janvier 1929, *époux Giraud*, cité *supra* : le père peut donc réclamer des aliments à son gendre avant de s'adresser à ses enfants.

créanciers alimentaires, dans une matière où il y a urgence. *Primum vivere* (il faut d'abord vivre).

Le principe comporte trois exceptions. 1) Le devoir de secours entre époux passe avant l'obligation alimentaire ; l'époux doit s'adresser à son conjoint avant tout autre obligé alimentaire : les rapports conjugaux sont plus étroits que tous les autres[43]. 2) L'obligation d'entretien des parents passe avant l'obligation alimentaire des grands-parents : les parents sont plus proches de leurs enfants que ne le sont les grands-parents : l'obligation des grands-parents est subsidiaire et complémentaire[44]. 3) La loi de 1966, en matière d'adoption, dit que, dans une adoption simple, l'adopté doit demander des aliments d'abord aux parents adoptifs, puis aux parents selon le sang (art. 367) : l'adoption passe avant le sang[45].

Sauf ces exceptions, le créancier peut poursuivre l'un quelconque des obligés, puisqu'il n'y a pas de hiérarchie ; il peut les poursuivre pour le tout, car ils sont chacun tenu individuellement *in solidum* alimentaires.

1751. Condition des codébiteurs : obligation *in solidum* ? – Lorsqu'existent plusieurs débiteurs alimentaires, la situation de chacun est complexe.

Puisque l'étendue de la dette de chacun dépend de ses ressources, elle est individuelle, n'est donc ni indivisible[46], ni solidaire. Mais chaque codébiteur peut être poursuivi pour tout ce qu'il doit[47] (qui peut être différent de la créance alimentaire, calculée sur les besoins du créancier), sans pouvoir exiger que le créancier agisse

---

43. Cass. civ. 1e, 4 novembre 2010, n° 09-16.839, *AJ famille* 2011, 44, obs. P.-J. Delage ; *RTD civ.* 2011, p. 106, obs. J. Hauser ; *adde* M. Rebourg, « La primauté du devoir de secours entre époux sur les obligations alimentaires découlant de la parenté », *Dr. famille* 2011, ét. n° 7.

44. Cass. civ. 1re, 6 mars 1974, cité *infra*, n° 1782 : l'arrêt admet que les grands-parents soient poursuivis pour une obligation alimentaire, en constatant la carence des père et mère pour le devoir d'entretien ; Versailles, 3 octobre 1996, *D.* 1998 somm. 30, obs. Fr. Granet : « *Les ressources des parents étant insuffisantes pour couvrir l'état de besoin dans lequel sont les enfants* [...], *il convient en complément de mettre à la charge des ascendants* (les grands-parents) [...] *une contribution compte tenu de leur état de fortune* ». Mais les grands-parents ne peuvent être tenus, en leur qualité de débiteurs d'aliments, de payer les sommes auxquelles leur fils, père de l'enfant, avait été condamné (Cass. civ. 1re, 28 mars 2014, n° 12-29.803).

Biblio. : H. Lécuyer, « De la pluralité de débiteurs de l'obligation alimentaire », *Dr. famille* 1997, chron. 2.

45. Ex. Cass. civ. 1re, 22 mai 2007, *Bull. civ.*, I, n° 204 ; *AJ famille*, 2007, p. 312, obs. F. Chénedé.

46. Ex. : Cass. req. 6 mars 1895, *DP*, 1895.I.237 : « *La dette d'aliments des enfants envers leurs parents est essentiellement personnelle et divisible et n'est imposée, par l'article 208, que dans la proportion de la fortune de l'enfant débiteur* ».

Cass. civ. 1re, 5 février 1991, *Bull. civ.* I, n° 42 ; *D.* 1993 somm. 126, obs Everaert : « *il n'y a pas de solidarité entre les débiteurs d'aliments et le montant de la dette alimentaire de chacun d'eux doit être fixé en ayant égard à ses ressources personnelles* ». Cass. civ. 1re, 29 janvier 2002, *Bull. civ.* I, n° 28 ; *JCP* G 2003.I.148, n° 9, obs. P. Berthet ; en l'espèce, le tuteur d'une femme âgée (l'Union départementale des associations familiales) avait agi contre les enfants de la personne mise en tutelle devant le JAF pour que fût déterminée leur dette alimentaire envers leur mère, qui fut fixée à 1 500 F mensuels, somme à laquelle la cour d'appel les condamna solidairement. Cassation : chaque enfant ne pouvait être condamné qu'en tenant compte de ses ressources.

47. * Cass. civ., 27 novembre 1935, *époux Gibeaux, DP*, 1936.I.25, n. A. Rouast : « *Vu l'article 203 ; si chacun des père et mère, naturels comme légitimes, est tenu pour le tout de l'obligation de nourrir, entretenir et élever les enfants communs, cette obligation unique au regard des enfants, qui en sont les créanciers en dehors de toute décision judiciaire consacrant leurs droits, ne s'en divise pas moins entre les parents, qui, dans les rapports entre eux, doivent en supporter le poids proportionnellement à leurs ressources ; il suit de là que si l'un deux s'est soustrait à ce devoir, à la fois légal et moral vis-à-vis des enfants hors d'état de se protéger eux-mêmes, celui qui en a forcément assumé la charge a, en principe, un recours contre le défaillant ; toutefois, ce recours serait sans cause si, à cause de son insolvabilité complète, l'obligation de ce dernier venait à disparaître* ». Bien que l'arrêt ait eu pour objet l'obligation d'entretien, la règle vaut pour toutes les obligations alimentaires.

aussi contre les autres codébiteurs[48]. Mais il a un recours contre eux. Il ne s'agit donc pas à proprement parler d'une obligation *in solidum* (pour le tout), puisque le montant de la dette alimentaire de chacun des codébiteurs dépend de ses ressources et de ses charges propres, et moins encore d'une obligation solidaire[49].

1752. Recours entre codébiteurs. – Le codébiteur qui a payé la totalité de la dette alimentaire a un recours contre les autres codébiteurs[50], qu'il s'agisse de l'obligation d'entretien[51] ou de toutes les autres hypothèses d'obligation alimentaire[52]. Bien que la Cour de cassation ne le dise pas, le recours se fonde sur la subrogation légale ; il ne divise pas l'obligation alimentaire par parts égales, mais est proportionnel aux ressources de chacun, à l'époque où sa créance était née[53].

Sa recevabilité suppose que les conditions légales de l'obligation alimentaire soient réunies, notamment qu'elle ne soit pas prescrite[54] ; surtout, que l'action soit exercée contre un codébiteur du vivant du créancier. Le recours est difficile à exercer lorsqu'il est engagé contre la succession du créancier.

1753. Action contre la succession. – La question est de savoir si celui qui a versé des aliments à un parent a, après la mort de celui-ci, un recours contre sa succession[55].

48. Cass. civ. 1re, 25 avril 2007, *Bull. civ.* I, n° 155 ; *JCP* G 2007.II.10167, note J.-F. Eschylle ; *JCP* G 2008.I.102 n° 8, obs. M. Rebourg ; *Dr. famille* 2007, n° 147, note P.-Y. Ardois : dans leur pourvoi, les débiteurs poursuivis s'étonnaient que leur mère eût choisi de poursuivre deux de ses neufs enfants toujours en vie qui se trouvaient dans les situations financières les plus difficiles et affirmaient que pour apprécier les obligations de chacun d'eux, il eût été nécessaire de connaître la situation financière des autres ; selon la Cour de cassation : « *aucune disposition n'imposait à la créancière d'aliments d'engager une action à l'encontre de tous les codébiteurs ni de préciser la situation des autres coobligés, la dette d'aliments étant une dette personnelle, dont le montant est fixé en considération des ressources du débiteur* ».

49. Cass. civ. 1re, 22 novembre 2005, *Bull. civ.* I, 419 ; *Defrénois* 2006, 343, obs. J. Massip ; *RTD civ.* 2006, 104, obs. J. Hauser : « *il n'y a ni solidarité, ni obligation* in solidum *entre les codébiteurs d'aliments* ».

50. Ex. *:* L'enfant qui a versé des aliments à son père a-t-il un recours contre ses frères ? Le père qui a entretenu son enfant a-t-il un recours contre la mère pour l'obliger à lui payer une partie des dépenses qu'il a exposées ?

51. Jurisprudence constante : ex. : Cass. civ., 27 novembre 1935, *époux Gibeaux*, cité *supra* : « *l'époux qui a subvenu seul aux besoins des enfants communs dispose contre l'autre parent d'un recours pour les sommes qu'il a payées excédant sa part contributive, compte tenu de leurs facultés respectives* ».

52. * Cass. civ. 1re, 29 mai 1974, *Gerfaux*, *Bull. civ.* I, n° 166 ; *D.* 1975.482, n. M. C. Magnin : « *Vu l'article 205 ; la personne tenue, en vertu de ce texte, à une obligation alimentaire, dispose d'un recours contre ses coobligés pour les sommes qu'elle a payées excédant sa part contributive, compte tenu des facultés respectives des débiteurs* » ; en l'espèce, une fille avait contribué à l'entretien de ses parents ; jugé qu'elle avait un recours contre son frère. Cass. civ. 2e, 28 avril 1980, *Bull. civ.* II, n° 90 : l'époux divorcé qui a subvenu seul à l'entretien d'un enfant a un recours contre son conjoint ; Versailles, 29 septembre 1989, 2e esp., *D.* 1992.87, n. Th. Garé (recours contre son fils, d'une grand-mère qui avait entretenu son petit-fils). La même règle s'applique aux recours entre époux dont l'un a payé une autre ménagère, dont la loi énonce qu'elle est solidaire (art. 220, al. 1) : *infra*, n° 1831.

53. Cass. civ. 1re, 17 mai 1993, *Bull. civ.* I, nos 168 ; *D.* 1993, IR, 149 : « *si le parent qui a subvenu seul aux besoins des enfants communs dispose contre le parent défaillant d'un recours pour les sommes qu'il a payées excédant sa part contributive compte tenu de leurs facultés respectives, celles-ci doivent s'apprécier eu égard aux seules ressources dont disposait le débiteur à l'époque de la créance d'entretien* ».

54. Cass. civ. 1re, 29 novembre 1995, *Defrénois* 1995, art. 36353, n° 41, obs. J. Massip ; n.p.B. « *Est soumise à cette prescription* (la prescription quinquennale énoncée par l'art. 2277 (aujourd'hui 2224)) *l'action en payement d'un débiteur d'aliments contre ses coobligés, laquelle porte nécessairement sur des arrérages et non sur un capital* ».

55. Ex. *:* un enfant nourrit son vieux père et entend, après la mort de celui-ci, se faire rembourser par la succession au détriment des autres héritiers.

Pendant longtemps, les tribunaux n'ont **pas admis** ce genre de « remboursement », en appliquant un raisonnement en dilemme. Ou bien, le demandeur a effectivement payé une dette alimentaire dont les conditions étaient réunies, parce qu'il avait des ressources et que son parent était dans le besoin : ayant payé ce qu'il devait, il ne pouvait être remboursé[56]. Ou bien, les conditions de l'obligation alimentaire n'étaient pas réunies : celui qui avait reçu des aliments n'était pas dans le besoin ; sauf dans le cas d'erreur du *solvens*, il n'avait aucune action en remboursement parce que pendant longtemps les tribunaux ont alors présumé l'intention libérale[57] ; à nouveau, le *solvens* ne pouvait être remboursé.

La rigueur de cette solution a été **tempérée** de trois manières. 1) Plusieurs décisions ne présument pas l'intention libérale : elles disent que l'enfant qui a nourri son père lui a fait une « avance » dont il doit être remboursé[58], ou qu'il a exercé pour lui une activité professionnelle dont il doit être rémunéré[59]. 2) Dans des hypothèses semblables, la législation accorde, en certains cas, notamment en matière rurale, une sorte de recours, un salaire différé qui prend la forme de l'accroissement d'une part successorale (C. rur., art. L. 321-13 à 321-21)[60]. 3) La jurisprudence a admis une action *de in rem verso post mortem* (fondée sur l'enrichissement sans cause) en cas d'aide familiale[61]. Ce qui montre le lien entre l'obligation alimentaire et le droit successoral, plus clair encore lorsqu'il s'agit de transmissibilité à cause de mort.

B. Intransmissibilité

Le caractère personnel de l'obligation alimentaire semble la rendre intransmissible à cause de mort, mais avec des modalités diverses selon qu'il s'agit de la transmission active, c'est-à-dire de la créance alimentaire ou de la transmission passive, c'est-à-dire de la dette alimentaire.

---

56. Ex. : Cass. civ. 1re, 25 octobre 1967, *Bull. civ.* I, n° 313 ; *D.* 1967.745, n. R. Lindon : « *Si les sommes payées à titre d'aliments peuvent être répétées lorsqu'il est établi que les conditions de l'article 205 n'étaient pas réunies au moment du payement, il ne saurait en être ainsi dans l'hypothèse contraire, alors même que par la suite le créancier cesserait d'être dans le besoin.* »

57. Ex. : TGI Avesnes-sur-Helpe, 23 janvier 1962, *D.* 1963.253 ; *JCP* G 1963.II.13279, n. R. Savatier : jugé que l'enfant qui a spontanément assisté son vieux père non indigent n'a de recours ni contre la succession, ni contre ses frères et sœurs, car il a fait un acte de charité (plutôt, il a rendu un service gratuit) dont il ne peut imposer la charge à autrui.

58. Cass. civ. 1re, 2 mai 1974, *Bull. civ.* I, n° 125 : « *Les dépenses effectuées par dame V. pour faire face à l'entretien de sa mère correspondaient dans l'intention des intéressés à des avances sur des termes de la pension vieillesse dont veuve S. avait demandé le bénéfice et qui ne lui avait été accordée qu'après son décès* » (le décès de la veuve).

59. Cass. civ. 1re, 19 mars 1975, *Bull. civ.* I, n° 117 : « *L'arrêt attaqué qui avait constaté qu'après 1961 demoiselle C. avait été employée par son père retraité comme aide familiale a refusé à ladite demoiselle toute rémunération pour les soins donnés à son père devenu invalide, au motif que les soins donnés à un père par une fille vivant sous son toit ne sauraient donner lieu à un salaire ; en statuant ainsi, sans rechercher si en vertu d'un contrat, son père n'était pas tenu envers sa fille d'une dette qu'il n'aurait pas payée de son vivant et qui devrait figurer au passif de la succession, la cour d'appel n'a pas légalement justifié sa décision.* » Bien que l'arrêt ne le dise pas, il peut s'agir d'un contrat tacite.

60. Le fils du paysan qui, à la différence de ses frères et sœurs, est demeuré sur la terre de son père afin de l'aider aura, dans la succession de ce dernier, un accroissement de sa part successorale ; il en est de même du commerçant qui, à la différence de ses frères et sœurs, exploite avec son père le fonds de commerce. *Successions*, coll. Droit civil.

61. Cass. civ. 1re, 12 juillet 1994, *Fouret, Bull. civ.* I, n° 250 ; *D.* 1995.623, n. M. Tchendou ; *JCP* G 1995.II.22425, n. crit. A. Sériaux ; *JCP* G 1995.I.3876, n° 4, obs. R. Le Guidec ; *RTD civ.* 1995.407, obs. J. Patarin ; *Defrénois* 1995, art. 35950, n. X. Savatier : « *le devoir moral d'un enfant envers ses parents n'exclut pas que l'enfant puisse obtenir indemnité pour l'aide et l'assistance apportées dans la mesure où, ayant excédé les exigences de la piété familiale, les prestations librement fournies avaient réalisé à la fois un appauvrissement pour l'enfant et un enrichissement corrélatif des parents* ».

1754. Intransmissibilité de la créance. – La **créance** alimentaire est certainement intransmissible : dans le cas de décès du créancier, ses héritiers ne peuvent continuer à exercer le droit alimentaire de leur auteur. En effet, la créance alimentaire est calculée en fonction des besoins du créancier ; le créancier décédé, ses besoins disparaissent : les héritiers ne succèdent pas à son droit. S'ils sont dans le besoin, ils pourront demander à leur tour une pension, qui ne dépendra ni de leur condition personnelle ni de leur relation familiale avec les débiteurs alimentaires : c'est une nouvelle créance alimentaire, non la créance ancienne qui leur a été transmise[62].

1755. Intransmissibilité de la dette ? – Longtemps, on a également enseigné l'intransmissibilité de la **dette** alimentaire en cas de décès du débiteur. L'explication traditionnelle était que l'obligation alimentaire était intransmissible parce qu'elle était fondée sur la parenté et s'éteignait donc avec elle[63]. Dans beaucoup de cas, les héritiers sont tenus des aliments dus par le défunt ; cette dette est distincte, tenant à leur parenté personnelle, non à leur qualité d'héritiers ; elle est donc maintenue même s'ils renoncent à la succession et est calculée sur leurs ressources personnelles[64] ; cependant ils sont tenus des arrérages échus au décès du débiteur, en qualité d'héritiers ; ils n'y sont donc pas tenus s'ils renoncent à la succession[65].

L'explication moderne souligne que l'obligation alimentaire traduit la solidarité familiale entre vifs, mais de manière moins intense que la succession qui, elle, exprime la solidarité familiale entre les vivants et les morts. La conséquence en est que lorsque la solidarité familiale n'est pas assez forte pour faire naître une vocation successorale, elle permet de maintenir une obligation alimentaire transmissible à cause de mort.

---

62. Ex. : * Cass. civ., 29 mars 1950, *Georges Duhamel*, *D.* 1950.593, n. J. Carbonnier ; *S.* 1950.I.205 : « *L'obligation alimentaire qui existe entre parents et enfants naturels a un caractère personnel ; elle est, par essence, intransmissible et disparaît à la mort du débiteur.* »

63. Cass. civ., 8 juillet 1857, *DP*, 1857.I.351 ; *S.* 1857.I.809 : « *Aux termes des article 205 et s., le droit de réclamer des aliments et l'obligation de les fournir n'existent qu'entre ascendants et descendants et leurs alliés ; au-delà de ce degré, l'obligation légale s'éteint avec le degré de parenté lui-même et n'est pas transmissible de la ligne directe à la ligne collatérale.* » En l'espèce, un homme marié avait été condamné à verser des aliments à l'épouse de son fils qui, après son décès (de l'homme marié), a agi contre la veuve de son beau-père, en demandant que celle-ci fût tenue des aliments : 1) en sa qualité d'héritière (dans le motif cité, la Cour de cassation approuve les juges du fond de l'avoir refusé) ; 2) en sa qualité d'ascendante par alliance (la Cour de cassation censure les juges du fond de l'avoir refusé sans en avoir donné les motifs).

64. 1er ex. : Crésus (qui est riche) a un fils, Rothschild (qui est également riche), et, issu d'un autre fils prédécédé, un petit-fils, Job (qui est misérable). Crésus est condamné à verser une pension alimentaire à Job. Puis il décède. Rothschild n'est pas successoralement tenu par l'obligation alimentaire de son auteur (dont la dette alimentaire n'est pas transmissible) et les relations de parenté l'unissant à Job n'étant que collatérales, il n'est pas non plus personnellement tenu d'une obligation alimentaire.

2e ex. : Jules est dans la misère. Il a un fils Jacques qui a 5 000 € de revenus mensuels, et un petit-fils Jean qui a 1 200 € de revenus mensuels. Jacques est condamné à verser une pension alimentaire de 500 € à Jules. Puis Jacques décède. Jean n'est pas tenu par la dette alimentaire de son père, mais pourra être condamné à verser une pension alimentaire de 120 € à son grand-père Jules.

65. Ex. : Cass. civ. 1re, 28 janvier 2003, *Defrénois* 2003, art. 37802, n° 77, obs. J. Massip : « *conformément à l'article 785, l'héritier qui renonce à une succession ne peut être tenu au paiement des dettes en dépendant ; un arriéré de pension alimentaire dû à l'ex-épouse ne peut être réclamé aux héritiers ayant renoncé à sa succession* » ; jugé que les enfants du premier lit ne pouvaient être tenus, s'ils avaient renoncé à la succession de leur père, de payer les arriérés de pension alimentaire dus au second conjoint, à raison de son divorce.

Les obligations alimentaires d'origine conventionnelle, notamment celles qui résultent de la « novation » d'une obligation naturelle en obligation civile, sont transmissibles passivement[66] : elles ont plus la nature d'obligations conventionnelles que d'une obligation alimentaire.

II. — Caractère d'ordre public

1756. Indisponible. – Parce que l'obligation alimentaire intéresse l'ordre public, elle est indisponible et n'est ni susceptible de renonciation, ni cessible, ni saisissable.

Il est interdit de renoncer à une obligation alimentaire[67] ou aux sûretés[68] qui la garantissent ; mais on peut renoncer aux droits alimentaires acquis, les arrérages échus.

Le fondement de la règle est controversé. Les uns la justifient par le caractère vital des aliments[69], d'autres par l'origine légale du droit[70]. Aucun enjeu pratique n'est attaché à la discussion.

L'obligation alimentaire ne peut non plus être l'objet d'une saisie-attribution (l'ancienne saisie-arrêt), à moins que le saisissant ne soit lui même un créancier alimentaire ou un fournisseur d'aliments. La loi veut éviter que la pension alimentaire ne soit utilisée à d'autres fins que celles qu'elle a prévues.

III. — Influences de la situation de fait

La mise en œuvre du droit à pension est subordonnée à la situation de fait des parties, aussi bien pour la variabilité de l'obligation que pour la règle « *aliments ne s'arréragent pas* ».

1757. Variabilité. – La fixation judiciaire ou conventionnelle du montant des aliments est toujours provisoire et révisable par le juge. Elle doit s'adapter aux fluctuations individuelles des patrimoines des personnes intéressées, augmentant ou diminuant selon leurs charges familiales. Elle est majorée si les ressources du débiteur augmentent ou celles du créancier diminuent ; elle est diminuée si les ressources du débiteur décroissent ou si celles du créancier augmentent. Ce qui

---

66. J.-J. Dupeyroux, « La transmissibilité des obligations alimentaires », *D.* 1959, chron. 71.

67. Jurisprudence plusieurs fois réitérée, cf. Cass. civ. 1e, 5 décembre 2012, n° 11-19.779, *RTD civ.* 2013, 108, obs. J. Hauser ; *Dr. famille* 2012, comm. n° 100, n. C. Neirinck : « *les règles gouvernant l'obligation alimentaire étant d'ordre public, la renonciation, expresse ou tacite, d'un parent au versement d'une contribution à l'entretien et à l'éducation de son enfant ou aux versement des arriérés dus au titre de celle-ci est sans effet* ».

Il est également interdit de limiter... la variabilité de l'obligation alimentaire (Cass. civ., 21 janvier 1930, *S.* 1930.I.322 ; *Gaz. Pal.*, 1930.I.456... sa durée : Pau, 23 juin 1884, *DP*, 1885.II.248) : nullité de la convention par laquelle un père donne à sa fille un capital, moyennant la renonciation par cette enfant à tout droit à des aliments.

68. Cass. civ., 11 janvier 1927, *DP*, 1927.I.129, n. crit. H. Capitant n'applique la règle qu'aux sûretés d'origine légale : « *Vu l'article 205, al. 1 ; d'après cet article, les enfants doivent des aliments à leur père et mère qui sont dans le besoin ; le droit de ces derniers est d'ordre public, par suite incessible, mais il n'est assorti par la loi d'aucune sûreté spéciale ; si des garanties particulières ont été consenties par le débiteur, les parties peuvent, par une entente commune, les supprimer, puisque c'est leur seul accord qui les a créées et qu'il n'existe aucun texte qui s'y oppose.* »

69. Marty et Raynaud, n° 58 : « *Il y a des biens auxquels on ne peut renoncer, comme la vie ou la liberté.* »

70. H. Sinay, « Les conventions sur les pensions alimentaires », *RTD civ.* 1954, 228 et s., n° 15 : « *Il n'est pas permis de renoncer aux droits directement attribués par la loi à l'individu. En revanche, les renonciations à des obligations purement conventionnelles, telles que les constitutions de rente viagère sont valables* [...] *Ce que le contrat a formé, la convention est susceptible de le dénouer.* »

permet aussi de suivre les fluctuations générales de la conjoncture économique et de parer aux conséquences de la dépréciation monétaire ; à cet égard, le recours au juge est gênant, et c'est pour l'éviter que l'indexation est souvent pratiquée.

1758. Extinction, prescription, aliments ne s'arréragent pas. – Le principe est que la pension est due à partir du moment où apparaît le besoin qui l'a fait naître[71]. Les droits du créancier comportent deux causes d'extinction : la prescription et la règle « Aliments ne s'arréragent pas ».

Naguère, comme toutes les dettes périodiques, la créance alimentaire était soumise à la prescription extinctive quinquennale (art. 2277 anc.), qui ne s'appliquait qu'à la demande en payement des aliments, non à celle de l'exécution du titre qui restait soumise à la prescription trentenaire[72]. Depuis la loi du 17 juin 2008, toutes les actions relatives à l'obligation alimentaire, et pas seulement celles qui sont relatives à l'exécution, s'éteignent par la prescription quinquennale, nouvelle prescription de droit commun (art. 2224).

Le plus souvent, le droit aux aliments ne naît effectivement que du jour où ils sont demandés[73] et non au moment où était apparu le besoin qui l'avait fait naître, ce qu'énonce la règle prétorienne[74] « Aliments ne s'arréragent pas »[75].

Deux explications de la règle ont été successivement données. 1) Autrefois, on disait : il s'agit d'une renonciation tacite à un droit acquis[76] ; mais il est arbitraire de présumer des volontés tacites, d'autant que les renonciations ne sauraient se présumer ; l'explication paraît contestable. 2) On peut aussi la justifier par une présomption d'absence de cause : puisqu'il n'a pas réclamé sa pension, le créancier alimentaire a prouvé qu'il n'en avait pas besoin et que sa pension n'était pas justifiée par son indigence[77]. Présomption qui peut être combattue par la preuve contraire,

---

71. Paris, 23 janvier 1977, *Gaz. Pal.*, 1978.II.369, n. J. Massip (filiation naturelle) : « *C'est dès la naissance de l'enfant que la mère a dû assumer la charge de l'enfant et c'est également à partir de cette date que son père doit contribuer à son entretien et à son éducation.* »

72. Jurisprudence constante : ex. : Cass. civ. 1re, 16 juin 1998, *Bull. civ.* I, n° 214 ; *RTD civ.* 1998.895, obs. J. Hauser : « *la cour d'appel a exactement décidé qu'est seule soumise à l'article 2277* (aujourd'hui, 2224) *la demande en payement d'aliments et non la poursuite d'exécution de titres portant condamnation au payement de la pension alimentaire, laquelle est régie par la prescription de droit commun de 30 ans aujourd'hui de 5 ans* » ; en l'espèce, une femme divorcée avait fait pratiquer une saisie-attribution entre les mains d'un notaire sur les sommes qu'il détenait pour le compte de son ancien mari, en exécution de plusieurs décisions définitives ayant condamné celui-ci pour l'entretien d'un enfant commun.

73. Ex. : Cass. civ. 1re, 1er juillet 1986, *Bull. civ.* I, n° 189 ; *Defrénois* 1986, art. 33821, n° 101, obs. J. Massip ; *JCP* G 1986.IV.266 : « *Il est de principe que les aliments sont dus à celui qui en réclame le payement à compter de la demande en justice* », non à compter du jugement : le créancier ne doit pas supporter les aléas de la procédure.

74. C'est le même arrêt qui a pour la première fois énoncé la règle « *Aliments...* » et ses deux fondements : * Cass. req., 30 janvier 1933, *Couchon, DH*, 1933.114 ; *S.* 1933.I.104 : « *Si les pensions alimentaires ne s'arréragent pas, c'est parce que le créancier qui n'a pas réclamé les termes échus peut être considéré comme s'étant trouvé à l'abri du besoin et ayant renoncé à un payement qui n'était pas indispensable à sa subsistance, mais ces présomptions cèdent à la preuve contraire.* »

75. L. Peyrefitte, « Considérations sur la règle "Aliments ne s'arréragent pas" », *RTD civ.* 1968, 286-308.

76. Ex. : * Cass. req. 23 novembre 1920, *Baclet, DP*, 1921.I.79 : « *Il résulte de ces constatations que* (X) *a renoncé à la pension alimentaire pour la période litigieuse.* » B avait promis, en 1905, à son père A une pension alimentaire ; pendant la durée de la mobilisation de B (1914-1919), A ne lui demanda rien, n'engagea pas de dettes et trouva de nouvelles ressources.

77. Ex. : Cass. civ. 1re, 1er juin 1976, *Bull. civ.* I, n° 203 : « *La règle* "Aliments ne s'arréragent pas" *fondée sur la présomption selon laquelle le créancier qui ne réclame pas les termes échus de sa pension est considéré comme étant à l'abri du besoin, est sans application en la cause.* » En 1969, A demanda à son fils B des aliments ; en 1973, la cour d'appel rendit sa décision : elle fit courir la pension du jour de la demande sans constater que pendant les trois années précédant l'arrêt, A fût dans le besoin ; le pourvoi a été rejeté car la règle « aliments... » n'était pas applicable.

en démontrant par exemple qu'il avait constamment réclamé[78] ou que son inaction était due à la force majeure ou à la mauvaise volonté du débiteur, ou bien encore en prouvant qu'il avait dû contracter des dettes pour vivre et qu'ainsi sa pension lui était indispensable. Parfois les deux explications sont associées avec éclectisme[79].

Même avec les assouplissements qu'apportent les preuves contraires à la présomption, la règle est trop rigide et la jurisprudence la cantonne souvent. Elle l'écarte chaque fois que la créance alimentaire résulte d'une condamnation judiciaire[80]. Ou, lorsque la relation familiale est très proche ; ainsi, elle ne l'applique ni à l'obligation d'entretien d'un parent envers ses enfants[81] ni à la contribution aux charges du ménage à laquelle un conjoint est tenu envers son époux et ses enfants. Un auteur estime que la règle n'intéresse pas non plus les obligations alimentaires unilatérales[82] ; cependant, un arrêt l'a appliquée à l'action de subsides[83].

§ 2. Sanctions

Souvent, le débiteur alimentaire résiste à l'exécution de la dette qui lui est imposée par la solidarité familiale, particulièrement dans la rente allouée en cas de divorce : plus le temps s'écoule, moins le débiteur aime payer. Il a fallu prévoir des sanctions civiles (I) et pénales (II) qui ont du mal à être efficaces : la multiplication des réformes législatives en est un signe.

I. — Sanctions civiles

1759. Saisie. – Le créancier alimentaire peut saisir tous les biens du débiteur, même ceux qui sont normalement insaisissables[84]. Par exemple, il peut saisir une rente d'accident du travail attribuée à son débiteur ou la fraction insaisissable de son salaire. Il peut aussi obtenir des dommages-intérêts.

---

78. Ex. : Cass. civ., 24 octobre 1951, *D.* 1952.577, n. A. Ponsard ; *S.* 1952.I.164 ; *JCP* G 1951.II.6620 ; *Gaz. Pal.* 1951.II.18 : « *X n'a cessé de formuler des réclamations concernant l'irrégularité et l'insuffisance des versements de L.* »

79. * Cass. civ. 2e, 29 octobre 1980, *Bull. civ.* II, n° 226 ; *JCP* G 1981.II.19665, n. R. Jambu-Merlin : « *La règle* "aliments ne s'arréragent pas" *fondée sur l'absence de besoins ou sur la présomption selon laquelle le créancier a renoncé à la pension alimentaire...* » ; cf. aussi * Cass. req., 30 janvier 1933, *Couchon*, cité *supra*.

80. * Cass. civ. 1re, 5 juillet 1988, *Bull. civ.* I, n° 213 ; *D.* 1989.51, rapp. J. Massip (qui avoue ses hésitations) ; *Defrénois* 1988, art. 34323, m. rapp. : « *si la présomption simple posée par la règle "Aliments ne s'arréragent pas" s'oppose à ce que le créancier d'aliments réclame le versement d'une pension antérieure à son assignation en justice, elle est sans application lorsqu'il y a eu condamnation, les arrérages de la pension fixée par le juge ne pouvant se prescrire que par le délai de cinq ans fixé par l'article 2277, (aujourd'hui 2224) sauf au débiteur à démontrer que le créancier n'était pas dans le besoin ou avait entendu renoncer à poursuivre l'exécution du jugement, ce qui n'a pas été allégué en l'espèce* ».

81. * Cass. civ. 1re, 12 mai 2004, *enfant Lou-Andréa, Bull. civ.* II, n° 128 ; « *les effets d'une paternité légalement établie remontent à la naissance de l'enfant et la règle "aliments ne s'arréragent pas", ne s'applique pas à la contribution d'un parent à l'entretien et à l'éducation de son enfant* ».

82. L. Peyrefitte, cité *supra*.

83. * Cass. civ. 1re, 19 mars 1985, cité *supra*.

84. L. 2 janvier 1973, article 2 : « *La demande de payement direct vaut, sans autre procédure et par préférence à tous autres créanciers, attribution au bénéficiaire des sommes qui en font l'objet au fur et à mesure qu'elles deviennent exigibles* » ; C. trav., art. L. 3252-5. Mais Cass. civ. 2e, 28 septembre 2000, *Bull. civ.* II, n° 137 ; *Defrénois* 2001, article 37390, n° 58, obs. Ph. Théry : « *le droit de préférence reconnu au créancier alimentaire ne s'applique à la fraction saisissable du salaire qu'en cas de demande de paiement direct* ».

En fait, le débiteur est souvent récalcitrant, et le créancier alimentaire a beaucoup de mal à se faire payer[85]. Ce qui n'est pas spécial à la matière : d'une manière générale, les saisies sont d'une rentabilité médiocre, et d'une manière plus générale encore, l'exécution des décisions de justice laisse beaucoup à désirer. Le phénomène est plus marqué encore pour les créances alimentaires, à cause de la pauvreté des créanciers et souvent celle des débiteurs, et de leur situation familiale. La loi a essayé d'améliorer la situation de trois manières.

1760. Actions spéciales. – **1)** D'abord, en créant une procédure de « *payement direct* »[86] des créances alimentaires (L. 2 janvier 1973)[87] ; le créancier[88] peut se faire directement payer par le débiteur de son débiteur[89] : une saisie-attribution améliorée[90] faite une fois pour toutes[91]. **2)** Le créancier peut aussi demander au Trésor public d'agir en son nom : le fisc agit sur la production d'un état exécutoire établi par le procureur de la République (L. 11 juillet 1975, et D. 31 décembre 1975)[92]. **3)** Le système le plus récent et le plus efficace est de demander le payement aux caisses d'allocations familiales : ce qu'elles doivent désormais faire lorsqu'il s'agit d'une obligation alimentaire due à un enfant par un parent qui « *se soustrait* » à ses obligations (C. séc. soc., art. L. 581-2 et s.)[93]. **4)** Le Trésor public

85. 25 % des pensions dues au titre de l'entretien des enfants ne sont jamais payées ; 33 % le sont irrégulièrement, Rapp. Collet, *Doc. Sénat* 1984-1985 n° 44. La situation ne semble guère s'être améliorée depuis ; v. « L'enfant d'abord », Rapport de la mission d'informations sur la famille et les droits de l'enfant, Rapp. Ass. Nat. n° 2832.

86. Ex. : Séparation de fait ; le mari est condamné à verser à sa femme une pension alimentaire ; la femme demande à l'employeur de son époux de la lui verser directement, en l'imputant sur le salaire de son mari.

87. M. J. Gebler, « Le payement des pensions alimentaires », *D.* 1973, chron. 107.

88. La règle s'applique à la prestation compensatoire due en cas de divorce quand elle est payable sous forme de rente (C. civ., art. 276, L. 11 juillet 1975). Bien que la prestation compensatoire ne présente pas de caractère alimentaire, la procédure de paiement direct peut avoir pour objet même la partie insaisissable du salaire : Paris, 21 avril 1983, *D.* 1984.73, n. J. Prévault.

89. Le montant des prélèvements que doit effectuer le tiers payeur dépend uniquement des notifications que lui fait l'huissier du créancier, ou, en cas de diminution ou de suppression de la pension, celui du débiteur : Paris, 9 mai 1980, *Defrénois* 1981, art. 32614, obs. J. Massip : « *En cas de modification de la pension par l'effet d'un nouveau jugement, le tiers ne doit modifier les versements qu'il opère qu'à compter de la notification qui lui est faite par un huissier de justice, à la requête, soit du créancier, soit du débiteur, sans avoir à apprécier le bien-fondé de ce qui lui est réclamé.* »

90. La procédure est efficace lorsque la demande de payement direct est faite à l'employeur du débiteur alimentaire ; l'employeur déduit du montant du salaire dû la pension qu'il envoie au créancier alimentaire. Elle l'est beaucoup moins lorsqu'il s'agit d'un compte en banque qui n'est pas bloqué : TGI, Dieppe, 5 décembre 1981, *Defrénois* 1983, art. 33174, n° 112, obs. J. Massip. La créance doit être disponible : Cass. civ. 2e, 24 juin 1987, *Bull. civ.* II, n° 138 ; *D.* 1988.357, n. P. Ancel et M.-Cl. Rondeau-Rivier : « *la demande en paiement direct de la pension alimentaire ne peut porter que sur les sommes liquides et exigibles dues par le tiers débiteur au débiteur de la pension* ». Elle ne peut donc porter sur une créance qui a fait l'objet d'une cession ou d'une saisie-attribution antérieure à la demande de paiement. Cass. civ. 2e, 19 septembre 2002, *D.* 2002.2715 : elle peut porter sur le RMI (pension alimentaire due par un père à sa fille).

91. Cass. com., 15 juillet 1986, *Bull. civ.* IV, n° 158 ; *D.* 1987.192, n. J. Massip : l'action est recevable « *bien que le débiteur d'aliments soit soumis à une procédure collective* ».

92. Cass. civ. 2e, 6 décembre 1991, *Bull. civ.* II, n° 327 ; *D.* 1992, IR, 5 ; *JCP* G 1992.IV.451 : « *la demande de recouvrement public d'une pension alimentaire fixée par une décision judiciaire devenue définitive n'est admise que si le créancier justifie qu'il a eu recours effectivement à l'une des voies d'exécution de droit privé et que ce recours est resté infructueux* ». En l'espèce, l'ex-épouse, après un commandement de payer demeuré infructueux, avait engagé une procédure de recouvrement public ; le TGI l'en avait approuvée ; cassation : « *le commandement de payer ne constitue qu'une simple formalité préalable à l'exécution et non une voie d'exécution* ».

93. Sur le recouvrement des pensions alimentaires dans l'Union européenne, cf. le dossier *AJ famille* 2011, p. 325 s. *Adde*, sur le règlement « aliments », M. Farge, « Promotion transfrontière du droit à obtenir des aliments : l'apport du règlement (CE) n° 4/2009 du 18 décembre 2008 », *Dr. famille* 2011, ét. 18 et 20 et réf. cit.

et les caisses d'allocations familiales ont un recours contre le débiteur, fondé sur la subrogation ou le mandat : l'allocation de soutien familial est versée à titre d'avance au créancier et l'organisme débiteur de prestations familiales est subrogé dans les droits du créancier.

Franchissant un pas de plus, la loi du 4 avril 2014 sur l'égalité réelle entre les femmes et les hommes a mis en place un dispositif expérimental de garantie publique contre les pensions alimentaires impayées : est notamment améliorée la procédure de paiement direct[94].

II. — Sanctions pénales

1761. Abandon de famille. – Les sanctions civiles sont souvent insuffisantes. Aussi, afin d'assurer une efficacité à l'obligation alimentaire, la loi a-t-elle fait de son inexécution une infraction pénale[95] : le délit d'abandon de famille (C. pén., art. 227-3)[96]. Il consiste à demeurer volontairement plus de deux mois sans fournir la totalité des subsides déterminés par le juge, ce qui suppose plusieurs conditions : que la dette soit alimentaire, qu'il y ait eu une condamnation judiciaire[97], que le débiteur soit resté plus de deux mois sans payer (les paiements partiels sont inopérants) et que le défaut de paiement soit volontaire. Depuis le nouveau Code pénal, le défaut de payement n'est plus présumé volontaire[98] : l'insolvabilité totale dispense de toute obligation alimentaire ; il n'en est autrement que si, survenue après une condamnation, elle est fautive. Cette infraction est punie par de peines d'amende et de prison, pour lesquelles les circonstances atténuantes ne sont pas admises. En outre, des peines civiles accessoires, particulièrement graves, y sont jointes : retrait de l'autorité parentale et perte de la garde de l'enfant et surtout du droit de visite, ce qui est parfois une cause de drames. De plus, la loi punit le débiteur alimentaire qui organise ou aggrave son insolvabilité (*ib.*, art. 314-7) ou n'informe pas son créancier de son changement de domicile (*ib.*, art. 227-4)[99].

À cause de l'évolution de la famille, certains souhaiteront que soient modifiées cette incrimination et ces peines[100].

N°s 1762-1779 réservés.

94. Cf. V. Dervieux, « Loi du 4 août 2014 et droit de la famille », *AJ famille* 2014, p. 486.

95. Les raisons pour lesquelles la peine – même une incarcération – ne parvient pas à vaincre le refus de payer une pension alimentaire sont très diverses et parfois irrationnelles. Ex. : Somerset Maugham raconte l'histoire d'un mari qui a préféré passer toute sa vie en prison plutôt que de payer une pension alimentaire à sa femme, parce qu'elle avait brisé son cerf-volant. « *Comment pouvez-vous expliquer cette passion extraordinaire pour les cerfs-volants ?* [...] *Vous feriez mieux de poser cette question à quelqu'un de plus versé que moi dans la psychologie de l'animal humain* » conclut-il. *The Kite* (Le cerf-volant, nouvelle de 1951).

96. On a estimé qu'il ne s'agissait plus d'un véritable abandon de famille, puisqu'il intéresse aussi des situations alimentaires non familiales (prestations compensatoires après divorce, subsides dus en vertu d'une action de subsides) : il s'agirait plutôt d'un délit tenant à l'inexécution d'une décision de justice, une sorte de *Contempt of Court :* J. Hauser, *Le fondement du délit d'abandon pécuniaire de famille, JCP* G 1974.I.2617. **Biblio** : *Rép. pén. Dalloz.*, v° Abandon de famille, par A. Gouttenoire.

97. Ce qui exclut les pensions alimentaires d'origine conventionnelle, par exemple celles qui résultent d'un procès-verbal de conciliation dressé par le juge d'instance.

98. Cass. crim., 25 juin 1995, *Bull. crim.*, n° 243 ; *JCP* G 1996.II.25576, n. Dekeuwer ; en l'espèce, la pension alimentaire n'avait pas été payée à la suite d'une négligence du tiers payeur (l'entreprise du mari débiteur) ; jugé que le débiteur ne pouvait être condamné pour abandon de famille.

99. Encore faut-il que le juge ne puisse être soupçonné de partialité. Cass. civ. 1re, 29 septembre 2004, *Rev. dr. fam.* 2005, n° 6, n. A. Gouttenoire : au regard de l'article 6 de la Convention EDH, le magistrat qui a précédemment condamné un père poursuivi devant la juridiction pénale pour abandon de famille ne peut ensuite connaître, en qualité de juge aux affaires familiales, de la demande en réduction de la pension alimentaire incombant au père.

100. V. Jaworski, « Abandon pécuniaire de la famille et coparentalité. De l'importance des valeurs protégées par la loi pénale », *JCP* G 2004.I.102.

■ CHAPITRE II ■

OBLIGATION D'ENTRETIEN

L'intimité des liens entre parents et enfants suscite, comme les relations conjugales, un mélange de devoirs, de droits et de pouvoirs. Mais il existe une différence essentielle, car les relations conjugales sont des rapports entre égaux ; au contraire, entre parents et enfants, surtout lorsque l'enfant est mineur, il s'agit par la nature des choses, de rapports entre personnes inégales. Si bien que le devoir d'entretien des parents est unilatéral auquel s'ajoutent des droits, également unilatéraux, qui leur sont conférés. Quant au pouvoir, il constitue un pouvoir de gestion sur les biens des enfants mineurs, qui relève des incapacités.

Les parents ont envers leurs enfants des devoirs – l'obligation d'entretien – (Section I) et lorsque les enfants sont mineurs, des droits – le droit de jouissance légale – (Section II).

Section I
OBLIGATION D'ENTRETIEN

Tirant ses sources de la filiation (§ 1), l'obligation d'entretien a une étendue et des caractères (§ 2) différents de ceux de l'obligation alimentaire[1].

Depuis la loi de 2002 sur l'autorité parentale, aucune distinction n'est faite entre les enfants. Qu'ils soient nés en ou hors mariage, ils bénéficient de la même obligation d'entretien : famille fondée sur le mariage, famille construite hors mariage, famille adoptive, famille monoparentale, famille séparée, etc.

§ 1. Sources

1780. Qui fait l'enfant doit l'élever. – L'obligation d'entretien n'est pas prévue par un ensemble cohérent de règles, mais par plusieurs textes dispersés qui, chacun, touchent, directement ou indirectement, certains de ses aspects. Les règles de principe ont un caractère civil et se trouvent dans le Code civil ; elles énoncent

1. **Biblio. :** F. Derrida, *L'obligation d'entretien, obligation pour les parents d'élever leurs enfants*, thèse, Alger, 1947. Pour un aperçu de droit comparé, cf. S. Tetard, « La contribution des parents à l'entretien de leurs enfants après le divorce, aspects de droit comparé », *Dr. famille* 2015, ét. n° 26.

plus des directives que des règles précises ; ainsi, les articles 203 et 213, qui, l'un et l'autre, lient l'obligation au mariage (cf. aussi art. 220, 1409, 1448) ; de même, bien qu'un peu énigmatique, l'article 373-2-5, qui prévoit l'entretien d'un enfant majeur en cas de séparation.

D'autres textes, non civils, sont plus précis et ont pour objet des modalités techniques de l'obligation d'entretien ; ainsi, en matière fiscale (par exemple, la déduction des dépenses d'éducation du revenu imposable) ou scolaire (par exemple, les dépenses d'éducation sont-elles à la charge de la collectivité publique, de la famille ou de l'intéressé ?). À cet égard, comme toujours, la loi n'est pas seule et dépend des mentalités ; depuis près de cinquante ans, il n'y a plus de *consensus* national, mais des controverses incessantes sur la signification, le coût et la charge de l'éducation.

La filiation fait naître l'obligation d'entretien à la condition qu'elle ait été établie. « *Qui fait l'enfant doit l'élever* » (Loysel, jadis, disait « *doit le nourrir* »). Malgré l'article 203 qui attache cette obligation au mariage, parce qu'en 1804 il n'y avait de famille que légitime, la filiation hors mariage fait naître la même obligation d'entretien à la charge des parents. Mais la filiation non établie (que l'on appelle parfois la filiation de fait) n'impose aucune obligation d'entretien. Elle peut cependant permettre d'obtenir des subsides contre l'homme qui a eu des relations avec la mère pendant la conception[2] ; les subsides ont le même objet que l'obligation d'entretien[3], bien qu'ils ne soient liés ni à la filiation, ni au mariage, ni à l'autorité parentale : ils sont plus que des aliments.

Puisque l'obligation d'entretien repose sur la filiation, elle est anéantie lorsque la filiation disparaît. En cas de contestation de paternité qui réussit, le mari a le droit de répéter les sommes dépensées[4], non en cas de contestation d'une reconnaissance ou naguère d'une légitimation de complaisance[5]. L'obligation d'entretien des parents devient subsidiaire en cas d'adoption simple[6].

§ 2. Étendue et caractères

Pour en préciser l'objet, l'obligation d'entretien doit être comparée aux devoirs conjugaux et à l'obligation alimentaire.

1781. Obligation d'entretien et devoirs conjugaux. – Les devoirs conjugaux de secours et d'assistance sont différents de l'obligation d'entretien. En un sens, ils sont plus étendus, car ils ont pour but d'établir l'égalité entre créancier et débiteur – mari et femme doivent avoir le même train de vie. Au contraire, l'obligation d'entretien n'est pas égalitaire : elle a pour objet de « préparer l'avenir » des enfants (art. 213). Selon ses aptitudes et sa chance, l'enfant pourra aller « plus haut » ou « moins haut » que ses parents. En un autre sens, ils sont moins étendus : les parents doivent éduquer leurs enfants, obligation qui n'existe pas dans les relations entre époux : les époux doivent avoir des égards mutuels, ce qui est autre chose.

---

2. *Supra,* n°s 1360 s.

3. Cass. civ. 1re, 22 juillet 1986, cité *supra*, n° 1371. La mère « *est en droit de réclamer des subsides à celui que la loi met dans l'obligation de contribuer à l'entretien de l'enfant* ».

4. *Supra,* n° 1346.

5. *Supra,* n° 1388.

6. Cass. civ. 1re, 22 mai 2007, *Bull. civ.* I, n° 204 ; *Dr. famille* 2007, n° 173, obs. P. Murat ; *RTD civ.* 2007.764, obs. J. Hauser. En l'espèce, après divorce, l'enfant avait été adopté (adoption simple) par le nouveau mari de la mère ; ignorant cette adoption, « *le père biologique avait continué à contribuer à son entretien et à son éducation* » ; jugé qu'il pouvait répéter les sommes versées depuis le jugement d'adoption.

1782. Obligation d'entretien et obligation alimentaire. – C'est surtout avec l'obligation alimentaire que l'obligation d'entretien est mise en parallèle. La distinction n'est pas toujours nette, car elle est en nuances, et même parfois niée.

L'obligation d'entretien relève d'abord de la théorie générale de l'obligation alimentaire, car elle a un objet alimentaire : faire vivre l'enfant[7]. Comme elle, elle est impérative[8] et dépend des ressources du débiteur[9]. Mais les différences sont importantes car elle a d'autres objets. En général, on ne présente ces différences que dans leur aspect technique, ce qui n'en révèle pas l'essentiel ; la caractéristique fondamentale de l'obligation d'entretien est d'avoir l'éducation pour objet. L'obligation d'entretien se distingue de l'obligation alimentaire par quatre aspects techniques : son caractère unilatéral, le fait qu'elle soit une charge naturelle, que l'exécution en soit habituellement en nature et qu'elle soit limitée au premier degré[10].

1) À la différence de l'obligation alimentaire, l'obligation d'entretien est **unilatérale** et non réciproque, ce qui signifie qu'elle pèse exclusivement sur les parents, non sur les enfants. Par conséquent, des parents indigents peuvent demander des aliments à leurs enfants fortunés, car il s'agit d'une obligation alimentaire ; mais ils ne peuvent exiger l'équivalent d'une obligation d'entretien.

2) À la différence de l'obligation alimentaire, l'obligation d'entretien ne dépend ni des besoins de l'enfant ni des ressources des parents, car elle est une charge **naturelle** qui découle du fait de la paternité ou de la maternité. Elle ne disparaît donc pas en cas de faute de l'enfant[11], à la différence de l'obligation alimentaire proprement dite[12]. Parce qu'elle est une charge naturelle, elle résulte de la parenté, non de l'autorité parentale.

Depuis plus de quatre-vingts ans, les familles sont aidées par l'État au moyen de prestations familiales, ce qui fait apparaître une publicisation de l'obligation d'entretien, dont l'importance a cependant diminué depuis une trentaine d'années.

3) À la différence de l'obligation alimentaire, l'obligation d'entretien s'exécute **en nature**, par l'exercice même de la vie familiale (art. 211), alors qu'habituellement l'obligation alimentaire se paye en argent. L'entretien d'un enfant ne s'accomplit en argent qu'en cas de crise familiale – séparation ou divorce des parents[13] – ; en ce cas, elle oppose rarement un enfant à un parent, mais plutôt

---

7. Ex. : lui donner... la nourriture : Cass. soc., 12 juin 1981, *Bull. civ.* V, n° 557 ; *RTD civ.*, 1982.475, obs. R. Perrot (recouvrement du prix des repas consommés dans une cantine)... la santé : * Cass. civ. 1re, 3 juin 1980, *Les hospices civils de Lyon*, cité *infra*.

8. Ex. : est tenu d'une obligation alimentaire l'homme qui, à la demande d'une femme, lui fait un enfant, alors même qu'il avait été convenu qu'il n'élèverait pas l'enfant, ni n'épouserait la mère : Paris, 20 mai 1983, *D.* 1984, IR, 318, obs. D. Huet-Weiller.

9. Ex. : le chômage du père : Cass. civ. 2e, 20 novembre 1996, *D.* 1998, somm. 244, obs. Chr. Willmann ; n.p.B.

10. F. Derrida, *op. cit.*, cité *supra*, note 1. À plusieurs occasions, la Cour de cassation a distingué les deux obligations ; ex. : Cass. civ. 1re, 6 mars 1974, cité *infra* ; * Cass. civ. 1re, 17 juillet 1985, cité *infra*.

11. * Cass. civ. 1re, 17 juillet 1985, *Bull. civ.* I, n° 139 ; *D.* 1986, IR 109, obs. A. Bénabent ; *Defrénois* 1986, article 33735, n° 42, obs. J. Massip : « *Si, lorsque le créancier a lui-même manqué gravement à ses obligations envers le débiteur, le juge peut décharger celui-ci de tout ou partie de sa dette, c'est seulement quand celle-ci est une dette alimentaire résultant des dispositions des articles 205, 206 et 207, alinéa 1 ; cette faculté ne s'étend pas à l'obligation d'entretien et d'éducation qui pèse sur les père et mère à l'égard de leurs enfants* » ; cassation de l'arrêt qui avait décidé que « *la rupture totale et volontaire des relations avec leur père constituait de la part des enfants un manquement grave à leurs obligations, de nature à permettre l'application des dispositions du 2e alinéa de l'article 207* ».

12. *Supra*, n° 1743.

13. Avant la loi du 4 mars 2002 sur l'autorité parentale, la Cour de cassation excluait la possibilité de l'exécution en nature de l'obligation d'entretien d'un enfant mineur au cas de divorce (Cass. civ. 2e,

un parent à un autre. En outre, il est, en pratique, parfois inopportun de contraindre un grand adolescent, par exemple un étudiant, à demeurer chez ses parents : les juges appliquent rarement l'article 211 à la rédaction pour le moins archaïque.

4) À la différence de l'obligation alimentaire, l'obligation d'entretien ne joue qu'au **premier degré** ; les grands-parents n'y sont jamais tenus, même au cas de décès des parents, mais seulement d'une obligation alimentaire[14].

1783. Obligation d'entretien et d'éducation. – Le caractère essentiel de l'obligation d'entretien est d'être lié au devoir d'éducation qui pèse sur les parents (et dont elle est la traduction patrimoniale). Ce qui soulève trois questions : la différence entre l'éducation et l'établissement, la participation de l'État et surtout la durée de cette obligation.

L'obligation d'entretien ne fait pas naître celle d'établir l'enfant. L'établissement, c'est donner à un enfant le capital nécessaire afin qu'il s'établisse ou se marie ou acquière les instruments nécessaires à sa profession[15]. La loi énonce qu'il ne s'agit pas d'une obligation civile, mais seulement d'une obligation naturelle, qui n'est donc pas susceptible d'exécution forcée (art. 204)[16] : « *Ne dote qui ne veut* ». La différence s'atténue dans les faits ; la meilleure manière d'« établir » un enfant est de lui donner une bonne éducation ; en droit, la différence subsiste cependant, et oppose le capital et les revenus[17].

Depuis longtemps, et de manière croissante, l'État aide les familles à supporter les charges de l'enseignement. Les « formations »[18] primaire et secondaire sont obligatoires jusqu'à l'âge de 16 ans et gratuites. Les parents ne sont tenus de prolonger la prise en charge de l'instruction de leurs enfants au-delà de 16 ans que selon les circonstances.

1784. L'enfant majeur dans le besoin. – En rattachant l'obligation d'entretien au devoir d'éducation, il aurait semblé rationnel de la lier à l'autorité parentale : l'inconvénient en serait que l'obligation d'entretien eût été limitée à la minorité de l'enfant. Plusieurs raisons ont amené la jurisprudence à décider autrement : d'abord, les besoins d'éducations augmentent autant que leur coût et puis le fait qu'ait diminué l'âge de la majorité. Il est donc nécessaire que les parents soient obligés à supporter la charge des études de leurs enfants majeurs. Enfin, le chômage.

Aussi, depuis une cinquantaine d'années, la jurisprudence, consacrée par la loi (art. 371-2, al. 2, L. 4 mars 2002), décide-t-elle que les parents sont tenus de

---

26 novembre 1980, *Bull. civ.* II, n° 245). L'article 373-2-2, alinéa 4 (loi de 2002) a brisé cette jurisprudence. Sur le nouvel article 373-2-2, cf. *infra*, n° 1785.

14. Ex. : Cass. civ. 1re, 6 mars 1974, *Bull. civ.* II, n° 77 ; *D.* 1974.329, n. Gaury : En l'espèce, le père divorcé n'avait pas payé à la mère la pension alimentaire à laquelle il avait été condamné pour l'entretien des enfants ; la mère a pu agir contre son ex-beau-père, grand-père des enfants. Mais on ne peut condamner les grands-parents à payer les aliments auxquels leur fils a été lui-même condamné (Cass. civ. 1e, 5 décembre 2012, cité *supra*).

15. L'ordonnance de 2005 sur la filiation a remplacé au titre des éléments permettant de caractériser le *tractatus* de la personne d'état (C. civ., art. 311-1, 1°), le terme « *établissement* » par celui d'« *installation* », plus moderne sans doute et surtout plus modeste : il ne s'agit plus de « donner une situation » aux enfants mais de leur apporter les moyens de s'en faire une.

16. Autre texte à la rédaction archaïque (un des rares articles du Code Napoléon à avoir survécu sans changement) : « l'enfant n'a pas d'action contre ses père et mère pour un établissement par mariage ou autrement ».

17. Il existe une différence : les enfants ont une action contre leurs parents afin d'obtenir leur entretien et leur éducation, mais non pour leur établissement ; d'où l'intérêt de dire que les dépenses d'enseignement supérieur ne sont pas des frais d'établissement : Cass. civ. 2e, 19 octobre 1977, *Gaz. Pal.* 1978, somm. 8 : « *L'établissement des enfants mentionné à l'article 204 est distinct de l'obligation d'entretien prévue aux articles 203 et 213.* »

18. La loi du 11 juillet 1975 (auj. C. éduc., art. L. 111-2) a substitué le mot de « formation » à celui d'instruction, qui était traditionnel et est resté dans l'usage courant.

subvenir aux besoins de leurs enfants, même majeurs, qui « *ne peuvent eux-mêmes subvenir à leurs besoins* »[19]. Cette obligation les engage, soit directement envers l'enfant (art. 203), soit entre eux, ce qui présente de l'intérêt en cas de séparation ou de divorce, au profit du parent qui a la charge de l'enfant[20]. Elle cesse, soit lorsque l'enfant peut subvenir à ses besoins[21], soit lorsque le parent poursuivi démontre qu'il n'a pas les ressources pour l'acquitter[22], soit lorsque l'enfant ne peut continuer ses études.

La règle s'applique surtout – non exclusivement – aux étudiants, si sont réunies quatre conditions, dont les deux premières reprennent les règles générales de l'obligation alimentaire : l'absence de ressources de l'enfant et l'existence de ressources des parents[23] ; que les études soient nécessaires à l'enfant, qu'il y soit apte et les continue[24] ; ce qui n'empêche pas l'enfant d'avoir son indépendance, puisque, par hypothèse, il n'est plus soumis à l'autorité parentale[25]. La dette cesse d'être due lorsque l'enfant peut subvenir à ses besoins[26] et il n'est guère d'exemple qu'elle soit maintenue lorsque l'enfant a plus de vingt-cinq ans. La règle ne s'applique pas seulement

19. Jurisprudence souvent réitérée ; ex. : Cass. civ. 2e, 17 décembre 1997, *Bull. civ.* II, n° 320 ; *JCP* G 1998.IV.1385 : « *les effets de la condamnation à une contribution à l'entretien des enfants ne cessent pas de plein droit à leur majorité* ».

20. Ex. : Cass. civ. 2e, 22 janvier 1992, *Bull. civ.* II, n° 27 ; *D.* 1993, somm. 127 ; *JCP* G 1992.IV.857 : « *le parent qui assume à titre principal la charge d'enfants majeurs, qui ne peuvent eux-mêmes subvenir à leurs besoins, peut demander à son conjoint de lui verser une contribution à leur entretien et à leur éducation* » ; jugé, en l'espèce, que le père devait verser directement la contribution à la mère qui « *assurait à titre principal la charge de l'enfant* », bien que « *celle-ci ne justifie pas vivre avec l'enfant* ».

21. « *Il appartient à celui qui demande la suppression d'une contribution à l'entretien d'un enfant de rapporter la preuve des circonstances permettant de l'en décharger* » : Cass. civ.1re, 9 janvier 2008, *JCP* 2008, II, 10 064, note E. Bazin ; *Defrénois* 2008, p. 1122, note J. Massip ; *Dr. famille* 2008, n° 35, note P. Murat. La solution est critiquée (J. Massip et P. Murat), mais elle a été réaffirmée avec constance par la Cour de cassation (ex. Cass. civ. 1re, 4 décembre 2013, n° 12-28.686, *Dr. famille* 2014, comm. 35, note C. Neirinck : cassation pour avoir inversé la charge de la preuve, de la décision qui avait supprimé la pension alimentaire au motif que « *la mère ne justifie en rien des charges exposées pour celle-ci (la fille), au titre notamment d'une supposée scolarisation* »).

22. Ex. : Cass. civ. 2e, 18 mars 1992, *Bull. civ.* II, n° 91 : « *l'obligation des parents de subvenir à l'entretien et à l'éducation des enfants à charge ne cesse que s'ils démontrent être dans l'impossibilité de s'en acquitter* ». C'est à celui qui demande la suppression de la contribution de rapporter la preuve des circonstances permettant de l'en décharger cf. Cass. civ. 1re, 14 février 2006, *Dr. famille* 2006, n° 88, n. P. Murat.

23. Ressources et charges du parent débiteur. Cf. Cass. civ. 1re, 16 avril 2008, *AJ famille* 2008, p. 249, note F. Chénedé : cassation de l'arrêt qui avait refusé de prendre en compte la naissance d'un enfant adultérin pour diminuer le montant de la pension due aux enfants « *légitimes* ».

24. La jurisprudence est constante : Rép. Min justice, *JOAN* 26 août 2008, p 743 ; *RJPF* 2008 10/41 : l'enfant doit « *démontrer la réalité et le sérieux des études poursuivies ou de l'apprentissage mené* [...] *L'obligation parentale d'entretien ne saurait subsister en cas d'arrêt volontaire ou injustifié des études, ou encore dans l'hypothèse d'une réorientation professionnelle tardive après l'obtention d'un premier diplôme* ».

25. Ex. : Cass. civ. 2e, 11 janvier 1978, *Bull. civ.* II, n° 14 : peu importe que le fils ait choisi de prendre un appartement indépendant pour y vivre avec une amie et adopté un mode de vie totalement indépendant autonome (sauf le financement).

26. Mais encore faut-il que ce que gagne l'enfant soit suffisant pour vivre, cf. F. Sauvage, « L'incidence du travail du jeune majeur sur le devoir d'entretien et d'éducation », *AJ famille* 2013, p. 220.

aux étudiants ; elle intéresse tous les enfants majeurs dans le besoin[27], notamment les malades[28] et les chômeurs, à la condition que le chômage ne leur soit pas imputable[29].

1785. Séparation des parents et des enfants. – Le fait que les parents soient séparés ou l'enfant vive sans ses parents ne modifie pas le régime de l'obligation d'entretien. La loi du 4 mars 2002 sur l'autorité parentale s'est bornée à apporter des précisions : art. 373-2-2, « ... *la contribution à son entretien ou à son éducation prend la forme d'une pension alimentaire versée, selon le cas, à l'un des parents à l'autre, ou à la personne à laquelle l'enfant a été confié*[30]. *[...] Cette pension peut en tout ou partie prendre la forme d'une prise en charge directe de frais exposés au profit de l'enfant. Elle peut être en tout ou partie versée (sic) sous forme d'un droit d'usage et d'habitation* ».

1786. Barèmes et appréciation souveraine du juge. – Le montant de l'obligation d'entretien dépend des besoins de l'enfant et des ressources des débiteurs[31]. Pour aider le juge dans sa prise de décision, ont été élaborés, non sans discussions, des barèmes que le ministère de la Justice a diffusés en annexe d'une circulaire[32]. La Cour de cassation a très vite mis le holà à une utilisation systématique de ces tables de référence : selon elle, « *en fondant sa décision sur une table de référence, fût-elle annexée à une circulaire, la cour d'appel à laquelle il incombait de fixer le montant de la contribution litigieuse en considération des seules facultés contributives des parents de l'enfant et des besoins de celui-ci, a violé, pour fausse application, le texte susvisé* »[33] (l'article 371-2 du Code civil). Ce n'est pas à dire que l'usage des barèmes est condamné : les juges peuvent s'en servir comme aide à leur décision, mais ils doivent motiver en s'appuyant sur les seuls critères prévus par la loi[34].

27. Ainsi, la fin des études ne sonne-t-elle pas nécessairement le glas de l'obligation d'entretien, cf. Cass. civ. 1e, 9 février 2011, n° 09-71.102, *RTD civ.* 2011, 342, obs. J. Hauser : cassation de l'arrêt qui avait refusé le maintien de la pension alimentaire au motif que l'enfant avait terminé ses études et recherchait un emploi alors qu'il était sans ressources et demeurait à la charge de sa mère.

28. * Cass civ. 1re, 3 juin 1980, *Les hospices civils de Lyon, Bull. civ.* I, n° 171 : « *L'obligation alimentaire à laquelle les père et mère sont tenus envers leurs enfants, en application des articles 205 et 207, ne cesse pas à la majorité de ceux-ci* » (frais d'hospitalisation d'un enfant de 26 ans).

29. Cass. civ. 2e, 29 mai 1996, *Bull. civ.* II, n° 114 ; *D.* 1997.455, n. D. Bourgault-Coudevylle ; 1re esp. ; *JCP* G 1996.IV.1615 ; Douai, 15 mars 2001, *D.* 2002.1875, obs. D. Bourgault-Coudevylle : « *l'obligation d'entretien des parents vis-à-vis d'un enfant majeur ne poursuivant aucune étude ne peut subsister au-delà d'une certaine période nécessaire pour trouver un emploi ou effectuer un stage de formation professionnelle ; passée cette période d'adaptation ou la fin des études, l'obligation d'entretien doit cesser à l'égard de l'enfant majeur physiquement capable d'assurer ses moyens d'existence, même si celui-ci se trouve temporairement sans travail, dès lors qu'il n'est pas apporté la preuve de recherches sérieuses afin de trouver un emploi* ».

30. Cf. Cass. civ. 1re, 19 novembre 2014, n° 13-23.732, *AJ famille* 2015, 47, obs. S. Thouret, *RTD civ.* 2015, p. 115, obs. J. Hauser : « *la prestation compensatoire, destinée à compenser la disparité dans les conditions de vie respective des époux créée par la rupture du mariage, n'a pas à être incluse dans l'appréciation des ressources de l'époux à qui elle est versée pour la fixation de la contribution à l'entretien et à l'éducation des enfants* ». L'affirmation pourrait être discutée.

31. Cass. civ. 1re, 12 juin 2013, *AJ famille* 2013, 442, obs. G. Vial : en l'absence d'éléments sur les ressources du débiteur, le montant de la contribution du père doit être fixé souverainement par les juges du fond en considération des besoins d'un enfant selon son âge.

32. Ministère de la Justice, Circulaire de diffusion d'une table de référence permettant la fixation de la contribution à l'entretien et à l'éducation des enfants sous forme de pension alimentaire, 12 avril 2010, CIV/06/10.

33. Cass. civ. 1re, 23 octobre 2013, *Dr. famille* 2013, comm. 162, note J.-C. Bardou, *AJ famille* 2013, 703, obs. S. Thouret, *RTD civ.* 2014, 77, obs. P. Deumier, 105, obs. J. Hauser.

34. A.-M. Leroyer, « Pension alimentaire : l'usage des barèmes », *D.* 2013, 2968.

SECTION II
DROIT DE JOUISSANCE LÉGALE

Le droit de jouissance légale permet aux parents de s'attribuer les revenus de leur enfant (art. 382 à 387). Il peut paraître choquant de voir dans l'autorité parentale une source de revenus et cependant cette faculté, selon des modalités diverses, a toujours existé et permis une unité du budget familial. Aujourd'hui encore, le droit de jouissance légale offre une multiplicité d'aspects, car il peut être conçu comme un attribut de l'autorité parentale, une corrélation à l'obligation d'entretien, un mode d'égalité familiale, une simplification des comptes familiaux, une rémunération pour l'administration des biens du mineur et une protection de la veuve. Cette diversité s'explique par l'histoire.

1787. Origines de la jouissance légale[35]. – **1º** En droit romain ancien, l'unité du budget familial était particulièrement pressante dans un régime agraire où il était opportun de maintenir l'unité des exploitations agricoles ; elle était assurée de la manière la plus simple : le *paterfamilias* avait la propriété de tous les biens des membres de sa famille. L'apparition d'une économie commerciale a altéré le système et le droit romain a admis, à partir de l'époque classique, que le fils de famille avait un « pécule », (les pécules *castrense* et *quasi-castrense*), c'est-à-dire des biens dont il avait la jouissance.

2º L'Ancien droit connaissait un système de garde (seigneuriale, puis noble, puis bourgeoise, mais la garde roturière n'était pas « lucrative » et ne conférait pas l'équivalent de ce qu'est aujourd'hui la jouissance légale). Les orphelins (de vassaux, de nobles ou de bourgeois) devaient être protégés par leur « gardien » et la nécessité de cette protection était particulièrement pressante dans les moments troublés de la vie féodale. En contrepartie, le gardien avait la jouissance des biens de l'orphelin : ce droit était donc la corrélation de l'obligation d'entretien.

3º Le droit de jouissance légale du droit moderne laisse survivre en partie les idées anciennes, mais les applique à un milieu économiquement et socialement différent. Les idées anciennes rendent par conséquent mal compte de ce qu'est devenue l'institution. On ne peut plus y voir un attribut de l'autorité parentale qui n'est pas conférée dans l'intérêt de son titulaire, mais dans celui de l'enfant ; aussi la jouissance légale ne coïncide-t-elle pas toujours avec l'autorité parentale : par exemple, elle cesse à l'âge de 16 ans, alors que l'autorité parentale dure jusqu'à 18 ans. La jouissance légale n'est pas non plus une corrélation de l'obligation d'entretien : même si le revenu de l'enfant excède les dépenses de son entretien, le bénéficiaire de la jouissance légale se les attribue : le droit de jouissance légale peut être lucratif.

Plutôt, ce droit réalise l'unité du budget familial, un des objectifs du droit patrimonial de la famille, guère compatible avec l'indépendance de ses membres. Ce qui est toujours le choix politique auquel le droit de la famille a à répondre, l'unité ou l'indépendance. 1) Il dispense les parents de tenir les comptes des revenus de leurs enfants jusqu'à ce qu'ils aient seize ans ; il leur donne, par ailleurs, une sorte de salaire rémunérant leur administration légale (art. 383, al. 2). 2) Il assure une égalité aux membres d'une même famille, et surtout une protection à la veuve (à la mère survivante, devrait-on dire si les parents n'étaient pas mariés) : généralement, un mineur n'a de fortune que par le décès du prémourant qui, statistiquement, est le plus souvent le mari ; le droit de jouissance légale permet à la veuve de ne pas changer sa condition, de continuer à jouir des biens de son mari (ou de son concubin ou pacsé) bien que leur propriété soit transférée aux enfants.

C'est sans doute surtout pour cette dernière raison que les lois du 4 juin 1970 et du 23 décembre 1985 ont maintenu une institution pourtant critiquée.

1788. Conditions. – La jouissance légale était autrefois liée à la puissance paternelle. Aujourd'hui, elle appartient à celui qui a l'administration légale (art. 383, al. 2), donc à celui qui exerce l'autorité parentale, c'est-à-dire en principe les deux parents[36]. En cas de séparation, les deux parents continuent à exercer ensemble l'autorité parentale, donc à administrer les biens de l'enfant, donc à bénéficier du droit de jouissance légale.

35. J. Ph. Lévy et A. Castaldo, nos 153 (droit romain) et 183 (ancien droit).
36. Sauf décision contraire du juge, art. 373-2-1.

Ce droit cesse lorsque l'enfant a 16 ans (du temps où l'âge de la majorité était à 21 ans, la jouissance légale s'achevait à 18 ans). La loi veut que l'on capitalise les revenus de l'enfant qui sont nés peu avant sa majorité, afin de constituer au majeur un petit pécule (la Caisse d'épargne, par exemple) qui lui évitera d'entamer son capital. Le droit de jouissance cesse aussi avec l'émancipation de l'enfant.

Les biens qui en sont l'objet sont en principe tous ceux de l'enfant sauf deux catégories d'importance inégale : d'une part, ceux qui lui ont été donnés avec exclusion de la jouissance légale[37], d'autre part et surtout, ceux qui ont été acquis par le travail du mineur (art. 387). Ces deux catégories de biens sont cependant administrées par le titulaire de l'administration légale[38] qui peut prélever sur elles les frais d'entretien de l'enfant, mais le surplus doit être capitalisé.

1789. Effets. – Les effets de la jouissance légale se résument en deux phrases : son bénéficiaire est dans la condition d'un usufruitier, mais il est obligé d'entretenir l'enfant. D'une part, il peut percevoir tous les revenus des biens affectés à la jouissance légale ; mais il doit les entretenir de la même manière qu'un usufruitier (art. 385, 1°). D'autre part, il a l'obligation d'entretenir l'enfant et de payer ses dettes ; il doit notamment se charger de la nourriture et de l'éducation de l'enfant « *selon sa fortune* » (art. 385, 3°) : « sa fortune », c'est celle de l'enfant. Ce qui impose aux parents une obligation plus étendue que celle qui résulte du devoir d'entretien ; elle se mesure non aux ressources parentales, mais aux revenus de l'enfant.

Après les 16 ans de l'enfant, les père et mère qui continuent à jouir des biens de l'enfant doivent rendre des comptes[39].

N°s 1790-1809 réservés.

37. Sauf à exclure également les père et mère de l'administration légale sur lesdits biens, cf. art. 389-3 al. 3.

38. Tranchant une antique controverse, la Cour de cassation a affirmé que la clause portait sur l'ensemble des biens donnés ou légués, sans que l'on pût mettre à part les biens qui seraient revenus à l'enfant au titre de la réserve (Cass. civ. 1e, 6 mars 2013, n° 11-25.946, *JCP N.* 2013, n° 121, note D. Boulanger ; *AJ famille* 2013, p. 239, note J. Massip ; *Dr. famille* 2013, comm. 73, note M. Bruggeman ; *RTD civ.* 2013, p. 346, obs. J. Hauser). *Adde*, donnant encore un peu plus d'ampleur à cette jurisprudence, Cass. civ. 1e, 11 février 2015, n° 13-27.586, *AJ famille* 2015, 327, obs. C. Vernière ; *RTD civ.* 2015, 354, obs. J. Hauser.

39. Cass. civ. 1re, 9 juillet 2008, *Bull. civ.* I, n° 07-16 389 ; *AJ famille* 2008, p. 400.

■ CHAPITRE III ■

RELATIONS PÉCUNIAIRES ENTRE ÉPOUX

1810. Régime primaire et régimes matrimoniaux. – Le mariage affecte profondément la situation patrimoniale des gens mariés[1]. D'évidence, leur condition pécuniaire est différente de celle d'un célibataire, fût-il concubin ou pacsé ; le mariage entraîne plus d'effets patrimoniaux sur la personne que toute autre relation familiale. Ce qui apparaît à deux égards.

Pendant sa durée, le mariage crée des droits et des obligations pécuniaires entre époux, dont les relations sont quotidiennes et s'accomplissent dans un cercle étroit. Il affecte aussi les relations patrimoniales des époux envers les tiers, pour lesquels il est essentiel de savoir si un époux a la capacité et le pouvoir d'aliéner, et quels biens il peut engager par ses dettes. Après sa dissolution, il produit des conséquences patrimoniales importantes en répartissant les richesses et le passif qui s'étaient constitués pendant sa durée.

Le statut patrimonial du mariage est contenu dans deux corps de règles distincts (les articles 212 à 226, d'une part, Chapitre VI du Titre V du Livre I ; les articles 1387 à 1581, d'autre part, Titre V du Livre III) dont il est plus facile de nommer le second : pour le premier on parle de statut patrimonial de base[2], de statut impératif de base[3], de statut fondamental[4] et surtout de régime matrimonial primaire[5], parfois qualifié de régime primaire impératif[6].

L'expression de régime primaire suggère l'idée que le régime matrimonial proprement dit se superpose sur un premier ensemble de règles, des règles de « base » qui, au surplus, sont vitales : elles résolvent les problèmes ordinaires, ceux de la vie quotidienne des ménages ; dans une expression imagée, Jacques Flour enseignait que le régime primaire est celui dans lequel on vit (les pouvoirs

1. En réglant le régime juridique des relations pécuniaires entre époux, le Code civil continue à parler de « mari » (ou « d'homme ») et « d'épouse » (ou de « femme »), ce qui est incohérent avec la loi Taubira du 17 mai 2013 qui a admis le mariage entre personnes du même sexe. L'article 6-1 C. civ. essaie de corriger cette incohérence par une « disposition balai ».

2. Mazeaud et Juglart, t. IV, n° 13.

3. Patarin et Morin, *La réforme des régimes matrimoniaux*, Defrénois, 4ᵉ éd., 1977, n° 9.

4. A. Colomer, *Régimes matrimoniaux*, Litec, 12ᵉ éd., 2004, nᵒˢ 61 s.

5. J. Carbonnier, p. 38 et 44.

6. G. Cornu, *Les régimes matrimoniaux*, PUF, 9ᵉ éd., 1997, p. 80 ; J. Flour et G. Champenois, même titre, A. Colin, 2ᵉ éd., 2001, nᵒˢ 53 s.

des époux), le régime matrimonial celui sous lequel on meurt (la répartition des richesses et des dettes)[7].

Pour répandue que soit devenue l'expression, elle est inexacte : le régime primaire n'est pas un régime matrimonial véritable, mais un effet direct du mariage (art. 226) qui s'applique à tous les époux et est impératif, ce qui explique qu'en droit international privé les deux règles n'aient pas le même rattachement. Il ne se substitue pas au régime matrimonial, bien qu'en fait il suffise pour les époux sans fortune.

Au fil des temps, le régime primaire s'est étoffé, selon une loi de complication progressive qui coïncide avec une indépendance croissante de l'épouse. Le Code Napoléon, fondé sur l'incapacité de la femme mariée, connaissait le devoir de secours entre époux et une obligation d'entretien pesant sur le mari ; il comportait également des règles sur certains contrats entre époux. Pendant longtemps, l'incapacité de la femme mariée a été unanimement acceptée et facilement appliquée par la pratique, en raison de l'extrême facilité avec laquelle l'autorisation maritale était accordée ; seules les femmes séparées de corps et celles qui étaient séparées de fait en éprouvaient les inconvénients. En outre, la jurisprudence du XIXe siècle avait créé une théorie du mandat domestique qui permettait à l'épouse, malgré son incapacité, de faire les dépenses courantes, engageant ainsi son mari. De même, le notariat faisait participer la femme à tous les actes importants faits par son mari sur un immeuble conjugal, en l'obligeant de renoncer à son hypothèque légale. La loi du 13 juillet 1907 avait conféré à la femme mariée la libre perception de ses gains professionnels, ce qui reconnaissait son indépendance professionnelle. En même temps qu'elle supprimait l'incapacité de la femme mariée, la loi du 18 février 1938 avait obligé la femme à contribuer aux dépenses du ménage. La loi du 22 septembre 1942 avait légalisé le mandat domestique et organisé l'intervention de la justice dans les rapports entre époux. La loi du 13 juillet 1965 a considérablement enrichi ce corps de règles, en affirmant leur caractère impératif (art. 226 et 1388) ; c'est à partir d'elle qu'on a commencé à parler de « régime primaire ». Après, plusieurs lois de moindre importance, celles des 4 juillet 1980 et 10 juillet 1982, ont ajouté des règles spéciales marquées de corporatisme. La loi du 23 décembre 1985 a parachevé l'égalité entre époux et donné quelques retouches au régime primaire.

1811. Droit pénal. – Le mariage produit aussi des effets pénaux qui ne sont ici indiqués que pour mémoire. Ainsi, pour des raisons de décence et de paix conjugales, la loi confère une immunité pénale aux vols entre époux. Mais le particularisme du mariage recule : le nouveau Code pénal (art. 311-12) a fait disparaître l'immunité lorsque les époux étaient séparés ou autorisés à résider séparément.

1812. Plan. – Le « régime primaire » est devenu un ensemble hétérogène qui comprend cinq espèces de règles pécuniaires : les contrats entre époux (Section I), leur activité professionnelle (Section II), leurs devoirs (Section III), leurs pouvoirs (Section IV) et les mesures de crise (Section V).

La distinction entre devoirs et pouvoirs est capitale ; on la trouve dans tout le droit patrimonial du mariage. Les devoirs pécuniaires entre époux règlent la contribution aux dettes : on se demande, dans les rapports entre époux, comment les dettes nées du mariage doivent être réparties. Les pouvoirs règlent l'obligation au passif : on se demande, dans les rapports des époux avec les tiers, sur quels biens les créanciers peuvent exercer leurs poursuites.

D'une autre manière, plus sociologique, Jean Carbonnier distinguait aussi, deux sortes de règles dans le régime primaire : d'une part, celles qui constituent un régime matrimonial rudimentaire, celui des non-capitalistes : « *les secours mutuels, les revenus du travail, les dépenses quotidiennes, le logement, le mobilier personnel* » ; d'autre part, celles qui corrigent le régime matrimonial proprement dit et s'adressent à une classe conjugale plus riche : les mesures de crise, les mandats entre époux et les présomptions de pouvoirs[8].

7. J. Flour et G. Champenois, *op. cit.*, n° 55.
8. J. Carbonnier, p. 89.

Section I
CONTRATS ENTRE ÉPOUX

1813. Particularisme des relations conjugales. – Le régime matrimonial et le régime primaire gouvernent les rapports pécuniaires des époux en établissant entre eux un ensemble d'obligations, de droits et de pouvoirs tendant à concilier l'unité conjugale et l'indépendance de chaque époux[9]. La question des contrats entre époux se ramène à savoir s'il est possible aux conjoints de convenir entre eux, pendant le mariage, des contrats qui modifieraient la répartition des richesses, des dettes et des pouvoirs fixés par le régime. Par exemple, une donation entre époux modifie la répartition des richesses entre époux, un mandat qu'un époux donne à son conjoint modifie la répartition des pouvoirs déterminée par le régime, etc.

On n'exposera pas ici les conventions ayant pour objet direct de fixer les relations personnelles entre époux ; elles ont un régime très spécial ; leur domaine s'est étendu à l'organisation de la vie commune (*ex.* : l'exercice de l'autorité parentale) et surtout à sa cessation (*ex.* : les pactes de séparation amiable). On n'exposera pas non plus le contrat de mariage qui établit la charte patrimoniale des époux dont l'importance pratique diminue.

Pendant longtemps, le droit français n'admit pas la validité des contrats entre époux, sauf certaines exceptions. Maintenant, la règle est renversée : il admet la validité des contrats entre époux, sauf quelques exceptions. Le principe traditionnel se fondait sur le particularisme du milieu conjugal qui aujourd'hui s'efface peu à peu. Quatre motifs justifiaient l'ancienne prohibition.

1) Entre époux, le consentement est facilement altéré, en raison de l'intimité conjugale, de l'influence mutuelle et des pressions que l'un peut exercer sur l'autre.

2) La loi impose un régime aux relations personnelles que le contrat, même patrimonial, ne doit pas bouleverser. Ce que la loi a fait, le contrat ne peut le défaire. Par exemple, du temps où ces rapports étaient inégaux, caractérisés par la puissance maritale, le contrat de société, dominé par l'esprit d'égalité entre les associés, substituait entre époux des rapports égalitaires à des relations hiérarchiques ; à l'inverse, maintenant que les époux sont égaux, le contrat de travail, où s'exerce l'autorité de l'employeur, substitue des rapports professionnels hiérarchiques à des relations conjugales d'égalité.

3) La loi a longtemps imposé pendant la durée du mariage une immutabilité au régime matrimonial : pendant le mariage, la convention ne pouvait modifier ce que le régime avait organisé. Le principe a été abandonné en 1965. Le régime peut désormais être changé pendant le mariage et l'homologation judiciaire, prévue en 1965, n'est désormais exigée qu'en présence d'enfants mineurs de l'un ou de l'autre époux[10].

4) Surtout pour les relations d'affaires, le problème ne se posait pas en 1804, en raison de l'effacement économique qu'avait alors la femme.

1814. La validité pas à pas. – La loi a toujours permis entre époux les conventions nécessaires, par exemple le partage. Elle a également toujours admis les contrats précaires, parce qu'ils sont révocables. Ainsi, les mandats, qui permettent la modification des pouvoirs conjugaux, mais sont révocables ; la loi en reconnaît expressément la validité (art. 218). De même, la donation entre époux faite pendant la durée du mariage, parce que, contrairement au droit commun, elle était jusqu'en 2004 révocable (art. 1096 anc.) ; cette révocabilité *ad nutum* la rapprochait d'un testament, ce qui la rendait compatible avec l'immutabilité du régime matrimonial, aujourd'hui abandonnée (L. 23 juin 2006). Les donations entre

9. Cf. S. Tetard, *Mandat et famille*, thèse, Lyon, 2015.
10. Art. 1397, Loi du 23 juin 2006.

époux ont acquis plus de stabilité : l'article 1096 distingue entre les donations de biens à venir toujours révocables, et les donations de biens présents soumises à l'irrévocabilité de droit commun[11].

Ont toujours aussi été déclarés valables les prêts, d'argent ou à usage, que les époux peuvent se faire. Il est en effet courant que les époux s'aident mutuellement, surtout lorsqu'ils sont séparés de biens. Mais il est parfois difficile de savoir s'il y a prêt ou donation : la distinction repose sur une différence d'intention, parfois subtile.

Les trois contrats entre époux que la loi a eu le plus de mal à admettre ont été la vente, la société et le contrat de travail, parce qu'ils portaient atteinte à la hiérarchie conjugale, à la répartition des pouvoirs et des richesses entre époux et facilitaient les fraudes familiales. La prohibition a maintenant disparu : pour la vente, presque d'un seul coup ; pour la société, en plusieurs étapes ; pour le contrat de travail, insensiblement et de manière moins nette.

1° Pendant longtemps, la **vente** entre époux a été prohibée (art. 1595 anc.), parce qu'elle était suspectée de constituer une donation déguisée, était donc difficilement révocable et permettait ainsi de soustraire facilement un bien à la poursuite des créanciers et de modifier le régime matrimonial sans respecter les formalités légales ; la loi du 23 décembre 1985 a fait disparaître la prohibition légale. **2°** Pendant longtemps aussi, la jurisprudence a annulé les **sociétés** entre époux, parce qu'elles étaient incompatibles avec la hiérarchie qu'avaient alors les rapports conjugaux ; le caractère gênant de la prohibition – elle était parfois désastreuse – avait d'abord amené les tribunaux à l'assouplir ; puis en 1958, la loi a commencé à renverser la règle (art. 1841, Ord. 19 décembre 1958, aujourd'hui art. 1832-1 depuis la loi du 4 janvier 1978) : la société entre époux n'était interdite que si les conjoints n'étaient pas indéfiniment et solidairement responsables des dettes sociales. La loi du 23 décembre 1985 a supprimé toute condition.

3° Le **contrat de travail** entre époux amène à l'étude de l'activité professionnelle des époux.

Section II

ACTIVITÉ PROFESSIONNELLE DES ÉPOUX

1815. Le couple et le travail. – Pendant longtemps, les conditions de l'homme et celle de la femme étaient différentes : l'homme travaillait « *à la sueur de son front* » et la femme « *enfantait dans la douleur* »[12]. Aujourd'hui, l'activité professionnelle est devenue pour chacun des membres du couple presque aussi importante que la vie familiale[13].

L'activité professionnelle d'une personne mariée pose en premier lieu le problème des revenus du travail, ou plus précisément le pouvoir d'un époux sur ses gains et salaires (§ 1). Celui de la propriété des économies et des autres biens qu'elles permettent d'acquérir relève du régime matrimonial et ne soulève de difficultés que pour la communauté. Elle suscite aussi deux autres problèmes, selon que l'époux exerce une profession distincte de celle de son conjoint (§ 2) ou collabore à son activité professionnelle (§ 3).

11. Art. 1096, al. 1 et 2, L. 26 mai 2004.
12. *Genèse*, 3, 6 et 19.
13. J. Savatier, « Vie de couple et rapports de travail », *Ét. G. Cornu*, PUF, 1994, p. 415 s.

§ 1. Gains et salaires

1816. Chacun pour soi. – L'attention pendant longtemps ne s'était portée que sur les gains et salaires perçus par la femme, en raison de la dépendance juridique dans laquelle la mettait le mariage jusqu'en 1965. Mais le pouvoir qu'avait le mari sur les salaires de sa femme a toujours aussi été limité par l'affectation aux charges du ménage des revenus professionnels. À quoi s'ajoutait une donnée sociologique ; traditionnellement, le mari remettait couramment son salaire à sa femme. Cependant, la tradition s'efface ; puisque désormais l'épouse perçoit souvent un salaire et le conserve, réciproquement, le mari conserve le sien plus souvent qu'autrefois. Chacun aspire à l'indépendance, nouvelle manifestation d'individualisme familial : « chacun pour soi ».

Sous l'empire du Code Napoléon, les produits du travail gagnés par la femme mariée étaient dépendants de son régime matrimonial. **1°** Dans la **communauté**, les gains et salaires de chaque époux étaient, en qualité de biens communs, soumis au pouvoir du mari ; en fait, la femme percevait les siens, en vertu du mandat tacite qu'elle était censée avoir reçu de son conjoint. **2°** Dans la **séparation de biens**, la femme pouvait librement dépenser et placer ses salaires ; mais étant incapable, elle ne pouvait disposer sans autorisation maritale des biens qu'elle avait acquis avec ses économies. **3°** La **loi du 13 juillet 1907** avait fait à cet égard abstraction des régimes matrimoniaux – elle était un embryon de régime primaire – et attribué à la femme la libre gestion des produits de son travail, tout en obligeant les deux époux à affecter leurs gains et salaires à l'entretien du ménage. **4°** La **loi du 13 juillet 1965** a généralisé la règle en conférant à chaque époux le pouvoir de percevoir ses gains et salaires et d'en disposer librement après s'être acquitté des charges du mariage (art. 223, dans la place que lui a donnée la loi du 23 décembre 1985) ; ce texte n'empêche pas que les économies faites sur les gains et salaires et les biens qu'elles ont permis d'acquérir constituent des biens communs dans le régime de communauté[14].

§ 2. Activité professionnelle indépendante

Il a longtemps existé une différence, que l'histoire supprime progressivement, entre l'activité professionnelle du mari et celle de la femme.

1817. 1° Le travail du mari. – Le mari a toujours librement exercé son activité professionnelle qui lui a permis et lui permet encore de subvenir aux charges de la vie conjugale.

La condition du mari commerçant a pendant longtemps été marquée de particularisme. Un commerçant marié sous le régime de séparation de biens est parfois tenté, pour soustraire ses biens aux poursuites de ses créanciers, de les faire acquérir au nom de son conjoint. Afin de déjouer cette fraude, le Code de commerce énonçait que les biens acquis pendant le mariage par l'épouse du commerçant étaient présumés avoir été acquis par le commerçant failli. Ce qu'on appelait la présomption mucienne (elle avait été à Rome consacrée par la loi de *Quintus Mucius*). En 1955, la présomption fut élargie en étant bilatéralisée. Au contraire, la jugeant trop rigoureuse, la loi du 13 juillet 1967 sur la « faillite » l'a supprimée. Par conséquent, désormais, si les créanciers prétendent que les biens du conjoint du commerçant ont été financés par leur débiteur, il leur appartient, par tous moyens, d'en faire la preuve (C. com., art. L. 621-112).

1818. 2° Le travail de la femme ; le mythe de la parité. – L'activité professionnelle de la femme a connu une longue histoire, longtemps plus sociologique et politique que juridique. Selon une tradition qui remonte à la nuit des temps, la femme mariée avait pour mission de tenir son foyer, parfois aussi de participer à la vie professionnelle de son mari, surtout à la campagne. Peu à peu, en raison des deux guerres mondiales, elle a eu de plus en plus souvent une activité

14. *Droit des régimes matrimoniaux*, coll. Droit civil.

professionnelle indépendante. Aujourd'hui, la majorité des femmes mariées (mais non toutes) exercent une activité professionnelle séparée de celle de leur mari.

L'égalité professionnelle des hommes et des femmes demeure un mythe ; l'activité professionnelle des femmes, bien qu'elle ne cesse de croître, demeure inférieure à celle des hommes, et, de plus, varie selon le nombre d'enfants qu'elles ont à leur charge. Quelques chiffres le démontrent. Leur taux d'activité est aujourd'hui de 80 %, alors que celui des hommes dépasse 95 % ; 20 % des femmes vivant en couple n'ont pas d'activité professionnelle, le taux est de 30 % lorsqu'elles sont chefs d'une famille monoparentale avec au moins deux enfants et de 45 % lorsqu'elles ont trois enfants. Lorsqu'elles travaillent, leur rémunération et la durée de leur activité sont en général inférieures à celles des hommes et donc leur retraite (inférieure à 42 %), etc. Le divorce pour altération définitive du lien conjugal peut avoir, à l'égard des femmes « répudiées », des conséquences dramatiques.

L'histoire de la condition juridique qu'a eue à cet égard la femme mariée peut être résumée en deux mots : « de la dépendance à l'indépendance ». Elle s'est accomplie en deux étapes : la première a abouti en 1942 à la suppression de l'autorisation maritale ; la seconde a entraîné en 1965 la suppression du pouvoir d'opposition maritale. Les règles juridiques ne doivent pourtant pas faire illusion : en fait, il était rarissime que les maris eûssent refusé leur autorisation ou se fûssent opposés à l'exercice par leur femme d'une profession séparée.

La loi de 1965 a supprimé le pouvoir d'opposition maritale ; pour rappeler la différence qui avait en un temps existé entre les professions civiles et commerciales, la règle figurait à la fois dans le Code civil (art. 223 anc., L. 13 juillet 1965) et le Code de commerce ancien (art. 5, L. 22 septembre 1942) ; la loi du 10 juillet 1982, en déterminant à quelles conditions un époux pouvait être commerçant (C. com., art. L. 121-3 nouv.), n'avait pas rappelé que la femme pouvait librement exercer le commerce, car le principe était acquis et le dualisme de sources avait donc disparu. La loi du 23 décembre 1985 en abrogeant l'article 5 a supprimé toute trace d'inégalités dans les textes. Sans doute, chaque conjoint tire-t-il de l'article 220-1 la possibilité d'obtenir du juge qu'il interdise que son époux mette en péril les intérêts de la famille en manquant gravement à ses devoirs ; ce qui pourrait s'appliquer à l'exercice par la femme de certaines professions. Cette mesure est bilatérale et temporaire et ne paraît pas être, en fait, utilisée.

§ 3. Collaboration entre époux

La femme collabore[15] souvent à l'activité professionnelle de son mari ; l'inverse aussi, plus rarement. Ce qui, depuis toujours, existe dans la vie rurale : le mari et la femme participent tous deux à leur exploitation agricole. Ou bien, dans le commerce et plus récemment dans les professions libérales : un époux participe à la gestion du commerce de son conjoint, ou l'épouse est secrétaire de son mari, ou avec lui, avocat ou médecin dans le même cabinet.

Pendant des siècles, il avait paru naturel que ce genre d'entraide conjugale fût accompli à titre gratuit, parce qu'il relevait de ce qu'on se devait entre époux, comme l'activité domestique. Le régime matrimonial et surtout le « non-droit » réglaient la question. Les choses ont changé depuis une cinquantaine d'années : il a semblé choquant, un peu par contrecoup de la Sécurité sociale, que la femme qui avait travaillé pour un tiers fut mieux traitée que celle qui avait assisté son mari. L'idée traditionnelle n'a cependant pas complètement disparu : l'exécution des charges normales du ménage n'a pas à être rémunérée.

Ces situations relèvent de deux types de règles. D'une part, celles qui présentent un caractère professionnel ; par des statuts spéciaux et élaborés, la loi a aménagé la condition des conjoints d'artisans, de commerçants ou d'exploitants ruraux (I). D'autre part, celles qui ont une portée générale régissent sans beaucoup de précision le travail entre époux (II).

15. **Étymologie :** du latin *cum + laboro, are* = travailler avec.

I. — Statuts professionnels

1819. Agricoles, artisanaux, commerciaux et libéraux. – Afin d'assurer l'égalité professionnelle entre l'épouse et son mari, la loi contemporaine a organisé les pouvoirs des conjoints sur certaines exploitations en utilisant le système de la représentation mutuelle pour les actes courants et, à un moindre degré, celui de la cogestion pour les actes graves. D'abord à l'égard des exploitations agricoles, puis des exploitations artisanales et commerciales (L. 4 juillet 1980 et 10 juillet 1982) enfin, des professions libérales (L. 17 janvier 2002)[16].

II. — Droit civil

1820. Contrat de travail. – Le travail entre époux peut être réglé par un contrat de travail. Pendant longtemps, le droit du travail avait paru incompatible avec l'esprit conjugal ; le lien de subordination qui le caractérise est d'une autre veine que les relations conjugales. De plus, le contrat de travail peut dissimuler une fraude, soit à la Sécurité sociale, soit au fisc.

On avait naguère hésité sur la validité du contrat ; maintenant, la question ne se pose plus puisque la loi du 10 juillet 1982 a prévu la faculté pour le conjoint d'artisan et de commerçant de participer à l'exploitation de son époux en qualité de salarié (cf. aussi C. trav., anc. art. L. 784-1). Pourtant, on voit difficilement s'appliquer à ces relations les règles sur les congés payés ou les licenciements.

1821. Absence de contrat de travail. – Même en l'absence de contrat de travail, le fonctionnement de la communauté permet à la femme de profiter des plus-values apportées à un bien commun et résultant de sa collaboration à l'activité professionnelle du mari : la femme est alors rémunérée de son activité puisqu'à la dissolution du régime, elle aura droit à la moitié des biens communs ; les richesses créées par un époux pendant le mariage constituent des biens communs. Elle profite même exclusivement des plus-values apportées à ses propres biens.

Le régime matrimonial ne lui confère aucun droit lorsque le bien pour lequel elle apporte son concours au mari est un bien du mari (propre dans la communauté, ou personnel dans la séparation de biens). La règle est devenue choquante. Injustice que la jurisprudence a partiellement corrigée de trois manières.

1822. Action *de in rem verso* ; donations ; société de fait. – **1)** Après la rupture du mariage, les tribunaux accordent parfois à l'épouse laborieuse une indemnité fondée sur l'enrichissement sans cause, dans la mesure où la participation à l'activité professionnelle de son mari « *est allée au-delà de son obligation de contribuer aux charges du ménage* »[17]. Cette expression relève du standard juridique ; aucun critère précis ne permet de déterminer ce qui est en deçà et au-delà des charges du ménage[18]. L'activité ménagère de la femme au foyer ne peut constituer

16. *Droit des régimes matrimoniaux*, coll. Droit civil.

17. Ex. : * Cass. civ. 1re, 30 mai 1979, *Bull. civ.* I, n° 161 ; *Defrénois* 1980, art. 32174, 2e esp., n. A. Ponsard ; art. 32348, n° 48, obs. J.-L. Aubert : « *Une indemnité d'enrichissement sans cause ne peut être due à la femme mariée en raison d'une activité ayant profité au mari que dans la mesure où, compte tenu de l'importance de cette activité, elle est allée au-delà de ses obligations de contribuer aux charges du ménage* ».

18. Ex. : Pour une femme d'avocat, le fait de répondre de temps à autre au téléphone relève de l'obligation conjugale ; non celui de rédiger les conclusions de manière habituelle ; cf. Cath. PHILIPPE,

un enrichissement sans cause, même si elle dépasse trente-cinq heures hebdomadaires ; ce genre de comptabilité anéantirait l'esprit conjugal et rendrait infernale la vie commune.

Ce ne sont pas seulement les cas d'action *de in rem verso* qui s'accroissent, mais aussi l'étendue de l'indemnité qu'elle fait naître. Alors qu'en général, cette action est soumise au nominalisme monétaire, la Cour de cassation décide que, comme une dette de valeur, l'appauvrissement et l'enrichissement sont, dans les relations conjugales, évalués au jour de la demande en divorce *« en raison de l'impossibilité morale pour la femme d'agir antérieurement contre son mari »*[19].

Le fait que le mariage ait été dissous par le divorce et qu'une prestation compensatoire ait été accordée n'empêche pas qu'un époux puisse, lors du divorce, obtenir aussi une indemnité fondée sur l'enrichissement sans cause, car elle n'a pas le même objet que la prestation compensatoire, sauf si celle-ci l'avait prise en compte, ce qui est l'hypothèse la plus courante[20].

2) Les tribunaux ont également connu de la question à l'occasion de litiges relatifs aux donations consenties au conjoint : donation de sommes d'argent, naguère soumise à la libre révocabilité des donations entre époux (art. 1096 anc.) ou donation déguisée (acquisition d'un bien au nom des deux conjoints avec des deniers qui auraient été fournis par un seul, par exemple) que l'article 1099, alinéa 2 ancien, du Code civil déclarait nulles. Pour éviter que l'époux gratifié, notamment l'épouse séparée de biens, ne fût finalement dépouillé par les prétendus donateurs, la jurisprudence a admis qu'il n'y avait pas intention libérale, donc pas de donation, donc pas de révocabilité ni de nullité, si la collaboration de la femme gratifiée à l'activité professionnelle du mari avait excédé ce qui était dû au titre de sa contribution aux charges du mariage[21] : on a parlé de « donation rémunératoire »[22].

Le raisonnement a été étendu aux hypothèses où par l'importance et la qualité de son travail domestique, la femme avait permis au mari de réaliser des économies[23]. Il a même été admis que cette rémunération pouvait concerner le travail futur du conjoint[24]. Enfin, pour faciliter la

---

Le devoir de secours et d'assistance entre époux. Essai sur l'entraide conjugale, thèse, Strasbourg, LGDJ, 1981, sp. p. 78-110 ; A. Sinay-Citermann, « Enrichissement sans cause et communauté de vie ; incidences de la loi du 10 juillet 1982 », *D.* 1983, chron. 159-164. Pour une vision générale, A. Gouttenoire-Cornut, « Collaboration familiale et enrichissement sans cause », *Rev. dr. fam.* 1999, chron. n° 19 et réf. cit.

19. * Cass. civ. 1re, 26 octobre 1982, *Perrin*, *Bull. civ.* I, n° 302 ; *D.* 1983, IR, 22 ; *JCP* G 1983.II.19992, n. Fr. Terré ; *Defrénois* 1983, art. 33033, n° 36, p. 474, obs. G. Champenois : *« en raison de l'impossibilité pour la femme d'agir antérieurement »* ; v. *Les obligations*, coll. Droit civil.

20. Cass. civ. 1re, 5 avril 1993, *Bull. civ.* I, n° 139 ; *D.* 1993, IR, 115 : *« si, en principe, l'octroi d'une prestation compensatoire par le juge du divorce ne rend pas irrecevable l'action* de in rem verso *engagée par le bénéficiaire de cette prestation pour l'indemnisation de son appauvrissement résultant de sa participation bénévole à l'activité professionnelle de son ancien conjoint, il en va différemment lorsque le jugement de divorce prend en compte cet appauvrissement en vue de l'évaluation de la prestation compensatoire »*.

21. Cass. civ. 1re, 10 juillet 1979, *Defrénois* 1980, p. 44, (3e esp.), n. A. Ponsard.

22. Sur l'ensemble de la question, cf. J. Flour et G. Champenois, n° 737, F. Terré et Ph. Simler, n° 800.

23. Ex. : Cass. civ. 1re, 20 mai 1981, *Bull. civ.* I, n° 175 ; *Defrénois* 1981 ; obs. G. Champenois : *« l'activité de l'époux séparé de biens dans la gestion du ménage et la direction du foyer peut, quand en raison de son importance excédant la contribution aux charges du mariage et de sa qualité, elle a été pour son conjoint une source d'économies, constituer la cause de versements de fonds faits par celui-ci au nom dudit époux à l'occasion d'achats de biens faits indivisément par les deux »*.

24. Cass. civ. 1re, 9 novembre 1993, *Bull. civ.* I, n° 317 ; *Defrénois* 1994, p. 443, obs. G. Champenois ; *JCP* 1994.II.22300, note Cath. Philippe ; *RTD civ.* 1995, 173, obs. B. Vareille : en l'espèce, le mari ne prouvait pas son intention libérale *« puisqu'il avait pu vouloir rétribuer à l'avance, la collaboration à la bonne marche de l'exploitation qu'il escomptait de son épouse et qui allait être effective pendant toute la durée de la vie commune »*.

requalification en donation rémunératoire, la Cour de cassation, renversant la charge de la preuve, tend à imposer au mari d'apporter la preuve de son intention libérale[25], à condition que l'épouse gratifiée ne se soit pas contentée de faire ce que les époux se doivent l'un à l'autre[26].

3) La jurisprudence admet aussi l'existence d'une société créée de fait entre époux si les conditions en sont réunies : *affectio societatis*, mise en commun de biens ou d'activités et participation de chaque époux aux profits et aux pertes[27].

Le problème se pose de la même manière dans l'union libre, tout au moins pour l'enrichissement sans cause et la société de fait, non pour la donation (le fait d'être déguisée ne l'a jamais rendu nulle).

Section III
DEVOIRS PÉCUNIAIRES ENTRE ÉPOUX

Les devoirs pécuniaires entre époux ont une énergie et une forme particulières ; ils sont mentionnés par la loi à deux reprises et sous des noms différents : le devoir de secours (art. 212) et l'obligation de contribuer aux charges du mariage (art. 214). La teneur de ces obligations sera examinée après avoir décrit l'évolution du droit en la matière et recherché s'il énonce une ou deux obligations.

1823. Évolution. – L'article 212 n'a pas été modifié depuis 1804, au contraire de l'article 214 qui a été plus tourmenté et a connu quatre rédactions successives. 1) Dans le Code Napoléon, le texte prévoyait une obligation unilatérale pesant sur le mari[28]. 2) La loi de 1942 en a fait une obligation réciproque, pesant sur les époux « *en proportion de leurs facultés respectives* », si le contrat de mariage n'avait pas organisé d'autres modalités de contribution (al. 1) ; les deux alinéas suivants en discriminaient le régime ; sur le mari pesait l'obligation « *principale* » : « *fournir à la femme tout ce qui est nécessaire pour les besoins de la vie, selon ses facultés et son état* » (al. 2), ce qui signifiait que le mari devait assurer à la femme une condition égale à la sienne ; la femme s'acquittait de son obligation « *par ses apports en dot ou en communauté* ». 3) À quoi la loi de 1965 avait ajouté « *par son activité au foyer ou sa*

25. Cass. civ. 1re, 19 mai 1976, *Bull. civ.* I, n° 183 : « *la cour d'appel, pour décider que R. n'apportait pas la preuve, qui lui incombait, de l'intention libérale qu'il aurait eue en remettant les fonds à sa femme, a considéré, appréciant souverainement les preuves qui lui étaient soumises, que cette remise de fonds pouvait constituer un supplément de rémunération pour la collaboration professionnelle de dame R. ou le versement de la contribution de R. aux charges du mariage* ».

26. Ex. : Cass. civ. 1re, 3 mai 1977, *Bull. civ.* I, n° 200, « *la contribution effective de la femme aux charges du mariage* (femme au foyer) *ne constituait pas la contrepartie des avances qui lui avaient été consenties par le mari* ».

27. Ex. : Cass. civ. 1re, 12 novembre 1998, *JCP* G 1999.I.154, n° 4, obs. M. Storck : en l'espèce, l'épouse qui collaborait à l'exploitation d'un hôtel dont le mari était propriétaire, demandait à bénéficier de l'enrichissement procuré à celui-ci ; refus des juges du fond, approuvés par la Cour de cassation, au motif qu'elle n'avait pas assumé le risque financier puisqu'elle n'avait pas participé à la conclusion des emprunts nécessaires à l'exploitation : il n'y avait donc pas de volonté de s'associer. À l'inverse, la première chambre civile de la Cour de cassation (21 octobre 1997, *JCP* G 1999.I.154, n° 18, obs. M. Storck ; *RTD civ.* 1998, 731, obs. B. Vareille ; *Rev. dr. fam.* 1998 (1), n° 15) approuve les juges du fond d'avoir retenu la qualification de société créée de fait car après avoir constaté que les époux, qui avaient créé et développé en commun un élevage de chevaux de courses, avaient pour les besoins de cette activité, conclu des baux, souscrit plusieurs emprunts et partagé les bénéfices, la cour d'appel a relevé que les époux avaient mis en commun les revenus de l'exploitation et acquis, en indivision, une maison d'habitation.

28. Art. 214 ancien : « .. *le mari est obligé de la* (la femme) *recevoir et de lui fournir tout ce qui est nécessaire pour les besoins de la vie, selon ses facultés et son état* ».

collaboration à la profession de son mari ». 4) La loi de 1975 a supprimé les deux alinéas de discrimination entre le mari et la femme (al. 2 et 3 anc.).

1824. Contribution aux charges du mariage et devoir de secours. – Aujourd'hui, on débat surtout d'une question technique : quels sont les rapports entre le devoir de secours entre époux et l'obligation de contribuer aux charges du ménage, savoir s'il y a unité ou dualisme entre eux ? Pendant longtemps, le problème était resté inaperçu, ce qui, implicitement, était admettre l'unité. La doctrine estimait autrefois que la contribution aux charges du ménage était l'expression du devoir de secours, qui lui-même était la forme entre époux de l'obligation alimentaire[29]. Au contraire, les auteurs contemporains ont fait de grands efforts pour les distinguer ; ils ne sont pas parvenus à beaucoup d'homogénéité.

Selon la doctrine dominante, le devoir de secours serait une obligation alimentaire, qui suppose donc qu'un époux soit dans le besoin, tandis que la contribution aux charges du mariage ne dépendrait que des ressources du débiteur[30] : comme le mot l'indique, le devoir de secours a un côté misérabiliste – le minimum vital – tandis que la contribution aux charges du mariage peut permettre à un époux, si son conjoint en a les ressources, de vivre dans le luxe et l'agrément. On pourrait aussi penser que la contribution aux charges du mariage aurait pour objet les situations normales, tandis que le devoir de secours interviendrait dans les situations de crise (cf. art. 270, anc., L. 1975 : survie du devoir de secours dans l'ancien divorce pour rupture de la vie commune) ; ou bien encore que la contribution aux charges est un effet spécifique du mariage à l'égard de la famille prise dans son ensemble et serait donc lié au régime matrimonial, tandis que le devoir de secours n'aurait pour objet que les relations entre époux et serait une application de l'obligation alimentaire.

On peut plutôt estimer, comme un auteur l'a montré[31], que ce sont deux notions identiques, qui constituent la même expression d'une obligation plus générale, le devoir d'entraide entre époux ; elles se dissocient nettement de l'obligation alimentaire ordinaire.

1825. Contenu et exécution, charges du mariage. – Habituellement, la communauté, régime matrimonial le plus répandu, supporte les charges du ménage. Lorsque le régime matrimonial n'y suffit pas, il faut faire appel à l'obligation personnelle de chaque époux. Le contenu n'en est pas nettement déterminé. Les dépenses qu'appelle normalement la vie familiale dépendent en effet du train de vie du ménage, ce qui lui donne des traits communs et des traits différents d'avec l'obligation alimentaire sur le calcul des ressources de l'époux débiteur.

29. Aubry et Rau, t. VII, 7e éd., 1962, par P. Esmein, nos 96 et 97.
30. J. Carbonnier, p. 43 ; * Cass. civ. 1re, 23 juin 1970, *dame Le Plénier*, cité *infra*.
31. C. Philippe, *op. cit.*, *supra*, p. 53 s.

Les charges du mariage sont d'abord constituées par les dépenses alimentaires au sens habituel du terme : la nourriture[32], le logement[33], l'habillement[34], la santé[35], le loisir, et sont donc soumises au même régime d'indexation[36]. Mais elles sont plus qu'une obligation alimentaire ; la contribution aux charges du mariage fait peser sur le conjoint débiteur – celui qui a l'essentiel des ressources, généralement le mari – le devoir d'assurer à son époux une condition égale à la sienne et d'assumer le train de vie du mariage, alors que dans l'obligation alimentaire n'apparaît nullement cette nécessité d'égalité entre le créancier et le débiteur. En d'autres termes, selon une expression souvent adoptée par la Cour de cassation, la contribution aux charges du mariage ne suppose pas chez le créancier un état de besoin[37] et peut donc couvrir des dépenses d'agrément : ce n'est pas un secours que doit l'époux débiteur. La convention peut en fixer l'étendue ; elle peut être modifiée par le juge sauf si, par extraordinaire, elle est une clause du contrat de mariage[38], où son changement serait soumis à l'article 1397.

Son régime est différent de celui de l'obligation alimentaire : par exemple, la règle « *aliments ne s'arréragent pas* » ne s'applique pas[39]. De même, alors que n'existe pas de hiérarchie entre les

32. Cass. civ. 1re, 13 octobre 1992, *Bull. civ.* I, n° 251 ; *JCP* G 1993.II.22047, n. J. Hauser ; v. aussi, pour cet arrêt, *infra*.

33. Ex. Cass. civ. 1re, 15 mai 2013, n° 11-26.933, *Bull. civ.* I, n° 94 ; *JCP* G 201.729, n° 15, obs. M. Storck ; *RTD civ.* 2013, 382, obs. J. Hauser : « *après avoir relevé (...) que l'immeuble indivis constituait le logement de la famille, la cour d'appel a pu décider que le paiement des dépenses afférentes à l'acquisition et à l'aménagement de ce bien participait de l'exécution par le mari de son obligation de contribuer aux charges du mariage* ». Cette compréhension large des charges du mariage a été critiquée : A. Karm, « Financement du logement de la famille et contribution des époux aux charges du mariage », *in Mélanges R. Le Guidec*, Lexis-Nexis, 2014, p. 89 et s. V. aussi G. Champenois et N. Couzigou-Suhass, « Contrat de mariage et charges du mariage », *Defrénois* 2015.367.

34. Cass. req., 31 octobre 1934, *DP*, 1935.I.73, n. M. Nast : « *Pour condamner la demanderesse au pourvoi* (l'épouse) *conjointement et solidairement avec S* (son mari), *qu'elle a épousé sous le régime de la séparation de biens, à payer à V, tailleur, la somme de 9 400 F, montant de fournitures de vêtements faites à son mari, l'arrêt attaqué* [...] *constate souverainement que si, à la vérité, celui-ci est sans ressources personnelles, la fourniture dont le paiement est réclamé n'était cependant pas hors de proportion avec son genre de vie qui est luxueux.* »

35. Ex. frais d'hospitalisation : Cass. civ. 1re, 17 décembre 2014, n° 13-25.117, *JCP* G 2015.709, n° 1, obs. G. Wiederker... de pension dans une maison de personnes agées : Cass. civ. 1re, 9 avril 2015, n° 14-15.536, *ib.*

36. Cass. civ. 1re, 16 juillet 1986, *Bull. civ.* I, n° 208 ; *D.* 1986, IR, 311 ; *Defrénois* 1986, art. 33821, n° 99, obs. J. Massip : « *Si la contribution aux charges du mariage est distincte, par son fondement et son but, de l'obligation alimentaire, elle n'en doit pas moins être regardée comme une dette d'aliments au sens de l'article 79, alinéa 1, de l'ordonnance du 30 décembre 1958 ; le montant de la contribution peut donc être indexé sur l'indice des prix à la consommation.* »

37. Ex. : * Cass. civ. 1re, 23 juin 1970, *dame Le Plénier*, *Bull. civ.* I, n° 220 ; *D.* 1971.102 : « *Il résulte de* (l'art. 214) *que chacun des époux est tenu de contribuer aux charges du ménage selon ses facultés, même si son conjoint n'est pas dans le besoin* » ; en l'espèce, le mari qui avait des ressources, a été obligé de participer à l'entretien des immeubles de sa femme séparée de fait, bien qu'elle ne fût pas dans le besoin.

38. Cass. civ. 1re, 3 février 1987, *Bull. civ.* I, n° 41 ; *Defrénois* 1987, art. 33978, n° 34, p. 765, obs. J. Massip ; *JCP* G 1987.IV.120 : « *L'engagement pris par un époux et accepté par l'autre, en dehors du contrat de mariage, pour déterminer la contribution aux charges du ménage, est valable et, en conséquence, son exécution peut être demandée en justice, sous réserve de la possibilité pour chacun des époux d'en faire modifier le montant à tout moment en considération de la situation des parties.* »

39. Ex. : Cass. civ. 1re, 9 mai 1967, *Bull. civ.* I, n° 160 : « *La contribution aux charges du ménage* [...] *est distincte par son fondement et par son but de l'obligation alimentaire ; les époux doivent contribuer aux charges du ménage même lorsque leur conjoint n'est pas dans le besoin ; ainsi, la règle "aliments ne s'arréragent pas" fondée sur la présomption selon laquelle le créancier qui ne réclame pas les termes échus de la pension est considéré comme à l'abri du besoin est sans application en ce qui concerne la contribution aux charges du ménage* » ; v. *supra*, n° 1758.

débiteurs alimentaires, le devoir de secours et la contribution aux charges du mariage passent avant les obligations alimentaires.

Pendant la vie commune, le devoir de secours et la contribution aux charges du mariage s'exécutent sans qu'on s'en rende compte, par le partage des ressources qu'impose la vie en commun. En cas d'inexécution, l'exécution forcée est facilitée : la notification de la décision du JAF au conjoint et à ses débiteurs vaut ordre de payement direct (C. pr. civ., art. 1069-5) ; quand cette procédure s'engage, en général le divorce n'est pas loin. Cette dette est fortement garantie : les époux sont solidairement tenus des dettes ménagères (art. 220).

1826. Séparation de fait. – L'obligation est maintenue, en principe, pendant la séparation de fait[40] ; c'est alors qu'elle est le plus utile. Puisque la vie commune a cessé, un conjoint, généralement la femme et les enfants, sont privés du partage des ressources qui résultait de la cohabitation quotidienne ; l'entretien s'exécute sous forme de pension alimentaire. Un argument de texte justifie la solution : l'article 214 se réfère « *aux charges du mariage* », état de droit, non à celles du « ménage », état de fait impliquant une communauté de vie.

Toutefois, par une sorte d'exception d'inexécution, le conjoint responsable de la séparation perd son droit à l'entretien[41], tout en demeurant tenu de son obligation : il a violé les obligations du mariage. La responsabilité conjugale réapparaît donc, comme dans le divorce. Le devoir de secours subsiste aussi pendant l'instance en divorce, même si le juge ne l'a pas dit. *Sur l'obligation d'entretien à l'égard des enfants*[42].

Section IV
POUVOIRS PÉCUNIAIRES DES ÉPOUX

1827. Les besoins du ménage ; un en deux. – Le mariage entraîne un cortège de conséquences importantes pour les intérêts pécuniaires des époux. Non seulement, la vie conjugale crée inévitablement entre les époux une communauté d'intérêts, mais aussi dans leur situation à l'égard des tiers, ils ne peuvent avoir la même condition que s'ils étaient célibataires. La vie familiale crée des besoins pressants, « les besoins du ménage », auxquels les biens des époux sont affectés, ce qui retentit sur les droits des tiers, qui dépendent de la mesure dans laquelle les époux peuvent disposer de leurs biens.

Deux traits ont longtemps caractérisé l'attitude de notre droit sur cette question. D'une part, elle relevait surtout des régimes matrimoniaux : la communauté conjugale, notamment, était une sorte de banque ménagère destinée à pourvoir aux dépenses quotidiennes de la famille, en

40. * Cass. civ. 1re, 6 janvier 1981, *dame Crosnier de Bellaistre, Bull. civ.* I, n° 6 : « *L'action en contribution aux charges du mariage n'implique pas l'existence d'une communauté de vie entre les conjoints, sauf la possibilité pour les juges du fond, de tenir compte, à cet égard, des circonstances de la cause.* »

41. Ex. *:* Cass. civ. 1re, 16 février 1983, *Bull. civ.* I, n° 67 ; *D.* 1984.38 ; *Defrénois* 1983, art. 33173, obs. J. Massip : a perdu son droit à pension la femme qui avait refusé de revenir au domicile conjugal sans avoir eu de griefs justifiés à faire valoir contre son mari, sauf du genre de « je ne t'aime plus », « tu m'ennuies », « c'est comme ça et pas autrement », etc. Les griefs justifiés sont les faits rendant la cohabitation moralement et physiquement impossible, c'est-à-dire des faits qui auraient constitué des fautes cause du divorce.

42. *Supra,* n° 1781.

même temps qu'elle dispensait les époux d'une comptabilité conjugale fastidieuse et impossible. D'autre part, l'ensemble du patrimoine conjugal était soumis au principe de la prédominance maritale, combinée avec l'incapacité de la femme mariée. Le mari avait donc la direction pécuniaire du ménage ; les régimes matrimoniaux, particulièrement la communauté, lui conféraient des pouvoirs étendus. L'épouse n'avait pas de capacité ; elle ne pouvait agir sur ses propres qu'avec l'autorisation de son mari ; elle n'avait pas non plus de pouvoir direct sur la communauté et n'avait d'action sur elle qu'en représentant son mari.

Ce système de droit ne pouvait convenir aux transformations de notre culture et de ses structures familiales. Un aspect important de l'évolution contemporaine de la civilisation occidentale a été précisément d'accroître les pouvoirs accordés à la femme. Son rôle dans la famille comme épouse et comme mère s'est considérablement développé dans les relations personnelles comme dans les rapports pécuniaires. À quoi s'ajoute l'activité professionnelle qu'un nombre croissant de femmes exercent en dehors du foyer. L'unité des époux que doit réaliser le mariage ne consiste pas à faire absorber une personnalité dans celle de l'autre : elle tend à être un en deux.

La sociologie moderne, reprenant de vieilles idées, souligne l'altérité qui existe entre époux. Les époux sont différents et il ne faut pas confondre les différences et les discriminations. Mais l'altérité ne signifie pas l'inégalité et le maintien de la femme à la cuisine (cf. la théorie allemande des trois K : *Kirche*, église ; *Kinder*, enfants ; *Küche*, cuisine)[43].

La législation a progressivement exprimé l'ampleur de ces transformations. Le 18 février 1938, elle a donné pleine capacité à la femme mariée, mais est restée ineffective, parce qu'elle n'avait pas touché aux pouvoirs qui relevaient du régime matrimonial.

1828. Capacité et pouvoirs. – Il faut en effet distinguer la capacité et le pouvoir. La capacité est l'aptitude à faire des actes juridiques valables. Le pouvoir est l'aptitude à engager des biens par ses actes. Des biens, ce peuvent être ses propres biens, ce qui est le cas normal, ou ceux des autres, ce qui est le cas du mandataire ou, d'une manière plus générale, des administrateurs du patrimoine d'autrui.

Les auteurs classiques voient un peu autrement la différence entre la capacité et les pouvoirs : la capacité serait l'aptitude à exercer ses propres droits, le pouvoir, l'aptitude à exercer ceux d'autrui[44]. Depuis 1938, la femme était devenue capable : ses actes étaient valables sans qu'il lui fût nécessaire d'être autorisée par son mari. Mais si elle était mariée sous le régime de la communauté, elle n'avait le pouvoir d'engager aucune espèce de bien, sauf la nue-propriété de ses propres, si elle n'avait eu l'accord du mari. Ce fut une des raisons pour lesquelles la loi de 1938 fut ineffective ; aucun tiers ne voulait contracter avec la femme s'il n'avait eu l'accord exprès ou tacite du mari, parce que si la femme n'exécutait pas spontanément son obligation, le tiers n'aurait pu saisir que la nue-propriété de ses biens propres.

Les lois du 13 juillet 1965 et du 23 décembre 1985, afin d'assurer une indépendance effective à la femme et une égalité entre les époux, lui ont conféré les pouvoirs qu'elle n'avait pas jusqu'alors.

1829. Règles « séparatistes » et « communautaires ». – Dans les relations pécuniaires, comme dans les rapports personnels, la vie commune crée entre les

---

43. J. Carbonnier, *Flexible droit*, 10e éd., LGDJ, 2001, *V^is Famille, législation et quelques autres*, p. 275 et s., sp. p. 284.

44. E. Gaillard, *Le pouvoir en droit privé*, Thèse Paris II, Economica, 1985, préf. G. Cornu, nos 64-76.

époux une interdépendance qui ne doit pas affecter l'indépendance de chacun d'eux ; dans l'ordre des relations pécuniaires, c'est la difficulté que doit résoudre le régime primaire[45] : assurer l'union dans la liberté, l'interdépendance dans l'indépendance. Il y a une place pour l'interdépendance – ce sont les règles d'esprit communautaire – ; il y a une place pour l'autonomie – ce sont les règles d'esprit séparatiste.

Deux types de règles tendent à y parvenir. Les unes ont un esprit communautaire, en associant d'une manière ou d'une autre les deux époux à la gestion du mariage (§ 1) ; les autres ont un esprit séparatiste, en assurant à chaque époux son indépendance par une présomption de pouvoirs (§ 2). Mais il y a deux façons d'être communautaire comme d'être séparatiste. Il existe donc quatre procédés de répartition des pouvoirs pécuniaires, ayant chacun leurs avantages et leurs inconvénients.

D'une part, l'esprit « communautaire » peut être compris de deux manières. Soit en donnant à un seul conjoint – le mari – un pouvoir exclusif pour tous les actes ou seulement pour les plus graves : tel était le système traditionnel de la communauté qu'on a radicalement abandonné depuis 1965. Soit en exigeant l'accord des deux époux : tel est le système de la cogestion, dite encore gestion en main commune. D'autre part, l'esprit « séparatiste » aussi peut être compris de deux manières. Ou bien, chaque époux n'a de pouvoirs que sur ses biens personnels et sur ceux qui ont été acquis de son chef : c'est le régime de la séparation des pouvoirs. Ou bien, au moins pour un certain nombre d'actes, chacun des époux a des pouvoirs égaux et concurrents sur les biens du ménage ; tel est le système de la représentation mutuelle. Quatre systèmes, que peuvent encore modifier les mécanismes de représentation conventionnelle ou judiciaire et de présomption légale de pouvoirs.

§ 1. Pouvoirs d'esprit communautaire

1830. Dépenses masculine et féminine. – Étudier les pouvoirs pécuniaires des époux est rechercher quels biens chacun peut engager par ses actes. Ce qui ne soulève pas de difficultés majeures pour le mari : il a toujours eu les pouvoirs les plus importants sur ses biens et même autrefois certains pouvoirs sur les biens de la femme et sur la communauté. La question intéresse surtout la femme, parce qu'elle a longtemps eu une condition juridique inférieure qui ne l'a pourtant jamais empêchée d'avoir constamment certains pouvoirs propres.

Dans tous les pays d'Europe occidentale, la femme a toujours eu l'initiative sur certaines dépenses ménagères, « le royaume de la femme », soit par le maniement des deniers que lui remet volontairement le mari, soit, s'il ne le fait pas, par la possibilité d'acheter à crédit. Toutes les dépenses du ménage ne sont pourtant pas engagées par la femme. Il en est d'autres qui relèvent du mari seul ; d'autres encore qui résultent de l'accord du mari et de la femme. Ce qui confirme l'« altérité » des époux[46]. Une enquête d'opinion avait été faire à cet égard, il y a plus de cinquante ans[47]. Comme toujours dans la sociologie, ses résultats sont incertains et liés à une situation économique en voie de transformation : de plus en plus de femmes mariées exercent une profession hors de leur foyer. L'idée générale est cependant constante : il existe des dépenses typiquement féminines, d'autres qui relèvent du mari et d'autres de leur décision commune.

Les règles de droit répondent à peu près à cette situation de fait ; elles traduisent une différence entre les dépenses courantes, les « dépenses ménagères »,

45. *Supra*, n° 1818.
46. *Supra*, n° 1827.
47. Chombard de Lauwe, *La femme dans la société française*, Paris, 1963.

soumises à un régime de solidarité (I), et les actes les plus graves, ceux qui sont relatifs au logement familial, soumis à un régime de cogestion (II).

I. — Dépenses ménagères et solidarité

Dans les pays germaniques, on reconnaît à la femme un pouvoir propre d'engager les dépenses du ménage, le *Schlüsselgewalt :* le pouvoir des clés[48]. Notre droit a suivi successivement deux autres voies : le pouvoir de représentation (la théorie du mandat de la femme), puis l'engagement solidaire.

Pendant le XIXe siècle, la jurisprudence avait créé la théorie du mandat tacite de la femme mariée que la loi avait consacrée en 1942 : la femme était censée avoir reçu un mandat du mari pour les dépenses de la vie courante, ce qui produisait deux conséquences : l'engagement du mari par les actes ménagers de sa femme et son pouvoir de révocation. La loi de 1965 a substitué à ce système un engagement solidaire des époux (art. 220). Cependant, le principe est parfois écarté par le juge et par la loi.

1831. Principe et exceptions. – **1°** Le **principe** est que tout acte fait par un époux et ayant pour objet l'entretien du ménage ou l'éducation des enfants engage solidairement les deux conjoints, même si la solidarité n'a pas été expressément stipulée, même si l'engagement n'a pas été conjoint : il y a une solidarité légale[49]. Le créancier peut donc réclamer la totalité du paiement à chacun des deux époux, ce qui renforce le crédit du ménage et surtout celui de la femme.

Les actes « ménagers » sont les actes de gestion courante, relatifs à ce qui est nécessaire à la vie[50], sans distinguer entre l'entretien actuel et futur[51] ; ainsi en est-il des loyers[52] et des charges

---

48. *Les personnes*, coll. Droit civil.

49. Cass. civ. 1re, 11 janvier 1984, *Bull. civ.* I, n° 13 ; *Defrénois* 1984, art. 33354, n° 69, 1re esp., obs. G. Champenois : « *toute dette contractée pour l'entretien du ménage ou pour l'éducation des enfants oblige solidairement les deux époux et il importe peu qu'ils aient contracté ensemble ou qu'un seul se soit engagé* ».

50. Ex. : Cass. civ. 2e, 10 juillet 1996, *Bull. civ.* II, n° 204 ; *JCP* G 1996.IV.2091 : dépenses hospitalières d'un enfant : « *une dette contractée par un époux pour assurer à l'un des enfants des soins et un séjour hospitalier oblige solidairement l'autre époux* » ; plus prosaïquement, Cass. civ. 1re, 15 novembre 1994, *Bull. civ.* I, n° 333 ; *D.* 1995, IR, 6 : abonnement téléphonique, Soc., 8 juin 2005, *JCP* G 2006 I.I. 141 obs. G. Wiederkehr, indemnités versées à une employée de maison abusivement licenciée, peu important que son embauche par l'épouse ait été antérieure ou non à la séparation des époux avant divorce, la solidarité subsistant jusqu'à la transcription du divorce.

51. Ex. : cotisations d'assurance-vie : Cass. soc., 5 mai 1995, *Bull. civ.* V, n° 142 ; *D.* 1995, IR, 143 : « *ayant pour but de permettre au titulaire de la pension d'assurance, après la cessation de son activité professionnelle, l'entretien du ménage, le versement des cotisations d'assurance-vieillesse constitue* [...] *une dette ménagère* » : mais Cass. civ. 1re, 16 avril 1996, *D.* 1996, IR, 127 ; n.p.B. : ne sont pas une dette ménagère les cotisations dues à une société mutuelle ayant pour objet de verser une rente personnelle au titulaire (le mari), non réversible au conjoint.

52. Cass. civ. 1re, 13 octobre 1992, *Bull. civ.* I, n° 251 ; *JCP* G 1993.II.22047, n. J. Hauser ; *Defrénois* 1993, article 35572, n° 42, obs. J. Massip : tant que le mariage n'est pas rompu, et même pendant l'instance en divorce, le mari demeure solidairement tenu des loyers, même s'il a donné congé au bailleur ; après la transcription du jugement de divorce, la solidarité disparaît ; celle-ci ne peut jouer dans le cas d'un bail conclu par le mari pour son usage exclusif après l'ordonnance de non-conciliation ayant autorisé les époux à résider séparément, ce bail n'étant pas destiné à l'entretien du ménage (Cass. civ. 2e, 24 novembre 1999, *Bull. civ.* II, n° 173 ; *JCP* G 2000.II.10284, n. J. Casey).

légales, bien que le texte ne parle que de contrats[53], non des dépenses d'investissement[54] qui par définition ne sont pas habituelles.

2° Par **exception**, chaque époux peut faire retirer par le juge les pouvoirs ménagers de son conjoint qui en aurait usé d'une manière contraire à l'intérêt de la famille (art. 220-1). Cette règle n'est efficace que si le retrait de pouvoirs est porté à la connaissance des tiers et l'on retrouve les mêmes difficultés que celles qui étaient apparues au XIXe siècle pour la révocation de l'ancien mandat tacite de la femme mariée : il faut une notification individuelle du retrait de ces pouvoirs à tous les fournisseurs éventuels du ménage.

En outre, et c'est là une autre exception, les dépenses excessives eu égard au train de vie du ménage (l'appréciation en est relative), les emprunts, sauf s'ils sont modestes[55] et tous les achats à tempérament, même s'ils sont modestes[56] ne donnent pas lieu à engagement solidaire (art. 220, al. 3). Ce qui signifie que si l'acte qui les fait naître n'est fait que par un époux, il est valable, mais n'oblige que l'époux qui l'a conclu ; il n'engage les deux époux que s'ils y ont tous deux consenti. La règle a suscité une abondante jurisprudence relative notamment à la qualification de dépenses *excessives*, d'achats à tempérament et d'emprunts *modestes*[57].

La solidarité de la dette permet à un créancier de demander à un époux le paiement de sa totalité ; elle n'intéresse pas le recours de l'époux qui a tout payé, dont l'étendue dépend des ressources respectives des époux[58], comme dans toutes les obligations alimentaires[59].

53. Ex. : Cotisations dues aux organismes de prévoyance sociale : Cass. civ. 1re, 18 février 1992, *Bull. civ.* I, n° 53 ; *D.* 1993, somm. 217 ; *JCP* G 1993.II.22084, n. D. Noguerol ; constitue une dette ménagère solidairement due par les deux époux « *un arriéré de cotisations obligatoires, restant dues par le mari, au titre d'un régime légal d'assurances, dont l'objet est de satisfaire les besoins ordinaires du ménage, en cas de réalisation des risques qu'il couvrait* » ; cf. aussi Cass. civ. 1re, 10 mars 1998, *D.* 1998, IR, 94 (cotisations de retraite). Mais pour qu'il y ait dette ménagère il faut que chacun des époux ait vocation à tirer profit des dépenses engagées : tel n'est pas le cas de cotisations ayant pour objet la constitution d'un capital propre au mari parce que non réversible : Cass. civ. 1re, 16 avril 1996, *Bull. civ.* I, n° 186 ; *JCP* G 1996.I.3962, n° 3, obs. G. Wiederkehr ; *Defrénois* 1996, 1443, obs. G. Champenois.

54. Ex. Cass. civ. 1re, 4 juillet 2006, *Bull. civ.* I, n° 351 ; *JCP* G 2006.I.193, n° 2, obs. Ph. Simler ; *Dr. famille* 2006, n° 183, note V. Larribau-Terneyre : « *la conclusion d'un marché de travaux portant sur la seule construction d'une maison individuelle destinée au logement de la famille n'a pas pour objet l'entretien du ménage ou l'éducation des enfants et constitue une opération d'investissement, qui n'entre pas dans la catégorie des dépenses ménagères auxquelles l'article 220 du Code civil attache la solidarité de plein droit* ».

55. La précision est donnée par la loi de 1985 qui maintient la jurisprudence antérieure : * Cass. civ. 1re, 24 mars 1971, *dame Pitou*, *Bull. civ.* I, n° 104 ; *D.* 1972.360, n. crit. E. Abitbol : « *Les prêts consentis étaient répétés et chaque fois d'importance modeste et prêteur et emprunteur étaient liés d'amitié ;* (la cour d'appel) *en a déduit que les prêts avaient "manifestement" pour objet de "faire face au jour le jour aux besoins les plus pressants du ménage"* ». Il appartient au créancier de prouver que la somme empruntée était destinée aux besoins du ménage.

56. Cass. civ. 1re, 12 juillet 1994, *Bull. civ.* I, n° 252 ; *D.* 1996.117, n. A. Guineret-Brobbet Dorsman : « *le peu d'importance de ces achats était une circonstance indifférente* ».

57. J. FLOUR et G. CHAMPENOIS, *op. cit.*, n° 75 s. ; C. ALLEAUME, « Achats à crédit et solidarité des époux », *Rev. dr. fam.* 1999, (1), chron. n° 5 ; N. RZEPECKI, « Les opérations de crédit et la solidarité ménagère de l'article 220 du Code civil », *JCP* G 1999.I.148.

58. Cass. civ. 1re, 17 juin 2003, *Bull. civ.* I, n° 146 ; *D.* 2004.1118, n. D. Lefranc ; *Defrénois* 2004, art. 37856, n° 60, p. 67, obs. G. Champenois ; *Dr. famille* 2003, n° 97, obs. Lécuyer : « *la contribution des époux aux dettes ménagères étant réglée par l'article 214 à proportion de leurs facultés respectives* ».

59. *Supra*, n° 1752.

La loi a énoncé une règle plus rigoureuse, qui comporte une sanction plus énergique, à l'égard des actes intéressant le logement familial.

II. — Logement familial et concours des époux

1832. Affectation du logement à la famille. – Il ne s'agit pas seulement de faire vivre la famille en organisant les dépenses ménagères, il faut aussi que ses crises n'affectent pas le logement[60], qui a une importance décisive, puisqu'il permet la cohabitation, sans laquelle les activités familiales ne sont pas normales. Le logement a ainsi un statut particulier en cas de divorce. De même, en cas de décès de l'un des époux, le conjoint survivant a droit à une attribution préférentielle[61]. Surtout, le législateur du 3 décembre 2001, soucieux de permettre au conjoint survivant de rester, au moins provisoirement, dans ses meubles, lui a reconnu à la foi des droits temporaires et un droit viager sur le logement. Ainsi, selon l'article 763 : « *si, à l'époque du décès, le conjoint successible occupe effectivement, à titre d'habitation principale, un logement appartenant aux époux ou dépendant de la succession, il a, de plein droit, pendant une année, la jouissance gratuite de ce logement, ainsi que du mobilier, compris dans la succession, qui le garnit* » ; si le logement est loué, les loyers seront à la charge de la succession. Ces droits temporaires sont réputés être des « effets directs du mariage » et non des droits successoraux (art. 763, al. 3) : le conjoint ne peut en être exclu. De plus la loi accorde au conjoint survivant un droit viager d'habitation du logement et d'usage du mobilier le garnissant, dont il ne peut être privé que par les dispositions expresses d'un testament passé en la forme authentique (art. 764)[62]. Pendant le mariage, deux autres séries de règles tendent à assurer l'affectation du logement à la famille, quel que soit le régime matrimonial des époux : plus ou moins ouvertement, la loi lorsqu'il s'agit du logement conjugal ou familial restreint les pouvoirs normalement conférés par le régime matrimonial à chaque époux et impose une cogestion renforcée, exorbitante du droit commun[63].

La définition du logement familial comporte un élément matériel, le lieu d'habitation, plus proche du fait que ne l'est le domicile[64]. Elle comprend aussi un élément volontaire, l'affectation à la famille, ce qui exclut la résidence secondaire[65] et le logement de fonctions, plus lié à la profession qu'à la famille[66]. Même ainsi cantonnées, ces règles présentent une grande

60. M. Grimaldi, « Le logement et la famille », *Defrénois* 1983, art. 33120 et 33150. Dossier *AJ famille* 2008, p. 364 et s. : logement et séparation ; logement après décès ; logement de l'enfant ; libéralités et logement ; saisie et logement familial ; logement et majeur protégé ; questions fiscales.

61. *Les successions et les libéralités*, coll. Droit civil.

62. *Les successions et les libéralités*, coll. Droit civil.

63. Pour l'application de l'article 1751 : Cass. civ. 3e, 28 janvier 1971, *Bull. civ.* III, n° 59 ; *JCP* G 1972.II.16982 : « *l'article 1751 exige pour qu'un bail conclu même avant le mariage soit réputé appartenir à l'un et à l'autre des époux la double condition* [...] *que le droit au bail soit "sans caractère professionnel" et qu'il serve "effectivement" à l'habitation des deux époux* ».

64. Pour l'application de l'article 215 : Cass. civ. 1re, 22 mars 1972, *Bull. civ.* I, n° 93 ; *D.* 1972, somm. 165 : « *Le logement de la famille ne s'identifie pas nécessairement avec le domicile conjugal* » ; le juge peut donc décider que le domicile conjugal fixant la compétence du divorce est en un lieu, le logement familial en un autre.

65. Cass. civ. 1re, 19 octobre 1999, *Bull. civ.* I, n° 284 ; *JCP* G 2000.I.245, n° 4, obs. Wiederkehr ; *Defrénois* 2000, 437, obs. G. Champenois ; *Rev. dr. fam.* 2000 (3), n° 42, obs. B. Beignier.

66. Pour l'application de l'article 215, al. 3 : Cass. civ. 1re, 4 octobre 1983, *dame Hébrard*, *Bull. civ.* I, n° 217 ; *JCP* G 1984.II.20188, 2e esp., n. Y. Chartier ; *Defrénois* 1983, art. 33180, n° 132, obs. appr. G. Champenois : la société employeur « *avait disposé du logement non au profit de M. Hébrard à titre personnel ou des époux Hébrard, mais en faveur du seul gérant de la société et c'était à ce titre seulement que les lieux avaient été occupés jusqu'en 1978 par M. Hébrard ; dès lors,*

importance pratique. La quasi-totalité des ménages et des familles ont un logement. Le juste équilibre entre les intérêts en cause n'est pas facile à trouver. Pendant le mariage, la cogestion imposée par la loi protège surtout la femme, particulièrement dans la séparation de fait ; elle peut aussi amplifier les discordes ; l'époux qui veut faire un acte sur le logement et se heurte au refus injustifié de son conjoint peut recourir au juge, sur le fondement de l'article 217 ; ce recours risque d'être une antichambre au divorce. En outre, dans la mesure où ces règles aboutissent à une certaine indisponibilité du bien, elles intéressent les tiers et du même coup le crédit de chaque époux. Enfin, les conséquences *post mortem* de cette protection peuvent être perturbées par l'incidence des règles successorales.

Le concours des époux sur les actes relatifs au logement familial résulte soit, d'une manière un peu voilée, de la cotitularité du bail (A) soit, ouvertement, d'une restriction au pouvoir de disposer (B).

A. Cotitularité du bail

1833. Une sorte d'indivision forcée. – Une première règle a pour objet l'hypothèse où le logement familial résulte d'une location. Le droit au bail est alors impérativement soumis à une cotitularité conjugale, sorte d'indivision forcée entre les conjoints (art. 1751, al. 1, L. 4 août 1962). Mais ce n'est pas une véritable indivision.

La règle a pour conséquences directes, sans doute les seules voulues par la loi, qu'un époux ne peut résilier ni céder le bail qu'avec le consentement de l'autre, même si le bail n'a été conclu que par un seul. En cas de divorce ou de séparation de corps, le droit au bail peut être attribué par le juge à l'un des époux « *en fonction des intérêts sociaux ou familiaux en cause* » (art. 1751, al. 2). Avant la loi du 3 décembre 2001, la cotitularité du bail se poursuivait entre les héritiers du prémourant et le conjoint survivant : lors du partage, le droit au bail pouvait donc éventuellement être attribué à une autre personne que le conjoint. La primauté de celui-ci a été affirmée par la loi du 3 décembre 2001 : selon le nouvel article 1751, alinéa 3, « *en cas de décès d'un des époux, le conjoint survivant cotitulaire du bail dispose d'un droit exclusif sur celui-ci sauf s'il y renonce expressément* ».

La règle produit aussi des conséquences indirectes dont certaines sont un peu étranges. Si un époux ne paye pas le loyer, le bailleur peut, soit en réclamer le paiement à l'un quelconque des conjoints, ce qu'impose également l'article 220, soit faire résilier le bail, mais il doit notifier les actes de résiliation judiciaires et extrajudiciaires aux deux époux[67] : toute signification ou notification relative au bail doivent être faites aux deux époux[68], à condition cependant que l'existence du conjoint du cocontractant ait été portée à la connaissance du bailleur[69].

L'intérêt de cette disposition est éclipsé par l'article 215, alinéa 3, restreignant le pouvoir qu'a chaque époux de disposer du logement familial.

c'est sans violer l'article 215 que les juges du fond, qui n'avaient pas à répondre à une simple allégation de fraude non assortie d'offre de preuve, ont décidé que le logement pouvait être repris par la société à compter de la cessation par M. Hébrard de ses fonctions de gérant ».

67. Ex. : Cass. civ. 3e, 2 février 1982, *Bull. civ.* III, n° 29 : « *Le congé délivré à un seul des conjoints n'est pas opposable à l'autre et le conjoint non visé par le congé peut en contester la validité.* »

68. Cass. civ. 3e, 27 janvier 1993, *Bull. civ.* III, n° 16 ; *D.* 1993, somm. 173, obs. Ph. Bihr : « *l'article 1751, instituant les époux cotitulaires du bail, toute notification faite à l'un ou l'autre époux se trouvait dépourvue de toute efficacité, dès lors que le droit en cause est indivisible* ».

69. L. 6 juillet 1989, article 9-1 ; L. 13 décembre 2000 : les notifications et significations faites par le bailleur au locataire sont opposables de plein droit au conjoint de ce dernier : « *si l'existence* [...] *de ce conjoint n'a pas été préalablement portée à la connaissance du bailleur* ».

B. Pouvoir de disposer

L'article 215, alinéa 3, est une disposition générale ; de toutes les règles du régime primaire, elle est celle qui suscite le plus important contentieux : « *les époux ne peuvent l'un sans l'autre disposer des droits par lesquels est assuré le logement de la famille, ni des meubles meublants dont il est garni*[70] ».

La règle soulève quatre questions : le consentement qu'elle requiert, les biens et les actes qu'elle intéresse et la sanction qu'elle prévoit. D'une manière générale, la jurisprudence a tendance à en restreindre la portée, bien que certaines de ses solutions relèvent d'un esprit extensif.

1834. Consentement et biens. – La loi exige la cogestion : pas l'un sans l'autre. La Cour de cassation en a atténué la rigueur, et soumis le consentement du conjoint au consensualisme[71] : elle admet donc qu'il peut être tacite, ce qui n'est pas sans danger. Il doit être éclairé, en étant spécial[72].

La cogestion qu'impose l'article 215, alinéa 3, a pour but d'empêcher qu'un époux puisse priver la famille du logement qu'elle occupe. Son domaine est donc étendu : elle s'applique quels que soient le régime matrimonial et la situation juridique du logement familial, qui est une notion de pur fait.

Si le régime est la communauté, il n'y a pas à distinguer selon que le droit au logement est commun ou propre ; si le régime est la séparation de biens, il n'y a pas à distinguer selon que le droit au logement est la propriété personnelle d'un époux ou se trouve indivis entre les deux époux. Il n'y a pas non plus à distinguer selon que les droits de l'époux portent sur un immeuble, des droits sociaux[73] ou un droit au bail[74]. Par ailleurs, le logement demeure familial malgré la séparation des époux (séparation de fait ou séparation de corps) ou une instance en divorce, car la réconciliation est possible[75], ce qui est une compréhension large de la vie familiale. La règle s'étend aux meubles meublants[76] garnissant le logement familial. À tous ces égards, la règle a donc une portée générale, plus que lorsqu'il s'agit de déterminer les actes conjugaux qu'elle limite.

70. Sur le statut protecteur du logement de la famille, *supra*.

71. Cass. civ. 1re, 13 avril 1983, *Bull. civ.* I, n° 120 ; *Defrénois* 1983, art. 33158, n° 104, obs. G. Champenois : « *l'article 215, al. 3, n'exige pas que* [...] *le consentement de chaque conjoint soit constaté par écrit ; il suffit que ce consentement soit certain* ».

72. Cass. civ. 1re, 16 juillet 1985, *Bull. civ.* I, n° 223 ; *D.* 1986, IR, 1983 ; *Defrénois* 1983, art. 33636, n° 131, obs. G. Champenois : « *le consentement du conjoint exigé par ce texte* (art. 215, al. 3) *doit porter non seulement sur le principe de la disposition des droits par lesquels est assuré le logement de la famille, mais aussi sur les conditions de leur cession* ». En l'espèce, le mari et la femme avaient consenti à la vente du logement familial ; ultérieurement, sans le consentement de l'épouse, le mari conclut avec l'acquéreur un avenant de réduction du prix ; le mari et la femme peuvent demander la nullité de la vente puisque la femme n'avait pas accepté l'avenant.

73. Ex. : Cass. civ. 1re, 11 mars 1986, *Bull. civ.* I, n° 62 ; *Defrénois* 1986, art. 33908, n° 97, obs. G. Champenois. En l'espèce, le logement familial appartenait à une société dont le mari était le principal actionnaire (194 des 200 actions) et le seul dirigeant ; la femme a obtenu la nullité de la vente du logement conclue par le mari, bien que celui-ci ait alors agi en qualité de représentant de la société ; la société était fictive, mais la Cour de cassation décide qu'il en serait de même si elle ne l'était pas (cf. les critiques de G. Champenois, n. préc.).

74. Par une interprétation particulièrement extensive, la Cour de cassation a affirmé que l'article 215 trouvait à s'appliquer dans une hypothèse où le logement de la famille était assuré par un droit d'usage conféré à un époux nu-propriétaire et à sa famille par sa mère usufruitière : Cass. civ. 1re, 20 janvier 2004, *Bull. civ.* I, n° 21 ; *Defrénois* 2005, 710, obs. G. Champenois.

75. Colmar, 11 juin 1974, *D.* ; 1975.540, 2e esp., n. C. I. Foulon-Piganiol ; *Gaz. Pal.* 1974.II.871 ; *Defrénois* 1975, article 30882, n° 1, obs. H. Souleau ; Aix, 22 février 1982, *Gaz. Pal.*, 1982.I.314 ; *Defrénois* 1982, art. 32972, n° 109, obs. G. Champenois.

76. Colmar, 11 juin 1974, cité *supra*.

1835. Actes et sanction. – Les époux ne doivent pas disposer l'un sans l'autre des droits par lesquels est assuré le logement familial. Principe que la jurisprudence interprète restrictivement, afin de ne pas soumettre insidieusement l'ensemble de l'activité juridique des époux à la cogestion. La question intéresse trois situations : les actes d'un époux entre vifs, les actes d'un époux à cause de mort et les droits des créanciers des époux.

La règle a certainement pour objet l'aliénation entre vifs de la pleine propriété, à titre onéreux ou à titre gratuit. Il en est de même de la constitution d'hypothèque[77] ou du nantissement parce que, virtuellement, ces actes disposent d'un bien, et aussi du bail, qui confère la jouissance[78], même du mandat de faire de tels actes[79] ou la clause de porte-fort[80]. Élargissant à l'extrême le champ de la protection, la Cour de cassation a même admis qu'était couverte par l'article 215, alinéa 3 la résiliation d'un contrat d'assurance concernant le logement de la famille[81]. Mais elle n'intéresse ni le partage[82], ni l'aliénation de la nue-propriété[83], ni le cautionnement[84], malgré le danger qu'il présente, la seule réserve étant alors la fraude[85].

Le testament constitue une autre et importante exception dont la portée a cependant été limitée par la promotion successorale du conjoint survivant (loi du 3 décembre 2001). La Cour de cassation avait décidé que la restriction au pouvoir de disposer n'empêchait pas un conjoint de léguer ses droits sur le logement familial à un tiers qui pouvait ainsi, après la mort du testateur, expulser le conjoint survivant[86]. La loi du 3 décembre 2001, sans briser cette jurisprudence, a

77. Cass. civ. 1re, 17 décembre 1991, *Bull. civ.* I, n° 357 ; *JCP* G 1992.I.3614, n° 1, obs. G. Wiederkehr ; *Defrénois* 1992, 396, (1re esp.), obs. G. Champenois. La règle ne s'applique pas à l'inscription d'une hypothèque judiciaire : * Cass. civ. 1re, 4 octobre 1983, *Bonhomeau, Bull. civ.* I, n° 216 ; *JCP* G 1984.II.20188, n. Y. Chartier ; *Gaz. Pal.* 1984.II.445 ; *Defrénois* 1983, art. 33180, n° 131, obs. G. Champenois : « *L'inscription d'hypothèque judiciaire, qui n'est que l'exercice d'une prérogative légale reconnue au titulaire d'une créance, même chirographaire, n'est pas un acte de disposition par un époux, au sens des article 215, alinéa 3* ».

78. Cass. civ. 1re, 16 mars 2000, *Bull. civ.* I, n° 144 ; *Defrénois*, 2001, 460, obs. G. Champenois ; *Rev. dr. fam.* 2001 (1), n° 2, note B. Beignier, alors même qu'en l'espèce l'épouse avait quitté la maison et introduit une requête en divorce.

79. Cass. civ. 1re, 13 avril 1983, cité *supra* ; ce qui s'impose lorsque le mandat donne le pouvoir d'engager définitivement un époux ; M. Champenois étend la règle au simple pouvoir de négocier.

80. Cass. civ. 1re, 11 octobre 1989, *Bull. civ.* I, n° 315 ; *D.* 1990.310, n. R. Le Guidec ; *JCP* G 1990.II.21549, n. M. Henry ; *Defrénois* 1989, art. 34633, obs. G. Champenois.

81. Jurisprudence constante ; ex. Cass. civ. 2e, 10 mars 2004, *Bull. civ.* II. n° 100 ; *JCP* G 2004.I.175, n° 3, obs. crit. G. Wiederkehr ; *Defrénois* 2004, 1462, obs. G. Champenois ; *Dr. famille* 2004, n° 64, obs. V. Larribau-Terneyre : « *l'époux ne pouvait pas résilier sans le consentement de son conjoint le contrat d'assurance garantissant le logement familial* ».

82. * Cass. civ. 1re, 4 juillet 1978, *époux van Beneden, Bull. civ.* I, n° 256 ; *D.* 1979.479, n. appr. Y. Chartier ; *JCP* G 1980.II.19368, n. Labbouz ; *Defrénois* 1979, art. 31936, n° 18, obs. G. Champenois : « *les époux conservent le droit de demander le partage de biens indivis servant au logement de la famille* ». M. G. Champenois relève le danger de l'arrêt : la licitation supprime l'affectation familiale du logement sauf si un époux est adjudicataire.

83. Dès lors que le conjoint conserve la jouissance du bien ; Cass. civ. 1re, 16 juin 1992, *Bull. civ.* I, n° 185 ; *Defrénois* 1992, p. 1156, obs. G. Champenois : nullité de la vente consentie avec réserve d'usufruit au profit du seul époux propriétaire vendeur.

84. * Cass. civ. 1re, 17 novembre 1981, *dame Garnier, Bull. civ.* I, n° 337.

85. * Cass. civ. 1re, 21 juin 1978, *Sogamed, Bull. civ.* I, n° 237 ; *D.* 1979.479, 1re esp., n. Y. Chartier, maintenant Paris, 15 octobre 1976 ; *JCP* G 1977.II.18726, n. crit. J. Patarin ; en l'espèce, la dette cautionnée était de valeur sensiblement égale au logement familial qui constituait la quasi-totalité du patrimoine des époux. V. toutefois : Cass. civ. 1re, 8 janvier 1985, *Bull. civ.* I, n° 7 : le seul fait que le logement familial soit le seul bien des époux ne suffit pas à caractériser la fraude. Sur l'effet de l'article 1415 du Code civil en la matière, *Les régimes matrimoniaux*, coll. Droit civil.

86. * Cass. civ. 1re, 22 octobre 1974, *veuve Bret, Bull. civ.* I, n° 274 ; *D.* 1975.645, n. crit. C. I. Foulon-Piganiol ; *JCP* G 1975.II.18041, n. crit. Y. Chartier ; *Defrénois* 1975, art. 30954, n° 15, obs. appr.

renforcé la protection du conjoint survivant. D'une part en effet, le conjoint survivant dispose d'un droit de jouissance gratuite du logement appartenant aux époux ou dépendant totalement de la succession pendant une année : ce droit est réputé être un effet direct du mariage (art. 763, al. 3) ; il est d'ordre public (art. 763, al. 4) : le défunt ne pourrait donc en priver son conjoint. D'autre part, le conjoint survivant dispose sur le logement d'un droit d'habitation viager (art. 764) : le défunt peut l'en priver, mais seulement par un testament établi en la forme authentique (art. 764, al. 1)[87].

La Cour de cassation a aussi décidé que les créanciers d'un conjoint pouvaient saisir le logement familial s'il faisait partie de son patrimoine[88], sauf s'il y avait eu fraude[89] : faire une dette n'est pas disposer d'un bien[90].

La sanction dont est assorti l'article 215, alinéa 3, est plus énergique que celle qui frappe les achats à tempérament ou les dépenses excessives faits par un seul conjoint[91]. Elle est une nullité relative qui ne peut être invoquée que par l'époux dont le consentement manque qui a un intérêt à demander la nullité[92] ; l'action est enfermée dans un délai d'un an, qui court à partir du moment où l'époux a eu connaissance de cet acte[93].

§ 2. Pouvoirs d'esprit séparatiste

Afin d'assurer l'indépendance de chaque époux (en pratique de la femme), deux sortes de règles interviennent ; celles qui ont pour objet leur activité professionnelle[94] et des présomptions de pouvoirs dont l'esprit est séparatiste.

1836. But et technique des présomptions. – En l'absence de règles particulières énoncées par la loi ou le régime matrimonial, la communauté de vie entre gens mariés eût, en fait, risqué d'imposer une cogestion généralisée pour tous les actes des époux qui n'auraient pas eu pour l'objet l'entretien du ménage : la communauté de vie mêle les biens meubles de chacun sans que les tiers puissent savoir quel est l'époux propriétaire de tel ou tel bien ; les tiers qui contractent avec un époux demanderaient systématiquement, comme dans une indivision ordinaire, le concours des deux conjoints, ce qui eût entravé les affaires et supprimé l'indépendance de chaque époux.

H. Souleau : « *l'article 215 qui protège le logement de la famille pendant le mariage ne porte pas atteinte au droit qu'a chaque conjoint de disposer de ses biens à cause de mort* ».

87. *Les successions et les libéralités*, coll. Droit civil.

88. * Cass. civ. 1re, 4 juillet 1978, *époux van Beneden*, cité *supra* : Les dispositions de l'article 215, al. 3, doivent « *hors le cas de fraude, être considérées comme inopposables aux créanciers, sous peine de frapper les biens d'une insaisissabilité contraire à la loi* » ; cf. aussi, Cass. civ. 3e, 12 octobre 1977, *Bull. civ.* III, n° 345 ; *D.* 1978.333, n. appr. Y. Chartier : en cas de règlement judiciaire ou de liquidation de biens, le syndic de faillite peut aliéner le logement familial du débiteur marié sans avoir à obtenir le consentement du conjoint.

89. * Cass. civ. 1re, 21 juin 1978, *Sogamed*, cité *supra* : en l'espèce, une banque avait accepté le cautionnement de la dette d'un tiers par un mari, en sachant qu'il n'avait comme seul actif que le logement familial.

90. Sur l'ensemble de la question, *Les régimes matrimoniaux*, coll. Droit civil ; J. Flour et G. Champenois, *op. cit.*, n° 126, et réf. cit.

91. *Supra*, n° 1731.

92. Cass. civ. 1re, 3 mars 2010, n° 08-135.00 ; *Bull. civ.* I, n° 53 ; *Defrénois* 2010. 1466, n. J. Massip : « *Cet époux doit justifier d'un intérêt actuel à demander la nullité de l'acte* » ; en l'espèce, le demandeur à la nullité ne résidait plus dans l'immeuble litigieux.

93. Ce délai d'un an est un délai de prescription ; mais l'exception de nullité est perpétuelle (*quae temporalia sunt ad agendum perpetua sunt ad excipiendum*) ; Cass. civ. 2e, 8 février 2000 (demande d'exécution d'une garantie hypothécaire consentie irrégulièrement pas le mari), *JCP* G 2000.I.245, n° 2, obs. G. Wiederkehr ; *RTD civ.* 2000, 888, obs. B. Vareille.

94. *Supra*, n° 1817.

Pendant longtemps, ce fut par le régime matrimonial que s'organisèrent ces présomptions de pouvoirs : elles jouaient toutes en faveur du mari, ce qui en renforçait la prédominance. Pour que fût effective l'indépendance que la législation de 1907, 1938 et 1942 avait vainement tenté de donner à la femme mariée, la loi de 1965 a entendu conférer la sécurité aux tiers : indépendance de la femme, effectivité de la loi et sécurité des tiers en ont été les trois traits indivisibles. La loi n'a pas seulement modifié la gestion des régimes matrimoniaux, elle a aussi directement accordé des présomptions de pouvoirs aux époux. Bien qu'elles fûssent bilatérales (elles pouvaient, indistinctement, intéresser le mari ou la femme), leur but était de profiter à la femme. La technique dont la loi a usé a été de mettre les tiers à l'abri de toute action en responsabilité lorsqu'ils contractaient avec la femme ; ils n'ont donc plus de raison pour exiger le concours du mari.

Ces présomptions sont de deux ordres : des présomptions bancaires, plus énergiques que les présomptions mobilières.

1837. Présomption bancaire. – L'utilisation des mécanismes bancaires est devenue essentielle à l'exercice effectif d'une activité juridique, même dans la vie quotidienne. Des lois de 1942 et 1943 avaient soustrait l'ouverture par la femme de comptes bancaires à l'autorisation maritale ; elles ont échoué, car les banquiers avaient, à juste titre, craint que leur responsabilité ne fût engagée si elles avaient laissé les femmes mariées manier des fonds sur lesquels elles n'avaient pas de pouvoir. Aussi la loi de 1965 a-t-elle conféré aux époux une présomption de pouvoirs dans leurs relations avec la banque ; la loi de 1985 a apporté à la règle une précision, afin de mettre fin à des incertitudes jurisprudentielles (art. 221)[95].

L'essentiel n'est pas la libre faculté d'ouverture d'un compte en banque (al. 1), mais la « présomption » de pouvoirs (al. 2). L'époux titulaire du compte (et lui seul, sauf mandat[96]), a le pouvoir de le faire fonctionner, quel que soit son régime matrimonial : le dépositaire est ainsi dispensé de toute vérification (peu lui importe donc le régime matrimonial du titulaire du compte) ; l'époux titulaire du compte est également dispensé de toute justification de ses pouvoirs. Cette « présomption » est plus qu'une présomption de pouvoirs et constitue une véritable règle de fond ; peu importe la bonne ou la mauvaise foi du banquier (par exemple, il sait que les fonds figurant au compte n'appartiennent pas à l'époux), du moment que c'est le titulaire qui agit sur le compte. Seul un blocage du compte, par exemple une saisie-conservatoire par l'autre époux en empêcherait le fonctionnement, ou naturellement une mesure de crise que peut prendre le tribunal (art. 220-1). Le pouvoir sur le compte subsiste après la dissolution du mariage tant qu'une décision judiciaire en sens contraire n'a pas été prise.

1838. Présomption mobilière. – Afin de faciliter l'activité juridique de la femme, l'article 222 présume qu'un époux détenant individuellement un meuble a, envers les tiers de bonne foi, le pouvoir de faire un acte quelconque sur ce bien.

La règle s'applique aux meubles susceptibles de détention individuelle. Cette condition exclut les meubles détenus par les deux époux (détention commune) et ceux dont on ne sait quel époux les détient (détention équivoque) : la loi précise qu'elle ne s'applique ni aux meubles garnissant le logement familial ni à ceux

95. *Droit des régimes matrimoniaux*, coll. Droit civil.

96. Cass. civ. 1re, 3 juillet 2000, *Caisse d'épargne et de prévoyance de la Côte d'Azur*, *Bull. civ.* I, n° 198 ; *D.* 2002.1102, A. Comangès, 3262, obs. Hallouin ; *JCP* G 2002.I.103, n° 17, obs. Ph. Simler ; *JCP* G N, 2002.1206, n. M. Brémond ; *Defrénois* 2002, art. 37508, n° 19, obs. appr. G. Champenois : « *le banquier dépositaire ne doit aux termes de l'art. 1937 restituer les fonds déposés qu'à celui au nom duquel le dépôt a été fait ou à celui qui a été indiqué pour les recevoir* » ; jugé qu'une banque engageait sa responsabilité pour avoir exécuté une offre de transfert de l'épouse sur le compte de son mari.

dont la nature fait présumer la propriété de l'autre conjoint (par exemple, les instruments de travail, ou les vêtements).

Elle ne joue qu'au profit des tiers de bonne foi, c'est-à-dire ceux qui ignorent le défaut de propriété de l'époux qui agit. Par exemple, le mari peut informer les tiers que sa femme est sans pouvoir sur tel ou tel meuble. À cet égard, l'énergie de la présomption mobilière est moins forte que celle qui est attachée à la présomption bancaire où la démonstration de la mauvaise foi de la banque suppose, en pratique, une procédure judiciaire[97].

Section V
MESURES DE CRISE

1839. Les trois crises conjugales. – Les mesures de crise dans la vie patrimoniale des époux présentent un caractère à la fois exceptionnel et capital. Exceptionnel, parce que, par définition, la crise est un événement qui n'arrive pas habituellement. Capital, parce que le droit n'est fait ni pour les idylles, ni même pour les situations normales, qui s'en passent complètement ; son objet majeur est de régler au moins mal les situations difficiles, ce que sont les « crises » du ménage.

Sans parler du divorce ou de la séparation de corps, trois sortes de crises temporaires peuvent affecter les relations pécuniaires des époux, sans pour autant entraîner la rupture du mariage. Ou bien, l'un des conjoints est hors d'état de manifester sa volonté ; ou bien, il oppose à l'autre un refus qui n'est pas justifié par l'intérêt de la famille ; ou bien, en manquant à ses devoirs il met en péril les intérêts de la famille. Deux sortes de mesures de crise peuvent être prises, qui sont historiquement apparues successivement. Les unes restreignent, les autres étendent les pouvoirs d'un époux.

§ 1. Restrictions de pouvoirs

Selon l'article 220-1, « *si l'un des époux manque gravement à ses devoirs et met en péril les intérêts de la famille, le juge aux affaires familiales peut prescrire toutes les mesures urgentes que requièrent ces intérêts* ». Parmi les mesures envisageables, est mentionnée (al. 2), l'interdiction pour un époux « *de faire sans le consentement de l'autre des actes de dispositions sur ses biens ou sur ceux de la communauté, meubles ou immeubles* », ou de déplacer des meubles[98]. D'autres mesures sont envisageables : séquestre[99], nomination d'un administrateur provisoire pour gérer les biens communs[100], mise sous scellés des biens communs, blocage d'un compte bancaire[101], etc.

---

97. *Droit des régimes matrimoniaux*, coll. Droit civil.

98. TGI Nevers, 13 juillet 1971, *D.* 1971, 643 : pendant une instance en séparation judiciaire de biens, une femme avait obtenu cette mesure contre son mari qui, tout en étant en état de règlement judiciaire, avait détourné un certain nombre de biens communs.

99. Cass. civ. 1re, 18 novembre 1970, *Bull. civ.* I, n° 307 ; *JCP* G 1971.II.16780, note J. Patarin : une femme séparée de fait a obtenu un séquestre sur les biens du mari parce que celui-ci ne s'acquittait pas de la contribution aux charges du mariage à laquelle il avait été condamné.

100. Cass. civ. 1re, 5 novembre 1996, *Bull. civ.*, n° 374.

101. V. cepdt Versailles, 13 avril 1992, *D.* 1992, IR, 195, « *le juge des référés n'a aucun pouvoir pour prononcer une mesure tendant à interdire à chacun des époux d'effectuer toutes opérations sur un compte joint sans le concours explicite de son conjoint* ».

1840. Le mariage en tutelle ? – La loi a voulu restreindre le risque d'arbitraire judiciaire en imposant trois conditions à son immixtion conjugale : 1) que l'époux manque gravement à ses devoirs ; 2) qu'il mette en péril les intérêts de la famille ; 3) qu'il y ait urgence. Le vague de ces expressions ne délimite pas d'une façon précise les causes de l'intervention judiciaire.

Dans l'esprit du législateur, le texte avait pour but d'organiser la séparation de fait, en prévenant les fraudes et les abus de pouvoir d'un époux (à l'époque, seulement le mari). Le texte est cependant assez large pour pouvoir s'appliquer en toute hypothèse. De même il est admis que des mesures extrapatrimoniales peuvent être prises sur son fondement[102]. Sans doute représentent-elles l'antichambre du divorce.

§ 2. Accroissements de pouvoirs

1841. Pouvoirs de guerre. – L'article 220-1 a pu également être utilisé pour permettre à un époux de gérer seul un bien commun ou un bien appartenant au conjoint[103]. Divers textes, qui trouvent leur origine dans une loi de guerre, la loi du 22 septembre 1942, paraissent mieux adaptés à cette fin.

L'accroissement et la dation des pouvoirs à une épouse sur les biens de son conjoint avaient en 1942 une raison particulière : l'existence de nombreux prisonniers de guerre avait rendu nécessaire de permettre à leur épouse de prendre en main les intérêts du ménage. Les dispositions légales ont eu une portée permanente car elles s'expliquaient par l'étroitesse des liens entre les époux. Ces mesures répondent à l'idée que les biens des époux sont affectés aux besoins du ménage quel que soit leur régime matrimonial : tous les époux ont un régime matrimonial, donc tous leurs biens sont affectés aux besoins du ménage.

Les extensions de pouvoirs résultent d'abord d'un mandat (art. 218) et d'une gestion d'affaires (art. 219, al. 2). Conformément au droit commun, le mandat doit être spécial[104] et toujours révocable. Conformément au droit commun, la gestion d'affaires doit être utile ; elle permet à un époux de se passer du consentement de son conjoint lorsque la cogestion qu'impose la loi est gênante ; elle n'est guère utilisée.

1842. Deux sacrés numéros. – En dehors du droit commun, la loi a prévu depuis 1942, en deux textes, les articles 217 et 219, la possibilité pour le juge d'augmenter les pouvoirs d'un époux. La loi de 1965 a maintenu le système en le modifiant légèrement. La doctrine lui a porté un vif intérêt, alors que la pratique ne paraît pas en faire un grand usage. Le seul cas vivant de son application semble être celui où un époux est hors d'état de manifester sa volonté. Mais s'il faut qu'un époux aille en justice pour briser un refus abusif de son conjoint, la faillite de l'union conjugale est acquise ; à moins que l'article 217 n'ait une valeur de dissuasion et que sa simple perspective suffise à apaiser le conflit. Ce qui pose

102. Ex. : une femme abandonnée par son mari a obtenu le maintien provisoire du domicile conjugal au lieu où vivaient les époux (TGI Saintes, réf., 21 octobre 1969, *JCP* G 1970.IV.223).

103. TGI Digne, 1er juillet 1972, *D.* 1972, 259, n. C.-I. Foulon-Piganiol ; *JCP* G 1973.II.17443, n. D. Mayer, ordonnant l'immatriculation au nom de l'épouse de la moitié des actions communes : le mari de 50 ans, subjugué par sa jeune maîtresse (30 ans), dilapidait son patrimoine (par exemple, il avait « vendu » à sa concubine une automobile BMW d'une valeur de 37 000 F pour le prix de 500 F).

104. Par conséquent, un mandat général ne confère pas le pouvoir de faire des donations : Cass. civ. 1re, 29 juin 1983, *Bull. civ.* I, n° 192 : « *Le mandat doit être spécial lorsqu'il est conféré pour faire une donation ou pour consentir à ce qu'une donation porte sur des biens communs.* »

à nouveau le problème connu de l'utilité de l'intervention du juge dans les relations conjugales.

Deux mécanismes sont conférés au juge afin d'augmenter les pouvoirs d'un époux. Soit l'autorisation, qui utilise la technique de l'*auctoritas* (art. 217). Soit la représentation, qui utilise celle de la *negotiorum gestio* (la gestion d'affaires) (art. 219). Pour différents qu'ils soient, les deux procédés sont l'un et l'autre inspirés par le droit des incapacités et relèvent de la même idée d'habilitation judiciaire.

1843. Autorisation judiciaire. – L'objectif que poursuit l'article 217 est de permettre un assouplissement de la cogestion. L'hypothèse qu'envisage la règle est celle où un époux veut faire un acte pour lequel il a un pouvoir mais incomplet, car son conjoint doit y concourir : il se heurte soit à un refus injustifié de son époux – la crise conjugale appelle un remède –, soit à son inaptitude à manifester sa volonté – la crise conjugale appelle une suppléance.

Le conjoint demandeur peut être autorisé par justice à passer seul l'acte qu'il veut faire ; l'acte est opposable au conjoint, sans lui imposer d'obligation personnelle. Ce qui suscite la difficulté n'est pas la nature des actes susceptibles d'habilitation judiciaire. À la différence de la loi de 1942 qui ne visait que les actes de disposition, le texte ne fait, à cet égard, aucune distinction : il peut certainement s'appliquer aux actes d'administration. Cependant, il faut qu'il s'agisse d'un acte déterminé.

Il est plus délicat de préciser quels pouvoirs sont susceptibles d'être complétés par le juge en application de l'article 217. Le texte énonce qu'il s'agit d'« *actes pour lesquels le concours ou le consentement du conjoint serait nécessaire* ». Ce qui suppose qu'un époux a des pouvoirs pour faire un acte sur un bien, qui sont insuffisants. Le texte ne peut permettre à un juge de conférer un pouvoir dont l'époux serait entièrement dépourvu[105].

1844. Représentation judiciaire. – La représentation judiciaire prévue par l'article 219 soulève moins de difficultés.

Le texte établit un système de représentation judiciaire, ce qui explique la qualité que doit avoir le conjoint représenté, la nature des actes pour lesquels des pouvoirs sont conférés, la nature des pouvoirs pour lesquels une habilitation est donnée et les effets de cette représentation. À beaucoup d'égards, le mécanisme est différent de l'article 217.

Au contraire de l'article 217 qui prévoit aussi le refus injustifié du conjoint, l'article 219 s'applique uniquement lorsqu'un époux est « *hors d'état de manifester sa volonté* », c'est-à-dire une hypothèse où il ne peut donner de pouvoirs de représentation par mandat. Ce n'est pas un remède aux difficultés conjugales, mais une suppléance : la loi préfère la protection conjugale aux autres protections des incapables – curatelle et tutelle[106] –, ce qui n'est pas sans dangers, car le conjoint peut en abuser ; aussi, la jurisprudence limite-t-elle parfois la durée de cette représentation conjugale judiciaire[107].

105. Par exemple, dans le régime de communauté, sur un bien propre du conjoint ; dans le régime de séparation de biens, sur un bien personnel du conjoint. Sur l'ensemble de la question, v. *Les régimes matrimoniaux*, coll. Droit civil.

106. Cass. civ. 1re, 18 février 1981, *Bull. civ.* I, n° 60 ; *Defrénois* 1981, art. 32697, n° 73, obs. G. Champenois : « *l'article 219 est applicable* [...] *même si le conjoint dont la représentation est demandée est déjà placé sous l'un des régimes de protection institués par la loi du 3 janvier 1968 portant réforme de droit des incapables majeurs* » ; *Les personnes*, coll. Droit civil.

107. TGI Paris, 11 octobre 1996, *D.* 1998.39, n. H. de Béchillon.

Le texte permet à un époux de se faire habiliter par justice afin de représenter son conjoint empêché pour certains actes particuliers d'administration ou de disposition ou même, autre différence d'avec l'article 217 « *d'une manière générale* », ce qui permet, sauf décision contraire du juge, ou d'utiliser l'article 219 même si le conjoint aliéné est placé sous un régime de protection, ou d'éviter d'ouvrir la tutelle d'un conjoint aliéné (art. 498)[108]. Il appartient au juge de déterminer la mesure et les modalités de cette représentation[109].

Cette représentation judiciaire a pour objet « *l'exercice des pouvoirs résultant du régime matrimonial* ». L'expression a voulu, sans succès, éclairer celle dont avait usé la loi de 1942, également obscure : « *les pouvoirs laissés par le régime matrimonial* ». L'article 219 intéresse évidemment les cas où le régime matrimonial donne à un époux des pouvoirs sur d'autres biens que les siens. La jurisprudence a aussi décidé que le juge pouvait conférer à un époux les pouvoirs qu'a son conjoint sur ses propres biens ; pourtant, ce n'est pas le régime qui lui donne des pouvoirs mais son droit de propriété, ce qui constitue une nouvelle différence avec l'article 217.

Le conjoint judiciairement représenté est personnellement obligé par les actes de son conjoint ; ce qui est une conséquence de la représentation, et constitue une autre différence avec l'article 217.

108. Ex. : En cas de vente, il peut fixer un prix et son affectation.

109. Cass. civ. 1re, 18 février 1981, cité *supra* : « *l'article 219 est applicable quel que soit le régime matrimonial de l'époux* ». Le texte peut donc s'appliquer à la séparation de biens ; cf. Cass. civ. 1re, 17 janvier 1955, *JCP* G 1955.II.8529, a permis à l'épouse de Jean Zay, dont on ne savait s'il était vivant ou mort, d'agir en diffamation au nom de son mari.

INDEX DES ADAGES[1]

1. Les chiffres envoient aux numéros, non aux pages. Ceux qui sont en caractères gras indiquent le siège principal de la matière.

INDEX DES ARTICLES DU CODE CIVIL[1]

1. Les chiffres envoient aux numéros de paragraphes, non aux pages. Ceux qui sont en caractères gras indiquent le siège principal de la matière.

INDEX DES PRINCIPALES DÉCISIONS JUDICIAIRES

a) Index alphabétique[1]

A

B

C

D

E

F

G

1. Ne figurent dans l'index alphabétique que les décisions dont le nom des parties a été publié par les recueils de jurisprudence.

R

S

V

W

X

b) Index chronologique

c) Index thématique

PREMIÈRES VUES SUR LA FAMILLE

PREMIÈRE PARTIE. – MÉNAGE ET COUPLE

LIVRE I. – MARIAGE

Premières vues sur le mariage

TITRE I. – Préliminaires du mariage

TITRE II. – Conditions du mariage

TITRE III. – Irrégularités du mariage

LIVRE II. – UNIONS HORS MARIAGE

LIVRE III. – RUPTURE ET RELÂCHEMENTS DU LIEN CONJUGAL

TITRE I. – Divorce

Premières vues sur le divorce : divorce en général, divorce français en particulier

DEUXIÈME PARTIE. – FILIATION

Premières vues sur la filiation

TITRE I. – Filiation par le sang

Chapitre I. – Dispositions générales sur la filiation

Chapitre III. – État et autorité parentale

TITRE II. – Rapports pécuniaires dans la famille

Chapitre I. – Obligation alimentaire

Chapitre II. – Obligation d'entretien

Chapitre III. – Relations pécuniaires entre époux

INDEX ALPHABÉTIQUE DES MATIÈRES[1]

1. Les chiffres envoient aux numéros, non aux pages.

E

TABLE DES MATIÈRES

PREMIÈRE PARTIE
MÉNAGE ET COUPLE

LIVRE I
MARIAGE

LIVRE II

UNIONS HORS MARIAGE

LIVRE III
RUPTURE ET RELÂCHEMENTS DU LIEN CONJUGAL

TROISIÈME PARTIE
VIE FAMILIALE

Imprimé en France - JOUVE, 1, rue du Docteur Sauvé, 53100 MAYENNE
N° 2321144N - Dépôt légal : février 2016